[신정12판]

부동산등기신청서 작성실무

유 석 주 [저]

三 潮 社

신정12판 머리말

2022년도 가을에 출간한 [신정11판 부동산등기 신청서작성실무]를 개정하여 [신정12판 부동산등기 신청서작성실무]를 새로이 출판한다. 이 번에 수정, 보완된 내용을 소개하면 다음과 같다.

1. 2022년에 출간된 이후 2025. 1. 31. 대폭 개정된 부동산등기법 및 부동산등기규칙의 내용을 반영하여 제12판을 발간하였다.

2. 특히 2025. 1. 31.부터 시행되는 미래등기시스템과 관련된 등기예규나 등기선례도 변경된 부분이 적지않아서 그 내용을 교재에 반영하였다.

3. 이와 같이 반영된 예규 중 중요한 것으로는 2024. 12. 2. 등기예규 제1795호(상속·유증사건의 신청 및 처리에 관한 업무처리지침), 2024. 11. 25. 등기예규 제1786호(판결 등 집행권원에 의한 등기신청에 관한 업무처리지침), 2025. 1. 24. 등기예규 제1835호(상속등기에 관한 업무처리지침), 2025. 1. 24. 등기예규 제1837호(미성년자의 대리인에 의한 등기신청에 관한 업무처리지침), 2025. 1. 24. 등기예규 제1834호(관련사건의 신청 및 처리에 관한 업무처리지침) 등을 들 수 있다,

법무사 시험을 공부하시거나 등기실무상 본 서적을 참조하시는 분들에게 조금이나마 도움이 되기를 바란다. 또한 출판사의 하인웅 사장님과 편집실 직원 여러분에게 깊은 감사를 드린다.

2025. 5. 17.

저자 유석주 識

신정11판 머리말

2021년도에 출간한 [신정10판 부동산등기 신청서작성실무]를 개정하여 [신정11판 부동산등기신청서 작성실무]를 새로이 출판한다.

1. 자격자대리인의 등기의무자 확인의무를 규정한 부동산등기규칙 제46조 제1항 제8호가 2022. 7. 1. 부터 시행됨에 따라 그에 대한 설명을 추가하였고, 각 연습문제의 첨부서면으로 [자격자대리인의 확인 및 자필서명정보]를 추가하였다.

2. 기타 2022. 10. 1. 까지 공시된 등기예규와 등기선례 중 [부동산등기신청서 작성실무]와 직접적인 관련이 있는 내용을 교재에 반영하였다.

3. 최근 기출문제를 별도로 부록에서 묶어 소개하여 최근 출제경향을 파악할 수 있게 하였다.

4. 각 학원가에서 강의시간에 활용하였던 실전테스트 문제를 본 서적이 두꺼워지는 것을 두려워하지 않고 아낌없이 수록하였다. 수험생에게 많은 도움이 될 것으로 확신한다.

법무사 시험을 공부하시거나 등기실무상 본 서적을 참조하시는 분들에게 조금이나마 도움이 되기를 바란다. 또한 출판사의 하인웅 사장님과 편집실 직원 여러분에게 깊은 감사를 드린다.

2022. 10. 10.
저자 유석주 識

주요참고문헌 및 약어표

[主要參考文獻]

법원행정처	개정 부동산등기법 및 부동산등기규칙 해설(2011)
법원행정처	부동산등기실무 Ⅰ~Ⅲ (2015)
법원행정처	외국인 및 재외국민의 부동산등기신청(2008)
법원행정처	부동산등기기록례집(2019)
법원행정처	부동산등기신청서 견본 및 작성안내(2007)
법원공무원교육원	부동산등기실무(2020)
사법연수원	부동산등기법(2016)
한국등기법학회	등기의 이론과 실무에 관한 제문제(Ⅰ~Ⅳ)
대한법무사협회 법제연구소	법무연구 Ⅰ, Ⅱ (2010, 2011)
김준호	민법강의, 법문사
김의효	지방세실무(2016), 한국지방세연구회

[略語表]

가등기담보법 → 가등기담보 등에 관한 법률
공간정보법 → 공간정보의 구축 및 관리 등에 관한 법률
공유수면법 → 공유수면 관리 및 매립에 관한 법률
공익법인법 → 공익법인의 설립·운영에 관한 법률
공장저당법 → 공장 및 광업재단저당법
구규칙 → 2011. 10. 13. 개정되기 전 부동산등기규칙
구법 → 2011. 10. 13. 개정되기 전 부동산등기법
국토계획법 → 국토의 계획 및 이용에 관한 법률
규칙 → 부동산등기규칙
도시정비법 → 도시 및 주거환경정비법
동산채권담보법 → 동산·채권 등의 담보에 관한 법률
민소법 → 민사소송법
법 → 부동산등기법
부동산거래신고법 → 부동산거래신고 등에 관한 법률
부동산공시법 → 부동산 가격공시 및 감정평가에 관한 법률
부동산소유권특조법 → 부동산소유권이전등기 등에 관한 특별조치법
부동산실명법 → 부동산실권리자명의등기에 관한 법률
부동산특조법 → 부동산등기특별조치법
북한이탈주민법 → 북한이탈주민의 보호 및 정착지원에 관한 법률
자본시장법 → 자본시장과 금융투자업에 관한 법률
재외동포법 → 재외동포의 출입국과 법적 지위에 관한 법률
전통사찰법 → 전통사찰의 보존 및 지원에 관한 법률
집합건물법 → 집합건물의 소유 및 관리에 관한 법률
집행법 → 민사집행법
축사등기법 → 축사의 부동산등기에 관한 특례법
토지보상법 → 공익사업을 위한 토지 등의 취득 및 보상에 관한 법률

차례 Contents

제 3 장 등기소에 제공하여야 하는 첨부정보

제 2 부 각종 부동산등기신청서 및 작성례(사례연습 포함)

총 칙 1

제1장 등기신청서의 작성방법

제1절 서 설

Ⅰ. 등기신청서

등기는 (i) 방문신청: 신청인 또는 그 대리인이 등기소에 출석하여 신청정보 및 첨부정보를 적은 서면을 제출하는 방법 (ii) 전자신청: 전산정보처리조직을 이용하여 신청정보 및 첨부정보를 보내는 방법 중 어느 하나의 방법으로 신청을 하여야 한다(법 제24조). 여기에서는 방문신청을 하는 경우 등기신청서에 기재하여야 하는 신청정보에 대하여 살펴보기로 한다.

신청서에 필요적 신청정보가 누락되어있으면 '신청정보의 제공이 대법원규칙으로 정한 방식에 맞지 아니한 경우'에 해당하므로 부동산등기법 제29조 제5호에 의하여, 신청서에 필요한 서면 또는 도면을 제출하지 아니한 경우에는 '등기에 필요한 첨부정보를 제공하지 아니한 경우'에 해당하므로 부동산등기법 제29조 제9호에 의하여 각하하여야 한다. 이하에서는 일단 신청정보 및 첨부정보를 적은 서면을 '등기신청서'라 칭하고 그에 맞추어 설명한다.

II. 등기소에 신청정보를 제공하는 방법

1. 원 칙

등기의 신청은 1건당 1개의 부동산에 관한 신청정보를 제공하는 방법으로 하여야 한다(법 제25조). 즉 여러 개의 부동산이라면 부동산별로 등기신청서를 작성하는 것이 원칙이다.

2. 여러 개의 부동산에 대한 등기의 일괄신청이 허용되기 위한 요건

하나의 신청서로 여러 개의 부동산에 관한 등기를 신청하는 것을 일괄신청이라고 한다. 등기목적과 등기원인이 동일하거나 그 밖에 대법원규칙(제47조)으로 정하는 경우에는 같은 등기소의 관할 내에 있는 여러 개의 부동산에 관한 신청정보를 일괄하여 제공하는 방법으로 할 수 있다(법 제25조).

(1) 같은 등기소의 관할 내에 있을 것

일괄신청을 할 수 있기 위하여서는 당연히 여러 개의 부동산에 관한 관할등기소가 동일하여야 한다. 등기는 목적 부동산에 대하여 관할권이 있는 등기소에 제출하여야 하는 것이므로 관할이 다른 부동산이 있다면 일괄신청은 아래 9. 10.의 경우를 제외하고는 불가능하다.

(2) 등기원인의 동일

여기서 '등기원인'이란 권리의 변동원인이 되는 법률행위와 부동산의 표시 또는 등기명의인의 표시의 변동 원인이 되는 법률사실을 아울러 말한다. '등기원인의 동일'은 법률행위 또는 법률사실의 내용 및 그 성립(발생) 일자가 동일함을 뜻한다. 매매와 증여는 등기원인이 다르므로 당사자가 동일하여도 A토지에 대한 매매를 원인으로 한 소유권이전등기와 B토지에 대한 증여를 원인으로 한 소유권이전등기를 일괄하여 신청할 수 없다.

(가) 등기원인이 같다는 것은 하나의 법률행위 또는 법률사실에 의하여 수개의 부동산에 공통적으로 등기원인이 발생한 것을 의미한다.

〔사 례〕
1) 동일 등기소 관할 내에 있는 갑 소유의 A토지와 B토지를 을이 동시에 매수한 경우에는 위 A,B 토지에 대한 소유권이전등기를 일괄신청할 수 있다. 2) 위 A토지와 B토지에 대하여 별도의 매매계약을 한 때에는 일괄신청할 수 없다.

(나) 등기원인이 동일하다는 것은 당사자의 동일도 포함한다.

〔사 례〕
1) 소유자가 다른 수개의 부동산에 대한 소유권이전등기신청은 불가능하다. 즉 갑 소유의 A토지와 을 소유의 B토지를 병이 동시에 매수한 경우에는 위 A,B 토지에 대한 소유권이전등기를 일괄신청할 수 없다. 2) 동일한 소유자가 수개의 부동산을 수인의 매수인에게 이전하는 소유권이전등기신청 역시 불가능하다. 즉 갑 소유의 A토지는 을에게, B토지는 병에게, C토지는 정에게 매도하는 경우에는 위 A,B,C토지에 대한 소유권이전등기를 일괄신청할 수 없다. 3) 수인의 공유에 속하는 부동산을 공유자 이외의 제3자가 공유자 전원으로부터 매수한 경우, 혹은 공유자 중 1인이 다른 공유자로부터 지분의 전부 또는 일부를 이전받는 경우에 등기원인(매매 등)이 동일한 때에는 편의상 하나의 신청서로 할 수 있다.[1]

(3) 등기목적의 동일

'등기의 목적'이 동일하다는 것은 등기할 사항이 동일한 것을 말한다. 예컨대, 수개의 부동산에 대하여 소유권이전등기와 말소등기를, 소유권이전등기와 등기명의인 표시변경등기를 동시 신청하는 경우가 이에 해당한다. 등기목적이 동일하여도 등기원인이 다르면 일괄신청을 할 수 없다.

〔사 례〕
1) 갑 소유의 A토지는 을에게 매매계약해제를 원인으로 소유권이전등기를 신청하는 경우와 B토지는 을에게 매매계약해제를 원인으로 소유권말소등기를 신청하는 경우에는 등기목적이 다르기 때문에 일괄신청을 할 수 없다. 2) 갑 은행 명의의 근저당권설정등기에 관하여 등기명의인표시변경등기를 할 때, '법인명칭변경'과 '본점소재지이전'이라는 2개의 등기원인이 있는 경우에 일괄신청을 할 수 없다. 등기의 목적은 동일하지만 등기원인이 서로 다르기 때문이다.

---

1) 위 내용은 '공유자의 지분을 이전하는 경우 등기의 목적 및 공유자지분의 기록방법에 관한 등기예규'(2010. 7. 9. 등기예규 제1313호)에 근거한 것이고 위 등기예규는 기본적으로 1개의 부동산을 전제로 한 것이지만 부동산이 수 개인 경우에도 마찬가지라고 할 것이다. 즉 갑과 을이 각 1/2씩 공유하는 A토지를 병에게 이전하는 경우에 일괄신청이 허용되며, 갑과 을이 각 1/2씩 공유하는 별도의 B토지가 있는 경우에도 A토지 및 B토지를 병에게 이전하는 등기신청은 가능하다. 반대로 갑이 소유하는 A토지를 을과 병에게 각 1/2씩 처분하는 경우에도 일괄신청이 허용되며, 갑이 소유하는 별도의 B토지가 있는 경우에도 A토지 및 B토지를 을과 병에게 각 1/2씩 이전하는 등기신청은 가능하다.

(4) 규칙 제47조에 해당하는 경우

법 제25조에서는 등기목적과 등기원인이 동일한 경우에만 일괄신청이 가능하도록 규정하고 있다. 반면 등기실무에서는 필요에 따라 당사자가 다르거나(아래 1.호) 등기목적이 다른 경우(아래 2호, 3호)에도 일괄신청을 허용하는 예가 있었다. 따라서 규칙 제47조는 위 등기실무를 규칙에 반영하여 다음 각 호의 경우에는 1건의 신청정보로 일괄하여 신청하거나 촉탁할 수 있다고 하고 있다.

〔규칙 제47조에 의하여 일괄신청이 허용되는 경우〕
1) 같은 채권의 담보를 위하여 소유자가 다른 여러 개의 부동산에 대한 저당권설정등기를 신청하는 경우 2) 법 제97조 각 호(공매처분으로 인한 권리이전의 등기, 공매처분으로 인하여 소멸한 권리등기의 말소, 체납처분에 관한 압류등기의 말소)의 등기를 촉탁하는 경우 3) 민사집행법 제144조 제1항 각 호의 등기(매수인 앞으로 소유권을 이전하는 등기, 매수인이 인수하지 아니한 부동산의 부담에 관한 기입을 말소하는 등기, 경매개시결정등기를 말소하는 등기)를 촉탁하는 경우

3. 하나의 부동산에 대한 여러 개의 등기의 일괄신청

1개의 부동산에 관한 수개의 등기를 동일 신청서에 의하여 신청하는 것은 원칙적으로 허용되지 아니하지만 동일 부동산에 관한 수개의 등기명의인표시변경, 동일인 명의의 수개의 저당권을 동시에 말소하는 경우 등은 편의상 일괄신청을 허용하여도 무방하다. 신청서의 기재 또는 등기의 착오를 유발할 우려가 없기 때문이다. 그 예를 들면 다음과 같다(부동산등기실무 I pp.209-210).

〔관련 등기선례〕
1) 동일 부동산에 관하여 동일인 명의로 수개의 근저당권설정등기가 되어 있는 경우 근저당권자의 주소변경을 원인으로 한 위 수개의 등기명의인의 표시변경등기는 1개의 신청서에 일괄하여 신청할 수 있다(1988. 7. 15. 등기선례 2-40). 2) 동일한 부동산에 대하여 순위번호가 다른 수개의 근저당권이 설정되어 있는 경우 채무자변경계약의 당사자가 동일하다면 하나의 신청서에 변경할 근저당권의 표시를 모두 기록하여 근저당권변경등기를 신청할 수 있다(1990. 6. 21. 등기선례 3-591). 3) 1개의 부동산에 관하여 별도 순위로 지분취득등기를 한 공유자가 하나의 등기원인에 의하여 자신의 지분 전부를 여러 명에게 이전하고자 하는 경우, 그 지분이전등기는 1건의 신청정보로 신청할 수 있다(2019. 6. 10. 등기선례 9-256).

4. 공유물을 처분하거나 공유로 취득하는 경우

(1) 1개의 부동산의 공유자 갑과 을의 공유지분 중 전부 또는 일부를 병에게 이전하는 등기의 신청은 1개의 부동산에 관한 여러 개의 신청이지만 편의상 일괄신청을 허용한다. 이는 해당 부동산이 여러 개인 경우에도 마찬가지이다. 즉, 갑과 을이 각 2분의1씩 공유하는 A토지를 병에게 이전하는 경우에 일괄신청이 허용되며, 갑과 을이 각 2분의1씩 공유하는 별도의 B토지가 있는 경우에도 A토지 및 B토지를 병에게 이전하는 등기신청은 일괄신청의 방식으로 가능하다. 어느 경우이든 갑과 을을 등기의무자로 기재하고 병을 등기권리자로 기재한다.

(2) 단독소유자 갑이 을과 병에게 소유권 전부 또는 지분일부를 이전하는 등기의 신청역시 1개의 부동산에 관한 여러 개의 신청이지만 편의상 일괄신청을 허용한다. 이는 해당 부동산이 여러 개인 경우에도 마찬가지이다. 즉, 갑이 소유하는 A토지를 을과 병에게 각 2분의1씩 처분하는 경우에도 일괄신청이 허용되며, 갑이 소유하는 별도의 B토지가 있는 경우에도 A토지 및 B토지를 을과 병에게 각 2분의1씩 이전하는 등기신청은 일괄신청의 방식으로 가능하다. 어느 경우이든 갑을 등기의무자로 기재하고 을과 병을 등기권리자로 기재한다.

5. 다수의 등기의무자로부터 다수의 등기권리자로의 지분이전등기신청의 경우

다만 1개의 부동산이든 여러 개의 부동산이든 공유자 갑과 을이 병과 정에게 권리를 처분하는 경우의 등기신청은 일괄신청이 불가능하다. 즉 수인의 공유자가 수인에게 지분의 전부 또는 일부를 이전하려고 하는 경우에는 하나의 신청서로 신청할 수 없고, 등기신청서는 등기의무자별로 혹은 등기권리자별로 별건으로 작성하여 제출하여야 한다(2011. 10. 11. 등기예규 제1363호). 자세한 내용은 후술한다.

6. 일괄신청과 일부각하

일괄신청을 한 경우 그 신청 중 일부에 대하여만 각하사유가 있을 경우에 당해 일괄신청 전부를 각하할 것인지 아니면 각하사유가 있는 신청부분만을 일부각하할 것인지가 문제된다. 등기관의 보정명령에 대하여 당사자가(일괄하여 등기가 이루어지지 않는다면 의미가 없어서) 신청 전체를 취하하지 않는 이상, 각하사유의 판단은 개개의 신청별로 하여야 하므로 일부각하를 함이 상당하다.

7. 법령상 일괄신청이 요구되는 경우

등기원인과 등기목적이 달라서 일괄신청을 할 수 없는 경우지만 일정한 목적을 위하여 법령에서 일괄신청(촉탁)을 요구하는 경우가 있다. 만약 이를 위반한 등기신청이 있는 때에는 '신청정보의 제공이 대법원규칙으로 정한 방식에 맞지 아니한 경우'에 해당되어 각하하여야 한다(법 제29조 제5호).

법령상 일괄신청(촉탁)이 요구되는 예로는 ① 신탁으로 인한 권리의 이전·보존·설정등기와 신탁등기(규칙 제139조 제1항), 신탁법 제19조에 따라 신탁재산에 속하는 부동산 또는 같은 법 제38조에 따라 신탁재산으로 회복된 부동산의 취득등기와 신탁등기(동조 제2항), 신탁재산에 속한 권리가 이전 또는 소멸됨에 따라 신탁재산에 속하지 아니하게 된 경우 신탁된 권리의 이전·말소등기와 신탁등기의 말소등기(규칙 제87조 제1항), 신탁종료 후 신탁재산 이전에 의한 소유권이전등기와 신탁등기의 말소(규칙 제87조 제2항) ② 농지기반 등 정비사업, 도시개발사업 등에 따른 환지처분에 관한 등기(농업기반등정비등기처리규칙 제9조), ③ 도시 및 주거환경 정비사업시행자가 하는 종전 토지 및 건물에 관한 등기의 말소등기신청(도시 및 주거환경정비등기처리규칙 제6조, 제8조), 정비사업으로 축조된 건축시설 또는 조성된 토지에 관한 소유권보존등기 및 담보권 등에 관한 권리의 등기신청(동 규칙 제10조, 제12조) 등이 있다.

8. 일괄신청의 경우 취득세(등록면허세) 납부의무

수개의 부동산 또는 하나의 부동산에 관한 수개의 등기에 대하여 일괄신청을 하는 경우, 수개의 신청이 하나의 신청으로 되는 것이 아니라 수개의 등기신청을 1개의 신청서에 기재한 것에 불과하다. 따라서 취득세(등록면허세), 등기신청수수료, 국민주택채권 등은 각 부동산별로 또는 각 신청별로 계산하여야 한다.

9. 관련사건의 관할에 관한 특례 (법 제7조의2)

(1) 위 특례 규정의 신설취지

등기신청인의 시간적·경제적 부담을 완화하기 위하여 관할 등기소가 다른 여러 개의 부동산과 관련하여 등기목적과 등기원인이 동일한 등기신청 등이 있는 경우에는 그 중 하나의 관할 등기소에서 해당 신청에 따른 등기사무를 담당할 수 있도록 부동산등기법이 개정되었다(법 제7조의2, 신설 2024. 9. 20. 시행 2025. 1. 31.).

(2) 법 제7조의2

① 관할 등기소가 다른 여러 개의 부동산과 관련하여 등기목적과 등기원인이 동일하거나 그밖에 대법원규칙으로 정하는 등기신청이 있는 경우에는 그 중 하나의 관할 등기소에서 해당 신청에 따른 등기사무를 담당할 수 있다(법 제7조의2 제1항).

② 법 제11조제1항에 따른 등기관이 당사자의 신청이나 직권에 의한 등기를 하고 법 제71조(요역지지역권등기), 제78조제4항(공동담보목적물이라는 취지의 기록) (제72조제2항에서 준용하는 경우를 포함한다) 또는 대법원규칙으로 정하는 바에 따라 다른 부동산에 대하여 등기를 하여야 하는 경우에는 그 부동산의 관할 등기소가 다른 때에도 해당 등기를 할 수 있다(법 제7조의2 제2항).

③ 제1항에 따른 관할 등기소에의 등기신청정보 제공방법과 같은 항 및 제2항에 따른 등기사무의 처리 절차 및 방법 등에 관하여 필요한 사항은 대법원규칙으로 정한다(법 제7조의2 제3항).

④ 한편 위 7조의2 제1항 · 제3항의 규정은 부동산등기법 시행 이후 접수되는 등기신청부터 적용한다(위 개정법 부칙 제2조)

(3) 규칙 제163조부터 제163조의6

법 제7조의2에서 관련 사건의 관할에 관한 특례를 신설함에 따라 관련 사건의 범위와 신청정보의 제공 방법 등을 구체적으로 정하고, 관련 사건의 처리 중 보정 • 취하에 관한 사항 및 관련 사건에 관한 등기가 마쳐진 이후 그 등기에 착오나 빠진 부분이 있는 경우의 경정등기에 관한 사항 등에 관한 규정을 마련하고자 부동산등기규칙 제163조부터 제163조의6까지가 신설되었다(시행일 2025. 1. 31.). 그 내용은 다음과 같다.

(가) 규칙 제163조(관련 신청사건의 범위) ① 법 제7조의2 제1항에 따라 관할 등기소가 다른 여러 개의 부동산과 관련하여 그 중 하나의 관할 등기소에 그 등기를 신청할 수 있는 "등기목적과 등기원인이 동일한 등기신청"은 다음 각 호의 신청으로 한다.

1. 동일한 채권에 관하여 여러 개의 부동산에 관한 권리를 목적으로 하는 저당권설정(이하 "공동저당"이라 한다)등기의 신청
2. 여러 개의 부동산에 관한 전세권설정 또는 전전세 등기의 신청

3. 제1호 및 제2호의 등기에 대한 이전 · 변경 · 말소등기의 신청
4. 그 밖에 동일한 등기원인을 증명하는 정보에 따라 등기목적과 등기 원인이 동일한 등기의 신청

② 법 제7조의2 제1항에 따라 관할 등기소가 다른 여러 개의 부동산과 관련하여 그 중 하나의 관할 등기소에 그 등기를 신청할 수 있는 "그 밖에 대법원규칙으로 정하는 등기신청"이란 다음 각 호의 신청을 말한다.

1. 소유자가 다른 여러 부동산에 대한 제1항 제1호 및 제2호 등기의 신청
2. 제1호의 등기에 대한 이전 · 변경 · 말소등기의 신청
3. 공동저당 목적으로 새로 추가되는 부동산이 종전에 등기한 부동산과 다른 등기소의 관할에 속하는 경우에는 종전의 등기소에 추가되는 부동산에 대한 저당권설정등기의 신청

③ 공동저당 일부의 소멸 또는 변경의 신청은 소멸 또는 변경되는 부동산의 관할 등기소 중 한 곳에 신청할 수 있다.[본조신설 2024. 11. 29.][시행일: 2025. 1. 31.]

(나) 규칙 제163조의2(관련 신청사건의 신청정보 제공 방법 등) ① 법 제7조의2 제1항에 따라 등기신청을 하는 경우에는 제43조 및 제44조에서 규정하는 사항 외에 '법 제7조의2 제1항에 관한 등기신청'임을 신청정보의 내용으로 등기소에 제공하여야 한다.

② 법 제7조의2 제1항에 따라 등기신청을 할 때에는 여러 개의 부동산에 관한 신청정보를 법 제25조 단서에 따른 방법으로 제공하여야 한다.

③ 법 제7조의2 제1항에 따라 공동저당의 등기를 신청하는 경우에는 해당 부동산 전부에 관한 사항을 신청정보의 내용으로 등기소에 제공하여야 한다.[본조신설 2024. 11. 29.][시행일: 2025. 1. 31.]

(다) 규칙 제163조의3(관련 처리 사건의 범위) 법 제7조의2 제2항에 따라 등기관이 다른 부동산에 대하여 처리하여야 하는 등기 사건은 다음 각 호와 같다.

1. 법 제71조 제1항 및 제4항에 따른 승역지와 다른 등기소의 관할에 속하는 요역지에 대한 등기

2. 법 제78조 제4항(법 제72조 제2항에서 준용하는 경우를 포함한다)에 따라 다른 등기소의 관할에 속하는 종전 부동산에 대한 등기
3. 멸실한 토지와 다른 등기소의 관할에 속하는 부동산이 함께 소유권 외의 권리의 목적인 경우로서 제84조 제2항 또는 제3항에 따른 등기
4. 대지권의 목적인 토지가 다른 등기소의 관할에 속하는 경우로서 제89조 및 제93조에 따른 등기
5. 공동담보의 일부 소멸 또는 변경의 등기를 하는 부동산과 다른 등기소의 관할에 속하는 종전 부동산에 대한 제136조 제1항에 따른 등기
6. 그 밖에 제1호부터 제5호까지와 유사한 경우로서 신청 또는 직권에 의한 등기를 하고 다른 등기소의 관할에 속하는 부동산에 대해서도 하여야 하는 등기[본조신설 2024. 11. 29.][시행일: 2025. 1. 31.]

(라) 규칙 제163조의4(관련 사건이라는 뜻의 기록) ① 등기관이 법 제7조의2에 따라 등기를 한 경우에는 갑구 또는 을구의 권리자 및 기타사항란에 법 제7조의2에 따라 사건을 접수받은 등기소에서 그 등기를 하였다는 뜻을 기록하여야 한다.

② 제1항에도 불구하고 해당 등기를 한 등기소의 관할에 속한 부동산에 대해서는 같은 항을 적용하지 아니한다.[본조신설 2024. 11. 29.][시행일: 2025. 1. 31.]

(마) 규칙 제163조의5(관련 사건의 보정 및 취하) 법 제7조의2에 따라 등기신청을 한 경우 등기신청이 잘못된 부분의 보정이나 이 규칙 제51조에 따른 취하는 등기를 신청한 등기소에 하여야 한다.[본조신설 2024. 11. 29.][시행일: 2025. 1. 31.]

(바) 규칙 제163조의6(관련 사건에 관한 등기의 경정) ① 법 제7조의2에 따라 마쳐진 등기에 대한 법 제32조에 따른 경정등기의 신청은 그 등기를 처리한 등기소에 하여야 한다.

② 등기의 착오나 빠진 부분이 법 제7조의2에 따라 등기를 마친 등기관의 잘못으로 인한 경우에는 그 등기소의 등기관이 직권으로 그 등기를 경정하여야 한다.

③ 제2항에도 불구하고 등기기록에 오기나 빠진 부분이 명백한 경우에는 부동산 소재지 관할 등기소의 등기관도 직권으로 경정할 수 있다.[본조신설 2024. 11. 29.][시행일: 2025. 1. 31.]

10. 상속 · 유증 사건의 관할에 관한 특례 (법 제7조의3)

(1) 위 특례 규정의 신설취지

상속 · 유증으로 인한 등기의 경우에는 상속인의 시간적 · 경제적 부담을 완화하기 위하여 관할등기소가 아닌 경우에도 생활주거지나 직장 인근 등기소 등 전국의 모든 등기소에서 그 신청에 따른 등기사무를 담당할 수 있도록 부동산등기법이 개정되었다(법 제7조의3, 신설 2024. 9. 20. 시행 2025. 1. 31.)

(2) 법 제7조의3

① 법 제7조에도 불구하고 상속 또는 유증으로 인한 등기신청의 경우에는 부동산의 관할 등기소가 아닌 등기소도 그 신청에 따른 등기사무를 담당할 수 있다.

② 제1항에 따른 등기신청의 유형과 등기사무의 처리 절차 및 방법 등에 관하여 필요한 사항은 대법원규칙으로 정한다.

(3) 규칙 제164조부터 164조의3

법 제7조의3에서 상속 · 유증 사건의 관할에 관한 특례를 신설함에 따라 관할특례가 적용되는 상속 · 유증 사건의 범위와 신청정보의 내용을 정하고, 상속 · 유증 사건의 보정 및 취하, 상속 · 유증 사건의 뜻의 기록방법 및 경정등기에 관하여는 관련 사건의 관할에 관한 해당 규정을 준용하도록 부동산등기규칙 제164조부터 제164조의3까지 신설되었다.

(가) 규칙 제164조(상속 · 유증 사건의 범위) ① 법 제7조의3 제1항에 따라 부동산의 관할 등기소가 아닌 등기소에도 그 등기를 신청할 수 있는 경우는 다음 각 호와 같다.

1. 상속 또는 유증으로 인한 소유권이전등기를 신청하는 경우
2. 상속으로 인한 소유권이전등기가 마쳐진 후 다음 각 목에 해당하는 사유가 있는 경우 그 사유를 원인으로 해당 등기를 신청하는 경우

가. 법정상속분에 따라 상속등기를 마친 후에 상속재산 협의분할(조정분할 · 심판분할을 포함한다) 등이 있는 경우

나. 상속재산 협의분할에 따라 상속등기를 마친 후에 그 협의를 해제(다시 새로운 협의분할을 한 경우를 포함한다)한 경우

다. 상속포기신고를 수리하는 심판 또는 상속재산 협의분할계약을 취소하는 재판 등이 있는 경우

② 관공서가 법 제96조 및 제99조 제2항에 따른 등기를 촉탁하는 경우에는 법 제7조의3 제1항을 적용하지 아니한다.[본조신설 2024. 11. 29.][시행일: 2025. 1. 31.]

(나) 규칙 제164조의2(상속 · 유증 사건의 신청정보) 법 제7조의3 제1항에 따라 등기신청을 하는 경우에는 제43조 및 제44조에서 규정하는 사항 외에 '법 제7조의3 제1항에 관한 등기신청'임을 신청정보의 내용으로 등기소에 제공하여야 한다.[본조신설 2024. 11. 29.][시행일: 2025. 1. 31.]

(다) 규칙 제164조의3(관련 사건에 관한 규정의 준용) 법 제7조의3에 따른 상속 · 유증 사건이라는 뜻의 기록, 보정 및 취하, 상속 · 유증 사건이 마쳐진 등기의 경정에 관하여는 제163조의4부터 제163조의6까지의 규정을 준용한다.[본조신설 2024. 11. 29.][시행일: 2025. 1. 31.]

근저당권설정등기신청
(부동산등기법 제7조의2에 의한 신청)

<table>
<tr><td rowspan="2">접 수</td><td>년 월 일</td><td rowspan="2">처 리 인</td><td>등기관 확인</td><td>각종 통지</td></tr>
<tr><td>제 호</td><td></td><td></td></tr>
<tr><td colspan="5">② 부동산의 표시</td></tr>
<tr><td colspan="5">1. 토지
고유번호[1101-2024-001853]
서울특별시 서초구 원지동 240627-11
대 100㎡
(설정할 지분 또는 담보할 권리)
2. 토지
고유번호[1601-2024-000032]
(특례관할) 대전광역시 서구 둔산동 240704-01
대 100㎡
(설정할 지분 또는 담보할 권리)
-이 상-
(2025.1.31.시행 등기예규 제1834호 참조)</td></tr>
</table>

제 2 절 등기신청서 등 작성방법에 대한 사무처리지침

등기신청서 및 등기에 관한 서면(아래에서 '등기신청서 등'이라고 한다)의 작성방법으로 준용되는 '등기부의 기재문자에 대한 사무처리지침'(2017. 11. 16. 등기예규 제1628호)을 중심으로 등기신청서 등의 기재방법을 살펴보기로 한다. 여기에서 '등기에 관한 서면'은 '위임장,[1] 도면, 신탁원부' 등을 의미하므로 등기신청서뿐만 아니라 위

1) 1984. 8. 1. 등기선례 1-105(등기신청서 기타 등기에 관한 서면에 정정, 삽입 또는 삭제를 한

의 위임장, 도면, 신탁원부 등을 작성할 때에도 아래의 지침에 따라야 한다. 그리고 설명의 편의상 '기재하여야 한다'는 표현과 '신청정보의 내용으로 등기소에 제공하여야 한다'는 표현을 혼용하기로 한다.

1. 등기신청서의 기재문자

등기신청서는 한글과 아라비아숫자로 기재하되, 외국인의 성명을 기재할 때에는 국적을 함께 기재한다(예컨대, 미합중국인 헨리키신저).

2. 등기신청서의 외래어 표기

등기신청서(혹은 등기부)에 외국의 국호, 지명과 외국인의 성명, 명칭, 상호를 한글로 표기함에 있어서는 문화체육관광부가 고시하는 외래어표기법에 의함을 원칙으로 한다.

3. 표시번호, 순위번호 및 사항번호의 표시

등기부의 표시번호, 순위번호, 사항번호에는 1, 2, 3, 4로 표시하고 '번'자의 기재를 생략한다. 그러나 표시란 또는 사항란에서 표시번호 또는 순위번호를 적시할 때에는 1번, 2번, 3번, 4번과 같이 기재한다.

4. 부동산 소재지 및 등기명의인 등의 주소 표시

(1) 부동산의 소재지 등을 표시할 때에는 '서울특별시', '부산광역시', '경기도', '충청남도' 등을 '서울', '부산', '경기', '충남' 등과 같이 약기하지 않고 행정구역 명칭 그대로 전부 기재하며, '서울특별시 서초구 서초동 967', '서울특별시 서초구 서초대로 219(서초동)' 등과 같이 주소 표기방법에 맞게 띄어 쓴다. 다만 지번은 '번지'라는 문자를 사용함이 없이 108 또는 108-1과 같이 기재하고, 도시개발사업 등으로 지번이 확정되지 않은 경우에는 'OO블록OO로트'와 같이 기재한다.

(2) 부동산의 소재지 등을 표시할 때 사용할 수 있는 문장부호는 마침표[.], 쉼표[,], 소괄호[( )], 붙임표[-]로 한다.

때에는 그 자수를 난외에 기재하며 문자의 전후에 괄호를 치고 이에 날인하여야 하는바, 위임장의 기재를 고무인 또는 수기로 하였다 하더라도 정정인의 날인이 필요한 것은 아니나, 그 기재의 외형이 문자의 삽입의 형태로 되어 있는 경우에는 정정인을 날인하여야 한다).

【지번 방식의 예시】

1) 서울특별시 서초구 서초동 967
2) 전라북도 순창군 복흥면 답동리 산59-10
3) 경기도 김포시 풍무동 풍무지구100블록100로트 풍무푸르지오 101동 101호

【도로명 방식의 예시】

1) 서울특별시 서초구 서초대로 219(서초동)
2) 전라북도 순창군 복흥면 가인로 442-141
3) 서울특별시 강북구 4.19로 100, 101동 101호(수유동, 파크빌)

5. 계량법에 의한 면적표시

계량법에 의한 면적의 표시는 제곱미터의 약호인 ㎡를 사용하고 소수점 이하의 면적의 표시는 67. 07㎡와 같이 기재한다.

6. 금액의 표시

금액의 표시는 아라비아숫자로 하되, 그 표시를 내국화폐로 하는 경우에는 '금 10,000,000원'과 같이 기재하고, 외국화폐로 하는 경우에는 '미화 금10,000,000달러', '일화 금10,000,000엔', '홍콩화 금10,000,000달러'와 같이 그 외국화폐를 통칭하는 명칭을 함께 기재한다.

7. 연월일의 표시

연월일의 표시는 서기연대로 기재하며 서기라는 연호를 생략하고 2012년 5월 1일과 같이 기재한다.

8. 등기신청서 등에의 준용

이 등기부의 기록문자에 대한 처리지침은 등기신청서 기타 등기에 관한 서면의 작성에 준용한다.

제 3 절 등기신청서의 기명날인(서명), 간인, 정정 등

Ⅰ. 등기신청서 등의 양식

등기신청서의 양식은 A4 사이즈의 용지(210mm X 297mm)로 한다(2020. 7. 21. 등기예규 제1693호). 그리고 등기신청을 할 때에는 위 예규의 별지 제1-1호 내지 제20호에 규정된 양식에 따라 갑지(부동산의 표시, 등기원인, 신청인 등을 기재)와 을지(시가표준액, 등록세액, 첨부서면 등을 기재) 혹은 위임장을 작성 제출하여야 한다.

위 갑지와 을지는 별개의 용지를 사용하여 작성하는 것이 실무상의 예이지만, 다수의 구분건물의 소유권보존등기 등의 경우에는 위 갑지와 을지를 한 장의 신청서에 축소하여 단면으로 작성·제출하는 경우도 많다. 일정한 규격의 인쇄된 등기신청관계 용지가 아니라도 법정요건을 갖춘 용지 사용은 허용되기 때문이다(1973. 4. 9. 등기예규 제216호).

Ⅱ. 등기신청서의 기명날인 또는 서명

규칙 제56조(방문신청의 방법) ① 방문신청을 하는 경우에는 등기신청서에 규칙 제43조 및 그 밖의 법령에 따라 신청정보의 내용으로 등기소에 제공하여야 하는 정보를 적고 신청인 또는 그 대리인이 기명날인하거나 서명하여야 한다.

1. 본인 신청의 경우

신청인의 성명을 기재하고 기명날인 또는 서명한다. 신청인의 주소나 주민등록번호 등은 이미 갑지에 표시가 되기 때문에 을지에 다시 반복할 이유는 없다. 신청인의 전화번호도 이를 기재하되, 신청인 중 의무자를 윗부분에 기재하고 권리자는 아래 부분에 기재하는 것이 실무상의 예이다. 신청인 중 어느 일방 혹은 쌍방을 대리하여 법정대리인 등이 직접 등기를 신청하는 경우에는 그 법정대리인이 성명을 기재하고 날인 또는 서명한다.

2. 임의대리인이 신청하는 경우

(1) 법무사 등 임의대리인이 등기를 신청하는 경우에는 본인은 위임장에 기명날인(서명)하고 등기신청서에는 대리인이 기명날인(서명)하여야 한다. 신청서중 을지에는 대리인의 명칭 · 사무소소재지 · 전화번호를 기재한다.[1] 신청서 중 갑지에 기재한 등기권리자 및 등기의무자표시를 을지에 다시 반복기재할 필요는 없다.

(2) 법무사가 위임받아 등기신청사건의 신청서를 작성하는 경우의 대리인란에 법무사의 직인을 날인하여야 하는지 여부 등(1998.12.10. 등기선례 5-61을 변경)

1) 「부동산등기규칙」 제56조 제1항은 방문신청을 하는 경우 등기신청서에 기명날인 또는 서명하도록 규정하고, 「법무사법」 제22조 제2항은 법무사가 업무에 관하여 위임받아 작성한 서류의 끝부분이나 기재란 밖에 기명날인하도록 하며, 「법무사규칙」 제29조 제1항에서는 업무상 사용할 직인을 신고하도록 규정함으로써 법무사가 업무상 하는 날인은 직인의 사용을 원칙으로 하고 있다.

2) 따라서 법무사가 등기사건을 위임받아 신청서를 작성하는 경우에 신청서의 끝부분에 있는 대리인란에 하는 날인은 반드시 신고한 직인으로 하여야 하며, 신청서의 간인도 직인으로 하여야 할 것이다.

다만 법무사의 실인을 직인과 함께 날인하는 것도 무방할 것이며, 이 경우에는 실인으로 간인할 수도 있다.

3) 신청서의 끝부분에 있는 대리인란의 법무사 성명 다음에 직인을 날인한 이상 기명날인은 한 곳에 하면 족하므로 기재란 밖에 또다시 직인을 날인할 필요는 없다(2013. 01. 29. 등기선례 9-20).

3. 서명에 의한 등기신청이 허용되는 경우

신청서에는 신청인이 기명날인 또는 서명하여야 한다(규칙 제56조 제1항). 다만 모든 등기신청을 서명으로 할 경우 중요한 등기신청에 관해서는 등기의무자의 진정한 신청의사를 담보하기 위하여 인감증명을 제출하도록 한 부동산등기규칙 제60조의 취

---

1) 한편 대리인이 법무사인 경우에는 법무사는 그 업무에 관하여 위임받아 작성한 서류의 끝 부분이나 난 밖에 기명날인을 하여야 할 직책상의 의무가 있으므로(법무사법 제22조 제2항), 법무사가 대리인인 경우에 신청서에 법무사가 서명하는 방식으로 등기를 신청할 수 있는지는 매우 의문이다. 한편 등기신청서 을지에는 대리인란에 법무사 등의 인장(보통 '실인'이라고 한다)을 날인하고 이와 별도로 법무사법의 규정에 의하여 신고한 직인을 날인하나, 위 대리인란에 인장을 날인하는 것 대신에 직인을 날인하여도 무방하다(1998. 12. 10. 등기선례 5-61).

지가 몰각될 수 있으므로, 기명날인 대신에 서명으로 할 수 있는 등기신청은 부동산등기규칙 제60조의 인감증명을 첨부할 필요가 없는 경우에 제한된다.

이와 같이 인감증명을 첨부하여야 하는 경우에는 해당 신청서(위임에 의한 대리인이 신청하는 경우에는 위임장을 말한다)나 첨부서면에는 그 인감을 날인하여야 한다(규칙 제60조 제1항).

서명은 신청인 또는 대리인이 신청서 '을지'(두번째 장)의 신청인 기재란에 자신의 이름을 쓴(기명) 다음 그 옆에 하면 된다. 기명은 반드시 자서할 필요는 없으나, 서명은 날인을 갈음하는 것이므로 반드시 직접 하여야 하고 고무명판 등으로 할 수 없다.

그리고 규칙 제56조 제1항은 성질상 촉탁에는 인정되지 않으므로 신청서와 달리 관공서의 촉탁서에는 서명으로 날인을 대신할 수 없다고 한다.

Ⅲ. 등기신청서의 간인

규칙 제56조(방문신청의 방법) ② 신청서가 여러 장일 때에는 신청인 또는 그 대리인이 간인을 하여야 하고, 등기권리자 또는 등기의무자가 여러 명일 때에는 그 중 1명이 간인하는 방법으로 한다. 다만, 신청서에 서명을 하였을 때에는 각 장마다 연결되는 서명을 함으로써 간인을 대신한다.

1. 법무사 등에게 위임을 하지 아니하고 본인이 직접 신청을 하는 경우

등기신청서는 기본적으로 갑지와 을지의 별개의 용지를 사용하여 작성하므로 갑지와 을지는 이를 간인하여야 하며, 부동산표시나 신청인표시 등이 여러 장이어서 별지를 사용하는 경우에는 신청서(즉 을지)와 별지를 간인하여야 한다. 등기권리자 또는 등기의무자가 여러 명일 때에는 등기의무자 중 1인 및 등기권리자 중 1인이 갑지 · 을지 · 별지를 간인하면 된다.

2. 법무사 등에게 위임을 한 경우

등기신청서는 법무사 등이 작성하므로 갑지 · 을지 · 별지 등에는 법무사의 간인을 하면 된다. 위임장에 위임인이 날인을 하면 되나, 위임장의 경우에 특히 부동산표시나 위임인표시 등이 여러 장이어서 별지를 사용하는 경우에는 위임장과 별지를 간인하여야 한다.

이 경우 다만 등기신청서 자체와 위임장은 별개의 서면이기 때문에 이를 간인으로 연결할 것은 아니다.

3. 위임장에의 적용여부

위임인이 여러 명인 경우에 위임장에는 위임인 전원이 날인을 하는 것은 분명하다. 다만 별지를 첨부하는 경우에 위임장과 별지목록에 위임인 전원의 날인을 요하느냐의 문제가 있는바, 부동산등기규칙 제56조 제2항에서는 부동산등기규칙 제57조와는 달리 '신청서'라고만 규정하고 있으므로 위임장 등을 작성하는 경우에는 그 적용이 없으므로, 위임장과 별지는 위임인 전원이 간인을 하여야 하는 것이지 등기의무자나 등기권리자 중 1인이 대표로 간인할 수는 없다고 본다(1992. 7. 8. 등기선례 3-43 참조).

4. 부속서류에의 적용여부

부동산등기규칙 제56조 제2항의 규정은 등기신청서의 간인에 관한 것이며, 그 부속서류(예, 상속재산협의분할계약서)에는 동 규정이 적용되지 아니한다(1992. 7. 8. 등기선례 3-43). 즉 등기원인증서 등이 여러 장으로 작성된 경우에는 당사자 전원의 간인을 요한다.

인감을 날인하여야 하는 서류가 여러 장일 때에는 그 서류의 연속성을 보장하고 그 진정성을 확인할 수 있도록 각 장마다 간인을 하여야 하는바, 간인을 할 때에도 그 인감으로 하여야 한다(2019. 7. 18. 등기선례 9-84).

최근 등기선례

협의분할에 의한 상속등기를 신청하는 경우에 제공하는 첨부정보인 상속재산분할협의서가 여러 장일 때에는 공동상속인 전원이 간인을 하여야 하는바, 상속재산분할협의서 끝부분에 공동상속인 전원이 기명날인(또는 서명)을 함에 있어 지면의 부족으로 첫 장에 일부 상속인만이 기명날인을 하고 나머지 상속인은 다음 장에 기명날인을 하여 위 협의서가 두 장이 된 경우에도 다르지 아니하다(2018. 7. 5. 등기선례 9-237). 근저당권설정계약서가 여러 장일 때에는 그 전원이 간인을 하여야 한다(2018. 9. 5. 등기선례 9-83).

5. 신청서에 서명을 하는 경우

신청서에 서명을 하였을 때에는 각 장마다 연결되는 서명을 함으로써 간인을 대신한다(규칙 제56조 제2항 단서).

Ⅳ. 등기신청서의 정정

> 규칙 제57조(신청서 등의 문자) ① 신청서나 그 밖의 등기에 관한 서면을 작성할 때에는 자획(字劃)을 분명히 하여야 한다.
>
> ② 제1항의 서면에 적은 문자의 정정, 삽입 또는 삭제를 한 경우에는 그 글자 수를 난외(欄外)에 적으며 문자의 앞뒤에 괄호를 붙이고 이에 날인 또는 서명하여야 한다. 이 경우 삭제한 문자는 해독할 수 있게 글자체를 남겨 두어야 한다.

1) 등기신청서를 작성할 때에는 자획을 분명히 하여야 잘못된 등기가 경료되는 것을 방지할 수 있다.

2) 종전에 1985. 9. 14. ②항이 삭제되기 전에는, 금전 기타 물건의 수량, 연월일과 번호를 기재함에는 壹, 貳, 參, 拾 등의 문자(갖은 자)를 사용할 것을 요구하였었다.

3) 문자를 정정, 삽입 또는 삭제하는 순서는 다음과 같다. ① 문자를 정정, 삽입, 삭제를 하고 ② 그 자수를 등기신청서의 난외에 기재하고(다만 줄을을 삭제하는 경우에는 '삭1행' '삭2행'으로 표시하여도 된다) ③ 정정·삭제를 한 경우에는 정정 전 문자, 삭제 전 문자의 앞뒤에 괄호를 붙이고, 삽입한 경우에는 삽입을 한 문자의 앞뒤에 괄호를 붙이며 ④ 정정·삭제를 한 경우에는 정정 전 문자, 삭제 전 문자에 날인 또는 서명하여야 한다. 새로이 문자를 삽입을 한 경우에는 새로이 삽입된 문자 위에 날인 또는 서명을 하면 판독이 어렵기 때문에 삽입을 한 문자의 주위의 적당한 곳에 날인 또는 서명하여야 한다. 실무상 등기신청서 등의 난외에 정정인 등을 날인하는 경우가 있으나 이는 정확한 방법은 아니다. ⑤ 실무상 문자를 정정·삭제를 한 경우에는 그 문자에 줄을 그어 그 문자가 더 이상 효력이 없음을 명백히 하여야 한다. 다만 삭제한 문자는 해독할 수 있게 글자체를 남겨 두어야 한다.

4) 신청인이 다수인 경우 신청서를 정정하기 위하여서는 날인 또는 서명하지

아니한 신청인과 이해상반되는 경우가 있을 수 있으므로 신청인 전원이 정정인을 날인하거나 서명하여야 한다(1985. 10. 16. 등기예규 제585호).

제2장 등기소에 제공하여야 하는 신청정보

제1절 총　설

Ⅰ. 신청서의 기재사항

신청서의 기재사항에는 일반적 기재사항과 특별한 기재사항이 있다. 일반적 기재사항이란 신청서가 유효하기 위하여 반드시 기재하여야 할 사항으로서 기록하지 않으면 그 신청서가 방식에 적합하지 않은 것에 해당되어 각하사유가 되는 것을 말한다(법 제29조 제5호).

특별한 기재사항이란 위의 일반적인 기재사항 외에 특정 등기와 관련하여 특별히 신청서에 기재하여야 하는 사항을 말한다. 대표적인 예로서 당사자 사이의 특별한 약정 내용을 등기할 수 있도록 하는 규정에 따라 신청서에 기재하여야 하는 사항을 들 수 있다. 특별한 기재사항이라고 하여 당사자가 신청서에 기재할지 여부를 임의로 정할 수 있는 것은 아니다. 즉 특별한 기재사항도 다른 규정이 없는 한 원칙적으로 반드시 신청서에 기재하여야 하고, 기재하지 않으면 일반적 기재사항의 경우와 마찬가지로 그 등기신청이 법 제29조 제5호에 의하여 각하된다.

일반적 기재사항이든 특별한 기재사항이든 신청서에 기재할 사항은 법령에 의하여 정하여진 것에 한하며, 그렇지 않은 것은 신청서에 기재하여 등기를 할 수 없다. 이를 등기사항법정주의라고 한다.

아래에서는 일반적 기재사항 중 주요한 것들에 대하여 설명한다.

> 규칙 제43조(신청정보의 내용) ① 등기를 신청하는 경우에는 다음 각 호의 사항을 신청정보의 내용으로 등기소에 제공하여야 한다.
>
> 1. 다음 각 목의 구분에 따른 부동산의 표시에 관한 사항
>   가. 토지: 법 제34조 제3호부터 제5호까지의 규정에서 정하고 있는 사항(소재, 지번, 지목, 면적)
>   나. 건물: 법 제40조 제1항 제3호와 제4호에서 정하고 있는 사항[소재, 지번, 건물명칭(건축물대장에 건물명칭이 기재되어 있는 경우만 해당한다) 및 번호(다만, 같은 지번 위에 1개의 건물만 있는 경우에는 건물번호는 기록하지 아니한다), 건물의 종류, 구조와 면적(부속건물이 있는 경우에는 부속건물의 종류, 구조와 면적도 함께 기록한다)].
>   다. 구분건물: 1동의 건물의 표시로서 소재지번 · 건물명칭 및 번호 · 구조 · 종류 · 면적, 전유부분의 건물의 표시로서 건물번호 · 구조 · 면적, 대지권이 있는 경우 그 권리의 표시. 다만, 1동의 건물의 구조 · 종류 · 면적은 건물의 표시에 관한 등기나 소유권보존등기를 신청하는 경우로 한정한다.
> 2. 신청인의 성명(또는 명칭), 주소(또는 사무소 소재지) 및 주민등록번호(또는 부동산등기용등록번호)
> 3. 신청인이 법인인 경우에는 그 대표자의 성명과 주소
> 4. 대리인에 의하여 등기를 신청하는 경우에는 그 성명과 주소
> 5. 등기원인과 그 연월일
> 6. 등기의 목적
> 7. 등기필정보. 다만, 공동신청 또는 승소한 등기의무자의 단독신청에 의하여 권리에 관한 등기를 신청하는 경우로 한정한다.
> 8. 등기소의 표시
> 9. 신청연월일
>
> ② 법 제26조의 법인 아닌 사단이나 재단이 신청인인 경우에는 그 대표자나 관리인의 성명, 주소 및 주민등록번호를 신청정보의 내용으로 등기소에 제공하여야 한다.

II. 일반적 기재사항(규칙 제43조)

필요적 기재사항이란 신청서가 유효하기 위하여 반드시 기재해야 할 사항으로, 그러한 기재가 없으면 부동산등기법 제29조 제5호의 '신청정보의 제공이 대법원규칙으로 정한 방식에 맞지 아니한 경우'에 해당하므로 각하하여야 한다. 아래에서는 등기신청서에 반드시 기재하여야 하는 필요적 기재사항을 살펴본다. 참고로 '기재하

여야 한다'는 표현과 '신청정보의 내용으로 등기소에 제공하여야 한다'는 표현을 필요에 따라 혼용하고, '필요적 기재사항'이라는 표현과 '필요적 신청정보'라는 표현을 혼용하기로 한다.

제 2 절 신청서의 표제

Ⅰ. 신청서 표제의 기재방법

등기신청서 중 갑지의 제일 윗 부분, 즉 표제부분에는 신청하는 등기의 종류를 적어야 한다. 이에 대하여 2025. 1. 24. 등기예규 제1838호 및 법원행정처에서 2007년 10월 출판된 「부동산등기신청서 견본 및 작성안내」를 참고하여 다음과 같이 정리한다.

등기신청의 종류	신청서 표제
토지표시변경 등기신청	토지분필등기신청, 토지합필등기신청, 지목변경등기신청, 면적변경등기신청
건물표시변경 등기신청	건물증축등기신청, 구조변경등기신청, 건물대지지변경등기신청, 건물멸실등기신청
소유권보존 등기신청	토지소유권보존등기신청, 건물소유권보존등기신청, 구분건물소유권보존등기신청
소유권이전 등기신청	소유권이전등기신청(상속), 소유권이전등기신청(협의분할에 의한 상속), 소유권이전등기신청(매매), 소유권이전등기신청(공유물분할), 소유권이전등기신청(증여), 소유권이전등기신청(유증), 소유권이전등기신청(교환), 소유권이전등기신청(협의취득), 소유권이전등기신청(판결)
소유권일부이전 등기신청	소유권(일부)이전등기신청
변경(경정) 등기신청	소유권변경(경정)등기신청, 등기명의인표시변경(경정)등기신청, 지상권변경(경정)등기신청, 전세권변경(경정)등기신청, 근저당권변경(경정)등기신청,
소유권이외의 권리의 설정등기신청	지상권설정등기신청, 전세권설정등기신청, 근저당권설정등기신청
소유권이외의 권리의 이전등기신청	지상권이전등기신청, 전세권이전등기신청, 근저당권이전등기신청

말소등기신청	소유권이전등기말소등기신청, 지상권설정등기말소등기신청, 전세권설정등기말소등기신청, 근저당권설정등기말소등기신청, 소유권이전 청구권 가등기말소등기신청
가등기신청	소유권이전청구권가등기신청
본등기신청	소유권이전본등기신청
신탁등기신청	소유권이전 및 신탁등기신청, 소유권이전 및 신탁등기말소신청

II. 동시신청의 경우

예를 들어 수개의 근저당권설정등기를 동시신청하여 동일순위로 등기하기 위하여서는 신청서 제목의 좌측부분에 '동시신청(가)', '동시신청(나)'라고 적어야 각 등기신청서에 동일한 접수번호가 기재되고 동일한 순위번호로 등기할 수 있다.

제 3 절　부동산의 표시에 관한 사항

등기신청서상 부동산표시란에는 아래 사항을 적어야 한다. 부동산의 표시를 한 뒤에 제일 끝 부분에는 '-이상-'이라고 적어 부동산의 표시가 고의 또는 실수로 추가되는 것을 방지하여야 한다.

I. 토지의 경우(규칙 제43조 제1항 제1호 가.)

1. 부동산의 소재와 지번(규칙 제43조 제1항 제1호 가.)

소재는 행정구역의 명칭대로 기재하며, 번지라는 문자는 생략하며, 동일한 등기신청서상의 부동산 표시란에 2개 이상의 부동산을 기재하는 경우에는 그 부동산의 일련번호를 기재하여야 한다(1989. 3. 8. 등기예규 제681호). 토지에 대한 부동산표시에는 도로명주소를 기재할 것은 아니다.

2. 지목과 면적(규칙 제43조 제1항 제1호 가.)

1) 지목은 토지의 주된 사용목적 또는 용도에 따라 토지의 종류를 구분 · 표시

하는 명칭으로서, 지적법 제5조에서 전 · 답 · 과수원 · 임야 · 잡종지 등 28종의 지목을 정하고 있다. 면적은 지적측량에 의하여 지적공부에 등록된 토지의 수평면적을 말하며, 평방미터(㎡)를 단위로 한다.

> 지적법 제5조(지목의 종류) ①지목은 전 · 답 · 과수원 · 목장용지 · 임야 · 광천지 · 염전 · 대(垈) · 공장용지 · 학교용지 · 주차장 · 주유소용지 · 창고용지 · 도로 · 철도용지 · 제방 · 하천 · 구거(溝渠) · 유지(溜池) · 양어장 · 수도용지 · 공원 · 체육용지 · 유원지 · 종교용지 · 사적지 · 묘지 · 잡종지로 구분하여 정한다.

2) 면적단위에 환산이 있는 경우 부동산표시의 변경등기의 대상이 된다(법 제34조). 다만 등기관은 등기기록에 '단보' '무보' '평' 등으로 척관법에 의한 면적단위가 기록되어 있는 경우에는 이를 미터법에 의한 면적단위(㎡)로 환산하는 등기를 직권으로 하여야 한다. 종전 등기예규 제858호에서는 이를 당사자가 신청할 것을 요구하였지만 금번에 2011. 10. 12. 등기예규 제1426호에 의하여 등기관의 직권에 의한 등기로 변경되었다.

면적단위의 환산등기가 되어 있지 아니한 기등기 토지에 대하여 다른 등기신청이 있을 경우 그 신청서에 첨부한 '지적공부 등본에 해당 토지의 지적공부상의 면적단위가 미터법에 의하여 환산등록된 때'에는 그 등기에 앞서 직권으로 면적단위의 변경에 따른 부동산표시변경등기를 하여야 한다(위 예규)(참고: 1정보=10단보=100무보=3,000평, 1단보=10무보=300평, 1무보=30평, 1평=3.3058㎡). 따라서 부동산표시변경등기 혹은 다른 등기를 신청함에 있어서 미리 면적단위환산등기를 신청할 필요는 없다.

II. 건물의 경우

1. 건물의 소재, 지번, 명칭(규칙 제43조 제1항 제1호 나.)

건물의 소재와 지번을 적되, 이 방법은 토지의 경우와 같다. 다만 토지의 경우와는 달리 건물의 경우에는 그 소재지번 표시 아래에 도로명주소를 다음 〈예시 1〉과 같이 기재한다(2011. 10. 28. 등기예규 제1436호). 도로명주소에는 법정동(서초동, 상도동 등) 표시는 하지 않는다. 또한 건물대지의 지목과 면적은 건물에 관한 등기신청서에 기재하지 않는다.

건물의 명칭은 법 개정 전에는 구분건물의 경우에만 이를 기재할 수 있었지만 금번 법개정을 통하여 일반건물의 경우에도 건축물대장에 명칭이 기재되어 있다면 건물의 명칭을 기록할 수 있는 것으로 변경되었다.

2. 건물의 종류, 구조와 면적(규칙 제43조 제1항 제1호 나.)

1) 건물의 종류, 구조와 면적을 적는다. 이 경우 건물의 종류라 함은 '단독주택, 공동주택, 기숙사, 근린생활시설, 공장 …'등 건축법시행령 별표 1.에 나와 있는 건물의 종류에 따른 구분이며, 건물의 구조라 함은 건축물의 구성부분의 자재(철골조, 철근콘크리트조 등), 지붕(기와지붕, 슬래브지붕), 층수(단층, 2층) 등을 말한다. 건물이 2층 이상일 때에는, 1층, 2층,……지하실 등의 순서로 각 층의 면적을 표시한다.

2) 등기를 하는 경우에 건물 전체의 주된 용도만 등기사항이고 각 층별 용도는 등기할 수 없다(1994. 7. 6. 등기선례 4-80). 실무상 각 층별 용도(예: 1층 슈퍼마켓, 2층 일반음식점 등) 또는 동일한 층 내에서 면적별로 세부용도(예: 1층 30㎡ 약국, 45㎡ 편의점)에 대하여 등기를 신청하는 경우가 있는데 이러한 것은 등기사항이 아니므로 신청서에 이를 기재할 수 없다. 설령 세부용도가 이미 등기되어 있는 경우에도 그 변경등기는 신청할 수 없다. 다만, 위 세부용도의 기록을 말소하는 변경등기신청은 가능하다.

3) 건물의 구조로서는 그 주된 부분의 구성재료와 지붕의 종류, 층수 등(건축물대장에 기재된 주구조와 지붕 등)을 기재하고, 종류로서는 건축물대장에 기재된 주용도를 기재한다. 면적은 제곱미터(㎡)를 단위로 하여 기재하는데, 건물이 2층 이상일 때에는 각 층의 면적만을 기재하고 지하실도 따로 면적을 기재한다. 부속건물이 있는 때에는 그 종류, 구조와 면적을 기재한다(〈例示 1〉 참조).

옥탑(연면적 제외)과 그 면적도 대장에 따라 등기할 수 있다. 층의 구분이 명확하지 아니한 건축물은 그 건축물의 높이 4미터마다 하나의 층으로 보고 그 층수를 산정하는바(건축법시행령 제119조 제1항 제9호), 건축물대장에 「주용도: 자동차관련시설(주차장), 주구조 : 벽돌구조, 1층 36.63㎡, 2층 0㎡, 3층 0㎡」로 등재된 건축물(승강식 주차타워)에 대하여 건물로서 등기능력이 인정되어 소유권보존등기를 하는 경우, 그 부동산의 표시는 건축물대장의 표시에 따르면 될 것이다(2013. 8. 9. 부동산등기과-1857 질의회답).

3. 여러 개의 건물이 있는 경우의 건물의 번호(규칙 제43조 제1항 제1호 나.)

같은 지번 위에 여러 개의 건물이 있는 경우에는 건물번호를 기재한다.

4. 부속건물의 종류, 구조와 면적(규칙 제43조 제1항 제1호 나.)

부속건물의 종류, 구조와 면적을 적되, 부속건물의 소재나 지번은 적을 필요가 없다(〈例示 1〉 참조).

가. 단층건물인 경우

[표 제 부]		(건물의 표시)		(No.66)
표시번호	접 수	소재지번 및 건물번호	건물내역	등기원인 및 기타 사항
1	2025년 3월 5일	서울특별시 서초구 서초동 151 [도로명주소] 서울특별시 서초구 명달로 22길 23	시멘트블럭조 시멘트 기와지붕 단층 주택 85㎡	

나. 2층 이상 건물인 경우

[표 제 부]		(건물의 표시)		(No.67)
표시번호	접 수	소재지번 및 건물번호	건물내역	등기원인 및 기타 사항
1	2025년 3월 5일	서울특별시 서초구 서초동 151 프라임빌 [도로명주소] 서울특별시 서초구 명달로 22길 23	철근콘크리트조 평스라브지붕 4층 다가구용단독주택 지하층 100㎡ 1층 100㎡ 2층 100㎡ 3층 100㎡ 4층 100㎡ 옥탑층 10㎡	

※ (주) 1. 건물 전체의 주된 용도만 등기사항이고 각 층별 용도 또는 동일한 층 내의 면적별 세부용도는 등기할 수 없다.
2. 연면적에서 제외된 옥탑층도 등기하여야 하나, '연면적제외'는 등기하지 않는다.

다. 부속건물이 있는 경우

[표 제 부]		(건물의 표시)		(No.68)
표시번호	접 수	소재지번 및 건물번호	건물내역	등기원인 및 기타 사항
1	2025년 3월 5일	서울특별시 서초구 서초동 151	시멘트블록조 시멘트기와지붕 단층 주택 200㎡	

		[도로명주소] 서울특별시 서초구 명달로 22길 23	지하실 100㎡ 　부속건물 시멘트블록조 시멘트기와지붕 　단층 창고 100㎡ 시멘트블록조 슬라브지붕 　화장실 6㎡	

라. 구조복합 건물인 경우

[표 제 부]		(건물의 표시)		(No.69)
표시 번호	접　수	소재지번 및 건물번호	건물내역	등기원인 및 기타 사항
1	2025년 3월 5일	서울특별시 서초구 서초동 151 [도로명주소] 서울특별시 서초구 명달로 22길 23	벽돌조 및 시멘트벽돌조 슬래브지붕 단층 사무실 및 차고 80㎡	

Ⅲ. 구분건물의 경우(규칙 제43조 제1항 제1호 다.)

1. 1동의 건물의 표시

(1) 1동의 건물의 소재지번 · 종류(규칙 제43조 제1항 제1호 다.)

1동의 건물 전체에 관한 것으로 집합건축물대장등본을 참고하여 위 2(1)(2)의 방법에 따라 적는다.

1동의 건물의 대지 중 일부 토지만이 대지권의 목적인 때에는 건물의 표시란에 대지권의 목적인 토지의 표시를 함에 있어서 그 토지만을 기록하여 대지권의 등기를 하여야 한다. 이 경우 대지권의 목적이 아닌 토지는 1동의 건물의 표시를 함에 있어 소재지로서 기록하여야 한다(2012. 6. 29. 등기예규 제1470호).

예를 들어 1동의 건물의 대지 서초동 300, 301, 304번지 중 300, 301번지만이 대지권의 목적인 토지인 경우에는 그 토지만을 기록하여 대지권등기를 하지만, 1동의 건물의 표시 중 소재지부분에는 300, 301, 304번지 모두를 기록하여야 한다.

(2) 1동의 건물의 명칭(규칙 제43조 제1항 제1호 다.)

집합건물의 소유 및 관리에 관한 법률('집합건물법') 제1조의 규정에 의한 1동의 건물에 명칭이 있는 경우에는 1동의 건물의 표제부에 이를 적을 수 있다. 따라서 1동의 건물에 명칭이 있는 경우에 등기신청서에도 이를 적어야 한다.

(3) 여러 동의 건물이 있는 경우의 건물의 번호(규칙 제43조 제1항 제1호 다.)

건물의 번호는 제가동, 제나동…형식으로 될 수도 있고, 제101동, 제102동…등의 형식이 될 수도 있다.

(4) 도로명주소법에 따른 도로명주소(2011. 10. 28. 등기예규 제1436호)

도로명주소법의 시행에 따라 도로명주소를 건물의 번호아래에 기재한다.

[도로명주소] 서울특별시 서초구 서초대로 46길 62

(5) 1동의 건물의 구조 · 종류 · 면적(규칙 제43조 제1항 제1호 다. 단서)

집합건축물대장등본을 참고하여 1동의 건물 전체의 구조, 종류, 면적(구조상 공용부분을 포함하되, 전체의 면적을 층별로 표시)을 적는다. 다만 1동의 건물의 구조, 종류, 면적은 등기신청의 종류에 따라 이를 적을 필요가 없는 경우도 있다.

(가) 건물의 표시에 관한 등기나 소유권보존등기를 신청하는 경우가 아닌 경우 1동의 건물의 구조와 면적(아래 필기체로 처리한 부분)은 이를 적지 아니한다(규칙 제43조 제1항 제1호 다. 단서). 건물의 번호에 의하여 1동의 건물은 충분히 특정되기 때문이다.

(나) 건물의 표시에 관한 등기나 소유권보존의 등기를 신청하는 경우 1동의 건물의 구조와 면적(아래 필기체로 처리한 부분)은 이를 적어야 한다(규칙 제43조 제1항 제1호 다. 단서.) (〈例示 2〉 참조).

1동의 건물의 표시
　　서울특별시 서초구 서초동 300, 301, 304
　　　샛별아파트 제101동
　　[도로명주소] 서울특별시 서초구 서초대로46길 62
　　철근콘크리트조 슬래브지붕 6층 아파트
　　　1 층 245㎡　2 층 245㎡
　　　3 층 245㎡　4 층 245㎡
　　　5 층 245㎡　6 층 245㎡
전유부분의 건물의 표시
　　건물의 번호: 101-3-303
　　구　　조: 철근콘크리트조
　　면　　적: 제3층 제303호　86.03㎡
대지권의 표시
　　대지권의 목적인 토지의 표시
　　　1. 서울특별시 서초구 서초동 300

대 1,400㎡
2. 서울특별시 서초구 서초동 301
대 1,600㎡
대지권의 종류: 1. 소유권대지권
대지권의 비율: 3,000분의 50
대지권 연월일: 2025년 7월 20일 대지권
- 이 상 -

〈例示 2〉 부동산의 표시

2. 전유부분의 건물의 표시

(1) 건물의 번호(규칙 제43조 제1항 제1호 다.)

1필지 또는 수필지 상에 수개의 건물이 있는 것으로 보아야 하기 때문에 건물의 번호를 적는다. 기재방법은 '(1동의 건물의 번호)-(층)-(전유부분의 건물의 번호)'형식으로 한다. 2개 이상의 구분건물에 대하여 일괄하여 보존등기 등을 신청하는 경우에는 '건물의 번호'란 앞에 일련번호를 적어야 한다(1989. 3. 8. 등기예규 제681호)(〈例示 3〉 참조).

1. 건물의 번호: 101-1-101
   구 조: 철근콘크리트조
   면 적: 제1층 제101호 86.03㎡
2. 건물의 번호: 101-1-102
   구 조: 철근콘크리트조
   면 적: 제1층 제102호 86.03㎡
3. 건물의 번호: 101-2-201
   구 조: 철근콘크리트조
   면 적: 제2층 제201호 86.03㎡
4. 건물의 번호: 101-2-202
   구 조: 철근콘크리트조
   면 적: 제2층 제202호 86.03㎡
5. 건물의 번호: 101-3-301
   구 조: 철근콘크리트조
   면 적: 제3층 제301호 86.03㎡
6. 건물의 번호: 101-3-302
   구 조: 철근콘크리트조
   면 적: 제3층 제302호 86.03㎡

〈例示 3〉 수개의 전유부분에 대한 등기신청의 경우

(2) 구 조(규칙 제43조 제1항 제1호 다.)

구분건물의 구조 중 구성부분의 자재(철골조, 철근콘크리트조.... 등)에 대한 표시만 한다. 지붕표시는 하지 아니한다.

(3) 면 적(규칙 제43조 제1항 제1호 다.)

전유부분의 면적을 적는다. 공유부분에 대한 면적은 건축물대장을 통하여 공시하는 것이지 등기할 사항이 아니므로 등기신청서에 이를 합산하여 적을 것은 아니다.

(4) 부속건물(규칙 제43조 제1항 제1호 나.)

부속건물의 표시는 다음과 같이 한다.[1]

(가) 다른 1동의 건물을 구분한 부속건물이 있는 경우

[표 제 부]		(전유부분의 건물의 표시)		(No.99)
표시번호	접 수	건물번호	건물내역	등기원인 및 기타 사항
1	2025년 8월 3일	제1층 제102호	철근콘크리트조 87㎡ 부속건물 서울특별시 서초구 반포동 152 목조기와지붕 단층 창고 256㎡ 내 다호 34㎡	

(나) 주된 건물과 동일한 1동의 건물을 구분한 부속건물이 있는 경우

[표 제 부]		(전유부분의 건물의 표시)		(No.100)
표시번호	접 수	건물번호	건물내역	등기원인 및 기타 사항
1	2025년 8월 3일	제1층 제301호	철근콘크리트조 단층 87㎡ 부속건물 철근콘크리조 지하실 5호 35㎡	

※ (주) 부속건물 자체의 구조도 기록하여야 한다.

(다) 부속건물이 1동의 건물인 경우

[표 제 부]		(전유부분의 건물의 표시)		(No.101)
표시번호	접 수	건물번호	건물내역	등기원인 및 기타 사항
1	2025년 8월 3일	제1층 제104호	철근콘크리트조 87㎡ 부속건물 서울특별시 강남구 역삼동 47 벽돌조 기와지붕 단층 창고 32㎡	

3. 대지권의 표시(규칙 제43조 제1항 제1호 다.)

구분건물에 대지권이 있는 경우에는 아래 규칙에서 요구하고 있는 대지권의 목적

1) 법원행정처刊 「등기기록례집」 기록례 No. 99~101 참조.

인 토지의 표시란에 적을 사항 및 대지권의 표시란에 적을 사항을 등기신청서에 나누어 적어야 한다.

(1) 대지권의 목적인 토지의 표시란(규칙 제43조 제1항 제1호 다.)

대지권의 목적인 토지의 표시란에는 ① 대지권의 목적인 토지의 일련번호, ② 토지의 소재, ③ 지번, ④ 지목, ⑤ 면적을 적어야 한다.

1동의 건물의 대지 중 일부 토지만이 대지권의 목적인 때에는 건물의 표시란에 대지권의 목적인 토지의 표시를 함에 있어서 그 토지만을 기록하여 대지권의 등기를 하여야 한다. 이 경우 대지권의 목적이 아닌 토지는 1동의 건물의 표시를 함에 있어 소재지로서 기록하여야 한다는 점에 대하여서는 앞서 서술한 바 있다(2012. 6. 29. 등기예규 제1470호). 구분소유자들이 1동의 건물의 대지 중 각각 일부의 토지에 대하여 대지사용권을 갖는 경우에는 각 구분소유자별로 일부 토지만을 목적으로 하는 대지권의 등기를 하여야 한다. 이 경우 1동의 건물의 표제부 중 대지권의 목적인 토지의 표시란에 대지권의 목적인 토지의 표시를 함에 있어서는 토지 전부를 기록하여야 한다(위 등기예규).

예를 들어 구분건물 1호는 300번지에 대하여, 2호는 301번지에 대하여, 3호는 302번지에 대하여 각 대지사용권을 갖는 경우 1호는 300번지, 2호는 301번지, 3호는 302번지만을 목적으로 대지권등기를 하되 대지권의 목적인 토지의 표시를 함에 있어서는 300번지, 301번지, 302번지 모두를 기록하여야 한다.

(2) 대지권의 종류(규칙 제43조 제1항 제1호 다.)

대지권의 목적인 토지의 일련번호 및 대지권의 종류를 적는다(예: 1. 소유권대지권 2. 임차권대지권)(〈例示 4〉 참조). 이는 대지권의 목적인 토지가 1필지인 경우에도 마찬가지이다.

(3) 대지권의 비율(규칙 제43조 제1항 제1호 다.)

대지권의 목적인 토지에 대하여 가지는 대지권의 비율을 각각 적는다. 등기부에는 〈例示 4〉와 같이 대지권의 비율에는 개별적으로 대지권의 목적인 토지의 일련번호를 적을 필요가 없지만, 등기신청시에는 대지권의 목적인 토지의 일련번호를 구체적으로 적어야 한다.

〔표 제 부〕	(전유부분의 건물의 표시)			
표시번호	접　수	건물번호	건물내역	등기원인 및 기타 사항
1	2025년 4월 15일	제1층 제101호	철근콘크리트조 96㎡	

(대지권의 표시)			
표시번호	대지권종류	대지권비율	등기원인 및 기타 사항
1	1. 소유권대지권 2. 소유권대지권 3. 임차권대지권	1000분의 47 1000분의 47 500분의 18	2025년 4월 15일 대지권 2025년 4월 15일 대지권 2025년 4월 15일 대지권 2025년 4월 15일 등기

〈例示 4〉 대지권등기(법원행정처 간「등기기록례집」기록례 No. 110)

(4) 등기원인 및 그 연월일

등기원인은 '대지권'으로 적고, 그 연월일은 대지권 발생년월일을 적는다. 대지권 발생일자는 다음과 같이 파악한다.

1) 대지사용권을 가지고 있는 자가 구분건물을 신축하여 소유권보존등기와 함께 대지권등기를 신청할 때에 대지권 발생원인일자로서 집합건축물대장상의 사용승인일란에 기재된 일자를 신청정보의 내용으로 제공하여야 한다(2018. 4. 13. 등기선례 9-143).

2) 일반건물을 구분하여 집합건물로 하는 때에는 구분행위(일반건축물대장을 집합건축물대장으로 전환한 때)를 한 날짜가 대지권발생일자가 된다.

3) 기존건물을 증·개축하거나 합병하여 집합건물로 하는 경우에는 집합건축물대장에 등록된 날짜가 대지권발생일자가 된다.

4) 인접 토지를 규약상 대지로 한 때에는 인접 대지에 대하여 권리를 취득하고 규약을 정한 날짜가 대지권발생일자가 된다.

5) 분리처분할 수 있음을 정한 규약이나 공정증서가 있는 때에는 이를 폐지하는 규약이나 공정증서를 작성한 날짜가 대지권발생일자가 된다.

(5) 전유부분의 대지권의 내용이 다른 경우

대지권의 내용이 각 전유부분별로 동일한 때에는 전유부분의 건물의 표시를 일괄하여 표시한 다음에 대지권의 표시를 하여도 무방하지만, 전유부분의 대지권의 내용이 다른 경우에는 각각의 전유부분마다 대지권을 별도로 표시하여야 한다.

IV. 거래가액 및 거래신고관리번호(규칙 제124조 제2항)

1. 거래가액을 적는 경우

등기관이 부동산거래신고 등에 관한 법률 제3조 제1항에서 정하는 계약을 등기원인으로 한 소유권이전등기를 하는 경우에는 대법원규칙(제124조~제125조)으로 정하는 바에 따라 거래가액을 기록하여야 하는데(법 제68조), 위 거래가액이란 부동산거래신고 등에 관한 법률 제3조에 따라 신고한 금액을 말한다(규칙 제124조 제1항). 따라서 위와 같이 거래가액을 기록하여야 하는 등기를 신청하는 경우에는, 거래가액을 신청정보의 내용으로 등기소에 제공하여야 하고(규칙 제124조 제2항), 관할 관청이 확인한 거래신고관리번호를 기재하여야 한다(2024. 12. 30. 등기예규 제1804호).

2. 거래가액을 적지 않는 경우

거래가액은 2006. 1. 1. 이후 작성된 매매계약서를 등기원인증서로 하여 소유권이전등기를 신청하는 경우에 등기한다. 그러므로 아래 각호의 경우에는 거래가액을 등기하지 않으므로 등기신청서에 거래가액을 적을 필요가 없다.

1) 2006. 1. 1.이전에 작성된 매매계약서에 의한 등기신청을 하는 때

2) 등기원인이 매매라 하더라도 등기원인증서가 판결, 조정조서 등 매매계약서가 아닌 때

3) 매매계약서를 등기원인증서로 제출하면서 소유권이전등기가 아닌 소유권이전청구권가등기를 신청하는 때(다만 매매예약을 원인으로 한 소유권이전청구권가등기에 의한 본등기를 신청하는 때에는, 매매계약서를 등기원인증서로 제출하지 않는다 하더라도 거래가액을 등기한다)(2024. 12. 30. 등기예규 제1804호).

3. 거래신고필증과 매매목록의 첨부

거래가액 등기의 대상이 되는 소유권이전등기를 신청하는 경우에는 거래신고필증과 매매목록을 첨부하여야 한다(위 예규).

4. 거래신고관리번호 및 거래가액의 기재

거래가액 등기의 대상이 되는 소유권이전등기를 신청하는 경우에는, 신청서에 관할 관청이 확인한 거래신고관리번호를 적어야 한다(위 예규). 위 거래신고관리번호 및 거래가액은 등기신청서(갑지)의 부동산표시란의 하단 여백에 적는다(2025. 1. 24. 등기예규 제1838호).

<table>
<tr><td colspan="5" align="center">소유권이전등기신청</td></tr>
<tr><td rowspan="2">접 수</td><td>년 월 일</td><td rowspan="2">처리인</td><td>등기관 확인</td><td>각종 통지</td></tr>
<tr><td>제 호</td><td></td><td></td></tr>
</table>

부동산의 표시(거래신고관리번호/거래가액)
1동의 건물의 표시 서울특별시 서초구 서초동 100, 101 샛별아파트 제101동 [도로명주소] 서울특별시 서초구 서초대로46길 62 전유부분의 건물의 표시 건물의 번호: 101-1-101 구 조: 철근콘크리트조 면 적: 제1층 제101호 86.03㎡ 대지권의 표시 대지권의 목적인 토지의 표시 1. 서울특별시 서초구 서초동 100 대 1,400㎡ 2. 서울특별시 서초구 서초동 101 대 1,600㎡ 대지권의 종류 1, 2 소유권대지권 대지권의 비율 1,2: 3,000분의 500 거래신고관리번호: 12345-2025-4-1234560 거래가액: 금350,000,000원 -이 상-

〈例示 5〉 거래가액 및 거래신고관리번호를 적는 방법

제 4 절 등기원인과 그 연월일(규칙 제43조 제1항 제5호)

Ⅰ. 일반적인 경우

1. 등기원인(규칙 제43조 제1항 제5호)

등기원인은 부동산에 관한 권리변동의 원인인 법률행위(계약)일 수도 있고, 부동산의 표시·등기명의인의 표시 등의 변경원인인 법률사실(증축·주소변경 등)일 수도 있다. 사항란의 등기의 경우에는 등기원인과 그 연월일을 등기부에 적어야 하므로(규칙

제13조 제2항), 등기신청서에도 당연히 이를 적어야 한다.

2. 등기원인일(규칙 제43조 제1항 제5호)

연월일 즉 등기원인일은 등기원인인 법률행위 기타 법률사실 등이 성립 내지 효력발생하게 된 연월일을 말한다. 따라서 매매 · 증여 등을 원인으로 한 소유권이전등기의 경우에는 그 계약체결일을 적는 것이지 반대급부이행일 등을 적는 것이 아니다. 위의 법률행위에 제3자의 허가 · 승낙 등이 효력발생요건인 때에는 그 허가일을, 그 법률행위가 시기부 또는 조건부인 때에는 그 시기의 도래일 혹은 조건의 성취일을 등기원인일자로 적어야 한다.

상속을 원인으로 소유권이전등기를 하는 경우에는 피상속인의 사망일을 적는 것이지 등기신청일 혹은 상속재산에 대하여 협의분할계약을 체결한 날을 적는 것은 아니다(민법 제187조). 합병을 원인으로 소유권이전등기를 하는 경우에도 합병등기를 한 날(상법 제234조)이 등기원인일자가 된다.

부동산표시변경등기시에는 대장상 변경날짜를 적고, 등기명의인표시변경등기를 신청할 때에는 주민등록표등 · 초본상의 주소변경일 · 기본증명서상의 개명허가일 등을 적는다.

유증을 원인으로 한 소유권이전등기신청시에는 등기원인은 '○년 ○월 ○일 유증'으로 적되, 그 연월일은 유증자가 사망한 날을 적는다. 다만, 유증에 조건 또는 기한이 붙은 경우에는 그 조건이 성취한 날 또는 그 기한이 도래한 날을 적는다(2014. 4. 9. 등기예규 제1512호). 한편, 사인증여의 경우에는 등기원인은 '증여'로 등기원인일자는 '증여자의 사망일'을 적는다.

한편 소유권보존등기의 경우에는 등기원인 및 등기원인일자를 적지 아니하고, 진정명의회복을 원인으로 한 소유권이전등기 등의 경우에는 등기원인일자를 적지 아니한다.

최근 등기선례

판결에 의하여 취득시효완성을 원인으로 한 소유권이전등기를 신청하는 경우의 등기원인일자

1. 등기권리자와 등기의무자가 시효취득을 증명하는 정보(당사자 간에 작성된 시효취득확인서)를 등기원인을 증명하는 정보로서 제공하여 공동으로 소유권이전등기를 신청하는 경우에는 신청정보의 내용 중 등기원인은 '시효취득'으로, 그 연월일은 '시효기간의 기산일' 즉 '점유개시일'로 하여 이를 제공하여야 한다.

2. 그런데 등기권리자가 "O년 O월 O일 취득시효 완성을 원인으로 한 소유권이전등기절차를 이행하라"는 주문이 기재된 판결정본을 등기원인을 증명하는 정보로서 제공하여 단독으로

소유권이전등기를 신청하는 경우에는 등기원인과 그 연월일은 판결주문에 기재된 대로 제공하여야 하므로, 신청정보의 내용 중 등기원인은 "취득시효 완성"으로, 그 연월일은 주문에 기재된"취득시효완성일"로 하여 이를 제공하면 된다(2018. 07. 25. 등기선례 9-67).

II. 판결에 의한 등기신청의 경우

판결에 의한 등기의 경우에도 등기신청서에는 등기원인과 그 연월일을 적어야 한다. 이 경우 등기원인 및 그 연월일을 적는 방법은 그 판결의 종류에 따라 다르다. 판결 등 집행권원에 의한 등기의 신청에 관한 업무처리지침(2024. 11. 25. 등기예규 제1786호)을 중심으로 살펴본다.

1. 이행판결

(1) 원 칙

등기절차의 이행을 명하는 판결에 의하여 등기를 신청하는 경우에는 그 판결주문에 명시된 등기원인과 그 연월일을 등기신청서에 적는다. 따라서 교환을 원인으로 한 소유권이전등기절차의 이행을 명하는 판결의 주문에 등기원인과 그 연월일이 "1953년 교환"으로만 기재되어 있는 경우 그 판결에 따른 등기신청서에 등기원인의 월일을 기재하지 않아도 될 것이다(대법원 1991. 1. 15. 선고 90다6958 판결). 판결에 의해 확정된 권리관계의 등기를 월일의 기재가 없다고 하여 할 수 없도록 하는 것은 불합리하기 때문이다.

(2) 예 외

등기절차의 이행을 명하는 판결주문에 등기원인과 그 연월일이 명시되어 있지 아니한 경우 등기신청서에는 등기원인은 '확정판결'로, 그 연월일은 '판결선고일'을 적는다(판결이유를 살펴볼 필요가 없다).

참 고

종전에는 판결주문뿐만 아니라 판결이유에도 등기원인과 그 연월일이 나오지 않는 경우에만 위와 같이 적었으나, 판결이유에서 등기원인을 특정하기가 어려운 경우도 있으므로 위와 같이 변경하였다.

이에 해당하는 경우로는 다음과 같은 예를 들 수 있다.

1) 기존등기의 등기원인이 부존재 내지 무효이거나 취소·해제에 의하여 소멸하였음을 이유로 말소등기 또는 회복등기를 명하는 판결

2) 가등기상 권리가 매매예약에 의한 소유권이전등기청구권으로써 그 가등기에 기한 본등기를 명한 판결의 주문에 등기원인과 그 연월일의 기재가 없는 경우

참 고
판결에 의하여 가등기에 의한 본등기를 신청하는 경우의 등기원인일자는 그 주문에 원인일자의 표시가 있으면 그 일자를 적어야 한다. 여기서 원인일자라 함은 매매예약완결권이 행사되어 매매가 성립된 날을 뜻하는 것으로 판결주문에 매매예약 완결일자가 있는 이상 그 일자를 등기원인일자로 적어야 한다. 그런데 매매예약의 형식을 취하여 가등기를 하였으나 실제로는 예약완결권의 행사를 요하지 않고 원고의 청구가 있으면 언제든지 본등기를 해주기로 약정한 경우에는 예약완결일자가 판결주문에 표시되지 않아도 무방하므로(大判 1981. 3. 10. 80다2583) 이 경우에는 등기원인은 '확정판결'로, 그 연월일은 '판결의 선고일'을 각 적는다.

2. 형성판결

권리변경의 원인이 판결 자체, 즉 형성판결인 경우 등기신청서에는 등기원인은 '판결에서 행한 형성처분'을 적고, 그 연월일은 '판결확정일'을 적는다.[2] 이에 해당하는 경우로는 다음과 같은 예를 들 수 있다.

1) 공유물분할판결의 경우 등기원인은 '공유물분할'로, 그 연월일은 '판결확정일'을 적는다.

2) 사해행위취소판결의 경우 등기원인은 '사해행위취소'로, 그 연월일은 '판결확정일'을 적는다.

3) 재산분할심판의 경우 등기원인은 '재산분할'로, 그 연월일은 '심판확정일'을 적는다.

최근 등기선례
사해행위취소판결에 의하여 등기를 신청하는 경우 등기원인과 그 연월일의 기재 방법 "별지 목록 기재 부동산에 관하여, 가. 피고 조○○와 피고 임○○ 사이에 2010. 8. 16. 체결된 매매계약을 취소한다. 나. 피고 임○○는 원고에게 대구지방법원 ○○등기소 2010. 8. 17. 접수 제47571호로 마친 소유권이전등기의 말소등기절차를 이행하라."는 주문과 같은 사해행위취소 등 판결에 의하여 등기를 신청하는 경우에는 등기신청서에 기재할 등기원인을 "사해행위취소"로, 등기원인일자를 "판결확정일"로 기재하여야 한다(2012. 3. 21. 등기선례 9-57).

2) 종전 실무는 등기원인일자로 형성판결의 선고일을 적었으나, 판결이 확정된 때에 물권변동이 발생한다는 점을 고려하여 확정일자로 변경하였다(등기예규 제1692호).

최근 등기선례

사해행위취소판결의 주문에 원상회복의 방법으로 소유권이전등기의 말소등기절차의 이행을 명하는 대신 소유권이전등기절차의 이행을 명하면서 그 등기원인을 "사해행위취소" 외에 "사해행위취소로 인한 원상회복" 또는 "진정명의회복" 등으로 기재하였더라도 어느 경우에나 사해행위취소판결 자체가 그 등기의 원인이 되는 것은 마찬가지이므로, 이러한 판결에 의하여 소유권이전등기를 신청하는 경우에 신청정보의 내용 중 등기원인은 "사해행위취소"로, 그 연월일은 "판결확정일"로 하여 이를 제공하여야 한다(2018. 9. 20. 등기선례 9-68).

3. 화해조서 등

1) 화해조서 · 인낙조서, 화해권고결정, 민사조정조서 · 조정에 갈음하는 결정, 가사조정조서 · 조정에 갈음하는 결정 등(이하 '화해조서 등'이라 한다)에 등기신청에 관한 의사표시의 기재가 있고 그 내용에 등기원인과 그 연월일의 기재가 있는 경우 등기신청서에는 그 등기원인과 그 연월일을 적는다.

2) 화해조서 등에 등기신청에 관한 의사표시의 기재가 있으나 그 내용에 등기원인과 그 연월일의 기재가 없는 경우 등기신청서에는 등기원인은 '화해', '인낙', '화해권고결정', '조정' 또는 '조정에 갈음하는 결정' 등으로, 그 연월일은 '조서기재일' 또는 '결정확정일'을 적는다.

제 5 절 등기의 목적(규칙 제43조 제1항 제6호)

Ⅰ. 일반적인 경우

등기신청서에는 등기의 목적을 적어야 한다(규칙 제43조 제1항 제6호). 등기의 목적이란 신청하는 등기의 내용 내지 종류를 말한다. 등기부상으로 등기의 목적은 사항란의 등기에만 이를 적고 표시란의 등기에는 이를 적지 아니하지만(규칙 제13조 제2항 참조), 등기신청서에는 사항란의 등기 · 표시란의 등기를 불문하고 등기의 목적을 적어야 한다. 법원행정처간 부동산등기신청서 견본 및 작성안내(2007년간)(혹은 대법원인터넷등기소), 부동산등기신청서의 양식에 관한 예규(2025. 1. 24. 등기예규 제1838호), 법원행정처간 등기기록례집을 중심으로 이를 정리해 보면 다음과 같다.

〈정 리〉

구 분	법원행정처간 부동산등기신청서 견본 및 작성안내	2025. 1. 24. 등기예규 제1838호	법원행정처간 부동산등기 기록례집
토지표시변경에 관한 등기신청서(토지분필등기신청, 토지합필등기신청, 지목변경등기신청)	토지표시변경	토지 표시변경	
건물표시변경에 관한 등기신청서(건물증축등기신청, 건물구조변경등기신청, 건물대지지변경등기신청)	건물표시변경	건물 표시변경	
건물멸실등기신청서	건물멸실		
소유권보존등기신청서	소유권 보존	소유권 보존	소유권보존
소유권이전등기신청서	소유권이전	소유권 이전	소유권이전
소유권말소등기신청서	소유권이전등기말소	소유권등기말소	소유권보존등기말소 소유권이전등기말소
소유권말소회복등기신청서			소유권보존등기회복 소유권이전등기회복
등기명의인표시변경 등기신청서	등기명의인표시변경	등기명의인 표시변경	등기명의인표시변경
등기명의인표시경정 등기신청서	등기명의인표시경정	등기명의인 표시경정	등기명의인표시경정
소유권경정등기신청서 협의분할로 인한 소유권경정등기신청서	소유권경정		소유권경정
지상권 · 지역권 · 전세권 · 근저당권 · 임차권설정등기신청서	지상권 · 지역권 · 전세권 · 근저당권 · 임차권설정	지상권 · 지역권 · 전세권 · 근저당권 · 임차권설정	지상권 · 지역권 · 전세권 · 근저당권 · 임차권설정
지상권 · 지역권 · 전세권 · 근저당권 · 임차권변경등기신청서	지상권 · 지역권 · 전세권 · 근저당권 · 임차권변경	지상권 · 지역권 · 전세권 · 근저당권 · 임차권변경	지상권 · 지역권 · 전세권 · 근저당권 · 임차권변경
지상권 · 지역권 · 전세권 · 근저당권 · 임차권말소등기신청서	지상권 · 지역권 · 전세권 · 근저당권 · 임차권등기말소	지상권 · 지역권 · 전세권 · 근저당권 · 임차권등기말소	지상권 · 지역권 · 전세권 · 근저당권 · 임차권설정등기말소
지상권 · 지역권 · 전세권 · 근저당권 · 임차권말소회복 등기신청서			지상권 · 지역권 · 전세권 · 근저당권 · 임차권설정등기회복
소유권이전청구권 가등기신청서	(시기부, 조건부)소유권이전청구권가등기	소유권이전 청구권가등기	(시기부, 조건부)소유권이전청구권가등기

	소유권이전담보가등기		소유권이전담보가등기
소유권이전본등기신청서	소유권이전	소유권이전	소유권이전
소유권이전청구권가등기 말소등기신청	소유권이전 청구권 가등기말소		가등기말소
소유권이전청구권의 이전등기신청			소유권이전청구권 이전
가등기된 소유권이전청구권의 이전청구권의 가등기			소유권이전청구권 이전청구권가등기

이상에서 보듯이 등기의 목적을 적는 방법에서 일관성이나 원칙을 찾아보기는 힘들다. 저자의 견해를 조심스럽게 피력한다면 등기신청은 종국적으로 등기부에의 기재를 목적으로 하는 것이므로 판단이 어려운 경우에는 대법원등기기록례집에 예시된 등기의 목적과 동일하게 등기신청서에 등기의 목적을 적는 것이 바람직하다고 본다.

※ 소유권일부이전이나 공유자지분이전등기시의 등기의 목적을 기재하는 방법

구 분	소유권		공유지분	
	전부이전	일부이전	전부이전	일부이전
등기의 목적	소유권이전	소유권일부이전	○번갑지분전부이전	○번갑지분○분의○중일부(○분의○)이전

II. 소유권이전등기시 등기의 목적 및 이전할 지분의 표시방법

번호	등기의무자	등기신청의 내용	'등기의 목적'	'이전할지분'
1	순위번호 2번의 소유권자 김갑남	소유권전부이전하는 경우	소유권이전	-
2	상 동	소유권중 4분의 1을 이전하는 경우	소유권일부이전	4분의 1
3	순위번호 2번의 공유자 김갑남(5분의 3 지분)	김갑남이 공유지분을 전부이전하는 경우	2번김갑남지분 전부이전	5분의 3
4	상 동	김갑남이 공유지분 5분의 3 중 일부를 이전하는 경우 (전체지분 5분의 2)	2번김갑남지분 5분의 3 중일부(5분의 2)이전	5분의 2
5	순위번호 2번의 공유자 김갑남(5분의 3), 이을순(5분의 2)	김갑남이 5분의 1, 이을순이 5분의 1을 타인에게 이전하는 경우	2번김갑남지분 5분의 3 중일부(5분의 1), 2번이을순지분 5분의 2 중 일	5분의 2

			부(5분의 1)이전	
6	상 동	위 경우에 김갑남과 이을순이 2번 공유지분 전부를 타인에게 이전하는 경우	공유자전원지분 전부이전	-
7	순위번호 2번의 공유자 김갑남(5분의 2), 이을순(5분의 2), 박정남(5분의 1)	2번김갑남지분을 제외한 나머지 공유자전원지분 전부를 타인에게 이전하는 경우	2번김갑남지분을 제외한 공유자전원지분 전부이전	5분의 3
8	김갑남의 지분 순위번호 2번(5분의 1), 순위번호 4번(5분의 1), 순위번호 6번(5분의 2)	순위번호 6번으로 취득한 지분 5분의 2 전부를 타인에게 이전하는 경우	6번김갑남지분 전부이전[1]	5분의 2
9	김갑남의 지분 순위번호 2번(5분의 1), 순위번호 4번(5분의 1), 순위번호 6번(5분의 2)	순위번호 6번으로 취득한 지분 5분의 2 중 일부(5분의 1)을 타인에게 이전하는 경우	6번김갑남지분 5분의 2 중 일부(5분의 1)이전[2]	5분의 1
10	순위번호 2번의 공유자 김갑남(5분의 3), 이을순(5분의 2)	김갑남의 5분의 3지분 중 5분의 1에 대하여 을구1번으로 근저당권이 설정된 상태에서 근저당권이 설정된 지분을 타인에게 이전하는 경우	2번김갑남지분 5분의 3 중 일부(을구1번근저당권설정된지분 5분의 1) 이전[3][4]	5분의 1
11	순위번호 2번의 공유자 김갑남(5분의 3), 이을순(5분의 2)	김갑남의 5분의 3지분중 5분의 1에 대하여 을구1번으로 근저당권이 설정된	2번김갑남지분5분의 3 중일부(을구1번근저당권설정되지 아니한지분	5분의 2

1) 이전하는 갑의 지분이 별도로 취득한 지분 중 특정순위로 취득한 지분 전부인 경우로써 이전되지 않는 지분과 구분하여 이를 특정할 필요가 있을 경우에는 이를 특정하여 괄호안에 적어야 한다. 〈예시〉갑지분 ○분의 ○중 일부(갑구 ○번으로 취득한 지분전부 ○분의 ○)이전 (2010. 7. 9. 등기예규 제1313호). 위 예규에 의하면 등기의 목적을 '김갑남지분 5분의 4중 일부(갑구 6번으로 취득한 지분전부 5분의 2)이전'라고 적어야 할 것으로 보인다(위 예규에 대한 저자의 해석임). 차라리 '6번 김갑남 지분 전부이전'으로 적는 것이 간명하다고 본다.

2) 이전하는 갑의 지분이 별도로 취득한 지분 중 특정순위로 취득한 지분 일부인 경우로써 이전되지 않는 지분과 구분하여 이를 특정할 필요가 있을 경우에는 이를 특정하여 괄호안에 적어야 한다. 〈예시〉갑지분 ○분의 ○중 일부(갑구 ○번으로 취득한 지분 일부 ○분의 ○)이전 (2010. 7. 9. 등기예규 제1313호). 위 예규에 의하면 등기의 목적을 '김갑남지분 5분의 4 중 일부(갑구 6번으로 취득한 지분 일부 5분의 1)이전'라고 적어야 할 것으로 보인다(위 예규에 대한 저자의 해석임). 차라리 '6번 김갑남 지분 5분의 2 중 일부(5분의 1)이전'으로 적는 것이 간명하다고 본다.

3) 이전하는 갑의 지분이 소유권이외의 권리가 설정된 지분인 경우, 가등기 또는 가압류 등 처분제한의 등기 등이 된 경우로써 이전되지 않는 지분과 구분하여 이를 특정할 필요가 있을 경우에는 이를 특정하여 괄호안에 적어야 한다(2010. 7. 9. 등기예규 제1313호).

4) 2번김갑남지분 5분의 3 중 일부(5분의 1)이전(을구1번근저당권등기된 지분)

		상태에서 근저당권이 설정되지 아니한 지분 5분의 2를 타인에게 이전하는 경우	5분의 2)이전[5]	

최근 등기선례

1개의 부동산에 관하여 여러 개의 순위번호로 지분취득등기를 한 공유자의 지분 전부에 대한 이전등기신청

1개의 부동산에 관하여 별도 순위로 지분취득등기를 한 공유자가 하나의 등기원인에 의하여 자신의 지분 전부를 여러 명에게 이전하고자 하는 경우, 그 지분이전등기는 1건의 신청정보로 신청할 수 있다(2019. 6. 10. 등기선례 9-256).

제 6 절 신청인의 성명 또는 명칭과 주소(규칙 제43조 제1항 제2호)

Ⅰ. 자연인의 경우

1. 신청인이 자연인인 경우에는 그 성명, 주소 및 주민등록번호(또는 부동산등기용등록번호)를 기재한다. 종전 부동산등기규칙 제41조 제2항에서는 등기권리자의 성명을 적을 때에는 등기권리자의 주민등록번호(또는 부동산등기용등록번호)를 함께 적을 것을 요구했지만, 개정 규칙 제43조 제1항 제2호에서는 신청인이 등기권리자이건 등기의무자이건 주민등록번호(또는 부동산등기용등록번호)를 적어야 하게끔 변경되었다. 따라서 등기기록상 등기의무자의 표시에 주민등록번호(또는 부동산등기용등록번호)가 없는 경우에도 실무상 신청서에는 기재하고 있다.

다만 등기신청시에 등기의무자의 등록번호가 아예 없는 경우에는 신청서에 기재하지 않아도 무방하다(부동산등기실무실무제요 Ⅰ. p. 244). 등록번호는 권리자에 관한 사항을 등기기록에 기록할 때 필요하여 부여받도록 한 것인데(법 제48조 제2항, 제49조), 등기의무자의 등록번호를 신청서에 기재하기 위해 부여받도록 하는 규정이

5) 2번김갑남지분 5분의 3 중 일부(5분의 2)이전(을구1번근저당권등기되지 아니한 지분)

없고 등록번호를 증명하는 정보를 첨부하도록 하는 규정도 없기 때문이다(규칙 제46조 제1항 제6호 참조).[1]

구 분	성 명 (상호 · 명칭)	주민등록번호 (등기용등록번호)	주소(소재지)	지분 (개인별)
등기권리자	이 영 준	590523-1066991	서울특별시 광진구 자양로 26 (구의동)	

2. 1) 미성년자가 법률행위를 함에는 권리만을 얻거나 의무만을 면하는 행위가 아닌 한 법정대리인의 동의를 얻어야 하는바, 친권을 행사하는 부 또는 모는 미성년자인 자의 법정대리인이 된다(민법 제5조 제1항, 제909조, 제911조).

2) 미성년자에 대하여 친권자가 없거나 친권자가 법률행위의 대리권 및 재산관리권을 행사할 수 없는 때에는 미성년후견인을 두어야 하는데(민법 제928조), 미성년후견인은 피후견인의 법정대리인이 된다(민법 제929조, 938조).

3) 가정법원은 질병, 장애, 노령, 그 밖의 사유로 인한 정신적 제약으로 사무를 처리할 능력이 지속적으로 결여된 사람에 대하여 본인, 배우자, 4촌 이내의 친족, 미성년후견인, 미성년후견감독인, 한정후견인, 한정후견감독인, 특정후견인, 특정후견감독인, 검사 또는 지방자치단체의 장의 청구에 의하여 성년후견개시의 심판을 할 수 있다(민법 제9조).

이와 같은 성년후견개시심판에 의하여 선임된 성년후견인은 피후견인의 법정대리인이 된다(민법 제929조, 938조).

4) 가정법원은 질병, 장애, 노령, 그 밖의 사유로 인한 정신적 제약으로 사무를 처리할 능력이 부족한 사람에 대하여 본인, 배우자, 4촌 이내의 친족, 미성년후견인, 미성년후견감독인, 성년후견인, 성년후견감독인, 특정후견인, 특정후견감독인, 검사 또는 지방자치단체의 장의 청구에 의하여 한정후견개시의 심판을 한다(민법 제9조).

이와 같이 한정후견개시심판이 있는 경우에도 원칙적으로 피한정후견인이 단독으로 법률행위를 할 수 있지만, 가정법원이 피한정후견인으로 하여금 한정후견인의 동의를 받아야 하는 행위를 정한 경우에는(민법 제13조) 한정후견인의 동의서를 첨부하여야 하고, 가정법원이 한정후견인에게 대리권을 부여한 경우에는 그 한정후견인

1) 예를 들어 외국인이나 법인 아닌 사단(재단)의 경우 등기기록에 부동산등기용등록번호가 기록되어 있지 않다면 신청서에 이를 기재하지 않아도 무방하다.

이 피후견인의 법정대리인이 된다(민법 제929조, 938조),

5) 따라서 이와 같이 친권자가 미성년자를 대리하여, 혹은 미성년후견인 · 성년후견인 · 한정후견인이 피후견인을 대리하여 등기를 신청하는 경우에는 그 성명과 주소를 등기신청서에 적어야 한다.

3. 성년후견인과 피성년후견인 사이의 이해상반행위시에는 피성년후견인을 위한 특별대리인을 선임하여야 하지만(민법 제949조의3), 성년후견감독인이 있으면 위 특별대리인을 선임할 필요가 없고 성년후견감독인이 피성년후견인을 대리한다(민법 제949조의 6 제3항). 전자의 경우에는 특별대리인이 피후견인을 대리하여 등기신청을 하여야 하지만, 후자의 경우에는 성년후견감독인이 피후견인을 대리하여 등기신청을 하여야 한다.

4. 유언집행자가 등기의무자가 되어 유증을 원인으로 한 등기를 신청하는 경우 그 성명과 주소를 등기신청서에 적어야 한다.

5. 다만 대리인은 성명과 주소만 적으면 되므로(규칙 제43조 제1항 제4호), 주민등록번호까지 신청서에 기재할 필요는 없다.

구 분	성 명 (상호·명칭)	주민등록번호 (등기용등록번호)	주소(소재지)	지 분 (개인별)
등기 권리자	이 한 샘 위 이한샘은 미성년자이므로 법정대리인 부 이 영 준 모 김 미 숙	160203-3068691	서울특별시 광진구 자양로 26 (구의동) 서울특별시 광진구 자양로 26 (구의동) 서울특별시 광진구 자양로 26 (구의동)	

구 분	성 명 (상호·명칭)	주민등록번호 (등기용등록번호)	주소(소재지)	지 분 (개인별)
등기 권리자	이 갑 돌 위 이갑돌의 성년후견인 김 미 숙	690203-1068391	서울특별시 강동구 상일로7길 12-7 (상일동) 서울특별시 강동구 상일로7길 12-7 (상일동)	

II. 재외국민 · 외국인의 경우

1. 신청인이 재외국민인 경우에는 위 자연인의 경우와 다른 점은 없으나, 다만 그 재외국민에게 주민등록번호가 있으면 그 주민등록번호를 적고, 주민등록번호가 없는 재외국민이면 대법원소재지 관할등기소 등기관으로부터 부여받은 부동산등기용등록번호를 등기신청서에 적어야 한다(규칙 제43조 제1항 제2호, 법 제49조 제1항 제2호). 이는 재외국민이 단독신청하는 경우뿐만 아니라 스스로 등기의무자의 지위에서 등기신청을 하는 경우에도 마찬가지이다. 신청서에 재외국민이라는 표시를 별도로 할 필요는 없다.

2. 신청인이 외국인인 경우에는 외국인의 성명과 주소를 적는 것 외에 외국인의 부동산등기용등록번호도 등기신청서에 적어야 한다(규칙 제43조 제1항 제2호). 이는 외국인이 단독신청하는 경우뿐만 아니라 스스로 등기의무자의 지위에서 등기신청을 하는 경우에도 마찬가지이다. 외국인에 대한 등록번호는 체류지(국내에 체류지가 없는 경우에는 대법원소재지에 체류지가 있는 것으로 본다)를 관할하는 지방출입국·외국인관서의 장이 부여한다(법 제49조 제1항 제4호).

신청인이 외국인인 경우에도 등기신청서는 한글과 아라비아숫자로 적되, 외국인의 성명을 적을 때에는 국적을 함께 적는다(예컨대, 미합중국인 헨리키신저). 그리고 등기신청서에 외국의 국호, 지명과 외국인의 성명, 명칭, 상호를 한글로 표기함에 있어서는 문화체육관광부가 고시하는 외래어표기법에 의함을 원칙으로 한다.

구 분	성 명 (상호 · 명칭)	주민등록번호 (등기용등록번호)	주소(소재지)	지 분 (개인별)
등기권리자	미합중국인 재인 카터	560114-6100793	미합중국 캘리포니아주 샌디에고시 체이스웨이 567	

앞서 말한 바와 같이 등기기록상 등기의무자의 표시에 주민등록번호 등이 없는 경우에도 신청서에는 이를 적어야 하지만 외국인의 경우 등기기록에 부동산등기용등록번호가 기재되어 있지 않은 경우에는 신청서에 이를 적지 않아도 무방하다.

Ⅲ. 법인의 경우

신청인이 법인인 경우에는 그 명칭과 사무소소재지를 적고, 법인등기사항증명서상 부동산등기용등록번호를 등기신청서에 적어야 한다(규칙 제41조 제1항 제2호). 이는 법인이 단독신청하는 경우뿐만 아니라 스스로 등기의무자의 지위에서 등기신청을 하는 경우에도 마찬가지이다. 법인에 대한 등록번호는 주된 사무소(회사의 경우에는 본점, 외국회사의 경우에는 국내영업소를 말한다)소재지 관할등기소의 등기관이 부여한다(법 제49조 제1항 제3호).

구 분	성 명 (상호 · 명칭)	주민등록번호 (등기용등록번호)	주소(소재지)	지 분 (개인별)
등기 권리자	주식회사제일은행 지배인 이 영 남 (방배역지점)	110111-0013419	서울특별시 종로구 인사동5길 41 (공평동, 제일빌딩) 서울특별시 양천구 목동서로 22, 101동 306호(목동, 하이페리온)	

Ⅳ. 법인 아닌 사단 · 재단의 경우

신청인이 법인 아닌 사단 · 재단인 경우에는 그 명칭과 사무소소재지를 적어야 하고, 부동산등기용등록번호증명서상 부동산등기용등록번호를 등기신청서에 적어야 한다(규칙 제43조 제1항 제2호). 법인 아닌 사단이나 재단에 대한 등록번호는 시장(구가 설치되어 있는 시에서는 구청장) · 군수가 부여한다(법 제49조 제1항 제3호).

구 분	성 명 (상호 · 명칭)	주민등록번호 (등기용등록번호)	주소(소재지)
등기 의무자	해주 정씨 대종친회	115138-1131011	서울특별시 서초구 서초동 1705 [도로명주소] 서울특별시 서초구 반포대로 27 (서초동)
	대표자 정 강 수	291121-1154927	서울특별시 관악구 봉천동 23 [도로명주소] 서울특별시 관악대로 369 (봉천동)
등기 권리자	주식회사 유명건설	110111-0315948	서울특별시 용산구 한강대로 99
	대표이사 박 영 남		서울특별시 용산구 한강대로 101, 705-1202, (남영동, 현대아파트)

법인의 경우와는 달리 ① 법인 아닌 사단 · 재단의 경우에는 대표자 · 관리인 등의 주민등록번호를 등기신청서에 적고(규칙 제43조 제2항) ② 대표자 · 관리인의 성명 · 주소 · 주민등록번호를 등기부에 적어야 한다는 점(법 제48조 제3항)을 주의하여야 한다.

앞서 말한 바와 같이 등기부상 등기의무자의 표시에 주민등록번호 등이 없는 경우에도 신청서에는 이를 적어야 하지만 법인 아닌 사단(재단)의 경우 등기기록에 등기용등록번호가 기재되어 있지 않은 경우에는 신청서에 이를 적지 않아도 무방하다.

V. 대위신청의 경우

1. 채권자가 채무자를 대위하여 등기를 신청하는 경우에는 다음 각 호의 사항을 신청정보의 내용으로 등기소에 제공하고, 대위원인을 증명하는 정보를 첨부정보로서 등기소에 제공하여야 한다(규칙 제50조).

1. 피대위자의 성명(또는 명칭), 주소(또는 사무소 소재지) 및 주민등록번호(또는 부동산등기용등록번호)
2. 신청인이 대위자라는 뜻
3. 대위자의 성명(또는 명칭)과 주소(또는 사무소 소재지)
4. 대위원인

구 분	성 명 (상호 · 명칭)	주민등록번호 (등기용등록번호)	주소(소재지)	지 분 (개인별)
등기 권리자	이 영 순 대위신청인 김 명 수	690203-2068391	서울특별시 서초구 반포대로 27 (서초동) 서울특별시 관악구 관악대로 369 (봉천동)	

2. 대위원인을 적는 경우에는 대위권의 발생원인, 즉 보전하여야 하는 채권이 발생된 법률관계를 아래와 같이 간략히 적는다(2011. 10. 12. 등기예규 제1432호).

대위원인 기재방법

매매의 경우에는 'ㅇ년 ㅇ월 ㅇ일 매매에 의한 소유권이전등기청구권'
대여금채권의 경우에는 'ㅇ년 ㅇ월 ㅇ일 소비대차의 대여금반환청구권'

제 7 절 공유 · 합유의 경우

① 등기할 권리자가 2인 이상일 때에는 그 지분을 신청정보의 내용으로 등기소에 제공하여야 한다(규칙 제105조).

② 제1항의 경우에 등기할 권리가 합유일 때에는 합유라는 뜻을 신청정보의 내용으로 등기소에 제공하여야 한다(규칙 제105조). 등기신청서는 다음과 같이 작성한다.

등기권리자	이 영 준 미합중국인 재인 카터	590523-1066991 560114-6100793	서울특별시 서초구 반포대로 27 (서초동) 70 퀸즈 블루버드 #7A 브루클린 뉴욕 미국 11377	2분의 1 2분의 1

등기권리자	합유자 이 영 준 이 영 숙	590523-1066991 630114-2200793	서울특별시 서초구 반포대로 27 (서초동) 서울특별시 관악구 관악대로 369 (봉천동)	

제 8절　기타 등기할 사항

Ⅰ. 환매특약 혹은 권리소멸의 약정

1. 환매특약의 등기를 신청하는 경우에는 법 제53조의 등기사항(매수인이 지급한 대금, 매매비용, 환매기간)을 신청정보의 내용으로 등기소에 제공하여야 한다(규칙 제113조).

2. 등기원인에 권리의 소멸에 관한 약정이 있을 경우 신청인은 그 약정에 관한 등기를 신청할 수 있다(법 제54조). 법에서는 신청인은 그 약정에 관한 등기를 신청할 수 있다고 규정하고 있고(법 제54조), 법원행정처 등기기록례 취지에 따르면 권리소멸의 약정등기는 환매특약등기와는 달리 등기원인증서에 따른 등기신청서에 특약사항으로 기재하는 것이 타당하다.

Ⅱ. 각종의 등기신청에서의 기재사항

각 개별적인 등기신청마다 반드시 적어야 하는 필요적 기재사항(신청정보)과 임의적 기재사항(신청정보)을 도표로 정리해보면 다음과 같다.

제 9 절　취득세 등 기타의 기재사항(규칙 제46조).

취득세나 등록면허세 등 등기와 관련하여 납부하여야 할 세액 및 과세표준액 기타 다른 법률에 의하여 부과된 의무사항을 신청정보의 내용으로 등기소에 제공하여야 한다.

Ⅰ. 부동산표시란

갑지의 부동산표시란에 기재된 부동산의 일련번호 순서대로 그 일련번호와 부동산의 종류('토지', '건물')를 적는다. 이 경우 부동산의 표시를 구체적으로 적을 필요는 없으며, 토지가 수필지인 경우에는 '1. 봉천동 26 토지' '2. 봉천동 27 토지' 등으로 기재함으로써 족하다.

II. 부동산별 시가표준액란

등록세는 일반적으로 등기신청인이 신고한 과세표준액을 기준으로 하여야 하지만, 신고가 없거나 신고가액이 지방세법 제4조에 정하는 시가표준액에 미달하는 경우에는 시가표준액을 과세표준으로 하여야 하며(동법 제4조 제2항), 국민주택채권매입금액은 부동산별 시가표준액을 기준으로 결정되기 때문에 시가표준액을 부동산별로 구분하여 적는다(소유권보존 · 이전 · 가등기에 의한 본등기의 경우, 2025. 1. 24. 등기예규 제1838호 참조). 실무상 시가표준액은 1원단위까지 적는다.

구 분	필요적 신청정보	임의적 신청정보	근 거
소유권 보존	신청근거조항	등기원인과 그 연월일은 적지 아니한다	규칙 제121조 제1항
소유권 일부이전	이전되는 지분	공유물불분할의 약정	규칙 제123조
지상권	목적, 범위	존속기간, 지료 · 지급시기, 토지사용제한의 약정	규칙 제126조 제1항
지역권	목적, 범위 요역지의 표시	부종성배제의 약정, 용수승역지의 수량공급을 달리하는 약정, 승역지 소유자의 수선의무 등 부담약정	규칙 제127조 제1항
전세권	전세금(전전세금), 범위	존속기간, 위약금 또는 배상금, 처분제한의 약정	규칙 제128조 제1항
저당권	채권액, 채무자, 저당권의 목적인 권리의 표시	변제기, 이자 및 그 발생기 · 지급시기, 원본 또는 이자의 지급장소, 채무불이행으로 인한 손해배상에 관한 약정, 저당부동산의 부합물과 종물에는 저당권의 효력이 미치지 않는다는 약정, 채권의 조건	규칙 제131조 제1항
근저당권	채권최고액, 채무자	근저당부동산의 부합물과 종물에는 저당권의 효력이 미치지 않는다는 약정, 존속기간	규칙 제131조 제1항
권리질권	채권액 또는 채권최고액, 채무자	변제기, 이자	규칙 제132조 제1항

채권담보권	채권액 또는 채권최고액, 채무자	변제기, 이자	규칙 제132조 제2항
임차권	차임, 범위	차임지급시기, 존속기간, 민법 제619조의 단기임대차인 취지, 임차보증금, 임차권양도 등에 대한 임대인의 동의	규칙 제130조 제1항

지상권, 지역권, 전세권, 근저당권, 임차권, 권리질권, 토지분필 · 합필등기, 등기명의인표시변경등기, 소유권이전청구권가등기, 말소등기 등의 경우에는 부동산별 시가표준액을 적지 아니한 다음 양식을 사용한다(위 예규).

시가표준액 및 국민주택채권매입금액

부동산 표시	부동산별 시가표준액	부동산별 국민주택채권매입금액
1. 봉천동 26 토지	금 123,450,236 원	금 7,410,000 원
2. 봉천동 27 토지	금 55,500,231 원	금 2,220,000 원
3. 건 물	금 19,499,236 원	금 490,000 원
국 민 주 택 채 권 매 입 총 액		금 10,120,000 원
국 민 주 택 채 권 발 행 번 호		7506 - 10 - 0420 - 3907

취 득 세	금 원	지방교육세	금 원	농어촌 특별세	금 원

세 액 합 계	금 원
등 기 신 청 수 수 료	금 45,000 원
	납부번호 :

등 록 면 허 세	금 200,000 원
지 방 교 육 세	금 40,000 원
세 액 합 계	금 240,000 원
등 기 신 청 수 수 료[1]	금 15,000 원
	납부번호 :
국 민 주 택 채 권 매 입 총 액[2]	금 1,000,000 원
국 민 주 택 채 권 발 행 번 호	7506-10-0420-3908

Ⅲ. 부동산별 국민주택채권매입금액 및 국민주택채권매입총액

소유권보존, 이전, 상속, (근)저당권설정 및 이전의 경우에는 부동산별 시가표준액을 기준으로 주택도시기금법시행령 제8조 제2항 별표, 부표 15호의 비율에 의하여 산

1) 토지표시변경등기의 경우에는 이 난이 없다.
2) 국민주택채권을 매입하는 저당권·근저당권의 설정·이전등기 등이 아닌 지상권·지역권·전세권·임차권·권리질권·가등기의 경우에는 이 난이 없다.

출한 국민주택채권을 매입하여야 하므로, 이와 같이 산출한 국민주택채권매입금액을 등기신청서에 부동산별로 적고, 그 총액을 별도로 적어야 한다.

Ⅳ. 국민주택채권발행번호

위 규정에 의하여 국민주택채권을 매입하여야 하는 자는 등기신청서에 국민주택채권발행번호를 적어야 한다. 등기소에서는 등기신청서를 접수받는 때에 국민주택채권의 매입내역을 채권관리정보시스템을 통하여 조회·확인하여야 한다.

Ⅴ. 취득세(등록면허세)

재산권과 그 밖의 권리의 취득·이전에 관한 사항을 공부(公簿)에 등기하려는 경우에는 등기를 하기 전까지 취득세를 신고납부하여야 하고(지방세법 제20조 제4항), 등록을 하려는 자는 지방세법 제27조에 따른 과세표준에 동법 제28조에 따른 세율을 적용하여 산출한 세액을 등록을 하기 전까지 납세지를 관할하는 지방자치단체의 장에게 신고하고 납부하여야 하므로(지방세법 제30조), 등기신청서에는 이와 같이 산출된 취득세 혹은 등록면허세를 기재한다. 취득세 혹은 등록면허세를 기재함에 있어서 계산결과치에서 1원 단위 및 그 이하는 버리고 10원 단위를 최소단위로 기재한다[3]. 또한 취득세 혹은 등록면허세가 지방세법·조세특례제한법·지방자치단체 조례 등에 의하여 면제되는 경우에는 근거조문번호를 기재한다.

Ⅵ. 지방교육세

취득세 납부의무자는 과세표준액에 취득세율에서 1,000분의 20을 뺀 세율을 곱하여 산출한 금액의 100분의 20에 해당하는 지방교육세를 납부하여야 하고(지방세법 제151조 제1호), 등록면허세 납부의무자는 등록면허세액의 100분의 20에 해당하는 지방교육세를 납부하여야 하므로(지방세법 제151조 제2호), 이와 같이 산출한 지방교육세액을 등기신청서에 기재한다. 지방교육세 역시 계산결과치에서 1원 단위 및 그 이하는 버리고 10단위를 최소단위로 기재한다.

3) 국고금의 수입 또는 지출에서 10원 미만의 끝수가 있을 때에는 그 끝수는 계산하지 아니하고, 전액이 10원 미만일 때에도 그 전액을 계산하지 아니한다(국고금관리법 제47조 제1항).

Ⅶ. 농어촌특별세

조세특례제한법 및 지방세법에 의하여 감면을 받는 취득세 감면세액의 100분의 20에 해당하는 농어촌특별세를 납부한다(농어촌특별세법 제5조 제1항 제1호). 또한 위와 별도로 지방세법 제11조 및 제12조의 표준세율을 100분의 2로 적용하여 지방세법, 지방세특례제한법, 조세특례제한법에 따라 산출한 취득세액의 100분의 10에 해당하는 농어촌특별세를 납부하여야 한다(농어촌특별세법 제5조 제1항 제6호). 이와 같이 산출한 농어촌특별세액을 등기신청서에 적는다. 자세한 내용은 후술한다.

Ⅷ. 등기신청수수료

등기를 하고자 하는 자는 대법원규칙(등기사항증명서 등 수수료규칙)이 정하는 바에 의하여 등기신청수수료를 내야 하므로(법 제22조 제3항), 위의 대법원규칙에 의하여 산출한 등기신청수수료액 및 납부번호를 등기신청서에 기재하여야 한다.

제 10 절 등기의무자의 등기필정보(규칙 제43조 제1항 제7호)

등기의무자의 등기필정보를 기재한다. 다만, 공동신청 또는 승소한 등기의무자의 단독신청에 의하여 권리에 관한 등기를 신청하는 경우로 한정한다. 즉 단독신청이 허용되는 경우와 승소한 등기권리자가 단독신청하는 경우에는 이를 기재할 필요가 없다. 등기의무자의 등기필정보는 등기신청서(을지)의 첨부서면 기타란 여백에 부동산의 고유번호, 성명(명칭), 일련번호 및 비밀번호를 기재하는 방식으로 제공한다(2025. 1. 24. 등기예규 제1838호).

한편 등기신청인은 등기필정보를 신청서에 적어야 하는 것이지 신청서에 등기필정보통지서를 첨부하는 것이 아님을 주의하여야 한다.

<table>
<tr><td>취득세</td><td>금3,000,000원</td><td>지방
교육세</td><td>금 300,000원</td><td>농어촌
특별세</td><td>금 600,000원</td></tr>
<tr><td colspan="2">세 액 합 계</td><td colspan="4">금 3,900,000 원</td></tr>
<tr><td colspan="2" rowspan="2">등 기 신 청 수 수 료</td><td colspan="4">금 15,000 원</td></tr>
<tr><td colspan="4">납부번호 :</td></tr>
<tr><td colspan="6">등기의무자의 등기필정보</td></tr>
<tr><td colspan="2">부동산고유번호</td><td colspan="4">1149-2016-067537</td></tr>
<tr><td colspan="2">성명(명칭)</td><td colspan="2">일련번호</td><td colspan="2">비밀번호</td></tr>
<tr><td colspan="2">김 갑 남</td><td colspan="2">ACDI-198-7329</td><td colspan="2">12-3126</td></tr>
</table>

제11절 첨부서면의 표시

첨부서류의 표시에 관하여는 근거규정이 없으나 이를 표시하는 것이 실무상의 예이다. 첨부서면을 열거하는 순서에 대하여서는 명백히 규정된 바 없으나, 일반적으로 ① 등기원인을 증명하는 서면(계약서, 증여계약서, 근저당권설정계약서, 해지증서, 상속재산분할협의서, 유언증서, 유언검인조서등본, 가족관계등록부, 기본증명서, 제적등본, 주민등록표등·초본, 토지·건축물대장등본 등), ② 취득세(등록면허세)영수필확인서, ③ 등기신청수수료영수필확인서, ④ 인감증명, ⑤ 등기의무자의 등기필증, ⑥ 위①이 토지·건축물대장등본이 아닌 경우에는 토지·건축물대장등본 ⑦ 위 ①이 주민등록표등·초본이 아닌 경우에는 주민등록표등·초본, ⑧ 위임장, ⑨ 자필서명정보 등의 순서로 적으면 무난하다.[1] 위와 같이 첨부서면을 적을 때에 일련번호를 1. 2. 3. 식으로 적으면 중간의 어느 첨부서면을 삭제하게 되는 경우에 번호를 전부 수정하여야 하는 불편함이 있기 때문에, 실무상 1. 1. 1. 식으로 첨부서면을 열거한다.

한편, 부동산등기법 제25조 및 규칙 제47조 제1항의 규정에 의하여 같은 등기소에 동시에 여러 건의 등기신청을 하는 경우에 첨부정보의 내용이 같은 것이 있을

1) 다만 등기신청서는 신청서, 취득세영수필확인서, 등기신청수수료영수필확인서, 위임장, 인감증명서, 주민등록표등·초본, 대장등본, 매매계약서 등 등기원인증서, 부동산거래계약신고필증, 매매목록, 등기필증 등의 순서로 편철하여 제출하는 것이 등기소의 업무처리에 편하다고 한다(법원행정처간 「부동산등기신청서견본및작성안내」 p. 50 참조).

때에는 먼저 접수되는 신청에만 그 첨부정보를 제공하고, 다른 신청에는 먼저 접수된 신청에 그 첨부정보를 제공하였다는 뜻을 신청정보의 내용으로 등기소에 제공하는 것으로 그 첨부정보의 제공을 갈음할 수 있다(규칙 제47조 제2항). 즉 동일한 소유자의 토지에 대하여 근저당권설정등기와 지상권설정등기를 그 순서대로 동시에 신청하는 경우에 소유자의 인감증명은 이미 근저당권설정등기신청서에 첨부되었으므로 지상권설정등기신청서에는 '인감증명은 전건(前件) 원용함'이라고 적는다.

또한 종전에는 동시신청의 경우에 순서에 관계없이 어느 한 신청서에만 첨부정보를 제공하면 되는 것으로 해석될 여지가 있었으나, 개정 규칙에서는 가장 먼저 접수되는 사건에 첨부정보를 제공해야 하는 것으로 표현을 명확히 하였다. 따라서 위 사안에서 소유자의 인감증명을 후건 근저당권설정등기신청서에 첨부하고 선건 지상권설정등기신청서에서 이를 미리 원용하는 것은 허용되지 아니한다. 즉 후건에서 선건을 원용할 수 있는 것이지 선건에서 후건을 원용할 수 있는 것은 아니다.

선 례

같은 등기소에 동시에 여러 건의 등기신청을 하는 경우 인감증명의 원용 방법

1. 3명의 매도인과 2명의 매수인이 매매계약을 체결하고 이를 원인으로 등기권리자별로 신청정보를 작성하여 소유권이전등기를 신청하는 경우에 각 등기의무자의 부동산매도용인감증명서에 2명의 매수인이 모두 기재되어 있다면 먼저 접수되는 신청에만 그 인감증명서를 제공하고, 다른 신청에는 인감증명서를 제공하는 대신 먼저 접수된 신청에 그 첨부정보를 제공하였다는 뜻을 신청정보의 내용으로 제공할 수 있다.
2. 등기의무자가 동일한 2건의 근저당권설정등기를 동시에 신청하는 경우에 먼저 접수되는 신청에만 등기의무자의 인감증명서를 제공하고, 다른 신청에는 인감증명서를 제공하는 대신 먼저 접수된 신청에 그 첨부정보를 제공하였다는 뜻을 신청정보의 내용으로 제공할 수 있다(2020. 5. 1. 부동산등기과-1109 질의회답).

제12절 기타 사항

Ⅰ. 신청인(대리인)의 표시 및 기명날인 또는 서명(규칙 제56조 제1항)

방문신청을 하는 경우에는 등기신청서에 제43조 및 그 밖의 법령에 따라 신청정보의 내용으로 등기소에 제공하여야 하는 정보를 적고 신청인 또는 그 대리인이 기명날

인하거나 서명하여야 한다(규칙 제56조 제1항)

1. 본인 신청의 경우

신청인의 성명을 적고 날인한다. 신청인의 주소나 주민등록번호 등은 이미 갑지에 표시가 되기 때문에 을지에 다시 반복할 이유는 없다. 신청인의 전화번호도 적되, 신청인중 의무자를 윗부분에 적고 권리자는 아래 부분에 적는 것이 실무상의 예이다. 신청인 중 어느 일방 혹은 쌍방을 대리하여 법정대리인 등이 직접 등기를 신청하는 경우에는 그 법정대리인이 성명을 적고 기명날인한다.

2. 임의대리인이 신청하는 경우

위 1과 같이 본인신청의 경우에는 신청인의 성명만 적고 기명날인함으로써 족하지만, 법무사 등의 임의대리인이 등기신청을 하는 경우에는 신청인 란은 공란으로 두고 대리인 란에 임의대리인의 성명·주소를 적고 날인을 하여야 한다. 대리인의 주민등록번호는 적을 필요가 없지만 전화번호는 실무상 적는다.

한편 대리인이 법무사인 경우에는 법무사는 그 업무에 관하여 위임받아 작성한 서류의 끝부분이나 난밖에 기명날인하여야 할 직책상의 의무가 있으므로(법무사법 제22조 제2항), 그 기명날인은 직인(職印)으로 하여야 할 것이다.

3. 기명날인 대신 서명으로 갈음할 수 있는 경우

규칙 제60조 제1항의 규정에 의하여 인감증명제출이 요구되는 경우에는 해당 신청서(위임에 의한 대리인이 신청하는 경우에는 위임장을 말한다)나 첨부서면에는 그 인감을 날인하여야 한다. 따라서 인감증명의 제출이 요구되지 않는 소유권보존등기신청, 등기명의인표시변경등기신청, 부동산표시변경등기신청 등을 본인이 신청하는 경우에는 신청서에 본인이 서명함으로써 기명날인에 갈음할 수 있다. 그 등기를 대리인이 신청하는 경우에는 위임장에는 본인이 기명날인 내지 서명을 하면 되고, 신청서는 대리인이 기명날인 또는 서명한다(다만 자격자 대리인의 경우에는 신청서의 기명날인 대신에 서명으로 갈음할 수는 없을 것이다).

II. 신청연월일의 표시

등기신청을 하는 날짜를 적는다(규칙 제43조 제1항 제9호). 이 날짜와 위임장에 적는 날짜(즉 등기신청을 위임받은 날짜)가 반드시 동일한 것은 아니다.

첨 부 서 면 (간인)			
1. 매매계약서	1통	1. 건축물대장등본	1통
1. 취득세영수필확인서	1통	1. 부동산거래계약신고필증	1통
1. 등기신청수수료영수필확인서	1통	1. 위임장	1통
1. 인감증명	1통	* 등기의무자가 등기필정보를 가지고 있는 경우에는 등기필증을 첨부하는 대신 등기필정보를 적는다.	
1. 등기필증	1통		
1. 토지대장등본	1통		

2025년 3월 2일

위 신청인

위 대리인 법무사 유명한 (실인) 직인 (전화: 599 - 8000)

서울특별시 서초구 서초대로 100 (서초동)

서울중앙지방법원 등기국 귀중

(혹은)

2025년 3월 2일

위 신청인

위 대리인 법무사 유명한 직인 (전화: 599 - 8000)

서울특별시 서초구 서초대로 100 (서초동)

서울중앙지방법원 등기국 귀중

Ⅲ. 등기소의 표시(규칙 제43조 제1항 제8호)

등기신청서에는 부동산소재지를 관할하는 관할등기소를 표시하여야 한다. 그 표시는 '서울북부지방법원 등기국' '수원지방법원 성남지원 등기과' 등의 형식으로 한다.

제3장 등기소에 제공하여야 하는 첨부정보

제 1 절 서 설

개정 등기법 체제하에서는 '등기할 사항'은 부동산등기법에서, 등기소에 제공하여야 하는 '신청정보' '첨부정보'나 '등기신청절차' '등기실행절차'는 부동산등기규칙에서 나누어 규정하고 있으며, 규칙 제43조에서는 등기소에 제공하여야 하는 '신청정보'에 대하여, 규칙 제46조에서는 등기소에 제공하여야 하는 '첨부정보'에 대하여 서술하고 있다. 규칙 제46조에 의하면 등기소에 '신청정보'와 함께 제공하여야 하는 '첨부정보'는 다음과 같다.

> **규칙 제46조(첨부정보의 내용)** ① 등기를 신청하는 경우에는 다음 각 호의 정보를 그 신청정보와 함께 첨부정보로서 등기소에 제공하여야 한다.
> 1. 등기원인을 증명하는 정보
> 2. 등기원인에 대하여 제3자의 허가, 동의 또는 승낙이 필요한 경우에는 이를 증명하는 정보
> 3. 등기상 이해관계 있는 제3자의 승낙이 필요한 경우에는 이를 증명하는 정보 또는 이에 대항할 수 있는 재판이 있음을 증명하는 정보
> 4. 신청인이 법인인 경우에는 그 대표자의 자격을 증명하는 정보
> 5. 대리인에 의하여 등기를 신청하는 경우에는 그 권한을 증명하는 정보
> 6. 등기권리자(새로 등기명의인이 되는 경우로 한정한다)의 주소(또는 사무소 소재지) 및 주민등록번호(또는 부동산등기용등록번호)를 증명하는 정보. 다만, 소유권이전등기를 신청하는 경우 또는 제52조의2 제1항에 따라 등기의무자의 동일성 확인이 필요한 경우에는 등기의무자의 주소(또는 사무소 소재지)를 증명하는 정보도 제공하여야 한다.
> 7. 소유권이전등기를 신청하는 경우에는 토지대장 · 임야대장 · 건축물대장 정보나 그 밖에 부동산의 표시를 증명하는 정보

8. 자격자대리인이 다음 각 목의 등기를 신청하는 경우, 자격자대리인(법인의 경우에는 담당 변호사 · 법무사를 의미한다)이 주민등록증 · 인감증명서 · 본인서명사실확인서 등 법령에 따라 작성된 증명서의 제출이나 제시, 그 밖에 이에 준하는 확실한 방법으로 위임인이 등기의무자인지 여부를 확인하고 대법원예규로 정하는 방법에 따라 자필서명한 정보

가. 공동으로 신청하는 권리에 관한 등기

나. 승소한 등기의무자가 단독으로 신청하는 권리에 관한 등기

② 구분건물에 대하여 대지권의 등기를 신청할 때 다음 각 호의 어느 하나에 해당되는 경우에는 해당 규약이나 공정증서를 첨부정보로서 등기소에 제공하여야 한다.

1. 대지권의 목적인 토지가 「집합건물의 소유 및 관리에 관한 법률」 제4조에 따른 건물의 대지인 경우
2. 각 구분소유자가 가지는 대지권의 비율이 「집합건물의 소유 및 관리에 관한 법률」 제21조 제1항 단서 및 제2항에 따른 비율인 경우
3. 건물의 소유자가 그 건물이 속하는 1동의 건물이 있는 「집합건물의 소유 및 관리에 관한 법률」 제2조 제5호에 따른 건물의 대지에 대하여 가지는 대지사용권이 대지권이 아닌 경우

③ 등기원인을 증명하는 정보가 집행력 있는 판결인 경우에는 제1항 제2호의 정보를 제공할 필요가 없다. 다만, 등기원인에 대하여 행정관청의 허가, 동의 또는 승낙을 받을 것이 요구되는 때에는 그러하지 아니하다.

④ 법 제60조 제1항 및 제2항의 등기를 신청할 때에는 제1항 제1호 및 제6호를 적용하지 아니한다.

⑤ 첨부정보가 「상업등기법」 제15조(「비송사건절차법」 제66조 및 제67조에 따라 준용되는 경우를 포함한다)에 따른 등기사항증명정보로서 해당 법인의 본점(또는 주사무소) 또는 지점(또는 분사무소) 소재지와 부동산 소재지가 동일한 경우에는 그 제공을 생략할 수 있다. 〈개정 2024. 11. 29.〉

⑥ 제1항 및 그 밖의 법령에 따라 등기소에 제공하여야 하는 첨부정보 중 법원행정처장이 지정하는 첨부정보는 「전자정부법」 제36조 제1항에 따른 행정정보 공동이용을 통하여 등기관이 직접 확인하고 신청인에게는 해당 첨부정보를 제공한 것으로 본다. 다만, 그 첨부정보가 개인정보를 포함하고 있는 경우에는 그 정보주체의 동의가 있음을 증명하는 정보를 등기소에 제공하여야 한다. 〈개정 2024. 11. 29.〉

⑦ 제6항의 경우 등기신청이 접수된 이후에 행정기관의 시스템 장애, 행정정보 공동이용망의 장애 또는 등기소의 전산정보처리조직의 장애 등으로 인하여 등기관이 그 행정정보를 확인할 수 없는 경우에는 대법원예규로 정하는 방법에 따라 신청인에게 그 행정정보를 등기소에 제공할 것을 명할 수 있다. 〈개정 2024. 11. 29.〉

⑧ 첨부정보가 외국어로 작성된 경우에는 그 번역문을 붙여야 한다.

⑨ 첨부정보가 외국 공문서이거나 외국 공증인이 공증한 문서(이하 '외국 공문서 등'이라 한다)인 경우에는 「재외공관 공증법」 제30조 제1항에 따라 공증담당영사로부터 문서의 확인을 받거나 「외국공문서에 대한 인증의 요구를 폐지하는 협약」에서 정하는 바에 따른 아포스티유(Apostille)를 붙여야 한다. 다만, 외국 공문서 등의 발행국이 대한

> 민국과 수교하지 아니한 국가이면서 위 협약의 가입국이 아닌 경우와 같이 부득이한 사유로 문서의 확인을 받거나 아포스티유를 붙이는 것이 곤란한 경우에는 그러하지 아니하다.

방문신청을 하는 자는 등기신청서에 위 규칙 제46조 및 그 밖의 법령에 따라 첨부정보로서 등기소에 제공하여야 하는 정보를 담고 있는 서면을 첨부하여야 하고(규칙 제56조 제3항), 전자신청을 하는 자 역시 위 규칙 제46조 및 그 밖의 법령에 따라 첨부정보로서 등기소에 제공하여야 하는 정보를 전자문서로 등기소에 송신하거나 대법원예규로 정하는 바에 따라 등기소에 제공하여야 한다(규칙 제67조 제3항).

제 2 절 등기원인을 증명하는 정보

Ⅰ. 개념의 변경

'등기원인을 증명하는 정보'라 함은 권리변동의 원인인 법률행위의 성립 또는 법률사실의 성립을 증명하는 정보를 말한다. 개정 전 등기법 체제하에서 '등기원인을 증명하는 서면'(구법 제40조 제1항 제2호)은 등기완료 후에 이를 이용하여 등기필증을 만들어야 하기 때문에(구법 제67조 제1항) 그 서면에는 부동산의 표시, 등기할 사항, 당사자의 표시와 날인이 있어야 한다는 것이 일반적인 견해이었다. 그러므로 종전 견해에 의하면 부동산의 표시, 등기할 사항, 당사자의 표시와 날인 등이 있는 매매계약서, 근저당권설정계약서 등은 등기원인을 증명하는 서면에 해당하지만, 부동산의 표시나 등기할 사항 혹은 당사자의 표시와 날인이 일부 누락된 토지대장등본, 주민등록표등본 · 초본, 가족관계증명서 등은 등기원인을 증명하는 서면으로 볼 수는 없었고 따라서 등기필증을 만들기 위해서는 별도로 신청서부본을 제출할 것을 요구하였던 것이다(구법 제45조).

그러나 등기필증 제도가 폐지된 현재의 개정법 체제하에서는 전통적인 의미의 '등기원인을 증명하는 서면'의 개념은 수정을 요하게 되었다. 개정법 하에서는 그 서면이 법률행위의 성립 또는 법률사실의 성립을 증명하는 정보라면 '부동산의 표시, 등기할 사항, 당사자의 표시와 날인' 등이 일부 누락된 경우에도 이를 '등기원인을 증명하는 정보'로 볼 수 있다. 이러한 해석 하에서는 주소변경사실 등이 기재되어 있는 주민등록표등본·초본, 상속개시사실이 기재되어 있는 가족관계증명서 등도 이를 '등기원인을 증명하는 정보'로 볼 수 있으며 개정법도 이러한 입장이다.

이렇게 등기원인을 증명하는 정보의 범위가 확대되었으므로 개정법과 규칙에서는 등기명의인표시변경등기를 신청할 때에 이를 증명하는 시·구·읍·면의 장의 서면을 첨부하라는 취지의 규정(구법 제48조)이나 상속등기를 신청할 때에 상속을 증명하는 시·구·읍·면의 장의 서면을 첨부하라는 취지의 규정(구법 제46조), 등기원인을 증명하는 서면이 없는 경우에 신청서부본을 제출하라는 규정(구법 제45조)은 모두 삭제되게 되었다.

II. 등기원인을 증명하는 정보의 범위와 적격성

위와 같이 구등기법 체제하에서의 등기원인을 증명하는 서면과 개정법 체제하에서의 등기원인을 증명하는 정보의 의의와 범위가 다름은 위에서 살펴본 바와 같다. 그런데 규칙 제46조 제1항 제1호에서는 '등기원인을 증명하는 정보'라고 표시하고 있고, 규칙 제66조에서는 '등기원인증서'라고 표현하고 있는데 그 개념이 분명하게 구별되는 것은 아니다. 다만 2015년 「부동산등기실무제요 I」 p.269 이하에서 이를 나누어 설명하고 있으므로 편의상 나누어서 살펴보기로 한다.

1. 등기원인증서의 적격성

소유권이전의 경우에는 '매매계약서, 증여계약서, 공유물분할계약서, 명의신탁해지증서', 가등기의 경우에는 '매매예약서(혹은 매매계약서)', 근저당권등기의 경우에는 '근저당권설정계약서', 말소등기의 경우에는 '해제증서', '해지증서' 등이 이에 해당한다. 또한 판결정본, 협의성립확인서 또는 재결서, 이혼당사자 사이의 재산분할협의서도 등기원인증서에 해당한다(2014. 4. 9. 등기예규 제1514호).

(1) 부동산표시의 기재

등기원인증서에는 등기의 목적인 부동산의 표시가 기재되어 있어야 한다. 위 부동산의 표시는 등기기록 및 등기신청서에 기재된 표시와 같아야 한다. 그러므로 변론종결 전에 부동산표시에 변경이 생겼다면 등기원인증서인 판결문에 대한 판결경정을 받아야 한다(1994. 7. 14. 등기선례 4-229). 그러나 등기원인증서의 부동산표시가 신청서의 그것과 엄격히 일치하지 아니하더라도 양자 사이에 동일성을 인정할 수 있으면 그 등기신청을 수리하여도 무방하다.

구분건물과 대지권이 함께 등기신청의 목적인 경우에는 그 검인계약서에 대지권의 구체적인 표시가 없더라도 대지권이 포함된 취지의 표시는 되어 있어야 하지만, 그 계약서에 구분건물의 표시만 되어 있더라도 특히 대지권을 제외한다는 기재가 따로 없으면 대지권을 포함한 것으로 본다(2011. 10. 12. 등기예규 1419호).

등기원인증서에 기재된 수개의 부동산 중 일부의 부동산에 대한 등기의 신청이나 소유권 전부에 대한 등기원인증서로 소유권일부(지분) 이전등기를 신청하는 것도 가능하다.

(2) 등기사항의 기재

등기원인증서에는 등기원인과 그 연월일, 등기할 사항이 기재되어 있어야 한다. 따라서 유언증서, 사인증여증서, 상속재산분할협의서 등은 그 등기원인일자(피상속인의 사망일)가 기재되어 있지 않으므로 등기원인증서가 될 수 없다.

등기신청서는 등기원인증서를 토대로 작성하는 것이므로 양자는 서로 부합하여야 하고 등기신청서에 기재된 사항과 등기원인증서가 부합하지 아니한 때에는 신청의 각하사유가 된다(법 제29조 제8호). 따라서 해당 등기의 일반적 기재사항은 반드시 등기원인증서에도 기재되어 있어야 한다. 예컨대, 환매특약의 등기를 신청하는 경우 매수인이 지급한 대금 및 매매비용(법 제53조 제1호, 제2호), 임차권 설정등기신청의 경우의 차임(법 제74조 제1호) 등과 같은 개별 등기의 일반적 기재사항들은 등기원인증서에 기재되어 있어야 한다.

(3) 당사자의 표시와 날인문제

등기원인증서에는 당사자인 등기권리자와 등기의무자의 표시가 기재되어 있어야 한다. 등기원인증서상의 등기의무자의 표시와 등기기록 및 신청서상의 기재는 서로 부합하여야 하고, 등기권리자의 표시는 신청서와 일치하여야 한다. 또한 소유권이전등기를 신청하는 자는 원인증서인 매매계약서상의 당사자이어야 할 뿐만 아니라 토지거래허가도 매매계약의 양 당사자가 신청하여 허가를 받아야 한다.

따라서 "허가취득 후 매입명의인 명의는 매수인 또는 매수인이 지정하는 자로 한다"는 특약을 하였다 하더라도, 매수인이 아닌 매수인이 지정하는 제3자로의 소유권이전등기를 할 수 없다(1997. 4. 7. 등기선례 5-316).

그러나 등기원인증서상의 당사자표시가 신청서와 엄격히 일치하지 않아도(주소가 변경된 경우 포함) 다른 제출서면에 의하여 양자 사이에 동일성을 인정할 수 있으면 그 등기신청을 수리하여도 무방하다(2011. 10. 12. 등기예규 제1419호).

등기원인증서에 당사자 또는 작성자의 서명 또는 날인이 있어야 하는가에 대하여는 의견이 나뉘고 있으나, 형식적 심사권밖에 없는 등기관이 등기원인증서의 진정성립을 인정하기 위해서는 작성자의 서명 또는 날인을 요한다고 할 것이다. 다만, 등기신청의 당사자가 아닌 자(예컨대, 근저당권설정계약서상의 채무자)의 날인이나 서명은 없어도 무방하다(2001. 5. 17. 등기선례 6-32).

날인의 경우 신청서나 위임장에 날인된 인영과 등기원인증서에 날인된 인영이 서로 다르거나(1992. 6. 24. 등기선례 3-721), 인영에 계약당사자인 회사의 상호나 성명이 아닌 다른 문자나 형상이 기재되어 있더라도 무방하다(2001. 12. 26. 등기선례 7-33).

다만 위 날인이 인쇄나 복사 또는 컴퓨터 등 전산정보처리장치에 의하여 출력되어 현출된 경우 이를 인정하는 법령이 없다면 비록 인영의 형태가 있다고 하더라도 그 등기신청을 수리할 수 없다(2010. 9. 7. 등기선례 9-113).

그리고 등기원인을 증명하는 정보로서 제공하는 계약서에는 원칙적으로 인감을 날인할 필요는 없다. 따라서 계약서의 작성명의인이 법인인 경우 계약서에는 반드시 등기소에 신고한 법인인감을 날인하여야 하는 것은 아니며, 사용인감을 날인하여도 무방하다. 한편, 인감을 날인하여야 하는 서류가 여러 장일 때에는 그 서류의 연속성을 보장하고 그 진정성을 확인할 수 있도록 각 장마다 간인을 하여야 하는 바, 간인을 할 때에도 그 인감으로 하여야 한다(2019. 7. 18. 등기선례 9-84).

최근 등기선례

법인이 부동산매매계약서를 작성함에 있어 법인의 인장(印章)으로 간인할 부분을 천공으로 갈음할 수 있는지 여부

시·구·읍·면장으로부터 지목이 농지인 토지에 대하여 "신청대상 토지가 「농지법」에 의한 농지에 해당되지 아니함"이라는 내용이 기재된 농지취득자격증명 미발급 사유 통지를 받은 경우에는(농림축산식품부예규 제59호 제9조 제3항 제1호), 농업법인이 아닌 일반법인도 이 토지에 대하여 자신의 명의로 소유권이전등기를 신청할 수 있을 것이다(2020. 4. 27. 등기선례 8-327).

(4) 등기원인증서의 기재문자

등기원인증서의 기재문자와 관련하여 규칙 제57조(신청서 등의 문자) 및 "등기부의 기재문자에 관한 사무처리지침"(등기예규 1628호)의 기준에 따르면 될 것이라는 것이 법원행정처의 입장이다(「부동산등기실무 I」 p.272).

2. 등기원인을 증명하는 정보의 적격성

개정법하에서는 해당 등기의 원인이 되는 법률행위 또는 법률사실을 증명할 수 있는 정보면 모두 등기원인을 증명하는 정보로서의 적격성이 인정된다. 어떠한 정보가 이에 해당하는지는 담당 등기관이 구체적인 등기신청과 관련하여 판단해야 할 것이나 전형적인 경우로서 아래와 같은 예를 들 수 있다.

1) 구법하에서는 가족관계등록사항별증명서 또는 제적등·초본 등은 부동산의 표시가 없으므로 등기원인을 증명하는 서면이 될 수 없다고 보았으나, 개정법 하에서는 상속을 증명하는 정보에 해당한다.

2) 구법하에서는 상속재산분할협의서나 유언증서, 사인증여증서 등은 사망사실을 증명하지 못하거나 등기원인일자(피상속인·유증자·증여자의 사망일자)가 기재되어 있지 않으므로 등기원인을 증명하는 서면이 될 수 없다고 보았으나, 개정법하에서는 협의분할에 의한 상속의 경우 협의분할계약서와 가족관계증명서 모두가 등기원인을 증명하는 정보에 해당한다.

3) 경매개시결정등기의 경우에는 경매개시결정정본, 민사집행법상 매각을 원인으로 한 소유권이전등기의 경우에는 매각허가결정정본이 등기원인을 증명하는 정보가 된다. 매각대금완납증명까지 제출할 필요는 없다.

4) 가압류, 가처분의 기입등기의 경우에는 가압류, 가처분결정 정본이 등기원인을 증명하는 정보가 된다.

5) 진정명의회복, 취득시효 완성, 원인무효 등을 원인으로 하여 소유권이전등기나 소유권이전등기의 말소등기를 등기권리자와 등기의무자가 공동신청하는 경우에 어떠한 정보를 제공해야 하는지 문제된다. 구체적으로는 담당 등기관이 판단해야 할 것이나, 각 등기원인의 요건사실에 대한 당사자의 확인서 등이 이에 해당할 수 있을 것으로 보인다(부동산등기실무 I. p.273).

6) 주소변경(본점이전)의 경우에는 주소변경사실이 나와 있는 주민등록표등본·초본(법인등기사항증명서), 개명의 경우에는 개명사실이 나와 있는 기본증명서 등이 등기원인을 증명하는 정보에 해당한다. 구등기법하에서는 이러한 증서에는 '부동산의 표시, 등기할 사항, 당사자의 표시와 날인'이 없기 때문에 등기원인을 증명하는 서면으로 볼 수 없고, 따라서 등기명의인표시변경(경정)등기를 신청할 때에는 등기명의인표시변경(경정)을 증명하는 시·구·읍·면의 장의 서면 또는 이를 증명할 수 있는 서면을 첨부할 것을 요구하는 별도의 조문(구법 제48조)을 마련해두고 있었지

만, 개정법 하에서는 주민등록표등초본, 법인등기사항증명서, 기본증명서 등을 등기원인을 증명하는 정보로 보는 것에 문제가 없기 때문에 구법 제46조에 대응하는 조문을 신법에서는 삭제하였다.

즉, 개정법 하에서는 등기명의인표시변경(경정)등기를 신청할 때에는 주민등록표등초본, 법인등기사항증명서, 기본증명서 등을 등기원인을 증명하는 정보로 등기소에 제공하여야 한다(규칙 제46조 제1항 제1호).

7) 증축, 분필, 멸실 등 부동산표시변경의 경우 토지대장등본, 건축물대장등본 등이 등기원인을 증명하는 정보에 해당한다. 따라서 부동산표시변경등기를 신청하는 경우에는 표시변경을 증명하는 토지대장 정보, 임야대장 정보, 건축물대장 정보를 첨부정보로서 등기소에 제공하여야 하고(규칙 제72조 제2항, 제86조 제3항), 토지멸실등기를 신청하는 경우에는 그 멸실을 증명하는 토지대장 정보나 임야대장 정보를(규칙 제83조), 건물멸실등기를 신청하는 경우에는 그 멸실 또는 부존재를 증명하는 건축물대장 정보나 그 밖의 정보를 첨부정보로서 등기소에 제공하여야 한다(규칙 제102조). 규칙 제46조 제1항 제1호에 등기원인을 증명하는 정보를 제공할 것을 요구하는 조항이 있음에도 불구하고 이와 같이 별도로 규칙 제72조, 제86조, 제83조, 제102조 등을 마련해 둔 이유는 부동산표시변경등기시에 등기소에 제공하여야 하는 등기원인증명정보를 명확히 특정하기 위함이라는 것이 법원행정처의 입장이다(법원행정처「개정 부동산등기법 및 부동산등기규칙 해설서」p.280).

Ⅲ. 계약을 원인으로 한 소유권이전등기와 계약서의 검인

1. 서　　설

계약을 원인으로 소유권이전등기를 신청할 때에는 계약서에 시장(또는 구청장)·군수 또는 그 권한의 위임을 받은 자(읍·면·동장)의 검인을 받아 관할등기소에 이를 제출하여야 한다(부동산특조법 제3조 제1항; 부동산특조법규칙 제1조 제6항). 이 때에 등기원인을 증명하는 서면이 집행력있는 판결서 또는 판결과 같은 효력을 갖는 조서(이하 '판결서 등'이라 한다) 때에도 판결서 등에 검인을 받아 제출하여야 한다(부동산특조법 제3조 제2항).

이는 부동산 거래에 대한 실체적 권리관계에 부합하는 등기를 신청하게 함으로써 건전한 부동산 거래질서를 확립하기 위함이다(부동산특조법 제1조).

2. 계약서의 검인(2021. 6. 4. 등기예규 제1727호)

(1) 검인을 받아야 하는 경우

(가) 계약을 등기원인으로 하여 1990. 9. 2. 이후 소유권이전등기를 신청할 때에는 계약의 일자 및 종류를 불문하고 검인을 받은 계약서의 원본 또는 판결서(화해 · 인낙 · 조정조서를 포함한다)의 정본을 등기원인증서로 제출하여야 한다.

(나) 민법 기타 특별법에 유형화되어 있지 않은 비전형계약을 원인으로 소유권이전등기를 신청하는 경우에도 그 계약서에 부동산특조법 제3조 제1항 소정의 사항을 모두 기재하고 검인신청인을 표시하여 부동산소재지를 관할하는 시장 등에게 검인을 신청할 수 있다(1997. 8. 4. 등기선례 5-360호).

(다) 계약의 종류(유상계약 · 무상계약)를 불문하므로 소유권이전등기의 등기원인이 매매 · 교환 · 증여 · 명의신탁해지약정 · 공유물분할계약 · 양도담보계약 · 해제계약인 경우에도 그 계약서에 검인을 받아야 하고, 성질상 계약으로 보는 공공용지의 협의취득에 의한 소유권이전등기를 신청하는 경우에도 그 협의서에 검인을 받아야 한다. 대물변제계약서에도 검인을 받아야 한다.

(라) 판결을 받은 경우에도 검인을 받아야 하기 때문에 이혼당사자 사이에 재산분할판결에 기하여 소유권이전등기를 신청하는 경우에도 그 판결문에 검인을 받아야 한다(1995. 6. 28. 등기선례 4-261).

공유물분할계약서나 재산분할협의서를 등기원인을 증명하는 정보로서 제공하여 소유권이전등기를 신청할 때에는 그 협의서나 계약서에 부동산 소재지를 관할하는 시장 등의 검인을 받아야 하는바(부동산등기특별조치법 제3조 제1항), 이러한 계약서나 협의서를 대신하여 공유물분할 또는 재산분할에 관한 판결(심판)서 · 조정조서 · 화해조서 · 조정을 갈음하는 결정서 · 화해권고결정서를 등기원인을 증명하는 정보로서 제공하여 소유권이전등기를 신청할 때에도 그 판결서 등에 검인을 받아야 한다(같은 법 제3조 제2항)(2019. 7. 31. 등기선례 9-85).

(마) 무허가건물이라는 사유로 검인을 거부할 수 없으며,[1] 아직 완성되지 아니한 건물이라도 검인을 받을 수 있다.[2]

---

1) 1994. 3. 28. 등기선례 4-93.
2) 1999. 10. 18. 등기선례 3-66.

(2) 검인을 받을 필요가 없는 경우

(가) 등기원인사실이 '계약'이 아닌 경우에는 검인을 받지 아니한다. 따라서, 매각 또는 공매를 원인으로 한 소유권이전등기촉탁서에 검인을 받지 아니하고, 수용을 원인으로 한 소유권이전등기시에 재결서 또는 협의성립확인서 등에 검인을 받을 필요가 없다(1990. 10. 17. 등기선례 3-65).

공유자 중 일부가 그 지분을 포기함으로써 남은 공유자에게 권리귀속으로 인한 소유권이전등기를 신청하는 경우에 이는 계약이 아니라 단독행위인 공유지분 포기를 원인으로 하는 지분이전등기이므로 검인 대상이 아니다(2005. 11. 15. 등기선례 8-49).

한편 유증을 원인으로 하는 소유권이전등기의 경우에도 유증은 계약이 아닌 상대방 없는 단독행위이므로 검인을 받을 필요가 없다(부동산등기실무 I p. 277).

(나) '소유권이전등기'가 아닌 경우에는 검인을 받지 아니한다. 따라서 매매계약 해제를 원인으로 하여 소유권'말소'등기를 신청하는 경우에 계약해제증서에 검인을 받지 아니하고, 매매예약을 원인으로 한 소유권이전가등기를 신청하는 경우에도 검인을 받지 아니한다. 다만, 후자의 경우 가등기시에는 검인을 받지 아니하여도 본등기는 소유권이전등기이기 때문에 매매계약서에 검인을 받아야 한다.

한편 매매예약서에 일정한 시기에 매매예약완결권 행사의 의사표시 간주 약정이 있는 때에는 그 예약서는 그대로 다시 가등기에 의한 본등기의 원인증서로 될 수 있는 것이므로 그 예약서에 검인을 받아 제출하면 된다(1990. 12. 4. 등기선례 3-727).

(다) 검인제도는 부동산거래에 대한 실체적 권리관계에 부합하는 등기를 신청하도록 하는 것에 목적이 있기 때문에 계약의 일방당사자가 국가 또는 지방자치단체인 경우, 혹은 '부동산등기'가 아닌 선박·입목·재단등기의 경우에는 검인을 받지 아니한다.

한편 여기에서의 국가 또는 지방자치단체의 의미는 좁은 의미로 해석한다. 따라서 한국토지주택공사가 국가나 지방자치단체 아닌 당사자와 토지매매계약을 체결하고 그 소유권이전등기를 촉탁하는 경우에는 검인계약서를 제출하여야 한다(1992. 1. 20. 등기선례 3-90). 또한 계약의 일방 당사자가 국가 또는 지방자치단체인 경우에도 검인을 받는 것이 금지되는 것은 아니다(「부동산등기실무 I」 p. 278).

(라) 부동산거래신고법 제11조 제4항 및 제5항에 따라 허가증을 발급받은 경우에는 부동산특조법 제3조에 따른 검인을 받은 것으로 보기 때문에 별도로 검인절

차를 밟지 아니한다(부동산거래신고법 제20조 제2항).

(마) 부동산거래신고법 제3조 제4항에 따른 신고필증을 발급받은 때에 부동산특조법 제3조 제1항에 따른 검인을 받은 것으로 보기 때문에 별도로 검인절차가 요구되지 아니한다(부동산거래신고법 제3조 제5항).

〈정 리〉

원 칙	검인을 받아야 하는 경우	검인을 받지 아니하는 경우
계약을 원인으로 소유권이전등기를 신청할 때에는 계약서 또는 판결서에검인을 받아야 한다(소유권이전계약은 그 종류를 불문).	① 매매·교환·증여계약서, 명의신탁해지약정서, 공유물분할계약서, 양도담보계약, 현물출자, 신탁계약 ② 명의신탁해지를 원인으로 하는 판결서, 집행력있는 판결서, 확정판결과 동일한 효력이 있는 조서(화해, 인낙, 조정조서) ③ 가등기에 의한 본등기 ④ 재산분할판결에 의하여 이혼당사자 중 일방이 그의 지분에 대한 농지소유권이전등기를 신청하는 경우 ⑤ 공공용지취득협의서에 의한 소유권이전 ⑥ 미등기건물에 대한 아파트분양계약서 ⑦ 무허가건물도 검인 가능	① 수용, 상속, 취득시효, 권리포기 등을 원인으로 한 소유권이전 ② 소유권이전청구권보전의 가등기 ③ 계약의 일방당사자가 국가 또는 지방자치단체인 경우 ④ 매각 또는 공매를 원인으로 한 소유권이전등기 ⑤ 부동산거래신고법 제11조에 따라 허가증을 교부받은 경우 ⑥ 소유권이전등기'말소'신청의 등기원인증서가 매매계약해제증서인 경우 ⑦ 진정명의회복등기

3. 검인절차

(1) 검인의 시기

(가) 계약 후 등기신청 이전 계약을 원인으로 한 소유권이전등기를 신청할 때에는 당사자, 목적부동산, 대금 등 계약의 내용을 기재한 계약서에 검인신청인을 표시하여 부동산의 소재지를 관할하는 시장 등의 검인을 받아 관할등기소에 이를 제출하여야 한다. 따라서, 계약이전에 계약의 내용도 기재하지 아니한 채 검인을 받을 수는 없다. 계약 후 등기신청 이전이면 아무 때나 검인을 받을 수 있는 것이므로 반드시 건물

이 준공 또는 보존등기된 이후에 검인을 받아야 하는 것은 아니다(1994. 2. 3. 등기선례 4-90).

(나) 제3자에게 처분한 경우 주택분양계약을 체결하여 분양권을 취득한 자가 해당 주택에 대한 계약당사자의 지위(수분양자로서의 지위)를 제3자에게 이전하는 계약을 체결한 경우, 그 지위 이전계약의 체결일이 부동산등기특별조치법 제2조 제1항 제1호에 정하여진 날 이전인 때에는 먼저 체결된 계약의 매도인 즉 주택분양자로부터 이전계약의 양수인 앞으로 직접소유권이전등기를 신청할 수 있으며, 이 때 등기원인을 증명하는 서면으로 제출하는 주택분양계약서와 지위이전계약서에는 각각 검인을 받아야 한다(2001. 8. 25. 등기선례 6-276).[3] 지위이전계약이 순차로 이루어진 경우에는 그 지위이전계약서 전부에 검인을 받아야 한다.

(2) 검인신청을 할 수 있는 자

(가) 원 칙 검인은 계약을 체결한 당사자 중 1인이나 그 위임을 받은 자, 계약서를 작성한 변호사와 법무사 및 중개업자가 신청할 수 있다(부동산특조법규칙 제1조 제1항). 이 경우 당사자가 작성한 계약서를 법무사 등이 검인신청을 할 때에는 법무사 등의 직인이나 사인을 찍을 필요는 없으나, 그 계약서가 법무사 등에 의하여 작성된 것인 경우에는 법무사 등이 그 계약서의 말미 또는 난 외에 기명하고 직인을 찍어야 한다(1991. 5. 29. 등기선례 3-85).

계약의 쌍방 당사자가 자신이 소지하고 있는 계약서에 각기 검인을 받는 것도 가능하다(1990. 12. 19. 등기선례 3-73).

(나) 대위채권자 원고 병이 을을 대위하여 갑에게 매매를 원인으로 한 소유권이전등기를 을에게 할 것을 소구한 경우 병뿐만 아니라 대위소송판결의 효력을 받는 을도 검인신청을 할 수 있으나, 을이 이미 판결서에 검인을 받았다 하여 병이 검인신청을 할 수 없는 것은 아니다(1992. 12. 10. 등기선례 3-96).

(3) 검인권자

(가) 원 칙 계약서의 검인은 목적부동산의 소재지를 관할하는 시장(구가 설치되어 있는 시에 있어서는 구청장)·군수 또는 그 권한의 위임을 받은 자(읍·면·동장)가 한다(부동산특조법 제3조 제1항).

---

3) 예를 들어 주택분양자(갑)와 수분양자(을) 사이에 분양계약을 체결하고 수분양자(을)가 잔금지급일 이전에 제3자 양수인(병)과 계약당사자지위이전계약을 체결한 경우에는 주택분양자(갑)로부터 양수인(병) 앞으로 직접 소유권이전등기를 할 수 있는바(부동산특조법 제2조 제3항의 반대해석), 이러한 경우에는 원래의 주택분양계약서 및 지위이전계약서에 각각 검인을 받아야 한다(2001. 8. 25. 등기선례 6-276).

(나) 2개 이상의 시 · 군 · 구에 걸치는 경우 2개 이상의 시 · 군 · 구에 있는 수개의 부동산의 소유권이전을 내용으로 하는 계약서 또는 판결서 등을 검인받고자 하는 경우에는 그 중 1개의 시 · 군 · 구를 관할하는 시장 등에게 검인을 신청할 수 있다(부동산특조법규칙 제1조 제5항).

(4) 검인권자의 검인절차

(가) 형식적 심사권 검인신청을 받은 경우 시장 · 군수 · 구청장은 계약서 또는 판결서 등의 형식적 요건의 구비 여부만을 확인하고 그 기재에 흠결이 없다고 인정한 때에는 지체없이 검인을 하여 검인신청인에게 교부하여야 한다(부동산특조법규칙 제1조 제3항).

(나) 구체적인 사례 계약체결 당시에 매도인 앞으로 소유권이전등기가 되어 있지 아니한 경우,[4] 이미 검인을 받은 계약서상의 잔금지급기일을 변경하여 새로 작성한 경우,[5] 매매계약서에 검인을 받은 후 계약당사자가 어떤 사정으로 계약내용을 변경하여 새로 매매계약서를 작성한 경우,[6] 확정판결문에 검인을 받은 자가 동일 부동산에 대하여 매매계약서를 작성하여 다시 검인을 신청하는 경우,[7] 등기원인이 실제와 다른 경우,[8] 판결문에 확정증명을 첨부하지 아니한 경우[9] 그 검인신청을 거부할 수는 없다.

등기하고자 하는 토지가 허가구역으로 지정 · 고시되기 전에 작성된 계약서라도 검인을 할 때 계약일을 입증할 수 있는 서류의 제시를 요구하거나 또는 그러한 서류가 없음을 이유로 검인을 거부할 수 없다(2003. 1. 7. 등기선례 7-34).

계약의 목적물이 불법 용도변경으로 고발된 상태라거나(1994. 3. 14. 등기선례 4-92) 무허가건물이라는 점도(1994. 3. 28. 등기선례 4-93) 검인을 거부할 사유가 되지 않는다.

부동산거래신고법 제11조 제2항에 따르면 일정면적 이상의 토지에 대하여 거래허가를 받도록 되어 있으므로 토지거래허가구역 안에 있는 '건물'에 대한 소유권이전등기를 신청할 경우 허가대상은 아니지만 검인계약서는 제출하여야 하므로 시장 · 군수 · 구청장은 건물에 대하여 검인을 거부할 수 없다(2005. 11. 25. 등기선례

4) 1992. 10. 8. 등기선례 3-95.
5) 1992. 6. 2. 등기선례 3-92.
6) 1993. 3. 13. 등기선례 3-98.
7) 1998. 7. 13. 등기선례 5-54.
8) 1998. 7. 13. 등기선례 5-54.
9) 2001. 8. 23. 등기선례 6-34.

8-50).[10]

(5) **검인의 신청절차[실무참고자료]**

(가) 원 칙 계약서원본 또는 판결서의 정본과 그 사본 1통을 제출하여야 하는바, 사본에는 계약서의 원본 또는 판결서 등의 정본을 전자복사한 것도 포함된다 할 것이고, 사본에 반드시 계약당사자의 날인이 있어야 하는 것은 아니다(1999. 5. 24. 등기선례 6-33).

종전에 부동산등기법이 1991. 12. 14. 개정되기 전 제40조 제2항에서는 "매매 또는 교환으로 인하여 소유권의 이전등기를 신청할 때에는 시장 등의 검인을 받은 용지에 의한 매매 또는 교환계약서를 제출하여야 한다."고 규정하였기 때문에 그 당시에는 시장 등이 檢認한 계약서용지로만 계약서를 작성하여야 했다. 그러나 현행 부동산등기특별조치법은 당사자가 작성한 계약서에 시장 등의 檢印을 받도록 하는 것으로, 종래의 검인계약서제도와 구별된다.

즉 종래에는 정형화된 檢認契約書를 제출하여야 했지만, 현재에는 일반적 기재사항(아래 참조)이 기재된 계약서(형태 불문)에 檢印을 받아 제출하면 된다.

(나) 계약서의 기재사항 계약서에는 다음 사항을 기재하여야 한다(부동산특조법 제3조 제1항).

① 당사자

② 목적부동산

③ 계약연월일

④ 대금 및 그 지급일자 등 지급에 관한 사항 또는 평가액 및 그 차액의 정산에 관한 사항

⑤ 부동산중개업자가 있을 때에는 부동산중개업자

⑥ 계약의 조건이나 기한이 있을 때에는 그 조건 또는 기한

(다) 계약서의 기재방법 계약서에 기재한 부동산·등기명의인의 표시는 신청서의 그것과 엄격히 일치하지 아니하여도 양자 사이에 동일성을 인정할 수 있으면 그 등기신청을 수리하여도 무방하다. 검인계약서에 대지권의 표시가 없는 경우에도 부동산의 표시가 동일성이 있는 경우에는 등기원인증서로 사용할 수 있다.

---

10) 다만 토지거래허가신청서에는 허가대상 토지뿐만 아니라 그 지상건물에 대하여도 기재하도록 하고 있으므로 토지거래허가를 받은 경우에 이와 별도로 건물에 대하여 검인을 받지 않아도 '토지 및 건물'에 대한 소유권이전등기신청을 할 수 있을 것이다(1997. 4. 11. 등기선례 5-49).

제 3 절 등기의무자의 등기필정보, 등기필증, 확인서면

Ⅰ. 등기필정보

1. 의 의

등기관이 새로운 권리에 관한 등기를 마쳤을 때에는 등기필정보를 작성하여 등기권리자에게 통지하여야 한다(법 제50조 제1항). 이와 같이 등기필정보를 가지고 있는 자가 등기의무자가 되어 등기를 신청하는 경우에는 신청서에 등기의무자의 등기필정보를 기재한다(규칙 제43조 제1항 제7호). 위 등기필정보는 기본적으로 등기신청시에 등기소에 제공하여야 하는 신청정보에 해당하지만, 후술하는 등기필증, 확인서면 등과 밀접한 관련이 있으므로 여기서 같이 설명한다.

2. 등기신청시 등기필정보의 제공을 요하는 이유

등기의무자로 하여금 등기필정보를 제공하게 하는 취지는 신청인이 진정한 등기의무자인지의 여부를 등기관이 확인할 수 있게 함으로써 허위의 등기를 예방하고 등기의 진정을 확보하기 위함이다. 등기필정보는 특별한 사정이 없는 한 등기의무자가 소지하는 것이고, 분실 기타 어떠한 사유로도 재교부하지 않기 때문에(1988. 6. 7. 등기선례 2-158) 그 등기필정보가 신청서에 제공되어 있으면 그 등기신청이 등기의무자의 진의에 의한 것으로 볼 수 있기 때문이다.

등기필정보를 제공하는 것 외에도 등기의 진정성 확보를 위한 제도로서 등기신청절차에서의 공동신청주의, 인감증명 기타 첨부정보를 제공하는 것 등을 들 수 있다.

3. 등기필정보의 제공방법

등기의무자의 등기필정보는 등기신청서(을지)의 첨부서면 기타란 여백에 부동산의 고유번호, 성명(명칭), 일련번호 및 비밀번호를 기재하는 방식으로 제공한다(2020. 7. 21. 등기예규 제1693호). 등기신청인은 등기필정보를 신청서에 기재하여야 하는 것이지 신청서에 등기필정보통지서를 첨부하는 것은 아님을 주의하여야 한다.

4. 등기필정보의 부활

이전등기의 말소나 회복등기를 하는 경우에는 종전의 이전등기나 말소등기시 소멸하였던 등기필정보의 효력을 부활하여 다시 사용할 수 있다.

II. 등기필증

1. 구 등기필증의 의의

등기관이 당사자의 신청 또는 촉탁에 의하여 어떤 등기를 완료하였을 때에는 등기원인을 증명하는 서면 또는 신청서부본에 신청서의 접수연월일, 접수번호, 순위번호와 등기필의 뜻을 기록하고 등기소인을 찍어 이를 등기권리자에게 교부하는데(구법 제67조 제1항), 종전에는 이것을 등기필증이라 하였다.

2. 등기필증의 기능

등기필증은 특별한 사정이 없는 한 등기의무자가 소지하는 것이고, 분실 기타 어떠한 사유로도 재교부하지 않기 때문에(1988. 6. 7. 등기선례 2-158) 등기필증을 소지하고 있다는 사실은 등기의무자로서 등기신청을 하는 사람이 등기기록상의 등기의무자 본인임이 틀림없다는 사실을 증명하는 데 중요한 자료가 된다(대판 1990. 1. 12. 89다카14363 참조). 따라서 등기필증을 제출하도록 하는 것은 해당 등기로 인하여 기존의 권리를 잃게 되는 신청인이 진정한 등기의무자인지 여부를 등기관이 확인할 수 있게 함으로써 허위의 등기를 예방하고 등기의 진정을 확보하는 데 있다(대판 2012. 9. 13. 2012다47098). 이와 관련하여 대법원은 '등기관으로 하여금 등기서류에 등기필증이 첨부되어 있는지를 심사하여 보정을 명하고 등기신청인이 당일 보정하지 않는 경우에는 등기신청을 각하하도록 한 부동산등기법 규정의 제1차적 목적은 신청인이 진정한 등기의무자이고 그 신청이 등기의무자의 진의에 의한 것임을 등기관으로 하여금 확인할 수 있도록 함으로써 무효이거나 부실한 등기의 발생을 예방하기 위한 것'이라고 판시하였다(대판 2007. 11. 15. 2004다2786).

등기필증은 이 밖에도 거래상대방에 대한 등기의무자 본인 확인의 수단으로서의 기능, 등기완료사실의 통지 기능, 경정등기의 근거로서의 기능 등을 갖는다.

3. 등기필증에 관한 경과조치

따라서 개정 전 등기법에 의하면 이러한 등기필증을 교부받은 등기권리자가 기존의 취득한 권리를 처분 또는 소멸시키거나 제한물권설정의 등기를 하고자 할 경우에는 자기가 등기의무자의 지위에서 전에 등기소로부터 교부받은 등기필증을 제출하였어야 했다(구법 제40조 제1항 제3호). 그런데 개정 법에서는 위 구법 제40조 제1항 제3호를 삭제하였으므로 종전의 등기필증이나 등기완료통지서(후술함)를 받은 자가 스스로 등기의무자가 되어 새로운 등기신청을 할 때에 무엇을 첨부정보로서 제공할 것인가가 문제된다. 이와 관련하여 개정법 부칙(2011. 4. 12) 제2조에서는 '이 법 시행 전에 권리취득의 등기를 한 후 종전의 제67조 제1항에 따라 등기필증을 발급받거나 종전의 제68조 제1항에 따라 등기완료의 통지를 받은 자는 이 법 시행 후 등기의무자가 되어 제24조 제1항 제1호의 개정규정에 따라 등기신청을 할 때에는 제50조 제2항의 개정규정에 따른 등기필정보의 제공을 갈음하여 신청서에 종전의 제67조 제1항에 따른 등기필증 또는 종전의 제68조 제1항에 따른 등기완료통지서를 첨부할 수 있다'고 하여, 종전의 등기필증이나 등기완료통지서(아래에서 설명함)를 받은 자가 스스로 등기의무자가 되어 새로운 등기신청을 할 때에 그 등기필증이나 등기완료통지서를 첨부정보로서 제공할 것을 요구하고 있다.

4. 공인전자문서센터가 발급한 증명서로 부동산등기법 부칙 제2조의 등기필증을 갈음할 수 있는지 여부

(1) 구「부동산등기법」(2011. 4. 12. 법률 제10580호로 개정되기 전의 것) 제67조 제1항의 등기필증은 등기완료사실의 통지기능뿐만 아니라 등기로 인하여 기존의 권리를 잃게 되는 신청인이 진정한 등기의무자인지 여부를 등기관이 확인할 수 있게 함으로써 허위의 등기를 예방하고 등기의 진정을 확보하고자 하는 것이므로(대법원 2012. 9. 13. 선고 2012다47098 판결),「부동산등기법」부칙 제2조에서 등기필정보의 제공에 갈음하여 첨부할 수 있는 등기필증은 '원본'을 의미한다.

(2) 따라서 등기의무자가 공인전자문서센터(「전자문서 및 전자거래 기본법」제2조 제9호)에 등기필이 날인된 근저당권설정계약서를 정보처리시스템이 처리할 수 있는 형태로 변환한 전자문서로 보관(같은 법 제5조 제2항)하고, 이를 출력한 서면 및 공인전자문서센터가 발급한 '증명서'(같은 법 제31조의7 제2항 참조)를 등기신청서에 첨부한 경우, 다른 특별한 사정이 없는 한, 이를「부동산등기법」부칙 제2조에 따라 등기

필정보의 제공에 갈음하여 첨부할 수 있는 등기필증을 첨부한 것으로 볼 수는 없다(2023. 07. 18. 부동산등기과-2093 질의회답).

5. 등기필증의 요건

현행 등기실무상 등기의무자의 등기가 비교적 최근 몇 년 사이에 경료된 등기라면 등기의무자의 등기필정보를 등기신청서에 기재하고, 등기의무자의 등기가 비교적 오래 전에 경료된 경우라면 등기의무자의 등기필증을 등기신청서에 첨부하는 식으로 처리되고 있다. 앞으로도 상당한 기간동안 종전 등기필증을 제출하여야 하는 경우는 많을 것으로 보기 때문에, 아래에서는 종래 방식으로 작성된 등기필증의 요건을 살펴본다. 아래와 같은 요건을 갖추지 못한 것은 등기필증으로 인정받지 못하기 때문에 법 제51조의 절차를 밟아야 한다(아래 V.에서 설명함).

(1) 등기권리자로서 교부받은 것

구법 제40조 제1항 제3호에서 말하는 등기의무자의 권리에 관한 등기필증이란 등기의무자(현재의 등기명의인)가 전에 등기권리자로서 권리취득의 등기를 하고 등기소 또는 촉탁관서로부터 교부받은 것을 말한다.

(2) 권리취득에 관한 것일 것

등기의무자의 등기필증은 권리취득에 관한 것이어야 한다. 따라서 부동산표시나 등기명의인 표시의 변경 · 경정등기 후에 받은 등기필증은 이에 해당하지 아니한다. 예컨대, 근저당권설정등기 신청에 필요한 등기의무자의 등기필증은 소유자가 전소유자로부터 소유권을 이전받을 때에 교부받은 등기필증이면 되고, 그 후에 있은 등기명의자 표시변경이나 분 · 합필등기의 등기필증은 첨부할 필요가 없다.

(3) 등기의무자가 적법하게 교부받아 소지하는 것이어야 한다

(가) 등기필증은 등기의무자가 적법하게 교부받아 소지하는 것이어야 한다. 구법 제29조에 따라 승소한 등기의무자(A)가 단독으로 패소한 등기권리자(B) 앞으로 소유권이전등기를 경료하여 주면 등기소에서는 그 승소한 등기의무자(A)에게는 '등기필증'을 교부하고 패소한 등기권리자(B)에게는 '등기완료의 통지'를 하게 된다(구법 제68조). 이렇게 패소한 등기권리자(B)가 통보받은 '등기완료의 통지'도 등기필증으로 보기 때문에(구법 제40조 제4항) 패소한 등기권리자(B)가 등기의무자의 지위에서 현재 제3자(C)와 어떠한 등기를 신청하는 경우에는 그 '등기완료통지서'를 제출하여야 한다.

만약에 패소한 등기권리자(B)가 어떠한 사유에 의하여 A가 가지고 있는 등기필증을 입수하여 신청서에 첨부하여도 이를 등기필증으로 인정할 수는 없다.

(나) 마찬가지로 구법 제52조에 따라 대위채권자(甲)가 등기신청을 한 경우에 '등기필증'은 채권자(甲)에게 교부하고 '등기완료통지'는 피대위채무자(乙)에게 하게 된다(구법 제68조). 피대위채무자(乙)가 등기소로부터 통보받은 '등기완료의 통지'도 등기필증으로 보기 때문에 피대위채무자(乙)가 등기의무자의 지위에서 현재 제3자(C)와 어떠한 등기를 신청하는 경우에는 그 '등기완료통지서'를 제출하여야 한다. 만약에 피대위채무자(乙)가 어떠한 사유에 의하여 갑이 가지고 있는 등기필증을 입수하여 신청서에 첨부하여도 이를 등기필증으로 인정할 수는 없다.

〈정 리〉

구 분	① 구법 제29조에 따른 승소한 등기의무자의 등기신청	② 구법 제52조에 따른 대위채권자의 등기신청	③ 구법 제134조에 따른 소유권처분제한의 등기촉탁
등기신청인/촉탁	승소한 등기의무자	대위채권자	법 원
등기필증을 교부받는 자 (구법 제68조 ②)	승소한 등기의무자 (A)	대위채권자 (甲)	(등기필증은 작성하지 아니한다-직권보존등기)
등기완료통지서를 받는 자 (구법 제68조 ①)	패소한 등기권리자 (B)	피대위채무자 (乙)	부동산소유자

(다) 구법 제134조의 규정에 따라 소유권의 처분제한에 따른 소유권보존등기를 한 경우에는 구법 제68조 제1항의 규정에 따라 등기권리자(부동산소유자)에게 등기완료통지를 하는데, 소유권보존등기의 등기명의인이 다른 등기신청과 관련하여 등기필증을 제출하여야 하는 경우에는 이 등기완료통지서를 제출하여야 한다(구법 제40조 제4항). 이렇게 직권으로 소유권보존등기를 한 경우에는 등기필증은 작성되지 아니하기 때문이다(구법 제68조 제2항 참조).

III. 각종의 등기에서 제공하여야 하는 등기필정보 (등기필증)

1. 원 칙

등기권리자와 등기의무자가 권리에 관한 등기를 공동으로 신청하는 경우와 등기절차의 인수를 명하는 판결에서 승소한 등기의무자가 단독으로 권리에 관한 등기를 신청하는 경우에는 등기의무자의 등기필정보를 신청정보의 내용으로 제공하여야 한다(2018. 5. 1. 등기예규 제1647호).

2. 제공하여야 하는 등기필정보

(1) 권리의 이전등기를 신청하는 경우에는 이전하려는 권리의 보존이나 이전, 설정 등기 등을 하였을 때에 수령한 등기필정보를 제공한다(위 등기예규 제1647호).

(2) 용익권·담보권 등의 설정등기를 신청하는 경우에는 그 바탕이 되는 권리(소유권의 보존·이전, 전세권이나 지상권의 설정·이전 등)를 등기하였을 때 수령한 등기필정보를 제공한다(위 등기예규 제1647호).

(3) 권리의 변경이나 경정의 등기를 신청하는 경우에는 해당 변경이나 경정등기로 인하여 불이익을 받는 자의 등기필정보를 제공한다(위 등기예규 제1647호).

3. 제공하여야 하는 등기필정보에 관한 몇 가지의 예

(1) 합필등기된 토지

갑 토지를 을 토지에 합병한 경우, 합병 후의 을 토지에 대하여 등기신청을 할 때에는 을 토지에 대한 등기필정보만을 제공하면 되고, 등기기록이 폐쇄된 갑 토지의 등기필정보는 제공할 필요가 없다. 합병 후의 건물에 대해 등기신청을 할 때에도 마찬가지이다(위 등기예규 제1647호).

(2) 분필등기된 토지

분필등기된 부동산을 처분하고자 하는 경우에 분필전의 토지에 관한 권리에 관한 등기필정보를 제공하여야 한다(1999. 8. 20. 등기예규 제779호).

(3) 환지등기된 토지

농어촌정비법 혹은 도시개발법 등에 의한 환지를 교부받은 자가 등기의무자로서 등기신청을 할 때에는 종전 토지에 관하여 소유자로서 등기한 등기필정보(환지전 토지에 대한 등기필정보)를 제공하여야 한다(2015. 12. 8. 등기예규 제1588호). 다만, 창설환지나 체비지 등 환지등기절차에 의하여 소유권보존등기가 이루어진 경우에는 그 등기에 관한 등기필정보를 첨부한다.

(4) 대지권등기된 구분건물의 경우

대지권 등기를 마친 구분건물에 대한 등기신청을 할 때에는 구분건물에 대한 등기필정보만을 제공하면 되고 그 대지에 대한 등기필정보는 제공할 필요가 없다

(위 등기예규 제1647호). 건물등기와 동시에 대지권등기를 한 경우는 물론, 건물등기를 하고 추후에 대지사용권이전등기와 대지권등기를 한 경우이든 토지에 관한 등기필증을 첨부할 필요가 없다.

(5) 공유물분할등기된 경우

공유물분할을 원인으로 소유권을 취득한 자가 등기의무자가 되어 분할된 부동산에 대해 등기신청을 할 때에는 위 공유물분할을 원인으로 한 지분이전등기를 마친 후 수령한 등기필정보뿐만 아니라 공유물분할 이전에 공유자로서 지분을 취득할 당시 수령한 등기필정보도 함께 제공하여야 한다(위 등기예규 제1647호).

마찬가지로 공유토지분할에 관한 특례법 시행에 따른 분할등기가 마쳐진 후 해당 토지의 소유권을 분할취득한 자가 등기의무자가 되어 그 부동산에 대하여 다른 등기를 신청할 때에는 분할 전 공유지분을 취득할 당시에 통지받은 등기필정보를 신청정보로 등기소에 제공하여야 한다(2012. 5. 11. 등기예규 제1461호).

(6) 근저당권의 경우

(가) (근)저당권이 이전된 후 (근)저당권의 말소등기를 신청하는 경우에는 (근)저당권 양수인의 등기필정보를 제공하여야 한다(위 등기예규 제1647호).

(나) 채무자변경을 원인으로 하는 (근)저당권변경등기를 신청하는 경우에는 등기의무자인 (근)저당권설정자의 등기필정보를 제공하여야 한다(위 등기예규 제1647호).

(다) 토지에 대하여 근저당설정등기가 경료되고 동일채권의 담보를 위하여 건물에 대한 추가설정계약에 의하여 추가근저당권설정등기를 신청할 경우 신청서에 첨부하여야 할 등기필정보로써는 건물소유권에 관한 등기필정보만 제공하면 된다(1991. 4. 19. 등기선례 3-585).

(7) 가등기의 경우

가등기권리자와 가등기의무자가 공동으로 가등기를 신청하는 경우에 일반 원칙에 따라 가등기의무자의 등기필정보를 제공하여야 한다(법 제50조 제2항). 가등기권리자가 가등기의무자의 승낙을 받아 단독으로 신청하는 경우에도 가등기의무자의 등기필정보를 제공하여야 하는지 문제된다. 공동신청의 경우가 아니므로 제공할 필요가 없다고 보는 것이 법원실무제요의 입장이다(부동산등기실무 Ⅲ. p.54). 마찬가지 이유로 가등기가처분결정에 의하여 가등기를 단독으로 신청하는 경우에도 가등기의무자의 등기필정보를 제공할 필요는 없다(2018. 3. 7. 등기예규 제1632호).

(8) 가등기말소의 경우

가등기의 말소등기를 공동신청하는 경우 가등기필정보(가등기에 관한 등기필정보)

를 제공하여야 함에는 의문이 없다(법 제50조 제2항). 또한 가등기명의인이 스스로 가등기의 말소등기를 단독신청하는 경우에도 가등기필정보를 제공하여야 한다(위 등기예규 제1632호). 공동신청이 아님에도 예규에서 등기필정보를 제공하도록 한 이유는 가등기명의인의 권리침해를 방지하기 위해서이다. 이는 승소한 등기의무자의 등기신청에서 등기의무자의 등기필정보의 제공이 필요한 경우와 마찬가지라고 생각하면 될 것이다.

다만 가등기명의인이 아닌 가등기의무자 또는 가등기상 이해관계있는 자가 법 제93조에 따라 단독으로 가등기말소를 신청하는 경우에는 가등기명의인의 등기필정보는 제공할 필요가 없다고 보아야 할 것이다. 근거규정이 없을 뿐만 아니라 이때에는 가등기명의인의 승낙을 증명하는 정보를 별도로 제공하여야 하기 때문에 가등기명의인의 권리를 침해할 우려가 없기 때문이다(부동산등기실무 Ⅲ. p.58).

분 류	경 우	등기의무자의 등기필정보
가등기	① 공동신청의 경우 ② 가등기의무자의 승낙서를 첨부하여 가등기를 단독신청하는 경우 ③ 가등기가처분에 의한 가등기를 단독신청하는 경우	① 소유자의 등기필정보 - 필요 ② 소유자의 등기필정보 - 불필요 ③ 소유자의 등기필정보 - 불필요
가등기의 말소등기	① 공동신청의 경우 ② 가등기명의인이 가등기의 말소등기를 단독신청하는 경우 ③ 등기상 이해관계인 또는 가등기의무자가 가등기명의인의 승낙서를 첨부하여 가등기의 말소등기를 단독신청하는 경우	① 가등기명의인의 등기필정보-필요 ② 가등기명의인의 등기필정보-필요 ③ 가등기명의인의 등기필정보-불필요

(9) 가등기에 의한 본등기의 경우

소유권이전청구권가등기에 의하여 본등기를 하는 경우에는 가등기의무자가 본등기의무자가 되므로, 등기의무자의 권리에 관한 등기필정보로는 본등기의무자가 가지고 있는 등기필정보를 제공하여야 하는 것이지, 가등기필정보(매매예약서)을 제공하는 것으로 이에 갈음할 수 없다(위 등기예규 제1632호).

(10) 등기의무자의 등기가 촉탁에 의하여 경료된 등기인 경우

관공서로부터 권리를 취득하거나 공매처분 또는 경매에 의하여 권리를 취득하는 경우에 관공서는 그 등기촉탁을 하여 환부받은 등기필증을 등기권리자에게 교부하여야 한다(구법 제70조). 이렇게 교부한 등기필증(혹은 등기필정보)도 등기의무자의 권리에 관한 등기필증(혹은 등기필정보)에 해당한다.[1)]

Ⅳ. 등기필정보의 제공이나 등기필증의 제출이 필요없는 경우

1. 원 칙

등기의무자의 관념을 생각하기가 어려운 경우, 등기신청의 진정이 담보되는 특별한 사정이 있는 경우에는 등기의무자의 등기필정보를 제공하거나 등기의무자의 등기필증을 첨부정보로서 제공할 필요는 없다.

2. 구체적인 경우

(1) 등기의무자가 존재하지 않아 단독신청할 수 있는 경우

등기명의인표시변경등기에서 그 등기원인은 주민등록표등본·초본이나 법인등기사항증명서에 의하여, 부동산표시변경등기에서는 그 등기원인은 대장등본에 의하여 증명되는 것이고, 이와 같은 변경등기는 등기명의인 혹은 소유권자가 단독으로 신청할 수 있는 등기이므로 등기의무자의 등기필정보를 제공하거나 등기의무자의 등기필증을 첨부정보로서 제공할 필요는 없다.

마찬가지 이유로 공동신청이 요구되지 않고 등기권리자의 단독신청이 허용되는 경우, 앞서 말하였듯이 가등기의무자의 승낙서를 첨부하여 가등기를 단독신청하는

1) 매각을 받은 자(매수인) 앞으로 소유권이전등기촉탁은 집행법원에서 하게 되며 그 등기필증은 촉탁등기필증의 형식으로 집행법원에 보내지는바, 이와 같이 집행법원을 경유하여 매수인이 보유한 등기필증도 등기의무자의 권리에 관한 등기필증이기 때문에, 매수인이 어떠한 등기신청을 함에 있어서 등기필증을 제출하여야 하는 경우에는 위의 촉탁등기필증을 제출하여야 한다.

경우, 가등기명의인의 승낙서를 첨부하여 가등기의무자 내지 이해관계인이 가등기의 말소등기를 단독신청하는 경우에는 등기의무자의 등기필정보를 신청정보로 제공할 필요가 없다.

(2) 처음부터 등기필정보 혹은 등기필증이 존재하지 않는 경우

(가) 미등기부동산에 대한 소유권보존등기와 같이 처음부터 등기필증이 존재하지 않는 경우에는 등기필정보를 제공하거나 등기필증을 첨부정보로서 제공할 필요는 없다.

(나) 둘 이상의 권리에 관한 등기를 동시에 신청하는 경우 (a) 같은 부동산에 대하여 둘 이상의 권리에 관한 등기를 동시에 신청하는 경우로서(등기신청의 대리인이 서로 다른 경우를 포함한다), 먼저 접수된 신청에 의하여 새로 등기명의인이 되는 자가 나중에 접수된 신청에서 등기의무자가 되는 경우에 나중에 접수된 등기신청에는 등기필정보를 제공하지 않아도 된다(2018. 5. 1. 등기예규 제1647호).

(b) 몇 가지의 예: (aa) 같은 부동산에 대하여 소유권이전등기신청과 근저당권설정등기신청을 동시에 하는 경우, 근저당권설정등기신청에 대하여는 등기필정보를 제공하지 않아도 된다(위 등기예규 제1647호).

(bb) 소유권이전등기신청과 동시에 환매특약의 등기를 신청하는 경우에 환매특약의 등기신청에 대하여는 등기필정보를 제공하지 않아도 된다(위 등기예규 제1647호).

(3) 등기신청의 진정성이 담보되는 특별한 사정이 있는 경우

(가) 승소한 등기권리자가 판결에 의하여 단독으로 등기를 신청하는 경우 등기의무자의 등기신청의사표시가 확정판결 자체에 의하여 의제되기 때문에 등기의무자의 등기필정보를 제공하거나 등기의무자의 등기필증을 첨부정보로서 제공할 필요는 없다(규칙 제43조 제1항 제7호). 다만, 승소한 등기의무자가 판결에 의하여 등기권리자 앞으로의 등기를 신청하는 경우에는 자기 스스로 가지고 있는 등기필정보를 제공하거나 등기필증을 첨부정보로서 제공하여야 한다(규칙 제43조 제1항 제7호 단서).

(나) 상속으로 인한 이전등기(소유권, 저당권 등)의 경우 피상속인의 사망에 의하여 상속이 개시되고 등기신청의 진정성은 상속을 증명하는 서면 등에 의하여 담보가 되는 것이므로 별도로 피상속인의 등기필정보를 제공하거나 등기필증을 첨부정보로서 제공할 필요는 없다. 다만, 유증으로 인한 소유권이전등기의 경우에는 등기의무자가 존재하므로 등기의무자의 등기필정보를 제공하거나 등기필증을 첨부정보로서 제공하여야 한다(2014. 4. 9. 등기예규 제1512호).

(다) 대지사용권에 관한 이전등기를 신청하는 경우 구분건물을 신축하여 분양한

자가 대지권등기를 하지 아니한 상태에서 수분양자에게 구분건물에 대하여만 소유권이전등기를 마친 다음, 「부동산등기법」 제60조 제1항 및 제2항에 따라 현재의 구분건물의 소유명의인과 공동으로 대지사용권에 관한 이전등기를 신청하는 경우에는 등기필정보를 제공하지 않아도 된다(위 등기예규 제1647호). 해석상 토지에 관한 등기필정보를 제공하여야 하지만 등기신청의 진정성이 충분히 담보되므로 실무편의상 그 제공을 면제하는 것이다.

(라) 채무자 표시변경을 원인으로 근저당권 변경등기를 신청하는 경우 그 실질은 등기명의인이 단독으로 등기명의인 표시변경등기를 신청하는 경우와 다를 바가 없기 때문에 등기의무자의 인감증명을 첨부할 필요가 없고, 또한 권리에 관한 등기가 아닌 표시변경등기에 불과하므로 등기필정보도 제공할 필요가 없다(2011. 10. 19. 등기선례 201110-1).

(마) 관공서가 등기를 촉탁하는 경우 등기의무자의 등기필정보를 제공하거나 등기의무자의 등기필증을 첨부정보로서 제공할 필요는 없다. 관공서가 등기권리자로서 등기를 촉탁하는 경우이든, 등기의무자로서 등기권리자를 위하여 등기를 촉탁하는 경우이든, 혹은 심지어 관공서와 당사자가 법무사 등에게 위임하여 등기를 신청하는 경우에도 마찬가지이다(2017. 7. 7. 등기예규 제1625호). 공매·경매·수용의 경우에도 마찬가지이다. 등기신청의 진정성이 담보되기 때문이다.

V. 등기필정보가 없는 경우

1. 의 의

구법 제67조 방식으로 작성된 등기필증 혹은 구법 제68조 방식으로 작성된 등기완료통지서가 없는 경우, 혹은 법 제50조 방식으로 작성된 등기필정보가 없는 경우 이는 재교부되지 아니한다. 따라서, 이와 같이 등기필증 혹은 등기필정보가 없는 자가 추후 등기의무자로서 등기를 신청하는 경우에는, 본인확인을 하여 등기신청의 진정을 보장하기 위한 방법이 필요하게 된다.

참 고

종전에는 등기필증이 없는 경우 그 등기소에서 소유권등기를 한 성년자 2인이 등기의무자 본인임을 보증하는 서면 2통을 첨부하여 등기를 할 수 있는 소위 '보증서'제도가 있었다. 그러나 그 제도는 등기의 진정성확보라는 본래의 기능을 제대로 수행하지 못하고 오히려 국민에게 불편과 부담만을 주어 왔었던 점을 고려하여 1991년 이래 보증서제도가 폐지되었고, 아래와 같이 본인확인을 위한 3가지 제도가 시행되었다(구법 제49조 참조).

2. 등기필정보가 없는 경우 확인조서 등에 관한 예규

(개정 2018. 12. 18. 등기예규 제1664호, 시행 2019. 1. 1.)(현재 2022. 7. 20. 등기예규 제1747호)

등기의무자의 등기필정보나 등기필증이 없는 경우 법 제51조 및 규칙 제111조에 따라 등기관이 확인조서를 작성하거나 자격자대리인이 확인서면을 작성하는 경우 또는 신청서나 위임장 중 등기의무자 또는 그 법정대리인(이하 '등기의무자등'이라 한다)의 작성부분을 공증받아 제출하여야 하는바, 이에 대한 예규가 최근에 개정되었으므로 이를 소개한다.

3. 위 예규의 내용

(1) 목 적

이 예규는 「부동산등기법」 제51조 및 「부동산등기규칙」 제111조에 따라 등기관이 확인조서를 작성하거나 자격자대리인이 확인서면을 작성하는 경우 또는 신청서나 위임장 중 등기의무자 또는 그 법정대리인(이하 '등기의무자등'이라 한다)의 작성부분을 공증받아 제출하는 경우의 업무처리에 관한 구체적인 사항을 규정함을 목적으로 한다.(개정된 부분)

(2) 등기관이 확인조서를 작성하는 경우

(가) 확인의 대상 등기관은 출석한 사람이 다음 각호의 자(이하 "등기의무자등"이라 한다)임을 확인하여야 한다.

(a) 등기의무자가 자연인인 경우: 등기의무자 본인(등기의무자가 제한능력자인 경우에는 그 법정대리인)

(b) 등기의무자가 법인인 경우: 그 대표자(다만, 「상법」상 지배인 등 법률에 따라 재판상 또는 재판외의 모든 행위를 할 수 있는 자에게 해당 등기신청에 관한 권한이 있는 경우에는 그 자를 포함한다)

(c) 등기의무자가 법인 아닌 사단이나 재단인 경우: 대표자 또는 관리인

(나) 확인의 방법 (a) 등기관은 다음 각호의 신분증(이하 "신분증"이라 한다)에 따라 본인 여부를 확인하여야 한다. 신분증이 오래되거나 낡은 등의 사정으로 본인 여부를

판단하기 어려운 경우 등기관은 신분증을 재발급받아 제출하게 하거나 다른 종류의 신분증을 제출할 것을 요구할 수 있다.

(aa) 「주민등록법」 제24조 제1항에 따른 주민등록증 또는 같은 법 제24조의2 제1항에 따른 모바일 주민등록증

(bb) 「도로교통법」 제85조 제2항에 따른 운전면허증 또는 같은 법 제85조의2 제1항에 따른 모바일운전면허증

(cc) 「출입국관리법」 제33조 제1항에 따른 외국인등록증 또는 같은 법 제33조 제6항에 따른 모바일외국인등록증

(dd) 「재외동포의 출입국과 법적 지위에 관한 법률」 제7조 제1항에 따른 국내거소신고증 또는 같은 법 제7조 제7항에 따른 모바일국내거소신고증

(ee) 「여권법」에 따른 여권(2020. 12. 21. 이후 발급된 여권의 경우에는 여권 및 「여권법 시행령」 제44조의2 제3항에 따른 여권정보증명서)

(b) 등기관은 확인조서의 [본인확인정보]란에 확인한 신분증의 종류를 기재하고, 그 신분증의 사본을 조서에 첨부하여야 한다. 다만 신분증이 이동통신단말장치에 암호화된 형태로 설치되는 등 사본화가 적합하지 않은 경우에는 신분확인서(「부동산등기사무의 양식에 관한 예규」 별지 제39호 양식)를 조서에 첨부하여야 한다.

(c) 신분증만으로 본인 확인이 충분하지 아니한 경우 등기관은 가능한 여러 방법을 통하여 본인 여부를 확인할 수 있고, 필요한 경우 신분증을 보완할 수 있는 정보의 제출을 요구할 수 있다.

(d) 신분증 외의 정보를 제공받은 경우 이를 신분증의 사본(다만 신분증이 이동통신단말장치에 암호화된 형태로 설치되는 등 사본화가 적합하지 않은 경우에는 위 (b)의 신분확인서)과 함께 조서에 첨부하고, 그 정보의 종류를 [본인확인정보]란에 추가 기재한다.

(e) 실제 등기신청이 없는 상태에서 등기관이 확인조서만을 작성할 수 있는지 여부: 확인조서는 등기필정보가 없는 등기의무자가 등기소에 출석하여 등기신청을 한 경우에 담당 등기관이 그 등기의무자를 직접 확인하고 작성하는 것이므로, 등기관이 등기신청 없이 단지 확인조서만을 작성할 수는 없다(2020. 5. 13. 부동산등기과-1203 질의회답).

(다) 확인조서의 작성 (a) 등기관은 위 (가)(나)에 따라 출석한 사람이 등기의무자등임을 확인한 후 확인조서를 작성하여야 한다. 등기의무자가 자연인인 경우에는 「부동산등기사무의 양식에 관한 예규」 별지 제30호 양식에 의하되, 등기의무자의 법정대리인을 확인한 때에는 [등기의무자]란에 법정대리인임을 표시한다. 법인 또는 법인 아

닌 사단이나 재단인 경우에는 위 예규 별지 제30-1호 양식에 의하고, 공동대표의 경우에는 각 공동대표자별로 확인조서를 작성한다.

(b) 등기의무자등의 필적기재: (aa) 등기관은 등기의무자 등으로 하여금 확인조서의 [필적기재]란에 예시문과 동일한 내용 및 본인의 성명을 본인 필적으로 기재하게 한다.

(bb) 필적을 기재하지 못할 특별한 사정이 있는 경우(양 팔이 없는 경우 등) 필적기재를 생략하고 등기관은 이와 같은 취지를 [비고]란에 기재한다(2025.01.24 등기예규 제1842호).

(3) 자격자대리인이 확인서면을 작성하는 경우

(가) 자격자대리인은 직접 위임인을 면담하여 위임인이 등기의무자등 본인임을 확인하고 확인서면을 작성하여야 한다. 등기의무자가 개인인 경우에는 별지 제1호 양식에 의하되, 등기의무자의 법정대리인을 확인한 때에는 등기의무자란에 등기의무자의 법정대리인임을 표시하고, 법인 또는 법인 아닌 사단·재단의 경우에는 별지 제2호 양식에 의한다.

(나) [특기사항]란에는 등기의무자등을 면담한 일시, 장소, 당시의 상황 그 밖의 특수한 사정을 기재한다.

〈예 시〉 OOOO. OO. OO. 오후 세시경 강남구 일원동 소재 OO병원 OO호실로 찾아가 입원 중인 등기의무자를 면담하고 본인임을 확인함. 환자복을 입고 있었고 부인과 군복을 입은 아들이 함께 있었음

(다) [우무인]란에는 등기의무자등의 우무인을 찍도록 하되 자격자대리인은 무인이 선명하게 현출되었는지 확인하여야 하고, 무인이 선명하게 현출되지 않은 경우 다시 찍도록 하여 이를 모두 확인서면에 남겨둔다. 우무인을 찍는 것이 불가능한 특별한 사정(엄지손가락의 절단 등)이 있는 경우 좌무인을 찍도록 하되, [특기사항]란에 좌무인을 찍은 취지와 구체적 사유를 기재한다. 만일 우무인과 좌무인을 모두 찍을 수 없는 특별한 사정이 있는 경우 날인을 생략하고, [특기사항]란에 날인을 생략하게 된 취지와 구체적 사유를 기재한다.

〈예 시〉 양 팔이 모두 없어 무인을 찍을 수 없었으며, 주민등록증으로 본인임을 분명히 확인하였음.

(라) 자격자대리인은 확인서면의 [본인확인정보]란에 확인한 신분증의 종류를 기재

하고, 그 신분증의 사본을 서면에 첨부하여야 한다. 다만 신분증이 이동통신단말장치에 암호화된 형태로 설치되는 등 사본화가 적합하지 않은 경우에는 별지 제3호 양식의 서면을 첨부하여야 한다.

(마) 확인서면의 작성권한을 가진 자 (a) 당해 부동산등기신청을 위임받지 않은 법무사/변호사는 확인서면을 작성할 권한이 없다. 법무사나 변호사가 아닌 행정서사나 등기권리자가 이와 같은 확인서면을 작성할 권한은 없다.

(b) 자기 소유의 부동산을 매도한 법무사가 매수인으로부터 그 소유권이전등기신청을 위임받았으나 등기필정보가 없는 경우에 등기의무자인 자기에 대한 확인서면을 스스로 작성할 수 없다(2011. 12. 23. 부동산등기과－2413 질의회답).

(바) 법무사가 허위로 확인서면을 작성하거나, 법무사 등의 사무원이 확인서면을 작성한 경우 법무사가 허위로 확인서면을 작성하여 등기가 마쳐지게 된 경우에는 공무집행방해죄가 성립하고(대판 2016.01.28. 선고 2015도17297), 확인서면을 작성함에 있어서 본인 여부를 확인하는 판단작용 자체를 사무원에게 대행하게 하는 것은 그것이 비록 사전지휘 내지 사후감독에 의한 것이라도 허용되지 않는다고 할 것이다(대판 2007. 6. 14. 선고 2007다4295). 그러나 등기의무자가 확인서면에 직접 날인한 이상 법무사 본인이 직접 등기의무자 확인을 하지 않았다는 사정만으로 확인서면 자체가 무효라거나 그 확인서면에 의하여 이루어진 등기가 무효로 된다고 볼 수는 없다(대판 2010.05.27. 선고 2009다12603).

(4) 신청서나 위임장 중 등기의무자등의 작성부분에 관하여 공증을 받은 경우(2019. 1. 1.부터 시행된 등기예규 제1664호에 의하여 개정된 부분)

(가) 법 제51조 단서의 '공증'의 의미 법 제51조 단서의 '공증'은 아래 (나)의 서면에 기재된 내용 중 등기의무자등의 작성부분(기명날인 등)에 대해 공증인이 등기의무자등의 의사에 의해 작성된 것임을 확인하고 그 증명을 하여 주는 사서증서의 인증을 의미한다.

(나) 공증을 받아야 하는 서면 (a) 등기의무자등이 등기소에 출석하여 직접 등기를 신청하는 경우에는 등기신청서.

(b) 등기의무자등이 직접 처분행위를 하고 등기신청을 대리인에게 위임한 경우에는 등기신청위임장.

(c) 등기의무자등이 다른 사람에게 권리의 처분권한을 수여한 경우에는 그 처분권한 일체를 수여하는 내용의 처분위임장. 이 경우 처분위임장에는 '등기필정보가 없다'는 뜻을 기재하여야 한다.

(다) 등기관의 심사 (a) 이 공증은 등기소 출석의무를 갈음하는 것이므로 위 (나)의 서면을 작성한 등기의무자등 본인이 공증인 앞에 직접 출석하여 공증을 받은 것이어야 한다.

(b) 등기관은 위 서면에 첨부된 인증문을 확인하여 등기의무자등의 위임을 받은 대리인이 출석하여 공증을 받은 경우에는 해당 등기신청을 수리하여서는 아니 된다.

(c) 재외공관 공증의 촉탁은 본인이 직접 재외공관에 출석하지 않고 대리인을 통하여 할 수 있으므로(재외공관 공증법 제17조), 재외공관을 방문하는 것이 불가능하거나 현저히 곤란한 재외국민 등은 대리인을 통하여 공증사무를 처리할 수 있다. 다만, 등기의무자의 등기필정보가 없는 경우에 등기의무자 또는 그 법정대리인의 등기소 출석의무를 갈음하는 「부동산등기법」 제51조 단서의 '공증'은 등기의무자 등의 위임을 받은 대리인이 출석하여 받을 수 없다(2012. 9. 13. 선고 2012다47098 판결)(2020. 4. 6. 부동산등기과-906 질의회답).

〈제1호 양식〉

<table>
<tr><th colspan="4">확 인 서 면</th></tr>
<tr><td colspan="4">등기할 부동산의 표시</td></tr>
<tr><td rowspan="3">등 기
의 무 자</td><td>성 명</td><td></td><td>등기의 목적</td></tr>
<tr><td>주 소</td><td></td><td rowspan="2"></td></tr>
<tr><td>주 민 등 록 번 호</td><td></td></tr>
<tr><td>본인확인
정 보</td><td colspan="3">주민등록증, 외국인등록증, 국내거소신고증, 여권, 운전면허증, 기타( )</td></tr>
<tr><td>특기사항</td><td colspan="3"></td></tr>
<tr><td rowspan="2">필적기재</td><td colspan="2">본인은 위 등기의무자와 동일인임을 확인합니다.</td><td>성 명</td></tr>
<tr><td colspan="2"></td><td></td></tr>
<tr><td>우 무 인</td><td colspan="3"></td></tr>
<tr><td colspan="4">위 본인확인정보에 따라 등기의무자 등 본인임을 확인하고 「부동산등기규칙」 제111조 제3항의 규정에 따라 이 서면을 작성하였습니다.
년 월 일
법무사 (직인)</td></tr>
</table>

〈제2호 양식〉

<table>
<tr><th colspan="4">확 인 서 면 (법인)</th></tr>
<tr><td colspan="4">등기할 부동산의 표시</td></tr>
<tr><td rowspan="5">등 기
의 무 자</td><td>상호(명칭)</td><td></td><td>등기의 목적</td></tr>
<tr><td>등 록 번 호</td><td></td><td rowspan="4"></td></tr>
<tr><td>대표자격 및 성명</td><td></td></tr>
<tr><td>주민등록번호</td><td></td></tr>
<tr><td>주 소</td><td></td></tr>
<tr><td>본인확인
정 보</td><td colspan="3">주민등록증, 외국인등록증, 국내거소신고증, 여권, 운전면허증, 기타 ( )</td></tr>
<tr><td>특기사항</td><td colspan="3"></td></tr>
<tr><td rowspan="2">필적기재</td><td colspan="2">본인은 위 등기의무자와 동일인임을 확인합니다.</td><td>성 명</td></tr>
<tr><td colspan="2"></td><td></td></tr>
<tr><td>우 무 인</td><td colspan="3"></td></tr>
<tr><td colspan="4">위 본인확인정보에 따라 등기의무자의 대표자임을 확인하고 「부동산등기규칙」 제111조 제3항의 규정에 따라 이 서면을 작성하였습니다.
년 월 일
법무사 (직인)</td></tr>
</table>

〈별지 제3호 양식〉

신 분 확 인 서

1. 확인일시: 년 월 일 시
2. 본인확인정보: 모바일운전면허증, 주민등록확인서비스, 기타( )
3. 성 명:
4. 주민등록번호:
5. 식별정보*:

* 신분증의 진위 확인을 위하여 반드시 아래의 정보를 기재하여야 합니다.
1. 모바일운전면허증: 운전면허번호(예:11-23-012345-67), 식별번호(예: 1234AB)
2. 주민등록확인서비스: 발급일자, 발급기관

신분증이 이동통신단말장치에 암호화된 형태로 설치되는 등 사본화가 적합하지 않은 경우(주민등록법 제25조의 주민등록확인서비스, 도로교통법 제85조 및 동 시행규칙 제77조의 모바일운전면허증 등)에 해당하므로 신분증의 사본에 갈음하여 이 신분확인서를 작성함.

20 년 월 일

변호사 · 법무사 (인)

제 4 절 등기원인에 대하여 제3자의 허가, 동의 또는 승낙이 필요한 경우에는 이를 증명하는 정보

제 1 관 서 설

I. 의 의

등기원인에 대하여 제3자의 허가, 동의 또는 승낙이 필요한 경우에는 이를 증명하는 정보(이하 '허가서 등'이라 한다)를 첨부정보로써 등기소에 제공하여야 한다(규칙 제46조 제1항 제2호). 여기에서 제3자란 등기원인행위의 당사자, 즉 등기권리자와 등기의무자 이외의 자를 말하는데, 사인(자연인, 법인)뿐만 아니라 국가 등의 행정주체도 포함한다.

이와 같이 제3자의 허가서 등을 등기신청서에 첨부시키는 이유는 제3자의 허가 등이 없으면 원인행위의 효력이 없거나 없게 될 가능성이 있는 경우 개별 법령의 규정에 따라 허가 등을 갖추고 등기신청시에 그러한 사실을 증명하도록 함으로써 등기가 실체관계를 적정하게 공시(원인 무효인 등기의 방지)하고 거래의 안전이 보호될 수 있도록 하기 위한 것이다.

II. 적용범위

1. 총 설

개별 법령에서 특정한 거래행위에 대하여 제3자의 허가 등을 받도록 규정한 경우 허가 등을 받지 않은 행위의 효력은 그 법적 성질이 효력규정인지 여부에 따라 달라진다. 그 성질이 효력규정이 아닌 경우 그 제3자의 허가 등을 받지 않더라도 거래행위의 효력에는 영향이 없다. 그런데 그 판단이 어려운 경우가 많아 엄격한 심사를 요구하면 등기신청의 신속한 처리가 저해될 수 있다. 또한 허가 등을 받을 의무는 이미 다른 개별 법령에 따라 부과된 것이므로 그 증명정보를 제공하도록 하는 것이 새로운 의무의 부과라거나 신청인에게 특별한 부담을 주는 것이라고 할 수는 없다. 이러한 취지에서 규칙 제46조 제1항 제2호는 규정의 법적 성질을 구별하지 않고 개별 법령에서 등기원인에 대하여 제3자의 허가 등을 받도록 규정한 경우에는 그 허가 등을 증명하는 정보를 제공하도록 하고 있다(2018. 3. 7. 등기예규 제1638호 1. 가. 규정 내용도 같다).

따라서 개별 법령에서 등기원인에 대하여 제3자의 허가 등을 받도록 규정하고 있는 경우에는 그 규정의 법적 성질에 관계없이 허가 등을 증명하는 정보를 제공하여야 한다. 그러한 정보의 제공이 없는 것은 법 제29조 제9호의 각하사유에 해당한다.

아래에서는 제3자의 허가 등의 증명 정보를 제공하여야 하는 경우를 원인행위의 효력과 관련하여 설명한다.

2. 제3자의 허가 등이 없으면 등기원인행위가 무효가 되는 경우

등기원인에 대하여 제3자의 허가 등이 없으면 등기원인이 되는 법률행위가 무효로 되는 경우 즉, 제3자의 허가 등이 원인행위의 유효요건인 때에는 반드시 그 허가 등을 증명하는 서면을 첨부정보로서 제공하여야 한다. 이에 해당하는 경우로는, 허가구역 내의 토지의 거래계약에 대한 허가(부동산거래신고법 제11조 제6항), 재단법인의 기본재산 처분에 대한 허가(민법 제45조) 등이 있다.

3. 제3자의 허가 등이 없으면 등기원인행위를 취소할 수 있는 경우 등

1) 예를 들어 제3자의 허가, 동의 등이 없는 때에는 등기원인인 법률행위를 취소할 수 있는 경우, 예컨대 미성년자 또는 피한정후견인의 등기원인행위에 관하여 법정대리인의 동의가 필요한 경우(민법 제5조, 제13조), 법정대리인이 대리행위를 함에 있어 후견감독인의 동의를 얻어야 할 경우(민법 제950조) 등에는 그 동의서를 첨부하여야 한다. 이는 등기원인행위에 취소사유가 있는 경우 그 행위가 취소되기 전에는 일단 유효하다고 하더라도 나중에 취소권이 행사되면 원인행위가 소급하여 무효로 되고, 그 등기 역시 실체관계와 불일치하게 되므로 거래의 안전을 해치기 때문이다.

2) 임차인은 임대인의 동의없이 그 임차권을 양도하거나 임차물을 전대하지 못하고 임차인이 이에 위반한 때에는 임대인은 계약을 해지할 수 있다(민법 제629조). 이 경우 임대인의 동의가 없다 하더라도 임차인과 양수인 또는 임차인과 전차인 사이에는 그 양도나 전대는 유효한 것이다.

그러나 임대인이 그 동의가 없었음을 이유로 임대차계약을 해지하면 계약은 장래에 대하여 효력을 잃게 되어(민법 제550조) 임차권은 소멸하고, 양수인이나 전차인은 그 권리를 주장할 수 없게 된다. 따라서 규칙 제130조 제3항은 임차권의 양도 또는 임차물의 전대에 대한 임대인의 동의가 있다는 뜻의 등기(법 제74조 제5호)가 없는 경우 임차권의 이전 또는 임차물의 전대의 등기를 신청할 때에는 임대인의 동의가 있음을 증명하는 정보를 첨부정보로 등기소에 제공하도록 규정하고 있는 것이다. 반대로 임차권의 양도 또는 임차물의 전대에 대한 임대인의 동의가 있다는 뜻이 등기된 때에는 동의서를 첨부할 필요가 없다(규칙 제130조 제3항).

Ⅲ. 신고필증을 첨부하여야 하는지의 문제

신고는 허가 등과 구별하여야 한다. 신고는 일반적으로 등기원인의 효력과는 관계가 없다는 것이 분명하기 때문이다. 따라서 등기원인에 대하여 신고를 하도록 하는 규정이 있더라도 그 증명 정보를 제공할 필요가 없음이 원칙이다. 물론 신고가 등기원인의 효력과 관계가 있는 경우에는 형식상 신고라 하더라도 허가 등을 증명하는 정보로 보아 그 증명정보를 제공하여야 하는데, 극히 예외적인 경우일 것이다.

다만 법령에서 등기신청시 신고를 증명하는 정보를 제공하도록 규정하고 있는 경우에는 그 규정에 따라 제공하여야 한다. 규칙 제124조 제2항에서 거래계약신고필증정보(부동산거래신고법 제3조에 따른 부동산거래신고)를 등기소에 제공하도록 한 것을 예로 들 수 있다.

Ⅳ. 등기원인증서가 집행력있는 판결인 경우의 특례

1. 원 칙

등기원인을 증명하는 정보가 집행력있는 판결인 경우에는 등기원인에 대한 제3자의 허가, 동의, 승낙이 있음을 증명하는 정보를 제공할 필요가 없다(규칙 제46조 제3항 본문). 왜냐하면 판결과정에서 이미 허가서 등의 유무가 확인되었기 때문이다.

2. 예 외

다만, 위 규칙 제46조 제3항의 규정에도 불구하고, 공익상의 이유로 '행정관청'의 허가, 동의 또는 승낙을 받을 것이 요구되는 때에는 그러하지 아니하다(규칙 제46조 제3항 단서).

등기원인에 대한 행정관청의 허가, 동의, 승낙이 있음을 증명하는 정보를 제공하여야 한다.

3. 예외의 예외

다만, 위 규칙 제46조 제3항 단서의 규정에도 불구하고, '해당 허가서 등의 현존사실이 그 판결서에 기재되어 있는 경우'에는 허가서 등의 제출의무가 면제된다(2020. 7. 21. 등기예규 제1692호, 5. 마. 2) 본문).

4. 부동산등기특별조치법의 특례

다만, 위 「등기예규 제1692호, 5. 마. 2) 본문」에도 불구하고, '소유권이전등기를 신청하는 경우'에는 행정관청의 허가 등을 증명하는 서면을 반드시 제출하여야 한다(위 등기예규 제1692호, 5. 마. 2) 단서).

마찬가지로, 부동산등기특별조치법에서도 '등기원인에 대하여 행정관청의 허가, 동의 또는 승낙을 받을 것이 요구되는 때에는 소유권이전등기를 신청할 때에 그 허가, 동의 또는 승낙을 증명하는 서면을 제출하여야 한다'라고 하고 있다(부동산특조법 제5조 제1항).

〈표〉

- 원칙 ― 집행력있는 판결인 경우 ………………허가서 不要(규칙 제46조 제3항 본문)
- 예외-
  - 행정관청의 허가 ………………………허가서 要(규칙 제46조 제3항 단서)
    - 판결서에 해당 허가서 등의 현존사실이 기재 ………………………………허가서 不要(예규 제1692호)
      - 소유권이전등기인 경우 ………………허가서 要(예규 제1692호)
    - 판결서에 해당 허가서 등의 현존사실이 불기재 ………허가서 要(예규 제1692호)
  - 행정관청의 허가가 아닌 경우
    - 소유권이전등기이든 아니든 ― 허가서 不要(규칙 제46조 제3항)

5. 실무적용례

따라서 공익법인이 기본재산을 처분할 때는 등기원인을 증명하는 서면이 소유권이전등기절차를 이행하라는 확정판결이라고 할지라도 주무관청이 발급한 허가서를 첨부하여 등기신청을 하여야 한다(2012. 5. 30. 등기선례 9-93; 참조판례: 대판 2005. 9. 28. 2004다50044).

Ⅴ. 제3자의 허가서 등의 작성방법

등기신청서에 제3자의 동의 또는 승낙을 증명하는 서면을 첨부하는 경우에는 그 서면에 날인한 동의자 또는 승낙자의 인감증명을 첨부하여야 한다(규칙 제60조 제1항 제7호). 다만 그 제3자가 국가 또는 지방자치단체이거나(규칙 제60조 제2항), 그 서면이 공정증서이거나 당사자가 서명 또는 날인하였다는 뜻의 공증인의 인증을 받은 경우(규칙 제60조 제3항)에는 그러하지 아니하다.

Ⅵ. 허가서 등의 첨부 없이 경료된 등기의 효력

등기원인에 대하여 제3자의 허가, 동의 또는 승낙이 필요한 경우에는 이를 증명하는 정보를 제공하여야 하지만(규칙 제46조 제1항 제2호), 그러한 허가, 동의 또는 승낙없이 소유권이전등기가 경료되었다고 하더라도 그러한 등기를 법 제58조에 따라 직권으로 말소할 수는 없다(2000. 7. 26. 등기선례 6-381).

제 2 관 농지취득자격증명

Ⅰ. 농지법의 규정

농지를 취득하려는 자는 농지 소재지를 관할하는 시장(구를 두지 아니한 시의 시장을 말하며, 도농복합형태의 시는 농지의 소재지가 동지역인 경우만을 말한다)·구청장(도농복합형태의 시의 구에서는 농지의 소재지가 동지역인 경우만을 말한다)·읍장 또는 면의 장(이하 '시·구·읍·면장'이라 한다)에게서 농지취득자격증명을 발급받아야 한다(농지법 제8조).

Ⅱ. 농지의 개념

1. '농지' 의 의미

농지법 제2조에서는 이 경우 '농지'를 ① 전·답 또는 과수원 그 밖에 그 법적 지목을 불문하고 실제로 농작물경작지 또는 대통령령으로 정하는 다년생식물 재배지[1]로 이용되는 토지(다만, 초지법에 따라 조성된 초지 등 대통령령이 정하는 토지는 제외한다), ② 위 토지의 개량시설(유지, 양·배수시설, 수로, 농로, 제방, 토양의 침식이나 재해로 인한 농작물의 피해를 방지하기 위하여 설치한 계단·흙막기·방풍림 그 밖에 이에 준하는 시설을 말한다)과 고정식 온실, 버섯재배사 등 농축산물 생산시설로서 대통령령으로 정하는 시설의 부지로 규정하고 있다.

농지법 제8조에 따라 농지취득자격증명을 받아야 하는 경우에는 해당 농지가 어느 시기에 조성, 등록전환 또는 지목변경되었는지를 불문하고 이를 적용한다(2018. 3. 7. 등기예규 제1635호). 따라서, 지목이 '대'인 토지를 1958년에 국가로부터 매수하였으나 소유권이전등기를 하지 않고 있던 중 1986년 지목이 '전'으로 변경된 경우에도, 달리 농지취득자격증명을 첨부하지 않아도 되는 예외사유가 없는 한 매매로 인한 소유권이전등기신청시 농지취득자격증명을 첨부하여야 한다(1999. 3. 5. 등기선례 6-547).

2. 지목이 농지가 아닌 경우

어떤 토지가 농지인가의 판단은 그 법적 지목보다도 실제의 토지현상이 농작물의 경작 등으로 이용되고 있는가의 여부에 따라 결정하여야 한다(대판 2009. 4. 16. 2007도6703 전합; 대결 1999. 2. 23. 98마2604; 대판 1997. 12. 23. 97다42991). 이를 '현황주의'라고 한다. 그러므로 어떤 토지가 지목상 농지가 아니라 하더라도 실제로 농사에 사용되고 있다면 농지취득자격증명을 첨부하여야 할 것이다. 그러나 형식적 심사권밖에 없는 등기관으로서는 ① 전·답 또는 과수원이 아닌 토지, ② 임야, ③ 초지법에 따른 초지가 실제 농지인지 여부는 지적공부에 의하여 판단할 수밖에 없으므로 농지취득자격증명의 제출을 요구할 수는 없다.

따라서 공부상 지목이 ① 전·답 또는 과수원이 아닌 토지, ② 임야, ③ 초지법에 의한 초지[2]인 경우에는 농지취득자격증명의 제출이 없어도 등기신청을 수리

---

1) 1. 목초·종묘·인삼·약초·잔디 및 조림용 묘목, 2. 과수·뽕나무·유실수 그 밖의 생육기간이 2년 이상인 식물, 3. 조경 또는 관상용 수목과 그 묘목(조경목적으로 식재한 것 제외)(농지법시행령 제2조 제1항).

2) 정확하게 기술하면 다음 토지를 의미한다. 1. '공간정보의 구축 및 관리 등에 관한 법률'에 따른 지목이 전·답, 과수원이 아닌 토지로서(지목이 임야인 토지는 제외한다) 농작물 경작지 또는 제1항 각 호에 따른 다년생식물 재배지로 계속하여 이용되는 기간이 3년 미만인 토지. 2. 공간정보의 구축 및 관리 등에 관한 법률에 따른 지목이 임야인 토지로서 '산지관리법'에 따른 산지전용허가(다른 법률에 따른 산지전용허가가 의제되는 인가·허가·승인 등을 포함

하여야 한다. 지목이 잡종지 · 목장용지로 되어 있는 부동산에 대한 소유권이전등기 신청시에는 농지취득자격증명을 첨부할 필요가 없고, 잡종지 · 목장용지가 실제 경작에 사용하는 토지가 아니라는 확인서를 첨부할 필요도 없다(1989. 3. 21. 등기선례 2-643; 1990. 10. 25. 등기선례 3-831).

3. 농지의 면적과 농지취득자격증명

농지의 소유권이전등기신청시에는 해당 농지면적과는 관계없이 농지취득자격증명을 첨부하여야 한다(2002. 11. 22. 등기선례 7-44).

Ⅲ. 농지를 취득할 수 있는 자

1. 원　　칙(농지법 제6조 제1항)–농업인과 농업법인

농지는 농지법 제6조 제2항에 예외적으로 규정된 경우를 제외하고는 자기의 농업경영에 이용하거나 이용할 자가 아니면 이를 소유하지 못한다(농지법 제6조 제1항). 여기에서의 '농업경영'이라 함은 농업인 또는 농업법인이 자기의 계산과 책임으로 농업을 영위하는 것을 말하고, 이 농업인은 농업에 종사하는 개인, 농업법인[3]은 농지법 제2조에 규정된 법인만을 각각 의미한다(농지법 제2조). 여기에서 농업인은 개인을 의미하므로(농지법 제2조 제2호) 원칙적으로 개인과 농업법인만이 농지를 소유할 수 있다는 결과가 된다. 물론 개인과 농업법인도 자기의 농업경영에 이용할 농지가 아니면 취득하지 못하고, 자기의 농업경영에 이용할 농지라는 사실은 원칙적으로 농지취득자격증명에 의해 증명(농지법 제8조 제1항, 제4항)되어야 한다.

합유는 여러 명이 조합체를 이루어 물건을 소유하는 공동소유의 한 형태인바, 조합체는 그 자체로 법인격이 없어 권리자가 될 수 없고 각 합유자가 권리자가 되는 것이므로, 농지를 합유로 취득하고자 하는 자 '모두'가 관할 관청으로부터 농지취득자격증명서를 발급받아야 해당 농지에 대하여 소유권이전등기를 신청할 수 있다(2018. 5. 4. 등기선례 9-263).

한다)를 거치지 아니하고 농작물의 경작 또는 다년생식물재배지로 이용되는 토지. 3. 초지법에 따라 조성된 초지(농지법 시행령 제2조 제2항).

3) '농업법인'이란 '농어업경영체 육성 및 지원에 관한 법률' 제16조에 따라 설립된 영농조합법인과 같은 법 제19조에 따라 설립되고 업무집행권을 가진 자 중 3분의 1 이상이 농업인인 농업회사법인을 말한다(농지법 제2조 제3호).

최근 등기선례

합유자 가입 등을 원인으로 한 합유명의인 변경등기를 신청하는 경우 농지취득자격증명을 첨부정보로서 등기소에 제공하여야 하는지 여부

합유자의 교체 · 추가 · 임의탈퇴 등에 따라 농지에 대한 합유명의인 변경등기를 신청하는 경우 합유지분을 취득하는 새로운 합유자나 종전 합유자라도 변경원인에 따라 합유지분이 증가하는 경우에는 농지취득자격증명을 첨부정보로서 등기소에 제공하여야 한다(등기선례 9-263, 7-524 참조)(2022. 04. 15. 부동산등기과-1055 질의회답).

농업인 아닌 개인, 농업법인이 아닌 법인이나 법인 아닌 사단 · 재단은 아래 2.에 해당하지 않는 한 농지를 취득할 수 없다. 즉 종중, 교회, 친목계(선례 5-709), ○○영농회(선례 4-669), ○○서원(선례 4-672), 사찰(선례 4-663), 마을회(선례 4-683) 등은 농지를 취득할 수 없고, 외국법인도 마찬가지이다(선례 8-359). 신탁회사도 농지를 취득할 수 없다. 이는 신탁회사가 농지의 처분만을 목적으로 수탁받는 경우에도 마찬가지이다(2004. 4. 14. 등기선례 7-405). 또한 발급관청의 착오로 농지취득자격증명을 발급받았다고 하더라도 마찬가지이다.

다만 이와 같이 농지를 취득할 수 있는 경우에도 개별적으로 반드시 농지취득자격증명을 첨부하여야 하는지는 별개의 문제이고 이에 대하여서는 아래 V. VI.에서 별도로 설명한다.

2. 예 외(농지법 제6조 제2항, 제3항)–농업인 · 농업법인 외의 자

농지는 위와 같이 자기의 농업경영에 이용하거나 이용할 농업인, 농업법인만이 소유할 수 있는 것이 원칙이나, 농지법 제6조 제2항, 제3항에서는 자기의 농업경영에 이용하거나 이용할 자가 아니더라도 농지를 소유(취득)하거나 계속 소유할 수 있는 예외를 한정적으로 열거하고 있다(아래 각호 참조). 이와 같이 예외적으로 허용하는 경우 이외에는 다른 법령에 따른 농지의 소유에 관한 특례를 인정할 수 없다(농지법 제6조 제4항). 결국 농업인 아닌 개인, 농업법인이 아닌 법인이나 법인 아닌 사단·재단도 아래 각호에 해당하는 경우에는 농지를 취득할 수 있다.

1호. 국가나 지방자치단체가 농지를 소유하는 경우

2호. 초 · 중등교육법 및 고등교육법에 따른 학교, 농림축산식품부령으로 정하는 공공단체 등이 그 목적사업을 수행하기 위하여 필요한 시험지 등으로 쓰기 위하여 농지를 취득하여 소유하는 경우

3호. 주말 · 체험영농을 하려고 농지법 제28조에 따른 농업진흥지역외의 농지를 소

유하는 경우

4호. 상속[상속인에게 한 유증(遺贈)을 포함한다. 이하 같다]으로 농지를 취득하여 소유하는 경우 (5호는 해당 사항 없음)

6호. 농지법 제13조 제1항에 따라 담보농지를 취득하여 소유하는 경우

7호. 농지법 제34조 제1항에 따른 농지전용허가[다른 법률에 따라 농지전용허가가 의제(擬制)되는 인가 · 허가 · 승인 등을 포함한다]를 받거나 제35조 또는 제43조에 따른 농지전용신고를 한 자가 그 농지를 소유하는 경우

8호. 농지법 제34조 제2항에 따른 농지전용협의를 마친 농지를 소유하는 경우

9호. 한국농어촌공사 및 농지관리기금법 제24조 제2항에 따른 농지의 개발사업지구에 있는 농지로서 대통령령으로 정하는 1천500제곱미터 미만의 농지나 농어촌정비법 제98조 제3항에 따른 농지를 취득하여 소유하는 경우

9호의2. 농지법 제28조에 따른 농업진흥지역 밖의 농지 중 최상단부부터 최하단부까지의 평균경사율이 15퍼센트 이상인 농지로서 대통령령으로 정하는 농지를 소유하는 경우

10호. 다음 각 목의 어느 하나에 해당하는 경우

가. 한국농어촌공사 및 농지관리기금법에 따라 한국농어촌공사가 농지를 취득하여 소유하는 경우

나. 농어촌정비법 제16조 등에 따라 농지를 취득하여 소유하는 경우

다. 공유수면매립법에 따라 매립농지를 취득하여 소유하는 경우

라. 토지수용으로 농지를 취득하여 소유하는 경우

마. 농림축산식품부장관과 협의를 마치고 토지보상법에 따라 농지를 취득하여 소유하는 경우

바. 공공토지의 비축에 관한 법률 제2조 제1호 가목에 해당하는 토지 중 일정한 토지로서 국토계획법 제36조에 따른 계획관리지역과 자연녹지지역 안의 농지를 한국토지주택공사가 취득하여 소유하는 경우

위 2호,3호,7호,9호,9호의2,10호(바)−농지취득자격증명 필요 위 1호,4호,6호,8호,10호(가.나.다.라.마)−농지취득자격 불필요 (농지법 제8조 제1항)

Ⅳ. 종중이 농지를 취득할 수 있는지 여부

1. 농지를 취득할 수 없는 경우

(1) 취 득

종중은 원칙적으로 농지를 취득할 수 없다(농지법 제6조 제1항; 2018. 3. 7. 등기예규

제1635호). 종중은 농업인도 아니고 농업법인도 아니기 때문이다. 개별적으로 어떠한 등기가 허용되는지 살펴본다.

(2) 명의신탁해지

종중이 농지에 대하여 명의신탁해지를 원인으로 한 소유권이전등기소송에서 승소판결을 받았더라도 아래 2에 해당하는 경우를 제외하고는 종중 명의로의 소유권이전등기를 신청할 수 없다(2000. 10. 16. 등기선례 6-571).

또한 농지에 대하여 종중이 소유명의인인 종원 갑을 상대로 명의신탁해지를 원인으로 한 소유권이전등기절차를 이행하라는 승소판결을 받았다고 하더라도 그 판결의 효력은 당사자인 원고 종중과 피고 갑 종원에게만 미칠 뿐 제3자에게는 미치지 않는 것이 원칙이므로, 종중이 총회에서 종중의 다른 종원인 자경 농업인 을에게 소유권이전등기를 하는 것으로 결의하였다고 하더라도 위 판결에 따라 제3자인 을 명의로의 소유권이전등기를 신청할 수는 없다(2018. 10. 25. 등기선례 9-104).

(3) 취득시효완성

종중이 농지에 대하여 취득시효완성을 원인으로 한 소유권이전등기 청구소송에서 승소판결을 받았더라도 위 (2)와 마찬가지이다(2013. 1. 25. 등기선례 9-96).

(4) 명의수탁자변경

종중(명의신탁자)이 종중원 '갑'(현 소유권의 등기명의인) 앞으로 명의신탁 되어 있는 농지에 대하여 종중 명의로의 이전등기 없이 다른 종중원 '을' 앞으로 명의수탁자 변경을 할 수 없으며, 이는 해당 농지에 대하여 명의수탁자변경을 결의한 종중결의서와 종중이 갑을 상대로 하여 취득시효완성을 원인으로 한 소유권이전등기 소송에서 승소한 판결문을 첨부정보로서 제공한다 하더라도 마찬가지다(2013. 6. 7. 등기선례 9-101).

이 경우 먼저 명의신탁해지를 원인으로 하여 종중 명의로 소유권이전등기를 한 후에 다시 새로운 명의수탁자 앞으로 소유권이전등기를 하여야 한다(부동산실명법 제8조 제1호 참조). 따라서 종중이 자기 명의로 소유권이전등기를 회복하지 않고서 현 명의수탁자로부터 새로 지정한 종원 명의로 명의신탁을 원인으로 한 소유권이전등기를 할 수 없다(2013. 1. 25. 등기선례 9-96).

2. 농지를 취득할 수 있는 경우

(1) 농지법 제6조 제2항에 해당하는 경우

농지법 제6조 제2항에 해당하는 경우에는 자기의 농업경영에 이용하거나 이용할 농업인, 농업법인이 아니라도 농지를 취득할 수 있으므로 종중도 농지를 취득할 수 있다. 따라서 농지법 제6조 제2항 제7호에 따라 농지전용허가를 받거나 농지전용신고를 한 농지, 같은 조항 제8호에 따라 농지전용협의를 완료한 농지라면 종중도 위 농지를 취득할 수 있다.

다만 위 제7호에 해당하는 경우에는 농지취득자격증명을 첨부하여야 하고, 제8호에 해당하는 경우에는 이를 첨부할 필요가 없으나 농지전용협의를 완료하였음을 증명하는 서면은 첨부하여야 한다. 후술한다.

(2) 국토계획법 제83조 제3호에 해당하는 경우

국토계획법 제6조 및 제36조에 따르면 전 국토는 도시지역(주거지역 · 상업지역 · 공업지역 · 녹지지역), 관리지역(보전관리지역, 생산관리지역, 계획관리지역), 농림지역, 자연환경보전지역으로 나뉘는바, 지목이 농지라도 도시지역(녹지지역의 농지로서 도시 · 군계획시설사업에 필요하지 아니한 농지는 제외)에 대하여는 '농지법 제8조에 따른 농지취득자격증명' 제도가 적용되지 아니하므로(국토계획법 제83조 제3호) 종중(교회 · 영리법인)도 이를 취득할 수 있다(2012. 2. 15. 등기선례 9-91).

(3) 대장상 지목이 농지이나 그 현상이 농작물 경작지 또는 다년생 식물 재배지로 이용되고 있지 않음이 확인되는 경우

지목이 농지이나 그 현상이 농작물 경작지 또는 다년생 식물 재배지로 이용되고 있지 않음이 관할관청이 발급하는 서면(신청대상 토지가 농지법 제2조 제1호에 따른 농지에 해당하지 않는다는 취지가 기재된 농지취득자격증명미발급사유통보서, 후술함)에 의하여 증명되는 경우에는 종중도 농지를 취득할 수 있다(2018. 3. 7. 등기예규 제1635호 3. 타.; 농림축산식품부예규 제9조 제3항 제1호). 현황상 농지가 아니기 때문이다.

(4) 위 토[4]

농지개혁 당시 위토대장에 등재되어 있었던 기존 위토인 농지에 한하여 해당 농지가 위토대장에 종중 명의로 등재되어 있음을 확인하는 내용의 위토대장 소관청 발급의 증명서를 첨부하여 그 종중 명의로의 소유권이전등기를 신청할 수 있다(2018. 3. 7. 등기예규 제1635호). 위와 같이 예외적으로 인정되는 경우를 제외하고는

---

4) 位土: 구 농지개혁법(1949. 6. 21. 법률 제31호) 시행 당시 (1949. 6. 21.) 분묘를 수호하기 위하여 종전부터 소작료를 징수하지 아니하는 '기존'의 위토로서 묘 매(每) 일위(一位)에 2반보 이내의 농지는 매수되지 않고 종중도 실질적으로 소유할 수 있었다(구 농지개혁법 제6조 제1항 제7호 참조). 이에 따라 위토의 인정을 받고자 하는 종중은 신청서를 제출하여 인허를 받고, 시장 등은 그 위토에 관한 사항을 위토대장에 등록한 후 비치하여야 했다(구 농지개혁법 시행규칙 제11조, 제12조).

종중이 위토를 목적으로 새로 농지를 취득하는 것도 허용되지 아니한다. 따라서 기존 위토를 처분하고 위토용으로 농지를 매수하였다 하더라도 종중 명의로 소유권이전등기를 할 수는 없을 것이다(1997. 4. 3. 등기선례 제5-757호).

또한 기존의 농지인 위토가 수용되어 보상금으로 다른 농지를 위토를 목적으로 취득하는 것도 허용되지 않는다(1999. 4. 40. 등기선례 6-23).

(5) 가 등 기

제한되는 것은 종중이 농지를 '취득'하는 것이므로, 종중이 농지에 대하여 소유권이전등기가 아닌 소유권이전가등기를 신청하는 것은 허용된다(2001. 6. 9. 등기선례 6-440; 선례 201010-1). 근저당권자가 될 수도 있다. 이 경우 농지취득자격증명이 요구되는 것도 아니다.

(6) 농지취득의 요건을 갖추지 못한 자가 토지거래계약허가를 받은 경우 농지를 취득할 수 있는지 여부

토지거래허가를 받은 경우에는 농지취득자격증명을 받은 것으로 본다(부동산거래신고법 제20조 제1항). 따라서 종중이 농지에 대하여 부동산거래신고법 제11조의 토지거래계약허가를 받아 소유권이전등기를 신청하는 경우 별도로 농지취득자격증명을 첨부할 필요는 없다.

(7) 위 (1)~(6) 규정의 확장적용

위 (1)~(8)에서 설명한 내용은 위토대장에 대한 설명 부분을 제외하고는 종중 이외에도 법인 아닌 사단 · 재단, 농업법인이 아닌 법인(주식회사 등)에도 일반적으로 적용된다고 볼 것이다. 따라서 농지법 제6조 제2항에 해당하는 농지라면 법인 아닌 사단, 농업법인 아닌 법인(주식회사 등)도 농지를 취득할 수 있으며, 토지거래허가를 받은 경우에는 법인이거나 법인이 아닌 사단(교회)도 농지를 취득할 수 있으며(2010. 8. 2. 등기선례 9-88), 법인 아닌 사단도 농지에 대하여 가등기를 신청할 수 있다(2007. 4. 23. 등기선례 8-285).

Ⅴ. 농지취득자격증명을 첨부하여야 하는 '등기'의 종류

농지법 제8조에서는 농지취득자격증명을 발급받아 농지를 취득하는 자가 그 소유권에 관한 등기를 신청할 때에는 농지취득자격증명을 첨부하여야 한다고 규정하고 있는바, '소유권에 관한 등기'의 의미를 농지의 소유권이전등기에 관한 사무처리지침(2018. 3. 7. 등기예규 제1635호)에서는 '소유권이전등기신청'으로 규정하고 있다.

농지에 관하여 증여계약을 해제하는 약정을 원인으로 하여 소유권이전등기의 '말소등기신청'을 하는 경우에는 농지취득자격증명을 첨부하지 아니하나 수증인이 증여인에게 해당 농지를 다시 증여하는 것을 원인으로 하여 '소유권이전등기신청'을 하는 때에는 농지취득자격증명을 첨부하여야 하며(1991. 9. 25. 등기선례 3-862), 농지에 대한 소유권이전청구권가등기를 신청하거나,[5] (근)저당권설정등기를 신청하는 경우[6]에는 농지취득자격증명을 첨부할 필요가 없다.

최근 등기선례

매매계약의 해제를 원인으로 한 소유권이전등기의 말소등기를 신청하는 경우 농지취득자격증명을 첨부정보로서 등기소에 제공하여야 하는지 여부

농지에 대하여 매매로 인한 소유권이전등기가 마쳐진 후 매매계약의 합의해제를 등기원인으로 하여 소유권이전등기의 말소등기를 신청하는 경우에는 농지취득자격증명을 첨부정보로서 등기소에 제공할 필요가 없다(2022. 04. 15. 부동산등기과-1055 질의회답).

한편 이 경우 소유권이전등기의 원인은 반드시 계약이나 유상계약일 것이 요구되지 아니한다. 진정명의를 회복하는 것은 엄밀한 의미에서 '취득'이 아니므로 진정명의 회복을 원인으로 한 소유권이전등기신청서에 농지취득자격증명을 첨부하지 아니한다.

VI. 농지취득자격증명을 첨부하여야 하는 구체적인 경우

소유권이전등기신청서에 농지취득자격증명을 첨부하여야 하는 구체적인 경우를 농지의 소유권이전등기에 관한 사무처리지침(2018. 3. 7. 등기예규 제1635호; 농지법 제6조 및 제8조)을 중심으로 살펴본다.

1) 자연인 또는 농업법인(영농조합법인, 농업회사법인(주식회사 포함))이 농지에 대하여 매매, 증여, 교환, 양도담보, 명의신탁해지,[7] 신탁법상의 신탁[8] 또는 신탁해

5) 2011. 10. 12. 등기예규 제1408호.

6) 1979. 10. 17. 등기예규 제353호.

7) 농지에 대하여 '상호명의신탁해지'를 원인으로 한 소유권이전등기를 신청하는 경우에는 적용되지 않는다고 해석된다. '상호명의신탁해지'의 경우에도 농지취득자격증명을 요구하던 종전 등기선례 1998. 3. 20. 등기선례 5-725는 1999. 10. 21. 등기선례 6-562에 의하여 변경되었기 때문이다.

8) 1991. 8. 16. 등기선례 3-760. 그러므로 농지에 대하여 신탁을 원인으로 하여 소유권이전등기를 신청하는 경우에는 관리신탁, 처분신탁, 담보신탁 등 신탁의 목적에 관계없이 농지취득자격증명을 첨부하여야 한다(2003. 10. 6. 등기선례 7-465). 다만 신탁을 원인으로 소유권이전등기를 할 때에 농지취득자격증명을 첨부하여야 한다고 하여, 농지법상 농지에 대한 소유가 허

지, 사인증여, 계약해제, 공매, 상속인 이외의 자에 대한 특정적 유증,[9] 대물변제[10], 부당이득 반환[11], 공유지분포기[12] 등을 등기원인으로 하여 소유권이전등기를 신청하는 경우에는 농지취득자격증명을 첨부하여야 한다.

이와 같은 법리는 ① 국가나 지방자치단체로부터 농지를 매수하여 소유권이전등기를 신청하는 경우 ② 동일 가구(세대)내 친족 간의 매매, 부자지간의 증여(1996. 3. 6. 등기선례 4-729), 부부지간의 증여(1997. 1. 20. 등기선례 5-719) 등을 원인으로 하여 소유권이전등기를 신청하는 경우에도 마찬가지이다.

2) 초·중등교육법 및 고등교육법에 따른 학교, 농림축산식품부령으로 정하는 공공단체 등이 그 목적사업을 수행하기 위하여 필요한 시험지 등으로 쓰기 위하여 농지를 취득할 수 있는바(농지법 제6조 제2항 제2호), 이 경우에도 소유권이전등기를 신청하는 경우에는 농지취득자격증명을 첨부하여야 한다(농지법 제8조 제1항).

3) 주말·체험영농(농업인이 아닌 개인이 주말 등을 이용하여 취미생활이나 여가활동으로 농작물을 경작하거나 다년생식물을 재배하는 것을 말한다)을 하고자 하는 경우에는 농업인이 아닌 자도 농지를 취득할 수 있는바(1,000㎡ 미만의 농지, 농지법 제7조 참조)(농지법 제6조 제2항 제3호), 이 경우에도 소유권이전등기를 신청하는 경우에는 농지취득자격증명을 첨부하여야 한다(농지법 제8조 제1항).

4) 농지법 제34조 제1항에 따른 농지전용[13]허가(다른 법률에 따라 농지전용허가가 의제되는 인가·허가·승인 등을 포함한다)를 받은 자 또는 동법 제35조 또는 제43조에 따른 농지전용신고를 한 자는 농업인이나 농업법인 아닌 자도 당해 농지를 취득할 수 있는바(농지법 제6조 제2항 제7호),[14] 이 경우에도 소유권이전등기를 신청하는

용되는 농업인이나 농업법인이 아닌 신탁회사가 농지취득자격증명을 첨부하여 농지를 취득할 수 있다는 취지는 아니다.

9) 상속, 포괄유증, 상속인에 대한 특정적 유증의 경우에는 후술하는 바와 같이 농지취득자격증명이 요구되지 아니한다.

10) 1993. 3. 13. 등기선례 3-873.

11) 「부동산등기실무 Ⅰ」 p.295.

12) 1994. 10. 25. 등기선례 4-715.

13) 농지를 농작물의 경작 또는 다년성식물의 재배 등 농업생산 또는 농지개량행위 외의 목적에 사용하는 것을 말한다. 농지에 건축물의 건축, 주차장, 구조물 설치 등 농지 본래의 목적 외의 목적으로 이용하고자 하는 자는 농지전용 허가 또는 협의를 받거나 농지전용 신고를 하여야 한다.

14) 따라서 농지전용허가를 받은 것으로 간주되는 광업법 제47조의2에 따른 채광계획인가를 받은 광구 내의 농지(선례 1996. 4. 10. 등기선례 4-730), 국토교통부장관의 관광지조성계획 승인이 있는 농지(1996. 9. 3. 등기선례 5-713)에 대하여는 농지취득자격증명을 첨부하여 소유권이전등기를 신청할 수 있다.

경우에는 농지취득자격증명을 첨부하여야 한다(농지법 제8조 제1항).

농업법인 아닌 법인도 농지법 제6조 제2항 제7호에 따라 농지전용허가를 받았다면 그 농지를 취득할 수 있는데, 전용허가의 취지가 기재된 농지취득자격증명서를 첨부하면 되고 농지전용허가를 증명하는 서면은 필요로 하지 않는다(2005. 9. 22. 등기선례 8-346).

5) 농지법 제28조에 따른 농업진흥지역 밖의 농지 중 최상단부부터 최하단부까지의 평균경사율이 15% 이상인 농지(영농여건 불리지역)로서 대통령령으로 정하는 농지는 농업인이나 농업법인 아닌 자도 해당 농지를 취득할 수 있는바(농지법 제6조 제2항 제9호의2), 이 경우에도 소유권이전등기를 신청하는 경우에는 농지취득자격증명을 첨부하여야 한다(농지법 제8조 제1항).

따라서 종중이라도 농지취득자격증명을 발급받았다면 영농여건불리농지를 취득할 수 있다(2019. 5. 10. 등기선례 9-107).

Ⅶ. 농지취득자격증명을 첨부하지 아니하여도 되는 경우

소유권이전등기신청서에 농지취득자격증명을 첨부할 필요가 없는 경우를 농지의 소유권이전등기에 관한 사무처리지침((2018. 3. 7. 등기예규 제1635호; 농지법 제6조 및 제8조)을 중심으로 살펴본다. 구체적인 사항은 위 예규를 확인하여야 한다.

1. 취득시효완성, 공유물분할,[15] 매각,[16] 진정명의회복, 유류분반환,[17] 재산분할재판,[18] 농업법인의 합병을 원인으로 하여 소유권이전등기를 신청하는 경우

농지법시행령 제6조 및 위 예규에 의하면 취득시효의 경우에는 농지취득자격증

15) 종전에는 공유지분에 따른 농지의 공유물분할로 인한 소유권이전등기신청시에는 농지취득자격증명을 첨부할 필요가 없고, 다만 공유물분할로 취득한 면적이 종전 공유지분을 초과하는 공유물분할로 인한 소유권이전등기신청시에만 농지취득자격증명을 첨부하여야 한다고 하였으나(1997. 11. 27. 등기선례 5-725), 본 등기선례는 변경되어 이제는 취득하는 면적이 공유지분과 같은지 여부에 관계없이 농지취득자격증명을 첨부할 필요가 없다(1999. 10. 21. 등기선례 6-562).

16) 다만 매각을 원인으로 한 소유권이전등기의 경우에는 매각허가결정을 받기 위하여 매각허가기일까지 집행법원에 농지취득자격증명을 제출하여야 한다(집행법 제123조 제2항 참조). 따라서 농지취득자격증명은 매각허가결정의 조건이지 소유권이전등기촉탁서의 첨부서면이라 할 수 없다.

17) 1997. 8. 6. 등기선례 5-199; 1997. 8. 6. 등기선례 5-741.

18) 1995. 6. 28. 등기선례 4-261.

명을 발급하지 아니하도록 규정되어 있으나, 이는 농지의 소유제한에 해당하지 않는 경우에 농지취득자격증명의 첨부 없이 소유권이전등기가 가능하다는 것을 의미하는 것이지, 종중과 같이 원칙적으로 농지를 취득할 수 없는 경우에도 농지취득자격증명을 첨부하지 아니하고 농지에 대한 소유권이전등기가 가능하다는 취지는 아니다(2005. 7. 27. 등기선례 8-345).

마찬가지로 종교단체(법인)가 농지에 대하여 취득시효 완성을 원인으로 하는 소유권이전등기청구소송에서 승소판결을 받았더라도 농지 소유 제한의 예외사유(농지법 제6조 제2항 참조)에 해당하는 경우가 아니라면 이 판결에 따른 소유권이전등기를 신청할 수 없다(2019. 3. 13. 등기선례 9-105).

2. 상속 또는 포괄유증, 상속인에 대한 특정적 유증에 의하여 농지를 취득하는 경우

농지에 대하여 상속등기 후 협의분할로 인한 소유권경정등기를 신청하는 경우(1997. 1. 20. 등기선례 5-737)와 같이 상속에 의한 농지취득에 준하는 경우도 마찬가지이다. 다만 상속인 아닌 자에 대한 특정재산의 유증의 경우에는 농지취득자격증명을 첨부하여야 한다.

상속인에 의한 등기의 경우

(i) 상속에 의한 농지취득과 달리 상속인이 피상속인의 매수인 지위를 상속한 것에 불과한 때에는 농지취득자격증명을 첨부하여야 한다.

(ii) 예컨대, 피상속인이 매수한 농지에 관하여 공동상속인들이 매도인인 현재의 등기기록상 소유자와 공동으로, 또는 그를 상대로 승소의 확정판결을 받아 단독으로 각자의 상속지분의 소유권이전등기를 신청하는 경우에 등기권리자인 공동상속인 명의의 농지취득자격증명을 첨부하여야 한다(1993. 3. 13. 등기선례 3-837; 1996. 9. 11. 등기선례 5-714).

피상속인이 농지에 대하여 소유권이전등기절차이행의 승소판결을 받은 후 등기 전에 사망하여 상속이 개시된 때(1994. 4. 16. 등기선례 4-224) 및 피상속인이 신탁한 부동산에 대하여 상속인들이 신탁계약해지를 원인으로 한 소유권이전등기소송을 제기하여 승소판결을 받아서 상속인들이 소유권이전등기를 하는 경우(1996. 12. 27. 등기선례 5-718)에도 같다.

3. 600평 내의 묘토인 농지인 경우

600평 이내의 묘토인 농지에 대한 소유권은 제사를 주재하는 상속인(제사주재자가 상속인이 아닌 경우에는 법정상속인)이 승계하게 되는바(민법 제1008조의3), 이는 본질적으로 상속에 속하는 것이므로 위 농지에 대하여 소유권이전등기를 신청하는 경우 농지취득자격증명을 첨부할 필요가 없다. 다만, 위 등기 신청시에 일반적인 첨부서면 외에 상속을 증명하는 서면과 600평 이내의 묘토인 농지임을 증명하는 서면 및 등기신청인이 제사를 주재하는 자임을 상속인 전원이 인정하는 서면(이 서면에는 등기신청인을 제외한 상속인 전원의 인감증명을 첨부하여야 할 것임)을 첨부하여야 한다(2009. 6. 23. 등기선례 9-86).

4. 국가나 지방자치단체가 농지를 취득하여 소유권이전등기를 신청하는 경우

5. 토지보상법에 의한 수용 및 협의취득을 원인으로 하여 소유권이전등기를 신청하는 경우

6. 토지보상법 제91조에 따른 환매권자가 환매권에 기하여 농지를 취득하여 소유권이전등기를 신청하는 경우

7. 도시지역 내의 농지에 대한 소유권이전등기를 신청하는 경우

국토계획법 제6조 및 제36조에 따르면 전 국토는 도시지역(주거지역 · 상업지역 · 공업지역 · 녹지지역), 관리지역(보전관리지역, 생산관리지역, 계획관리지역), 농림지역, 자연환경보전지역으로 나뉘는바, 지목이 농지라도 도시지역(녹지지역의 농지로서 도시 · 군계획시설사업에 필요하지 아니한 농지는 제외)에 대하여는 '농지법 제8조에 따른 농지취득자격증명' 제도가 적용되지 아니하므로(국토계획법 제83조 제3호) 농지취득자격증명을 첨부할 필요없이 아무나 이를 취득할 수 있다.

도시지역 중 녹지지역 내의 농지에 대하여는 원칙적으로 농지취득자격증명을 첨부하여야 하는데, 그 농지가 도시·군계획시설사업에 필요한 농지인 경우에는 이를 첨부할 필요가 없다(국토계획법 제83조 제3호 단서).

이와 같은 도시지역 내의 농지인지 여부 및 도시계획시설사업에 필요한 농지인지 여부는 보통 '토지이용계획확인서'에 의하여 증명될 수 있으나, 농지취득자격증명을 첨부할 것인지의 여부는 구체적인 사건에서 등기관이 판단할 수밖에 없다.

구체적인 사례

도시·군계획시설사업에 필요한 농지라고 보는 경우	도시·군계획시설사업에 필요한 농지가 아니라고 본 경우
토지이용계획확인서상 도시계획구역 중 자연녹지지역 내에 소재하고 있고 도시계획시설 표시가 시설녹지로 기재되어 있는 농지(2002. 12. 30. 등기선례 7-471), 완충녹지로 기재되어 있는 농지(2002. 10. 18. 등기선례 7-469), 공원(도시자연공원)으로 기재되어 있는 농지, 일부운동장·일부도로·일부철도 등으로 기재되어 있고 토지의 전부 또는 대부분이 도로 등으로 사용되고 있는 사실이 표시되어 있는 농지(2000. 12. 18. 등기선례 6-554), '도로저촉, 전기공급설비'라고 기재되어 있고 토지의 전부 또는 대부분이 도로로 사용되고 있는 사실이 도시계획확인도면상 표시되어 있는 농지(1997. 12. 22. 등기선례 5-37), 유원지로 기재되어 있는 농지(1999. 2. 22. 등기선례 6-560) ➜ 농지취득자격증명 불필요	완충녹지이나 토지이용계획확인서에 지적고시미확정으로 기재되어 위 농지가 도시계획사업에 필요한 농지인지 여부를 확인할 수 없는 농지(2000. 12. 18. 등기선례 6-554), 도시계획확인서상 도시계획시설에 해당한다는 취지의 기재가 없이 도시계획시설란에 "해당없음"이라고 기재되어 있고, 입안사항으로 택지개발예정지구입안지의 기재가 되어 있는 농지(1999. 11. 9. 등기선례 6-551), 도시계획구역 중 자연녹지지역 내에 소재하고 있고 군사시설보호구역이며, 농지법 8조의 규정이 적용되는 농지라는 취지의 기재가 되어있는 농지(1998. 11. 26. 등기선례 5-730), 도시지역 내의 자연녹지지역으로 도로에 저촉된다는 취지 및 농지법 8조의 규정이 적용되는 농지라는 취지의 기재가 각 기재되어 있고, 도시계획확인도면에 해당 농지의 일부만이 도로에 저촉되어 있는 농지(1998. 11. 17. 등기선례 5-94) ➜ 농지취득자격증명 필요

8. 농지법 제34조 제2항에 따른 농지전용협의를 완료한 농지를 취득하여 소유권이전등기를 신청하는 경우

농지전용협의완료를 원인으로 등기를 신청하는 경우에는 농지취득자격증명을 첨부할 필요는 없으나 전용협의완료를 증명하는 서면은 첨부하여야 한다(2011. 3. 23. 등기선례 9-90).

[실무참고자료]

선 례

농지전용허가 또는 농지전용협의가 완료된 농지에 대한 소유권이전등기신청과 농지취득자격증명 (2019. 12. 31. 부동산등기과－3233 질의회답)〉	
① 해당 농지가 도시지역 중 주거지역·상업지역·공업지역 안의 농지인 경우	토지이용계획확인서
② 해당 농지가 도시지역 중 녹지지역 안의 농지인 경우	도시·군계획시설에 필요한 농지임을 확인할 수 있는 토지이용계획확인서
③ 해당 농지가 계획관리지역의 지구단위계획구역 안의 농지인 경우	해당 농지가 계획관리지역의 지구단위계획구역 안의 농지임을 확인할 수 있는 토지이용계획확인서
④ 해당 농지가 도시지역 중 녹지지역 안의 농지이거나 개발제한구역 안의 농지인 경우	해당 농지가 도시지역 중 녹지지역 안의 농지이거나 개발제한구역 안의 농지임을 확인할 수 있는 토지이용계획확인서 + 개발행위허가나 토지형질변경허가를 증명하는 정보(등기권리자가 허가받은 것이어야 함)

최근 등기선례

농지전용협의가 완료된 농지를 취득한 사업시행자가 소유권이전등기(담보신탁 또는 관리신탁)를 신청하는 경우 또다시 농지취득자격증명서를 첨부하여야 하는지 여부

1. 도시계획시설사업 예정지로 실시계획 인가된 대상 농지는 「국토의 계획 및 이용에 관한 법률」 제92조 제1항 제8호에 의해 농지전용협의(「농지법」 제34조 제2항)가 완료된 것으로 의제되므로, 도시·군계획사업시행자가 또다시 신탁회사에게 소유권을 이전하는(담보신탁 또는 관리신탁) 경우에도 신탁회사는 소유권이전등기신청서에 대상 농지에 대하여 농지전용협의가 완료되었음을 증명하는 서면(도시계획시설사업 실시계획 인가를 증명하는 서면 등)을 제출하면 충분하고 농지취득자격증명서를 첨부서면으로 등기소에 제공할 필요는 없다(등기선례 9-100 참조).

2. 다만 구체적인 등기사건에서 제출된 서면이 농지전용협의가 완료되었음을 증명하는 서면에 해당하는지 여부 및 그 등기신청을 수리할 것인지 여부는 그 등기사건을 처리하는 등기관이 판단할 사항이다(2021. 12. 01. 부동산등기과-3117 질의회답).

Ⅷ. 공부상 지목이 농지이지만 사실상 농지가 아닌 경우(농지취득자격증명미발급사유통보서의 문제)

1. 총 설

농지에 대하여 현황주의를 채택하고 있는 현행 농지법 하에서는 공부상 지목이 농지이더라도 실제의 토지현상이 농작물의 경작 또는 다년생 식물의 재배지 등으로 이용되고 있지 않다면 그 토지에 관한 소유권이전등기신청시 농지취득자격증명을 첨부할 필요가 없다. 다만, 공부상 지목이 농지이나 실제로는 농지로 이용되지 않는다는 사실은 농지취득자격증명의 발급관청인 농지 소재지를 관할하는 시 · 구 · 읍 · 면장의 서면으로 증명되어야 한다.

따라서 법원이 작성한 판결서 또는 검증조서, 감정인이 작성한 감정평가서 등도 이에 해당하지 않고, 농지원부도 농지취득자격증명을 대신할 수 없다(2001. 4. 25. 등기선례 6-555).

실무에서는 관할관청이 발급한 농지취득자격증명신청미발급사유통보서가 실제 농지로 이용되지 않는다는 사실을 증명하는 서면으로 등기소에 제출되고 있으므로 이를 중심으로 살펴보기로 한다.

2. 농지취득자격증명미발급사유통보서의 내용

시·구·읍·면의 장은 신청인이 농지취득자격증명 발급요건에 부합되지 아니하는 경우에는 자격증명 미발급 사유를 명시하여 신청인에게 문서로 통보하여야 하는바, 등기실무와 관련한 문제점은 주로 ① 농지가 아닌 토지, ② 농지법을 위반하여 불법으로 형질변경한 농지 등에 대하여 자격증명의 발급을 신청한 경우이다. 이러한 경우 2022. 8. 16. 농림축산식품부예규 제59호(농지취득자격증명발급심사요령)는 자격증명 미발급 사유를 다음과 같이 구체적으로 기재하도록 하고 있다(다음 예시 외의 사유로 미발급 통보하는 경우에도 그 사유를 구체적으로 기재하여야 한다).

㉮ 신청대상 토지가 농지법 제2조 제1호에 따른 농지에 해당하지 아니하는 경우: 신청대상 토지가 「농지법」에 의한 농지에 해당되지 아니함(종전의 「농지의 보전 및 이용에 관한 법률」 시행일인 1973.1.1. 이전부터 농작물의 경작 또는 다년생 식물 재배지 외의 용도로 이용되고 있는 토지 등 해당 사유를 기재).

㉯ 신청대상 농지가 농지취득자격증명을 발급받지 아니하고 취득할 수 있는 농지인 경우: 신청대상 농지는 농지취득자격증명을 발급받지 아니하고 취득할 수 있는 농지임(농지전용 협의를 마친 도시지역 안의 주거지역의 농지를 취득하는 경우 또는 법 제6조 제2항 제4호에 따른 상속으로 농지를 취득하는 경우 등 해당 사유를 기재) 〈전문개정〉.

㉰ 신청인이 법 제8조 제2항에 따라 농업경영계획서 또는 주말 · 체험영농계획서를 제출하여야하여 신청인의 농지취득자격을 확인한 결과 적합하지 아니한 경우: 신청인이 작성한 농업경영계획서 또는 주말 · 체험영농계획서의 내용이 신청인의 농업경영능력 등을 참작할 때 실현가능하다고 인정할 수 없음(규칙 제7조 제3항 각 호의 사항을 종합적으로 고려하여 농지취득자격증명 미발급한 사유를 구체적으로 기재).

㉱ 신청대상 농지가 「농지법」을 위반하여 불법으로 형질이 변경되었거나 불법건축물이 있는 농지인 경우: 신청대상 농지는 취득 시 농지취득자격증명을 발급받아야 하는 농지이나 불법으로 형질이 변경되었거나 불법건축물이 있는 부분에 대한 복구가 필요하며 현 상태에서는 농지취득자격증명을 발급할 수 없음.

반려사유	등기신청가능여부	필요서면
㉮	가 능	농지취득자격증명서 ➔ 불필요 농지취득자격증명미발급사유통보서 ➔ 필요
㉯	가 능	농지취득자격증명서 ➔ 불필요 농지취득자격증명미발급사유통보서 ➔ 불필요
㉰	불가능	~~농지취득자격증명서 ➔ 불필요 농지취득자격증명미발급사유통보서 ➔ 불필요~~
㉱	불가능	농지로 원상회복되어야 함

나누어서 보면, 위 ㉮의 서면에는 농지법에 의한 농지에 해당하지 않는다는 사유가 구체적으로 기재되어 있어야 하고, 단순히 '이 사건 부동산의 현황이 잡종지로서 각 대형상가 앞 나대지 혹은 묵지'라고 기재되어 있을 뿐 부동산이 지목에 불구하고 농지에 해당하지 아니한다는 점 및 그에 관한 구체적인 사유가 기재되어 있지 아니한 토지현황 사실조회회신서를 '농지가 아님을 증명하는 서면'에 해당한다고 볼 수 없다. 공부상 지목이 전이나 답인 토지가 농지로서의 현상이 변경되었다고 하더라도 그 변경 상태가 일시적인 것에 불과하고 농지로서의 원상회복이 용이하게 이루어질 수 있다면 그 토지는 농지법에서 말하는 농지에 해당하므로 농지취득자격증명을 첨부하여야 소유권이전등기를 할 수 있다(대결 2012. 7. 31. 2012마336).

선 례

지목이 농지이나 사실상 농지가 아닌 토지에 대하여 일반법인이 그 명의로 소유권이전등기신청을 할 수 있는지 여부(2020. 04. 27. 부동산등기과-1083 질의회답)

시·구·읍·면장으로부터 지목이 농지인 토지에 대하여 "신청대상 토지가 「농지법」에 의한 농지에 해당되지 아니함"이라는 내용이 기재된 농지취득자격증명 미발급 사유 통지를 받은 경우에는(농림축산식품부예규 제59호 제9조 제3항 제1호), 농업법인이 아닌 일반법인도 이 토지에 대하여 자신의 명의로 소유권이전등기를 신청할 수 있을 것이다(2020. 4. 27. 등기선례 8-327).

㉯의 경우에는 토지이용계획확인서 등에 의하여 농지취득자격증명을 발급받지 않고 취득할 수 있음이 분명한 때에는 농지취득자격증명이나 농지취득자격증명미발급사유통보서를 첨부하지 아니하고 소유권이전등기를 신청할 수 있다고 본다(2012. 10. 5. 등기선례 9-94에서는 이 경우에도 농지취득자격증명미발급사유통보서가 필요하다고 함). 그 지역이 농지취득자격증명이 필요없는 토지임을 소명하기 위하여 토지이용계획확인서를 제출하여야 한다.

㉰의 경우 농지취득자격증명발급심사요령이 2022. 8. 16. 개정되었으므로 변경된 내용을 아래와 같이 나누어 본다.

구 분	농지취득자격증명발급심사요령 (농림축산식품부예규 제39호)	농지취득자격증명발급심사요령 (농림축산식품부예규 제59호)
시 기	~ 2022. 8. 15.	2022. 8. 16. 부터
농지취득 자격증명 미발급사유 통보서	신청인의 농지취득 원인이 자격증명을 발급받지 아니하고 농지를 취득할 수 있는 것인 경우 : 취득원인이 농지취득자격증명을 발급받지 아니하고 농지를 취득할 수 있는 경우에 해당함	'신청인이 농지법 제8조 제2항에 따라 농업경영계획서 또는 주말·체험영농계획서를 제출하여야 하며 신청인의 농지취득자격을 확인한 결과 적합하지 아니한 경우: 신청인이 작성한 농업경영계획서 또는 주말·체험영농계획서의 내용이 신청인의 농업경영능력 등을 참작할 때 실현가능하다고 인정할 수 없음 - 농지법시행규칙 제7조 제3항 각 호의 사항을 종합적으로 고려하여 농지취득자격증명 미발급한 사유를 구체적으로 기재
등기신청 가능여부	등기신청가능 (2012. 10. 5. 등기선례 9-94도 같은 취지)	(위 경우에 등기신청이 불가능하다고 해석됨)
첨부서류	농지취득자격증명미발급사유통보서	

㉣에 해당하는 경우에는 해당 토지를 농지로 원상회복하기 전에는 현 상태에서 농지에 대한 소유권이전등기를 신청할 수는 없다. "고속도로 공사를 위한 일시전용으로 인하여 현장사무실 및 야적장으로 사용하고 있어 2006년까지는 원상회복이 불가능하다"(2003. 9. 19. 등기선례 7-464), "오랫동안 농사를 짓지 않아 잡목이 있고 주변 일대에 석회광이 조업중이며 사실상 경작이 불가능함"(2007. 5. 30. 등기선례 8-357) 이라고 기재된 문서는 '농지가 아님을 증명하는 서면'에 해당한다고 볼 수 없다. 편법으로 다른 용도로 전용한 농지에 대하여서는 이를 원상회복하지 아니하면 현 상태에서는 소유권이전등기를 신청할 수 없다(이상 2012. 10. 5. 등기선례 9-94도 같은 취지임).

Ⅸ. 농지취득자격증명의 발급권자 및 신청

농지를 취득하려는 자는 농지 소재지를 관할하는 시장(구를 두지 아니한 시의 시장을 말하며, 도농복합형태의 농지의 소재지가 동지역인 경우만을 말한다) · 구청장(도농복합형태의 시의 구에서는 농지의 소재지가 동지역인 경우만을 말한다) · 읍장 또는 면장으로부터 농지취득자격증명을 발급받아야 한다(농지법 제8조 제1항). 농지취득자격증명을 발급받으려는 자는 원칙적으로 농업경영계획서를 작성하여 농지의 소재지를 관할하는 시 · 구 · 읍 · 면장에게 그 발급을 신청하여야 한다(농지법 제8조 제2항).

Ⅹ. 농지취득자격증명의 내용

1) 농지를 매매함에 있어서 농지취득자격증명은 반드시 매매계약에 앞서 발급받아야 하는 것은 아니며 매매계약 이후에 발급받은 것이라도 유효하다. 다만, 농지의 매수인이 사망한 후에 그에 대하여 발급된 농지취득자격증명은 무효이므로 그 상속인이 피상속인 명의의 허가서를 첨부하여 소유권이전등기를 신청할 수 없다.

2) 등기신청서에 첨부하는 농지취득자격증명의 유효기간에 대한 규정은 없으므로 그 발행일로부터 3개월이 경과한 경우에도 등기신청서에 첨부할 수 있다. 다만 경과일수가 오래되어 그 증명력이 의심스러울 때에는 등기관은 최근에 발행한 농지취득자격증명의 제출을 요구할 수 있을 것이다(2002. 10. 10. 등기선례 7-49).

Ⅺ. 토지거래계약허가와 농지취득증명의 관계

농지에 대하여 부동산거래신고법 제11조에 따라 토지거래계약허가를 받은 경우에는 농지법 제8조에 따른 농지취득자격증명을 받은 것으로 본다(부동산거래신고법 제20조 제1항). 따라서 토지거래계약허가증 외에 별도의 농지취득자격증명을 첨부할 필요가 없다. 그러나 토지거래계약허가 대상면적 미만인 A, B 두 필지의 농지를 합산하여 토지거래허가를 받은 후 A필지에 대하여만 매매계약을 체결한 경우에는 토지거래허가 내용과 계약체결의 내용이 다르므로 A필지에 대한 이전등기신청시 농지취득자격증명을 첨부하여야 한다(1996. 9. 2. 등기선례 5-712).

Ⅻ. 농지취득자격증명의 첨부없이 경료된 등기의 효력

종전 판례에 따르면 농지법 제8조 제1항 소정의 농지취득자격증명은 농지를 취득하는 자가 그 소유권에 관한 등기를 신청할 때에 첨부하여야 할 서류로서, 농지를 취득하는 자에게 농지취득의 자격이 있다는 것을 증명하는 것일 뿐 농지취득의 원인이 되는 법률행위의 효력을 발생시키는 요건은 아니라고 하였지만(대판 2006. 1. 27. 2005다59871), 그 이후 변경된 판례에서는 농지농지를 취득하려는 자가 농지에 대하여 소유권이전등기를 마쳤다 하더라도 농지취득자격증명을 발급받지 못한 이상 그 소유권을 취득하지 못한다고 한다(대판 2012. 11. 29. 2010다68060).

이는 공매절차에 의한 매각의 경우에도 마찬가지라 할 것이므로, 공매부동산이 농지법이 정한 농지인 경우에는 매각결정과 대금납부가 이루어졌다고 하더라도 농지취득자격증명을 발급받지 못한 이상 소유권을 취득할 수 없고, 설령 매수인 앞으로 소유권이전등기가 경료되었다고 하더라도 달라지지 않으며, 다만 매각결정과 대금납부 후에 농지취득자격증명을 추완할 수 있을 뿐이다.

제 3 관 토지거래허가구역내의 토지거래계약에 대한 관할 시장 등의 허가

Ⅰ. 부동산거래신고 등에 관한 법률의 규정

국토교통부장관 또는 시·도지사가 지정하는 허가구역에 있는 토지에 관한 소유권 · 지상권(소유권 · 지상권의 취득을 목적으로 하는 권리를 포함한다)을 이전하거나 설정(대가를 받고 이전하거나 설정하는 경우만 해당한다)하는 계약(예약을 포함한다. 이하 '토지거래계약'이라 한다)을 체결하려는 당사자는 공동으로 대통령령으로 정하는 바에 따라 시장 · 군수 또는 구청장의 허가를 받아야 한다. 허가받은 사항을 변경하려는 경우에도 또한 같다('국토의 계획 및 이용에 관한 법률' 제118조 해당 규정은 2017. 1. 19. 폐지됨. 2017. 1. 20.부터는 '부동산 거래신고 등에 관한 법률' 제11조 제1항. 이하 '부동산거래신고법'이라 칭한다).

II. 적용범위

1. 허가대상인 토지

(1) 국토교통부장관 또는 시 · 도지사는 국토의 이용 및 관리에 관한 계획의 원활한 수립과 집행, 합리적인 토지 이용 등을 위하여 토지의 투기적인 거래가 성행하거나 지가(地價)가 급격히 상승하는 지역과 그러한 우려가 있는 지역으로서 대통령령으로 정하는 지역에 대해서는 토지거래계약에 관한 허가구역으로 지정할 수 있다(부동산거래신고법 제10조 제1항). 종래에 '국토의 계획 및 이용에 관한 법률'에 의하여 규제되던 토지거래허가제도가 '부동산 거래신고 등에 관한 법률'로 2017. 1. 20. 부터 통합되었다.

(2) 경제 및 지가의 동향과 거래단위면적 등을 종합적으로 고려하여 대통령령으로 정하는 용도별 면적 이하[1]의 토지에 대한 토지거래계약에 관하여는 위의 허가가 필요하지 아니하다(부동산거래신고법 제11조 제2항).

---

1) 부동산거래신고법시행령 제9조(토지거래계약의 허가가 필요없는 토지의 면적 등) ① 법 제11조 제2항에 따라 토지거래계약의 허가가 필요없는 토지의 면적은 다음 각 호와 같다. 다만, 국토교통부장관 또는 시 · 도지사가 허가구역을 지정할 당시 해당 지역에서의 거래실태 등을 감안하여 다음 각 호의 면적으로 하는 것이 타당하지 아니하다고 인정하여 해당 기준면적의 10% 이상 300% 이하의 범위에서 따로 정하여 공고한 경우에는 그에 따른다.
   1. 국토계획법 제36조 제1항 제1호에 따른 도시지역
      가. 주거지역: 60제곱미터
      나. 상업지역: 150제곱미터
      다. 공업지역: 150제곱미터
      라. 녹지지역: 200제곱미터
      마. 위 가목부터 라목까지의 구분에 따른 용도지역의 지정이 없는 구역: 60제곱미터
   2. 도시지역 외의 지역: 250제곱미터. 다만, 농지의 경우에는 500제곱미터로 하고, 임야의 경우에는 1천제곱미터로 한다.

(3) 허가여부가 문제되는 경우

2017. 6. 1. 국토교통부훈령 제858호를 중심으로 살펴본다.

(가) 일단의 토지 중 일부에 대하여 1년 내에 거래계약을 체결한 경우 여기에서의 일단의 토지라 함은 동일인의 소유로서 서로 인접하여 물리적인 동일성을 가지고 하나의 용도에 이용될 수 있는 토지를 말한다. 일단의 토지이용을 위하여 토지거래계약을 체결한 후 1년 이내에 일단의 토지의 전부 또는 일부에 대하여 토지거래계약을 체결한 경우에는 그 일단의 토지 전체에 대한 거래로 본다(부동산거래신고법 시행령 제9조 제2항).

따라서 전에 거래계약을 체결한 토지 전체면적과 후에 거래계약을 체결한 토지면적을 합산한 면적이 허가대상면적을 초과하는 경우에는 1년 이내에 동일인과 거래계약을 체결하였든지 다른 사람과 거래계약을 체결하였든지 허가를 받아야 한다.

그러므로 부동산거래신고법상의 토지거래허가대상 면적산정시 일단의 토지에 대하여 토지거래계약을 체결한 후 1년 이내에 나머지 토지의 전부 또는 일부에 대하여 토지거래계약을 체결한 경우에는 그 일단의 토지전체에 대한 거래를 한 것으로 보므로, 토지거래허가지역의 임야 12필지 10,000㎡를 매매하면서 토지거래허가대상(1,000㎡) 미만으로 수 회 나누어 토지거래계약을 체결하였을 경우 토지거래계약허가증을 첨부하여야 소유권이전등기를 신청할 수 있다(1997. 7. 13. 등기선례 5-72).

(나) 허가구역을 지정할 당시 허가대상면적을 초과하는 토지가 수 필지로 분할된 경우 허가구역을 지정할 당시 허가대상면적을 초과하는 토지는 허가구역의 지정 후 그 토지가 분할된 경우에도 그 분할된 토지에 대한 토지거래계약을 체결함에 있어서는 분할 후 최초의 거래에 한하여 허가대상면적을 초과하는 토지거래계약을 체결한 것으로 보아 허가를 받아야 한다(부동산거래신고법 시행령 제9조 제3항). 이러한 규정은 허가를 받지 않기 위하여 허가대상면적인 토지를 허가대상면적 미만으로 분할하여 거래하는 탈법행위를 막는데 그 목적이 있다. 따라서, 분할된 토지에 대한 거래시에는 각 필지별로 면적에 관계없이 허가를 받아야 한다.

그러므로 도시지역 내에 있는 녹지지역의 경우 면적이 100㎡를 초과할 경우 허가 대상인데 면적이 150㎡인 갑 토지를 허가 대상 면적 미만인 을 토지(70㎡)와 병 토지(80㎡)로 분할한 경우, 을 토지와 병 토지 모두 최초 거래시에는 거래허가를 받아야 하고 그 다음 거래부터는 거래허가를 받을 필요가 없다(1992. 9. 24. 등기선례

3-559 참조).[2)]

(다) 허가구역을 지정할 당시 허가대상면적을 초과하는 토지가 공유지분으로 거래되는 경우　허가구역을 지정할 당시 허가대상면적을 초과하는 토지를 허가구역지정 후 허가기준 미만으로 공유지분으로 거래하는 경우에는 최초의 거래시에는 토지거래허가를 받아야 한다(부동산거래신고법 시행령 제9조 제3항). 이러한 규정은 허가를 받지 않기 위하여 허가대상면적인 토지를 허가대상면적 미만으로 공유지분으로 거래하는 탈법행위를 막는 데 그 목적이 있다.

그러므로 허가대상 토지를 수인에게 공유지분으로 나누어 처분하는 경우에는 그 지분율에 따라 산정한 면적이 허가대상 면적의 미만이더라도 그에 따른 최초의 지분이전등기를 신청하는 때에는 토지의 분할에 준하여 토지거래계약허가증을 신청서에 첨부하여야 한다(2018. 3. 7. 등기예규 제1634호).

(라) 공유지분을 처분하는 경우　토지거래허가지역 내의 공유지분으로 되어 있는 토지를 취득하는 경우 그 지분비율로 산정한 토지면적이 허가대상면적에 해당된다면 그 부동산에 대한 소유권이전등기신청시에 토지거래계약허가증을 첨부하여야 한다(1990. 9. 20. 등기선례 3-545). 다만 공유자 2인 이상이 그 지분토지를 동일인과 동시에 거래계약을 체결하는 경우에는 거래토지 전체면적을 합산하여 산정한다(2017. 6. 1. 국토교통부훈령 제858호. 토지거래업무처리규정).

허가구역에서 '집합건물의 소유 및 관리에 관한 법률'에 따라 건물의 구분소유를 위한 대지사용권을 이전하고자 할 때의 허가대상 여부는 부동산거래신고법 시행령 제9조 제3항에 따르되 그 지분(대지사용권) 면적은 토지의 공유지분으로 보아 산정한다(위 토지거래업무처리규정).

(마) 공유물분할등기의 경우　토지거래허가지역 내의 공유지분으로 되어 있는 토지를 취득하는 경우 그 지분비율로 산정한 토지면적이 허가대상면적에 해당된다면 그 부동산에 대한 소유권이전등기신청시에 토지거래계약허가증을 첨부하여야 함이 원칙이다(등기선례 제3-545). 다만, 한 필지의 토지를 공유지분비율에 따라 분할하여 각 공유자의 단독소유로 하는 공유물분할의 경우 거래허가를 요하지 아니한다. 예컨대, 허가기준면적이 100㎡인 도시지역의 녹지지역에 있는 A토지(면적 500㎡)를 각 1/2 지분

---

2) 한편 허가대상면적의 토지가 허가구역인 당시에 허가대상면적 미만으로 분할되거나 공유지분이 형성되어 증여된 경우로서 그 토지를 증여받은 자가 최초에 거래하는 때에는 허가를 받아야 하며, 증여 후 남은 토지가 허가대상면적이 아니라 하더라도 최초에 거래하는 경우에는 각각 허가대상이 된다(2017. 6. 1. 국토교통부훈령 제858호. 토지거래업무처리규정).

비율로 공유하던 갑과 을이 위 토지를 A토지(면적 250㎡)와 A-1 토지(면적 250㎡)로 분할하여 A 토지는 갑의 단독소유로, A-1 토지는 을의 단독소유로 하는 소유권이전등기신청을 하는 경우에는 토지거래계약허가를 요하지 아니한다(2005. 8. 19. 부동산등기과-1236 질의회답 참조). 물론 갑이나 을이 분할한 토지를 매매하기 위해서는 허가를 얻어야 한다.

그러나 위 사례의 A토지에서 A-1 토지(면적 400㎡)가 분할되었다면 을은 원래의 자기 지분인 250㎡보다 150㎡를 더 취득한 셈이 되므로 이 경우 A-1 토지에 대한 소유권이전등기신청시에는 토지거래계약허가증을 첨부하여야 할 것이다.

(바) 여러 필지의 토지소유자가 각각의 필지를 각각 다른 사람과 거래하는 경우 각각의 필지별로 허가대상면적 여부를 판단한다(위 토지거래업무처리규정).

2. 허가대상인 등기신청

소유권 · 지상권의 설정 · 이전의 경우에만 적용된다. 종전 국토이용관리법(1999. 2. 8. 개정 전)에서는 소유권 · 지상권 기타 사용수익을 목적으로 하는 권리를 취득하고자 하는 경우에 시장 · 군수 · 구청장 등의 허가를 받을 것을 요구하여 전세권 · 임차권 등도 해당하는 것으로 하였으나 개정된 국토이용관리법 그리고 2003. 1. 1.부터 시행되는 국토계획법(현행 부동산거래신고법)에 의하면 소유권 · 지상권의 경우에만 그 적용이 있다.

그리고 본 계약은 예약을 포함한다. 따라서 가등기를 포함하므로 매매예약을 원인으로 한 소유권이전가등기[3]뿐만 아니라 소유권이전담보가등기도 포함하고, 가등기가처분에 기한 가등기신청[4]의 경우에도 토지거래허가를 받아야 한다. 결국 토지거래허가의 대상이 되는 등기로는 소유권이전등기, 지상권설정등기, 지상권이전등기, 소유권이전가등기, 지상권설정가등기, 지상권이전가등기 등이 해당한다.

3. 허가대상인 거래계약

대가를 받고 이전 또는 설정하는 계약을 의미한다. 여기에서의 대가가 금전에 한하는 것은 아니다. 따라서 유상계약이면 모두 이에 해당한다. 매매계약 · 교환계약 · 대물변제계약 · 양도담보계약 · 현물출자를 원인으로 한 소유권이전계약이나 지료의 지급이 있는 지상권설정계약 등의 경우에는 적법한 토지거래계약허가를 받아야 한다. 무상계약은 이에 해당하지 아니하므로 증여계약 · 지료의 지급이 없는 지

3) 2011. 10. 14. 등기예규 제1408호.

4) 1994. 3. 14. 등기선례 4-111.

상권설정계약 · 이혼을 하면서 특정재산을 이전하는 계약[5] · 이혼당사자 사이의 재산분할[6] · 명의신탁해지 · 신탁[7](신탁가등기의 경우도 마찬가지임. 2007. 3. 21. 등기선례 8-354) 등의 경우에는 대가를 수반하지 아니하므로 토지거래계약허가의 대상이 되지 아니한다. 다만 부담부증여의 경우에는 토지거래계약허가를 받아야 한다.

계약이 아닌 경우에도 토지거래계약허가의 대상이 아니다. 따라서 상속 · 유증 · 진정명의회복[8] · 점유취득시효 · 공유지분포기로 인한 다른 공유자 앞으로의 소유권이전등기[9] 등의 경우에 토지거래계약허가를 받을 이유가 없다 할 것이다. 상법상 회사분할을 원인으로 하는 소유권이전등기 신청의 경우에도 토지거래계약허가서를 첨부할 필요가 없다(2004. 12. 27. 등기선례 8-57).

한편 부동산거래신고법 제10조에 따라 토지거래계약허가구역으로 지정된 토지에 대하여 신탁등기를 경료한 이후 신탁이 종료함에 따라 '신탁재산귀속'을 원인으로 위탁자 이외의 수익자나 제3자 명의로의 소유권이전 및 신탁등기말소를 신청하는 경우 신탁재산의 귀속이 대가에 의한 것인 때에는 토지거래계약허가증을 첨부하여야 한다(2011. 1. 4. 등기선례 201101-1).

Ⅲ. 토지거래계약허가를 받아야 하는 계약의 시간적 의미

1. 계약체결시에 허가지역이 아닌 경우에는 허가서를 첨부할 필요가 없다

국토계획법 제118조 제1항에서는 토지거래계약을 체결하려는 당사자는 공동으로 시장 · 군수 또는 구청장의 허가를 받아야 할 것을 규정하고 있으므로, 결국 허가대상이 되는 토지거래계약은 허가구역으로 지정된 이후에 체결된 계약 또는 예약에 한한다. 따라서 계약체결일자가 허가구역으로 지정되기 이전인 경우에는 비록 등기신청을 허가구역지정 이후에 한다 하더라도 허가를 받을 필요가 없다. 이 경우 계약체결일자 등이 토지거래허가구역 지정일 이전으로 매매계약서에 기재되어 있다면 별도의 소명자료를 첨부하지 않아도 된다(1998. 2. 4. 등기선례 5-81). 판결서 등에 나타나 있는 등기원인일자가 해당 토지에 대한 허가구역의 지정일 이전인 경우에도 마찬가지이다(1990. 7. 14. 등기선례 3-164).

---

5) 1991. 11. 12. 등기선례 3-249.
6) 1995. 6. 28. 등기선례 4-261.
7) 1996. 5. 6. 등기선례 4-609.
8) 2018. 2. 23. 등기예규 제1631호.
9) 1990. 8. 28. 등기선례 3-167.

선 례

매매계약 체결 당시에는 토지에 대한 허가구역 지정이 일시 해제되었으나, 판결에 의한 등기신청 시에는 허가구역으로 재지정된 경우 토지거래허가서를 첨부정보로 제공하여야 하는지 여부(소극)

매매계약 체결 당시에는 토지에 대한 허가구역 지정이 일시 해제되었으나 매매를 원인으로 한 소유권이전등기절차의 이행을 명하는 판결당시에는 허가구역으로 재지정된 경우, 허가구역 지정이 해제된 때에는 그 토지거래계약이 허가구역 지정의 해제 전에 확정적으로 무효(처음부터 토지거래허가를 배제 또는 잠탈하는 내용의 계약이거나 불허가 된 때)로 된 경우를 제외하고는 계약은 확정적으로 유효가 되므로 위 판결에 따른 소유권이전등기를 신청할 때 토지거래계약허가서를 첨부정보로 제공할 필요가 없다(2013. 3. 18. 등기선례 9-98).

2. 가등기에 의한 본등기시에는 매매예약완결일자를 기준으로 판단한다

매매예약에 의한 가등기의 경우에는 그 예약완결권의 행사시기와 관련하여 문제가 있다. 소유권이전등기청구권 보전을 위한 매매예약의 가등기에 기한 본등기를 신청함에 있어서, 해당 매매예약서상에 매매예약완결권 행사를 할 수 있는 시기가 정해진 경우(의사표시 간주 약정이 있는 경우 포함)에, 가등기 후 허가구역 지정 이전에 예약완결권을 행사한 경우에는 토지거래허가대상이 되지 않는다(본등기를 허가구역 지정 이후에 신청하는 경우에도 마찬가지이다). 그러나 토지거래허가구역 지정 이전에 가등기를 경료하였지만 허가구역 지정 이후에 예약완결권을 행사한 경우에는 본등기를 신청할 때에 허가증을 첨부하여야 한다(1990. 12. 4. 등기선례 3-727). 나누어서 본다.

(1) 허가지역에서 가등기 및 본등기를 신청하는 경우

가등기시에 허가증을 첨부하고 본등기시에는 허가증을 첨부하지 아니한다(2018. 3. 7. 등기예규 제1634호).

(2) 가등기 이후에 허가지역으로 지정되고 그 이후에 본등기를 신청하는 경우

1) 매매예약완결의 의사표시를 허가지역 지정이전에 한 경우—가등기시든 본등기시든 허가증을 첨부하지 아니한다.

2) 매매예약완결의 의사표시를 허가지역 지정 이후에 한 경우—가등기시에는 허가증을 첨부하지 아니하지만 본등기시에는 허가증을 첨부한다.

(3) 허가지역이 아닌 경우

가등기시든 본등기시든 허가증을 첨부하지 아니한다. 그러므로 토지에 대하여 매매대금을 지급함과 동시에 매매예약완결의 의사표시를 한 것으로 간주하는 약정이 있는 매매예약을 체결하고, 매매예약으로 인한 소유권이전등기청구권가등기를 경료하였는데, 그 토지에 대하여 토지거래계약허가구역으로 지정되고 그 이후에 매매대금이 지급되었다면, 토지거래계약허가구역지정 이후에 예약완결권을 행사한 것이므로, 위 매매예약의 가등기에 의한 본등기를 신청할 때에는 토지거래계약허가증을 제출하여야 한다(2003. 4. 9. 등기선례 7-52).

3. 등기신청시에 허가지역이 아닌 경우에는 허가증을 첨부할 필요가 없다

만약에 토지거래허가구역에서 허가를 받지 아니하고 계약을 체결하였는데 등기신청하기 이전에 토지거래허가구역에서 해제된 경우에는 어떻게 볼 것인가? 종전 등기선례에서는 계약시점에 이미 토지거래허가구역이었기 때문에 등기신청시점에 허가구역에서 해제된 경우에도 허가서를 첨부할 것을 요구하였으나[10] 본 등기선례는 변경되었다. 토지거래허가구역에서 해제되었다는 것(용도지역이 변경도어 해제된 경우도 포함)은 부동산투기나 탈법을 규제할 필요성이 소멸하였다는 것을 의미하므로 등기신청서에 토지거래계약허가증을 첨부할 필요가 없는 것이다.

그러므로 허가지역에서 거래허가를 받았는지 여부를 떠나서 등기신청시에 토지거래허가지역으로부터 해제되었다면 등기신청서에 허가증을 첨부하지 아니한다.[11]

4. 계약체결시에는 토지거래계약허가지역이었으나 등기신청 이전에 토지거래계약허가지역에서 일시 해제되었다가 재지정된 경우

한편 매매계약의 체결 당시에는 토지거래계약허가구역이었으나 그 후 허가구역 지정이 해제되었다가 등기신청 당시 다시 허가구역으로 지정된 경우에도 소유권이전등기신청서에 토지거래계약허가증을 첨부할 필요가 없다(2005. 12. 12. 등기선례 8-63). 그러므로, 부동산매매계약의 체결일이 허가구역 지정이후이지만 토지거래계약허가를 받지 못하여 허가구역지정이 해제될 때까지 등기신청을 하지 않고 있던 중 허가구역지정이 해제되어, 매수인 을이 매도인 갑에게 소유권이전등기에 필요한 서류를 요구하였으나 갑이 이를 거부하자 을은 소유권이전등기소송을 제기하여 승소확정판결을 받았고 위 판결 당시에는 다시 허가구역으로 지정된 경우, 허가구역지정이 해제된 때 그 토지거래계약은 확정적으로 유효가 되므로 을이 위 판결에 따른 등기를 신청할 때 그 등기신청서에 토지거래계약허가증을 첨부할 필요는 없다(2002. 11. 22. 등기선례 7-50).

---

10) 1996. 10. 7. 등기선례 5-65.
11) 1999. 6. 29. 등기선례 6-45.

Ⅳ. 토지거래계약허가를 받은 이후의 사정변경

1. 토지거래계약허가의 내용과 계약내용이 다른 경우

허가내용과 계약내용이 다른 경우에는 허가받은 사항을 변경하여야 한다. 따라서 토지거래계약허가구역 내의 토지거래계약허가 대상인 A, B 두 필지의 토지를 합산하여 허가를 받은 후 A필지에 대해서만 매매계약을 체결한 경우에는 허가내용과 계약체결의 내용이 다르므로, 그 토지거래계약허가증에 의하여서는 A필지에 대한 소유권이전등기를 신청할 수 없다(1996. 12. 11. 등기선례 5-62). 다만 토지거래계약허가증상의 매매예정금액과 매매계약서상의 매매금액이 다른 경우에는 별도로 토지거래계약허가를 다시 받을 필요는 없다(1997. 9. 27. 등기선례 5-75).

2. 토지거래계약허가 및 계약의 내용과 등기신청의 내용이 다른 경우

토지거래계약허가를 받아 계약을 체결한 이후에 허가받은 내용과 다른 등기신청을 하는 것은 원칙적으로 허용되지 아니한다. 다만 수필지의 토지에 대하여 하나의 토지거래계약허가를 받고 그 내용대로 계약을 하였다면, 그 허가서와 원인증서를 첨부하여 전체 토지 중 일부 토지만에 대한 소유권이전등기를 신청할 수 있다(2008. 2. 11. 등기선례 8-73). 즉 위 사안에서 A,B 두 필지의 토지를 합산하여 허가를 받고 계약도 A,B 두 필지 모두에 대하여 체결하였다면 등기신청시에는 어느 한 필지에 대하여서 등기신청을 하는 것은 가능하다.

3. 토지거래계약허가를 받아 매매를 원인으로 한 소유권이전등기를 경료한 후 그 매매계약의 일부를 해제하는 경우

부동산거래신고법 제10조 제1항에서는 허가받은 사항을 변경하려는 경우에도 다시 허가를 받을 것을 요구하고 있다. 따라서 토지거래허가구역내의 토지에 대하여 토지거래계약허가를 받아 매매를 원인으로 한 소유권이전등기를 경료한 후 그 매매계약의 일부를 해제하는 것은 당초에 허가받은 토지거래계약을 변경하고자 하는 경우에 해당한다 할 것이므로, 그 해제를 원인으로 한 소유권일부말소의미의 소유권경정등기를 신청하기 위해서는 관할청의 토지거래계약허가증을 첨부하여야 한다(2001. 12. 27. 등기선례 7-47).[12)]

12) 따라서 관할청의 토지거래계약허가증을 첨부함이 없이 위 소유권경정등기신청을 한다면 등기

Ⅴ. 대위등기와 상속인에 의한 등기의 경우

1. 대위로 등기신청을 하는 경우

토지거래허가구역 내의 토지에 대하여 타인이 대위로 등기신청을 하는 경우에도 토지거래계약허가증을 제출하여야 한다. 예컨대, 순차 소유권이전등기절차를 이행할 것을 명하는 판결을 받아 최종소유자가 그 전의 소유자를 대위하여 소유권이전등기를 신청하는 경우에도 먼저 체결된 매매계약이 토지거래계약허가 대상인 때에는 토지거래계약허가증을 첨부하여야 한다(1994. 12. 7. 등기선례 4-121).

2. 상속인에 의한 등기신청의 경우

토지거래허가구역 내에서 토지 매매계약 후 매도인이 사망하고 토지거래계약허가증 역시 매도인이 사망한 후에 교부받은 경우, 상속인이 매수인과 공동으로 상속인에 의한 등기를 신청하는 때에는 종전 매도인 명의의 매매계약서 및 토지거래계약허가증을 첨부하면 되고 상속인을 거래당사자로 한 토지거래계약허가를 받을 필요는 없다(2005. 3. 11. 등기선례 8-58).

Ⅵ. 토지거래계약허가증을 첨부할 필요가 없는 경우

1. 협의성립이 허가를 갈음하는 경우

거래 대상토지에 대하여 토지거래계약 당사자의 한쪽 또는 양쪽이 국가 · 지방자치단체 · 한국토지주택공사 그 밖의 대통령령으로 정하는 공공기관 및 공공단체인 경우에는 그 기관의 장이 시장 · 군수 또는 구청장과 협의할 수 있고, 그 협의가 성립된 때에는 그 토지거래계약에 대한 허가를 받은 것으로 본다(부동산거래신고법 제14조 제1항; 부동산거래신고법 시행령 제11조 제1항).

2. 토지거래계약허가제의 적용 배제

부동산거래신고법 제14조 제2항에서는 토지보상법에 따른 토지의 수용, 민사집행

관은 법 제29조 제9호에 따라 그 등기신청을 각하하여야 할 것이나, 이를 간과하여 위 소유권경정등기가 경료되었다 하더라도 그 소유권경정등기를 등기관이 직권으로 말소할 수는 없다(2001. 12. 27. 등기선례 7-47).

법에 따른 매각 그 밖에 대통령령(부동산거래신고법 시행령 제11조)이 정하는 경우에는 토지거래계약의 허가제에 관한 규정을 적용하지 않는다고 규정하고 있다. 위와 같은 경우에 토지거래허가제의 적용을 배제하는 것은 토지에 대한 투기의 위험이 없고 거래에 대한 신뢰를 확보할 수 있기 때문이다.

3. 외국인 등의 경우

부동산거래신고법 제2조 제4호의 외국인 등이 같은 법 제9조에 따른 토지취득허가증을 첨부하여 등기권리자로서 등기신청하는 경우에는 같은 법 제11조에 따른 토지거래계약허가증을 첨부할 필요가 없다(2018. 3. 7. 등기예규 제1634호). 한편 같은 법 제9조에서는 같은 법 제11조에 따라 토지거래계약에 관한 허가를 받은 경우에는 같은 법 제9조에 따른 토지취득허가증은 이를 첨부할 필요가 없다고 한다(같은 법 제9조).

4. 다른 법률에 의한 규제와의 관계

토지거래계약허가증을 교부받은 경우에는 부동산등기특별조치법 제3조에 따른 검인을 받은 것으로 본다(부동산거래신고법 제20조 제2항). 또 농지취득자격증명을 받아야 할 농지에 대하여 토지거래계약허가를 받은 경우에는 농지법 제8조에 따른 농지취득자격증명을 받은 것으로 본다(부동산거래신고법 제20조 제1항).

Ⅶ. 토지거래계약허가증을 첨부하지 않은 경우

허가구역 내의 토지에 대하여 거래계약허가증을 첨부하지 않고 소유권이전등기 등을 신청한 경우 그 등기신청은 법 제29조 제9호(신청서에 필요한 서면을 첨부하지 아니한 때)에 따라 각하하여야 한다. 허가증 없이 등기가 된 경우, 그 등기는 실체법상 무효이지만(부동산거래신고법 제11조 제6항) 법 제29조 제2호의 사건이 등기할 것이 아닌 경우에 해당하지는 않으므로 등기관이 직권으로 말소할 수는 없다(2000. 7. 26. 등기선례 6-381).

토지거래계약허가를 사위 또는 부정한 방법으로 받은 사실이 확인되어 허가관청이 허가를 취소하고 이를 등기소에 통보한 경우에도 마찬가지이다(2010. 12. 23. 등기선례 9-174).

Ⅷ. 토지거래계약허가증과 관련된 기타 문제

1. 유효기간의 문제

등기신청서에 첨부하는 토지거래계약허가증명의 유효기간에 대한 규정은 없으므로 그 발행일로부터 3개월이 경과한 경우에도 이를 등기신청서에 첨부할 수 있을 것이나, 다만 경과일수가 오래되어 그 증명력이 의심스러울 때에는 등기관은 최근에 발행된 토지거래계약허가증명의 제출을 요구할 수 있을 것이다(2006. 8. 16. 등기선례 8-65).

2. 계약체결 이후에 허가를 받은 경우

토지거래허가는 계약체결 전에 받는 사전허가가 원칙이다. 다만, 계약체결 후 토지거래허가증을 교부받았다면 이를 첨부하여 소유권이전등기신청을 할 수 있는 것으로 본 등기선례가 있다(1991. 2. 25. 등기선례 3-319).

〈정 리〉

토지거래계약허가를 받아야 되는 경우	토지거래계약허가를 받지 아니하여도 되는 경우
① 소유권, 지상권 ② 유상계약: 매매계약 · 교환계약 · 대물변제계약 · 양도담보계약 · 현물출자를 원인으로 한 소유권이전계약 · 지료의 지급이 있는 지상권설정계약 ③ 허가받은 사항을 변경하고자 하는 경우 ④ 허가받은 사항과 계약의 내용이 다른 경우 ⑤ 소유권이전가등기 · 지상권설정가등기 · 지상권이전가등기 ⑥ 가등기가처분에 의한 가등기 ⑦ 담보가등기	① 전세권, 임차권, 지역권, 근저당권 ② 무상계약: 증여계약 · 지료의 지급이 없는 지상권설정계약 · 이혼을 하면서 특정재산을 이전하는 계약 · 이혼당사자 사이의 재산분할 · 명의신탁해지 · 신탁 ③ 계약이 아닌 경우: 상속 · 유증 · 진정명의회복 · 점유취득시효 · 공유지분포기로 인한 다른 공유자앞으로의 소유권이전등기 ④ 가등기시에 토지거래계약허가를 받은 경우의 본등기 ⑤ 토지거래계약허가구역으로 지정되기 전에 계약체결한 경우 ⑥ 등기신청 이전에 토지거래계약허가구역에서 해제된 경우

제 4 관 외국인의 토지취득에 대한 허가 또는 신고

Ⅰ. 외국인의 의미

'외국인'이란 다음 각 호의 어느 하나에 해당하는 개인 · 법인 또는 단체를 말한다(부동산거래신고법 제2조).

1. 대한민국의 국적을 보유하고 있지 아니한 개인.
2. 외국의 법령에 따라 설립된 법인 또는 단체
3. 사원 또는 구성원의 2분의 1 이상이 1에 해당하는 자인 법인 또는 단체
4. 업무를 집행하는 사원이나 이사 등 임원의 2분의 1 이상이 1에 해당하는 자인 법인 또는 단체
5. 1에 해당하는 사람이나 2에 해당하는 법인 또는 단체가 자본금의 2분의 1 이상이나 의결권의 2분의 1 이상을 가지고 있는 법인 또는 단체.
6. 외국정부
7. 대통령령(부동산거래신고법 시행령 제2조)으로 정하는 국제기구

Ⅱ. 계약을 원인으로 부동산 등을 취득하는 경우(부동산거래신고법 제8조)

1. 신고가 요구되는 경우

1) 외국인, 외국법인, 외국정부 또는 국제기구 등(이하 '외국인 등'이라 한다)이 대한민국 안의 부동산(=토지 또는 건축물) 또는 부동산을 취득할 수 있는 권리 등을 취득하는 계약을 체결하였을 때에는 계약체결일부터 60일 이내에 시장(구가 설치되지 아니한 시의 시장과 제주특별자치도설치 및 국제자유도시조성을 위한 특별법 제17조에 따른 시장을 말한다. 이하 같다) · 군수 또는 구청장에게 신고하여야 한다(부동산거래신고법 제8조 제1항).

2) 부동산거래신고법 제3조 제1항 각호에 해당하여 부동산거래신고를 한 경우에는 별도로 1)항에 따른 신고는 요구되지 않는다(부동산거래신고법 제8조 제1항).

3) 종전 외국인토지법에 의하면 외국인 등이 계약을 원인으로 '토지'를 취득할 때에 신고의무를 부과하고 있었지만, 2017. 1. 20.부터 시행되는 부동산거래신고법에서는 '부동산(=토지 또는 건축물) 또는 부동산을 취득할 수 있는 권리' 등을 취득

하는 계약을 체결하였을 때에도 계약체결일로부터 60일 이내에 신고할 것을 요구하고 있음을 주의한다.

4) 부동산거래신고법 제3조 제1항 각호에 해당하지 아니하여서 부동산거래신고를 하지 않고 검인만 받으면 되는 경우(예컨대 증여계약 등), 검인계약서 이외에 토지취득신고확인증을 첨부할 필요는 없다. 토지취득신고확인증은 등기원인에 대하여 제3자의 허가, 동의 또는 승낙이 필요한 경우 이를 증명하는 정보(규칙 제46조 제1항 제2호)라고 할 수 없고, 반드시 등기신청 전에 신고하도록 하는 규정이 없으므로 이를 첨부할 필요가 없다.[1]

2. 허가가 요구되는 경우

1) 외국인 등이 취득하려는 토지가 다음 각 호의 어느 하나에 해당하는 구역·지역 등에 있으면 토지를 취득하는 계약(이하 '토지취득계약'이라 한다)을 체결하기 전에 대통령령으로 정하는 바에 따라 신고관청으로부터 토지취득의 허가를 받아야 한다(부동산거래신고법 제9조 제1항 본문).[2]

1. 군사기지 및 군사시설 보호법 제2조 제6호에 따른 군사기지 및 군사시설 보호구역[3], 그 밖에 국방목적을 위하여 외국인 등의 토지취득을 특별히 제한할 필요가 있는 지역으로서 대통령령으로 정하는 지역[4]
2. 문화유산의 보존 및 활용에 관한 법률 제2조 제2항에 따른 지정문화재와 이를 위한 보호물 또는 보호구역

2의2. 「자연유산의 보존 및 활용에 관한 법률」에 따라 지정된 천연기념물·명승 및 시·도 자연유산과 이를 위한 보호물 또는 보호구역(2024. 3. 22. 시행)(2024. 5. 16. 등기예규 제1778호, 2024. 5. 17. 시행)

3. 자연환경보전법 제2조 제12호에 따른 생태·경관보전지역
4. 야생생물보호 및 관리에 관한 법률 제27조의 규정에 따른 야생생물 특별보호구역

---

1) 다만 부동산등기특별조치법 제5조 제2항에서는 '등기원인에 대하여 행정관청에 신고할 것이 요구되는 때에는 소유권이전등기를 신청할 때에 신고를 증명하는 서면을 제출하여야 한다'고 규정하고 있기 때문에 신고필증을 첨부하여야 한다는 견해도 있다.

2) 종전에는 전통건조물보존지구내의 토지를 취득하는 외국인은 토지취득허가를 받아야 했으나 전통건조물보존법이 1999. 7. 1. 폐지됨에 따라 이제는 허가사항이 아니다.

3) 통제보호구역, 제한보호구역을 의미한다.

4) 2014. 12. 24. 국토교통부고시 제2014-846호 참조, 영해기점 8개 무인도서(서격렬비도, 호미곶, 1.5미이터암, 생도, 간여암, 절명서, 소국흘도, 소령도)를 의미한다.

2) 부동산거래신고법 제11조에 따라 토지거래계약에 관한 허가를 받은 경우에는 부동산거래신고법 제9조 제1항 본문에 의한 토지취득허가를 받을 필요는 없다(부동산거래신고법 제9조 제1항 단서).

III. 계약 이외의 원인으로 부동산 등을 취득하는 경우(부동산거래신고법 제8조 제2항)

1) 외국인 등이 상속·경매, 그 밖에 대통령령으로 정하는 계약 외의 원인으로 대한민국 안의 부동산등을 취득한 때에는 부동산등을 취득한 날부터 6개월 이내에 대통령령으로 정하는 바에 따라 신고관청에 신고하여야 한다.

2) 위에서 '대통령령으로 정하는 계약 외의 원인'이란 '공익사업을 위한 토지 등의 취득 및 보상에 관한 법률' 및 그 밖의 관계 법률에 따른 환매권의 행사, 법원의 확정판결, 법인의 합병을 말한다(부동산거래신고법 시행령 제5조 제2항).

3) 종전 외국인토지법에 의하면 외국인 등이 계약 외의 원인으로 '토지'를 취득한 경우에 신고의무를 부과하고 있었지만 2017. 1. 20.부터 시행되는 부동산거래신고법에서는 '부동산(=토지 또는 건축물) 또는 부동산을 취득할 수 있는 권리' 등을 취득한 경우에도 취득일로부터 6개월 이내에 신고할 것을 요구하고 있음을 주의한다.

4) 종전에는 외국인 등이 계약 이외의 사유인 상속을 원인으로 토지를 취득하는 경우에 적법한 토지취득신고필증을 첨부할 것을 요구하였지만(1995. 11. 23. 등기선례 4-358), 부동산거래신고법 제8조는 계약의 경우에만 적용되는 부동산등기특별조치법 제5조의 적용대상이 아니므로 외국인이 상속을 원인으로 한 토지소유권이전등기를 신청하는 경우에는 신고필증을 첨부하여야 할 필요가 없다(1997. 7. 25. 등기선례 5-73).

IV. 등기신청시의 허가서·신고서 첨부할 필요가 있는지의 문제

1) 외국인이 허가를 받거나 신고를 하여야 하는 등기의 종류는 소유권이전등기에[5] 한한다. 외국인 등이 위 II. 2. 1)의 각호의 어느 하나에 해당하는 구역의 토지(대지권 포함)를 취득하고자 하는 계약을 체결하고 그에 따른 소유권이전등기를 신청하는 경우에는 신청서에 토지취득허가증을 첨부하여야 한다. 위 토지라는 것은

5) 종전에는 외국인이 소유권이전등기, 지상권·지역권·전세권·임차권의 설정·이전등기, 가등기신청의 경우에 모두 신고 내지 허가를 받을 것을 요구하였으나 1999. 3. 24. 등기예규 제966호 이후에는 소유권이전등기신청의 경우에만 토지취득허가 내지 신고의 대상이 된다.

집합건물의 '대지권'까지 포함하는 개념이라는 것을 실무상 주의하여야 한다.

2) 토지취득허가증을 첨부하지 아니하여도 되는 경우에는 이를 소명하기 위하여 토지이용계획확인서를 첨부하여야 한다.

3) 토지취득신고필증은 첨부할 필요가 없다는 것에 대하여서는 앞에서 설명한 바와 같다.

<table>
<tr><th>등기원인</th><th>종류</th><th>구 분</th><th>신고 · 허가</th><th>구체적인 적용</th><th>신고필증 · 허가서 첨부</th></tr>
<tr><td rowspan="5">계약을 원인으로 한 취득</td><td>부동산</td><td>일반적인 경우</td><td>•시장· 군수·구청장에게 계약체결일부터 60일 이내에 신고 (8조 1항)
• 3조 1항에 따른 부동산거래신고를 한 경우에는 불필요 (8조 1항)</td><td>1) 증여, 교환, 재산분할 → 8조 1항에 따른 부동산취득신고
2) 매매 → 3조 1항에 따른 거래신고(규칙 제124조)</td><td>• 8조 1항에 따른 취득신고필증 ×
• 3조 1항에 따른 거래신고 × 신고필증 ×
• 3조 1항에 따른 거래신고필증 ○ (규칙124조)
• 8조 1항에 따른 부동산취득신고 ×</td></tr>
<tr><td rowspan="4">토지</td><td>군사기지 및 군사시설보호구역</td><td rowspan="4">•시장·군수·구청장으로부터 계약체결 이전에 허가 (9조 1항)
•11조에 따른 토지거래허가를 받은 경우에는 불필요 (9조 1항)</td><td rowspan="4">1) 좌측 4개 지역의 경우 → 9조 1항에 따른 사전허가</td><td rowspan="4">• 9조 1항에 따른 취득허가서 ○
• 11조에 따른 토지거래허가서 ○ (규칙 제46조)
• 9조 1항에 따른 부동산취득허가서 ×</td></tr>
<tr><td>지정문화재· 천연기념물 등 보호구역</td></tr>
<tr><td>생태경관 보전지역</td></tr>
<tr><td>야생생물 특별보호구역</td></tr>
<tr><td>계약이외의 사유를 원인으로 한 취득</td><td>부동산</td><td>상속, 경매, 토지수용법 기타 관계법률의 규정에 의한 환매권의 행사·법원의 확정판결</td><td>•시장·군수· 구청장에게 토지를 취득한 날로부터 6월 이내에 신고 (8조 2항)</td><td></td><td>• 8조 2항에 따른 취득신고필증 ×</td></tr>
</table>

제5관 민법상 재단법인의 기본재산처분에 대한 주무관청의 허가

Ⅰ. 원　칙

재단법인의 기본재산은 법인의 실체인 동시에 재단법인의 목적을 달성하기 위한 기본적 수단으로서 정관의 필수적 기재사항이다(민법 제43조, 제40조 제4호). 재단법인의 기본재산의 처분은 필연적으로 정관변경을 초래하며, 법인의 정관변경은 주무관청의 허가를 얻어야 효력이 있다. 따라서 재단법인이 기본재산을 처분하고 그에 따른 등기를 신청하는 경우에는 주무관청의 허가를 증명하는 서면을 첨부하여야 한다. 여기에서 주무관청의 허가를 증명하는 서면이란 기본재산 처분에 따른 정관변경에 대한 허가서를 의미한다(2006. 4. 7. 등기선례 8-18). 이하 등기예규를 중심으로 살펴본다(1997. 9. 11. 등기예규 제886호).

Ⅱ. 적용범위

1. 처분행위

(1) 재단법인 소유 명의의 부동산에 관하여 매매, 증여, 교환, 신탁해지, 공유물분할, 그 밖의 '처분행위를 원인으로 한 소유권이전등기'를 신청하는 경우에는 그 등기신청서에 주무관청의 허가를 증명하는 서면을 첨부하여야 한다. 따라서 재단법인이 그의 기본재산인 부동산에 관하여 신탁을 원인으로 수탁자 앞으로 소유권이전등기 및 신탁등기를 신청하는 경우에는 주무관청의 허가를 증명하는 서면을 첨부하여야 한다(2005. 8. 29. 등기선례 8-273).

(2) 따라서 적극적인 처분행위라고 볼 수 없는 경우 즉 제3자 앞으로 ① 취득시효를 원인으로 소유권이전등기를 신청하는 경우, ② 진정명의회복을 원인으로 한 소유권이전등기를 신청하는 경우, ③ 매각을 원인으로 한 소유권이전등기촉탁의 경우[1], ④ 수용을 원인으로 소유권이전등기를 신청하는 경우 ⑤ 원인무효·계약의 취소·해제(단, 합의해제는 제외)를 원인으로 재단법인명의의 등기에 대한 소유권말소등기를 신청하는 경우에는 주무관청의 허가서를 첨부할 필요가 없다. 다만 합의해제를 원인으로 말소등기를 해주는 것은 적극적인 처분행위이기 때문에 감독관청의

1) 판례는 경매신청시에 주무관청의 허가가 필요없다는 입장이다(대결 1986. 1. 17. 85마720).

허가를 받아야 한다.

(3) 또한 소유권이전등기를 신청하는 경우가 아닌 때에도 허가서를 첨부하지 않는다. 따라서 ① 소유권이전청구권가등기를 신청하는 경우 ② 근저당권설정등기를 신청하는 경우(2001. 6. 18. 등기선례 6-50) ③ 지상권설정등기를 신청하는 경우(2010. 5. 14. 등기선례 9-87)에도 허가서를 첨부하지 않는다.

(4) 재단법인이 그 기본재산 처분에 대하여 주무관청의 보고사항으로 하는 정관변경을 한 경우

위와 같은 정관변경을 주무관청이 허가하였더라도, 그 재단법인이 공익법인인 경우에는 기본재산의 처분에 대한 주무관청의 허가서를(아래 제6관 참조), 공익법인이 아닌 재단법인인 경우에는 기본재산이 정관기재사항이어서 기본재산의 처분은 필연적으로 정관의 변경을 초래하고 정관의 변경은 주무관청의 허가를 받아야 그 효력이 있으므로 기본재산의 변동으로 인한 정관변경에 대한 주무관청의 허가서를 각 첨부하여 등기신청을 하여야 한다(2007. 2. 14. 등기선례 8-19).

2. 기본재산

해당 부동산이 재단법인의 기본재산이 아님을 소명하는 경우에는 위 허가를 증명하는 서면을 첨부할 필요가 없다. 다만 처분대상인 부동산이 재단법인의 기본재산이 아님을 증명하기 위하여서는 당해 재단법인의 정관을 첨부하여야 한다(1990. 5. 22. 등기선례 3-34).

3. 재단법인

재단법인이 아닌 사단법인의 경우에는 그 기본재산을 처분하든 취득하든 그에 대한 허가서 등을 등기신청서에 첨부할 필요는 없다. 민법상 사단법인의 재산처분에 관하여 정관에 사원총회의 결의가 있어야 한다는 취지의 기재가 있다고 하여도 그것은 법인의 내부관계에서 효력을 가지는 데 불과하기 때문이다(1991. 3. 8. 등기선례 3-35).

4. 기본재산 취득시에 허가서를 첨부하는지의 문제

재단법인의 기본재산에 관한 사항은 정관의 기재사항으로 기본재산의 변경은 정관의 변경을 초래하므로 재단법인의 기존의 기본재산을 처분하는 행위는 물론 새로이 기본재산으로 편입하는 행위도 주무관청의 허가가 있어야 유효하다(대판 1991. 5. 28. 90다8558). 그러나 재단법인이 재산을 취득하였다고 반드시 소유권이전등기 전에 기본재산으로 편입하여야 하는 것은 아니고, 소유권이전등기 후에 기본재산으로 편입할 수 있는 것이므로 재단법인이 기본재산을 취득하는 경우에 미리 허가를 받을 필요는 없다.

이러한 이유로 현행 등기예규는 민법상 재단법인이 부동산을 매매, 증여, 유증, 그 밖의 원인으로 취득하고 법인 명의로의 소유권이전등기를 신청하는 경우에는 그 등기신청서에 주무관청의 허가를 증명하는 서면을 첨부할 필요가 없다고 한다(위 예규 제886호).

Ⅲ. 재단법인 소유 명의의 기본재산 처분에 따른 소유권이전등기를 신청하는 경우, 그 등기신청서에 법인정관과 이사회회의록을 첨부하여야 하는지 여부

재단법인 소유 명의의 기본재산인 부동산에 관하여 매매 등 처분행위를 원인으로 한 소유권이전등기를 신청하는 경우, 그 등기신청서에 그 처분에 대한 주무관청의 허가를 증명하는 서면 외에 법인정관과 이사회회의록은 첨부할 필요가 없다(2004. 4. 1. 등기선례 7-66). 즉 재단법인이 처분행위를 원인으로 소유권이전등기를 신청할 때에는 그 부동산이 기본재산인 경우에는 주무관청의 허가서를 첨부하고 기본재산이 아닌 경우에는 정관을 첨부한다(1990. 5. 22. 등기선례 3-34).

제 6 관 공익법인의 기본재산처분에 대한 주무관청의 허가

Ⅰ. 원 칙

공익법인이라 함은, 재단법인 또는 사단법인으로서 사회일반의 이익에 공여하기 위하여 학자금·장학금 또는 연구비의 보조나 지급, 학술, 자선에 관한 사업을 목적으로 하는 법인을 의미한다. 사단법인과 재단법인 중 일정한 목적을 가진 법인이 공익법인으로서, 공익법인은 민법의 특별법인 공익법인법의 규율을 받는다. 이하 등기예규를 중심으로 살펴본다(1997. 9. 11. 등기예규 제886호).

II. 적용범위

1. 처분행위

(1) 공익법인에 해당하는 사단법인과 재단법인, 즉 공익법인 소유 명의의 부동산에 관하여는 매매, 증여, 교환, 신탁해지, 공유물분할, 그 밖의 처분행위를 원인으로 한 소유권이전등기신청 이외에 근저당권 등의 제한물권 또는 임차권의 설정등기를 신청함에 있어서도 그 등기신청서에 주무관청의 허가를 증명하는 서면을 첨부하여야 한다. 사단법인이라도 그 사단법인이 공익법인인 경우에는 허가서를 첨부하여야 한다.

(2) 공익법인이 기본재산을 처분할 때는 등기원인을 증명하는 서면이 소유권이전등기절차를 이행하라는 확정판결이라고 할지라도 주무관청이 발급한 허가서를 첨부하여 등기신청을 하여야 한다(2012. 5. 30. 등기선례 9-93).

(3) 공익법인이 매도 등을 하기 위하여 정관변경이 필요한 경우(공익법인법 제1조, 제11조 제2항; 민법 제40조 제4호, 제42조 제2항, 제45조 제3항 등 참조)

공익법인이 아닌 재단법인인 경우에는 기본재산이 정관기재사항이어서 기본재산의 처분은 필연적으로 정관의 변경을 초래하고 정관의 변경은 주무관청의 허가를 받아야 그 효력이 있으므로 기본재산의 변동으로 인한 정관변경에 대한 주무관청의 허가서를 첨부하여 등기신청을 하여야 한다는 점은 이미 살펴본 바와 같다(2007. 2. 14. 등기선례 8-19). 그러나 그 재단법인이 공익법인인 경우에는 기본재산의 처분에 대한 주무관청의 허가서를 첨부하면 되는 것이고 이와 별도로 정관변경에 대한 허가서를 첨부할 필요는 없다(부동산등기실무 I. p.317).

2. 기본재산

해당 부동산이 재단법인의 기본재산이 아님을 소명하는 경우에는 위 허가를 증명하는 서면을 첨부할 필요가 없다

3. 기본재산 취득시에 허가서를 첨부하는지의 문제

재단법인의 경우와 마찬가지로 공익법인이 부동산을 매매, 증여, 유증, 그 밖의 원인으로 취득하고 법인 명의로의 소유권이전등기를 신청하는 경우에는 그 등기신청서에 주무관청의 허가를 증명하는 서면을 첨부할 필요가 없다(위 예규 제886호).

4. 민법상 법인과 공익법인의 구별

공익법인의 등기신청과 관련해서는 민법상 법인과 공익법인을 어떻게 구별할 것인가의 문제가 있다. 이는 결국 등기관이 법인의 목적을 기준으로 개별적으로 판단하여야 할 것이다('공익법인법 시행령' 제2조 제1항 참조).

〈허가서의 첨부 여부〉

<table>
<tr><th rowspan="2">구 분</th><th rowspan="2">취 득</th><th colspan="2">증처분행위(기본재산)</th></tr>
<tr><th>소유권이전등기</th><th>증제한물권/임차권 설정등기</th></tr>
<tr><td>사단법인(공익법인이아닌)</td><td>불필요</td><td>불필요</td><td>불필요</td></tr>
<tr><td>재단법인(공익법인이아닌)</td><td>불필요</td><td>허가서 첨부</td><td>불필요</td></tr>
<tr><td>공익법인
(사단법인/재단법인불문)</td><td>불필요</td><td>허가서 첨부</td><td>허가서 첨부</td></tr>
<tr><td rowspan="2">학교법인</td><td rowspan="2">불필요</td><td>허가서 첨부</td><td>허가서 첨부</td></tr>
<tr><td colspan="2">학교교육에 직접 사용되는 부동산은 처분 ×</td></tr>
</table>

제 7 관 학교법인의 기본재산 처분에 대한 관할청의 허가

Ⅰ. 총 설

학교법인이 그 기본재산을 매도·증여·교환 또는 용도변경하거나 담보에 제공하고자 할 때 또는 의무의 부담이나 권리의 포기를 하고자 할 때에는 관할청의 허가를 받아야 하며, 학교교육에 직접 사용되는 재산을 매도 또는 담보로 제공하는 행위는 관할청의 허가여부에 관계없이 할 수 없다(사립학교법 제28조). 학교교육에 직접 사용되는 재산에 관한 규정은 사립학교경영자에게 준용된다(사립학교법 제51조).

사립학교를 운영하는 주체에는 '학교법인'과 '사립학교경영자'가 있다. 학교법인은 사립학교만을 설치·경영함을 목적으로 사립학교법에 따라 설립되는 법인을 말하며, 사립학교경영자란 유아교육법, 초·중등교육법, 고등교육법 및 사립학교법에 따라 사립학교를 설치·경영하는 공공단체 외의 법인(학교법인을 제외한다) 또는 사인을 말한다(사립학교법 제2조 제2호, 제3호). 양자의 차이는 초등학교, 중학교, 고등학교, 대학 및 대학에 준하는 각종 학교는 학교법인만이 설치 · 운영할 수 있고, 사립학교경영자는 그 외 유치원, 공민학교, 고등공민학교, 고등기술학교, 특수학교 등만 설치 · 운영할 수 있다는 점이다(사립학교법 제3조).

사립학교의 '관할청'은 ① 사립의 유치원 · 초등학교 · 중학교 · 고등학교 등의 경우에는 그 주소지를 관할하는 특별시 · 광역시 · 도의 교육감이며(사립학교법 제4조 제1항), ② 사립의 대학 · 산업대학 · 전문대학 · 기술대학 등의 경우에는 교육부장관이다(사립학교법 제4조 제3항).

아래에서는 학교법인과 사립학교경영자를 나누어 살펴보기로 한다.

II. 학교법인의 경우

1. 총 설

사립학교법 시행령 제5조 제1항 제1호에 따르면 학교법인이 소유하는 부동산은 당연히 학교법인의 기본재산이 된다(대판 1994. 12. 22. 94다12005). 이러한 학교법인의 기본재산에는 수익용 기본재산과 교육용 기본재산이 있는데(사립학교법 시행령 제4조 제2항), 수익용 기본재산은 관할청의 허가를 받아 이를 매도하거나 담보로 제공할 수 있지만, 교육용 기본재산은 매도 또는 담보제공을 할 수 없다(사립학교법 제28조).

위와 같은 제한은 학교법인 소유 부동산의 처분에 대한 것이므로 학교법인이 매매 · 증여 · 유증 그 밖의 원인으로 부동산을 취득하는 경우에는 이와 같은 제한이 없다(2008. 7. 14. 등기예규 제1255호).

2. 관할청의 허가를 받아야 하는 기본재산의 처분행위(사립학교법 제28조 제1항)

(1) 허가를 받으면 처분할 수 있는 경우

학교법인이 그 기본재산을 매도 · 증여 · 교환 또는 용도변경하거나 담보에 제공하고자 할 때 또는 의무의 부담이나 권리의 포기를 하고자 할 때에는 관할청의 허가를 받아야 한다. 다만, 대통령령이 정하는 경미한 사항(사립학교법 시행령 제11조 제5항)은 이를 관할청에 신고하여야 한다(사립학교법 제28조 제1항).[1]

---

1) 다만, 사립학교법 시행령 제11조 제5항 제1호부터 제3호, 제6호, 제7호의 신고사항에 해당하는 경우에는 이를 소명할 수 있는 서면(관할청의 신고수리공문 등)을 첨부하여야 한다(등기예

위 규정에 따라 등기예규 제1255호에서는 학교법인이 그 소유 명의의 부동산에 관하여 매매, 증여, 교환 그 밖의 처분행위를 원인으로 한 소유권이전등기를 신청하거나 근저당권 등의 제한물권 또는 임차권의 설정등기를 신청하는 경우에 감독관청의 허가를 증명하는 서면을 첨부하도록 하고 있다.

예를 들면, 학교법인에게 신탁한 부동산이라도 그것이 기본재산이 된 이상 신탁자의 신탁해지로 인한 소유권이전등기를 신청하는 경우, 학교법인의 기본재산인 토지에 관하여 명의신탁해지를 원인으로 한 소유권이전등기 승소판결을 받아 소유권이전등기를 신청하는 경우(1996. 9. 5. 등기선례 5-64), 학교법인이 공유물분할 등기신청을 하는 경우(이 때의 공유물분할은 공유자 상호간에 지분의 매매 또는 교환이 이루어지는 것으로 본다) 등에도 관할청의 허가서를 제출하여야 한다. 이는 학교법인이 공유물분할에 의하여 종전의 공유지분보다 더 많은 공유지분을 취득하게 되는 경우에도 마찬가지이다(2000. 12. 12. 등기선례 6-48).

(2) 허가를 받아도 처분할 수 없는 경우

사립학교법 제28조 제2항에 따르면 학교 교육에 직접 사용되는 재산은 관할청의 허가여부를 묻지 않고 매도 또는 담보의 대상이 될 수 없다. 위 학교교육에 직접 사용되는 재산이란 교지, 교사(강당을 포함한다), 체육장(실내체육장을 포함한다), 실습 및 연구시설 그 밖에 교육에 직접 사용되는 시설·설비 및 교재·교구를 의미한다(사립학교법 시행령 제12조). 금지되는 매도에는 학교법인의 임의처분뿐만 아니라 강제경매절차에 의한 매도도 포함된다. 다만 집행법원 촉탁의 경우 매각허부 여부 등은 집행법원의 판단사항이므로 등기관은 형식적 요건이 맞으면 해당 등기촉탁을 수리하여야 한다(위 등기예규 제1255호 제4조 제1항 참조. 「부동산등기실무 I」 p.321).

3. 관할청의 허가를 받을 필요가 없는 경우

학교법인의 기본재산에 대하여 매도·증여·교환 또는 용도변경하거나 담보에 제공하는 경우를 제외하고는 관할청의 허가를 요하지 아니한다. 예컨대, 제3자와 학교법인이 ① 시효취득을 원인으로 소유권이전등기를 신청하는 경우, ② 학교법인의 기본재산에 대하여 소유권이전청구권 보전의 가등기신청을 하는 경우, ③ 학교법인 소유 명의의 부동산에 관하여 계약의 취소 또는 해제(단, 합의해제의 경우는 제외)를 원인으로 한 소유권이전등기말소, ④ 진정명의회복을 원인으로 한 소유권이

규 제1255호).

전등기를 신청하는 경우 등에는 관할청의 허가를 증명하는 서면을 첨부할 필요가 없다(예규 1255호). ⑤ 기본재산에 대하여 담보로 제공할 당시에 관할청의 허가를 받았을 때에는 저당권의 실행으로 매각이 될 때에는 관할청의 허가를 증명하는 서면을 제출할 필요가 없다.

재산의 성격		허가의 필요성
기본재산	교육용 기본재산	허가 여부에 상관없이 처분 불가능
	수익용 기본재산	허가를 받으면 처분가능
기본재산이 아닌 재산		허가를 받지 아니하고 처분 가능

Ⅲ. 사립학교 경영자의 경우

1. 총 설

학교법인의 기본재산처분에 대한 관할청의 허가에 관한 규정은 사립학교 경영자에게 준용되므로, 학교교육에 직접 사용되는 사립학교 경영자 소유의 재산(교육용 기본재산)은 매도하거나 담보로 제공할 수 없다(사립학교법 제51조). 학교 교육에 직접 사용되는 재산의 의미는 위 II에서 본 바와 같다. 실무상 사립학교 경영자의 재산과 관련한 등기절차상 문제는 주로 유치원용 부동산에 관하여 생기므로 이를 중심으로 설명하기로 한다.

2. 처분행위가 금지되는 경우

1) 유치원도 교육기관이므로(사립학교법 제2조) 사립학교 경영자(주로 법인이 아닌 개인이 문제가 될 것이다. 사립학교법 제2조 제3호 참조)가 소유하는 유치원을 폐원하지 않는 한 유치원으로 사용하고 있는 건물 및 토지를 타인에게 매도하거나 담보제공을 할 수 없다(1997. 2. 6. 등기선례 5-68). 강제집행도 허용되지 않는다.

2) 등기신청서에 첨부된 토지대장 또는 건축물대장 등에 의하여 해당 부동산이 학교교육에 직접 사용되는 부동산임을 알 수 있는 경우(공부상 등기의 목적물인 건물의 용도가 유치원으로 되어 있는 경우 등)에는 그 소유자가 사립학교법상 사립학교경영자가 아닌 때에 한하여 그 부동산의 처분으로 인한 소유권이전등기신청 또는 저당권설정등기신청 등을 수리하여야 한다(2008. 7. 14. 등기예규 제1255호).

3. 사립학교 경영자가 아니라는 사실을 소명한 경우

1) 건축물관리대장 및 등기부에 용도가 유치원이라고 등록 및 등기된 건물의 소유자가 사립학교법 제2조 제3호 소정의 사립학교 경영자가 아니라면 그 소유명의인은 건물을 매도하고 이에 따른 소유권이전등기의 신청을 할 수 있다(1987. 7. 14. 등기선례 2-299)

2) 유치원건물의 소유자는 갑이고 유치원 경영자는 그의 남편 을로서 건물의 소유자와 유치원의 경영자가 서로 다른 경우 유치원건물의 소유자 갑은 사립학교법 제2조 제3호 소정의 사립학교 경영자가 아니므로 그 유치원을 경영하기 위하여 감독관청으로부터 유치원설립자변경인가를 받고 그 건물을 매수한 병에게 소유권이전등기를 경료시켜 줄 수 있는 것이나, 소유권이전을 받은 병은 같은 법조항 소정의 사립학교 경영자라고 보아야 할 것이므로 그 건물에 대하여 소유권이전청구권가등기나 담보가등기를 제3자에게 경료시켜 줄 수 없다(1996. 5. 22. 등기선례 4-104)

3) 유치원 건물 및 토지의 소유자인 갑이 본인 명의로 유치원 설립인가를 받아 경영하다가, 관할관청으로부터 을 명의로 유치원 설립자 변경인가를 받아 자신은 폐업한 뒤, 을이 위 건물을 갑으로부터 임차하여 유치원을 경영해 온 경우, 현재 갑은 사립학교경영자가 아니므로 유치원 건물 및 토지에 대하여 근저당권설정등기를 신청할 수 있다(2004. 2. 27. 등기선례 7-45).

4) 사인 소유인 토지 및 건물의 등기부상 지목 및 용도가 각 학교용지와 유치원으로 등기되어 있더라도 그 소유자가 아직 유치원설립인가신청을 하지 않은 상태라면, 그 부동산의 소유자는 사립학교경영자라고 볼 수 없을 것이므로, 그 소유명의인은 그 부동산을 매도하거나 담보에 제공할 수 있을 것이다(1998. 3. 20. 등기선례 5-82)

5) 등기부에 건물의 용도가 유치원으로 기재되어 있으나, 건물의 소유자가 아직 유치원 설립인가를 받지 않은 상태에서 건물에 대한 근저당권설정등기가 이루어지고, 그 후에 건물의 소유자가 유치원 설립인가를 받은 경우, 위 근저당권의 실행에 따른 매각을 원인으로 한 소유권이전등기는 관할청의 허가 여부와 상관없이 할 수 있다(2001. 11. 8. 등기선례 7-46).

6) 위 1)~5)의 등기신청서에는 그 소유명의인이 사립학교경영자가 아니라는 사실을 증명하는 서면을 첨부하여야 한다(2008. 7. 14. 등기예규 제1255호 제5조 제2항 참조). 교육청이 발행한 유치원의 '폐쇄인가서'나 소유권이전등기를 인가조건으로 한

'설립자 변경인가서'도 그러한 서면에 해당할 수 있으나, 관할 세무서장 발행의 "폐업사실증명서"는 그에 해당되지 않는다(2008. 05. 20. 등기선례 8-74).

7) ① 「사립학교법」 제51조, 제28조 제2항 및 같은 법 시행령 제12조 제1항에 따르면 사립학교경영자 소유의 재산 중 교지, 교사, 체육장 등 학교 교육에 직접 사용되는 재산은 매도, 증여하거나 담보로 제공할 수 없으나, 사립학교경영자가 위와 같은 재산을 일반인에게 처분하는 것이 아니라 다른 학교법인이나 사립학교경영자에게 학교의 운영권과 함께 처분하는 것은 위 규정에 의해 금지되지 아니하므로 사립유치원의 경영자가 다른 경영자에게 유치원 운영권을 양도하면서 그와 병행하여 유치원의 건물 및 그 대지를 증여하여 그에 대한 소유권이전등기를 신청할 때에는 등기권리자가 해당 유치원의 새로운 경영자가 되었음을 소명하는 자료로서 「유아교육법」 제8조 제4항에 따른 설립자변경인가서(소유권이전등기를 조건으로 하는 인가를 포함함)를 제공하여야 한다. ② 이와 달리 유치원의 경영자가 유치원의 폐쇄인가를 받고 위 부동산을 증여하는 경우라면 증여자는 더 이상 사립학교경영자에 해당하지 아니하므로, 「유아교육법」 제8조 제4항에 따른 폐쇄인가서를 제출하여 유치원의 건물 및 그 대지에 대한 소유권이전등기를 신청할 수 있다(2018. 4. 4. 등기선례 9-103).

4. 영유아보육시설(보건복지부 소관)

공부상 등기의 목적물인 건물의 용도가 유치원으로 되어 있으나 사립학교법상의 교육기관이 아닌 영유아보육(유아원, 어린이집 등)을 위한 시설인 경우, 이러한 소유건물 전부를 보육시설로 운영중인 자는 사립학교법 제2조 제3항의 소정의 사립학교 경영자에 해당되지 않으므로, 그 소유건물에 대하여는 매매 또는 담보제공 등 처분행위를 할 수 있다(1997. 3. 26. 등기선례 5-433. 영유아보육법 참조).

제8관 의료법상의 시 · 도지사의 허가

의료법인은 의료법의 규정에 근거하여 설립된 특수법인으로서 의료법에 규정된 것 외에는 민법 중 재단법인에 관한 규정을 준용한다(의료법 제50조). 의료법인이 재산을 처분하거나 정관을 변경하려면 시 · 도지사의 허가를 받아야 한다(의료법 제48조 제3항). 따라서 원칙적으로 의료법인이 그 소유명의의 부동산을 처분하는 경우에는 등기신청서에 시 · 도지사의 허가를 받았음을 증명하는 서면을 첨부하여야 한다. 다만, 해당 부동산이 법인의 기본재산에 포함되지 않음을 증명하는 서면을 첨부하는 경우에는 그러하지 아니하다(1999. 4. 12. 등기선례 6-43).

제 9 관 사회복지법인의 기본재산 매도 등에 대한 시 · 도지사의 허가

사회복지법인은 기본재산에 관하여 매도 · 증여 · 교환 · 임대 · 담보제공 또는 용도변경을 하려는 경우에는 원칙적으로 시 · 도지사의 허가를 받아야 하므로(사회복지사업법 제23조 제3항), 관련 등기신청시 이를 증명하는 정보를 제공하여야 한다(2008. 7. 14. 등기예규 제1257호).

사회복지법인이 기본재산인 부동산에 대하여 근저당권설정등기를 신청할 때에는 시·도지사의 허가가 있음을 증명하는 정보를 첨부정보로서 제공하여야 하는바(사회복지사업법 제23조 제3항 제1호), 이러한 허가를 증명하기 위한 정보에는 원칙적으로 근저당권의 채권최고액이 명시되어 있어야 한다. 다만 시·도시사의 허가가 있음을 증명하는 정보로서 제공된 "기본재산 처분 및 장기차입 허가서"에 근저당권의 채권최고액이 명시되어 있지 않지만, '기본재산의 담보제공은 ○○은행 대출금 ○○○원의 약정에 따른 근저당권 설정에만 제공하도록 함'이라는 내용의 장기차입 허가조건이 기재되어 있다면 이러한 허가서를 제공하여 근저당권설정등기를 신청할 수 있다. 이 경우 위 대출금을 초과하는 금액을 채권최고액으로 하는 근저당권설정등기를 신청할 수는 없고, 이를 초과하지 않는 범위 내의 금액을 채권최고액으로 하는 근저당권설정등기만을 신청할 수 있다(2019. 12. 18. 부동산등기과-3099 질의회답).

제 10 관 전통사찰에 속하는 부동산의 처분에 대한 문화체육관광부장관 또는 시 · 도지사의 허가

Ⅰ. 전통사찰의 의미

전통사찰이란 불교 신앙의 대상으로서의 형상을 봉안하고 승려가 수행하며 신도를 교화하기 위한 시설 및 공간으로서 전통사찰의 보존 및 지원에 관한 법률(이

하 '전통사찰법'이라 한다) 제4조에 따라 등록된 것을 말한다.[1]

II. 전통사찰 등의 등기신청에 관한 등기사무처리지침

전통사찰법 제4조에 따라 전통사찰로 등록된 사찰 등이 그 사찰 소유의 부동산에 대한 등기신청을 하는 경우 등기소에 제공할 첨부정보와 이에 대한 등기관의 심사방법 등에 관한 사항에 대한 등기예규(2013. 3. 27. 등기예규 제1484호)의 주요내용을 소개하면 다음과 같다.

III. 등기신청

전통사찰의 소유에 속하는 부동산에 관하여는 전통사찰법 제2조 제2호의 주지가 그 사찰을 대표하여 등기를 신청한다. 여기서 '주지'란 전통사찰의 대표자로서 사찰의 운영 및 재산을 관리하고 전통사찰의 보존 · 발전 · 계승을 관장하는 승려를 말한다(전통사찰법 제2조 제2호).

IV. 등기소에 제공하여야 하는 첨부정보

전통사찰이 등기를 신청하는 경우에 규칙 제48조에 따라 등기소에 제공하여야 하는 첨부정보는 다음과 같다.

1. 전통사찰의 정관이나 규약 및 전통사찰이 특정종단에 소속되어 그 종단(이하 "소속종단"이라고 한다)의 구성원인 경우에는 소속종단의 정관이나 규약
2. 전통사찰의 대표자임을 증명하는 다음 각 항의 정보
   1) 소속종단의 정관이나 규약에 소속종단의 대표자가 주지를 임면할 권한이 있는 것으로 정한 경우에는 그 종단 대표자 명의의 주지재직증명정보 및 종단 대표자의 직인 인영정보(예: 해당 전통사찰이 대한불교○○종 소속인 경우에 대한불교○○종 대표자가 발행한 주지재직증명서 및 그 대표자의 직인증명서). 다만, 위와 같은 정함이 없는 경우에는 그 소속종단의 정관이나 규약에서 정한 방법에 따라 주지로 선임되어 재직하고 있음을 증명하는 정보
   2) 소속종단이 없는 경우에는 전통사찰의 정관이나 규약에서 정한 방법에 의하

---

1) 전통사찰여부에 대하여서는 「문화체육관광부 홈페이지 → 주요정책 → 종무 → 전통사찰 현황」에서 전통사찰의 현황을 확인할 수 있다.

여 주지로 선임되어 재직하고 있음을 증명하는 정보

3. 전통사찰이 등기의무자로서 등기신청을 할 경우에는 민법 제276조 제1항에 따른 결의가 있음을 증명하는 정보(전통사찰이 법인 아닌 사단인 경우로 한정한다). 다만, 정관 기타의 규약으로 그 소유 부동산을 처분하는 데 있어서 위 결의를 필요로 하지 않는다고 정하고 있을 경우에는 그러하지 아니한다.
4. 주지의 주소 및 주민등록번호를 증명하는 정보
5. 위 2. 3.의 첨부서면에는 그 사실을 확인하는 데 상당하다고 인정되는 2인 이상의 성년자가 사실과 상위 없다는 뜻과 성명을 기재하고 인감을 날인하여야 하며, 날인한 인감에 관한 인감증명을 제출하여야 한다. 다만 변호사 또는 법무사가 등기신청을 대리하는 경우에는 변호사 또는 법무사가 위 각 서면에 사실과 상위 없다는 뜻을 기재하고 기명날인함으로써 이를 갈음할 수 있다.

V. 부동산의 처분 등

전통사찰법 제2조 제3호의 전통사찰보존지 및 전통사찰보존지에 있는 건물(이하 '전통사찰보존지등'이라 한다)에 대한 처분행위를 원인으로 한 등기신청을 하는 경우에 규칙 제46조 제1항 제2호에 따라 등기소에 제공하여야 하는 첨부정보는 다음과 같다.

1. 전통사찰 소유의 전통사찰보존지등을 매매, 증여, 그 밖의 원인으로 양도하여 소유권이전등기를 신청하는 경우에는 전통사찰법 제9조 제1항에 따른 문화체육관광부장관의 허가를 증명하는 정보.
   다만, 시효취득을 원인으로 한 소유권이전등기를 신청하거나 민사집행법에 따른 매각을 원인으로 한 소유권이전등기를 촉탁하는 경우에는 그러하지 아니한다.
2. 전통사찰 소유의 전통사찰보존지등에 근저당권 등의 제한물권 또는 임차권의 설정등기를 신청하는 경우에는 전통사찰법 제9조 제2항에 따른 시·도지사의 허가를 증명하는 정보

VI. 등기관의 심사

등기관은 전통사찰에 해당한다고 볼 만한 사정이 있음에도 불구하고 사찰 명의의 부동산에 대한 처분을 원인으로 한 등기신청정보에 위 V. 각 호에 따른 주무관청의 처분허가정보가 첨부정보로서 제공되지 않은 경우에는 다음 각 호의 첨부정보 중 어느 하나가 제공되지 않은 이상 신청에 따른 등기를 수리하여서는 안 된다.

1. 해당 사찰이 전통사찰이 아니라는 주무관청의 확인정보 또는 그 밖에 이에 준하는 정보
2. 전통사찰에 해당하는 경우에는 해당 부동산이 전통사찰보존지 등이 아니라는 정보

Ⅶ. 전통사찰은 아니지만 소속종단이 있는 사찰의 경우

1) 전통사찰은 아니나 소속종단이 있는 사찰이 그 사찰 소유의 부동산에 대하여 등기신청을 하는 경우에는 위 III, IV의 규정을 준용한다. V은 준용되지 않는다. 따라서 전통사찰이 아닌 일반사찰 소유의 부동산을 양도하고 그에 따른 소유권이전등기를 신청하는 경우에는 문화체육부관광부장관 등의 허가는 필요가 없다.

2) 소속종단이 있는 사찰인지 여부는 해당 사찰의 명칭과 정관을 종합적으로 심사하여 판단하여야 하고, 특히 명칭에 해당 사찰의 소속종단으로 볼 수 있는 표시(예: 대한불교○○종 ○○사) 등이 있으나 소속종단의 정관이나 규약이 첨부되지 아니한 경우에는 이를 첨부하도록 보정명령을 하여야 한다. 다만, 소속종단이 없는 사찰이라는 소명이 있는 경우에는 그러하지 아니한다.

선 례

사찰재산처분에 따른 소유권이전등기신청

전통사찰이 아니고, 한국불교태고종에 등록된 사찰인 ○○사 소유의 부동산을 개인에게 매각하고 그 소유권이전등기를 신청하여야 할 경우 ○○사가 비법인사단 또는 재단으로서의 실체를 갖춘 불교 단체로서의 사찰이라면 그 대표자인 주지가 매수인과 공동으로 소유권이전등기를 신청할 수 있다(1993. 1. 29 등기선례 3-491).

<table>
<tr><th colspan="4">전 통 사 찰</th></tr>
<tr><td rowspan="3">소속종단이 있는 경우

(전통사찰이 아닌 경우에도 적용됨)</td><td>정관/규약</td><td colspan="2">① '전통사찰'의 정관(규약)
② '소속종단'의 정관(규약)</td></tr>
<tr><td rowspan="2">대표자 증명</td><td>소속종단의 정관(규약)에서 소속종단의 대표자가 주지를 임면할 권한이 있는 것으로 정한 경우</td><td>① 종단 대표자 명의의 주지재직 증명정보
② 종단 대표자의 직인 인영정보</td></tr>
<tr><td>위와 같은 정함이 없는 경우</td><td>'소속종단'의 정관(규약)에서 정한 방법에 따라 주지로 선임되어 재직하고 있음을 증명하는 정보</td></tr>
</table>

<table>
<tr><td>소속종단이 없는 경우</td><td>대표자 증명</td><td colspan="2">'전통사찰'의 정관(규약)에서 정한 방법에 의하여 주지로 선임되어 재직하고 있음을 증명하는 정보</td></tr>
<tr><td colspan="2" rowspan="2">허가서
(전통사찰이 아닌 경우에는 적용이 없음)</td><td>전통사찰보존지 등을 매매, 증여, 그 밖의 원인으로 양도하여 소유권이전등기를 신청하는 경우</td><td>문화체육관광부장관의 허가를 증명하는 정보(예외 : 시효취득, 매각)</td></tr>
<tr><td>전통사찰보존지등에 근저당권 등의 제한물권 또는 임차권의 설정등기를 신청하는 경우</td><td>시 · 도지사의 허가</td></tr>
<tr><td colspan="4">전통사찰은 아니지만 소속종단이 있는 경우</td></tr>
<tr><td rowspan="3">소속종단이 있는 경우</td><td>정관/규약</td><td colspan="2">① 사찰의 정관(규약)
② '소속종단'의 정관(규약)</td></tr>
<tr><td rowspan="2">대표자 증명</td><td>소속종단의 정관(규약)에서 소속종단의 대표자가 주지를 임면할 권한이 있는 것으로 정한 경우</td><td>① 종단 대표자 명의의 주지재직증명정보
② 종단 대표자의 직인 인영정보</td></tr>
<tr><td>위와 같은 정함이 없는 경우</td><td>'소속종단'의 정관(규약)에서 정한 방법에 따라 주지로 선임되어 재직하고 있음을 증명하는 정보</td></tr>
</table>

제 11 관 향교재산에 속하는 부동산의 처분에 대한 시 · 도지사의 허가

향교를 유지하고 운영하기 위하여 조성된 동산과 부동산, 그 밖의 재산을 향교재산이라 한다(향교재산법 제2조). 이 향교재산에 대하여는 서울특별시 · 광역시 · 도 및 특별자치도마다 재단법인(향교재단)을 설립하여야 한다(향교재산법 제3조 제1항). 향교재산 중 토지, 건물 등 부동산은 기본재산으로서 향교재산법에 따르지 아니하고는 매매, 양여, 교환, 담보 제공 그 밖의 처분을 할 수 없고(향교재산법 제3조 제2항, 제4조), 향교재단이 향교재산 중 부동산을 처분하거나 담보에 제공하려는 때에는 대통령령으로 정하는 바에 따라 특별시장 · 광역시장 · 도지사 또는 특별자치도지사의 허가를 받아야 하고(향교재산법 제8조 제1항), 등기신청서에 그 허가서를 첨부하여야 한다(2008. 7. 14. 등기예규 제1257호).

제 12 관 북한이탈주민의 보호 및 정착지원에 관한 법률에 의한 주거지원에 따라 취득한 부동산의 소유권, 전세권 또는 임차권을 양도하거나 저당권을 설정하는 경우의 통일부장관의 허가

통일부장관은 보호대상자에게 대통령령으로 정하는 바에 의하여 주거지원을 할 수 있으며, 이에 따라 주거지원을 받는 보호대상자는 그 주민등록전입신고를 한 날부터 2년간 통일부장관의 허가를 받지 아니하고는 임대차계약을 해지하거나 그 주거지원에 따라 취득하게 된 소유권·전세권 또는 임차권을 양도하거나 저당권을 설정할 수 없다(북한이탈주민법 제20조 제1항, 제2항).

북한이탈주민이 주거지원을 받아 취득하는 부동산에 대한 소유권 등의 등기신청은 보호대상자를 대리하여 통일부장관이 한다. 이 경우 소유권 등은 양도나 저당권의 설정이 금지된다는 사실을 그 등기신청서에 기재하여야 하며, 이에 따라 금지사항의 부기등기를 행하게 된다(북한이탈주민법 제20조 제3항). 위 부동산에 대하여 소유권·전세권·임차권을 양도하거나 저당권을 설정하는 경우에는 통일부장관의 허가서를 제출하여야 한다(2008. 7. 14. 등기예규 제1257호).

제 13 관 부재자 재산관리인의 재산처분에 대한 법원의 허가

법원이 선임한 부재자의 재산관리인이 그 권한(보존행위 및 이용·개량행위)을 넘는 행위를 함에는 법원의 허가를 얻어야 한다. 부재자의 생사가 불명한 경우에 부재자가 정한 재산관리인이 권한을 넘는 행위를 할 때에도 같다(민법 제25조). 따라서 부재자의 재산관리인이 법정대리인으로서 부동산의 처분에 관한 등기신청을 할 경우 법원의 허가서를 첨부하여야 한다.

제 14 관 상속재산관리인의 재산처분에 대한 법원의 허가

상속인의 존부가 분명하지 아니하여 법원에 의해서 선임된 상속재산관리인이 피상속인 명의의 부동산을 처분하기 위해서는 법원의 허가를 얻어야 하므로, 피상속인 명의의 부동산에 대하여 매매 등을 원인으로 소유권이전등기를 신청할 때는 법원의 허가가 있음을 증명하는 정보를 첨부정보로서 제공하여야 한다(2019. 5. 3. 부동산등기과－1077 질의회답)

제 15 관 미성년자의 친권자, 미성년후견인, 성년후견인, 한정후견인의 동의서 등

이에 대하여서는 제4장 제4절에서 설명한 바 있다.

제 16 관 임차권 양도에 대한 임대인의 동의서

임차인은 임대인의 동의없이 그 권리를 양도하거나 임차물을 전대하지 못한다. 임차인이 이에 위반한 때에는 임대인은 계약을 해지할 수 있다(민법 제629조). 임차권의 양도 또는 임차물의 전대에 대한 임대인의 동의가 있는 뜻의 특약사항의 등기가 없는 경우에 임차권의 이전 또는 임차물의 전대의 등기를 신청하는 때에는 신청서에 임대인의 동의서를 첨부하여야 한다(규칙 제130조 제3항).

제 5 절 등기상 이해관계있는 제3자의 승낙이 필요한 경우에는 이를 증명하는 정보 또는 이에 대항할 수 있는 재판이 있음을 증명하는 정보

권리변경 또는 경정의 등기를 함에 있어서 등기상 이해관계있는 제3자가 있는 경우(법 제52조 제5호; 규칙 제112조 제1항), 등기의 말소를 신청하는 경우에 그 말소에 대하여 등기상 이해관계 있는 제3자가 있는 경우(법 제57조), 말소된 등기의 회복을 신청하는 경우에 등기상 이해관계 있는 제3자가 있는 경우(법 제59조) 등에는 등기신청서에 그 제3자의 승낙이 있음을 증명하는 정보 또는 이에 대항할 수 있는 재판이 있음을 증명하는 정보를 첨부정보로 등기소에 제공하여야 한다(규칙 제46조 제1항 제3호).

제 6 절 신청인이 법인인 경우에는 그 대표자의 자격을 증명하는 정보

Ⅰ. 일반적인 경우

2011년에 부동산등기법이 개정되면서 "신청인이 법인인 경우에는 그 대표자의 자격을 증명하는 정보를 첨부정보로서 제공하여야 한다"는 규정(규칙 제46조 제1항 제4호)이 신설되었다. 이 경우의 대표자의 자격을 증명하는 정보라 함은 법인등기사항전부증명서 혹은 일부증명서(지배인초본 등)를 의미한다. 다만, 법인이 부동산등기를 신청하는 경우 부동산소재지를 관할하는 등기소와 그 법인의 법인등기가 되어 있는 등기소가 동일한 경우에는 그 법인등기사항증명서의 제공을 생략할 수 있다(규칙 제46조 제5항).

첨부정보가 「상업등기법」 제15조, 「비송사건절차법」 제66조 및 제67조에 따른 등기사항증명정보로서 본점(또는 주사무소) 또는 지점(또는 분사무소) 소재지와 부동산 소재지가 동일한 경우에는 그 제공을 생략할 수 있다(부동산등기규칙 제46조 제5항 입법예고안, 시행예정일 2025. 1. 31.).

한편 대표자의 자격을 증명하는 서면으로 법인등기사항증명서는 발행일로부터 3개월 이내의 것이어야 한다(규칙 제62조).

Ⅱ. 국내에 영업소나 사무소의 설치 등기를 하지 아니한 외국법인이 근저당권자로서 등기를 신청하는 경우 제공하여야 할 첨부정보 등

1. 국내에 영업소나 사무소의 설치 등기를 하지 아니한 외국법인이 근저당권자로서 근저당권설정등기를 신청하는 경우에 「법인 아닌 사단의 등기신청에 관한 업무처리지침」(등기예규 제1621호)은 적용되지 않는다. 따라서 일반적인 첨부정보 외에 부동산등기용 등록번호 증명서와 외국법인의 존재를 인정할 수 있는 서면을 첨부정보로서 제공하면 될 것이다.

2. 외국법인의 존재를 인정할 수 있는 서면으로는 법인등기부가 있는 국가인 경우(일본 등)에는 법인격의 존재, 명칭, 본점이나 주사무소 소재지가 표시된 등기사항증명서이고, 법인등기부가 없는 국가인 경우에는 법인의 명칭과 본점이나 주사무

소의 존재를 인정할 수 있는 서면, 법인의 정관 또는 법인의 성질을 식별할 수 있는 서면, 대표자의 자격을 증명하는 서면(위 각 서면은 본국 관할 관청이나 대한민국에 있는 그 외국의 영사의 인증 또는 본국 공증인의 공증을 얻은 것이어야 함) 등이 될 것이나 위와 같은 서면으로서의 요건을 갖추었는지 여부는 구체적인 사건에서 등기관이 판단할 사항이다.

3. 또한 등기기록에는 국내법인과 동일하게 법인의 명칭과 주사무소 소재지를 기록하여야 하지만 대표자에 관한 사항은 등기사항이 아니므로 기록하지 않는다(2013. 10. 31. 등기선례 9-28).

제7절 대리인에 의하여 등기를 신청하는 경우에는 그 권한을 증명하는 정보

Ⅰ. 서 설

1. 의 의

대리인에 의하여 등기를 신청하는 경우에는 그 권한을 증명하는 정보를 첨부정보로서 등기소에 제공하여야 한다(규칙 제46조 제1항 제5호). 위임장은 등기권리자와 등기의무자가 동일한 서면으로 작성할 수도 있으며, 여러 개의 등기의 신청대리권을 1통의 위임장에 위임할 수도 있다. 여기에서의 대리인이라 함은 임의대리인, 법정대리인뿐만 아니라 법인 아닌 사단·재단의 대표자나 관리인도 포함된다(「부동산등기실무제요」 1권 p.330). 대리권한을 증명하는 서면은 대리인의 자격에 따라 상이하다.

2. 취 지

등기관에게 형식적 심사권밖에 없는 현행 등기법제 하에서 등기신청대리인으로 하여금 정당한 등기신청대리권이 있음을 소명하게 하여 무권대리인 등에 의하여 부실한 등기가 이루어지는 것을 방지하는 것이 중요하기 때문이다.

Ⅱ. 대리권을 증명하는 정보

1. 임의대리인의 경우—등기위임장

(1) 등기위임장

(가) 임의대리에 있어서는 등기위임장이 대리권한을 증명하는 정보가 된다. 등기위임장에는 부동산의 표시, 등기할 권리에 관한 사항, 위임자의 표시(성명·주소), 위임의 취지 및 위임연월일을 표시하고 위임자가 기명날인 또는 서명하여야 한다(〈例示 1〉 참조). 위임자가 기명날인 또는 서명함에 있어서 등기의무자를 윗부분에, 등기권리자는 그 아래에 하는 것이 일반적이다. 등기위임장 양식은 2020. 7. 21. 등기예규 제1693호에 정해져 있다.

<table>
<tr><td colspan="3">위 임 장</td></tr>
<tr><td>부동산
의
표시</td><td colspan="2">1. 서울특별시 서초구 서초동 100
대 100㎡
2. 서울특별시 서초구 서초동 100
[도로명주소] 서울특별시 서초구 서초대로88길 10
시멘트 벽돌조 슬래브지붕 2층 주택
1층 100㎡
2층 100㎡
이 상</td></tr>
<tr><td>등기원인과 그 연월일</td><td colspan="2">2022년 4월 3일 매매</td></tr>
<tr><td>등기의 목적</td><td colspan="2">소유권이전</td></tr>
<tr><td>이전할 지분</td><td colspan="2"></td></tr>
<tr><td>대 리 인</td><td colspan="2">법무사 유명한 (02-599-7000)
서울특별시 중구 다동길 96 (다동)</td></tr>
<tr><td colspan="3">위 사람을 대리인으로 정하고 위 부동산에 대한 등기신청, 취하, 등기필정보의 수령 및 확인에 관한 모든 권한을 위임한다. 또한 복대리인 선임을 허락한다.
2022년 5월 26일</td></tr>
<tr><td rowspan="3">위

임

장</td><td></td><td>날 인</td></tr>
<tr><td>등기의무자 이 대 백
서울특별시 서초구 서초대로88길 10 (서초동)</td><td>(인)</td></tr>
<tr><td>등기권리자 홍 길 동
서울특별시 서초구 서초대로88길 20, 101동 101호
(서초동, 서초아파트)</td><td>(인)</td></tr>
</table>

〈예시 1〉 위임장

(나) 방문신청을 할 때 규칙 제60조 제1항에 해당하는 경우에는 인감증명을 제출하여야 한다. 이 경우 해당 신청서(위임에 의한 대리인이 신청하는 경우에는 위임장을 말한다)나 첨부서면에는 그 인감을 날인하여야 한다(규칙 제60조 제1항). 즉 위임에 의한 대리인이 신청하는 등기가 규칙 제60조 제1항에 해당하는 경우에는 그 위임장에는 인감을 날인하고 인감증명을 제출하여야 하지만, 규칙 제60조 제1항에 해당하지 않는 경우에는 위임장에 인감을 날인하거나 인감증명을 제출할 필요가 없다. 본인서명사실확인서를 제출하는 경우에는 인감날인 대신 본인의 서명으로 이를 갈음할

수 있다.

한편 규칙 제60조 제1항에 해당하는 등기신청이라도 인감증명을 제출하여야 하는 자가 아닌 경우에는 위임장에 인감을 날인하거나 인감증명을 제출할 필요가 없다. 즉 매매를 원인으로 소유권이전등기를 대리인에게 위임한 경우에는 등기의무자만 위임장에 인감을 날인하고 인감증명을 제출하면 되고, 등기권리자는 위임장에 인감을 날인할 필요없이 기명날인 또는 서명으로써 충분하다. 이와 같은 법리는 등기권리자가 등기의무자를 대리하는 경우에도 마찬가지이다.

(다) 소유권이전등기의 소송을 위임받은 대리인이 해당 소송에서 승소한 이후 그 판결에 따른 소유권이전등기신청을 대리하기 위해서는 대리인의 권한을 증명하는 서면으로서 별도의 위임장을 첨부하여야 한다(2008. 11. 28. 등기선례 9-112). 소송위임장만을 첨부하여 등기신청을 대리할 수는 없다.

(라) 복대리 · 특별수권사항의 대리 등기위임장에 복대리인의 선임을 허용하는 취지가 기재되어 있지 아니한데, 복대리인이 등기를 신청하는 경우에는 별도로 본인(위임인)의 승낙이 있음을 증명하는 서면을 첨부하여야 한다. 특별수권사항(예: 취하)에 대하여서는 위임장에 그 권한이 부여된 경우에 한하여 대리할 수 있다(민법 제118조). 실무상 등기위임장에 복대리인 선임 및 등기신청의 취하에 관한 모든 행위를 원시적으로 위임받고 있다.

(2) 처분행위를 위임한 경우 - 재외국민 · 외국인의 경우

이에 대하여서는 「재외국민 및 외국인의 부동산등기신청절차에 관한 예규」(2020. 6. 10. 등기예규 제1686호 시행 2020. 7. 1.)를 중심으로 제4장 제9절에서 이미 살펴본 바 있다.

2. 법정대리인의 경우

친권자가 미성년의 자를 대리하여 등기를 신청하는 경우에는 그 대리권한을 증명하는 서면으로서 가족관계등록사항별증명서를 제출한다. 이 가족관계증명서는 미성년자를 기준으로 발급받은 것이어야 한다. 등기신청서에 첨부하는 가족관계등록사항별증명서는 인감증명, 주민등록표 등본 · 초본과 마찬가지로 발행일로부터 3개월 이내의 것이어야 한다(규칙 제62조). 한편, 후견인 또는 특별대리인이 피후견인 등을 대리하여 등기를 신청하거나 상속재산분할협의를 하는 경우에는 후견등기의 등기사항증명서, 특별대리인선임심판서 등을 제출하여야 한다.

3. 법인 아닌 사단 · 재단의 경우

이에 대하여서는 제4장 제3절 IV. 2에서 설명한다.

4. 대리권증명서면의 유효기간

위임장 자체에는 유효기간의 제한은 없다. 다만 대표권증명서면으로서의 가족관계등록사항별증명서는 발행일로부터 3개월 이내의 것이어야 한다(규칙 제62조).

제 8 절 주소를 증명하는 정보

Ⅰ. 서 설

1. 원 칙

등기를 신청하는 경우에는 등기권리자(새로 등기명의인이 되는 경우로 한정한다)의 주소(또는 사무소 소재지)를 증명하는 정보를 신청정보와 함께 첨부정보로서 등기소에 제공하여야 한다. 다만, 소유권이전등기를 신청하는 경우에는 등기의무자의 주소(또는 사무소 소재지)를 증명하는 정보도 제공하여야 한다(규칙 제46조 제1항 제6호). 이는 잘못된 주소로 등기를 하거나 허무인 명의의 등기를 하는 것을 막기 위한 것이다.

2. 주의할 점

위 주소증명서면은 등기권리자의 주소가 새로 등기기록에 기입되는 경우에만 첨부한다. 소유권이전의 경우에는 등기의무자의 주소증명서면도 첨부한다. 구체적으로 생각해 보면 다음과 같다.

① 소유권이전: 등기의무자, 등기권리자 주소증명서면 필요
② 직권보존등기: 필요(2012. 6. 29. 등기예규 제1469호)
③ 소유권말소: 불필요(1980. 1. 8. 등기선례 1-106)
④ 소유권이전청구권가등기: 등기권리자 것만 필요
⑤ 근저당권설정: 등기권리자 것만 필요
⑥ 근저당권설정등기의 말소: 불필요

Ⅱ. 주소를 증명하는 정보의 예

1. 대한민국 국민의 경우

1) 등기신청인이 대한민국 국민(재외국민이 아닌)인 경우에는 신청인의 주소를 증명하는 서면으로 그의 주민등록표등본 · 초본을 제출한다. 등기신청서에 첨부하는 주민등록표등본 · 초본은 발행일로부터 3개월 이내의 것이어야 한다(규칙 제62조).

2) 소유권이전등기시 등기의무자의 인감증명을 첨부하는 경우에도 그 인감증명은 오로지 등기의무자의 인감을 증명하기 위한 것이지 주소를 증명하는 서면이라고 할 수 없으므로 별도로 등기의무자의 주소를 증명하는 서면을 첨부하여야 한다(2000. 8. 25. 등기선례 6-76). 또한 매수인의 주민등록증을 대조함으로써 주소를 증명하는 서면의 제출에 갈음할 수 없다(1987. 7. 23. 등기선례 2-91).

3) 매매를 원인으로 소유권이전등기를 신청할 때 등기권리자가 거주불명자로서 그의 주민등록표에 「주민등록법」 제20조 제6항에 따라 행정상 관리주소가 현재 주소로 등록되어 있는 경우, 그 행정상 관리주소를 등기권리자의 주소로 제공하고, 위 주민등록표의 등본을 주소를 증명하는 정보로서 제공할 수 있다(2020. 01. 23. 부동산등기과-221 질의회답).

2. 재외국민 · 외국인의 경우

이에 대하여서는 최근에 전면 개정된 「재외국민 및 외국인의 부동산등기신청절차에 관한 예규」(2020. 6. 10. 등기예규 제1686호, 시행 2019. 1. 1.)를 중심으로 제4장 제6절에서 종합적으로 살펴보기로 한다.

3. 법인의 경우

법인의 경우에는 주소를 증명하는 서면으로 법인등기사항증명서를 첨부정보로서 제공한다. 등기신청서에 첨부하는 법인등기사항증명서는 발행일부터 3개월 이내의 것이어야 한다(규칙 제62조).

4. 법인 아닌 사단 · 재단의 경우

이에 대하여서는 제4장 제3절 Ⅳ. 6~7에서 설명한다.

Ⅲ. 상속 등에 의한 등기신청시 주소증명

1. 주소를 증명하는 정보

(1) 피상속인의 주소증명정보

(가) 원　칙　　피상속인의 주소증명서면은 법률에서 요구되는 첨부서면은 아니다(1992. 3. 23. 등기선례 3-672).

(나) 피상속인의 등기부상 주소가 본적지(등록기준지)**와 일치하는 경우** 1962. 6. 20. 「주민등록법」 시행에 따라 폐지된 「기류법」과 1962. 1. 15. 「기류법」 시행에 따라 폐지된 「조선기류령」(1942. 10. 15. 시행)에 따르면 일정 기간 거주할 목적으로 본적지 이외의 일정한 장소에 주소 또는 거소를 정한 경우에는 이를 기류부에 등록하도록 하였으므로, 1942. 10. 15.부터 1962. 6. 19.까지의 기간에는 등기권리자가 본적지에 거주하는 경우에는 호적등본이, 본적지 이외의 장소에 거주하는 경우에는 기류부등본이 주소를 증명하는 서면에 해당되었다고 할 것인바, 위 기간 중에 등기된 권리의 등기명의인의 주소가 제적등본상의 본적지와 일치하는 경우라면 원칙적으로 그 동일성을 인정할 수 있을 것이다(2018. 8. 23. 등기선례 9-115).

(다) 피상속인의 등기부상 주소가 본적지(등록기준지)**와 일치하지 않는 경우** 동일인임을 증명할 수 있는 자료로써 피상속인의 주소를 증명하는 서면(주민등록등·초본등) 등을 제출하여야 하는바, 이러한 증명서면을 발급받을 수 없는 때에는 동일인이라는 사실을 확인하는데 상당하다고 인정되는 자의 보증서면과 그 인감증명서 및 기타 보증인의 자격을 인정할 만한 서면(예컨대 공무원재직증명서, 변호사등록증사본, 법무사자격증사본 등)을 제출할 수도 있을 것이나, 구체적인 등기신청에 있어서 그러한 서면에 의하여 동일인임이 인정된다고 보아 그 등기신청을 수리할 것인지 여부는 등기신청을 심사하는 등기관이 판단할 사항이다(2002. 6. 25. 등기선례 7-169). 이를 상속인의 각서로 대신할 수는 없다(1994. 5. 24. 등기선례 4-64).

(라) 등기부상 등기명의인의 주민등록번호가 기재되어 있지 아니하고, 또한 등기부상 주소가 호적(제적)**부, 임야대장, 주민등록표상 피상속인의 주소와 다른 경우** 위 호적(제적)부, 임야대장, 주민등록표상에 피상속인의 주민등록번호가 동일하게 기재되어 있다 하더라도 등기부상 등기명의인과 호적부상의 피상속인이 동일인이라 단정할 수 없을 것이므로, 위 각 서면만을 첨부하여 동일인임을 증명하는 서면에 갈음할 수는 없다(2002. 6. 25. 등기선례 7-169).

(2) 상속인의 주소증명정보

(가) 원 칙 새로 등기명의인이 되는 등기권리자에 대하여서는 주소(또는 사무소 소재지)를 증명하는 정보를 첨부정보로서 등기소에 제공하여야 하므로(규칙 제46조 제1항 제6호), 등기명의인이 될 상속인의 주소증명서면으로 주민등록표등본·초본, 재외국민거주사실증명이나 재외국민등록부등본 등을 제출하여야 한다. 다만, 상속재산협의분할과정에서 상속을 받지 아니하기로 한 상속인의 주소증명서면이나 상속포기자의 주소증명서면은 제출할 필요가 없다(1987. 3. 6. 등기선례 2-90).

(나) 상속을 증명하는 서면(제적등·초본, 기본증명서, 가족관계증명서, 친양자입양관계증명서 등)**과 상속재산분할협의서**(혹은 인감증명서)**에 나타난 상속인이 동일인임을 알 수 없는 경우** 이 경우에는 동일인임을 증명하는 서면이 필요한데 실무상 주민등록표등본·초본을 제출토록 하고 있다(2003. 4. 30. 등기선례 7-76). 또한 상속재산분할협의서에 기재한 상속인의 주소와 인감증명서의 주소가 부합하지 않는 경우에도 동일인임을 증명하는 서면을 제출하여야 한다(위 선례).

(다) 상속인이 행방불명된 경우

(a) 말소된 주민등록표등본·초본을 첨부하는 경우: 어느 상속인이 행방불명으로 주민등록이 말소된 경우에는 말소된 주민등록표등본·초본을 첨부하여 그 최후 주소를 주소지로 하여 상속등기를 신청할 수 있다(1999. 5. 11. 등기선례 6-257; 1988. 4. 15. 등기선례 2-94 참조).

위 상속인이 거주불명자로서 그의 주민등록표에 「주민등록법」 제20조 제6항 단서에 따른 행정상 관리주소가 등록된 경우에는 그 행정상 관리주소를 상속인의 주소로 제공하여야 한다(2019. 6. 26. 등기선례 9-116).

(b) 제적등·초본(또는 가족관계등록부)을 첨부하는 경우: 제적등·초본상(또는 기본증명서상) 주민등록번호가 기재되어 있지 않고 달리 주소를 확인할 수 없어 주민등록표등본·초본을 발급받을 수 없는 때에는 이를 소명하여 제적등·초본상 본적지(또는 가족관계등록부상 등록기준지)를 그 주소지로 하여 상속등기를 신청할 수 있다(위 선례).

채권자가 대위로 상속등기를 하는 경우(2013. 7. 10. 등기선례 9-47) 또는 상속인이 재외국민·외국인인 경우(2004. 8. 4. 등기선례 7-78; 2013. 11. 11. 등기선례 9-49)에도 마찬가지이다.

한편, 행방불명된 상속인의 주민등록번호가 제적등본에는 기재되어 있으나 이 주민등록번호에 오류가 있어 주민등록등본을 발급받을 수 없는 경우, 상속인을 상대로 한 소송 진행 중 행방불명된 자의 소재 및 주민등록번호 오류사항 파악의 사실조회에 대하여 '제적등본상 주민등록번호로는 조회가 되지 않고, 소재 및 오류사항 파악이 불가능하다'는 관할구청의 회신문은 위 소명자료에 해당될 수 있다(2011. 4. 13.등기선례 9-56).

(라) 재외국민 또는 외국인인 공동상속인이 상속등기절차에 협력하지 않는 경우에 다른 공동상속인의 상속등기신청 방법 (a) 공동상속인 중 1인이 재외국민인 다른 공동상속인이 상속등기에 협력하지 않는다고 하여 별도의 위임을 받지 않고서 그 다른

공동상속인의 부동산등기용등록번호의 부여신청을 직접 할 수는 없다.

(b) 공동상속인 중 1인이 공유물의 보존행위로서 공동상속인 전원 명의의 상속등기를 신청할 때에 재외국민인 다른 공동상속인 갑, 을 및 병이 상속등기에 협력하지 아니하여 그들의 현 주소를 알 수 없는 경우에는 그들이 주민등록을 한 사실이 있다면 말소된 주민등록표 상의 최후 주소를 주소로 제공하고, 이를 증명하는 정보로서 말소된 주민등록표의 등본을 첨부정보로서 제공할 수 있으며, 그들이 주민등록을 한 사실이 없다면 가족관계등록부 상의 등록기준지를 주소로 제공하고, 이를 증명하는 정보로서 기본증명서를 첨부정보로서 제공할 수 있다. 그리고 갑, 을 및 병이 주민등록번호를 부여받은 적이 없고, 또한 「부동산등기법」 제49조 제1항 제2호에 따른 부동산등기용등록번호를 부여받을 수도 없다면 이를 소명하여 그들의 주민등록번호나 부동산등기용등록번호를 제공하지 않고서도 상속등기를 신청할 수 있다.

(c) 한편, 또 다른 공동상속인 A 및 B가 재외국민이었다가 외국 국적을 취득하여 현재는 외국인인 경우로서 이들 역시 상속등기에 협력하지 아니하여 그들의 현 주소를 알 수 없는 경우에는 그들이 주민등록을 한 사실이 있다면 말소된 주민등록표 상의 최후 주소를 주소로 제공하고, 이를 증명하는 정보로서 말소된 주민등록표의 등본을 첨부정보로서 제공할 수 있으며, 그들이 주민등록을 한 사실이 없다면 제적부(또는 가족관계등록부) 상의 본적지(또는 등록기준지)를 주소로 제공하고, 이를 증명하는 정보로서 제적등본(또는 기본증명서)을 첨부정보로서 제공할 수 있다. 그리고 A 및 B에 대한 「부동산등기법」 제49조 제1항 제4호에 따른 부동산등기용등록번호를 부여받을 수 없는 경우에는 이를 소명하여 그들의 부동산등기용등록번호를 제공하지 않고서도 상속등기를 신청할 수 있다(2018. 9. 6. 등기선례 9-222).

(d) 재외국민인 상속인의 채권자가 상속인을 대위하여 상속등기를 신청할 때에 상속인의 주소를 증명하는 정보로서 재외국민등록부등본을 제공할 수 없는 경우에는 그가 주민등록을 한 사실이 있다면 주민등록표등본·초본을 주소를 증명하는 정보로서 제공할 수 있는바, 이 경우 상속인의 주소는 주민등록표상의 최후 주소를 제공하여야 하므로 「주민등록법」 제19조 제3항에 따라 행정상 관리주소가 최종적인 주소로 등록되어 있다면 이 주소를 상속인의 주소로 제공하여야 한다(2019. 6. 26. 등기선례 9-116).

Ⅳ. 판결 등에 의한 등기신청시 주소를 증명하는 서면의 제출에 관한 예규

1. 주소를 증명하는 서면(2024. 11. 25. 등기예규 제1786호)

(1) 판결 등에 의하여 소유권이전등기신청을 하는 경우[1]

(가) 판결에 의하여 등기권리자가 단독으로 소유권이전등기를 신청할 때는 등기권리자의 주소를 증명하는 서면만을 제출하면 된다.

(나) 판결문상의 피고의 주소가 등기기록상의 등기의무자의 주소와 다른 경우(등기기록상 주소가 판결에 병기된 경우 포함)에는 동일인임을 증명할 수 있는 자료로서 주소에 관한 서면을 제출하여야 한다.

(다) 다음 각호의 방법으로 확인된 피고의 주민등록번호와 등기기록상에 기재된 등기의무자의 주민등록번호가 동일하여 동일인임을 인정할 수 있는 경우에는 (나)를 적용하지 아니한다.

1) 「민사소송규칙」 제76조의2 제3항에 따른 재판사무시스템을 통하여 확인
2) 판결서상에 기재된 피고의 주민등록번호로 확인(2018. 3. 26. 이전에 작성된 판결문의 경우)(위 등기예규 제1786호)

(2) 판결에 의한 대위보존등기를 신청하는 경우 보존등기명의인의 주소를 증명하는 서면

원고가 미등기부동산에 관하여 그 소유자를 피고로 하여 소유권이전등기절차의 이행을 명하는 판결을 받은 후 피고를 대위하여 소유권보존등기를 신청하는 경우에는 그 보존등기명의인인 피고의 주소를 증명하는 서면을 제출하여야 한다. 피고에 대한 소송서류의 송달이 공시송달에 의하여 이루어진 경우에도 같다. 이 경우 피고의 주민등록이 주민등록법 제20조 제3항에 따라 말소된 때에는 말소된 주민등록표등본·초본을 첨부하고 그 최후 주소를 주소지로 하여 피고 명의의 소유권보존등기를 신청할 수 있다.

등기선례에 의하면 이러한 경우에는 제적등·초본, 말소된 주민등록표등본·초본 등 피고(소유권보존등기명의인)의 주민등록번호가 기재된 주소를 증명하는 서면을

---

1) 본 내용은 저자가 쓴 「부동산등기법」에서 주장한 내용이 예규에 반영된 것임.

제출하여야 한다(2002. 1. 22. 등기선례 7-67).

(3) 판결에 의하여 소유권이전등기를 순차로 대위신청하는 경우

갑은 을에게, 을은 병에게 각 소유권이전등기절차를 순차로 이행하라는 판결에 의하여 병이 을을 대위하여 갑으로부터 을로의 소유권이전등기를 신청할 때에는 을의 주소를 증명하는 서면을 첨부하여야 하고, 이 경우 을에 대한 소송서류의 송달이 공시송달에 의하여 이루어진 때에는 그 판결에 기록된 을의 최후 주소를 증명하는 서면을 첨부하여야 한다.

Ⅴ. 주소불명의 경우

공유자 중 1인이 행방불명되어 주소를 증명하는 서면을 발급받을 수 없는 경우, 그 자의 주소가 토지대장에 기재된 경우에는 주소를 증명하는 서면을 제출할 수 없는 사유를 소명하고 그 대장상의 주소를 행방불명된 자의 주소지로 하여 소유권보존등기를 신청할 수 있다(1994. 12. 6. 등기선례 4-795).

Ⅵ. 주소증명서면을 첨부정보로서 제공할 필요가 없는 경우

1) 법인이 부동산등기를 신청하는 경우 부동산 소재지를 관할하는 등기소와 그 법인의 법인등기가 되어 있는 등기소가 동일한 경우에는 그 법인등기사항증명서의 제공을 생략할 수 있다(규칙 제46조 제5항). 즉 이 경우에는 ① 대표권을 증명하는 첨부정보 ② 주소(사무소소재지)를 증명하는 첨부정보 ③ 부동산등기용등록번호를 증명하는 첨부정보로서 법인등기사항증명서를 제공할 필요가 없다.

2) 집합건물법 제1조 또는 제1조의2에 규정된 건물을 건축한 자가 대지사용권을 가지고 있는 경우에 대지권에 관한 등기를 하지 아니하고 구분건물에 관하여만 소유권이전등기를 마쳤을 때에는 현재의 구분소유자와 공동으로 대지사용권에 관한 이전등기를 신청할 수 있고 이러한 법리는 구분건물을 건축하여 양도한 자가 그 건물의 대지사용권을 나중에 취득하여 이전하기로 약정한 경우에도 준용되는바 어느 경우이든 규칙 제46조 제1항 제6호가 적용되지 아니한다(규칙 제46조 제4항).

즉 그 대지사용권의 이전등기가 소유권이전등기의 성질을 가지고 있다고 하더라도 신청인의 주소를 증명하는 서면을 첨부정보로서 제공할 필요가 없다. 다만 주소를 증명하는 서면은 구분건물에 기록되어 있는 등기명의인의 주소와 신청서에 기재된 등기권리자의 주소가 다른 경우에는 이를 첨부정보로서 제공하여야 한다(2006. 8. 4. 부동산등기과-2330).

제9절 주민등록번호 또는 부동산등기용등록번호를 증명하는 정보

Ⅰ. 서 설

1. 등기를 신청하는 경우에는 등기권리자(새로 등기명의인이 되는 경우로 한정한다)의 주민등록번호(또는 부동산등기용등록번호)를 증명하는 정보를 신청정보와 함께 첨부정보로서 등기소에 제공하여야 한다(규칙 제46조 제1항 제6호). 주민등록번호 또는 등록번호를 등기하도록 하는 것은 허무인 명의의 등기를 방지하고 부동산에 관한 등기정보를 전산화하여 등기신청인의 동일성 확인을 위한 중요한 판단자료로서의 역할을 하게 하기 위한 것이기도 하다.

2. 위 주민등록번호(또는 부동산등기용등록번호) 증명서면은 등기권리자의 주민등록번호(또는 부동산등기용등록번호)가 새로 등기기록에 기입되는 이른바 '기입등기'의 경우에만 첨부한다. 따라서 소유권말소등기나 근저당권변경등기와 같이 새로운 등기권리자가 등기기록에 기록되는 경우가 아닌 때에는 제공할 필요가 없다(2001. 3. 10. 등기선례 6-81). 구체적인 경우를 살펴보면 다음과 같다.

① 소유권이전: 등기권리자의 주민등록번호증명서면(또는 부동산등기용등록번호증명서면)을 첨부

② 근저당권설정: 등기권리자의 주민등록번호증명서면(또는 부동산등기용등록번호증명서면)을 첨부

③ 근저당권변경 · 말소: 등기권리자의 주민등록번호증명서면(또는 부동산등기용등록번호증면서면)을 첨부할 필요없음.

Ⅱ. 부동산등기용등록번호 부여기관 및 첨부서면

등록번호부여기관과 첨부서면을 각각 나누어서 본다.

1. 대한민국 국적을 가진 자연인인 경우

주민등록표등본 · 초본상의 주민등록번호를 기재하고 주민등록등본 · 초본을 제출한다(규칙 제46조 제1항 제6호).

2. 국가 · 지방자치단체 등의 경우

국가 · 지방자치단체 · 국제기관 및 외국정부의 등록번호는 국토교통부장관이 지정 · 고시한다(법 제49조 제1항 제1호). 등기관은 관보 등을 참조하여 그 진위 여부를 확인하여야 하고[1], 별도의 등록번호를 증명하는 서면을 첨부할 필요는 없다.

3. 법인의 경우

1) 법인의 등록번호는 주된 사무소(회사의 경우에는 본점, 외국법인의 경우에는 국내에 최초로 설치 등기를 한 영업소나 사무소를 말한다) 소재지 관할등기소의 등기관이 부여한다(법 제49조 제1항 제2호). 따라서 등기권리자가 법인인 경우에는 등록번호를 증명하기 위하여 법인등기사항증명서를 첨부하여야 한다(규칙 제46조 제1항 제6호).

2) 국내에 영업소나 사무소의 설치 등기를 하지 아니한 외국법인의 경우에도 그 등록번호를 증명하기 위해서는 시장 · 구청장 · 군수가 부여하는 부동산등기용등록번호증명서를 첨부하여야 한다.[2] 외국단체가 법인 아닌 사단이나 재단에 해당된다면 마찬가지로 위 규정이 적용된다(1996. 2. 15. 등기선례 제4-156).

4. 법인 아닌 사단·재단의 경우

등기권리자가 법인 아닌 사단 또는 재단인 경우(국내에 영업소나 사무소의 설치 등기를 하지 아니한 외국법인을 포함한다)에 그 등록번호를 증명하기 위해서는 시장 · 구청장 · 군수가 부여하는 부동산등기용등록번호증명서를 첨부하여야 한다(법 제49조 제1항 제3호).

위의 '시장'은 제주특별자치도 설치 및 국제자유도시 조성을 위한 특별법 제15조 제2항에 따른 행정시의 시장을 포함하지만, 지방자치법 제3조 제3항에 따라 자치구가 아닌 구를 두는 시의 시장은 제외되며, 또한 위의 '구청장'은 자치구가 아닌

---

1) 위 고시내용은 「국토교통부 홈페이지 → 정책자료 → 법령정보 → 행정규칙(훈령 · 예규 · 고시)(검색어 '등록번호')」에서 확인할 수 있다.

2) 다만 대표자에 관한 사항은 등기할 사항이 아니라고 한다(2002. 1. 21. 등기선례 7-16).

구의 구청장을 포함한다(법 제49조 제1항 제3호).

종전에는 법인 아닌 사단·재단 및 외국인의 부동산등기용등록번호 부여절차에 관한 규정상 부동산등기용등록번호부여신청은 등기를 하고자 하는 부동산 소재지에서 하여야 했으나, 1997년 위 규정이 개정되면서 위 등록번호부여신청은 전국의 어느 시장·군수·구청장에게나 신청할 수 있게끔 변경되었다.

5. 재외국민·외국인의 경우

이에 대하여서는 최근에 전면 개정된 「재외국민 및 외국인의 부동산등기신청절차에 관한 예규」(2020. 6. 10. 등기예규 제1686호, 시행 2019. 1. 1.)를 중심으로 제4장 제6절에서 종합적으로 살펴보기로 한다.

Ⅲ. 등록번호증명서를 첨부할 필요가 없는 경우

1. 기입등기가 아닌 경우

등록번호증명서는 등기권리자를 기재하는 모든 등기신청서에 첨부하여야 하는 것은 아니고 소유권이전등기·저당권설정등기 등과 같이 새로운 등기원인에 의하여 등기권리자를 등기부에 새로 기입하는 이른바 '기입등기'를 신청하는 경우에만 필요하다.

따라서 소유권말소등기나 근저당권변경·말소등기와 같이 새로운 등기권리자가 등기부에 기록되는 경우가 아닌 때에는 첨부할 필요가 없다(2001. 3. 30. 등기선례 6-81). 그러므로 외국인이 등기권리자로서 소유권말소등기를 신청하는 경우에는 등록번호증명서를 첨부하지 아니한다.

2. 부동산등기규칙 제46조 제5항에 해당하는 경우

법인이 부동산등기를 신청하는 경우 부동산 소재지를 관할하는 등기소와 그 법인의 법인등기가 되어 있는 등기소가 동일한 경우에는 그 법인등기사항증명서의 제공을 생략할 수 있다(규칙 제46조 제5항). 즉 이 경우에는 ① 대표권을 증명하는 첨부정보 ② 주소(사무소소재지)를 증명하는 첨부정보 ③ 부동산등기용등록번호를 증명하는 첨부정보로서 법인등기사항증명서를 제출할 필요가 없다.

3. 공동상속인 중 일부가 행방불명된 경우

공동상속인 중 일부가 행방불명이 되어 주민등록표등본·초본을 제출할 수 없는 경우에 그 자가 주민등록번호를 부여받기 이전에 행방불명이 되었다면 이를 소명하여 주민등록번호를 병기하지 아니하고 상속등기신청을 할 수 있다(1994. 3. 28. 등기선례 4-265). 마찬가지로 공동상속인 중 외국 국적을 취득하여 우리 나라 국적을 상실한 자에 대하여 (위임을 받을 수 없는 사정으로 인하여) 부동산등기용등록번호를 부여받을 수 없는 경우에는 이를 소명하여 부동산등기용등록번호를 병기하지 아니하고 다른 상속인 또는 대위채권자가 상속등기를 신청할 수 있다(2004. 8. 4. 등기선례 7-78). 즉 이 경우에는 등록번호증명서를 첨부할 필요가 없다.

4. 해산되어 청산중인 주식회사의 경우

해산등기를 한 기존 회사는 회사계속등기를 하지 않는 한 등록번호를 부여받을 수 없다. 그러므로 해산되어 청산중인 주식회사는 소유 부동산에 대하여 그 등록번호 없이도 소유권보존등기를 할 수 있다(1993. 6. 17. 등기선례 3-204).

제 10 절 토지대장·임야대장·건축물대장 정보나 그 밖에 부동산의 표시를 증명하는 정보

Ⅰ. 소유권보존등기를 신청하는 경우

1) 소유권보존등기를 신청하는 경우에는 토지의 표시를 증명하는 토지대장 정보나 임야대장 정보 또는 건물의 표시를 증명하는 건축물대장 정보나 그 밖의 정보를 첨부정보로서 등기소에 제공하여야 한다(규칙 제121조 제2항).

2) 판결에서 건물의 표시가 증명된다면 그 판결은 위의 '그 밖의 정보'에 해당된다(1994. 10. 26. 등기선례 4-174). '그 밖의 정보'로는 등기관이 집행법원의 처분제한의 등기촉탁에 따라 직권으로 건물의 소유권보존등기를 하는 경우에 집행법원에서 인정한 건물의 소재와 지번·구조·면적을 증명하는 서면을 들 수 있다(2012. 6. 29. 등기예규 제1469호).

3) 건축사법 제23조에 따른 건축사업무신고를 한 건축사 또는 공간정보의 구축 및 관리 등에 관한 법률 제39조에 따른 측량기술자가 작성한 서면은 직권 보존된 건물의 소유명의인이 '소유권이전등기'를 신청하는 경우에 건축물대장 정보를 갈음하여 첨부하는 서면에 불과하고(아래 II. 2참조), 소유권보존등기를 할 때 제출하여야 하는 '건물의 표시를 증명하는 건축물대장 정보나 그 밖의 정보'에는 해당하지 않는다(규칙 제121조 제2항, 2012. 10. 17. 등기선례 9-118).

II. 소유권이전등기를 신청하는 경우

1. 원 칙

소유권이전등기를 신청하는 경우에는 토지대장 · 임야대장 · 건축물대장 정보나 그 밖에 부동산의 표시를 증명하는 정보를 그 신청정보와 함께 첨부정보로서 등기소에 제공하여야 한다(규칙 제46조 제1항 제7호). 대장등본을 제출하게 하는 것은 등기부와 대장의 일치 여부의 확인과 과세시가표준액을 산출하기 위한 근거로 사용하기 위한 것이나, 취득세영수필확인서에 시가표준액이 기재되므로 과세시가표준액을 산출하기 위한 기능은 의미가 없게 되었다.

2. 기타 부동산의 표시를 증명하는 서면을 첨부할 수 있는 경우(건물)

토지라면 반드시 토지대장 · 임야대장을 첨부하여야 하나 건물이라면 건축물대장이 아닌 그 밖에 부동산의 표시를 증명하는 정보를 첨부하여 소유권이전등기를 할 수 있다. 등기선례에 의하여 인정된 몇 가지 사례를 소개한다.

사례 및 선례

1) 건축물대장이 작성되어 있지 아니한 미등기 건물에 대하여 집행법원으로부터 처분제한의 등기촉탁이 있어 등기관이 직권으로 소유권보존등기를 경료한 건물에 대하여 소유권이전등기를 신청하는 경우에도 소유권이전등기를 신청하는 경우에는 부동산의 표시를 증명하는 정보를 제공하여야 한다. 이 경우 건축물대장이 작성되어 있지 아니하여 건축물대장 등본을 발급받을 수 없는 때에는 "등기할 건축물이 건축물대장에 등재되지 않았다는 사실 및 부동산의 표시를 소명할 수 있는 시장 · 군수 · 구청장의 확인서"를 첨부하면 건축물대장 정보의 제공없이도 소유권이전등기를 신청할 수 있는데, 그 서면은 서면의 형식 · 명칭 · 종류에 관계없이 등기부상 부동산의 표시를 소명하는 데 족한 서면이어야 한다(2003. 4. 22. 등기선례 7-206).

> 2) 집합건물의 건축물대장이 작성되어 있지 아니하여 건축물대장등본을 발급받을 수 없고 부동산의 표시를 증명하는 서면으로서 시 · 구 · 읍 · 면의 장의 확인서 등도 첨부할 수 없는 경우에는 건축사 또는 측량기술자가 "등기할 건축물이 건축물대장에 등재되지 않아 건축물대장 등본을 발급받을 수 없다는 사실과 1동의 건물의 표시(건물의 소재 · 지번 · 종류 · 구조와 면적)와 전유부분 건물의 표시(건물의 구조와 면적, 층수 및 호수)를 특정하여 작성한 서면"을 첨부하여 소유권이전등기를 신청할 수 있다(2008. 7. 30. 등기선례 8-82; 2001. 10. 9. 등기선례 6-245).
>
> 3) 소유권이전등기신청이 아니라 경매에 의한 소유권이전등기촉탁의 경우에는 달리 취급한다. 즉, 직권으로 소유권보존등기는 되어 있으나, 준공검사를 필하지 못하여 건축물대장이 작성되어 있지 않은 건물에 대하여 경매절차가 진행된 경우에는 건축물대장등본 기타 부동산의 표시를 증명하는 서면을 첨부하지 않더라도 매각에 따른 소유권이전등기의 촉탁을 할 수 있다(1998. 9. 30. 등기선례 5-133). 법원의 촉탁에 따른 등기의 경우에는 법 제29조 제11호의 적용이 없어서 등기부와 대장상 부동산의 표시가 동일하지 아니하여도 그 등기촉탁을 각하할 수 없기 때문이다.

Ⅲ. 부동산의 표시변경등기 혹은 멸실등기를 신청하는 경우

1) 토지의 분할, 합병이 있거나 법 제34조의 등기사항(토지의 소재, 지번, 면적, 등기원인 등)에 변경이 있어서 법 제35조에 따라 토지의 표시변경등기를 신청하는 경우에는, 그 토지의 변경 전과 변경 후의 표시에 관한 정보를 신청정보의 내용으로 등기소에 제공하여야 하고, 그 변경을 증명하는 토지대장 정보나 임야대장 정보를 첨부정보로서 등기소에 제공하여야 한다(규칙 제72조).

2) 건물의 분할, 구분, 합병이 있거나 법 제40조의 등기사항(건물의 소재, 지번, 건물번호. 종류, 구조, 면적. 부속건물의 종류 · 구조 · 면적, 등기원인 등)에 변경이 있어서 법 제41조에 따라 건물의 표시변경등기를 신청하는 경우에는, 건물의 변경 전과 변경 후의 표시에 관한 정보를 신청정보의 내용으로 등기소에 제공하여야 하고, 대지권에 관한 등기의 경우를 제외하고는 그 변경을 증명하는 건축물대장 정보를 첨부정보로서 등기소에 제공하여야 한다(규칙 제86조 제1항, 제3항).

3) 토지가 멸실되어서 법 제39조에 따라 토지멸실등기를 신청하는 경우에는 그 멸실을 증명하는 토지대장 정보나 임야대장 정보를 첨부정보로서 등기소에 제공하여야 한다(규칙 제83조).

4) 건물이 멸실되어서 법 제43조에 따라, 존재하지 아니하는 건물에 대한 등기가 있어서 법 제44조에 따라 건물멸실등기를 신청하는 경우에는 그 멸실이나 부존

재를 증명하는 건축물대장 정보나 그 밖의 정보를 첨부정보로서 등기소에 제공하여야 한다(규칙 제102조).

참고로, 토지의 경우에는 멸실등기신청시 반드시 토지대장 정보를 첨부정보로 등기소에 제공하여야 하지만 건물의 경우에는 건축물대장 정보나 그 밖의 정보(건축물부존재증명서)를 첨부정보로 제공하여 건물멸실등기를 할 수 있으므로, 건물에 대한 멸실등기시에 반드시 건축물대장 정보를 첨부정보로 제공하여야 한다고 할 수 없다(규칙 제102조 참조).

등기의 종류		첨부서면	근거규정
토지표시변경등기		토지대장등본	규칙 제72조
토지멸실등기		토지대장등본	규칙 제83조
건물표시 변경등기	일반적인 경우	건축물대장등본	규칙 제86조 제3항
	대지권에 관한 등기	기타 서면	규칙 제86조 제2항
건물멸실등기	일반적인 경우	건축물대장등본	규칙 102조
	건축물대장이 없는 경우	기타 서면	규칙 102조

제11절 자격자대리인의 등기의무자 확인 및 자필서명정보 제공에 관한 예규

Ⅰ. 부동산등기규칙 개정의 이유

법무사법 제25조는 법무사가 사건을 위임받으면 주민등록증 · 인감증명서 등 법령에 따라 작성된 증명서의 제출이나 제시, 그 밖에 이에 준하는 확실한 방법으로 위임인이 본인이거나 그 대리인임을 확인하여야 하고 그 확인 방법과 내용 등을 사건부에 적어야 한다고 규정하고 있다. 이러한 현행 제도의 위임인 확인방법을 부동산등기 제도에 반영하여, 변호사나 법무사 등 자격자대리인이 권리에 관한 등기를 신청하는 경우에는 위임인이 등기의무자인지 여부를 확인하고 자필서명한 정보를 개별 등기사건마다 그 신청정보와 함께 첨부정보로서 등기소에 제공하도록 함으로써, 등기신청의 진정성을 자격자대리인을 통하여 강화하고자 부동산등기규칙 제

46조 제1항 제8호가 제정되어 2022. 7. 1.부터 시행되게 되었다.

II. 부동산등기규칙 제46조 제1항 제8호

변호사나 법무사[법무법인 · 법무법인(유한) · 법무조합 또는 법무사법인 · 법무사법인(유한)을 포함한다. 이하 '자격자대리인'이라 한다]가 다음 각 목의 등기를 신청하는 경우, 자격자대리인(법인의 경우에는 담당 변호사 · 법무사를 의미한다)이 주민등록증 · 인감증명서 · 본인서명사실확인서 등 법령에 따라 작성된 증명서의 제출이나 제시, 그 밖에 이에 준하는 확실한 방법으로 위임인이 등기의무자인지 여부를 확인하고 대법원예규가 정하는 방법에 따라 자필서명한 정보

가. 공동으로 신청하는 권리에 관한 등기
나. 승소한 등기의무자가 단독으로 신청하는 권리에 관한 등기

위 규칙의 구체적인 실행절차를 규정한 등기예규를 아래에 소개한다.

III. 2024. 12. 20. 등기예규 제1802호

자격자대리인의 등기의무자 확인 및 자필서명 정보 제공에 관한 예규를 다음과 같이 제정한다(2024. 12. 20. 등기예규 제1802호).

1. 목 적

이 예규는 「부동산등기규칙」 제46조 제1항 제8호에 따라 변호사나 법무사[법무법인 · 법무법인(유한) · 법무조합 또는 법무사법인 · 법무사법인(유한)을 포함한다. 이하 '자격자대리인'이라 한다]가 등기소에 제공하여야 하는 정보(이하 '자필서명 정보'라 한다)에 관한 구체적인 사항을 정함을 목적으로 한다.

2. 자필서명 정보의 제공

자격자대리인이 「부동산등기규칙」 제46조 제1항 제8호 각 목의 등기를 신청하는 경우에는 별지 제1호 양식에 따른 자필서명 정보를 제공하여야 한다.

3. 자필서명 정보의 작성 방법

(1) 부동산표시의 기재

(가) 자필서명 정보의 부동산표시가 신청정보와 엄격히 일치하지 아니하더라도 양자 사이에 동일성을 인정할 수 있으면 그 등기신청을 수리하여도 무방하다.

(나) 구분건물과 대지권이 함께 등기신청의 목적인 경우에는 그 자필서명 정보에 대지권의 구체적인 표시가 없더라도 대지권이 포함된 취지의 표시는 되어 있어야 한다.

(2) 등기의무자의 기재

별지 제1호 양식의 등기의무자란에는 등기가 실행되면 등기기록의 기록 형식상 권리를 상실하거나 그 밖의 불이익을 받는 자를 기재하여야 한다.

〈예 시〉 1. 미성년자의 법정대리인이 등기신청을 위임한 경우에는 등기기록상 명의인인 미성년자를 기재, 2. 외국인으로부터 처분위임을 받은 자가 등기신청을 위임한 경우에는 등기기록상 명의인인 외국인을 기재, 3. 법인의 지배인이 등기신청을 위임한 경우에는 등기기록상 명의인인 법인을 기재.

(3) 자필서명 방법 등

(가) 서면으로 자필서명 정보를 작성할 경우 자격자대리인이 본인 고유의 필체로 별지 제1호 양식 하단에 직접 기재하는 방법으로 하여야 한다.

(나) 자필서명은 인터넷등기소에서 제공하는 별지 제1호의 양식에 자격자대리인이 전자적 형태로 직접 기재(이하 '전자자필서명 정보'라 함)하는 방법으로 할 수 있다 (예시: ① PC에 연결된 서명전자패드에 전자펜을 이용하여 서명하는 방식 ② 이동통신단말장치에서 전자펜, 손가락 등을 이용하여 서명하는 방식 등).

(다) 자필서명은 그 이미지를 복사하여 제공하는 방식은 허용되지 아니한다.

(라) 방문신청의 경우 자필서명 정보가 2장 이상일 때에는 자격자대리인이 앞장의 뒷면과 뒷장의 앞면을 만나게 하여 그 사이에 자필서명을 하거나 자필서명 정보에 페이지를 표시하고 각 장마다 자필서명을 하여야 한다.

4. 자필서명 정보의 제공 방법

(1) 하나의 등기신청에서 등기의무자가 수인인 경우(예: 공유의 부동산을 처분하는 경우)에는 별지 제1호 양식의 등기의무자란에 등기의무자를 추가하여 한 개의 첨부정보로 제공할 수 있다.

(2) 같은 등기소에 등기의무자와 등기의 목적이 동일한 여러 건의 등기신청을 동시에 하는 경우에는 먼저 접수되는 신청에만 자필서명 정보(이 경우 별지 제1호 양식의 등기할 부동산의 표시란에는 신청하는 부동산 전부를 기재하여야 한다)를 첨부정보로 제공하고, 다른 신청에서는 먼저 접수된 신청에 자필서명 정보를 제공하였다는 뜻을 신청정보의 내용으로 등기소에 제공함으로써 자필서명 정보의 제공을 갈음할 수 있다.

(3) **전자신청의 경우**

(가) 자필서명정보를 전자적 이미지 정보로 변환(스캐닝)하거나 사진촬영한 파일에 원본과 상위 없다는 취지의 부가정보와 「부동산등기규칙」 제67조 제4항 제1호에 따른 자격자대리인의 전자서명정보를 덧붙여 등기소에 송신하여야 한다.

(나) 전자자필서명 정보는 자격자대리인의 전자서명정보를 덧붙여 등기소에 송신하여야 한다.

(다) 인터넷등기소에서 제공하는 자필서명정보에 자격자대리인이 추가로 구체적인 내용을 기재할 필요가 있는 경우 그 양식을 출력하여 그 내용을 기재하고 서명한 후 (가)에 의한 방법으로 제공하여야 한다.

5. 자필서명 정보의 제공 요부

(1) 관공서가 등기의무자 또는 등기권리자인 경우에도 자격자대리인이 「부동산등기규칙」 제46조 제1항 제8호 각 목의 등기를 신청하는 때에는 자필서명 정보를 제공하여야 한다.

(2) 등기권리자가 등기의무자인 자격자대리인에게 등기신청을 위임하는 경우 자격자대리인은 별도로 자기에 대한 자필서명 정보를 제공할 필요가 없다.

Ⅳ. 부 칙

이 예규는 2025년 1월 31일부터 시행한다.

[별지 제1호] 자필서명 정보 양식

<table>
<tr><th colspan="3">자격자대리인의 등기의무자 확인 및 자필서명 정보</th></tr>
<tr><th colspan="3">등기사건의 표시</th></tr>
<tr><td>등기할
부동산의
표시</td><td colspan="2">(빈칸이 부족할 경우, 별지를 사용하여 주십시오)</td></tr>
<tr><td rowspan="2">등기의무자</td><td>성 명
(상호 또는 명칭)</td><td></td></tr>
<tr><td>(주민)등록번호</td><td></td></tr>
<tr><td>등기의 목적</td><td colspan="2"></td></tr>
<tr><th colspan="3">자격자대리인 자필서명 정보</th></tr>
<tr><td colspan="3">주민등록증 · 인감증명서 · 본인서명사실확인서 등 법령에 따라 작성된 증명서의 제출이나 제시, 그 밖에 이에 준하는 확실한 방법으로 위임인이 등기의무자인지 여부를 확인*하고 자필서명합니다.
「부동산등기규칙」 제46조 제1항 제8호에 따라 이를 제출합니다.

년 월 일

변호사 · 법무사 (자필서명)</td></tr>
<tr><td>등기의무자
확인방법</td><td colspan="2">*자격자대리인이 확인의 구체적 내용을 기재할 필요가 있는 경우 자유롭게 기재할 수 있습니다.</td></tr>
</table>

제 12 절 인감증명·본인서명사실확인서

I. 서 설

1. 원 칙

등기신청방법으로는 방문신청에 의한 방식(규칙 제56조~제66조)과 전자신청에 의한 방식(규칙 제67조~제71조)으로 2가지 방식이 있는바(법 제24조 제1항), 방문신청을 하는 경우에는 등기신청서에 규칙 제43조 및 그 밖의 법령에 따라 신청정보의 내용으로 등기소에 제공하여야 하는 정보를 적고 신청인 또는 그 대리인이 기명날인하거나 서명하여야 한다(규칙 제56조 제1항).

2. 본인 신청의 경우

이 경우 신청인 본인이 등기를 신청하는 경우에는 신청서에 기명날인 또는 서명을 하여야 하는데, 그 등기신청이 규칙 제60조에 해당하여 인감증명을 첨부하여야 하는 경우에는 그 인감증명을 제출하여야 하는 당사자는 신청서에 기명날인(인감)을 하여야 하고(규칙 제60조 제1항), 그에 해당하지 않는 자는 신청서에 기명날인을 하여도 되고 서명을 하여도 된다(규칙 제56조 제1항).

한편 이와 같이 제60조에 따라 인감증명을 제출하여야 하는 자는 이에 갈음하여 신청서 등에 서명을 하고 본인서명사실확인서를 제출하거나 전자본인서명사실확인서의 발급증을 제출할 수 있다(부동산등기규칙 제60조의2 입법예고안, 시행예정일 2025. 1. 31.).

※ **개정 부동산등기규칙**
□ 제60조의2 (본인서명사실확인서 또는 전자본인서명사실확인서의 발급증 제출) 제60조에 따라 인감증명을 제출하여야 하는 자는 인감증명을 제출하는 대신 신청서 등에 서명을 하고 본인서명사실확인서를 제출하거나 전자본인서명사실확인서의 발급증을 제출할 수 있다.

3. 대리인 신청의 경우

또한, 대리인에게 위임을 하여 대리인이 등기를 신청하는 경우에는 위임장에 위임인이 기명날인 또는 서명을 하여야 하는데, 그 등기신청이 규칙 제60조에 해당하여 인감증명을 첨부하여야 하는 경우에는 그 인감증명을 제출하여야 하는 당사자는 위임장에 기명날인(인감)을 하거나 본인서명을 하여야 하고, 그에 해당하지 않는 자는 위임장에 기명날인을 하여도 되고 서명을 하여도 된다(규칙 제60조 제1항). 따라서 등기권리자가 부동산등기규칙 제60조 각 호의 경우에 해당되지 않는 사항에 대하여 등기의무자를 대리하여 등기를 신청하는 경우에도, 대리권수여의 소명자료로 위임장외에 등기의무자의 인감증명을 첨부할 필요는 없다(1997. 12. 1. 등기선례 5-120).

4. 첨부서면에 인감을 날인하여야 한다는 말의 의미

규칙 제60조 제1항에는 '해당 신청서(위임에 의한 대리인이 신청하는 경우에는 위임장을 말한다)나 첨부서면에는 그 인감을 날인하여야 한다'고 규정되어 있다. 그러나 규칙 제60조 제1항 제1호~제3호에 해당하는 경우에는 첨부서면에 인감을 날인할 필요는 없다. 따라서 매매를 원인으로 소유권이전등기를 할 때에 매매계약서에 인감날인은 필요없고, 공유물분할등기를 할 때에 공유물분할계약서에 인감날인이 필요없다. 근저당권설정등기를 할 때의 근저당권설정계약서도 마찬가지이다.

다만 규칙 제60조 제1항 제4호~제7호에 해당하는 경우에는 첨부서면에 인감을 날인하여야 한다. 따라서 합필등기에 대한 토지소유자의 확인서, 분필등기에 대한 권리자의 확인서, 상속인들의 상속재산협의분할서, 등기상 이해관계인의 승낙서 등에는 인감을 날인하고 인감증명을 첨부하여야 한다. 위 규정에서 신청서(위임장) '나' 첨부서면에 인감날인할 것을 요구하고 있기 때문에, 첨부서면에 인감을 날인한 경우에는 이와 별도로 신청서 혹은 위임장에 또 다시 인감날인을 할 필요는 없다고 본다. 예를 들어 상속재산분할협의서에 상속인들이 인감을 날인하고 인감증명을 첨부하였다면 상속등기신청서 혹은 위임장에 인감을 날인하지 아니하여도 된다(2003. 7. 18. 등기선례 7-87 참조).

II. 인감증명을 제출하여야 하는 경우

1. 소유권의 등기명의인이 등기의무자로서 등기를 신청하는 경우 등기의무자의 인감증명을 제출하여야 한다(규칙 제60조 제1항 제1호)

1) 소유권의 등기명의인이 등기의무자인 경우로는 소유권이전등기, 소유권이전등기의 말소등기, 소유권이전청구권보전의 가등기(및 본등기), 소유권목적의 지상권 · 전세권 · 저당권 등이 이에 해당하므로, 이 경우에는 소유권의 등기명의인의 인감증명을 제출하여야 한다.

2) 그러나 저당권이전등기, 저당권이전가등기, 전세권목적의 저당권설정등기의 경우에는 등기의무자인 저당권자 혹은 전세권자가 소유권의 등기명의인이 아니므로 인감증명을 제출할 필요가 없다.

환매특약등기의 경우에는 환매특약부매매로 인한 소유권이전등기와 동시에 신청하여야 하는바, 환매특약등기의 등기의무자인 매수인은 아직 소유권의 등기명의인이라 할 수 없으므로 그의 인감증명을 제출할 필요없다.

3) 한편 매매를 원인으로 한 소유권이전등기신청의 경우에는 부동산매수자란에 매수인의 성명(법인은 법인명) · 주민등록번호 및 주소가 기재되어 있는 부동산매도용 인감증명서를 제출하여야 한다(외국인 본국의 인감증명은 매도용인감증명일 필요가 없지만 그 인감증명이 인감증명법에 의한 인감증명이라면 매도용 인감증명이어야 할 것이다).

내국인이 국내 부동산의 처분을 위임하여 수임인이 매매를 원인으로 소유권이전등기를 신청하는 경우 위임인의 부동산매도용 인감증명 및 수임인의 인감증명을 제출하여야 한다. 다만 처분위임을 받은 수임인이 매수인이 되어 자기계약을 체결하는 경우에는 위임인이 그 계약을 허락한다는 취지가 기재된 공정증서 또는 위임인이 직접 발급받은 매수인이 수임인으로 기재된 부동산매도용 인감증명서도 첨부하여야 한다(2007. 12. 12. 등기선례 8-87).

다만, 증여 · 교환 등 매매 이외의 원인으로 인한 소유권이전등기신청의 경우에는 부동산매도용 인감증명을 제출할 필요가 없고(2010. 4. 13. 등기예규 제1308호), 대물변제의 경우에도 마찬가지이다(2000. 6. 30. 등기선례 6-87).

4) 그러나 소유권의 등기명의인이 등기의무자인 경우라도 판결, 수용(사업시행자가 관공서가 아닌 경우) 등에 의한 등기권리자의 단독신청의 경우 등기의무자의 인감증명을 제출할 필요가 없다. 또 수용에 의한 소유권이전등기의 촉탁, 환지처분에 의하여 지방자치단체에게 귀속된 도로에 대한 소유권이전등기의 촉탁(2003. 6. 23. 등기선례 7-449)과 같은 관공서의 촉탁시에도 인감증명을 제출할 필요가 없다.

다만 관공서인 사업시행자와 등기명의인 간의 협의가 성립된 경우, 협의취득은 사법상 매매의 성질을 가지므로 공동신청이 원칙이지만, 사업시행자가 법 제36조에 따라 등기의무자의 승낙서를 첨부하여 촉탁할 수도 있으며, 이 경우에 등기의무자의 인감증명을 제출하여야 한다(1992. 5. 27. 등기선례 3-890).

2. 소유권에 관한 가등기명의인이 가등기의 말소등기를 신청하는 경우 가등기명의인의 인감증명을 제출하여야 한다(규칙 제60조 제1항 제2호)

1) 소유권이전청구권보전의 가등기(담보가등기 포함)의 말소신청은 가등기명의인이 단독으로 신청할 수 있는데, 다만 그 가등기가 소유권에 관한 가등기인 경우에는 가등기명의인의 인감증명을 제출하여야 한다. 공동신청하는 경우에도 마찬가지이다.

2) 소유권에 관한 가등기가 아니라 저당권설정청구권보전의 가등기의 말소등기, 근저당권이전청구권보전의 가등기의 말소등기 역시 가등기명의인이 단독으로 신청할 수 있는데, 이 경우에는 가등기명의인이 소유권에 관한 가등기명의인이 아니기 때문에 그의 인감증명을 제출할 필요가 없다.

3) 지상권, 전세권 등 소유권 이외의 권리를 말소하는 경우에는 등기의무자의 인감증명을 제출하지 아니한다. 등기의무자가 위 제1호의 소유권의 등기명의인도 아니고 위 제2호의 소유권에 관한 가등기명의인도 아니기 때문이다.

4) 소유권에 관한 가등기를 이전하는 경우에도 등기의무자의 인감증명을 제출하지 아니한다. 등기의무자가 위 제1호의 소유권의 등기명의인도 아니고 위 제2호의 가등기말소를 신청하는 경우도 아니기 때문이다.

3. 소유권 외의 권리의 등기명의인이 등기의무자로서 등기필증 혹은 등기필정보가 없는 상태에서 등기를 신청하는 경우에는 등기의무자의 인감증명을 제출하여야 한다(동조 제3호)

(1) 소유권 이외의 권리의 등기명의인이 등기의무자인 경우에는 원칙적으로 등기명의인의 인감증명을 첨부하지 않는다. 즉 전세권말소등기, 저당권이전등기를 신청하는 경우에는 등기의무자인 전세권자, 저당권자의 인감증명을 제출하지 아니한다.

그러므로 근저당권자가 근저당권설정등기의 말소등기신청을 대리인에게 위임할 경우 등기의무자로서 당해 근저당권의 등기필증을 제출(혹은 등기필정보를 제공)하는 경우에는, 위임장에 근저당권자의 인감을 날인하고 그 인감증명을 제출할 필요는 없으며, 이 경우 형식적 심사권밖에 없는 등기관으로서는 위임장외에 다른 방법으로 그 등기신청의 위임의 유효여부를 심사할 수는 없다(1998. 7. 21. 등기선례 5-124).

(2) 다만 등기명의인의 전세권등기필증(혹은 등기필정보)이나 근저당권등기필증

(혹은 등기필정보)이 없어서 신청서에 대리인의 확인서면 또는 공증서면(법 제51조 단서)을 제출하여 전세권말소등기 · 근저당권이전등기를 신청하는 경우에는 그 등기의무자의 진의를 확인하기 위하여 전세권자 · 근저당권자의 인감증명을 제출하도록 하고 있다. 법 제51조 본문 규정에 따라 등기관이 확인조서를 작성하는 경우에도 마찬가지이다(2019. 1. 1. 개정, 규칙 제60조 제1항 제3호).

(3) 참고로 위에서 '소유권외의 권리의 등기명의인'이라고 규정하고 있는 이유는 '소유권의 등기명의인'이 등기의무자인 경우에는 이미 규칙 제60조 제1항 제1호에 해당하므로 등기필증 혹은 등기필정보가 있건 없건 간에 인감증명을 제출하여야 하기 때문이다.

4. 법 제38조에 따라 토지소유자들의 확인서(규칙 제81조 제1항)**를 첨부하여 토지합필등기를 신청하는 경우 그 토지소유자들의 인감증명을 제출하여야 한다**(규칙 제60조 제1항 제4호)

1) 원칙적으로 합필등기는 양 토지의 소유자가 동일하여야 할 수 있고, 한 토지에 대하여서는 근저당권 · 가등기 · 가압류 · 가처분 등이 있고 다른 토지에 대하여서는 그러한 등기가 없는 경우에는 합필등기를 하지 못한다(법 제37조). 그런데 토지대장상 합병된 이후에 한 토지의 소유권이 이전되거나 어느 한쪽 토지에 대하여 근저당권 · 가등기 · 가압류 · 가처분 등 이해관계인의 등기가 경료된 경우에도 예외적으로 합필등기를 할 수 있다는 규정이 법 제38조의 취지이다.

이와 같이 부동산등기법 제38조에 따라 토지 소유자들이 서로 지분을 조정하여 종전 토지의 소유권이 합병 후의 토지에서 차지하는 지분을 신청정보의 내용으로 등기소에 제공하고, 이에 관한 토지소유자들의 확인이 있음을 증명하는 정보를 첨부정보로서 등기소에 제공하여야 하고(규칙 제81조 제1항), 그 토지소유자들의 확인서에는 소유자들이 인감날인을 하고 인감증명을 첨부정보로서 등기소에 제공하여야 한다(규칙 제60조 제1항 제4호).

2) 한편 어느 한쪽 토지에 대하여 근저당권 · 가등기 · 가압류 · 가처분 등 이해관계인의 등기가 있을 때에는 그 이해관계인의 승낙이 있음을 증명하는 정보를 첨부정보로서 등기소에 제공하여야 한다(규칙 제81조 제2항). 그 이해관계인의 승낙서에는 이해관계인의 인감날인을 하고 인감증명을 첨부정보로 등기소에 제공하여야 한다(규칙 제60조 제1항 제7호(제5호가 아님)).

5. 규칙 제74조에 따라 권리자의 확인서를 첨부하여 토지분필등기를 신청하는 경우 그 권리자의 인감증명을 제출하여야 한다(규칙 제60조 제1항 제5호)

1) 1필의 토지의 일부에 지상권 · 전세권 · 임차권이나 승역지(승역지 : 편익제공지)의 일부에 관하여 하는 지역권의 등기가 있는 경우에 분필등기를 신청할 때에는 권리가 존속할 토지의 표시에 관한 정보를 신청정보의 내용으로 등기소에 제공하고, 이에 관한 권리자의 확인이 있음을 증명하는 정보를 첨부정보로서 등기소에 제공하여야 한다(규칙 제74조). 이 경우에 그 서면에 날인한 지상권자 · 전세권자 등의 인감증명을 제출하여야 한다(규칙 제60조 제1항 제5호).

2) 한편 분필등기 과정에서 소유권 외의 권리의 등기명의인이 어느 한 쪽 토지에 관하여 그 권리의 소멸을 승낙한 것을 증명하는 정보를 첨부하는 경우에도(규칙 제76조 제3항, 제4항) 그 서면에 날인한 근저당권자 · 전세권자 등의 인감증명을 제출하여야 한다(규칙 제60조 제1항 제7호(5호가 아님)).

6. 협의분할에 의한 상속등기를 신청하는 경우 분할협의서에 날인한 상속인 전원의 인감증명을 제출하여야 한다(규칙 제60조 제1항 제6호)

상속재산의 협의분할은 해당 부동산을 상속받기로 한 상속인을 포함하여 공동상속인 전원의 합의에 의하여 하여야 하고 상속인 중 1인이라도 누락되거나 반대하면 협의분할은 무효이다. 따라서 협의분할에 참여한 자의 진의를 확인할 수 있도록 하기 위해 인감증명을 제출하여야 한다.

7. 등기신청서에 제3자의 동의 또는 승낙을 증명하는 서면을 첨부하는 경우 그 제3자의 인감증명을 제출하여야 한다(규칙 제60조 제1항 제7호)

1) 이 경우의 '제3자'는 넓게 이해한다. 부동산등기규칙 제46조 제1항 제2호의 '등기원인에 대하여 제3자의 허가, 동의 또는 승낙이 필요한 경우에는 이를 증명하는 정보'에서의 '제3자' 및 권리변경등기 · 말소등기 · 말소회복등기 등을 하기 위하여 승낙을 받아야 하는 '등기상 이해관계인'을 포함하는 개념이다.

2) 또한 위 4에서 언급한 합필등기과정에서의 근저당권 · 가등기 · 가압류 · 가처분 등 이해관계인(규칙 제81조 제2항), 위 5에서 권리소멸승낙을 하는 소유권 외의 권리의 등기명의인(규칙 제76조 제3항, 제4항)도 등기상 이해관계인에 해당한다.

3) 이들 동의자나 승낙자는 현실적으로 등기신청인이 아니어서 등기소에 출석하는 자가 아니므로 인감증명을 통하여 그의 진정한 의사를 확인하고 등기의 진정을 확보하기 위한 취지이다.

8. 법인 아닌 사단이나 재단의 등기신청에서 대법원예규로 정한 경우(규칙 제60조 제1항 제8호)

법인 아닌 사단 또는 재단이 등기를 신청하는 경우에는 대표자나 관리인임을 증명하는 서면을 첨부정보로서 등기소에 제공하여야 하고(규칙 제48조 제2호), 위 법인 아닌 사단이 등기의무자인 경우에는 총유물의 관리 및 처분을 위한 사원총회의 결의서(민법 제276조 제1항)를 첨부정보로서 등기소에 제공하여야 한다(규칙 제48조 제3호). 그리고 그 서면에는 그 사실을 확인하는 데 상당하다고 인정되는 2인 이상의 성년자가 사실과 상위 없다는 취지와 성명을 기재하고 인감을 날인하여야 하며, 날인한 인감에 관한 인감증명을 제출하여야 한다(규칙 제60조 제1항 제8호). 다만, 변호사 또는 법무사가 등기신청을 대리하는 경우에는 변호사 또는 법무사가 위 각 서면에 사실과 상위 없다는 취지를 기재하고 기명날인함으로써 갈음할 수 있다(2017. 4. 12. 등기예규 제1621호).

9. 법정대리인의 인감증명

법정대리인이 위의 1에서 3(규칙 제60조 제1항 제1호부터 제3호까지)의 규정에 해당하는 등기신청을 하거나, 4에서 7(규칙 제60조 제1항 제4호부터 제7호까지)의 서류를 작성한 경우에는 법정대리인의 인감증명을 제출하여야 한다. 제한능력자의 인감증명은 제출하지 아니한다(규칙 제61조 제2항).

Ⅲ. 인감증명서를 제출하지 아니하여도 되는 경우

1. 국가 또는 지방자치단체

규칙 제60조 제1항의 규정은 국가 또는 지방자치단체에는 이를 적용하지 아니한다(규칙 제60조 제3항). 다만 이 규정은 국가 또는 지방자치단체가 스스로 규칙 제60조 제1항 제1호~제3호상의 등기의무자의 지위에 서는 경우, 혹은 규칙 제60조 제1항 제4호~제7호에 해당하는 경우에만 그 적용이 있다 할 것이며, 국가 또는 지방자치단체가 등기권리자의 지위에서 등기신청을 하는 경우에는 그 적용이 없다. 따라서 국가 또는 지방자치단체가 등기권리자의 지위에서 등기의무자의 승낙을 받아 등기를 촉탁하는 경우에는(법 제98조 제1항 참조) 등기의무자의 인감증명을 첨부하여야 한다. 국가 또는 지방자치단체가 아닌 일반적인 공사(한국토지주택공사 등)는 규칙 제60조 제3항의 적용이 없다(1991. 8. 1. 등기선례 3-213 참조).

2. 공정증서 등을 제출하는 경우

규칙 제60조 제1항 제4호~제7호(위 2. (4) (5) (6) (7))의 서면이 공정증서이거나 '당사자가 서명 또는 날인하였다는 뜻의 공증인의 인증을 받은 서면'(2019. 1. 1. 시행)인 경우에는 인감증명을 제출할 필요가 없다(규칙 제60조 제4항). 즉 합필등기 신청시의 소유자의 확인서, 분필등기신청시의 권리자의 서면, 상속재산분할협의서, 제3자의 동의·승낙서가 공정증서인 경우에는 그들의 인감증명을 제출할 필요가 없다. 공증인이 작성한 공정증서가 아니라 사서증서를 공증인으로부터 인증을 받은 경우에도 위 규칙 제60조 제4항의 적용이 있다.

다만 동규칙 제60조 제3항은 동규칙 제60조 제1항 제1호~제3호에는 그 적용이 없기 때문에 동규칙 제60조 제1항 제1호~제3호의 규정에 의하여 인감증명을 제출할 필요가 있는 경우에 이에 갈음하여 공증인의 인증을 받는 방식으로 등기신청을 할 수는 없다(예외 - 재외국민의 경우(규칙 제61조 제3항), 외국인의 경우(규칙 제61조 제4항 후단)).

최근 등기선례

내국인이 부동산의 처분을 위임한 경우 그 처분위임장에 위임인의 인감증명서 첨부 여부 및 내국인이 상속재산분할협의의 권한을 대리인에게 위임한 경우 그 위임장이 공정증서이거나 위임장의 서명·날인에 대한 공증인의 인증을 받은 때 위임인의 인감증명서 첨부 여부

1. 내국인(대한민국 국민으로서 재외국민이 아닌 자를 말한다. 이하 같다)이 부동산의 처분을 위임하여 「부동산등기규칙」 제60조제1항제1호에 해당하는 등기를 신청하는 경우 그 처분위임장에는 위임인인 내국인이 「인감증명법」에 따라 신고한 인감을 날인하고 그 인감증명을 첨부해야 하며, 위 처분위임장이 공정증서이거나 당사자가 서명 또는 날인하였다는 뜻의 공증인의 인증을 받은 서면인 경우에도 같다.

2. 위와 달리 상속인인 내국인이 상속재산분할협의에 관한 권한을 대리인에게 수여하는 경우에는 분할의 대상이 되는 부동산과 대리인의 인적사항을 구체적으로 특정하여 작성한 상속재산분할협의 위임장을 등기소에 첨부정보로서 제공하여야 하며, 이러한 상속재산분할협의 위임장이 공정증서이거나 당사자가 서명 또는 날인하였다는 뜻의 공증인 인증을 받은 서면인 경우에는 「인감증명법」에 따라 신고한 인감을 날인하거나 그 인감증명을 첨부할 필요가 없다(2020. 12. 28. 부동산등기과-3522 질의회답).

〈필자 주〉

내국인(대한민국 국민으로서 재외국민이 아닌 자를 말한다. 이하 같다)이 부동산의 처분을 위임하여 「부동산등기규칙」 제60조 제1항 제1호에 해당하는 등기를 신청하는 경우	처분위임장 + 인감날인 + 인감증명첨부	처분위임장을 공증 또는 사서증서인증을 받은 경우에도 마찬가지임
상속인인 내국인이 상속재산분할협의에 관한 권한을 대리인에게 수여하는 경우	상속재산분할협의 위임장 + 인감날인 + 인감증명첨부	위임장을 공증 또는 사서증서인증을 받은 경우에는 인감날인 불필요, 인감증명도 첨부할 필요없음

3. 판결에 의하여 등기권리자가 단독신청하는 경우

인낙조서는 확정판결과 동일한 효력이 있는 것이므로(민사소송법 제206조 참조) 인낙조서에 의한 소유권이전등기는 등기권리자 단독으로 신청할 수 있고, 그 등기를 신청할 때에는 등기의무자의 인감증명을 제출할 필요는 없고(1989. 1.21 등기선례 2-318), 갑과 더불어 부동산을 합유하고 있던 을이 합유관계에서 탈퇴하였음에도 그에 따른 등기절차에 협력하지 않아 갑이 을을 상대로 합유명의인 변경등기의 절차이행을 구하는 소를 제기하여 승소의 확정판결을 받은 경우, 갑은 그 판결문을 등기원인서면으로 첨부하여 단독으로 판결에 따른 등기를 신청할 수 있으나, 그러한 등기신청시에 을의 인감증명을 첨부할 필요는 없다(1998. 2. 6. 등기선례 5-394).

4. 교도소에 재감중인 자

교도소에 재감중인 자라 하여 그의 인감증명서를 발급받을 수 없는 것은 아니므로(인감증명법 제7조; 같은 법 시행령 제8조, 제13조 참조) 그가 인감 제출을 요하는 등기신청을 함에 있어서는 인감증명서를 제출하여야 하고 재감자가 무인한 등기신청의 위임장이 틀림없다는 취지를 교도관이 확인함으로써 인감증명서의 제출을 생략할 수는 없을 것이다(1982. 2. 2. 등기예규 제423호).

Ⅳ. 제출하여야 할 인감증명

1. 법인 · 외국회사의 경우

규칙 제60조에 따라 인감증명을 제출하여야 하는 자가 법인 또는 국내에 영업소나 사무소의 설치등기를 한 외국법인인 경우에는 등기소의 증명을 얻은 그 대표자의 인감증명(법인인감증명)을 제출한다(규칙 제61조 제1항 전단)(청산법인에 대해서는 제1편 제4장 제5절 참조).

한편 이와 같이 제61조 제1항에 따라 인감증명을 제출하여야 하는 자가 「상업등기규칙」 제1조의2 제5호의 전자인감증명서를 발급받은 경우에는 인감증명을 제출하는 대신 같은 규칙 제42조의3 제1항에 따른 전자인감증명서 발급증을 제출할 수 있다(부동산등기규칙 제61조의2)

※ **개정 부동산등기규칙**
□ 제61조의2 (법인 등의 전자인감발급증의 제출) 제61조 제1항에 따라 인감증명을 제출하여야 하는 자가 「상업등기규칙」 제1조의2 제5호의 전자인감증명서를 발급받은 경우에는 인감증명을 제출하는 대신 같은 규칙 제42조의3 제1항에 따른 전자인감증명서 발급증을 제출할 수 있다. [본조신설 2024. 11. 29.]

2. 법인 아닌 사단 · 재단의 경우

규칙 제60조에 따라 규정에 따라 인감증명을 제출하여야 하는 자가 법인 아닌 사단이나 재단인 경우에는 그 대표자 또는 관리인의 인감증명(개인인감증명)을 제출하여야 한다(규칙 제61조 제1항 후단; 1985. 6. 21. 등기선례 1-147).

3. 재외국민 · 외국인의 경우

이에 대하여서는 최근에 전면 개정된 「재외국민 및 외국인의 부동산등기신청절차에 관한 예규」(2020. 6. 10. 등기예규 제1686호, 시행 2019. 1. 1.)를 중심으로 제4장 제6절에서 종합적으로 살펴보기로 한다.

Ⅴ. 유효기간, 용도 및 기재사항

1. 유효기간

종전 인감증명법시행령 제13조 제4항에서는 인감증명서의 유효기간은 발행일로부터 기산하여 부동산매도용인 경우에는 1개월로, 기타 용도인 경우에는 3개월로 한다는 규정이 있었으나 1994. 1. 1.부터 이 규정이 삭제됨에 따라 현재에는 인감증명법에 의한 유효기간에 대한 제한은 없고, 다만 규칙 제62조에서 부동산등기신청서에 첨부하는 인감증명의 유효기간은 발행일로부터 3개월이어야 한다고 규정하고 있다. 이 경우 그 등기신청의 종류를 불문하고 유효기간은 3개월이다. 따라서 발급일자의 기록이 누락된 인감증명을 첨부하여 등기신청을 할 수는 없다(1990. 8. 27. 등기선례 3-209).

또한 등기신청서에 첨부하는 인감증명서의 유효기간의 3개월 기간계산에 있어서 인감증명서의 발행일인 초일은 산입하지 아니하고, 그 기간의 말일이 공휴일인 때에는 그 다음 날로 기간이 만료되는바(2010. 4. 13. 등기예규 제1308호), 예컨대 인감증명서의 발행일이 2008. 3. 14.(금)인 경우에는 2008. 3. 15.(토)부터 기산하여 3개월이 되는 날인 2008. 6. 14.(토)로 위 인감증명의 유효기간이 만료된다(2000. 11. 3. 등기선례 6-88).

다만 개정된 민법에 의하면 기간의 말일이 토요일 또는 공휴일에 해당한 때에는 기간은 그 익일로 만료한다(민법 제161조). 그러므로 위 인감증명은 토요일(2008. 6. 14.)이나 일요일(2008. 6. 15.)에 만료되지 아니하고 2008. 6. 16.(월)(24:00)까지 사용할 수 있다.

2. 용 도

매매를 원인으로 한 소유권이전등기신청의 경우에는 반드시 부동산매도용 인감증명서를 첨부하여야 하지만 매매 이외의 경우에는 등기신청서에 첨부된 인감증명서상의 사용용도와 그 등기의 목적이 다르더라도 그 등기신청은 이를 수리하여야 한다. 따라서 사용용도란에 가등기용으로 기재된 인감증명서를 근저당권설정등기신청서에 첨부하거나 부동산매도용 인감증명서를 지상권설정등기신청서에 첨부하여도 그 등기신청을 각하하여서는 아니 된다(위 예규).

3. 기재사항

(1) 등기의무자의 표시

인감증명서상의 등기의무자의 주소가 종전 주소지로 기재되어 있는 등 현주소와 일치하지 아니하더라도 주민등록표등본의 주소이동 내역에 인감증명서상의 주소가 종전 주소로서 표시되어 있거나 성명과 주민등록번호 등에 의하여 동일인임이 인정되는 경우에는 그 인감증명서가 첨부된 등기신청은 수리하여야 한다(2010. 4. 13 등기예규 제1308호).

(2) **등기권리자의 표시**(매매의 경우)

전술한 바와 같이 매매를 원인으로 한 소유권이전등기를 신청함에는 매수인의 인적사항을 기재한 부동산매도용인감 증명을 첨부한다. 부동산의 매수인이 다수인 경우 인감증명서상의 매수자란 중 성명란에 "○ ○○외 ○명"으로 기재하고, 주민등록번호 및 주소란에 첫번째 매수인 1인의 주소와 주민등록번호를 기재한 다음 나머지 매수인들의 인적 사항을 별지에 기재한 부동산매도용 인감증명서를 첨부한 등기신청은 이를 수리하되, 위의 경우 나머지 매수인들의 인적 사항이 별지에 기재되지 아니한 채 성명란에 '○ ○ ○외 ○명'으로만 기재된 부동산매도용 인감증명서가 첨부된 때에는 그 등기신청을 수리하여서는 아니 된다(위 예규).

또한 인감증명서상 매수인 표시와 등기신청서상의 등기권리자의 표시가 불일치한 경우에는 그에 기한 등기신청은 이를 수리할 수 없다. 다만 매도용 인감증명서상의 매수인의 주소가 주민등록표등본상의 현주소와 일치하지 아니하더라도 동일인임을 소명할 수 있다면,[1] 혹은 매수인의 주소가 번지의 기재만 누락되었을 뿐 나머지 기록 부분(아파트 및 동·호수 표시)은 주민등록표등본·초본상의 현주소와 일치하는 경우에도 동일인임을 소명한다면,[2] 그 인감증명서를 첨부하여 등기신청을 할 수 있다. 한편 지방자치단체가 매수인인 경우에 매도인의 인감증명서상에는 지방자치단체의 명칭만 기재하면 족하지 부동산등기용등록번호나 지방자치단체의 사무소 소재지를 기재할 필요는 없다.[3]

(3) **매매를 원인으로 한 소유권이전등기 외의 등기신청에서 발급신청자의 서명이 누락된 부동산매도용 인감증명서가 제출된 경우 등기신청을 수리하여야 하는지 여부**(적극)

1) 매도용으로 인감증명서를 발급받으려는 자는 부동산 매수자의 성명·주소 및 주민등록번호(법인인 경우에는 법인명, 주된 사무소의 소재지 및 법인등록번호)를 관계공무원에게 구술이나 서면으로 제공하고 인감증명서의 매수자란에 기재된 내용이 본인이 제공한 위 정보와 일치하는지 확인한 후 발급신청자 서명란에 반드시 서명하여야 한다(「인감증명법 시행령」 제13조 제3항).

2) 그러나 매매를 원인으로 한 소유권이전등기 외의 등기신청의 경우에는 부동산매도용 인감증명서를 첨부할 필요가 없고(등기예규 제1308호 제4조 제1항 단서) 등기신청서에 첨부된 인감증명서상의 사용용도와 그 등기의 목적이 다르더라도 등

1) 1999. 5. 4. 등기선례 6-85.
2) 1997. 8. 4. 등기선례 5-119.
3) 1997. 12. 27. 등기선례 5-121.

기관은 그 등기신청을 수리하여야 하므로(같은 예규 제5조), 증여를 원인으로 한 소유권이전등기나 (근)저당권설정등기 등 매매를 원인으로 한 소유권이전등기 외의 등기신청 시 발급신청자의 서명이 누락된 부동산매도용 인감증명서가 제출되었다고 하더라도 등기관은 그 등기신청을 수리하여야 한다(2024. 04. 18. 부동산등기과-1131 질의회답).

VI. 본인서명사실 확인 등에 관한 법률에 따른 등기사무처리지침

1. 인감증명서와의 관계

부동산등기법 및 부동산등기규칙, 상업등기법 및 상업등기규칙 그 밖의 법령, 대법원예규에서 등기소에 제출하는 신청서 등에 인감증명법에 따라 신고한 인감을 날인하고 인감증명서를 첨부하여야 한다고 정한 경우, 이를 갈음하여 신청서 등에 서명을 하고 본인서명사실확인서를 첨부하거나 발급증을 첨부할 수 있다(2024.6.13. 등기예규 제1780호).

2. 서명방법 등

1) 본인서명사실확인서와 신청서 등의 서명은 본인 고유의 필체로 자신의 성명을 기재하는 방법으로 하여야 하며, 등기관이 알아볼 수 있도록 명확하여야 한다.

본인서명은 반드시 한글로 하여야 하는 것은 아니고, 한자 또는 영문으로 하여도 된다.

2) 신청서 등의 서명은 본인서명사실확인서의 서명이 한글로 기재되어 있으면 한글로, 한자로 기재되어 있으면 한자로, 영문으로 기재되어 있으면 영문으로 각각 기재하여야 한다.

3) 본인서명사실확인서의 서명이 한글이 아닌 문자로 기재되어 있다 하더라도 등기신청서의 성명은 반드시 한글로 기재하여야 한다.

본인서명사실확인서상의 서명	신청서(위임장)의 서명	신청서의 성명
한 글	한 글	한 글
한 자	한 자	
영 문	영 문	

3. 등기신청을 불수리하여야 하는 경우

본인서명사실확인서나 신청서 등에 다음 각 호의 어느 하나에 해당하는 방법으로 서명이 된 경우에는 그 등기신청은 수리하여서는 아니 된다.

1. 위 2. 3)항에 위반하여 서명 문자가 서로 다른 경우
2. 본인의 성명을 전부 기재하지 아니하거나 서명이 본인의 성명과 다른 경우
3. 본인의 성명임을 인식할 수 없을 정도로 흘려 쓰거나 작게 쓰거나 겹쳐 쓴 경우
4. 성명 외의 글자 또는 문양이 포함된 경우
5. 그 밖에 등기관이 알아볼 수 없도록 기재된 경우

4. 전자본인서명확인서의 확인 등

1) 등기관이 발급증을 제출받았을 때에는 전자본인서명확인서 발급시스템에서 전자본인서명확인서를 확인하여야 한다.

2) 전자본인서명확인서 발급시스템 또는 등기시스템의 장애 등으로 등기관이 전자본인서명확인서를 확인할 수 없는 경우에는 신청인에게 인감증명서 또는 본인서명사실확인서를 등기소에 제공할 것을 요구할 수 있다. 이 경우 신청인이 인감증명서 또는 본인서명사실확인서를 제출할 때 이미 제출된 신청서 등을 그에 맞게 보정하여야 한다.

3) 등기관은 전자본인서명확인서 발급시스템에서 등기신청을 받은 등기소 외의 기관·법인 또는 단체가 전자본인서명확인서를 열람한 사실이 확인된 경우 해당 등기신청을 수리하여서는 아니 된다.

5. 주소의 확인 등

등기관은 본인서명사실확인서 또는 전자본인서명확인서상의 등기의무자의 주소가 주민등록표초본 또는 등본의 주소이동 내역에서 확인되거나 성명과 주민등록번호 등에 의하여 같은 사람임이 인정되는 경우에는 해당 등기신청을 각하히여서는 아니된다.

6. 매도 용도란의 기재

1) 본인서명사실확인서 또는 전자본인서명확인서의 매도 용도란에는 부동산 매

수자의 성명 · 주소 및 주민등록번호(법인인 경우에는 그 명칭과 주사무소의 소재지 및 법인등록번호)가 모두 기재되어 있어야 하며, 위 기재사항이 누락된 경우 해당 등기신청을 수리하여서는 아니 된다. 다만, 부동산 매수자가 다음 각 호의 기관인 경우, 법인의 명칭만 기재하고 법인등록번호와 주사무소의 소재지는 기재하지 아니할 수 있다.

1. 국가나 지방자치단체, 국제기구와 외국정부
2. 「공공기관의 운영에 관한 법률」 제4조에 따른 법인 · 단체 또는 기관(공공기관)
3. 「지방공기업법」 에 따른 지방공사 및 지방공단
4. 「은행법」 에 따른 인가를 받아 설립된 은행
5. 「자본시장과 금융투자업에 관한 법률」 에 따른 금융투자업자 · 증권금융회사 · 종합금융회사 및 명의개서대행회사
6. 「보험업법」 에 따른 보험회사
7. 「상호저축은행법」 에 따른 상호저축은행과 그 중앙회
8. 「신용협동조합법」 에 따른 신용협동조합 및 그 중앙회
9. 「여신전문금융업법」 에 따른 여신전문금융회사 및 겸영여신업자
10. 「농업협동조합법」 에 따른 농협은행
11. 「수산업협동조합법」 에 따른 수협은행

2) 본인서명사실확인서 또는 전자본인서명확인서에 기재된 부동산 매수자와 신청서 등에 기재된 등기권리자의 인적 사항이 일치하지 않는 등기신청은 수리하여서는 아니 된다(위 등기예규 제1780호).

7. 일반 용도란의 기재

매매를 원인으로 하는 부동산소유권 이전등기신청 외의 등기신청을 할 경우에는 본인서명사실확인서 또는 전자본인서명확인서의 일반 용도란에 신청할 등기유형이 기재되어 있지 아니한 경우 그 등기신청을 수리하여서는 아니 된다(예 : ㅇㅇ 주식회사 이사 취임등기용, 근저당권 설정용).

8. 위임받은 사람난 등의 기재

1) 대리인이 본인서명사실확인서 또는 발급증을 첨부하여 등기신청을 대리하는 경우에는 본인서명사실확인서 또는 전자본인서명확인서의 위임받은 사람란에 대리인의 성명과 주소가 기재되어 있어야 한다. 다만, 대리인이 변호사[법무법인 · 법무법

인(유한) 및 법무조합을 포함한다]나 법무사[법무사법인 · 법무사법인(유한)을 포함한다]인 자격자대리인인 경우에는 성명란에 "변호사○○○" 또는 "법무사○○○"와 같이 자격자대리인의 자격명과 성명이 기재되어 있으면 자격자대리인의 주소는 기재되어 있지 않아도 된다.

2) 본인서명사실확인서 또는 전자본인서명확인서의 위임받은 사람난에 기재된 사람과 위임장의 수임인은 같은 사람이어야 하며, 용도란의 기재와 위임장의 위임취지는 서로 부합하여야 한다.

9. 유효기간

본인서명사실확인서 또는 전자본인서명확인서는 발행일부터 3개월 이내의 것이어야 한다.

■ 본인서명사실 확인 등에 관한 법률 시행령 [별지 제2호서식]

문서확인번호 ※ 이 표지는 위조식별표시가 되어 있음

본인서명사실확인서

<table>
<tr><td colspan="2">성명
(한자)</td><td>( )</td><td rowspan="2">서
명</td><td rowspan="2"></td></tr>
<tr><td colspan="2">주민등록번호</td><td></td></tr>
<tr><td colspan="2">주소</td><td colspan="3"></td></tr>
<tr><td rowspan="4">용도</td><td rowspan="3">매도
용도</td><td colspan="3">[ ] 부동산 매수자, [ ] 자동차 매수자</td></tr>
<tr><td>성명(법인인 경우에는 법인명)</td><td colspan="2">주민등록번호(법인인 경우에는 법인등록번호)</td></tr>
<tr><td colspan="3">주소(법인인 경우에는 주된 사무소의 소재지)</td></tr>
<tr><td>일반
용도
(그 외의
용도)</td><td colspan="3"></td></tr>
<tr><td colspan="2" rowspan="2">위임받은 사람</td><td colspan="3">성명</td></tr>
<tr><td colspan="3">주소(자격증 소지자 이외의 사람에게 위임하는 경우만 작성)</td></tr>
<tr><td colspan="5">위의 기재사항에 이상이 없음을 확인합니다.
발급 신청자 (서명)</td></tr>
<tr><td colspan="2">비고</td><td colspan="3"></td></tr>
<tr><td colspan="2">발급번호</td><td></td><td>수수료</td><td>600원</td></tr>
<tr><td colspan="5">위 본인의 서명사실을 확인합니다.
2020 년 12 월 31 일

시장 · 군수 · 구청장 또는 읍장 · 면장 · 동장 및 출장소장 직인</td></tr>
</table>

작성방법 및 유의사항

1. 서명은 작성자 고유의 필체로 자신의 성명을 한글 또는 한자(외국인등록자는 외국인등록표, 국내거소신고자는 국내거소신고원부상의 기호)로 다른 사람이 알아볼 수 있도록 적어야 합니다.
2. 주민등록번호란은 미주민등록 재외국민인 경우에는 여권번호를, 국내거소신고를 한 외국국적동포인 경우에는 국내거소신고번호를, 외국인인 경우에는 외국인등록번호를 적습니다.
3. 용도란[부동산매도용도 및 자동차 매도 용도의 경우 성명(법인명), 주민등록번호(법인등록번호), 주소를 포함합니다] 및 위임받은 사람 난은 신청인으로부터 구술이나 서면으로 정보를 받아 관계 공무원이 입력하고, 신청인은 전산 입력내용에 이상이 없음을 확인한 후 출력된 용지에 직접 서명하여야 하며, 그 사실 여부 등에 대해서는 발급기관이 책임을 지지 않습니다.

4. 부동산 또는 자동차매수자가 "국가" 나 "지방자치단체", "국제기구" 와 "외국정부" ,「공공기관의 운영에 관한 법률」 제4조에 따른 법인 단체 또는 기관(공사 · 공단 등), 「지방공기업법」에 따른 "지방공사" 및 "지방공단" ,「금융위원회의 설치 등에 관한 법률」제38조 제1호부터 제8호까지 및「새마을금고법」에 따른 새마을금고(중앙회 포함) 등 은행,보험회사 등의 기관인 경우에는 용도의 매도용란에 매수자인 법인명만 기재하고 법인등록번호와 주된 사무소의 소재지는 기재하지 않아도 됩니다.
5. 용도의 일반 용도(그 외의 용도)란은 본인서명사실확인서를 제출받는 기관이 요청하는 내용을 적습니다. [예시: 근저당설정용, 가등기설정용, 은행제출용, 대출보증용, 선박등기용(매수자의 성명 등) ,법인등기용, 공탁금수령용, 보관금 수령용 등]
6. 위임받은 사람란은 다른 사람에게 위임하여 본인서명사실확인서를 법원 등에 제출하는 경우 제출받는 기관의 요청에 따라 위임받은 사람의 성명과 주소를 적습니다. 다만, 변호사, 법무사 등 자격증소지자에게 위임하는 경우에는 성명란에 자격증 소지자의 성명과 자격증 명을 기재하면 주소를 기재하지 않을 수 있습니다(예시: 000법무사).
7. 발급 이후에 용도, 위임받은 사람등의 기재사항을 임의로 고치거나, 이 확인서를 위조, 변조하는 경우에는「형법」 등 관련 법령에 따라 처벌을 받을 수 있습니다.
8. 비고란은 미성년자 또는 피한정후견인의 표시와 마성년자의 법정대리인 또는 한정후견인의 성명 및 주민등록번호(미주민등록재외국민인 경우에는 여권번호를, 국내거소신고를 한 외국국적동포인 경우에는 국내거소신고번호를, 외국인인 경우에는 외국인등록번호)를 적습니다.
9. 2028년 12월 31일까지 수수료는 무료입니다.

제 13 절 건물도면 또는 지적도

Ⅰ. 건물도면을 제공하여야 하는 경우

1) 건물의 소유권보존등기를 신청하는 경우에 그 건물대지 위에 여러 개의 건물이 있을 때에는 그 대지 위에 있는 건물의 소재도를 첨부정보로서 등기소에 제공하여야 한다(규칙 제121조 제3항). 다만, 건물의 표시를 증명하는 정보로서 건축물대장정보를 등기소에 제공한 경우에는 그러하지 아니하다(규칙 제121조 제3항 단서).

2) 구분건물에 관한 소유권보존등기를 신청하는 경우에는 1동의 건물의 소재도, 각 층의 평면도와 전유부분의 평면도를 첨부정보로서 등기소에 제공하여야 한다(규칙 제121조 제4항). 다만, 건물의 표시를 증명하는 정보로서 건축물대장정보를 등기소에 제공한 경우에는 그러하지 아니하다(규칙 제121조 제4항 단서).

3) 한편 종전 등기법 제61조의2에 따르면 건물에 대한 분할이나 구분등기를 신청하는 경우에는 도면을 제출할 것을 요구하였으나, 어차피 분할이나 구분등기를 할 때에는 건축물대장정보를 등기소에 제공하여야 하는 것이기 때문에(규칙 제86조 제3항), 도면을 별도로 첨부정보로서 제공할 필요는 없다(규칙 제121조 제3항 단서, 제4항 단서, 「부동산등기실무 Ⅰ」 p.357).

4) 전세권설정 또는 전전세의 범위가 부동산의 일부인 경우에는 그 부분을 표시한 건물도면을 첨부정보로서 등기소에 제공하여야 한다(규칙 제128조 제2항). 임차권설정 또는 임차물 전대의 범위가 부동산의 일부인 경우에도 마찬가지이다(규칙 제130조 제2항).

5) 다만 전세권(임차권)설정의 범위가 건물의 일부로서 특정 층 전부인 때에는 그 도면을 제공할 필요가 없다(2007. 7. 30. 등기선례 8-246).

6) 건물의 일부에 전세권이나 임차권의 등기가 있는 경우에 그 건물의 분할이나 구분의 등기를 신청할 때에는 규칙 제74조를 준용한다(규칙 95조). 즉 건물의 일부에 전세권 · 임차권 등기가 있는 경우에 분할이나 구분를 신청할 때에는 권리가 존속할 건물의 표시에 관한 정보를 신청정보의 내용으로 등기소에 제공하고, 이에 관한 권리자의 확인이 있음을 증명하는 정보를 첨부정보로서 등기소에 제공하여야 한다. 이 경우 그 권리가 건물의 일부에 존속할 때에는 그 건물부분에 관한 정보도 신청정보의 내용으로 등기소에 제공하고, 그 부분을 표시한 도면을 첨부정보로서

등기소에 제공하여야 한다(규칙 제74조).

II. 지적도를 제공하여야 하는 경우

1) 지상권설정의 범위가 부동산의 일부인 경우에는 그 부분을 표시한 지적도를 첨부정보로서 등기소에 제공하여야 한다(규칙 제126조).

2) 지역권 설정의 범위가 승역지의 일부인 경우에는 그 부분을 표시한 지적도를 첨부정보로서 등기소에 제공하여야 한다(규칙 제127조).

3) 전세권설정 또는 전전세의 범위가 부동산의 일부인 경우에는 그 부분을 표시한 지적도를 첨부정보로서 등기소에 제공하여야 한다(규칙 제128조 제2항).

4) 임차권설정 또는 임차물 전대의 범위가 부동산의 일부인 경우에는 그 부분을 표시한 지적도를 첨부정보로서 등기소에 제공하여야 한다(규칙 제130조 제2항).

5) 1필의 토지의 일부에 지상권 · 전세권 · 임차권이나 승역지(승역지: 편익제공지)의 일부에 관하여 하는 지역권의 등기가 있는 경우에 분필등기를 신청할 때에는 권리가 존속할 토지의 표시에 관한 정보를 신청정보의 내용으로 등기소에 제공하고, 이에 관한 권리자의 확인이 있음을 증명하는 정보를 첨부정보로서 등기소에 제공하여야 한다. 이 경우 그 권리가 토지의 일부에 존속할 때에는 그 토지부분에 관한 정보도 신청정보의 내용으로 등기소에 제공하고, 그 부분을 표시한 지적도를 첨부정보로서 등기소에 제공하여야 한다(규칙 제74조). 위와 같은 권리자의 서면과 도면을 첨부하지 아니한 분필등기의 신청은 이를 수리할 수 없으며, 법 제29조 제9호의 사유에 의하여 각하하여야 한다.

III. 도면 혹은 지적도를 작성하는 방법

구 부동산등기규칙 제61조 및 제62조 제3항에서는 구체적인 도면의 작성방법에 관해서 규정하고 있었으나, 개정 부동산등기규칙에서는 이를 삭제하고 대법원예규로 정하는 것으로 함에 따라 마련된 등기예규에 의한 도면 또는 지적도(이하 '도면 등' 이라 한다)의 구체적인 작성방법은 다음과 같다(2011. 10. 12. 등기예규 제1404호).

1) 건물의 도면에는 건물의 소재지, 건물의 종류, 구조와 면적, 택지의 방위를 기록하고, 1필지 또는 여러 필지 위에 여러 개의 건물이 있는 때에는 건물의 번호,

건물의 형상, 길이, 위치를 기재하여야 한다.

2) 도면 등은 전부 검은 선과 검은 글씨로 하고, 만일 등기목적 외의 건물이 있는 때에는 그 도면 등은 붉은 선, 붉은 글씨로 하여야 한다.

3) 등기신청의 범위가 부동산의 일부인 경우에는 도면 등에 권리의 목적인 부분을 검은 선과 검은 글씨로 표시하여야 한다.

Ⅳ. 도면 등을 등기소에 제공하는 방법

1) 방문신청을 하는 경우라도 등기소에 제공하여야 하는 도면은 전자문서로 작성하여야 하며, 그 제공은 전산정보처리조직을 이용하여 등기소에 송신하는 방법으로 하여야 한다(규칙 제63조). 도면 등을 전자문서로 작성하여 전산정보처리조직을 이용하여 등기소에 제공하는 경우에는 신청인 또는 대리인의 전자서명정보를 함께 송신하여야 한다(2011. 10. 12. 등기예규 제1404호).

2) 다만, 다음 각 호의 어느 하나에 해당하는 경우에는 그 도면을 서면으로 작성하여 등기소에 제출할 수 있다(규칙 제63조). 이와 같이 도면 등을 서면으로 작성하여 등기소에 제출하는 경우에는 신청인 또는 대리인이 기명날인하거나 서명하여야 한다(2011. 10. 12. 등기예규 제1404호).

1. 자연인 또는 법인 아닌 사단이나 재단이 직접 등기신청을 하는 경우
2. 자연인 또는 법인 아닌 사단이나 재단이 자격자대리인이 아닌 사람에게 위임하여 등기신청을 하는 경우

제 14 절 부동산거래계약신고필정보

Ⅰ. 부동산 거래신고 등에 관한 법률

거래당사자(매수인과 매도인을 말한다)는 다음 각 호의 어느 하나에 해당하는 계약을 체결한 경우 그 실제 거래가격 등 대통령령으로 정하는 사항을 거래계약의 체결일부터 30일 이내에 그 권리의 대상인 부동산 등(권리에 관한 계약의 경우에는 그 권리의 대상인 부동산을 말한다)의 소재지를 관할하는 시장(구가 설치되지 아니한 시의 시장

및 특별자치시장과 특별자치도 행정시의 시장을 말한다)·군수 또는 구청장(이하 "신고관청"이라 한다)에게 공동으로 신고하여야 한다(부동산거래신고법 제3조 제1항, 2020. 2. 21. 시행). 다만, 거래당사자 중 일방이 국가, 지방자치단체, 대통령령으로 정하는 자의 경우(이하 '국가 등'이라 한다)에는 국가등이 신고를 하여야 한다.

1. 부동산의 매매계약
2. 「택지개발촉진법」, 「주택법」 등 대통령령으로 정하는 법률에 따른 부동산에 대한 공급계약
3. 다음 각 목의 어느 하나에 해당하는 지위의 매매계약
   가. 제2호에 따른 계약을 통하여 부동산을 공급받는 자로 선정된 지위
   나. 「도시 및 주거환경정비법」 제74조에 따른 관리처분계획의 인가 및 「빈집 및 소규모주택 정비에 관한 특례법」 제29조에 따른 사업시행계획인가로 취득한 입주자로 선정된 지위

II. 부동산거래신고의 적용범위

1. 목적물의 범위

(1) 부동산에 대한 매매계약

부동산거래신고법 제3조 제1항에서 부동산의 매매계약은 거래신고의 대상이 된다고 하고 있으므로 토지나 이미 존재하고 있는('사용승인'을 받은) 건물에 대한 매매계약이라면 부동산거래신고의 대상이 된다.

(2) 공급계약(분양계약)

부동산거래신고법 제3조 제1항 제2호에서 "「택지개발촉진법」, 「주택법」 등 대통령령으로 정하는 법률"이란 다음 각 호의 법률을 말한다.

1. 「건축물의 분양에 관한 법률」
2. 「공공주택 특별법」
3. 「도시개발법」
4. 「도시 및 주거환경정비법」

4의2. 「빈집 및 소규모주택 정비에 관한 특례법」

5. 「산업입지 및 개발에 관한 법률」
6. 「주택법」
7. 「택지개발촉진법」

따라서 아직 완공되지 아니한 부동산에 대한 공급(분양)계약이라도 다음에 해

당하는 경우에는 거래신고를 하여야 한다.

아파트 등 주택	오피스텔, 상가 등	토지(택지)
1) 주택법 * 공동주택 30세대, 단독주택 30호, 단지형 연립/다세대 50세대 이상 등 * 주택법시행령 제27조 참조 2) 도시 및 주거환경 정비법 * 관리처분계획에 따른 분양 등 * 도시 및 주거환경정비법 제74조 참조 3) 빈집 및 소규모주택 정비에 관한 특례법에 따른 분양	4) 건축물의 분양에 관한 법률 * 오피스텔 30실 이상, 바닥면적 3천㎡ 이상 등 * 건축물의 분양에 관한 법률 시행령 제2조 참조	5) 택지개발촉진법에 따른 분양 6) 도시개발법에 따른 분양 7) 공공주택 특별법에 따른 분양 8) 산업입지 및 개발에 관한 법률에 따른 분양

(3) 지위이전계약 & 재개발/재건축조합원 지위이전계약

위 (2)에 따른 계약상지위를 이전하는 지위이전계약이거나, 도시 및 주거환경정비법 제74조에 따른 관리처분계획의 인가 및 빈집 및 소규모주택 정비에 관한 특례법 제29조에 따른 사업시행계획인가로 취득한 입주자로 선정된 지위이전계약에 해당하면 부동산거래신고를 하여야 한다.

2. 등기원인

위 부동산거래신고법 제3조에 규정된 '거래당사자'라 함은 부동산 또는 부동산을 취득할 수 있는 권리에 대하여 매매계약을 체결한 매수인과 매도인을 의미한다(같은 법 제2조). 따라서 부동산거래신고는 등기원인이 매매인 경우에만 그 적용이 있고 판결, 교환, 증여, 신탁, 신탁해지 및 경매·공매 등의 경우에는 부동산거래신고의 대상이 아니다. 등기원인이 계약이 아닌 경우에는 물론 부동산거래 신고를 할 필요가 없다. 토지거래허가지역에서 토지거래허가를 받았다고 하여 부동산거래신고 의무가 면제되는 것은 아니다.

3. 등기원인일

부동산거래신고법 제3조에 따른 부동산거래의 신고는 최초로 부동산거래신고에 관한 법률이 시행된 날짜인 2006년 1월 1일 이후 최초로 거래계약서를 작성한 경우에만 적용된다.

Ⅲ. 부동산거래신고를 하여야 하는 경우

1. 개 요

등기관이 부동산거래신고 등에 관한 법률 제3조 제1항에서 정하는 계약을 등기원인으로 한 소유권이전등기를 하는 경우에는 대법원규칙으로 정하는 바에 따라 거래가액을 기록한다(법 제68조). 그러므로 먼저 '거래가액등기에 관한 업무처리지침'(2024. 12. 30. 등기예규 제1804호)을 중심으로 '거래가액'을 등기하여야 하는 경우를 살펴보기로 한다. 거래가액을 등기하여야 하는 경우에는 부동산거래신고를 하여야 하기 때문이다.

2. 원 칙

거래가액은 2006. 1. 1.이후 작성된 매매계약서를 등기원인증서로 하여 소유권이전등기를 신청하는 경우에 등기한다. 그러므로 아래의 경우에는 거래가액을 등기하지 않으므로 부동산거래신고를 할 필요도 없다.

1) 2006. 1. 1.이전에 작성된 매매계약서에 의한 등기신청을 하는 때
2) 등기원인이 매매라 하더라도 등기원인증서가 판결, 조정조서 등 매매계약서가 아닌 때
3) 매매계약서를 등기원인증서로 제출하면서 소유권이전등기가 아닌 소유권이전청구권가등기를 신청하는 때

3. 소유권이전청구권가등기에 의한 본등기를 신청하는 경우

매매예약을 원인으로 한 소유권이전청구권가등기에 의한 본등기를 신청하는 때에는 원칙적으로 매매계약서를 등기원인증서로 제출하여야 하지만, 매매예약서에 어느 일정시점에 매매예약완결의 의사표시가 있는 것으로 본다는 취지의 기재가 있는 경우에는 별도로 매매계약서를 작성제출할 필요는 없고 기존의 매매예약서에 의하여 소유권이전본등기를 할 수 있고 이 경우에는 거래가액을 등기하고 부동산거래신고를 하여야 한다.

4. 분양계약의 경우

(1) 최초의 피분양자가 등기권리자가 된 경우

최초의 피분양자가 등기권리자가 되어 소유권이전등기를 신청하는 경우에 등기신청서에 분양계약서와 함께 거래신고필정보가 첨부되어 있을 때[1]에는 거래가액을 등기하고, 거래계약신고 대상이 아니어서 검인받은 분양계약서만 첨부되어 있을 때[2]에는 거래가액을 등기하지 아니한다.

(2) 최초의 피분양자로부터 그 지위를 이전받은 자가 등기권리자가 된 경우

(가) 최초의 피분양자로부터 그 지위를 이전받은 자가 등기권리자가 되어 소유권이전등기를 신청하는 경우에는 등기신청서에 등기권리자가 매수인으로 거래계약신고를 하여 교부받은 거래신고필정보가 첨부되어 있을 때에만 거래가액을 등기한다. 이 경우 등기권리자가 여러 명일 때에는 그 권리자 전부가 동시에 공동매수인으로 거래계약신고를 하여 교부받은 거래신고필정보만을 말한다.

(나) 구체적인 예시 (a) 최초의 피분양자로부터 그 지위 전부가 갑에게 매매로 이전되어 갑이 등기권리자가 된 경우로서 그 지위이전계약이 거래계약신고 대상이 되어 등기신청서에 갑을 매수인으로 하는 거래신고필정보가 첨부되어 있는 경우에는 그 거래가액을 등기한다.

(b) 최초의 피분양자로부터 그 지위 전부가 갑에게 '증여'로 이전되어 갑이 등기권리자가 된 경우에는 거래가액을 등기하지 아니한다.

(c) 최초의 피분양자로부터 그 지위 일부지분만이 갑에게 '증여'로 이전되어 최초의 피분양자와 갑이 공동으로 등기권리자가 된 경우에는 거래가액을 등기하지 아니한다.

(d) 최초의 피분양자로부터 그 지위 전부가 갑에게 매매로 이전된 후 다시 을에게 피분양자의 지위 전부가 매매로 이전되어 을이 등기권리자가 된 경우로서 각 지위이전계약이 모두 거래계약신고 대상이 되어 등기신청서에 여러 개의 거래신고필정보가 첨부된 경우에는 을을 매수인으로 하는 거래신고필정보에 기재된 거래가액을 등기한다.

---

1) 2017. 1. 20. 시행 부동산거래신고법 제3조 제1항 제2호의 '대통령령으로 정하는 법률'이란 다음 각 호를 말한다. 1. '주택법' 2. '도시 및 주거환경정비법' 3. '건축물의 분양에 관한 법률' 4. '택지개발촉진법' 5. '도시개발법' 6. '공공주택 특별법' 7. '산업입지 및 개발에 관한 법률'의 경우.

2) 위 2)에 해당하지 않는 경우, 즉 30세대 미만의 공동주택, 30호실 미만의 오피스텔에 대한 분양의 경우 (II. 1. 3) 참조).

(e) 최초의 피분양자로부터 그 지위 전부가 갑에게 매매로 이전된 후 다시 을에게 피분양자의 지위 전부가 '증여'로 이전되어 을이 등기권리자가 된 경우에는 거래가액을 등기하지 아니한다.

(f) 최초의 피분양자로부터 그 지위 전부가 갑에게 매매로 이전된 후 다시 을에게 피분양자의 지위 일부지분만이 '증여'로 이전되어 갑과 을이 공동으로 등기권리자가 된 경우에는 거래가액을 등기하지 아니한다(2024. 12. 30. 등기예규 제1804호).

Ⅳ. 부동산거래신고를 한 경우

1. 부동산거래계약신고필증의 교부

부동산거래신고를 받은 시장·군수 또는 구청장은 그 신고내용을 확인한 후 신고필증을 신고인에게 즉시 교부하여야 한다(부동산거래신고법 제3조 제4항).

2. 부동산거래신고를 한 경우 타 법률의 적용이 배제되는 경우

부동산등의 매수인은 신고인이 위 부동산거래계약신고필증을 발급받은 때에 '부동산등기 특별조치법' 제3조 제1항에 따른 검인을 받은 것으로 본다(부동산거래신고법 제3조 제5항).

Ⅴ. 등기신청시의 특례

1. 부동산거래계약계약신고필증의 첨부

1) 부동산거래신고법 제3조에서 정하는 계약을 등기원인으로 하는 소유권이전등기를 신청하는 경우에는 거래가액을 신청정보의 내용으로 등기소에 제공하고, 시장·군수 또는 구청장으로부터 제공받은 부동산거래계약신고필증을 첨부정보로서 등기소에 제공하여야 한다(규칙 제124조 제2항).

2) 위 부동산거래계약신고필증에는 거래신고관리번호, 거래당사자, 거래가액, 목적부동산이 표시되어 있어야 한다(2024. 12. 30. 등기예규 제1804호).

2. 등기원인증서와 부동산거래계약신고필정보의 기재사항이 불일치한 경우의 처리

등기원인증서에 기재된 사항과 부동산거래계약신고필증에 기재된 사항이 서로 달라 동일한 거래라고 인정할 수 없는 경우 등기관은 해당 등기신청을 법 제29조 제9호에 따라 각하하여야 한다. 다만, 단순한 오타나 신청인이 제출한 자료에 의하여 등기원인증서상 매매와 신고의 대상이 된 매매를 동일한 거래라고 인정할 수 있는 경우(매매당사자의 주소가 불일치하나 주민등록번호가 일치하는 경우 등)에는 그러하지 아니하다.

3. 거래가액의 말소

검인 대상인 부동산에 대하여 착오로 거래신고를 하여 소유권이전등기를 마친 후에 다시 검인을 신청하여 매매계약서에 검인을 받았다면, 해당 매매계약서를 첨부하여 거래가액의 등기를 말소하는 경정등기를 신청할 수 있으며, 이 때 등기원인은 '신청착오'로 기재하여야 한다(2012. 5. 18. 등기선례 9-206).

4. 거래가액의 경정, 변경

1) 등기부에 기록된 거래가액이 매매계약서와 상이한 경우에는 등기명의인은 거래금액을 정정하는 거래신고를 하고 재교부받은 부동산거래계약신고필증을 첨부하여 거래가액을 경정하는 등기를 신청할 수 있다(2007. 3. 12. 등기선례 8-120). 다만 매매목록이 작성된 경우로서 각각의 부동산에 관한 거래가액이 등기부에 기록되어 있지 아니하고 부동산 전부에 대한 전체 거래가액만이 기록되어 있어 전체 거래가액에는 착오가 없는 경우라면 등기를 경정할 필요는 없을 것이다(2006. 10. 23. 등기선례 8-199).

2) 등기부에 기록된 거래가액에 관하여 허위 신고를 이유로 다시 거래신고를 하여 부동산거래계약신고필증을 재교부 받은 경우 해당 부동산의 소유권의 등기명의인은 재교부 받은 부동산거래계약신고필증을 첨부하여 신청착오를 원인으로 거래가액을 경정하는 등기를 신청할 수 있다(2007. 6. 4. 등기선례 8-171).

다만 소유권이 타인에게 이미 이전된 경우에는 종전 소유자에 대한 거래가액의 경정등기는 허용할 것이 아니다(2019. 6. 12. 등기선례 9-207).

제 15 절 매매목록

Ⅰ. 매매목록을 제출하여야 하는 이유

등기관이 부동산거래신고 등에 관한 법률 제3조 제1항에서 정하는 계약을 등기원인으로 한 소유권이전등기를 하는 경우에는 대법원규칙으로 정하는 바에 따라 등기부에 거래가액을 기록하여야 하는데(법 제68조), 이와 같이 거래가액을 등기하는 취지는 당사자가 실제로 거래한 금액을 등기기록에 공시함으로써 거래의 투명성을 확보하고, 적정한 세금을 부과하는 등 부동산투기를 방지하는 데 있다.

그런데 예컨대, 1개의 계약서에 의해 2개 이상의 부동산을 거래하고 1개의 신고필정보를 교부받은 경우, 그 신고필정보에 기재된 거래 총액을 각각의 부동산 등기부에 그대로 기록하게 되면 거래총액을 개별 부동산에 대한 거래가액으로 오인할 수가 있다. 그러므로 이러한 경우에는 신청인은 거래가액과 목적 부동산이 기재된 매매목록을 첨부정보로서 제공하여야 하고, 등기관은 등기부에는 거래총액을 기록하지 않고 매매목록을 전자적으로 작성하여 등기하는 방식으로 처리한다. 여러 명과 여러 명사이의 거래인 경우에도 매매목록을 첨부정보로서 등기소에 제공하여야 한다(규칙 제124조 제2항). 2024. 12. 30. 등기예규 제1804호를 중심으로 살펴본다.

Ⅱ. 매매목록의 제출이 필요한 구체적인 경우

1) 1개의 부동산거래신고필증에 2개 이상의 부동산이 기재되어 있는 경우(이 경우 대법원예규로 정하는 바에 따라 거래부동산이 2개 이상인 경우(규칙 제124조 제2항 개정, 2025. 1. 31) (1개의 계약서에 의해 2개 이상의 부동산을 거래한 경우라 하더라도, 관할관청이 달라 개개의 부동산에 관하여 각각 신고한 경우에는 매매목록을 작성할 필요가 없다)에는 각 부동산별로 거래가액을 등기하지 않고 매매목록을 작성한다. 예컨대, 매도인 갑이 토지와 주택을 을에게 1억 원에 매도하고 토지와 주택에 관하여 소유권이전등기를 신청한 경우, 위 가액을 등기관이 임의로 토지와 건물로 나누어 등기할 수는 없다. 그렇다고 해서 토지등기기록과 건물등기기록에 각 1억 원으로 기록하게 되면 실제의 거래가격이 1억 원이 아님에도 1억 원으로 등기되는 문제가

발생하기 때문에 매매목록을 작성하여야 하는 것이다.

2) 부동산거래신고필증에 기재되어 있는 부동산이 1개라 하더라도 여러 명의 매도인과 여러 명의 매수인 사이의 매매인 경우, 예컨대 공유자 갑, 을이 공유토지를 공동매수인 병, 정에게 1억 원에 매각하고 소유권이전등기를 신청한 경우, 등기신청은 매도인별 또는 매수인별로 하여야 하므로 2건으로 하게 된다.[1] 이 경우 각각의 소유권이전등기에 거래가액을 1억 원으로 등기하게 되면 위 첫 번째 예에서와 같은 문제가 발생하기 때문에 매매목록을 제공한다.

3) 이것은 1건(1개의 신청서)으로 등기신청된 부동산이 2개 이상인지 여부와는 관계가 없다. 1건으로 등기신청된 부동산이 2개 이상이라 하더라도 각 부동산에 대해 별개로 거래신고가 되어 신고필증이 따로 부여된 경우에는 매매목록을 제출할 필요가 없다. 반대로 1건으로 거래신고된 여러 부동산에 대해 각각 별건으로 등기신청을 하는 경우에는 최초의 등기신청서에 매매목록을 첨부하고 나머지 등기신청서에는 매매목록의 번호를 기재한다.

Ⅲ. 매매목록에 기재하여야 하는 사항

매매목록에는 거래가액 및 목적부동산을 기재한다. 1개의 부동산에 관하여 여러 명의 매도인과 여러 명의 매수인 사이에 매매계약이 체결되어 2011. 10. 11. 등기예규 제1363호(수인의 공유자가 수인에게 지분의 전부 또는 일부를 이전하는 경우의 등기신청 방법 등에 관한 예규)에 따라 수건의 등기신청을 하는 경우에는 동일한 부동산의 표시를 순번을 정해서 기재하되, 매도인별로 신청하는 경우에는 매도인의 수만큼, 매수인별로 신청하는 경우에는 매수인의 수만큼 반복해서 기재한다.

---

1) 등기예규 제1363호. 등기절차를 이와 같이 한 것은 종전 소유권에 대한 처분제한 등이 매수인 중 누구의 지분으로 이전되는지를 명확히 하기 위한 것이다.

IV. 신청서에 첨부하는 매매목록의 작성 예

1. 1개의 신고필정보에 여러 개의 부동산이 기재되어 있는 경우

매 매 목 록	
거 래 가 액	금 500,000,000 원
일 련 번 호	부 동 산 의 표 시
1	[토지] 서울특별시 강남구 신사동 153
2	[건물] 서울특별시 강남구 신사동 153

2. 하나의 부동산에 관하여 여러 명의 매도인과 여러 명의 매수인이 매매계약을 체결한 경우(1개의 매매계약서에 의하여 2건의 등기신청을 하는 경우임)

매 매 목 록	
거 래 가 액	금 500,000,000 원
일 련 번 호	부 동 산 의 표 시
1	[토지] 서울특별시 강남구 신사동 153
2	[토지] 서울특별시 강남구 신사동 153

3. 매매목록이 제출된 경우

매매목록이 신청서에 첨부된 경우에는 등기부 중 갑구의 권리자 및 기타사항란에 매매목록번호를 기록하고, 매매목록에는 목록번호, 거래가액, 부동산의 일련번호, 부동산의 표시, 순위번호, 등기원인을 전자적으로 기록한다. 다만, 매매목록에 기록된 부동산 중 소유권이전등기를 하지 아니한 부동산이 있는 경우에는 순위번호를 기록하지 않는다.

매매목록번호는 전산정보처리조직에 의하여 자동으로 부여되며 1년마다 갱신한다. 매매목록이 동일한 경우에는 동일한 매매목록번호를 부여한다.

4. 매매목록의 경정, 변경

1) 등기된 매매목록은 당초의 신청에 착오가 있는 경우 또는 등기관의 과오로 잘못 기록된 경우 이외에는 경정 또는 변경할 수 없다. 따라서 정상적으로 매매목록이 작성된 후에 부동산의 표시나 등기사항에 변동이 있어도 매매목록을 경정 또는 변경할 수 없다.

예 시

1. 부동산의 표시변경이 있는 경우

부동산의 분할, 합병 등의 사유로 부동산의 개수에 변경이 있는 경우 그 취지는 매매목록에 기록하지 않는다. 예컨대 1개의 토지가 분할되어 2개 이상의 토지가 된 경우 등기관이 매매목록을 새로이 생성할 필요가 없으며, 2개의 토지가 매매되어 매매목록이 등기된 후 그 토지가 합필되어 1개의 토지가 된 경우라 하더라도 매매목록 등기는 말소하지 않는다.

2. 매매목록에 기재된 부동산 중 일부에 대하여 소유권이전등기가 말소된 경우

매매목록에 기재된 부동산 중 일부에 대하여 계약의 해제 등으로 소유권이전등기가 말소된 경우라 하더라도 등기된 매매목록에 그와 같은 취지를 기록할 필요가 없으며, 관할이 다른 경우 그와 같은 사실의 통지도 요하지 않는다.

2) 다만 거래가액을 기재하여 소유권이전등기가 완료된 후, 종전의 거래신고 내용 중 거래가액에 착오가 있음을 이유로 다시 거래신고를 하여 부동산거래계약신고필증을 재교부 받은 경우, 소유자는 재교부 받은 부동산거래계약신고필증을 첨부하여 신청착오를 원인으로 거래가액을 경정하는 등기를 신청할 수 있을 것이나, 매매목록이 작성된 경우로서 각각의 부동산에 관한 거래가액이 등기부에 기재되어 있지 아니하고 부동산 전부에 대한 전체 거래가액만이 기재되어 있어 전체 거래가액에는 착오가 없는 경우라면 등기를 경정할 필요는 없을 것이다(2006. 10. 23. 등기선례 8-119).

제 16 절 취득세 · 등록면허세 등 제반의무

제 1 관 취득세 혹은 등록면허세

Ⅰ. 총 설

2011. 1. 1. 전면개정된 지방세법이 시행되기 전에는 부동산에 관한 권리의 취득 · 이전 · 변경 또는 소멸에 관한 사항을 등기기록에 등기하고자 하는 경우에 등록세를 납부하여야 하였고, 부동산 '취득'의 경우에는 등록세와는 별도로 취득세도 납부하여야 했다(구 지방세법 제104조 제1호, 제105조, 제124조). 등기를 하고자 할 때에는 '등록세'의 영수필통지서 1통과 영수필확인서 1통을 등기에 관한 서류에 첨부하여야 했다(구 지방세법시행령 제91조).

그런데 2011. 1. 1. 부터는 종전 등록세 중 취득과 관련된 과세대상은 취득세로 통합되고, 저당권 · 전세권 등기 등 취득의 전제없이 이루어지는 등기에 대하여 등록면허세를 납부하도록 되었다. 즉 '취득'[1]을 원인으로 등기를 하려는 경우에는 등기를 하기 전까지 취득세를 신고납부한 후 등기신청서에 취득세영수필확인서 1부를 첨부하여야 하고(지방세법 제20조 제4항, 지방세법시행령 제36조), 취득을 원인으로 이루어지는 등기를 제외하고 재산권과 그 밖의 권리의 설정 · 변경 또는 소멸에 관한 사항을 등기하려는 경우에는 등기를 하기 전까지 신고납부한 후 등기신청서에 등록면허세영수필확인서 1부를 첨부한다(지방세법 제23조 제1호, 제30조; 지방세법시행령 제49조).

취득세, 등록면허세(등록에 대한 등록면허세만 해당한다)를 내지 아니한 경우에는 등기신청의 각하사유(법 제29조 제10호)에 해당한다.

이하에서는 개정된 지방세법에 따라 취득세 등의 납세의무자(제7조, 제24조) 및 납세지(제8조, 제25조), 과세표준(제10조, 제27조) 및 세율(제11조, 제28조) 등에 대하여 살펴보기로 한다. 다만 지방세법 등은 수시로 변경되기 때문에 구체적인 등기절차에 적용하기 위해서는 지방세법 해당 조문을 직접 확인하는 것이 필요하다.

---

1) '취득'이란 매매, 교환, 상속, 증여, 기부, 법인에 대한 현물출자, 건축, 개수, 공유수면의 매립, 간척에 의한 토지의 조성 등과 그 밖에 이와 유사한 취득으로서 원시취득, 승계취득 또는 유상 · 무상의 모든 취득을 말한다(지방세법 제6조).

II. 취득세 등의 납세의무자 및 납세지

1. 납세의무자

(1) 취득세의 납세의무자

앞서 말하였 듯이 '취득'이란 매매, 교환, 상속, 증여, 기부, 법인에 대한 현물출자, 건축, 개수, 공유수면의 매립, 간척에 의한 토지의 조성 등과 그 밖에 이와 유사한 취득으로서 원시취득, 승계취득 또는 유상·무상의 모든 취득을 말하는바(지방세법 제6조 제1호), 이와 같이 소유권을 취득하여 그에 따른 등기를 신청할 때에는 위 부동산을 취득한 자가 취득세를 납부하여야 한다(지방세법 제7조 제1항).

그러므로 소유권이전등기의 경우에는 소유권이전을 받는 자(매수인, 상속인 등)가 취득세를 납부하여야 한다.

(2) 등록면허세의 납세의무자

등기가 부동산의 취득과 관련이 없는 경우의 소유권보존·소유권이전, 지상권·전세권·근저당권 등의 설정·이전, 가압류·가처분·가등기 등의 경우에는 등록을 하는 자가 등록면허세를 납부하여야 한다(지방세법 제24조 제1호).

그러므로 소유권보존등기시에는 보존등기명의인이, 전세권설정의 경우에는 전세권자가, 부동산가압류의 경우에는 가압류채권자가 이를 납부하여야 한다. 또한 근저당권이전등기는 근저당권을 이전받는 자가, 근저당권말소등기는 근저당권설정자 또는 말소대상 부동산의 현재의 소유자가 등록면허세를 납부하여야 한다(1999. 3. 2. 등기선례 6-367).

(3) 대위등기신청의 경우

이 경우에는 피대위자가 납부하여야 하는 취득세 등은 대위자가 납부하여야 한다. 따라서 갑은 을회사에게, 을회사는 병에게 각 소유권이전등기절차를 이행하라는 이행판결을 받아, 병이 을회사를 대위하여 갑으로부터 을회사 명의로 소유권이전등기를 신청하는 경우 을회사가 납부하여야 하는 취득세는 병이 을회사를 대신하여 납부하여야 한다(1996. 10. 26. 등기선례 5-873).[2]

마찬가지로 체납처분으로 인한 압류등기를 촉탁하기 위하여 관공서는 체납자를

---

2) 위 경우에 취득세는 병이 납부해야 하지만 어디까지나 납세의무는 을에게 있다고 본다. 행정자치부에서는 갑소유의 미등기건물에 대하여 을이 채권확보를 위하여 법원의 판결에 의한 소유권보존등기를 갑의 명의로 등기할 경우의 취득세납세의무는 갑에게 있다고 하고 있기 때문이다(행정안전부간, 「지방세법 해석운용 매뉴얼」 124-3).

대위하여 제3자로부터 체납자 앞으로의 소유권이전등기촉탁을 할 수 있는데, 이 경우 그 등기원인증서를 첨부하여야 하는 점, 취득세를 납부하여야 하고 국민주택채권을 매입하여야 하는 점 등은 일반적인 등기절차와 다르지 않다(1986. 12. 31. 등기선례 1-207). 후술하겠지만 국가가 자기를 위하여 하는 등기의 경우에는 취득세 등이 면제되지만, 국가가 압류를 하기 위하여 제3자 앞으로 먼저 등기를 하는 것은 국가가 자기를 위해서하는 등기가 아니기 때문에 취득세 등이 면제되지 않는다.

2. 납 세 지

취득세나 등록면허세는 부동산소재지 관할 지방자치단체가 과세주체가 된다(지방세법 제8조, 제25조, 제3조). 따라서 취득세나 등록면허세는 위 납세지를 관할하는 시장 · 군수에게 신고하여야 한다(지방세법시행령 제33조 제1항, 제48조 제3항). 다만 그 취득세나 등록면허세를 해당 시 · 군 또는 시 · 군의 금고에 납부하여야 한다는 종전 규정(구 지방세법시행령 제33조 제2항, 제48조 제4항)이 2011. 12. 31. 삭제됨에 따라 2012. 1. 1. 부터는 취득세나 등록면허세를 납세지를 관할하는 해당 시 · 군 또는 시 · 군의 금융기관에 납부할 필요는 없고 전국의 어느 곳에서 납부하여도 된다.

III. 취득세 등의 과세표준 및 세율

취득세나 등록면허세는 원칙적으로 과세표준에 세율을 곱하여 산정한다. 각각에 대하여 살펴본다.

1. 과세표준

(1) 취득세의 경우

(가) 취득세의 과세표준은 '취득 당시의 가액'으로 한다. 다만, 연부(年賦)로 취득하는 경우 취득세의 과세표준은 연부금액(매회 사실상 지급되는 금액을 말하며, 취득금액에 포함되는 계약보증금을 포함한다)으로 한다(지방세법 제10조).

(나) 무상취득의 경우 과세표준(지방세법 제10조의2, 시행 2022. 1. 1.)

① 부동산등을 무상취득하는 경우 지방세법 제10조에 따른 취득 당시의 가액(이하 '취득당시가액'이라 한다)은 취득시기 현재 불특정 다수인 사이에 자유롭게 거래가 이루어지는 경우 통상적으로 성립된다고 인정되는 가액(매매사례가액, 감정가액, 공매가액

등 대통령령으로 정하는 바에 따라 시가로 인정되는 가액을 말하며, 이하 '시가인정액'이라 한다)으로 한다.

② 제1항에도 불구하고 다음 각 호의 경우에는 해당 호에서 정하는 가액을 취득당시가액으로 한다.

1. 상속에 따른 무상취득의 경우: 지방세법 제4조에 따른 시가표준액
2. 대통령령으로 정하는 가액 이하의 부동산등을 무상취득(제1호의 경우는 제외한다)하는 경우: 시가인정액과 제4조에 따른 시가표준액 중에서 납세자가 정하는 가액
3. 제1호 및 제2호에 해당하지 아니하는 경우: 시가인정액으로 하되, 시가인정액을 산정하기 어려운 경우에는 지방세법 제4조에 따른 시가표준액

③ 납세자가 지방세법 제20조제1항에 따른 신고를 할 때 과세표준으로 제1항에 따른 감정가액을 신고하려는 경우에는 대통령령으로 정하는 바에 따라 둘 이상의 감정기관(대통령령으로 정하는 가액 이하의 부동산 등의 경우에는 하나의 감정기관으로 한다)에 감정을 의뢰하고 그 결과를 첨부하여야 한다.

④⑤ 생 략

⑥ 지방세법 제7조 제11항 및 제12항에 따라 증여자의 채무를 인수하는 부담부증여의 경우 유상으로 취득한 것으로 보는 채무액에 상당하는 부분(이하 이 조에서 '채무부담액'이라 한다)에 대해서는 제10조의3에서 정하는 유상승계취득에서의 과세표준을 적용하고, 취득물건의 시가인정액에서 채무부담액을 뺀 잔액에 대해서는 이 조에서 정하는 무상취득에서의 과세표준을 적용한다.

⑦ 생 략

(다) 유상승계취득의 경우 과세표준(지방세법 제10조의3, 시행 2022. 1. 1.)

① 부동산등을 유상거래(매매 또는 교환 등 취득에 대한 대가를 지급하는 거래를 말한다)로 승계취득하는 경우 취득당시가액은 취득시기 이전에 해당 물건을 취득하기 위하여 거래 상대방이나 제3자에게 지급하였거나 지급하여야 할 일체의 비용으로서 대통령령으로 정하는 사실상의 취득가격(이하 '사실상취득가격'이라 한다)(지방세법시행령 제18조 제1항)으로 한다.

② 지방자치단체의 장은 특수관계인 간의 거래로 그 취득에 대한 조세부담을 부당하게 감소시키는 행위 또는 계산을 한 것으로 인정되는 경우(이하 이 장에서 '부당행위

계산'이라 한다)에는 제1항에도 불구하고 시가인정액을 취득당시가액으로 결정할 수 있다.

③ 부당행위계산의 유형은 대통령령으로 정한다.

(라) 원시취득의 경우 과세표준(지방세법 제10조의4, 시행 2022. 1. 1.)

① 부동산등을 원시취득하는 경우 취득당시가액은 사실상취득가격으로 한다.

② 제1항에도 불구하고 법인이 아닌 자가 건축물을 건축하여 취득하는 경우로서 사실상취득가격을 확인할 수 없는 경우의 취득당시가액은 제4조에 따른 시가표준액으로 한다.

(2) 등록면허세의 경우

(가) 부동산의 등록에 대한 등록면허세의 과세표준은 등록 당시의 가액으로 한다(지방세법 제27조 제1항).

(나) (가)항에 따른 과세표준은 조례로 정하는 바에 따라 등록자의 신고에 따른다. 다만, 신고가 없거나 신고가액이 지방세법 제4조에 따른 시가표준액보다 적은 경우에는 시가표준액을 과세표준으로 한다(지방세법 제27조 제2항).

2. 세 율

(1) 취득세의 경우

부동산에 대한 취득세는 지방세법 제10조의 과세표준에 다음 각 호에 해당하는 표준세율을 적용하여 계산한 금액을 그 세액으로 한다(지방세법 제11조 제1항). 그 세율은 다음과 같다.

권리	등기원인	구 분	취득세율	근거규정
소유권	상 속	농 지	과세표준의 1,000분의 23	지방세법 제11조 제1항 제1호
		농지외의 것	과세표준의 1,000분의 28	
	상속외의 무상취득 (증여, 유증, 명의신탁 해지 등)	일반	과세표준의 1,000분의 35	지방세법 제11조 제1항 제2호
		비영리 사업자	과세표준의 1,000분의 28	
	원시취득	일 반	과세표준의 1,000분의 28	지방세법 제11조 제1항 제3호
	공유물분할, 상호명의신탁해지	일 반	과세표준의 1,000분의 23	지방세법 제11조 제1항 제5호
	합유물분할 총유물분할	일 반	과세표준의 1,000분의 23	지방세법 제11조 제1항 제6호
	그 밖의 원인으로 인한 취득(유상취득)	농 지	과세표준의 1,000분의 30	지방세법 제11조 제1항 제7호
		농지외의 것	과세표준의 1,000분의 40	
		주택		지방세법 제11조 제1항 제8호

(가) 지방세법 제11조 제1항 제8호 제7호 나목에도 불구하고 유상거래를 원인으로 주택 [「주택법」 제2조 제1호에 따른 주택으로서 「건축법」에 따른 건축물대장 · 사용승인서 · 임시사용승인서 또는 「부동산등기법」에 따른 등기부에 주택으로 기재 {「건축법」(법률 제7696호로 개정되기 전의 것을 말한다)에 따라 건축허가 또는 건축신고 없이 건축이 가능하였던 주택(법률 제7696호 건축법 일부개정법률 부칙 제3조에 따라 건축허가를 받거나 건축신고가 있는 것으로 보는 경우를 포함한다)으로서 건축물대장에 기재되어 있지 아니한 주택의 경우에도 건축물대장에 주택으로 기재된 것으로 본다}된 주거용 건축물과 그 부속토지를 말한다]을 취득하는 경우에는 다음 각 목의 구분에 따른 세율을 적용한다. 이 경우 지분으로 취득한 주택의 제10조에 따른 취득 당시의 가액(이하 이 호에서 '취득당시가액'이라 한다)은 다음 계산식에 따라 산출한 전체 주택의 취득당시가

액으로 한다.

$$\text{전체 주택의 취득 당시의 가액} \times \text{취득 지분의 취득 당시의 가액} \times \frac{\text{전체 주택의 시가표준액}}{\text{취득 지분의 시가표준액}}$$

가. 취득당시가액이 6억원 이하인 주택: 1천분의 10

나. 취득당시가액이 6억원을 초과하고 9억원 이하인 주택: 다음 계산식에 따라 산출한 세율. 이 경우 소수점이하 다섯째 자리에서 반올림하여 소수점 넷째 자리까지 계산한다.

$$\left(\text{해당 주택의 취득 당시의 가액} \times \frac{2}{3\text{억원}} - 3\right) \times \frac{1}{100}$$

다. 취득당시가액이 9억원을 초과하는 주택: 1천분의 30

한편 주택 실수요자를 보호하고 투기수요를 근절하기 위하여 법인이 주택을 취득하거나 1세대가 2주택 이상을 취득하는 경우 등은 주택 취득에 따른 취득세율을 상향하고, 단기보유주택 양도 및 다주택자의 조정대상지역 내 주택 양도에 대한 지방소득세 중과세율을 인상하는 한편, 법인의 주택 양도소득에 대한 지방소득세 추가세율을 인상함으로써 실수요자 중심의 주택보유를 유도하여 서민의 주거안정을 도모하려는 취지로 지방세법이 개정되어 2020. 8. 12 시행되게 되었다. 주된 내용은 지방세법 제13조의 2 및 제13조의 3을 살펴보아야 하는데, 이는 본 서적의 목적에 부합하지 아니하므로 그 소개를 생략한다.

(나) 지방세법 제11조 제4항 ④ 주택을 신축 또는 증축한 이후 해당 주거용 건축물의 소유자(배우자 및 직계존비속을 포함한다)가 해당 주택의 부속토지를 취득하는 경우에는 제1항 제8호를 적용하지 아니한다(지방세법 개정 2020. 8. 12. 시행).

(2) 등록면허세의 경우

부동산의 등록에 대한 등록면허세는 지방세법 제27조의 과세표준에 다음 각 호에서 정하는 세율을 적용하여 계산한 금액을 그 세액으로 한다(지방세법 제28조 제1항).

<table>
<tr><th>권 리</th><th>등기원인</th><th>등록면허세율</th><th>근거규정</th></tr>
<tr><td rowspan="4">소유권</td><td>보존</td><td>부동산가액의
1,000분의 8</td><td>지방세법 제28조
제1항 제1호 가목</td></tr>
<tr><td>이전(유상)</td><td>부동산가액의
1,000분의 20</td><td>지방세법 제28조
제1항 제1호 나목</td></tr>
<tr><td>이전(무상)</td><td>부동산가액의
1,000분의 15</td><td rowspan="2">지방세법 제28조
제1항 제1호 나목</td></tr>
<tr><td>이전(상속)</td><td>부동산가액의
1,000분의 8</td></tr>
<tr><td>지상권</td><td>설정 · 이전</td><td>부동산가액의
1,000분의 2</td><td>지방세법 제28조
제1항 제1호 다목[3]</td></tr>
<tr><td>저당권</td><td>설정 · 이전</td><td>채권금액의
1,000분의 2</td><td rowspan="2">지방세법 제28조
제1항 제1호 다목</td></tr>
<tr><td>근저당권</td><td>설정 · 이전</td><td>채권최고액의
1,000분의 2</td></tr>
<tr><td>지역권</td><td>설정</td><td>요역지가액의
1,000분의 2</td><td>지방세법 제28조
제1항 제1호 다목</td></tr>
<tr><td>전세권</td><td>설정 · 이전</td><td>전세금액의
1,000분의 2</td><td>지방세법 제28조
제1항 제1호 다목</td></tr>
<tr><td>임차권</td><td>설정 · 이전</td><td>월 임대차금액의
1,000분의 2</td><td>지방세법 제28조
제1항 제1호 다목</td></tr>
<tr><td>권리질권</td><td>설정 · 이전</td><td>매 1건당 6,000원</td><td>지방세법 제28조
제1항 제1호 마목</td></tr>
<tr><td>채권담보권</td><td>설정</td><td>매 1건당 6,000원</td><td></td></tr>
<tr><td>경매신청</td><td></td><td>채권금액의
1,000분의 2</td><td rowspan="3">지방세법 제28조
제1항 제1호 라목</td></tr>
<tr><td>가압류</td><td></td><td>채권금액의
1,000분의 2</td></tr>
<tr><td>가처분</td><td></td><td>채권금액의
1,000분의 2</td></tr>
<tr><td>가등기</td><td>설정 · 이전</td><td>부동산가액의
1,000분의 2</td><td>부동산가액 또는
채권금액의 1,000분의 2</td></tr>
<tr><td colspan="2">변경 · 경정 · 말소</td><td>매 1건당 6,000원</td><td>지방세법 제28조
제1항 제1호 마목</td></tr>
<tr><td colspan="4">※ 지방세법 제28조 제1항 제1호 가목 ~ 라목에 의하여 계산한 세액이 6,000원 미만일 때에는 6,000원으로 한다.</td></tr>
</table>

3) 다만, 구분지상권의 경우에는 해당 토지의 지하 또는 지상 공간의 사용에 따른 건축물의 이용저해율(利用沮害率), 지하 부분의 이용저해율 및 그 밖의 이용저해율 등을 고려하여 행정안전부장관이 정하는 기준에 따라 특별자치시장 · 특별자치도지사 · 시장 · 군수 또는 구청장이 산정한 해당 토지 가액의 1천분의 2로 한다.

3. **등기신청시 납부할 취득세 및 등록면허세 등에 관한 예규**(2022. 5. 16. 등기예규 제1744호)

(1) '국' 명의의 가처분등기말소에 따른 등록면허세

국 명의의 가처분등기가 이루어진 후 국가가 본안 소송에서 승소판결을 받아 이에 따른 등기를 완료한 후라면 위 가처분등기의 말소는 국가가 자기를 위하여 하는 등기에 해당하므로 「지방세법」 제26조 제1항에 따라 등록면허세가 면제되지만, 승소판결에 따른 등기를 하지 않고 위 가처분등기를 말소하는 경우에는 등기부상 소유자가 그 가처분말소등기의 등기권리자가 되므로 등록면허세를 납부하여야 한다.

(2) 국가가 대위하여 촉탁하는 분필등기 등과 등록면허세

국가가 1필의 토지의 일부를 매수하고 매도인을 대위하여 촉탁하는 분필등기, 등기명의인표시변경등기와 지목변경등기 등은 「지방세법」 제26조 제1항에서 말하는 국가가 자기를 위하여 하는 등기에 해당하므로 등록면허세가 면제된다.

(3) 담보가등기를 신청하는 경우 등록면허세

담보가등기권리는 「가등기담보 등에 관한 법률」 제17조 제3항에 따라 이를 저당권으로 보고 있으므로, 담보가등기를 신청할 경우 납부할 등록면허세는 「지방세법」 제28조 제1항의 저당권의 세율을 적용하여야 한다.

(4) 근저당권설정등기를 신청하는 경우 등록면허세

근저당권설정등기를 신청하는 경우에는 「부동산등기법」 제75조 제2항 제1호의 채권의 최고액을 과세표준으로 하여 등록면허세를 납부하여야 한다.

(5) 신탁등기의 취득세 및 등록면허세

신탁을 원인으로 한 소유권이전등기와 신탁의 등기는 동시에 신청하여야 하나 이들은 각 별개의 등기이므로, 신탁을 원인으로 한 소유권이전등기에 대하여는 「지방세법」 제9조 제3항 제1호에 따라 취득세를 납부할 필요가 없지만, 신탁등기에 대하여는 「지방세법」제28조 제1항 제1호 마목에 따른 등록면허세를 납부하여야 한다.

(6) 신탁재산의 위탁자 지위의 이전이 있는 경우 신탁원부 기록의 변경등기에 대한 취득세 또는 등록면허세

(가) 신탁재산의 위탁자 지위의 이전을 등기원인으로 하는 신탁원부 기록의 변경등기에 대하여는 「지방세법」 제7조 제15항 본문에 따라 취득세를 납부하여야 한다. 다만, 위탁자 지위의 이전으로 신탁재산에 대한 실질적인 소유권 변동이 있더

라도 관련 법령이 정하는 바에 따라 취득세 비과세 · 면제 사유가 있는 경우에는 그러하지 아니하다.

(나) 해당 등기신청의 등기원인인 위탁자 지위의 이전이 신탁재산에 대한 실질적인 소유권 변동이 있다고 보기 어려운 경우로서 「지방세법」 제7조 제15항 단서 및 「지방세법 시행령」 제11조의3(대통령령 제32293호로 개정되기 전의 「지방세법 시행령」 제11조의2를 포함한다. 이하 같다)으로 정하는 경우에 해당됨을 소명하는 첨부정보(예: 과세권자인 지방자치단체의 장이 등기원인인 위탁자 지위의 이전이 「지방세법」 제7조 제15항 단서 및 「지방세법 시행령」 제11조의3으로 정하는 경우에 해당되는지에 대한 질의민원을 심사하여 그에 해당된다는 내용의 처리결과를 통지한 문서 등)가 제공되는 신탁원부 기록의 변경등기에 대하여는 「지방세법」 제28조 제1항 제1호 마목에 따른 등록면허세를 납부하여야 한다.

(7) 미등기부동산의 처분제한의 등기 등의 경우 취득세 또는 등록면허세와 국민주택채권 매입

(가) 미등기부동산에 대한 처분제한 등기의 촉탁에 의하여 등기관이 직권으로 소유권보존등기를 완료한 때에는 납세지를 관할하는 지방자치단체 장에게 「지방세법」 제22조 제1항에 따른 취득세 미납 통지 또는 「지방세법」 제33조에 따른 등록면허세(「지방세법」 제23조 제1호 다목, 라목에 해당하는 등록에 대한 등록면허세를 말한다. 이하 6.에서 같다) 미납 통지를 하여야 하고, 이 경우 소유자가 보존등기를 신청하는 것이 아니므로(「주택도시기금법」 제8조 참조) 국민주택채권도 매입할 필요가 없다.

(나) 채권자가 채무자를 대위하여 소유권보존등기를 신청하는 경우에는 본래의 신청인인 채무자가 신청하는 경우와 다르지 않으므로 채권자가 취득세 또는 등록면허세를 납부하여야 하고, 등기하고자 하는 부동산이 토지인 경우에는 국민주택채권도 매입하여야 한다.

4. 국세체납처분을 위한 소유권이전등기의 대위신청(촉탁)

체납처분으로 인한 압류등기를 촉탁하기 위하여 관공서는 체납자를 대위하여 체납자 앞으로의 소유권이전등기촉탁을 할 수 있고, 이 경우 그 등기의 원인증서의 첨부, 취득세의 납부 및 주택채권의 매입은 일반의 등기절차와 다르지 않다(1986. 12. 31. 등기예규 제619호).

IV. 취득세 등의 납부절차[실무 참고자료]

1. 신고의무

(1) 취 득 세

취득세 과세물건을 취득한 자는 그 취득한 날(「부동산 거래신고 등에 관한 법률」 제10조 제1항에 따른 토지거래계약에 관한 허가구역에 있는 토지를 취득하는 경우로서 같은 법 제11조에 따른 토지거래계약에 관한 허가를 받기 전에 거래대금을 완납한 경우에는 그 허가일이나 허가구역의 지정 해제일 또는 축소일을 말한다)부터 60일[무상취득(상속은 제외한다)으로 인한 경우는 취득일이 속하는 달의 말일부터 3개월, 상속으로 인한 경우는 상속개시일이 속하는 달의 말일부터, 실종으로 인한 경우는 실종선고일이 속하는 달의 말일부터 각각 6개월(외국에 주소를 둔 상속인이 있는 경우에는 각각 9개월)] 이내에 그 과세표준에 제11조부터 제13조까지, 제13조의2, 제13조의3, 제14조 및 제15조의 세율을 적용하여 산출한 세액을 대통령령으로 정하는 바에 따라 신고하고 납부하여야 한다(지방세법 제20조 제1항, 2022. 1. 1. 개정).

(2) 등록면허세

등록을 하려는 자는 등록을 하기 전까지 납세지를 관할하는 시장 · 군수에게 신고하고 납부하여야 한다(지방세법 제30조 제1항; 지방세법시행령 제48조 제3항).

2. 등기 전(前) 납부의무

1) 재산권과 그 밖의 권리의 취득·이전에 관한 사항을 공부에 등기하려는 경우에는 등기를 하기 전까지 취득세를 신고·납부하여야 하고(지방세법 제20조 제4항), 등록을 하려는 자는 등록을 하기 전까지 등록면허세를 신고·납부하여야 한다(지방세법 제30조 제1항). 여기서 '등기 또는 등록을 하기 전까지'라 함은 '등기신청서를 등기소에 접수하는 날까지'를 의미한다(지방세법시행령 제48조 제1항).

2) 전자신청의 방식으로 등기신청하는 경우를 제외하고는 취득세영수필확인서, 등록면허세영수필확인서를 등기신청서에 첨부하여야 한다(지방세법시행령 제36조 제1항, 제49조 제1항).

3. 취득세 등의 납부 확인

등기관이 등기신청서를 조사할 때에는, 취득세(등록면허세) 영수필확인서[시 ·

군·구작성의 전산처리된 용지(OCR고지서)이어야 함. 다만, 지방세인터넷납부시스템(WETAX 또는 ETAX)을 이용하여 납부한 후 출력한 납부서 또는 대법원 인터넷등기소의 정액등록면허세납부서 작성기능을 이용해 작성한 정액등록면허세납부서에 의한 것도 가능]의 첨부 여부와 그 납세명세를 반드시 조사·확인하여야 한다(2014. 12. 24. 등기예규 제1566호). 등기관은 영수필확인서에 기재된 과세표준액과 납부세액이 정당한지 여부까지 심사할 필요는 없고, 납세자·부동산의 표시 및 등기목적이 등기신청 내용과 부합하는지를 확인하면 된다.

4. 취득세 등의 납부확인 후의 절차

1) 등기관서의 장이 등기를 마친 경우에는 취득세 등의 납세지를 관할하는 지방자치단체의 장에게 그 등기신청서 부본에 접수연월일 및 접수번호를 기재하여 등기일부터 7일 내에 통보하여야 한다. 다만, 등기업무를 전산처리하는 경우에는 전산처리된 등기자료를 행정안전부령으로 정하는 바에 따라 통보하여야 한다(지방세법 제22조 제2항, 제33조).

2) 등기관서의 장은 취득세 또는 등록면허세가 납부되지 아니하였거나 납부부족액을 발견하였을 때에는 대통령령으로 정하는 바에 따라 납세지를 관할하는 지방자치단체의 장에게 통보하여야 한다(지방세법 제22조 제1항, 제33조).

제 2 관 지방교육세

I. 지방교육세의 의미

지방교육세는 지방교육의 질적 향상에 필요한 지방교육재정의 확충에 드는 재원을 확보하기 위하여 부과한다.

II. 납세의무자

부동산의 취득에 대한 취득세 혹은 등록에 대한 등록면허세의 납세의무자는 지방교육세를 납부하여야 한다(지방세법 제150조 제1호, 제2호).

III. 과세표준과 세율

1) 종전 지방세법은 등록세액의 20%를 지방교육세로 징수하고 있는바, 개정 지방세법은 취득세와 등록세를 통합함에 따른 세수변동을 방지하기 위하여 취득물건에 대하여 과세표준에 취득세율에서 1,000분의 20을 뺀 세율을 적용하여 산출한 금액의 100분의 20을 곱한 금액을 지방교육세로 부과하도록 규정하고 있다(지방세법 제151조 제1항 제1호).

2) 등록면허세를 납부하는 경우에는 등록면허세액의 100분의 20에 해당하는 지방교육세를 납부하여야 한다(지방세법 제151조 제1항 제2호).

3) 자세한 내용은 위 지방세법 관련 규정을 참조하여야 한다.

IV. 신고 및 납부

지방교육세 납세의무자가 지방세법에 따라 취득세, 등록에 대한 등록면허세를 신고하고 납부하는 때에는 그에 대한 지방교육세를 함께 신고하고 납부하여야 한다(지방세법 제152조 제1항). 지방교육세의 납세명세는 취득세(등록면허세)영수필확인서에 함께 표시되므로 등기관은 지방교육세 납부 여부에 대하여 위 확인서를 조사하면 된다.

제 3 관 농어촌특별세

I. 농어촌특별세의 의미

농어촌특별세는 농어업의 경쟁력강화와 농어촌산업기반시설의 확충 및 농어촌지역 개발사업을 위하여 필요한 재원을 확보함을 목적으로 한다(농어촌특별세법 제1조).

II. 납세의무자

조세특례제한법 · 지방세법 또는 지방세특례제한법에 따라 취득세 또는 등록에 대한 등록면허세의 감면을 받는 자는 농어촌특별세를 납부하여야 한다(농어촌특별세법 제3조 제1호).

III. 과세표준과 세율

1) 조세특례제한법, 지방세법 및 지방세특례제한법에 따라 감면을 받는 취득세 감면세액의 100분의 20에 해당하는 농어촌특별세를 납부한다(농어촌특별세법 제5조 제1항 제1호).

2) 또한 위와 별도로 지방세법 제11조 및 제12조의 표준세율을 100분의 2로 적용하여 지방세법, 지방세특례제한법 및 조세특례제한법에 따라 산출한 취득세액의 100분의 10에 해당하는 농어촌특별세를 납부하여야 한다(농어촌특별세법 제5조 제1항 제6호).

3) 조세특례제한법 제4조에는 농어촌특별세의 부과가 면제되는 경우가 열거되어 있는데, '서민주택에 대한 취득세 또는 등록에 대한 등록면허세의 감면'부분에 대하여서는 농어촌특별세가 면제되는 것이 그 대표적인 경우에 해당한다(농어촌특별세법 제4조 제9호).

여기서 '대통령령으로 정하는 서민주택'이라 함은 주택법 제2조 제3호에 따른 국민주택 규모(다가구주택의 경우에는 가구당 전용면적을 기준으로 한다) 이하의 주거용 건물(주거전용면적 85㎡이하, 수도권을 제외한 도시지역이 아닌 읍면지역은 100㎡이하)과 이에 부수되는 토지를 의미한다. 세부적인 내용은 농어촌특별세법시행령 제4조 제4항 및 주택법 제2조 제6호를 참조한다.

IV. 신고 및 납부

농어촌특별세는 해당 본세를 신고 · 납부(중간예납을 제외한다)하는 때에 그에 대한 농어촌특별세도 함께 신고 · 납부하여야 한다(농어촌특별세법 제7조 제1항). 농어촌특별세의 납세명세는 취득세(등록면허세)영수필확인서에 함께 표시되므로 등기관은 농어촌특별세 납부 여부에 대하여 위 확인서를 조사하면 된다.

제 4 관 국민주택채권

I. 국민주택채권의 매입의무

1) 정부는 국민주택사업에 필요한 자금을 조달하기 위하여 국민주택기금의 부

담으로 국민주택채권을 발행할 수 있고(주택도시기금법 제7조 제1항), 국가에 등기를 신청하는 자는 국민주택채권을 매입하여야 한다(주택도시기금법 제8조 제1항 제2호, 제4호).

2) 등기를 신청하는 경우에는 제1종 국민주택채권을 매입하여야 하고 그 국민주택채권발행번호를 등기신청서에 기재하여야 한다(2022. 5. 16. 등기예규 제1744호).

II. 국민주택채권을 매입하여야 하는 경우

1. 매입하여야 하는 경우

주택도시기금법에서는 대통령이 정하는 일정한 등기를 신청할 때에는 국민주택채권을 매입하여야 한다고 규정하고 있는바, 이 등기는 부동산소유권의 보존 또는 이전, 상속, 저당권의 설정 및 이전에 한한다(주택도시기금법 시행규칙 제7조 제2항). 그러므로 소유권이전등기의 말소회복등기를 신청하는 경우에는 국민주택채권을 매입할 필요가 없다.[1]

취득세 및 등록면허세가 면제되는 경우라 하더라도 국민주택채권은 주택도시기금법 및 같은 법 시행령 등에 따라 그 매입의무가 면제되지 않는 한 매입하여야 한다(2022. 5. 16. 등기예규 제1744호).

2. 매입의무자

1) 부동산등기를 하는 경우 제1종 국민주택채권을 매입하여야 하는 자는 다음 각 호와 같다(주택도시기금법 시행규칙 제7조 제2항).

1. 소유권보존등기 또는 소유권이전등기: 소유권보존등기 또는 소유권이전등기의 등기명의자(등기원인이 상속인 경우에는 상속인)
2. 저당권의 설정: 저당권설정자
3. 저당권의 이전: 저당권을 이전받는 자

2) 건축물에 대하여는 건축허가시에 주거전용면적 혹은 연면적을 기준으로 제1종국민주택채권을 매입하므로 건축허가를 신청할 때에 국민주택채권을 매입한 자가 사용승인을 마친 건축물에 대하여 소유권보존등기를 할 때에는 국민주택채권을 매입하지 아니한다(주택도시기금법 시행령 제8조 제2항 [별표] 제3호 (라)목).

---

1) 1998. 1. 23. 등기선례 5-892.

3) 상속등기신청시 매입하여야 할 주택채권은 각 부동산별로 각 부동산에 대하여는 상속인 각자의 상속지분별로 산정된 과세시가표준액을 기준으로 한다(1992. 6. 17. 등기예규 제768호). 협의분할에 의한 상속등기의 경우에도 마찬가지이다(1997. 11. 27. 등기선례 5-891).

4) 근저당권설정등기를 하는 경우에 등록세 및 교육세의 납부의무자는 근저당권자이고 국민주택채권매입대상자는 근저당권설정자이며, 근저당권설정등기의 원인증서에 대한 인지세의 납부의무자는 근저당권자와 근저당권설정자이다(1986. 4. 18. 등기선례 1-922).

따라서 채권매입자 명의가 근저당권자인 근저당권설정등기는 허용되지 아니한다(1989. 5. 22. 등기선례 2-739).

5) 채권최고액의 증액에 따른 근저당권변경등기를 신청하는 경우 증액된 금액에 대해서는 지방세법 제28조 제1항 제1호. (다)목 2)에 따른 등록면허세를 납부하여야 하고 국민주택채권(증액된 금액이 2,000만원 이상인 경우)을 매입하여야 한다(2003. 10. 6. 등기선례 7-526).

6) 국민주택채권의 매입의무와 관련하여서는 국토교통부 발간 「국민주택채권 업무편람」에 자세한 내용이 있고 이는 누리집 [주택도시기금 - 고객서비스 - 자료실]에서도 확인가능하다.

Ⅲ. 국민주택채권매입금액의 산정

1. 지방세법상 시가표준액 기준

주택도시기금법 시행규칙 제7조 제2항에 따라 채권을 매입하여야 하는 자가 등기를 신청하는 때에 매입하여야 하는 제1종 국민주택채권의 금액은 등기신청서를 접수하는 날을 기준일로 하여 지방세법 제4조와 같은 법 시행령 제2조부터 제4조까지에 따른 시가표준액을 적용하여 산정한다(1998. 7. 31. 등기선례 5-902도 같은 취지임. 주택도시기금법 시행규칙 제7조 제3항).

예를 들어 2019년도에 상속이 개시되었고 2021년도에 상속등기를 신청하는 경우에는 2021년도의 시가표준액을 기준으로 채권매입액을 산정한다는 의미이다(다만 취득세의 과세표준은 '취득 당시의 가액'이기 때문에, 이 경우 상속에 대한 취득세는 2019년도를 기준으로 함이 타당하다). 시가표준액에 대하여서는 취득세부분에서 이미 설명한 바 있다.

2. 산정방법

그러므로 국민주택채권매입금액은 소유권보존등기나 이전등기의 경우에는 위와 같이 공시된 혹은 산출된 시가표준액을 기준으로 산정하고, 저당권설정 · 이전의 경우에는 채권액(근저당권의 경우에는 채권최고액)을 기준으로 산정한다.

예를 들어 매매를 원인으로 소유권이전등기를 하는 경우에 취득세는 부동산거래신고필증에 기재된 매매금액을 기준으로 납부하지만, 국민주택채권은 시가표준액을 기준으로 매입하여야 한다.

3. 주택도시기금법 시행령 제8조 제2항 별표, 부표 15호

국민주택채권매입대상 및 금액표

<table>
<tr><th colspan="2">매 입 대 상</th><th>의무매입률</th></tr>
<tr><td colspan="2">19. 부동산등기(등기하고자 하는 부동산이 공유물인 때에는 공유지분율에 따라 산정한 시가 표준액을, 공동주택인 경우에는 세대당 시가표준액을 각각 기준으로 하며, 이 경우 공유지분율에 따라 시가표준액을 산정함에 있어서 둘 이상의 필지가 모여서 하나의 대지를 형성하고 있는 때에는 그 필지들을 합하여 하나의 필지로 본다.)</td><td></td></tr>
<tr><td colspan="2">가. 소유권의 보존(건축물의 소유권보존을 제외한다) 또는 이전(공유물을 공유지분율에 따라 분할하여 이전등기를 하는 경우와 신탁 또는 신탁종료에 따라 수탁자 또는 위탁자에게 소유권이전등기를 하는 경우는 제외한다)</td><td></td></tr>
<tr><th>구 분</th><th>시가표준액</th><th>의무매입률</th></tr>
<tr><td rowspan="2">(1) 주택</td><td>(가) 시가표준액[시가표준액이 공시되지 아니한 신규분양 공동주택의 경우에는 「지방세법」 제10조 제5항 제3호 및 같은 법 시행령 제18조 제3항 제2호에 따른 취득가격을 말한다. 이하 이(1)에서 같다]
2천만원 이상 5천만원 미만</td><td>시가표준액의 13/1,000</td></tr>
<tr><td>(나) 시가표준액 5천만원 이상 1억원 미만
1) 특별시 및 광역시
2) 그 밖의 지역</td><td>
19/1,000
14/1,000</td></tr>
</table>

구분	내용	세율
	(다) 시가표준액 1억원 이상 1억 6천만원 미만	
	1) 특별시 및 광역시	21/1,000
	2) 그 밖의 지역	16/1,000
	(라) 시가표준액 1억 6천만원 이상 2억 6천만원 미만	
	1) 특별시 및 광역시	23/1,000
	2) 그 밖의 지역	18/1,000
	(마) 시가표준액 2억 6천만원 이상 6억원 미만	
	1) 특별시 및 광역시	26/1,000
	2) 그 밖의 지역	21/1,000
	(바) 시가표준액 6억원 이상	
	1) 특별시 및 광역시	31/1,000
	2) 그 밖의 지역	26/1,000
(2) 토지	(가) 시가표준액 5백만원 이상 5천만원 미만	
	1) 특별시 및 광역시	25/1,000
	2) 그 밖의 지역	20/1,000
	(나) 시가표준액 5천만원 이상 1억원 미만	
	1) 특별시 및 광역시	40/1,000
	2) 그 밖의 지역	35/1,000
	(다) 시가표준액 1억원 이상	
	1) 특별시 및 광역시	50/1,000
	2) 그 밖의 지역	45/1,000
(3) 주택 및 토지 외의 부동산	(가) 시가표준액 1천만원 이상 1억 3천만원 미만	
	1) 특별시 및 광역시	10/1,000
	2) 그 밖의 지역	8/1,000
	(나) 시가표준액 1억 3천만원 이상 2억 5천만원 미만	
	1) 특별시 및 광역시	16/1,000
	2) 그 밖의 지역	14/1,000
	(다) 시가표준액 2억 5천만원 이상	
	1) 특별시 및 광역시	20/1,000
	2) 그 밖의 지역	18/1,000
나. 상속 (증여 그 밖의 무상 하는 경우를 포함한	(1) 시가표준액 1천만원 이상 5천만원 미만	
	가) 특별시 및 광역시	18/1,000
	나) 그 밖의 지역	14/1,000
	(2) 시가표준액 5천만원 이상 1억 5천만원 미만	
	가) 특별시 및 광역시	28/1,000
	나) 그 밖의 지역	25/1,000
	(3) 시가표준액 1억 5천만원 이상	

다) 으로 취득	가) 특별시 및 광역시 나) 그 밖의 지역	42/1,000 39/1,000
다. 저당권의 설정 및 이전	1) 저당권 설정금액 2천만원 이상인 경우만 해당한다. 2) 신탁 또는 신탁종료에 따라 수탁자 또는 위탁자에게 저당권을 이전하는 경우는 제외한다.	저당권 설정금액의 10/1,000. 다만, 매입금액이 10억원을 초과하는 경우에는 10억원으로 한다.

Ⅳ. 등기관의 심사

등기관은 국민주택채권 매입정보상의 매입자 성명 등이 등기신청서의 기재사항과 부합하는지 여부와 국민주택채권 매입금액을 반드시 조사·확인하여야 하고, 만일 국민주택채권 매입의무를 이행하지 아니한 경우에는 법 제29조 제10호에 따라 각하하여야 한다.

한편 국민주택채권 매입금액의 심사를 위한 시가표준액의 확인은 등기신청시 첨부한 취득세(등록면허세)영수필확인서상에 기재된 시가표준액을 기준으로 한다.

Ⅴ. 국민주택채권의 매입절차 [실무 참고자료]

(1) 국민주택채권의 최저매입금액은 1만원으로 한다. 다만, 1만원 미만의 단수가 있을 경우에 그 단수가 5천원 이상 1만원 미만일 때에는 이를 1만원으로 하고, 그 단수가 5천원 미만일 때에는 단수가 없는 것으로 한다(주택도시기금법 시행령 제8조 제2항 [별표] 제4호).

(2) 등기신청서에 첨부된 취득세(등록면허세)영수필확인서의 여백에 부동산별로 시가표준액이 기재되어 있어 별도로 시가표준액을 계산하지 않고 이에 의하여 국민주택채권매입금액을 산정할 수 있는 경우에는 등기신청서에 개별공시지가확인서를 첨부할 필요가 없다(2000. 5. 2. 등기선례 6-738).

(3) 국민주택채권 매입대상자가 아닌 자가 착오로 국민주택채권을 매입한 경우의 처

리절차

1) 국민주택채권 매입대상자가 아닌 자가 착오로 국민주택채권을 매입한 후 국민주택채권 매입정보를 신청정보로서 제공하여 등기가 실행된 경우, 착오로 매입한 자는 관할 등기소로부터 '국민주택채권 중도상환사유 사실증명서[「주택도시기금법 시행규칙」 제9조 제1항(이하 법명 생략)]'를 교부받아 채권사무 취급기관에 국민주택채권의 중도상환을 신청할 수 있다(시행령 제10조 제2항 본문 및 등기선례 5-910 참조).

2) 다만 채권관리정보시스템과 연계정보시스템을 구축한 면허권자 등(시행규칙 제8조 제1항 참조)이 사실증명을 채권사무 취급기관에 전자적으로 송부하는 경우에는 위 사실증명서를 첨부하지 아니할 수 있으므로(시행령 제10조 제2항 단서 및 시행규칙 제9조 제2항), 국민주택채권 중도상환 사실증명 신청을 받은 담당 등기관은 연계정보시스템을 통하여 위 사실증명서의 발행에 갈음하여 채권사무 취급기관에 사실증명을 전자적으로 송부(교합→처리현황→당해 사건 검색→처리 후 채권관리→신청사건정보→채권매입액 정정)할 수 있다(2024. 03. 12. 부동산등기과-743 질의회답). .

제 5 관 등기신청수수료

Ⅰ. 등기신청수수료의 납부의무

1) 등기를 하려고 하는 자는 대법원규칙으로 정하는 바에 따라 수수료를 내야 한다(법 제22조 제3항). 이 경우의 대법원규칙이라 함은 「등기사항증명서 등 수수료규칙」을 의미하는바, 이 규칙은 등기사항증명서발급 및 열람수수료뿐만 아니라 등기신청수수료에 대하여 그 금액 및 면제의 범위를 규정하고 있다.

2) 등기신청수수료는 등기신청인이 이를 납부하여야 하되, 등기권리자와 등기의무자의 공동신청에 의하는 경우에는 등기권리자가 이를 납부하여야 한다(2024. 11. 29. 등기예규 제1804호). 등기신청수수료는 다음과 같다.

구 분	방문신청	e-Form신청	전자신청
설정 · 보존 · 이전	15,000원	13,000원	10,000원
변경 · 경정 · 말소	3,000원	2,000원	1,000원

다만 국민주택채권발행번호나 등기필정보를 전산정보처리조직에 입력 · 저장하지 아니한 상태에서 이를 서면으로 출력한 다음 수기로 이러한 정보를 기입하여 등기소에 제출하였고 이러한 신청서가 전자표준양식의 접수방식에 따라 전산정보처리조직에 접수되었다면 일반서면 신청수수료와 전자표준양식 신청수수료와의 차액을 추가 납부하여야 하는 것은 아니다(2018. 9. 20. 부동산등기과-2137 질의회답).

II. 등기신청수수료의 산정

1. 등기목적별 수수료(2024. 11. 29. 등기예규 제1804호)

등기의 목적		수수료	비 고
1. 소유권보존등기		15,000원	
2. 소유권이전등기		15,000원	
3. 소유권이외의 권리 설정 및 이전등기		15,000원	
4. 가등기 및 가등기의 이전등기		15,000원	
5. 변경 및 경정등기(다만, 착오 또는 유루발견을 원인으로 하는 경정 등기 신청의 경우는 수수료 없음)	가. 등기명의인 표시	3,000원	행정구역·지번의 변경, 주민등록번호(또는 부동산등기용등록번호) 정정의 경우에는 신청수수료 없음
	나. 각종권리	3,000원	
	다. 부동산표시	없 음	
6. 분할·구분·합병등기		없 음	대지권에 관한 등기는 제외 (각 구분건물별 3,000원)
7. 멸실등기		없 음	
8. 말소등기		3,000원	예고등기의 말소등기 경우에는 신청수수료 없음
9. 말소회복등기		3,000원	
10. 멸실회복등기		없 음	

<table>
<tr><td colspan="2">11. 가압류 · 가처분등기</td><td>3,000원</td><td></td></tr>
<tr><td rowspan="2">12. 압류등기 및 압류말소등기 (체납처분 등 등기)</td><td>가. 국세 · 지방세</td><td>없 음</td><td></td></tr>
<tr><td>나. 의료보험 등 공과금</td><td>3,000원</td><td></td></tr>
<tr><td colspan="2">13. 경매기입등기, 강제관리등기</td><td>3,000원</td><td></td></tr>
<tr><td colspan="2">14. 회생, 파산, 개인회생, 국제도산 등기</td><td>없 음</td><td></td></tr>
<tr><td rowspan="2">15. 신탁등기</td><td>가. 신탁등기</td><td>없 음</td><td></td></tr>
<tr><td>나. 신탁등기의 변경, 말소 등기 등 신탁관련 기타 등기</td><td>없 음</td><td></td></tr>
<tr><td rowspan="2">16. 환매권등기</td><td>가. 환매특약등기 및 환매권이전등기</td><td>15,000원</td><td></td></tr>
<tr><td>나. 환매권변경, 말소등기 등 환매권 관련 기타 등기</td><td>3,000원</td><td></td></tr>
<tr><td colspan="2">17. 위에서 열거한 등기 이외의 기타 등기</td><td>3,000원</td><td></td></tr>
</table>

2. 구체적인 계산방법(등기예규 제1804호)

(1) 수개의 부동산에 관한 등기신청을 일괄하여 하나의 신청서(촉탁서를 포함한다. 이하 같다)**로써 하는 경우**

등기의 목적에 따른 소정의 수수료액에 신청 대상이 되는 부동산 개수를 곱한 금액을 등기신청수수료로 납부하여야 한다.

(가) 하나의 신청서로써 1필지의 토지 및 그 지상의 1개의 건물에 관한 소유권이전등기를 신청하는 경우 : 1만 5천원(소유권이전등기신청수수료)×2(부동산 개수)=3만원

(나) 하나의 촉탁서로써 3개의 부동산에 관한 가압류촉탁을 하는 경우 : 3천원(가압류촉탁수수료)×3(부동산 개수)=9천원

(2) 변경 및 경정등기 신청의 경우

변경 및 경정등기 중 아래의 경우에는 등기신청수수료를 받지 아니한다.

(가) 등기관의 과오로 인한 등기의 착오 또는 유루를 원인으로 하는 경정등기 신청의 경우

(나) 부동산표시변경 및 경정등기 신청의 경우

(다) 부동산에 관한 분할 · 구분 · 합병 및 멸실등기 신청의 경우(대지권에 관한 등기 제외)

(라) 행정구역 · 지번의 변경, 주민등록번호(또는 부동산등기용등록번호)의 정정을 원인으로 한 등기명의인표시변경 또는 경정등기 신청의 경우

(3) 집합건물에 대한 등기신청의 경우

(가) 각 구분건물별로 등기신청수수료를 납부하되, 대지권등기가 되어 있는 구분건물도 등기신청수수료 산정에 있어서는 1개의 부동산으로 본다.

대지권등기가 경료된 구분건물의 경우 등기신청수수료 산정에 있어서는 이를 1개의 부동산으로 보므로, 그 위에 설정된 1개의 근저당권에 대하여 채무자변경으로 인한 근저당권변경등기를 신청하는 때에는 3천원의 등기신청수수료를 납부하여야 한다(1997. 12. 12. 등기선례 5-923).

(나) 대지권의 표시등기 또는 변경 · 경정등기신청의 경우에도 각 구분건물별로 등기신청수수료를 납부하여야 한다. 대지권의 목적인 토지별로 납부하는 것은 아니다.

(다) 대지권에 대한 등기를 하지 않고 구분건물에 대하여만 소유권보존등기를 한 후 대지권표시등기를 신청하는 때에는 구분건물 1개당 금 3천원의 등기신청수수료를 납부하여야 한다(1997. 6. 30. 등기선례 5-914).

(라) 수 개의 부동산에 관한 등기신청을 일괄하여 하나의 신청서로써 하는 경우에는 등기의 목적에 따른 소정의 수수료액에 대상 부동산개수를 곱한 금액을 등기신청수수료로 납부하여야 하므로 대지권의 등기가 되어 있지 않은 아파트 등 집합건물의 등기신청수수료는 각 구분건물별로 납부하되, 그 대지에 대하여도 필지별로 수수료를 납부하여야 한다(1997. 8. 6. 등기선례 5-916).

(4) 매각으로 인한 등기촉탁의 경우

촉탁의 대상이 되는 등기의 목적이 수 개인 경우에는 각 등기의 목적에 따른 신청수수료를 합산한 금액을 등기신청수수료로 납부하여야 한다.

<예 시> 매각으로 인한 등기촉탁서에 의하여 소유권이전등기의 촉탁과 아울러 1

번 및 2번 근저당권설정등기 및 가압류등기 및 경매개시결정등기의 각 말소등기를 촉탁하는 경우: 1만 5천원(소유권이전등기)+3천원×4(말소등기의 개수)=2만 7천원

(5) 소유권이전등기와 동시에 환매특약의 등기를 하는 경우

소유권이전등기의 신청수수료 이외에 환매특약의 등기의 신청수수료를 별도로 납부하여야 한다(신탁등기 부분은 삭제되었음. 2001. 9. 1).

(6) 수 인의 공유자를 등기의무자로 하는 압류등기를 촉탁하는 경우

등기신청수수료는 등기신청인이 납부하되 등기권리자와 등기의무자의 공동신청에 의하는 경우에는 등기권리자가 이를 납부하여야 하므로, 공유인 1개의 부동산에 관하여 각 공유자 지분에 대한 가압류등기촉탁시 납부할 부동산등기의 신청수수료도 등기의무자인 공유자의 수에 따라 등기권리자가 납부하여야 할 것이다. 다만, 이러한 경우에도 각 공유자를 동일한 가압류신청사건의 채무자로 하여 동일한 촉탁서에 의하는 때에는 공유자 수에 관계없이 각 촉탁서별로 3천원을 납부하면 된다(1997. 12. 4. 등기선례 5-922).

(7) 추가근저당권설정 등기신청의 경우

동일채권을 담보하기 위하여 추가로 근저당권을 설정하는 등기는 그 부동산에 대하여는 변경, 기타의 등기가 아니라 근저당권설정 등기이므로 추가근저당권설정 등기신청 수수료는 근저당권설정등기신청수수료액(1만5천원)에 따른 등기신청수수료를 납부하여야 한다(1997. 8. 4. 등기선례 5-919).

(8) 한국주택금융공사가 한국주택금융공사법 제28조에 따라 취득한 저당권에 대하여 위 공사를 등기권리자로 하는 저당권이전등기의 신청수수료는 매 부동산마다 3천원으로 한다(등기사항증명서등 수수료 규칙 제5조의2 제2항).

3. 등기신청수수료의 납부절차

(1) 등기소에 접수되는 등기신청사건에 대하여는 등기신청서(을지)에 등기신청수수료 금액을 기재하고, 다음 각호의 방법에 따라 그 수수료를 납부한 후 출력하거나 발급받은 영수필확인서를 첨부하여야 한다(등기사항 증명서 등 수수료규칙 제6조 제3항, 등기신청수수료 징수에 관한 예규 2024. 11. 29. 등기예규 제1804호 제6조).

1. 대한민국법원 인터넷등기소(http://www.iros.go.kr/)를 이용하여 전자적인 방법(신용카드, 계좌이체, 선불형지급수단)으로 납부
2. 법원행정처장이 지정하는 수납금융기관에 현금으로 납부

(2) 전자신청을 하는 경우의 수수료는 신용카드, 금융기관 계좌이체 또는 전자화폐 등의 결제방법으로 납부하여야 한다(위 규칙 제6조 제5항).

(3) 전자표준양식에 의한 등기신청을 하는 경우의 수수료는 위 (1) 방법으로 납부하여야 한다(위 규칙 제6조 제6항, 제3항).

(4) 신청인은 동일한 대지상의 집합건물 또는 동일한 부동산에 대하여 여러 건의 등기신청을 동시에 하는 경우 등기신청수수료를 일괄 납부할 수 있다. 이 경우 영수필확인서는 첫 번째 등기신청서에 첨부하고, 그 등기신청수수료란에는 해당 등기신청수수료 액수 외에 일괄 납부한 전체 액수 및 건수도 기재하여야 한다. 나머지 등기신청서의 등기신청수수료란에는 해당 등기신청수수료 액수 외에 일괄 납부한 뜻을 기재하여야 한다(2023. 7. 20. 등기예규 제1772호).

4. 등기소의 처리절차 등

(1) 징수절차

접수공무원이 부동산등기신청서를 접수한 때에는 그 신청서에 첨부된 등기신청수수료 영수필확인서의 납부액과 납부번호를 등기전산시스템에 입력하여야 한다. 다만, 여러 건의 신청에 대하여 수납금융기관에 현금으로 일괄납부한 경우에는 영수필확인서가 첨부된 첫 번째 등기신청사건에 해당 등기신청수수료와 일괄납부 건수 및 일괄납부액을 입력하고, 나머지 각 등기신청사건에는 해당 등기신청수수료 납부액을 입력한 다음 납부번호는 원용처리를 선택하여 입력한다(위 등기예규 제1804호).

(2) 조사의무

1) 등기관은 등기신청서를 조사함에 있어 그 등기신청수수료에 해당하는 납부액이 기재된 영수필확인서가 첨부되었는지를 확인하여야 한다(위 등기예규 제1721호).

2) 등기신청수수료액에 해당하는 영수필확인서가 첨부되어 있지 아니하거나 영수필확인서가 첨부되었다 하더라도 그 확인서에 기재된 납부번호가 이미 사용된 것으로 밝혀진 경우, 영수필확인서에 기재된 납부액이 부족한 경우 등에는 이를 보정하지 아니하면 등기관은 그 등기신청을 각하하여야 한다(위 등기예규 제1804호).

(3) 초과액의 반환

등기신청서에 상당 액수를 초과하여 납부된 금액은 환급하여야 한다. 다만, 신청인 등이 환급청구를 포기할 뜻을 표시한 때에는 등기신청서의 여백에 그 취지를 기재하고 신청인 등의 기명날인 또는 서명을 받아야 한다(등기사항증명서 등 수수료규칙 제6조 제4항)

5. 등기신청이 취하 · 각하된 경우

등기신청이 취하된 경우에는 납부된 등기신청수수료를 신청인 또는 그 대리인에게 환급하되, 그 환급방법은 등기신청수수료의 납부 및 환급 등에 따른 사무처리지침(2023. 7. 20. 등기예규 제1772호)의 규정에 의한다. 다만 등기신청이 각하된 경우에는 이미 납부된 수수료를 반환하지 아니한다(등기사항증명서 등 수수료규칙 제6조 제7항).

III. 등기신청수수료의 면제

1. 다음 각호의 1에 해당하는 등기는 그 신청수수료를 받지 아니한다(등기사항증명서 등 수수료규칙 제5조의2 제2항 단서)

등기신청수수료가 면제되는 경우

1. 예고등기의 말소등기
2. 멸실회복등기
3. 회생, 파산, 개인회생, 국제도산에 관하여 법원의 촉탁으로 인한 등기
4. 부동산표시의 변경 및 경정등기
5. 부동산에 관한 분할 · 구분 · 합병 및 멸실등기(대지권에 관한 등기 제외)
6. 행정구역 · 지번의 변경, 주민등록번호(또는 부동산등기용등록번호)의 정정을 원인으로 한 등기명의인표시변경 또는 경정등기
7. 등기관의 과오로 인한 등기의 착오 또는 유루를 원인으로 하는 경정등기
8. '공유토지분할에 관한 특례법'에 따른 등기
9. 신탁등기 및 신탁등기의 말소등기

2. 등기관의 직권에 의한 등기

등기관이 직권으로 등기하는 경우에는 등기신청수수료를 받지 아니한다

3. 국가에 대한 수수료 면제

「등기사항증명서 등 수수료규칙」 제7조 제3항의 규정에 의하여 등기신청수수료가 면제되는 국가가 자기를 위하여 하는 등기라 함은 다음 각 호의 1에 해당하는 경우를 말한다(등기예규 제1804호).

1. 국가가 등기권리자로서 신청하는 등기

2. 위 1.의 등기 중 국가가 공권력의 주체로서 촉탁한 등기의 말소등기 (예: 국세압류등기의 말소, 공매공고등기의 말소)
3. 국유재산을 관리, 보존하기 위한 등기

4. 「지방세징수법」 제65조에 따라 등기신청수수료가 면제되는 경우는 다음 각 호의 1과 같다.

1. 지방자치단체가 지방세를 징수하기 위하여 등기권리자로서 신청하는 등기
2. 위 1의 등기 중 지방자치단체가 공권력의 주체로서 촉탁한 등기의 말소등기(예: 지방세압류등기의 말소, 공매공고등기의 말소)

5. 「지방행정제재 · 부과금의 징수 등에 관한 법률」 제21조의2에 따라 등기신청수수료가 면제되는 경우는 다음 각호의 1과 같다(2024. 11. 29. 등기예규 제1804호에 의하여 추가된 내용).

1. 지방자치단체가 지방행정제재 · 부과금의 체납액을 징수하기 위하여 등기권리자로서 신청하는 등기
2. 위 1의 등기 중 지방자치단체가 공권력의 주체로서 촉탁한 등기의 말소등기(예: 지방행정제재 · 부과금 압류등기의 말소, 공매공고등기의 말소)

6. 전세사기피해자 지원을 위한 등기신청수수료 면제

「전세사기피해자 지원 및 주거안정에 관한 특별법」에 따른 전세사기피해자(이하 이 조에서 '전세사기피해자' 라고 한다)에 관한 같은 법에 따른 전세사기피해주택(이하 이 조에서 '전세사기피해주택' 이라고 한다)을 대상으로 하는 다음 각 호의 등기에는 등기신청수수료를 면제한다(등기사항증명서 등 수수료규칙 일부개정 2024. 5. 30. 시행 2024. 5. 30.).

1. 전세사기피해자가 본인의 임차권보호를 위하여 신청한 전세사기피해주택에 대한 가압류결정 및 경매개시결정에 따른 등기
2. 전세사기피해자가 취득한 전세사기피해주택에 대한 소유권이전등기. 이 경우 전세사기피해자 결정문 등을 첨부정보로서 등기소에 제공하여야 한다.
3. 전세사기피해자가 취득한 전세사기피해주택에 대한 「민사집행법」 제144조제1항에 따른 등기 및 「부동산등기법」 제97조에 따른 등기

4. 전세사기피해자가 본인의 임차권 보호를 위하여 신청한 전세사기피해주택에 대한 임차권등기명령의 집행에 따른 임차권등기[본조신설 2024.5.30]
[2026년 12월 31일까지 유효함, 등기사항증명서 등 수수료규칙 부칙 제2조]

제 6 관 인 지 세

Ⅰ. 인지세의 납부의무

국내에서 재산에 관한 권리 등의 창설·이전 또는 변경에 관한 계약서나 기타 이를 증명하는 그 밖의 문서를 작성하는 자는 해당 문서를 작성할 때에 이 법에 따라 문서에 대한 인지세를 납부할 의무가 있다(인지세법 제1조).

Ⅱ. 과세문서 및 세액

인지세를 납부하여야 할 문서(과세문서) 및 세액은 다음과 같다(인지세법 제3조).

구 분	기재금액	인지세액
부동산소유권이전에 관한 증서, 소비대차에 관한 증서	1천만원초과 ~ 3천만원이하	20,000원
	3천만원초과 ~ 5천만원이하	40,000원
	5천만원초과 ~ 1억원이하	70,000원
	1억원초과 ~ 10억원이하	150,000원
	10억원초과	350,000원

Ⅲ. 인지세의 납부

1. 과세문서

1) 부동산의 소유권이전에 관한 증서는 그 소유권 이전에 관한 등기신청을 할 때 제출하는 계약서나 그 밖의 등기원인서류로 한다(인지세법시행규칙 제3조). 다만 과세문서는 명칭여하에 불구하고 그 실질내용에 따라 이를 적용한다(인지세법 제3조 제4항).

2) 부동산의 소유권 이전에 관한 증서의 기재금액은 그 이전의 대가액으로 하고, 이전과 관련된 비용은 포함되지 아니한다(인지세법시행규칙 제8조).

3) 과세문서를 작성한 후에 그 기재금액을 증액하여 변경한 경우의 인지세액은 변경전의 계약금액과 증액한 금액의 합계액을 기재금액으로 한 세액에서 변경전의 계약금액을 기재금액으로 하여 납부한 세액을 뺀 금액으로 한다. 다만, 그 기재금액을 감액하여 변경한 경우에는 기재금액의 변경이 없는 것으로 본다(인지세법시행령 제12조).

4) 부동산소유권이전등기신청서의 원인증서 작성시 납부하는 인지세액은 그 원인증서에 기재된 금액을 기준으로 산정하는바, 부가가치세가 원인증서에 기재된 경우나 기재되지는 아니하였으나 그 부가가치세가 원인증서상에 포함된 경우 그 부가가치세를 포함한 금액을 위 기재금액으로 하여 인지세를 납부하여야 한다(1994. 5. 12. 등기선례 4-971).

5) 인지세법 제3조 제1항의 과세문서에는 「전자문서 및 전자거래 기본법」 제2조에 따른 전자문서를 포함한다(인지세법 제3조 제3항). 따라서 인터넷등기신청시에 전자문서로 작성된 등기원인증서(매매계약서 등)에도 인지세법 소정의 인지세를 납부하여야 한다.

2. 납세의무자

1) 2인 이상이 공동으로 문서를 작성한 경우 그 작성자는 해당 문서에 대한 인지세를 연대하여 납부할 의무가 있다(인지세법 제1조 제2항).

2) 근저당권설정등기를 하는 경우에 등록면허세 및 지방교육세의 납부의무자는 근저당권자이고 국민주택채권매입대상자는 근저당권설정자이며, 근저당권설정등기의 원인증서에 대한 인지세의 납부의무자는 근저당권자와 근저당권설정자이다(1986. 4. 18. 등기선례 1-922).

3. 인지세의 납부절차

1) 인지세는 과세문서에 수입인지에 관한 법률 제2조 제1항 제1호에 따른 종이문서용 전자수입인지를 첨부하여 납부한다.

2) 등기원인을 증명하는 서면으로서 제출하는 검인계약서에는 계약서상의 계약금액에 대하여 인지세법 제3조 제1항 제1호에 따른 인지세를 납부하여야 한다(2011. 10. 12. 등기예규 제1419호).

Ⅳ. 인지세의 확인

등기관이 등기신청서를 조사할 때에는 전자수입인지의 첨부 여부 및 그 구매 정보상 수입인지금액의 정확 여부 등을 반드시 조사·확인하여야 한다(등기예규 제1566호). 인지세가 납부되지 않은 등기신청은 법 제29조 제10호의 각하사유에 해당한다.

종이문서용 전자수입인지를 첨부하는 경우 '수입인지에 관한 법률' 제3조 제2항에 따른 전자수입인지업무대행기관이 제공하는 정보통신망(전자수입인지를 판매하는 인터넷사이트)에 종이문서용 전자수입인지를 사용하였음을 입력하는 방식으로 소인하여야 한다(인지세법 제10조).

Ⅴ. 인지세가 비과세되는 경우

1. 인지세법의 규정에 의한 비과세

다음의 문서에 대해서는 인지세를 납부하지 아니한다(인지세법 제6조).

(1) 국가 또는 지방자치단체(지방자치단체조합을 포함한다)**가 작성하는 증서**

다만 국가·지방자치단체 또는 인지세법 제6조 제4호에 규정된 단체(이하 '국가 등'이라 한다)와 그 밖의 자가 공동으로 작성하여 각각 가지는 문서에 관하여는, 국가 등이 가지는 것은 그 밖의 자가 작성한 것으로 보고, 그 밖의 자가 가지는 것은 국가 등이 작성한 것으로 본다(인지세법 제7조). 그러므로 국가 등이 개인과 공동으로 협의계약서를 작성하고 국가 앞으로 소유권이전등기를 신청하는 경우의 계약서에는 인지세법 소정의 인지세를 납부하여야 한다.[1]

(2) 주택의 소유권이전에 관한 증서로서 기재금액이 1억원 이하인 것

주택이 아닌 일반적인 부동산의 경우에는 기재금액이 1천만원 이하인 경우에만 인지매입이 면제된다.

(3) 금전소비대차에 관한 증서로서 기재금액이 5천만원 이하인 것

(4) 공익사업을 위한 토지 등의 취득 및 보상에 관한 법률의 적용을 받는 토지 등을 국가, 지방자치단체 또는 그 밖의 특별법에 따라 설립된 법인에 양도하는 경우 그 양도 절차상 필요하여 작성하는 증서.

1) 1996. 3. 18. 등기선례 4-972.

(5) 기타 등기선례상 인지매입이 면제되는 경우는 다음과 같다.

(가) 판결문 매매를 원인으로 하는 소유권이전등기의 절차이행을 명하는 확정판결을 받은 후 그 판결문을 등기원인서면으로 첨부하여 소유권이전등기를 신청하는 경우에는 그 판결문에 인지세법상의 인지를 납부할 필요는 없다(1998. 1. 20. 등기선례 5-931).

(나) 증여계약서 증여계약은 무상계약으로서 소유권이전에 대한 대가액이 없어 인지세법상의 기재금액이 없다고 할 것이므로, 증여계약서에는 인지세법이 정하는 인지를 납부하지 않아도 된다(2000. 3. 22. 등기선례 6-758).

(다) (근)저당권변경계약서 소비대차계약서나 소비대차의 채무자를 변경하는 계약서(채무인수계약서 또는 채무자변경을 위한 경개계약서)는 소비대차에 관한 권리의 설정, 이전 또는 변경에 관한 계약서로서 그러한 문서를 작성할 때에는 인지세법상의 인지를 납부하여야 한다. 그러나 위 계약에 의하여 기존 (근)저당권의 채무자를 변경하는 (근)저당권변경등기를 하기 위하여 채무자변경계약서를 채무자(또는 물상보증인)와 작성하는 경우 그 변경계약서는 명칭과는 관계없이 (근)저당권변경계약서로 보아야 할 것이고 인지세법상의 과세문서가 아니다(1993. 7. 8. 등기선례 4-970; 2001. 8. 11. 등기선례 6-759).

(라) 건물에 대한 등기신청 후 토지에 대하여 신청하는 경우 토지와 건물에 대한 분양계약서를 첨부하여 건물만에 관한 소유권이전등기를 신청할 경우에도 그 분양계약서를 작성할 때에 분양계약서에 기재된 금액을 기준으로 인지세법에 따른 소정의 인지세를 납부하여야 하며(1993. 3. 25. 등기선례 3-1037), 건물에 대하여 소유권이전등기가 경료된 후 토지에 대하여 소유권이전등기를 신청하는 경우에 다시 위 분양계약서를 등기원인 서면으로 첨부하더라도 그 분양계약서에 추가로 인지세법상의 인지를 납부할 필요는 없다(2002. 4. 19. 등기선례 7-551).

(마) 공유물분할계약서 공유자들이 각자의 공유지분비율에 따라서 공유물분할등기를 신청할 경우에 원인서면으로 제출되는 공유물분할계약서는, 대가성 있는 소유권이전에 관한 증서로 볼 수 없으므로 인지세법에서 정하는 인지를 납부할 필요가 없다(2003. 3. 31. 등기선례 7-552).

(바) 신탁계약서 신탁을 원인으로 하는 소유권이전등기신청서에 첨부하는 신탁계약서는 대가성 있는 소유권이전에 관한 증서로 볼 수 없으므로 인지세법에서 정하는 인지를 납부할 필요가 없다(2004. 8. 23. 등기선례 7-553).

(사) 분양권 전매계약을 원인으로 한 소유권이전등기신청 시 인지세의 과세대상문서와 등기관의 심사범위 분양자 갑이 을과 주택분양계약을 체결한 후 을이 해당 주택에 대한

분양권을 병에게 전매하였고 병이 다시 그 분양권을 정에게 전매한 경우에, 분양계약서, 중간 전매계약서 및 최종 전매계약서는 각각 인지세 납부의 대상이 되는 소유권이전에 관한 증서에 해당한다(인지세법 제3조 제1항 제1호). 또한, 위 각 서면의 작성명의인은 공동으로 작성한 계약서에 대한 인지세를 연대하여 납부할 의무가 있다(인지세법 제1조 제2항).

다만, 분양권을 최종 양수한 정이 갑과 소유권이전등기를 신청하는 경우 최초 분양계약서, 중간 전매계약서 및 최종 전매계약서를 등기원인서면으로 제출하여야 하는데(등기예규 제1419호 2.) 제출된 원인서면 중 최초 분양계약서와 최종 전매계약서에만 인지가 납부되고 중간 전매계약서에는 인지가 납부되지 않았다 하더라도, 이를 갑과 정의 소유권이전등기신청과 관련하여 인지세법에 따라 부과된 의무를 이행하지 아니한 경우라고 볼 수 없으므로(법 제29조 제10호 참조) 등기관은 다른 각하사유가 없는 한 신청된 등기를 수리하여야 한다(2013. 6. 28. 부동산등기과-1531 질의회답).

한편 위 2013년 부동산등기선례의 해석과 관련하여 실무상 혼란이 있었으나 2015년 2월 국세청에서는 ① 공동주택 분양계약서와 권리의무승계(전매)계약서는 인지세법 제3조 제1항 제1호 및 같은 법 시행규칙 제3조의 규정에 의한 '부동산 소유권이전에 관한 증서'이므로 인지세 과세대상이고, ② 기재금액은 '부동산거래신고에 관한 법률' 제3조와 같은 법 시행령 제2조에 따른 부동산 거래 계약서에 기재된 실지거래가격(분양대금과 프리미엄을 합한 금액)이며, ③ 당해 계약서별로 계약당사자간에 서명 날인을 마친 때에 등기원인서류로 등기소에 제출하기로 한 계약서에는 전자수입인지를 첨부하여 각각 인지세 납세의무를 이행하여야 함을 명확히 하고 있다. 즉 분양권전매의 경우 전매시마다 인지세법의 규정에 의한 인지를 납부하여야 한다(국세청 분양권 전매시 인지세 납부 홍보 요청(소비세과-172, 2016.02.03.) 공문).

2. 조세특례제한법의 규정에 의한 면세

조세특례제한법 제116조를 참조한다.

제 17 절 영구보존문서의 제출 및 처리절차

I. 서 설

전산정보처리조직에 의하여 등기소에서 영구보존하는 문서 중 도면, 신탁원부, 공동담보목록(공동전세목록을 포함한다. 다음부터 같다), 공장 및 광업재단 저당법 제6조에 따른 목록, 공장(광업)재단목록(다음부터 '영구보존문서'라 한다)을 등기소에 제출할 때에는 이를 종이로 된 문서가 아니라 PDF파일 형식의 전자문서(다음부터 '전자문서'라 한다)로 등기소에 제공하여야 한다(이하 전산정보처리조직에 의하여 영구보존문서 등에 관한 등기사무를 처리하는 경우의 업무처리지침, 2024. 12. 30. 등기예규 제1807호).

II. 영구보존문서의 의미

1) 종전 등기예규 제1298호에서는 '도면, 신탁원부, 공장저당목록, 공장재단목록 등 등기소에서 보존하는 장부 중 영구보존하는 문서(영구보존문서)와 공동담보목록(공동전세목록 포함)'라고 규정하여 등기소에 보존하는 장부 중에서 영구보존하는 문서는 모두 위 등기예규 제1298호의 적용을 받는 것으로 해석되었었다. 그러나 개정된 예규 제1467호(현재 등기예규 제1723호)에서는 등기소에서 영구보존하는 문서 중 오로지 '도면, 신탁원부, 공동담보목록(공동전세목록 포함), 공장 및 광업재단 저당법 제6조에 따른 목록, 공장(광업)재단목록'만을 영구보존문서라고 규정함으로써 '영구보존문서'의 의미에 대한 개념상 혼란을 정리하였다. 등기소에 영구보존하는 문서이지만 위 등기예규 제1467호(현재 등기예규 제1723호)에서 규정된 '영구보존문서'에 해당하지 않는 것으로는 매매목록을 그 예로 들 수 있다(규칙 제20조 제1항 참조).

또한 종전 등기예규 제1298호에서는 영구보존문서와 공동담보목록을 구분하여 규정함으로써 마치 공동담보목록은 영구보존문서가 아닌 것 같은 혼란을 야기하였으나, 개정된 등기예규에서는 공동담보목록도 영구보존문서에 해당하는 것임을 분명히 하였다.

2) 그러므로 전산정보처리조직에 의하여 영구보존문서에 관한 등기사무를 처리하는 경우의 업무처리지침(2024. 12. 30. 등기예규 제1807호)에 따른 영구보존문서라 함

은 ① 도면 ② 신탁원부 ③ 공동담보목록(공동전세목록 포함) ④ 공장 및 광업재단 저당법 제6조에 따른 목록(공장저당목록) ⑤ 공장(광업)재단목록 등 등기소에서 보존하는 장부 중 영구보존하는 문서를 의미한다. 위 서면은 등기를 신청함에 있어서 부동산등기법 혹은 기타 법령에 따라 등기소에 제공하여야 하는 첨부정보에 해당하므로, 이를 등기소에 제공할 때에는 종이문서가 아니라 PDF파일 형식의 전자문서로 제공하여야 한다.

3) 다만, 위 등기예규 제1723호에서는 공동담보목록은 전산정보처리조직에 의하여 자동으로 생성하는 방식으로 작성하므로(다만, 기존의 수작업방식으로 공동담보에 제공된 부동산에 대하여 토지의 분필, 건물의 분할 또는 구분, 대지권의 표시변경의 각 등기를 하는 경우에는 그러하지 아니하다), 수개의 부동산에 관한 권리를 목적으로 하는 저당권의 설정등기를 신청할 때 그 부동산이 5개 이상인 경우에도 신청서에는 공동담보목록을 첨부할 것은 아니다.

Ⅲ. 영구보존문서의 제출방법

1. 원 칙

영구보존문서는 당사자 또는 자격자대리인이 이를 인터넷등기소에서 전자문서로 변환하여 등록하는 방법으로 제출하여야 한다.

2. 서면으로 제출할 수 있는 경우

등기를 서면으로 신청하는 경우에는 영구보존문서를 서면으로 제출할 수 있다. 한편 개정 규칙 제63조에서는 위 영구보존문서 중 도면에 대하여 다음과 같이 규정을 하고 있다.

> **규칙 제63조(도면의 제출방법)** 방문신청을 하는 경우라도 등기소에 제공하여야 하는 도면은 전자문서로 작성하여야 하며, 그 제공은 전산정보처리조직을 이용하여 등기소에 송신하는 방법으로 하여야 한다. 다만, 다음 각 호의 어느 하나에 해당하는 경우에는 그 도면을 서면으로 작성하여 등기소에 제출할 수 있다.
> 1. 자연인 또는 법인 아닌 사단이나 재단이 직접 등기신청을 하는 경우
> 2. 자연인 또는 법인 아닌 사단이나 재단이 자격자대리인이 아닌 사람에게 위임하여 등기신청을 하는 경우

따라서 위 규칙에 따르면 영구보존문서인 도면은 원칙적으로 전자문서로 작성되어 등기소에 제공되어야 하지만, ① 자연인 또는 법인 아닌 사단이나 재단이 직접 등기신청을 하는 경우 ② 자연인 또는 법인 아닌 사단이나 재단이 자격자대리인이 아닌 사람에게 위임하여 등기신청을 하는 경우에는, 위 도면을 종이로 된 서면으로 작성하여(종이문서로) 직접 제출할 수 있다. 도면뿐만 아니라 기타 영구보존문서인 신탁원부, 공장 및 광업재단 저당법 제6조에 따른 목록(공장저당목록), 공장(광업)재단목록에 대하여서도 규칙 제6조의 적용이 있는 것으로 해석된다.

<table>
<tr><th rowspan="2">영구보존문서의 종류</th><th colspan="3">자연인 · 법인 아닌 사단이나 재단이 등기신청하는 경우</th><th rowspan="2">법인이 등기신청하는 경우</th></tr>
<tr><th>직접 신청하는 경우</th><th>자격자대리인이 아닌 대리인에게 위임한 경우</th><th>자격자대리인에게 위임한 경우</th></tr>
<tr><td>도 면</td><td rowspan="4">종이문서로 제출 가능</td><td rowspan="4">종이문서로 제출 가능</td><td rowspan="4">전자문서로 제출</td><td rowspan="4">전자문서로 제출</td></tr>
<tr><td>신 탁 원 부</td></tr>
<tr><td>공 장 저 당 목 록</td></tr>
<tr><td>공 장 재 단 목 록</td></tr>
<tr><td>공 동 담 보 목 록</td><td colspan="4">등기관이 작성하는 것이므로 제출하지 아니함.</td></tr>
</table>

3. 제출방법

(1) 방문신청의 경우

인터넷등기소에서 영구보존문서를 전자문서로 변환한 후 전자서명을 부여하여 등록하고, 이때 인터넷등기소에서 자동으로 부여되는 영구보존문서의 '등록문서번호'를 신청서의 부동산의 표시 밑 오른쪽에 아래 예시와 같이 기록하여야 한다. 이 경우 신청서에는 영구보존문서를 첨부하지 아니한다.

<예 시> 서울특별시 서초구 서초동 100
대 100㎡ [등록문서번호: ○ ○ ○ 번]

(2) 전자표준양식(e-form)에 의한 신청의 경우

인터넷등기소에서 영구보존문서를 전자문서로 변환한 후 전자서명을 부여하여 등록하고 서면으로 등기신청서를 제출하는 경우(즉 e-Form 신청을 하는 경우)에는 이미 영구보존문서정보가 시스템에 등록되어 있기 때문에, 영구보존문서의 '등록문서번호'를 신청서에 기록할 필요도 없고 영구보존문서를 서면으로 첨부할 필요도 없다.

(3) 전자신청의 경우

전자신청을 하는 경우에는 위 영구보존문서를 전자문서로 변환하여 등록하고, 신청서와 함께 일괄적으로 전자서명을 부여하여 등기소에 송신하여야 한다.

Ⅳ. 접수사무의 처리

1. 영구보존문서와 공동담보목록 번호의 자동 부여

영구보존문서와 공동담보목록의 번호는 전산정보처리조직에 의하여 자동으로 생성하는 방식으로 이를 부여한다.

2. 방문신청의 경우

(1) 신청서에 등록문서번호를 기록하여 제출한 경우

접수담당자는 신청서에 기록된 영구보존문서의 등록문서번호를 전산정보처리조직에 입력하는 방법으로 해당 영구보존문서를 접수한다.

(2) 영구보존문서를 서면으로 제출한 경우

(가) 접수담당자는 신청서를 접수할 때에 신청서의 첨부서면으로 제출된 영구보존문서를 등기소에 비치된 스캐너를 이용하여 전자문서로 변환하여 전산정보처리조직에 등록한 후 접수담당자의 전자서명을 부여하여 접수한다. 다만, 이를 제출 순서대로 접수한다면 후순위로 제출된 다른 신청사건의 접수가 상당히 지연될 것이 예상될 경우에는 그 신청서만을 먼저 접수하고 영구보존문서는 나중에 전산정보처리조직에 등록할 수 있다.

(나) 신청서의 첨부서면으로 제출된 영구보존문서는 이를 신청서 기타 부속서류와 함께 신청서 기타 부속서류편철장에 편철한다.

3. 전자표준양식에 의한 신청의 경우

전자표준양식에 따라 작성된 신청서가 접수되면 영구보존문서가 신청서의 첨부서면으로 자동으로 접수되므로, 접수담당자는 영구보존문서의 등록문서번호를 전산정보처리조직에 따로 입력하지 아니한다.

4. 전자신청의 경우

전자신청의 경우 접수절차가 전산정보처리조직에 의하여 자동으로 처리되므로 접수담당자가 별도로 접수절차를 진행하지 아니한다.

Ⅴ. 보정 등

등기관이 영구보존문서에 대하여 보정을 명한 경우에는 신청인은 다음 각 호의 방법으로 보정하여야 한다.

(가) 영구보존문서를 서면으로 제출한 경우에는 흠결사항을 보정한 영구보존문서를 반드시 서면으로 다시 제출하여야 한다.

(나) 인터넷등기소에서 전자문서로 변환하여 등록하는 방법으로 제출하였거나 송신한 경우에는 흠결사항을 보정한 영구보존문서를 반드시 인터넷등기소에서 '보정처리'를 선택하여 다시 전자문서로 변환하여 등록하여야 한다.

(다) 영구보존문서를 처음부터 제출하지 아니한 경우에는 이를 서면으로 제출하거나 인터넷등기소에서 전자문서로 변환하여 등록하는 방법으로 제출할 수 있다.

Ⅵ. 기 타

기타 영구보존문서나 공동담보목록의 작성방법이나 그 양식, 등기소 내부의 기입사무의 처리방법, 등기관의 조사나 교합업무 등 세부적인 내용에 대해서는 2024. 12. 30. 등기예규 제1807호를 참조한다.

제 18 절 첨부서면의 원용과 원본환부 등

Ⅰ. 첨부서면의 원용

1) 같은 등기소에 동시에 여러 건의 등기신청을 하는 경우에 첨부정보의 내용이 같은 것이 있을 때에는 먼저 접수되는 신청에만 그 첨부정보를 제공하고, 다른 신청에는 먼저 접수된 신청에 그 첨부정보를 제공하였다는 뜻을 신청정보의 내용으

로 등기소에 제공하는 것으로 그 첨부정보의 제공을 갈음할 수 있다(규칙 제47조 제2항). 따라서 동일 등기소에 동시에 수 개의 근저당권설정등기를 신청할 경우 근저당권설정자가 동일인이어서 등기신청서에 첨부하는 인감증명서가 동일할 때에는 그 중 1개의 신청서에 인감증명서를 첨부하고 다른 각 신청서에는 동 인감증명서를 첨부하였다는 취지를 기재하면 될 것이다.

2) 이 경우 위 수 개의 근저당권설정등기간에 목적부동산이 동일한지 또는 근저당권자가 동일한지 여부는 관계가 없다(1994. 2. 22. 등기선례 4-160). 등기되는 권리의 내용이 같을 필요도 없다.

3) 다만 첨부정보는 규칙 제47조 제2항에 따라 동시에 신청하는 경우에만 원용할 수 있다.

4) 매수인 명의로의 소유권이전등기(전건)와 매수인을 근저당권설정자로 하는 근저당권설정등기(후건)를 신청하고자 하는 경우, 전건과 후건이 동시에 신청된 경우에는 후건에 매수인의 등기필정보를 제공할 필요는 없으나, 전건과 후건이 이시(異時)에 신청된 경우에는 전건에서 통지받은 매수인의 등기필정보를 제공하여야 하고, 전건의 접수증 등으로 이를 갈음할 수는 없다(2023. 04. 11. 부동산등기과-1071 질의회답).

5) 한편 뒤에 접수된 사건의 첨부서면을 앞에 접수된 사건의 첨부서면으로 원용할 수 있다는 것이 종전 등기선례의 입장이었지만(2002. 10. 17. 등기선례 7-30). 위 개정 규칙 제47조 제2항을 엄격히 해석한다면 먼저 접수되는 신청서의 첨부정보를 나중에 접수되는 신청서의 첨부정보로 원용하는 것만 가능하다는 것에 대해서는 이미 설명한 바와 같다.

선 례

같은 등기소에 동시에 여러 건의 등기신청을 하는 경우 인감증명의 원용 방법(2020. 05. 01. 부동산등기과-1109 질의회답)

1. 3명의 매도인과 2명의 매수인이 매매계약을 체결하고 이를 원인으로 등기권리자별로 신청정보를 작성하여 소유권이전등기를 신청하는 경우에 각 등기의무자의 부동산매도용인감증명서에 2명의 매수인이 모두 기재되어 있다면 먼저 접수되는 신청에만 그 인감증명서를 제공하고, 다른 신청에는 인감증명서를 제공하는 대신 먼저 접수된 신청에 그 첨부정보를 제공하였다는 뜻을 신청정보의 내용으로 제공할 수 있다.

2. 등기의무자가 동일한 2건의 근저당권설정등기를 동시에 신청하는 경우에 먼저 접수되는 신청에만 등기의무자의 인감증명서를 제공하고, 다른 신청에는 인감증명서를 제공하는 대신 먼저 접수된 신청에 그 첨부정보를 제공하였다는 뜻을 신청정보의 내용으로 제공할 수 있다(2020. 05. 01. 부동산등기과-1109 질의회답).

II. 등기원인증서의 반환

1. 부동산등기규칙 규정

신청서에 첨부된 등기원인을 증명하는 정보를 담고 있는 서면이 법률행위의 성립을 증명하는 서면이거나 그 밖에 대법원예규로 정하는 서면일 때에는 등기관이 등기를 마친 후에 이를 신청인에게 돌려 주어야 한다(규칙 제66조).

위 대법원예규는 2014. 4. 9. 등기예규 제1514호를 의미하는데, 그 내용은 다음과 같다.

2. 등기원인증서의 의의

규칙 제66조가 적용되는 등기원인증서는 규칙 제46조 제1항 제1호의 등기원인증서 중에서 법률행위의 성립을 증명하는 서면과 법률사실의 성립을 증명하는 서면 등이 이에 해당된다.

3. 등기원인증서의 범위

(1) 법률행위의 성립을 증명하는 서면은 다음 각 호와 같다

1. 소유권이전등기의 경우에는 매매계약서, 증여계약서, 공유물분할계약서, 대물반환계약서, 명의신탁해지증서 등
2. 가등기의 경우에는 매매예약서, 매매계약서
3. 각종 권리의 설정등기의 경우에는 근저당권설정계약서, 전세권설정계약서 등
4. 각종 변경등기의 경우에는 권리변경계약서
5. 말소등기의 경우에는 해지(해제)증서 등

(2) 법률사실을 증명하는 서면은 다음 각 호와 같다

1. 수용에 의한 소유권이전등기신청의 경우 협의성립확인서 또는 재결서
2. 판결에 의한 등기신청의 경우 집행력 있는 판결정본 등

(3) 그 밖의 등기원인증서로 볼 수 있는 서면은 다음 각 호와 같다.

1. 규약상 공용부분인 취지의 등기의 경우 규약 또는 공정증서
2. 이혼 당사자 사이의 재산분할협의서

4. 등기원인증서의 반환

(1) 신청서에 첨부된 등기원인증서가 위 3에 해당하는 경우에는 등기관이 등기를 마친 후에 등기필정보통지서와 함께 이를 신청인에게 돌려 주어야 한다.

(2) 등기원인증서의 반환방법

1. ~~수령인의 날인 또는 서명을 받고 반환하는 방법~~
   ~~등기원인증서를 반환할 때에는 부동산등기신청서접수장에 등기원인증서의 반환 연월일과 수령인의 성명을 기재하고 수령인의 날인을 받아야 한다~~(2014. 4. 9. 등기예규 제1514호에 의하여 삭제되었음).
2. 수령인의 전자서명을 받고 반환하는 방법
   가. 등기필정보통지서와 함께 등기원인증서를 반환할 때에는 등기필정보통지서의 바코드를 읽음으로써 반환되는 등기원인증서를 함께 특정하고, 등기원인증서 반환을 위한 전자서명은 등기필정보통지서의 교부를 위한 전자서명으로 갈음할 수 있다. 위 전자서명이라 함은 전자패드에 전자펜을 이용하여 수령인의 서명을 받는 것을 말한다.
   나. 등기필정보통지의 대상이 되지 않는 신청사건의 등기원인증서를 반환할 때에는 등기완료통지서 우측상단에 바코드를 생성·출력하고, 바코드를 읽음으로써 반환되는 등기원인증서를 특정하여 등기완료통지서와 함께 반환하되, 위 등기필정보통지서 교부절차의 예에 따른다.

5. 등기원인증서의 폐기

신청인이 등기를 마친 때부터 3개월 이내에 등기원인증서를 수령하지 아니한 경우에는 이를 폐기할 수 있다.

Ⅲ. 첨부서면의 원본환부의 청구

1. 원　　칙

첨부서면 중에 관청의 허가서 등과 같이 원본이 1통뿐이어서 신청인이 재입수하기 어려운 서면은 신청인이 그 등본을 작성 · 첨부하고 원본은 등기관의 대조용으로 제공한 후 환부받을 수 있다.

신청서에 첨부한 서류의 원본의 환부를 청구하는 경우에 신청인은 그 원본과 같다는 뜻을 적은 사본을 첨부하여야 하고, 등기관이 서류의 원본을 환부할 때에는 그 사본에 원본 환부의 뜻을 적고 기명날인하여야 한다(규칙 제59조).

한편, 전술한 등기원인증서의 반환은(규칙 제66조) 등기관의 의무사항이지만, 신청서에 첨부한 서류원본의 환부는(규칙 제59조) 신청인의 청구가 있는 경우에만 가능하다.

2. 원본환부의 대상이 될 수 있는 것

원본환부는 등기신청인이 그 서면을 계속 보유하여야 할 필요성이 있는 서면이라면 모두 가능하다. 예를 들어 등기신청서에 첨부한 상속재산협의분할서와 유언증서의 원본의 환부를 청구할 수 있다(1991. 3. 21. 등기선례 3-45). 농지취득자격증명도 원본환부의 대상이 된다(1989. 2. 9. 등기선례 2-641).

협의분할에 의한 상속을 원인으로 한 소유권이전등기를 신청할 때에 등기소에 첨부서면으로서 제출한 상속재산분할협의서는 「부동산등기규칙」 제66조 제1항에 따라 등기관이 등기를 마친 후에 신청인에게 돌려 주어야 하는 서면에 해당하지 않는다. 다만, 신청인은 이 서면에 대하여 같은 규칙 제59조에 따라 원본 환부의 청구를 할 수 있으며, 이 경우에는 그 원본과 같다는 뜻을 적은 사본을 제출하여야 한다(2019. 12. 09. 부동산등기과-3012 질의회답).

3. 원본환부의 대상이 될 수 없는 것

다음 각 호의 서류에 대하여는 환부를 청구할 수 없다(규칙 제59조, 2022. 7. 1. 개정).

1. 등기신청위임장, 등기의무자에 대한 자격자대리인의 자필서명정보(제46조 제1항 제8호, 2022. 7. 1.), 등기필정보가 없는 경우 자격자대리인이 작성하는 확인서면(제111조 제2항의 확인정보를 담고 있는 서면) 등 해당 등기신청만을 위하여 작성한 서류
2. 인감증명, 법인등기사항증명서, 주민등록표등본 · 초본, 가족관계등록사항별증명서 및 건축물대장 · 토지대장 · 임야대장 등본 등 별도의 방법으로 다시 취득할 수 있는 서류

4. 원본환부의 대상이 될 수 있는지가 문제되는 경우

신청인으로부터 등기신청서의 첨부서면 중 재외국민이 작성한 처분위임장과 처분위임장에 날인된 인영을 확인하기 위해 제출한 등기명의인의 인감증명은 해당 등기신청만을 위하여 작성한 서류가 아니기 때문에 위 규칙 제59조의 반대해

석상 원본환부청구가 가능하다고 볼 것이다. 위 처분위임장에는 다른 부동산의 표시가 있을 수도 있기 때문이다. 따라서 위 처분위임장 및 그 처분위임장과 연결된 인감증명에 대한 환부신청이 있다면 등기관은 제출받은 등본에 환부의 취지를 기재하고 원본을 환부하여야 할 것이나, 신청인이 당사자가 아닌 대리인(법무사 등)이 신청할 경우에는 당사자로부터 원본환부신청에 대해서 별도의 수권이 있어야 할 것이다(2006. 4. 4. 등기선례 8-108).

제 19 절 행정정보 공동이용에 따른 첨부정보 제공의 면제(규칙 제46조 제6항)

Ⅰ. 원 칙

등기소에 제공하여야 하는 첨부정보 중 법원행정처장이 지정하는 첨부정보는 전자정부법 제36조 제1항에 따른 행정정보 공동이용을 통하여 등기관이 확인하고 신청인에게는 그 제공을 면제한다(규칙 제46조 제6항). 여기서 '행정정보'라 함은 행정기관 등이 직무상 작성하거나 취득하여 관리하고 있는 자료로서 전자적 방식으로 처리되어 부호, 문자, 음성, 음향, 영상 등으로 표현된 것을 말한다(전자정부법 제2조 제6호).

Ⅱ. 첨부정보 제공 면제의 대상

등기를 신청하는 경우 신청정보와 함께 등기소에 제공하여야 하는 첨부정보(규칙 제46조 제1항) 및 그 밖의 법령에 따라 등기소에 제공하여야 하는 첨부정보 중 법원행정처장이 지정하는 첨부정보가 부동산등기규칙 제46조 제6항의 적용 대상이다.

Ⅲ. 공시성 행정정보

행정정보의 성질상 누구든지 서류로 발급받거나 열람할 수 있는 행정정보는 다음과 같다(행정정보공동이용지침, 2017. 8. 31. 행정안전부예규 2017-6호). 즉 아래의 공시성 행정정보는 법원행정처장이 지정하는 등기소에서 등기신청시 첨부정보로 제공할 필요가 없다.

1) 상업등기법 제15조 제1항에 따른 법인등기사항증명서
2) 부동산등기법 제19조에 따른 토지등기사항증명서 및 건물등기사항증명서
3) 공간정보의 구축 및 관리 등에 관한 법률 제2조 제19호 가목에 따른 토지대장, 임야대장, 지적도 및 임야도
4) 건축법 제38조에 따른 건축물대장
5) 토지이용규제 기본법 제10조 제1항에 따른 토지이용계획확인서
6) 부동산 가격공시에 관한 법률 제10조에 따른 개별공시지가확인서, 제17조에 따른 개별주택가격확인서 및 제18조에 따른 공동주택가격확인서

Ⅳ. 첨부정보가 개인정보를 포함하고 있는 경우

1) 첨부정보가 개인정보를 포함하고 있는 경우에는 그 정보주체의 동의가 있음을 증명하는 정보를 적은 서면(행정정보 공동이용 사전동의서)을 등기소에 제공한 경우에만 그 제공을 면제한다(규칙 제46조 제6항 단서). 첨부정보가 개인정보를 포함하고 있는 경우란 그 정보의 성질상 누구든지 서류로 발급받거나 열람할 수 있는 행정정보(공시성 행정정보)가 아닌 경우를 말한다.

2) 현재 이에는 '주민등록사항정보(주민등록표등본 · 초본)'를 그 예로 들 수 있다(2020. 11. 17. 등기예규 제1717호). 즉 법원행정처장이 지정하는 등기소에서 행정정보 공동이용 사전동의서(다음 면 참조)를 첨부하여 등기신청시에는 위의 주민등록사항정보를 첨부정보로 제공할 필요가 없다.

3) 서면에 의한 방문신청시 제출하여야 하는 행정정보 공동이용 사전동의서에는 동의인의 서명 또는 기명날인이 있어야 한다. 전자신청의 경우 행정정보 공동이용 사전동의서에는 동의인의 인증서 정보를 덧붙여야 한다. 다만, 자격자대리인이 전자신청을 하는 경우에는 위 서면을 전자적 이미지정보로 변환하여 송신할 수 있다(위 예규).

Ⅴ. 전산정보처리조직의 장애 발생으로 행정정보를 확인할 수 없는 경우

등기신청이 접수된 이후에 행정기관의 시스템 장애, 행정정보 공동이용망의 장애 또는 등기소의 전산정보처리조직의 장애 등으로 인하여 등기관이 그 행정정보를 확인할 수 없는 경우에는 대법원예규가 정하는 방법에 따라 신청인에게 그 행정정

보를 등기소에 제공할 것을 명할 수 있다(부동산등기규칙 제46조 제5항 입법예고안, 시행예정일 2025. 1. 31.).

행정정보 공동이용 사전동의서

1. 이용기관 명칭 :

2. 이용사무(이용목적) :

3. 공동이용 행정정보(구비서류)

연번	행정정보명	연번	행정정보명

※ 이용기관은 본인이 동의한 위 공동이용 행정정보를 확인하기 위해 「개인정보 보호법」 시행령 제19조에 따라 주민등록번호, 여권번호, 운전면허의 면허번호 또는 외국인등록번호가 포함된 행정정보를 처리할 수 있습니다. 이용기관이 요청하는 경우 기재하여 주십시오.(필요시 기재사항)

(□주민등록 □여권 □외국인등록 □운전면허) 번호 :

4. 정보주체(본인) 동의사항

○ 본인은 위 사무의 처리를 위하여 「전자정부법」 제36조에 따른 행정정보 공동이용을 통해 이용기관의 업무처리담당자가 전자적으로 본인의 구비서류(공동이용 행정정보)를 확인하는 것에 동의합니다.

※ 만일, 본인이 위 행정정보 이용에 대해 동의를 하지 아니할 경우에도 불이익은 없습니다. 다만, 동의하지 아니한 경우에는 본인이 해당 구비서류를 제출하여야 합니다.

년 월 일

대상자 본인 성 명 : (서명 또는 인)
생년월일 :
전화번호 :

제 20 절 재외국민 및 외국인의 등기신청

Ⅰ. 들어가며

2017년 12월 현재 재외동포의 숫자만 해도 740만 명에 달하는 국제화시대를 맞이하여 재외국민 또는 외국인 관련 등기사건을 정확하게 처리하고, 그 동안의 오래된 등기예규·선례를 새롭게 정비하며, 인감증명과 관련하여 2019.1.1. 개정된 「부동산등기규칙」의 내용을 반영하고자 「재외국민 및 외국인의 부동산등기신청절차에 관한 예규」가 2019.1.1.부로 전면 개정되었다(개정 2018.12.18. 등기예규 제1665호, 시행 2019.1.1.(양도신고확인서 제출의무에 대한 규정 제8조의2가 추가되어 2020.7.1.부터 시행되었다. 2020.6.10. 등기예규 제1686호))(2024. 5. 16. 등기예규).

여기에 필자의 해설과 Q&A를 추가하여 재외국민·외국인의 등기절차에서 법률실무가가 겪던 많은 불편함과 의문점을 해소하는 데 도움이 되고자 한다.

Ⅱ. 제1장 총 칙

제1조 (목 적)

이 예규는 재외국민이나 외국인이 「부동산등기법」과 「부동산등기규칙」 등에 따라 부동산등기를 신청할 때에 등기소에 제공하여야 하는 첨부정보와 그 밖에 등기신청절차에 관하여 필요한 사항을 정하는 것을 목적으로 한다.

제2조 (정 의)

이 예규에서 사용하는 용어의 정의는 다음과 같다.

1. '재외국민' 이란 대한민국의 국민으로서 외국의 영주권을 취득한 자 또는 영주할 목적으로 외국에 거주하고 있는 자를 말한다.

▌해 설▐

위의 '외국의 영주권을 취득한 자'란 거주국으로부터 영주권 또는 이에 준하는 거주목적의 장기체류자격을 취득한 자를 말하고, '영주할 목적으로 외국에 거주하고 있는 자'라 함은 「해외이주법」 제2조의 규정에 의한 해외이주자로서 거주국으로부터 영주권을 취득하지 아니한 자를 말한다(「재외동포의 출입국과 법적 지위에 관한 법률 시행령」 제2조 제1호).

여기서 「해외이주법」 제2조의 규정에 의한 '해외이주자'라 함은 생업에 종사하기 위하여 외국에 이주하는 사람과 그 가족 또는 외국인과의 혼인(외국에서 영주권을 취득한 대한민국 국민과 혼인하는 경우를 포함한다.) 및 연고관계로 인하여 이주하는 사람을 말한다.

〈Q 1〉 해외여행자, 유학생, 주재원, 불법체류자 등을 재외국민으로 볼 수 있는지?

이러한 사람들은 '영주권을 취득한 자'도 아니고, '영주할 목적으로 외국에 거주하고 있는 자'가 아니므로 재외국민으로 볼 수 없다. 왜냐하면 「해외이주법」 제3조에서는 영주할 목적으로 외국에 거주하고 있는 해외이주자의 종류로는 ① 연고이주(혼인 · 약혼 또는 친족관계를 기초로 하여 이주하는 것), ② 무연고이주(외국기업과의 고용계약에 따른 취업이주 등), ③ 현지이주(해외이주 외의 목적으로 출국하여 영주권 또는 그에 준하는 장기체류 자격을 취득한 사람의 이주)만을 예시하고 있기 때문이다.

〈Q 2〉 유학생, 주재원(상사원 · 공무원)에 대한 재외국민등록부등본이 발급되어 있으면 재외국민으로 볼 수 있는지?

「재외국민등록법」 제3조에 따르면 외국의 일정한 지역에 계속해 90일 이상 거주하거나 체류할 의사를 가지고 그 지역에 체류하는 대한민국 국민은 재외국민등록을 하여야 한다. 따라서 유학생, 주재원(상사원, 공무원)들이 위 「재외국민등록법」에 따라 재외국민등록을 하고, 재외국민등록부등본이 발급되어 있다 하더라도, 재외국민등록부등본의 체류목적 및 자격 란에 '유학', '주재' 등으로 기재된 경우에는 '외국의 영주권을 취득한 자'도 아니고 '영주할 목적으로 외국에 거주하고 있는 자'도 아니므로 부동산등기절차에서는 재외국민으로 처리할 수 없다.

제2조 (정 의)

2. '외국인' 이란 대한민국의 국적을 보유하고 있지 아니한 개인(무국적자를 포함한다)을 말한다.

▌해 설▐

「국적법」 제11조의2에서는 '출생이나 그 밖에 이 법에 따라 대한민국 국적과 외국 국적을 함께 가지게 된 사람으로서 '대통령령으로 정하는 사람'[이하 '복수국적자(複數國籍者)'라 한다]은 대한민국의 법령 적용에서 대한민국 국민으로만 처우한다.'고 규정되어 있고, 위의 '대통령령으로 정하는 사람'이란 '외국국적 불행사 서약을 한 사람 등'을 의미한다(같은 법 시행령 제16조). 따라서 외국국적 불행사 서약을 한 복수국적자 등은 대한민국 국민으로 취급하여야 하고, 외국인으로 취급하여서는 아니 된다.

〈Q 3〉 여기에서 '무국적자' 의 사례는?

- 대한민국 사람과의 결혼으로 대한민국 국적을 취득하고 본국 국적이 없어진 상태에서 대한민국 국적이 위장결혼임을 이유로 취소된 경우
- 난민의 자녀
- 중국이나 대한민국에서 지위를 인정받지 못하는 탈북화교 등을 예로 들 수 있다.
- 귀화허가로 대한민국 국적을 취득한 소유명의인이 귀화허가 취소로 무국적자가 된 경우도 마찬가지이다(2019. 7. 30. 부동산등기과-1977 질의회답).

〈Q 4〉 외국국적 동포는 외국인인가, 재외국민인가?

출생에 의하여 대한민국의 국적을 보유했던 사람(대한민국정부 수립 전에 국외로 이주한 동포를 포함)으로서 외국국적을 취득한 사람, 또는 위에 해당하는 사람의 직계비속으로서 외국국적을 취득한 사람을 '외국국적 동포'라고 하는데, 「재외동포의

출입국과 법적지위에 관한 법률」 제2조에서는 재외국민과 외국국적 동포의 개념을 구분하고 있다. 따라서 외국국적 동포는 외국인으로 처우한다. 재외동포 체류자격으로 입국한 외국국적 동포가 위 법률 제2조에 따라 재외동포 체류자격을 얻어 국내거소 신고를 한 경우에도 마찬가지다.

〈Q 5〉 **외국국적 동포가 대한민국 국적을 취득하게 된 경우는?**

외국국적 동포가 우리나라에서 국적법 관련 규정에 따라 대한민국 국적과 외국국적을 함께 가지게 된 경우, 이른바 국적법 제11조의2 규정에 따른 복수 국적자에 해당하는 경우에는 대한민국의 법령 적용에서 대한민국 국민으로만 처우하여야 한다. 왜냐하면 '외국인'이라 함은 대한민국의 국적을 보유하고 있지 아니한 개인을 의미하기 때문이다.

〈Q 6〉 **외국국적 동포임에도 불구하고 가족관계등록부가 폐쇄되지 아니한 경우는?**

대한민국 국민이 외국국적을 취득하고 국적을 상실한 경우에는 「가족관계등록 등에 관한 법률」 제11조 제2항 규정에 따라 가족관계등록부(호적부)가 폐쇄되는바, 국적상실신고를 하지 않아서 가족관계등록부가 폐쇄되지 않고 발급되는 경우라 하더라도 외국인으로 볼 것은 아니다.

따라서 부동산등기절차에서 외국국적 취득자가 등기의무자이거나 피상속인 경우라 하더라도 외국국적 취득으로 인하여 폐쇄된 가족관계등록부의 제출이 필요하지는 않다. 그와 같은 취지에서 지금은 폐지되었지만 「외국인의 토지에 대한 소유권의 취득등기절차에 관한 예규」(2018.3.7. 등기예규 제1641호)에서는 가족관계등록부의 폐쇄 여부를 불문한다고 규정하고 있는 것이다.

제2조 (정 의)

3. '외국인등' 이란 외국인, 외국정부, 외국의 법령에 의하여 설립된 법인·단체 등 「부동산 거래신고 등에 관한 법률」 제2조 제4호 각 목의 어느 하나에 해당하는 개인·법인 또는 단체를 말한다.

가. 대한민국의 국적을 보유하고 있지 아니한 개인

나. 외국의 법령에 따라 설립된 법인 또는 단체

다. 사원 또는 구성원의 2분의 1 이상이 가목에 해당하는 자인 법인 또는 단체
라. 업무를 집행하는 사원이나 이사 등 임원의 2분의 1 이상이 가목에 해당하는 자인 법인 또는 단체
마. 가목에 해당하는 사람이나 나목에 해당하는 법인 또는 단체가 자본금의 2분의 1 이상이나 의결권의 2분의 1 이상을 가지고 있는 법인 또는 단체
바. 외국 정부
사. 대통령령으로 정하는 국제기구

4. '공증' 이란 공증인이 공정증서를 작성하는 것 또는 사서증서에 대해 인증하는 것을 말한다.

▌해 설▌

'공정증서(公正證書)'라 함은 「공증인법」 제25조~제56조의5의 방식으로 공증인이 작성한 문서를 의미하고, '사서증서(私署證書)의 인증'은 「공증인법」 제57조~제66조의2의 방식으로 촉탁인으로 하여금 공증인 앞에서 사서증서에 서명 또는 날인하게 하거나 사서증서의 서명 또는 날인을 본인이나 그 대리인으로 하여금 확인하게 한 후 그 사실을 증서에 적는 방법으로 하여야 한다. 부동산등기절차상 '등기위임장'이나 '상속재산분할협의서를 공증'받는다 함은 정확히 표현하면 사서증서인증이라고 할 것이다.

제2조 (정 의)

5. '대한민국 공증' 이란 대한민국 영토 내에서 「공증인법」에 따라 이루어지는 공증과 대한민국 영토 밖에서 「재외공관공증법」에 따라 공증담당영사가 담당하는 공증을 말한다.

▌해 설▌

「재외공관공증법」 제10조에 따르면 공증담당영사는 소속 공관의 관할구역에서 당사자나 그 밖의 관계인의 촉탁을 받아 1. 법률행위나 그 밖에 사권(私權)에 관한 사실에 대한 공정증서의 작성(12조~24조), 2. 사서증서의 인증(25~29조), 3. 공증에 관계되는 문서의 확인(30조~32조)을 할 수 있다.

〈Q 7〉 재외국민이 대한민국 재외공관에서 「재외공관공증법」 제25조~29조의 절차에 따라 등기위임장이나 상속재산분할협의서를 인증받을 수 있는지?

가능하다. 그리고 이 경우에는 특별히 그 '등기위임장'이나 '상속재산분할협의서'에 인감날인을 하고 인감증명을 첨부할 필요가 없다. 「부동산등기규칙」 제60조에 따라 인감증명을 제출하여야 하는 자가 재외국민인 경우에는 위임장이나 첨부서면에 본인이 서명 또는 날인하였다는 뜻의 「재외공관공증법」에 따른 인증을 받음으로써 인감증명의 제출을 갈음할 수 있기 때문이다(「부동산등기규칙」 제61조 제3항).

제2조 (정 의)

6. '본국 공증' 이란 본국 영토 내의 공증과 본국의 영토 밖에서 본국의 외교 · 영사 기관이 담당하는 공증을 말한다.

▌해 설▐

따라서 외국인의 경우에 본국(국적취득국)이 아닌 제3국에 체류하고 있는 경우에 체류국 공증인의 공증을 받는 것은 적법한 공증으로 인정되지 않는다. 다만, 그 제3국에 외국인 본국의 영사기관이 있는 경우에 그 영사확인을 받는 것은 적법하다. 후자의 경우에 그 영사확인문서에 별도의 아포스티유 인증을 받을 필요가 없는 것에 대하여서는 아래 제3조 제2항을 참조한다.

제3조 (외국 공문서에 대한 확인)

① 첨부정보가 외국에서 발행된 공문서(외국 공증인이 공증한 문서를 포함한다. 이하 같다)인 경우에는 규칙 제46조 제9항에 따라 다음 각 호의 구분에 따른 확인을 받아 등기소에 제공하여야 한다.

1. 「외국공문서에 대한 인증의 요구를 폐지하는 협약」(이하 '협약' 이라 한다)을 체결한 국가(한 국가 내의 특수한 지역을 포함한다, 이하 같다. 체약국의 예: 미국, 일본, 호주, 러시아, 홍콩)에서 발행한 공문서의 경우에는 해당 국가의 아포스티유(Apostille) 발행 권한기관(예: 외교부, 국무부, 법원, 교육청 등 국가마다 상이함)에서 발행한 아포스티유 확인

2. 협약을 체결하지 않은 국가(예: 캐나다, 중국, 싱가포르, 대만, 베트남)에서 발행한 공문서의 경우에는 재외공관 공증법 제30조 제1항 본문에 따라 해당 국가에 주재하는 대한민국 공증담당영사의 확인

② 등기관은 협약가입국 현황(www.0404.go.kr)을 참조하여 제1항에 따른 확인이 없는 경우에는 보정을 명하여야 한다. 다만, 다음 각 호의 어느 하나에 해당하는 경우에는 그러하지 아니하다.

1. 첨부정보가 외국의 외교·영사기관이 작성 또는 공증한 문서인 경우(예: 주한미국대사관에서 공증받은 문서)
2. 대한민국과 수교를 맺지 않고 또한 위 협약에도 가입하지 않은 국가(예: 쿠바, 시리아)에서 발행된 공문서인 경우
3. 신분증 원본

▌해설 : 사례연구▐

• **미국에서 발행한 공문서**(출생증명서, 사망증명서 등) **또는 미국 공증인이 공증한 문서**(위임장, 처분위임장, 상속재산분할협의서 등): 주마다 있는 아포스티유 사무소를 방문, 또는 우편의 방식으로 대상 문서에 직접 아포스티유 인증을 받는다. 주정부 발행문서는 주정부 담당 사무소에서, 연방정부 발행문서는 국무부에서 아포스티유 인증을 받아야 한다(수수료 $5~10, 주마다 다름). 통상적으로 공증절차를 진행한 공증인이 별도의 수수료를 받고 이 절차를 대행한다.

• **일본에서 발행한 공문서**(주민등록표, 인감증명 등) **또는 일본공증인이 공증한 문서**(위임장, 처분위임장, 상속재산분할협의서 등): 도쿄·오사카에 있는 아포스티유 사무소를 방문, 또는 우편의 방식으로 대상문서에 직접 아포스티유 인증을 받는다.

• **대만 공무원이 공증한 공문서 또는 사문서**: 대만은 아포스티유 협약에 가입한 국가가 아니므로 대만에서 발급된 서류를 대한민국에서 사용하려면 대만 외교부 영사사무국 공증처의 확인(驗證)을 받은 후 주타이베이 대한민국 대표부에서 공증담당 영사의 확인을 받는다. 자세한 내용은 위 대표부 홈페이지를 참조한다.

• **캐나다에서 발행한 공문서 또는 캐나다 공증인이 공증한 문서**(위임장, 상속재산분할협의서 등): 캐나다는 아포스티유 협약에 가입한 국가가 아니므로 캐나다에서 발급 혹은 공증받은 서류를 대한민국에서 사용하려면 캐나다에 있는 대한민국 영사관에서 공증담당 영사의 확인을 받는다. 참고로 벤쿠버에 있는 대한민국 영사관의 확인을 받기 위해서는 위 공증인은 'The Law Society of Upper Canada'에 등록된 변호사이어야 한다.

〈Q 1〉 미국이나 일본에 있는 대한민국 재외공관의 문서(재외국민등록부등본 등)도 아포스티유 인증을 받아야 하는지?

위 대한민국 재외공관의 문서는 '외국에서 발행된 공문서'도 아니고 '외국 공증인이 공증한 문서'도 아니므로 아포스티유 인증 대상 문서가 아니다.

〈Q 2〉 주한 미국(일본)대사관이나 영사관에서 발행한 문서는 아포스티유 인증을 받아야 하는지?

실무상 혼란이 있었으나 본 등기예규 제1665호에 의하여 정리되었다. 아포스티유 인증을 받기 위하여 본국인 미국이나 일본에 해당 문서를 보낼 필요가 없다. 본 예규 제3조 제2항 1. 참조

〈Q 3〉 미국인이 아포스티유 제도가 있는 프랑스에서 주프랑스 미국대사관이나 영사관에서 공증받은 문서는 아포스티유 인증을 받아야 하는지?

마찬가지로 아포스티유 인증 대상 문서가 아니다. 위 Q.2와 마찬가지이다.

〈Q 4〉 일본의 인감증명을 제출하는 경우에도 아포스티유 인증을 받아야 하는지?

위 해설에서 설명한 대로 반드시 일본에서 아포스티유 인증을 받아야 한다.

제4조 (번역문의 첨부)

① 등기소에 제공하는 첨부정보가 외국어로 작성된 경우에는 규칙 제46조 제8항에 따라 번역문을 붙여야 한다.

② 번역문에는 번역인이 원문과 다름이 없다는 뜻과 번역인의 성명 및 주소를 기재하고 날인 또는 서명하여야 하며 번역인의 신분증 사본을 제공하여야 한다. 다만, 번역문을 인증받아 제출하는 경우에는 그러하지 아니하다.

〈Q 1〉 위 번역은 전문번역인의 번역을 받거나 공증을 받아야 하는지?

번역인의 자격에는 제한이 없다. 등기신청을 대리하는 자격자대리인이 스스로 번역을 해도 된다. 번역문을 인증받을 필요도 없으나 인증 받은 경우에는 번역자의 신분증 사본을 제출할 필요가 없다.

제5조 (처분권한의 위임과 대리인의 등기신청)

① 등기명의인인 재외국민이나 외국인이 국내 또는 국외에서 부동산의 처분권한을 대리인에게 수여한 경우에는 처분대상 부동산과 처분의 목적이 되는 권리 및 대리인의 인적사항을 구체적으로 특정하여 작성한 처분위임장을 등기소에 첨부정보로서 제공하여야 한다.

❙해 설❙

개정 전 종전 예규(「외국인 및 재외국민의 국내 부동산 처분 등에 따른 등기신청절차」 2018. 3. 7. 등기예규 제1640호)에서는 재외국민이 '귀국' 하지 않고 또는 외국인이 '입국'하지 않고 국내부동산을 처분할 경우만을 예시하였으나 개정된 예규(제1665호)에서는 재외국민이나 외국인의 경우 귀국 또는 입국여부를 불문하고 처분행위를 대리인에게 위임할 수 있음을 규정하고 있다. '수임인'이라는 표현도 '대리인'으로 변경되었음을 유의해야 한다.

제5조 (처분권한의 위임과 대리인의 등기신청)

② 권리의 처분권한을 수여받은 대리인은 본인의 대리인임을 현명하고 대리인의 자격으로 작성한 원인증서를 제공하여야 한다.

❙해 설❙

따라서 대리인이 재외국민이나 외국인 본인을 대리하여 작성한 등기원인증서(매매계약서 등)에는 대리인이 기명날인(또는 서명)하여야 하는 것이므로, 재외국민이나 외국인 본인만 기명날인(또는 서명)한 등기원인증서는 부적법한 것이며, 재외국민이나 외국인 본인과 대리인이 함께 기명날인(또는 서명)을 한 등기원인증서는 등기관의 판단에 따라서는 보정명령의 대상이 될 수도 있다.

제5조 (처분권한의 위임과 대리인의 등기신청)

③ 「부동산등기규칙」 제60조 제1항 제1호부터 제3호까지에 해당하는 등기신청을 하는 경우에는 제1항의 처분위임장에 등기명의인의 인감을 날인하고 그 인감증명을 제출하여야 한다. 이 경우 인감증명을 제출하여야 하는 자가 재외국민인 경우에는 아래 제9조를 준용하고 외국인인 경우에는 제12조를 준용한다.

〈Q 1〉 처분위임장에 항상 재외국민의 인감증명을 첨부하여야 하는지?

종전 예규에 따르면 재외국민의 처분위임장을 제출하는 경우에는 재외국민의 인감증명을 제출할 것을 요구하였지만, 이번 개정에서는 재외국민의 인감증명은 그 등기가 규칙 제60조 제1항 제1호~3호에 해당하는 경우에만 인감증명을 제출하는 것으로 변경되었다.

〈Q 2〉 처분위임장에 항상 외국인의 인감증명 등을 첨부하여야 하는지?

개정 전 등기예규 제1640호에 따르면 외국인의 처분위임장을 제출하는 경우에 ① 인감증명의 날인제도가 없는 외국인은 위임장에 한 서명에 관하여 본인이 직접 작성하였다는 취지의 본국 관공서의 증명이나 이에 관한 공증이 있어야 하고, ② 인감증명의 날인제도가 있는 외국인(일본인, 대만인)은 위임장에 날인한 인감과 동일한 인감에 관하여 그 관공서가 발행한 인감증명이 있어야 하였지만, 2019.1.1.부로 시행되는 등기예규 제1665호에 의하면 외국인의 인감증명은 그 등기가 규칙 제60조 제1항 제1호~3호에 해당하는 경우에만 인감증명을 제출하는 것으로 변경되었다.

제5조 (처분권한의 위임과 대리인의 등기신청)

④ 제3항의 경우 권리의 처분권한을 수여받은 대리인이 본인을 대리하여 등기를 신청할 때에는 등기신청서에, 자격자대리인 등에게 등기신청을 위임할 때에는 등기신청위임장에 대리인의 인감을 날인하고 그 인감증명을 제출하여야 한다. 다만, 매매를 원인으로 하는 소유권이전등기를 신청하는 경우에 대리인의 인감증명은 매도용으로 발급받아 제출할 필요가 없다.

〈Q 3〉 처분위임장에 항상 대리인의 인감증명을 첨부하여야 하는지?

종전 예규에 따르면 재외국민이나 외국인의 처분위임장을 제출하는 경우에는 '수임인'의 인감증명을 제출할 것을 요구하였지만, 개정 등기예규(제1665호)에 의하면 '대리인'의 인감증명은 그 등기가 규칙 제60조 제1항 제1호~3호에 해당하는 경우에만 인감증명을 제출하는 것으로 변경되었다(「부동산등기규칙」 제60조 제2항도 같은 취지).

〈Q 4〉 등기필정보(등기필증)를 가지고 있는 재외국민이나 외국인이 자기 명의의 전세권 또는 근저당권의 말소행위를 대리인에게 위임하는 경우 인감증명이 요구되는지?

위 ③④의 반대해석상 그 등기가 「부동산등기규칙」 제60조 제1항~제3호에 해당하지 않는 경우에는 처분위임장에 재외국민이나 외국인의 인감증명을 첨부하거나 대리인의 인감증명을 제출할 것은 아니다.

제6조 (상속재산분할협의 권한을 위임하는 경우)

① 상속인인 재외국민이나 외국인이 상속재산분할협의에 관한 권한을 대리인에게 수여하는 경우에는 분할의 대상이 되는 부동산과 대리인의 인적사항을 구체적으로 특정하여 작성한 상속재산분할협의 위임장을 등기소에 첨부정보로서 제공하여야 한다.

〈Q 1〉 재외국민이 국외에서 상속재산 분할협의에 관한 권한을 공동상속인에게 위임할 수 있는지?

재외국민이 입국할 수 없는 경우에는 국내에 거주하는 공동상속인 이외의 자에게 이를 위임하여 상속재산의 분할협의를 할 수 있으나 공동상속인에게는 이를 위임할 수는 없다는 취지의 종전 등기선례(1993.11.29. 등기선례 4-342)는 공동상속인 중 한 사람을 위 분할협의에 관한 대리인으로 선임하여도 무방하다는 취지로 변경되었고(2018.5. 28. 등기선례 9-236), 등기예규 제1665호도 같은 취지이다.

〈Q 2〉 외국인이 국외에서 상속재산 분할협의에 관한 권한을 공동상속인에게 위임할 수 있는지?

피상속인의 사망으로 그 공동상속인들이 협의에 의하여 상속재산을 분할하는 경우에 공동상속인 중 1인이 외국에 거주하고 있어 직접 분할협의에 참가할 수 없다면 대리인에게 위임하여 할 수 있는바, 이 경우 그 공동상속인 중 한 사람을 위 분할협의에 관한 대리인으로 선임하여도 무방하다(2018.05.28. 부동산등기과－1218 질의회답). 등기예규 제1665호도 같은 취지이다. 이를 소극적으로 해석하던 종전 등기선례 4-342호는 변경된 것으로 해석된다.

제6조 (상속재산분할협의 권한을 위임하는 경우)

② 상속재산분할협의 권한을 수여받은 대리인은 본인의 대리인임을 현명하고 대리인의 자격으로 작성한 상속재산분할협의서를 등기소에 원인증서로서 제공하여야 한다.

③ 제1항의 상속재산분할협의 위임장에는 상속인 본인의 인감을 날인하고 그 인감증명을 제출하여야 한다. 이 경우 인감증명을 제출하여야 하는 자가 재외국민인 경우에는 제9조를, 외국인인 경우에는 제12조를 준용한다.

〈Q 3〉 상속재산분할협의 위임장에 항상 외국인의 인감증명 등을 첨부하여야 하는지?

일반적인 처분행위를 위임하는 경우와는 달리 외국인의 상속재산분할협의 위임장은 아래 제12조의 방식에 따른다.

제6조 (상속재산분할협의 권한을 위임하는 경우)

④ 제2항의 상속재산분할협의서에는 대리인의 인감을 날인하고 그 인감증명을 제출하여야 한다. 다만, 상속재산분할협의서를 대리인이 작성하였다는 뜻의 공증을 받은 경우에는 인감증명을 제출할 필요가 없다.

〈Q 4〉 상속재산분할협의서에는 항상 대리인의 인감증명을 첨부하여야 하는지?

대리인이 작성하는 상속재산분할협의서에는 대리인이 인감을 날인하고 그 인감증명을 제출하여야 한다. 이와 같이 협의분할에 의하여 상속재산을 취득한 상속인이 상속재산 협의분할에 의한 소유권이전등기신청을 법무사에게 위임한 경우 그 등기신청서에 첨부하는 등기위임장에는 인감증명법에 의한 인감을 날인할 필요가 없다(2003.7.18. 등기선례 7-87).

이 점은 대리인이 처분행위를 위임받아 등기원인증서를 작성하는 경우의 등기원인증서에는 대리인의 인감날인이 요구되지 않지만, 자격자대리인 등에게 등기신청을 위임하는 경우에의 등기위임장에는 대리인의 인감날인이 요구되는 점과 다르다(위 제6조④ 참조).

제7조 (등기필정보가 없는 경우)

① 재외국민이나 외국인이 등기의무자로서 권리에 관한 등기를 신청할 때에 등기필정보가 없다면 부동산등기법 제51조 및 「등기필정보가 없는 경우 확인조서 등에 관한 예규」에서 정하는 바에 따른다.

▌해 설▐

재외국민이나 외국인인 등기의무자의 등기필정보가 없는 경우에는 「부동산등기법」 제51조에 규정된 방식으로 등기의무자에 대한 확인조서를 작성하거나 확인서면을 제출하거나 공증을 받는 식으로 처리할 수 있다.

〈Q 1〉 공증을 받는 서면은?

이 경우 위 공증이라 함은 등기예규(2018.12.18. 등기예규 제1664호, 시행 2019.1.1.)에 규정된 방식에 따라 ① 등기의무자 등이 등기소에 출석하여 직접 등기를 신청하는 경우에는 등기신청서, ② 등기의무자 등이 직접 처분행위를 하고 등기신청을 대리인에게 위임한 경우에는 등기신청위임장, ③ 등기의무자 등이 다른 사람에게 권리의 처분권한을 수여한 경우에는 그 처분권한 일체를 수여하는 내용의 처분위임장을 공증받은 것이어야 한다.

이 경우 처분위임장에는 "등기필정보가 없다"는 뜻을 기재하여야 하고, 등기의무자 등의 작성부분(기명날인 등)에 대해 공증인이 등기의무자 등의 의사에 의해 작성된 것임을 확인하고 그 증명을 하여 주는 사서증서의 인증을 의미한다.

〈Q 2〉 재외국민이나 외국인이 등기필정보가 없는 상태에서 법 제51조의 방식으로 등기위임장을 공증받으면 되는 것인지?

재외국민이나 외국인의 경우에도 위 ① 규정에 따라 등기위임장을 공증받으면 된다. 다만 처분위임장에는 "등기필정보가 없다"는 뜻을 기재하여야 하지만, 등기위임장은 그러하지 아니하다.

제7조 (등기필정보가 없는 경우)

② 법 제51조 단서의 '공증' 은 외국인의 경우에는 본국관공서의 증명이나 본국 또는 대한민국 공증만을 말하고, 재외국민의 경우에는 대한민국 공증만을 말한다.

〈Q 3〉 등기필정보가 없는 재외국민이 등기위임장이나 처분위임장에 거주국 공증인의 공증을 받을 수 있는지?

위 '공증'은 재외국민의 경우에는 대한민국 공증만을 말하므로, '등기위임장'이나 '처분위임장'에 대한민국 영토 내에서 「공증인법」에 따라 이루어지는 공증 또는 대한민국 영토 밖에서 「재외공관공증법」에 따라 공증담당영사가 담당하는 공증을 받아야 하는 것이므로 거주국 공증인의 공증으로 이를 갈음할 수 없다.

〈Q 4〉 등기필정보가 없는 일본인이 처분행위를 위임하는 경우 처분위임장에 인감날인을 하고 인감증명만 첨부하면 되는지?

처분위임장에 인감증명을 첨부하고, ① 일본 공증인의 공증, ② 일본에 있는 대한민국 재외공관 공증담당영사의 공증, ③ 대한민국 영토 내에서 「공증인법」에 따라 이루어지는 공증을 받아야 한다. 물론 그 공증받은 (위 ①②의 경우) 처분위임장 및 일본의 인감증명은 이와 별도로 일본의 아포스티유 인증을 받아야 한다.

〈Q 5〉 등기필정보가 없는 미국인이 처분행위를 위임하는 경우 처분위임장을 공증받으면 되는지?

처분위임장에는 ① 미국 관공서의 증명, ② 미국 공증인의 공증, ② 미국에 있는 대한민국 재외공관 공증담당 영사의 공증, ④ 대한민국 영토 내에서 「공증인법」에 따라 이루어지는 공증을 받아야 한다.

위 ①의 경우에는 이와 별도로 ②, ③, ④ 방식으로 공증을 받고(등기필정보가 없으므로), 그 처분위임장은 이와 별도로 미국의 아포스티유 인증을 받아야 한다(위 ①, ②에 해당하는 경우).

제8조 (국적이 변경된 경우 등기명의인표시변경등기 등)

① 등기명의인의 국적이 변경되어 국적을 변경하는 내용의 등기명의인표시변경등기를 신청하는 경우에는 국적변경을 증명하는 정보(예: 시민권증서, 귀화증서, 국적취득사실증명서, 폐쇄된 기본증명서 등)를 첨부정보로서 제공하고, 신청정보의 내용 중 등기원인은 '국적변경'으로, 그 연월일은 '새로운 국적을 취득한 날'로 제공하여야 한다.

② 국적변경과 동시에 성명이 변경되어 국적변경을 증명하는 정보에 변경된 성명이 기재되어 있는 경우에는 제1항의 등기신청과 함께 성명을 변경하는 내용의 등기명의인표시변경등기를 1건의 신청정보로 일괄하여 신청할 수 있다.

이와 달리 국적을 변경한 이후에 별도의 개명절차를 통하여 성명이 변경된 경우에는 개명을 원인으로 하는 등기명의인표시변경등기를 제1항의 등기신청과 별개의 신청정보로 신청하여야 하며, 개명을 증명하는 정보(예: 기본증명서, 법원의 개명허가기록)를 첨부정보로서 제공하여야 한다.

③ 내국인으로서 등기명의인이 되었던 자가 외국국적을 취득한 후 등기의무자로서 등기를 신청하는 경우에 국내거소 신고나 외국인등록을 하지 않아 국내거소 신고번호나 외국인 등록번호를 부여받은 바가 없다면 등록번호를 변경하는 등기명의인표시변경등기를 선행하여 신청할 필요가 없다.

▌해 설▐

① 등기부에 주민등록번호기재 → 외국국적취득 → 국내거소 신고 또는 외국인등록 → 등록번호변경등기 선행(先行) → 소유권 이전

② 등기부에 주민등록번호 기재 → 외국국적 취득 → 국내거소 신고 × 또는 외국인등록 × → 등록번호변경등기 불필요 → 소유권 이전 가능(다만 이 경우에도

등기부상 등기의무자와 신청서상 등기의무자의 동일성은 소명하여야 한다).

④ 국적이 변경된 경우 등기명의인표시변경에 관한 기록례는 아래와 같다.

〔별지 제1호〕 외국인이 대한민국 국적을 취득한 경우

【 갑 구 】		(소유권에 관한 사항)		
순위번호	등기목적	접 수	등기원인	권리자 및 기타사항
2	소유권이전	2012년 5월 3일 제5300호	2012년 5월 1일 증여	소유자 미합중국인 메이플강 580303-5011113 미국 캘리포니아주 노스힐스 애퀴덕트 애비뉴 9560
2-1	2번등기명의인표시변경	2018년 3월 9일 제7300호	2018년 2월 1일 국적변경	메이플강의 성명(명칭) 강단풍 강단풍의 국적 대한민국인
2-2	2번등기명의인표시변경	2018년 3월 9일 제7301호	2018년 3월 2일 등록번호변경	강단풍의 등록번호 580303-1017821
2-3	2번등기명의인표시변경	2018년 3월 9일 제7302호	2012년 9월 1일 주소변경	강단풍의 주소 서울특별시 서초구 서초대로 1(서초동)

(주) 1. 내국인이 외국국적을 취득한 경우의 기록례도 위와 같다. 다만, 등기의무자로서 소유권이전등기 또는 소유권이전등기말소등기를 할 때 부동산등기용등록번호를 발급받지 않은 상태라면 순위번호 2-2번의 등록번호를 변경하는 등기명의인표시변경등기는 생략할 수 있다.

2. 「등기부의 기재문자에 대한 사무처리지침」에 따르면 외국인의 성명을 표시할 때에만 국적을 기재하도록 하고 있으나 외국인이 대한민국 국적을 취득하여 '국적변경'을 원인으로 등기명의인표시변경등기를 할 때에는 순위번호 2-1번과 같이 '대한민국인'으로 표시한다.

3. 소유권이전등기를 할 때에 등기의무자의 주소가 변경된 경우라면 등기관이 직권으로 순위번호 2-3번의 주소변경등기를 한다(규칙 제122조).

제8조의2 (부동산양도신고확인서의 제공)

재외국민 또는 외국인이 등기의무자로서 부동산에 관한 유상계약(부담부증여 포함)을 원인으로 소유권이전등기를 신청할 때에는 「소득세법」 제108조에 따라 세무서장으로부터 발급받은 '부동산양도신고확인서'를 첨부정보로서 제공하여야 한다.[1] 다만, 재외국민이 「인감증명법 시행령」 제13조 제3항 단서에 따라 발급받은 부동산매도용 인감증명서를 첨부정보로서 제공한 경우에는 그러하지 아니하다(개정 2020. 6. 10. 등기예규 제1686호, 시행 2020. 7. 1.).[2]

Ⅲ. 제2장 재외국민

제9조 (재외국민의 인감증명 제출)

① 재외국민이 규칙 제60조 제1항 제1호부터 제3호까지에 해당하는 등기신청을 하거나 같은 항 제4호부터 제7호까지의 서류를 작성하는 경우에 체류국을 관할하는 대한민국 재외공관(「대한민국 재외공관 설치법」 제2조에 따른 대사관, 공사관, 대표부, 총영사관과 영사관을 의미하며, 공관이 설치되지 아니한 지역에서 영사사무를 수행하는 사무소를 포함한다, 이하 같다)에서 인감을 날인해야 하는 서면에 공증을 받았다면 인감증명을 제출할 필요가 없다.

▌해 설▌

이는 「부동산등기규칙」 제61조 제3항의 내용을 예규화한 것이다.

---

1) 소득세법 제108조(재외국민과 외국인의 부동산등양도신고확인서의 제출) 「재외동포의 출입국과 법적지위에 관한 법률」 제2조 제1호에 따른 재외국민과 「출입국관리법」 제2조 제2호에 따른 외국인이 제94조 제1항 제1호의 자산을 양도하고 그 소유권을 이전하기 위하여 등기관서의 장에게 등기를 신청할 때에는 대통령령으로 정하는 바에 따라 부동산등양도신고확인서를 제출하여야 한다.

2) 소득세법시행령 제171조(부동산등양도신고확인서의 신청 및 발급) 법 제108조에 따라 등기관서의 장에게 부동산등양도신고확인서를 제출해야 하는 자는 기획재정부령으로 정하는 신청서를 세무서장에게 제출하여 부동산등양도신고확인서 발급을 신청해야 한다. 이 경우 「인감증명법 시행령」 제13조 제3항 단서에 따라 세무서장으로부터 부동산 매도용 인감증명서 발급 확인을 받은 경우에는 법 제108조에 따른 부동산등양도신고확인서를 제출한 것으로 본다.

〈Q 1〉 매매를 원인으로 소유권이전등기를 신청하는 경우에도 매도용 인감증명 대신에 위와 같은 영사관 확인으로 갈음할 수 있는지?

인감증명을 제출한다면 그 인감증명은 매도용 인감증명이어야 하지만(「인감증명법 시행령」 제13조), 대한민국 재외공관(영사관)에서 인감을 날인해야 하는 서면에 공증을 받았다면 이와 별도로 매도용 인감증명을 제출할 필요는 없다.

〈Q 2〉 위 '체류국'의 의미

재외국민은 인감을 날인하여야 하는 서면에 체류국을 관할하는 대한민국 재외공관에서 공증을 받음으로써 인감증명의 제출을 갈음할 수 있는바, 여기에서 '체류국'이란 계속적으로 거주하는 국가뿐만 아니라 출장 등으로 일시 체류하는 국가도 포함되므로, 피상속인 명의의 부동산에 대한 분할협의를 함에 있어 공동상속인 중 1인이 영주자격을 얻어 일본에 거주하고 있는데 출장으로 미국에 일시 체류중에 있다면 이 상속인은 상속재산분할협의서에 그가 일시 체류하고 있는 미국에 설치된 대한민국 재외공관에서 공증을 받을 수도 있다(2019. 7. 31. 부동산등기과-2001 질의회답).

제9조 (재외국민의 인감증명 제출)

② 제1항의 경우 중 규칙 제60조 제1항 제1호부터 제3호까지에 해당하는 등기신청을 하는 경우에는 등기의무자가 재외국민임을 증명하는 정보로서 재외국민등록부등본을 등기소에 제공하여야 한다.

〈Q 3〉 대한민국 재외공관(영사관)에서 인감을 날인해야 하는 서면에 공증을 받는 경우에 항상 재외국민등록부등본을 제출하여야 하는지?

「부동산등기규칙」 제60조 제1항 제1호부터 제3호까지에 해당하는 등기를 대한민국 재외공관(영사관)에서 인감을 날인해야 하는 서면에 공증을 받아서 처리하는 경우에만, 또는 아래 제10조 규정에 따라 주소증명서면이 필요한 경우에만 재외국민등록부등본을 제출한다.

〈Q 4〉 거주국 공증인의 인증으로 갈음할 수 있는지 여부

1) 서면으로 부동산등기를 신청(부동산등기법 제24조 제1항 제1호)할 때에 「부동산등기규칙」 제60조에 따라 인감증명을 제출하여야 하는 자가 재외국민인 경우에는 위임장이나 첨부서면에 본인이 서명 또는 날인하였다는 뜻의 「재외공관 공증법」에 따른 인증을 받음으로써 인감증명의 제출을 갈음할 수 있으나(부동산등기규칙 제61조 제3항), 거주국 공증인의 인증을 받음으로써 인감증명의 제출을 갈음할 수는 없다(부동산등기규칙 제61조 제4항 참고).

2) 재외공관 공증의 촉탁은 본인이 직접 재외공관에 출석하지 않고 대리인을 통하여 할 수 있으므로(재외공관 공증법 제17조), 재외공관을 방문하는 것이 불가능하거나 현저히 곤란한 재외국민 등은 대리인을 통하여 공증사무를 처리할 수 있다. 다만, 등기의무자의 등기필정보가 없는 경우에 등기의무자 또는 그 법정대리인의 등기소 출석의무를 갈음하는 「부동산등기법」 제51조 단서의 '공증'은 등기의무자 등의 위임을 받은 대리인이 출석하여 받을 수 없다(2012. 9. 13. 선고 2012다47098 판결).

3) 전산정보처리조직을 이용하여 부동산등기를 신청(부동산등기법 제24조 제1항 제2호)할 때에 신청정보와 함께 제공하여야 하는 첨부정보는 전자문서로 작성되어야 하고, 이러한 전자문서에는 작성명의인의 전자서명정보(공인인증서 등)를 덧붙여야 하는바, 이 경우 작성명의인의 전자서명 외에 공증인의 인증은 불필요하다. 따라서 재외공관에서의 인터넷 화상장치를 이용한 전자문서의 인증이 「재외공관공증법」에 따라 적법한 것으로 인정된다고 하더라도 부동산등기신청과 관련하여 그 활용가능성은 매우 적다고 할 것이다(2020. 04. 06. 부동산등기과-906 질의회답).

제9조 (재외국민의 인감증명 제출)

③ 1항에 따른 공증은 인감을 날인해야 하는 서면 그 자체에 받아야 하는 것이며, 그 서면과 별도의 문서에 서명이나 날인을 하고 그에 대한 공증을 받은 것이어서는 안 된다.

〈Q 4〉 **상속재산분할협의서 내지 등기위임장에는 서명만 하고, 별도로 서명인증서를 제출하는 방식으로 할 수 있는지?**

'등기위임장'이나 '상속재산분할협의서' 등 인감을 날인해야 하는 서면자체에 서명이나 날인을 하고 공증을 받는 것이지, 위 서면과 달리 별도의 서명인증서를 공증 받아서 제출하는 것은 허용되지 않는다.

제10조 (재외국민의 주소증명정보)

재외국민은 주소를 증명하는 정보로서 다음 각 호의 어느 하나에 해당하는 정보를 제공할 수 있다.

1. 재외국민등록부등본
2. 「주민등록법」에 따라 주민등록 신고를 한 경우에는 주민등록표등본 · 초본
3. 주소증명제도가 있는 외국에 체류하는 재외국민으로서 체류국 법령에 따라 외국인등록 또는 주민등록 등을 마친 경우에는 체류국 관공서에서 발행한 주소증명정보 (예: 일본국의 주민표, 스페인왕국의 주민등록증명서)
4. 제1호부터 제3호까지의 규정에 따라 주소를 증명하는 것이 불가능한 경우에는 체류국 공증인이 주소를 공증한 서면

▌해 설▐

재외국민이 주민등록 신고를 한 경우에는 주민등록표등본 · 초본을 제출할 수 있다. 한편 주소증명제도가 있는 일본이나 스페인에 거주하는 재외국민은 그 나라의 주소증명정보를 제출할 수 있는 점은 매우 편리하게 되었지만, 주소증명제도가 없는 미국 등에 거주하는 재외국민이 위 4. 규정에 따라 "주소를 증명하는 것이 불가능하다"고 주장하여 체류국의 공증이 주소를 공증한 서면을 제출할 수 있는지는 의문이다.

제11조 (재외국민의 부동산등기용등록번호)

재외국민의 부동산등기용등록번호는 다음 각 호의 어느 하나로 한다.

1. 주민등록번호를 부여받은 적이 있는 재외국민의 경우에는 주민등록번호(주민등록사항이 말소된 경우에도 같다)
2. 주민등록번호를 부여받은 적이 없는 재외국민의 경우에는 법 제49조 제1항 제2호에 따라 서울중앙지방법원 등기국 등기관이 부여한 부동산등기용등록번호

▌해 설▐

주민등록번호를 부여받은 적이 있는 재외국민의 경우에는 부동산등기용등록번호를 사용할 수도 없고 부동산등기용 등록번호 부여 신청도 허용되지 않는다.

IV. 제3장 외국인

제12조 (외국인의 인감증명 제출)

① 인감증명을 제출하여야 하는 자가 외국인인 경우에는 「출입국관리법」에 따라 외국인등록을 하거나 「재외동포의 출입국과 법적 지위에 관한 법률」에 따라 국내거소신고를 하여 「인감증명법」에 따라 신고한 인감증명을 제출하거나 본국의 관공서가 발행한 인감증명(예: 일본, 대만)을 제출하여야 한다.

〈Q 1〉 위 인감에 갈음하여 아래 ②의 방식(공증)으로 처리할 수 있는지?

「부동산등기규칙」 제61조 제4항 본문 부분에서는 예외를 인정하지 않고 있으므로 「부동산등기규칙」 제60조 제1항 제1호부터 제3호까지의 규정에 따라 인감이 요구되는 경우에는 반드시 인감증명을 첨부하여야 하지만, 「부동산등기규칙」 제60조 제1항 제4호부터 제7호까지의 규정에 해당하는 서면의 경우에는 그 서면이 공정증서이거나 당사자가 서명 또는 날인하였다는 뜻의 공증인의 인증을 받은 서면인 경우에는 인감증명을 제출할 필요가 없다고 본다(「부동산등기규칙」 제60조 제4항). 등기관에 따라서는 후자의 경우에도 인감증명의 제출을 요구할 수도 있다.

〈Q 2〉 상속재산분할협의서를 공증받는 방법

1) 협의분할에 의한 상속을 원인으로 소유권이전등기를 신청할 때에 공동상속인 전원이 인감을 날인한 상속재산분할협의서와 인감증명서를 제공하는 대신 공증인의 공증을 받은 상속재산분할협의서를 첨부정보로서 제공할 수 있다.

2) 상속재산분할협의서에 공증을 받을 때에는 상속인이 날인(또는 서명)을 하고

본인의 의사에 따라 작성되었음을 확인하는 뜻의 공증을 해당 서면 그 자체에 받아야 하며, 상속재산분할협의서가 여러 장인 경우에는 상속인 전원이 간인(또는 연결되는 서명)을 하고, 공증인 또한 각 장에 걸쳐 직인으로 간인을 하여야 한다(공증인법 제38조 제5항).

3) 공동상속인 중 일부가 외국인인 경우로서 그 외국인이 본국에서 상속재산분할협의서에 공증을 받을 때에도 위와 다르지 아니한바, 상속재산분할협의서에 그 상속인이 날인(또는 서명)을 하고 본인의 의사에 따라 작성되었음을 확인하는 뜻의 공증을 해당 서면 그 자체에 받아야 하며, 상속재산분할협의서가 여러 장인 경우에는 그 상속인이 간인(또는 연결되는 서명)을 하고, 공증인 또한 여러 장의 서면을 하나의 문서로서 공증하였음을 나타내는 표시(각 장에 걸쳐 간인하는 방식, 각 장을 끈으로 묶어 압인하는 방식, 각 장을 끈으로 묶고 스티커를 붙인 다음 직인을 찍는 방식 등)를 하여야 한다.

4) 다만, 구체적인 사건에서 외국 공증인의 공증을 받은 상속재산분할협의서가 여러 장인 경우에 그 서면 전체가 하나의 문서로서 공증이 이루어진 것으로 볼 수 있는지 여부는 담당 등기관이 판단할 사항이다(2020. 01. 09. 부동산등기과-80 질의회답).

제12조 (외국인의 인감증명 제출)

② 외국인등록이나 국내거소 신고를 하지 않아 「인감증명법」에 따른 인감증명을 발급받을 수 없고, 또한 본국에 인감증명제도가 없는 외국인은 인감을 날인해야 하는 서면이 본인의 의사에 따라 작성되었음을 확인하는 뜻의 본국 관공서의 증명이나 본국 또는 대한민국 공증인의 인증(대한민국 재외공관의 인증을 포함한다, 이하 같다)을 받음으로써 인감증명의 제출을 갈음할 수 있다.

▌해 설▐

재외국민의 경우와 마찬가지로 외국인의 경우에도 외국인 본국에 소재하고 있는 대한민국 재외공관의 인증을 받아 공증에 갈음할 수 있게 되어 등기절차의 편의성이 많이 확보되었다. 위 재외공관의 인증서는 이와 별도로 아포스티유 인증을 받을 필요도 없다. 다만, 이와 같이 외국인이 재외공관의 인증을 받는 방식은 「부동산등기규칙」 제61조 제4항 단서의 규정상 외국인 그 나라 본국에 인감증명제도가 없는 나라의 경우에만 제한적으로 적용이 있다고 보아야 한다.

제12조 (외국인의 인감증명 제출)

③ ①에 따른 공증은 인감을 날인해야 하는 서면 그 자체에 받아야 하는 것이며, 그 서면과 별도의 문서에 서명이나 날인을 하고 그에 대한 공증을 받은 것이어서는 안 된다.

제13조 (외국인의 주소증명정보)

① 외국인은 주소를 증명하는 정보로서 다음 각 호의 어느 하나에 해당하는 정보를 제공할 수 있다.

1. 「출입국관리법」에 따라 외국인등록을 한 경우에는 외국인등록 사실증명
2. 「재외동포의 출입국과 법적 지위에 관한 법률」에 따라 국내거소신고를 한 외국국적 동포의 경우에는 국내거소신고 사실증명
3. 본국에 주소증명제도가 있는 외국인(예: 일본, 독일, 프랑스, 대만, 스페인)은 본국 관공서에서 발행한 주소증명정보
4. 본국에 주소증명제도가 없는 외국인(예: 미국, 영국)은 본국 공증인이 주소를 공증한 서면. 다만, 다음 각 목의 어느 하나에 해당하는 방법으로써 이를 갈음할 수 있다.
   가. 주소가 기재되어 있는 신분증의 원본과 원본과 동일하다는 뜻을 기재한 사본을 함께 등기소에 제출하여 사본이 원본과 동일함을 확인받고 원본을 환부받는 방법. 이 경우 등기관은 사본에 원본 환부의 뜻을 적고 기명날인하여야 한다.
   나. 주소가 기재되어 있는 신분증의 사본에 원본과 동일함을 확인하였다는 본국 또는 대한민국 공증이나 본국 관공서의 증명을 받고 이를 제출하는 방법
   다. 본국의 공공기관 등에서 발행한 증명서 기타 신뢰할 만한 자료를 제출하는 방법(예: 주한미군에서 발행한 거주사실증명서, 러시아의 주택협동조합에서 발행한 주소증명서)

〈Q 1〉 주소증명제도가 있는 나라의 국민(일본인)이 신분증으로 위 4. 가, 나의 방식으로 처리할 수 있는지?

이와 같이 신분증으로 주소를 증명하는 방법은 본국에 주소증명제도가 없는 경우에 한하여 보충적으로 허용된다고 본다(법원행정처 刊 「주요 부동산등기선례 해설집 III」, p.105, 2019년).

〈Q 2〉 **주소증명제도 없는 나라의 외국인(미국인)이 국내의 공증사무실을 방문하여 한국의 공증인에게 본국의 주소를 진술하고 공증을 받는 것이 가능한지?**

주소증명 서면을 공증하는 공증인은 최소한 그 서면에 진술되어 있는 주소체계를 알 수 있는 공증인이어야 하므로, 외국의 주소체계를 알지 못하는 대한민국 공증인이 외국의 주소를 공증한 것은 주소를 증명하는 기능이 전혀 없으므로 인정되지 않는다(법원행정처 刊 「주요 부동산등기선례 해설집 III」, p.107, 2019년).

제13조 (외국인의 주소증명정보)

② 외국인이 본국을 떠나 대한민국이 아닌 제3국에 체류하는 경우에 체류국에 주소증명제도가 있다면 체류국 관공서에서 발행한 주소증명정보를 제공할 수 있고(예: 스페인에 체류하는 독일인이 스페인 법령에 따라 주민등록을 하였다면 스페인 정부가 발행하는 주민등록정보를 제공), 체류국에 주소증명제도가 없다면 체류국의 공증인이 주소를 공증한 서면을 제공할 수 있다.

다만, 주소를 공증한 서면을 제공하는 경우에는 해당 국가에서의 체류자격을 증명하는 정보(예: 영주권확인증명, 장기체류 비자증명)를 함께 제공하여야 한다.

〈Q 3〉 **미국인이 주소증명제도가 있는 나라인 일본에 체류하는 경우의 보충적인 주소증명은?**

일본에서 주민등록을 하였다면 일본의 주민등록표를 제출한다.

〈Q 4〉 **일본인이 주소증명제도가 없는 나라인 미국에 체류하는 경우의 보충적인 주소증명은?**

미국 공증인으로부터 주소를 공증받고 체류자격을 증명하는 비자증명 등을 제출한다.

제14조 (외국인의 부동산등기용등록번호)

외국인의 부동산등기용등록번호는 다음 각 호의 어느 하나로 한다.

1. 「출입국 관리법」에 따라 체류지를 관할하는 지방출입국·외국인관서의 장이 부여한 외국인등록번호
2. 국내에 체류지가 없는 경우에는 대법원 소재지를 관할하는 서울출입국·외국인관서의 장이 부여한 부동산등기용등록번호
3. 「재외동포의 출입국과 법적 지위에 관한 법률」에 따라 거소를 관할하는 지방출입국·외국인관서의 장이 외국국적동포에게 부여한 국내거소신고번호

* 주민등록번호가 있는 외국인도 주민등록번호는 사용불가

제15조 (외국인 등의 토지취득허가증)

① 외국인등이 다음 각 호의 어느 하나에 해당하는 구역·지역에 있는 토지(대지권 포함)를 취득하는 계약을 체결하고 그에 따른 소유권이전등기를 신청하는 경우에는 「부동산 거래신고 등에 관한 법률」 제9조 제1항에 따른 외국인 토지취득허가증을 첨부정보로서 제공하여야 한다. 다만, 국내거소신고를 한 외국국적동포의 경우에는 「재외동포의 출입국과 법적 지위에 관한 법률」 제11조 제1항에 따라 제1호의 지역에 있는 토지를 취득하는 경우로 한정한다.

1. 「군사기지 및 군사시설 보호법」 제2조 제6호에 따른 군사기지 및 군사시설 보호구역, 그 밖에 국방목적을 위하여 외국인등의 토지취득을 특별히 제한할 필요가 있는 지역으로서 대통령령으로 정하는 지역
2. 「문화재보호법」 제2조 제2항에 따른 지정문화재와 이를 위한 보호물 또는 보호구역

2의2. 「자연유산의 보존 및 활용에 관한 법률」에 따라 지정된 천연기념물 등과 이를 위한 보호물 또는 보호구역(등기예규 제1778호)

3. 「자연환경보전법」 제2조 제12호에 따른 생태·경관보전지역
4. 「야생생물 보호 및 관리에 관한 법률」 제27조에 따른 야생생물 특별보호구역

② 「부동산 거래신고 등에 관한 법률」 제11조에 따라 토지거래계약 허가증을 첨부정보로서 제공한 경우에는 제1항에 따른 토지취득허가증을 제공할 필요가 없다.

③ 취득하려는 토지가 토지취득허가의 대상이 아닌 경우에는 이를 소명하기 위하여 토지이용계획확인서를 첨부정보로서 제공하여야 한다.

제16조 (허가 없이 소유권이전등기가 마쳐진 경우)

「부동산 거래신고 등에 관한 법률」 제9조 제1항에 따른 토지취득허가대상토지에 대하여 허가를 받지 아니한 채 소유권이전등기가 마쳐졌다 하더라도 「부동산등기법」 제29조 제2호에 해당하는 것은 아니므로 등기관은 이를 직권으로 말소할 수 없다.

제17조 (외국법인 · 단체가 아니라는 소명)

국내법에 의하여 설립된 법인 또는 단체라 하더라도 제15조 제1항 각 호의 어느 하나에 해당하는 구역 · 지역에 있는 토지(대지권 포함)에 대한 소유권취득등기를 신청하는 경우 그 법인이나 단체가 다음 각 호의 어느 하나에 해당하는 것인지 여부가 의심스러울 때에는 등기관은 별지 제2호의 진술서(다음 면)를 제출케 한 후 등기를 하여야 한다.

1. 사원 또는 구성원의 2분의 1 이상이 외국인인 법인 또는 단체
2. 업무를 집행하는 사원이나 이사 등 임원의 2분의 1 이상이 외국인인 법인 또는 단체
3. 외국인이나 외국의 법령에 따라 설립된 법인 또는 단체가 자본금의 2분의 1 이상이나 의결권의 2분의 1 이상을 가지고 있는 법인 또는 단체

〔별지 제2호〕 진술서

진 술 서

종 별	한 국 인	외 국 인
1. 사원 또는 구성원의 수		
2. 업무를 집행하는 사원, 임원의 수		
3. 자 본 액	금	금
4. 의 결 권 수		

본 회사는 년 월 일 등기 제 호로 설립된 회사로서 위와 같이 「부동산 거래신고 등에 관한 법률」 제2조 제4호에 해당하는 회사가 아님을 진술합니다.

년 월 일
○ ○ 주 식 회 사
시 구 동 번지
대표이사 ○ ○ ○ ㊞
시 구 동 번지

○ ○ 지 방 법 원 ○ ○ 등 기 소 귀중

제4장 판결에 의한 등기신청

제 1 절 공동신청주의와의 관계

Ⅰ. 서 설

"등기절차의 이행 또는 인수를 명하는 판결에 의한 등기는 승소한 등기권리자 또는 등기의무자가 단독으로 신청하고, 공유물을 분할하는 판결에 의한 등기는 등기권리자 또는 등기의무자가 단독으로 신청한다(법 제23조 제4항)."

법 제23조 제1항은 "등기는 법률에 다른 규정이 없는 경우에는 등기권리자와 등기의무자가 공동으로 신청한다."고 규정하여 공동신청의 원칙을 채택하고 있다. 따라서 등기의무자가 등기신청에 협력하지 않는다면 등기권리자는 물권변동을 일어나게 할 수 없고 나아가서 등기제도의 원활한 운영을 꾀할 수 없게 된다. 반대로 여기서 등기를 원하는 일방당사자가 타방당사자에 대하여 등기신청에 협력할 것을 요구할 수 있는 실체법상의 권리, 즉 등기청구권이 인정된다.

이러한 등기청구권은 공동신청에 의하는 권리에 관한 등기를 신청함에 있어서, 등기의무자의 등기신청의사의 진술을 갈음하는 판결(민법 제389조 제2항 참조)을 소구할 수 있는 권리이다. 등기청구권에 기하여 등기권리자가 등기의무자를 상대로 한 소송에서 일정한 내용의 등기절차를 이행할 것을 명하는 판결이 확정되면 그것으로써 등기의무자가 등기신청을 한 것으로 간주되므로(민사집행법 제263조), 승소한 등기권리자는 그 확정판결에 기하여 단독으로 등기신청을 할 수 있는 것이다.

또한 승소판결을 얻은 등기권리자가 등기신청을 지체할 경우 등에는 등기의무자가 조세상의 부담을 지는 등 부당한 사태가 발생할 수 있으므로 이러한 사태를 방지하기 위하여 판결에 의한 등기는 등기의무자도 단독으로 할 수 있도록 등기의무자에게는 등기인수청구권이 인정되게 되었다(1992. 2. 1. 부동산등기법 개정).

마찬가지 이유로 공유물분할판결에 의한 등기를 등기권리자가 신청하지 않는 경우에 등기의무자가 단독신청할 수 있게끔 하여 등기신청의 편의를 꾀하고 실체관계에 부합하는 등기를 신속하게 공시하기 위하여 부동산등기법이 개정되었다(부동산등기법 일부개정 2020. 2. 4. 법률 제16912호, 시행 2020. 8. 5.).

위와 같이 판결에 의한 등기신청의 경우에 등기권리자·등기의무자의 단독신청을 인정한 이유는 한편으로는 판결에 의하여 등기의 진정성이 보장되고, 다른 한편으로는 판결에 의하여 공동신청주의 원칙이 유지되기 때문이라고 할 수 있다.

II. 판결에 의한 등기신청의 성질

원고가 승소하여 피고의(등기신청의 의사표시를 갈음하는) 의사의 진술을 명하는 판결이 선고된 때에는 그 판결이 확정됨으로써 피고가 특정한 등기신청의사의 진술을 한 것으로 간주되므로(집행법 제263조), 판결확정과 동시에 협의의 집행은 완료된다. 그런데 판결이 확정되었다고 해서 등기의무자의 등기신청의사가 등기소에 도달된 것은 아니므로, 등기권리자가 판결을 첨부하여 그 판결에서 명한 특정한 등기신청의 의사를 등기소에 도달시키는 행위가 필요하며, 그러한 절차를 규정한 특별규정이 부동산등기법 제23조 제4항이라고 할 수 있다. 이에 따르면 판결을 등기소에 제시하는 행위는 광의의 집행 내지 판결의 이용행위로서의 성질을 갖는다. 2020. 7. 21. 등기예규 제1692호를 중심으로 살펴본다.

제 2 절 부동산등기법 제23조 제4항의 판결

Ⅰ. 이행판결

1. 의 의

(1) 원 칙—이행판결

법 제23조 제4항의 판결의 범위에 관하여, 이 경우의 판결은 채무자의 등기소에 대한 등기신청의 의사표시를 갈음하는 것이므로 특정한 등기신청의 의사표시를 할 것을 명하는 이행판결만을 의미한다는 견해와 법 제23조 제4항의 문언상 반드시 이행판결로만 해석해야 할 이유가 없고 등기의 진정이 보장되기만 하면 당사자 간의 실질적 권리관계에 대한 확인 내지 형성판결도 포함된다는 견해가 있다. 그런데 실체법상 어떤 권리의 존부가 확인되었다는 것과 어떤 자를 등기의무자로 하여 등기신청에 협력하게 하는 것은 다르므로, 여기서의 판결은 민사집행법 제263조의 의사의 진술, 그 중에서도 등기신청의사의 진술을 명한 판결만을 의미한다고 보아야 한다. 판례 및 등기실무도 그러하다. 따라서 법 제23조 제4항의 판결은 의사의 진술을 명하는 이행판결만을 의미하고, 확인판결이나 형성판결은 이에 포함되지 않는 것이 원칙이다.[1)]

┃단독신청이 불가능한 경우┃

가) 이행판결이 아닌 확인판결이나 형성판결의 경우[2),3)]

1) 매매계약이 무효라는 확인판결에 의한 소유권이전등기의 말소등기신청

1) 한편, 부동산등기법 제23조 제4항의 판결에 의한 등기신청과 동법 제65조 제2호의 확정판결에 의한 소유권보존등기신청을 혼동하지 않도록 해야 한다. 후자의 경우 이행판결뿐만 아니라 형성판결, 확인판결 등 그 판결의 종류를 불문하고 신청인이 소유자임을 증명하는 판결이면 되는 반면, 전자는 권리에 관한 등기의 공동신청에 있어서 등기의무자에게 등기절차의 이행을 명하는 이행판결에 한정한다는 차이가 있다.

2) 확인판결의 예를 들면, 매매계약이 무효라는 확인판결에 의하여 소유권이전등기의 말소등기를 신청할 수 없고(1986. 7. 1. 등기선례 1-494), 소유권확인판결에 의하여 소유권이전등기를 신청하거나(1993. 12. 11. 등기선례 4-217), 통행권 확인 판결에 의하여 지역권설정등기를 신청할 수 없다(2004. 7. 28. 등기선례 7-322).

3) 형성판결의 경우에도 단독으로 등기신청을 할 수 없다. 예컨대, 재심의 소에 의하여 재심대상판결이 취소된 경우라도 그 재심판결만으로 취소된 판결에 의하여 경료된 소유권이전등기의

2) 소유권확인판결에 의한 소유권이전등기의 신청
3) 통행권 확인판결에 의한 지역권설정등기의 신청
4) 재심의 소에 의하여 재심대상 판결이 취소된 경우 그 재심판결로 취소된 판결에 의하여 경료된 소유권이전등기의 말소등기 신청
5) 피고의 주소를 허위로 기재하여 소송서류 및 판결정본을 그 곳으로 송달하게 한 사위판결에 의하여 소유권이전등기가 경료된 후 상소심절차에서 그 사위판결이 취소·기각된 경우 그 취소·기각판결에 의한 소유권이전등기의 말소등기 신청

최근 등기선례

피고에게 소유권 확인 의무를 명한 판결이 「부동산등기법」 제65조 제2호의 판결에 해당하는지 여부(소극)

1. 확인의 소는 다툼이 있는 권리 또는 법률관계에 관하여 '법원에 대하여' 그 존부의 확정 선언을 구하는 소이지 피고에 대하여 그 확인 내지 승인을 명할 것을 구하는 소가 아니므로, 확인판결도 권리 또는 법률관계의 존부에 관한 법원의 판단을 선언하는 형태를 취하여야 하고, 피고에 대하여 그 확인 내지 승인을 명하는 형태를 취하여서는 아니 되며, 따라서 주문의 기본형은 원고의 청구취지 여하를 불문하고 '별지 목록 기재 부동산이 원고의 소유임을 확인한다.' 와 같이 된다. 한편, 「부동산등기법」 제65조 제2호의 판결은 그 종류에 관하여 아무런 제한이 없어 반드시 확인판결이어야 할 필요는 없고 이행판결이든 형성판결이든 관계가 없으나, 적어도 그 내용이 신청인에게 '소유권'이 있음을 증명하는 것이어야(대법원 1994. 3. 11. 선고 93다57704 판결) 한다.

2. 따라서 원고가 미등기 토지에 대하여 주문에 '원고에게 피고 대한민국은 이 사건 토지가 피고 ○○○의 소유임을 확인하고' 라고 기재되어 있고 이유에 피고 대한민국은 '이 사건 토지가 피고 ○○○의 소유임을 확인할 의무가 있다.' 라고 기재된 판결서를 첨부하여 ○○○을 대위하여 소유권보존등기를 신청한 경우, 형식적 심사권만 가지는 등기관이 위 판결을 「부동산등기법」 제65조 제2호의 판결(○○○에게 소유권이 있음을 증명하는 판결)로 인정할 수는 없으며, 등기관은 이를 각하(「부동산등기법」 제29조 제9호)하여야 한다(2024. 05. 08. 부동산등기과-1333 질의회답).

말소등기를 신청할 수 없고, 당사자의 공동신청에 의하거나 또는 별도로 말소등기를 명하는 판결을 받아야만 단독으로 그 말소등기의 신청을 할 수 있다(대판 1973. 3. 31. 71다8). 또한, 피고의 주소를 허위로 기재하여 소송서류 및 판결정본을 그 곳으로 송달하게 한 소위 사위판결에 의하여 소유권이전등기가 경료된 후 상소심절차에서 그 사위판결이 취소·기각된 경우, 그 취소·기각 판결에는 등기절차의 이행을 명하는 취지가 나타나지 아니하므로 그 취소·기각판결에 의하여는 위 소유권이전등기의 말소등기를 단독으로 신청할 수 없다(1995. 9. 13. 등기선례 4-486).

최근 등기선례

실종선고취소심판이 「부동산등기법」 제23조 제4항 전단의 '판결'에 해당하는지 여부(소극)

1. 「부동산등기법」 제23조 제4항 전단의 '판결' 이란 '등기절차의 이행 또는 인수를 명하는 판결' 을 의미하므로, 실종선고취소심판(「민법」 제29조 제1항, 「가사소송법」 제2조 제1항 제2호 제가목 3))은 「부동산등기법」 제23조 제4항 전단의 '판결' 에 해당하지 아니한다.

2. 따라서 실종선고를 받은 자에 대한 실종선고취소심판이 있었다고 하더라도 실종선고를 받은 자가 실종선고취소심판서를 첨부하여 단독으로 실종의 선고를 직접원인으로 하여 재산을 취득한 자(「민법」 제29조 제2항 참조) 명의로 마쳐진 등기의 말소등기를 신청할 수는 없다(2024. 05. 16. 부동산등기과-1374 질의회답).

(2) 예 외—형성판결(공유물분할판결)

다만, 형성판결 중 공유물분할판결의 경우는 예외이다. 공유물분할판결의 주문에는 특정한 등기절차의 이행을 명하는 내용이 없지만 각 공유자는 원·피고에 관계없이 그 판결을 첨부하여 공유물분할등기(분필등기 및 지분이전등기)를 신청할 수 있다는 것이 그 동안의 굳어진 등기실무이다(대결 1979. 3. 8. 79마5; 1994. 6. 17. 등기선례 4-200; 등기예규 제1692호).[4]

한편 공유물을 분할하는 판결은 등기절차의 이행을 명하는 판결은 아니나 판결이 확정되면 기존의 공유관계가 폐기되고 새로운 소유관계가 창설되는 형성적 효력이 있으므로 등기신청의 편의를 꾀하고 실체관계에 부합하는 등기를 신속하게 공시하기 위하여 판결에 의한 등기의 단독신청을 허용하여 왔는바, 「부동산등기법」에 그 근거를 명문화하고자 부동산등기법 제23조 제4항에 "공유물을 분할하는 판결에 의한 등기는 등기권리자 또는 등기의무자가 단독으로 신청한다"는 규정이 추가되었다(2020. 8. 5. 시행).

4) 이는 공유물분할 판결이 확정되면 공유자는 각자의 취득 부분에 대하여 등기 없이도 소유권을 취득하고(민법 제187조), 판결에 의하여 등기의 진정성이 이미 보장되었는데 소유권이전등기절차의 이행을 명하지 않았다고 해서 각 공유자가 다른 공유자와 공동으로 신청하든지 아니면 다시 지분이전의 이행판결을 받아야 하는 것은 지나치게 기교적이고 당사자에게 의미 없는 절차를 강요하는 것이 되기 때문에 예외를 인정한 것이다.

판결주문례

별지 목록 기재 토지를, 별지 도면 표시 ㄱ, ㄴ, ㄷ, ㄹ, ㄱ의 각 점을 차례로 연결한 선내 ㉮ 부분 70㎡는 원고의 소유로, 같은 도면 표시 ㄴ, ㅁ, ㅂ, ㄷ, ㄴ의 각 점을 차례로 연결한 선내 ㉯ 부분 30㎡는 피고의 소유로 분할한다.

그런데 최근 공유물분할판결과 공유물분할에 관한 조정 등의 효과를 달리 보는 판결이 선고된 바 있다. 즉 공유물분할판결과는 달리, 공유물분할의 소송절차 또는 조정절차에서 공유자 사이에 공유토지에 관한 현물분할의 협의가 성립하여 그 합의사항을 조서에 기재함으로써 조정이 성립하였다고 하더라도, 그와 같은 사정만으로 재판에 의한 공유물분할의 경우와 마찬가지로 그 즉시 공유관계가 소멸하고 각 공유자에게 그 협의에 따른 새로운 법률관계가 창설되는 것은 아니고, 공유자들이 협의한 바에 따라 토지의 분필절차를 마친 후 각 단독소유로 하기로 한 부분에 관하여 다른 공유자의 공유지분을 이전받아 등기를 마침으로써 비로소 그 부분에 대한 대세적 권리로서의 소유권을 취득한다는 것이다(대판 2013. 11. 21. 2011두1917 전합). 이에 따르면 공유물분할의 조정이 성립된 경우에는 각 공유자의 단독신청이 허용되지 않는다고 볼 여지가 있으나, 소유권취득의 시기와 관계없이 판결에 준하는 집행권원에 의하여 등기의 진정성이 보장된다는 점을 고려하면 단독신청을 허용해도 무방할 것이다(「부동산등기실무 I」 p.374).

2. 판결의 내용

법 제23조 제4항의 이행판결에는 두 가지 사항이 명확하게 나타나야 한다. 첫째 등기권리자와 등기의무자가 나타나야 하고, 둘째 신청의 대상인 등기의 내용이 특정되어야 한다. 차례로 살펴본다.

(1) 등기권리자와 등기의무자

등기권리자와 등기의무자는 판결주문에 나타난다. 이행판결의 전형적인 주문형태는 다음과 같다. 아래 예에서 '~는'에 해당하는 자가 등기의무자이고, '~에게'에 해당하는 자가 등기권리자에 해당한다.

판결주문례

① "피고는 원고에게 별지 목록 기재 부동산에 관하여 2019. 5. 1. 매매를 원인으로 한 소유권이전등기절차를 이행하라."

② "피고는 원고에게 서울남부지방법원 등기국 2019. 5. 1. 접수 제48446호로 마친 소유권이전등기의 말소등기절차를 이행하라."

| 최근 선례산책 |

강제조정의 결정사항이 소유권이전등기(협의분할에 의한 상속)의 말소등기절차의 이행을 명하는 내용으로 확정된 경우, 이 강제조정결정에 기하여 소유권이전등기가 말소됨에 따라 회복되는 피상속인 명의의 소유권등기도 위 강제조정결정에 기하여 말소할 수 있는지 여부(소극)

갑 소유의 부동산이 을에게 매매를 원인으로 이전된 후에 을이 사망하여 협의분할에 의한 상속을 원인으로 병 명의의 소유권이전등기가 마쳐진 상태에서, 갑이 병을 상대로 매매가 무효임을 원인으로 한 소유권이전등기말소소송을 제기하여 "병은 갑에게 ㅁㅁ지방법원 △△등기소 ○○○○년 ○월 ○일 접수 제○○호로 마친 소유권이전등기(협의분할에 의한 상속등기)의 말소등기절차를 이행한다."는 강제조정이 확정된 경우에 갑은 위 강제조정의 결정사항에 따라 병 명의의 소유권이전등기를 말소할 수 있을 뿐이고, 이 말소등기에 따라 회복되는 피상속인인 을 명의의 소유권이전등기는 말소할 수 없다(2013. 12. 19. 등기선례 9-62).

(2) 신청의 대상인 등기의 내용

판결에는 신청대상인 등기의 종류, 내용, 등기원인과 그 연월일 등 신청서에 기재하여야 할 사항이 명시되어 있어야 한다. 주문의 형태는 "○ ○ 등기절차를 이행하라"와 같이 등기신청 의사를 진술하는 것이어야 한다(공유물분할판결 제외). 따라서 구체적인 등기신청의 의사표시를 명하는 것이 아니라 단순히 실체법상의 물권행위나 또는 그 원인이 되는 채권계약을 할 것을 명하는 판결로는 등기신청을 할 수 없다.

| 단독신청이 불가능한 경우 |

나) 등기신청절차의 이행을 명하는 판결이 아닌 경우[5)]

1) "○○재건축조합의 조합원 지위를 양도하라"와 같은 판결
2) "소유권지분 10분의 3을 양도한다"라고 한 화해조서
3) "소유권이전등기절차에 필요한 서류를 교부한다"라고 한 화해조서

(3) 신청서에 기재하여야 할 필수적 기재사항이 판결주문에 명시되지 아니한 경우에는 그 판결문에 기한 등기신청을 할 수는 없다(등기예규 제1692호). 그 예는 다음

---

5) 예컨대, "○○재건축조합의 조합원 지위를 양도하라."와 같은 판결 주문으로는 소유권이전등기를 신청할 수 없고, "○○토지 중 5/100 지분에 관하여 소유권이전등기절차를 이행하라."와 같이 특정한 등기절차를 이행하라는 내용이어야 한다. 마찬가지로, "일정한 금원의 지급과 동시에 소유권이전등기절차에 필요한 서류를 교부한다"는 내용의 화해조서에는 특정한 등기절차의 이행을 명하는 내용이 없으므로 그에 기하여 소유권이전등기를 신청할 수 없다(1998. 10. 2. 등기선례 5-202).

과 같다.

┃단독신청이 불가능한 경우┃

다) 신청서에 기재하여야 할 일반적 기재사항이 판결주문에 명시되지 아니한 경우

1) 근저당권설정등기를 명하는 판결주문에 일반적 기재사항인 채권최고액이나 채무자가 명시되지 아니한 경우.
2) 전세권설정등기를 명하는 판결주문에 일반적 기재사항인 전세금이나 전세권의 목적인 범위가 명시되지 아니한 경우.

Ⅱ. 확정판결(가집행선고의 가부)

의사의 진술을 명하는 판결은 그 판결이 확정된 때에 그 의사를 진술한 것으로 보므로(집행법 제263조 제1항), 법 제23조 제4항의 판결은 확정판결만을 의미한다.

재산권의 청구에 관한 판결은 원칙적으로 가집행의 선고를 하여야 하는데(민소법 제213조 제1항), 등기절차의 이행을 명하는 판결에도 가집행선고를 붙일 수 있는지가 문제된다. 등기절차의 이행을 명하는 판결은 재산권의 청구에 관한 판결이지만, 의사의 진술을 명하는 판결은 그 판결이 확정된 때에 비로소 의사를 진술한 것으로 간주되고(집행법 제263조 제1항), 또 가집행선고부 판결에 의한 등기를 허용할 경우 그 판결이 취소된 때에는 거래의 안전을 해칠 수 있으므로, 가집행선고를 붙일 수 없다.

그런데 착오로 가집행선고가 붙은 판결이 선고된 경우 원고가 그 판결에 의하여 단독으로 등기를 신청할 수 있는지가 문제이다. 법 제23조 제4항의 판결은 확정판결만을 의미하므로, 가집행선고부 판결에 의한 등기신청은 신청서에 필요한 서면인 확정증명서를 첨부하지 않은 때에 해당하여 각하하여야 한다(법 제29조 제9호). 그러나 등기관의 착오로 그러한 등기가 마쳐진 경우에는 법 제58조에 따라 직권으로 말소할 것은 아니다.

Ⅲ. 부동산등기법 제23조 제4항의 판결에 준하는 집행권원

1. 화해조서 · 인낙조서, 화해권고결정, 민사조정조서 · 조정에 갈음하는 결정, 가사조정조서 · 조정에 갈음하는 결정 등

확정판결과 동일한 효력이 있는 집행권원인 화해조서 · 인낙조서(민소법 제220조), 화해권고결정(민소법 제225조), 민사조정조서 · 조정을 갈음하는 결정(민사조정법 제29조,

제34조 제4항), 가사조정조서·조정을 갈음하는 결정(가사소송법 제59조 제2항) 등도 그 내용에 등기의무자의 등기신청에 관한 의사표시의 기재가 있는 경우에는 판결에 준하여 등기권리자가 단독으로 등기를 신청할 수 있다.

2. 중재판정 · 외국판결

중재판정은 당사자 사이에는 법원의 확정판결과 동일한 효력이 있으나(중재법 제35조), 그 강제집행은 법원의 집행결정이 있어야만 할 수 있다(중재법 제37조). 외국법원의 확정판결 또는 이와 동일한 효력이 인정되는 재판에 기초한 강제집행은 대한민국법원에서 집행판결로 그 강제집행을 허가하여야 할 수 있다(집행법 제26조). 따라서 중재판정이나 외국판결에 의한 등기신청은 집행판결을 첨부하여야만 단독으로 등기신청을 할 수 있다.

3. 공정증서

공증인 작성의 공정증서는 채무의 목적이 일정한 금액의 지급이나 대체물 또는 유가증권의 일정한 수량의 급여인 때에 한하여 집행력이 인정된다. 따라서 설령 부동산에 관한 등기신청의무를 이행하기로 하는 조항이 공정증서에 기재되어 있더라도 등기권리자는 이 공정증서에 의하여 단독으로 등기를 신청할 수는 없다.

4. 가처분결정

가처분결정에 등기절차의 이행을 명하는 조항이 기재되어 있어도 가처분의 잠정적 성격상 그러한 이행을 명할 수 없는 것이므로, 등기권리자는 이 가처분결정 등에 기하여 단독으로 등기를 신청할 수 없다. 다만, 법 제90조의 가등기가처분은 민사집행법상의 가처분과는 성질을 달리 하는 것으로서 가처분에 관한 규정이 준용되지 않고, 가등기권자가 가등기가처분명령을 등기원인증서로 하여 단독으로 가등기를 신청할 수 있다.

제3절 판결에 의한 등기와 집행문

I. 집 행 문

1. 원칙적으로 집행문을 부여받을 필요는 없다

통상의 강제집행절차에서 강제집행을 하려면 집행권원에 집행문[1]을 부여받아야 한다. 그런데 의사표시를 명하는 판결은 그 확정시에 채무자의 의사표시가 있는 것으로 보기 때문에(집행법 제263조 제1항), 등기절차의 이행을 명하는 판결에 의한 등기신청에는 확정증명서를 첨부하면 충분하고 집행문을 부여받을 필요가 없음이 원칙이다.

2. 선이행판결, 상환이행판결, 조건부이행판결의 경우에는 '재판장의 명령'에 의한 집행문을 부여받아야 한다

의사표시를 하여야 하는 채무가 반대의무가 이행된 뒤에 하여야 하는 것인 경우에는 민사집행법 제30조와 제32조에 따라 집행문을 내어 준 때에 의사표시를 한 것으로 본다(집행법 제263조 제2항). 즉, 집행문을 부여받은 때에 판결의 효력(등기신청 의사진술의 의제)이 발생한다. 이 규정의 취지는 의사표시를 명하는 판결의 경우에는 별도의 집행절차가 존재하지 않으므로 집행문부여기관에게 반대의무의 이행 여부를 조사하게 함으로써 등기의무자의 이익을 보호하려는 데 있다.

민사집행법 제263조 제2항에서는 반대의무를 선이행해야 하는 경우에는 집행문을 부여한 때에 의사표시를 한 것으로 본다고 하지만, 동시이행의 경우, 의사표시의무에 정지조건이나 불확정기한이 붙어 있는 경우에도 집행문을 필요로 한다. 이 경우에도 집행문없이 등기신청이 가능하다고 하면 등기의무자에게 불리하기 때문이다. 다만 확정기한이 붙어있는 경우에는 그 확정기한의 도래에 의하여 의사진술이 효과가 생기면 별도로 집행문을 필요로 하지 아니한다. 경우를 나누어 설명한다.

---

1) 집행문은 신청에 따라 제1심 법원의 법원서기관·법원사무관·법원주사 또는 법원주사보가 내어 주며, 판결정본의 끝에 "이 정본은 피고 아무개 또는 원고 아무개에 대한 강제집행을 실시하기 위하여 원고 아무개 또는 피고 아무개에게 준다"라고 적고 법원사무관 등이 기명날인하여야 한다(민사집행법 제28조, 제29조). 다만 2005. 8. 1.부터 시행되는 사법보좌관규칙 제2조 제1항에 따르면 집행문부여명령에 관한 법원의 사무는 사법보좌관의 업무에 속하게 되었다.

(1) 반대의무가 이행된 뒤에 등기신청의 의사표시를 할 것을 명한 선이행판결(예: 피고는 원고로부터 금 10,000,000원을 지급받은 후 원고에게 별지 기재 부동산에 관하여 소유권이전등기절차를 이행하라)의 경우에는 집행문을 부여한 때에 등기의무자의 등기신청의 의사표시가 있는 것으로 의제된다(집행법 제263조 제2항). 따라서 등기권리자(원고)는 먼저 반대의무의 이행 또는 이행의 제공을 한 사실을 증명하여 집행문을 부여받아야 단독으로 등기신청을 할 수 있다.

(2) 반대의무와 상환으로 소유권이전등기절차를 이행할 것을 명하는 상환이행판결(예: 피고는 원고로부터 금 10,000,000원을 지급받음과 동시에 원고에게 별지 기재 부동산에 관하여 소유권이전등기절차를 이행하라)의 경우에도 민사집행법 제263조 제2항의 '반대의무가 이행된 뒤'에 포함된다고 본다. 등기권리자가 자신의 의무를 이행하지 않은 채 판결에 의한 등기를 신청할 수 있다고 한다면 등기의무자의 이익을 해할 염려가 있고 형평에 반한다는 점은 선이행의무의 경우와 같기 때문이다.

(3) 조건부이행판결(예: 소외 갑이 원고에게 금 10,000,000원을 지급하지 않는 때에는 피고는 원고에게 별지 기재 부동산에 관하여 소유권이전등기절차를 이행하라)은 등기신청의 의사표시가 일정한 조건에 걸려 있는 경우인데, 이 경우에도 집행문을 부여받아야 한다. 판결의 확정만으로 등기신청을 할 수 있다고 한다면 등기의무자의 이익을 해할 염려가 있고, 등기관이 조건성취 여부를 심사할 수도 없기 때문에 민사집행법 제263조 제2항을 유추적용하는 것이다.

다만, 확정기한이 붙어 있는 경우에는 그 확정기한의 도래에 의하여 의사진술의 효과가 생기며 별도로 집행문을 필요로 하지 아니한다.

한편 이러한 경우에 원고가 반대급부를 실질적으로 이행하였는지 여부에 대하여서는 등기관이 판단할 수 없고 법원에서 판단하여야 하므로 반대급부의 조건이 있는 판결에 의한 등기신청을 함에 있어서는 원고로서는 조건성취를 증명하는 서류를 첨부하여 법원에 집행문부여신청을 하여야 하고, 이 경우 '재판장(합의부의 재판장 또는 단독판사를 말한다)이나 사법보좌관의 명령'이 있어야 집행문을 내어 준다(집행법 제32조 제1항; 사법보좌관규칙 제2조 제1항 제4호). 실무상 재판장의 명령에 의한 집행문을 받지 아니하고 단순히 집행문을 받아 등기신청을 하는 경우가 있는데 이는 허용되지 아니한다. 다만 집행문을 받지 아니하고 경료된 소유권이전등기라도 절차법상 당연무효가 아니므로 직권말소의 대상이 되는 것은 아니라고 한다.[2]

---

2) 잔대금 지급을 조건으로 소유권이전등기절차를 이행할 것을 내용으로 한 화해조서에 의한 소유권이전등기는 민사소송법 제480조 제2항, 제482조에 따른 집행문을 부여받아 신청하여야

(4) 동시이행을 명하는 판결에 따른 소유권이전등기는 반드시 집행문을 부여받아야 할 수 있는 것이므로, 인감증명서를 첨부한 동시이행 승낙서를 첨부정보로 제공하면서 등기권리자와 등기의무자가 공동으로 신청한 경우라 하더라도 위 판결에 따른 소유권이전등기는 할 수 없다(2015. 8. 18. 등기선례 9-63).

3. 등기절차의 이행과 반대급부의 이행을 '독립적으로' 명한 판결의 경우

(1) 원 칙

확정판결 및 이와 동일한 효력이 인정되는 조정조서 등의 제1항, 제2항에서, "1. 피고는 원고에게 별지 기재 부동산에 관하여 소유권이전등기절차를 이행한다. 2. 원고는 피고에게 돈 ○○원을 지급한다." 와 같이 등기절차의 이행과 반대급부의 이행이 각각 독립적으로 기재되었다면 그 판결 등에 의한 등기신청의 경우에는 집행문을 부여받을 필요가 없다(1996. 1. 4. 등기선례 4-244). 이는 확정판결과 동일한 효력이 인정되는 조정조서 혹은 조정에 갈음하는 결정에 의하여 소유권이전등기를 신청하는 경우에도 마찬가지이다(1997. 8. 4. 등기선례 5-169).

선 례

조정에 갈음하는 결정에 따른 소유권이전등기의 신청방법

조정에 갈음하는 결정의 결정사항에서 소유권이전등기절차의 이행과 대금지급의 반대급부이행이 일방 의무의 선이행 또는 동시이행의 관계에 있지 않고 각각 독립적으로 기재되어 있다면 원고는 자신의 반대급부의무(잔대금지급의무)의 이행여부와 상관없이 언제든지 위 결정에 의하여 소유권이전등기를 신청할 수 있으며, 피고 역시 원고가 반대급부의무를 불이행할 경우 원고의 재산에 대하여 강제집행할 수 있다(2013. 5. 3. 등기선례 9-61).

(2) 예 외

다만, 위 (1)에서 제3항으로 "제1항과 제2항은 동시에 이행한다."와 같이 서술되어 있어서 반대급부 이행과 등기절차 이행이 선이행(또는 상환이행이나 조건부이행) 관계임을 명확히 하였다면 집행문을 부여받아야 한다.

하나, 그 절차를 밟지 않고 위 화해조서에 의하여 소유권이전등기가 경료된 경우에도 그 등기는 당연무효가 아니므로, 직권말소의 대상이 되는 것은 아니고 원인무효로 인한 소유권이전등기말소청구소송의 대상이 될 수 있을 뿐이다(1984. 4. 16 등기선례 1-11).

II. 승계집행문

1. 승계인의 의의

확정판결의 효력은 당사자, 변론종결 후의 승계인(변론 없이 한 판결의 경우에는 판결 선고 후의 승계인) 또는 그를 위하여 청구의 목적물을 소지한 사람에 대하여 미치므로(민소법 제218조 제1항), 판결의 확정 기타 집행권원의 성립 후에 당사자의 승계가 있는 경우 승계인을 위하여 또는 승계인에 대하여 집행하기 위해서는 승계집행문을 부여받아야 한다(집행법 제31조).

한편 선정당사자가 받은 판결주문에 "피고는 선정자 ○○○에게 소유권이전등기절차를 이행하라."는 내용의 기재가 있는 경우, 선정자 ○○○은 이 판결문을 첨부정보로서 제공하여 자신을 등기권리자로 하는 소유권이전등기를 단독으로 신청할 수 있으며, 이 때에 승계집행문은 첨부정보로서 제공할 필요가 없다(2017. 9. 14. 등기선례 9-64).[3]

2. 승계집행의 가부

여기서 말하는 승계인은 일반승계인뿐만 아니라 특정승계인도 포함되나, 변론종결 후의 승계인에 한정된다. 승계인의 범위에 관하여 구소송물이론에 의하는 현행 판례는 소송물인 청구가 대세적 효력을 갖는 물권적 청구권일 때에만 당사자의 지위를 승계한 자가 승계인으로 되고, 대인적 효력밖에 없는 채권적 청구권일 때에는 승계인이 아니라고 한다(대판 1974. 12. 10. 74다1046; 대판 1993. 2. 12. 92다 25151). 이하에서는 등기권리자와 등기의무자로 나누어 변론종결 이후에 각 승계가 발생한 경우를 설명하기로 한다.

---

3) 선정당사자가 받은 판결은 선정자에 대해서도 그 효력이 미치므로(민사소송법 제218조 제3항), 선정당사자가 이행판결을 받았으면 이에 의하여 선정자를 위해 또는 선정자에 대한 강제집행이 가능하다. 다만 선정자가 강제집행을 하기 위해서는 승계집행문을 부여받는 것이 집행실무이지만(민사집행법 제25조, 제31조), 판결주문에서 선정자에게 등기절차의 이행을 명하여 등기신청서에 기재항 사항이 명시된 경우에도 승계집행문을 부여받을 필요가 있는지의 문제이다. 판결등 집행권원에 의한 등기의 신청에 관한 업무처리지침(등기예규 제1692호)은 등기절차의 이행을 명하는 판결이 동시이행판결 등인 경우에는 집행문을 첨부하도록 하고 있지만, 선정자가 등기신청을 하는 경우에는 승계집행문의 첨부를 요구하고 있지 않으며, 판결주문에 선정자별로 권리의무가 명확히 표시되고 등기신청서에 기재할 사항 또한 명백하여 선정자가 승계집행문 없이 곧바로 집행당사자가 되는 것이 가능하다면 굳이 민사집행실무를 등기실무에 그대로 반영하여 모든 경우에 선정자에게 승계집행문을 부여받도록 하는 것은 타당하지 아니하다.

3. 등기의무자 지위의 승계

(1) 등기청구권이 물권적 청구인 경우

(가) 변론종결 이후의 승계인(특정승계 · 포괄승계 불문) 현행 판례와 등기실무에 의하면, 소송물인 등기청구권이 대세적 효력을 갖는 물권적 청구권인 때에는 피고의 지위를 승계한 자, 즉 피고 명의의 등기에 기하여 새로 등기명의인이 된 자는 민사소송법 제218조 제1항의 승계인에 해당한다. 예컨대, 갑으로부터 원인 없이 을에게 소유권이전등기가 되자 갑이 을을 상대로 소유권이전등기의 말소청구를 하여 승소판결이 확정된 경우, 그 확정판결의 변론종결후에 을로부터 소유권을 이전받거나 새로운 등기를 한 병은 을의 승계인에 해당한다. 이는 갑의 을에 대한 등기말소청구는 소유권의 방해배제를 구하는 물권적 권리이고, 을의 승계인 병은 진정한 소유자인 갑에 대하여 그 소유권의 행사를 방해하여서는 아니될 의무를 을로부터 승계하였기 때문이다.

이 때 병을 등기기록상 이해관계있는 제3자로 보아 그의 승낙이나 대항할 수 있는 판결을 얻어야 하는 것은 아니다(1982. 2. 19. 등기선례 1-87). 승계는 포괄승계(상속, 합병 등)와 특정승계를 가리지 않으며, 승계원인도 임의처분(매매, 유증 등)이든 국가의 강제처분(경매에 의한 소유권이전 등)이든 묻지 않는다.

(나) 승계집행문의 의미 민사집행법 제31조의 규정에 의한 승계집행문은 판결에 표시된 채권자의 승계인을 위하여 내어 주거나 판결에 표시된 채무자의 승계인에 대한 집행을 위하여 내어 줄 수 있다. 다만, 그 승계가 법원에 명백한 사실이거나, 증명서로 승계를 증명한 때에 한하고 이러한 승계집행문은 재판장(합의부의 재판장 또는 단독판사를 말한다)이나 사법보좌관의 명령이 있어야 내어 준다(집행법 제32조 제1항; 사법보좌관규칙 제2조 제1항 제4호). 따라서 갑은 병에 대한 승계집행문을 부여받아야만 위 확정판결에 의하여 을 명의의 소유권이전등기와 병 명의의 등기를 모두 단독으로 말소신청할 수 있다.

(다) 동시신청의무 이 때 변론종결 후에 마쳐진 등기의 말소등기신청과 원인무효인 소유권이전등기의 말소등기신청은 동시에 하여야 한다(1989. 6. 15. 등기선례 2-429).

(라) 변론종결 이후의 승계인에 해당하는 등기 등기선례에 나타난 사례를 보면, 원인무효인 소유권이전등기의 말소판결의 변론종결 후에 경료된 소유권이전등기(1989. 6. 15. 등기선례 2-429),[4] 근저당권 · 지상권설정등기(1982. 2. 19 등기선례 1-87),[5] 가압류등

---

4) 갑이 을을 상대로 소유권이전등기의 말소청구의 소를 제기하여 승소 확정판결을 받았으나 그 변론종결 후에 병이 을로부터 소유권이전등기를 경료받은 경우, 갑은 병에 대한 승계집행문을

기(2003. 3. 12. 등기선례 7-117),[6] 체납처분에 의한 압류등기(1994. 4. 7. 등기선례 4-223)[7] 등은 승계집행문을 부여받아 그 등기의 말소신청을 할 수 있다고 한다.

다만 소유권이전등기가 원인무효라는 이유로 그 말소등기청구를 인용한 판결이 확정되었어도 그 확정판결의 기판력은 그 소송물이었던 말소등기청구권의 존부에만 미치고 그 기본인 부동산의 소유권 자체의 존부에 관하여는 미치지 아니하므로 말소등기판결의 패소자인 피고에 대하여 처분금지가처분을 한 자는 승계인이 아니라는 판례가 있다(대판 1998. 11. 27. 97다22904).

(마) 물권적 청구권에 기하여 이전등기를 신청하는 경우 등기청구권이 물권적 청구권인 경우는 말소등기절차의 이행판결인 경우가 대부분이지만 이전등기절차의 이행판결인 경우도 있다. 따라서 권리이전등기(주로 진정명의회복을 원인으로 하는 소유권이전등기)절차를 이행하라는 확정판결의 변론종결 후 그 판결에 따른 등기신청 전에 그 권리에 대한 제3자 명의의 이전등기가 경료되고, 위 제3자가 민사소송법 제218조 제1항의 '변론종결 후의 승계인에 해당하여 위 판결의 기판력이 그에게 미친다는 이유로 원고가 승계집행문을 부여받은 경우'에는, 원고는 그 제3자를 등기의무자로 하여 곧바

받아 병명의의 소유권이전등기의 말소등기를 신청할 수 있을 것이나, 그 말소등기의 신청은 을명의의 소유권이전등기의 말소등기신청과 동시에 하여야 하며, 갑이 을을 상대로 을명의의 소유권이전등기의 말소를 명하는 확정판결을 받았으나 그 변론종결 전에 을을 채무자로 하여 병명의의 가처분등기가 경료되었다면, 그 판결에 의한 말소등기의 신청서에는 가처분권리자인 병의 승낙서 또는 이에 대항할 수 있는 재판의 등본을 첨부하여야 하는데(법 제57조), 이 경우 가처분권리자인 병의 본안패소확정판결등본을 첨부하는 것으로써 위 서면의 첨부에 갈음할 수는 없다(1989. 6. 15. 등기선례 2-429). 갑이 을을 상대로 소유권이전등기의 말소청구의 소를 제기하여 승소확정판결(1968. 1. 23. 자 판결확정)을 받았으나 그 변론종결 후에 병이 을로부터 소유권이전등기를 경료(1994. 1. 20. 소유권이전등기)받은 경우 갑이 병에 대한 승계집행문을 받는다면 병 명의의 소유권이전등기의 말소등기를 신청할 수 있을 것이나 그 말소등기의 신청은 을 명의의 소유권이전등기의 말소등기 신청과 동시에 하여야 한다(1994. 9. 16. 등기선례 4-482).

5) 원인없이 경료된 소유권이전등기라 하여 그 등기를 말소하라는 판결이 확정된 경우에 그 확정판결의 사실심 변론종결 후에 피고로부터 근저당권설정등기 또는 지상권설정등기를 받은 자들은 민사소송법 제218조 제1항에서 말하는 변론종결 후의 승계인에 해당한다 할 것이므로 원고로서는 승계집행문을 부여받아서 이들 명의의 등기의 말소신청을 할 수 있을 것이고 이 경우 이들의 승낙서의 첨부는 필요하지 않을 것이다(1982. 2. 19. 등기선례 1-87).

6) 갑이 을을 상대로 소유권이전등기의 말소를 명하는 판결과 임차인인 병을 상대로 건물명도를 명하는 판결이 각 확정되었으나, 그 확정판결의 사실심 변론종결 후에 정 명의의 가압류등기가 경료된 경우라면, 갑이 정에 대한 승계집행문을 부여받아 가압류등기 말소신청을 할 수 있다(2003. 3. 12. 등기선례 7-117).

7) 소유권이전등기의 말소를 명하는 판결이 확정되었으나 그 확정판결의 사실심 변론종결 후에 체납처분에 의한 압류등기가 경료된 경우에는 원고로서는 그 체납처분권자에 대한 승계집행문을 부여받아 압류등기의 말소신청을 할 수 있다(1994. 4. 7. 등기선례 4-223).

로 판결에 따른 권리이전등기를 단독으로 신청할 수 있다(등기예규 제1692호).

(바) 변론종결 이전의 승계인 한편, 변론종결 후가 아닌 그 전에 근저당권설정등기 등의 승계가 이루어지고 그 후 소유권이전등기의 말소를 명하는 판결이 확정되었다면, 그 판결에 의한 말소등기의 신청서에는 법 제57조에 따라 근저당권자 등의 승낙서 또는 이에 대항할 수 있는 재판의 등본을 첨부하여야 한다(1998. 6. 24. 등기선례 5-189).

(사) 등기관의 심사권 그렇다면 변론종결 이후의 승계인에 대하여서는 반드시 승계집행문을 부여받아야 단독으로 말소신청할 수 있는 것은 아니다. 변론종결 이후의 승계인에 대하여서도 위 (바)와 같이 승낙서를 첨부한 경우에는 그 승계인 명의의 등기는 직권말소된다. 등기관으로서는 말소대상인 등기 이후에 경료된 제3자 명의의 등기에 대하여 승계집행문이나 제3자의 승낙서 중 어느 하나가 첨부되어 있는지만 유의하면 되기 때문이다.

(2) 등기청구권이 채권적 청구권인 경우

(가) 특정승계의 경우 등기청구권이 대인적 효력밖에 없는 채권적 청구권인 경우에는 피고로부터 권리를 취득한 자는 승계인이 아니다. 예컨대, 갑이 을을 상대로 하여 매매 등을 원인으로 소유권이전의 확정판결을 받았지만 그 등기를 하기 전에 을이 병에게 소유권이전등기를 마쳐 준 경우, 병은 을의 승계인이 아니다. 따라서 갑은 위 판결로써 병을 등기의무자로 한 소유권이전등기를 단독으로 신청할 수 없다. 갑은 을에 대하여 소유권이전등기청구권을 가진 채권자에 불과한 반면 병은 소유권이전등기를 마친 물권을 취득한 소유권자이기 때문이다. 결국 갑이 처분금지가처분 등으로 등기청구권을 보전하지 않았다면 현재의 등기명의인을 상대로 별도의 판결을 얻을 수밖에 없게 된다.

그러므로 A 토지에 대하여 甲이 소유명의인인 乙을 상대로 취득시효 완성을 원인으로 하는 소유권이전등기청구소송에서 승소판결을 받았으나 소송계속 중 乙로부터 제3자인 丙 앞으로 소유권이전등기가 마쳐진 경우, 판결문상의 피고와 등기기록상의 소유명의인이 불일치하게 되므로 甲이 위 판결에 따른 소유권이전등기를 신청하면 등기관은 부동산등기법 제29조 제7호 또는 제8호에 따라 각하하게 된다(2019. 3. 6. 부동산등기과-526 질의회답).

(나) 포괄승계의 경우 다만, 채권적 청구권에 기하여 소유권이전등기절차를 명하는 확정판결을 받은 원고가 등기를 하기 전에 등기의무자의 사망으로 상속이 일어난 경우 그 상속인은 변론종결 후의 승계인이 아니므로 승계집행은 문제되지 않고, 원고(등기권리자)는 법 제27조(포괄승계인에 의한 등기신청)라는 특례규정에 의하여 판결에 의한 등기를 할 수 있다. 이 경우 원고는 상속등기를 대위하여 할 필

요가 없으며, 만일 상속인들이 상속등기를 하였다면 그 등기를 그대로 둔 채로 자기 앞으로 소유권이전등기를 신청할 수 있다.

변론종결 전 이미 피고 중 1인이 사망하였음에도 선고된 판결에 의한 소유권이전등기절차
변론종결 전에 피고가 사망한 경우를 살펴본다. 소송계속중 어느 일방 당사자의 사망에 의한 소송절차 중단을 간과하고 변론이 종결되어 판결이 선고된 경우에는 그 판결은 절차상 위법은 있지만 당연무효라 할 수는 없다. 이와 같이 이미 사망한 자가 당사자로 표시된 판결에 기하여 사망자의 승계인에 대한 강제집행을 실시하기 위해서는 민사집행법 제31조를 준용하여 승계집행문을 부여함이 상당하다(대결 1998. 5. 30. 98그7). 그러므로 피고는 원고에게 1979. 12. 30. 매매예약완결을 원인으로 한 소유권이전등기절차를 이행하라는 판결이 확정되었으나, 위 판결의 변론종결(1999. 3. 11.) 전에 이미 피고 중 1인이 사망(1998. 9. 8.)한 경우에는, 사망한 피고의 상속인에 대한 승계집행문을 부여받아 위 판결에 의한 소유권이전등기를 신청할 수 있다(2004. 2. 2. 부등 3402-50).

즉 원고의 청구권이 채권적 청구권인 경우로서 변론종결 이후에 등기의무자 지위에 승계(특정승계, 포괄승계)가 발생한 때에는, 어느 경우이든 승계집행문의 문제는 나타나지 아니한다.

〈정 리〉

<table>
<tr><th>승계의 종류</th><th>청구권</th><th colspan="4">특정승계/포괄승계</th><th>해결방법</th></tr>
<tr><td rowspan="6">등기 의무자 지위 승계</td><td rowspan="4">물권적 청구권</td><td rowspan="3">변론 종결 후</td><td rowspan="2">말소 소송</td><td>특정 승계</td><td>갑이 을을 상대로 말소소송을 제기하였으나 승소확정판결의 변론종결 이후에 을의 소유권이 매매 등을 이유로 병에게 이전된 경우</td><td rowspan="2">1) 갑은 병에 대한 승계집행문을 부여받아 ① 을명의의 소유권이전등기에 대한 말소등기신청 및 ② 병명의의 등기에 대한 말소등기신청을 단독으로 신청함
2) 위 ①② 등기는 동시신청이 요구됨
3) 변론 종결 이후에 경료된 제3자 명의의 등기가 있는 경우에 반드시 승계집행문을 부여받을 필요는 없고 승낙서를 첨부하는 것도 가능(등기관에게는 제3자에의 승계가 변론종결 전인지 후인지 여부를 따져볼 필요가 없다).</td></tr>
<tr><td>포괄 승계</td><td>갑이 을을 상대로 말소소송을 제기하였으나 승소확정판결의 변론종결 이후에 을이 사망하여 소유권이 병에게 이전된 경우</td></tr>
<tr><td colspan="2">진정명의의 회복을 원인으로 한 소유권 이전소송</td><td>갑이 을을 상대로 (주로 진정명의회복을 원인으로 한) 소유권이전등기소송을 제기하였으나 승소확정판결의 변론종결 이후에 을의 소유권이 병에게 이전된 경우</td><td>갑은 병에 대한 승계집행문을 부여받아 병으로부터 갑에의 소유권이전등기를 단독신청할 수 있음</td></tr>
<tr><td colspan="3">변론종결 전</td><td>갑이 을을 상대로 말소소송을 제기하였으나 승소확정판결의 변론종결 이전에 병 명의의 근저당권이 설정된 경우</td><td>병의 승낙서를 첨부하여야 갑은 을의 등기에 대한 말소등기신청을 할 수 있음(법 제57조)</td></tr>
<tr><td rowspan="2">채권적 청구권</td><td rowspan="2">이전 소송</td><td colspan="2">특정 승계</td><td>갑이 을을 상대로 이전소송을 제기하였으나 승소확정판결의 변론종결 이후에 을의 소유권이 매매 등을 이유로 병에게 이전된 경우</td><td>갑은 위 판결에 기하여 병을 등기의무자로 한 소유권이전등기를 단독신청할 수 없다.
(승계집행문의 문제 ×)</td></tr>
<tr><td colspan="2">포괄 승계</td><td>갑이 을을 상대로 이전소송을 제기하였으나 승소확정판결의 변론종결 이후에 을이 사망하여 소유권이 병에게 이전된 경우</td><td>상속인 병은 변론종결 후의 승계인이 아님. 상속인에 의한 등기신청이 가능함(법 제27조)
(승계집행문의 문제 ×)</td></tr>
</table>

4. 등기권리자 지위의 승계

사실심의 변론종결 후에 등기권리자의 지위의 승계가 있는 경우 이론상 승계집행의 문제가 생기는 것처럼 보이지만, 실제로는 법 제27조에 따른 상속인의 등기신청(포괄승계의 경우) 또는 법 제28조의 대위의 등기(특정승계의 경우)에 의하여 해결되고 승계집행은 문제되지 않는다. 경우를 나누어 살펴본다.

(1) 등기청구권이 물권적 청구권인 경우

(가) 특정승계의 경우 특정승계의 경우, 예를 들어 원고 갑이 소유권이전등기말소판결을 받은 후 등기를 하지 않은 상태에서 을에게 위 부동산을 매도한 경우, 을은 등기권리자의 승계인으로서 위 판결에 대한 등기를 신청할 수 있을지가 문제된다. 이 경우 을은 갑에 대한 채권적 권리자에 불과하고 판결의 효력을 받는 당사자가 아니므로(즉 병에 대하여는 아무런 청구권이 없으므로) 위 판결에 의한 등기를 신청할 수 없다. 물론 을이 갑을 대위하여 소유권이전등기말소소송을 제기한 경우라면 대위에 의하여 등기를 신청할 수 있을 것이나, 이는 승계집행의 문제는 아니다.

(나) 포괄승계의 경우 등기의무자 지위의 승계와 마찬가지로 등기청구권이 물권적 청구권인 경우에만 승계인에 해당하고 채권적 청구권인 경우에는 승계인에 해당하지 않는다. 예를 들어, 원고가 피고를 상대로 소유권이전등기말소판결을 받았으나 그 등기 전에 사망한 경우, 원고의 상속인은 승계인에 해당하므로 승계집행문을 받아 위 판결에 따른 등기를 할 수 있다. 그러나 실제로는 승계집행문을 부여받을 필요없이 법 제27조에 따라 상속(포괄승계)을 증명하는 서면을 첨부하여 위 판결에 의한 등기를 할 수 있으므로 승계집행이 문제되지 않는다.

(2) 등기청구권이 채권적 청구권인 경우

(가) 특정승계의 경우 등기청구권이 채권적 청구권인 경우에는 등기권리자의 지위를 이전받은 자는 승계인에 해당하지 않는다. 갑이 을에 대한 소유권이전등기소송에서 승소하고 그 등기를 하기 전에 병과 매매계약을 체결한 경우, 병은 갑의 승계인이 아니므로 위 판결에 의한 등기를 신청할 수 없다.

(나) 포괄승계의 경우 등기청구권이 채권적 청구권인 경우에는 등기권리자의 지위를 이전받은 자는 승계인에 해당하지 않는다. 그러므로 갑이 을을 상대로 매매를 원인으로 한 소유권이전의 승소확정판결을 받았으나, 그 등기를 하기 전에 갑(원고)이 사망하여 병이 갑을 상속한 경우, 병은 갑의 승계인이 아니다. 이 경우 병은 승계집

행문을 첨부할 필요없이 법 제27조(포괄승계인에 의한 등기신청)에 따라 상속을 증명하는 서면을 첨부하여 을로부터 '직접 자기명의'로 소유권이전등기를 신청할 수 있다.

〈정 리〉

<table>
<tr><th>승계의 종류</th><th>청구권의 종류</th><th colspan="3">특정승계/포괄승계</th><th>해결방법</th></tr>
<tr><td rowspan="4">등기 권리자 지위 승계</td><td rowspan="2">등기 청구권이 물권적 청구권</td><td rowspan="2">말소소송</td><td>특정 승계</td><td>갑이 을을 상대로 말소소송을 제기하였으나 승소확정판결의 변론종결 이후에 갑의 소유권이 매매 등을 이유로 병에게 이전된 경우</td><td>1) 병은 갑에 대한 채권적 권리자에 불과하고 판결의 효력을 받는 당사자가 아니므로(을에 대하여서는 아무런 청구권이 없음) 판결에 의한 등기를 신청할 수 없다.
2) 병이 갑을 대위하여 을을 상대로 소유권말소소송을 제기한 경우에는 대위로 말소등기신청이 가능하지만 이는 승계집행문의 문제가 아니다.</td></tr>
<tr><td>포괄 승계</td><td>갑이 을을 상대로 말소소송을 제기하였으나 승소확정판결의 변론종결 이후에 갑이 사망하여 소유권이 병에게 이전된 경우</td><td>1) 병은 을에 대한 승계집행문을 부여받아 판결에 따른 말소등기를 단독으로 신청함
2) 혹은 병은 법 제27조에 의하여 상속(포괄승계)을 증명하는 서면을 첨부하여 단독으로 신청함</td></tr>
<tr><td rowspan="2">등기 청구권이 채권적 청구권</td><td rowspan="2">이전소송</td><td>특정 승계</td><td>갑이 을을 상대로 이전소송을 제기하였으나 승소확정판결의 변론종결 이후에 갑의 소유권이 매매 등을 이유로 병에게 이전된 경우</td><td>병은 갑의 승계인이 아님. 위 판결에 의한 등기를 신청할 수 없음
(중간생략등기가 허용되지 아니함)</td></tr>
<tr><td>포괄 승계</td><td>갑이 을을 상대로 이전소송을 제기하였으나 승소확정판결의 변론종결 이후에 갑이 사망하여 소유권이 병에게 이전된 경우</td><td>병은 갑의 승계인이 아님.
다만 병은 법 제27조에 의하여 상속(포괄승계)을 증명하는 서면을 첨부하여 단독으로 신청함(승계집행문의 문제 ×)</td></tr>
</table>

5. 공유물분할판결과 승계집행

(1) 문제의 제기

공유물분할판결은 이행판결이 아닌 형성판결이지만 예외적으로 법 제23조 제4항의 판결에 해당하고 따라서 각 공유자는 원고, 피고를 불문하고 단독으로 지분이전등기를 신청할 수 있음은 전술하였다. 그런데 공유물분할판결에 의한 등기를 하기 전에 공유자 중 일부가 자기 지분을 제3자에게 이전하고 그 등기를 마친 경우에 그 제3자를 승계인으로 볼 수 있을 것인지가 문제된다. 이는 형성판결에도 승계집행문을 부여받을 수 있는지에 관한 문제이기도 하다. 이에 관하여, 형성판결은 그 확정에 의하여 권리관계가 형성되므로 강제집행의 여지가 없고 따라서 집행문 자체를 부여하지 못한다는 견해와 공유물분할판결에 의한 등기신청을 인정하는 이상 변론종결 이후의 제3자를 승계인으로 보아야 한다는 견해가 있다.

(2) 종전 실무

종전 실무는 제3자 명의의 지분이전등기를 먼저 말소하여야만 공유자 각자 명의로 지분이전등기를 신청할 수 있으며(2000. 6. 13. 등기선례 6-137), 나아가서 그 제3자에 대한 승계집행문을 첨부하였더라도 등기권리자 단독으로 제3자 명의의 지분이전등기의 말소등기 및 공유물분할을 원인으로 한 지분이전등기신청을 할 수 없다고 하였다(2005. 10. 18. 등기선례 8-219).

(3) 현행 실무

그러나 개정 등기예규(제1607호)에서는 승계집행문을 부여받은 경우에는 판결에 따른 등기를 신청할 수 있도록 하였다.

(가) 공유물분할판결의 변론종결 후 그 판결에 따른 등기신청 전에 일부공유자의 지분을 기초로 한 제3자 명의의 새로운 등기(공유지분이전등기 제외)가 경료된 경우, 다른 공유자는 자신이 취득한 분할부분에 관하여 위 제3자에 대한 승계집행문을 부여받은 후 제3자 명의의 등기의 말소등기와 판결에 따른 지분이전등기를 단독으로 신청할 수 있다. 이 때 위 각 등기는 동시에 신청하여야 한다.

예컨대, 갑이 을을 상대로 공유물분할의 확정판결을 받은 후 그 등기를 하기 전에 을 지분에 대하여 병 명의의 가압류등기가 경료된 경우, 갑은 병에 대한 승계집행문을 부여받은 후 위 가압류등기의 말소와 판결에 따른 지분이전등기를 단독으로 신청할 수 있다. 반대로 갑 지분에 대하여 가압류등기 등이 경료된 경우 을도 위와 같은 등기를 신청할 수 있다.

(나) 일부 공유자의 지분이 제3자에게 이전된 경우

(a) 등기의무자의 승계: 공유물분할판결의 변론종결 후 그 판결에 따른 등기신청 전에 일부 공유자의 지분이 제3자에게 이전된 경우, 다른 공유자는 자신이 취득한 분할부분에 관하여 위 제3자에 대한 승계집행문을 부여받은 후 제3자 명의의 지분에 대하여 그 제3자를 등기의무자로 하여 곧바로 판결에 따른 이전등기를 단독으로 신청할 수 있다. 예컨대, 갑이 을을 상대로 공유물분할의 확정판결을 받은 후 그 등기를 하기 전에 을이 자기 지분을 병에게 이전한 경우, 갑은 병에 대한 승계집행문을 받은 후 병을 등기의무자로 하여 지분이전등기를 신청할 수 있다.

(b) 등기권리자의 승계: 공유물분할판결의 변론종결 후 판결의 확정 전에 일부 공유자로부터 지분이전등기를 경료받은 자는 종전 공유자가 취득한 분할부분에 관하여 자신을 위한 승계집행문을 부여받아서, 다른 공유자 명의의 지분에 대하여 곧바로 자신 앞으로 판결에 따른 이전등기를 단독으로 신청할 수 있다. 예컨대, 갑과 을 사이의 공유물분할소송의 변론종결 후 판결 확정 전에 갑이 병에게 자기 지분을 이전한 경우 병은 승계집행문을 첨부하여 을 지분의 이전등기를 단독으로 신청할 수 있다.

(4) 공유물분할에 관한 조정이 성립된 경우

공유물분할판결이 아니라 공유물분할에 관한 조정 등이 성립한 경우에는 위 설명이 적용되지 않으므로 변론종결이후의 승계인에 대한 승계집행문을 부여받아 등기를 신청할 수는 없다. 공유물에 관한 현물분할내용의 조정이 성립하였다고 하더라도 공유자들이 협의한 바에 따라 토지의 분필절차를 마친 후 다른 공유자의 공유지분을 이전받아 등기를 마침으로써 비로소 그 부분에 대한 대세적 권리로서의 소유권을 취득하기 때문이다(위 대판 2013.11.21. 2011두1917 전합)

현물분할을 내용으로 하는 공유물분할에 관하여 화해권고결정이 확정된 후 그 결정에 따른 등기신청 전에 일부 공유자의 지분이 제3자에게 이전된 경우에도 제3자에 대한 승계집행문을 부여받아 제3자 명의의 지분에 대하여 자신 앞으로의 이전등기를 단독으로 신청할 수는 없다(2019. 6. 11. 등기선례 9-70).

(5) 사망한 공유자의 상속인들을 상대로 판결을 받은 경우

사망한 공유자의 상속인들에 대하여 공유물분할판결이 확정된 경우, 위 공유자의 상속인들은 먼저 상속등기를 거친 후에만 위 공유물분할판결을 첨부하여 공유물분할을 원인으로 하는 공유지분이전등기를 신청할 수 있다(2000. 7. 12. 등기선례 6-287)

제 4 절 판결에 의한 등기의 신청절차

Ⅰ. 신 청 인

1. 승소한 등기권리자

(1) 의 의

승소한 등기권리자는 단독으로 판결에 의한 등기신청을 할 수 있다(법 제23조 제4항). 승소한 등기권리자만이 판결에 의한 등기신청을 할 수 있으므로 등기의무자에 해당하는 패소한 당사자는 그 판결에 기하여 직접 등기권리자 명의의 등기신청을 하거나 승소한 등기권리자를 대위하여 등기신청을 할 수 없다. 예컨대 소유권이전등기말소청구의 소를 제기하여 승소판결을 받은 자가 그 판결에 의한 등기신청을 하지 아니하는 경우 패소한 등기의무자가 그 판결에 기하여 직접 말소등기를 신청하거나 대위신청을 할 수는 없다(1992. 9. 30. 등기선례 3-25).

(2) 피고 · 당사자참가인도 포함

승소한 등기권리자는 적극적 당사자인 원고인 경우가 보통이지만 피고나 참가인(독립당사자참가인, 조정참가인 등, 다만 보조참가인은 제외)일 수도 있다. 예컨대, "원고는 피고에게 별지 목록 기재 부동산의 소유권이전등기절차를 이행한다."라는 조정조서에 의한 등기신청의 경우, 피고가 승소한 등기권리자가 되는 것이다. 이 경우의 피고는 승소한 등기권리자로 볼 수 있다.

┃관련 등기선례┃

조정조서에 "원고(매도인) 갑은 피고(매수인) 을에게 특정부동산의 소유권이전등기절차를 이행한다"라고 등기절차의 이행이 기재되어 있다면 피고(매수인) 을은 등기권리자로서 단독으로 위 조정조항에 의한 소유권이전등기신청을 할 수 있다(2001. 9. 17. 등기선례 6-154).

(3) 승소한 등기권리자로 볼 수 없는 경우

집행권원에서 원고가 피고에게 반대급부를 지급하는 것('피고는 원고로부터 소유권이전등기 절차를 이행받음')과 동시에 피고는 원고에게 일정한 급부를 할 것('피고는 원고에게 ○ ○ ○원을 지급하라')을 명한 경우 반대급부('등기이행')는 급부의무('금원지급')의 태양에 불과하며 이러한 반대급부에 대하여서는 기판력이나 집행력이 생기지 아니하므로 피고가 단독으로 소유권이전등기를 신청할 수 없다. 이 경우에는 원고가 피고에게 소유권이전등기를 해 주면서 피고에게 금원지급청구를 할 수 있는 것이지, 피고가 원고에게 금원을 지급하면서 또는 그 이후에 피고가 단독으로 등기신청을 할 수는 없는 것이다.

사례연구

<주문 1> 피고(반소 원고)는 원고(반소 피고)로부터 △△부동산에 관한 소유권이전등기 절차를 이행받음과 동시에 원고(반소 피고)에게 금 5,000만원을 지급하라.
<주문 2> 원고(반소 피고)는 피고(반소 원고)로부터 금 5,000만원을 지급받음과 동시에 피고(반소 원고)에게 △부동산에 관한 소유권이전등기 절차를 이행하라.

<해 설>

<주문 1> 집행권원이 채무자에 대하여 채권자의 채무자에 대한 반대급부(소유권이전등기절차이행)와 동시에 일정한 급부(금전 지급)를 할 것을 표시한 경우, 채권자가 하여야 할 반대급부(소유권이전등기절차의 이행)는 채권자의 급부의무의 태양에 불과하고 그 반대급부에 관하여는 기판력도 집행력도 생기지 아니하므로, 피고가 먼저 원고에게 금 5,000만원을 지급한 경우라도 역으로 이를 집행권원으로 하여 단독으로 등기신청 할 수는 없다.
<주문 2> 「~는」에 해당하는 원고가 등기의무자이고, 「~에게」에 해당하는 피고가 승소한 등기권리자이다. 따라서 피고만이 위 판결정본 및 집행문을 첨부하여 소유권이전등기를 신청할 수 있고 패소한 등기의무자인 원고는 이 판결로써 단독으로 소유권이전등기신청을 할 수 없다. 위 판결에는 원고에게만 소유권이전등기절차의 이행을 명하였기 때문이다.

* 만약 피고가 위 판결에 의한 소유권이전등기를 신청하지 않고 있다면, 원고로써는 등기에 필요한 서류들을 공탁하는 등의 방법으로 자신의 채무를 이행한 다음 위 판결 〈주문 1〉을 집행권원으로 하여 피고의 재산에 대하여 강제집행할 수 있을 뿐이며, 원고가 자신의 등기명의를 피고에게 넘겨주기 위해서는 피고를 상대로 하여 "소유권이전등기신청절차를 인수하라"는 승소판결을 받아서 승소한 등기의무자로 단독으로 소유권이전등기신청을 하여야 한다(1999. 5. 31. 등기선례 6-131).[1]

선 례

마찬가지로, 피고에 대하여 원고의 소유권이전등기의 말소등기절차의 이행과 상환으로 원고에게 금원을 지급할 것을 명하는 판결의 집행력은 피고의 금원지급 부분에 대하여만 미치고, 원고의 반대이행(말소등기절차의 이행) 부분에 대하여는 미치지 아니하므로, 원고는 그 판결에 의하여 단독으로 소유권이전등기의 말소등기를 신청할 수 없다(1989. 4. 13. 등기선례 2-425).

---

1) 이 등기선례에 대한 해설로는 법원행정처간 「주요부동산등기 선례해설집」 II. pp.89~105 참조.

(4) 재판상 당사자가 아닌 경우

승소한 등기권리자는 소송당사자만을 의미하므로 소송당사자가 아닌 자는 그 판결이나 조정 등에서 등기권리자나 등기의무자로 기록되었다 하더라도 단독으로 등기신청을 할 수 없다. 예컨대, 당사자(원고, 피고, 참가인)가 아닌 제3자에게 소유권이전등기절차를 이행한다는 내용이 포함된 재판상 화해가 성립되었어도 그 제3자가 화해절차에 당사자로 참가하지 아니한 이상 화해의 효력이 미치지 아니하므로, 그 자는 화해조서에 의하여 단독으로 등기신청을 할 수 없다(1995. 3. 7. 등기선례 4-202).

관련 등기선례

피고가 원고 갑, 소외인 을, 병에게 각 3분의 1지분에 관하여 소유권이전등기를 이행한다는 내용이 포함된 재판상의 화해가 성립되었다고 하더라도, 화해조서상에 당사자로 되어 있지 아니한 이상 화해의 효력이 소외인 을, 병에게는 미치지 아니하므로 을, 병은 화해에 의하여 단독으로 지분이전등기를 신청할 수는 없다(2002. 4. 30. 등기선례 7-110).

2. 승소한 등기권리자의 상속인(포괄승계인)

승소한 등기권리자가 승소판결의 변론종결 후 사망하였다면, 그의 지위를 상속한 승계인은 상속을 증명하는 서면을 첨부하여 직접 자기(상속인) 명의로 소유권이전등기신청을 할 수 있다. 이것은 법 제27조에 따른 포괄승계인에 의한 등기신청임은 전술한 바와 같다.

3. 승소한 등기의무자

(1) 판결에 의한 등기는 승소한 등기의무자가 단독으로 신청할 수도 있는데(법 제23조 제4항), 이는 종래 학설로 인정되던 이른바 등기수취(인수)청구권을 1991. 12. 14. 부동산등기법의 개정으로 등기절차상 규정한 것이다.

따라서 "피고는 원고로부터 별지 목록 기재 부동산에 관하여 2010. 5. 23. 매매를 원인으로 한 소유권이전등기신청절차를 인수하라."는 판결을 받은 원고는 승소한 등기의무자의 지위에서 단독으로 등기신청을 할 수 있으나 그 소송에서 패소한 피고 즉 등기권리자가 단독으로 자기 앞으로 등기신청을 할 수는 없다. 이 경우의 피고는 패소한 등기권리자이기 때문이다. 구체적인 사례를 등기선례를 통하여 살펴본다.

(2) 승소한 등기의무자로 볼 수 있는 경우

| 화해조서 |

원고(매수인)가 피고(매도인)를 상대로 계약해제 등을 주장하면서 매매대금 등의 반환을 청구한 소에서 "원고(매수인)는 피고(매도인)로부터 일정금액을 지급받은 후 매매의 대상이 된 부동산에 대하여 소유권이전등기절차를 경료한다"는 것을 내용으로 하는 소송상 화해를 한 경우

그 화해조항은 "원고(매수인)는 피고(매도인)로부터 일정금액을 지급받은 후 매매의 대상이 된 부동산에 관하여 소유권이전등기신청절차를 인수하라."는 취지로 해석되므로, 이 때 피고(매도인)는 승소한 등기의무자로서 단독으로 위 화해에 따른 소유권이전등기를 신청할 수 있다. 다만, 피고(매도인)는 일정금액의 지급이라는 선이행의무가 있으므로 위 등기신청을 하기 위해서는 집행문을 부여받아야 할 것이다(2001. 7. 24. 등기 3402-498 질의회답).

(3) 승소한 등기의무자로 볼 수 없는 경우

| 조정조서 |

원고가 청구한 공사대금 대신 피고 소유 건물의 일부로써 대물변제하는 것을 주요 내용으로 하는 조정조서가 있는 경우

위 조정조서를 가지고는 건물소유자인 등기의무자가 단독으로 등기를 신청할 수 없다(2000. 3. 4. 등기선례 6-13). 등기의무자가 적극적 당사자(원고)로서 등기권리자에게 등기인수(수취)청구권을 행사한 경우가 아니기 때문이다.

4. 공유물분할판결에 의한 경우

(1) 등기권리자의 단독신청

공유물분할판결이 확정되거나 재판상 화해가 성립되면 공유자는 각자 분할된 부분에 대한 단독 소유권을 취득한다. 따라서 각 공유자는 원고, 피고를 묻지 않고 그 확정판결(또는 화해조서)을 첨부하여 등기권리자가 단독으로 공유물분할을 원인으로 한 지분이전등기를 신청할 수 있다(1994. 3. 25. 등기선례 4-221).

다만, 갑, 을, 병, 정이 공유하는 토지에 대하여 을, 병, 정이 갑을 상대로 "피고는 원고들에게 위 토지의 특정부분에 대하여 각 ○○지분에 관하여 ○○년 ○○월 ○○일 공유물분할약정을 원인으로 한 이전등기절차를 이행하라"는 확정판결을

받은 경우, 을, 병, 정은 분필등기를 경료한 이후 위 판결문을 첨부하여 단독으로 지분이전등기를 신청할 수 있으나, 위 판결은 형성판결인 공유물분할판결이 아닌 이행판결에 해당하므로 갑은 위 판결문을 첨부하여 단독으로 위 토지의 나머지 부분에 대한 지분이전등기를 신청할 수 없고, 을, 병, 정을 상대로 별도의 지분이전을 명하는 확정판결을 받아 단독으로 지분이전등기를 신청할 수 있다(2009. 12. 30. 등기선례 9-53).

(2) 등기의무자의 단독신청

2020. 8. 5. 부터 개정시행되는 부동산등기법 제23조 제4항에 의하면 "등기절차의 이행 또는 인수를 명하는 판결에 의한 등기는 승소한 등기권리자 또는 등기의무자가 단독으로 신청하고, 공유물을 분할하는 판결에 의한 등기는 등기권리자 또는 등기의무자가 단독으로 신청한다."

A토지를 공유하고 있는 갑(2/3지분), 을(1/3지분)이 A토지를 분할하여 A1, A2토지로 하고 A1토지는 갑이 소유하는 것으로, A2토지는 을이 소유하는 것으로 공유물분할판결이 확정된 경우에, A토지를 A1, A2토지로 분필등기를 하고 A1토지에 대하여서는 을지분(1/3)을 갑에게 공유물분할을 원인으로 하여 공유지분을 이전하는 등기는 A1토지에 대한 등기권리자인 갑이 단독으로 신청할 수 있고, 반대로 A2토지에 대하여서는 갑지분(2/3)을 을에게 공유물분할을 원인으로 하여 공유지분을 이전하는 등기는 A2토지에 대한 등기권리자인 을이 단독으로 신청할 수 있다. 그런데 A1 토지에 대하여서는 등기권리자인 갑이 그 등기를 신청하여 A1토지의 소유권은 갑에게 모두 집중되었으나, A2 토지에 대하여 등기권리자인 을이 공유물분할등기를 신청하지 아니하여 갑의 지분이 여전히 A2 토지에 남아 있게 되는 경우, 그동안에는 갑이 을을 상대로 등기인수청구권을 행사하여 소송을 제기하여야 하는 불편함을 피할 수 없었고 이는 실체관계에 부합하는 등기를 신속하게 공시하기 위한 부동산등기법의 이상에 부합하지 않기 때문에 2020. 8. 5. 등기법이 개정되게 된 것이다.

5. 채권자대위소송에 의한 경우

갑 소유의 부동산이 을, 병으로 순차 매도되었는데 등기는 여전히 갑 명의로 남아 있는 경우 병은 을에 대위하여 갑을 상대로 을에 대한 소유권이전등기절차의 이행을 명하는 판결을 얻을 수 있다. 이 경우 병은 절차상 등기권리자가 아니지만 법 제28조에 따라 을의 대위신청인으로서 갑에서 을 명의로 소유권이전등기를 신청할 수 있다.

한편, 채권자대위소송에서 채무자가 채권자대위권에 의한 소송이 제기된 사실을 알았을 경우에는 그 확정판결의 효력은 채무자에게도 미치므로(대판 1975. 5. 13. 74다1664). 위 을도 병이 얻은 승소판결정본에 의하여 단독으로 등기신청을 할 수 있다(등기예규 제1692호). 앞서 말하였 듯이 을에 대한 제3의 채권자 정도 을을 대위하여 갑에서 을명의로의 소유권이전등기를 신청할 수 있다(2007. 4. 12. 등기선례 8-102).

사례연구

[설 문] 피고는 소외 을(561027-1234567, 주소 : 서울 서초구 서초동 967)에게 별지 목록 기재 부동산에 관하여 2018. 3. 31. 매매를 원인으로 한 소유권이전등기절차를 이행하라.

[해 설] 원고는 채무자(을)를 대위하여 단독으로 등기신청 할 수 있으며, 채무자가 채권자대위소송이 제기된 사실을 알았을 경우에는 채무자 또는 제3채권자도 채권자가 얻은 승소판결에 의하여 단독으로 등기를 신청할 수 있다

사례연구

[설 문] 별지 목록 기재 부동산에 관하여
가. 피고 갑은 피고 을에게 2018. 3. 31. 매매를 원인으로 한
나. 피고 을은 피고 병에게 2019. 4. 5. 매매를 원인으로 한
다. 피고 병은 원고에게 2019. 10. 15. 매매를 원인으로 한
각 소유권이전등기절차를 이행하라

[해 설] 갑 소유부동산이 을, 병을 거쳐 원고에게 순차 매도되었으나 등기명의는 아직 갑에게 남아 있는 경우로서, 원고는 병에 대한 등기청구권에 기하여 병의 을에 대한 등기청구권을 대위행사 할 수 있고, 다시 이에 기하여 을의 갑에 대한 등기청구권을 대위행사(병의 을에 대한 채권자대위권을 대위행사)할 수 있다. 이 경우, 가. 나. 등기신청서의 등기권리자란에는 각 '을 대위신청인 원고' '병 대위신청인 원고'와 같이 기재한다. 가. 나.의 경우 을, 병도 각 등기권리자로서 단독으로 등기신청을 할 수 있음은 물론이다.

6. 채권자취소소송의 경우

판결주문례

1. 피고 병과 소외 을(580412-1234567) 사이에 별지 목록 기재 부동산에 관하여 2019. 5. 22. 체결된 증여계약을 취소한다.
2. 피고 병은 소외 을에게 제1항 기재 부동산 지분에 관하여 의정부지방법원 2019. 5. 22. 접수 제20123호로 마친 소유권이전등기의 말소등기절차를 이행하라.

위 사안의 경우, 채권자 갑이 수익자 병을 상대로, 채무자 을과 병 사이의 소유권이전등기의 원인행위가 사해행위임을 이유로 취소하고 그 말소등기절차의 이행을 명하는 확정판결을 얻은 경우, 병 명의의 소유권이전등기말소에 관하여는 을이 등기권리자, 병이 등기의무자가 된다. 사해행위취소판결을 받은 채권자 갑은 을의 채권자일 뿐 등기권리자도 등기의무자도 아니다.

따라서 채권자 갑이 사해행위 취소판결에 의하여 수익자 병 명의의 등기를 말소하기 위해서는 절차상 등기권리자인 을을 대위하여(판결이 대위원인서면이 됨) 등기를 신청할 수밖에 없다.

II. 등기소에 제공하여야 하는 신청정보

1. 등기원인과 그 연월일

판결에 의한 등기의 경우에도 등기신청서에는 등기원인과 그 연월일을 신청정보의 내용으로 등기소에 제공하여야 한다(규칙 제43조 제1항 제5호). 이 때의 '등기원인'이란 해당 판결에 의하여 확인된 권리변동 내지 권리관계의 원인(매매, 시효취득 등)이고, '그 연월일'은 그 원인의 일자이다.

(1) 이행판결

등기절차의 이행을 명하는 판결에 의하여 등기를 신청하는 경우에는 그 판결주문에 명시된 등기원인과 그 연월일을 등기신청서에 기재한다.

한편 판결의 주문에 '약정'을 원인으로 하는 등기절차를 이행하라는 기재가 있는 경우에는 그에 따라 '약정'을 등기원인으로 하여 판결에 의한 등기를 하면 된다.

또한 교환을 원인으로 한 소유권이전등기절차의 이행을 명하는 판결의 주문에 등기원인과 그 연월일이 '1953년 교환'으로만 기재되어 있는 경우 그 판결에 따른 등기신청서에 등기원인의 월일을 기재하지 않아도 될 것이다(대판 1991. 1. 15. 90다6958). 판결에 의해 확정된 권리관계의 등기를 월일의 기재가 없다고 하여 할 수 없도록 하는 것은 불합리하기 때문이다.

판결주문에 등기원인과 그 연월일이 명시되어 있지 아니한 경우에는 등기원인은 '확정판결'로, 그 연월일은 '판결선고일'을 기재한다. 종전에는 판결주문뿐만 아니라 판결이유에도 등기원인과 그 연월일이 나오지 않는 경우에만 위와 같이 기재하였으나, 판결이유에서 등기원인을 특정하기가 어려운 경우도 있으므로 위와 같이 변경하였다(등기예규 제1692호). 즉 판결이유를 살펴볼 필요는 없다. 이에 해당하는 경우로는 다음이 있다.

1) 기존등기의 등기원인이 부존재 내지 무효이거나 취소·해제에 의하여 소멸하였음을 이유로 말소등기 또는 회복등기를 명하는 판결.

2) 가등기상 권리가 매매예약에 의한 소유권이전등기청구권으로서 그 가등기에 의한 본등기를 명한 판결의 주문에 등기원인과 그 연월일의 기재가 없는 경우.[2)]

(2) 형성판결

권리변경의 원인이 판결 자체, 즉 형성판결인 경우에는 등기원인은 '판결에서 행한 형성처분'을 기재하고, 그 연월일은 '판결확정일'을 기재한다.[3)] 이에 해당하는 경우로는 다음과 같은 예를 들 수 있다.

1) 공유물분할판결의 경우 등기원인은 '공유물분할'로, 그 연월일은 '판결확정일'을 기재한다.

2) 사해행위취소판결의 경우 등기원인은 '사해행위취소'로, 그 연월일은 '판결확정일'을 기재한다.

3) 재산분할심판의 경우 등기원인은 '재산분할'로, 그 연월일은 '심판확정일'을 기재한다.

선 례

사해행위취소판결에 의하여 등기를 신청하는 경우 등기원인과 그 연월일의 기재 방법

"별지 목록 기재 부동산에 관하여, 가. 피고 조○○와 피고 임○○ 사이에 2010. 8. 16. 체결된 매매계약을 취소한다. 나. 피고 임○○는 원고에게 대구지방법원 ○○등기소 2010. 8. 17. 접수 제47571호로 마친 소유권이전등기의 말소등기절차를 이행하라."는 주문과 같은 사해행위취소 등 판결에 의하여 등기를 신청하는 경우에는 등기신청서에 기재할 등기원인을 "사해행위취소"로, 등기원인일자를 "판결확정일"로 기재하여야 한다(2012. 3. 21. 등기선례 9-57).

---

2) 판결에 의하여 가등기에 의한 본등기를 신청하는 경우의 등기원인일자는 그 주문에 원인일자의 표시가 있으면 그 일자를 기재하여야 한다. 여기서 원인일자라 함은 매매예약완결권이 행사되어 매매가 성립된 날을 뜻하는 것으로 판결주문에 매매예약 완결일자가 있는 이상 그 일자를 등기원인일자로 기재하여야 한다. 그런데 매매예약의 형식을 취하여 가등기를 하였으나 실제로는 예약완결권의 행사를 요하지 않고 원고의 청구가 있으면 언제든지 본등기를 해주기로 약정한 경우에는 예약완결일자가 판결주문에 표시되지 않아도 무방하므로(대판 1981. 3. 10. 80다2583) 이 경우에는 등기원인은 '확정판결'로, 그 연월일은 '판결의 선고일'을 각 기재한다(2020. 7. 21. 등기예규 제1692호).

3) 종전 실무는 등기원인일자로 형성판결의 선고일을 기재하였으나, 판결이 확정된 때에 물권변동이 발생한다는 점을 고려하여 확정일자로 변경하였다(위 예규 제1692호).

최근등기선례

사해행위취소판결의 주문에 원상회복의 방법으로 소유권이전등기의 말소등기절차의 이행을 명하는 대신 소유권이전등기절차의 이행을 명하면서 그 등기원인을 '사해행위취소' 외에 '사해행위취소로 인한 원상회복' 또는 '진정명의회복' 등으로 기재하였더라도 어느 경우에나 사해행위취소판결 자체가 그 등기의 원인이 되는 것은 마찬가지이므로, 이러한 판결에 의하여 소유권이전등기를 신청하는 경우에 신청정보의 내용 중 등기원인은 '사해행위취소로, 그 연월일은 '판결확정일'로 하여 이를 제공하여야 한다 (2018. 9. 20. 9-68).

〈정 리〉

판결의 종류		등기원인과 연월일의 명시 여부	
		판결주문에 등기원인과 연월일이 명시된 경우	판결주문에 등기원인과 연월일이 명시되지 아니한 경우
이행판결	등기원인	판결주문상 등기원인	확정판결
	연월일	판결주문상 등기원인일	판결선고일
형성판결	등기원인	판결에서 행한 형성처분	
	연월일	판결확정일	

(3) 화해조서 등

화해조서 · 인낙조서, 화해권고결정, 민사조정조서 · 조정에 갈음하는 결정, 가사조정조서 · 조정을 갈음하는 결정 등(이하 '화해조서 등'이라 한다)에 등기신청에 관한 의사표시의 기재가 있고 그 내용에 등기원인과 그 연월일의 기재가 있는 경우 등기신청서에는 그 등기원인과 그 연월일을 기재한다.

화해조서 등에 등기신청에 관한 의사표시의 기재가 있으나 그 내용에 등기원인과 그 연월일의 기재가 없는 경우 등기신청서에는 등기원인은 '화해', '인낙', '화해권고결정', '조정' 또는 '조정을 갈음하는 결정' 등으로, 그 연월일은 화해, 인낙, 조정의 경우에는 '조서기재일'을, 화해권고 결정, 조정을 갈음하는 결정의 경우에는 '결정확정일'을 기재한다.

〈정 리〉

<table>
<tr><th colspan="2">구 분</th><th>등기원인</th><th>등기원인일자</th></tr>
<tr><td colspan="2">화해조서에 등기원인과 그 연월일의 기재가 있는 경우</td><td colspan="2">화해조서에 기재된 등기원인과 그 연월일을 기재</td></tr>
<tr><td rowspan="2">화해조서에 등기원인과 그 연월일의 기재가 없는 경우</td><td>화해, 인낙, 조정</td><td>화해, 인낙, 조정</td><td>조서기재일</td></tr>
<tr><td>화해권고결정, 조정에 갈음하는 결정</td><td>화해권고결정, 조정에 갈음하는 결정</td><td>결정확정일</td></tr>
</table>

2. 등기필정보

승소한 등기권리자가 판결에 의하여 단독으로 등기를 신청하는 경우에는 등기의무자의 등기신청의사표시가 확정판결 자체에 의하여 의제되기 때문에 등기의무자의 등기필정보를 신청정보의 내용으로 제공하거나 등기의무자의 등기필증을 첨부정보로서 제공할 필요는 없다(규칙 제43조 제1항 제7호 단서). 다만, 승소한 등기의무자가 판결에 의하여 등기권리자 앞으로의 등기를 신청하는 경우에는 자기 스스로 가지고 있는 등기필정보를 신청정보의 내용으로 제공하거나 등기필증을 첨부정보로서 제공하여야 한다(규칙 제43조 제1항 제7호 단서).

Ⅲ. 등기소에 제공하여야 하는 첨부정보

일반적인 첨부정보 외에 판결에 의한 신청의 경우에 문제되는 것만 서술하면 다음과 같다.

1. 판결정본 및 확정증명서

판결에 의한 등기를 신청함에 있어서 판결서가 등기원인증서가 되므로, 그 등기신청서에 판결정본을 첨부하여야 한다. 판결정본 대신에 판결등본을 첨부할 수는 없고(등기예규 제1692호), 판결의 목적인 수필의 토지를 필지별로 나누어 따로따로 등기를 신청할 수밖에 없는 경우라고 하더라도, 등기원인증서로서 판결정본의 사본을 첨부할 수는 없다(1998. 3. 9. 등기선례 5-46). 법 제23조 제4항의 판결은 확정판결을 의미하므로 반드시 확정증명서를 첨부하여야 한다. 다만, 조정조서나 화해조서 또는 인낙조서를 등기원인증서로 제출하는 경우에는 그 자체가 확정판결과 동일한 효력이 있으므로 확정증명서를 제출할 필요가 없다. 그러나 조정을 갈음하는 결정이나 화해권고결정의 경우에는 확정되어야 판결과 동일한 효력이 있으므로 확정증명이 반드시 필요하다.

한편, 실무상 송달증명서의 제출여부가 문제된다. 일반적으로 판결의 송달은 강제집행의 개시요건이지만(집행법 제39조), 의사의 진술을 명하는 판결의 경우에는 판결이 확정되면 의사의 진술이 있는 것으로 간주되기 때문에 그 판결은 이미 집행이 된 것이고 별도의 강제집행이라는 절차가 필요 없으므로 송달증명서를 제출하지 않아도 된다. 화해, 조정, 인낙, 조정을 갈음하는 결정 및 화해권고결정의 경우에도 송달증명서를 첨부할 필요가 없다(등기예규 제1692호).

〈정 리〉

집행권원	확정증명	송달증명
판 결	○	×
조정조서, 화해조서, 인낙조서	×	×
화해권고결정, 조정에 갈음하는 결정	○	×

2. 집행문 및 승계집행문

반대급부의 이행을 조건으로 하는 조건부 이행판결 및 동시이행을 명하는 상환이행판결 등에는 집행문을, 당사자의 승계가 이루어진 경우에는 승계집행문을 부여받아 첨부하여야 한다. 다만, 집행문이나 승계집행문의 송달증명은 첨부할 필요가 없다. 판결에 의한 등기신청은 판결의 확정에 의하여 진술간주된 등기의무자의 등기신청의사를 등기소에 제출하는 판결의 이용행위에 불과하고, 협의의 집행절차가 아니기 때문이다.

3. 등기원인에 대한 제3자의 허가, 동의, 승낙서

등기원인을 증명하는 정보가 집행력 있는 판결인 경우에는 등기원인에 대한 제3자의 허가, 동의, 승낙이 있음을 증명하는 정보를 제공할 필요가 없다(규칙 제46조 제3항). 이는 판결과정에서 이미 허가서 등의 유무가 확인되었기 때문이다. 다만,

공익상의 이유로 행정관청의 허가, 동의 또는 승낙을 받을 것이 요구되는 때에는 그러하지 아니하다(규칙 제46조 제3항 단서). 그러나 소유권이전등기를 신청할 때에는 등기원인에 대한 제3자의 허가, 동의, 승낙이 있음을 증명하는 정보를 첨부정보로서 등기소에 제공하여야 한다. 예컨대, 판결에 의하여 농지에 대한 소유권이전등기를 신청하는 경우에도 행정관청의 허가서인 농지취득자격증명을 첨부하여야 한다(2001. 6. 28. 등기선례 6-557).

4. 등기상 이해관계인의 승낙서

판결에 의하여 말소등기나 말소회복등기의 신청을 하는 경우에도 등기상 이해관계인의 승낙서 등의 제출은 면제되지 않는다. 예컨대, 소유권이전등기의 말소등기를 이행하라는 판결을 얻었다 하더라도 말소대상인 이전등기에 기하여 설정된 근저당권자의 승낙서 등을 제출하지 않는다면 그 소유권이전등기도 말소할 수 없다. 이는 등기연속의 원칙[4]으로 보아 당연하다.

5. 주소를 증명하는 서면(2020. 7. 21. 등기예규 제1692호)

(1) 판결 등에 의하여 소유권이전등기신청을 하는 경우[5]

(가) 판결에 의하여 등기권리자가 단독으로 소유권이전등기를 신청할 때는 등기권리자의 주소를 증명하는 서면만을 제출하면 된다.

(나) 판결문상의 피고의 주소가 등기기록상의 등기의무자의 주소와 다른 경우(등기기록상 주소가 판결에 병기된 경우 포함)에는 동일인임을 증명할 수 있는 자료로서 주소에 관한 서면을 제출하여야 한다.

(다) 다음 각호의 방법으로 확인된 피고의 주민등록번호와 등기기록상에 기재된 등기의무자의 주민등록번호가 동일하여 동일인임을 인정할 수 있는 경우에는 (나)를 적용하지 아니한다.

1) 「민사소송규칙」 제76조의2 제3항에 따른 재판사무시스템을 통하여 확인
2) 판결서상에 기재된 피고의 주민등록번호로 확인(2018. 3. 26. 이전에 작성된 판결문의 경우)(2020. 07. 21 등기예규 제1692호)

---

4) 등기연속의 원칙이란, 소유권보존등기 이후의 모든 등기는 직전 등기를 토대로 이루어져야 한다는 원칙이다. 만일 위 사례에서 근저당권등기를 말소하지 않고 소유권등기를 말소한다면 근저당권등기는 등기연속의 원칙에 반하는 등기가 되어버린다.

5) 본 내용은 저자가 쓴 「부동산등기법」에서 주장한 내용이 예규에 반영된 것임.

(2) 판결에 의한 대위보존등기를 신청하는 경우 보존등기명의인의 주소를 증명하는 서면

원고가 미등기부동산에 관하여 그 소유자를 피고로 하여 소유권이전등기절차의 이행을 명하는 판결을 받은 후 피고를 대위하여 소유권보존등기를 신청하는 경우에는 그 보존등기명의인인 피고의 주소를 증명하는 서면을 제출하여야 한다. 피고에 대한 소송서류의 송달이 공시송달에 의하여 이루어진 경우에도 같다. 이 경우 피고의 주민등록이 주민등록법 제20조 제3항에 따라 말소된 때에는 말소된 주민등록표등본 · 초본을 첨부하고 그 최후 주소를 주소지로 하여 피고 명의의 소유권보존등기를 신청할 수 있다.

등기선례에 의하면 이러한 경우에는 제적등 · 초본, 말소된 주민등록표등본 · 초본 등 피고(소유권보존등기명의인)의 주민등록번호가 기재된 주소를 증명하는 서면을 제출하여야 한다(2002. 1. 22. 등기선례 7-67).

(3) 판결에 의하여 소유권이전등기를 순차로 대위신청하는 경우

갑은 을에게, 을은 병에게 각 소유권이전등기절차를 순차로 이행하라는 판결에 의하여 병이 을을 대위하여 갑으로부터 을로의 소유권이전등기를 신청할 때에는 을의 주소를 증명하는 서면을 첨부하여야 하고, 이 경우 을에 대한 소송서류의 송달이 공시송달에 의하여 이루어진 때에는 그 판결에 기록된 을의 최후 주소를 증명하는 서면을 첨부하여야 한다.

제 5 절 관련 문제

Ⅰ. 당사자 표시의 불일치

판결문상의 당사자 표시(성명, 주소, 주민등록번호)는 신청서 및 등기부상 기록과 일치하여야 함이 원칙이나, 서로 다를 경우 다음과 같이 처리하면 된다.

1. 등기권리자의 불일치

판결문상 등기권리자인 원고의 주소가 제출된 주소증명서면의 현주소와 부합하지 않고 또 양 주소가 연결되지 않은 경우에는 주소증명서면 외에 동일인임을 소

명하는 자료를 첨부하여야 하고, 이 경우 동일성의 인정 여부는 등기관의 심사권에 속하는 사항이다(1980. 1. 8. 등기선례 1-219). 다만, 가등기에 의한 본등기절차이행의 확정판결을 받은 가등기권리자의 등기기록상 주소가 주소를 증명하는 서면에 기재된 가등기 당시의 주소와 연결되지 않는다 하더라도, 그 등기부상 주소가 판결에 기재되어 있다면 그 등기신청은 수리할 수 있다(1999. 3. 4. 등기선례 6-125).

선 례

마찬가지로 소유권이전등기 말소등기절차이행청구소송에서 승소한 원고가 그 확정판결에 기하여 해당 등기의 말소등기신청을 하는 경우에 판결문상 원고의 주소가 등기기록상 주소와 상이하다고 하더라도 소장에 기재된 원고의 등기기록상 주소가 판결문에서 누락된 것이고, 또 등기기록과 주민등록표에 각 기재된 원고의 주민등록번호가 동일할 뿐 아니라 등기기록상 주소도 주민등록표상 변경 전의 주소와 동일한 때에는, 등기관은 그 신청을 수리할 수 있다(1991. 10. 14. 등기선례 3-197).

2. 등기의무자의 불일치

(1) 판결문상의 피고와 등기기록상의 등기의무자인 소유명의인이 다른 경우

갑 소유명의의 토지에 대하여 원고 을이 "피고 병은 피고 갑이 원고로부터 ○○○원을 지급받음과 동시에 원고에게 △△토지에 대하여 ○○○○년 ○월 ○일 매매를 원인으로 하는 소유권이전등기절차를 이행하라" 는 판결을 받은 경우, 판결문상의 소유권이전등기절차 이행의무를 부담하는 피고(병)와 등기기록상의 등기의무자인 소유명의인(갑)이 다르므로, 원고 을은 이 판결에 의하여 단독으로 소유권이전등기를 신청할 수 없다(2019. 8. 6. 등기선례 9-71). 甲이 소유명의인인 乙을 상대로 취득시효 완성을 원인으로 하는 소유권이전등기청구소송에서 승소판결을 받았으나 소송계속 중 乙로부터 제3자인 丙 앞으로 소유권이전등기가 마쳐진 경우도 마찬가지이다(법 제29조 제7호, 8호; 2019. 3. 6. 등기선례 9-203).

(2) 판결 주문에 표시된 등기의무자와 이전할 지분이 등기부와 일치하지 않는 경우

부동산등기는 신청서와 등기원인을 증명하는 서면에 기재된 등기의무자와 등기목적인 권리의 표시가 등기부와 서로 부합하는 범위 안에서 신청하여야 한다(부동산등기법 제29조 제6호, 제7호, 제8호). 따라서 원고가 소유명의인의 공동상속인을 상대로 명의신탁해지를 원인으로 각각의 상속지분에 해당하는 공유지분이전등기절차를 명하는 확정판결을 받았으나 공동상속인 1인 명의로 협의분할에 의한 상속등기가 먼저 이루어진 경우 원고는 위 판결에 의하여 위 1인의 상속지분에 해당하는 공유지

분만에 대한 이전등기신청을 할 수 있다(2010. 11. 26. 등기선례 9-55).[1]

선 례

> 따라서 원고가 소유명의인의 공동상속인을 상대로 명의신탁해지를 원인으로 각각의 상속지분에 해당하는 공유지분이전등기절차를 명하는 확정판결을 받았으나 공동상속인 1인 명의로 협의분할에 의한 상속등기가 먼저 이루어진 경우 원고는 위 판결에 의하여 위 1인의 상속지분에 해당하는 공유지분만에 대한 이전등기신청을 할 수 있다(2010. 11. 26. 등기선례 9-55).

(3) 한편 판결문상 피고의 주소가 등기기록상 등기의무자의 주소와 다른 경우에는 동일인임을 증명할 수 있는 자료로서 주소에 관한 서면을 제출하여야 한다. 이에 관하여는 위 제4절 Ⅲ. 5에서 상술하였다.

Ⅱ. 부동산 표시의 불일치

판결문에 기재된 부동산의 표시가 등기기록과 다른 경우에는 법 제29조 제6호의 각하사유(신청정보의 부동산 또는 등기의 목적인 권리의 표시가 등기기록과 일치하지 아니한 경우)에 해당하여 그 등기신청을 각하하여야 한다. 그러나 전혀 다른 부동산이 아니라 부동산표시에 변경이 생긴 경우라면 그 사유가 발생한 시점에 따라 다음과 같이 처리한다.

1. 변론종결 이전인 경우

사실심 변론종결 전에 분할, 지목 변경 등으로 그 부동산의 표시에 변경이 있었던 경우에는 먼저 판결경정에 의하여 부동산의 표시를 대장상의 표시와 일치시킨 다음 분필등기 등을 거쳐(원고의 대위신청도 가능) 판결에 의한 등기를 신청할 수 있다(1994. 7. 14. 등기선례 4-229).

---

1) 확정판결은 변론종결 이후의 승계인에 미치지만, 명의신탁해지를 원인으로 한 소유권이전등기 판결을 받은 경우 그 소송물이 물권적청구권이 아니므로 승계집행문을 부여받을 수는 없다.

선 례

판결에 기재된 토지의 면적이 등기기록상 면적과는 일치하나 토지대장상 지적과 일치하지 아니하는 경우에는, 먼저 등기기록상 토지의 면적을 토지대장상 토지의 면적으로 변경(경정)하는 토지표시변경(경정)등기를 한 후 판결경정을 하고 소유권이전등기를 신청하여야 한다(1997. 12. 27. 등기선례 5-176).

2. 변론종결 이후인 경우

변론종결 후 부동산의 표시에 변경이 발생한 경우에는 판결경정절차 없이 변경 전후의 부동산이 동일한 것이라는 소명자료(토지대장등본, 건축물대장등본 등)를 첨부하여 판결에 의한 등기신청을 할 수 있다.

선 례

예컨대, 토지소유권이전등기의 말소 또는 소유권이전등기절차 이행청구 사건의 소제기 후(변론종결 후) 피고가 일방적으로 계쟁 부동산의 분할등기를 필한 경우라도(소유자의 변동은 없음), 원고가 위 판결확정 후 동 판결에 의한 등기신청을 한 경우에 등기기록상 분할전 부동산이 판결서 기재 부동산과 동일 부동산임을 인정할 수 있을 때에는 그 등기신청을 수리하여도 무방하다(1971. 7. 6. 등기예규 제175호).

Ⅲ. 판결이유에 대한 등기관의 심사범위

1. 원　칙

판결에 의한 등기를 하는 경우 등기관은 원칙적으로 판결 주문에 나타난 등기권리자와 등기의무자 및 이행의 대상인 등기의 내용이 등기신청서와 부합하는지를 심사하면 된다. 다시 말해서 등기관은 판결주문만을 보면 되고 판결이유를 살펴볼 권한도, 필요도 없는 것이 원칙이다. 무변론판결, 자백간주판결, 화해 등의 경우 판결이유(청구원인)와 주문(화해조항)의 내용이 논리적으로 연결되지 않거나 모순이 있어 보이더라도 그 주문(화해조항)대로 등기를 실행하면 될 것이고, 판결이유의 기재를 원인으로 그 신청을 각하하거나 반려할 수 없다.

만약 판결 주문과 이유의 모순 등을 원인으로 등기신청을 각하할 수 있다고 한다면 등기관이 판결의 당부를 심사하는 결과가 되어 형식적 심사주의에 반하기 때문이다.

2. 판결이유를 고려하여 신청에 대한 심사를 하여야 하는 경우

1) 소유권이전등기가 가등기에 의한 본등기인지를 가리기 위하여 판결이유를 보는 경우(2011. 10. 12. 등기예규 제1408호).

2) 소유권보존등기말소를 명하는 판결을 첨부하여 소유권보존등기를 신청하는 경우에는 그 판결이유에서 원고의 소유임을 인정하였는가를 확인하기 위한 경우.

3) 명의신탁해지를 원인으로 소유권이전등기절차를 명한 판결의 경우 그 명의신탁이 '부동산 실권리자명의 등기에 관한 법률'에서 예외적으로 유효하다고 보는 상호명의신탁, 종중·배우자 및 종교단체의 명의신탁인지 여부를 가리기 위한 경우.

4) 매도인인 피상속인이 매매계약 체결후 사망하고 매수인이 상속인을 상대로 하여 소유권이전등기절차의 이행을 명하는 판결을 받았는데, 판결이유에 상속관계에 관한 설시가 있는지 여부를 확인하기 위한 경우(그러한 설시가 없다면 피고들이 상속인 전원임을 증명할 수 있는 서류를 제출하여야 한다).

3. 법무사 혹은 등기관의 주의의무

1) 판결서에 기한 등기신청을 위임받은 법무사가 그 위임사무를 처리함에 있어서, 또는 판결서가 첨부된 등기신청서류를 접한 등기관이 그 업무를 처리함에 있어서 통상적으로 그 판결서의 위조 여부를 가리기 위하여 인터넷을 통해 이를 검색하여야 할 주의의무가 있다고 할 수 없다.

2) 확정판결에 기한 등기신청을 접수한 등기관으로서는 위 판결서의 외형과 작성방법에 비추어 그것이 위조된 것이라고 쉽게 의심할 만한 객관적 상황이 없다면 기재 사항 중 신청된 등기의 경료와 직접적으로 관련되어 있는 것도 아니고, 판결의 효력에 어떠한 영향도 주지 않는 기재 사항까지 일일이 검토하여 할 주의의무가 있다고는 할 수 없다(대판 2008. 10. 9. 선고 2007다87979).

Ⅳ. 확정판결의 소멸시효와 등기신청

판결이 확정된 후 10년이 경과하여 소멸시효 완성의 의심이 있다 하더라도 형식적 심사권만 있는 등기관으로서는 시효의 중단 여부 등을 알 수 없으므로 판결에 의한 등기를 수리하여 등기하여야 한다. 따라서 소유권이전등기절차의 이행을 명하는 확정판결을 받았다면 그 확정시기가 언제인가에 관계없이 그 판결에 의한 소유권이전등기신청을 할 수 있다.

또 원인무효로 인한 소유권이전등기말소의 확정판결과 그 등기를 기초로 그 소송의 사실심 변론종결후에 경료된 등기의 명의인들에 대하여 받은 승계집행문을 첨부하여 위 소유권이전등기 및 변론종결 후의 승계인들 명의의 등기의 말소신청을 한 때에는, 그 신청이 위 판결의 확정 후 10년을 경과한 것이라 하더라도 등기관은 이를 수리하여야 한다(1982. 10. 22. 등기선례 1-179). 왜냐 하면 말소등기청구권은 그 성질이 소유권에 기한 방해배제청구권으로서 소멸시효의 대상이 아니기 때문이다.

Ⅴ. 기타 판결에 의한 등기신청에서 문제되는 경우

1. 1필의 토지 중 특정 일부에 대하여 소유권이전등기를 명하거나 소유권이전등기의 말소를 명하는 판결이 확정된 경우

1필지의 토지 중 특정 일부에 대하여 소유권이전등기를 명하거나 소유권이전등기의 말소를 명하는 판결(화해조서)이 확정(성립)된 경우에는 먼저 그 특정부분을 분할하여 분필등기를 마친 다음 그 분할된 토지에 관하여 이전등기 또는 말소등기를 신청하여야 하고, 1필지의 특정부분의 면적을 지분으로 표시하여 이전등기 또는 말소등기를 신청할 수는 없다(1987. 10. 13. 등기예규 제639호; 1994. 3. 9. 등기선례 4-219).

2. 판결문의 기재내용이 현재의 소유관계와 일치하지 않는 경우

소송계속 중에 공유물분할등기, 협의분할에 의한 상속등기 등으로 소유권에 변동이 있는 경우 또는 판결문에 기재된 상속인이나 상속지분이 실제와 다른 경우에는 판결서의 기재내용과 현재의 소유관계가 부합하는 범위 내에서만 등기신청이 가능하다.

선 례

판결문상에 상속인들 중 일부는 누락되어 있고 일부는 상속인이 아님에도 포함되어 있을 경우, 원고는 상속인들 중 판결문상에 기재되어 있는 정당한 상속인들의 지분에 한하여 판결에 의한 등기를 단독으로 신청할 수 있고, 판결문상에 누락되거나 상속지분이 적게 기재된 진정한 상속인의 지분에 관하여는 위 판결만으로는 직접 등기를 신청할 수는 없고, 그들과 공동으로 등기신청을 하거나 별도의 판결을 얻어야 한다(1998. 12. 10. 등기선례 5-205).

3. 승소판결의 내용 중 일부만에 대한 등기신청

(1) 판결의 내용 중 일부만에 대한 등기의 신청도 원칙적으로 가능하다. 따라서 1필지의 토지 전부에 대하여 소유권이전등기를 명하는 확정판결을 원인서면으로 첨부하여 그 토지의 일부지분에 대한 이전등기를 신청할 수도 있고(1999. 3. 9. 등기선례 6-113), 수개의 부동산에 대하여 소유권이전등기절차의 이행을 명하는 판결을 얻었으나 그 중 일부에 관하여만 소유권이전등기를 신청할 수도 있다(1991. 1. 28. 등기선례 3-263).

선 례

1. 판결주문에서 소유권말소등기절차 및 소유권이전등기절차를 명한 경우 소유권이전등기를 신청하지 않은 채 소유권말소등기만을 신청할 수도 있다(2001. 6. 28. 등기선례 6-150).

2. 판결주문에서 소유권이전등기 및 근저당권설정등기의 각 말소등기절차를 명한 경우, 소유권이전등기말소등기를 신청하지 않은 채 근저당권설정등기말소등기만을 신청할 수도 있다(2013. 3. 18. 등기선례 9-60).

(2) 판결의 내용 중 일부에 대하여는 등기신청을 할 수 없는 사정이 있는 경우(등기상 이해관계 있는 제3자의 승낙을 얻지 못한 경우 등)에는 그러한 제한이 없는 부분만 등기신청을 할 수 있다(2013. 3. 18. 등기선례 9-60).

선 례

예컨대, 수인 명의의 소유권이전청구권보전의 가등기 및 그 가등기에 의한 소유권이전의 본등기가 마쳐진 후에 위 각 가등기 및 본등기를 말소할 것을 명하는 판결을 받았으나 가등기 및 본등기 명의인 중 1인의 지분에 대하여 가압류등기가 이미 기입된 경우, 가압류 채권자의 승낙을 얻지 못하였다면 나머지 명의인들의 지분에 대해서만 말소등기를 신청할 수 있다(1999. 3. 17. 등기선례 6-127).

4. 부동산의 일부 지분에 대하여 말소를 명하는 판결이 확정된 경우

부동산의 일부 지분에 대하여 말소를 명하는 판결이 확정되어 그에 따른 등기신청이 있는 경우에는 일부말소 의미의 경정등기를 실행하여야 한다. 예컨대, 갑 단독명의의 소유권보존등기에 이어 을, 병 명의로 소유권이전등기가 순차로 경료된 토지에 관하여 정이 갑, 을, 병의 소유권 중 일부 지분에 관하여 각 말소등기의 이행을 명하는 판결을 받은 경우, 정은 위 판결에 의하여 지분 일부말소의 의미로서 갑 단독명의의 소유권보존등기를 지분이전등기로 하는 경정등기를 신청할 수 있다(1991. 12. 13. 등기선례 3-276).

그러나 토지 전부에 관하여 지상권설정등기가 경료된 후 토지의 일부지분에 대한 지상권설정등기의 말소를 명하는 승소확정판결에 따라 지상권말소등기를 신청한 경우에는 그 등기 전부를 말소하여야 한다(1990. 10. 31. 등기선례 3-636). 용익물권은 공유지분에 대하여 성립할 수 없기 때문에 전체를 말소하는 것이다.

VI. 판결에 의한 등기와 집행정지

의사의 진술을 명하는 판결은 그 확정으로 의사를 진술한 것으로 간주되므로 집행기관이 관여하는 강제집행절차는 존재하지 않는다. 조건부 의사의 진술을 명하는 재판의 경우도 그 조건이 성취되어 집행문이 부여되었을 때 의사를 진술한 것과 동일한 효력이 발생하므로, 집행기관이 관여하는 현실적인 강제집행절차가 존재할 수 없다. 따라서 강제집행의 정지도 인정될 여지가 없으므로, 등기관으로서는 강제집행정지결정이 있었다 하더라도 이에 구애됨이 없이 등기신청을 받아들여 등기의 기입을 할 수 있다(대결 1979. 5. 22. 77마427). 등기절차를 명하는 판결 등의 집행권원에 의하여 채권자가 등기신청을 하는 것은 판결의 이용행위이지 협의의 집행절차는 아니기 때문이다.

Chapter

2 각종 부동산등기신청서 및 작성례

1. 위임장
2. 토지표시변경에 관한 등기
3. 건물표시변경에 관한 등기
4. 소유권보존등기
5. 소유권이전등기
6. 그 외에 소유권에 관한 등기
7. 전세권에 관한 등기
8. 근저당권에 관한 등기
9. 임차권에 관한 등기
10. 등기명의인표시변경(경정)등기
11. 권리변경(경정)등기
12. 말소회복등기
13. 가등기

1. 위 임 장

<table>
<tr><td colspan="4">위　　　임　　　장</td></tr>
<tr><td>①
부
동
산
의
표
시</td><td colspan="3">1. 서울특별시 서초구 서초동 100
대 300㎡
2. 서울특별시 서초구 서초동 100
[도로명주소] 서울특별시 서초구 서초대로216길 12
시멘트 벽돌조 슬래브지붕 2층 주택
1층 100㎡
2층 100㎡ -이상-</td></tr>
<tr><td colspan="2">② 등기원인과 그 연월일</td><td colspan="2">2025년 8월 1일 매매</td></tr>
<tr><td colspan="2">③ 등기의 목적</td><td colspan="2">소유권이전</td></tr>
<tr><td colspan="2">④ 이전할 지분</td><td colspan="2"></td></tr>
<tr><td colspan="2">대리인</td><td colspan="2">⑤ 법무사 유명한 (02-599-7000)
서울특별시 서초구 서초대로200길 100</td></tr>
<tr><td colspan="4">위 사람을 대리인으로 정하고 위 부동산에 대한 등기신청, 취하, 등기필정보의 수령 및 확인에 관한 모든 권한을 위임한다. 또한 복대리인 선임을 허락한다.
2025년 9월 19일 ⑦</td></tr>
<tr><td rowspan="2">위
임
인
⑥</td><td colspan="2" rowspan="2">등기의무자　　이 대 백
서울특별시 서초구 서초대로88길 10(서초동)

등기권리자　　홍 길 동
서울특별시 서초구 서초대로88길 20,
101동 101호(서초동, 서초아파트)</td><td>날 인</td></tr>
<tr><td>(인)

(인)</td></tr>
</table>

등기신청안내서 — 위임장

[위임장 기재요령]

대부분의 기재사항은 등기신청서의 기재요령과 같다.

① **부동산의 표시란** ② **등기원인과 그 연월일** ③ **등기의 목적란**

④ **공란에 기재할 사항**

①~④란 기재사항은 등기신청서 기재요령 중 해당란에 관한 설명에 따라 기재하면 된다(등기신청서의 해당 부분과 동일하게 작성).

⑤ **대리인란**

위임받은 자의 성명과 주소를 기재한다(주민등록번호는 기재하지 아니한다. 규칙 제43조 제1항 제4호 참조). 주소는 도로명주소법에 의한 주소를 기재한다.

⑥ **위임인란**

등기신청을 위임하는 자의 성명과 주소를 기재하고 날인한다. 해당 등기신청이 규칙 제60조 제1항 제1호~제3호에 해당하여 인감증명을 제출하여야 하는 경우에는 위임장에 인감을 날인하여야 한다(규칙 제60조 제1항). 다만 인감증명을 제출하여야 하는 자만 인감날인을 하고, 인감증명을 제출할 필요가 없는 자는 인감이 아닌 기명날인 또는 서명으로 충분하다.

㈎ **자연인** 성명과 주소를 기재한다(주민등록번호는 필요적 기재사항이 아님)

등기의무자의 인감증명를 제출하여야 하는 경우에는 그 인감을 날인한다(규칙 제60조 제1항). 주소는 도로명주소법에 의한 주소를 기재한다(아래㈏㈐도 동일).

부동산등기법 및 부동산등기규칙, 그 밖의 법령이나 대법원예규에서 등기소에 제출하는 신청서 등에 인감증명법에 따라 신고한 인감을 날인하고 인감증명서를 첨부하여야 한다고 정한 경우, 이에 갈음하여 신청서 등에 서명을 하고 본인서명사실확인서를 첨부하거나 전자본인서명사실확인서 발급증을 첨부할 수 있다(부동산등기규칙 제60조의2).

등기관이 위 전자본인서명사실확인서 발급증을 제출받았을 때에는 전자본인서명확인서 발급시스템에서 전자본인서명확인서를 확인하여야 한다.

㈏ **법 인**　상호(명칭)와 본점(주사무소)주소, 대표기관(대표이사)의 성명과 주소를 기재한다. 인감증명를 제출하여야 하는 경우에는 등기소의 증명을 얻은 그 대표자의 인감(법인인감)을 날인한다(규칙 제61조 제1항).

㈐ **법인 아닌 사단 · 재단**　명칭과 주사무소 소재지, 대표자(관리인)의 성명과 주소를 기재한다. 인감증명를 제출하여야 하는 경우에는 대표자(관리인)의 개인인감을 날인한다(규칙 제61조 제1항).

㈑ 등기의무자를 윗줄에, 등기권리자를 아랫줄에 표시하는 것이 실무상의 예이다.

㈒ 공동신청의 경우에는 등기의무자·등기권리자로 표시하나, 단독신청의 경우에는 신청인이라 기재한다.

⑦ 등기신청대리인에게 등기신청을 위임한 날짜를 기재한다.

2. 토지표시변경에 관한 등기 — (1) 토지분필등기신청

<table>
<tr><td colspan="6">토지분필등기신청</td></tr>
<tr><td rowspan="2">접 수</td><td>년 월 일</td><td rowspan="2">처리인</td><td>등기관 확인</td><td colspan="2">각종통지</td></tr>
<tr><td>제 호</td><td></td><td colspan="2"></td></tr>
<tr><td colspan="6">① 부동산의 표시</td></tr>
<tr><td colspan="6">분할 전의 표시 서울특별시 서초구 서초동 200
대 600㎡

분할의 표시 서울특별시 서초구 서초동 200-1
대 200㎡

분할 후의 표시 서울특별시 서초구 서초동 200
대 400㎡ [등록문서번호 : ○○○호]
이 상</td></tr>
<tr><td colspan="2">② 등기원인과 그 연월일</td><td colspan="4">2025년 7월 5일 분할</td></tr>
<tr><td colspan="2">③ 등 기 의 목 적</td><td colspan="4">토지표시변경</td></tr>
<tr><td colspan="2">④ 근저당권이 소멸하는 토 지 의 표 시</td><td colspan="4">서울특별시 서초구 서초동 200-1 대 200㎡</td></tr>
<tr><td colspan="2">④ 지상권이 존속하는 토 지 의 표 시</td><td colspan="4">서울특별시 서초구 서초동 200-1 대 200㎡ 중 서측 80㎡</td></tr>
<tr><td>구 분</td><td>성 명
(상호·명칭)</td><td>주민등록번호
(등기용등록번호)</td><td colspan="3">주 소(소 재 지)</td></tr>
<tr><td>⑤
신
청
인</td><td>홍 길 동</td><td>510916-1771842</td><td colspan="3">서울특별시 중구 정동길 22길 12
(정동)</td></tr>
</table>

⑥ 등록면허세	금 12,000 원
⑥ 지방교육세	금 2,400 원
⑦ 세액합계	금 14,400 원

⑩ 첨 부 서 면 (간인)	
1. 토지대장등본 2통 ⑪	1. 인감증명 1통 ⑭
1. 등록면허세영수필확인서 1통 ⑫	1. 지적도 1통 ⑮
1. 권리존속확인서 또는 권리소멸승낙서	1. 위임장 1통 ⑯
	<기 타> ⑰

2025년 8월 1일 ⑧

⑨ 위 신청인

위 대리인 법무사 유 명 한 직인 (전화: 599-0000)

서울특별시 서초구 서초대로100길 12 (서초동)

서울중앙지방법원 등기국 귀중

신청서 작성요령

* 1. 부동산표시란에 2개 이상의 부동산을 기재하는 경우에는 부동산의 일련번호를 기재하여야 합니다.
2. 신청인란 등 해당란에 기재할 여백이 없을 경우에는 별지를 이용합니다.
3. 담당 등기관이 판단하여 위의 첨부서면 외에 추가적인 서면을 요구할 수 있습니다.

등기신청안내서 — 토지분필등기신청

1. 토지분필등기

토지대장상 1필의 토지가 2필 또는 여러 필로 분할된 경우에 하는 등기이다. 이 때에 '분할'이라 함은 지적공부에 등록된 1필지를 2필지 이상으로 나누어 등록하는 것을 말한다(공간정보의 구축 및 관리 등에 관한 법률 제2조).

2. 등기신청의무

토지의 분할이 있는 경우에 그 토지소유권의 등기명의인은 그 사실이 있는 때부터 1개월 이내에 분필등기를 신청하여야 한다(법 제35조).

3. 등기소에 제공하여야 하는 신청정보

신청서는 한글과 아라비아 숫자로 기재한다. 부동산의 표시란이나 신청인란 등이 부족할 경우에는 별지를 사용하고, 별지를 포함하여 신청서가 여러 장인 때에는 각 장 사이에 간인을 하여야 한다.

① 부동산의 표시란

토지의 표시변경등기를 신청하는 경우에는 그 토지의 변경 전과 변경 후의 표시에 관한 정보를 신청정보의 내용으로 등기소에 제공하여야 한다(규칙 제72조 제1항).

㈎ 분할 전의 표시, 분할의 표시, 분할 후의 표시로 나누어 기재한다.

(i) 분할 전의 표시는 분할되기 전의 토지의 표시를,

(ii) 분할의 표시는 분할되어 나가는 토지의 표시를,

(iii) 분할 후의 표시는 분할되어 나간 토지를 제외하고 남아 있는 토지의 표시를 각 토지대장등본의 내용과 일치되게 기재하되, 토지의 소재, 지번, 지목, 면적 순으로 기재한다(규칙 제43조 제1항).

㈏ 분필 전의 부동산표시가 등기기록과 일치하지 아니할 때에는 먼저 부동산표시 변경(또는 경정)등기를 하여야 한다(법 제29조 제11호).

② 등기원인과 그 연월일란

등기원인은 '분할'로, 연월일은 토지대장에 표시된 분할일을 기재한다(분필등기이지만 '분필'로 기재하지 아니하고 '분할'로 기재한다) (법 제35조 참조).

③ **등기의 목적란**

'토지표시변경'이라고 기재한다('토지분필'이라 기재하지 아니한다). 다만 신청서양식의 제목은 '토지표시변경등기신청'이라 기재하지 아니하고 '토지분필등기신청'이라 기재하는 것이 실무상의 예이다.

④ **공란에 기재할 사항**

㈎ [근저당권 등이 소멸하는 토지의 표시] 분할되어 나간 토지나 분할 후의 토지에 대하여 소유권 외의 권리(가등기권리자도 포함. 등기선례 1-551)자의 소멸 승낙이 있는 경우에는 그 권리가 소멸되는 토지의 표시를 이 빈칸에 기재한다.

(i) 예를 들어 근저당권이 분할 후 토지의 갑지(위 200번지)에 소멸하거나, 을지(위 200-1번지)에 소멸하는 경우에는 '근저당권이 소멸하는 토지'의 표시를 하여야 하나, 근저당권이 분할 후 토지의 갑지 · 을지 모두에 그냥 존속하는 경우에는 이와 같은 취지의 표시는 할 필요가 없다(규칙 제76조 제3항, 제4항).

위에서 '소유권 외의 권리'에는 용익권 및 담보권에 관한 권리등기 외에 가등기도 포함되지만(선례 1-564), 가압류 · 가처분 · 경매개시결정등기와 본인의 의사만으로 소멸되는 권리가 아닌 등기는 포함되지 않음을 주의하여야 한다(부동산등기실무 II. 149쪽).

(ii) '근저당권이 소멸하는 토지의 표시'를 하는 경우에 '서울특별시 서초구 서초동 200-1 대 200 ㎡'로 기재한다는 견해도 있고 면적의 기재없이 '서울특별시 서초구 서초동 200-1'로 기재한다는 견해도 있다.

㈏ [용익권 등이 존속하는 토지의 표시] 1필의 토지의 일부에 지상권 · 전세권 · 임차권이나 승역지(承役地: 편익제공지)의 일부에 관하여 하는 지역권의 등기가 있는 경우에 분필등기를 신청할 때에는 '권리가 존속할 토지의 표시에 관한 정보'를 신청정보의 내용으로, 그 권리가 토지의 일부(갑 토지의 일부 또는 을 토지의 일부)에 존속할 때에는 '그 토지부분에 관한 정보'를 신청정보의 내용으로 등기소에 제공하여야 한다(규칙 제74조).

⑤ **신청인란**

신청인의 성명, 주민등록번호, 주소를 기재한다. 신청인이 법인인 경우에는 상호(명칭), 본점(주사무소 소재지), 부동산등기용등록번호 및 대표기관(대표이사)의 성명과 주소를 기재하고, 법인 아닌 사단이나 재단인 경우에는 상호(명칭), 본점(주사무소 소재지), 부동산등기용등록번호 및 대표자(관리인)의 성명, 주민등록번호, 주소를 각 기재한다. 주소는 도로명주소법에 의한 주소를 기재한다.

⑥ 등록면허세 · 지방교육세란

지방세법상 등록면허세의 규정에서 '매1건'이라 함은 등기 또는 등록대상 건수 매 1건을 말한다. 부동산등기법 등 관련법령에 따라 수 개의 등기를 일괄신청에 의하여 하는 경우에도 또한 같다. 따라서 토지 1필지가 분할되어 2필지가 되는 경우와 2필지가 합병되어 1필지로 되는 경우 각각 2건으로 계산하여 등록면허세를 납부하여야 한다.

한편 지방교육의 질적 향상에 필요한 지방교육재정의 확충에 소요되는 재원을 확보하기 위하여 지방세법의 규정에 의한 등록면허세 등의 납세의무자는(등록면허세의 100분의 20에 해당하는) 지방교육세를 납부할 의무를 진다(지방세법 제151조 제1항 제2호).

⑦ 세액합계란

등록면허세액과 지방교육세액의 합계를 기재한다(14,400원). 한편 토지의 분필·합병등기의 경우에는 등기신청수수료를 납부하지 아니한다(2024. 11. 29. 등기예규 제1789호).

⑧ 연월일

등기신청년월일을 기재하여야 한다(규칙 제43조 제1항 제9호).

⑨ 신청인 혹은 대리인의 표시란

㈎ 신청인의 성명 및 전화번호를 기재하고 인장을 날인하되(주소는 기재하지 아니한다), 신청인이 법인이나 법인 아닌 사단 또는 재단인 경우에는 상호(명칭)와 대표자(관리인)의 자격 및 성명을 기재하고 대표자(관리인)의 인장을 날인한다. 다만 분필등기신청의 경우에는 신청인의 기명날인 대신 서명으로 가능하다(규칙 제56조 제1항)

㈏ 대리인이 등기신청을 하는 경우에는 그 대리인의 성명, 주소 및 전화번호를 기재하고 기명날인한다(대리인이 법무사, 변호사인 경우에는 개인주소가 아니라 사무소 소재지를 기재하는 것이 실무상의 예임). 법무사는 그 업무에 관하여 위임받아 작성한 서류의 끝 부분이나 난 밖에 기명날인하여야 하기 때문이다(법무사법 제22조 제2항). 대리인이 등기신청을 하는 경우에는 이 부분에 신청인의 표시나 날인을 할 것이 아니다.

한편 당해 등기신청이 규칙 제60조의 규정에 의한 인감증명을 제출할 필요가 없는 등기신청이라고 하여 대리인의 기명날인을 서명으로 대체할 수 있는 것은 아니다. 법무사는 그 업무에 관하여 위임받아 작성한 서류의 끝부분이나 난밖에 기명날인하여야 하기 때문이다(법무사법 제22조).

⑩ 첨부서면란

등기신청서에 첨부한 서면을 각 기재한다(아래 참조).

4. 등기소에 제공하여야 하는 첨부정보

⑪ **토지대장등본 · 임야대장등본**(=등기원인을 증명하는 정보)

토지표시변경등기를 신청하는 경우에는 그 변경을 증명하는 토지대장등본이나 임야대장등본을 첨부하여야 한다(규칙 제72조 제2항). 그러므로 분할된 토지(위 200번지, 갑토지)와 분할되어 나간 토지(위 200-1번지, 을토지)의 토지대장등본(혹은 임야대장등본)을 각 1통씩 첨부한다. 각 토지대장등본에는 분할사유가 기재되어 있어야 한다.

⑫ **등록면허세영수필확인서 또는 등록면허세납부확인서**

시장, 구청장, 군수 등으로부터 등록면허세납부서(OCR용지) 또는 대법원 인터넷등기소의 정액등록면허세납부서 작성기능을 통하여 정액등록면허세납부서를 발급받아 세금을 납부한 후 등록면허세영수필확인서를 신청서의 등록면허세액표시란의 좌측상단 여백에 첨부하거나, 또는 지방세인터넷납부시스템을 이용하여 납부하고 출력한 등록면허세납부확인서를 첨부한다(지방세법시행령 제49조).

⑬ **권리존속확인서 또는 권리소멸승낙서**

㈎ 1필의 토지의 일부에 지상권 · 전세권 · 임차권이나 승역지(承役地: 편익제공지)의 일부에 관하여 하는 지역권의 등기가 있는 경우에는 분필등기를 신청할 때에 권리자의 확인이 있음을 증명하는 정보(권리존속확인서)를 첨부정보로서 등기소에 제공하여야 한다(규칙 제74조).

㈏ 소유권 외의 권리의 등기명의인이 갑 토지나 을 토지에 관하여 권리소멸승낙을 하는 경우에는 그 권리의 소멸을 승낙한 것을 증명하는 정보(권리소멸승낙서) 또는 이에 대항할 수 있는 재판이 있음을 증명하는 정보를 첨부정보로서 등기소에 제공하여야 한다(규칙 제76조 제3항, 제4항). 이 경우 소멸하는 권리를 목적으로 하는 제3자의 권리에 관한 등기가 있는 경우에는 그 자의 승낙이 있음을 증명하는 정보 또는 이에 대항할 수 있는 재판이 있음을 증명하는 정보를 첨부정보로서 등기소에 제공하여야 한다(규칙 제76조 제5항).

⑭ **인감증명**

위 ⑬에 따라 권리존속확인서를 첨부하는 경우 그 권리자의 인감증명을(규칙 제60조 제1항 제5호), 권리소멸승낙서를 첨부하는 경우에는 그 권리자의 인감증명을(규칙 제60조 제1항 제7호) 첨부하여야 한다. 소멸하는 권리를 목적으로 하는 제3자의 권리에 관한 등기가 있는 경우에는 그 자의 인감증명도 첨부한다(규칙 제60조 제1항 제7

호). 위 인감증명에 갈음하여 확인서 등에 서명을 하고 본인서명사실확인서를 첨부하거나 전자본인서명확인서 발급증을 첨부할 수 있다(부동산등기규칙 제60조의2).

분 류	경 우	첨부서면	근 거	인감증명
토지의 일부에 용익권이 있는 경우	- 반드시 -	권리존속확인서(필수)	규칙 제74조	규칙 제60조 ① 5호
토지의 전부에 용익권이 있는 경우	일반적인 경우	권리존속확인서 불필요		
	토지의 일부에 존속시키고자 하는 경우에만	권리소멸승낙서	규칙 제76조 ③, ④	규칙 제60조 ① 7호
토지에 소유권 외의 권리자가 있는 경우(근저당권, 가등기)(가압류,가처분,경매 등은 불포함)	갑토지 혹은 을토지에 대하여 권리소멸승낙을 하는 경우에만	권리소멸승낙서	규칙 제76조 ③, ④	규칙 제60조 ① 7호
	좌측 소유권 외의 권리를 목적으로 이해관계인이 있는 경우(가압류,가처분,경매 등은 포함)	이해관계인의 승낙서	규칙 제76조 ⑤	규칙 제60조 ① 7호

⑮ **지적도**

분필등기를 할 때에 지상권·전세권·임차권이나 승역지(承役地: 편익제공지)의 일부에 관하여 하는 지역권의 등기가 분할 후 토지의 일부(갑 토지의 일부 또는 을 토지의 일부)에 존속할 때에는 그 토지부분을 표시한 지적도를 첨부정보로서 등기소에 제공하여야 한다(규칙 제74조).

⑯ **위임장**

등기신청을 법무사 등 대리인에게 위임하는 경우이므로 대리권한을 증명하는 정보로 위임장을 첨부정보로서 등기소에 제공하여야 한다(규칙 제46조 제1항 제5호). 위 위임장에는 위임인이 기명날인 또는 서명하여야 한다.

⑰-1 기타 — 법인등기사항전부(일부)증명서

신청인이 법인인 경우에는 대표자의 자격을 증명하는 서면으로 법인등기사항전부증명서 또는 법인등기사항일부증명서를 첨부하여야 한다(규칙 제46조 제1항 제4호).

⑰-2 기타 — 법인 아닌 사단의 경우

신청인이 법인 아닌 사단 또는 재단인 경우에는 ㉠ 정관이나 그 밖의 규약, ㉡ 대표자나 관리인임을 증명하는 정보(다만, 등기되어 있는 대표자나 관리인이 신청하는 경우에는 그러하지 아니하다), ㉢ 대표자나 관리인의 주소 및 주민등록번호를 증명하는 정보를 첨부정보로 제공한다(규칙 제48조).

5. 등기신청서류 편철순서

신청서, 등록면허세영수필확인서, 위임장, 토지대장등본, 권리소멸승낙서(권리존속확인서), 인감증명, 도면 등의 순으로 편철하는 것이 실무상의 예이다.

6. 보 충

두 토지가 합병된 후 합병 전의 어느 1필의 토지에 대한 소유권이전등기가 원인무효임을 전제로 그 말소소송을 제기하여 승소한 경우에, 원고는 판결에 기한 말소등기를 하기 위해서는 먼저 소유자를 대위하여 분필등기를 신청하여야 한다. 이 경우 '대위원인'을 '2025년 7월 5일 서울중앙지방법원의 소유권이전등기말소청구권보전(혹은 확정판결)'으로 기재하고, '대위신청인의 성명, 주소'(주민등록번호는 기재하지 아니한다)를 신청인란에 기재한다. '대위원인을 증명하는 서면'으로 '판결정본'을 첨부한다.

7. 등기기록례

(갑토지) 〔200번지〕

[표 제 부]		(토지의 표시)			(No. 2)
표시번호	접 수	소재지번	지목	면적	등기원인 및 기타 사항
~~1~~	~~1988년 6월 6일~~	~~서울특별시 서초구 서초동 200~~	~~대~~	~~600㎡~~	
2	2019년 8월 1일	서울특별시 서초구 서초동 200	대	400㎡	분할로 인하여 대 200㎡를 서초구 서초동 200-1호에 이기

(을토지) 〔200-1번지〕

[표 제 부]		(토지의 표시)			(No. 2)
표시번호	접 수	소재지번	지목	면적	등기원인 및 기타 사항
1	2019년 8월 1일	서울특별시 서초구 서초동 200-1	대	200㎡	분할로 인하여 대 200㎡를 서초구 서초동 200에서 이기

(을토지) 〔200-1번지〕

[갑 구]		(소유권에 관한 사항)		(No. 2)
순위번호	등기목적	접 수	등기원인	권리자 및 기타 사항
1 (전2)	소유권이전	1999년 6월 3일 제8061호	1999년 5월 1일 매매	소유자 이을순 450620-2365215 서울 중구 예장동 10
2 (전3)	압류	2010년 6월 8일 제9211호	2010년 6월 1일 압류	권리자 국 처분청 마포세무서 1134
3 (전4)	소유권이전	2010년 10월 5일 제10611호	2010년 9월 4일 매매	소유자 홍길동 510916-1771842 서울 중구 정동 6
				분할로 인하여 순위 제1내지 3번까지 등기를 서울특별시 서초구 서초동 200에서 전사 접수 2019년 8월 1일 제10882호

(갑토지) 〔200번지〕

[을 구] (소유권 외의 권리에 관한 사항) (No. 4, 13)

순위번호	등기목적	접 수	등기원인	권리자 및 기타 사항
1	근저당설정	2010년 10월 5일 제11612호	2010년 10월 14일 설정계약	채권최고액 금60,000,000원 채무자 홍길동 서울 중구 정동 6 근저당권자 김갑동 서울 강남구 개포동 1 331003-1234567
1-1				분할로 인하여 서울특별시 서초구 서초동 200-1에 이기한 토지에 관해서는 소멸승낙에 의하여 근저당권 소멸 2019년 8월 1일 부기
~~2~~	~~지상권설정~~	~~2010년 10월 5일~~ ~~제11613호~~	~~2010년 10월 14일~~ ~~설정계약~~	~~목적 목조건물의 소유~~ ~~범위 서측 80㎡~~ ~~존속기간 2010년 10월 5일부터 15년~~ ~~지상권자 김갑동~~ ~~331003-1234567~~ ~~서울 강남구 개포동 1~~ ~~도면 제2010-30호~~
2-1	2번지상권설정등기말소			분할로 인하여 지상권부존재 2019년 8월 1일 부기

(을토지) 〔200-1번지〕

[을 구] (소유권 외의 권리에 관한 사항) (No. 13)

표시번호	등기목적	접 수	등기원인	권리자 및 기타 사항
1 (전1)	지상권설정	2010년 10월 5일 제11612호	2010년 10월 14일 설정계약	목적 목조건물의 소유 ~~범위 서측 80㎡~~ 존속기간 2010년 10월 5일부터 15년 지상권자 김갑동 331003-1234567 서울 강남구 개포동 1 ~~도면 제2010-30호~~
				분할로 인하여 순위 제1번 등기를 서울특별시 서초구 서초동 200에서 전사 접수 2019년 8월 1일 제10882호
1-1	1번지상권변경			범위 서측 80㎡ 도면 제2019-8호 2019년 8월 1일 부기

위 임 장

<table>
<tr><td>부
동
산
의
표
시</td><td colspan="2">분할 전의 표시 서울특별시 서초구 서초동 200
대 600㎡
분할의 표시 서울특별시 서초구 서초동 200-1
대 200㎡
분할 후의 표시 서울특별시 서초구 서초동 200
대 400㎡
이 상</td></tr>
<tr><td colspan="2">등기원인과 그 연월일</td><td>2025년 7월 5일 분할</td></tr>
<tr><td colspan="2">등 기 의 목 적</td><td>토지표시변경</td></tr>
<tr><td colspan="2">근저당권이 소멸하는 토 지 의 표 시</td><td>서울특별시 서초구 서초동 200-1 대 200㎡</td></tr>
<tr><td colspan="2">지상권이 존속하는 토 지 의 표 시</td><td>서울특별시 서초구 서초동 200-1 대 200㎡ 중 서측 80㎡</td></tr>
<tr><td colspan="3">(대리인)
법무사 유 명 한 (02-599-7000)
서울특별시 서초구 서초대로100길 12 (서초동)

위 사람을 대리인으로 정하고 위 부동산에 대한 등기신청 및 취하에 관한 모든 행위를 위임한다. 또한 복대리인 선임을 허락한다.

2025년 8월 1일

(위임인) 홍 길 동 ㉑
서울특별시 관악구 관악대로 100, 303동 402호(봉천동, 우성아파트)</td></tr>
</table>

※ 위임장 중 위임인 홍길동의 기명날인은 서명으로 대체가 가능하다.

사례연습

〔법무사 제6회 기출문제〕

분필등기신청

설 문

다음 글을 읽고 이도령의 부동산등기신청서를 작성하시오. 이도령(680101 - 1234569, 서울특별시 서초구 서초대로 9, 303동 401호(서초동, 현대아파트), 전화번호 599 - 1234)은 2필지(잡종지)의 부동산을 소유하고 있는데, 아래와 같이 분할하여 2012. 8. 26. 분할등록하였다. 그런데 제2부동산에는 (주)서초산업(서울특별시 서초구 강남대로97길 1 (잠원동), 대표이사 이서준, 서울특별시 서초구 방배대로 2 (방배동)) 명의로 채권최고액 100,000,000원의 근저당권설정등기가 경료되어 있고, 그 채권에 대하여서는 제3자 김영남이 채권가압류를 하였다. 이 상태에서 소유자 이도령과 (주)서초산업은 제2부동산 중 (나)부분에 대하여서 근저당권이 소멸하는 것에 대하여 합의를 하였다. 이에 따라 이도령은 토지분할에 따른 등기를 2012년 12월 16일 신청하려고 한다. 관할등기소는 서울중앙지방법원 등기국이다. 이에 맞는 등기신청서를 작성하라.

참고자료

부동산의 표시

1. 서울특별시 서초구 서초동 100번지 잡종지 300평방미터
   - ㈎ 부분: 서울특별시 서초구 서초동 100번지 잡종지 180평방미터
   - ㈏ 부분: 서울특별시 서초구 서초동 100-1번지 잡종지 120평방미터
2. 서울특별시 서초구 서초동 200번지 잡종지 400평방미터
   - ㈎ 부분: 서울특별시 서초구 서초동 200번지 잡종지 180평방미터
   - ㈏ 부분: 서울특별시 서초구 서초동 200-1번지 잡종지 70평방미터
   - ㈐ 부분: 서울특별시 서초구 서초동 200-2번지 잡종지 150평방미터

도 면

1. 서울특별시 서초구 서초동 100번지 잡종지 300평방미터

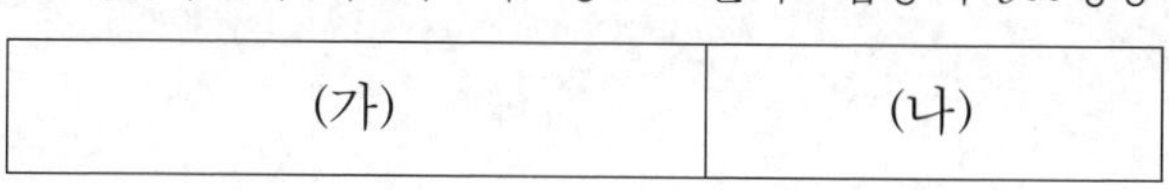

2. 서울특별시 서초구 서초동 200번지 잡종지 400평방미터

(가)	(나)	(다)

제2 부동산에 대한 등기사항증명서

[을 구]		(소유권외의 권리에 관한 사항)		
순위 번호	등기 목적	접 수	등기원인	권리자 및 기타사항
1	근저당 권설정	2012년 2월 8일 제1250호	2012년 2월 7일 설정계약	채권최고액 금 100,000,000원 채무자 이 도 령 서울특별시 서초구 서초대로 9, 303동 401호(서초동, 현대아파트) 근저당권자 주식회사 서초산업 110111-1234569 서울특별시 서초구 강남대로97길 1 (잠원동)
1-1	1번근저당권 부채권 가압류	2012년 3월 8일 제3250호	2012년 3월 2일 서울중앙지방법원의 가압류결정 (2012카단4983)	청구금액 금32,000,000원 채권자 김 영 남 580505-1055505 서울특별시 관악구 관악대로234 (봉천동)

【모범답안】

토지분필등기신청

접 수	년 월 일	처리인	등기관 확인	각종통지
	제 호			

부동산의 표시		
1. 분할 전의 표시	서울특별시 서초구 서초동 100	잡종지 300㎡
분할의 표시	서울특별시 서초구 서초동 100-1	잡종지 120㎡
분할 후의 표시	서울특별시 서초구 서초동 100	잡종지 180㎡
2. 분할 전의 표시	서울특별시 서초구 서초동 200	잡종지 400㎡
분할의 표시	서울특별시 서초구 서초동 200-1	잡종지 70㎡
	서울특별시 서초구 서초동 200-2	잡종지 150㎡
분할 후의 표시	서울특별시 서초구 서초동 200	잡종지 180㎡
	-이 상-	

등기원인과 그 연월일	2012년 8월 26일 분할
등 기 의 목 적	토지표시변경
근저당권이 소멸하는 토 지 의 표 시	서울특별시 서초구 서초동 200-1 잡종지 70㎡

구 분	성 명 (상호 · 명칭)	주민등록번호 (등기용등록번호)	주 소(소재지)
신청인	이 도 경	680101-1234569	서울특별시 서초구 서초대로 9, 303동 401호(서초동, 현대아파트)

등 록 면 허 세	금 30,000 원
지 방 교 육 세	금 6,000 원
세 액 합 계	금 36,000 원
등 기 신 청 수 수 료	금 원 납부번호 :
국 민 주 택 채 권 매 입 금 액	금 원

첨 부 서 면 (간인)	
1. 토지대장등본 5통 1. 등록면허세영수필확인서 1통 1. 근저당권자의 권리소멸승낙서 1통 1. 가압류권자의 승낙서 1통	1. 인감증명 또는 본인서명사실확인서 또는 전자본인서명확인서 발급증 1통 1. 법인인감증명 1통 1. 법인등기사항증명서 1통

2012년 12월 16일

신청인 이 도 경 ㊞ (전화: 599-1234)

위 대리인

서울중앙지방법원 등기국 귀중

신청서 작성요령

* 1. 부동산표시란에 2개 이상의 부동산을 기재하는 경우에는 부동산의 일련번호를 기재하여야 합니다.
  2. 신청인란 등 해당란에 기재할 여백이 없을 경우에는 별지를 이용합니다.
  3. 담당 등기관이 판단하여 위의 첨부서면 외에 추가적인 서면을 요구할 수 있습니다.

2. 토지표시변경에 관한 등기 — (2) 토지합필등기신청

토지합필등기신청				
접 수	년 월 일	처리인	등기관 확인	각종통지
	제 호			

① 부동산의 표시			
합필 전의 표시 서울특별시 서초구 서초동 200 대 70㎡ 합필의 표시 서울특별시 서초구 서초동 200-1 대 30㎡ 합필 후의 표시 서울특별시 서초구 서초동 200 대 100㎡ 이 상			
② 등기원인과 그 연월일	2025년 7월 5일 합병		
③ 등 기 의 목 적	토지표시변경		
구 분	성 명 (상호·명칭)	주민등록번호 (등기용등록번호)	주 소(소 재 지)
④ 신청인	이 대 백	630320-1617312	서울특별시 노원구 동일로 24길 96, 101동 304호 (상계동, 수락아파트)

⑤ 등 록 면 허 세	금 12,000 원
⑤ 지 방 교 육 세	금 2,400 원
⑥ 세 액 합 계	금 14,400 원

⑧ 첨 부 서 면 (간인)	
1. 토지대장등본 2통 ⑨ 1. 등록면허세영수필확인서 1통 ⑩ 1. 위임장 1통 ⑪	<기 타> ⑫

2025년 8월 1일

⑦ 위 신청인

위 대리인 법무사 유 명 한 직인 (전화: 599-0000)

서울특별시 서초구 서초대로100길 12 (서초동)

서울중앙지방법원 등기국 귀중

신청서 작성요령

* 1. 부동산표시란에 2개 이상의 부동산을 기재하는 경우에는 부동산의 일련번호를 기재하여야 합니다.
2. 신청인란 등 해당란에 기재할 여백이 없을 경우에는 별지를 이용합니다.
3. 담당 등기관이 판단하여 위의 첨부서면 외에 추가적인 서면을 요구할 수 있습니다.

등기신청안내서 — 토지합필등기신청

1. 토지합필등기

토지대장상 2필 또는 여러 필의 토지를 합병하여 1필의 토지로 된 경우에 하는 등기이다. 이때에 '합병'이라 함은 지적공부에 등록된 2필지 이상을 1필지로 합하여 등록하는 것을 말한다(공간정보의 구축 및 관리 등에 관한 법률 제2조).

2. 등기신청의무

토지의 합병이 있는 경우에 그 토지소유권의 등기명의인은 1개월 이내에 합필등기를 신청하여야 한다(법 제35조).

3. 등기소에 제공하여야 하는 신청정보

신청서는 한글과 아라비아 숫자로 기재한다. 부동산의 표시란이나 신청인란 등이 부족할 경우에는 별지를 사용하고, 별지를 포함하여 신청서가 여러 장인 때에는 각 장 사이에 간인을 하여야 한다.

① 부동산의 표시란

토지의 표시변경등기를 신청하는 경우에는 그 토지의 변경 전과 변경 후의 표시에 관한 정보를 신청정보의 내용으로 등기소에 제공하여야 한다(규칙 제72조 제1항).

㈎ 합필 전의 표시, 합필의 표시, 합필 후의 표시로 나누어 기재한다.

(i) 합필 전의 표시에는 합필하는 토지의 표시를,

(ii) 합필의 표시에는 합필되는 토지의 표시를,

(iii) 합필 후의 표시에는 합필의 결과 하나가 된 토지의 표시를 각 토지대장등본의 내용과 일치되게 기재하되, 토지의 소재, 지번, 지목, 면적순으로 기재한다(규칙 제43조 제1항).

㈏ 합필 전의 부동산표시가 등기기록과 일치하지 아니할 때에는 먼저 부동산표시변경(또는 경정) 등기를 하여야 한다.

② 등기원인과 그 연월일란

등기원인은 '합병'으로, 연월일은 토지대장에 표시된 합병일을 기재한다('합필'이라 기재하지 아니하고 '합병'으로 기재한다).

③ **등기의 목적란**

'토지표시변경'이라고 기재한다('토지합필'이라 기재하지 아니한다). 다만 신청서 양식의 제목은 '토지표시변경등기신청'이라 기재하지 아니하고 '토지합필등기신청'이라 기재하는 것이 실무상의 예이다(토지합병등기라고 기재하지 아니한다).

④ **신청인란**(생략)

⑤ **등록면허세 · 지방교육세란**

합필 전의 부동산 개수 1개당 등록면허세 6,000원, 지방교육세 1,200원으로 계산하여 기재한다(예: 2필지의 토지가 합병되어 1필지로 된 경우, 등록면허세는 2건으로 계산함).

⑥ **세액합계란**

등록면허세액과 지방교육세액의 합계를 기재한다(7,200원). 토지의 분필·합필등기의 경우에는 등기신청수수료를 납부하지 아니한다.

⑦ **신청인 혹은 대리인의 표시란**

㈎ 신청인의 성명 및 전화번호를 기재하고 인장을 날인하되(주소는 기재하지 아니한다), 신청인이 법인이나 법인 아닌 사단 또는 재단인 경우에는 상호(명칭)와 대표자(관리인)의 자격 및 성명을 기재하고 대표자(관리인)의 인장을 날인한다. 다만 합필등기신청의 경우에는 신청인의 기명날인 대신 서명으로 가능하다(규칙 제56조 제1항)

㈏ 대리인이 등기신청을 하는 경우에는 그 대리인의 성명, 주소 및 전화번호를 기재하고 기명날인한다(대리인이 법무사, 변호사인 경우에는 개인주소가 아니라 사무소 소재지를 기재하는 것이 실무상의 예임). 법무사는 그 업무에 관하여 위임받아 작성한 서류의 끝 부분이나 난 밖에 기명날인하여야 하기 때문이다(법무사법 제22조 제2항). 대리인이 등기신청을 하는 경우에는 이 부분에 신청인의 표시나 날인을 할 것이 아니다.

한편 당해 등기신청이 규칙 제60조의 규정에 의한 인감증명을 제출할 필요가 없는 등기신청이라고 하여 대리인의 기명날인을 서명으로 대체할 수 있는 것은 아니다. 법무사는 그 업무에 관하여 위임받아 작성한 서류의 끝부분이나 난밖에 기명날인하여야 하기 때문이다(법무사법 제22조).

⑧ **첨부서면란**

등기신청서에 첨부한 서면을 각 기재한다.

4. 등기소에 제공하여야 하는 첨부정보

⑨ **토지대장등본 · 임야대장등본**(=등기원인을 증명하는 정보)

토지표시변경등기를 신청하는 경우에는 그 변경을 증명하는 토지대장등본이나 임야대장등본을 첨부하여야 한다(규칙 제72조 제2항). 그러므로 합병된 토지(위 100-1번지, 갑토지)와 합병 후의 토지(위 100번지, 을토지)의 토지대장등본(혹은 임야대장등본)을 각 1통씩 첨부한다. 각 토지대장등본에는 합병사유가 기재되어 있어야 한다.

⑩ **등록면허세영수필확인서 또는 등록면허세납부확인서**

시장, 구청장, 군수 등으로부터 등록면허세납부서(OCR용지) 또는 대법원 인터넷등기소의 정액등록면허세납부서 작성기능을 통하여 정액등록면허세납부서를 발급받아 세금을 납부한 후 등록면허세영수필확인서를 신청서의 등록면허세액표시란의 좌측상단 여백에 첨부하거나, 또는 지방세인터넷납부시스템을 이용하여 납부하고 출력한 등록면허세납부확인서를 첨부정보로서 등기소에 제공하여야 한다(지방세법 시행령 제49조).

⑪ **위임장**

등기신청을 법무사 등 대리인에게 위임하는 경우이므로 대리권한을 증명하는 정보로 위임장을 첨부정보로서 등기소에 제공하여야 한다(규칙 제46조 제1항 제5호). 위 위임장에는 위임인이 기명날인 또는 서명하여야 한다.

⑫-1 **기타 — 법인등기사항전부(일부)증명서**

신청인이 법인인 경우에는 대표자의 자격을 증명하는 서면으로 법인등기사항전부증명서 또는 법인등기사항일부증명서를 첨부하여야 한다(규칙 제46조 제1항 제4호).

⑫-2 **기타 — 법인 아닌 사단의 경우**

신청인이 법인 아닌 사단 또는 재단인 경우에는 ㉠ 정관이나 그 밖의 규약, ㉡ 대표자나 관리인임을 증명하는 정보(다만, 등기되어 있는 대표자나 관리인이 신청하는 경우에는 그러하지 아니하다), ㉢ 대표자나 관리인의 주소 및 주민등록번호를 증명하는 정보를 첨부정보로 제공한다(규칙 제48조).

5. 등기신청서류 편철순서

신청서, 등록면허세영수필확인서, 위임장, 토지대장등본 등의 순으로 편철하는 것이 실무상의 예이다.

6. **보 충**(분합필등기의 경우 등기신청서 기재례)

> 분할 전의 표시
> 서울특별시 강남구 역삼동 520 대 700 m^2
> 분할 후의 표시
> 서울특별시 강남구 역삼동 520 대 500 m^2
> 합병의 표시
> 서울특별시 강남구 역삼동 520-1 대 200 m^2
> 합병 전의 표시
> 서울특별시 강남구 역삼동 520-2 대 350 m^2
> 합병 후의 표시
> 서울특별시 강남구 역삼동 520-2 대 550 m^2

* 등기원인: 분할합병 혹은 분합필

7. **등기기록례**

(갑토지)

[표 제 부]		(토지의 표시)			(No.30)
표시번호	접 수	소재지번	지목	면적	등기원인 및 기타 사항
1	~~1988년 6월 6일~~	~~서울특별시 서초구 서초동 200-1~~	~~대~~	~~30 m^2~~	
2	2025년 8월 1일				합병으로 인하여 서울특별시 서초구 서초동 200에 이기
					2번 등기하였으므로 본 등기기록 폐쇄 2025년 8월 1일

(을토지)

[표 제 부]		(토지의 표시)			(No. 31)
표시번호	접 수	소재지번	지목	면적	등기원인 및 기타 사항
1	~~1988년 6월 6일~~	~~서울특별시 서초구 서초동 200~~	~~대~~	~~70 m^2~~	
2	2025년 8월 1일	서울특별시 서초구 서초동 200	대	100 m^2	합병으로 인하여 대 30 m^2를 서울특별시 서초구 서초동 200-1에서 이기

실전연습

법무사 시험 실전적응문제

합필등기

[유석주법무사 불허복제]

아래에 기재된 부동산에 대하여 등기신청사건을 위임받은 대리인으로서 제시된 사실관계와 답안 작성시 유의사항에 적합한 등기신청서를 작성하고 첨부서면에 대하여 설명하시오.

|사실관계|

서울특별시 관악구 신림동 30 임야 200㎡(서쪽에 소재)은 같은 곳 31번지 임야 800㎡(동쪽에 소재)에 2021. 5. 1. 합병되어 같은 날 31번지의 임야대장(면적 1,000㎡)에 합병사실이 변경기재되었다.

위와 같이 토지대장이 합병한 이후 합필등기가 지체되는 사이에 (1) 2021. 6. 15. 신림동 30번지의 소유자가 유진태로 변경되었고 (2) 2021. 6. 16. 양 토지에 재외국민 김영숙 명의의 공동저당권이 기입되었고, (3) 2021. 6. 17. 신림동 31번지에 이현주의 근저당권이 기입되었으며, (4) 2021. 6. 18. 신림동 30번지의 전부에 대하여 주식회사 네버랜드의 지상권이 기입되었고 (5) 2021. 6. 19. 위 이현주의 근저당권에 대하여 미국인 제임스박의 채권가압류가 기입되었고, (6) 2021. 6. 20. 신림동 31번지에 대하여서는 등기부 기재와 같이 요역지지역권등기가 경료되었다.

이러한 상황에서 양 토지의 소유자는 합병 후 토지는 각자 2분의1 지분씩 공유하는 것으로 합의하였으며, 등기상 이해관계인(근저당권자)의 모든 권리는 각자 채무자의 지분 전부에 존속하는 것으로 또는 용익권자의 용익권은 합필등기 되기 전의 그 위치에 그대로 존속하는 것으로 합의하였다. 당사자의 의도에 맞는 등기신청서를 작성하라. 각자 지분비율의 분모는 합병 후 토지전체면적을 사용한다. 승역지(신림동 33번지)의 소유자는 김영태이다.

가압류권자의 본국인 미국에는 인감증명제도가 존재하지 않고 코로나 팬데믹 상황때문에 인근의 대한민국 영사관은 영사인증이 불가능하다. 다만 가까운 곳에 공증실(Notary Public)이 있고, 미국은 외국공문서에 대한 인증의 요구를 폐지하는 협약에 가입한 나라(아포스티유 협약국)이다. 미국 영주권자(재외국민)인 김영숙은 우리나라에 인감신고가 되어 있지 아니한 상태이고 현재 출장으로 일본에 체류하고 있다.

위와 같은 취지의 등기신청을 위임받은 법무사의 입장에서 당사자(특히 시민권자나 영주권자)에게 가장 편리한 방식으로 필요한 서류를 받아 등기신청서(위임장은 제외)를 작성하고 첨부서면에 대하여 간략히 설명하시오.

〚토지,30번지〛

[표 제 부]		(토지의 표시)			
표시번호	접 수	소재지번	지목	면적	등기원인 및 기타 사항
1	1978년 1월 4일	서울특별시 관악구 신림동 30	임야	200㎡	

[갑 구]		(소유권에 관한 사항)		
순위번호	등기목적	접 수	등기원인	권리자 및 기타 사항
1	소유권보존	1978년 1월 4일 제711호		소유자 진주 유씨 종중 1239609 경상남도 진주시 진주대로 269 (강남동) 대표자 유명수 280808-1234599 서울특별시 관악구 관악대로 36 (신림동)
2	소유권이전	2021년 6월 15일 제6029호	2021년 6월 3일 매매	소유자 유진태 607007-1234567 서울특별시 동작구 동작대로 27 (상도동

[을 구]	(소유권 외에 권리에 관한 사항)			
순위번호	등기목적	접 수	등기원인	권리자 및 기타 사항
1	근저당권설정	2021년 6월 16일 제6030호	2021년 6월 13일 설정계약	채권최고액: 금500,000,000원 채무자 유진태 서울특별시 동작구 동작대로 27 (상도동) 근저당권자 김영숙 780920-2010300 미국 뉴욕주 뉴욕시 우드사이드 100 공동담보: 서울특별시 관악구 신림동 31
2	지상권설정	2021년 6월 18일 제6999호	2021년 6월 17일 설정계약	목적: 철근콘크리트조 건물의 소유 범위: 토지 전부 존속기간: 2049년 12월 31일까지 지상권자 주식회사 네버랜드 110111-1233445 서울특별시 관악구 신림동 390

〚토지,31번지〛

[표 제 부]	(토지의 표시)				
표시번호	접 수	소재지번	지목	면적	등기원인 및 기타 사항
1	1978년 1월 4일	서울특별시 관악구 신림동 31	임야	800㎡	

[갑 구]	(소유권에 관한 사항)			
순위번호	등기목적	접 수	등기원인	권리자 및 기타 사항
2	소유권이전	2013년 6월 1일 제6119호	2013년 5월 15일	소유자 진주 유씨 종중 1239609 경상남도 진주시 진주대로 269 (강남동) 대표자 유명수 280808-1234599 서울특별시 관악구 관악대로 36 (신림동)

[을 구]	(소유권 외에 권리에 관한 사항)			
순위번호	등기목적	접 수	등기원인	권리자 및 기타 사항
1	근저당권설정	2021년 6월 16일 제6030호	2021년 6월 13일 설정계약	채권최고액: 금500,000,000원 채무자 유진태 서울특별시 동작구 동작대로 27 (상도동) 근저당권자 김영숙 780920-2010300 미국 뉴욕주 뉴욕시우드 사이드 100 공동담보: 서울특별시 관악구 신림동 30
2	근저당권설정	2021년 6월 17일 제6879호	2021년 6월 13일 설정계약	채권최고액: 금200,000,000원 채무자 유진태 서울특별시 동작구 동작대로 27 (상도동) 근저당권자 이현주 890101-1234567 서울특별시 마포구 마포대로 100 (서교동)
2-1	근저당권부 채권가압류	2021년 6월 19일 제7220호	2021년 6월 18일 서울중앙지방법원의 가압류결정 (2021카단3690)	청구금액: 금100,000,000원 채권자 미국인 제임스박 690301-6234567 미국 뉴욕주 뉴욕시 퀸즈 플러싱 333
3	요역지지역권			승역지: 서울특별시 관악구 신림동 32 목적: 통행 범위: 토지 전부 2021년 6월 20일 등기

[**답안작성 유의사항**]

1.부동산표시, 첨부서면란 등이 부족할 때에는 별지를 사용할 수 있다.

2.대리인은 아래와 같다.

박수남 법무사 (전화 500-1234)

서울특별시 관악구 관악대로 100, 601호(신림동, 법학빌딩)

3.신청서 제출일은 2022. 2. 23.로 한다.

4.관할등기소(과)는 "서울중앙지방법원 등기국"이다

5.이 문제에 답안은 서면신청을 전제로 작성할 것. -이상-

【예시답안】

토지합필등기신청 (1점)

<table>
<tr><td rowspan="2">접
수</td><td>년 월 일</td><td rowspan="2">처
리
인</td><td>등기관 확인</td><td>각종통지</td></tr>
<tr><td>제 호</td><td></td><td></td></tr>
</table>

<table>
<tr><td colspan="5">부동산의 표시</td></tr>
<tr><td colspan="5">합필 전의 표시 : 서울특별시 관악구 신림동 31
임야 800㎡ (500/1,000) 【1점】
합필의 표시 : 서울특별시 관악구 신림동 30 직인
임야 200㎡ (500/1,000) 【1점】
합필 후의 표시 : 서울특별시 관악구 신림동 31
임야 1,000㎡ [등록문서번호 : ○○○] 【1점】
- 이상 -</td></tr>
<tr><td colspan="2">등기원인과 그 연월일</td><td colspan="3">2021년 5월 1일 합병 【1점】</td></tr>
<tr><td colspan="2">등 기 의 목 적</td><td colspan="3">토지표시변경 【1점】</td></tr>
<tr><td colspan="2">합필후 김영숙의 근저당권이 존속하는 지분</td><td colspan="3">공유자 유진태 지분 1,000분의 500 전부 및 공유자 진주유씨 종중지분 1,000분의 500 전부 【1점】</td></tr>
<tr><td colspan="2">합필후 이현주의 근저당권이 존속하는 지분</td><td colspan="3">공유자 진주유씨 종중지분 1,000분의 500 전부【1점】</td></tr>
<tr><td>구 분</td><td>성 명</td><td>주민등록번호</td><td>주 소(소재지)</td><td>지분
(개인별)</td></tr>
<tr><td rowspan="3">신
청
인</td><td>진주유씨 종중</td><td>1239609</td><td>경상남도 진주시 진주대로 269 (강남동)</td><td>1,000분의 500</td></tr>
<tr><td>대표자 유명수</td><td>300101-1212123</td><td>경상남도 진주시 진주대로 269 (강남동)</td><td>【1점】</td></tr>
<tr><td>유진태</td><td>607007-1234567</td><td>경상남도 진주시 진주대로 269 (강남동)</td><td>1,000분의 500</td></tr>
</table>

등 록 면 허 세	금 12,000원 【1점】
지 방 교 육 세	금 2,400원
세 액 합 계	금 14,400원
등 기 신 청 수 수 료	금 원
납 부 번 호	

첨 부 서 면 (간인) 【각 1점】 【19점】	
1. 임야대장등본 2통	10. 근저당권자 이현주의 승낙서 1통
2. 등록면허세영수필확인서 1통	11. 근저당권자 이현주의 인감증명 1통
3. 소유자의 확인서 1통	12. 가압류권자 제임스박의 승낙서 및 그에 대한 본국 관공서의 증명이나 공증 1통
4. 소유자의 인감증명, 본인서명사실 확인서, 또는 전자본인서명확인서발급증 2통	13. 승낙서에 대한 아포스티유 인증문 1통
5. 정관이나 그 밖의 규약 1통	14. 승낙서/아포스티유에 대한 번역문 및 신분증사본 2통
6. 사원총회결의서 1통	15. 승역지소유자의 승낙서 【2점】 1통
7. 대표자의 주민등록표초본 1통	16. 승역지소유자의 인감증명 1통
8. 사원총회결의서를 확인한 자의 인감증명 2통	17. 지적도[등록문서번호로제공] 1통
9. 근저당권자 김영숙의 승낙서 및 그에 대한 주일 대한민국 영사관의 인증 1통	18. 위임장 1통

2022년 2월 23일

위 신청인 (전화 :)

위 대리인 법무사 이 강 수 직인 (전화 :882-3939)

서울특별시 관악구 관악대로 100, 601호(봉천동, 법학빌딩)

서울중앙지방법원 등기국 귀중

신청서 작성요령

* 1. 부동산표시란에 2개 이상의 부동산을 기재하는 경우에는 부동산의 일련번호를 기재하여야 합니다.
  2. 신청인란 등 해당란에 기재할 여백이 없을 경우에는 별지를 이용합니다.

[첨부서면에 대한 설명]

① **임야대장등본**

토지에 대한 표시변경등기시에는 등기원인을 증명하는 정보로 토지대장 내지 임야대장등본을 반드시 첨부하여야 한다(규칙 제46조 제1항 제1호, 규칙 제72조 제2항). 그 대장등본에는 합병사실이 기재되어 있어야 한다.

② **등록면허세영수필확인서 또는 등록면허세납부확인서**

시장, 구청장, 군수 등으로부터 발급받은 등록면허세납부서(OCR용지) 또는 대법원 인터넷등기소에서 발급받은 정액등록면허세납부서를 금융기관에 납부한 등록면허세영수필확인서를 첨부하거나, 또는 지방세인터넷납부시스템을 이용하여 납부하고 출력한 등록면허세납부확인서를 첨부한다(지방세법시행령 제49조).

③ **소유자의 확인서**

부동산등기법 제38조 토지합필의 특례에 따른 등기를 신청하는 경우는 종전 토지의 소유권이 합병 후의 토지에서 차지하는 지분을 신청정보의 내용으로 등기소에 제공하고, 이에 관한 토지소유자들의 확인이 있음을 증명하는 정보를 첨부정보로 등기소에 제공하여야 한다(규칙 제81조 제1항).

소유자가 '동일'하고 합필하려는 토지의 전부에 등기원인, 그 연월일, 등기의 목적과 접수번호가 동일한 합필제한사유에 해당하는 권리에 관한 등기가 있는 경우에는 신청서에 합필 후의 공유지분을 기재할 필요가 없고 소유자의 확인서가 면제되지만(등기예규 제1820호 4. 나. 참조),

본 사안의 경우에는 토지가 합병된 이후 양 토지의 소유자가 달라진 경우에 해당하기 때문에 소유자의 확인서는 면제되지 않는다. 신청서에도 합필 후의 공유지분을 기재하여야 한다.

④ **소유자 2인의 인감증명, 본인서명사실확인서 또는 전자본인서명확인서 발급증**

위와 같이 확인서를 첨부하는 경우에는 토지소유자(종중(대표자 유명수) 및 유진태)의 인감증명을 함께 제출한다(규칙 제60조 제1항 제4호).

⑤ **정관이나 그 밖의 규약**

등기신청인 종중은 법인 아닌 사단이므로 종중의 정관이나 그 밖의 규약을 제출한다(규칙 제48조 제1호).

⑥ **사원총회결의서**

본 사안의 경우 합필등기후에 종중 지분(1000㎡중 500㎡ = 1000분의 500)이 종중이 종전에 가지고 있던 토지의 면적비율(1000㎡중 800㎡)보다 적게 감축되는 경우이어서 민법 제276조 소정의 처분행위로 해석되므로 총유물의 관리 및 처분을 위한 사원총회 결의서를 첨부한다(규칙 제48조 제3호의 유추적용).

⑦ 대표자나 관리인의 주소 및 주민등록번호를 증명하는 서면

법인 아닌 사단이나 재단이 등기를 신청하는 경우에는 대표자나 관리인의 주소 및 주민등록번호를 증명하는 서면을 첨부한다(규칙 제48조 제4호). 종중 대표자 유명수는 변경되지 아니하였으므로 대표자 증명서는 필요하지 않다.

⑧ 위 사원총회결의서를 확인한 성년자 2인 이상의 인감증명

위 사원총회결의서에는 그 사실을 확인하는데 상당하다고 인정되는 자 2인 이상이 기명날인을 하고 인감증명을 첨부한다(규칙 제60조 제1항 제8호).

⑨ 근저당권자 (재외국민) 김영숙의 승낙서 및 일본에 있는 재외공관의 인증

부동산등기법 제38조 소정의 이해관계인이란 등기부상 근저당권등기나 가압류등기와 같은 합필제한사유가 되는 권리등기의 명의인을 말한다. 이해관계인의 승낙서에는 합필 전의 토지에 대한 권리가 합필 후의 토지의 공유지분에 대한 권리로 전환되는 것에 대한 승낙의 의사표시가 명확하게 나와 있어야 한다. 합필 후의 토지에 대한 공유지분의 기재는 신청서와 소유자의 확인서, 이해관계인의 승낙서가 모두 일치하여야 한다.

> 다만, 소유자가 동일하고 합필 대상 토지 전부에 대하여 등기원인, 그 연월일, 등기의 목적과 접수번호가 동일한 합필제한사유에 해당하는 권리에 관한 등기가 있는 경우에는 승낙서를 첨부할 필요가 없다. 본 사안의 경우 김영숙의 근저당권은 창설적 공동저당이지만 소유자가 다른 경우이기 때문에 근저당권자 김영숙의 승낙서는 면제되지 않는다.

위 김영숙의 승낙서에는 규칙 제60조 제1항 제7호 규정에 따라 인감날인을 하고 인감증명을 첨부하여야 하지만, 김영숙은 인감신고를 하지 아니한 재외국민이므로 그 승낙서에는 본인이 서명 또는 날인하였다는 뜻의 재외공관공증법에 따른 인증(일본에 있는 대한민국 재외공관)을 받음으로써 인감증명의 제출에 갈음할 수 있다(규칙 제61조 제3항, 등기예규 제1778호 제9조 제1항 참조, p.251 참조). 이 경우에 재외국민의 재외국민등록부등본을 제출할 것이 아니다(등기예규 제1778호 제9조 제2항 참조, p.251참조). 당해 등기는 규칙 제60조 제1항 제1호부터 제3호까지에 해당하는 등기가 아니기 때문이다.

【재외국민이 일시 체류 중인 국가의 대한민국 재외공관에서 상속재산분할협의서에 공증을 받을 수 있는지 여부】 재외국민은 인감을 날인하여야 하는 서면에 체류국을 관할하는 대한민국 재외공관에서 공증을 받음으로써 인감증명의 제출을 갈음할 수 있는바, 여기에서 "체류국"이란 계속적으로 거주하는 국가뿐만 아니라 출장 등으로 일시 체류하는 국가도 포함되므로, 피상속인 명의의 부동산에 대한 분할협의를 함에 있어 공동상속인 중 1인이 영주자격을 얻어 일본에 거주하고 있는데 출장으로 미국에 일시 체류 중에 있다면 이 상속인은 상속재산분할협의서에 그가 일시 체류하고 있는 미국에 설치된 대한민국 재외공관에서 공증을 받을 수도 있다(2019. 7. 31. 부동산등기과-2001 질의회답)

⑩ **근저당권자 이현주의 승낙서**

부동산등기법 38조 소정의 이해관계인이란 등기부상 근저당권등기나 가압류등기와 같은 합필제한사유가 되는 권리등기의 명의인을 말한다. 이해관계인의 승낙서에는 합필 전의 토지에 대한 권리가 합필 후의 토지의 공유지분에 대한 권리로 전환되는 것에 대한 승낙의 의사표시가 명확하게 나와 있어야 한다. 합필 후의 토지에 대한 공유지분의 기재는 신청서와 소유자의 확인서, 이해관계인의 승낙서가 모두 일치하여야 한다.

다만, 소유자가 동일하고 합필 대상 토지 전부에 대하여 등기원인, 그 연월일, 등기의 목적과 접수번호가 동일한 합필제한사유에 해당하는 권리에 관한 등기가 있는 경우에는 승낙서를 첨부할 필요가 없다. 본 사안의 경우 이현주의 근저당권은 어느 한쪽 토지에만 기입된 근저당권이므로 합필등기과정에서 그의 승낙서를 첨부하여야 하고 근저당권에 대한 근저당권부채권가압류권자 미국인 제임스 박은 등기상 이해관계인에 해당하므로 그의 승낙서를 첨부하여야 한다.

⑪ **위 이현주의 승낙서에 대한 인감증명**

위 이현주의 승낙서에는 규칙 제46조 제1항 제7호 규정에 따라 인감날인을 하고 인감증명을 첨부하여야 한다.

⑫ **가압류권자 미국인 제임스박의 승낙서에 대한 미국 관공서의 증명이나 공증인의 공증**

이해관계인은 승낙서에 인감도장을 날인하고 인감증명을 제출하여야 하는바(위 규칙 제60조 제1항 제7호), 본국에 인감증명제도가 없고 또한 인감증명법에 따른 인감증명을 받을 수 없는 외국인이라면 신청서나 위임장 또는 첨부서면에 본인이 서명 또는 날인하였다는 뜻의 본국 관공서의 증명이나 본국 또는 대한민국 공증인의 인증(「재외공관공증법」에 따른 인증을 포함한다)을 받음으로써 인감증명의 제출을 갈음할 수 있다(규칙 제61조 제4항 후단).

⑬ 위 ⑫ 서류에 대한 아포스티유 인증

첨부정보가 외국 공문서이거나 외국 공증인이 공증한 문서(이하 "외국 공문서 등"이라 한다)인 경우에는 「재외공관공증법」 제30조 제1항에 따라 공증담당영사로부터 문서의 확인을 받거나 「외국공문서에 대한 인증의 요구를 폐지하는 협약」에서 정하는 바에 따른 아포스티유(Apostille)를 붙여야 한다. 다만, 외국 공문서 등의 발행국이 대한민국과 수교하지 아니한 국가이면서 위 협약의 가입국이 아닌 경우와 같이 부득이한 사유로 문서의 확인을 받거나 아포스티유를 붙이는 것이 곤란한 경우에는 그러하지 아니하다(규칙 제46조 제9항).

한편 위 재외공관 공증법 제30조 제1항에서는 "공증담당영사는 주재국 공무원이 발행하였거나 주재국 공증인이 공증한 문서에 찍힌 도장 또는 서명의 진위 여부와 그 공무원이나 공증인의 직위를 확인할 수 있다. 다만, 주재국이 「외국공문서에 대한 인증의 요구를 폐지하는 협약」(이하 "아포스티유 협약"이라 한다)의 가입국인 경우에는 아포스티유 협약에서 정하는 바에 따른다"고 하고 있다.

가압류권자의 본국인 미국은 아포스티유 협약국이므로 위 ⑬서면에는 공증담당영사로부터 문서의 확인을 받는 식으로 처리할 수 없고 아포스티유(Apostille)를 붙여야 한다(규칙 제46조 제9항).

⑭ 위 번역문 및 번역인의 신분증사본

⑫⑬의 서면은 외국어로 작성되어 있을 것이므로 그에 대한 번역문을 붙여야 한다(규칙 제46조 제8항). 번역인의 신분증사본도 첨부한다(등기예규 제1778호).

⑮ 승역지소유자의 승낙서

요역지의 지역권등기가 있는 갑지와 을지를 합필하는 경우에, 갑지와 을지의 소유자가 같은 때에는 그의 단독으로, 소유자가 다른 때에는 공동으로 승역지 소유자(지역권설정자)의 승낙서를 첨부하여 합필 후의 토지 전체를 위한 지역권으로 하는 합필등기를 신청하여야 하고, 등기관은 이에 따라 요역지를 합필 후 토지의 전체로 하는 변경등기를 실행하여야 한다. 이 때 합필등기신청서에는 지역권이 합필 후의 토지 전체에 미친다는 취지의 기록을 하여야 한다(등기예규 제1820호).

⑯ 승역지소유자의 인감증명

위 승역지소유자의 승낙서에는 승역지소유자가 인감도장을 날인하고 인감증명을 첨부하여야 한다(규칙 제46조 제1항 제3호; 규칙 제60조 제1항 제7호).

⑰ **지적도**

지상권은 원래 지상권이 설정되어있던 부분에 그대로 존속하는 것이므로 등기상 이해관계인이 아니다. 그의 권리존속증명서를 첨부할 것은 아니다. 그러나 합병 후 토지의 물리적 일부에 존속하게 되므로 그 부분을 표시한 지적도를 첨부정보로 제공하여야 하는데, 이는 영구보존문서이므로 등록문서번호를 신청서의 부동산표시란애 기재하는 방법으로 제공한다.

32번지가 승역지이었고 31번지가 요역지인 상태에서 31번지가 30번지를 합병한 경우에 31번지에 있던 기존의 요역지지역권등기는 합병 후 토지 30번지 전체에 미치는 것으로 변경등기를 하여야 한다. 즉 31번지에 존재하던 요역지지역권등기는 합병후 토지 전체에 미치는 것이므로 그에 대한 별도의 지적도는 제출할 필요가 없다.

⑱ **위임장**

등기신청을 법무사 등 대리인에게 위임하는 경우에 대리권한을 증명하는 서면으로 첨부한다(규칙 제46조 제1항 제5호).

예 규

토지합필의 특례에 따른 등기사무처리지침

(개정 2025. 1. 3. 등기예규 제1820호)

1. 목 적

이 예규는 「부동산등기법」 제38조 (합필의 특례)에 따른 등기절차를 규정함을 목적으로 한다.

2. 특례에 따른 합필등기의 신청

가. 합필 대상 토지의 소유자가 동일한 경우에는 그의 단독으로 소유자가 다른 경우에는 공동으로, 신청서에 합필 후의 공유지분을 기재하여 합필등기를 신청하여야 한다. 다만, 소유자가 동일하고 합필하려는 토지의 전부에 등기원인, 그 연월일, 등기의 목적과 접수번호가 동일한 합필제한사유에 해당하는 권리에 관한 등기가 있는 경우에는 신청서에 합필 후의 공유지분을 기재할 필요가 없다.

나. 이해관계인의 범위

법 제38조 이해관계인은 등기기록상 근저당권이나 가압류 등의 등기가 경료되어 있는 권리자를 의미한다.

3. 특례에 따른 합필등기의 요건

등기관은 관련법령(「측량 · 수로조사 및 지적에 관한 법률」 등)에 따른 일반적인 합병 요건뿐만 아니라 특례에 따른 다음의 각 요건을 심사하여 합필등기를 하여야 한다.

가. 「공간정보의 구축 및 관리 등에 관한 법률」에 의하여 대장상 합병이 되었을 것

나. 대장상 합병 후 등기기록상 합필 전에 토지의 일부가 이전등기 되었거나 토지의 일부에 대하여 합필의 제한사유에 해당하는 권리에 관한 등기가 되었을 것

4. 첨부서면

가. 토지(임야)대장 등본

나. 소유자의 확인서 및 인감증명

확인서에 토지의 소재지번 · 지목 · 면적이 표시되고, 합필 후의 공유지분을 기재한 후 소유자가 기명날인하여야 한다. 다만, 2. 가. 단서의 경우에는 확인서를 첨부할 필요가 없다.

다. 이해관계인의 승낙서 및 인감증명

이해관계인은 승낙서에 신청서상 기재한 합필 후의 지분을 표시하고 이에 대한 동의 또는 승낙의 의사를 기재한 후 기명날인하여야 한다. 다만, 2. 가. 단서의 경우에는 합필 후의 지분을 표시할 필요가 없다.〈법원실무제요에서는 이 경우 승낙서를 첨부할 필요가 없다고 한다(2권 170쪽)〉

5. 특례에 따른 합필등기절차

신청인은 4.의 서면을 첨부하여 신청서에 각 공유지분을 명확히 기재하여 신청하여야 하고, 등기관은 신청서, 소유자의 확인서 및 이해관계인의 승낙서상의 지분관계가 정확한지 여부를 심사한 후 다음 절차에 따라 등기를 하여야 한다.

가. 대장상 합병 후 토지일부에 관하여 소유권이전등기가 이루어진 경우

〈예 시〉 대장상 합병 후 합필등기 전에 갑지 또는 을지의 소유권이 이전된 경우등기관은 갑지의 소유권에 관한 등기를 을지의 갑구에 이기하고, 그 등기가 갑지이었던 부분만에 관한 것이라는 뜻과 신청서 접수의 연월일과 접수번호를 기록한 후, 이기된 갑지의 소유권

에 관한 등기 및 을지의 소유권에 관한 등기를 공유지분으로 변경하는 등기를 실행하여야 한다.

나. 대장상 합병 후 합필제한사유에 해당하는 권리에 관한 등기가 이루어진 경우

(1) 합필제한사유에 해당하는 권리에 관한 등기의 등기원인, 그 연월일, 등기목적과 접수번호가 동일한 경우

〈예 시〉 대장상 합병 후 합필등기 전에 갑지와 을지에 동일한 가압류 등의 등기가 이루어진 경우 등기관은 갑지의 소유권에 관한 등기를 을지의 갑구에 이기하고, 그 등기가 갑지이었던 부분만에 관한 것이라는 뜻과 신청서 접수의 연월일과 접수번호를 기록한 후, 합필되는 각 토지의 소유권에 관한 등기를 공유지분으로 변경하는 등기를 하지 않고 종전과 동일하게 기록하되, 합필제한사유에 해당하는 권리에 관한 등기에는 합필 후의 토지전부에 관한 것이라는 뜻을 기록하여야 한다.

(2) 합필제한사유에 해당하는 권리에 관한 등기의 등기원인, 그 연월일, 등기목적과 접수번호가 동일하지 않은 경우

〈예 시〉 대장상 합병 후 합필등기 전에 갑지 또는 을지에 동일하지 않은 가압류 등의 등기가 어느 한쪽 또는 양쪽에 이루어진 경우등기관은 갑지의 소유권에 관한 등기를 을지의 갑구에 이기하고, 그 등기가 갑지이었던 부분만에 관한 것이라는 뜻과 신청서 접수의 연월일과 접수번호를 기록한 후, 합필되는 각 토지의 소유권에 관한 등기를 합필 후의 공유지분으로 변경하는 등기를 실행하고, 합필제한사유에 해당하는 권리에 관한 등기의 목적을 합필 후의 공유지분으로 변경하는 등기를 직권으로 하여야한다.

다. 토지의 일부에 요역지의 등기가 있는 경우

(1) 등기방법은 다른 합필 제한 사유와는 달리 지분에 관한 등기로 변경등기할 수 없고, 토지 전체에 관한 등기로 변경하는 등기를 하여야 한다. 동시에 승역지에 관하여서는 요역지의 표시를 변경하는 등기를 하여야 한다.

(2) 요역지의 지역권등기가 있는 갑지와 을지를 합필하는 경우에, 갑지와 을지의 소유자가 같은 때에는 그의 단독으로, 소유자가 다른 때에는 공동으로 승역지 소유자(지역권설정자)의 승낙서를 첨부하여 합필 후의 토지 전체를 위한 지역권으로 하는 합필등기를 신청하여야 하고, 등기관은 이에 따라 요역지를 합필 후 토지의 전체로 하는 변경등기를 실행하여야 한다. 이 때 합필등기신청서에는 지역권이 합필 후의 토지 전체에 미친다는 취지의 기재를 하여야 한다.

3. 건물표시변경에 관한 등기 — (1) 건물분할등기신청

건물분할등기신청

접 수	년 월 일	처리인	등기관 확인	각종통지
	제 호			

① 부동산의 표시	
분할 전의 표시 서울특별시 서초구 서초동 100 [도로명주소] 서울특별시 서초구 서초대로46길 60 시멘트 벽돌조 슬래브지붕 단층 주택 150㎡ 부속건물 시멘트 벽돌조 슬래브지붕 단층 창고 30㎡ 분할의 표시 서울특별시 서초구 서초동 100 제2호 [도로명주소] 서울특별시 서초구 서초대로46길 60 시멘트 벽돌조 슬래브지붕 단층 창고 30㎡ 분할 후의 표시 서울특별시 서초구 서초동 100 제1호 [도로명주소] 서울특별시 서초구 서초대로46길 60 시멘트 벽돌조 슬래브지붕 단층 주택 150㎡ 이 상 [등록문서번호:○○호]	
② 등기원인과 그 연월일	2025년 7월 15일 분할
③ 등 기 의 목 적	건물표시변경
④ 전세권이 존속하는 건물의 표시	서울특별시 서초구 서초동 100 제1호 시멘트벽돌조 슬래브지붕 단층 주택 150㎡
④ 근저당권이 소멸하는 건물의 표시	서울특별시 서초구 서초동 100 제2호 시멘트벽돌조 슬래브지붕 단층창고 30㎡

구 분	성 명 (상호·명칭)	주민등록번호 (등기용등록번호)	주 소(소 재 지)
⑤ 신청인	이 대 백	730323-1617312	서울특별시 관악구 관악대로313길 24(봉천동)

⑥ 등 록 면 허 세	금 12,000 원
⑥ 지 방 교 육 세	금 2,400 원
⑦ 세 액 합 계	금 14,400 원
⑧ 등 기 신 청 수 수 료	금 원 납부번호 :

⑩ 첨 부 서 면 (간인)	
1. 건축물대장등본 2통 ⑪ 1. 등록면허세영수필확인서 1통 ⑫ 1. 권리소멸승낙서 1통 ⑬ (권리존속확인서) 1. 인감증명 1통 ⑭	1. 건물소재도 1통 ⑮ 1. 도 면 1통 ⑯ 1. 위임장 1통 ⑰ <기 타> ⑱

2025년 8월 1일

⑨ 위 신청인

위 대리인 법무사 유 명 한 (직인) (전화: 599-0000)

서울특별시 서초구 서초대로100길 24 (서초동)

서울중앙지방법원 등기국 귀중

신청서 작성요령

* 1. 부동산표시란에 2개 이상의 부동산을 기재하는 경우에는 부동산의 일련번호를 기재하여야 합니다.
2. 신청인란 등 해당란에 기재할 여백이 없을 경우에는 별지를 이용합니다.
3. 담당 등기관이 판단하여 위의 첨부서면 외에 추가적인 서면을 요구할 수 있습니다.

등기신청안내서 — 건물분할등기신청

1. 건물분할등기

물리적으로 원래 별개의 건물로 등기할 수 있었으나 기존의 갑건물의 부속건물로 등기한 경우에 그 부속건물을 갑건물로부터 분리하여 별개의 독립건물(을건물)로 하는 것을 분할등기라고 한다(법 제104조).

2. 등기신청의무

건물의 분할이 있는 경우에는 그 건물소유권의 등기명의인은 그 사실이 있는 때부터 1개월 이내에 그 등기를 신청하여야 한다(법 제41조 제1항).

3. 등기소에 제공하여야 하는 신청정보

신청서는 한글과 아라비아 숫자로 기재한다. 부동산의 표시란이나 신청인란 등이 부족할 경우에는 별지를 사용하고, 별지를 포함하여 신청서가 여러 장인 때에는 각 장 사이에 간인을 하여야 한다.

① 부동산의 표시란

(1) 건물의 표시변경등기를 신청하는 경우에는 그 건물의 변경 전과 변경 후의 표시에 관한 정보를 신청정보의 내용으로 등기소에 제공하여야 한다(규칙 제86조 제1항).

(가) 분할 전의 표시, 분할의 표시, 분할 후의 표시로 나누어 기재한다.

(i) 분할 전의 표시는 분할되기 전의 건물의 표시를,

(ii) 분할의 표시는 분할되어 나가는 건물의 표시를,

(iii) 분할 후의 표시는 분할되어 나간 건물을 제외하고 남아 있는 건물의 표시를 각 건축물대장등본의 내용과 일치되게 기재하되, 건물의 소재 · 지번 · 구조 · 종류 · 면적 순으로 기재한다.

(나) 건물의 분할로 인하여 1필지 또는 여러 필지상에 여러 개의 건물이 있게 되므로 건물의 번호를 기재한다(규칙 제43조 제1항 제1호 나.).

(2) 건물등기기록 표제부에 도로명주소가 기록되지 않은 경우에, 등기신청서의 건

물 표시에 소재지번과 도로명주소가 함께 기재된 경우에는 등기사건을 수리하되, 도로명주소가 기재된 건축물대장 정보가 함께 제공된 경우 등기관은 직권으로 도로명주소를 기록하는 표시변경등기를 하여야 한다(2021. 6. 8. 등기예규 제1729호).

② 등기원인과 그 연월일란

등기원인은 '분할'로, 연월일은 건축물대장에 표시된 분할일을 기재한다.

③ 등기의 목적란

'건물표시변경'이라고 기재한다('건물분할'이라 기재하지 아니한다). 다만 신청서양식의 제목은 '건물표시변경등기신청'이라 기재하지 아니하고 '건물분할등기신청'이라 기재하는 것이 실무상의 예이다.

④ 공란에 기재할 사항

㈎ 분할되어 나간 건물이나 분할 후의 건물에 대하여 소유권 외의 권리(가등기권리자도 포함)자의 소멸 승낙이 있는 경우에는 그 권리가 소멸되는 건물의 표시를 이 빈칸에 기재한다.

(i) 예를 들어 근저당권이 분할 후 갑건물(제1호 건물)에 소멸하거나, 을건물(제2호 건물)에 소멸하는 경우에는 '근저당권이 소멸하는 건물'의 표시를 하여야 하나, 근저당권이 분할 후 건물(제1호 건물·제2호 건물) 모두에 그냥 존속하는 경우에는 이와 같은 취지의 표시는 할 필요가 없다(규칙 제96조 제3항, 규칙 제76조 제3항,제4항). 전자의 경우에는 그 근저당권자의 권리소멸승낙서를 제출하여야 한다.

(ii) 소멸하는 그 근저당권을 목적으로 하는 제3자의 권리에 관한 등기가 있는 때에는 신청서에 그 자의 승낙을 증명하는 서면 또는 이에 대항할 수 있는 재판의 등본을 첨부하여야 한다(규칙 제96조 제3항, 규칙 제76조 제5항)

(iii) 따라서 근저당권이 분할 후 건물의 어느 한 쪽에 소멸하지 아니하고 양쪽 건물에 그대로 존속하는 경우에는 부동산등기규칙 제96조 제3항 및 규칙 제76조 제3항, 제4항 소정의 권리소멸승낙서를 제출할 필요도 없고, 그 근저당권자의 인감증명을 제출할 필요도 없다(규칙 제60조 제1항 제7호 참조).

㈏ 건물의 일부에 전세권·임차권의 등기가 있는 경우에 그 건물의 분할등기를 신청하는 때에는 신청서에 권리가 존속할 건물을 기재하고, 이를 증명하는 권리자의 서면(권리존속확인서) 및 인감증명을 첨부하여야 한다(규칙 제95조, 규칙 제74조, 규칙 제60조 제1항 제5호). 이 경우 그 권리가 건물의 일부에 존속할 때에는 신청서에 그 건물부분을 기재하고 그 부분을 표시한 도면을 첨부하여야 한다(규칙 제95조; 규칙 제74조).

⑤ **신청인란**

건물소유권의 등기명의인이 단독신청한다. 등기기록상 등기신청인의 주소가 지번방식의 주소인 경우에도, 등기신청인이 제공한 주민등록등(초)본 혹은 도로명주소 정보(건축물대장정보, 행정안전부 "새주소 안내시스템(www.juso.go.kr)의 조회결과물 등) 등에 의하여 해당 지번방식의 주소에 대한 도로명주소임이 인정되는 경우에는 등기사건을 수리하여야 한다. 즉 등기기록상 등기명의인의 주소를 도로명주소로 변경등기를 하지 아니하여도 등기를 신청할 수 있다(법 제29조 제7호의 적용을 받지 아니한다).

⑥ **등록면허세 · 지방교육세란**

부동산 1개당 등록면허세 6,000원, 지방교육세 1,200원으로 계산하여 기재한다. 이 경우에는 분할 후 건물의 개수만큼 곱하여 납부한다.

⑦ **세액합계란**

등록면허세액과 지방교육세액의 합계를 기재한다.

⑧ **등기신청수수료**

건물에 관한 부동산표시의 변경 및 경정등기와 분할 · 구분 · 합병 및 멸실등기(대지권에 관한 등기 제외)의 경우 부동산등기 신청수수료를 면제한다.

⑨ **신청인 혹은 대리인의 표시란**

㈎ 신청인의 성명 및 전화번호를 기재하고, 기명날인 또는 서명을 한다.

㈏ 대리인이 등기신청을 하는 경우에는 그 대리인의 성명, 주소 및 전화번호를 기재하고 기명날인한다.

⑩ **첨부서면란**

등기신청서에 첨부한 서면을 각 기재한다.

4. 등기소에 제공하여야 하는 첨부정보

⑪ **건축물대장등본**(=등기원인을 증명하는 정보)

건물표시변경등기를 신청하는 경우에는 그 변경을 증명하는 건축물대장등본을 첨부하여야 한다(규칙 제86조 제3항). 그러므로 분할된 건물(위 주택 및 창고, 갑 건물)과 분할되어 나간 건물(위 창고, 을 건물)의 건축물대장등본을 각 1통씩 첨부한다. 각 건축물대장등본에는 분할사유가 기재되어 있어야 한다.

⑫ **등록면허세영수필확인서 또는 등록면허세납부확인서**

시장, 구청장, 군수 등으로부터 등록면허세납부서(OCR용지) 또는 대법원 인터넷등기소의 정액등록면허세납부서 작성기능을 통하여 정액등록면허세납부서를 발급받아 세금을 납부한 후 등록면허세영수필확인서를 신청서의 등록면허세액표시란의 좌측상단 여백에 첨부하거나, 또는 지방세인터넷납부시스템을 이용하여 납부하고 출력한 등록면허세납부확인서를 첨부한다(지방세법시행령 제49조).

⑬ 권리소멸승낙서 · 권리존속확인서

㈎ **권리소멸승낙서** 건물의 분할등기를 하는 경우에, 종전 건물에 대한 소유권 외의 권리의 등기명의인(근저당권자 등)이 분할 후 어느 건물에 대하여 그 권리의 소멸을 승낙한 경우에는 그러한 취지의 그의 승낙서 또는 이에 대항할 수 있는 재판의 등본을 제출하여야 하고, 위 소멸하는 권리를 목적으로 하는 제3자의 권리(근저당권에 대한 권리질권자)가 있는 경우에는 신청서에 그 자(권리질권자)의 승낙을 증명하는 서면 또는 이에 대항할 수 있는 재판의 등본을 첨부하여야 한다(규칙 제96조 제3항, 규칙 제76조 제3~5항).

㈏ **권리존속확인서** 건물의 일부에 전세권 · 임차권등기가 있는 경우에 그 건물의 분할등기를 신청할 때에는 신청서에 권리가 존속할 건물부분을 기재하고, 이를 증명하는 권리자(전세권자 · 임차권자)의 서면을 첨부하여야 한다(규칙 제95조, 규칙 제74조).

⑭ 인감증명, 본인서명사실확인서 또는 전자본인서명확인서 발급증

위와 같이 ⑬㈎에 의하여 근저당권자·권리질권자 등이 권리소멸승낙을 하는 경우(규칙 제96조 제3항, 규칙 제76조, 규칙 제60조 제1항 제7호), 혹은 ⑬㈏에 의하여 전세권자·임차권자 등이 권리존속확인을 하는 경우에는 그 자의 인감증명을 첨부하여야 한다(규칙 제95조, 규칙 제74조, 규칙 제60조 제1항 제5호).

위 인감증명에 갈음하여 위임장 등에 서명을 하고 본인서명사실확인서를 첨부하거나 전자본인서명확인서 발급증을 첨부할 수 있다(2024. 6. 13. 등기예규 제1780호).

⑮ 건물소재도

건물분할등기를 하는 경우에 결과적으로 그 건물대지 위에 여러 개의 건물이 있게 되므로 그 대지 위에 있는 건물의 소재도를 첨부정보로서 등기소에 제공하여야 한다(규칙 제121조 제3항을 준용함). 위 규칙 제121조 제3항에서는 건물에 대한 소유권보존등기를 할 때에 여러 개의 건물이 있는 경우에 건물의 소재도를 첨부정보로서 등기소에 제공하되 건축물대장정보를 제공한 경우에는 그러하지 아니하다고 규정하고 있는 바, 이는 건물에 대한 분할등기를 하는 경우에도 유추적용된다고 볼 수 있다. 즉 건물의 표시를 증명하는 정보로서 건축물대장정보를 등기소에 제공한 경우에는 건물의 소재도를 별도로 제출할 필요가 없다고 본다. 소재도를 제공하는 경우에 그 제공방법은 아래 도면의 제공방법에 의한다.

⑯ 도　　면

건물의 일부에 전세권·임차권등기가 있는 경우에 그 건물의 분할등기를 신청할 때에는 신청서에 권리가 존속할 건물부분을 기재하고, 이를 증명하는 권리자(전세권자·임차권자)의 서면을 첨부하여야 하는바, 이 경우 그 권리가 건물의 일부에 존속할 때에는 신청서에 그 건물 부분을 기재하고 그 부분을 표시한 도면을 첨부하여야 한다(규칙 제95조, 제74조).

즉 전세권·임차권이 분할 후 특정 건물의 전부(제1호 건물의 전부 혹은 제2호 건물의 전부)에 존속하는 경우에는 도면을 제출할 필요가 없으나, 그 전세권임차권 등이 분할 후 건물의 일부(제1호 건물의 일부 혹은 제2호 건물의 일부)에만 존속하는 경우에는 도면을 제출하여야 한다.

건물의 도면에는 건물의 소재지, 건물의 종류, 구조와 면적, 택지의 방위를 기록하고, 1필지 또는 여러 필지 위에 여러 개의 건물이 있는 때에는 건물의 번호, 건물의 형상, 길이, 위치를 기록하여야 하고, 전부 검은 선과 검은 글씨로 하되, 만일 등기목적 외의 건물이 있는 때에는 그 도면 등은 붉은 선, 붉은 글씨로 하여야 한다. 그리고 등기신청의 범위가 부동산의 일부인 경우에는 도면 등에 권리의 목적인 부분을 검은 선과 검은 글씨로 표시하여야 한다(2011. 10. 12. 등기예규 제1404호).

도면 등을 서면으로 작성하여 등기소에 제출하는 경우에는 신청인 또는 대리인이 기명날인하거나 서명하여야 하고, 도면 등을 전자문서로 작성하여 전산정보처리조직을 이용하여 등기소에 제공하는 경우에는 신청인 또는 대리인의 전자서명정보를 함께 송신하여야 한다(2011. 10. 12. 등기예규 제1404호).

⑰ 위임장

등기신청을 법무사 등 대리인에게 위임하는 경우이므로 대리권한을 증명하는 정보로 위임장을 첨부정보로서 등기소에 제공하여야 한다(규칙 제46조 제1항 제5호). 위 위임장에는 위임인이 기명날인 또는 서명하여야 한다.

⑱-1 기타 — 신청인이 법인인 경우

신청인이 법인인 경우에는 대표자의 자격을 증명하는 서면으로 법인등기사항전부증명서 또는 법인등기사항일부증명서를 첨부하여야 한다(규칙 제46조 제1항 제4호).

⑱-2 기타 — 신청인이 법인 아닌 사단/재단인 경우

신청인이 법인 아닌 사단 또는 재단인 경우에는 ㉠ 정관이나 그 밖의 규약, ㉡ 대표자나 관리인임을 증명하는 정보(다만, 등기되어 있는 대표자나 관리인이 신청하는 경우에는 그러하지 아니하다), ㉢ 대표자나 관리인의 주소 및 주민등록번호를 증명하는 정보를 첨부정보로 제공한다(규칙 제48조).

5. 등기신청서류 편철순서

신청서, 등록면허세영수필확인서, 위임장, 건축물대장등본, 권리소멸승낙서(권리존속확인서), 인감증명, 건물소재도, 도면 등의 순으로 편철하는 것이 실무상의 예이다.

6. 등기기록례

(갑건물)

[표 제 부]		**(건물의 표시)**		**(No.73)**
표시 번호	접 수	소재지번 및 건물번호	건물내역	등기원인 및 기타 사항
~~1~~	~~1988년 6월 6일~~	~~서울특별시 서초구 서초동 100~~	~~시멘트벽돌조 슬래브지붕 단층 주택 150㎡ 부속건물 시멘트벽돌조 슬래브지붕 단층 창고 30㎡~~	
2	2025년 8월 1일	서울특별시 서초구 서초동 100 제1호 [도로명주소] 서울특 별시 서초구 서초대 로46길 60	시멘트벽돌조 슬래브지붕 단층 주택 150㎡	분할로 인하여 부속 건물 30㎡를 서울특 별시 서초구 서초동 100 제2호에 이기

(을건물)

[표 제 부]		**(건물의 표시)**		**(No.73)**
표시 번호	접 수	소재지번	건물내역	등기원인 및 기타 사항
1	2025년 8월 1일	서울특별시 서초구 서초동 100 제2호 [도로명주소] 서울 특별시 서초구 서초 대로46길 60	시멘트벽돌조 슬래브 지붕 단층 창고 30㎡	분할로 인하여 서울특 별시 서초구 서초동 100에서 이기

3. 건물표시변경에 관한 등기 — (2) 건물구분등기신청

건물구분등기신청

접 수	년 월 일	처리인	등기관 확인	각종통지
	제 호			

① 부동산의 표시			
구분 전의 건물의 표시 서울특별시 서초구 서초동 100 벽돌조 슬래브지붕 단층 주택 및 사무실 180㎡ 구분 후의 건물의 표시 1동의 건물의 표시 서울특별시 서초구 서초동 100 [도로명주소] 서울특별시 서초구 서초대로46길 60 벽돌조 슬래브지붕 단층 주택 및 사무실 180㎡ 전유부분의 건물의 표시 1. 건물의 번호 1-가 / 2. 건물의 번호 1-나 구조 벽돌조 주택 / 구조 벽돌조 사무실 면적 제1층 제가호 90㎡ / 면적 제1층 제나호 90㎡ ④ 각 전유부분의 대지권의 표시 대지권의 목적인 토지의 표시 1. 서울특별시 서초구 서초동 100 대 300㎡ 대지권의 종류 1. 소유권대지권 대지권의 비율 300분의 150 [등록문서번호:○○호] 대지권연월일 2019년 7월 5일 대지권 - 이 상 -			
② 등기원인과 그 연월일	2025년 7월 5일 구분		
③ 등 기 의 목 적	건물표시변경		
⑤ 근저당권이 소멸하는 건물의 표시	별지 기재와 같음		
구 분	성 명 (상호·명칭)	주민등록번호 (등기용등록번호)	주 소(소 재 지)
⑥ 신청인	이 대 백	730320-1617312	서울특별시 강동구 명일로172길 60 101동 1501호(둔촌동, 성삼아파트)

⑦ 등 록 면 허 세	금 12,000 원
⑦ 지 방 교 육 세	금 2,400 원
⑧ 세 액 합 계	금 14,400 원
⑨ 등 기 신 청 수 수 료	금 원
	납부번호 :
⑪ 첨 부 서 면 (간인)	
1. 건축물대장등본 4통 ⑫	1. 집합건물도면 1통 ⑯
1. 등록면허세영수필확인서 1통 ⑬	1. 도 면 1통 ⑰
1. 권리소멸승낙서 1통 ⑭	1. 위임장 1통 ⑱
1. 인감증명 1통 ⑮	<기 타> ⑲

2025년 8월 1일

⑩ 위 신청인

위 대리인 법무사 유 명 한 [직인] (전화: 599-0000)

서울특별시 서초구 서초대로100길 30 (서초동)

서울중앙지방법원 등기국 귀중

신청서 작성요령

* 1. 부동산표시란에 2개 이상의 부동산을 기재하는 경우에는 부동산의 일련번호를 기재하여야 합니다.
2. 신청인란 등 해당란에 기재할 여백이 없을 경우에는 별지를 이용합니다.
3. 담당 등기관이 판단하여 위의 첨부서면 외에 추가적인 서면을 요구할 수 있습니다.

등기신청안내서 — 건물구분등기신청

1. 건물구분등기

구분건물이 아닌 일반건물(1동의 건물)을 구분하여 구분건물로 하는 등기로, 건축물대장상 먼저 변경등록이 되어 있어야 한다. 각개의 구분건물이 구조상 독립성, 이용상 독립성이 있는 경우에 각 부분을 구분소유권의 목적으로 하기 위하여 하는 등기이다. 일명 다가구주택을 다세대주택으로 하기 위하여서는 구분등기신청을 하여야 한다.

2. 등기신청의무

건물의 구분이 있는 경우에는 그 건물소유권의 등기명의인은 그 사실이 있는 때부터 1개월 이내에 그 등기를 신청하여야 한다(법 제41조 제1항).

3. 등기소에 제공하여야 하는 신청정보

신청서는 한글과 아라비아 숫자로 기재한다. 부동산의 표시란이나 신청인란 등이 부족할 경우에는 별지를 사용하고, 별지를 포함하여 신청서가 여러 장인 때에는 각 장 사이에 간인을 하여야 한다.

① 부동산의 표시란

⑴ 건물의 표시변경등기를 신청하는 경우에는 그 건물의 변경 전과 변경 후의 표시에 관한 정보를 신청정보의 내용으로 등기소에 제공하여야 한다(규칙 제86조 제1항).

㈎ 구분 전의 건물(일반건물)의 표시와 구분 후의 건물(집합건물)의 표시를 하여야 한다. 구분 후의 건물은 집합건물이므로 1동의 건물의 표시와 각 전유부분의 건물의 표시를 한다.

㈏ 1동의 건물의 소재·지번·구조·종류·면적을 기재하고, 1필지 또는 여러 필지상에 여러 동의 건물이 있으면 '건물의 번호'도 기재한다(법 제42조 제2항).

⑵ 건물등기기록 표제부에 도로명주소가 기록되지 않은 경우에, 등기신청서의 건물 표시에 소재지번과 도로명주소가 함께 기재된 경우에는 등기사건을 수리하되, 도로명주소가 기재된 건축물대장 정보가 함께 제공된 경우 등기관은 직권으로 도로명주소

를 기록하는 표시변경등기를 하여야 한다(2021. 6. 8. 등기예규 제1729호).

참 고

복합구분건물의 전유부분 표제부상 건물의 종류 표시

1. 건물 등기기록의 표제부에 건물의 표시에 관한 사항을 기록할 때에 건물내역란에는 건물의 종류, 구조 및 면적을 기록하여야 하는바(부동산등기법 제40조제1항제4호), 등기할 건물이 1동의 건물을 구분한 건물인 경우에는 1동 건물의 표제부 중 건물내역란에 건물의 종류, 구조 및 면적을 기록하고, 전유부분의 건물의 표제부 중 건물내역란에도 마찬가지로 건물의 종류, 구조 및 면적을 기록하여야 하지만, 1동의 건물에 속하는 구분건물의 종류가 모두 같은 경우에는 전유부분의 건물의 표제부 중 건물내역란에 건물의 종류를 기록하는 것을 생략할 수 있다.

따라서 1동의 건물에 속하는 구분건물의 종류가 동일하지 않는 경우, 즉 1동의 건물이 복합건물인 경우에는 각 구분건물의 표제부 중 건물내역란에 건물의 종류를 기록하는 것을 생략할 수 없으며, 이 경우 건물의 종류로는 건축물대장의 용도란에 기재된 「건축법 시행령」 제3조의5 관련 별표 1의 "용도별 건축물의 종류(예: 공동주택, 업무시설, 제1종근린생활시설 등)"를 기록하여야 하는바(기록례 참조), 다만 세부용도(소매점, 휴게음식점, 이용원 등)는 기록할 사항이 아니다.

2. 1동의 건물이 복합건물임에도 불구하고 전유부분의 건물의 표제부 중 건물내역란에 건물의 종류를 기록하는 것을 누락하였다면 해당 구분건물의 소유명의인은 건축물대장정보를 첨부정보로서 제공하여 이를 추가로 기록하는 의미의 건물표시경정등기를 신청할 수 있다(2018. 12. 13. 부동산등기과-2820 질의회답).

② 등기원인과 그 연월일란

등기원인은 '구분'으로, 연월일은 건축물대장에 표시된 구분년월일을 기재한다.

③ 등기의 목적란

'건물표시변경'이라고 기재한다('건물구분'이라 기재하지 아니한다). 다만 신청서양식의 제목은 '건물표시변경등기신청'이라 기재하지 아니하고 '건물구분등기신청'이라 기재하는 것이 실무상의 예이다.

④ 대지권의 표시란

대지권이 있는 경우에는 대지권의 표시를 하여야 하고, 건물의 구분년월일이 대지권발생년월일이 된다.

⑤ 공란에 기재할 사항

㈎ 구분되어 나간 건물이나 구분 후의 건물에 대하여 소유권 외의 권리의 소멸 승낙이 있는 경우에는 그 권리가 소멸되는 건물의 표시를 이 빈칸에 기재한다.

(i) 예를 들어 근저당권이 구분 후 가호 건물에 소멸하거나, 나호 건물에 소멸하는 경우에는 '근저당권이 소멸하는 건물'의 표시를 하여야 하나, 근저당권이 분할 후 건물 모두에 그냥 존속하는 경우에는 이와 같은 취지의 표시는 할 필요가 없다(규칙 제97조 제6항, 규칙 제76조 제3항, 제4항). 전자의 경우에는 그 근저당권자의 권리소멸승낙서를 제출하여야 한다.

(ii) 소멸하는 그 근저당권을 목적으로 하는 제3자의 권리에 관한 등기가 있는 때에는 신청서에 그 자의 승낙을 증명하는 서면 또는 이에 대항할 수 있는 재판의 등본을 첨부하여야 한다(규칙 제97조 제6항, 규칙 제76조 제5항)

(iii) 따라서 근저당권이 구분 후 건물의 어느 한 쪽에 소멸하지 아니하고 양쪽 건물에 그대로 존속하는 경우에는 부동산등기규칙 제96조 제3항 및 규칙 제76조 제3항, 제4항 소정의 권리소멸승낙서를 제출할 필요도 없고, 그 근저당권자의 인감증명을 제출할 필요도 없다(규칙 제60조 제1항 제7호 참조).

(나) 건물의 일부에 전세권·임차권의 등기가 있는 경우에 그 건물의 구분등기를 신청하는 때에는 신청서에 권리가 존속할 건물을 기재하고, 이를 증명하는 권리자의 서면(권리존속확인서) 및 인감증명을 첨부하여야 한다(규칙 제95조, 규칙 제74조, 규칙 제60조 제1항 제5호). 이 경우 그 권리가 건물의 일부에 존속할 때에는 신청서에 그 건물부분을 기재하고 그 부분을 표시한 도면을 첨부하여야 한다(규칙 제95조, 규칙 제74조).

⑥ 신청인란

건물소유권의 등기명의인이 단독신청한다. 등기기록상 등기신청인의 주소가 지번방식의 주소인 경우에도, 등기신청인이 제공한 주민등록등(초)본 혹은 도로명주소 정보(건축물대장정보, 행정안전부 "새주소 안내시스템(www.juso.go.kr)의 조회결과물 등) 등에 의하여 해당 지번방식의 주소에 대한 도로명주소임이 인정되는 경우에는 등기사건을 수리하여야 한다. 즉 등기기록상 등기명의인의 주소를 도로명주소로 변경등기를 하지 아니하여도 등기를 신청할 수 있다(법 제29조 제7호의 적용을 받지 아니한다).

⑦ 등록면허세 · 지방교육세란

부동산 1개당 등록면허세 6,000원, 지방교육세 1,200원으로 계산하여 기재한다. 이 경우에는 구분건물의 개수만큼 곱하여 납부한다.

⑧ 세액합계란

등록면허세액과 지방교육세액의 합계를 기재한다.

⑨ 등기신청수수료

건물에 관한 부동산표시의 변경 및 경정등기와 분할 · 구분 · 합병 및 멸실등기(대지권에 관한 등기 제외)의 경우 부동산등기 신청수수료를 면제한다.

⑩ 신청인 혹은 대리인의 표시란

㈎ 신청인의 성명 및 전화번호를 기재하고, 기명날인 또는 서명을 한다.

㈏ 대리인이 등기신청을 하는 경우에는 그 대리인의 성명, 주소 및 전화번호를 기재하고 기명날인한다.

⑪ 첨부서면란

등기신청서에 첨부한 서면을 각 기재한다.

4. 등기소에 제공하여야 하는 첨부정보

⑫ 건축물대장등본(=등기원인을 증명하는 정보)

건물표시변경등기를 신청하는 경우에는 그 변경을 증명하는 건축물대장등본을 첨부하여야 한다(규칙 제86조 제3항). 그러므로 각 구분건물마다 집합건축물대장등본을 첨부한다. 1동의 건물 자체에 대한 집합건축물대장(표제부)도 제출한다. 구분으로 인하여 폐쇄된 종전 일반건축물대장등본도 첨부하는 것이 바람직하다고 본다.

⑬ 등록면허세영수필확인서 또는 등록면허세납부확인서

시장, 구청장, 군수 등으로부터 등록면허세납부서(OCR용지) 또는 대법원 인터넷등기소의 정액등록면허세납부서 작성기능을 통하여 정액등록면허세납부서를 발급받아 세금을 납부한 후 등록면허세영수필확인서를 신청서의 등록면허세액표시란의 좌측상단 여백에 첨부하거나, 또는 지방세인터넷납부시스템을 이용하여 납부하고 출력한 등록면허세납부확인서를 첨부한다.

⑭ 권리소멸승낙서 · 권리존속확인서

㈎ **권리소멸승낙서:** 건물의 구분등기를 하는 경우에, 종전 건물에 대한 소유권 외의 권리의 등기명의인(근저당권자 등)이 분할 후 어느 건물에 대하여 그 권리의 소멸을 승낙한 경우에는 그러한 취지의 그의 승낙서 또는 이에 대항할 수 있는 재판의 등본을 제출하여야 하고(규칙 제97조 제3항, 규칙 제76조 제3-4항), 위 소멸하는 권리를 목적으로 하는 제3자의 권리(근저당권에 대한 권리질권자)가 있는 경우에는 신청서에 그 자(권리질권자)의 승낙을 증명하는 서면 또는 이에 대항할 수 있는 재판의 등본을 첨부하여야 한다(규칙 제97조 제3항, 규칙 제76조 제5항).

㈏ **권리존속확인서:** 건물의 일부에 전세권 · 임차권등기가 있는 경우에 그 건물의 구분등기를 신청할 때에는 신청서에 권리가 존속할 건물부분을 기재하고, 이를 증명하는 권리자(전세권자 · 임차권자)의 서면을 첨부하여야 한다(규칙 제95조, 규칙 제74조).

⑮ 인감증명, 본인서명사실확인서 또는 전자본인서명확인서 발급증

위와 같이 ⑭㈎에 의하여 근저당권자·권리질권자 등이 권리소멸승낙을 하는 경우(규칙 제97조 제6항, 규칙 제76조, 규칙 제60조 제1항 제7호), 혹은 ⑭㈏에 의하여 전세권자·임차권자 등이 권리존속확인을 하는 경우에는 그 자의 인감증명을 첨부하여야 한다(규칙 제95조, 규칙 제74조, 규칙 제60조 제1항 제5호).

⑯ 집합건물도면

건물구분등기를 하는 경우에는 구분건물 소유권보존등기에 준하여 1동의 건물의 소재도, 각 층의 평면도와 전유부분의 평면도를 첨부정보로서 등기소에 제공하여야 한다. 다만 건물의 표시를 증명하는 정보로서 건축물대장정보를 등기소에 제공한 경우에는 건물의 도면을 별도로 제출할 필요가 없다고 본다(규칙 제121조 제4항의 유추적용).

⑰ 도　　면

건물의 일부에 전세권·임차권등기가 있는 경우에 그 건물의 구분등기를 신청할 때에는 신청서에 권리가 존속할 건물부분을 기재하고, 이를 증명하는 권리자(전세권자·임차권자)의 서면을 첨부하여야 하는바, 이 경우 그 권리가 건물의 일부에 존속할 때에는 신청서에 그 건물 부분을 기재하고 그 부분을 표시한 도면을 첨부하여야 한다(규칙 제95조, 제74조).

즉 전세권·임차권이 구분 후 특정 건물의 전부(제1호 건물의 전부 혹은 제2호 건물의 전부)에 존속하는 경우에는 도면을 제출할 필요가 없으나, 그 전세권임차권 등이 구분 후 건물의 일부(제1호 건물의 일부 혹은 제2호 건물의 일부)에만 존속하는 경우에는 도면을 제출하여야 한다.

건물의 도면에는 건물의 소재지, 건물의 종류, 구조와 면적, 택지의 방위를 기록하고, 1필지 또는 여러 필지 위에 여러 개의 건물이 있는 때에는 건물의 번호, 건물의 형상, 길이, 위치를 기록하여야 하고, 전부 검은 선과 검은 글씨로 하되, 만일 등기목적 외의 건물이 있는 때에는 그 도면 등은 붉은 선, 붉은 글씨로 하여야 한다. 그리고 등기신청의 범위가 부동산의 일부인 경우에는 도면 등에 권리의 목적인 부분을 검은 선과 검은 글씨로 표시하여야 한다(2011. 10. 12. 등기예규 제1404호).

도면 등을 서면으로 작성하여 등기소에 제출하는 경우에는 신청인 또는 대리인이 기명날인하거나 서명하여야 하고, 도면 등을 전자문서로 작성하여 전산정보처리조직을 이용하여 등기소에 제공하는 경우에는 신청인 또는 대리인의 전자서명정보를 함께 송신하여야 한다(2011. 10. 12. 등기예규 제1404호).

⑱ 위임장

등기신청을 법무사 등 대리인에게 위임하는 경우이므로 대리권한을 증명하는 정보로 위임장을 첨부정보로서 등기소에 제공하여야 한다(규칙 제46조 제1항 제5호). 위 위임장에는 위임인이 기명날인 또는 서명하여야 한다.

⑲-1 기타 — 신청인이 법인인 경우

신청인이 법인인 경우에는 대표자의 자격을 증명하는 서면으로 법인등기사항전부증명서 또는 법인등기사항일부증명서를 첨부하여야 한다(규칙 제46조 제1항 제4호).

⑲-2 기타 — 신청인이 법인 아닌 사단/재단인 경우

신청인이 법인 아닌 사단 또는 재단인 경우에는 ㉠ 정관이나 그 밖의 규약, ㉡ 대표자나 관리인임을 증명하는 정보(다만, 등기되어 있는 대표자나 관리인이 신청하는 경우에는 그러하지 아니하다), ㉢ 대표자나 관리인의 주소 및 주민등록번호를 증명하는 정보를 첨부정보로 제공한다(규칙 제48조).

5. 등기신청서류 편철순서

신청서, 등록면허세영수필확인서, 위임장, 집합건축물대장등본, 권리소멸승낙서, 인감증명, 도면 등의 순으로 편철하는 것이 실무상의 예이다.

6. 등기기록례

(구분 전 건물의 표제부)

[표 제 부]		(건물의 표시)		(No.102)
표시번호	접 수	소재지번 및 건물번호	건물내역	등기원인 및 기타 사항
~~1~~	~~1987년 3월 2일~~	~~서울특별시 서초구 서초동 100~~	~~벽돌조 슬래브지붕 단층 주택 및 사무실 180㎡~~	
2	2025년 8월 1일			구분으로 인하여 서울특별시 서초구 서초동 100에 이기
				2번 등기하였으므로 본 등기기록 폐쇄 2025년 8월 1일

(신등기부의 1동의 건물)

[표 제 부]		(1동의 건물의 표시)		(No.102)
표시번호	접 수	소재지번 및 건물번호	건물내역	등기원인 및 기타 사항
1	2025년 8월 1일	서울특별시 서초구 서초동 100	벽돌조 슬래브지붕 단층 주택 및 사무실 180㎡	구분으로 인하여 서울특별시 서초구 서초동 100에서 이기

(신등기부의 갑건물)

[표 제 부]		(전유부분의 건물의 표시)		(No.102)
표시번호	접 수	소재지번 및 건물번호	건물내역	등기원인 및 기타 사항
1	2025년 8월 1일	제1층 제가호	벽돌조 주택 90㎡	구분으로 인하여 서울특별시 서초구 서초동 100에서 이기

[갑 구]		(소유권에 관한 사항)		(No.102)
표시번호	등기목적	접 수	등기원인	권리자 및 기타 사항
1 (전3)	소유권이전	1997년 10월 5일 제13560호	1997년 9월 1일 매매	소유자 이대백 7303201-1617312 서울 서초구 서초동 100
				구분으로 인하여 순위 제1번 등기를 서울특별시 서초구 서초동 100에서 이기 접수 2025년 8월 1일 제8088호

사례연습

구분등기신청

| 설 문 |

아래 문제의 취지에 따른 등기신청서를 작성하라 (30점).

원래 이영남소유의 부동산인 서울특별시 관악구 봉천동 1582번지 1, 2, 3호 소재 [도로명주소: 서울특별시 관악구 관악대로 69 (봉천동)] 아래 건물을 매매를 통하여 김갑남(460322-1234567, 서울 서초구 서초대로 36 (잠원동))과 김을남(570212-1212123, 서울 동작구 동작대로 77 (본동))이 공유지분으로(2분의 1씩) 등기를 하였다.

위 부동산에는 순위번호 1번으로 부동산 전부를 목적으로 하는 이숙자의 전세권설정등기가 경료되었고, 순위번호 2번으로 사찰 범무사(凡無寺)명의의 근저당권설정등기가 경료되어 있다(대표자는 이범상으로 기재되어 있다). 위 범무사는 전통사찰은 아니지만 소속종단이 있는 사찰이며 그 대표자는 소속 종단에서 임면할 권한이 있는 것으로 규정되어 있고, 2025. 7. 23. 현재의 대표자는 박현구이다.

이 부동산이 이와 같이 공유관계로 있어서 관리에 불편함이 있어서 김갑남과 김을남은 궁극적으로는 1층은 김갑남 단독소유로, 2층은 김을남 단독소유로 하기로 하고자 먼저 사전 절차로써 이 건물을 구분건물로 만들면서 전세권은 2층에만 존속시키는 것으로, 그리고 사찰 범무사의 근저당권설정등기는 1층에만 존속시키고자 하는 것으로 관련 당사자 모두 합의가 되었다.

전세권자 이숙자의 주소는 서울특별시 관악구 관악대로 69, 2층 (봉천동)이며 실제로 이곳에 거주하고 있는바, 이숙자는 최근 교통사고로 인하여 발생한 정신적 제약 때문에 사무를 처리할 능력이 지속적으로 결여된 상태이어서 가정법원으로부터 성년후견개시결정을 받았다.

관련 이해관계인 모두가 합의가 있음을 전제로 하여 아래 부동산의 표시에 기재된 건물을 구분건물로 만드는 데 필요한 등기신청서를 2025. 7. 23. 자로 서울중앙지방법원 등기국에 작성하여 제출하라. 법무사의 인적사항은 수험생의 인적 사항을 사용하고, 첨부서면에 대하여 설명하고 근거조문을 제시하시오.

참고자료

1. 부동산의 표시

서울 관악구 봉천동 1582번지 1, 2, 3

시멘트벽돌조 슬래브지붕 2층 근린생활시설

1층 100 평방미터 2층 70 평방미터

* 층별 전유부분의 면적은 1층은 84 평방미터,

2층은 56 평방미터임

* 대지권의 비율은 층별로 동일하게 하고자 한다.

2. 집합건축물대장상 구분날자: 2025년 7월 23일

3. 토지의 현황은 다음과 같다.

서울특별시 관악구 봉천동 1582-1 대 140평방미터

(김갑남과 김을남이 70/140씩 공유하고 있음)

서울특별시 관악구 봉천동 1582-2 대 80평방미터

(김갑남이 단독소유하고 있음)

서울특별시 관악구 봉천동 1582-3 대 140평방미터

(김갑남과 김을남이 각 50/140씩, 그리고

제3자 김병남이 나머지 40/140을 공유하고 있음)

【모범답안】

건물구분등기신청

<table>
<tr><td rowspan="2">접 수</td><td>년 월 일</td><td rowspan="2">처리인</td><td>등기관 확인</td><td>각종통지</td></tr>
<tr><td>제 호</td><td></td><td></td></tr>
</table>

<table>
<tr><td colspan="4">부동산의 표시</td></tr>
<tr><td colspan="4">구분 전 건물의 표시
서울특별시 관악구 봉천동 1582-1, 2, 3
시멘트벽돌조 슬래브지붕 2층 근린생활시설
1층 100㎡ 2층 70㎡
구분 후 건물의 표시
1동의 건물의 표시
서울특별시 관악구 봉천동 1582-1, 2, 3
[도로명주소: 서울특별시 관악구 관악대로 69]
시멘트벽돌조 슬래브지붕 2층 근린생활시설
1층 100㎡ 2층 70㎡
전유부분의 건물의 표시
1. 번 호: 1-101 2, 번 호: 2-201
구 조: 시멘트벽돌조 구 조: 시멘트벽돌조
면 적: 제1층 제101호 84㎡ 면 적: 제2층 제201호 56㎡
각 전유부분의 대지권의 표시
대지권의 목적인 토지의 표시:
1. 서울특별시 관악구 봉천동 1582-1 대 140㎡
2. 서울특별시 관악구 봉천동 1582-3 대 140㎡
대지권의 종류; 1. 2. 소유권대지권
대지권의 비율: 1. 제101호: 140분의 70 1. 제201호: 140분의 70
2. 제101호: 140분의 50 2. 제201호: 140분의 50
등기원인과 그 연월일 2025년 7월 23일 대지권
-이 상-</td></tr>
<tr><td colspan="2">등기원인과 그 연월일</td><td colspan="2">2025년 7월 23일 구분</td></tr>
<tr><td colspan="2">등 기 의 목 적</td><td colspan="2">건물표시변경</td></tr>
<tr><td colspan="2">전세권이 소멸하는 건 물 의 표 시</td><td colspan="2">서울특별시 관악구 봉천동 1582-1, 2, 3
제1층 제101호</td></tr>
<tr><td colspan="2">근저당권이 소멸하는 건 물 의 표 시</td><td colspan="2">서울특별시 관악구 봉천동 1582-1, 2, 3
제2층 제201호</td></tr>
<tr><td rowspan="3">신
청
인</td><td>성 명
(상호·명칭)</td><td>주민등록번호
(등기용등록번호)</td><td>주 소 (소 재 지)</td></tr>
<tr><td>김 갑 남</td><td>460322-1234567</td><td>서울특별시 서초구 서초대로 36
(잠원동)</td></tr>
<tr><td>김 을 남</td><td>570212-1212123</td><td>서울특별시 동작구 동작대로 77
(본동)</td></tr>
</table>

등 록 면 허 세	금 12,000원
지 방 교 육 세	금 2,400원
세 액 합 계	금 14,400원
등 기 신 청 수 수 료	금 6,000원
납 부 번 호	○○○○○○○○○○○○○○○

첨 부 서 면 (간인)	
1. 건축물대장등본 4통	1. 소속 종단의 정관 1통
1. 등록면허세영수필확인서 1통	1. 종단 대표자의 주지재직증명 1통
1. 권리소멸승낙서(이숙자의 후견인) 1통	1. 종단 대표자의 직인인감증명 1통
1. 성년후견등기사항증명서 1통	1. 민법 제276조 사원총회의 결의서 1통
1. 후견인의 인감증명/본인서명사실확인서 1통	1. 종단 대표자의 주민등록표초본 1통
1. 가정법원의 허가서 1통	1. 사실확인자의 인감증명 2통
1. 권리소멸승낙서(근저당권자) 1통	1. 사찰대표자의 인감증명 1통
1. 사찰(법무사)의 정관 1통	1. 규약 1통
	1. 위임장 1통

2025년 7월 23일

위 신청인 (전화 :)

위 대리인 법무사 이 강 수 직인

서울특별시 관악구 관악대로 36, 101호(봉천동) (02-881-3939)

서울중앙지방법원 등기국 귀중

신청서 작성요령

* 1. 부동산표시란에 2개 이상의 부동산을 기재하는 경우에는 부동산의 일련번호를 기재하여야 합니다.
2. 신청인란 등 해당란에 기재할 여백이 없을 경우에는 별지를 이용합니다.

〔첨부서면에 대한 설명〕

① **건축물대장(표제부 및 전유부분)**

부동산의 표시를 증명하는 서면으로 전유부분에 대한 집합건축물대장(표제부 1통과 전유부분 2통)을 첨부한다. 이 대장등본에는 구분사실이 기재되어 있어야 한다(규칙 제86조 제3항). 종전 건물의 폐쇄된 건축물대장도 첨부하는 것이 바람직하다.

> **제7조(건축물대장의 서식)**
>
> ① 일반건축물대장은 별지 제1호서식에 따르며, 동 서식의 건축물현황란 또는 소유자현황란이 부족한 경우에 나머지 건축물현황 또는 소유자현황의 기재는 별지 제2호서식에 따른다.
>
> ② 집합건축물대장의 표제부는 별지 제3호서식에 따르며, 동 서식의 건축물현황란이 부족한 경우에 나머지 건축물현황의 기재는 별지 제4호서식에 따른다.
>
> ③ 집합건축물대장의 전유부는 별지 제5호서식에 따르며, 소유자현황란이 부족한 경우에 나머지 소유자현황의 기재는 별지 제6호서식에 따른다.
>
> ④ 건축물대장의 총괄표제부는 별지 제7호서식에 따르며, 건축물현황란이 부족한 경우에 나머지 건축물현황의 기재는 별지 제8호서식에 따른다.(출처: 건축물대장의 기재 및 관리 등에 관한 규칙 제0348호 2011.04.01 타법개정)

② **등록면허세영수필확인서 또는 등록면허세납부확인서**

구분건물 1개당 6,000원의 등록면허세(지방세법 제28조 제1항 제1호 마목) 및 1,200원의 지방교육세(지방세법 제151조 제1항 제1호)를 납부하고 등기신청서에 등록면허세영수필확인서 또는 등록면허세납부확인서를 첨부한다(지방세법 제30조; 법 제29조 제10호).

③ **권리소멸승낙서**(전세권자)

전세권자 이숙자는 구분 후 건물 101호에 대하여서는 권리소멸승낙을 하였으므로 이를 증명하는 전세권자의 권리소멸승낙서를 첨부하여야 한다(규칙 제97조 제3항, 규칙 제76조 제3항, 제4항). 전세권자는 성년후견이 개시되었으므로 법정대리인에 해당하는 성년후견인이 권리소멸승낙서를 작성한다.

④ **성년후견등기사항증명서**

성년후견인의 대리권한을 증명하는 서면으로 피성년후견인(사건 본인)의 성년후견등기사항증명서를 제출한다(규칙 제46조 제1항 제5호).

⑤ **인감증명**(성년후견인)

위 권리소멸승낙서에 성년후견인의 인감증명법에 의한 인감증명을 첨부한다(규칙 제60조 제1항 제7호, 규칙 제61조 제2항). 위 인감증명에 갈음하여 승낙서 등에 서명을 하고 본인서명사실확인서를 첨부하거나 전자본인서명확인서 발급증을 첨부할 수 있다(부동산등기규칙 제60조의2).

⑥ 가정법원의 허가서

성년후견인이 피성년후견인을 대리하여 피성년후견인이 거주하고 있는 건물 또는 그 대지에 대하여 매도, 임대, 전세권 설정, 저당권 설정, 임대차의 해지, 전세권의 소멸, 그 밖에 이에 준하는 행위를 하는 경우에는 가정법원의 허가를 받아야 한다(민법 제947조의2 제5항).

⑦ 권리소멸승낙서(근저당권자)

위 근저당권은 1층에만 존속하는 것이므로 근저당권이 2층 부분에 대하여 소멸하는 것에 대한 근저당권자의 권리소멸승낙서를 첨부한다(규칙 제97조 제3항, 규칙 제76조 제3항, 제4항).

⑧ 사찰의 정관이나 규약

근저당권자인 사찰이 등기신청인이 아니라 이해관계인이지만 규칙 제48조를 유추 적용하여 근저당권자인 사찰의 정관을 제출한다(규칙 제48조 제1호; 2013.03.27. 등기예규 제1484호).

⑨ 소속종단의 정관이나 규약

전통사찰이 등기를 신청하는 경우에 전통사찰의 정관이나 규약 및 전통사찰이 특정종단에 소속되어 그 종단(이하 '소속종단'이라고 한다)의 구성원인 경우에는 소속종단의 정관이나 규약을 제출하여야 하고, 이는 전통사찰이 아니지만 소속종단이 있는 사찰의 경우에도 마찬가지이다(규칙 제48조 제1호; 2013.03.27. 등기예규 제1484호).

⑩ 종단 대표자 명의의 주지재직증명서

소속종단의 정관이나 규약에 소속종단의 대표자가 주지를 임면할 권한이 있는 것으로 정한 경우에는 그 종단 대표자 명의의 주지재직증명서 및 종단 대표자의 직인증명서를 제출하여야 하고, 이는 전통사찰이 아니지만 소속종단이 있는 사찰의 경우에도 마찬가지이다(규칙 제48조 제2호; 2013.03.27. 등기예규 제1484호).

⑪ 종단 대표자의 직인증명서

소속종단의 정관이나 규약에 소속종단의 대표자가 주지를 임면할 권한이 있는 것으로 정한 경우에는 종단 대표자의 직인증명서를 제출하여야 하고, 이는 전통사찰이 아니지만 소속종단이 있는 사찰의 경우에도 마찬가지이다(규칙 제48조 제2호; 2013.03.27. 등기예규 제1484호).

⑫ 민법 제276조 사원총회의 결의서

법인 아닌 사단이 등기의무자인 경우에는 민법 제276조 소정의 사원총회의 결의서(총유물의 관리 및 처분을 위한 사원총회결의서)를 첨부하여야 하는데(규칙 제48조 제3호), 이는 법인 아닌 사단이 등기상 이해관계인인 경우에도 마찬가지이다.

⑬ 대표자나 관리인의 주소 및 주민등록번호 증명서면

법인 아닌 사단/재단이 등기를 신청하는 경우에는 대표자나 관리인의 주소 및 주민등록번호를 증명하는 서면을 제출하여야 한다(규칙 제48조 제4호).

⑭ 성년자 2인 이상의 사실확인에 대한 인감증명

대표자 또는 관리인임을 증명하는 서면 또는 총유물의 관리 및 처분을 위한 사원총회결의서에는 그 사실을 확인하는 데 상당하다고 인정되는 자 2인 이상의 성년자가 사실과 상위 없다는 취지와 성명을 기재하고 인감을 날인하여야 하며, 날인한 인감에 관한 인감증명을 제출하여야 한다(규칙 제60조 제1항 제8호). 위 인감증명에 갈음하여 확인서 등에 서명을 하고 본인서명사실확인서를 첨부하거나 전자본인서명사실확인서 발급증을 첨부할 수 있다(부동산등기규칙 제60조의2).

⑮ 사찰대표자의 인감증명

근저당권자인 사찰의 대표자가 권리소멸승낙서를 제출하는 경우에는 그 권리소멸승낙서에 사찰대표자의 인감날인을 하고 인감증명을 첨부하여야 한다(규칙 제60조 제1항 제7호). 위 인감증명에 갈음하여 확인서 등에 서명을 하고 본인서명사실확인서를 첨부하거나 전자본인서명확인서 발급증을 첨부할 수 있다(부동산등기규칙 제60조의2).

⑯ 규 약(규칙 46② 2호)

본 사안의 경우 1582-1번지에 대하여서는 건물의 공유지분비율과 토지의 공유지분비율이 일치하므로 대지권등기를 할 수 있다. 1582-2번지에 대하여서는 대지권등기를 할 수 없다. 건물의 공유자 중 김을남에게 대지사용권이 없기 때문이다. 1582-3번지에 대하여서는 혹자는 건물의 공유지분비율과 토지의 공유지분비율이 일치하지 않으므로 대지권등기를 할 수 없는 것으로 생각할 수 있다. 그러나 그렇게 생각할 것은 아니다. 예를 들어 A와 B가 공유하고 있는 토지위에 A가 구분건물을 신축한 경우에 A가 자기 지분위에 대지권등기를 하는 것은 가능하기 때문이다. 여기서 A=갑,을, B=병으로 대입하여 생각하면 된다.

한편 위와 같이 대지권등기가 가능한 상황에서는 대지권의 비율은 전유부분의 면적비율에 의하므로 1층과 2층의 대지권의 비율은 1582-1번지에 대하여서는 84/140, 56/140, 1582-3번지에 대하여서는 60/140, 40/140이 됨이 원칙이지만, 문제에서 1층

2층 동일하게 대지권비율을 부여할 것을 요구하므로 결국 1582-1번지는 각 70/140, 1582-3번지는 각 50/140씩 대지권을 부여하고 그에 대한 규약을 첨부하여야 한다.

⑰ **위임장(소유자)**

등기신청을 법무사 등 대리인에게 위임하는 경우에 대리권한을 증명하는 서면으로 첨부한다(규칙 제46조 제1항 제5호).

4. 소유권보존등기 — (1) 건물소유권보존등기신청

건물소유권보존등기신청

접 수	년 월 일	처리인	등기관 확인	각종통지
	제 호			

① 부동산의 표시
서울특별시 서초구 서초동 200 [도로명주소] 서울특별시 서초구 서초대로21길 60 철근콘크리트조 슬래브지붕 2층주택 1층 120㎡ 2층 120㎡ -이 상 -

등기원인과 그 연월일	
② 등 기 의 목 적	소유권보존
③ 신 청 근 거 규 정	부동산등기법 제65조 제1호

구 분	성 명 (상호·명칭)	주민등록번호 (등기용등록번호)	주 소(소재지)	지 분 (개인별)
④ 신청인	이 대 백	630320-1617312	서울특별시 강동구 명일로 172길 160, 101동 1501호(길동, 성삼아파트)	

시가표준액 및 국민주택채권매입금액		
부동산 표시	부동산별 시가표준액⑤	부동산별 국민주택채권매입총액⑥
1. 주 택	금 80,000,000 원	금 원
2.	금 원	금 원
⑦ 취득세(등록면허세) 금 2,240,000원		⑦ 지 방 교 육 세 금 128,000 원 ⑦ 농어촌특별세 금 160,000 원
⑧ 세 액 합 계		금 2,528,000 원
⑨ 등 기 신 청 수 수 료		금 15,000 원 납부번호:

⑪ 첨 부 서 면	
1. 등기원인을 증명하는 서면 1통 ⑫	1. 도면 1통 ⑰
1. 취득세영수필확인서 1통 ⑬	1. 위임장 1통 ⑱
1. 등기신청수수료영수필확인서 1통 ⑭	<기 타> ⑲
1. 건축물대장등본 1통 ⑮	
1. 주민등록표등본·초본 1통 ⑯	

2024년 8월 1일

⑩ 위 신청인

위 대리인 법무사 유 명 한 [직인] (전화: 599-0000)

서울특별시 서초구 서초대로100길 60 (서초동)

서울중앙지방법원 등기국 귀중

등기신청안내서 — 건물소유권보존등기신청

1. 건물소유권보존등기

등기되어 있지 않은 건물을 등기부에 기재하기 위하여 하는 최초의 등기로 건축물대장에 소유자로서 등록되어 있는 자, 확정판결 또는 기타 특별자치도지사, 시장, 군수 또는 구청장의 서면에 의하여 자기의 소유권을 증명하는 자, 수용으로 인하여 소유권을 취득하였음을 증명하는 자가 신청할 수 있다.

2. 등기신청의무

신청인 본인 또는 법무사 등 그 대리인이 신분을 확인할 수 있는 주민등록증 등을 가지고 직접 등기소에 출석하여 신청한다.

3. 등기소에 제공하여야 하는 신청정보

신청서는 한글과 아라비아 숫자로 기재한다. 부동산의 표시란이나 신청인란 등이 부족할 경우에는 별지를 사용하고, 별지를 포함하여 신청서가 여러 장인 때에는 각 장 사이에 간인을 하여야 한다.

① 부동산의 표시란

부동산의 표시는 건물의 소재, 지번, 건물번호(다만, 같은 지번 위에 1개의 건물만 있는 경우에는 건물번호는 기록하지 아니한다), 종류, 구조와 면적을 기재하되 부속건물이 있는 경우에는 부속건물의 종류, 구조와 면적도 함께 기재한다(규칙 제43조 제1항 제1호). 도로명주소는 건물표시 중 소재지번 표시 아래에 기재한다.

서울특별시 서초구 방배동 266-1 제가동 [도로명주소] 서울특별시 서초구 방배대로179길 60 벽돌조 및 시멘트 블록조 단층 주택 및 사무실 80㎡ (내역:벽돌조 주택 40㎡, 시멘트 블록조 사무실 40㎡)

* 건물의 표시 중 건물의 구조가 복합건물인 경우에는 그 내역을 괄호안에 기재한다. 층별용도는 기재하지 아니한다.

② **등기의 목적란**

'소유권보존' 이라고 기재한다(등기원인 및 그 연월일은 기재할 것이 아니다).

③ **신청근거규정란**

㈎ 건축물대장에 의할 경우에는 '부동산등기법 제65조 제1호',

㈏ 판결에 의할 경우에는 '부동산등기법 제65조 제2호',

㈐ 수용에 의할 경우에는 '부동산등기법 제65조 제3호'

㈑ 특별자치도지사, 시장, 군수 또는 구청장의 확인에 의하는 경우에는 '부동산등기법 제65조 제4호'라고 기재한다.

④ **신청인란**

소유자의 성명, 주민등록번호, 주소를 기재한다. 그러나 신청인이 법인인 경우에는 상호(명칭), 본점(주사무소 소재지), 등기용등록번호를 기재하고, 대표기관(대표이사)의 성명과 주소를 기재한다. 법인 아닌 사단이나 재단인 경우에는 상호(명칭), 본점(주사무소 소재지), 등기용등록번호 및 대표자(관리인)의 성명, 주민등록번호, 주소를 각 기재한다.

⑤ **시가표준액란**

㈎ 시가표준액으로 부동산가격공시 및 감정평가에 관한 법률의 규정에 따라 공시된 가액(토지의 경우에는 공시지가, 주택의 경우에는 주택공시가격)을 기재한다. 다만, 개별공시지가 또는 개별주택가격이 공시되지 아니한 경우에는 시장 · 군수 또는 구청장이 같은 법에 따라 국토교통부장관이 제공한 토지가격비준표 또는 주택가격비준표를 사용하여 산정한 가액으로 하고, 공동주택가격이 공시되지 아니한 경우에는 대통령령으로 정하는 기준에 따라 시장 · 군수가 산정한 가액으로 한다(지방세법 제4조 제1항).

㈏ 건축물(새로 건축하여 건축 당시 개별주택가격 또는 공동주택가격이 공시되지 아니한 주택으로서 토지부분을 제외한 건축물을 포함한다) 및 그 밖의 과세대상에 대한 시가표준액은 거래가격, 신축가격 등을 고려하여 정한 기준가격에 종류, 구조, 용도, 경과연수 등 과세대상별 특성을 고려하여 대통령령으로 정하는 기준에 따라 지방자치단체의 장이 결정한 가액으로 한다(지방세법 제4조 제2항).

⑥ **국민주택채권매입금액란**

건물의 경우에는 보존등기시에 국민주택채권을 매입하지 아니한다. 건축물은 건축허가시에 국민주택채권을 매입하여야 하므로 건축허가를 신청할 때에 국민주택채권을 매입한 자가 사용검사를 마친 건축물에 대하여 소유권보존등기를 할 때에는 국민주택채권을 매입하지 아니한다(주택도시기금법시행령 제8조 제2항 별표, 부표 15호).

⑦ **취득세 · 농어촌특별세 · 지방교육세란**

(가) ㉠ 소유권보존등기를 신청하는 경우에는 지방세법 제11조 제1항 제3호의 규정(원시취득)에 따라 시가표준액(80,000,000원으로 가정)의 1,000분의 28에 해당하는 취득세를 납부한다(80,000,000 × 28/1,000 = 2,240,000원, 지방세법 제11조 제1항 제3호). ㉡ 취득물건에 대하여 지방세법 제10조의 과세표준에 제11조 제1항 제1호부터 제7호까지의 세율에서 1천분의 20을 뺀 세율을 적용하여 산출한 금액의 100분의 20의 지방교육세를 납부한다(80,000,000 × (28/1,000 - 20/1,000) × 20/100 = 128,000원, 지방세법 제151조 제1항), ㉢ 지방세법 제11조의 표준세율을 1,000분의 20로 적용하여 100분의 10에 해당하는 농어촌특별세를 납부한다(80,000,000 × 20/1,000 × 10/100 = 160,000원, 농어촌특별세법 제5조 제1항).

취득세	지방교육세	농어촌특별세
28/1,000	(28/1,000 - 20/1,000) x 20/100	20/1,000 x 10/100
지방세법 제11조 제1항 제3호	지방세법 제151조 제1항	농어촌특별세법 제5조 제1항

(나) 취득세나 농어촌특별세가 비과세·감경·면제되는 경우 등에 대하여서는 지방세법, 지방세특례제한법, 조세특례제한법, 지방자치단체감면 등을 참조한다.

(다) 건축물 최초 납세의무 성립시점인 원시취득 이전에 소유권보존등기를 하는 경우에는 취득과 무관한 등기를 하는 경우이기 때문에 취득세가 아니라 1,000분의 8에 해당하는 등록면허세를 납부하여야 한다. 이에는 건축물 준공 전 타인에 의하여 대위등기하는 경우 등이 해당된다.

⑧ **세액합계란**

취득세액, 농어촌특별세액, 지방교육세액의 합계를 기재한다.

⑨ **등기신청수수료란**

건물소유권보존등기를 신청하는 자는 등기신청수수료를 내야 하므로(법 제22조 제3항), 부동산 1개당 15,000원(전자표준양식에 의한 등기신청의 경우에는 13,000원, 전자신청의 경우에는 10,000원)에 해당하는 등기신청수수료를 납부하고 그 등기신청수수료금액 및 납부번호를 신청서에 기재한다(2024.11.29. 등기예규 제1789호).

⑩ **신청인 혹은 대리인의 표시란**

(가) 신청인의 성명 및 전화번호를 기재하고, 기명날인 또는 서명을 한다.

㈏ 대리인이 등기신청을 하는 경우에는 그 대리인의 성명, 주소 및 전화번호를 기재하고 기명날인한다.

⑪ **첨부서면란**

등기신청서에 첨부한 서면을 각 기재한다.

4. 등기소에 제공하여야 하는 첨부정보

⑫ **등기원인을 증명하는 서면**

소유권보존등기를 신청하는 경우에도 규칙 제46조 제1항 제1호의 '등기원인을 증명하는 정보'를 첨부정보로 제공하여야 한다. 법 제65조를 기준으로 살펴보면 다음과 같다. 본 사안의 경우는 ㈎에 해당한다.

㈎ 법 제65조 제1호의 경우

법 제65조 제1호에 의하여 소유권보존등기를 신청하는 경우에는 첨부정보로 토지대장 · 임야대장 · 건축물대장, 상속을 증명하는 서면(기본증명서, 상속재산분할협의서 등), 포괄승계를 증명하는 서면(법인등기사항증명서, 유언증서 등)을 제공한다.

㈏ 법 제65조 제2호의 경우

첨부정보로 판결정본 및 확정증명서를 제공한다.

㈐ 법 제65조 제3호의 경우

첨부정보로 재결수용의 경우에는 재결서 등본 및 보상금을 증명하는 서면, 협의성립확인에 의한 수용의 경우에는 토지수용위원회의 협의성립확인서 또는 협의성립의 공정증서와 그 수리증명서 및 보상금을 증명하는 서면을 제공한다.

㈑ 법 제65조 제4호의 경우

첨부정보로 특별자치도지사, 시장, 군수 또는 구청장의 확인서를 제공한다. 이 경우 구청장은 자치구의 구청장을 의미한다. 읍, 면장은 건축물대장의 작성권한이 없으므로 개정법에서는 이를 삭제하였다.

⑬ **취득세영수필확인서 또는 취득세납부확인서**

시장, 구청장, 군수 등으로부터 취득세납부서(OCR용지)를 발급받아 세금을 납부한 후 취득세영수필확인서를 신청서의 취득세액표시란의 좌측상단 여백에 첨부하거나, 또는 지방세인터넷납부시스템에서 출력한 취득세납부확인서를 첨부정보로서 등기소에 제공하여야 한다(지방세법 제20조; 지방세법시행령 제36조 제1항).

⑭ **등기신청수수료영수필확인서**

건물소유권보존등기를 신청하는 자는 등기신청수수료를 내야 하므로(법 제22조 제3항), 부동산 1개당 15,000원(전자표준양식에 의한 등기신청의 경우에는 13,000원, 전자신청의 경우에는 10,000원)에 해당하는 등기신청수수료를 납부하고 등기신청수수료영수필확인서를 첨부한다(등기예규 제1789호).

⑮ 부동산의 표시를 증명하는 서면 - 건축물대장 등본

토지의 경우에는 토지의 표시를 증명하는 토지대장 정보나 임야대장 정보를 등기소에 제공하여야 하고, 건물의 경우에는 건물의 표시를 증명하는 건축물대장 정보나 그 밖의 정보를 등기소에 제공하여야 한다(규칙 제121조 제2항).

⑯ 주소 및 주민등록번호를 증명하는 서면 - 주민등록표등본 · 초본

신청인의 주소를 증명하는 서면으로 주민등록표등본 · 초본을 첨부한다(규칙 제46조 제1항 제6호). 위 주민등록표등본 · 초본은 주민등록번호를 증명하는 서면으로서의 성격도 같이 가진다(규칙 제46조 제1항 제6호).

⑰ 도면(건물의 소재도)

1) 건물에 대하여 소유권보존등기를 신청하는 경우에 도면이나 소재도를 제출할 필요는 없는데, 그 대지 위에 여러 개의 건물이 있을 때에는 그 대지 위에 있는 건물의 소재도를 첨부정보로서 등기소에 제공하여야 한다. 다만, 건물의 표시를 증명하는 정보로서 건축물대장 정보를 등기소에 제공한 경우에는 그러하지 아니하다(규칙 제121조 제3항). 즉 대지위에 여러 개의 건물이 있는 경우라도 건축물대장 정보를 제공하여 소유권보존등기를 하는 경우에는 소재도를 제출할 필요는 없다.

2) 한편 건축물대장등본 등에 의하여 건물로서의 요건을 갖추었는지 여부를 등기관이 알 수 없어서 신청인으로 하여금 소명자료로서 당해 건축물에 대한 사진이나 도면의 제출을 요구하는 경우에는 보존등기신청인은 도면을 제출하여야 한다(2004. 10. 1. 등기예규 제1086호).

⑱ 위임장

등기신청을 법무사 등 대리인에게 위임하는 경우이므로 대리권한을 증명하는 정보로 위임장을 첨부정보로서 등기소에 제공하여야 한다(규칙 제46조 제1항 제5호). 위 위임장에는 위임인이 기명날인 또는 서명하여야 한다.

⑲-1 기타 ― 신청인이 법인인 경우

신청인이 법인인 경우에는 대표자의 자격을 증명하는 서면으로 법인등기사항전부증명서 또는 법인등기사항일부증명서를 첨부하여야 한다(규칙 제46조 제1항 제4호). 이 경우의 위 법인등기사항증명서는 소유자의 주소를 증명하는 서면, 부동산등기용등록번호를 증명하는 서면이기도 하다(규칙 제46조 제1항 제6호). 다만 법인등기가 되어 있는 등기소와 부동산소재지 관할등기소가 동일한 경우에는 위 법인등기사항증명서를 제출할 필요가 없다(규칙 제46조 제5항).

⑲-2 **기타 — 신청인이 법인 아닌 사단(재단)인 경우**

법인 아닌 사단 또는 재단이 등기를 신청하는 경우에는 ㉠ 정관이나 그 밖의 규약, ㉡ 대표자나 관리인임을 증명하는 정보, ㉢ 법인 아닌 사단 또는 재단의 주소 및 부동산등기용등록번호를 증명하는 정보(새로이 등기명의인이 되는 경우에 한한다), ㉣ 대표자나 관리인의 주소 및 주민등록번호를 증명하는 정보를 첨부정보로 제공한다(규칙 제48조).

⑲-3 **기타 — 첨부할 필요가 없는 서면**

소유권보존등기신청의 경우에는 등기의무자의 권리에 관한 등기필정보나 등기원인에 대한 제3자의 허가, 동의 또는 승낙을 증명하는 정보를 신청정보나 첨부정보로 등기소에 제공할 필요가 없다. 개정 전 등기법 제132조 제2항 단서에는 명문의 규정이 있었으나 소유권보존등기는 성질상 위와 같은 신청정보나 첨부정보가 당연히 필요 없으므로 금번에 등기법 개정절차에서 삭제되었다.

다만 종전에는 소유권보존등기의 경우에 '등기원인을 증명하는 서면'을 제출할 필요가 없다고 하였으나(구법 제132조 제2항 단서), 개정법 하에서는 '등기원인을 증명하는 정보'의 제공이 면제되지 아니한다(규칙 제46조 제1항 제1호). 소유권보존등기라고 하여 특별히 '등기원인을 증명하는 정보'의 제공이 필요없다고 볼 합리적인 이유는 없기 때문이다.

5. 등기신청서류 편철순서

신청서, 취득세영수필확인서, 등기신청수수료영수필확인서, 위임장, 주민등록표등본·초본, 건축물대장등본 등의 순으로 편철하는 것이 실무상의 예이다.

6. 등기기록례

[표 제 부]		(건물의 표시)		(No.67)
표시번호	접 수	소재지번 및 건물번호	건물내역	등기원인 및 기타 사항
1	2024년 8월 1일	서울특별시 서초구 서초동 729 [도로명주소] 서울특별시 서초구 서초대로200길 60	철근콘크리트조 슬래브지붕 2층주택 1층 120㎡ 2층 120㎡	

[갑 구]		(소유권에 관한 사항)		(No.199)
순위번호	등기목적	접 수	등기원인	권리자 및 기타 사항
1	소유권보존	2024년 8월 1일 제3005호		소유자 이대백 630320-1617312 서울특별시 강동구 명일로172길 160, 101동 1501호(길동, 성삼아파트)

7. 각종의 등기신청—기재례

(i) 공유물에 대하여 보존등기를 신청하는 경우에는 신청인의 표시에 아래와 같이 공유자의 지분을 기재한다.

구 분	성 명 (상호 명칭)	주민등록번호 (등기용등록번호)	주 소(소재지)	지분 (개인별)
신청인	이 대 백 이 대 영	730321-1617312 770423-1617411	서울특별시 서초구 서초대로100길 60(서초동) 서울특별시 관악구 관악대로200길 360(서초동)	2분의1 2분의1

(ii) 상속인 전원이 법정지분별로 상속인 전원 명의로 보존등기를 함께 신청하는 경우에는 아래의 기재례에 의한다.

구 분	성 명 (상호 명칭)	주민등록번호 (등기용등록번호)	주소 (소재지)	지분 (개인별)
피상속인	망이도경	410219-1017282	서울특별시 서초구 서초대로100길 20(서초동)	
신청인	김 복 순 이 대 백 이 대 영	450203-2018722 730321-1617312 770423-1617411	서울특별시 서초구 서초대로100길 20(서초동) 서울특별시 관악구 관악대로200길 30(봉천동) 서울특별시 동작구 동작대로300길 99(본동)	7분의 3 7분의 2 7분의 2

〔피상속인 및 신청인의 표시를 별지로 처리하는 경우의 별지기재례〕

신청인의 표시	
피상속인	망 이 도 경 410219-1017282 서울특별시 서초구 서초대로100길 20(서초동)
신청인 7분의 3	김 복 순 450203-2018722 서울특별시 서초구 서초대로100길 20(서초동)
7분의 2	이 대 백 730321-1617312 서울특별시 관악구 관악대로200길 30(봉천동)
7분의 2	이 대 영 770423-1617411 서울특별시 동작구 동작대로300길 99(본동)

(iii) 한편 상속인이 상속재산의 협의분할을 하고 그 중 상속을 받기로 결정된 1인이 그 상속등기를 신청하는 경우에는, 등기의 목적란 밑의 여백에 상속인의 표시를 하지 아니 한다(상속재산의 협의분할은 그 효과가 소급하는 것이므로 상속을 받지 아니하기로 한 자는 원래 상속인이 아닌 것이 되기 때문이다)(同旨 : 신언숙 법무사, 전계원 법무사. 다만 이근부 법무사는 이 경우에도 상속인의 표시를 할 수 있다고 한다). 신청인란에는 상속재산의 협의분할에 의하여 그 재산을 상속받는 상속인의 표시를 한다.

구 분	성 명 (상호·명칭)	주민등록번호 (등기용등록번호)	주 소(소재지)	지분 (개인별)
신 청 인	이 대 백	730321-1617312	서울특별시 서초구 서초대로 100길 60(서초동)	

참 고

상속재산분할협의서

2024년 4월 4일 서울특별시 서초구 서초대로100(서초동) 망 이도령의 사망으로 인하여 개시된 상속에 있어 공동상속인 김복순, 이대백, 이대영은 다음과 같이 상속재산을 분할하기로 협의한다.

1. 상속재산 중 서울특별시 서초구 서초대로 100 철근콘크리트조 슬래브지붕 2층 주택(1층 120㎡, 2층 120㎡)은 이대백의 소유로 한다.

2. 상속재산 중 신한은행 서초동지점에 예금된 금40,000,000원은 이대영의 소유로 한다(2항과 같은 취지의 협의가 없는 경우에는 기재하지 않아도 무방함).

위 협의를 증명하기 위하여 이 협의서 3통을 작성하고 아래와 같이 기명 날인하여 그 1통씩을 각자 보유한다.

2024년 7월 30일

김 복 순 서울특별시 서초구 서초대로100길 60(서초동) ㊞
이 대 백 서울특별시 관악구 관악대로200길 30(봉천동) ㊞
이 대 영 서울특별시 동작구 동작대로300길 99, 303동 401호
(본동, 현대아파트) ㊞

(ⅳ) 상속인 중 1인은 공유물보존행위에 준하여 전원을 위한 상속등기를 신청할 수 있으며 이는 법무사에게 등기를 위임하는 경우에도 마찬가지이므로 상속인 중 적법하게 상속인 전원을 위한 상속등기를 법무사 등에게 위임할 수 있다. 이 경우 등기신청서에는 상속인 전원을 표시하여야 한다(1996. 10. 7. 등기선례 5-276).

사례연습

〔법무사 제9회 기출문제〕

건물소유권보존등기신청

|설 문|

(ⅰ) 절친한 친구 사이인 김갑부와 이화목은 이화목 소유의 토지 지상에 공동으로 5억원의 비용을 들여 건물을 신축하였는데, 그 건물의 신축비용은 김갑부가 금 3억5천만원을 부담하고 이화목이 금 1억 5천만원을 부담하였는바, 김갑부는 위 건물에 대한 소유권보존등기신청을 하기 전인 2025. 8. 25. 지병인 폐암으로 사망하였다.

(ⅱ) 김갑부에게는 유족으로 처(박순애)와 미성년자인 1남(김일남) 및 1녀(김일녀)가 있는데, 위 이화목과 박순애는 위 건물에 대한 소유권보존등기를 신청하고자 법무사 이성실에게 그 신청을 위임하였다.

(ⅲ) 현재 위 건물에 대한 건축물대장의 소유자란에는 지분의 표시가 없이 김갑부와 이화목이 공동으로 소유자란에 기재되어 있으나, 박순애와 이화목은 당초 김갑부와 이화목이 위 건물 신축시에 각기 부담한 금액의 비율에 따라 공유지분(김갑부지분은 상속인들의 법정상속분에 따라 상속된 것으로)의 표시를 하여 위 건물에 대한 소유권보존등기를 신청하여 줄 것을 희망하고 있다.

(ⅳ) 위 경우에 있어서 등기가 가능한 한도 내에서 위임인의 희망에 가장 근접하도록 다음 사항을 참조하여 법무사 이성실이 작성하여야 할 위 건물의 소유권보존등기신청서와 그 위임장을 작성하시오.

참고자료

1. 건물의 표시: 서울특별시 서초구 서초동 100번지
   [도로명주소] 서울특별시 서초구 서초대로 276
   철근콘크리트조 슬래브지붕 4층 근린생활시설
   1층 200㎡, 2층 200㎡, 3층 200㎡, 4층 200㎡, 지하층 200㎡
2. 건물의 ㎡당 시가표준액: 500,000원
3. 건물의 준공연월일: 2025. 7. 30.
4. 법무사 이성실 사무소: 서울특별시 서초구 서초대로 534 번지(서초동)
   (☏ 02 - 555 - 2222)
5. 인적 사항
   이화목(520711 - 1371910) : 서울특별시 중구 다산로 22(신당동)

김갑부(520303 - 1089711)의 최후주소:
서울특별시 강남구 역삼대로 9(역삼동)
박순애(551112 - 2482011): 서울특별시 강남구 역삼대로 9(역삼동)
김일남(961214 - 1571911): 서울특별시 강남구 역삼대로 9(역삼동)
김일녀(050824 - 3571912): 서울특별시 강남구 역삼대로 9(역삼동)
(위 박순애, 김일남, 김일녀는 주민등록상 동일세대임)

6. 소유권보존등기시 취득세는 과세표준액(시가표준액)의 28/1000이고 지방교육세는 취득세율에서 20/1000을 공제한 금액의 20/100이며, 농어촌특별세는 취득세율에서 8/1000을 공제한 금액의 10/100이다. 등기신청수수료는 매 부동산마다 금 15,000원임.
7. 날인이 필요한 곳에는 ○인 이라 표기함.
8. 첨부서면이 필요한 것은 덧붙인 양식 중 첨부서면란의 그 명칭에 통수를 기재하고 불필요한 서면은 선을 그어 삭제함. 또한 그 양식에 기재된 첨부서면 외에 더 필요한 서면이 있으면 기타란에 그 명칭과 통수를 기재하고 ( ) 안에 첨부이유를 간단히 기술함.
9. 관할등기소는 서울중앙지방법원 등기국이고, 등기신청서 및 위임장 작성일은 2025. 9. 21. 임.
10. 지분표시에 있어서 분모는 분자의 최소공배수를 사용함.

【모범답안】

건물소유권보존등기신청

접 수	년 월 일	처리인	등기관 확인	각종통지
	제 호			

부동산의 표시				
서울특별시 서초구 서초동 100 [도로명주소] 서울특별시 서초구 서초대로 276 철근콘크리트조 슬래브지붕 4층 근린생활시설 1층 200㎡ 2층 200㎡ 3층 200㎡ 4층 200㎡ 지하층 200㎡ -이 상-				
등기원인과 그 연월일				
등 기 의 목 적	소유권보존			
신 청 근 거 규 정	부동산등기법 제65조 제1호			
구 분	성 명 (상호·명칭)	주민등록번호 (등기용등록번호)	주 소(소재지)	지분 (개인별)
신청인	이 학 목	520711-1371910	서울특별시 중구 다산로 22 (신당동)	3/10[2]
	박 순 애	551112-2482011	서울특별시 강남구 역삼대로 9 (역삼동)	3/10
	김 일 녀	050824-3571912	서울특별시 강남구 역삼대로 9 (역삼동)	2/10
	김 일 남	961214-1571911	서울특별시 강남구 역삼대로 9 (역삼동)	2/10
	(위 김일녀는 미성년자이므로 법정대리인[1] 친권자 박순애)		(서울특별시 강남구 역삼대로 9 (역삼동))	

<table>
<tr><td colspan="4">시가표준액 및 국민주택채권매입금액</td></tr>
<tr><td>부동산 표시</td><td>부동산별 시가표준액</td><td colspan="2">부동산별 국민주택채권매입총액</td></tr>
<tr><td>1. 건 물</td><td>금 500,000,000원[3)]</td><td colspan="2"></td></tr>
<tr><td colspan="2">국 민 주 택 채 권 매 입 총 액</td><td colspan="2"></td></tr>
<tr><td colspan="2">국 민 주 택 채 권 발 행 번 호</td><td colspan="2"></td></tr>
<tr><td rowspan="2">취 득 세</td><td rowspan="2">금 14,000,000원</td><td>지방교육세</td><td>금 800,000원</td></tr>
<tr><td>농어촌특별세</td><td>금 1,000,000원</td></tr>
<tr><td>세 액 합 계</td><td colspan="3">금 15,800,000 원</td></tr>
<tr><td rowspan="2">등 기 신 청 수 수 료</td><td colspan="3">금 15,000 원</td></tr>
<tr><td colspan="3">납부번호 :</td></tr>
<tr><td colspan="4">첨 부 서 면 (간인)</td></tr>
<tr><td colspan="2">1. 건축물대장등본 1통
1. 기본증명서(상세) 1통
1. 가족관계증명서(상세) 1통
1. 친양자입양관계증명서(상세) 1통
1. 제적등본 1통
1. 주민등록표등본·초본[4)] 2통
1. 주민등록표초본(말소자) 1통</td><td colspan="2">1. 취득세영수필확인서 1통
1. 등기신청수수료영수필확인서 1통
1. 공유지분확인서[5)] 1통
1. 인감증명 또는 본인서명사실확인서[6)]
또는 전자본인서명확인서발급증 1통
1. 위임장
<기 타>[7)]</td></tr>
<tr><td colspan="4">2025년 9월 21일
신청인
위 대리인 법무사 이 성 실 (직인) (전화: 02-555-2222)
서울특별시 서초구 서초대로 534 (서초동)

서울중앙지방법원 등기국 귀중</td></tr>
</table>

신청서 작성요령

* 1. 부동산표시란에 2개 이상의 부동산을 기재하는 경우에는 부동산의 일련번호를 기재하여야 합니다.
2. 신청인란 등 해당란에 기재할 여백이 없을 경우에는 별지를 이용합니다.

<table>
<tr><td colspan="3" align="center">위 임 장</td></tr>
<tr><td>부
동
산
의
표
시</td><td colspan="2">서울특별시 서초구 서초동 100
[도로명주소] 서울특별시 서초구 서초대로 276
철근콘크리트조 슬래브지붕 4층 근린생활시설
1층 200㎡ 2층 200㎡
3층 200㎡ 4층 200㎡
지하층 200㎡
-이 상-</td></tr>
<tr><td colspan="2">등기원인과 그 연월일</td><td></td></tr>
<tr><td colspan="2">등 기 의 목 적</td><td>소유권보존</td></tr>
<tr><td colspan="2">신 청 근 거 규 정</td><td>부동산등기법 제65조 제1호</td></tr>
<tr><td colspan="3">(대리인)
법무사 이 성 실 (전화번호 : 02-555-2222)
서울특별시 서초구 서초대로 534(서초동)

위 사람을 대리인으로 정하고 위 부동산에 대한 등기신청 및 취하에 관한 모든 행위를 위임한다. 또한 복대리인 선임을 허락한다.

2025년 9월 21일
(위임인)
이하목 (3/10) 서울특별시 중구 다산로 22(신당동) ㊞
박순애 (3/10) 서울특별시 강남구 역삼대로 9(역삼동) ㊞
김일녀 (2/10) 서울특별시 강남구 역삼대로 9(역삼동)
김일남 (2/10) 서울특별시 강남구 역삼대로 9(역삼동)

(위 김일녀는 미성년자이므로 법정대리인 친권자
박순애 서울특별시 강남구 역삼대로 9(역삼동))</td></tr>
</table>

〈註〉

1) 미성년자 표시에 법정대리인인 친권자 母의 인적 사항을 기재할 필요가 없다고 본다. 이 등기신청이 민법 제5조 단서 규정의 소위 '권리만을 얻거나 의무만을 면하는 행위'에 해당하면 법정대리인의 동의서를 첨부할 필요가 없으며, 또한 민법 제921조상의 '친권자와 미성년자 사이의, 혹은 수인의 미성년자 사이의 이해상반행위'가 아니므로 특별대리인선임을 할 필요가 없다. 문제에서 특별한 언급이 없으므로 본 보존등기신청에 법정대리인의 동의서를 첨부할 필요가 없으며, 법정대리인이 본 보존등기신청을 할 필요도 없다. 본 보존등기신청은 본질적으로 위 주 1)에서 언급한 바와 같이 공유물보존행위이기 때문이다.

2) 망 김갑부의 지분(10분의 7)은 법정지분에 의하여 7분의 3, 7분의 2, 7분의 2씩 상속되기 때문이다. 이 지분을 10분의 3, 10분의 2, 10분의 2로 각 기재할 것인지, 아니면 70분의 21, 70분의 14, 70분의 14로 각 기재할 것인가가 문제되나, '분모는 분자의 최소공배수를 사용하라'라는 문제의 취지(정확한 표현은 아니라고 생각함)에 따라 이를 각 10분의 3, 10분의 2, 10분의 2로 기재한다.

3) 보존등기시의 취득세율은 1,000분의 28이고, 본 건 부동산의 과세시가표준액은 5억원이다(500,000 x 1,000㎡ = 500,000,000원)

4) 주소를 증명하는 서면으로 소유권보존등기가 경료되는 이화목과 박순애(김일남, 김일녀 포함)의 주민등록표등본을 각 1통 제출하고, 피상속인 김갑부의 주민등록표초본도 실무상 1통 제출한다.

5)6) 건축물대장상 지분기재가 없는 경우에는 공유자별로 균등하게 소유권보존등기를 하여야 할 것이나, 특별한 약정이 있는 경우에는 특별한 약정에 의한 보존등기는 물론 가능할 것이다(아래 등기선례 참조). 본 사안의 경우에 이화목과 박순애가 각 10분의 3, 10분의 7의 비율로 보존등기를 할 것으로 약정을 하였으므로, 그러한 약정서(공유지분증명서)를 첨부하고, 공유지분이 건축물대장상으로 추정되는 지분보다 축소되는 자인 이화목의 인감증명을 첨부하면 보존등기에는 문제가 없다.

7) 다음 페이지 상속등기에 관한 업무처리지침(2025. 1. 24. 등기예규 제1835호) 및 상속·유증사건의 신청 및 처리에 관한 업무처리지침(2024. 12. 2. 등기예규 제1795호) 참조

참 고

다음 등기선례를 참조할 것.

1. 등기권리자가 2인 이상인 때에는 등기신청서에 그 지분을 기재하여야 하므로, 건축물대장상 소유명의인이 갑과 을로 등재되어 있으나 그 공유지분의 표시가 없는 건물에 대하여는 신청서에 갑과 을의 공유지분이 각 1/2인 것으로 기재하여 소유권보존등기를 신청하여야 할 것이다. 그러나, 만약 갑과 을의 실제 공유지분이 균등하지 않다면, 갑과 을이 공동으로 작성한 공유지분을 증명하는 서면과 실제의 지분이 균등하게 산정한 지분보다 적은 자의 인감증명을 첨부하여 실제의 지분에 따른 소유권보존등기를 신청할 수 있다(1998. 2. 4. 등기선례 5-260).

2. 부동산 등기의 취득세는 재산권 기타 권리의 취득 · 이전 · 변경 또는 소멸에 관한 사항을 등기부에 등기하는 경우에 그 등기를 받는 자에게 부과하는 것이므로, 건축물대장에 피상속인이 최초의 소유자로 등록되어 있는 미등기 건물을 상속인 전원 또는 협의분할에 의한 상속인 1인(또는 수인) 명의로 직접 소유권보존등기를 할 경우에는 보존등기에 따른 취득세만 납부하면 될 것이지, 위 보존등기가 실질적으로 피상속인의 소유권을 이전 받는 것이라 하여 보존등기에 따른 취득세 이외에 상속으로 인한 이전등기의 취득세 및 국민주택채권을 매입하여야 하는 것은 아니다(2002. 3. 6. 등기선례 7 - 521)

최신예규

1. 상속등기에 관한 업무처리지침

(2025. 1. 24. 등기예규 제1835호, 2025. 1. 31. 시행)

제1장 총 칙

제1조 (목적)

이 예규는 상속을 원인으로 한 등기신청이 접수된 경우 그 신청서 및 첨부서면의 심사 등 등기관의 사무처리에 필요한 사항을 규정함을 목적으로 한다.

제2조 (적용범위 및 적용대상)

이 예규는 부동산등기법(이하 "법"이라 한다) 제65조제1호 의 상속인이 소유권보존등기를 신청하는 경우, 상속을 원인으로 한 권리이전등기 및 법 제27조 에 따른 상속인에 의한 등기신청 등에 대해 적용한다.

제3조 (등기관의 심사)

등기관은 등기기록, 신청서 및 첨부서면과 별지 등을 참고하여 다음 각 호의 상속관계 등을 조사하고 그 일치 여부 등을 심사하여야 한다.

1. 피상속인과 등기기록의 권리자 일치 여부
2. 피상속인의 사망여부 및 사망일자(적용법 확인)
3. 상속인의 범위
4. 상속방법(협의분할 또는 법정상속) 등

제2장 소유권보존등기

제4조 (신청인)

① 상속의 목적 부동산이 미등기인 경우로서 토지대장, 임야대장 또는 건축물대장에 최초의 소유자로 등록된 자가 사망하여 상속이 개시된 경우에는 그 상속인이 등기명의인으로서 해당 미등기부동산에 대한 소유권보존등기를 신청할 수 있다.
② 여러 명의 상속인(이하 "공동상속인"이라 한다)이 있는 경우 공동상속인 전원이 소유권보존등기를 신청하거나 상속인 중 1인 또는 수인이 전원을 위하여 소유권보존등기를 신청할 수 있다.

제5조 (신청서 기재사항)

① 법 제65조에 따라 등기명의인이 될 상속인이 소유권보존등기를 신청하는 경우에는 부동산등기규칙(이하 "규칙"이라 한다) 제43조에 규정된 사항을 신청서에 기재하여야 한다. 다만, 등기원인과 그 연월일은 기재하지 아니한다.
② 제1항의 신청서 등기목적란에는 "소유권 보존"으로, 신청 근거 규정란에는 "부동

산등기법 제65조 제1호 "라고 기재한다. 상속인이 여러 명인 경우에는 신청인란에 공동상속인 전원을 기재하여야 한다.

③ 상속인이 여러 명인 경우에는 신청인란에 공동상속인 전원을 기재하고 각 상속인별로 상속지분을 반드시 기재하여야 하며, 상속분이 같을 때에도 또한 같다.

제6조 (첨부서면)

상속인은 규칙 제46조 에 따른 일반적인 첨부서면 외에 토지대장, 임야대장 또는 건축물대장에 최초의 소유자로 등록된 자의 상속인임을 증명하는 서면을 제3장 소유권이전등기에 관한 규정에서 정하는 바에 따라 첨부서면으로 제출하여야 한다.

제3장 소유권이전등기

제7조 (신청인 등)

① 상속으로 인한 소유권이전등기는 상속인이 단독으로 신청할 수 있다.

② 상속인이 여러 명인 경우에는 공동상속인 중 일부가 상속등기에 협력하지 않는다 하여 일부 상속등기를 신청할 수 없고, 상속인 전원이 신청하거나 상속인 중 1인이 상속인 모두를 위해 신청할 수 있다.

③ 상속재산의 분할 또는 다른 상속인의 상속포기로 인하여 상속인 중 일부만이 신청 부동산의 소유자인 경우에는 그 소유권을 취득한 상속인만이 제1항 또는 제2항에 따라 상속으로 인한 소유권이전등기를 신청할 수 있다.

④ 피상속인의 배우자와 자녀 중 자녀 전부가 상속을 포기한 경우 「민법」 제1043호에 따라 상속을 포기한 자녀의 상속분은 남아 있는 '다른 상속인' 인 배우자에게 귀속되므로 배우자가 단독상속인이 되고, 배우자는 상속으로 인한 소유권이전등기를 단독으로 신청할 수 있다.

⑤ 상속인이 한정승인 또는 포기를 할 수 있는 기간 내라도 상속인의 채권자는 대위에 의한 상속등기를 신청할 수 있다.

⑥ 피상속인 명의의 소유권이전등기가 그의 사망 후에 마쳐진 것으로 기록된 경우라도 상속인은 그 등기에 기초 한 상속등기를 신청할 수 있고, 등기관은 다른 각하사유가 없는 한 위 신청에 따른 등기를 수리하여야 한다.

제8조 (신청서 기재사항)

① 신청서에 등기원인 및 그 연월일은 다음 각 호와 같이 기재한다.

1. 법정상속분에 따른 상속 : 등기원인은 '상속'으로, 그 연월일은 피상속인이 사망한 날로 한다. 다만, 1959. 12. 31. 이전에 상속이 개시된 경우에는 등기원인을 '호주상속 또는 유산상속'으로, 1960. 1. 1.부터 1990. 12. 31.까지의 기간 중에 상속이 개시된 경우에는 등기원인을 '재산상속'으로 한다.
2. 협의분할에 의한 상속 : 등기원인은 '협의분할에 의한 상속'으로, 그 연월일은 피상속인이 사망한 날로 한다.

3. 조정분할 또는 심판분할에 의한 상속 : 등기원인은 각각 '조정분할에 의한 상속' 또는 '심판분할에 의한 상속'으로, 그 연월일을 피상속인이 사망한 날로 한다.

② 대습상속이 있는 경우 등기원인은 제1항 각 호에 따르고, 등기연월일도 피상속인이 사망한 날로 한다.

③ 여러 명의 상속인이 있는 경우에는 공동상속인 전원을 등기권리자로 기재하고 각 상속인별로 상속지분을 반드시 기재하여야 하며, 상속분이 같을 때에도 또한 같다.

④ 법 제7조의3에 따른 뜻의 기재는 「상속 · 유증 사건의 신청 및 처리에 관한 업무처리지침」에 의하고, 기타 신청서에 관한 일반적인 기재사항은 규칙 제43조 , 제44조 , 제45조 제3항 및 제5항 등에 의한다.

제9조 (첨부서면 일반)

상속으로 인한 소유권이전등기를 신청하는 경우에는 규칙 제46조 에 따른 일반적인 첨부서면 외에 다음 각 호의 서면을 등기소에 제출하여야 한다.

1. 상속을 증명하는 서면: 「가족관계의 등록 등에 관한 법률」에 의한 등록사항별증명서, 구 호적법상 제적등본, 협의분할계약서 등
2. 피상속인의 주소를 증명하는 서면: 등기명의인과 피상속인의 동일성을 확인하기 위해 이 예규에서 정하는 경우
3. 상속인의 주소 및 주민등록번호를 증명하는 서면

제10조 (1순위 상속인과 상속을 증명하는 서면)

① 피상속인이 2008. 1. 1. 이후에 사망신고가 된 경우로서, 피상속인에게 배우자와 자녀가 있는 경우에는 다음 각 호의 서면을 제9조제1호의 상속을 증명하는 서면으로 제출하여야 한다.

1. 피상속인의 기본증명서(상세) 및 가족관계증명서(상세)
2. 피상속인의 친양자입양관계증명서(상세)
3. 피상속인의 구 호적법상 제적등본(전적전 제적등본 포함)

② 등기관은 다음 예시와 같이 제1항의 첨부서면을 통해 제3조에 따른 상속관계를 조사할 수 있다.

<예 시> 피상속인 甲의 사망을 원인으로 배우자 乙, 자녀 A, B를 상속인으로 하는 소유권이전등기 신청이 있는 경우

1) 갑의 기본증명서(상세)를 통해 갑과 등기명의인의 동일성, 사망사실과 사망일시를 확인한다.
2) 갑의 가족관계증명서(상세)를 통해 배우자 을과 자녀 A, B가 상속인이 맞는지 확인한다.
3) 갑의 친양자입양관계증명서(상세)를 통해 갑이 사망한 후에 타인에게 친양자 입양된 자녀의 존부와 갑 사망 당시 갑에게 친양자입양된 자녀의 존부

를 확인한다.

4) 제적등본을 통해 2008년 1월 1일 이전 갑의 자녀 중 사망, 국적상실, 실종선고, 부재선고를 원인으로 제적된 자가 있는지 확인한다.

5) 제적등본을 통해 2008년 1월 1일 이전 혼인, 분가, 입양 등의 사유로 가족관계증명서에 누락된 직계비속이 있는지 확인한다.

6) 갑의 가족관계증명서(상세) 및 제적등본을 통해 갑 사망전에 사망한 자녀의 존부를 확인하여 대습상속이 발생하였는지 조사한다.

③ 피상속인의 가족관계증명서(상세)를 통해 상속인을 확인할 수 있기 때문에 원칙적으로 상속인의 기본증명서를 첨부할 필요는 없다. 다만, 등기관은 상속인의 주민등록표 등·초 등 제출된 첨부서면만으로 동일인임을 확인하가 어려운 경우 상속인의 기본증명서(상세)의 제출을 요구할 수 있다.

제11조 (2순위 이하 상속인과 상속을 증명하는 서면)

① 피상속인이 2008. 1. 1. 이후에 사망신고가 된 경우로서, 피상속인에게 1순위 상속인이 없어 2순위 이하 상속인이 있는 경우에는 다음 각 호의 서면을 제9조제1호의 상속을 증명하는 서면으로 제출하여야 한다.

1. 피상속인의 기본증명서(상세) 및 가족관계증명서(상세)
2. 피상속인의 친양자입양관계증명서(상세) 및 입양관계증명서(상세)
3. 피상속인의 구 호적법상 제적등본(전적전 제적등본 포함)

② 등기관은 다음 예시와 같이 제1항의 첨부서면을 통해 제3조에 따른 상속관계를 조사할 수 있다.

〈예 시〉 피상속인 甲의 사망을 원인으로 배우자 乙, 직계존속 A, B를 상속인으로 하는 소유권이전등기 신청이 있는 경우

1) 갑의 기본증명서(상세)를 통해 갑과 등기명의인의 동일성, 사망사실과 사망일시를 확인한다.

2) 갑의 가족관계증명서(상세)를 통해 1순위 상속인으로 자녀의 존부를 확인하고, 배우자 을과 직계존속 A, B가 상속인이 맞는지 확인한다.

3) 갑의 친양자입양관계증명서(상세)를 통해 갑이 사망한 후에 타인에게 친양자 입양된 자녀의 존부와 갑 사망 당시 갑에게 친양자입양된 자녀의 존부를 확인한다.

4) 갑의 입양관계증명서(상세)를 통해 갑의 친생부모 존부를 확인한다.

5) 제적등본을 통해 2008년 1월 1일 이전 갑의 자녀 중 사망, 국적상실, 실종선고, 부재선고를 원인으로 제적된 자가 있는지 확인한다.

6) 제적등본을 통해 2008년 1월 1일 이전 혼인, 분가, 입양 등의 사유로 가족관계증명서에 누락된 직계비속이 있는지 확인한다.

제12조 (가족관계증명제도 시행 전의 사망과 상속을 증명하는 서면)

피상속인이 2007. 12. 31. 이전에 사망신고가 된 경우에는 다음 각 호의 서면을 제9조 제1호의 상속을 증명하는 서면으로 제출하여야 한다.

1. 피상속인의 제적등본 및 피상속인의 제적에 관한 기재사실에 의하여 확인된 각 상속인의 기본증명서(상세) 등. 다만, 취적허가에 의하여 새 호적이 편제된 경우에는 취적 전의 제적등·초본은 제출할 필요가 없다.
2. 구관습법상(1960. 1. 1.이전 사망) 호주상속에 따른 등기를 신청하는 경우에는 제1호에도 불구하고 호주상속 개시사실과 호주상속인이 기재된 제적등·초본 및 호주상속인의 기본증명서(상세) 등

제13조 (제적등본과 상속을 증명하는 서면)

① 제10조부터 제12조까지의 제적등본은 신분변동사항이 연결되도록 다음 각 호의 경우 해당 서면을 함께 첨부하여야 한다.

1. 전적을 한 경우 전적 전의 제적등본
2. 분가·호주승계(상속), 일가창립을 한 경우 전(前)호주의 제적등본
3. 피상속인이 여자이고 혼인한 경우에는 친가와 혼가의 제적등본
4. 등기관이 등기신청에 대한 상속관계를 파악하기 위하여 보정을 명한 경우 해당 서류

② 제적부의 소실 등으로 그 등본을 발급받을 수 없는 경우에는 가족관계등록사항별증명서 및 존재하는 다른 제적부의 등본 등과 제적부의 소실 등으로 그 등본을 발급받을 수 없고 신청서 및 첨부서면에 따른 상속인 이외에 다른 상속인이 존재하지 아니한다는 취지의 공동상속인 연서의 진술서를 첨부서면으로 제출할 수 있다. 단, 위 서류들에 다른 상속인이 있는 것으로 보이는 특별한 사유가 없어야 한다.

③ 상속으로 인한 소유권이전등기를 신청함에 있어 상속을 증명하는 서면으로서 신청서에 첨부한 제적등본이 멸실 우려로 인해 재작성된 경우, 재작성 이전의 제적등본을 별도로 첨부할 필요는 없다.

제14조 (피상속인의 주소증명서면)

① 등기기록상 등기명의인이 피상속인임을 증명하기 위하여 요구되는 경우에는 예외적으로 피상속인의 주소를 증명하는 서면으로 주민등록표 등·초본(말소자 등·초본)을 제출하여야 한다.

② 제12조에 따라 가족관계증명제도 시행 전의 사망으로 피상속인의 사망사실이 기재된 제적등본이 첨부된 경우 등기기록상 등기명의인인 피상속인의 주소가 그 제적부상의 기재와 다른 경우에도 제1항과 같다.

제15조 (상속인의 주소 및 주민등록번호 증명서면)

① 등기권리자가 될 상속인은 다음 각 호에 따라 주소 및 주민등록번호(또는 부동

산등기용등록번호) 증명서면을 제출하여야 한다.

1. 내국인: 주민등록표 등 · 초본
2. 재외국민: 「재외국민 및 외국인의 부동산등기신청절차에 관한 예규」 제10조 및 제11조의 규정에 따른 서면
3. 외국인: 「재외국민 및 외국인의 부동산등기신청절차에 관한 예규」 제13조 및 제14조 의 규정에 따른 서면

② 등기권리자가 될 자가 아닌 상속인의 경우에는 원칙적으로 주소 및 주민등록번호(또는 부동산등기용등록번호) 증명서면을 제출할 필요가 없다. 다만, 다음 각 호의 경우에는 주소 및 주민등록번호(또는 부동산등기용등록번호) 증명서면을 제출하여야 한다.

1. 상속을 증명하는 서면과 상속재산분할협의서 또는 인감증명서상 상속인의 표시만으로 상속인의 동일성을 알 수 없는 경우
2. 상속재산분할협의서에 기재한 상속인의 주소와 인감증명서의 주소가 부합하지 않는 경우

제16조 (상속인의 주소 및 주민등록번호 증명서면을 제출할 수 없는 경우)

① 공동상속인 중 일부가 행방불명되어 그 주민등록이 말소된 경우에는 말소된 주민등록표 등 · 초본을 첨부하여 그 최후 주소를 주소지로 하여 상속등기를 신청할 수 있다.

② 공동상속인 중 일부가 주민등록을 한 사실이 없거나 제적부 등 · 초본이나 기본증명서에 주민등록번호가 기재되어 있지 않는 등 사유로 주민등록표 등 · 초본을 발급받을 수 없는 경우에는 제적부 등 · 초본상의 본적지 또는 기본증명서상의 등록기준지를 그 주소지로 하고, 그 제적등 · 초본(또는 기본증명서)을 주소를 증명하는 서면으로 하여 상속등기를 신청할 수 있다.

③ 상속인이 미수복지구에 호적을 가진 자와 혼인한 사유로 제적된 사실만 나타날 뿐 혼가의 본적지 이외의 주소지나 최후 주소지를 알 수 없을 때에는 그 제적등본을 상속을 증명하는 서면과 주소를 증명하는 서면으로 하여 그 제적사유에 기재된 혼가의 본적지를 주소지로 한 상속등기를 신청할 수 있다.

제17조 (상속재산의 분할을 증명하는 서면)

① 상속재산에 관하여 협의분할을 하였을 경우에는 상속을 증명하는 서면으로 다음 각 호의 요건을 갖춘 상속재산분할협의서 및 상속인의 인감증명을 추가로 제출하여야 한다.

1. 상속인 전원이 참여하여 작성하였을 것
2. 상속인 전원의 인감을 날인하였을 것
3. 분할협의서가 여러 장인 경우 공동상속인 전원의 간인이 있을 것. 다만, 동일한 분할협의서(복사본이나 프린트 출력물)를 수통 작성하여 각각 날인한 경우에는 날인한 상속인의 간인이 있을 것

② 상속재산분할협의서가 공증인이 직접 작성한 공정증서이거나 상속인이 날인(또는 서명)을 하였다는 뜻의 공증인의 인증을 받은 경우에는 인감증명을 별도로 첨부할 필요가 없다.

③ 재외국민과 외국인의 제1항 제2호의 인감 날인과 인감증명의 제출에 관하여는 「재외국민 및 외국인의 부동산등기신청절차에 관한 예규」 제9조, 제12조에 의한다.

④ 상속재산 분할 협의 시 미성년자, 피성년후견인 등 상속인의 이익을 보호하기 위해 특별대리인을 선임한 경우 그 선임을 증명하는 서면과 분할협의서에 날인한 그 특별대리인의 인감증명서를 제출하여야 한다.

⑤ 상속재산에 대해서 상속인들 간의 합의가 이루어지지 않거나 법적 권리가 침해된 경우 상속재산 조정분할 또는 상속재산 심판분할에 따라 상속등기를 신청하는 경우 상속재산분할심판서를 제출하여야 한다.

제18조 (상속재산분할협의 권한을 위임하는 경우)

① 상속재산의 분할협의는 대리인에게 위임하여 할 수 있으며, 이 경우 본인이 미성년자 등 행위능력제한자가 아닌 한 그 공동상속인 중 한 사람을 위 분할협의에 관한 대리인으로 선임할 수 있다.

② 제1항의 경우 상속재산분할협의 위임장, 본인의 인감증명서, 대리인의 자격으로 작성한 상속재산분할협의서 및 대리인의 인감증명서를 첨부서면으로 제출하여야 한다.

③ 재외국민이나 외국인의 상속재산분할협의에 관한 권한의 위임에 관하여는 「재외국민 및 외국인의 부동산등기신청절차에 관한 예규」 제6조 에 의한다.

제19조 (상속포기자가 있을 경우 첨부서면)

① 일부 상속인이 상속재산 전부를 상속하고 나머지 상속인들은 그들의 상속지분을 포기하는 내용의 상속등기를 신청하는 경우에는 통상 제출할 서면 외에 상속포기신고를 수리하는 뜻의 가정법원의 심판서 정본을 제출하여야 한다.

② 피상속인의 자녀 및 손자녀가 각각 존재한 상태에서 피상속인의 자녀가 모두 상속을 포기하여 피상속인의 손자녀가 상속을 하는 경우에는 다음 각 호의 서면을 제출하여야 한다.

1. 제10조 제1항 각 호의 서면
2. 상속포기자의 가족관계증명서(상세)
3. 상속포기자의 상속포기심판서 정본

③ 피상속인의 1순위 상속인이 모두 상속을 포기하여 피상속인의 부모가 상속인이 되는 경우에는 다음 각 호의 서면을 제출하여야 한다.

1. 제10조 제1항 각 호의 서면
2. 피상속인의 입양관계증명서(상세)
3. 상속포기자의 가족관계증명서(상세)
4. 상속포기자의 상속포기심판서 정본

④ 피상속인의 1, 2순위 상속인이 모두 상속을 포기하여 피상속인의 형제자매가 상속인이 되는 경우에는 다음 각 호의 서면을 제출하여야 한다.

1. 제10조 제1항 각 호의 서면
2. 피상속인의 부모의 각 기본증명서(상세), 가족관계증명서(상세), 친양자입양관계증명서(상세), 입양관계증명서(상세), 구 호적법상 제적등본(전적전 제적등본 포함)
3. 피상속인의 (외)조부모의 각 기본증명서(상세), 구 호적법상 제적등본(전적전 제적등본 포함)
4. 상속포기자의 가족관계증명서(상세)
5. 상속포기자의 상속포기심판서 정본

제20조 (대습상속이 있는 경우 신청서 및 첨부서면)

① 상속인이 될 직계비속 또는 형제자매가 상속개시 전에 사망하거나 결격자가 되어 그 직계비속 또는 배우자에게 대습상속이 발생한 경우에는 신청서의 등기권리자 성명란에 피대습자의 성명, 대습의 원인 및 연월일을 기재한 후 대습자의 성명을 기재한다.

〈예 시〉 피상속인의 직계비속으로 공동상속인 김갑동, 김을동 중 김을동이 피상속인사망 전에 사망한 경우 신청서의 등기권리자 성명 기재란

② 제10조 제1항의 상속인이 될 직계비속이 상속개시 전에 사망으로 대습상속이 발생한 경우에는 제10조 제1항 각 호의 피상속인의 상속을 증명하는 서면 외에 다음 각 호의 첨부서면을 제출하여야 한다.

1. 피대습자의 기본증명서(상세) 및 가족관계증명서(상세)
2. 피대습자의 친양자입양관계증명서(상세)
3. 피대습자의 구 호적법상 제적등본(전적전 제적등본 포함)
4. 피대습자 사망 당시 배우자가 존재한 경우에는 배우자의 혼인관계증명서(상세)

〈예 시〉 피상속인 甲의 사망을 원인으로 배우자 乙, 자녀 A, B가 있으나 A가 甲보다 먼저 사망하고 A에게는 배우자 a와 자녀 b가 있는 경우를 상속인으로 하는 소유권이전등기 신청이 있는 경우

1) 갑의 기본증명서(상세)를 통해 갑과 등기명의인의 동일성, 사망사실과 사망일시를 확인한다.
2) 갑의 가족관계증명서(상세)를 통해 배우자 을과 자녀 A, B가 상속인이 맞는지 확인한다.
3) 갑의 친양자입양관계증명서(상세)를 통해 갑이 사망한 후에 타인에게 친양자 입양된 자녀의 존부와 갑 사망 당시 갑에게 친양자입양된 자녀의 존부

를 확인한다.

4) 제적등본을 통해 2008년 1월 1일 이전 갑의 자녀 중 사망, 국적상실, 실종선고, 부재선고를 원인으로 제적된 자가 있는지 확인한다.

5) 제적등본을 통해 2008년 1월 1일 이전 혼인, 분가, 입양 등의 사유로 가족관계증명서에 누락된 직계비속이 있는지 확인한다.

6) 갑의 가족관계증명서(상세) 및 제적등본을 통해 갑 사망전에 사망한 자녀(A)의 존부를 확인하여 대습상속이 발생하였는지 조사한다.

7) 피대습자 A의 기본증명서(상세), 가족관계증명서(상세), 친양자입양관계증명서(상세), 구 호적법상 제적등본(전적전 제적등본 포함), 피대습자 배우자의 혼인관계증명서(상세)를 통해 대습요건 및 대습상속인 배우자 a와 자녀 b가 맞는지 조사한다.

③ 제11조 제1항의 상속인이 될 형제자매가 상속개시 전에 사망으로 대습상속이 발생한 경우에는 제2항의 서면 외에 다음 각 호의 첨부서면을 제출하여야 한다.

1. 피상속인의 입양관계증명서(상세)
2. 피상속인의 부 및 모의 기본증명서(상세) 및 가족관계증명서(상세)
3. 피상속인의 부 및 모의 친양자입양관계증명서(상세)
4. 피상속인의 부 및 모의 구 호적법상 제적등본(전적전 제적등본 포함)

〈예 시〉 **피상속인 甲의 사망을 원인으로 1, 2순위 상속인이 없는 상태에서 형제자매 A, B가 있으나 A가 甲보다 먼저 사망하고 A에게는 배우자 a와 자녀 b가 있는 경우를 상속인으로 하는 소유권이전등기 신청이 있는 경우**

1) 갑의 기본증명서(상세)를 통해 갑과 등기명의인의 동일성, 사망사실과 사망일시를 확인한다.

2) 갑의 가족관계증명서(상세)를 통해 1, 2순위(자녀, 부모, 배우자)상속인이 있는지 확인한다.

3) 갑의 친양자입양관계증명서(상세)를 통해 갑이 사망한 후에 타인에게 친양자 입양된 자녀의 존부와 갑 사망 당시 갑에게 친양자입양된 자녀의 존부를 확인한다.

4) 갑의 입양관계증명서(상세)를 통해 갑의 친생부모 존부를 확인한다.

5) 제적등본을 통해 2008년 1월 1일 이전 갑의 자녀 중 사망, 국적상실, 실종선고, 부재선고를 원인으로 제적된 자가 있는지 확인한다.

6) 제적등본을 통해 2008년 1월 1일 이전 혼인, 분가, 입양 등의 사유로 가족관계증명서에 누락된 직계비속이 있는지 확인한다.

7) 갑의 부 및 모의 기본증명서(상세), 가족관계증명서(상세), 친양자입양관계증명서(상세), 제적등본(전적전 제적등본 포함)을 통해 갑 사망전에 사망한 형제자매의 존부를 확인하여 대습상속이 발생하였는지 조사한다.

8) 피대습자 A의 기본증명서(상세), 가족관계증명서(상세), 친양자입양관계증명

서(상세), 구 호적법상 제적등본(전적전 제적등본 포함), 피대습자 배우자의 혼인관계증명서(상세)를 통해 대습요건 및 대습상속인 배우자 a와 자녀 b가 맞는지 조사한다.

④ 상속개시 전에 재혼한 배우자는 인척관계가 소멸되어 민법 제1003조제2항 배우자에 해당하지 않으므로 대습상속권이 인정되지 않는다.

⑤ 제1항 및 제2항의 대습상속의 원인이 상속결격인 경우에는 제22조의 상속의 결격을 증명하는 서면을 첨부하여야 한다.

제21조 (특별수익자의 상속분과 기여자의 기여분을 증명하는 서면)

① 공동상속인 중에 피상속인으로부터 자기의 상속분을 초과하여 증여를 받은 특별수익자가 있는 경우 위 특별수익자를 제외한 나머지 공동상속인들이 그들 명의로 상속등기를 신청함에 있어서는 특별수익자에게는 상속분이 없음을 증명함에 족한 서면(판결 또는 위 특별수익자가 작성하고 그의 인감증명서를 첨부한 확인서)을 첨부하여야 한다.

② 피상속인을 특별히 부양하거나 피상속인의 재산의 유지 또는 증가에 특별히 기여한 자가 있는 경우에는 그 자의 기여분을 공동상속인의 협의로 정하거나, 협의가 되지 아니하거나 협의할 수 없을 때에는 기여자가 가정법원에 상속재산의 분할 및 기여분에 관하여 심판청구를 하여 결정된 심판서에 따라 상속등기를 할 수 있다.

제22조 (상속결격자가 있는 경우 신청서 및 첨부서면)

① 상속결격자가 있는 경우에는 신청서의 등기권리자 성명란에 상속결격자의 성명 및 상속결격의 뜻을 기재(예시 : 공동상속인 김결격 민법 제1004조제1호 의 사유 상속결격)하여야 한다. 상속결격자의 대습상속인이 있는 경우에는 상속결격자의 성명 및 상속결격 뜻의 기재 후 제20조제1항과 같이 각 대습상속인에 관한 사항을 기재한다.

② 민법 제1004조 각 호에 의한 상속결격자가 있는 경우에는 결격사유를 증명하는 내용이 담긴 판결등본 등을 결격사유를 증명하는 서면으로 제출하여야 한다. 이 경우 등기관은 판결주문뿐만 아니라 판결이유를 고려하여 결격사유의 존부를 심사하여야 한다.

제23조 (기록례)

상속으로 인한 소유권이전등기 기록례는 별지 제3호와 같다. (생략)

제4장 상속등기의 경정등기

제24조 (총 칙)

상속으로 인한 소유권이전등기 후 상속재산 협의분할 등을 원인으로 한 상속등기의 경정등기를 신청하는 경우 신청서의 기재사항과 그 신청에 따른 기록례는 「상속등기와 그 경정등기에 관한 업무처리지침」에 의한다.

제25조 (상속등기 후 경정등기 전에 이해관계인이 발생한 경우의 처리)

① 상속등기 후에 그 공동상속인 중의 일부가 그 지분을 타인에게 이전한 경우에 협의분할로 인한 소유권경정등기를 하기 위해서는 먼저 상속등기 후 이루어진 소유권이전등기를 정당한 말소사유에 의하여 말소한 후 상속등기의 경정등기를 하여야 한다.

② 법정상속분대로 상속등기가 된 뒤 그 상속인 중 1인(갑)의 지분에 대한 가압류등기 등 이해관계 있는 제3자가 생긴 경우 협의분할에 따른 경정등기의 신청 시 갑이 그 권리를 상실하거나 지분이 감소하는 때에는 이해관계 있는 제3자인 가압류권자의 승낙서 또는 이에 대항할 수 있는 재판의 등본을 첨부하여야 한다.

③ 상속인 전원이 상속인 중 갑, 을 공동으로 상속하기로 하는 상속재산 분할협의를 하여 상속등기를 마친 후 다시 공동상속인 전원의 합의에 따라 갑이 단독으로 상속하기로 하는 새로운 상속재산분할협의를 한 경우 을 지분의 말소등기에 관하여 등기상 이해관계 있는 제3자가 있는 때에는 신청서에 그 승낙서 또는 이에 대항할 수 있는 재판의 등본을 첨부하여야 한다.

④ 제2항 및 제3항의 경우 등기상 이해관계 있는 제3자의 승낙서 또는 이에 대항할 수 있는 재판의 등본이 제출된 경우 등기관은 말소 또는 감소되는 상속지분에 대한 해당 이해관계 있는 등기를 직권으로 말소하거나 경정(일부 말소의 의미로서)하여야 한다.

제5장 피상속인이 외국인인 경우

제26조 (등기관의 심사)

등기관은 신청서의 첨부서면에 의하여 국제사법과 외국인의 본국법에 따른 상속의 준거법을 조사하고[당사자자치 여부 및 반정(反定) 허용 여부 등]을 확인하여 준거법을 결정하고 해당 국가의 실질법에 따른 법률관계를 파악하여야 한다.

제27조 (첨부서면)

① 피상속인이 외국인인 경우 상속등기를 신청함에 있어 그 신청서에 다음 각 호의 상속을 증명하는 서면을 첨부하여야 한다.

1. 피상속인의 사망사실의 증명서면으로 다음 각 목에 해당하는 어느 하나를 제출할 수 있다. 다만, 성명, 국적, 생년월일 등으로 동일인임을 확인할 수 있어야 한다.
   가. 피상속인 본국 관공서의 사망증명서
   나. 의료기관이 발행한 사망진단서
2. 상속인 전원을 확인할 수 있는 서면으로 다음 각 목에 해당하는 어느 하나를

제출할 수 있다.

가. 피상속인 본국에 상속증명제도가 있다면 그 증명서(일본, 대만 등)

나. 제1호의 증명제도가 없다면 출생증명서, 혼인증명서 등 각 상속인의 상속인임을 증명하는 서면(출생증명서, 혼인증명서로 피상속인과의 관계를 판단할 수 없는 경우 추가 증명을 요구할 수 있다) 및 상속등기신청인 외에 다른 상속인은 없다는 내용의 상속인 본국 공증인(대한민국에 주재하는 상속인 본국 공증담당영사 포함)의 인증을 받은 상속등기신청인 전원의 선서진술서(상속인 본국 공증인 제도 또는 상속인 본국 영사 제도상으로 선서진술서 제공의 업무가 가능한 경우에 한함)

② 상속을 증명하는 서면상 피상속인의 정보는 부동산등기기록상 정보인 국적 · 성명 · 부동산등기용등록번호(또는 주민등록번호) 앞자리의 생년월일 · 주소와 비교하여 동일인임을 판단할 수 있어야 하며, 부동산등기기록상 정보가 변경된 경우 동일인임을 확인할 수 있는 정보를 추가로 제출하여야 한다.

③ 제1항의 상속을 증명하는 서면 외에 다음 각 호의 서면을 제출하여야 한다.

1. 상속 및 유언에 관하여 외국법이 준거법이 되는 경우 그 준칙이 되는 법률과 그 번역본
2. 「재외국민 및 외국인의 부동산등기신청절차에 관한 예규」에서 정하는 바에 따른 번역문, 외국 공문서에 대한 확인(아포스티유), 인감증명, 부동산등기용등록번호, 주소증명서면
3. 공동상속인 중 1인이 공유물의 보존행위로서 공동상속인 전원 명의의 상속등기를 신청할 때에 공동상속인 중 일부가 외국국적을 취득하여 외국인인 경우로서 상속등기에 협력하지 않는 등 사유로 그들의 현 주소를 알 수 없어 제2호의 서면을 제출할 수 없는 경우에는 이를 소명하는 자료를 첨부하여 다음 각 목의 절차에 따라 상속등기를 신청할 수 있다.

가. 「부동산등기법」 제49조 제1항 제4호에 따른 부동산등기용등록번호를 부여받을 수 없는 경우에는 이를 소명하여 그들의 부동산등기용등록번호를 기재하지 않고서도 상속등기를 신청할 수 있다.

나. 주민등록을 한 사실이 있다면 말소된 주민등록표상의 최후 주소를 주소지로 기재하고, 주민등록을 한 사실이 없다면 제적부 등 · 초본상의 본적지 또는 기본증명서상의 등록기준지를 그 주소지로 기재하여 상속등기를 신청할 수 있다. 이 경우 말소된 주민등록표 등 · 초본이나 제적등 · 초본(또는 기본증명서)을 첨부서면으로 제출하여야 한다.

제6장 북한주민이 상속인인 경우 등

제28조 (남북한 주민 간의 상속등기)

상속인 중 북한주민이 있는 경우 상속, 유증 및 상속재산반환청구권의 행사를 원인

으로 한 부동산등기 절차는 「남북 주민 사이의 가족관계와 상속 등에 관한 특례법」 및 「남북 주민 사이의 가족관계와 상속 등에 관한 특례법 시행에 따른 업무처리지침」에서 정하는 바에 따른다.

제29조 (부재선고와 상속등기)

군사분계선 이북지역에서 그 이남의 지역으로 옮겨 구 호적법에 따른 취적 또는 가족관계등록을 창설한 사람 중 군사분계선 이북 지역 "잔류자"를 사망한 것으로 보고 상속등기를 신청하는 경우에는 「부재선고에 관한 특별조치법」에 따른 부재선고 사실이 기재된 제적등본 또는 부재선고를 받은 자의 기본증명서(상세), 가족관계증명서(상세)를 첨부하여야 한다.

제7장 보 칙

제30조 (전건원용)

상속인들이 동일 등기소에 상속받은 여러 부동산의 상속등기신청을 동시에 하는 경우에는 첨부서면의 내용이 같은 것이 있을 때에는 먼저 접수되는 신청에만 그 첨부서면을 제공하고, 다른 신청에는 먼저 접수된 신청에 그 첨부서면 제출하였다는 뜻을 신청서에 기재하는 것으로 그 첨부서면의 제출을 갈음할 수 있다. 동일한 피상속인을 대상으로 상속재산을 협의분할하는 경우에 각 부동산의 상속인이 다른 경우에도 또한 같다.

제31조 (법 제29조 제11호 신청각하에 대한 특례)

부동산표시변경사항이 존재하나 표시변경등기를 하지 않은 상태에서 등기명의인이 사망한 경우 상속인은 법 제29조 제11호 규정에도 불구하고 상속등기를 선행할 수 있다.

제32조 (상속등기와 다른 등기 등과의 관계)

① 피상속인 사망에 따른 상속등기가 마쳐지기 전에 다른 등기원인이 발생한 경우 상속등기가 선행되어야 하는 경우의 예시는 다음 각 호와 같다.

1. 저당권 설정등기 후 경매신청 전에 채무자인 목적물 소유자가 사망한 경우의 경매기입등기촉탁의 경우
2. 명의수탁자가 사망한 후에 신탁해지로 인한 소유권이전등기절차 이행판결을 받은 경우
3. 피상속인 소유명의의 부동산에 대하여 원인무효를 청구원인으로 한 소유권이전등기말소소송에서 "상속인들은 원고에게 화해권고를 원인으로 한 소유권이전등기절차를 이행한다"라는 화해권고결정이 확정된 경우
4. 상속인간에 상속재산협의분할이 이루어지지 않아 법원이 상속재산의 경매분할을 명하여 동 심판에 따른 경매신청을 하는 경우

5. 사망한 공유자의 상속인들에 대하여 공유물분할판결이 확정된 경우
6. 민법 제245조의 규정에 의한 취득시효 완성일이 등기부상 소유명의인의 사망일 이후이고 상속인들을 상대로 취득시효 완성을 원인으로 한 소유권이전등기절차 이행의 승소판결을 받은 경우. 다만, 취득시효 완성일 이후에 부동산 소유자가 사망한 경우에는 그러하지 아니하다.

② 피상속인 사망에 따른 상속등기가 마쳐지기 전에 다른 등기원인이 발생한 경우 상속등기절차의 선행이 필요 없는 경우의 예시는 다음 각 호와 같다.

1. 부동산등기법 제27조 (포괄승계인에 의한 등기신청)에 따라 상속인이 등기를 신청하는 경우[예: 임대차 계약 체결 후 임대인이 사망한 경우에 집행법원이 망 임대인 소유 명의의 부동산에 관하여 상속관계를 표시하여 「주택임대차보호법」 제3조의3에 따른 임차권등기의 기입을 촉탁한 경우]
2. 가등기를 마친 후에 가등기권자(또는 가등기의무자)가 사망한 경우 가등기에 의한 본등기시, 가등기명의인이 사망한 후에 상속인이 가등기의 말소를 신청하는 경우
3. 사망한 자의 상속재산에 대한 파산선고결정 및 그에 따른 파산선고등기가 마쳐진 후 파산관재인이 형식적 경매를 신청하거나 법원의 허가를 얻어 임의매각에 따른 소유권이전등기를 신청한 경우
4. 피상속인 소유 명의의 부동산에 대하여 상속인을 등기의무자로 한 처분금지가처분등기의 촉탁에 기한 가처분기입등기의 경우

제33조 (등기신청과 관련한 의무사항의 이행)

① 상속으로 인하여 등기를 신청하는 경우 다음 각 호에 따른 취득세를 납부하여야 한다.

1. 상속인 각자가 상속받는 취득물건(지분을 취득하는 경우에는 해당 지분)에 대한 취득세를 납부하여야 한다.
2. 지방세법 제7조 제13항 단서에 해당되지 아니하는 경우로서 법정상속분에 따른상속등기 또는 협의분할에 의한 상속등기 후에 새로이 협의분할을 하여 소유권경정등기를 신청하는 경우에는 특정 상속인이 당초 상속분을 초과하여 취득하는 재산가액은 상속분이 감소한 상속인으로부터 증여받아 취득한 것으로 보게 되므로 초과분에 대하여 새로이 취득세를 납부하여야 한다.
3. 연대납세의무자인 법정상속인 중 1인 이상이 취득세를 납부하고 그에 따른 상속등기를 마치지 않은 상태에서는 상속재산의 (재)협의분할에 따라 상속권자가 변경된다고 하더라도 새로운 취득세 납부의무가 발생하는 것은 아니므로 종전에 납부한 취득세영수필확인서를 첨부하여 상속등기를 신청할 수 있다.

② 상속으로 인하여 등기를 신청하는 경우 국민주택채권의 매입은 다음 각 호의 구분에 따른다.

1. 국민주택채권을 매입하는 경우
   가. 상속으로 인한 소유권이전등기를 신청하거나 근저당권의 이전등기를 신청

하는 경우
나. 원인무효로 상속등기가 말소되고 다시 상속등기를 신청하는 경우
다. 상속등기 후 상속재산 협의분할 등으로 인한 소유권 경정등기를 신청하는 경우. 다만, 그 전의 상속등기를 신청할 때에 국민주택채권을 매입하였다면 상속인은 그 경정등기로 증가하는 지분만큼의 금액만 매입하면 된다.
라. 관공서가 체납처분에 의한 압류등기를 촉탁하기 위하여 체납자를 대위하여 상속으로 인한 소유권이전등기를 촉탁하는 경우
마. 사업시행자가 수용을 원인으로 상속 대위등기를 신청하거나 상속인의 채권자가 상속 대위등기를 신청을 하는 경우

2. 국민주택채권을 매입하지 않는 경우
가. 상속등기의 경정등기 또는 등기의 착오로 인한 경정등기 신청의 경우
나. 「농업 · 농촌 및 식품산업 기본법」 제3조 제2호 에 따른 농업인이 영농을 목적으로 농지에 대하여 상속으로 인한 소유권이전등기를 신청하거나 저당권의 설정등기 및 이전등기 신청의 경우
다. 세무서장의 상속세 연부연납허가결정에 의하여 납세의무자가 납세 담보조로 제공한 목적물에 대한 저당권설정등기를 신청하는 경우

③ 제2항 제1호에 따라 국민주택채권을 매입하는 경우 국민주택채권은 각 부동산별로, 각 부동산에 대하여는 상속인 각자의 상속지분별로 산정된 상속등기 신청 당시의 시가표준액을 기준으로 한다.

④ 첨부서면으로 제출된 취득세영수필확인서, 토지(임야)대장 · 건축물대장 등에 의하여 제3항의 시가표준액이 확인되지 않는 경우 공동주택가격 확인서 등 상속등기 신청 당시의 시가표준액을 산정할 수 있는 자료를 제출하여야 한다.

제34조 (등기필정보 작성 및 통지)

① 공동상속인 중 일부가 공동상속인 모두를 위하여 상속등기를 신청한 경우, 등기관은 신청인 아닌 다른 공동상속인들에 대한 등기필정보는 작성하지 아니한다.

② 제1항에도 불구하고 등기관이 등기를 완료한 때에는 신청인 아닌 다른 공동상속인들에게 등기완료사실을 통지하여야 한다.

부 칙

제1조(시행일) 이 예규는 즉시 시행한다. 다만, 제34조의 규정은 2025년 1월 31일부터 시행한다.

제2조(적용례) 제34조 규정은 이 예규 시행 전에 접수되어 이 예규 시행 당시 처리 중인 등기신청에 대해서도 적용된다.

제3조(다른 예규의 폐지) 상속권 포기기간내의 채권자의 대위등기(등기예규 제54호), 상속인이 상속권을 한정승인 또는 포기를 할 수 있는 기간내의 대위상속등기 가부(등기예규 제55호), 재산상속으로 인한 소유권이전등기를 신청하는 경우 상속을 증

명하는 서면(등기예규제409호), 일부상속등기만을 신청할 수 있는지 여부(등기예규 제535호), 피상속인의 사망 후에 이루어진 피상속인 명의의 등기에 기한 재산상속등기(등기예규 제567호), 미수복지구에 호적을 가진 자와 혼인한 상속인의 주소와 이를 증명하는 서면(등기예규제577호), 상속개시 전에 재혼한 처에게 대습상속권이 있는지 여부(등기예규 제694호), 상속등기시 주택채권매입 기준(등기예규 제768호)는 각각 폐지한다.

최신 예규

2. 상속 · 유증사건의 신청 및 처리에 관한 업무처리지침

(2024. 12. 2. 등기예규 제1795호, 2025. 1. 31. 시행)

제1조 (목적)

이 예규는 「부동산등기법」(이하 "법"이라 한다) 제7조의3 및 「부동산등기규칙」(이하 "규칙"이라 한다) 제164조에 따른 상속 · 유증을 원인으로 한 등기를 신청하는 경우 및 그 신청에 따른 사무처리에 필요한 사항을 규정함을 목적으로 한다.

제2조 (관할에 관한 특례 적용 유형 및 신청 등)

① 상속으로 인한 소유권이전등기를 신청하는 경우에는 법 제7조의3 제1항 및 규칙 제164조에 따라 부동산의 관할 등기소가 아닌 등기소에도 그 신청을 할 수 있다.

② 상속으로 인한 소유권이전등기가 마쳐진 후 다음 각 호에 해당하는 경우에는 법 제7조의3 제1항 및 규칙 제164조에 따라 부동산의 관할 등기소가 아닌 등기소에도 각 호의 사유를 원인으로 상속등기의 경정 · 말소등기를 신청할 수 있다.

1. 법정상속분에 따라 상속등기를 마친 후에 상속재산 협의분할(조정분할 · 심판분할을 포함한다) 등이 있어 이를 원인으로 상속등기의 경정등기를 신청하는 경우
2. 상속재산 협의분할에 따라 상속등기를 마친 후에 그 협의를 해제(다시 새로운 협의분할을 한 경우를 포함한다)하고 이를 원인으로 상속등기의 경정등기를 신청하는 경우
3. 상속포기신고를 수리하는 심판 또는 상속재산 협의분할계약을 취소하는 재판 등이 있어 상속등기의 경정등기를 신청하는 경우
4. 상속등기를 마친 후 위 제1호부터 제3호까지의 어느 하나의 원인으로 상속인 전부가 교체될 때에는 상속등기의 경정등기를 신청할 수 없으므로 해당 부동산을 취득한 상속인이 단독으로 상속등기를 신청하기 위하여 기존 상속등기의 말소등기를 공동으로 신청하는 경우

③ 포괄유증 또는 특정유증으로 인한 소유권이전등기를 신청하는 경우에는 다음 각 호의 방법으로 법 제7조의3 제1항 및 규칙 제164조에 따라 부동산의 관할 등기소가 아닌 등기소에도 그 신청을 할 수 있다.

1. 유증을 원인으로 한 소유권이전등기는 포괄유증이든 특정유증이든 모두 상속등기를 거치지 않고 유증자로부터 직접 수증자 명의로 등기를 신청하여야 한다.
2. 제1호에도 불구하고 유증을 원인으로 한 소유권이전등기 전에 상속등기가 이미 마쳐진 경우에는 상속등기를 말소하지 않고 상속인으로부터 수증자에게로 유증을 원인으로 한 소유권이전등기를 신청할 수 있다.

④ 채권자가 법 제28조에 따라 제1항부터 제3항까지의 등기를 대위신청하는 경우에는 법 제7조의3 제1항 및 규칙 제164조에 따라 부동산의 관할 등기소가 아닌 등기소에도 그 신청을 할 수 있다.

⑤ 관공서가 체납처분으로 인한 압류등기를 촉탁하거나 수용으로 인한 소유권이전등기를 촉탁하면서 상속인을 갈음하여 상속으로 인한 소유권이전등기 또는 상속재산 협의분할 등을 원인으로 한 상속등기의 경정 · 말소등기를 함께 촉탁하는 경우에는 법 제7조의3 제1항을 적용하지 아니한다.

⑥ 법 제65조 제1호의 상속인 또는 포괄수증자가 소유권보존등기를 신청하는 경우, 상속 또는 유증을 원인으로 한 소유권 이외의 권리이전의 등기를 신청하는 경우, 법 제27조에 따른 상속인 또는 포괄수증자에 의한 등기신청의 경우, 제1항부터 제4항까지의 등기 및 제6조의 경정등기를 제외한 그 밖의 등기를 신청하는 경우에는 법 제7조의3 제1항 을 적용하지 아니한다.

제3조 (신청정보의 제공)

① 제2조 제1항부터 제4항 및 제6조에 따라 등기를 신청하는 경우에는 규칙 제43조 및 제44조 에서 규정하는 사항 외 등기신청서란 상단에 법 제7조의3 에 관한 등기신청임을 신청정보의 내용으로 등기소에 제공하여야 한다.

② 제1항에 따른 등기신청서의 작성례는 별지 제1호와 같다.

제4조 (상속 · 유증 사건이라는 뜻의 기록)

① 등기관이 제2조 제1항부터 제4항 및 제6조에 따라 등기를 한 경우에는 갑구의 권리자 및 기타사항란에 법 제7조의3에 따라 사건을 접수받은 등기소에서 그 등기를 하였다는 뜻을 기록하여야 한다.

② 제1항에도 불구하고 해당 등기를 한 등기소의 관할에 속한 부동산에 대해서는 같은 항을 적용하지 아니한다.

③ 제1항에 따른 등기의 기록례는 별지 제2호와 같다.

제5조 (등기신청의 보정 및 취하)

제2조 제1항부터 제4항 및 제6조에 따라 등기신청을 한 경우 등기신청이 잘못된 부분의 보정이나 규칙 제51조 에 따른 취하는 등기를 신청한 등기소에 하여야 한다.

제6조 (상속 · 유증 사건이 마쳐진 등기의 경정)

① 제2조 제1항부터 제4항까지의 규정에 따라 마쳐진 등기에 대한 법 제32조 에 따른 경정등기의 신청은 그 등기를 처리한 등기소에 하여야 한다.

② 등기의 착오나 빠진 부분이 제2조 제1항부터 제4항까지의 규정에 따라 등기를 마친 등기관의 잘못으로 인한 경우에는 그 등기소의 등기관이 직권으로 그 등기를 경정하여야 한다.

③ 제2항에도 불구하고 등기기록에 오기나 빠진 부분이 명백한 경우에는 부동산 소재지 관할 등기소의 등기관도 직권으로 경정할 수 있다.

제7조 (상속 · 유증으로 인한 등기신청과 다른 예규와의 관계)

① 이 예규에서 정하지 않은 상속으로 인한 소유권이전등기 후 상속재산 협의분할 등을 원인으로 한 상속등기의 경정등기를 신청하는 경우 신청서의 기재사항과 그 신청에 따른 기록례는 「상속등기와 그 경정등기에 관한 업무처리지침」에 의한다.

② 이 예규에서 정하지 않은 유증으로 인한 등기에 관한 신청인, 신청정보 및 첨부정보 등에 관한 사항에 대해서는 「유증을 받은 자의 소유권보존(이전)등기 신청절차 등에 관한 사무처리지침」에 의한다.

부 칙

제1조(시행일) 이 예규는 2025년 1월 31일부터 시행한다.

제2조(적용례) 제2조 제2항의 규정은 이 예규 시행일인 2025년 1월 31일 이전에 접수되어 이미 마쳐진 상속사건의 경우에도 적용한다.

4. 소유권보존등기 — (2) 상속으로 인한 토지소유권보존등기신청

상속으로 인한
토지소유권보존등기신청

접 수	년 월 일	처리인	등기관 확인	각종통지
	제 호			

① 부동산의 표시				
서울특별시 서초구 우면동 220 전 283.5㎡ 이 상				
등기원인과 그 연월일				
② 등 기 의 목 적	소유권보존			
③ 신 청 근 거 규 정	부동산등기법 제65조 제1호			
구 분	성 명 (상호·명칭)	주민등록번호 (등기용등록번호)	주 소(소 재 지)	지분 (개인별)
④ 신청인	별지 기재와 같음			

<table>
<tr><td colspan="4">시가표준액 및 국민주택채권매입금액</td></tr>
<tr><td>부동산 표시</td><td>부동산별 시가표준액 ⑤</td><td colspan="2">부동산별 국민주택채권매입금액 ⑥</td></tr>
<tr><td>1. 토지</td><td>김복순 금 109,350,000원
이대백 금 72,900,000원
이대영 금 72,900,000원
금 255,150,000원</td><td colspan="2">금 5,470,000 원
금 2,920,000 원
금 2,920,000 원</td></tr>
<tr><td colspan="2">⑥ 국 민 주 택 채 권 매 입 총 액</td><td colspan="2">금 11,310,000 원</td></tr>
<tr><td colspan="2">⑥ 국 민 주 택 채 권 발 행 번 호</td><td colspan="2"></td></tr>
<tr><td colspan="2">⑦ 취득세(등록면허세) 금 7,144,000원</td><td colspan="2">⑦ 지 방 교 육 세 금 408,240 원
⑦ 농어촌특별세 금 510,300 원</td></tr>
<tr><td colspan="2">⑧ 세 액 합 계</td><td colspan="2">금 8,062,540 원</td></tr>
<tr><td colspan="2">⑨ 등 기 신 청 수 수 료</td><td colspan="2">금 15,000 원
납부번호:</td></tr>
<tr><td colspan="4">⑪ 첨 부 서 면</td></tr>
<tr><td colspan="2">1. 토지대장등본 1통 ⑫⑯
1. 제적등본(피상속인) 1통 ⑬
1. 기본증명서(피상속인) 1통 ⑬
1. 가족관계증명서(피상속인) 1통 ⑬
1. 친양자입양관계증명서(피상속인) 1통 ⑬
1. 기본증명서(상속인)(△) ⑬</td><td colspan="2">1. 가족관계증명서(상속인)(△) ⑬
1. 취득세영수필확인서 1통 ⑭
1. 등기신청수수료영수필확인서 1통 ⑮
1. 주민등록표등본·초본 3통 ⑰
1. 위임장 1통 ⑱
<기 타> ⑲</td></tr>
<tr><td colspan="4">2025년 8월 1일
⑩ 위 신청인

위 대리인 법무사 유 명 한 직인 (전화: 599-0000)
서울특별시 서초구 서초대로100길 60 (서초동)

서울중앙지방법원 등기국 귀중</td></tr>
</table>

등기신청안내서 — 상속으로 인한 토지소유권보존등기신청

1. 상속으로 인한 토지소유권보존등기

토지대장, 임야대장 또는 건축물대장에 최초의 소유자로 등록되어 있는 자 또는 그 상속인, 그 밖의 포괄승계인은 자기 명의로 보존등기를 할 수 있다(법 제65조 제1호). 본 사안의 경우는 토지대장등본에 피상속인이 최초의 소유자로 되어 있는 경우로써 상속인들이 자기의 이름으로 보존등기를 하는 경우이다. 상속인들이 자기의 상속지분별로 상속보존등기를 할 수 있으며, 별도로 상속재산의 협의분할을 한 경우에는 그 상속재산협의 분할계약서를 첨부하여 협의된 지분의 비율로 보존등기를 할 수 있다.

2. 등기신청방법

신청인 본인 또는 법무사 등 그 대리인이 신분을 확인할 수 있는 주민등록증 등을 가지고 직접 등기소에 출석하여 신청한다.

3. 등기소에 제공하여야 하는 신청정보

신청서는 한글과 아라비아 숫자로 기재한다. 부동산의 표시란이나 신청인란 등이 부족할 경우에는 별지를 사용하고, 별지를 포함하여 신청서가 여러 장인 때에는 각 장 사이에 간인을 하여야 한다.

① 부동산의 표시란

부동산의 표시는 토지의 소재, 지번, 지목, 면적을 기재한다(규칙 제43조 제1항 제1호).

② 등기의 목적란

'소유권보존'이라고 기재한다(등기원인 및 그 연월일은 기재할 것이 아니다).

③ 신청근거규정란

본 사안은 대장상 최초 소유자의 상속인 혹은 포괄승계인이 보존등기를 신청하는 경우이므로 '부동산등기법 제65조 제1호'.라고 기재한다.

④ 신청인란

지금 이 경우는 상속인 전원이 같이 보존등기를 신청하는 경우이다. 따라서 신청인 전원의 표시를 신청인란에 기재하여야 하나, 그 난이 협소한 경우에는 별지로 처리하고 신청인란에는 '별지 기재와 같음'이라 기재한다.

⑤ 시가표준액란

부동산별로 시가표준액을 계산하여 기재한다.

⑥ 국민주택채권매입금액란

부동산별로 국민주택채권매입액을 기재한다. 채권매입액을 계산할 때에는 상속인별로 부동산별로 시가표준액을 산정하고 그 과세시가표준액에 근거하여 국민주택채권매입액을 각각 계산한다. 국민주택채권의 최저매입금액은 1만원으로 한다. 국민주택채권매입금액란의 하단에는 국민주택채권발행번호를 기재한다. 공시지가를 ㎡당 900,000원으로 가정하여 채권매입액을 계산하면 다음과 같다.

283.5㎡(면적)×900,000원(공시지가)=255,150,000원
김복순지분 = 3/7 = 109,350,000 원
채권매입비율 50/1,000 = 5,467,500원 (5,470,000원)
이대백지분 = 2/7 = 72,900,000 원
채권매입비율 40/1,000 = 2,916,000원 (2,920,000원)
이대영지분 = 2/7 = 72,900,000 원
채권매입비율 40/1,000 = 2,916,000원 (2,920,000원)
채권매입액 합계: 11,310,000원
(이는 보존등기이므로 보존등기에 해당하는 채권매입비율을 적용하여야 하지 상속등기에 해당하는 채권매입비율을 적용할 것이 아님)

⑦ 취득세 · 농어촌특별세 · 지방교육세란

㈎ ㉠ 소유권보존등기를 신청하는 경우에는 지방세법 제11조 제1항 제3호의 규정(원시취득)에 따라 시가표준액(255,150,000원)의 1,000분의 28에 해당하는 취득세를 납부한다(255,150,000 × 28/1,000 = 7,144,200원. 지방세법 제11조 제1항 제3호). ㉡ 취득물건에 대하여 지방세법 제10조의 과세표준에 제11조 제1항 제1호부터 제7호까지의 세율에서 1천분의 20을 뺀 세율을 적용하여 산출한 금액의 100분의 20의 지방교육세를 납부한다(255,150,000 × (28/1,000 − 20/1,000) × 20/100 = 408,240원. 지방세법 제151조 제1항), ㉢ 지방세법 제11조의 표준세율을 1,000분의 20로 적용하여 100분의 10에 해당하는 농어촌특별세를 납부한다(255,150,000 × 20/1,000 × 10/100 = 510,300원. 농어촌특별세법 제5조 제1항).

취득세	지방교육세	농어촌특별세
28/1,000	(28/1,000 - 20/1,000) x 20/100	20/1,000 x 10/100
지방세법 제11조 제1항 제3호	지방세법 제151조 제1항	농어촌특별세법 제5조 제1항

(나) 부동산등기의 취득세는 재산권 기타 권리의 취득 · 이전 · 변경 또는 소멸에 관한 사항을 등기부에 등기하는 경우에 그 등기를 받는 자에게 부과하는 것이므로(지방세법 제7조, 제24조), 건축물대장에 피상속인이 최초의 소유자로 등록되어 있는 미등기 건물을 상속인 전원 또는 협의분할에 의한 상속인 1인(또는 수인) 명의로 직접 소유권보존등기를 할 경우에는 보존등기에 따른 취득세만 납부하면 될 것이지, 위 보존등기가 실질적으로 피상속인의 소유권을 이전받는 것이라 하여 보존등기에 따른 취득세 이외에 상속으로 인한 이전등기의 취득세 및 국민주택채권을 매입하여야 하는 것은 아니다(2002. 3. 6. 등기선례 7-521). 따라서 이 경우에 소유권보존 등기에 대한 취득세(1,000분의 28)만 납부하면 그로써 족하지 상속등기의 취득세(농지의 경우에는 1,000분의 23)까지 별도로 납부할 것은 아니다.

(다) 취득세나 농어촌특별세가 비과세·감경·면제되는 경우 등에 대하여서는 지방세법, 지방세특례제한법, 조세특례제한법, 지방자치단체감면 등을 참조한다.

(라) 한편 건축물 최초 납세의무 성립시점인 원시취득 이전에 소유권보존등기를 하는 경우에는 취득과 무관한 등기를 하는 경우이기 때문에 취득세가 아니라 1,000분의 8에 해당하는 등록면허세를 납부하여야 한다. 이에는 건축물 준공 전 타인에 의하여 대위등기하는 경우 등이 해당된다.

⑧ 세액합계란

취득세, 지방교육세, 농어촌특별세액의 합계를 기재한다.

⑨ 등기신청수수료란

토지소유권보존등기를 신청하는 자는 등기신청수수료를 내야 하므로(법 제22조 제3항), 부동산 1개당 15,000원(전자표준양식에 의한 등기신청의 경우에는 13,000원, 전자신청의 경우에는 10,000원)에 해당하는 등기신청수수료를 납부하고 그 등기신청수수료금액 및 납부번호를 신청서에 기재한다(2024. 11. 29. 등기예규 제1789호).

⑩ 신청인 혹은 대리인의 표시란

(가) 신청인의 성명 및 전화번호를 기재하고, 기명날인 또는 서명을 한다.

㈏ 대리인이 등기신청을 하는 경우에는 그 대리인의 성명, 주소 및 전화번호를 기재하고 기명날인한다.

⑪ **첨부서면란**

등기신청서에 첨부한 서면을 각 기재한다.

4. 등기신청에 첨부할 서면

⑫ **등기원인을 증명하는 서면 — 토지대장등본 혹은 임야대장등본**

소유권보존등기를 신청하는 경우에도 규칙 제46조 제1항 제1호의 '등기원인을 증명하는 정보'를 첨부정보로 제공하여야 한다. 본 사안의 경우는 법 제65조 제1호에 해당하므로 신청인의 피상속인이 대장상 최초 소유자로 기재된 토지대장 · 임야대장을 제출하여야 한다.

⑬ **등기원인을 증명하는 서면 — 상속 혹은 포괄승계를 증명하는 서면**

대장상 최초 소유자의 상속인 혹은 포괄승계인이 소유권보존등기를 신청하는 경우이므로 상속을 증명하는 서면(기본증명서, 상속재산분할협의서 등) 혹은 포괄승계를 증명하는 서면(법인등기사항증명서, 유언증서 등)을 제출하여야 한다. 상속의 경우에는 다음 서면이 필요하다.

㈎ **상속을 증명하는 서면(피상속인)**

1) 피상속인이 2008. 1. 1. 이후에 사망신고가 된 경우로서, 피상속인에게 배우자와 자녀가 있는 경우에는 다음 각 호의 서면을 상속을 증명하는 서면으로 제출하여야 한다.

1. 피상속인의 기본증명서(상세) 및 가족관계증명서(상세)
2. 피상속인의 친양자입양관계증명서(상세)
3. 피상속인의 구 호적법상 제적등본(전적 전 제적등본 포함)

2) 위 기본증명서(상세)에 의하여서는 피상속인 이도령과 등기명의인의 동일성, 사망사실과 사망일시를 확인하고, 가족관계증명서(상세)를 통하여서는 배우자 김복순과 자녀 이대백, 이대영이 상속인이 맞는지 확인하여야 하며, 친양자입양관계증명서(상세)를 통해 피상속인이 사망한 후에 타인에게 친양자입양된 자녀의 존부와 피상속인 사망 당시 피상속인에게 친양자입양된 자녀의 존부를 확인할 수 있어야 한다.

3) 제적등본을 통해 2008년 1월 1일 이전 피상속인의 자녀 중 사망, 국적상실, 실종선고, 부재선고를 원인으로 제적된 자가 있는지 여부, 2008년 1월 1일 이전 혼인,

분가, 입양 등의 사유로 가족관계증명서에 누락된 직계비속이 있는지 여부를 확인한다.

4) 가족관계증명서(상세) 및 제적등본을 통해 피상속인 사망 전에 사망한 자녀의 존부를 확인하여 대습상속이 발생하였는지 조사한다(이상 상속등기에 관한 업무처리지침, 2025.01.24 등기예규 제1835호)

(나) 기본증명서 · 가족관계증명서(상속인)

피상속인의 가족관계증명서(상세)를 통해 상속인을 확인할 수 있기 때문에 원칙적으로 상속인의 기본증명서를 첨부할 필요는 없다. 다만, 등기관은 상속인의 주민등록표 등 · 초 등 제출된 첨부서면만으로 동일인임을 확인하가 어려운 경우 상속인의 기본증명서(상세)의 제출을 요구할 수 있다(위 등기예규 제1835호).

한편 피상속인이 2007. 12. 31. 이전에 사망신고가 된 경우에는 ① 피상속인의 제적등본 및 피상속인의 제적에 관한 기재사실에 의하여 확인된 각 상속인의 기본증명서(상세) 등을 제출하여야 하고, ② 구관습법상(1960. 1. 1.이전 사망) 호주상속에 따른 등기를 신청하는 경우에는 호주상속 개시사실과 호주상속인이 기재된 제적등 · 초본 및 호주상속인의 기본증명서(상세) 등을 제출하여야 한다(위 등기예규 제1835호).

⑭ 취득세영수필확인서 또는 취득세납부확인서

시장, 구청장, 군수 등으로부터 취득세납부서(OCR용지)를 발급받아 세금을 납부한 후 취득세영수필확인서를 신청서의 취득세액표시란의 좌측상단 여백에 첨부하거나, 또는 지방세인터넷납부시스템에서 출력한 취득세납부확인서를 첨부정보로서 등기소에 제공하여야 한다(지방세법 제20조; 지방세법시행령 제36조 제1항).

⑮ 등기신청수수료영수필확인서

토지소유권보존등기를 신청하는 자는 등기신청수수료를 내야 하므로(법 제22조 제3항), 부동산 1개당 15,000원(전자표준양식에 의한 등기신청의 경우에는 13,000원, 전자신청의 경우에는 10,000원)에 해당하는 등기신청수수료를 납부하고 등기신청수수료영수필확인서를 첨부한다(2024. 11. 29. 등기예규 제1789호).

⑯ 부동산의 표시를 증명하는 서면 - 토지대장등본 혹은 임야대장등본

토지의 경우에는 토지의 표시를 증명하는 토지대장 정보나 임야대장 정보를 등기소에 제공하여야 한다(규칙 제121조 제2항).

⑰ 주소 및 주민등록번호를 증명하는 서면 ― 주민등록표등본 · 초본

(가) 피상속인의 주소증명서면

1) 등기기록상 등기명의인이 피상속인임을 증명하기 위하여 요구되는 경우에는 예외적으로 피상속인의 주소를 증명하는 서면으로 주민등록표 등 · 초본(말소자 등 · 초본)을 제출하여야 한다.

2) 가족관계증명제도 시행 전의 사망으로 피상속인의 사망사실이 기재된 제적등본이 첨부된 경우 등기기록상 등기명의인인 피상속인의 주소가 그 제적부상의 기재와 다른 경우에도 1)과 같다(위 등기예규 제1835호).

3) 등기부상 피상속인의 주소와 피상속인의 주소가 다른 경우에는 피상속인의 주소변동이력이 표시된 주민등록표초본(말소자)을 첨부하여야 하는 것이 굳어진 등기실무이다(인터넷등기소-등기신청서견양 : '등기기록상의 주소와 최종 주소가 상이할 경우에는 반드시 주소변동내역이 포함된 주민등록표초본을 첨부하여야 한다'고 서술되어 있음을 참조할 것).

(나) 상속인의 주소 및 주민등록번호 증명서면)

1) 등기권리자가 될 상속인은 다음 각 호에 따라 주소 및 주민등록번호(또는 부동산등기용등록번호) 증명서면을 제출하여야 한다.

1. 내국인 : 주민등록표 등 · 초본
2. 재외국민 : 「재외국민 및 외국인의 부동산등기신청절차에 관한 예규」 제10조 및 제11조 의 규정에 따른 서면
3. 외국인 : 「재외국민 및 외국인의 부동산등기신청절차에 관한 예규」 제13조 및 제14조의 규정에 따른 서면

2) 등기권리자가 될 자가 아닌 상속인의 경우에는 원칙적으로 주소 및 주민등록번호(또는 부동산등기용등록번호) 증명서면을 제출할 필요가 없다. 다만, 다음 각 호의 경우에는 주소 및 주민등록번호(또는 부동산등기용등록번호) 증명서면을 제출하여야 한다.

1. 상속을 증명하는 서면과 상속재산분할협의서 또는 인감증명서상 상속인의 표시만으로 상속인의 동일성을 알 수 없는 경우
2. 상속재산분할협의서에 기재한 상속인의 주소와 인감증명서의 주소가 부합하지 않는 경우(위 등기예규 제1835호)

(다) 상속인의 주소 및 주민등록번호 증명서면을 제출할 수 없는 경우

1) 공동상속인 중 일부가 행방불명되어 그 주민등록이 말소된 경우에는 말소된 주민등록표 등 · 초본을 첨부하여 그 최후 주소를 주소지로 하여 상속등기를 신청할 수 있다.

2) 공동상속인 중 일부가 주민등록을 한 사실이 없거나 제적부 등 · 초본이나 기본증명서에 주민등록번호가 기재되어 있지 않는 등 사유로 주민등록표 등 · 초본을 발급

받을 수 없는 경우에는 제적부 등 · 초본상의 본적지 또는 기본증명서상의 등록기준지를 그 주소지로 하고, 그 제적등 · 초본(또는 기본증명서)을 주소를 증명하는 서면으로 하여 상속등기를 신청할 수 있다.

3) 상속인이 미수복지구에 호적을 가진 자와 혼인한 사유로 제적된 사실만 나타날 뿐 혼가의 본적지 이외의 주소지나 최후 주소지를 알 수 없을 때에는 그 제적등본을 상속을 증명하는 서면과 주소를 증명하는 서면으로 하여 그 제적사유에 기재된 혼가의 본적지를 주소지로 한 상속등기를 신청할 수 있다(위 등기예규 제1835호).

⑱ 위임장

등기신청을 법무사 등 대리인에게 위임하는 경우이므로 대리권한을 증명하는 정보로 위임장을 첨부정보로서 등기소에 제공하여야 한다(규칙 제46조 제1항 제5호). 위 위임장에는 위임인이 기명날인 또는 서명하여야 한다.

⑲-1 기타 — 신청인이 법인인 경우

한편 법인이 포괄승계인의 지위에서 보존등기를 신청하는 경우에는 대표자의 자격을 증명하는 서면으로 법인등기사항전부증명서 또는 법인등기사항일부증명서를 첨부하여야 한다(규칙 제46조 제1항 제4호). 이 경우의 위 법인등기사항증명서는 소유자의 주소를 증명하는 서면, 부동산등기용등록번호를 증명하는 서면이기도 하다(규칙 제46조 제1항 제6호). 다만 법인등기가 되어 있는 등기소와 부동산소재지 관할 등기소가 동일한 경우에는 위 법인등기사항증명서를 제출할 필요가 없다(규칙 제46조 제5항).

5. 등기신청서류 편철순서

신청서, 취득세영수필확인서, 등기신청수수료영수필확인서, 위임장, 토지대장등본, 피상속인의 제적등본, 피상속인의 기본증명서, 피상속인의 가족관계증명서, 동일인보증서(해당하는 경우), 주민등록표등본 · 초본 등의 순으로 편철하는 것이 바람직하다.

〔별지〕

신청인의 표시	
피상속인	망 이도령 410219-1017282 서울특별시 서초구 서초대로100길 60(서초동)
신청인 7분의 3	김 복 순

450203-2018722
서울특별시 서초구 서초대로100길 60(서초동)
7분의 2 이 대 백
730321-1617312
서울특별시 서초구 서초대로200길 61(서초동)
7분의 2 이 대 영
770423-1617411
서울특별시 서초구 서초대로300길 62(서초동)

6. 등기기록례

[표 제 부]		(토지의 표시)			(No.1)
표시번호	접 수	소재지번	지목	면적	등기원인 및 기타 사항
1	2025년 8월 1일	서울특별시 서초구 우면동 220	전	283.5㎡	

[갑 구]		(소유권에 관한 사항)		(No.200)
순위번호	등기목적	접 수	등기원인	권리자 및 기타 사항
1	소유권보존	2025년 8월 1일 제3005호		공유자 지분 7분의3 김복순 450203-2018722 서울특별시 서초구 서초대로 100길 60(서초동) 지분 7분의2 이대백 730321-1617312 서울특별시 서초구 서초대로 200길 61(서초동) 지분 7분의2 이대영 770423-1617411 서울특별시 서초구 서초대로 300길 62(서초동)

사례연습

소유권보존등기신청(상속보존-구분건물)

| 설 문 |

아래 문제의 취지에 따른 등기신청서를 작성하라 (30점).

문: 등기되지 아니한 아래 부동산의 집합건축물대장상 최초의 소유자인 이평수(360606 - 1011121, 최후주소: 서울특별시 서초구 서초대로 22(서초동), 등록기준지: 경기도 여주군 갈음리 200)은 2025. 7. 13. 사망하였고 그의 상속인으로는 배우자 김복순(400404 - 2011211, 서울특별시 서초구 서초대로 22(서초동))과 자 이영남(670602 - 1011131, 서울특별시 강남구 강남대로 33(도곡동)), 자 이현숙(710809-2011132, 서울특별시 관악구 관악대로 45, 101동 306호 (봉천동, 현대아파트)이 있다. 위 이현숙은 2025. 7. 20. 상속포기를 하였으며 그 배우자는 없으나 직계비속으로는 박철중(991201-1036919, 서울특별시 관악구 관악대로 45, 101동 306호 (봉천동, 현대아파트))이 있다.

위 사안의 경우에 상속인들이 2025. 7. 25. 협의하여 당해 부동산을 이영남 명의로 하는 등기신청서를 작성하고 첨부서면에 대하여서는 명의인을 첨부서면란에 괄호 ( )로 기재하고 통수를 기재하되, 첨부이유와 근거조문은 별지로 설명하라.

참고자료

1. 대지의 표시
   서울특별시 서초구 서초동 100 대 800㎡
   서울특별시 서초구 서초동 101 대 400㎡
2. 토지등기부에는 김복순, 이영남, 박철중의 공유로 되어 있다. 각자의 지분은 각 3분의 1이다.
3. 집합건축물 사용승인날짜 2025. 7. 1.
4. 신축건물의 표시
   명 칭 프라임빌라
   구 조 철근콘크리트조 슬래브지붕 2층
   종 류 다세대주택

층별면적　1층, 2층　각 250㎡

전유부분의 건물의 표시

건물의 번호　1 - 101, 1-102, 2-201, 2-202

구　조　철근콘크리트조

면　적　120㎡ (101호), 80㎡ (102호)

120㎡ (201호), 80㎡ (202호)

101호, 201호 공용부분면적　30.00㎡

102호, 202호 공용부분면적　20.00㎡

5. 건축물대장상 피상속인의 표시

이평수 : 서울특별시 강남구 강남대로 100 (역삼동)

6. 이평수의 말소자초본에는 위 서울특별시 강남구 강남대로 100 (역삼동) 주소가 나타나지 않는다.

7. 취득세/지방교육세/농어촌특별세, 국민주택채권해당란은 공란으로 처리할 것.

8. 등기신청일　2025. 7. 25.

9. 관할 등기소 : 서울중앙지방법원 등기국

10. 등기신청대리인 : 귀 수험생의 인적사항을 사용할 것.

【모범답안】

구분건물소유권보존등기신청(상속)

접 수	년 월 일	처리인	등기관 확인	각종통지
	제 호			

부동산의 표시
1동의 건물의 표시 서울특별시 서초구 서초동 100, 101 [도로명주소] 서울특별시 서초구 서초대로 369 프라임빌라 철근콘크리트조 슬래브지붕 2층 다세대주택 1층 250㎡ 2층 250㎡ 전유부분의 건물의 표시 1. 건물의 번호 1-101 / 구 조 철근콘크리트조 / 면 적 제1층 제101호 120.00㎡ 2. 건물의 번호 1-102 / 구 조 철근콘크리트조 / 면 적 제1층 제102호 80.00㎡ 3. 건물의 번호 2-201 / 구 조 철근콘크리트조 / 면 적 제2층 제201호 120.00㎡ 4. 건물의 번호 2-202 / 구 조 철근콘크리트조 / 면 적 제2층 제202호 80.00㎡ 대지권의 표시 토지의 표시 1. 서울특별시 서초구 서초동 100 대 800㎡ 2. 서울특별시 서초구 서초동 101 대 400㎡ 대지권의 종류 1. 2 소유권대지권 대지권의 비율 101호,201호 : 1,200분의 120 102호,202호: 1,200분의 80 등기원인과 그 연월일 2025년 7월 1일 대지권 -이 상-

등기원인과 그 연월일	
등 기 의 목 적	소유권보존
신 청 근 거 규 정	부동산등기법 제65조 제1호

구분	성 명	주민등록번호	주 소	지분 (개인별)
피상속인	망 이평수	360606-1011121	서울특별시 서초구 서초대로 22(서초동) 대장상 주소: 특별시 강남구 강남대로 100 (역삼동)	
등기 권리자	이영남	670602-1011131	서울특별시 강남구 강남대로 33(도곡동)	

시가표준액 및 국민주택채권매입금액				
부동산 표시	부동산별 시가표준액	부동산별 국민주택채권매입금액		
		금		원
		금		원
국민주택채권매입총액		금		원
국민주택채권발행번호				
취득세 금 원	지방교육세	금		원
	농어촌특별세	금		원
세 액 합 계		금		원
등기신청수수료		금	60,000	원
		납부번호 :		

등기의무자의 등기필정보		
부동산고유번호		
성 명 (명칭)	일 련 번 호	비 밀 번 호

첨 부 서 면 〈간인〉			
1. 집합건축물대장등본	5통	1. 주민등록표초본	1통
1. 기본증명서(이평수)	1통	1. 취득세영수필확인서	1통
1. 가족관계증명서(이평수)	1통	1. 등기신청수수료영수필확인서	1통
1. 친양자입양관계증명서(이평수)	1통	1. 말소자주민등록표초본(이평수)	1통
1. 제적등본(이평수)	1통	1. 동일인보증서(법무사)	1통
1. 상속포기심판문	1통	1. 법무사자격증 사본(법무사)	1통
1. 상속재산분할협의서	1통	1. 인감증명 또는 본인서명사실확인서(법무사)	1통
1. 인감증명 또는 본인서명사실확인서	2통	1. 위임장	1통

2025년 7월 25일

신청인 (전화 :)

위대리인 법무사 유합격 직인 (전화 : 02-599-7000)

서울특별시 관악구 관악대로 100, 502호 (봉천동, 서연빌딩)

서울중앙지방법원 등기국 귀중

신청서 작성요령

* 1. 부동산표시란에 2개 이상의 부동산을 기재하는 경우에는 부동산의 일련번호를 기재하여야 합니다.
2. 신청인란 등 해당란에 기재할 여백이 없을 경우에는 별지를 이용합니다.
3. 담당 등기관이 판단하여 위의 첨부서면 외에 추가적인 서면을 요구할 수 있습니다.

〔첨부서면에 대한 설명〕

① **집합건축물대장등본**(표제부)

구분건물에 대한 소유권보존등기를 신청하는 경우 등기원인을 증명하는 서면 및 부동산의 표시를 증명하는 서면으로 1동의 건물에 대한 집합건축물대장등본(표제부) 1통을 첨부정보로서 등기소에 제공하여야 한다(규칙 제46조 제1항 제1호, 규칙 제121조 제2항).

② **집합건축물대장등본**(전유부분)

구분건물에 대한 소유권보존등기를 신청하는 경우에는 등기원인을 증명하는 서면 및 부동산의 표시를 증명하는 서면으로 각 전유부분에 대한 집합건축물대장등본(전유부분) 4통을 첨부정보로서 등기소에 제공하여야 한다(규칙 제46조 제1항 제1호, 규칙 제121조 제2항).

③,⑤ **피상속인의 기본증명서, 가족관계증명서, 친양자입양관계증명서, 제적등본 등**

1) 피상속인이 2008. 1. 1. 이후에 사망신고가 된 경우로서, 피상속인에게 배우자와 자녀가 있는 경우에는 다음 각 호의 서면을 상속을 증명하는 서면으로 제출하여야 한다.

1. 피상속인의 기본증명서(상세) 및 가족관계증명서(상세)
2. 피상속인의 친양자입양관계증명서(상세)
3. 피상속인의 구 호적법상 제적등본(전적 전 제적등본 포함)

2) 위 기본증명서(상세)에 의하여서는 피상속인과 대장상 최초소유자 이평수의 동일성, 사망사실과 사망일시를 확인하고, 가족관계증명서(상세)를 통하여서는 배우자 김복순과 자녀 이영남, 이현숙이 상속인이 맞는지 확인하여야 하며, 친양자입양관계증명서(상세)를 통해 피상속인이 사망한 후에 타인에게 친양자입양된 자녀의 존부와 피상속인 사망 당시 피상속인에게 친양자입양된 자녀의 존부를 확인할 수 있어야 한다.

3) 제적등본을 통해 2008년 1월 1일 이전 피상속인의 자녀 중 사망, 국적상실, 실종선고, 부재선고를 원인으로 제적된 자가 있는지 여부, 2008년 1월 1일 이전 혼인, 분가, 입양 등의 사유로 가족관계증명서에 누락된 직계비속이 있는지 여부를 확인한다

4) 가족관계증명서(상세) 및 제적등본을 통해 피상속인 사망전에 사망한 자녀의 존부를 확인하여 대습상속이 발생하였는지 조사한다(이상 상속등기에 관한 업무처리지침, 2025.01.24 등기예규 제1835호)

⑥ **상속인의 기본증명서**

피상속인의 가족관계증명서(상세)를 통해 상속인을 확인할 수 있기 때문에 원칙적으로 상속인의 기본증명서를 첨부할 필요는 없다. 다만, 등기관은 상속인의 주민등록표 등·초 등 제출된 첨부서면만으로 동일인임을 확인하가 어려운 경우 상속인의 기본증명서(상세)의 제출을 요구할 수 있다(위 등기예규 제1835호).

한편 피상속인이 2007. 12. 31. 이전에 사망신고가 된 경우에는 ① 피상속인의 제적등본 및 피상속인의 제적에 관한 기재사실에 의하여 확인된 각 상속인의 기본증명서(상세) 등을 제출하여야 하고, ② 구관습법상(1960. 1. 1.이전 사망) 호주상속에 따른 등기를 신청하는 경우에는 호주상속 개시사실과 호주상속인이 기재된 제적등·초본 및 호주상속인의 기본증명서(상세) 등을 제출하여야 한다(위 등기예규 제1835호).

⑦ **상속포기심판결정문**

이현숙의 상속포기증명서면으로 상속포기심판결정문을 제출한다(규칙 제46조 제1항 제1호). 확정증명은 별도로 첨부하지 않는다.

⑧ **상속재산분할협의서**

등기원인을 증명하는 서면으로 상속인간에 상속재산분할협의가 있었음을 증명하는 서면으로 상속재산분할협의서를 첨부정보로서 등기소에 제공하여야 한다(규칙 제46조 제1항 제1호).

⑨ **인감증명**

위 상속재산분할협의서에 날인한 상속인들의 인감증명을 첨부정보로서 등기소에 제공하여야 한다(규칙 제60조 제1항 제6호). 위 인감증명에 갈음하여 협의서 등에 서명을 하고 본인서명사실확인서를 첨부하거나 전자본인서명사실확인서 발급증을 첨부할 수 있다(부동산등기규칙 제60조의2).

⑩ **주민등록표등본 또는 초본**

등기권리자(새로이 등기명의인이 되는 경우)인 이영남의 주소 및 주민등록번호를 증명하는 서면으로 주민등록표 등본 또는 초본을 제출하여야 한다(규칙 제46조 제1항 제6호).

⑪ **취득세영수필확인서 또는 취득세납부확인서**

시장, 구청장, 군수 등으로부터 취득세납부서(OCR용지)를 발급받아 세금을 납부한 후 취득세영수필확인서를 신청서의 취득세액표시란의 좌측상단 여백에 첨부하거나, 또는 지방세인터넷납부시스템에서 출력한 취득세납부확인서를 첨부정보로서 등기소에 제공하여야 한다(지방세법 제20조, 지방세법시행령 제36조 제1항).

⑫ 등기신청수수료 영수필확인서

1) 대한민국법원 인터넷등기소(http://www.iros.go.kr/)를 이용하여 전자적인 방법(신용카드, 계좌이체, 선불형지급수단)으로 납부

2) 법원행정처장이 지정하는 수납금융기관에 현금으로 납부

3) 무인발급기를 이용하여 현금 또는 신용카드로 납부하고 발급받은 등기신청수수료 영수필확인서를 첨부한다(법 제22조 제3항; 2024.11.29 등기예규 제1789호; 시행 2025.01.31.).

⑬ 피상속인의 주민등록표초본(말소자초본)

1) 원칙적으로 피상속인의 주소를 증명하는 서면을 제출할 필요는 없지만, 본 사안의 경우에는 대장상 최초 소유자가 피상속인임을 증명하기 위하여 피상속인의 주소를 증명하는 서면으로 주민등록표 등 · 초본(말소자 등 · 초본)을 제출하여야 한다.

2) 가족관계증명제도 시행 전의 사망으로 피상속인의 사망사실이 기재된 제적등본이 첨부된 경우 대장상 최초 소유자인 피상속인의 주소가 제적부상의 기재와 다른 경우에도 제1항과 같다(위 등기예규 제1835호),

⑭ 법무사의 동일인보증서, 자격증 사본, 인감증명

본 사안의 경우에는 피상속인 이평수의 건축물대장에 주민등록번호가 나타나지 아니하고 주소가 등록기준지와 상이하며, 이평수의 말소자초본에 의하여서도 건축물대장상 주소가 소명되지 아니하므로 피상속인의 주소를 확인하는 데 상당하다고 인정되는 자의 보증서면과 그 인감증명 및 기타 보증인자격을 인정할 만한 서면(공무원 재직증명, 법무사 자격증 사본 등)을 첨부하여야 한다(규칙 제46조 제1항 제1호).

⑮ 위임장

등기신청을 법무사 등 대리인에게 위임하는 경우이므로 대리권한을 증명하는 정보로 위임장을 첨부정보로서 등기소에 제공하여야 한다(규칙 제46조 제1항 제5호). 위 위임장에는 위임인이 기명날인 또는 서명하여야 한다. 본 사안의 경우에 인감날인할 것이 요구되지 않는다.

4. 소유권보존등기 — (3) 구분건물소유권보존등기신청(일괄신청)

구분건물소유권보존등기신청
(일괄신청)

접 수	년 월 일	처리인	등기관 확인	각종통지
	제 호			

① 부동산의 표시				
별지 기재와 같음				
등기원인과 그 연월일				
② 등 기 의 목 적	소유권보존			
③ 신 청 근 거 규 정	부동산등기법 제65조 제1호			
구 분	성 명 (상호·명칭)	주민등록번호 (등기용등록번호)	주 소(소재지)	지분 (개인별)
④ 신 청 인	서초건설 주식회사 대표이사 김 대 영	110111-0038274	서울특별시 서초구 서초대로 89길 33(서초동) 서울특별시 강동구 명일로 172길 133, 101동 1501호 (길동, 성삼아파트)	

〔별 지〕

부동산의 표시

1동의 건물의 표시

서울특별시 서초구 서초동 100

샛별빌라 제가동 (간인)

[도로명주소] 서울특별시 서초구 서초대로269길 33

철근콘크리트조 슬래브지붕 3층 연립주택

1 층 245㎡ 2 층 245㎡

3 층 245㎡

전유부분의 건물의 표시

1. 건물의 번호 가-1-101
구조 철근콘크리트조
면적 제1층 제101호 86.03㎡

2. 건물의 번호 가-1-102
구조 철근콘크리트조
면적 제1층 제 102호 86.03㎡

3. 건물의 번호 가-2-201
구조 철근콘크리트조
면적 제2층 제201호 86.03㎡

4. 건물의 번호 가-2-202
구조 철근콘크리트조
면적 제2층 제202호 86.03㎡

5. 건물의 번호 가-3-301
구조 철근콘크리트조
면적 제3층 제301호 86.03㎡

6. 건물의 번호 가-3-302
구조 철근콘크리트조
면적 제3층 제302호 86.03㎡

각 전유부분의 대지권의 표시

대지권의 목적인 토지의 표시

1. 서울특별시 서초구 서초동 100
대 3,000㎡

대지권의 종류 1, 소유권대지권

대지권의 비율 3,000분의 100

대지권연월일 2026년 7월 20일 대지권

이 상

<table>
<tr><td colspan="4">시가표준액 및 국민주택채권매입금액</td></tr>
<tr><td>부동산 표시</td><td>부동산별 시가표준액⑤</td><td colspan="2">부동산별 국민주택채권매입총액⑥</td></tr>
<tr><td>1. 공동주택</td><td>금 600,000,000 원</td><td colspan="2">금 원</td></tr>
<tr><td></td><td></td><td colspan="2">금 원</td></tr>
<tr><td colspan="2" rowspan="2">⑦ 취득세(등록면허세) 금 16,800,000원</td><td colspan="2">⑦ 지 방 교 육 세 금 960,000 원</td></tr>
<tr><td colspan="2">⑦ 농어촌특별세 금 1,200,000 원</td></tr>
<tr><td colspan="2">⑧ 세 액 합 계</td><td colspan="2">금 18,960,000 원</td></tr>
<tr><td colspan="2" rowspan="2">⑨ 등 기 신 청 수 수 료</td><td colspan="2">금 90,000 원</td></tr>
<tr><td colspan="2">납부번호:</td></tr>
<tr><td colspan="4">⑪ 첨 부 서 면 (간인)</td></tr>
<tr><td colspan="2">1. 등기원인을 증명하는 서면 1통 ⑫
1. 취득세영수필확인서 1통 ⑬
1. 등기신청수수료영수필확인서 1통 ⑭
1. 집합건축물대장등본 8통 ⑮
1. 법인등기사항증명서 1통 ⑯
1. 건물도면 1통 ⑰</td><td colspan="2">1. 위임장 1통 ⑱
<기 타> ⑲</td></tr>
<tr><td colspan="4">2025년 7월 27일

⑩ 위 신청인

위 대리인 법무사 유 명 한 (직인) (전화: 599-0000)
서울특별시 서초구 서초대로100길 233 (서초동)

서울중앙지방법원 등기국 귀중</td></tr>
</table>

신청서 작성요령

* 1. 부동산표시란에 2개 이상의 부동산을 기재하는 경우에는 부동산의 일련번호를 기재하여야 합니다.
2. 신청인란 등 해당란에 기재할 여백이 없을 경우에는 별지를 이용합니다.

등기신청안내서 — 구분건물소유권보존등기신청

1. 구분건물 소유권보존등기

구분건물을 등기부에 기재하는 최초의 등기로, 1동의 건물 전체에 대한 등기와 전유부분(각 부분)에 대한 등기를 함께 하여야 한다. 아파트에 대한 등기가 그 대표적이다. 1동의 건물에 속하는 구분건물 중의 일부만에 관하여 소유권보존등기를 신청하는 경우에도 그 나머지 구분건물에 관한 표시에 관한 등기를 동시에 신청하여야 한다. 구분건물별로 별건으로 보존등기를 신청할 수는 있지만 그 등기신청은 동시에 하여야 한다. 본 등기신청은 1동에 속하는 구분건물 전부에 대하여 소유권보존 등기신청을 하는 경우이다(건물의 대지에 대하여서는 이미 구분건물소유자들이 소유권을 가지고 있음).

2. 등기신청방법

신청인 본인 또는 법무사 등 그 대리인이 신분을 확인할 수 있는 주민등록증 등을 가지고 직접 등기소에 출석하여 신청한다.

3. 등기소에 제공하여야 하는 신청정보

신청서는 한글과 아라비아 숫자로 기재한다. 부동산의 표시란이나 신청인란 등이 부족할 경우에는 별지를 사용하고, 별지를 포함하여 신청서가 여러 장인 때에는 각 장 사이에 간인을 하여야 한다.

① 부동산의 표시란

㈎ 1동의 건물의 표시　　1동의 건물 전체에 관한 것으로, 집합건축물대장등본을 참고하여 1동의 건물 전체의 소재와 지번, 구조, 종류, 면적(구조상 공용부분을 포함하되, 전체의 면적을 층별로 표시)을 기재하고, 건물의 번호가 있는 때에는 그 번호, 건물에 명칭이 있는 때에는 그 명칭을 기재한다. 소재와 지번은 1동의 건물이 소재하는 토지 즉 법정대지를 표시한다.

㈏ 전유부분의 건물의 표시　　전유부분의 건물의 번호, 구조(다만 지붕의 구조는 표시하지 아니한다), 면적과 부속건물이 있는 때에는 그 구조와 면적만 기재하되, 구분

건물의 구조가 복식건물인 때에는 그 표시를, 1동의 건물이 복합건물이고 종류별로 구분한 때에는 그 종류를 표시하며 지붕은 기재하지 않는다. 전유부분의 소재와 지번은 기재하지 아니한다.

㈐ **대지권의 표시** 대지권의 목적인 토지의 표시, 대지권의 종류, 비율, 등기원인과 그 연월일 등을 기재한다(규칙 제43조 제1항 제1호 다.).

(i) 대지권의 목적인 토지의 표시는 토지의 소재와 지번, 지목, 면적을,

(ii) 대지권의 종류는 소유권, 지상권, 전세권, 임차권 등 권리의 종류에 따라 기재하며(예: 소유권대지권, 지상권대지권 등),

(iii) 대지권의 비율은 대지권의 목적인 토지에 대한 지분비율을 기재하고,

(iv) 등기원인은 '대지권'으로, 그 연월일은 1동의 건물의 신축일 등 대지권 발생년월일을 기재한다. 대지사용권을 가지고 있는 자가 구분건물을 신축하여 소유권보존등기와 함께 대지권등기를 신청할 때에는 집합건축물대장상의 사용승인일란에 기재된 일자가 대지권 발생원인일자가 된다(2018. 4. 13. 부동산등기과−890 질의회답). 타인의 토지 위에 건물을 신축하여 소유권보존등기를 한 후 구분소유자가 그 건물의 대지위에 소유권(지상권)을 취득함으로써 대지권을 취득한 경우에는 토지소유권(지상권)의 취득일이 대지권발생일자가 된다.

(v) 대지권의 내용이 각 전유부분별로 동일한 때에는 전유부분의 건물의 표시를 일괄하여 표시한 다음에 대지권의 표시를 하여도 무방하지만, 전유부분의 대지권의 내용이 다른 경우에는 각각의 전유부분마다 대지권을 별도로 표시하여야 한다.

② 등기의 목적란

'소유권보존'이라고 기재한다.

③ 신청근거규정란

㈎ 건축물대장등본을 첨부하여 구분건물 전부에 대하여 소유권보존등기를 신청하는 경우에는 '부동산등기법 제65조 제1호'이라 기재한다(규칙 제121조 제1항).

㈏ 1동에 속하는 구분건물 중 일부 건물에 대하여 소유권보존등기를 신청하면서 나머지 구분건물의 표시에 관한 등기를 동시에 신청하는 경우에도 마찬가지이다(법 제46조 제1항 참조, 규칙 제121조 제1항).

④ 신청인란

소유자의 성명, 주민등록번호, 주소를 기재한다. 그러나 신청인이 법인인 경우에는 상호(명칭), 본점(주사무소 소재지), 등기용등록번호를 기재하고, 대표기관(대표이사)의 성명과 주소를 기재한다. 법인 아닌 사단이나 재단인 경우에는 상호(명칭), 본점(주

사무소 소재지), 등기용등록번호 및 대표자(관리인)의 성명, 주민등록번호, 주소를 각 기재한다.

⑤ **시가표준액란**

건축물(새로 건축하여 건축 당시 개별주택가격 또는 공동주택가격이 공시되지 아니한 주택으로서 토지부분을 제외한 건축물을 포함한다) 및 그 밖의 과세대상에 대한 시가표준액은 거래가격, 신축가격 등을 고려하여 정한 기준가격에 종류, 구조, 용도, 경과연수 등 과세대상별 특성을 고려하여 대통령령으로 정하는 기준에 따라 지방자치단체의 장이 결정한 가액으로 한다(지방세법 제4조 제2항). 본 사안의 경우에 구분건물 1개당 시가표준액을 1억원으로 가정한다.

⑥ **국민주택채권매입액**

건물의 경우에는 보존등기시에 국민주택채권을 매입하지 아니한다. 건축물은 건축허가시에 국민주택채권을 매입하여야 하므로 건축허가를 신청할 때에 국민주택채권을 매입한 자가 사용검사를 마친 건축물에 대하여 소유권보존등기를 할 때에는 국민주택채권을 매입하지 아니한다(주택도시기금법시행령 제8조 제2항 별표 부표 15호).

⑦ **취득세 · 농어촌특별세 · 지방교육세란**

㈎ ㉠ 소유권보존등기를 신청하는 경우에는 지방세법 제11조 제1항 제3호의 규정(원시취득)에 따라 시가표준액(600,000,000원)의 1,000분의 28에 해당하는 취득세를 납부한다(600,000,000 × 28/1,000 = 16,800,000원. 지방세법 제11조 제1항 제3호). ㉡ 취득물건에 대하여 지방세법 제10조의 과세표준에 제11조 제1항 제1호부터 제7호까지의 세율에서 1천분의 20을 뺀 세율을 적용하여 산출한 금액의 100분의 20의 지방교육세를 납부한다(600,000,000 × (28/1,000 - 20/1,000) × 20/100 = 960,000원. 지방세법 제151조 제1항), ㉢ 지방세법 제11조의 표준세율을 1,000분의 20으로 적용하여 100분의 10에 해당하는 농어촌특별세를 납부한다(600,000,000 × 20/1,000 × 10/100 = 1,200,000원. 농어촌특별세법 제5조 제1항).

취득세	지방교육세	농어촌특별세
28/1,000	(28/1,000 - 20/1,000) x 20/100	20/1,000 x 10/100
지방세법 제11조 제1항 제3호	지방세법 제151조 제1항	농어촌특별세법 제5조 제1항

㈏ 취득세나 농어촌특별세가 비과세·감경·면제되는 경우 등에 대하여서는 지방세법, 지방세특례제한법, 조세특례제한법, 지방자치단체감면 등을 참조한다.

㈐ 건축물 최초 납세의무 성립시점인 원시취득 이전에 소유권보존등기를 하는 경우에는 취득과 무관한 등기를 하는 경우이기 때문에 취득세가 아니라 1,000분의 8에 해당하는 등록면허세를 납부하여야 한다. 이에는 건축물 준공 전 타인에 의하여 대위등기하는 경우 등이 해당된다.

⑧ 세액합계란

취득세액, 농어촌특별세액, 지방교육세액의 합계를 기재한다.

⑨ 등기신청수수료란

구분건물소유권보존등기를 신청하는 자는 등기신청수수료를 내야 하므로(법 제22조 제3항), 부동산 1개당 15,000원(전자표준양식에 의한 등기신청의 경우에는 13,000원, 전자신청의 경우에는 10,000원)에 해당하는 등기신청수수료를 납부하고 그 등기신청수수료 금액 및 납부번호를 신청서에 기재한다.

⑩ 신청인 혹은 대리인의 표시란

㈎ 신청인의 성명 및 전화번호를 기재하고, 기명날인 또는 서명을 한다.

㈏ 대리인이 등기신청을 하는 경우에는 그 대리인의 성명, 주소 및 전화번호를 기재하고 기명날인한다.

⑪ 첨부서면란

등기신청서에 첨부한 서면을 각 기재한다.

4. 등기소에 제공하여야 하는 첨부정보

⑫ 등기원인을 증명하는 서면

소유권보존등기를 신청하는 경우에도 규칙 제46조 제1항 제1호의 '등기원인을 증명하는 정보'를 첨부정보로 제공하여야 한다. 법 제65조를 기준으로 살펴보면 다음과 같다.

㈎ 법 제65조 제1호의 경우

법 제65조 제1호에 의하여 소유권보존등기를 신청하는 경우에는 첨부정보로 토지대장 · 임야대장 · 건축물대장, 상속을 증명하는 서면(기본증명서, 상속재산분할협의서 등), 포괄승계를 증명하는 서면(법인등기사항증명서, 유언증서 등)을 제공한다.

㈏ 법 제65조 제2호의 경우

첨부정보로 판결정본 및 확정증명서를 제공한다.

㈐ 법 제65조 제3호의 경우

첨부정보로 재결수용의 경우에는 재결서 등본 및 보상금을 증명하는 서면, 협의성립확인에 의한 수용의 경우에는 토지수용위원회의 협의성립확인서 또는 협의성립의 공정증서와 그 수리증명서 및 보상금을 증명하는 서면을 제공한다.

㈑ 법 제65조 제4호의 경우

첨부정보로 특별자치도지사, 시장, 군수 또는 구청장의 확인서를 제공한다. 이 경우 구청장은 자치구의 구청장을 의미한다. 읍, 면장은 건축물대장의 작성권한이 없으므로 개정법에서는 이를 삭제하였다.

⑬ 취득세영수필확인서 또는 취득세납부확인서

시장, 구청장, 군수 등으로부터 취득세납부서(OCR용지)를 발급받아 세금을 납부한 후 취득세영수필확인서를 신청서의 취득세액표시란의 좌측상단 여백에 첨부하거나, 또는 지방세인터넷납부시스템에서 출력한 취득세납부확인서를 첨부정보로서 등기소에 제공하여야 한다(지방세법 제20조; 지방세법시행령 제36조 제1항).

⑭ 등기신청수수료영수필확인서

구분건물소유권보존등기를 신청하는 자는 등기신청수수료를 내야 하므로(법 제22조 제3항), 부동산 1개당 15,000원(전자표준양식에 의한 등기신청의 경우에는 13,000원, 전자신청의 경우에는 10,000원)에 해당하는 등기신청수수료를 납부하고 등기신청수수료영수필확인서를 첨부한다(2024. 11. 29. 등기예규 제1789호).

⑮ 집합건축물대장등본

(i) 대장은 1동의 건물을 표시한 용지와 그 1동의 건물에 속하는 전유부분의 건물을 표시한 용지로 편성되어 있으며(집합건물의 소유 및 관리에 관한 법률 제53조), 부동산의 현황 및 신청인의 소유권을 증명하는 서면(전유부분을 표시하는 용지에는 소유자를 기재하게 되어 있다. 동법 제54조)으로 첨부한다.

(ii) 본 사안의 경우는 1동의 건물에 속하는 구분건물 전부에 대하여 소유권보존등기를 신청하는 경우이므로, 부동산의 표시를 증명하는 서면으로는 1동의 건물에 대한 집합건축물대장(표제부)과 각 구분건물에 대한 집합건축물대장(전유부)를 제출하여야 한다.

(iii) 구분건물보존등기신청시에 토지대장등본을 실무상 제출하지만, 그에 대한 부동산등기법상 근거는 없다.

각 전유부분의 토지대장등본에는 각 전유부분이 가지는 대지권의 종류 및 비율이 기재되므로(대지권등록부에), 대지권이 이미 있는 구분건물에 대하여 '소유권이전등기'를 신청할 때에는 건축물대장등본 및 토지대장등본(해당 전유부분의 대지권이 기재된 대지권등록부를 포함하여)을 첨부하여야 한다. 그러나 토지대장 또는 임야대장에 등록하는 토지가 부동산등기법에 의하여 대지권등기가 된 때에 비로소 대지권등록부에 1. 토지의 소재 2. 지번 3. 대지권 비율 등을 기재하는 것이므로(공간정보관리법 제71조 제3항), '집합건물소유권보존등기'나 '구분등기'를 신청할 때에 대지권이 이미 기재된 토지대장 등본을 첨부할 필요도 없고 첨부할 수도 없다.

⑯ 법인등기사항증명서

신청인인 서초건설주식회사의 대표자의 자격을 증명하는 서면으로 법인등기사항증명서를 첨부한다(규칙 제46조 제1항 제4호). 이 경우의 위 법인등기사항증명서는 소유자의 주소를 증명하는 서면, 부동산등기용등록번호를 증명하는 서면이기도 하다(규칙 제46조 제1항 제6호). 다만 법인등기가 되어 있는 등기소와 부동산소재지 관할 등기소가 동일한 경우에는 위 법인등기사항증명서를 제출할 필요가 없다(규칙 제46조 제5항).

⑰ 건물도면

(i) 구분건물에 대한 소유권보존등기를 신청하는 경우에는 1동의 건물의 소재도, 각 층의 평면도와 전유부분의 평면도를 첨부정보로서 등기소에 제공하여야 한다(규칙 제121조 제4항). 다만, 건물의 표시를 증명하는 정보로서 건축물대장 정보를 등기소에 제공한 경우에는 그러하지 아니하다(규칙 제121조 제4항).

(ii) 한편 건축물대장등본 등에 의하여 건물로서의 요건을 갖추었는지 여부를 등기관이 알 수 없어서 신청인으로 하여금 소명자료로서 당해 건축물에 대한 사진이나 도면의 제출을 요구하는 경우에는 보존등기신청인은 도면을 제출하여야 한다(2004. 10. 1. 등기예규 제1086호).

⑱ 위임장

등기신청을 법무사 등 대리인에게 위임하는 경우이므로 대리권한을 증명하는 정보로 위임장을 첨부정보로서 등기소에 제공하여야 한다(규칙 제46조 제1항 제5호). 위 위임장에는 위임인이 기명날인 또는 서명하여야 한다.

⑲-1 기타 ― 신청인이 법인 아닌 사단(재단)인 경우

법인 아닌 사단 또는 재단이 등기를 신청하는 경우에는 ㉠ 정관이나 그 밖의 규약, ㉡ 대표자나 관리인임을 증명하는 정보, ㉢ 법인 아닌 사단 또는 재단의 주소 및 부동산등기용등록번호를 증명하는 정보(새로이 등기명의인이 되는 경우에 한한다), ㉣ 대표자나 관리인의 주소 및 주민등록번호를 증명하는 정보를 첨부정보로 제공한다(규칙 제48조).

5. 등기신청서류 편철순서

신청서, 취득세영수필확인서, 등기신청수수료영수필확인서, 위임장, 법인등기사항증명서, 집합건축물대장등본 등의 순으로 편철하는 것이 실무상의 예이다.

6. 등기기록례

[표 제 부]	(1동의 건물의 표시)			(No.97, 110)
표시번호	접 수	소재지번, 건물명칭 및 번호	건물내역	등기원인 및 기타 사항
1	2025년 7월 27일	서울특별시 서초구 서초동 100 샛별빌라 제가동 [도로명주소] 서울특별시 서초구 서초대로269길 33	철근콘크리트조 슬래브지붕 3층 연립주택 1층 245㎡ 2층 245㎡ 3층 245㎡	

(대지권의 목적인 토지의 표시)				
표시번호	소재지번	지 목	면 적	등기원인 및 기타 사항
1	1. 서울특별시 서초구 서초동 100	대	3,000㎡	2025년 7월 20일

[표 제 부]	(전유부분의 건물의 표시)			(No.98, 110)
표시번호	접 수	건물번호	건물내역	등기원인 및 기타 사항
1	2025년 7월 27일	제1층 제101호	철근콘크리트조 86.03㎡	

(대지권의 표시)			
표시번호	대지권종류	대지권비율	등기원인 및 기타 사항
1	1. 소유권대지권	3000분의 100	2025년 7월 20일 대지권

[갑 구]	(소유권에 관한 사항)			
순위번호	등기목적	접 수	등기원인	권리자 및 기타 사항
1	소유권보존	2025년 7월 27일 제13560호		소유자 서초건설주식회사 110111-0038274 서울특별시 서초구 서초대로 89길 33 (서초동)

사례연습

〔법무사 제23회 기출문제〕

구분건물소유권보존등기신청

설 문

다음 부동산에 대한 구분건물소유권보존등기신청을 위임받은 법무사로서 아래의 사실관계와 답안작성 유의사항에 부합하는 등기신청서를 작성하고, 이에 필요한 정보 또는 첨부서면에 대하여 간단하게 설명하시오(신청방식은 서면에 의한 방문신청을 전제로 함). (30점)

참고자료

1. 부동산의 표시(지번주소 생략)

가. 서울특별시 서초구 서초대로 100 대 300㎡
나. 신축 건물의 표시(철근콘크리트조 슬래브지붕 서초맨션)

1층 250㎡(전용 101호 : 120㎡, 102호 : 120㎡)
2층 250㎡(전용 201호 : 140㎡, 202호 : 100㎡)

2. 사실관계(건축허가와 관련된 사항 등은 전혀 고려대상이 아님)

가. 위와 같이 집합건축물대장이 작성되었고, 토지 및 각 전유부분의 소유자는 홍길동이다.
- 주소 : 서울특별시 서초구 서초대로 100
- 주민등록번호 : 701225-1234567

나. 법무사의 인적사항
- 성명 : 나법무(801025-1234567)
- 주소 : 서울특별시 서초구 서초대로 200(전화번호 : 550-5000)

다. 대지권
- 등기원인과 그 연월일 : 2017년 8월 31일
- 소유자 홍길동은 자신이 거주할 201호에 대한 대지권의 비율을 300분의 120으로 하고, 나머지 전유부분에 대한 대지권의 비율은 각 전유부분별로 300분의 60으로 균등하게 하여 등기를 신청하고자 한다.

3. 답안작성 유의사항

가. 부동산표시란 및 첨부서면란 등이 부족할 경우에는 답안지에 기재할 수 있습니다.

나. 첨부서면은 그 명칭과 통수를 기재하고, 제출이유와 근거를 답안지에 간단히 설명하시기 바랍니다.

다. 위임장의 작성은 생략하되 첨부서면으로는 기재하고 그 내용(위임인 등)을 답안지에 설명하시기 바랍니다.

라. 신청서 양식 중 시가표준액 및 국민주택채권매입금액란, 취득세(등록면허세)란, 등기신청수수료란 등 설문에서 정보가 주어지지 않은 것은 기재를 생략하시기 바랍니다.

마. 관할등기소는 서울중앙지방법원 등기국이고, 날인이 필요한 곳은 (인)으로 표시하며, 신청서 작성일자는 답안작성일로 합니다(공휴일여부는 고려할 필요가 없음).

※ 주어진 사항은 모두 가상이고 주어진 사항 외에는 고려할 필요가 없음

【모범답안】

구분건물소유권보존등기신청

<table>
<tr><td rowspan="2">접 수</td><td>년 월 일</td><td rowspan="2">처 리 인</td><td>등기관 확인</td><td>각종 통지</td></tr>
<tr><td>제 호</td><td></td><td></td></tr>
</table>

부동산의 표시

1동의 건물의 표시

서울특별시 서초구 서초대로 100

철근콘크리트조 슬래브지붕 서초맨션

1층 250㎡ 2층 250㎡

전유부분의 건물의 표시

1. 건물의 번호 : 1-101
   구 조 : 철근콘크리트조
   면 적 : 제1층 제101호 120㎡
2. 건물의 번호 : 1-102
   구 조 : 철근콘크리트조
   면 적 : 제1층 제102호 120㎡
3. 건물의 번호 : 2-201
   구 조 : 철근콘크리트조
   면 적 : 제2층 제201호 140㎡
4. 건물의 번호 : 2-202
   구 조 : 철근콘크리트조
   면 적 : 제2층 제202호 100㎡

각 전유부분의 대지권의 표시

대지권의 목적인 토지의 표시 : 1. 서울특별시 서초구 서초대로 100 대300㎡

대지권의 종류 : 1. 소유권대지권

대지권의 비율 : 1-101 300분의 60 1-102 300분의 60

2-201 300분의 120 2-202 300분의 60

등기원인과 그 연월일 : 2017년 8월 31일 대지권 -이상-

등기원인과 그연월일	
등 기 의 목 적	소유권보존
신 청 근 거 규 정	부동산등기법 제65조 제1호

구분	성 명 (상호·명칭)	주민등록번호 (등기용등록번호)	주 소 (소 재 지)	지 분 (개인별)
신청인	홍 길 동	701225-1234567	서울특별시 서초구 서초대로 100	

시가표준액 및 국민주택채권매입금액		
부동산 표시	부동산별 시가표준액	부동산별 국민주택채권매입금액
1.	금 원	금 원
2.	금 원	금 원
국 민 주 택 채 권 매 입 총 액		금 원
국 민 주 택 채 권 발 행 번 호		

취득세(등록면허세) 금 원	지방교육세 금 원
	농어촌특별세 금 원

세 액 합 계	금 원
등 기 신 청 수 수 료	금 원
	납부번호 :
	일괄납부 : 건 원

첨 부 서 면 〈간인〉	
1. 집합건축물대장등본 5통	6. 위임장 1통
2. 취득세영수필확인서 1통	
3. 등기신청수수료 영수필확인서 1통	
4. 주민등록표등(초)본 1통	
5. 공정증서 1통	

2017년 9월 16일

위 신청인 (전화 :)

위 대리인 법무사 나법무 〈직인〉 (전화 : 550-5000)
서울특별시 서초구 서초대로 200

서울중앙 지방법원 등기국 귀중

- 신청서 작성요령 -

* 1. 부동산표시란에 2개 이상의 부동산을 기재하는 경우에는 그 부동산의 일련번호를 기재하여야 합니다.
2. 신청인란 등 해당란에 기재할 여백이 없을 경우에는 별지를 이용합니다.
3. 담당 등기관이 판단하여 위의 첨부서면 외에 추가적인 서면을 요구할 수 있습니다.

※ 유의사항

1. 부동산의 표시 : 설문에서 주어진 사항 외에는 고려할 필요가 없다고 하고 있으므로 출제자의 출제의도를 파악하여 주어진 도로명주소를 지번주소로 사용함.
   * 지번방식의 주소는 기재하지 않고 도로명주소만 기재하는 것도 무방
2. 집합건축물대장은 1동의 건물 자체에 대한 집합건축물대장(표제부) 1통과 각 전유부분에 대한 집합건축물대장(전유부) 각 1통, 합계하여 5통을 첨부한다.
3. 전유부분의 면적비율에 따라 대지권을 설정하는 것이 아니므로 규약 내지 공정증서를 제출하여야 하지만(부동산등기규칙 제46조 제2항), 소유자가 1인이어서 규약을 제출할 수는 없으므로 공정증서를 제출한다.
4. 첨부서면 근거
   (1) 집합건축물대장등본 : 규칙 제46조 제1항 제1호, 규칙 제121조 제2항
   (2) 취득세영수필확인서 : 지방세법시행령 제36조, 부동산등기법 제29조 제10호
   (3) 등기신청수수료영수필확인서 : 부동산등기법 제22조 제3항
   (4) 공정증서 : 부동산등기규칙 제46조 제2항
   (5) 위임장 : 부동산등기규칙 제46조 제1항 제5호

사례연습

〔법무사 제5회 기출문제〕

구분건물소유권보존등기신청(1)

설 문

서울특별시 은평구 불광로 109(불광동)에 사는 김갑동(주민등록번호 550505-1010100, 전화 832- 1000)은 자신과 타인이 1/2씩 공유하는 아래 토지위에 상가건물을 신축하였다. 그리고 김갑동은 위 건물의 집합건축물대장에 소유자로 등록을 신청하여 소유자로 등록되었다. 2019년 9월 3일 본인이 신청하는 소유권보존등기신청서를 작성하고 첨부서면에 대하여 설명하라.

불필요한 첨부서면은 삭제하고, 더 필요한 것이 있는 경우에 공란에 추가로 기재하시오. 부동산의 표시가 부족한 경우 별지목록 1을 사용하고, 첨부서면에 대하여 설명하는 경우 별지목록 2를 사용하시오.

참고자료

1. **대지의 표시**
   서울특별시 중구 예장동 35번지
   [도로명주소] 서울특별시 중구 퇴계로 30길 24
   대지 960㎡
2. **신축건물의 표시**(철근콘크리트조 슬래브지붕)
   1층 300㎡(전용 101호: 120㎡, 102호::120㎡)
   2층 300㎡(전용 201호: 160㎡, 202호::80㎡)
3. **건물시가표준액** ㎡당 155,000원
4. **대지권의 연월일** 2025년 8월 21일
5. **관할등기소** 서울중앙지방법원 중부등기소

【모범답안】

구분건물소유권보존등기신청

접 수	년 월 일	처리인	등기관 확인	각종통지
	제 호			

부동산의 표시
1동의 건물의 표시 서울특별시 중구 예장동 35 [도로명주소] 서울특별시 중구 퇴계로 30길 24 철근콘크리트조 슬래브지붕 2층 상가 1층 300㎡ 2층 300㎡ 전유부분의 건물의 표시 1. 건물의 번호 1-101 구 조 철근콘크리트조 면 적 제1층 제101호 120㎡ 2. 건물의 번호 1-102 구 조 철근콘크리트조 면 적 제1층 제102호 120㎡ 3. 건물의 번호 2-201 구 조 철근콘크리트조 면 적 제2층 제201호 160㎡ 4. 건물의 번호 2-202 구 조 철근콘크리트조 면 적 제2층 제202호 80㎡ 각 전유부분의 대지권의 표시 대지권의 목적인 토지의 표시 1. 서울특별시 중구 예장동 35 대 960㎡ 대지권의 종류 1. 소유권대지권 대지권의 비율 1-101 960분의 120 1-102 960분의 120 2-201 960분의 160 2-202 960분의 80 대지권의 연월일 2025년 8월 21일 대지권 -이 상-

등기원인과 그 연월일	
등 기 의 목 적	소유권보존
신 청 근 거 규 정	부동산등기법 제65조 제1호

구 분	성 명 (상호·명칭)	주민등록번호 (등기용등록번호)	주 소(소재지)
신청인	김 갑 동	550505-1010100	서울특별시 은평구 불광로 109 (불광동)

시가표준액 및 국민주택채권매입금액			
부동산 표시	부동산별 시가표준액	부동산별 국민주택채권매입총액	
1. 건 물	금 93,000,000원	금 원	
2.	금 원	금 원	
3.	금 원	금 원	
국 민 주 택 채 권 매 입 총 액		금 원	
국 민 주 택 채 권 발 행 번 호			
취 득 세	금 2,604,000원	지방교육세	금 148,800원
		농어촌특별세	금 186,000원
세 액 합 계	금 2,938,800 원		
등 기 신 청 수 수 료	금 60,000 원		
	납부번호 :		

첨 부 서 면 (간인)	
1. 집합건축물대장등본 5통 1. 주민등록표등본·초본 1통 1. 취득세영수필확인서 1통 1. 등기신청수수료영수필확인서 1통	

2025년 9월 3일

위 신청인 김 갑 동 ㊞ (전화: 832-1000)

(또는) 위 대리인

서울중앙지방법원 등기국 귀중

신청서 작성요령

* 1. 부동산표시란에 2개 이상의 부동산을 기재하는 경우에는 부동산의 일련번호를 기재하여야 합니다.

2. 신청인란 등 해당란에 기재할 여백이 없을 경우에는 별지를 이용합니다.

사례연습

구분건물소유권보존등기신청(2)

설 문

등기되지 아니한 아래 부동산(1층 101호)의 집합건축물대장상 최초의 소유자인 이사명(360606 - 1011121, 최후주소: 서울특별시 서초구 서초대로 22(서초동), 등록기준지 : 경기도 여주군 갈음리 200)은 2025. 4. 4. 사망하였고 그의 상속인으로는 김복순(400404 - 2011211, 서울특별시 서초구 서초대로 22(서초동))과 이영남(670602 - 1011131, 서울특별시 강남구 강남대로 33(도곡동))이 있다. 아래 사항을 참조하여 이 부동산을 상속인 명의로 하는 등기신청서를 작성하라(등기신청은 이영남이 함). 편의상 다른 구분건물에 대한 등기신청부분은 생략할 것.

참고자료

1. 대지의 표시
   서울특별시 서초구 서초동 100대 140㎡
   서울특별시 서초구 서초동 101대 160㎡
2. 대지권의 종류 및 비율 소유권, 300분의 50
3. 대지권취득일자 2025. 3. 8.
4. 신축건물의 표시
   명칭 프라임빌라
   구조 철근콘크리트조 슬래브지붕 3층
   종류 연립주택
   층별면적 1층, 2층, 3층 각 245㎡
   전유부분의 건물의 표시
      건물의 번호 1 - 101
      구 조 철근콘크리트조
      면 적 84.03㎡
   각 전유부분의 공용부분면적 27.07㎡
5. 101호(전유부분&공용부분)에 대한 시가표준액: 500,000,000원
6. 건축물대장상 피상속인의 표시
   이사명(360606 - 1011121): 서울특별시 서초구 서초대로 22(서초동)
7. 등기신청일 2025. 8. 10.

【모범답안】

구분건물소유권보존등기신청

접 수	년 월 일	처리인	등기관 확인	각종통지
	제 호			

부동산의 표시
1동의 건물의 표시 서울특별시 서초구 서초동 100, 101 [도로명주소] 서울특별시 서초구 서초대로 369 프라임빌라 철근콘크리트조 슬래브지붕 3층 연립주택 1층 245㎡ 2층 245㎡ 3층 245㎡ 전유부분의 건물의 표시 건물의 번호 1-101 구 조 철근콘크리트조 면 적 제1층 제101호 84.03㎡ 대지권의 표시 대지권의 목적인 토지의 표시 1. 서울특별시 서초구 서초동 100 대 140㎡ 2. 서울특별시 서초구 서초동 101 대 160㎡ 대지권의 종류 1. 2 소유권대지권 대지권의 비율 300분의 50 등기원인과 그 연월일 2025년 3월 8일 대지권 -이 상-

등기원인과 그 연월일	년 월 일
등 기 의 목 적	소유권보존
신 청 근 거 규 정	부동산등기법 제65조 제1호

구 분	성 명 (상호 · 명칭)	주민등록번호 (등기용등록번호)	주 소(소재지)	지 분 (개인별)
신청인	피상속인 망 이사명	360606-1011121	서울특별시 서초구 서초대로 22(서초동)	
	상속인 김 복 순	400404-2011211	서울특별시 서초구 서초대로 22(서초동)	5분의3
	이 영 남	670602-1011131	서울특별시 강남구 강남대로 33(역삼동)	5분의2

<table>
<tr><td colspan="4">시가표준액 및 국민주택채권매입금액</td></tr>
<tr><td>부동산 표시</td><td>부동산별 시가표준액</td><td colspan="2">부동산별 국민주택채권매입총액</td></tr>
<tr><td>1. 건 물</td><td>금 500,000,000원</td><td colspan="2"></td></tr>
<tr><td></td><td></td><td colspan="2"></td></tr>
<tr><td colspan="2">국 민 주 택 채 권 매 입 총 액</td><td colspan="2"></td></tr>
<tr><td colspan="2">국 민 주 택 채 권 발 행 번 호</td><td colspan="2"></td></tr>
<tr><td colspan="2" rowspan="2">취 득 세 금 14,000,000원</td><td>지방교육세</td><td>금 800,000원</td></tr>
<tr><td>농어촌특별세</td><td>금 1,000,000원</td></tr>
<tr><td>세 액 합 계</td><td colspan="3">금 15,800,000 원</td></tr>
<tr><td rowspan="2">등 기 신 청 수 수 료</td><td colspan="3">금 15,000 원</td></tr>
<tr><td colspan="3">납부번호 :</td></tr>
<tr><td colspan="4">첨 부 서 면 (간인)</td></tr>
<tr><td colspan="2">1. 집합건축물대장등본 2통
1. 기본증명서(상세증명서) 1통
1. 가족관계증명서(상세증명서) 1통
1. 친양자입양관계증명서(상세증명서) 1통
1. 제적등본 1통</td><td colspan="2">1. 취득세영수필확인서 1통
1. 등기신청수수료영수필확인서 1통
1. 주민등록표초본 2통</td></tr>
<tr><td colspan="4">2025년 8월 10일

신청인 이 영 남 ㊞

서울중앙지방법원 등기국 귀중</td></tr>
</table>

신청서 작성요령

* 1. 부동산표시란에 2개 이상의 부동산을 기재하는 경우에는 부동산의 일련번호를 기재하여야 합니다.
  2. 신청인란 등 해당란에 기재할 여백이 없을 경우에는 별지를 이용합니다.

4. 소유권보존등기 — (4) 대지사용권이전등기신청

<table>
<tr><td colspan="6">소유권일부이전등기신청
(대지사용권이전)</td></tr>
<tr><td rowspan="2">접 수</td><td>년 월 일</td><td rowspan="2">처리인</td><td>등기관 확인</td><td>각종통지</td></tr>
<tr><td>제 호</td><td></td><td></td></tr>
<tr><td colspan="6">① 부동산의 표시</td></tr>
<tr><td colspan="6">서울특별시 서초구 서초동 100 대 1,000㎡

- 이 상 -</td></tr>
<tr><td>② 등기원인과 그연월일</td><td colspan="5">2025년 7월 5일 건물 제가동 제101호 전유부분 취득</td></tr>
<tr><td>③ 등 기 의 목 적</td><td colspan="5">소유권일부이전</td></tr>
<tr><td>④ 이 전 할 지 분</td><td colspan="5">1,000분의 25</td></tr>
</table>

구 분	성 명 (상호·명칭)	주민등록번호 (등기용등록번호)	주 소(소재지)	지분 (개인별)
⑤ 등기 의무자	내일건설주식회사 대표이사 이도령	110111-1617312	서울특별시 서초구 서초대로 9길 88 서울특별시 강동구 명일로 172길 33, 101동 1501호 (길동, 성심아파트)	1,000 분의 25
⑥ 등기 권리자	이 형 백	431203-1617312	서울특별시 관악구 관악대로313길 818 (봉천동)	1,000 분의 25

⑦ 시가표준액 및 국민주택채권매입금액		
부동산 표시	부동산별 시가표준액	부동산별 국민주택채권매입총액
1. 주 택	금 원	금 원
⑦ 국민주택채권매입총액		금 원
⑦ 국민주택채권발행번호		
⑧ 취득세(등록면허세) 금 원		⑧ 지방교육세 금 원 ⑧ 농어촌특별세 금 원
⑨ 세 액 합 계	금 원	
⑩ 등기신청수수료	금 원 납부번호:	

⑪ 등기의무자의 등기필정보		
부동산고유번호		
성명(명칭)	일련번호	비밀번호

⑬ 첨 부 서 면 (간인)	
1. 취득세(등록면허세)영수필확인서 1통⑭	1. 위임장 1통㉒
1. 등기신청수수료영수필확인서 1통⑮	1. 자필서명정보 1통㉓
1. 토지대장등본 1통⑯	<기 타> ㉔
1. 토지이용계획확인서 1통⑰	
1. 법인등기사항전부(일부)증명서 1통⑱	
1. 주민등록표등본·초본 1통⑲	
1. 인감증명 1통⑳	
1. 등기필증(불필요) 1통㉑	

2025년 8월 1일

⑫ 위 신청인

대리인 법무사 유 명 한 (직인) (전화: 599-0000)

서울특별시 서초구 서초대로100길 88 (서초동)

서울중앙지방법원 등기국 귀중

등기신청안내서 — 대지사용권이전등기신청

1. 대지사용권에 관한 소유권이전등기

대지권등기가 되지 아니한 채 구분건물에 관한 소유권이전등기가 이루어진 경우 구분건물의 현 소유자가 구분건물을 건축하여 양도한 자와 대지사용권에 해당하는 지분 이전을 공동으로 신청하는 등기로서 대지권표시변경등기와 동시에 신청하여야 하며, 구분건물의 현 소유자가 등기권리자가 되며 구분건물을 건축하여 양도한 자가 등기의무자가 된다.

2. 등기신청방법

⑴ 공동신청

구분건물의 현 소유자가 등기권리자가 되며 구분건물을 건축하여 양도한 자가 등기의무자가 되어 공동신청하는 것이 원칙이다.

⑵ 단독신청

판결에 의한 등기신청인 경우에는 승소한 등기권리자 또는 등기의무자가 단독으로 신청할 수 있다.

3. 등기소에 제공하여야 하는 신청정보

신청서는 한글과 아라비아 숫자로 기재한다. 부동산의 표시란이나 신청인란 등이 부족할 경우에는 별지를 사용하고, 별지를 포함하여 신청서가 여러 장인 때에는 각 장 사이에 간인을 하여야 한다.

① 부동산의 표시란

대지사용권(소유권)을 이전하고자 하는 부동산을 기재하되, 등기기록상 부동산의 표시와 일치하여야 한다. 토지의 소재와 지번, 지목, 면적을 기재한다. 만일 등기기록과 토지대장의 부동산표시가 다른 때에는 먼저 부동산표시변경(또는 경정)등기를 하여야 한다.

② **등기원인과 그 연월일란**

대지사용권 이전등기는 매매계약서에 의한 등기가 아니기 때문에 등기원인을 매매로 할 수 없다. 등기원인은 '건물 ○동 ○호 전유부분 취득'으로, 연월일은 전유부분에 관한 소유권이전등기를 마친 날을 기재한다.

예 : '○년 ○월 ○일(전유부분에 관한 소유권이전등기를 마친 날) 건물 ○동 ○호 전유부분 취득'

③ **등기의 목적란**

아래 예규를 참조하여 기재한다.

④ **이전할 지분란**

구 분	소유권		공유지분	
	전부이전	일부이전	전부이전	일부이전
등기의 목적	'소유권이전'	'소유권 일부이전'	'○번 갑지분 전부이전'	'○번 갑지분 ○분의 ○중 일부(○분의○)이전'
이전할 지분	-	'○분의○'	'○분의○' (부동산 전체에 대한 지분을 기재한다. 다만 수인의 공유자로부터 지분 일부씩을 이전 받는 경우에는 이를 합산하여 기재한다)	

※ 근거 : 2010. 7. 9. 등기예규 제1313호

⑤ **등기의무자란**

분양자의 성명(명칭), 주민등록번호(부동산등기용등록번호), 주소를 기재하되, 등기부상 소유자 표시와 일치하여야 한다. 다만 등기기록상 등기의무자의 주소가 지번방식의 주소인 경우에도, 등기의무자가 제공한 주민등록등(초)본이나 인감증명 등에 의하여 해당 지번방식의 주소에 대한 도로명주소임이 인정되는 경우에는 등기사건을 수리하여야 한다(법 제29조 제7호의 적용을 받지 아니한다). 한편 등기의무자의 주소가 전거 등의 실질적인 주소변경이 아닌 도로명주소법에 따른 주소변경인 경우에는 주소변경의 직권등기를 하지 않는다.

⑥ **등기권리자란**

현재의 구분소유자를 기재하는 난으로, 그 기재방법은 등기의무자란과 같다.

⑦ **시가표준액 및 국민주택채권매입금액, 국민주택채권매입총액란, 국민주택채권발행번호란**

(i) 대지지분 소유권이전등기시 공동주택가격이 공시되어 있지 않은 경우 『신규분양 공동주택의 취득가격에 대한 "주택"구간 매입율 × 취득가격 중 토지분 금액』으

로 국민주택채권을 매입한다.

(ii) 대지지분 소유권이전등기시 공동주택가격이 공시되어 있는 경우 『공동주택가격에 대한 "주택"구간 매입율 × 대지지분에 대한 개별공시지가 산정액』으로 국민주택채권을 매입한다.

(iii) 부동산별 시가표준액란은 국민주택채권 매입기준이 되는 시가표준액을 기재하고 부동산별 국민주택채권매입금액란에는 시가표준액의 일정비율에 해당하는 국민주택채권매입금액을 기재한다.

(iv) 구분건물의 소유권이전등기시에 토지와 건물 모두에 관한 국민주택채권을 매입하여 대지지분 소유권이전에 따른 국민주택채권을 매입할 필요가 없는 경우에는 그 취지를 기재한다.

(v) 국민주택채권발행번호란에는 국민주택채권 매입시 국민주택채권사무취급기관에서 고지하는 채권발행번호를 기재한다.

⑧ 취득세(등록면허세) **· 지방교육세 · 농어촌특별세란**

취득세(등록면허세)영수필확인서에 의하여 기재하며, 농어촌특별세는 납부액이 없는 경우 기재하지 않는다. 구분건물의 소유권이전등기시에 토지와 건물 모두에 관하여 취득세(등록면허세)를 납부한 경우 그 취지를 기재한다.

⑨ 세액합계란

취득세(등록면허세)액, 지방교육세액, 농어촌특별세액의 합계를 기재한다.

⑩ 등기신청수수료란

소유권이전등기를 신청하는 자는 등기신청수수료를 내야 하므로(법 제22조 제3항), 부동산 1개당 15,000원(전자표준양식에 의한 등기신청의 경우에는 13,000원, 전자신청의 경우에는 10,000원)에 해당하는 등기신청수수료를 납부하고 그 등기신청수수료금액 및 납부번호를 신청서에 기재한다(2024. 11. 29. 등기예규 제1789호).

최근 등기선례

「부동산등기법」제60조(대지사용권의 취득)에 따른 대지권등기신청 시 등기신청수수료 납부 방법

「부동산등기법」 제60조(대지사용권의 취득)에 따라 대지사용권에 대한 이전등기를 신청하는 경우에는 통상의 공유지분이전등기와 다를 바 없으므로 대지 필지별로 소정의 소유권이전등기 신청수수료를 납부하여야 하며, 대지권등기는 대지 필지수와 관계없이 구분건물별로 납부하여야 한다(2012. 3. 9. 등기선례 9-418).

⑪ **등기의무자의 등기필정보란**

구분건물을 신축하여 분양한 자가 대지권등기를 하지 아니한 상태에서 수분양자에게 구분건물에 대하여만 소유권이전등기를 마친 다음, 「부동산등기법」 제60조 제1항 및 제2항에 따라 현재의 구분건물의 소유명의인과 공동으로 대지사용권에 관한 이전등기를 신청하는 경우에는 등기필정보를 제공하지 않아도 된다(등기의무자의 등기필정보 제공에 관한 업무처리지침 제정 2018. 5. 1. 등기예규 제1647호).

⑫ **신청인 혹은 대리인의 표시란**

㈎ 등기의무자와 등기권리자의 성명 및 전화번호를 기재하고, 각자가 기명날인하되 등기의무자는 그의 인감을 날인한다. 등기권리자는 기명날인 대신에 서명으로 갈음할 수 있다. 한편 신청인이 법인 또는 법인 아닌 사단이나 재단인 경우에는 상호(명칭)와 대표자(관리인)의 자격 및 성명을 기재하되, 법인이 등기의무자인 때에는 등기소의 증명을 얻은 그 대표자의 인감, 법인 아닌 사단이나 재단인 경우에는 대표자(관리인)의 개인인감을 날인한다.

㈏ 대리인이 등기신청을 하는 경우에는 그 대리인의 성명, 주소 및 전화번호를 기재하고 기명날인한다.

⑬ **첨부서면란**

등기신청서에 첨부한 서면을 각 기재한다.

4. 등기소에 제공하여야 하는 첨부정보

⑭ **취득세영수필확인서 또는 취득세납부확인서**

시장, 구청장, 군수 등으로부터 취득세납부서(OCR용지)를 발급받아 세금을 납부한 후 취득세영수필확인서를 신청서의 취득세액표시란의 좌측상단 여백에 첨부하거나, 또는 지방세인터넷납부시스템에서 출력한 취득세납부확인서를 첨부정보로서 등기소에 제공하여야 한다(지방세법시행령 제36조 제1항).

⑮ **등기신청수수료영수필확인서**

소유권이전등기를 신청하는 자는 등기신청수수료를 내야 하므로(법 제22조 제3항), 부동산 1개당 15,000원(전자표준양식에 의한 등기신청의 경우에는 13,000원, 전자신청의 경우에는 10,000원)에 해당하는 등기신청수수료를 납부하고 등기신청수수료영수필확인서를 첨부한다(등기예규 제1789호).

⑯ **토지대장등본**

소유권이전등기를 신청하는 경우이므로 부동산의 표시를 증명하는 서면으로 토지

(임야)대장등본(발행일로부터 3월 이내)을 첨부한다(규칙 제46조 제1항 제7호).

⑰ 토지이용계획확인서

토지거래허가지역에서 매매를 원인으로 소유권이전등기를 신청하는 경우에는 토지거래허가서를 첨부하여야 하므로, 해당 지역이 토지거래허가지역인지 여부를 소명하기 위하여 토지이용계획확인서를 첨부한다. 토지거래허가서를 첨부한 경우에는 이와 별도로 토지이용계획확인서를 제출할 필요는 없다.

⑱ 법인등기사항전부(일부)증명서

신청인이 법인인 경우에는 법인등기사항전부증명서 또는 법인등기사항일부증명서를 첨부하여야 한다(규칙 제46조 제1항 제4호). 이 경우의 위 법인등기사항증명서는 대표자의 자격을 증명하는 서면의 성격을 각 가진다. 다만 법인등기가 되어있는 등기소와 부동산소재지 관할 등기소가 동일한 경우에는 위 법인등기사항증명서를 제출할 필요가 없다(규칙 제46조 제5항).

⑲ 주민등록표등본·초본

위 대지사용권이전등기를 통하여 등기권리자의 주소가 등기부에 새로이 기입되는 것은 분명하지만, 등기권리자의 주소를 증명하는 서면도 첨부할 필요가 없다(규칙 제46조 제4항). 등기권리자의 주소가 이미 건물등기기록에 나타나기 때문이다. 다만 건물등기기록에 있는 건물소유자의 주소와 토지등기기록에 새로이 기입하고자 하는 주소가 다른 경우에는 등기권리자(현재의 구분건물소유자)의 주소를 증명하는 정보를 등기소에 제공하여야 한다.

⑳ 인감증명

등기의무자의 인감증명(발행일로부터 3월 이내)를 첨부한다. 본 사안은 매매를 원인으로 한 소유권이전등기가 아니므로 그 인감증명이 매도용 인감증명일 필요는 없다.

㉑ 등기필증·등기필정보

앞서 ⑪에서 언급한 바와 같이 등기의무자의 등기필정보를 신청정보로 제공할 필요는 없다.

㉒ 위임장

등기신청을 법무사 등 대리인에게 위임하는 경우에 첨부한다. 위임인의 성명과 주소를 기재하고 인장을 날인하되 규칙 제60조 제1항 제1호~제3호에 해당하여 인감증명을 제출하여야 하는 자는 위임장에 인감을 날인하여야 하나, 위 규칙 제60조 제1항 제1호~제3호에 해당하지 않는 자는 인감날인 대신에 일반적인 기명날인 혹은 서명으로 갈음할 수 있다. 위임인이 법인이나 법인 아닌 사단 또는 재단인 경우에는 상호(명칭)와 대표자(관리인)의 자격, 성명 및 주소도 기재하여야 한다.

㉓ 자격자대리인의 확인 및 자필서명정보

등기의무자와 등기권리자가 공동으로 신청하는 권리에 관한 등기이므로 자격자대리인이 등기의무자를 확인하고 자필서명한 정보를 첨부정보로 제공하여야 한다(규칙 제46조 제1항 제8호, 2022. 7. 1.부터).

㉔-1 기타 — 등기원인을 증명하는 정보

대지사용권에 관한 이전등기를 신청할 때에 별도의 등기원인증서(최초 분양계약서와 매매계약서)를 제공할 필요가 없다. 위 대지사용권이전등기는 등기원인을 "○○년 ○○월 ○○일 건물 ○동 ○호 전유부분 취득"으로 기재하는 등기이어서 별도의 등기원인증서가 있을 수가 없기 때문이기도 하고, 또 한편에서는 건물에 관한 등기를 취득할 때 대지사용권도 이미 취득하였고 그에 따른 등기만 신청하는 것으로 보기 때문이다.

㉔-2 기타 — 취득세, 국민주택채권 관련

구분건물에 관한 소유권이전등기시 취득세(등록면허세) 및 국민주택채권을 미리 납부 또는 매입한 경우 이를 증명하는 서면을 제출하여야 한다.

㉔-3 기타 — 신청인이 법인 아닌 사단(재단)인 경우

법인 아닌 사단 또는 재단이 등기를 신청하는 경우에는 ㉠ 정관이나 그 밖의 규약, ㉡ 대표자나 관리인임을 증명하는 정보(다만, 등기되어 있는 대표자나 관리인이 신청하는 경우에는 그러하지 아니하다), ㉢ 법인 아닌 사단 또는 재단의 주소 및 부동산등기용등록번호를 증명하는 정보(새로이 등기명의인이 되는 경우에 한한다), ㉣ 대표자나 관리인의 주소 및 주민등록번호를 증명하는 정보를 첨부정보로 제공한다. 다만 법인 아닌 사단이 등기의무자인 경우에는 민법 제276조 소정의 사원총회의 결의서도 첨부한다(규칙 제48조).

5. 등기신청서류 편철순서

신청서, 취득세영수필확인서, 등기신청수수료영수필확인서, 위임장, 자필서명정보, 인감증명, 법인등기사항증명서, 주민등록표등본 · 초본, 토지대장, 토지이용계획확인서 등의 순으로 편철하는 것이 실무상의 예이다.

6. 등기기록례

(등기 전의 등기부)

[표 제 부]		(1동의 건물의 표시)		(No.110)
표시번호	접 수	소재지번, 건물명칭 및 번호	건물내역	등기원인 및 기타 사항
1	2025년 1월 12일	서울특별시 서초구 서초동 100 샛별아파트 제가동 [도로명주소] 서울특별시 서초구 서초대로269길 88	철근콘크리트조 슬래브지붕 5층 아파트 1층 400㎡ 2층 400㎡ 3층 400㎡ 4층 400㎡ 5층 400㎡	

(대지권의 목적인 토지의 표시)				
표시번호	소재지번	지목	면적	등기원인 및 기타 사항

(건물등기부)

[표 제 부]		(전유부분의 건물의 표시)		(No.110)
표시번호	접 수	건물번호	건물내역	등기원인 및 기타사항
1	2025년 1월 12일	제1층 제101호	철근콘크리트조 56.03㎡	

(대지권의 표시)			
표시번호	대지권의 종류	대지권비율	등기원인 및 기타 사항

[갑 구]		(소유권에 관한 사항)		(No.175)
순위번호	등기목적	접 수	등기원인	권리자 및 기타 사항
1	소유권보존	2025년 1월 12일 제1086호		소유자 내일건설주식회사 110111-1617312 서울특별시 서초구 서초대로

				9길 88
2	소유권이전	2025년 7월 5일 제8081호	2025년 7월 1일 매매	소유자 이형백 431203-1617312 서울특별시 관악구 관악대로 313길 818 (봉천동)

(토지등기부) - 등기 전

〔갑 구〕		(소유권에 관한 사항)		(No.114)
순위 번호	등기목적	접 수	등기원인	권리자 및 기타 사항
1	소유권보존	1968년 4월 12일 제3260호		소유자 김맹수 280111-1238274 서울 종로구 북창동 233
2	소유권이전	2025년 7월 15일 제7086호	2025년 6월 14일 매매	소유자 내일건설주식회사 110111-1617312 서울특별시 서초구 서초대로 9

(토지등기부) - 등기 후

[갑 구]		(소유권에 관한 사항)		(No.114)
순위 번호	등기목적	접 수	등기원인	권리자 및 기타 사항
1	소유권보존	1968년 4월 12일 제3260호		소유자 김맹수 280111-1238274 서울 종로구 북창동 233
2	소유권이전	2025년 7월 15일 제7086호	2025년 6월 14일 매매	소유자 내일건설주식회사 110111-1617312 서울특별시 서초구 서초대로 9길 88
3	소유권일부이전	2025년 8월 1일 제8081호	2025년 7월 5일 건물 제가동 제101호 전유부분 취득	지분 1,000분의 25 공유자 이형백 431203-1617312 서울특별시 관악구 관악대로 313길 818 (봉천동)

4. 소유권보존등기 — (5) 구분건물표시변경등기신청

구분건물 표시변경등기신청

접 수	년 월 일	처리인	등기관 확인	각종통지
	제 호			

① 부동산의 표시
1동의 건물의 표시 서울특별시 서초구 서초동 100 샛별아파트 제가동 [도로명주소] 서울특별시 서초구 서초대로269길 88 철근콘크리트조 슬래브지붕 5층 아파트 1층 400㎡ 2층 400㎡ 3층 400㎡ 4층 400㎡ 5층 400㎡ 전유부분의 건물의 표시 건물의 번호 가-1-101 구 조 철근콘크리트조 면 적 제1층 제101호 56.03㎡ 변경할 사항 대지권의 목적인 토지의 표시 1. 서울특별시 서초구 서초동 100 대 1,000㎡ 대지권의 종류 1. 소유권대지권 대지권의 비율 1,000분의 25 대지권 연월일 2025년 8월 1일 대지권 -이 상-

② 등기원인과 그 연월일	2025년 8월 1일 토지소유권취득
③ 등 기 의 목 적	구분건물표시변경(대지권의 표시)
④ 변 경 할 사 항	위 부동산표시란 기재와 같음

구 분	성 명 (상호·명칭)	주민등록번호 (등기용등록번호)	주 소(소재지)
⑤ 신 청 인	이 형 백	431203-1617312	서울특별시 관악구 관악대로313길 818(봉천동)

<table>
<tr><td>⑥ 등 록 면 허 세</td><td>금 6,000 원</td></tr>
<tr><td>⑥ 지 방 교 육 세</td><td>금 1,200 원</td></tr>
<tr><td>⑦ 세 액 합 계</td><td>금 7,200 원</td></tr>
<tr><td rowspan="2">⑧ 등 기 신 청 수 수 료</td><td>금 3,000 원</td></tr>
<tr><td>납부번호:</td></tr>
<tr><td colspan="2">⑩ 첨 부 서 면</td></tr>
<tr><td>1. 등록면허세영수필확인서 1통 ⑪
1. 등기신청수수료영수필확인서 1통 ⑫
1. 위임장 1통 ⑬</td><td><기 타> ⑭</td></tr>
<tr><td colspan="2">2025년 8월 1일

⑨ 위 신청인 이 형 백 ㊞ (전화 : 550 - 1288)

(또는)위 대리인

서울중앙지방법원 등기국 귀중</td></tr>
</table>

신청서 작성요령

* 1. 부동산표시란에 2개 이상의 부동산을 기재하는 경우에는 부동산의 일련번호를 기재하여야 합니다.
2. 신청인란 등 해당란에 기재할 여백이 없을 경우에는 별지를 이용합니다.

등기신청안내서 — 구분건물표시변경등기(대지권등기)

1. 구분건물 표시변경등기

대지사용권과 전유부분에 관한 권리의 공시를 등기부상 일체화시키는 등기로서 부동산등기법 제60조 제1항에 의한 대지사용권에 관한 이전등기와 동시에 신청하여야 하며, 구분건물표시변경등기(대지권등기)는 현 구분소유자가 각 전유부분별로 단독으로 신청할 수 있다.

2. 등기신청방법

그러므로 ① 분양자 명의로 토지에 대한 소유권이전등기와 집합건물에 대한 소유권보존등기가 된 상태에서 대지권등기를 하지 아니하고 구분건물에 대하여서만 수분양자에게 이전등기를 마쳤을 때에는 현재의 구분소유자 명의로 대지권등기를 하기 위하여서는 대지사용권의 이전등기를 신청함과 동시에 대지권등기를 신청하여야 한다(법 제60조 제1항 및 제3항). 이 경우에 대지사용권의 이전등기를 신청하지 아니하고 대지권등기만 신청할 수 없으며, 또한 그 대지권등기는 분양자가 신청하는 것이 아니라 현재의 구분소유자가 이를 신청하여야 한다. ② 이러한 법리는 분양자가 대지사용권을 나중에 취득하여 이전하기로 약정한 경우에도 이를 준용한다(법 제60조 제2항).

3. 등기소에 제공하여야 하는 신청정보

① 부동산의 표시란

등기부상 부동산의 표시와 일치되게 기재한다.

(i) 1동의 건물의 표시: 1동의 건물의 소재, 지번, 종류와 구조 및 면적을 기재한다. 다만, 1동의 건물의 번호가 있는 경우(예: 가동, 나동, 다동 등)에 이를 기재한 때에는 1동의 건물의 구조와 면적을 기재하지 않는다.

(ii) 전유부분의 건물의 표시: 건물의 번호, 구조, 면적을 기재한다.

② 등기원인과 그 연월일란

등기원인은 '토지소유권취득'이라고 기재하고 대지권이 발생한 날짜(분양자가 토지에 대한 대지권(소유권, 지상권 등)을 취득한 날짜, 수분양자가 토지에 대한 지분이전등기를 신청함과 동시에 대지권등기를 신청하는 경우에는 그 지분이전등기를 경료한 날짜)가 등기원인일자이다.

③ **등기의 목적란**

'구분건물의 표시변경(대지권의 표시)'으로 기재한다. 이는 1동의 건물의 표제부 및 전유부분의 표제부에 하는 등기이다.

④ **변경할 사항**

변경등기이므로 '변경할 사항'을 기재하여야 한다. 변경할 사항은 새로이 발생한 대지권의 내용을 아래와 같이 기재한다.

(i) 대지권의 목적인 토지의 표시는 토지의 일련번호, 토지의 소재, 지번, 지목, 면적을,

(ii) 대지권의 종류는 소유권, 지상권, 전세권, 임차권 등 권리의 종류에 따라 기재하며,

(iii) 대지권의 비율은 대지권의 목적인 토지에 대한 지분 비율을 기재한다.

⑤ **신청인란**

대지권등기는 분양자가 이를 신청할 수는 없고 현재의 구분소유자가 이를 신청하여야 한다. 건물소유권이 수분양자로부터 제3자에게 이전된 경우에는 현재의 구분건물의 소유자가 대지권등기를 신청할 수 있다. 물론 이러한 경우에는 법 제60조 제1항의 규정에 따라 수분양자에의 등기를 생략하고 분양자로부터 현재의 구분소유자에게 대지사용권의 이전등기를 바로 신청할 수 있다. 즉 이 때 대지사용권의 이전등기는 분양자와 현재의 구분소유자가 공동으로 이전등기를 신청하고, 대지권등기는 현재의 구분소유자가 단독으로 이를 신청할 수 있다.

⑥ **등록면허세 · 지방교육세란**

위 2(1)의 경우에는 보존등기를 신청하면서 대지권의 표시를 하여 보존등기를 신청하게 되므로 별도로 대지권등기를 신청하는 것은 아니다. 기타의 경우에는 대지사용권의 이전등기를 하고 나서 그와 동시에 대지권등기를 신청하는 것이므로 대지권등기 신청시에 대지사용권의 이전등기에 대한 취득세를 납부할 필요는 없고 변경등기에 대한 등록면허세를 매 부동산 1개당 6,000원에 해당하는 등록면허세를 납부하여야 하며(지방세법 제28조 제1항 1. 마목), 등록면허세의 100분의 20에 해당하는 지방교육세를 납부한다.

⑦ **세액합계란**

등록면허세액과 지방교육세액의 합계를 기재한다.

⑧ **등기신청수수료란**

대지권등기를 신청하는 자는 등기신청수수료를 내야 하므로(법 제22조 제3항), 부동산 1개당 3,000원(전자표준양식에 의한 등기신청의 경우에는 2,000원, 전자신청의 경우에는 1,000원)에 해당하는 등기신청수수료를 납부하고 그 등기신청수수료금액 및 납부번호를 신청서에 기재한다(2024. 11. 29. 등기예규 제1789호).

⑨ **신청인 혹은 대리인의 표시란**

㈎ 신청인의 성명 및 전화번호를 기재하고, 기명날인 또는 서명을 한다.

㈏ 대리인이 등기신청을 하는 경우에는 그 대리인의 성명, 주소 및 전화번호를 기재하고 기명날인한다.

⑩ **첨부서면란**

등기신청서에 첨부한 서면을 각 기재한다.

4. 등기소에 제공하여야 하는 첨부정보

⑪ **등록면허세영수필확인서**

시장, 구청장, 군수 등으로부터 등록면허세납부서(OCR용지) 또는 대법원 인터넷등기소의 정액등록면허세납부서 작성기능을 통하여 정액등록면허세납부서를 발급받아 세금을 납부한 후 등록면허세영수필확인서를 신청서의 등록면허세액표시란의 좌측상단 여백에 첨부하거나, 또는 지방세인터넷납부시스템을 이용하여 납부하고 출력한 등록면허세납부확인서를 첨부정보로서 등기소에 제공하여야 한다(지방세법시행령 제49조 제1항).

⑫ **등기신청수수료영수필확인서**

대지권등기를 신청하는 자는 등기신청수수료를 내야 하므로(법 제22조 제3항), 부동산 1개당 3,000원(전자표준양식에 의한 등기신청의 경우에는 2,000원, 전자신청의 경우에는 1,000원)에 해당하는 등기신청수수료를 납부하고 등기신청수수료영수필확인서를 첨부한다(등기예규 제1789호).

⑬ **위임장**

등기신청을 법무사 등 대리인에게 위임하는 경우에 위임인이 기명날인 또는 서명을 한 위임장을 첨부한다.

⑭-1 기타 — 신청인이 법인인 경우

한편 신청인이 법인인 경우에는 법인등기사항전부증명서 또는 법인등기사항일부증명서를 첨부하여야 한다(규칙 제46조 제1항 제4호). 이 경우의 위 법인등기사항증명서는 소유자의 주소를 증명하는 서면, 부동산등기용등록번호를 증명하는 서면의 성격을 각 가진다(규칙 제46조 제1항 제5호). 다만 법인등기가 되어있는 등기소와 부동산소재지 관할 등기소가 동일한 경우에는 위 법인등기사항증명서를 제출할 필요가 없다(규칙 제46조 제5항).

⑭-2 기 타

대지권등기는 현재의 구분건물소유자가 대지사용권에 기하여 신청하는 등기이므로 등기원인증서로서의 분양(매매)계약서를 제출할 필요가 없고, 소유권이전등기가 아니므로 분양자의 인감증명을 첨부할 필요도 없으며, 소유권이전등기에 준하는 취득세 · 지방교육세 · 국민주택채권 이행의무도 없다. 또한 대지권등기신청을 할 경우에 토지등기필증이나 토지대장등본의 제출을 요하지 아니하며(1991. 3. 2. 등기선례 3-903), 건축물대장등본을 제출할 필요도 없다(규칙 제86조 제3항).

5. 등기신청서류 편철순서

신청서, 등록면허세영수필확인서, 등기신청수수료영수필확인서, 위임장 등의 순으로 편철하는 것이 실무상의 예이다.

7. 등기기록례

(등기 전의 등기부)

[표 제 부]	(1동의 건물의 표시)			(No.110)
표시번호	접 수	소재지번, 건물명칭 및 번호	건물내역	등기원인 및 기타 사항
1	2025년 6월 1일	서울특별시 서초구 서초동 100 샛별아파트 제가동 [도로명주소] 서울특별시 서초구 서초대로269길 88	철근콘크리트조 슬래브지붕 5층 아파트 1층 400㎡ 2층 400㎡ 3층 400㎡ 4층 400㎡ 5층 400㎡	

(대지권의 목적인 토지의 표시)				
표시번호	소재지번	지목	면적	등기원인 및 기타 사항

[표 제 부]	(전유부분의 건물의 표시)			(No.110)
표시번호	접 수	건물번호	건물내역	등기원인 및 기타사항
1	2025년 6월 1일	제1층 제101호	철근콘크리트조 56.03㎡	

(대지권의 표시)			
표시번호	대지권의 종류	대지권비율	등기원인 및 기타 사항

(건물등기부)

[갑 구]		(소유권에 관한 사항)		(No.175)
순위번호	등기목적	접 수	등기원인	권리자 및 기타 사항
1	소유권보존	2025년 6월 1일 제7086호		소유자 내일건설주식회사 110111-1617312 서울특별시 서초구 서초대로 9길 88
2	소유권이전	2025년 7월 5일 제8081호	2025년 7월 1일 매매	소유자 이형백 431203-1617312 서울특별시 관악구 관악대로 313길 818 (봉천동)

(토지등기부)

[갑 구]		(소유권에 관한 사항)		(No.114)
순위번호	등기목적	접 수	등기원인	권리자 및 기타 사항
1	소유권보존	1968년 4월 12일 제3260호		소유자 김맹수 280111-1238274 서울 종로구 북창동 233
2	소유권이전	2025년 7월 15일 제7086호	2025년 6월 14일 매매	소유자 내일건설주식회사 110111-1617312 서울특별시 서초구 서초대로 9길 88
3	소유권일부이전	2025년 8월 1일 제8081호	2025년 7월 5일 전유부분 제가동 제101호 소유권취득	소유자 이형백 431203-1617312 서울특별시 관악구 관악대로 313길 818(봉천동)

(등기 후의 등기부)

[표 제 부]		(1동의 건물의 표시)		(No.110)
표시번호	접 수	소재지번, 건물명칭 및 번호	건물내역	등기원인 및 기타 사항
1	2025년 6월 1일	서울특별시 서초구 서초동 100 샛별아파트 [도로명주소] 서울특별시 서초구 서초대로269길 88	철근콘크리트조 슬래브지붕 5층 아파트 1층 345㎡ 2층 345㎡ 3층 345㎡ 4층 345㎡ 5층 345㎡	

(대지권의 목적인 토지의 표시)				
표시번호	소재지번	지목	면적	등기원인 및 기타 사항
1	1. 서울특별시 서초구 서초동 100	대	1,000㎡	2025년 8월 1일

[표 제 부]		(전유부분의 건물의 표시)		(No.110)
표시번호	접 수	건물번호	건물내역	등기원인 및 기타 사항
1	2025년 6월 1일	제1층 제101호	철근콘크리트조 56.03㎡	

(대지권의 표시)			
표시번호	대지권의 종류	대지권비율	등기원인 및 기타 사항
1	1. 소유권대지권	1,000분의 25	2025년 8월 1일 대지권

[갑 구]		(소유권에 관한 사항)		(No.114)
순위번호	등기목적	접 수	등기원인	권리자 및 기타 사항
1	소유권보존	1968년 4월 12일 제3260호		소유자 김맹수 280111-1238274 서울 종로구 북창동 233
2	소유권이전	2025년 7월 15일 제7086호	2025년 6월 14일 매매	소유자 내일건설주식회사 110111-1617312 서울특별시 서초구 서초대로 9길 88
3	소유권일부이전	2025년 8월 1일 제8081호	2025년 7월 5일 전유부분 제가동 제101호 소유권 취득	지분 1,000분의 25 공유자 이형백 431203-1617312 서울특별시 관악구 관악대로 313길 818 (봉천동)
4	공유자 이형백지분 전부 대지권			건물의 표시 서울특별시 서초구 서초동 100 샛별아파트 2025년 8월 1일 등기

사례연습

대지권등기신청

설 문

아래에 기재된 부동산에 대하여 등기신청사건을 위임받은 대리인으로서 제시된 사실관계와 답안 작성시 유의사항에 적합한 등기신청서를 작성하고, 신청서에 첨부하는 서면에 대하여 간단히 설명하시오.(신청방식은 서면에 의한 방문신청을 전제로 함)

【1】 사실관계

1. 서울 서초구 서초동 100, 101번지 토지는 각각 대한예수교장로회 희망교회, 이해수의 단독소유이고, 102번지는 희망교회와 김영숙이 각 1/2씩 공유하고 있다.

2. 2019. 6. 1. 공유물분할을 통하여 위 집합건물 301호는 '대한예수교장로회 희망교회'의 단독소유가 되었고, 201호/ 202호는 각 이해수의 단독소유, 101호/102호는 각 김영숙의 단독소유가 되었다.

3. 3층에는 301호 외에는 다른 전유부분이 없다.

4. 301호의 대지권등기가능여부를 판단하여 대지권등기신청서를 작성하시오.

【2】 답안 작성시 유의사항

1. 희망교회의 현재 대표자는 이정수(580808-1212345, 주소 : 서울특별시 중구 충무로 100(명동)이다.

2. 첨부서면은 그 명칭을 해당란에 기재하고, 별지에 각 서면별로 제출이유를 설명한다.

3. 신청서 제출일은 2019년 6월 23일로 한다.

4. 대리인은 아래와 같다. 법무사 김철수, 사무소 서울 서초구 명달로 1번길 36, 606호 (서초동, 로펌애비뉴) (전화 500-1234)

5. 관할등기소(과)는 "서울중앙지방법원 등기국"이다.

참고자료

【3-1】 토지에 대한 등기사항증명서

[표 제 부]		(토지의 표시)			
표시번호	접수	소재지번	지목	면적	등기원인 및 기타 사항
1	1981년 4월 1일	1. 서울특별시 서초구 서초동 100	대	100㎡	

[갑 구]			(소유권에 관한 사항)	
순위번호	등기목적	접 수	등기원인	권리자 및 기타 사항
3	소유권이전	2019년 2월 1일 제2012호	2019년 2월 1일 매매	소유자 대한예수교장로회 희망교회 123123 서울특별시 서초구 방배로 10(방배동) 대표자 이해수 6801211-1212369 서울특별시 동작구 동작로 20(상도동)

[표 제 부]		(토지의 표시)			
표시번호	접수	소재지번	지목	면적	등기원인 및 기타 사항
1	1981년 4월 1일	1. 서울특별시 서초구 서초동 101	대	150㎡	

[갑 구]			(소유권에 관한 사항)	
순위번호	등기목적	접 수	등기원인	권리자 및 기타 사항
3	소유권이전	2019년 2월 1일 제2012호	2019년 2월 1일 매매	소유자 이해수 6801211-1212369 서울특별시 동작구 동작로 20 (상도동)

[표 제 부]		(토지의 표시)			
표시번호	접 수	소재지번	지 목	면 적	등기원인 및 기타 사항
1	1981년 4월 1일	1. 서울특별시 서초구 서초동 102	대	200㎡	

[갑 구]		(소유권에 관한 사항)		
순위번호	등기목적	접 수	등기원인	권리자 및 기타 사항
3	소유권이전	2019년 2월 1일 제2012호	2019년 2월 1일 매매	공유자 지분 2분의 1 대한예수교장로회 희망교회 123123 서울특별시 서초구 방배로 10 (방배동) 대표자 이해수 6801211-1212369 서울특별시 동작구 동작로 20 (상도동) 지분 2분의 1 김영숙 701201-2313129 서울특별시 관악구 관악로 30 (봉천동)

【3-2】 301호에 대한 등기사항증명서

[표 제 부]		(1동의 건물의 표시)		
표시번호	접 수	소재지번, 건물명칭 및 번호	건물내역	등기원인 및 기타 사항
1	2019년 3월 7일	서울특별시 서초구 서초동 100, 101, 102 골든크로스 [도로명주소] 서울특별시 서초구 서초대로 269길 33	철근콘크리트조 슬래브지붕 3층 근린생활시설 1층 100㎡ 2층 100㎡ 3층 100㎡	

[표 제 부]	(전유부분의 건물의 표시)			
표시번호	접 수	건물번호	건물내역	등기원인 및 기타 사항
1	2019년 3월 7일	제3층 제301호	철근콘크리트조 80.00㎡	

[갑 구]	(소유권에 관한 사항)			
순위번호	등기목적	접 수	등기원인	권리자 및 기타 사항
1	소유권보존	2019년 3월 7일 제3070호		공유자 지분 3분의 1 대한예수교장로회 희망교회 123123 서울특별시 서초구 방배로 10 (방배동) 대표자 이해수 6801211-1212369 서울특별시 동작구 동작로 20 (상도동) 지분 3분의 1 이해수 6801211-1212369 서울특별시 동작구 동작로 20 (상도동) 지분 3분의 1 김영숙 701201-2313129 서울특별시 관악구 관악로 30 (봉천동)
2	1번 이해수지분 및 김영숙지분 전부이전	2019년 6월 1일 제6000호	2019년 6월1일 공유물분할	지분 3분의 2 대한예수교장로회 희망교회 123123 서울특별시 서초구 방배로 10 (방배동) 대표자 이해수 6801211-1212369 서울특별시 동작구 동작로 20 (상도동)

【3-3】 201호에 대한 등기사항증명서 (202호도 동일)

[표 제 부]		(전유부분의 건물의 표시)		
표시번호	접 수	건물번호	건물내역	등기원인 및 기타 사항
1	2019년 3월 7일	제2층 제201호	철근콘크리트조 40.00㎡	

[갑 구]		(소유권에 관한 사항)		
순위번호	등기목적	접 수	등기원인	권리자 및 기타 사항
1	소유권보존	2019년 3월 7일 제3070호		공유자 지분 3분의 1 대한예수교장로회 희망교회 (주소생략) 지분 3분의 1 이해수 (주소생략) 지분 3분의 1 김영숙 (주소생략)
2	1번대한예수교장로회 희망교회지분 및 김영숙지분 전부이전	2019년 6월 1일 제6001호	2019년 6월 1일 공유물분할	지분 3분의 2 이해수 6801211-1212369 서울특별시 동작구 동작로 20 (상도동)

【3-4】 101호에 대한 등기사항증명서 (102호도 동일)

[표 제 부]		(전유부분의 건물의 표시)		
표시번호	접 수	건물번호	건물내역	등기원인 및 기타 사항
1	2019년 3월 7일	제1층 제101호	철근콘크리트조 40.00㎡	

[갑 구]		(소유권에 관한 사항)		
순위번호	등기목적	접 수	등기원인	권리자 및 기타 사항
1	소유권보존	2019년 3월 7일 제3070호		공유자 지분 3분의 1 대한예수교장로회 희망교회 (주소생략) 지분 3분의 1 이해수 (주소생략) 지분 3분의 1 김영숙 (주소생략)
2	1번대한예수교장로회 희망교회지분 및 이해수지분 전부이전	2019년 6월 1일 제6002호	2019년 6월 1일 공유물분할	지분 3분의 2 김영숙 701201-2313129 서울특별시 관악구 관악로 30 (봉천동)

【모범답안】

대지권(표시변경)등기신청

접 수	년 월 일	처리인	등기관 확인	각종통지
	제 호			

부동산의 표시				
1동의 건물의 표시 서울특별시 서초구 서초동 100, 101, 102 골든크로스 [도로명주소] 서울특별시 서초구 서초대로 269길 33 철근콘크리트조 슬래브지붕 3층 근린생활시설 1층 100㎡ 2층 100㎡ 3층 100㎡ 전유부분의 건물의 표시 건물의 번호 : 3-301 구 조 : 철근콘크리트조 면 적 : 제3층 제301호 80.00㎡ -이상-				
등기원인과 그 연월일	2019년 6월 1일 건물소유권취득			
등기의 목적	구분건물표시변경 (대지권의 표시)			
변경할사항	대지권의 표시 대지권의 목적인 토지의 표시 1. 서울특별시 서초구 서초동 100 대 100㎡ 2. 서울특별시 서초구 서초동 101 대 150㎡ 3. 서울특별시 서초구 서초동 102 대 200㎡ 대지권의 종류 : 1. 3. 소유권 대지권의 비율 : 1. 100분의 100 3. 200분의 100			
구분	성 명	주민등록번호	주 소	지 분
신청인	대한예수교장로회 희망교회 대표자 이정수	123123 580808-1212345	서울특별시 서초구 방배로 10 (방배동) 서울특별시 중구 충무로 100 (명동)	

등 록 면 허 세	금 6,000 원	
지 방 교 육 세	금 1,200 원	
세 액 합 계	금 7,200 원	
등 기 신 청 수 수 료	금 3,000 원	
납 부 번 호		
등기의무자의 등기필정보		
부동산고유번호		
성 명 (명칭)	일 련 번 호	비 밀 번 호

첨 부 서 면 (간인)	
1. 등록면허세영수필확인서 1통 1. 등기신청수수료영수필확인서 1통 1. 정관 또는 규약 1통 1. 대표자증명서면 1통 1. 2인 이상의 사실확인서 2통 1. 2인 이상의 인감증명 2통 1. 대표자 주민등록표등본 또는 초본 1통 1. 위임장 1통	

2019년 6월 23일

위 신청인 (전화 :)

(또는)위 대리인 법무사 김철수 직인 (전화 : 02-500-1234)

서울특별시 서초구 명달로 1번길 36, 606호 (서초동, 로펌애비뉴)

서울중앙지방법원 등기국 귀중

신청서 작성요령

* 1. 부동산표시란에 2개 이상의 부동산을 기재하는 경우에는 부동산의 일련번호를 기재하여야 합니다.

2. 신청인란 등 해당란에 기재할 여백이 없을 경우에는 별지를 이용합니다.

3. 담당 등기관이 판단하여 위의 첨부서면 외에 추가적인 서면을 요구할 수 있습니다.

〈참 고〉

대지권(표시변경)등기신청

<table>
<tr><td rowspan="2">접 수</td><td>년 월 일</td><td rowspan="2">처리인</td><td>등기관 확인</td><td>각종통지</td></tr>
<tr><td>제 호</td><td></td><td></td></tr>
</table>

<table>
<tr><td colspan="5">부 동 산 의 표 시</td></tr>
<tr><td colspan="5">1동의 건물의 표시
서울특별시 서초구 서초동 100, 101, 102
골든크로스
[도로명주소] 서울특별시 서초구 서초대로 269길 33
철근콘크리트조 슬래브지붕 3층 근린생활시설
1층 100㎡ 2층 100㎡ 3층 100㎡
전유부분의 건물의 표시
건물의 번호 : 2-201
구 조 : 철근콘크리트조
면 적 : 제2층 제201호 40.00㎡ -이상-</td></tr>
<tr><td colspan="2">등기원인과 그 연월일</td><td colspan="3">2019년 6월 1일 건물소유권취득</td></tr>
<tr><td colspan="2">등 기 의 목 적</td><td colspan="3">구분건물표시변경 (대지권의 표시)</td></tr>
<tr><td colspan="2">변 경 할 사 항</td><td colspan="3">대지권의 표시
대지권의 목적인 토지의 표시
1. 서울특별시 서초구 서초동 100 대 100㎡
2. 서울특별시 서초구 서초동 101 대 150㎡
3. 서울특별시 서초구 서초동 102 대 200㎡
대지권의 종류 : 2. 소유권
대지권의 비율 : 150분의 75</td></tr>
<tr><td>구 분</td><td>성 명</td><td>주민등록번호</td><td>주 소</td><td>지 분</td></tr>
<tr><td>신청인</td><td>이해수</td><td>(생략)</td><td>(생략)</td><td></td></tr>
</table>

〈참 고〉

대지권(표시변경)등기신청

접 수	년 월 일	처리인	등기관 확인	각종통지
	제 호			

부 동 산 의 표 시
1동의 건물의 표시 서울특별시 서초구 서초동 100, 101, 102 골든크로스 [도로명주소] 서울특별시 서초구 서초대로 269길 33 철근콘크리트조 슬래브지붕 3층 근린생활시설 1층 100㎡ 2층 100㎡ 3층 100㎡ 전유부분의 건물의 표시 건물의 번호 : 1-101 구 조 : 철근콘크리트조 면 적 : 제1층 제101호 40.00㎡ -이상-

등기원인과 그 연월일	2019년 6월 1일 건물소유권취득
등 기 의 목 적	구분건물표시변경 (대지권의 표시)
변 경 할 사 항	대지권의 표시 대지권의 목적인 토지의 표시 1. 서울특별시 서초구 서초동 100 대 100㎡ 2. 서울특별시 서초구 서초동 101 대 150㎡ 3. 서울특별시 서초구 서초동 102 대 200㎡ 대지권의 종류 : 3. 소유권 대지권의 비율 : 200 분의 50

구 분	성 명	주민등록번호	주 소	지 분
신청인	김영숙	(생략)	(생략)	

5. 소유권이전등기 — (1) 상속으로 인한 소유권이전등기신청

상속으로 인한
소유권이전등기신청

접 수	년 월 일	처리인	등기관 확인	각종통지
	제 호			

① 부동산의 표시	
1. 서울특별시 서초구 서초동 100 대 300㎡ 2. 서울특별시 서초구 서초동 100 [도로명주소] 서울특별시 서초구 서초대로20길 72 시멘트 벽돌조 슬래브지붕 2층 근린생활시설 1층 100㎡ 2층 100㎡ -이상-	
② 등기원인과 그연월일	2025년 4월 13일 상속
③ 등 기 의 목 적	소유권이전
④ 이 전 할 지 분	

구 분	성 명 (상호·명칭)	주민등록번호 (등기용등록번호)	주 소(소재지)	지분 (개인별)
⑤ 피상속인	망 이도령	490115-1056407	서울특별시 서초구 서초대로 20길 12(서초동)	7/7
⑥ 등기 권리자	김 복 순	530125-2128713	서울특별시 서초구 서초대로 20길 12(서초동)	3/7
	이 대 백	790320-1617312	서울특별시 서초구 서초대로 20길 22(서초동)	2/7
	이 대 영	821021-1617314	서울특별시 동작구 동작대로 29길 32, 101동 1301호(상도동, 현대아파트)	2/7

⑦시가표준액 및 국민주택채권매입금액		
부동산 표시	부동산별 시가표준액	부동산별 국민주택채권매입총액
1. 토 지	김복순 금121,500,000원 이대백 금 81,000,000원 이대영 금 81,000,000원 (합계 금283,500,000원)	금 3,400,000 원 금 2,270,000 원 금 2,270,000 원 (합계 금 7,940,000 원)
2. 건 물	김복순 금 10,547,140원 이대백 금 7,031,430원 이대영 금 7,031,430원 (합계 금24,610,000원)	금 190,000 원 없음 없음 (합계 금 190,000 원)
⑦ 국 민 주 택 채 권 매 입 총 액		금 8,130,000 원
⑦ 국 민 주 택 채 권 발 행 번 호		(3개)
⑧ 취득세(등록면허세) 금 8,627,080원		⑧ 지 방 교 육 세 금 492,970 원 ⑧ 농어촌특별세 금 616,220 원
⑨ 세 액 합 계		금 9,736,270 원
⑩ 등 기 신 청 수 수 료		금 30,000 원 납부번호:

⑫ 첨 부 서 면 (간인)	
1. 제적등본(피상속인) 1통 ⑬	1. 등기신청수수료영수필확인서 1통 ⑯
1. 기본증명서(피상속인) 1통 ⑬	1. 주민등록표등(초)본 4통 ⑰
1. 가족관계증명서(피상속인) 1통 ⑬	1. 토지대장등본 1통 ⑱
1. 친양자입양관계증명서(피상속인) 1통 ⑬	1. 건축물대장등본 1통 ⑲
1. 기본증명서(상속인) 3통 ⑬	1. 위임장 1통 ⑳
1. 가족관계증명서(상속인) 3통 ⑭	
1. 취득세영수필확인서 1통 ⑮	

2025년 8월 1일

⑪ 위 신청인

대리인 법무사 유 명 한 직인 (전화: 599-0000)

서울특별시 서초구 서초대로100길 36 (서초동)

서울중앙지방법원 등기국 귀중

등기신청안내서 — 상속으로 인한 소유권이전등기

1. 상속으로 인한 소유권이전등기

2012년 4월 13일 이도령의 사망으로 인하여 개시된 상속에 있어서 상속인들에게 법정지분별로 상속을 원인으로 한 소유권이전등기를 상속인 전원이 함께 신청하는 경우의 등기신청서 작성례이다.

2. 등기신청방법

신청인 본인 또는 법무사 등 그 대리인이 신분을 확인할 수 있는 주민등록증 등을 가지고 직접 등기소에 출석하여 신청한다.

3. 등기소에 제공하여야 하는 신청정보

신청서는 한글과 아라비아 숫자로 기재한다. 부동산의 표시란이나 신청인란 등이 부족할 경우에는 별지를 사용하고, 별지를 포함하여 신청서가 여러 장인 때에는 각 장 사이에 간인을 하여야 한다.

① 부동산의 표시란

상속부동산을 기재하되, 등기부상 부동산의 표시와 일치하여야 한다. 부동산이 토지인 경우에는 토지의 소재와 지번, 지목, 면적을 기재하고, 건물인 경우에는 건물의 소재와 지번, 도로명주소, 구조, 종류, 면적, 건물의 번호가 있는 때에는 그 번호, 부속건물이 있는 때에는 그 구조, 종류와 면적을 기재하면 된다. 만일 등기기록과 토지·건축물대장의 부동산표시가 다른 때에는 먼저 부동산표시변경(또는 경정)등기를 하여야 한다.

② 등기원인과 그 연월일란

등기원인은 '상속' 으로 기재하고, 연월일은 피상속인의 사망일을 기재한다.

<예> 년 월 일 상속

③ 등기의 목적란

아래 예규를 참조하여 기재한다.

④ 이전할 지분란

구 분	소유권		공유지분	
	전부이전	일부이전	전부이전	일부이전
등기의 목적	‘소유권이전’	‘소유권 일부이전’	‘ㅇ번 갑지분 전부이전’	‘ㅇ번 갑지분 ㅇ분의 ㅇ중 일부(ㅇ분의ㅇ)이전’
이전할 지분	-	‘ㅇ분의ㅇ’	‘ㅇ분의ㅇ’ (부동산 전체에 대한 지분을 기재한다. 다만 수인의 공유자로부터 지분 일부씩을 이전 받는 경우에는 이를 합산하여 기재한다)	

※ 근거 : 2010. 7. 9. 등기예규 제1313호

⑤ 피상속인란

등기부상 소유자 표시와 일치되게 피상속인의 성명, 주민등록번호, 주소를 기재한다. 피상속인의 등기부상 표시가 제적등본과 상이한 때에는 서로 동일인임을 인정할 수 있는 시·구·읍·면의 장의 서면 등(동일인 보증서 포함)을 첨부하여 피상속인인 등기명의인의 표시경정(또는 변경)등기를 거치지 아니하고 바로 상속등기를 할 수 있다(1991. 2. 19. 등기선례 3-396).

⑥ 등기권리자란

상속인의 성명, 주민등록번호, 주소를 기재하되, 상속인이 수인인 경우 이전받는 각자의 지분을 지분란에 기재한다. 상속인이 각자의 지분만에 대하여 별건으로 소유권이전등기를 신청하는 것은 허용되지 아니한다.

⑦ 시가표준액 및 국민주택채권매입금액, 국민주택채권매입총액란

㈎ 상속등기시에 매입하여야 할 주택채권은 각 부동산별로, 각 부동산에 대하여 상속인 각자의 상속지분별로 산정된 시가표준액을 기준으로 한다(1992. 6. 17. 등기예규 제768호).

㈏ 따라서 취득세납부서(OCR용지)에 기재된 시가표준액과 시가표준액의 일정비율에 해당하는 국민주택채권매입금액을 각 상속인별로 계산하여 기재한다. 국민주택채권발행번호를 해당란에 기재하여야 한다.

토지: 공시지가 945,000원/㎡

* 시가표준액 945,000 x 300 = 283,500,000

김복순 3/7 = 121,500,000

이대백 2/7 = 81,000,000

이대영 2/7 = 81,000,000

건물: 1997년도 신축건물임

2012년도 신축건물기준가액	165,000원/㎡(예)
구조지수(시멘트벽돌조)	0.80
용도지수(주거시설)	1.00
위치지수(공시지가기준)	1.02
경과년수별잔가율	1-(0.02 x 10)
가감산비율	1.15
면적	200㎡
* 건물시가표준액	24,610,000원

⑧ 취득세 · 지방교육세 · 농어촌특별세란

㉠ 상속등기를 신청하는 경우에는 지방세법 제11조 제1항 제1호의 규정(상속)에 따라 시가표준액(308,110,000원)의 1,000분의 28에 해당하는 취득세를 납부한다(308,110,000 × 28/1,000 = 8,627,080원. 지방세법 제11조 제1항 제1호). ㉡ 취득물건에 대하여 지방세법 제10조의 과세표준에 제11조 제1항 제1호부터 제7호까지의 세율에서 1천분의 20을 뺀 세율을 적용하여 산출한 금액의 100분의 20의 지방교육세를 납부한다(308,110,000 × (28/1,000 − 20/1,000) × 20/100 = 492,970원. 지방세법 제151조 제1항), ㉢ 지방세법 제11조의 표준세율을 1,000분의 20로 적용하여 100분의 10에 해당하는 농어촌특별세를 납부한다(308,110,000 × 20/1,000 × 10/100 = 616,220원. 농어촌특별세법 제5조 제1항).

취득세	지방교육세	농어촌특별세
28/1,000	(28/1,000 − 20/1,000) x 20/100	20/1,000 x 10/100
지방세법 제11조 제1항 제1호	지방세법 제151조 제1항	농어촌특별세법 제5조 제1항

⑨ 세액합계란

취득세액, 농어촌특별세액, 지방교육세액의 합계를 기재한다.

⑩ 등기신청수수료란

상속등기를 신청하는 자는 등기신청수수료를 내야 하므로(법 제22조 제3항), 부동산 1개당 15,000원(전자표준양식에 의한 등기신청의 경우에는 13,000원, 전자신청의 경우에는

10,000원)에 해당하는 등기신청수수료를 납부하고 그 등기신청수수료금액 및 납부번호를 신청서에 기재한다(등기예규 제1789호).

⑪ 신청인 혹은 대리인의 표시란

㈎ 신청인의 성명 및 전화번호를 기재하고, 기명날인 또는 서명을 한다.

㈏ 대리인이 등기신청을 하는 경우에는 그 대리인의 성명, 주소 및 전화번호를 기재하고 기명날인한다.

⑫ 첨부서면란

등기신청서에 첨부한 서면을 각 기재한다.

4. 등기소에 제공하여야 하는 첨부정보

⑭ 등기원인을 증명하는 서면－상속 혹은 포괄승계를 증명하는 서면

상속등기를 신청하는 경우에는 등기원인을 증명하는 서면으로, 상속을 증명하는 서면(기본증명서, 상속재산분할협의서 등) 혹은 포괄승계를 증명하는 서면(법인등기사항증명서, 유언증서 등)을 제출하여야 한다. 상속의 경우에는 다음 서면이 필요하다.

㈎ 상속을 증명하는 서면 (피상속인)

1) 피상속인이 2008. 1. 1. 이후에 사망신고가 된 경우로서, 피상속인에게 배우자와 자녀가 있는 경우에는 다음 각 호의 서면을 상속을 증명하는 서면으로 제출하여야 한다.

1. 피상속인의 기본증명서(상세) 및 가족관계증명서(상세)
2. 피상속인의 친양자입양관계증명서(상세)
3. 피상속인의 구 호적법상 제적등본(전적 전 제적등본 포함)

2) 위 기본증명서(상세)에 의하여서는 피상속인 이도령과 등기명의인의 동일성, 사망사실과 사망일시를 확인하고, 가족관계증명서(상세)를 통하여서는 배우자 김복순과 자녀 이대백, 이대영이 상속인이 맞는지 확인하여야 하며, 친양자입양관계증명서(상세)를 통해 피상속인이 사망한 후에 타인에게 친양자입양된 자녀의 존부와 피상속인 사망 당시 피상속인에게 친양자입양된 자녀의 존부를 확인할 수 있어야 한다.

3) 제적등본을 통해 2008년 1월 1일 이전 피상속인의 자녀 중 사망, 국적상실, 실종선고, 부재선고를 원인으로 제적된 자가 있는지 여부, 2008년 1월 1일 이전 혼인, 분가, 입양 등의 사유로 가족관계증명서에 누락된 직계비속이 있는지 여부를 확인한다.

4) 가족관계증명서(상세) 및 제적등본을 통해 피상속인 사망전에 사망한 자녀의 존부를 확인하여 대습상속이 발생하였는지 조사한다(이상 상속등기에 관한 업무처리지침,

2025. 01. 24 등기예규 제1835호).

㈏ 기본증명서 · 가족관계증명서(상속인)

피상속인의 가족관계증명서(상세)를 통해 상속인을 확인할 수 있기 때문에 원칙적으로 상속인의 기본증명서를 첨부할 필요는 없다. 다만, 등기관은 상속인의 주민등록표 등 · 초 등 제출된 첨부서면만으로 동일인임을 확인하가 어려운 경우 상속인의 기본증명서(상세)의 제출을 요구할 수 있다(위 등기예규 제1835호).

한편 피상속인이 2007. 12. 31. 이전에 사망신고가 된 경우에는 ① 피상속인의 제적등본 및 피상속인의 제적에 관한 기재사실에 의하여 확인된 각 상속인의 기본증명서(상세) 등을 제출하여야 하고 ② 구관습법상(1960. 1. 1.이전 사망) 호주상속에 따른 등기를 신청하는 경우에는 호주상속 개시사실과 호주상속인이 기재된 제적등 · 초본 및 호주상속인의 기본증명서(상세) 등을 제출하여야 한다(위 등기예규 제1835호).

⑮ 취득세영수필확인서

시장, 구청장, 군수 등으로부터 취득세납부서(OCR용지)를 발급받아 세금을 납부한 후 취득세영수필확인서를 신청서의 취득세액표시란의 좌측상단 여백에 첨부하거나, 또는 지방세인터넷납부시스템에서 출력한 취득세납부확인서를 첨부정보로서 등기소에 제공하여야 한다(지방세법시행령 제36조 제1항).

⑯ 등기신청수수료영수필확인서

상속등기를 신청하는 자는 등기신청수수료를 내야 하므로(법 제22조 제3항), 부동산 1개당 15,000원(전자표준양식에 의한 등기신청의 경우에는 13,000원, 전자신청의 경우에는 10,000원)에 해당하는 등기신청수수료를 납부하고 등기신청수수료영수필확인서를 첨부한다(등기예규 제1789호).

⑰ 주소 및 주민등록번호를 증명하는 서면 - 주민등록표등본 · 초본

(가) 피상속인의 주소증명서면

1) 등기기록상 등기명의인이 피상속인임을 증명하기 위하여 요구되는 경우에는 예외적으로 피상속인의 주소를 증명하는 서면으로 주민등록표 등 · 초본(말소자 등 · 초본)을 제출하여야 한다.

2) 가족관계증명제도 시행 전의 사망으로 피상속인의 사망사실이 기재된 제적등본이 첨부된 경우 등기기록상 등기명의인인 피상속인의 주소가 그 제적부상의 기재와 다른 경우에도 1)과 같다(위 등기예규 제1835호).

3) 등기부상 피상속인의 주소와 피상속인의 주소가 다른 경우에는 피상속인의 주소변동이력이 표시된 주민등록표초본(말소자)을 첨부하여야 하는 것이 굳어진 등기실

무이다(인터넷등기소-등기신청서견양 : '등기기록상의 주소와 최종 주소가 상이할 경우에는 반드시 주소변동내역이 포함된 주민등록표초본을 첨부하여야 한다'고 서술되어 있음을 참조할 것).

(나) 상속인의 주소 및 주민등록번호 증명서면)

1) 등기권리자가 될 상속인은 다음 각 호에 따라 주소 및 주민등록번호(또는 부동산등기용등록번호) 증명서면을 제출하여야 한다.

1. 내국인 : 주민등록표 등 · 초본
2. 재외국민 : 「재외국민 및 외국인의 부동산등기신청절차에 관한 예규」 제10조 및 제11조의 규정에 따른 서면
3. 외국인 : 「재외국민 및 외국인의 부동산등기신청절차에 관한 예규」 제13조 및 제14조의 규정에 따른 서면

2) 등기권리자가 될 자가 아닌 상속인의 경우에는 원칙적으로 주소 및 주민등록번호(또는 부동산등기용등록번호) 증명서면을 제출할 필요가 없다. 다만, 다음 각 호의 우에는 주소 및 주민등록번호(또는 부동산등기용등록번호) 증명서면을 제출하여야 한다.

1. 상속을 증명하는 서면과 상속재산분할협의서 또는 인감증명서상 상속인의 표시만으로 상속인의 동일성을 알 수 없는 경우
2. 상속재산분할협의서에 기재한 상속인의 주소와 인감증명서의 주소가 부합하지 않는 경우(위 등기예규 제1835호)

(다) 상속인의 주소 및 주민등록번호 증명서면을 제출할 수 없는 경우

1) 공동상속인 중 일부가 행방불명되어 그 주민등록이 말소된 경우에는 말소된 주민등록표 등 · 초본을 첨부하여 그 최후 주소를 주소지로 하여 상속등기를 신청할 수 있다.

2) 공동상속인 중 일부가 주민등록을 한 사실이 없거나 제적부 등 · 초본이나 기본증명서에 주민등록번호가 기재되어 있지 않는 등 사유로 주민등록표 등 · 초본을 발급받을 수 없는 경우에는 제적부 등 · 초본상의 본적지 또는 기본증명서상의 등록기준지를 그 주소지로 하고, 그 제적등 · 초본(또는 기본증명서)을 주소를 증명하는 서면으로 하여 상속등기를 신청할 수 있다.

⑱⑲ 부동산의 표시를 증명하는 서면 — 토지대장등본 혹은 임야대장등본

소유권이전등기를 신청하는 경우이므로 토지대장 · 임야대장 · 건축물대장 정보나 그 밖에 부동산의 표시를 증명하는 정보를 등기소에 제공하여야 한다(규칙 제46조 제1항

제7호).

⑳ **위임장**

등기신청을 법무사 등 대리인에게 위임하는 경우이므로 대리권한을 증명하는 정보로 위임장을 첨부정보로서 등기소에 제공하여야 한다(규칙 제46조 제1항 제5호). 상속인 중 1인·수인 혹은 전원이 법무사 등 대리인에게 상속인 전원을 위한 상속등기를 위임할 수 있다. 본 위임장에는 당해 등기신청을 위임하는 상속인이 기명날인 또는 서명을 하여야 한다.

5. 등기신청서류 편철순서

신청서, 취득세영수필확인서, 등기신청수수료영수필확인서, 위임장, 제적등본, 기본증명서, 가족관계증명서, 친양자입양관계증명서, 주민등록표등본 · 초본, 대장등본 등의 순으로 편철하는 것이 실무상의 예이다.

6. 등기기록례

[갑 구]		(소유권에 관한 사항)		(No.233)
순위번호	등기목적	접 수	등기원인	권리자 및 기타 사항
3	소유권이전	1998년 4월 12일 제3260호	1998년 3월 2일 매매	소유자 이도령 490115-1056407 서울특별시 서초구 서초동 36
4	소유권이전	2025년 8월 1일 제7086호	2025년 4월 13일 상속	공유자 지분 7분의 3 김복순 530125-2128713 서울특별시 서초구 서초대로20길 12 (서초동) 지분 7분의 2 이대백 790320-1617312 서울특별시 서초구 서초대로20길 22 (서초동) 지분 7분의 2 이대영 821021-1617314 서울특별시 동작구 동작대로29길 32, 101동 1301호(상도동, 현대아파트)

5. 소유권이전등기 — (2) 협의분할에 의한 상속

소유권이전등기신청
(협의분할에 의한 상속)
—부동산등기법 제7조의3에 의한 신청—

접 수	년 월 일	처리인	등기관 확인	각종통지
	제 호			

① 부동산의 표시					
1. 서울특별시 서초구 서초동 100 대 300㎡ 2. (특례관할) 대전광역시 서구 둔산동 100 대 100㎡ - 이 상-					
②등기원인과 그연월일	2025년 4월 13일 협의분할에 의한 상속				
③ 등 기 의 목 적	소유권이전				
④ 이 전 할 지 분					
구 분	성 명	주민등록번호	주 소	상속분	지 분 (개인별)
⑤ 피상속인	망 이도령	300101 -1234567	서울특별시 중구 마장로길 88 (황학동)		
⑥ 등기 권리자	이 대 백	600101 -1234567	서울특별시 중구 다동길 96 (다동)		

⑦ 시가표준액 및 국민주택채권매입금액		
부동산 표시	부동산별 시가표준액	부동산별 국민주택채권매입총액
1. 주 택	금300,000,000원	금 12,6000,000 원
2.	금 원	금 원
3.	금 원	금 원
⑦ 국 민 주 택 채 권 매 입 총 액		금 12,6000,000 원
⑦ 국 민 주 택 채 권 발 행 번 호		1234-12-1234-1234
⑧ 취득세(등록면허세) 금 5,000,000원		⑧ 지 방 교 육 세 금 500,000 원
		⑧ 농어촌특별세 금 원
⑨ 세 액 합 계		금 5,500,000 원
⑩ 등 기 신 청 수 수 료		금 30,000 원
		납부번호: 12-12-12345678-0
		일괄납부: 건 원

⑪ 첨 부 서 면	
~~· 위임장 통~~	· 토지·임야·건축물대장등본 각1통
· 가족관계증명서(상세) 1통	· 제적등본 1통
· 기본증명서(상세) 1통	〈기 타〉
· 친양자입양관계증명서(상세) 1통	· 상속재산분할협의서 1통
· 피상속인 및 상속인의 주민등록표초본(또는 등본) 각1통	· 인감증명서나 본인서명사실확인서 또는 전자본인서명확인서 발급증(상속인) 각1통
· 취득세(등록면허세)영수필확인서 1통	
· 등기신청수수료 영수필확인서 1통	

2025년 2월 3일

⑫ 위 신청인 이 강 동 ㊞ (전화 : 010-1234-5680)

(또는) 위 대리인 (전화:)

서울중앙지방법원 등기국 귀중

삭1자

신청서 작성요령

* 1. 부동산표시란에 2개 이상의 부동산을 기재하는 경우에는 부동산의 일련번호를 기재하여야 합니다.
2. 신청인란 등 해당란에 기재할 여백이 없을 경우에는 별지를 이용합니다.
3. 담당 등기관이 판단하여 위의 첨부서면 외에 추가적인 서면을 요구할 수 있습니다.

등기신청안내서 — 소유권이전등기신청(상속)

1. 협의분할에 의한 상속으로 인한 소유권이전등기란

피상속인이 사망한 경우에 피상속인의 부동산을 상속인 전원의 상속재산분할협의서에 의하여 상속인 앞으로 이전하는 것으로, 등기신청은 상속인이 단독으로 신청한다.

2. 등기신청방법

① 부동산등기법 제7조의3 및 부동산등기규칙 제164조에 따른 상속·유증을 원인으로 한 등기를 신청하는 경우 부동산의 관할 등기소가 아닌 등기소에도 그 신청이 가능하다. 이 경우 등기신청서 상단에 "부동산등기법 제7조의3에 의한 신청" 임을 기재하여야 한다.

② 상속인이 여러 명인 경우 공동상속인 중 일부가 보존행위로서 다른 공동상속인 모두를 위해 상속등기를 신청할 수도 있으나, 직접 상속등기를 신청하지 않고 등기명의인이 된 다른 공동상속인에 대해서는 등기필정보가 작성·교부되지 않는다.

3. 등기신청서 기재요령

※ 신청서는 한글과 아라비아 숫자로 기재한다. 부동산의 표시란이나 신청인란 등이 부족할 경우에는 별지를 사용하고, 별지를 포함한 신청서의 각 장 사이에는 간인(신청서에 서명을 하였을 때에는 각 장마다 연결되는 서명)을 하여야 한다.

① 부동산의 표시란

㉮ 상속부동산을 기재하되, 등기기록상 부동산의 표시와 일치하여야 한다. 부동산이 토지(임야)인 경우에는 토지(임야)의 소재와 지번, 지목, 면적을 기재하고, 건물인 경우에는 건물의 소재와 지번, 도로명주소(등기기록 표제부에 기록되어 있는 경우), 구조, 면적, 건물의 종류, 건물의 번호가 있는 때에는 그 번호, 부속건물이 있는 때에는 그 종류, 구조와 면적을 기재하면 된다. ~~만일 등기기록과 토지(임야)·건축물대장의 부동산 표시가 다른 때에는 먼저 부동산표시변경(또는 경정)등기를 하여야 한다.~~

㉯ 부동산 소재지가 등기를 신청하고자 하는 등기소의 관할이 아닌 경우에는 해당 부동산의 소재와 지번 앞에 “(특례관할)” 표시를 하여야 한다(2025.1.24. 등기예규 제1835호).

② **등기원인과 그 연월일란**

등기원인은 ‘협의분할에 의한 상속’ 으로 기재하고, 연월일은 피상속인의 사망일을 기재한다.

<예> ㅇㅇㅇㅇ년 ㅇ월 ㅇ일 협의분할에 의한 상속

③ **등기의 목적란**

소유권 전부이전의 경우에는 ‘소유권이전’으로, 소유권 일부이전의 경우에는 ‘소유권 일부이전’으로 기재한다. 다만, 공유자(ㅁㅁㅁ)의 지분을 전부이전하는 경우에는 ‘갑구 ㅇ번 ㅁㅁㅁ지분 전부이전’으로, 공유자의 지분 중 일부이전하는 경우에는 ‘갑구 ㅇ번 ㅁㅁㅁ지분 공유자지분 △분의 △중 일부(ㅇ분의 ㅇ)이전’으로 기재한다.

〈예〉 ㉮ 단독소유자인 홍길동의 지분을 전부 이전하는 경우 ‘소유권이전’
㉯ 단독소유자인 홍길동의 지분을 일부 이전하는 경우 ‘소유권 일부이전’
㉰ 공유자인 홍길동의 지분을 전부 이전하는 경우 ‘갑구 ㅇ번 홍길동지분 전부이전’
㉱ 공유자인 홍길동의 지분 2분의 1중 2분의 1을 이전하는 경우 ‘갑구 ㅇ번 홍길동지분 2분의 1 중 일부(4분의 1)이전’

④ **이전할 지분란**

소유권 일부이전(공유지분 이전 포함)의 경우에만 그 이전받는 지분을 기재하되, ‘공유자 지분 ㅇ분의 ㅇ’과 같이 부동산 전체에 대한 지분을 기재한다.

〈예〉 단독소유자인 홍길동의 지분을 일부 이전하는 경우, 공유자인 홍길동의 지분을 전부 이전하는 경우, 공유자인 홍길동의 지분을 일부 이전하는 경우 최종 이전하는 지분이 ㅇ분의 ㅇ이면, 모두 ‘공유자 지분 ㅇ분의 ㅇ’으로 기재

⑤ **피상속인란**

등기기록상 소유자 표시와 일치되게 피상속인의 성명, 주민등록번호, 주소를 기재한다.

⑥ **등기권리자란**

상속인의 성명, 주민등록번호, 주소를 기재하되, 상속인이 수인인 경우 이전받는 각자의 지분을 지분란에 기재한다.

⑦ **시가표준액 및 국민주택채권매입금액, 국민주택채권매입총액란,국민주택채권발행번**

호란

㉮ 부동산별 시가표준액란은 취득세(등록면허세)납부서(OCR용지)에 기재된 시가표준액을 기재하고 부동산별 국민주택채권매입금액란에는 시가표준액의 일정비율에 해당하는 국민주택채권매입금액를 기재한다.

㉯ 부동산이 2개 이상인 경우에는 각 부동산별로 시가표준액 및 국민주택채권매입금액을 기재한 다음 국민주택채권 매입총액을 기재하여야 한다.

㉰ 국민주택채권발행번호란에는 국민주택채권 매입시 국민주택채권사무취급기관에서 고지하는 채권발행번호를 기재하며, 하나의 신청사건에 하나의 채권발행번호를 기재하는 것이 원칙이며, 동일한 채권발행번호를 수 개 신청사건에 중복 기재할 수 없다.

㉱ 각 부동산에 대하여 각 상속인의 상속지분별로 계산한 시가표준액에 의하여 일정비율의 국민주택채권을 매입한다.

⑧ 취득세(등록면허세) · 지방교육세 · 농어촌특별세란

취득세(등록면허세)영수필확인서에 의하여 기재하며, 농어촌특별세는 납부액이 없는 경우 기재하지 않는다.

⑨ 세액합계란

취득세(등록면허세)액, 지방교육세액, 농어촌특별세액의 합계를 기재한다.

⑩ 등기신청수수료란

㉮ 부동산 1개당 15,000원의 등기신청수수료 납부액을 기재하며, 등기신청수수료를 은행 현금납부, 전자납부, 무인발급기 납부 등의 방법에 따라 납부한 후 등기신청서에 등기신청수수료 영수필확인서를 첨부하고 납부번호를 기재하여 제출한다.

㉯ 여러 건의 등기신청에 대하여 수납금융기관에 현금으로 일괄납부하는 경우 첫 번째 등기신청서에 등기신청수수료 영수필확인서를 첨부하고 해당 등기신청수수료, 납부번호와 일괄납부 건수 및 일괄납부액을 기재하며, 나머지 신청서에는 해당 등기신청수수료와 전 사건에 일괄 납부한 취지를 기재한다(일괄납부는 은행에 현금으로 납부하는 경우에만 가능함).

⑪ 첨부서면란

등기신청서에 첨부한 서면을 각 기재한다.

⑫ 신청인등란

㉮ 협의분할에 의하여 상속을 받는 자의 성명 및 전화번호를 기재하고, 각자의 인장을 날인 또는 서명한다.

㈏ 대리인이 등기신청을 하는 경우에는 그 대리인의 성명, 주소 및 전화번호를 기재하고 대리인의 인장을 날인 또는 서명한다.

4. 등기신청서에 첨부할 서면

(1) 신 청 인

① 위 임 장

등기신청을 법무사 등 대리인에게 위임하는 경우에 첨부한다.

② 상속재산분할협의서

상속재산분할협의서(여러 장인 경우 공동상속인 전원의 인감 또는 본인서명사실확인서에 기재한 서명을 한 경우에는 서명으로 간인해야 함)는 공동상속인 전원이 참가하여 작성하며 각자의 인감으로 날인 후 인감증명서를 첨부하거나 또는 본인서명사실확인서에 기재한 서명(전자본인서명확인서 발급증을 제출할 경우에도 서명)을 하고 본인서명사실확인서(전자본인서명확인서 발급증)을 첨부하여 제출하여야 한다.

(2) 시 · 구 · 군청, 읍 · 면 사무소, 동 주민센터

① 취득세(등록면허세)영수필확인서

시장, 구청장, 군수 등으로부터 취득세(등록면허세)납부서(OCR용지)를 발급받아 납세지를 관할하는 해당 금융기관에 세금을 납부한 후 취득세(등록면허세)영수필확인서와 영수증을 교부받아 영수증은 본인이 보관하고 취득세(등록면허세)영수필확인서만 신청서의 취득세(등록면허세)액표시란의 좌측상단 여백에 첨부하거나, 또는 지방세인터넷납부시스템에서 출력한 시가표준액이 표시되어 있는 취득세(등록면허세)납부확인서를 첨부한다.

② 토지(임야)·건축물대장등본

등기신청대상 부동산의 종류에 따라 토지(임야)대장등본, 건축물대장등본(각, 발행일로부터 3월 이내)을 첨부한다.

③ 상속을 증명하는 서면

피상속인의 사망한 사실 및 상속권자와 상속인을 확인할 수 있는 제적등본(필요한 경우에 구 호적법상 전적전 제적등본 포함), 가족관계증명서(상세), 기본증명서(상세), 친양자입양관계증명서(상세) 등(발행일로부터 3월 이내)을 첨부한다. 단 상속순위 2순위 이하의 자가 상속권리자가 되는 경우 피상속인의 입양관계증명서(상세)도 첨부한다.

④ 주민등록표초본(또는 등본)

㉮ 피상속인의 주민등록표초본 또는 등본(각, 발행일로부터 3월 이내)을 첨부하는 것이 바람직하다. 다만, 등기기록상의 주소와 최종 주소가 상이할 경우에는 반드시 주소변동내역이 포함된 주민등록표초본을 첨부하여야 한다.

㉯ 상속인의 주민등록표초본 또는 등본(각, 발행일로부터 3월 이내)을 첨부한다. 다만, 협의서상의 주소와 등기신청시의 주소가 상이할 경우에는 반드시 주소변동내역이 포함된 주민등록표초본을 첨부한다.

⑤ 인감증명서 또는 본인서명사실확인서

상속재산분할협의서에 날인한 상속인 전원의 인감증명서(발행일로부터 3월 이내)를 첨부하거나 인감증명을 갈음하여 『본인서명사실 확인 등에 관한 법률』에 따라 발급된 본인서명사실확인서(발행일로부터 3월 이내)에 기재한 서명(전자본인서명확인서 발급증을 제출할 경우에도 서명)을 하고 본인서명사실확인서(전자본인서명확인서 발급증)을 첨부한다.

재외국민의 경우 상속재산협의분할서상의 서명 또는 날인이 본인의 것임을 증명하는 재외공관의 확인서 또는 이에 관한 공정증서로 대신할 수 있다.

(3) 대한민국법원 인터넷등기소, 금융기관 등

〈등기신청수수료〉

대한민국법원 인터넷등기소(http://www.iros.go.kr/PMainJ.jsp)를 이용하여 전자적인 방법(신용카드, 계좌이체, 선불형지급수단, 간편결제)으로 납부하고 출력한 등기신청수수료 영수필확인서를 첨부하거나, 법원행정처장이 지정하는 수납금융기관 또는 신청수수료 납부기능이 있는 무인발급기에 현금으로 납부한 후 발급받은 등기신청수수료 영수필확인서를 첨부한다.

(4) 기 타

① 상속권자 및 상속분은 피상속인의 사망 당시의 민법 규정에 따릅니다.

② 상속인이 재외국민 또는 외국인일 때, 상속결격자가 있는 때, 특별수익자가 있는 때, 상속의 포기가 있는 때, 피상속인이 유언으로 상속분을 지정한 때, 대습상속이 있는 때 등의 경우에는 신청서의 기재사항과 첨부서면이 다르거나 추가될 수 있다.

5. 등기신청서류 편철순서

신청서, 취득세(등록면허세)영수필확인서, 등기신청수수료 영수필확인서, 위임장, 제적등본, 가족관계증명서(상세), 기본증명서(상세), 친양자입양관계증명서(상세), 상속재산분할협의서 및 인감증명서나 본인서명사실확인서 또는 전자본인서명확인서 발급증, 주민등록표초(등)본, 토지(임야)·건축물대장등본 등의 순으로 편철해 주면 업무처리에 편리하다.

사례연습

소유권이전등기신청(협의분할에 의한 상속)

設 問

(ⅰ) 아래 부동산의 공유자 김일남(360212 - 1234567)은 2025. 4. 28. 불의의 교통사고로 당일 사망하였는바, 그의 상속인은 다음과 같다.

이복자 400830 - 2133215
서울특별시 동작구 동작대로 22 (사당동)

김형태 700102 - 1068838
서울특별시 동작구 동작대로 22 (사당동)

김형진 720303 - 1013838(재외국민)(결혼 후 분가)
미합중국 뉴욕주 뉴욕시 리버사이드웨이 268

김형숙 740204 - 2012678(결혼 후 분가)
서울특별시 은평구 대조로 689 (대조동)

(ⅱ) 이후 김일남의 상속인들은 2025. 5. 15. 협의분할계약을 통하여 장남 김형태와 차남 김형진이 위 부동산중 피상속인의 지분을 각 6 : 4의 비율로 상속받기로 합의를 하였다.

(ⅲ) 피상속인의 김일남의 본적은 서울특별시 은평구 불광로 9 (대조동)이며, 최후주소는 서울특별시 동작구 동작대로 22 (사당동)이다.

(ⅳ) 한국에 있는 김형태가 귀 수험생 법무사에 찾아와 상속등기를 위임하였을 때에 수험생 법무사가 작성하여 2025. 8. 29 제출하여야 하는 등기신청서 및 위임장을 당사자의 의도에 가장 부합하게 작성하시오

참고자료

1. 등기부

〈1동의 건물의 표제부〉

[표제부]	(1동의 건물의 표시)			
표시번호	접 수	소재지번, 건물명칭 및 번호	건물내역	등기원인 및 기타사항
1	1984년 3월 27일	서울특별시 서초구 서초동 100 프라임아파트 제101	벽돌조 슬래브지붕 5층 아파트 1층 245㎡	

		동 [도로명주소] 서울특별시 서초구 명달로1길 23	2층 245㎡ 3층 245㎡ 4층 245㎡ 5층 245㎡	

(대지권의 목적인 토지의 표시)				
표시번호	소재지번	지목	면적	등기원인 및 기타사항
1	서울특별시 서초구 서초동 100	대	4,000㎡	1984년 3월 27일

〈전유부분의 표제부〉

[표제부]	(전유부분의 건물의 표시)			
표시번호	접 수	건물번호	건물내역	등기원인 및 기타사항
1	1984년 3월 27일	제3층 제303호	벽돌조 82㎡	
(대지권의 표시)				
표시번호	대지권의 종류	대지권비율	등기원인 및 기타사항	
1	1.소유권대지권	4,000분의 50	1984년 3월 27일 대지권	

<갑구>

[갑 구]	(소유권에 관한 사항)			
순위번호	등기목적	접 수	등기원인	권리자 및 기타사항
1	소유권보존	1984년 3월 27일 제4263호		공유자 지분 5분의 3 김일남 서울특별시 송파구 잠실대로 32(잠실동) 지분 5분의 2 이복자 서울특별시 송파구 잠실대로 32(잠실동)

2. 공동주택공시가격 : 건물 250,000,000원(5분의 3)

3. 채권매입비율

	상속
5,000만원 이상~1억 5천만원 미만	28/1,000
1억 5천만원 이상	42/1,000

4. 취득세율: 상속 28/1,000

【모범답안】

상속을 원인으로 한 소유권일부이전등기신청

접 수	년 월 일	처리인	등기관 확인	각종통지
	제 호			

부동산의 표시
1동의 건물의 표시 서울특별시 서초구 서초동 100 프라임아파트 제101동 [도로명주소] 서울특별시 서초구 명달로1길 23 전유부분의 건물의 표시 건물의 번호 101-3-303 구 조 벽돌조 면 적 제3층 제303호 82㎡ 대지권의 표시 대지권의 목적인 토지의 표시 1. 서울특별시 서초구 서초동 100 대 4,000 ㎡ 대지권의 종류 1. 소유권대지권 대지권의 비율 4,000분의 50 -이 상-

등기원인과 그 연월일	2025년 4월 28일 협의분할에 의한 상속
등 기 의 목 적	1번김일남지분전부이전
이 전 할 지 분	5분의 3

구 분	성 명 (상호 · 명칭)	주민등록번호 (등기용등록번호)	주 소(소재지)	지 분
피상속인	망 김일남	360212-1234567	서울특별시 송파구 잠실대로 32(잠실동) 최후주소 서울특별시 동작구 동작대로 22(사당동)	25분의 15
등기권리자	김형태	700102-1068838	서울특별시 동작구 동작대로 22(사당동)	25분의 9
	김형진	720303-1013838	미합중국 뉴욕주 뉴욕시 리버사이드웨이 268	25분의 6

<table>
<tr><td colspan="4">시가표준액 및 국민주택채권매입금액</td></tr>
<tr><td>부동산 표시</td><td>부동산별 시가표준액</td><td colspan="2">부동산별 국민주택채권매입총액</td></tr>
<tr><td>1. 건 물</td><td>250,000,000 원</td><td colspan="2">김형태지분 150,000,000×42/1,000=6,300,000원
김형진지분 100,000,000×28/1,000=2,800,000원</td></tr>
<tr><td colspan="2">국 민 주 택 채 권 매 입 총 액</td><td colspan="2">금 9,100,000 원</td></tr>
<tr><td colspan="2">국 민 주 택 채 권 발 행 번 호</td><td colspan="2">7506-10-0486-1289, 1290</td></tr>
<tr><td rowspan="2">취 득 세</td><td rowspan="2">금 7,000,000원</td><td>지방교육세</td><td>금 400,000원</td></tr>
<tr><td>농어촌특별세</td><td>금 500,000원</td></tr>
<tr><td>세액합계</td><td colspan="3">금 7,900,000 원</td></tr>
<tr><td rowspan="2">등 기 신 청 수 수 료</td><td colspan="3">금 15,000 원</td></tr>
<tr><td colspan="3">납부번호 :</td></tr>
<tr><td colspan="4">첨 부 서 면 (간인)</td></tr>
<tr><td colspan="2">1. 상속재산분할협의서 1통
1. 취득세영수필확인서 1통
1. 등기신청수수료영수필확인서 1통
1. 기본증명서(상세) 1통
1. 가족관계증명서(상세) 1통
1. 친양자입양관계증명서(상세) 1통
1. 제적등본 1통
1. 피상속인(말소자)주민등록표초본 1통
1. 주민등록표초본(김형태) 1통</td><td colspan="2">1. 상속인주민등록표초본(말소자) (김형진) 1통
1. 재외국민등록부등본 1통
1. 인감증명 또는 본인서명사실확인서 또는 전자본인서명확인서발급증 3통
1. 재외국민의 인감증명 등 또는 재외공관의 공증 1통
1. 건축물대장등본(전유부) 1통
1. 토지대장등본(대지권등록부) 1통
1. 위임장 1통</td></tr>
<tr><td colspan="4">2025년 8월 29일
위 신청인
대리인 법무사 이 영 태 (직인) (전화: 599-7000)
서울특별시 서초구 방배대로 26 (방배동)
서울중앙지방법원 등기국 귀중</td></tr>
</table>

신청서 작성요령

* 1. 부동산표시란에 2개 이상의 부동산을 기재하는 경우에는 부동산의 일련번호를 기재하여야 합니다.
2. 신청인란 등 해당란에 기재할 여백이 없을 경우에는 별지를 이용합니다.

위 임 장

<table>
<tr><td>부
동
산
의
표
시</td><td colspan="2">1동의 건물의 표시
서울특별시 서초구 서초동 100
프라임아파트 제101동
[도로명주소] 서울특별시 서초구 명달로1길 23
전유부분의 건물의 표시
건물의 번호 101-3-303
구 조 벽돌조
면 적 제3층 제303호 110㎡
대지권의 표시
대지권의 목적인 토지의 표시
1. 서울특별시 서초구 서초동 100 대 4,000 ㎡
대지권의 종류
1. 소유권대지권
대지권의 비율 4,000분의 50
-이 상-</td></tr>
<tr><td>등기원인과 그 연월일</td><td colspan="2">2025년 4월 28일 협의분할에 의한 상속</td></tr>
<tr><td>등 기 의 목 적</td><td colspan="2">1번김일남지분전부이전</td></tr>
<tr><td>이 전 할 지 분</td><td colspan="2"></td></tr>
<tr><td colspan="2">피상속인 망 김일남(360212-1234567)
서울특별시 송파구 잠실대로 32
(잠실5동)
최후주소 서울특별시 동작구 동작대로 22 (사당동)

상속인
지분 25분의 9
김형태 ㉐
서울특별시 동작구 동작대로 22
(사당동)
지분 25분의 6
김형진
미합중국 뉴욕주 뉴욕시 리버사이드웨이 268</td><td>법무사 이영태 (599-7000)
서울특별시 서초구 방배대로 26
(방배동)

위 사람을 대리인으로 정하고 위 부동산에 대한 등기신청 및 취하에 관한 모든 행위를 위임한다. 또한 복대리인 선임을 허락한다.

2025 년 8 월 29 일</td></tr>
</table>

사례연습

〔법무사 제14회 기출문제〕

상속을 원인으로 한 소유권이전등기신청

설 문

아래에 기재된 부동산에 대한 상속등기신청을 위임받은 대리인으로서 제시된 사실관계와 전제 조건 및 답안작성시 유의사항에 적합한 등기신청서를 작성하고, 신청서에 첨부하는 서면에 대하여 간단히 설명하시오(사실관계는 2008년도 출제당시가 아닌 2020년 기준으로 약간 변경하였음)

참고자료

1. 부동산과 소유자의 표시

서울특별시 중구 신당동 100 대지 1,500㎡
소유자 김영수 410101-1000000
서울특별시 중구 정동 5

2. 사실관계

부동산의 소유자인 김영수는 2021. 1. 20. 지병으로 사망하여 2021. 3. 20.가족관계등록관서에 사망신고를 하였으며, 배우자 박서연과 아들 김정훈(2007. 10. 10. 사망), 아들 김지훈, 딸 김민서(미국이름은 찰리민서), 아들 김성훈, 딸 김민재가 있다.

딸 김민재는 법정상속분에 따른 상속등기신청을 2021. 9. 1. 위임하였다.

1. 박서연(431010-2000001)은 2021. 3. 1. 재혼한 후 재외국민으로 「미합중국 캘리포니아주 로스엔젤레스시 사우트 웰 2번가 100 (100 S. Wall st. #2 L.A. C.A. 90014 U.S.A.)」에 거주하고 있다. 국내의 주민등록표는 말소되었고 현지에 재외국민등록이 되어 있다.
2. 김정훈(651111-1000003)은 2007. 10. 20. 사망신고가 되었고, 배우자인 최수빈은 2020. 9. 1. 재혼하였으며, 아들 김준호와 딸 김소영이 있다.
   - 최수빈 (670404-2000004) 서울시 중구 명동 11
   - 김준호 (930707-1000005) 서울시 중구 서소문동 1
   - 김소영 (950505-2000006) 위 주소와 같음.
3. 김지훈(1967. 7. 7.)은 1970. 6월경 행방불명되어 주민등록표가 작성되지 않았으며, 그 당시의 제적등본에는 출생당시의 본적지가 기재되어 있는데 「서울시

중구 정동 1」이다.

4. 김민서(1969. 6. 6.)는 미국인과 결혼하여「미합중국 캘리포니아주 로스엔젤레스시 6번가 서쪽 16번지」에 살고 있다. 2007. 7. 1. 한국국적을 상실하였으며 미국여권에 표시된 이름은「찰리민서」이다.
   * 부동산등기용등록번호 690606-8000007
5. 김성훈(710101-1000008)은 2021. 3. 15. 상속을 포기하였으며, 배우자 박미영과 아들 김준혁이 있다.
   - 김성훈 서울 종로구 청진동 10
   - 박미영 (720303-2000009) 위 주소와 같음.
   - 김준혁 (990808-1000001) 위 주소와 같음.
6. 김민재(730202-2000002)에게는 배우자 민창수와 아들 민준희가 있다.
   - 김민재 서울 강남구 역삼동 10
   - 민창수 (710420-1000003) 위 주소와 같음.
   - 민준희 (031111-1000004) 위 주소와 같음.

3. 전제 조건

1. 법정상속분에 따라 등기신청을 하는데 법적 · 사실적인 문제는 없음.
2. 신청서는 서면에 의한 방문신청을 하는 방법으로 작성함.
3. 인용한 성명, 주민등록번호, 주소, 사실관계 등은 문제구성을 위해 조합한 것이나 모두 적법한 것으로 함.
   * “( )” 속의 숫자는 주민등록번호임.
4. 미국에 거주하는 박서연과 찰리민서(김민서)는 한국에 입국하지 않았음.

4. 답안작성시 유의사항

1. 등기권리자 기재란이 부족할 때는 별지를 사용할 수 있음.
2. 지분의 분모는 분자의 최소공배수를 사용함.
3. 등기와 관련된 각종 세금과 채권매입금액, 수입인지, 등기신청수수료, 등기의무자의 등기필정보란은 기재하지 않음.
4. 첨부서면은 그 명칭을 해당란에 기재하고, 별지에 각 서면별로 제출이유와 내용을 간단히 설명할 것.
5. 신청서의 작성일은 2021. 9. 1.로 함.
6. 날인이 필요한 곳은 “㊞”으로 표시함.
7. 위임장의 작성은 생략하되 대리인은 아래와 같음.
   *법무사 이철수, 사무소 서울 서초구 서초동 1번지(전화 567-1234)
8. 관할등기소는 “서울중앙지방법원 등기국” 임.

【모범답안】

소유권이전등기신청
등기신청(상속)

접 수	년 월 일	처리인	등기관 확인	각종통지
	제 호			

부동산의 표시				
서울특별시 중구 신당동 100 대 1,500m² 이 상				
등기원인과 그 연월일	2021년 1월 20일 상속			
등 기 의 목 적	소유권이전			
이 전 할 지 분				
구 분	성 명 (상호 · 명칭)	주민등록번호 (등기용등록번호)	주 소(소재지)	지분 (개인별)
피상속인	망 김 영 수	410101-1000000	서울특별시 중구 정동 5	1
신청인	박 서 연	431010-2000001	미합중국 캘리포니아주 로스엔젤레스시 사우트 웰 2번가 100	3/11
	김 준 호	930707-1000005	서울특별시 중구 서소문동 1	1/11
	김 소 영	950505-2000006	서울특별시 중구 서소문동 1	1/11
	김 지 훈		서울특별시 중구 정동 1	2/11
	미합중국인 찰리먼서	690606-8000007	미합중국 캘리포니아주 로스앤젤레스시 6번가 서쪽 16	2/11
	김 민 재	730202-2000002	서울특별시 강남구 역삼동 10	2/11

시가표준액 및 국민주택채권매입금액				
부동산 표시	부동산별 시가표준액		부동산별 국민주택채권매입총액	
1.	금 원		금 원	
2.	금 원		금 원	
국 민 주 택 채 권 매 입 총 액			금 원	
국 민 주 택 채 권 발 행 번 호				
등 록 세	금 원		교 육 세	금 원
세 액 합 계			금 원	
등 기 신 청 수 수 료			금 원	
첨 부 서 면 (간인)				
1. 가족관계증명서	5통		1. 주소공증서면 & 아포스티유인증서	1통
1. 기본증명서	5통		1. 위에 대한 번역문 & 신분증사본	1통
1. 친양자입양관계증명서	3통		1. 동일인보증서 & 아포스티유인증서	1통
1. 제적등본	3통		1. 위에 대한 번역문 & 신분증사본	1통
1. 주민등록표등(초)본	8통		1. 상속포기심판정본	1통
1. 재외국민등록부등본	1통		1. 등록세영수필확인서	1통
1. 혼인관계증명서	1통		1. 토지대장등본	1통
1. 부동산등기용등록번호증명서	1통		1. 위임장	1통

2021년 9월 1일

위 신청인

위 대리인 법무사 이 철 수 직인 (전화: 567-1234)

서울특별시 서초구 서초동 1

서울중앙지방법원 등기국 귀중

신청서 작성요령 및 등기수입증지 첨부

* 1. 부동산표시란에 2개 이상의 부동산을 기재하는 경우에는 그 부동산의 일련번호를 기재하여야 합니다.

2. 신청인란 등 해당란에 기재할 여백이 없을 경우에는 별지를 이용합니다.
3. 등기신청수수료 상당의 등기수입증지를 이 난에 첩부합니다.

〈필요서류 일람표〉

구 분	제적등본	가족관계증명서	기본증명서	친양자입양관계증명서	말소자등본	주민등록등본	기타
1) 피상속인 김영수	필요	필요	필요	필요	필요		
2) 상속인 박서연					필요		재외국민 등록부등본
3) 상속인 김정훈	필요				필요		
4) 상속인 김준호 상속인 김소영		필요(2)	필요(2)	필요(2)		필요(2)	
5) 최수빈		필요	필요				혼인관계 증명서
6) 상속인 김지훈		필요	필요			필요	
7) 상속인 찰리민서	필요				필요		부동산등기용등록번호증명서/ 주소증명/ 동일인보증서
8) 김성훈							상속포기 수리증명원
9) 상속인 김민재						필요	

1) 피상속인 김영수

피상속인 김영수에게 다른 상속인이 있는지를 소명하는 서면으로 〔제적등본〕, 〔가족관계증명서〕를 첨부하고 사망사실 및 사망일자를 증명하는 서면으로 〔기본증명서〕를 첨부한다. 위 가족관계증명서에는 2008. 1. 1. 이전에 사망한 김정훈(2007. 10. 10. 사망)이 자녀로 기록되지 아니하므로 위 가족관계증명서 이외에 구호적부의 제적등본을 첨부하여야 한다. 또한 피상속인은 가족관계등록제도가 도입된 2008. 1. 1. 이후에 사망하였고, 피상속인의 가족관계등록부에는 나오지만 타가에 친양자로 가서 상속인의 범위에서 배제되는 자가 있을 수 있는 것이므로 상속인의 범위를 소명하기 위하여 피상속인의 친양자입양관계증명서를 제출한다.

한편 등기부상 피상속인과 금번 상속등기를 신청하는 상속인들의 피상속인이 동일임을 소명하기 위하여 피상속인의 〔말소자초본〕을 첨부한다. 등기부상 주민등록번호와 피상속인의 말소자초본상 주민등록번호가 동일함이 소명되어야 하는데,

피상속인의 등기부상 주민등록번호가 나타나지 아니하는 경우에는 말소자초본상 피상속인의 종전 주소가 등기부상 피상속인의 주소가 일치함을 소명하여야 할 것이다.

2) 상속인 박서연 (피상속인 사망이후 재혼)

피상속인 사망이후 재혼하였다고 하여 상속인에서 배제되지 않는다. 박서연의 주민등록번호를 증명하는 서면으로 〔말소자등본〕을, 주소를 증명하는 서면으로 재외국민등록부등본을 제출한다. 피상속인의 사망이후에 박서연의 재혼여부는 상속에 영향을 미치는 것이 아니기 때문에 박서연에 대한 [혼인관계증명서]는 이를 첨부하지 않는다.

재외국민이 등기권리자로서 등기신청하는 때에 종전에 부여받은 주민등록번호가 있는 경우에는 새로이 부동산등기용등록번호를 발급받을 수 없고 말소된 주민등록 등·초본상의 주민등록번호로 등기신청하여야 한다(2002. 8. 10. 등기선례 7-82).

3) 상속인 김정훈 (피상속인 사망 이전 2007년도 사망)

피상속인의 사망이전인 2007년도에 사망한 상속인이므로 이를 증명하기 위하여 제적등본 및 말소자등본을 제출한다.

4) 상속인 김준호 및 김소영 (대습상속인)

상속인 김준호와 김소영은 피상속인 김영수를 호주로 하는 제적등본에는 손자손녀로 기재되어 있겠지만 피상속인의 가족관계증명서에는 나타나지 아니한다(가족관계증명서에는 직계속속과 직계비속만 기재되는 것이지 직계비속의 직계비속까지는 기재되지 않는다). 따라서 부친 김정훈의 [제적등본], 김준호 및 김소영 각자의 〔가족관계증명서〕 및 [기본증명서〕 에 의하여 이미 사망한 아버지 김정훈 및 피상속인 김영수와의 관계를 소명할 수밖에 없다.

또한 김준호 및 김소영은 친양자제도가 도입된 2008. 1. 1. 현재 15세에 도달하지 아니한 자이며, 2008. 1. 1. 이후에 타가에 친양자로 간 경우에는 상속권을 상실하게 되는 것이므로, 그러한 친양자에 해당하지 아니한다는 것을 〔친양자입양관계증명서〕 에 의하여 소명하여야 한다.

5) 최수빈 (대습상속인 지위에 있었지만 피상속인 사망이전에 재혼한 자)

상속인보다 먼저 사망한 장남 김정훈의 배우자 최수빈은 남편이 2007. 10. 10. 사망한 이후 피상속인 김영수가 2021. 1. 20. 사망 이전인 2020. 9. 1. 재혼하였다. 최수빈에 대하여 〔혼인관계증명서〕 〔기본증명서〕 〔가족관계증명서〕 를 첨부하여야 상속인의 범위에 해당하는 지를 확인할 수 있다.

6) 상속인 김지훈 (어릴 적에 행방불명된 자, 실종선고 받지 아니한 상태임)

상속인 중 김지훈은 어릴 적에 행방불명되었지만 실종선고를 받은 것은 아니므로 상속인의 범위에 포함된다. 김지훈의 〔기본증명서〕와 〔가족관계증명서〕를 첨부한다(기본증명서에는 본인에 관련한 사항만 기재된다). 주민등록번호는 기재할 필요가 없고, 김지훈의 기본증명서상 등록기준지를 그 주소지로 하여 상속등기를 신청할 수 있다. 아래 등기예규 참조.

선 례

대위에 의하여 상속등기를 신청하고자 할 때, 그 공동상속인중 일부가 행방불명이 되어 주민등록등본을 제출할 수 없을 때 이를 소명하여 호적등본상 본적지를 그 주소지로 하여 상속등기를 신청할 수 있는 바, 그 행방불명인 자가 주민등록번호를 부여받기 이전에 행방불명이 되었다면 이를 역시 소명하여 주민등록번호를 병기하지 아니하고 위 대위에 의한 상속등기신청을 할 수 있다(1994. 3. 28. 등기 3402-263 질의회답). 공동상속인 중 일부가 행방불명되어 주민등록이 「주민등록법」 제20조 제5항의 규정에 의하여 말소된 경우에는 주민등록표등본을 첨부하여 그 최후 주소를 주소지로 하고, 위 주민등록표등본을 제출할 수 없을 때는 이를 소명하여 「가족관계의 등록 등에 관한 법률」 제15조 제1항 제2호의 기본증명서상 등록기준지를 그 주소지로 하여 상속등기의 신청을 할 수 있다(2007.12.11 등기예규 제1218호).

7) 상속인 김민서 (미국인 찰리민서)

상속인 찰리민서는 제적등본에는 김민서로 기재되어 있으나 미국이름은 찰리민서이므로 동일인이라는 취지의 본국 관공서의 증명 또는 공증이 있어야 한다. 외국인이므로 〔주소공증서면〕, 〔부동산등기용등록번호증명서〕 및 신청서에 기재한 찰리민서가 〔동일인이라는 취지의 본국관공서의 증명이나 이에 관한 공증서면〕을 제출하여야 한다. 그리고 이에 대한 [아포스티유 인증서]도 첨부한다. 위 주소공증서면과, 동일인증명서, 아포스티유 인증서는 영문으로 되어있으므로 이에 대한 〔번역문〕을 각 1통씩 제출한다. 번역문에 대하여서는 번역인의 신분증사본도 첨부한다.

또한 김민서의 국적상실사실이 나와있는 제적등본도 첨부하여야 한다.

8) 상속인 김성훈 (상속포기한 자)

김성훈은 상속포기를 하였고 상속인의 범위에서 제외되므로 〔상속포기심판정본〕 을 첨부한다. 1순위상속인 모두가 상속포기를 한 경우에만 김성훈의 배우자 박미영 및 김준혁에게 상속이 개시되는 것이지, 김성훈이 상속포기를 하였다고 하여 배우자 박미영 및 김준형이 상속을 받는 것은 아니다. 상속인이 수인인 경우에 어느 상속인이 상속을 포기한 때에는 그 상속분은 다른 상속인의 상속분의 비율로 그 상속인에게 귀속되기 때문이다(민법 제08720호 2007. 12. 21). 상속포기신고를 수리한 심판에 대하여서는 불복할 수 없으므로 확정증명은 요구되지 않으나, 상속포기신고는 수리심판이 당사자에게 고지된 때에 효력이 발생하므로(대법원 2004. 6. 25. 선고 2004다20401판결). 상속포기심판정본에 대한 송달증명은 필요하다고 본다. 상속포기심판정본의 송달일이 확정일자이다.

9) 상속인 김민재 (위임인)

상속인 김민재에 대하여서는 주소를 증명하는 〔주민등록등(초)본〕 을 1통 첨부한다.

〔**첨부서면 제출이유**〕 ← 답안지 작성부분

1. 기본증명서 5통

[피상속인 김영수]에 대하여서는 2008. 1. 1. 이후에 사망하였으므로 피상속인의 사망사실 및 사망일자를 증명하는 서면으로, [상속인 김준호와 김소영, 김지훈]에 대하여서는 각 가족관계증명서 이외에 현재의 신분을 증명하는 서면으로 기본증명서〕를 첨부한다. 실무상으로는 [최수빈]에 대하여서도 기본증명서를 첨부한다. 한편 [김지훈]의 기본증명서는 주소증명서면으로서의 성격도 가진다.

2. 가족관계증명서 5통

[피상속인 김영수]의 상속인의 범위를 확인하기 위하여 김영수에 대한 가족관계증명서를 첨부한다. 〔상속인 김준호와 김소영, 김지훈]의 기본증명서에는 피상속인에 관한 사항이 기재되지 아니하므로 위 각 상속인에 대하여 기본증명서 이외에 피상속인과 연결되는 가족관계증명서를 각 첨부한다. 실무상으로는 [최수빈]에 대하여서도 가족관계증명서를 첨부한다. [외국인 찰리민서]는 가족관계등록제도가 도입된 2008. 1. 1. 이전인 2007. 7. 1. 국적을 상실하여 가족관계증명서가 없기 때문에 이를 제출하지 아니한다.

3. 제적등본 3통

[피상속인 김영수]의 가족관계증명서에는 2008. 1. 1. 이전에 사망한 김정훈(2007. 10. 10. 사망), 국적을 상실한 찰리민서는 자녀로 기록되지 아니하므로(제적의 원인이 2008. 1. 1. 전에 사망, 국적상실, 실종선고, 부재선고에 의한 것일 경우, 이러한 사람들에 대하여는 가족관계등록부를 작성하지 아니하므로 이기하지 않는다(출처 : 가족관계등록부 작성을 위한 가족관계기록사항의 이기지침 가족관계등록예규 제259호 2007.12.10 제정)) 위 가족관계증명서 이외에 구호적부의 제적등본을 첨부하여야 한다. 2008. 1. 1. 에 사망하거나 [김정훈], 국적을 상실하여 가족관계등록시스템에 등재되지 아니한 [찰리민서]에 대하여서도 제적등본을 제출한다.

4. 친양자입양관계증명서

피상속인에게 친양자에 해당하는 자가 있는지 없는지를 소명하는 서면으로 〔피상속인]의 친양자입양관계증명서를 제출하여야 한다. 상속인중 [김준호 및 김소영]은 친양자제도가 도입된 2008. 1. 1. 현재 15세에 도달하지 아니한 자이며, 2008. 1. 1. 이후에 타가에 친양자로 간 경우에는 상속권을 상실하므로 친양자에 해당하지 아니한다는 것을 친양자입양관계증명서에 의하여 소명하여야 한다.

5. 주민등록표등(초)본

〔피상속인 김영수, 상속인 중 박서연, 외국인인 찰리민서의 말소자등본〕 을 제출한다. 〔상속인 중 김준호 및 김소영, 김지훈, 김민재의 주민등록표등(초)본〕 을 제출한다. 실무상 피상속인, 외국인, 재외국민으로써 주민등록이 말소된 경우에는 말소자등본을 첨부하는 것을 원칙으로 삼고 있다. 상속을 포기한 [김성훈] 에 대하여서는 주소증명을 제출할 필요가 없다.

6. 재외국민등록부등본

상속인 박서연의 주소를 증명하는 서면으로 〔재외국민등록부등본〕 을 제출한다.

7. 혼인관계증명서

장남의 배우자 최수빈이 시아버지 김영수가 사망하기 이전에 재혼을 한 경우에는 시아버지의 사망에 대한 상속권은 상실하는 것이므로 최수빈에 대한 혼인관계증명서가 필요하다(본 사안). 상속인 중 박서연은 재혼을 배우자 사망 이후에 재혼여부에 상관없이 상속을 받으므로 박서연의 혼인관계증명서는 첨부할 필요가 없다는 점은 이미 서술한 바 있다.

8. 부동산등기용등록번호증명서

외국인인 찰리민서의 〔부동산등기용등록번호증명서〕 를 첨부한다.

9. 주소공증서면

외국인인 찰리민서의 본국인 미국에는 주소를 증명하는 제도가 없으므로 〔주소를 공증한 서면〕 을 첨부한다. 그리고 이에 대한 [아포스티유 인증서]도 첨부한다. 위 주소공증서면과, 아포스티유 인증서는 영문으로 되어있으므로 이에 대한 〔번역문〕 을 각 1통씩 제출한다. 번역문에 대하여서는 번역인의 신분증사본도 첨부한다.

10. 동일인보증서

상속인 찰리민서는 제적등본에는 김민서로 기재되어 있으나 미국이름은 찰리민서이므로 〔동일인이라는 취지의 본국 관공서의 증명 또는 공증〕 이 있어야 한다(예규) 그리고 이에 대한 [아포스티유 인증서]도 첨부한다. 위 동일인증명서, 아포스티유 인증서는 영문으로 되어있으므로 이에 대한 〔번역문〕 을 각 1통씩 제출한다. 번역문에 대하여서는 번역인의 신분증사본도 첨부한다.

11. 번역문

위 9. 10. 서면은 외국어로 되어 있으므로 이에 대한 〔번역문〕 과 [신분증사본] 첨부한다.

12. 상속포기심판정본&송달증명원

김성훈은 상속포기를 하였고 상속인의 범위에서 제외되므로 〔상속포기수리증명원〕을 첨부한다.

13. 취득세영수필확인서

과세표준액의 1,000분의 28에 해당하는 취득세와 및 지방교육세를 합한 금액을 납부한 이후 취득세영수필확인서 1통을 첨부한다.

14. 토지대장등본

토지에 대한 소유권이전등기이므로 토지대장등본 1통을 첨부한다(규칙 제46조 제1항 제7호).

15. 위임장

등기신청인의 대리권한을 증명하는 서면으로 위임장을 1통 제출한다(규칙 제46조 제1항 제5호).

※ 참고로 기본증명서, 가족관계증명서, 혼인관계증명서, 입양관계증명서, 친양자입양관계증명서 등을 다음에 예시합니다.

[별지 제7호 서식]

기 본 증 명 서(상 세)

등록기준지	서울특별시 영등포구 은행로 1234

구분	상 세 내 용
작성	[가족관계등록부작성일] 2008년 01월 01일 [작성사유] 가족관계의 등록 등에 관한 법률 부칙 제3조제1항
정정	[도로명주소기록일] 2011년 12월 10일 [경정전] 서울특별시 영등포구 여의도동 1번지의 1234 [경정후] 서울특별시 영등포구 은행로 1234 [경정사유] 도로명주소법 제20조

구분	성 명	출생연월일	주민등록번호	성별	본
본인	김중이(金中二)	2006년 01월 01일	060101-3234567	남	金海

일반등록사항

구분	상 세 내 용
출생	[출생장소] 서울특별시 마포구 망원동 100번지의 1234 [신고일] 2006년 01월 20일 [신고인] 부
~~친권~~	~~[친권자지정협의일] 2007년 01월 20일~~ ~~[친권자] 모~~ ~~[모의본적] 서울특별시 마포구 망원동 1번지의 1234 호주 전친부의 자~~ ~~[신고일] 2007년 02월 20일~~ ~~[신고인] 부모~~
친권	[친권자사망일] 2007년 12월 10일 [친권자] 모 [직권기재서작성일] 2007년 12월 20일 [친권자지정기재직권말소일] 2007년 12월 20일
친권	[친권상실선고심판확정일] 2010년 01월 02일 [심판법원] 서울남부지방법원 [친권상실된자] 부 김본인 [신고일] 2010년 01월 20일 [신고인] 김친족 [처리관서] 서울특별시 영등포구
후견	[법정후견인의취임일] 2010년 01월 02일 [법정후견인] 김친족 [법정후견인의주민등록번호] 800101-2345678 [신고일] 2010년 01월 20일 [신고인] 김친족 [처리관서] 서울특별시 영등포구

위 기본증명서(상세)는 가족관계등록부의 기록사항과 틀림없음을 증명합니다.

년 월 일

○○시(읍·면)장 ○ ○ ○ 직인

※ 위 증명서는「가족관계의 등록 등에 관한 법률」제15조제3항에 따른 등록사항을 현출한 상세증명서입니다.

[별지 제6호 서식]

가 족 관 계 증 명 서(상 세)

등록기준지	서울특별시 영등포구 은행로 1234

구분	성 명	출생연월일	주민등록번호	성별	본
본인	김본인(金本人)	1975년 01월 01일	750101-1234567	남	金海

가족사항

구분	성 명	출생연월일	주민등록번호	성별	본
부	김양부(金養父)	1953년 01월 01일	530101-1234567	남	金海
모	이양모(李養母)	1954년 01월 01일	540101-2345678	여	全州

배우자	박여인(朴女人)	1978년 01월 01일	780101-2345678	여	密陽

자녀	김외일(金外一)	1998년 01월 01일	980101-1234567	남	金海
자녀	김중이(金中二)	2006년 01월 01일	060101-3234567	남	金海
자녀	윤양자(尹養子)	2009년 01월 01일	090101-4345678	여	坡平
자녀	김중삼(金中三)	2012년 01월 01일	120101-3234567	남	金海
자녀	김양자(金養子) 사망	2014년 01월 01일	140101-4345678	여	金海

위 가족관계증명서(상세)는 가족관계등록부의 기록사항과 틀림없음을 증명합니다.

년 월 일

○○시(읍·면)장 ○ ○ ○ 직인

※ 위 증명서는「가족관계의 등록 등에 관한 법률」제15조제3항에 따른 등록사항을 현출한 상세증명서입니다.

[별지 제8호 서식]

혼 인 관 계 증 명 서(상 세)

등록기준지	서울특별시 영등포구 은행로 1234

구분	성 명	출생연월일	주민등록번호	성별	본
본인	김본인(金本人)	1975년 01월 01일	750101-1234567	남	金海

혼인사항

구분	성 명	출생연월일	주민등록번호	성별	본
배우자	박여인(朴女人)	1978년 01월 01일	780101-2345678	여	密陽

구분	상 세 내 용
혼인	[신고일] 2000년 01월 20일 [배우자] 전여인
이혼	[협의이혼신고일] 2007년 02월 20일 [배우자] 전여인
혼인	[신고일] 2009년 03월 20일 [배우자] 박여인 [배우자의주민등록번호] 780101-2345678 [처리관서] 서울특별시 영등포구

위 혼인관계증명서(상세)는 가족관계등록부의 기록사항과 틀림없음을 증명합니다.

년 월 일

○○시(읍·면)장 ○ ○ ○ 직인

※ 위 증명서는「가족관계의 등록 등에 관한 법률」제15조제3항에 따른 등록사항을 현출한 상세증명서입니다.

[별지 제9호 서식]

입 양 관 계 증 명 서(상 세)

등록기준지	서울특별시 영등포구 은행로 1234

구분	성 명	출생연월일	주민등록번호	성별	본
본인	김본인(金本人)	1975년 01월 01일	750101-1234567	남	金海

입양사항

구분	성 명	출생연월일	주민등록번호	성별	본
친생부	김친부(金親父)	1950년 01월 01일	500101-1234567	남	金海
친생모	이친모(李親母) 사망	1951년 01월 01일	510101-2345678	여	全州
양부	김양부(金養父)	1953년 01월 01일	530101-1234567	남	金海
양모	이양모(李養母)	1954년 01월 01일	540101-2345678	여	全州
양자	윤양자(尹養子)	2009년 01월 01일	090101-4345678	여	坡平

구분	상 세 내 용
입양	[신고일] 2005년 01월 20일 [양자] 정양자 [입양승낙자] 부모
입양	[신고일] 2008년 02월 20일 [양부] 김양부 [양부의주민등록번호] 530101-1234567 [양모] 이양모 [양모의주민등록번호] 540101-2345678 [처리관서] 서울특별시 마포구
입양	[신고일] 2011년 03월 20일 [양자] 윤양자 [양자의주민등록번호] 090101-4345678 [입양승낙자] 부 윤친부, 모 권친모 [처리관서] 서울특별시 강남구
파양	[협의파양신고일] 2013년 04월 20일 [양자] 정양자 [양자의주민등록번호] 040101-3345678 [파양협의자] 부 정친부, 모 송친모 [처리관서] 서울특별시 강남구

위 입양관계증명서(상세)는 가족관계등록부의 기록사항과 틀림없음을 증명합니다. 단, 친양자입양관계는 친양자입양관계증명서에만 표시합니다.

년 월 일

○○시(읍·면)장 ○ ○ ○ 직인

※ 위 증명서는「가족관계의 등록 등에 관한 법률」제15조제3항에 따른 등록사항을 현출한 상세증명서입니다.

[별지 제10호 서식]

친 양 자 입 양 관 계 증 명 서(상 세)

등록기준지	서울특별시 영등포구 은행로 1234

구분	성 명	출생연월일	주민등록번호	성별	본
본인	김본인(金本人)	1975년 01월 01일	750101-1234567	남	金海

친양자입양사항

구분	성 명	출생연월일	주민등록번호	성별	본
친양자	김양자(金養子) 사망	2014년 01월 01일	140101-4345678	여	金海

구분	상 세 내 용
입양	[입양특례법에따른입양재판확정일] 2012년 08월 05일 [심판법원] 서울남부지방법원 [양자] 강양자 [양자의주민등록번호] 120101-4345678 [신고일] 2012년 08월 20일 [신고인] 김본인 [처리관서] 서울특별시 영등포구
입양취소	[입양특례법에따른입양취소재판확정일] 2013년 09월 05일 [판결법원] 서울남부지방법원 [양자] 강양자 [양자의주민등록번호] 120101-4345678 [신고일] 2013년 09월 20일 [신고인] 강친부 [처리관서] 서울특별시 강서구
친양자 입양	[친양자입양재판확정일] 2014년 10월 05일 [심판법원] 서울서부지방법원 [친양자] 최양자 [친양자의주민등록번호] 140101-4345678 [신고일] 2014년 10월 20일 [신고인] 김본인 [처리관서] 서울특별시 서초구

위 친양자입양관계증명서(상세)는 가족관계등록부의 기록사항과 틀림없음을 증명합니다.

년 월 일

○○시(읍·면)장 ○ ○ ○ 직인

※ 위 증명서는「가족관계의 등록 등에 관한 법률」제15조제3항에 따른 등록사항을 현출한 상세증명서입니다.

전적, 신호적 편제 또는 입적·복적시의 이기범위에 관한 대비표

(상속등기에 관한 업무처리지침, 2025.01.24 등기예규 제1835호)

구 분	호 적 기 재 사 항			이기여부
호적사항란의 기재	신호적의 편제에 관한 사항	전적시		○
		신호적편제,입적, 복적시		×
	전적에 관한 사항			×
	호적 전부의 재제·정정에 관한 사항			×
	본적의 경정에 관한 사항			×
신분사항란의 기재	출생에 관한 사항	출생사유		○
	인지에 관한 사항	현재 효력이 있는 사항		○
		현재 효력이 없는 사항		×
	입양에 관한 사항	현재 효력이 있는 사항		○
		현재 효력이 없는 사항		×
	혼인에 관한 사항	현재 효력이 있는 사항		○
		현재 효력이 없는 사항		×
	친권·관리권·후견에 관한 사항	현재 효력이 있는 사항		○
		현재 효력이 없는 사항		×
	사망·실종에 관한 사항	배우자의사망·실종선고·부재선고에 관한 사항	재혼 전	○
			재혼 후	×
		실종선고·부재선고의 취소에 관한 사항		×
	호주승계에 관한 사항	호주승계사유		×
		호주승계권 포기에 관한 사항		×
	입적·복적에 관한 사항	입적·복적사유		×
	일가창립, 폐가·무후가부흥에 관한 사항	일가창립, 폐가·무후가부흥사유		×
	분가에 관한 사항	분가사유		×
	국적득상에 관한 사항	국적취득사유		○
		배우자의 국적상실사유		○
	취적에 관한 사항	취적사유		×
	개명에 관한 사항	본인 또는 배우자의개명 사유		○
		부·모의 개명사유		×
		일본통치시대의 창씨개명 및 성명복구사유		×
	호적정정에 관한 사항	간이직권정정절차에 의하지 아니한 본인의 성명·성별·출생연월일 및 배우자의 성명 정정사항		○
		기타 정정사항		×
	제적된 자 또는 말소된 자 본인의 호적기재 사항			×

(○ : 이기함, × : 이기하지 않음)

사례연습

〔법무사 제30회 기출문제〕

소유권경정등기신청(협의분할에 의한 상속)

설 문

아래와 같이 등기신청을 위임받은 법무사로서 주어진 사실관계에 따른 등기신청서를 작성하고, 등기신청서와 함께 등기소에 제출하여야 하는 첨부서면에 관하여 설명하시오. (30점)

참고자료

1. 사실관계

서울특별시 서초구 반포동에 소재하는 아파트와 상가건물을 소유하고 있던 김갑동의 사망으로 그의 배우자 이을순과 자녀 김일녀 및 김이남은 2024. 2. 3. 아파트 및 상가건물에 대하여 법정상속지분에 따른 상속등기를 마쳤다.

이후 2024. 10. 31. 아파트는 배우자 이을순이 단독으로 상속하고, 상가건물은 자녀 2인이 공동(각 공유지분 2분의 1)으로 상속하는 것으로 상속재산분할협의가 이루어지고 이에 따른 상속재산분할협의서가 작성되었다.

위의 상속재산분할협의에 따른 등기신청의 당사자들은 인근에 소재하고 있는 홍길동 법무사사무소[소재지: 서울특별시 서초구 법원로 23(서초동), 전화번호: 02)567-1234]를 찾아가서 그 등기신청을 위임하였다.

등기신청을 위임받은 홍길동 법무사는 대리인으로서 해당 등기신청에 필요한 등기신청수수료 납부 등 의무사항을 이행하고 필요한 첨부서면을 준비하여 2024. 11. 1. 이 부동산의 관할 등기소인 서울중앙지방법원 등기국을 방문하여 서면으로 등기신청을 하려고 한다.

※ 참고사항

- 김일녀는 재외국민으로서 미국에 거주하고 있으며, 김이남은 미성년자로서 이을순과 함께 거주하고 있음.
- 이을순, 김일녀 및 김이남의 주소는 법정상속등기 당시부터 현재까지 변동사항 없음.
- 김일녀는 외국에 거주하고 있는 관계로 상속재산분할협의와 이에 따른 등기신청에 관한 권한 일체를 어머니 이을순에게 위임함.

2. 답안 작성 유의사항

가. 등기신청서의 작성

1) 등기신청서는 주어진 양식으로 작성하되, **아파트에 대하여는 그 작성을 생략하고 상가건물에 대하여만 작성하시기 바랍니다**(상가건물의 등기사항증명서는 아래와 같음).

2) 첨부서면란에는 첨부서면의 명칭과 통수를 기재하시기 바랍니다.

3) 날인이 필요한 곳은 (인)으로 표시하시기 바랍니다.

4) 신청서 양식 중 등록면허세 등 세액란, 등기신청수수료란과 등기의무자의 등기필정보란은 그 기재를 생략하시기 바랍니다.

나. 답안지에는 등기신청서 첨부서면란에 기재한 첨부서면에 관하여 그 제출이유와 근거를 설명하시기 바랍니다.

다. 위임장의 작성은 생략하되 그 내용을 답안지에 설명하시기 바랍니다.

라. 주어진 사항은 모두 가상이며, 주어진 사항 외에는 고려할 필요가 없습니다.

〈상가건물의 등기사항증명서〉

[표제부]	(1동의 건물의 표시)			
표시번호	접 수	소재지번, 건물명칭 및 번호	건물내역	등기원인 및 기타사항
1	2009년 4월 3일	서울특별시 서초구 반포동 161, 161-1 장미아파트 상가 1동 [도로명주소] 서울특별시 서초구 반포로 61	철근콘크리트조 슬래브지붕 5층 제1종근린생활시설 지하층 200㎡ 1층 280㎡ 2층 280㎡ 3층 280 4층 280㎡	

(대지권의 목적인 토지의 표시)				
표시번호	소재지번	지 목	면 적	등기원인 및 기타사항
1	1. 서울특별시 서초구 반포동 161 2. 서울특별시 서초구 반포동 161-1	대 대	1320㎡ 680㎡	2009년 4월 3일 등기

[표제부]	(전유부분의 건물의 표시)			
표시번호	접 수	건물번호	건물내역	등기원인 및 기타사항
1	2009년 4월 3일	제1층 제103호	철근콘크리트조 32㎡	

(대지권의 표시)			
표시번호	대지권의 종류	대지권비율	등기원인 및 기타사항
1	1, 2 소유권대지권	2000분의 18	2009년 3월 5일 대지권 2009년 4월 3일 등기

[갑 구]	(소유권에 관한 사항)			
순위번호	등기목적	접 수	등기원인	권리자 및 기타 사항
3	소유권이전	2012년 4월 3일 제24345호	2012년 2월 1일 매매	소유자 김갑동 600208-1234567 서울특별시 서초구 반포로 60, 102동 801호(반포동, 장미아파트) 거래가액 금800,000,000원
4	소유권이전	2024년 2월 3일 제16500호	2024년 1월 3일 상속	공유자 지분 7분의 3 이을순 650313-2033012 서울특별시 서초구 반포로 60, 102동 801호(반포동, 장미아파트) 지분 7분의 2 김일녀 950317-2077012 미국 캘리포니아 로스앤젤레스 노스힐스 하스켈 애비뉴 9560 지분 7분의 2 김이남 061221-3035332 서울특별시 서초구 반포로 60, 102동 801호(반포동, 장미아파트)

[을 구]	(소유권 이외의 권리에 관한 사항)			
순위번호	등기목적	접 수	등기원인	권리자 및 기타 사항
1	갑구 4번 이을순 지분 전부 근저당권설정	2024년 7월 5일 제57691호	2024년 7월 5일 설정계약	채권최고액 금60,000,000원 채무자 이을순 서울특별시 서초구 반포로 60, 102동 801호(반포동, 장미아파트) 근저당권자 주식회사무지개은행 110123-0098765 서울특별시 중구 남대문로 3(소공동)(반포지점)

<별 첨>

집합건물의 소유 및 관리에 관한 법률

-법률 제19282호 일부개정 2023. 03. 28.-

제1장 건물의 구분소유 [개정 2010.3.31.]

제1절 총 칙 [개정 2010.3.31.]

제1조(건물의 구분소유)

1동의 건물 중 구조상 구분된 여러 개의 부분이 독립한 건물로서 사용될 수 있을 때에는 그 각 부분은 이 법에서 정하는 바에 따라 각각 소유권의 목적으로 할 수 있다.

[전문개정 2010.3.31]

제1조의2(상가건물의 구분소유)

① 1동의 건물이 다음 각 호에 해당하는 방식으로 여러 개의 건물부분으로 이용상 구분된 경우에 그 건물부분(이하 "구분점포"라 한다)은 이 법에서 정하는 바에 따라 각각 소유권의 목적으로 할 수 있다. [개정 2020.2.4] [[시행일 2021.2.5]]

1. 구분점포의 용도가 「건축법」 제2조 제2항 제7호의 판매시설 및 같은 항 제8호의 운수시설일 것
2. 삭제 [2020.2.4] [[시행일 2021.2.5]]
3. 경계를 명확하게 알아볼 수 있는 표지를 바닥에 견고하게 설치할 것
4. 구분점포별로 부여된 건물번호표지를 견고하게 붙일 것

② 제1항에 따른 경계표지 및 건물번호표지에 관하여 필요한 사항은 대통령령으로 정한다.

[전문개정 2010.3.31]

제2조(정의)

이 법에서 사용하는 용어의 뜻은 다음과 같다.

1. "구분소유권"이란 제1조 또는 제1조의2에 규정된 건물부분[제3조 제2항 및 제3항에 따라 공용부분(共用部分)으로 된 것은 제외한다]을 목적으로 하는 소유권을 말한다.
2. "구분소유자"란 구분소유권을 가지는 자를 말한다.
3. "전유부분"(專有部分)이란 구분소유권의 목적인 건물부분을 말한다.
4. "공용부분"이란 전유부분 외의 건물부분, 전유부분에 속하지 아니하는 건물의 부속물 및 제3조 제2항 및 제3항에 따라 공용부분으로 된 부속의 건물을 말한다.
5. "건물의 대지"란 전유부분이 속하는 1동의 건물이 있는 토지 및 제4조에 따라 건물의 대지로 된 토지를 말한다.

6. "대지사용권"이란 구분소유자가 전유부분을 소유하기 위하여 건물의 대지에 대하여 가지는 권리를 말한다.

[전문개정 2010.3.31]

제2조의2(다른 법률과의 관계)

집합주택의 관리 방법과 기준, 하자담보책임에 관한 「주택법」 및 「공동주택관리법」의 특별한 규정은 이 법에 저촉되어 구분소유자의 기본적인 권리를 해치지 아니하는 범위에서 효력이 있다. [개정 2015.8.11 제13474호(공동주택관리법)]

제3조(공용부분)

① 여러 개의 전유부분으로 통하는 복도, 계단, 그 밖에 구조상 구분소유자 전원 또는 일부의 공용(共用)에 제공되는 건물부분은 구분소유권의 목적으로 할 수 없다.

② 제1조 또는 제1조의2에 규정된 건물부분과 부속의 건물은 규약으로써 공용부분으로 정할 수 있다.

③ 제1조 또는 제1조의2에 규정된 건물부분의 전부 또는 부속건물을 소유하는 자는 공정증서(公正證書)로써 제2항의 규약에 상응하는 것을 정할 수 있다.

④ 제2항과 제3항의 경우에는 공용부분이라는 취지를 등기하여야 한다.

[전문개정 2010.3.31]

제4조(규약에 따른 건물의 대지)

① 통로, 주차장, 정원, 부속건물의 대지, 그 밖에 전유부분이 속하는 1동의 건물 및 그 건물이 있는 토지와 하나로 관리되거나 사용되는 토지는 규약으로써 건물의 대지로 할 수 있다.

② 제1항의 경우에는 제3조 제3항을 준용한다.

③ 건물이 있는 토지가 건물이 일부 멸실함에 따라 건물이 있는 토지가 아닌 토지로 된 경우에는 그 토지는 제1항에 따라 규약으로써 건물의 대지로 정한 것으로 본다. 건물이 있는 토지의 일부가 분할로 인하여 건물이 있는 토지가 아닌 토지로 된 경우에도 같다.

[전문개정 2010.3.31]

제5조(구분소유자의 권리 · 의무 등)

① 구분소유자는 건물의 보존에 해로운 행위나 그 밖에 건물의 관리 및 사용에 관하여 구분소유자 공동의 이익에 어긋나는 행위를 하여서는 아니 된다.

② 전유부분이 주거의 용도로 분양된 것인 경우에는 구분소유자는 정당한 사유 없이 그 부분을 주거 외의 용도로 사용하거나 그 내부 벽을 철거하거나 파손하여 증축 · 개축하는 행위를 하여서는 아니 된다.

③ 구분소유자는 그 전유부분이나 공용부분을 보존하거나 개량하기 위하여 필요한 범위에서 다른 구분소유자의 전유부분 또는 자기의 공유(共有)에 속하지 아니하는 공용부분의 사용을 청구할 수 있다. 이 경우 다른 구분소유자가 손해를 입었을 때에는 보상하여야 한다.

④ 전유부분을 점유하는 자로서 구분소유자가 아닌 자(이하 "점유자"라 한다)에 대하여는 제1항부터 제3항까지의 규정을 준용한다.
[전문개정 2010.3.31]

제6조(건물의 설치 · 보존상의 흠 추정)

전유부분이 속하는 1동의 건물의 설치 또는 보존의 흠으로 인하여 다른 자에게 손해를 입힌 경우에는 그 흠은 공용부분에 존재하는 것으로 추정한다.
[전문개정 2010.3.31]

제7조(구분소유권 매도청구권)

대지사용권을 가지지 아니한 구분소유자가 있을 때에는 그 전유부분의 철거를 청구할 권리를 가진 자는 그 구분소유자에 대하여 구분소유권을 시가(時價)로 매도할 것을 청구할 수 있다.
[전문개정 2010.3.31]

제8조(대지공유자의 분할청구 금지)

대지 위에 구분소유권의 목적인 건물이 속하는 1동의 건물이 있을 때에는 그 대지의 공유자는 그 건물 사용에 필요한 범위의 대지에 대하여는 분할을 청구하지 못한다.

제3절 대지사용권 [개정 2010.3.31.]

제20조(전유부분과 대지사용권의 일체성)

① 구분소유자의 대지사용권은 그가 가지는 전유부분의 처분에 따른다.
② 구분소유자는 그가 가지는 전유부분과 분리하여 대지사용권을 처분할 수 없다. 다만, 규약으로써 달리 정한 경우에는 그러하지 아니하다.
③ 제2항 본문의 분리처분금지는 그 취지를 등기하지 아니하면 선의(善意)로 물권을 취득한 제3자에게 대항하지 못한다.
④ 제2항 단서의 경우에는 제3조제3항을 준용한다.
[전문개정 2010.3.31]

제21조(전유부분의 처분에 따르는 대지사용권의 비율)

① 구분소유자가 둘 이상의 전유부분을 소유한 경우에는 각 전유부분의 처분에 따르는 대지사용권은 제12조에 규정된 비율에 따른다. 다만, 규약으로써 달리 정할 수 있다.
② 제1항 단서의 경우에는 제3조제3항을 준용한다.
[전문개정 2010.3.31]

제22조(「민법」 제267조의 적용 배제)

제20조 제2항 본문의 경우 대지사용권에 대하여는 「민법」 제267조(같은 법 제278조에서 준용하는 경우를 포함한다)를 적용하지 아니한다.

제5절 규약 및 집회 [개정 2010.3.31.]

제28조(규약)

① 건물과 대지 또는 부속시설의 관리 또는 사용에 관한 구분소유자들 사이의 사항 중 이 법에서 규정하지 아니한 사항은 규약으로써 정할 수 있다.

② 일부공용부분에 관한 사항으로써 구분소유자 전원에게 이해관계가 있지 아니한 사항은 구분소유자 전원의 규약에 따로 정하지 아니하면 일부공용부분을 공용하는 구분소유자의 규약으로써 정할 수 있다.

③ 제1항과 제2항의 경우에 구분소유자 외의 자의 권리를 침해하지 못한다.

④ 법무부장관은 이 법을 적용받는 건물과 대지 및 부속시설의 효율적이고 공정한 관리를 위하여 표준규약을 마련하여야 한다.

[신설 2012.12.18, 2023.3.28] [[시행일 2023.9.29]]

⑤ 시·도지사는 제4항에 따른 표준규약을 참고하여 대통령령으로 정하는 바에 따라 지역별 표준규약을 마련하여 보급하여야 한다. [신설 2023.3.28] [[시행일 2023.9.29]]

[전문개정 2010.3.31]

제29조(규약의 설정·변경·폐지)

① 규약의 설정·변경 및 폐지는 관리단집회에서 구분소유자의 4분의 3 이상 및 의결권의 4분의 3 이상의 찬성을 얻어서 한다. 이 경우 규약의 설정·변경 및 폐지가 일부 구분소유자의 권리에 특별한 영향을 미칠 때에는 그 구분소유자의 승낙을 받아야 한다.

② 제28조 제2항에 규정한 사항에 관한 구분소유자 전원의 규약의 설정·변경 또는 폐지는 그 일부공용부분을 공용하는 구분소유자의 4분의 1을 초과하는 자 또는 의결권의 4분의 1을 초과하는 의결권을 가진 자가 반대할 때에는 할 수 없다.

[전문개정 2010.3.31]

제30조(규약의 보관 및 열람)

① 규약은 관리인 또는 구분소유자나 그 대리인으로서 건물을 사용하고 있는 자 중 1인이 보관하여야 한다.

② 제1항에 따라 규약을 보관할 구분소유자나 그 대리인은 규약에 다른 규정이 없으면 관리단집회의 결의로써 정한다.

③ 이해관계인은 제1항에 따라 규약을 보관하는 자에게 규약의 열람을 청구하거나 자기 비용으로 등본의 발급을 청구할 수 있다.

[전문개정 2010.3.31]

재외공관 공증법

[시행 2023. 6. 5.] [법률 제19228호, 2023. 3. 4., 타법개정]

재외동포청(동포지원제도과) 032-585-3185

제1장 총 칙 〈개정 2009. 12. 30.〉

제1조(적용) 대한민국 영토 밖에서의 공증(公證)에 관한 사무는 이 법에서 정하는 바에 따른다.

[전문개정 2009. 12. 30.]

제2조(공증사무의 담당) ① 제1조에 따른 공증에 관한 사무(이하 "공증사무"라 한다)는 대한민국 재외공관(이하 "공관"이라 한다)에서 근무하는 총영사, 영사 및 부영사 중에서 외교부장관이 임명하는 사람(이하 "공증담당영사"라 한다)이 담당한다. 〈개정 2016. 12. 20.〉

② 외교부장관은 공증담당영사를 임명하였을 때에는 그 성명을 법무부장관에게 통보하여야 한다. 공증담당영사의 이동이 있을 때에도 또한 같다. 〈개정 2013. 3. 23., 2016. 12. 20.〉

③ 공증담당영사는 대통령령으로 정하는 바에 따라 공증사무에 관한 교육을 받아야 한다. 〈신설 2016. 12. 20.〉

[전문개정 2009. 12. 30.]

제3조(공증담당영사의 권한과 직무수행) ① 공증담당영사는 소속 공관의 관할구역에서 당사자나 그 밖의 관계인의 촉탁(囑託)을 받아 다음 각 호에 관한 사무를 처리한다. 〈개정 2016. 12. 20.〉

1. 법률행위나 그 밖에 사권(私權)에 관한 사실에 대한 공정증서(公正證書)의 작성
2. 사서증서(私署證書)의 인증
3. 공증에 관계되는 문서의 확인

② 공증담당영사는 공관에서 공증사무를 처리하여야 한다. 다만, 공증사무의 성질상 공관에서 처리하기에 적절하지 아니한 경우 등 대통령령으로 정하는 사유가 있는 경우에는 그러하지 아니하다. 〈신설 2016. 12. 20.〉

[전문개정 2009. 12. 30.]

[제목개정 2016. 12. 20.]

제4조(문서의 공증력의 요건) 공증담당영사가 제3조에 따라 작성한 공증문서는 이 법에서 정하는 요건을 갖추지 아니하면 공증의 효력이 없다. 〈개정 2016. 12. 20.〉

[전문개정 2009. 12. 30.]

제5조(사건 내용의 누설금지) 공증담당영사는 법률에 특별한 규정이 있는 경우를 제외하고는 촉탁받은 사건의 내용을 누설하여서는 아니 된다. 다만, 촉탁인의 동의를 받은 경

우에는 그러하지 아니하다. 〈개정 2016. 12. 20.〉

[전문개정 2009. 12. 30.]

제6조(수수료) ① 공증담당영사는 공증사무에 관하여 촉탁인으로부터 수수료를 징수할 수 있다. 다만, 공관의 장이 필요하다고 인정하는 경우에는 대통령령으로 정하는 바에 따라 수수료를 면제하거나 줄여 줄 수 있다. 〈개정 2016. 12. 20.〉

② 제1항의 수수료에 관한 사항은 대통령령으로 정한다.

③ 수수료는 현금으로 내거나 현금 납입을 증명하는 증표로 낸다.

[전문개정 2009. 12. 30.]

제2장 직무집행에 관한 통칙 〈개정 2009. 12. 30.〉

제7조(인감 · 서명의 신고) ① 공증담당영사는 소속, 직위 및 성명을 자필로 적은 신고서에 공증사무를 위하여 사용할 도장을 찍거나 서명을 하여 재외동포청장에게 신고하여야 한다. 〈개정 2013. 3. 23., 2016. 12. 20., 2023. 3. 4.〉

② 재외동포청장은 제1항에 따른 신고서를 접수하였으면 지체 없이 법무부장관에게 통보하여야 한다. 〈개정 2013. 3. 23., 2023. 3. 4.〉

[전문개정 2009. 12. 30.]

제8조(직무를 집행할 수 없는 경우) 공증담당영사는 다음 각 호의 어느 하나에 해당하면 그 직무를 수행할 수 없다. 〈개정 2016. 12. 20.〉

1. 촉탁받은 사항과 관련하여 이해관계가 있는 경우
2. 촉탁인이나 그 대리인 또는 촉탁받은 사항과 관련된 이해관계가 있는 사람의 친족이거나 친족이었던 경우
3. 촉탁받은 사항의 대리인이거나 보조인인 경우 또는 대리인이었거나 보조인이었던 경우
4. 촉탁인 또는 그 대리인의 법정대리인인 경우

[전문개정 2009. 12. 30.]

제9조(촉탁 인수 의무) ① 공증담당영사는 다음 각 호의 어느 하나에 해당하는 경우를 제외하고는 촉탁을 거절할 수 없다. 〈개정 2016. 12. 20.〉

1. 촉탁받은 공증사무가 대한민국의 법령에 위배되거나 대한민국의 법령에서 금지된 것인 경우
2. 촉탁받은 공증사무가 조약이나 공관이 주재하는 국가(이하 "주재국"이라 한다)의 법령에 위배되거나 조약이나 주재국의 법령에서 금지된 것인 경우
3. 문서가 명백하게 불법의 목적을 위하여 사용되거나 대한민국의 이익을 해치는 목적에 사용된다고 인정되는 경우
4. 촉탁인이 제13조(제17조 제2항, 제22조 제3항, 제27조 및 제32조에서 준용하는 경우를 포함한다)에 따른 신원 확인에 필요한 요구에 따르지 아니하거나 촉탁인의 신원을 확인할 수 없는 경우
5. 제30조 제2항 및 제30조의2 제2항에 따른 확인이 불가능한 경우

6. 그 밖에 공증사무 관련 서류의 허위작성 사실의 발견 등 촉탁을 거절할 만한 정당한 사유가 있다고 인정되는 경우

② 공증담당영사는 제1항 각 호의 어느 하나에 해당하는 사유로 촉탁을 거절할 때에는 소속 공관의 장의 승인을 받아야 하며, 그 사실을 지체 없이 재외동포청장에게 통보하여야 한다. 〈개정 2016. 12. 20., 2023. 3. 4.〉

③ 공증담당영사는 제1항 각 호의 어느 하나에 해당하는 사유로 촉탁을 거절할 때에는 촉탁인이나 그 대리인에게 거절의 이유를 알려야 한다. 〈신설 2016. 12. 20.〉

[전문개정 2009. 12. 30.]

제9조의2(이의신청) ① 촉탁인이나 이해관계인은 공증담당영사의 촉탁 거절에 대하여 제9조 제3항에 따라 거절 사실을 통보받은 날부터 1개월 이내에 재외동포청장에게 이의를 신청할 수 있다. 〈개정 2023. 3. 4.〉

② 제1항에 따른 이의신청의 절차 및 방법 등에 필요한 사항은 대통령령으로 정한다.

[본조신설 2016. 12. 20.]

제10조(명의 사용) 공증담당영사가 공증사무에 관하여 문서를 작성할 때에는 지정된 대외직명(對外職名)을 사용하여야 한다. 〈개정 2016. 12. 20.〉

[전문개정 2009. 12. 30.]

[제목개정 2016. 12. 20.]

제11조(서명 시의 기재사항) 공증담당영사가 공증사무와 관련하여 서명을 할 때에는 반드시 그 대외직명과 소속을 적어야 한다. 〈개정 2016. 12. 20.〉

[전문개정 2009. 12. 30.]

제3장 공정증서의 작성 〈개정 2009. 12. 30.〉

제12조(사용 언어) 공정증서는 국어로 작성한다. 다만, 필요한 경우에는 영어나 주재국어로 된 번역문을 첨부할 수 있다.

[전문개정 2009. 12. 30.]

제13조(촉탁인의 확인) ① 공증담당영사가 공정증서를 작성할 때에는 여권이나 그 밖에 대한민국 행정기관이 발행한 사진이 첨부된 증명서를 제출하게 하는 방법으로 촉탁인의 신원을 확인하여야 한다. 〈개정 2016. 12. 20.〉

② 공증담당영사는 제1항에 따라 촉탁인의 신원을 확인할 수 없는 경우에는 다음 각 호의 어느 하나에 해당하는 방법으로 신원을 확인하여야 한다. 〈개정 2016. 12. 20.〉

1. 신원이 확실한 증인 2명으로 하여금 그 촉탁인이 맞다는 것을 증명하게 하는 방법
2. 주재국의 신분증 등을 제출하게 하는 방법
3. 그 밖에 제1호 또는 제2호에 준하는 확실한 방법

③ 삭제 〈2016. 12. 20.〉

[전문개정 2009. 12. 30.]

제14조(공정증서의 내용) ① 공증담당영사가 공정증서를 작성할 때에는 그가 들은 진술, 목격한 사실, 그 밖에 경험한 사실과 그 경험한 방법을 적어야 한다. 〈개정 2016. 12. 20.〉

② 공정증서의 서식 및 기재사항은 대통령령으로 정한다.

[전문개정 2009. 12. 30.]

제15조(통역인) 공증담당영사는 촉탁인이 국어를 알지 못하는 경우 또는 청각장애인, 언어장애인, 그 밖에 말을 하지 못하고 글자도 읽지 못하는 사람인 경우에는 공정증서를 작성하기 위하여 통역인을 사용할 수 있다. 〈개정 2016. 12. 20.〉

[전문개정 2009. 12. 30.]

제16조(참여인) 공증담당영사는 촉탁인이 시각장애인이거나 글자를 읽지 못하는 경우에는 공정증서를 작성할 때 참여인을 참여하게 하여야 한다. 촉탁인이 참여인의 참여를 청구한 경우에도 또한 같다. 〈개정 2016. 12. 20.〉

[전문개정 2009. 12. 30.]

제17조(대리 촉탁) ① 공증담당영사는 대리인의 촉탁으로 공정증서를 작성할 때에는 대통령령으로 정하는 대리권을 증명할 증서를 제출하게 하여야 한다. 〈개정 2016. 12. 20.〉

② 대리 촉탁에서 대리인의 신원 확인, 통역인의 사용 및 참여인의 참여에 관하여는 제13조, 제15조 및 제16조를 준용한다. 〈신설 2016. 12. 20.〉

[전문개정 2009. 12. 30.]

제18조(허락 · 동의가 필요한 법률행위의 공증) 공증담당영사는 제3자의 허락이나 동의가 필요한 법률행위에 관하여 공정증서를 작성할 때에는 그 허락이나 동의가 있었음을 증명하는 증서를 제출하게 하여야 한다. 〈개정 2016. 12. 20.〉

[전문개정 2009. 12. 30.]

제19조(통역인과 참여인의 선정 및 자격) ① 통역인과 참여인은 촉탁인이나 그 대리인이 선정하여야 한다.

② 참여인은 통역인을 겸할 수 있다.

③ 공증담당영사는 촉탁인의 통역인이 될 수 없다. 〈개정 2016. 12. 20.〉

④ 다음 각 호의 어느 하나에 해당하는 사람은 참여인이 될 수 없다. 다만, 제16조 후단에 따라 촉탁인이 참여인으로 참여할 것을 청구한 경우에는 그러하지 아니하다. 〈개정 2016. 12. 20.〉

1. 미성년자
2. 서명할 수 없는 사람
3. 촉탁사항과 관련하여 이해관계가 있는 사람
4. 촉탁사항의 대리인 또는 보조인이거나 대리인 또는 보조인이었던 사람
5. 공증담당영사의 친족, 법정대리인, 피고용인 또는 동거인
6. 시각장애인이거나 글자를 읽지 못하는 사람

[전문개정 2009. 12. 30.]

제20조 삭제 〈1993. 12. 27.〉

제21조(공정증서의 원부) 공증담당영사는 공정증서의 원부(原簿)를 작성하여야 한다. 〈개정 2016. 12. 20.〉

[전문개정 2009. 12. 30.]

제22조(공정증서 정본의 발급) ① 촉탁인 또는 그 승계인은 공정증서 정본(正本)의 발급을 청구할 수 있다.

② 공증담당영사는 공정증서의 정본에 다음 각 호의 사항을 적고 서명날인하여야 한다. 〈개정 2016. 12. 20.〉

1. 공정증서의 전문(全文)
2. 정본이라는 사실
3. 발급을 신청한 사람의 성명
4. 작성 연월일과 장소

③ 공증담당영사가 정본을 작성하는 경우에는 제13조와 제17조를 준용한다. 〈개정 2016. 12. 20.〉

[전문개정 2009. 12. 30.]

제23조(정본 발급 사실의 기재) 공증담당영사는 공정증서의 정본을 발급할 때에는 그 공정증서의 끝 부분에 촉탁인 또는 그 승계인에게 정본을 발급하였다는 사실과 발급 연월일을 적고 서명날인하여야 한다. 〈개정 2016. 12. 20.〉

[전문개정 2009. 12. 30.]

제24조(등본의 발급) ① 촉탁인 또는 공정증서의 내용과 관련하여 법률상 이해관계가 있음을 증명한 사람은 공정증서 또는 부속 서류의 등본 발급을 청구할 수 있다.

② 공증담당영사는 공정증서의 등본에 다음 각 호의 사항을 적고 서명날인하여야 한다. 〈개정 2016. 12. 20.〉

1. 공정증서의 전문
2. 등본이라는 사실
3. 작성 연월일과 장소

[전문개정 2009. 12. 30.]

제4장 사서증서의 인증 〈개정 2009. 12. 30.〉

제25조(인증방법) ① 사서증서의 인증은 공증담당영사가 촉탁인 또는 그 대리인으로 하여금 공증담당영사 앞에서 다음 각 호의 어느 하나를 하게 한 후 그 사실을 인증문에 적는 방법으로 하여야 한다. 〈개정 2016. 12. 20.〉

1. 사서증서에 촉탁인의 직접 서명 또는 날인
2. 사서증서의 서명 또는 날인에 대한 촉탁인 또는 그 대리인의 확인

② 사서증서의 등본에 대한 인증은 공증담당영사가 사서증서의 원본과 대조하여 그와 일치함을 인정한 후 그 사실을 인증문에 적는 방법으로 한다. 〈개정 2016. 12. 20.〉

③ 법인의사록의 인증은 공증담당영사가 해당 의결을 한 자 중 그 의결에 필요한 정족수 이상의 자 또는 그 대리인의 촉탁을 받아 의사록의 내용이 진실에 부합하는지에 관하여 진술을 듣고, 촉탁인 또는 그 대리인으로 하여금 공증담당영사 앞에서 의사록의 서명 또는 기명날인을 확인하게 한 후 그 사실을 인증문에 적는 방법으로 하여야 한다. 〈신설 2016. 12. 20.〉

④ 정관의 인증은 공증담당영사가 촉탁인 또는 그 대리인으로 하여금 공증담당영사 앞에서 제출된 각 정관에 발기인이 서명 또는 기명날인하였음을 확인하게 한 후 그 사실을 인증문에 적는 방법으로 하여야 한다. 〈신설 2016. 12. 20.〉

⑤ 번역문의 인증은 공증담당영사가 촉탁인 또는 그 대리인으로 하여금 공증담당영사 앞에서 번역문이 원문과 서로 다르지 아니함을 서약하게 하고, 이에 서명 또는 날인하게 한 후 그 사실을 인증문에 적는 방법으로 하여야 한다. 〈신설 2016. 12. 20.〉

⑥ 사서증서에 글자의 삽입 · 삭제 · 변경이 있거나, 칸 밖에 적힌 글자 또는 정정된 부분이 있는 때 또는 파손이나 그 밖에 겉보기에 현저하게 의심할 만한 사유가 있을 때에는 그 상황을 인증문에 적어야 한다. 〈개정 2016. 12. 20.〉

[전문개정 2009. 12. 30.]

第26條(인증서의 발행 등) ① 공증담당영사는 제25조에 따른 인증을 하는 경우 인증 대상 문서에 여백이 있으면 그 여백에 하고, 여백이 없으면 별도의 인증서를 작성하여 인증 대상 문서와 함께 묶어 발행하여야 한다. 〈개정 2016. 12. 20.〉

② 제1항에서 규정한 사항 외에 인증서 발행 등에 관한 세부사항은 대통령령으로 정한다. 〈개정 2016. 12. 20.〉

[전문개정 2009. 12. 30.]

[제목개정 2016. 12. 20.]

第27條(사서증서 인증 시 사용 언어 등) 사서증서에 인증을 부여하는 경우에는 제12조, 제13조 및 제15조부터 제19조까지의 규정을 준용한다.

[전문개정 2009. 12. 30.]

[제목개정 2016. 12. 20.]

第28條(인증부의 작성) 공증담당영사는 인증부(認證簿)를 작성하여야 한다. 〈개정 2016. 12. 20.〉

[전문개정 2009. 12. 30.]

第29條(사서증서 내용의 이해 확인) ① 공증담당영사는 촉탁인이 작성한 사서증서의 내용을 촉탁인이 이해하고 있다는 사실을 확인한 후에 인증을 하여야 한다. 〈개정 2016. 12. 20.〉

② 공증담당영사는 촉탁인이 글자를 읽을 수 없거나 사서증서의 내용과 법률상의 효과에 관하여 오해하고 있을 때에는 이를 충분히 설명하고 촉탁인의 동의를 받은 후에 인증을 하여야 한다. 〈개정 2016. 12. 20.〉

[전문개정 2009. 12. 30.]

제5장 문서의 확인 〈개정 2016. 12. 20.〉

제30조(주재국 공문서 등의 확인) ① 공증담당영사는 주재국 공무원이 발행하였거나 주재국 공증인이 공증한 문서에 찍힌 도장 또는 서명의 진위 여부와 그 공무원이나 공증인의 직위를 확인할 수 있다. 다만, 주재국이 「외국공문서에 대한 인증의 요구를 폐지하는 협약」(이하 "아포스티유 협약"이라 한다)의 가입국인 경우에는 아포스티유 협약에서 정하는 바에 따른다. 〈개정 2016. 12. 20.〉

② 제1항 본문에 따른 확인은 공증담당영사가 해당 공무원 또는 공증인의 도장이나 서명 및 직위를 대통령령으로 정하는 서명부(署名簿)와 대조하는 방법으로 하여야 한다. 다만, 다음 각 호의 어느 하나에 해당하는 경우에는 주재국 관계 기관에 직접 조회하는 방법으로 하여야 한다. 〈개정 2016. 12. 20.〉

1. 해당 공무원의 도장이나 서명 및 직위가 서명부에 없는 경우
2. 해당 공증인의 도장이나 서명 및 직위가 서명부에 없는 경우
3. 대한민국 국가기관이 주재국 관계 기관에 직접 조회하여 줄 것을 요청하는 경우

[전문개정 2009. 12. 30.]
[제목개정 2016. 12. 20.]

제30조의2(행정기관 제출용 문서의 확인) ① 공증담당영사는 대한민국 행정기관에 제출하기 위한 문서로서 대통령령으로 정하는 문서에 대해서는 다음 각 호의 어느 하나의 사실을 확인할 수 있다.

1. 해당 문서가 공증담당영사의 관할지역에서 발행되었다는 사실
2. 해당 문서가 관련 법령에 따라 공관을 거쳤다는 사실

② 제1항에 따른 확인은 촉탁인에게 관련 증빙자료를 제출하게 하거나 주재국 관계 기관에 직접 조회하는 등의 방법으로 하여야 한다.

[본조신설 2016. 12. 20.]

제31조(확인서의 발행 등) ① 공증담당영사는 제30조 및 제30조의2에 따라 확인을 하는 경우 확인 대상 문서에 여백이 있으면 그 여백에 하고, 여백이 없으면 별도의 확인서를 작성하여 확인 대상 문서와 함께 묶어 발행하여야 한다. 〈개정 2016. 12. 20.〉

② 제1항에 따라 여백에 확인하는 방식과 확인서 서식은 대통령령으로 정한다.

[전문개정 2009. 12. 30.]
[제목개정 2016. 12. 20.]

제32조(문서의 확인 시 사용 언어 등) 제30조 및 제30조의2에 따라 확인하는 경우의 사용 언어 및 촉탁인의 확인에 관하여는 제12조 및 제13조를 준용한다.

[전문개정 2016. 12. 20.]

제32조의2(확인부의 작성) 공증담당영사는 대통령령으로 정하는 확인부(確認簿)를 작성하여야 한다.

[본조신설 2016. 12. 20.]

제33조(「공증인법」과의 관계) 공증사무에 관하여 이 법에 규정되지 아니한 것은 「공증인법」에 따른다.
[전문개정 2009. 12. 30.]

제34조 삭제 〈2009. 12. 30.〉

2024년 제30회 법무사시험 2차 부동산등기법 신청서류작성문제(답안)—유석주법무사

소유권경정등기신청(협의분할에 의한 상속)

<table>
<tr><td rowspan="2">접
수</td><td>년 월 일</td><td rowspan="2">처리인</td><td>등기관 확인</td><td>각종 통지</td></tr>
<tr><td>제 호</td><td></td><td></td></tr>
</table>

<table>
<tr><td colspan="4">부 동 산 의 표 시</td></tr>
<tr><td colspan="4">1동의 건물의 표시
서울특별시 서초구 반포동 151, 151-1
장미아파트상가 1동
[도로명주소] 서울특별시 서초구 반포로 61
전유부분의 건물의 표시
건물의 번호 : 1-103
구 조 : 철근콘크리트구조
면 적 : 제1층 제103 32㎡
대지권의 표시
대지권의 목적인 토지의 표시
1. 서울특별시 서초구 반포동 151 대 1320㎡
2. 서울특별시 서초구 반포동 151-1 대 680㎡
대지권의 종류 : 1. 2. 소유권대지권
대지권의 비율 : 2000분의 18 -이상-</td></tr>
<tr><td colspan="2">등기원인과 그 연월일</td><td colspan="2">2024년 10월 31일 협의분할</td></tr>
<tr><td colspan="2">등 기 의 목 적</td><td colspan="2">4번 소유권경정</td></tr>
<tr><td colspan="2">경 정 할 사 항</td><td colspan="2">별지 기재와 같음</td></tr>
<tr><td>구 분</td><td>성 명</td><td>주민등록번호</td><td>주 소</td></tr>
<tr><td>등기
의무자</td><td>이 을 순</td><td>650313-2033012</td><td>서울특별시 서초구 반포로 60, 102동 801호(반포동, 장미아파트)</td></tr>
<tr><td>등기
권리자</td><td>김 일 녀

김 이 남
특별대리인
○ ○ ○</td><td>950317-2077012

061221-3035332</td><td>미국 캘리포니아 로스앤젤레스 노스힐스 하스켈 애비뉴 9560
서울특별시 서초구 반포로 60, 102동 801호(반포동, 장미아파트)
특별대리인 주소 : ○○○</td></tr>
</table>

<table>
<tr><td colspan="4">시가표준액 및 국민주택채권매입금액</td></tr>
<tr><td>부동산 표시</td><td colspan="2">부동산별 시가표준액</td><td>부동산별 국민주택채권매입총액</td></tr>
<tr><td></td><td colspan="2"></td><td></td></tr>
<tr><td colspan="3">국 민 주 택 채 권 매 입 총 액</td><td>금 원</td></tr>
<tr><td colspan="3">취득세 금 원</td><td>지방교육세 금 원</td></tr>
<tr><td colspan="3">농어촌특별세 금 원</td><td></td></tr>
<tr><td>세 액 합 계</td><td colspan="3">금 원</td></tr>
<tr><td rowspan="2">등 기 신 청 수 수 료</td><td colspan="3">금 원</td></tr>
<tr><td colspan="3">납부번호 :</td></tr>
<tr><td colspan="4">등기의무자의 등기필정보</td></tr>
<tr><td>부동산고유번호</td><td colspan="3"></td></tr>
<tr><td>성명(명칭)</td><td colspan="2">일련번호</td><td>비밀번호</td></tr>
<tr><td></td><td colspan="2"></td><td></td></tr>
<tr><td colspan="4">첨 부 서 면 (간인)</td></tr>
<tr><td colspan="2">1. 상속재산분할협의서 1통
1. 인감증명 혹은 본인서명사실 확인(이을순) 1통
1. 상속재산협의분할위임장에 대한 영사관확인 (김일녀) 1통
1. 특별대리인선임심판서 및 인감증명(특별대리인) 1통</td><td colspan="2">1. 재외국민등록부등본 1통
1. 주민등록표등본 또는 초본 2통
1. 근저당권자의 법인등기사항증명서 1통
1. 근저당권자의 법인인감증명 1통
1. 취득세(등록면허세)영수필확인서 1통
1. 등기신청수수료영수필확인서 1통
1. 등기위임장 1통</td></tr>
<tr><td colspan="4">2024년 11월 1일
위 신청인
대리인 법무사 홍 길 동 [직인] (전화 : 02) 567-1234)
서울특별시 서초구 법원로 23(서초동)

서울중앙지방법원 등기국 귀중</td></tr>
</table>

신청서 작성요령

* 1. 부동산표시란에 2개 이상의 부동산을 기재하는 경우에는 부동산의 일련번호를 기재하여야 합니다.
2. 신청인란 등 해당란에 기재할 여백이 없을 경우에는 별지를 이용합니다.
3. 담당 등기관이 판단하여 위의 첨부서면 외에 추가적인 서면을 요구할 수 있습니다.

〔첨부서면의 제공이유와 근거〕

1. 상속재산분할협의서 1통	1. 근저당권자의 승낙서 1통
1. 인감증명 혹은 본인서명사실 확인서 (이을순) 1통	1. 근저당권자의 법인등기사항 증명서 1통
1. 상속재산협의분할위임장에 대한 영사관확인 (김일녀) 1통	1. 근저당권자의 법인인감증명 1통
1. 특별대리인선임심판서 및 인감증명(특별대리인) 2통	1. 취득세(등록면허세)영수필 확인서 1통
1. 재외국민등록부등본 1통	1. 등기신청수수료영수필확인서
1. 주민등록표등초본 1통	1. 등기위임장

① **상속재산분할협의서**

등기원인을 증명하는 정보로서 상속재산분할협의서를 제출한다(규칙 제46조 제1항 제1호). 위 상속재산분할협의서에는 이을순, 김일녀로부터 위임받은 이을순, 김이남의 특별대리인 ○○○이 작성한 것이어야 한다. 상속재산분할협의 권한을 수여받은 대리인은 본인의 대리인임을 현명하고 대리인의 자격으로 작성한 상속재산분할협의서를 등기소에 원인증서로서 제공하여야 한다.

② **인감증명 (이을순)**

협의분할서에는 상속인중 이을순은 인감을 날인하고 그에 대한 인감증명을 제출하여야 한다(규칙 제60조 제1항 제6호), 협의분할서에 서명을 한 경우에는 그에 대한 본인서명사실확인서를 제출한다(규칙 제60조의2).

※ 인터넷등기소 등기신청서 샘플작성요령 예시 문구 : 경정사유를 증명하는 서면으로 첨부하며 상속재산분할협의서는 공동상속인 전원이 참가하여 작성하며 각자의 인감으로 날인 후 인감증명서를 첨부하거나 또는 본인서명사실확인서에 기재한 서명을 하고 본인서명사실확인서를 첨부하여 제출하며, 조정에 의한 경우에는 그 조정조서 정본을, 심판에 의한 경우에는 그 심판서 정본을 첨부합니다(이을남이 의무자라고 하여 이을남 만의 인감증명을 첨부하는 것은 아니다)

③ **상속재산협의분할위임장에 대한 영사관확인(김일녀)**

상속인 중 김일녀는 재외국민이고 상속을 원인으로 소유권이전등기를 신청할 때에는 등기원인을 증명하는 정보로서 상속인의 범위를 확인할 수 있는 정보를 제공하여야 하는바, 상속인인 재외국민 김일녀가 상속재산분할협의에 관한 권한을 대리인에게 수여하는 경우에는 분할의 대상이 되는 부동산과 대리인의 인적 사항을 구체적으로 특정하여 작성한 상속재산분할협의 위임장을 등기소에 첨부정보로서 제공하여야 한다(등기예규 제1778호 제6조 제1항). 위 위임장에는 상속인 본인 김일녀의 인감을 날인하고 그 인감증명을 제출하여야 하는 것이 원칙이지만 재외국민의 경우에는 위 등기예규 제9조의 규정에 따라 대한민국 재외공관의 공증담당영사로부터 공증을 받음으로써 인감증명의 제출에 갈음할 수 있다.

④ 김이남에 대한 특별대리인선임심판서 및 인감증명

미성년자 김이남과 모 이을순간의 협의분할은 이해상반행위에 해당하므로 김이남의 특별대리인에 대한 선임심판서 및 그의 인감날인이 필요하고 그에 대한 인감증명을 첨부하여야 한다(규칙 제60조 제1항 제6호).

⑤ 재외국민등록부등본 (김일녀)

상속인 중 김일녀는 재외국민이고 자기 명의로 등기되는 등기권리자에 해당하므로 주소를 증명하는 서면으로 재외국민등록부등본을 제출한다(규칙 제46조 제1항 제6호).

⑥ 주민등록표초본(말소자) (김일녀)

상속인 중 김일녀는 재외국민이고 자기 명의로 등기되는 등기권리자에 해당하므로 주민등록번호를 증명하는 서면으로 주민등록표초본을 제출한다(규칙 제46조 제1항 제6호).

⑦ 주민등록표등초본 (김이남)

상속인 중 김이남은 자기 명의로 등기되는 등기권리자에 해당하므로 주소 및 주민등록번호를 증명하는 서면으로 주민등록표등초본을 제출한다(규칙 제46조 제1항 제6호).

⑧ 근저당권자의 승낙서

경정등기를 통하여 이을순의 지분은 소멸하게 되므로 이을순지분에 대한 근저당권자인 주식회사 무지개은행의 이을순 지분이 말소되는 것에 대한 승낙서를 첨부한다(법 제57조).

⑨ 근저당권자인 법인의 등기사항증명서 및 인감증명

법인대표자의 자격증을 증명하는 서면으로 법인등기사항증명서(규칙 제46조 제1항 제4호) 및 등기소의 증명을 얻은 대표자의 인감증명(규칙 제60조 제1항 제7호)를 첨부한다.

⑩ 취득세(혹은 등록면허세)영수필확인서 또는 취득세(혹은 등록면허세) 납부확인서

시장, 구청장, 군수 등으로부터 취득세납부서(OCR용지)를 발급받아 세금을 납부한 후 취득세영수필확인서를 신청서의 취득세액표시란의 좌측상단 여백에 첨부하거나,

또는 지방세인터넷납부시스템에서 출력한 취득세납부확인서를 첨부정보로서 등기소에 제공하여야 한다(지방세법시행령 제36조).

⑪ 등기신청수수료영수필확인서

등기신청수수료는 대법원규칙에 따라 현금, 신용카드, 전자화폐 등으로 납부하고 그에 대한 등기신청수료영수필확인서를 첨부한다(법 제22조 제3항).

⑫ 등기위임장

등기신청을 법무사 등 대리인에게 위임하는 경우이므로 대리권한을 증명하는 정보로 위임장을 첨부정보로서 등기소에 제공하여야 한다(규칙 제46조 제1항 제5호).

-이 상-

※ 〔별 지〕

2024년 2월 3일 접수 제16500호로 마친 갑구 제4번의 소유권이전등기사항 중 등기원인 '상속' 을 '협의분할에 의한 상속' 으로, 권리자 '공유자 지분 7분의3 이을순 650313-2033012 서울특별시 서초구 반포로 60, 102동 801호(반포동, 장미아파트) 지분 7분의 2 김일녀 950317-2077012 미국 캘리포니아 로스앤젤레스 노스힐스 하스켈 애비뉴 9560 지분 7분의2 김이남 061221-3035332 서울특별시 서초구 반포로 60, 102동 801호(반포동, 장미아파트)' 를 '공유자 지분 2분의 1 김일녀 950317-2077012 미국 캘리포니아 로스앤젤레스 노스힐스 하스켈 애비뉴 9560 지분 2분의1 김이남 061221-3035332 서울특별시 서초구 반포로 60, 102동 801호(반포동, 장미아파트)' 로 경정

5. 소유권이전등기 — (3) 매매로 인한 소유권이전등기신청

매매로 인한
소유권이전등기신청

<table>
<tr><td rowspan="2">접 수</td><td>년 월 일</td><td rowspan="2">처리인</td><td>등기관 확인</td><td>각종통지</td></tr>
<tr><td>제 호</td><td></td><td></td></tr>
</table>

<table>
<tr><td colspan="4">① 부동산의 표시</td></tr>
<tr><td colspan="4">1. 서울특별시 서초구 서초동 100
대 300㎡
2. 서울특별시 서초구 서초동 100
[도로명주소] 서울특별시 서초구 서초대로 20
시멘트 벽돌조 슬래브지붕 2층 주택
1층 150㎡
2층 150㎡

거래신고관리번호 : 12345-2025-4-1234560, 거래가액 : 금400,000,000원
이 상</td></tr>
<tr><td colspan="2">② 등기원인과 그 연월일</td><td colspan="2">2025년 6월 15일 매매</td></tr>
<tr><td colspan="2">③ 등 기 의 목 적</td><td colspan="2">소유권이전</td></tr>
<tr><td colspan="2">④ 이 전 할 지 분</td><td colspan="2"></td></tr>
<tr><td>구 분</td><td>성 명
(상호·명칭)</td><td>주민등록번호
(등기용등록번호)</td><td>주 소(소재지)</td></tr>
<tr><td>⑤
등기
의무자</td><td>이 대 백</td><td>530320-1617312</td><td>서울특별시 서초구 서초동 200</td></tr>
<tr><td>⑥
등기
권리자</td><td>김 길 동</td><td>680412-1011289</td><td>서울특별시 서초구 서초대로20길 39,
30동 1201호(서초동, 현대아파트)</td></tr>
</table>

⑦ 시가표준액 및 국민주택채권매입금액		
부동산 표시	부동산별 시가표준액	부동산별 국민주택채권매입총액
1. 주택	금 300,000,000 원	금 7,800,000 원
	금 원	금 원
⑦국민주택채권매입총액		금 7,800,000 원
⑦국민주택채권발행번호		
⑧ 취득세(등록면허세) 금 4,000,000 원		⑧ 지방교육세 금 400,000 원
		⑧ 농어촌특별세 금 800,000 원

⑨ 세 액 합 계	금 5,200,000 원
⑩ 등기신청수수료	금 30,000 원
	납부번호:

⑪ 등기의무자의 등기필정보		
부동산고유번호	1102-2016-002095	
성명(명칭)	일련번호	비밀번호
이 대 백	Q77C-L071-35J5	40-4636

⑬ 첨 부 서 면 (간인)					
1. 매매계약서	1통	⑭	1. 토지이용계획확인서	1통	㉑
1. 취득세영수필확인서	1통	⑮	1. 등기필증	1통	㉒
1. 등기신청수수료영수필확인서	1통	⑯	1. 위임장	1통	㉓
1. 인감증명, 본인서명사실확인서 또는 전자본인서명확인서 발급증	1통	⑰	1. 자필서명정보	1통	㉔
			1. 부동산거래계약신고필증	1통	㉕
			1. 매매목록	1통	㉖
1. 주민등록표등(초)본	2통	⑱	<기 타>		㉗
1. 토지대장등본	1통	⑲			
1. 건축물대장등본	1통	⑳			

2025년 8월 1일

⑫ 위 신청인

대리인 법무사 유 명 한 (직인) (전화: 599-0000)

서울특별시 서초구 서초대로100길 319 (서초동)

서울중앙지방법원 등기국 귀중

등기신청안내서 — 매매로 인한 소유권이전등기신청

1. 매매로 인한 소유권이전등기

부동산매매계약에 의하여 소유권을 이전하는 등기로, 이 신청에서는 매수인을 등기권리자, 매도인을 등기의무자라고 한다.

2. 등기신청방법

신청인 본인 또는 법무사 등 그 대리인이 신분을 확인할 수 있는 주민등록증 등을 가지고 직접 등기소에 출석하여 신청한다.

3. 등기소에 제공하여야 하는 신청정보

신청서는 한글과 아라비아 숫자로 기재한다. 부동산의 표시란이나 신청인란 등이 부족할 경우에는 별지를 사용하고, 별지를 포함하여 신청서가 여러 장인 때에는 각 장 사이에 간인을 하여야 한다.

① **부동산의 표시란**

부동산의 표시는 건물의 소재, 지번, 건물번호(다만, 같은 지번 위에 1개의 건물만 있는 경우에는 건물번호는 기록하지 아니한다), 종류, 구조와 면적을 기재하되 부속건물이 있는 경우에는 부속건물의 종류, 구조와 면적도 함께 기재한다(규칙 제43조 제1항 제1호). 도로명주소는 건물표시 중 소재지번 표시 아래에 기재한다.

서울특별시 서초구 방배동 266-1 제가동 [도로명주소] 서울특별시 서초구 방배대로 179 벽돌조 및 시멘트 블록조 단층 주택 및 사무실 80㎡ (내역:벽돌조 주택 40㎡, 시멘트 블록조 사무실 40㎡)

* 건물의 표시 중 건물의 구조가 복합건물인 경우에는 그 내역을 괄호안에 기재한다. 층별용도는 기재하지 아니한다.

② **등기원인과 그 연월일란**

등기원인은 '매매'로, 연월일은 매매계약서상 계약일을 기재한다

③ **등기의 목적란**

아래 예규를 참조하여 기재한다.

④ **이전할 지분란**

구 분	소유권		공유지분	
	전부이전	일부이전	전부이전	일부이전
등기의 목적	'소유권이전'	'소유권 일부이전'	'ㅇ번 갑지분 전부이전'	'ㅇ번 갑지분 ㅇ분의 ㅇ중 일부(ㅇ분의ㅇ)이전'
이전할 지분	-	'ㅇ분의ㅇ'	'ㅇ분의ㅇ' (부동산 전체에 대한 지분을 기재한다. 다만 수인의 공유자로부터 지분 일부씩을 이전 받는 경우에는 이를 합산하여 기재한다)	

※ 근거 : 2010. 7. 9. 등기예규 제1313호

⑤ **등기의무자란**

매도인의 성명, 주민등록번호, 주소를 기재하되, 등기부상 소유자 표시와 일치하여야 한다. 다만 등기기록상 등기의무자의 주소가 지번방식의 주소인 경우에도, 등기의무자가 제공한 주민등록등(초)본이나 인감증명 등에 의하여 해당 지번방식의 주소에 대한 도로명주소임이 인정되는 경우에는 등기사건을 수리하여야 한다(법 제29조 제7호의 적용을 받지 아니한다). 한편 등기의무자의 주소가 주소변경 등의 실질적인 주소변경이 아닌 도로명주소법에 따른 주소변경인 경우에는 주소변경의 직권등기를 하지 않는다.

⑥ **등기권리자란**

매수인을 기재하는 난으로, 그 기재방법은 등기의무자란과 같다.

⑦ **시가표준액 및 국민주택채권매입금액, 국민주택채권매입총액란**

㈎ 취득세납부서(OCR용지)에 기재된 시가표준액과 시가표준액의 일정비율에 해당하는 국민주택채권매입금액를 기재한다.

㈏ 부동산이 2개 이상인 경우에는 각 부동산별로 시가표준액 및 국민주택채권매입금액을 기재한 다음 국민주택채권매입총액을 각 매수인별로 계산하여 기재하여야 한다. 국민주택채권발행번호를 해당란에 기재하여야 한다.

㈐ 본건과 같은 주택의 경우에는 개별주택공시가격을 기준으로 국민주택채권을 매입하여야 한다. 개별주택공시가격 300,000,000원으로 보면 26/1,000(서울)에 해당하는 국민주택채권을 매입하여야 한다(금 7,800,000원).

⑧ 취득세 · 지방교육세란 및 농어촌특별세란

㉠ 유상거래를 원인으로 주택에 대하여 소유권이전등기를 신청하는 경우에는 지방세법 제11조 제1항 제8호의 규정(주택-유상취득)에 따라 시가표준액(400,000,000원)의 1,000분의 10에 해당하는 취득세를 납부한다(400,000,000 × 10/1,000 = 4,000,000원. 지방세법 제11조 제1항 제8호). ㉡ 지방세법 제11조 제1항 제8호의 경우에는 지방세법 제10조의 과세표준에 해당 세율의 100분의 50을 곱한 세율을 적용하여 산출한 금액의 100분의 20의 지방교육세를 납부한다(400,000,000 × (10/1,000 × 50/100) × 20/100 = 400,000원. 지방세법 제151조 제1항), ㉢ 지방세법 제11조의 표준세율을 1,000분의 20로 적용하여 100분의 10에 해당하는 농어촌특별세를 납부한다(400,000,000 × 20/1,000 × 10/100 = 800,000원. 농어촌특별세법 제5조 제1항).

취득세	지방교육세	농어촌특별세
10/1,000	(10/1,000 x 50/100) x 20/100	20/1,000 x 10/100
지방세법 제11조 제1항 제8호	지방세법 제151조 제1항	농어촌특별세법 제5조 제1항

⑨ 세액합계란

취득세, 농어촌특별세, 지방교육세액의 합계를 기재한다.

⑩ 등기신청수수료란

소유권이전등기를 신청하는 자는 등기신청수수료를 내야 하므로(법 제22조 제3항), 부동산 1개당 15,000원(전자표준양식에 의한 등기신청의 경우에는 13,000원, 전자신청의 경우에는 10,000원)에 해당하는 등기신청수수료를 납부하고 그 등기신청수수료금액 및 납부번호를 신청서에 기재한다(등기예규 제1789호).

⑪ 등기의무자의 등기필정보란

전자신청 지정등기소에서는 신청방법(전자신청, 서면신청)을 불문하고 등기를 완료한 경우 등기필증 대신 등기필정보를 전자적 교부 또는 서면 교부하기 때문에, 등기신청의 당사자 또는 대리인은 등기필정보 상의 일련번호와 비밀번호를 기재함으로써 등기필증의 제출을 갈음할 수 있다. 등기의무자가 교부받은 등기필정보에 기재된 부동산 고유번호, 성명, 일련번호, 비밀번호를 각 기재한다.

등기의무자에게 등기필정보나 등기필증이 없는 경우에는 부동산등기법 제51조의 규정에 의한다(기타 참조).

⑫ 신청인 혹은 대리인의 표시란

㈎ 등기의무자와 등기권리자의 성명 및 전화번호를 기재하고, 각자가 기명날인하되 등기의무자는 그의 인감을 날인한다. 등기권리자는 기명날인 대신에 서명으로 갈음할 수 있다. 한편 신청인이 법인 또는 법인 아닌 사단이나 재단인 경우에는 상호(명칭)와 대표자(관리인)의 자격 및 성명을 기재하되, 법인이 등기의무자인 때에는 등기소의 증명을 얻은 그 대표자의 인감, 법인 아닌 사단이나 재단인 경우에는 대표자(관리인)의 개인인감을 날인한다.

㈏ 대리인이 등기신청을 하는 경우에는 그 대리인의 성명, 주소 및 전화번호를 기재하고 기명날인한다.

⑬ 첨부서면란

등기신청서에 첨부한 서면을 각 기재한다.

4. 등기소에 제공하여야 하는 첨부정보

⑭ 매매계약서

계약으로 인한 소유권이전등기를 신청하는 경우에는 그 계약서에 기재된 거래금액이 1,000만원을 초과하는 경우에는 일정액의 전자수입인지를 첨부하여야 한다(주택은 1억원을 초과하는 경우에만 매입). 부동산거래신고를 하여 거래신고필증을 교부받은 때에는 검인을 받은 것으로 보므로(부동산거래신고등에 관한 법률 제3조 제5항), 매매계약서는 검인을 받을 필요가 없다(규칙 제46조 제1항 제1호).

⑮ 취득세영수필확인서 또는 취득세납부확인서

시장, 구청장, 군수 등으로부터 취득세납부서(OCR용지)를 발급받아 세금을 납부한 후 취득세영수필확인서를 신청서의 취득세액표시란의 좌측상단 여백에 첨부하거나, 또는 지방세인터넷납부시스템에서 출력한 취득세납부확인서를 첨부정보로서 등기소에 제공하여야 한다(지방세법시행령 제36조 제1항).

⑯ 등기신청수수료영수필확인서

소유권이전등기를 신청하는 자는 등기신청수수료를 내야 하므로(법 제22조 제3항), 부동산 1개당 15,000원(전자표준양식에 의한 등기신청의 경우에는 13,000원, 전자신청의 경우에는 10,000원)에 해당하는 등기신청수수료를 납부하고 등기신청수수료영수필확인서를 첨부한다(등기예규 제1789호).

⑰ 인감증명, 본인서명사실확인서 또는 전자본인서명확인서 발급증

부동산매수자란에 매수인의 성명(법인은 법인명), 주민등록번호(부동산등기용등록번호) 및 주소가 기재되어 있는 매도인의 부동산매도용 인감증명을 첨부한다(규칙 제60조 제1항 제1호). 위 인감증명에 갈음하여 위임장 등에 서명을 하고 본인서명사실확인서를 첨부하거나 전자본인서명확인서 발급증을 첨부할 수 있다(부동산등기규칙 제60조의2).

⑱ 주소 및 주민등록번호를 증명하는 서면 — 주민등록표등본 · 초본

등기의무자의 주소를 증명하는 서면으로, 그리고 등기권리자의 주소·주민등록번호를 증명하는 서면으로 주민등록표등본 · 초본을 첨부한다(규칙 제46조 제1항 제6호).

⑲ 토지대장등본

토지에 대한 소유권이전등기이므로 부동산의 표시를 증명하는 서면으로 토지대장정보를 첨부정보로서 등기소에 제공하여야 한다(규칙 제46조 제1항 제7호).

⑳ 건축물대장등본

건물에 대한 소유권이전등기이므로 부동산의 표시를 증명하는 서면으로 건축물대장정보를 첨부정보로서 등기소에 제공하여야 한다(규칙 제46조 제1항 제7호).

㉑ 토지이용계획확인서

토지거래허가지역에서 매매를 원인으로 소유권이전등기를 신청하는 경우에는 토지거래허가서를 첨부하여야 하므로, 해당 지역이 토지거래허가지역인지 여부를 소명하기 위하여 토지이용계획확인서를 첨부한다. 토지거래허가서를 첨부한 경우에는 이와 별도로 토지이용계획확인서를 제출할 필요는 없다.

㉒ 등기필증

등기의무자가 등기필정보를 가지고 있는 경우에는 등기의무자의 등기필정보를 신청정보의 내용으로 등기소에 제공하여야 하지만(법 제50조 제2항; 규칙 제43조 제1항 제7호), 등기의무자가 구 부동산등기법 제67조 제1항에 따른 등기필증이나 구법 제68조 제1항에 따른 등기완료통지서를 가지고 있는 경우에는 등기의무자가 가지고 있는 그 등기필증 혹은 등기완료통지서를 제출하여야 한다(법 부칙 제2조). 등기의무자에게 등기필정보 · 등기필증 · 등기완료통지서가 없는 경우에는 법무사 등이 등기의무자 본인임을 확인한 확인서면 등을 제출한다. 자세한 방법은 ㉖-4 부분을 참조한다(법 제51조, 기타 참조).

㉓ 위임장

등기신청을 법무사 등 대리인에게 위임하는 경우에 첨부한다. 위임인의 성명과 주소를 기재하고 인장을 날인하되 규칙 제60조 제1항 제1호~제3호에 해당하여 인감증명을 제출하여야 하는 자는 위임장에 인감을 날인하여야 하나, 위 규칙 제60조 제1항 제1호~제3호에 해당하지 않는 자는 인감날인 대신에 일반적인 기명날인 혹은 서명으로 갈음할 수 있다. 위임인이 법인이나 법인 아닌 사단 또는 재단인 경우에는 상호(명칭)와 대표자(관리인)의 자격, 성명 및 주소도 기재하여야 한다.

㉔ 자격자대리인의 확인 및 자필서명정보

등기의무자와 등기권리자가 공동으로 신청하는 권리에 관한 등기이므로 자격자대리인이 등기의무자를 확인하고 자필서명한 정보를 첨부정보로 제공하여야 한다(규칙 제46조 제1항, 제8호, 2022. 7. 1.부터).

㉕ 부동산거래계약신고필증

2006. 1. 1.이후 작성된 매매계약서를 등기원인증서로 하여 소유권이전등기를 신청하는 경우에는 부동산거래신고계약필증을 제출하여야 한다.

㉖ 매매목록

① 1개의 부동산거래신고필증에 2개 이상의 부동산이 기재되어 있는 경우(1개의 계약서에 의해 2개 이상의 부동산을 거래한 경우라 하더라도, 관할 관청이 달라 개개의 부동산에 관하여 각각 신고한 경우에는 매매목록을 작성할 필요가 없다).

② 신고필증에 기재되어 있는 부동산이 1개라 하더라도 수인과 수인 사이의 매매인 경우에는 매매목록을 제출한다.

매매목록	
거래가액	금400,000,000원
일련번호	부동산의 표시
1	[토지] 서울특별시 서초구 서초동 100
2	[건물] 서울특별시 서초구 서초동 100

㉗-1 기타 — 신청인이 법인인 경우

신청인이 법인인 경우에는 대표자의 자격을 증명하는 서면으로 법인등기사항전부증명서 또는 법인등기사항일부증명서를 첨부하여야 한다(규칙 제46조 제1항 제4호). 이 경우의 위 법인등기사항증명서는 소유자의 주소를 증명하는 서면, 부동산등기용등록번호를 증명하는 서면이기도 하다(규칙 제46조 제1항 제6호). 다만 법인등기가 되어 있는 등기소와 부동산소재지 관할 등기소가 동일한 경우에는 위 법인등기사항증명서를 제출할 필요가 없다(규칙 제46조 제5항).

㉗-2 기타 — 신청인이 법인 아닌 사단(재단)인 경우

법인 아닌 사단 또는 재단이 등기를 신청하는 경우에는 정관이나 그 밖의 규약, 대표자나 관리인임을 증명하는 정보(다만, 등기되어 있는 대표자나 관리인이 신청하는 경우에는 그러하지 아니하다), 대표자나 관리인의 주소 및 주민등록번호를 증명하는 정보를 첨부정보로 제공한다. 다만 법인 아닌 사단이 등기의무자인 경우에는 민법 제276조 소정의 사원총회의 결의서도 첨부한다(규칙 제48조).

최근 등기선례

종중이 등기의무자로서 등기를 신청하는 경우 첨부정보로 제공하는 결의서의 내용

「부동산등기법」제26조 및 「부동산등기규칙」 제48조에 의하여 종중이 등기의무자로서 등기를 신청하는 경우에 첨부정보로 제공하는 서면인 처분결의서는 종중의 정관 기타 규약으로 정하는 바에 따르며, 처분결의서의 구체적인 내용은 포괄적인 처분결의나 개개의 처분사항에 대한 개별적인 처분결의 모두 위 종중의 정관 기타 규약의 범위 내에서 가능할 것이나, 그 처분결의서의 적법성 인정 여부는 해당 등기관이 등기신청 시 첨부정보로 제공된 자료 등을 종합하여 형식적 심사권의 범위 내에서 개별적으로 판단할 사항이다(2013. 5. 14. 등기선례 9-30).

㉗-3 기타 ― 제3자의 허가, 동의 또는 승낙을 증명하는 서면

제3자의 허가, 동의 또는 승낙을 증명하는 서면, 즉 부동산이 농지인 경우에는 농지취득자격증명(시·읍·면사무소 발급), 토지거래허가구역인 경우에는 토지거래허가증(시·군·구청 발급) 등을 첨부하여야 한다(규칙 제46조 제1항 제2호).

토지거래허가를 받은 경우에는 농지취득자격증명을 받은 것으로 보기 때문에 농지취득자격증명을 별도로 제출할 필요는 없지만(부동산거래신고법 제20조 제1항), 부동산거래신고가 면제되는 것은 아니다. 즉 토지거래허가를 받은 경우에도 이와 별도로 거래계약신고필증을 제출하여야 한다.

㉗-4 기타 ― 등기의무자의 등기필정보(등기필증, 등기완료통지서)가 없는 경우

등기의무자의 등기필정보(등기필증, 등기완료통지서)가 없을 때에는 ① 등기의무자 또는 그 법정대리인(이하 "등기의무자등"이라 한다)이 등기소에 출석하여 등기관으로부터 등기의무자등임을 확인받는 방법, ② 등기신청인의 대리인(변호사나 법무사만을 말한다)이 등기의무자등으로부터 위임받았음을 확인하여 확인서면을 제출하는 방법, ③ 신청서(위임에 의한 대리인이 신청하는 경우에는 그 권한을 증명하는 서면을 말한다) 중 등기의무자등의 작성부분에 관하여 공증을 받아 제출하는 방법으로 등기신청을 하여야 한다.

위 '공증'은 신청서나 위임장에 기재된 내용 중 등기의무자등의 작성부분(기명날인 등)에 대해 공증인이 등기의무자등의 의사에 의해 작성된 것임을 확인하고 그 증명을 하여 주는 사서증서의 인증을 의미한다(등기필정보가 없는 경우 확인조서 등에 관한 예규,

2025. 1. 24. 등기예규 제1842호, 시행 2019. 1. 1.)(법 제51조; 규칙 제111조 참조).

5. 등기신청서류 편철순서

신청서, 취득세영수필확인서, 등기신청수수료영수필확인서, 위임장, 자필서명정보,인감증명, 주민등록표등본·초본, 대장등본 및 매매계약서, 토지이용계획확인서, 부동산거래계약신고필증, 매매목록, 등기필증 등의 순으로 편철하는 것이 실무상의 예이다.

6. 등기기록례

(토지: 서울특별시 서초구 서초동 100)

[갑 구]		(소유권에 관한 사항)		(No.230)
순위번호	등기목적	접 수	등기원인	권리자 및 기타 사항
3	소유권이전	2016년 4월 12일 제3260호	2016년 3월 2일 매매	소유자 이대백 530320-1617312 서울 서초구 서초동 200
4	소유권이전	2025년 8월 1일 제7086호	2025년 6월 15일 매매	소유자 김길동 680412-1011289 서울특별시 서초구 서초대로 20길 39, 30동 1201호,(서초동, 현대아파트) 매매목록 제2025-101호

(건물: 서울특별시 서초구 서초동 100)

[갑 구]		(소유권에 관한 사항)		(No.230)
순위번호	등기목적	접 수	등기원인	권리자 및 기타 사항
3	소유권이전	2016년 4월 12일 제3260호	2016년 3월 2일 매매	소유자 이대백 530320-1617312 서울특별시 서초구 서초동 200
4	소유권이전	2025년 8월 1일 제7086호	2025년 6월 15일 매매	소유자 김길동 680412-1011289 서울특별시 서초구 서초대로 20길 39, 30동 1201호,(서초동, 현대아파트) 매매목록 제2025-101호

(매매목록 제2025-101호)

<table>
<tr><td colspan="5">매 매 목 록</td></tr>
<tr><td>목록번호</td><td colspan="4">2025-101</td></tr>
<tr><td>거래가액</td><td colspan="4">금400,000,000원</td></tr>
<tr><td rowspan="2">일련번호</td><td rowspan="2">부 동 산 의 표 시</td><td rowspan="2">순위
번호</td><td colspan="2">예비란</td></tr>
<tr><td>등기원인</td><td>경정원인</td></tr>
<tr><td>1</td><td>[토지] 서울특별시 서초구 서초동 100</td><td>4</td><td>2025년 6월 15일
매매</td><td></td></tr>
<tr><td>2</td><td>[건물] 서울특별시 서초구 서초동 100</td><td>4</td><td>2025년 6월 15일
매매</td><td></td></tr>
</table>

참 고

등기부 혹은 등기신청서에 '등기의 목적' 및 '공유자 지분'을 기재하는 방법

(2010. 7. 9. 등기예규 제1313호)

1. 등기의 목적의 기재방법

(1) 공유자인 갑의 지분을 전부 이전하는 경우

등기의 목적은 '갑지분 전부이전'으로 기재한다.

(2) 공유자인 갑의 지분을 일부 이전하는 경우

(i) 등기의 목적은 '갑지분 ○분의 ○중 일부(○분의 ○)이전'으로 기재하되, 이전하는 지분은 부동산 전체에 대한 지분을 명시하여 괄호안에 기재하여야 한다.

<예 시>

'갑지분 2분의 1중 2분의 1을 을이 이전받는 경우

'갑지분 2분의 1중 일부(4분의1)이전'

예: [이영식 지분 1,000분의 366중 일부(1,000분의 200) 이전]

(ii) 다만 이전하는 갑의 지분이 별도로 취득한 지분 중 특정순위로 취득한 지분 전부 또는 일부인 경우, 소유권 외의 권리가 설정된 지분인 경우, 가등기 또는 가압류 등 처분제한의 등기 등이 된 경우로써 이전되지 않는 지분과 구분하여 이를 특정할 필요가 있을 경우에는 이를 특정하여 괄호안에 기재하여야 한다.

<예 시>

'갑지분 ○분의 ○중 일부(갑구 ○번으로 취득한 지분전부 또는 일부 ○분의 ○, 을구 ○번 ○○권 설정된 지분 ○분의 ○, 갑구 ○번으로 가압류된 지분 ○분의 ○등)이전'

예: [이영식 지분 1,000분의 366중 일부(저당권등기되지 아니한 지분 1,000분의 200) 이전]

예: [이영식 지분 1,000분의 366중 일부(을구 2번 저당권등기된 지분 1,000분의 166) 이전]

(3) 같은 순위번호에 성명이 같은 공유자가 있는 경우

같은 순위번호에 있는 성명이 같은 공유자들 중 일부 공유자만이 그 지분 전부 또는 일부를 이전하는 경우에는 등기목적에 그 공유자를 특정할 수 있도록 다음 예시와 같이 해당 공유자의 주소를 괄호 안에 기록하여야 한다.

< 예 시 >

"1번 홍길동지분 전부이전(갑구1번 홍길동의 주소 서울특별시 서초구 서초동 12)"

2. 공유자 지분의 기재방법

공유자의 지분이전 등기시 각 공유자의 지분은 이전받는 지분을 기재하되, "공유자 지분 ○분의 ○"과 같이 부동산 전체에 대한 지분을 기재한다. 다만 수인의 공유자로부터 지분 일부씩을 이전받는 경우에는 이를 합산하여 기재한다.

<예 시>

갑지분 5분의 4중 2분의 1을 을이 이전받는 경우

"공유자 지분 5분의 2"

갑지분 5분의 2중 2분의 1과 을지분 5분의 1중 2분의 1을 정이 이전받는 경우

"공유자 지분 10분의 3"

사례연습

〔법무사 제3회 기출문제〕

매매를 원인으로 한 소유권이전등기신청

설 문

(ⅰ) 귀하는 대한법무사협회에 등록하여 개업한 법무사 김명수라고 가정한다.

(ⅱ) 당사자 쌍방은 별지 요지와 같은 매매계약서를 지참하고, 2025년 12월 1일 귀하의 사무소에 소유권이전등기신청을 위임하였다.

(ⅲ) 배부한 양식으로 소유권이전등기신청서와 위임장을 아래 유의사항에 따라 작성하라 (2025년 기준). 다만, 그 이외의 서류는 첨부서면란에 표시하는 것으로 족하다.

(ⅳ) 첨부서면의 법적 근거를 별지에 기재하시오.

참고자료

1. 목적부동산 시가표준액은 금 50,000,000원이며, 국민주택채권매입금액률은 1,000분의 40이고, 취득세율은 1,000분의 40이다.
2. 목적부동산은 토지거래허가구역이다.
3. 첨부서면란에 해당 통수 등은 기재하고, 불필요한 서면 등은 선을 그어 삭제하여야 하며, 더 필요한 첨부서면이 있다면 기타란에 추가하여 기재하여야 한다.
4. 매도인은 등기필증을 분실하였다.
5. 매도인은 등기부상 주소(서울특별시 관악구 신림동 215번지)와 다른 주소지(서울특별시 서초구 방배대로 10(방배동))에 주민등록이 되어 있다.
6. 대리인에 의한 신청이므로 신청서 말미에는 신청인란의 기재를 생략하였다.
7. 대리인: 법무사 김명수(전화번호:3280-9000)
   서울특별시 동작구 동작대로 100 (상도동)
8. 날인해야 할 장소에는 (인)이라는 표기로 대신하였다.
9. 신청서는 관할등기소인 서울중앙지방법원 등기국에 2012년 12월 3일 제출하였다.

매매계약의 요지

1. 목적부동산: 서울특별시 서초구 우면동 1234번지, 대 100㎡
2. 매매금액: 금 80,000,000 원

3. 계약당사자: 매도인 김매도(470124-1125814)
서울특별시 서초구 방배대로 10 (방배동)
매수인 이매수(481104-1154218)
서울특별시 서초구 반포대로 20 (반포동)

4. 매매계약 체결일: 2025. 8. 5

5. 매매대금 완납일: 2025. 12. 1

【모범답안】

소유권~~(일부)~~㊞이전등기신청

삭2자

접 수	년 월 일	처리인	등기관 확인	각종통지
	제 호			

부동산의 표시	
서울특별시 서초구 우면동 1234 대 100㎡ 이 상 거래신고관리번호: 거래가액: 금 80,000,000원	
등기원인과 그 연월일	2025년 8월 5일 매매
등 기 의 목 적	소유권~~(일부)~~㊞이전
이 전 할 지 분	

삭2자

구 분	성 명 (상호·명칭)	주민등록번호 (등기용등록번호)	주 소(소재지)	지분 (개인별)
등기 의무자	김 매 도	470124-1125814	등기기록상 주소 서울특별시 관악구 신림동 215 현재주소 서울특별시 서초구 방배대로 10(방배동)	
등기 권리자	이 매 수	481104-1154218	서울특별시 서초구 반포대로 20(반포동)	

<table>
<tr><td colspan="4">시가표준액 및 국민주택채권매입금액</td></tr>
<tr><td>부동산 표시</td><td colspan="2">부동산별 시가표준액</td><td>부동산별 국민주택채권매입총액</td></tr>
<tr><td>1. 토지</td><td colspan="2">금 50,000,000 원</td><td>금 2,000,000원</td></tr>
<tr><td colspan="3">국 민 주 택 채 권 매 입 총 액</td><td>금 2,000,000원</td></tr>
<tr><td colspan="3">국 민 주 택 채 권 발 행 번 호</td><td>7506-10-0430-1236</td></tr>
<tr><td colspan="3" rowspan="2">취 득 세 금 3,200,000원</td><td>지방교육세 금 320,000원</td></tr>
<tr><td>농어촌특별세 금 160,000원</td></tr>
<tr><td colspan="2">세 액 합 계</td><td colspan="2">금 3,680,000 원</td></tr>
<tr><td colspan="2" rowspan="2">등 기 신 청 수 수 료</td><td colspan="2">금 15,000 원</td></tr>
<tr><td colspan="2">납부번호 :</td></tr>
<tr><td colspan="4">등기의무자의 등기필정보</td></tr>
<tr><td colspan="2">부동산고유번호</td><td colspan="2"></td></tr>
<tr><td colspan="2">성명(명칭)</td><td>일련번호</td><td>비밀번호</td></tr>
<tr><td colspan="2"></td><td></td><td></td></tr>
<tr><td colspan="4">첨 부 서 면 (간인)</td></tr>
<tr><td colspan="3">1. 매매계약서 1통
1. 취득세영수필확인서 1통
1. 등기신청수수료영수필확인서 1통
1. 매도용인감증명 또는 본인서명사실확인서 또는 전자본인서명확인서 발급증 1통
1. 주민등록표등본·초본 2통</td><td>1. 토지대장등본 1통
1. 토지거래허가서 1통
1. 부동산거래계약신고필증 1통
1. 확인서면 1통
1. 위임장 1통
1. 자필서명정보 1통</td></tr>
<tr><td colspan="4">2025년 12월 3일
위 신청인
(또는)위 대리인 법무사 김명수 직인 (전화: 3280-9000)
서울특별시 동작구 동작대로 100 (상도동)
서울중앙지방법원 등기국 귀중</td></tr>
</table>

신청서 작성요령

* 1. 부동산표시란에 2개 이상의 부동산을 기재하는 경우에는 부동산의 일련번호를 기재하여야 합니다.
  2. 신청인란 등 해당란에 기재할 여백이 없을 경우에는 별지를 이용합니다.

위 임 장

부동산의 표시	서울특별시 서초구 우면동 1234 대 100㎡ 이 상
등기원인과 그 연월일	2025년 8월 5일 매매
등기의 목적	소유권이전

(대리인)

법무사 김 명 수

서울특별시 동작구 동작대로 100 (상도동)

위 사람을 대리인으로 정하고 위 부동산에 대한 등기신청, 취하, 등기필정보의 수령 및 취하에 관한 모든 행위를 위임한다. 또한 복대리인 선임을 허락한다.

2025년 12월 1일

(위임인)

등기의무자 김 매 도 ㊞ (인감) 또는 서명

서울특별시 서초구 방배대로 10 (방배동)

등기권리자 이 매 수 ㊞ 또는 서명

서울특별시 서초구 반포대로 20 (반포동)

사례연습

〔법무사 제2회 기출문제〕

소유권이전등기신청(종중이 매수인인 경우) (1)

設 問

별지기재 매매계약에 따른 등기신청사건을 수임한 법무사 유명한(서울특별시 서초구 서초대로 100 (서초동), 전화번호 599-3000)이 2025년 8월 1일자로 서울중앙지방법원 중부등기소에 신청할 소유권이전등기신청서를 작성하시오. 대리인이 날인할 자리에는 (인)으로 표시하고 신청서의 첨부서면은 그 명칭과 통수만 신청서에 기재하시오. 그리고 별지에 신청서 첨부서면의 법적 근거에 관하여 약술하시오.

참고자료

매매계약의 요지

1. 목적부동산: 서울특별시 중구 황학동 227번지 대 200㎡
2. 매매대금: 금 8천만원
3. 매매계약체결일: 2025. 7. 30
4. 매도인: 김옥순(460203-2802039)
   서울특별시 중구 난계로17길 20 (황학동)
   매수인: 한양 김씨 한성공파종중 등록번호 110111-1113914
   서울특별시 중구 세종대로33길 10 (정동)
   대표자 김갑영 410310-1257616
   서울특별시 중구 서소문로17길 20 (서소문동)

기타 참고사항

1. 개별공시지가: 250,000/㎡
2. 서울특별시 중구 전지역은 부동산거래신고 등에 관한 법률에 의한 토지의 거래허가구역이다.
3. 관할등기소: 서울중앙지방법원 중부등기소

【모범답안】

소유권(일㊞부)이전등기신청 삭2자

접 수	년 월 일	처리인	등기관 확인	각종통지
	제 호			

부동산의 표시			
서울특별시 중구 황학동 227 대 200㎡ 이 상 거래신고관리번호: 거래가액: 금 80,000,000원			
등기원인과 그 연월일	2025년 7월 30일 매매		
등 기 의 목 적	소유권~~(일부)~~㊞ 이전		
이 전 할 지 분			
구 분	성 명 (상호·명칭)	주민등록번호 (등기용등록번호)	주 소(소재지)
등기 의무자	김 옥 순	460203-2802039	서울특별시 중구 난계로17길 20 (황학동)
등기 권리자	한양 김씨 한성공파종중 대표자 김갑영	110111-1113914 410310-1257616	서울특별시 중구 세종대로33길 10 (정동) 서울특별시 중구 서소문로17길 20 (서소문동)

삭2자

<table>
<tr><td colspan="6">시가표준액 및 국민주택채권매입금액</td></tr>
<tr><td>부동산 표시</td><td colspan="2">부동산별 시가표준액</td><td colspan="3">부동산별 국민주택채권매입총액</td></tr>
<tr><td>1. 토 지</td><td colspan="2">금 50,000,000원</td><td colspan="3">금 2,000,000원</td></tr>
<tr><td>2.</td><td colspan="2">금 원</td><td colspan="3">금 원</td></tr>
<tr><td colspan="3">국민주택채권매입총액</td><td colspan="3">금 2,000,000원</td></tr>
<tr><td colspan="3">국민주택채권발행번호</td><td colspan="3">7506-10-0482-1290</td></tr>
<tr><td colspan="3" rowspan="2">취 득 세 금 3,200,000원</td><td colspan="3">지방교육세 금 320,000원</td></tr>
<tr><td colspan="3">농어촌특별세 금 160,000원</td></tr>
<tr><td>세 액 합 계</td><td colspan="5">금 3,680,000 원</td></tr>
<tr><td rowspan="2">등기신청수수료</td><td colspan="5">금 15,000 원</td></tr>
<tr><td colspan="5">납부번호 :</td></tr>
<tr><td colspan="6">등기의무자의 등기필정보</td></tr>
<tr><td>부동산고유번호</td><td colspan="5">1149-1996-067537</td></tr>
<tr><td>성명(명칭)</td><td colspan="3">일 련 번 호</td><td colspan="2">비 밀 번 호</td></tr>
<tr><td>김 옥 순</td><td colspan="3">ACDI-0198-7329</td><td colspan="2">12 - 3126</td></tr>
<tr><td colspan="6">첨 부 서 면 (간인)</td></tr>
<tr><td colspan="3">1. 매매계약서 1통
1. 취득세영수필확인서 1통
1. 등기신청수수료영수필확인서 1통
1. 매도용인감증명 또는 본인서명사실확인서 또는 전자본인서명확인서 발급증 1통
1. 주민등록표등본·초본 2통
1. 정관이나 그 밖의 규약 1통
1. 대표자자격증명서면 1통</td><td colspan="3">1. 성년자 2인 이상의 확인서 및 인감증명, 본인서명사실확인서 또는 전자본인서명확인서 발급증 각1통
1. 종중의 주소증명서면 1통
1. 부동산등기용등록번호증명서 1통
1. 토지대장등본 1통
1. 토지거래허가서 1통
1. 부동산거래계약신고필증 1통
1. 위임장 1통
1. 자필서명정보 1통</td></tr>
<tr><td colspan="6">2025년 7월 30일
위 신청인
(또는)위 대리인 법무사 유명한 [직인] (전화: 599-3000)
서울특별시 서초구 서초대로 100 (서초동)

서울중앙지방법원 중부등기소 귀중</td></tr>
</table>

사례연습

소유권이전등기신청(외국인의 처분위임)

설 문

1. 참고자료 등기부상의 공유자 전원은 다음과 같은 매매계약을 체결하였다.
   매수인　진주유씨 반구당공파 종중
   서울특별시 동작구 동작대로 26 (상도동)
   대표자 유석찬　431203-1236123
   서울특별시 강남구 강남대로 1, 101-306(삼성동,현대아파트)
   부동산등기용등록번호 : 110126
   매매대금　400,000,000원
   매매계약체결일　2025. 7. 1.
   잔금지급일　2025. 8. 26.
2. 한편 위 매매계약은 미국에 거주하는 미국인 김갑수의 처분위임을 받은 김갑수의 처 박명자(630809-2012669, 서울특별시 관악구 관악대로 26(봉천동))와 김갑돌이 진주유씨 종중 대표자 유석찬과 체결하였다.
3. 2025. 8. 28 제출하여야 하는 등기신청서를 당사자의 의도에 가장 부합하게 작성하고 첨부서면에 대하여 간략히 설명하시오.

참고자료

1. 소유자는 건물에 대한 보존등기필증만 가지고 있다.
2. 집합건물공시가격　200,000,000원
3. 채권매입비율
   5천만원 이상 ~ 1억원 미만은 19/1,000
   1억원 이상 ~ 1.6억원 미만은 21/1,000
   1.6억원 이상 ~ 2.6억원 미만은 23/1,000
   2.6억원 이상 ~ 6억원 미만은 26/1,000
4. 취득세율　매매　40/1,000
5. 참고로 미국에는 주소를 증명서로 발급하는 기관도, 인감증명의 날인제도도 없다.
6. 미국은 「외국공문서에 대한 인증의 요구를 폐지하는 협약」을 체결한 국가이다.

7. 위 진주유씨 종중의 정관에는 대표자는 사원총회의 결의에 의한다는 규정이 기재되어 있다.
8. 법무사 이진수의 사무실 주소 - 서울특별시 관악구 관악대로 27(봉천동)
   (☎ 887-9161)
9. 관할등기소는 서울중앙지방법원 등기국임.

<등기부>

<1동의 건물의 표제부>

[표제부]	(1동의 건물의 표시)			
표시번호	접 수	소재지번, 건물명칭 및 번호	건물내역	등기원인 및 기타사항
1	2005년 3월 27일	서울특별시 서초구 서초동 100 프라임아파트 제101동 [도로명주소] 서울특별시 서초구 서초대로 명달길 276	철근콘크리트조 슬래브지붕 5층 아파트 1층 245㎡ 2층 245㎡ 3층 245㎡ 4층 245㎡ 5층 245㎡ 도면편철장 제7책 제32면	

(대지권의 목적인 토지의 표시)				
표시번호	소재지번	지 목	면 적	등기원인 및 기타사항
1	1. 서울특별시 서초구 서초동 100	대	4,000㎡	2005년 9월 27일

<전유부분의 표제부>

[표제부]	(전유부분의 건물의 표시)			
표시번호	접 수	건물번호	건물내역	등기원인 및 기타사항
1	2005년 3월 27일	제3층 제303호	벽돌조 75㎡	도면편철장 제7책 제72면

(대지권의 표시)			
표시번호	대지권의 종류	대지권비율	등기원인 및 기타사항
1	1.소유권대지권	4,000분의 50	2005년 9월 27일 대지권

<갑 구>

[갑 구]		(소유권에 관한 사항)		
순위번호	등기목적	접 수	등기원인	권리자 및 기타사항
1	소유권보존	2005년 3월 27일 제4263호		공유자 지분 2분의 1 김갑돌 580111-1234567 서울특별시 송파구 잠실대로 32(잠실동) 지분 2분의 1 미합중국인 김갑수 600830-5133215 미합중국 뉴욕주 뉴욕시 326

【모범답안】

매매를 원인으로 한 소유권이전등기신청

<table>
<tr><td rowspan="2">접 수</td><td>년 월 일</td><td rowspan="2">처리인</td><td>등기관 확인</td><td>각종통지</td></tr>
<tr><td>제 호</td><td></td><td></td></tr>
</table>

<table>
<tr><td colspan="5">부동산의 표시</td></tr>
<tr><td colspan="5">1동의 건물의 표시
서울특별시 서초구 서초동 100
프라임아파트 제101동
[도로명주소] 서울특별시 서초구 서초대로 26
전유부분의 건물의 표시
건물의 번호 101-3-303
구 조 벽돌조
면 적 제3층 제303호 75㎡
대지권의 표시
대지권의 목적인 토지의 표시
1. 서울특별시 서초구 서초동 100 대 4,000 ㎡
대지권의 종류
1. 소유권대지권
대지권의 비율 4,000분의 50 -이 상-
거래신고관리번호:12345-2025-4-1234560 거래가액: 금 400,000,000원</td></tr>
<tr><td colspan="2">등기원인과 그 연월일</td><td colspan="3">2025년 7월 1일 매매</td></tr>
<tr><td colspan="2">등 기 의 목 적</td><td colspan="3">공유자전원지분 전부이전</td></tr>
<tr><td>구 분</td><td>성 명
(상호·명칭)</td><td>주민등록번호
(등기용등록번호)</td><td>주 소(소재지)</td><td>지 분</td></tr>
<tr><td rowspan="2">등기
의무자</td><td>김 갑 동</td><td>580111-1234567</td><td>서울특별시 송파구 잠실대로 32(잠실동)</td><td>2분의 1</td></tr>
<tr><td>미합중국인
김 갑 수</td><td>600830-5133215</td><td>미합중국 뉴욕주 뉴욕시 326</td><td>2분의 1</td></tr>
<tr><td rowspan="2">등기
권리자</td><td>진주유씨
반구당공파 종중</td><td>110126</td><td>서울특별시 동작구 동작대로 26(상도동)</td><td rowspan="2">1</td></tr>
<tr><td>대 표 자
유 석 찬</td><td>431203-1236123</td><td>서울특별시 강남구 강남대로 1, 101동 306호(삼성동, 현대아파트)</td></tr>
</table>

시가표준액 및 국민주택채권매입금액		
부동산 표시	부동산별 시가표준액	부동산별 국민주택채권매입총액
1. 주 택	200,000,000원	200,000,000×23/1,000 = 4,600,000원

국 민 주 택 채 권 매 입 총 액		금 4,600,000원	
국 민 주 택 채 권 발 행 번 호		7506-10-0486-1288	
취 득 세	금 4,000,000원	지방교육세	금 400,000원
		농어촌특별세	금 원
세 액 합 계	금 4,400,000 원		
등 기 신 청 수 수 료	금 15,000 원		
	납부번호 :		

등기의무자의 등기필정보		
부동산고유번호		
성명(명칭)	일련번호	비밀번호

첨 부 서 면 (간인)

1. 매매계약서	1통	1. 보증인의 인감증명 또는 본인서명사실확인서 또는 전자본인서명확인서발급증	2통
1. 취득세영수필확인서	1통	1. 대표자주민등록표등본·초본	1통
1. 등기신청수수료영수필확인서	1통	1. 종중의 주소증명서면	1통
1. 외국인 처분위임장	1통	1. 부동산등기용등록번호증명서	1통
1. 외국인 주소공증서면	1통	1. 등기필증	2통
1. 아포스티유 확인	2통	1. 토지대장등본(대지권등록부)	1통
1. 번역문 및 신분증 사본	1통	1. 집합건축물대장등본(전유부)	1통
1. 인감증명 또는 본인서명사실확인서 또는 전자본인서명확인서 발급증	2통	1. 토지이용계획확인서	1통
1. 주민등록표등본·초본	1통	1. 부동산거래계약신고필증	1통
1. 정관이나 그 밖의 규약	1통	1. 등기위임장	1통
1. 대표자증명서면	1통	1. 자필서명정보	1통
		1. 부동산양도신고확인서	1통

2025년 8월 28일

신청인

위 대리인 법무사 이진수 (직인)

서울특별시 관악구 관악대로 27 (봉천동)(☎ 887-9161)

서울중앙지방법원 등기국 귀중

〔첨부서면에 대한 설명〕

① **매매계약서**

계약으로 인한 소유권이전등기를 신청하는 경우에는 등기원인증서로써 매매계약서를 제출하고, 그 계약서에 기재된 거래금액이 1,000만원을 초과하는 경우에는 일정액의 정부수입인지를 첩부한다(규칙 제46조 제1항 제1호).

② **취득세영수필확인서 또는 취득세납부확인서**

시장, 구청장, 군수 등으로부터 취득세납부서(OCR용지)를 발급받아 금융기관에 세금을 납부한 후 취득세영수필확인서를 신청서의 취득세액표시란의 좌측상단 여백에 첨부하거나, 또는 지방세인터넷납부시스템에서 출력한 취득세납부확인서를 첨부정보로서 등기소에 제공하여야 한다(지방세법 제20조 제1항, 지방세법시행령 제36조 제1항).

③ **등기신청수수료영수필확인서**

소유권이전등기를 신청하는 자는 등기신청수수료를 내야하므로(법 제22조 제3항), 부동산 1개당 15,000원(전자표준양식에 의한 등기신청의 경우에는 13,000원, 전자신청의 경우에는 10,000원)에 해당하는 등기신청수수료를 납부하고 등기신청수수료영수필확인서를 첨부한다(법 제22조 제3항, 법 제29조 제10호).

④ **외국인 처분위임장**

등기명의인인 외국인이 부동산의 처분권한을 대리인에게 수여한 경우에는 처분위임장을 제출하고, 그 등기가 규칙 제60조 제1항 제1호부터 제3호까지에 해당하는 때에는 그 처분위임장에 등기명의인의 인감을 날인하고 인감증명을 첨부하여야 한다(규칙 제46조 제1항 제5호). 그 인감증명은 처분위임장이 본인의 의사에 따라 작성되었음을 확인하는 뜻의 본국 관공서의 증명이나 본국 또는 대한민국 공증인의 인증(대한민국 재외공관의 인증을 포함한다)을 받음으로써 갈음할 수 있다(규칙 제61조 제4항; 2024. 5. 16. 등기예규 제1778호).

⑤ **외국인 주소공증서면**

본국에 주소증명제도가 없는 외국인(예: 미국, 영국)은 본국 공증인이 주소를 공증한 서면을 제출하여야 한다(규칙 제46조 제1항 제6호; 위 등기예규 제1778호).

⑥ **아포스티유 확인**

미국은 「외국공문서에 대한 인증의 요구를 폐지하는 협약」을 체결한 국가이므로, 위 처분위임장 및 주소공증서면은 해당 국가의 아포스티유(Apostille) 발행 권한기관에서 발행한 아포스티유 확인을 첨부한다(규칙 제46조 제9항; 위 등기예규 제1778호).

⑦ **번역문**

등기소에 제공하는 첨부정보가 외국어로 작성된 경우에는 규칙 제46조 제8항에 따라 번역문을 붙여야 한다. 번역문에는 번역인이 원문과 다름이 없다는 뜻과 번역인의 성명 및 주소를 기재하고 날인 또는 서명하여야 하며 번역인의 신분증 사본을 제공하여야 한다. 다만, 번역문을 인증받아 제출하는 경우에는 그러하지 아니하다(규칙 제46조 제8항; 위 등기예규 제1778호).

⑧ **인감증명 또는 본인서명사실확인서 또는 전자본인서명확인서 발급증**

등기의무자인 김갑돌은 소유권의 등기명의인이 등기의무자인 경우이므로 김갑돌의 인감증명을 제출한다(규칙 제60조 제1항 제1호). 또한 이 등기는 규칙 제60조 제1항 제1호부터 제3호까지에 해당하는 등기이므로 권리의 처분권한을 수여받은 대리인 박명자(김갑수의 대리인)이 본인을 대리하여 등기를 신청할 때에는 등기신청위임장에 대리인의 인감을 날인하고 그 인감증명을 제출하여야 한다(규칙 제60조 제2항). 다만, 매매를 원인으로 하는 소유권이전등기를 신청하는 경우에 대리인의 인감증명은 매도용으로 발급받아 제출할 필요가 없다(위 등기예규 제1778호).

⑨ **주민등록표등본·초본**

김갑돌의 주민등록표등본·초본 1통을 제출한다(규칙 제46조 제1항 제6호 단서). 외국인(김갑수)의 말소자초본이나 대리인의 주민등록표등(초)본을 실무상 제출하기는 하지만 반드시 요구되는 것은 아니다.

⑩ **정 관**

법인 아닌 사단의 실체를 증명하는 서면으로 정관 기타의 규약을 제출하여야 하는바, 단체의 목적, 명칭, 사무소의 소재지, 자산에 관한 규정, 대표자 또는 관리인의 임면에 관한 규정, 사원자격의 득실에 관한 규정이 기재되어야 한다(규칙 제48조 제1호).

⑪ **대표자증명서면**

정관 기타의 규약에서 정한 방법에 의하여 대표자 또는 관리인으로 선임되었음을 증명하는 서면(예컨대 정관 기타의 규약에서 대표자 또는 관리인의 선임을 사원총회의 결의에 의한다고 규정되어 있는 경우에는 사원총회의 결의서)을 제출하여야 한다(규칙 제48조 제2호).

⑫ **보증인의 인감증명 또는 본인서명사실확인서 또는 전자본인서명확인서 발급증**

위 사원총회의 결의서에는 그 사실을 확인하는데 상당하다고 인정되는 2인 이상의 성년자가 사실과 상위 없다는 취지와 성명을 기재하고 인감을 날인하여야 하며, 날인한 인감에 관한 인감증명 또는 본인서명사실확인서를 제출하여야 한다(규칙 제60조 제1

항 제8호).

⑬ **대표자주민등록표등본·초본**

법인이 아닌 사단 또는 재단이 등기를 신청함에는 대표자 또는 관리인이 이를 신청하여야 하고 대표자 또는 관리인의 주소 및 주민등록번호를 증명하는 서면으로 주민등록표등본·초본을 첨부하여야 한다(규칙 제48조 제4호).

⑭ **종중의 주소증명서면**

등기권리자인 종중의 주소가 새로이 등기부에 기입되는 경우이므로 종중의 주소 증면서면(정관, 회의록 등)을 첨부정보로 제공한다(규칙 제46조 제1항 제6호).

⑮ **부동산등기용등록번호증명서**

법인 아닌 사단이 등기권리자인 경우에는 부동산등기용등록번호를 증명하는 서면을 제출하여야 한다(규칙 제46조 제1항 제6호).

⑯ **등기필증**(등기필정보)

등기의무자가 지니고 있는 보존등기필증(등기필정보)을 제출한다(법 부칙 제2조). 등기의무자는 전유부분은 2005. 3. 27. 취득하였고, 대지권등기는 2005. 9. 27. 하였으므로 토지부분에 대한 등기필정보가 있겠지만 이 등기신청서에 토지부분에 대한 등기필정보는 신청정보로 제공할 필요가 없다. 대지권 등기를 마친 구분건물에 대한 등기신청을 할 때에는 구분건물에 대한 등기필정보만을 제공하면 되고 그 대지에 대한 등기필정보는 제공할 필요가 없기 때문이다(등기의무자의 등기필정보 제공에 관한 업무처리지침 제정 2018. 5. 1. 등기예규 제1647호).

⑰,⑱ **토지대장등본, 건축물대장등본**

소유권이전등기를 신청하는 경우에는 부동산의 표시를 증명하는 서면으로 토지대장등본, 건축물대장등본(각, 발행일로부터 3개월 이내)을 첨부한다(규칙 제46조 제1항 제7호).

⑲ **토지이용계획확인서**

토지거래허가지역에서 소유권이전등기를 신청하는 경우에는 토지거래허가서를 첨부하여야 하므로, 해당 지역이 토지거래허가지역인지 여부를 소명하기 위하여 토지이용계획확인서를 첨부한다(규칙 제46조 제1항 제2호). 토지거래허가서를 첨부한 경우에는 이와 별도로 토지이용계획확인서를 제출할 필요는 없다.

⑳ **부동산거래계약신고필증**

「부동산 거래신고 등에 관한 법률」 제3조 제1항에서 정하는 계약을 등기원인으로 하는 소유권이전등기를 신청하는 경우에는 거래가액을 신청정보의 내용으로 등기소에 제공하고, 시장 · 군수 또는 구청장으로부터 제공받은 거래계약신고필증정보를 첨부정보로서 등기소에 제공하여야 한다(규칙 제121조 제2항). 이와 같이 거래신고필증을 첨부한 경우에는 검인을 받을 필요가 없다(부동산거래신고법 제3조 제5항).

㉑ 등기위임장

등기신청을 법무사 등 대리인에게 위임하는 경우에 대리권한을 증명하는 서면으로 첨부한다(규칙 제46조 제1항 제5호).

㉒ 자격자대리인의 확인 및 자필서명정보

등기의무자와 등기권리자가 공동으로 신청하는 권리에 관한 등기이므로 자격자대리인이 등기의무자를 확인하고 자필서명한 정보를 첨부정보로 제공하여야 한다(규칙 제46조 제1항 제8호, 2022. 7. 1.부터).

㉓ 부동산양도신고확인서

재외국민 또는 외국인이 등기의무자로서 부동산에 관한 유상계약(부담부증여 포함)을 원인으로 소유권이전등기를 신청할 때에는 「소득세법」 제108조에 따라 세무서장으로부터 발급받은 '부동산양도신고확인서'를 첨부정보로서 제공하여야 한다. 다만, 재외국민이 「인감증명법 시행령」 제13조 제3항 단서에 따라 발급받은 부동산매도용 인감증명서를 첨부정보로서 제공한 경우에는 그러하지 아니하다(위 등기예규 제1778호).

사례연습

소유권이전등기신청(재외국민의 처분위임)

설 문

아래 부동산에 대하여 다음과 같은 취지의 매매계약을 체결하였다.

-다 음-

(ⅰ) 목적부동산: 아래 부동산의 표시와 같음

(ⅱ) 매매대금: 6억원

(ⅲ) 매도인: 등기부상 공유자 전원

매수인: 이태영(481104-1154218) 서울특별시 서초구 방배대로 10 (방배동)

(ⅳ) 매매계약체결일: 2025. 8. 3.

(ⅴ) 잔금지급일: 2025. 9. 6.

(ⅵ) 소유자 중 1인인 김일남은 미합중국 영주권자로써 미국에서 대학재학중이므로 입국하지 아니하고 처분행위 및 등기행위 일체를 모친에게 위임하였음.

위 김일남을 제외한 당사자가 2025. 9. 7. 직접 출석하여 신청하는 것으로 하여 신청서를 작성하라(2025년 기준).

참고자료

1. 공동주택공시가격: 500,000,000원
2. 취득세나 국민주택채권 등과 관련하여서는 교재를 참조할 것.
3. 매도인은 등기필증을 분실하였음.
4. 부동산의 표시: 아래 등기부 참조.

〈등기부〉

〈1동의 건물의 표제부〉

[표제부]	(1동의 건물의 표시)			
표시번호	접 수	소재지번, 건물명칭 및 번호	건물내역	등기원인 및 기타사항
1	1997년 6월 15일	서울특별시 서초구 서초동 121 장미아파트 제701동 [도로명주소] 서울특별시 서초구 명달로21길 17	철근콘크리트조 슬래브지붕 5층 아파트 1층 637㎡ 2층 632㎡ 3층 632㎡ 4층 637㎡ 5층 637㎡ 지하실 226.5㎡	도면편철장 제6책 제65면

(대지권의 목적인 토지의 표시)				
표시번호	소재지번	지 목	면 적	등기원인 및 기타사항
1	1. 서울특별시 서초구 서초동 121	대	10,000㎡	1997년 6월 15일

〈전유부분의 표제부〉

[표제부]	(전유부분의 건물의 표시)			
표시번호	접 수	건물번호	건물내역	등기원인 및 기타사항
1	1997년 6월 15일	제5층 제505호	철근콘크리트조 84㎡	도면편철장 제6책 제65면

(대지권의 표시)			
표시번호	대지권의 종류	대지권비율	등기원인 및 기타사항
1	1.소유권대지권	10,000분의 50	1997년 6월 15일 대지권

<갑 구>

[갑 구]		(소유권에 관한 사항)		
순위번호	등기목적	접 수	등기원인	권리자 및 기타사항
3	소유권이전	2010년 3월 5일 제3005호	2009년 12월 4일 상속	공유자 지분 5분의 3 이영숙 500203-2024425 서울특별시 서초구 서초대로 222(서초동) 지분 5분의 2 김일남 890912-1450314 미합중국 뉴욕주 맨해튼9 애비뉴 957

【모범답안】

매매로 인한
소유권이전등기신청

접 수	년 월 일	처리인	등기관 확인	각종통지
	제 호			

부동산의 표시		
1동의 건물의 표시 서울특별시 서초구 서초동 121 장미아파트 제701동 [도로명주소] 서울특별시 서초구 명달로21길 17 전유부분의 건물의 표시 건물의 번호 701-5-505 구 조 철근콘크리트조 면 적 제5층 제505호 84㎡ 대지권의 표시 대지권의 목적인 토지의 표시 1. 서울특별시 서초구 서초동 121 대 10,000㎡ 대지권의 종류 1. 소유권대지권 대지권의 비율 10,000분의 50 -이 상-		
거래신고관리번호:	거래가액: 금 600,000,000원	
등기원인과 그 연월일	2025년 8월 3일 매매	
등 기 의 목 적	공유자 전원지분 전부이전	
이 전 할 지 분		

구 분	성 명 (상호·명칭)	주민등록번호 (등기용등록번호)	주 소(소재지)	지분
등기의무자	이영숙	500203-2024425	서울특별시 서초구 서초대로 222 (서초동)	3/5
	김일남	890912-1450314	미합중국 뉴욕시 맨해튼 9애비뉴 957	2/5
등기권리자	이태영	481104-1154218	서울특별시 서초구 방배대로 10 (방배동)	1

<table>
<tr><td colspan="4">시가표준액 및 국민주택채권매입금액</td></tr>
<tr><td>부동산 표시</td><td>부동산별 시가표준액</td><td colspan="2">부동산별 국민주택채권매입총액</td></tr>
<tr><td>1. 공동주택</td><td>금 500,000,000 원</td><td colspan="2">금 13,000,000 원</td></tr>
<tr><td colspan="2">국 민 주 택 채 권 매 입 총 액</td><td colspan="2">금 13,000,000 원</td></tr>
<tr><td colspan="2">국 민 주 택 채 권 발 행 번 호</td><td colspan="2">7506-10-10487-1236</td></tr>
<tr><td colspan="2" rowspan="2">취 득 세 금 6,000,000원</td><td colspan="2">지방교육세 금 600,000원</td></tr>
<tr><td colspan="2">농어촌특별세 금 1,200,000원</td></tr>
<tr><td>세 액 합 계</td><td colspan="3">금 7,800,000 원</td></tr>
<tr><td rowspan="2">등 기 신 청 수 수 료</td><td colspan="3">금 15,000 원</td></tr>
<tr><td colspan="3">납부번호 :</td></tr>
<tr><td colspan="4">등기의무자의 등기필정보</td></tr>
<tr><td>부동산고유번호</td><td colspan="3"></td></tr>
<tr><td>성명(명칭)</td><td colspan="2">일련번호</td><td>비밀번호</td></tr>
<tr><td></td><td colspan="2"></td><td></td></tr>
<tr><td colspan="4">첨 부 서 면 (간인)</td></tr>
<tr><td colspan="2">1. 매매계약서 1통
1. 취득세영수필확인서 1통
1. 등기신청수수료영수필확인서 1통
1. 처분위임장(공증) 1통
1. 인감증명 또는 본인서명사실확인서 또는 전자본인서명확인서발급증 1통
1. 재외국민의 인감증명 등 또는 재외공관의 공증 1통</td><td colspan="2">1. 주민등록표등본・초본 2통
1. 재외국민등록부등본 1통
1. 토지대장등본(대지권등록부) 1통
1. 집합건축물대장등본(전유부) 1통
1. 부동산거래계약신고필증 1통
1. 토지이용계획확인서 1통
1. 부동산양도신고확인서 1통</td></tr>
<tr><td colspan="4">2025년 9월 7일
위 신청인 이 영 숙 ㊞
김 일 남
위 대리인 이 영 숙 ㊞
이 태 영 ㊞
서울중앙지방법원 등기국 귀중</td></tr>
</table>

※ **참고**: 재외국민의 처분위임장은 그 등기가 규칙 제60조 제1항 제1호부터 제3호까지에 해당하는 경우에는 등기명의인의 인감을 날인하고 그 인감증명을 제출하거나 체류국을 관할하는 대한민국 재외공관에서 인감을 날인해야 하는 서면에 공증을 받아도 된다(재외국민 및 외국인의 부동산등기신청절차에 관한 예규, 2024. 5. 16. 등기예규 제1778호). 다만 등기의무자가 등기필증이 없는 상태에서 다른 사람에게 처분행위를 위임한 경우에는 그 처분위임장에는 '등기필정보가 없다'는 뜻을 기재하여야 하고 등기의무자등의 작성부분(기명날인 등)에 대해 공증인이 등기의무자등의 의사에 의해 작성된 것임을 확인하고 그 증명을 하여 주는 사서증서의 인증을 받아야 한다(등기필정보가 없는 경우 확인조서 등에 관한 예규, 2025. 1. 24. 등기예규 제1842호) 이 공증은 등기소 출석의무를 갈음하는 것이므로 위 나.의 서면을 작성한 등기의무자등 본인이 공증인 앞에 직접 출석하여 공증을 받은 것이어야 한다.

사례연습

〔법무사 제8회 기출문제〕

소유권이전등기신청(외국인이 매수인인 경우)

설 문

매도인 김갑수와 매수인 이일기는 2025. 8. 23. 아래와 같은 내용으로 매매계약을 체결하고 그 이전등기신청을 법무사에게 위임하려고 한다. 귀하가 위 등기신청사건을 위임받은 법무사로서 부동산등기에 관한 법령과 대법원 등기예규의 규정에 따라 위 등기신청서를 작성하고, 아울러 별지에 첨부서면(답안작성용으로 교부된 신청서 양식에 기재된 첨부서면에 대하여는 생략하고 그 외의 첨부서면이 있다면)에 대하여 간략히 설명하시오(2025년도 기준).

참고자료

1. 목적부동산

   토지: 서울특별시 서초구 서초동 123번지 대 789㎡

   건물: 서울특별시 서초구 서초동 123번지 철근콘크리트조, 슬래브지붕 3층, 근린생활시설 1층 567㎡, 2층 567㎡, 3층 567㎡, 지하층 567㎡

2. 매도인은 등기부상 공유자로서 그 지분은 10분의 4이며, 그 중 2분의 1인 지분 10분의 2에 대하여는 이미 근저당권이 설정되어 있으므로 매수인은 근저당권이 설정되어 있지 않은 나머지 2분의 1, 즉 지분 10분의 2를 매수하고자 한다.

3. 매수인은 미합중국인으로서 그 주소는 91210 캘리포니아주 웨스트민스트베르슈가 234이고, 외국인 부동산등기용등록번호는 670302-5013517임. 매수인은 법무사에게 위임시 여권을 제시하였으나 그 여권에는 주소의 기재가 없고 미합중국 관공서에서 발행한 운전면허증에 매수인의 주소가 기재되어 있어 운전면허증에 의하여 본인 확인을 하였다. 달리 주소를 증명하는 서면은 없다.

4. 관할구청에 확인한 결과 외국인 토지취득 허가를 요하는 지역도 아니고 부동산거래신고등에 관한 법률상의 토지거래허가를 요하는 지역도 아니라고 한다.

답안 작성시 유의사항

1. 관할등기소는 서울중앙지방법원 등기국으로 한다.
2. 위 두 부동산의 등기부 갑구와 을구는 별지와 같다(토지와 건물의 등기사항이 동

일하므로 하나만 기재하였음).

3. 법무사 성명: 김수험(전화: 530-4213)
   주소: 서울특별시 서초구 양재대로 17 (양재동)
4. 신청서의 첨부서면은 그 명칭과 통수만을 신청서에 기재하고, 날인할 곳에는 (인)으로 표시할 것. 신청서의 작성일은 2025. 9. 2.로 함. 시가표준액 및 국민주택채권 매입금액란, 취득세란, 등기신청수수료란은 기재하지 않는다.
5. 사안은 문제를 위하여 구성한 것으로 그 지명 등은 실재하는 것이 아니다.

〈갑 구〉

[갑 구]		(소유권에 관한 사항)		
순위번호	등기목적	접 수	등기원인	권리자 및 기타사항
3	소유권이전	2015년 3월 5일 제20410호	2015년 2월 17일 매매	공유자 지분 10분의 4 김갑수 401218-1192313 서울특별시 서초구 서초대로 200(서초동) 지분 10분의 4 이길호 620223-1753423 서울특별시 강남구 역삼대로 34 (역삼동) 지분 10분의 2 장명수 671107-1757323 서울특별시 서초구 반포대로 23 (반포동)

<을 구>

[을 구]		(소유권외의 권리에 관한 사항)		
순위번호	등기목적	접 수	등기원인	권리자 및 기타사항
1	갑구3번 김갑수지분중 일부(10분의 2)근저당권설정	2015년 10월 5일 제98069호	2015년 9월 20일 설정계약	채권최고액 금30,000,000원 채무자 김갑수 서울특별시 서초구 서초대로 200(서초동) 근저당권자 홍지영 701101-2100231 서울특별시 은평구 응암대로 100 (응암동)

【모범답안】

소유권일부이전등기신청

접 수	년 월 일	처리인	등기관 확인	각종통지
	제 호			

부동산의 표시
1. 서울특별시 서초구 서초동 123 대 789㎡ 2. 서울특별시 서초구 서초동 123 [도로명주소] 서울특별시 서초구 서초대로 22 철근콘크리트조 슬래브지붕 3층 근린생활시설 1층 567㎡ 2층 567㎡ 3층 567㎡ 지하층 567㎡ - 이 상- 거래신고관리번호: 거래가액: 금 원

등기원인과 그 연월일	2025년 8월 23일 매매
등 기 의 목 적	3번 김강수 지분 10분의 4중 일부(10분의 2) 이전 (을구 1번 근저당권등기된지 아니한 지분)
이 전 할 지 분	10분의 2

구 분	성 명 (상호 · 명칭)	주민등록번호 (등기용등록번호)	주 소(소재지)	지분 (개인별)
등기 의무자	김 강 수	401218-1192313	서울특별시 서초구 서초대로 200 (서초동)	10분의 2
등기 권리자	미합중국인 이 일 기	670302-5013517	91210 캘리포니아주 웨스트런스트 베르슈가 234	10분의 2

<table>
<tr><td colspan="4">시가표준액 및 국민주택채권매입금액</td></tr>
<tr><td>부동산 표시</td><td colspan="2">부동산별 시가표준액</td><td>부동산별 국민주택채권매입총액</td></tr>
<tr><td>1.</td><td colspan="2">금 원</td><td>금 원</td></tr>
<tr><td colspan="3">국 민 주 택 채 권 매 입 총 액</td><td>금 원</td></tr>
<tr><td colspan="3">국 민 주 택 채 권 발 행 번 호</td><td></td></tr>
<tr><td colspan="3" rowspan="2">취 득 세 금 원</td><td>지방교육세 금 원</td></tr>
<tr><td>농어촌특별세 금 원</td></tr>
<tr><td>세 액 합 계</td><td colspan="3">금 원</td></tr>
<tr><td rowspan="2">등 기 신 청 수 수 료</td><td colspan="3">금 원</td></tr>
<tr><td colspan="3">납부번호 :</td></tr>
<tr><td colspan="4">등기의무자의 등기필정보</td></tr>
<tr><td>부동산고유번호</td><td colspan="3"></td></tr>
<tr><td>성명(명칭)</td><td colspan="2">일련번호</td><td>비밀번호</td></tr>
<tr><td></td><td colspan="2"></td><td></td></tr>
<tr><td colspan="4">첨 부 서 면 (간인)</td></tr>
<tr><td colspan="2">1. 매매계약서 1통
1. 취득세영수필확인서 1통
1. 등기신청수수료영수필확인서 1통
1. 인감증명 또는 본인서명사실 확인서 또는 전자본인서명 확인서 발급증 1통
1. 등기필증 1통
1. 토지, 건축물대장등본 각1통
1. 주민등록표등본·초본 1통</td><td colspan="2">1. 토지이용계획확인서 1통
1. 운전면허증사본에 대한 공증서면 또는 주한미국대사관의 확인서 1통
1. 번역문 1통
1. 부동산등기용등록번호증명서 1통
1. 부동산거래계약신고필증 1통
1. 매매목록 1통
1. 위임장 1통
1. 자필서명정보 1통</td></tr>
<tr><td colspan="4">2025년 9월 2일
위 신청인
(또는)위 대리인 법무사 김수현 직인 (전화: 530-4213)
서울특별시 서초구 양재대로 17 (양재동)
서울중앙지방법원 등기국 귀중</td></tr>
</table>

신청서 작성요령

* 1. 부동산표시란에 2개 이상의 부동산을 기재하는 경우에는 부동산의 일련번호를 기재하여야 합니다.
2. 신청인란 등 해당란에 기재할 여백이 없을 경우에는 별지를 이용합니다.

사례연습

소유권이전등기신청(외국인, 종중 종합)

설 문

다음 등기부상 소유자 Jane K. Clinton은 한국에 있는 아래 부동산 중 200㎡(근저당권설정되지 아니한 지분 100분의 20전부)를 처분하고자 한국에 있는 대리인 김명수(580808 - 1234567, 서울특별시 관악구 관악로 99 (신림동))에게 처분행위 일체를 위임하였고, 위 김명수는 위 부동산을 위 소유자를 대리하여 매매계약을 아래와 같이 체결하였다. 참고로 미국에는 주소증명제도나 인감증명제도는 존재하지 아니한다.

매수인: 전주이씨 종중(11011 - 12345, 전라북도 전주시 완산구 강변로 33 (효자동)
대표자 이영구(380201 - 1233445, 전라북도 전주시 완산구 강변로 120, 306-1902 (효자동, 현대아파트)

매매계약체결일: 2025. 3. 26.

잔금일: 2025. 4. 25.

매매조건: 200㎡, ㎡당 600,000원(근저당권설정되지 아니한 부분)

매수인 이영구가 2025. 4. 25. 잔금을 지급하고 본인 앞으로의 등기신청절차를 법무사에게 위임하였다. 등기신청서를 작성하라. 등기신청서는 2025년 4월 27일 제출한다. 법무사의 인적 사항은 본인의 인적 사항을 사용할 것.

참고자료

1. 등기부

<갑 구>

[갑 구]		(소유권에 관한 사항)		
순위번호	등기목적	접 수	등기원인	권리자 및 기타사항
2	소유권이전	2015년 4월 27일 제4263호	2015년 3월 25일 매매	공유자 지분 100분의 30 미국인 제인케이클린튼 680312-6012101

				미합중국 뉴욕주 뉴욕시 퀸스 발렌타인애비뉴 3080 지분 100분의 70 김영재 620223-1753423 서울특별시 송파구 백제고분로 263(삼전동)

<을 구>

[을 구]	(소유권외의 권리에 관한 사항)			
순위번호	등기목적	접 수	등기원인	권리자 및 기타사항
1	갑구2번제인케이클린튼지분 100분의 30중 일부(100분의10) 근저당권설정	2017년 7월 7일 제7006호	2017년 7월 6일 설정계약	채권최고액 금100,000,000원 채무자 김명순 서울특별시 송파구 백제고분로 263 (삼전동) 근저당권자 이전권 560809-1365321 경기도 성남시 분당구 분당로 33, 206동 1202호 (분당동, 우성아파트)

2. 부동산의 표시: 서울특별시 관악구 봉천동 128 대 1,000㎡

3. ㎡당 개별공시지가: 500,000원

【모범답안】

매매로 인한
소유권일부이전등기신청

접 수	년 월 일	처리인	등기관 확인	각종통지
	제 호			

부동산의 표시				
서울특별시 관악구 봉천동 128 대 1,000㎡ -이 상- 거래신고관리번호: 거래가액: 금 120,000,000원				
등기원인과 그 연월일	2025년 3월 26일 매매			
등 기 의 목 적	2번 미국인 제인케이클린턴 지분100분의 30 중 일부(을구1번 근저당권등기되지 아니한 지분 100분의 20)이전			
이 전 할 지 분	100분의 20			
구분	성 명 (상호·명칭)	주민등록번호 (등기용등록번호)	주 소(소재지)	지 분 (개인별)
등기의무자	미국인 제인케이클린턴	680312-6012101	미국 뉴욕주 뉴욕시 퀸스발렌타인애비뉴 3080	100분의20
등기권리자	전주이씨 종중 대표자 이영구	11011-12345 480201-1233445	전라북도 전주시 완산구 강변로 33 (효자동) 전라북도 전주시 완산구 강변로 120, 306동 1902호 (효자동, 현대아파트)	100분의20

<table>
<tr><td colspan="4">시가표준액 및 국민주택채권매입금액</td></tr>
<tr><td>부동산 표시</td><td>부동산별 시가표준액</td><td colspan="2">부동산별 국민주택채권매입총액</td></tr>
<tr><td>1. 토 지</td><td>500,000×1,000×20/100
= 100,000,000 원</td><td colspan="2">금 5,000,000원</td></tr>
<tr><td colspan="2">국 민 주 택 채 권 매 입 총 액</td><td colspan="2">금 5,000,000원</td></tr>
<tr><td colspan="2">국 민 주 택 채 권 발 행 번 호</td><td colspan="2"></td></tr>
<tr><td rowspan="2">취 득 세</td><td rowspan="2">금 4,800,000원</td><td>지방교육세</td><td>금 480,000원</td></tr>
<tr><td>농어촌특별세</td><td>금 240,000원</td></tr>
<tr><td>세 액 합 계</td><td colspan="3">금 5,520,000 원</td></tr>
<tr><td rowspan="2">등 기 신 청 수 수 료</td><td colspan="3">금 15,000 원</td></tr>
<tr><td colspan="3">납부번호 :</td></tr>
</table>

<table>
<tr><td colspan="2">첨 부 서 면 (간인)</td></tr>
<tr><td>1. 매매계약서 1통
1. 취득세영수필확인서 1통
1. 등기신청수수료영수필확인서 1통
1. 처분위임장(공증) 1통
1. 미국인의 주소공증서면 1통
1. 아포스티유 확인 2통
1. 번역문 및 신분증사본 2통
1. 대리인의 인감증명 또는 본인서명사실확인서 또는 전자본인서명확인서 발급증 1통
1. 정관이나 그 밖의 규약 1통
1. 대표자자격증명서면 1통</td><td>1. 성년자 2인 이상의 확인서 및 인감증명 또는 본인서명사실확인서 각1통
1. 주민등록표등본 · 초본 1통
1. 종중의 주소증명서면 1통
1. 부동산등기용등록번호증명서 1통
1. 등기의무자의 등기필증 1통
1. 토지대장등본 1통
1. 토지이용계획확인서 1통
1. 부동산거래계약신고필증 1통
1. 위임장 1통
1. 자필서명정보 1통
1. 부동산양도신고확인서 1통</td></tr>
<tr><td colspan="2">2025년 4월 27일

신청인

위 대리인 법무사 이영범 (직인)

서울특별시 동작구 노량진로 236 (본동)

서울중앙지방법원 등기국 귀중</td></tr>
</table>

신청서 작성요령란

* 1. 부동산표시란에 2개 이상의 부동산을 기재하는 경우에는 부동산의 일련번호를 기재하여야 합니다.
2. 신청인란 등 해당란에 기재할 여백이 없을 경우에는 별지를 이용합니다.

사례연습

〔법무사 제17회 기출문제〕

소유권이전등기신청(재단법인, 종중 종합)

설 문

아래 부동산에 대한 등기신청을 위임받은 대리인으로서 다음의 사실관계와 답안지 작성 시 유의사항에 부합하는 등기신청서를 작성하고 신청서에 첨부하는 서면에 대하여 간단히 설명하시오(신청방식은 서면에 의한 방문신청을 전제로 함).

참고자료

1. 사실관계

가. 강남김씨서초공파종중은 종원들의 출원금으로 부동산을 취득하여 종중의 재산으로 하기로 결의하고, 종중의 대표자인 김갑동과 아래 토지의 공유자인 재단법인 갑을의 대표자 홍길동은 재단법인 갑을의 각 공유지분 2/3 중 1/2을 10억원에 매매하기로 하고 2025년 9월 1일 매매계약을 체결하였다.

〈매매대상 부동산〉

① 서울특별시 서초구 서초동 123-4번지 대지 100㎡

② 서울특별시 서초구 방배동 100-1번지 대지 300㎡

③ 서울특별시 서초구 양재동 산 10번지 임야 1,000㎡

※ 거래계약신고필증 상의 거래신고관리번호는 12345-2025-4-2468013이며, 위 매매대상 토지 전부는 부동산거래신고 등에 관한 법률상의 토지거래허가구역이 아니다.

나. 재단법인 갑을은 민법 제32조에 의거 설립된 법인이며, 위 매매대상 부동산은 재단법인 갑을의 기본재산이다.

다. 재단법인 갑을과 강남김씨서초공파종중은 위 매매대상 부동산 처분 또는 취득에 필요한 모든 내외의 절차를 적법하게 마쳤다.

라. 김갑동 및 홍길동은 위 매매계약에 따른 소유권이전등기의 신청을 위하여 2025년 9월 16일 서울 서초구 서초동 300번지 소재 박문수 법무사 사무소에 방문하여 위 등기신청을 위임하였다.

마. 등기부상 권리관계는 다음과 같다(3개 부동산 동일함).

[갑 구]		(소유권에 관한 사항)		
순위번호	등기목적	접 수	등기원인	권리자 및 기타 사항
1	소유권보존	(생략)		(생략)
2	소유권이전	2015년 2월 11일 제12345호	2015년 1월 20일 매매	공유자 지분 3분의1 김삼남 330102-1014325 서울특별시 중구 다동 3 지분 3분의 2 재단법인 갑을 123456-3456789 서울특별시 서초구 서초동 567

바. 재단법인 갑을의 사무소소재지 및 법인등록번호는 위 등기부와 같으며, 대표자 홍길동의 주소는 서울 서초구 서초동 567번지이고 주민등록번호는 540201-1234567이다.

사. 강남김씨서초공파종중의 사무소소재지는 서울 서초구 서초동 200번지이고, 종중의 부동산등기용등록번호는 654321-7890123이며, 종중의 대표자 김갑동의 주소는 서울 중구 다동 789번지이며, 주민등록번호는 500101-1234567이다.

2. 답안 작성시 유의사항

가. 부동산표시란 및 첨부서면란 등이 부족할 경우에는 별지를 사용할 수 있으며, 첨부서면은 그 명칭 및 통수를 해당란에 기재하고 별지에 각 서면별로 제출이유와 내용을 간단히 설명할 것.

나. 위임장 작성은 생략하고 신청서 양식중 시가표준액 및 국민주택채권매입금액란, 취득세(등록면허세)란, 등기신청수수료란, 등기필정보란(-----으로 표시된 부분) 등에 관한 각 난은 기재하지 아니한다.

다. 날인이 필요한 곳은 ㉤으로 표시하고 전화번호의 기재는 생략한다.

라. 관할등기(과)소는 서울중앙지방법원 등기국이며, 신청서는 오늘 작성하여 제출하려고 한다.

3. 위 사안은 문제구성을 위한 것으로 대상 부동산의 실제 현황과 무관함.

【모범답안】

매매를 원인으로 한
소유권일부이전등기신청

<table>
<tr><td rowspan="2">접 수</td><td>년 월 일</td><td rowspan="2">처리인</td><td>등기관 확인</td><td>각종통지</td></tr>
<tr><td>제 호</td><td></td><td></td></tr>
</table>

<table>
<tr><td colspan="5">부동산의 표시(거래신고관리번호/거래가액)</td></tr>
<tr><td colspan="5">1. 서울특별시 서초구 서초동 123-4 대 100㎡
2. 서울특별시 서초구 방배동 100-1 대 300㎡
3. 서울특별시 서초구 양재동 산10 임야 1,000㎡
-이상-
거래신고관리번호:12345-2025-4-2468013 거래가액:1,000,000,000원</td></tr>
<tr><td colspan="2">등기원인과 그 연월일</td><td colspan="3">2025년 9월 1일 매매</td></tr>
<tr><td colspan="2">등 기 의 목 적</td><td colspan="3">2번 재단법인 갑을 지분 3분의2중 일부(3분의1) 이전</td></tr>
<tr><td colspan="2">이 전 할 지 분</td><td colspan="3">3분의1</td></tr>
<tr><td>구 분</td><td>성 명
(상호·명칭)</td><td>주민등록번호
(등기용등록번호)</td><td>주 소(소재지)</td><td>지 분
(개인별)</td></tr>
<tr><td>등기
의무자</td><td>재단법인 갑을
대표자
홍길동</td><td>123456-3456789</td><td>서울특별시 서초구 서초동 567
서울특별시 서초구 서초동 567</td><td>1/3</td></tr>
<tr><td>등기
권리자</td><td>강남김씨
서초공파종중
대표자 김갑동</td><td>654321-7890123
500101-1234567</td><td>서울특별시 서초구 서초동 200
서울특별시 중구 다동 789</td><td>1/3</td></tr>
</table>

시가표준액 및 국민주택채권매입금액				
부동산 표시	부동산별 시가표준액		부동산별 국민주택채권매입총액	
	금 원		금 원	
국 민 주 택 채 권 매 입 총 액			금 원	
국 민 주 택 채 권 발 행 번 호				
취 득 세	금 원		지방교육세	금 원
			농어촌특별세	금 원
세 액 합 계	금 원			
등 기 신 청 수 수 료	금 원			
	은행수납번호 :			

첨 부 서 면 (간인)	
1. 매매계약서 1통 1. 취득세영수필확인서 1통 1. 등기신청수수료영수필확인서 1통 1. 등기필증 1통 1. 감독관청의 허가서 1통 1. 법인등기사항증명서 1통 1. 인감증명 또는 본인서명사실확인서 1통 1. 정관이나 그 밖의 규약 1통 1. 종중 대표자 증명서면 1통 1. 성년자 2인이상의 확인서 1통	1. 성년자 2인이상의 인감증명 또는 본인서명사실확인서 또는 전자본인서명확인서 발급증 2통 1. 종중의 주소증명서면 1통 1. 부동산등기용등록번호증명서 1통 1. 주민등록표등본·초본 1통 1. 토지·임야대장등본 3통 1. 토지이용계획확인서 3통 1. 부동산거래계약신고필증 1통 1. 매매목록 1통 1. 위임장 1통 1. 자필서명정보 1통

2025년 9월 17일

위 신청인

위 대리인 법무사 박문수 (직인) (전화 :)

서울특별시 서초구 서초동 300

서울중앙지방법원 등기국 귀중

신청서 작성요령

* 1. 부동산표시란에 2개 이상의 부동산을 기재하는 경우에는 부동산의 일련번호를 기재하여야 합니다.

2. 신청인란 등 해당란에 기재할 여백이 없을 경우에는 별지를 이용합니다.

〔첨부서면에 대한 설명〕

① **매매계약서**

등기원인을 증명하는 서면으로 매매계약서를 제출한다(규칙 제46조 제1항 제1호). 계약으로 인한 소유권이전등기를 신청하는 경우에는 그 계약서에 기재된 거래금액이 1,000만원을 초과하는 경우에는 전자수입인지를 첨부하여야 한다. 다만 부동산거래신고를 한 경우이므로 매매계약서에 검인받을 필요는 없다.

② **취득세영수필확인서 또는 취득세납부확인서**

시장, 구청장, 군수 등으로부터 취득세납부서(OCR용지)를 발급받아 세금을 납부한 후 취득세영수필확인서를 신청서의 취득세액표시란의 좌측상단 여백에 첨부하거나, 또는 지방세인터넷납부시스템에서 출력한 취득세납부확인서를 첨부한다(지방세법시행령 제36조 제1항).

③ **등기신청수수료영수필확인서**

소유권이전등기를 신청하는 자는 등기신청수수료를 내야하므로(법 제22조 제3항), 부동산 1개당 15,000원(전자표준양식에 의한 등기신청의 경우에는 13,000원, 전자신청의 경우에는 10,000원)에 해당하는 등기신청수수료를 납부하고 등기신청수수료영수필확인서를 첨부한다(등기예규 제1789호).

④ **등기필증 · 등기필정보**

등기의무자의 등기필증을 제출한다(부동산등기법 부칙 제2조). 등기의무자가 등기필정보를 가지고 있는 경우에는 등기필증을 제출하는 것 대신 등기의무자의 등기필정보를 신청서에 기재한다. 등기의무자의 등기필증 혹은 등기필정보가 없는 경우에는 법무사 등이 등기의무자 본인임을 확인한 확인서면을 제출한다(법 제51조).

⑤ **감독관청의 허가서**

재단법인이 기본재산을 처분함에는 감독관청의 허가서를 첨부하여야 한다(규칙 제46조 제1항 제2호).

⑥ **법인등기사항증명서**

소유권이전등기를 신청하는 경우이므로 등기의무자의 주소증명서면으로써 법인등기사항전부(일부)증명서 1통을 첨부한다(규칙 제46조 제1항 제6호 단서). 등기의무자인 법인 대표자의 대표권을 증명하는 서면이기도 하다(규칙 제46조 제1항 제4호).

⑦ **인감증명**

소유권의 등기명의인이 등기의무자인 경우이므로 등기의무자인 법인의 부동산매도용 인감증명을 첨부한다(규칙 제60조 제1항 제1호). 위 인감증명에는 매수인의 명칭, 사무소소재지, 부동산등기용등록번호가 기재되어 있어야 한다.

⑧ 정관이나 그 밖의 규약

법인 아닌 사단 또는 재단의 실체를 증명할 수 있는 서면으로 그 사단이나 재단의 정관이나 그 밖의 규약을 제출하여야 한다(규칙 제48조 제1호).

⑨ 종중 대표자 증명서면

법인 아닌 사단 또는 재단의 경우에 등기신청은 대표자 또는 관리인이 하여야 하므로, 정관 또는 규약에서 정한 방법에 의하여 대표자 또는 관리인으로 선임되었음을 증명하는 서면을 제출하여야 한다(규칙 제48조 제2호).

⑩ 성년자 2인 이상의 확인서

위 대표자 또는 관리인임을 증명하는 서면에는 그 사실을 확인하는 데 상당하다고 인정되는 자 2인 이상의 성년자가 사실과 상위 없다는 취지와 성명을 기재하고 인감을 날인하여야 하며, 날인한 인감에 관한 인감증명 또는 본인서명사실확인서를 제출하여야 한다.

⑪ 성년자 2인 이상의 인감증명 또는 본인서명사실확인서 또는 전자본인서명확인서 발급증

위 대표자 또는 관리인임을 증명하는 서면에는 그 사실을 확인하는 데 상당하다고 인정되는 자 2인 이상의 성년자가 사실과 상위 없다는 취지와 성명을 기재하고 인감을 날인하여야 하며, 날인한 인감에 관한 인감증명을 제출하여야 한다.

위 인감증명에 갈음하여 위임장 등에 서명을 하고 본인서명사실확인서를 첨부하거나 전자본인서명확인서 발급증을 첨부할 수 있다(부동산등기규칙 제60조의2).

⑫ 종중의 주소증명서면

소유권이전등기를 신청하는 경우에는 신청인의 주소를 증명하는 서면을 제출하여야 하므로 등기권리자인 종중의 주소를 증명하는 서면을 첨부한다(규칙 제46조 제1항 제6호). 종중의 정관(규약) 혹은 회의록 등이 이에 해당한다.

⑬ 부동산등기용등록번호증명서

법인 아닌 사단이 등기권리자인 경우이므로 신청서에 부동산등기용등록번호를 기재하고 이를 증명하는 서면을 첨부하여야 한다(규칙 제46조 제1항 제6호).

⑭ 주민등록표등본 · 초본

법인 아닌 사단이 등기를 신청하는 경우에는 대표자 또는 관리인의 주민등록표등(초)본을 제출하여야 한다(규칙 제48조 제4호).

⑮ 토지 · 임야대장등본

토지 및 임야에 대한 소유권이전등기이므로 부동산의 표시를 증명하는 서면으로 토지대장등본 2통 및 임야대장등본 1통을 첨부한다(규칙 제46조 제1항 제7호).

⑯ 토지이용계획확인서

해당 토지가 토지거래허가지역이 아니라는 것을 소명하는 서면으로 제출한다.

⑰ 부동산거래계약신고필증

매매계약서를 등기원인증서로 하여 소유권이전등기를 신청하는 경우에는 관할 관청이 발급한 부동산거래신고필증을 첨부하여야 한다(규칙 제124조 제2항).

⑱ 매매목록

1개의 신고필증에 2개 이상의 부동산이 기재되어 있는 경우에는 거래가액 및 목적부동산을 기재한 매매목록을 제출하여야 한다(규칙 제124조 제2항).

⑲ 위임장

등기신청을 법무사 등 대리인에게 위임하는 경우이므로 대리권증명서면으로 위임장을 첨부한다(규칙 제46조 제1항 제5호). 위 위임장에는 위임인이 기명날인하여야 한다.

⑳ 자격자대리인의 확인 및 자필서명정보

등기의무자와 등기권리자가 공동으로 신청하는 권리에 관한 등기이므로 자격자대리인이 등기의무자를 확인하고 자필서명한 정보를 첨부정보로 제공하여야 한다(규칙 제46조 제1항, 제8호, 2022. 7. 1.부터).

사례연습

〔법무사 제26회 기출문제〕

소유권이전등기신청(매매)

설 문

법무사 최우선은 아래 부동산에 대한 소유권이전등기신청을 위임받았다. 제시된 부동산 및 사실관계와 답안작성 유의사항에 따라 법무사 최우선의 등기신청서를 작성하고 필요한 첨부정보에 대하여 간략하게 설명하시오. (서면에 의한 방문신청임을 전제로 함) (30점)

참고자료

1. 부동산

서울특별시 서초구 서초동 123-45 대 250㎡
(서울중앙지방법원 등기국의 관할에 속하는 부동산임)

2. 사실관계

가. 위 부동산은 등기기록상 현재 김일남과 김이선이 공유하고 있다(각 공유지분은 2분의1). 김일남과 김이선은 1993. 9. 15.에 그들 명의로 소유권이전등기를 마쳤다. A종중의 대표자 홍길동은 종중의 은행 예금으로 나대지인 위 부동산을 매수하여 그 지상에 종중 회관을 건립하기로 생각하였다. 홍길동은 종중 총회를 소집하였고, 2020. 5. 30. 개최된 총회에서 위 부동산의 매수를 승인하고 취득(소유권이전등기 등)에 필요한 일체의 권한을 종중 대표자 홍길동에게 위임하기로 하는 내용의 결의가 적법하게 이루어졌다. 2020. 6. 19. 홍길동은 A종중을 대표하여 김일남, 김이선과 위 부동산에 대한 매매계약을 체결하고, 2020. 8. 28. 잔금을 지급하면서 소유권이전등기신청에 필요한 서류들을 받아 동석한 법무사 최우선에게 건네주었다.

나. 주소(또는 사무소 소재지), 주민등록번호(또는 부동산등기용등록번호) 등
- 김일남 : 서울특별시 서초구 서초대로 987, 750621-1234567
- 김이선 : 서울특별시 서초구 서초대로 654, 770306-2234568
- A종중 : 서울특별시 강동구 양재대로 456, 123456-3456789

- 홍길동 : 서울특별시 강동구 양재대로 789, 420107-1311115
- 법무사 최우선 : 서울특별시 서초구 서초대로 123, 전화번호 010-1234-1234

다. 거래신고 관리번호 : 12345-2020-4-1234567, 거래가액 : 1,700,000,000원

3. 답안작성 유의사항

가. 첨부서면란 등이 부족할 경우에는 답안지에 기재할 수 있습니다.

나. 첨부서면으로는 그 명칭과 통수를 기재하고, 제공해야 하는 이유와 근거를 답안지에서간략하게 설명하시기 바랍니다. 첨부서면 중 대체할 수 있는 것이 있으면 그 대체 서면에 대하여도 답안지에서 설명하십시오.

다. 위임장은 작성하지 않아도 됩니다. 다만, 첨부서면으로는 기재하고 그 내용(위임인 등)도 답안지에 적으시기 바랍니다.

라. 시가표준액 및 국민주택채권매입금액, 취득세(등록면허세), 등기신청수수료 등 설문에서 정보가 주어지지 않은 것은 신청서에 기재하지 않으셔도 됩니다. 그 밖에 설문에서 주어지지 않은 사항은 고려할 필요가 없습니다.

마. 날인이 필요한 곳에는 "(인)"이라고 기재합니다. 신청서 작성일자는 답안 작성일자로 합니다(답안 작성일자가 공휴일인지 여부는 고려할 필요가 없습니다).

바. 제시된 거래신고 관리번호, 주민등록번호 또는 부동산등기용등록번호는 법령상의 부여 규칙이나 구성 체계 등과 맞지 않을 수 있으나, 이 점은 고려하지 않으셔도 됩니다. 또한, 설문의 부동산과 사실관계는 모두 가상의 것임을 알려 드립니다.

【모범답안】

소유권이전 등기신청(매매)

접 수	년 월 일	처리인	등기관 확인	각종통지
	제 호			

부동산의 표시
서울특별시 서초구 서초동 123-45 대 250㎡ 거래신고관리번호 : 12345-2020-4-1234567 거래가액 : 금1,700,000,000원 - 이 상 -

등기원인과 그 연월일	2019년 6월 19일 매매
등 기 의 목 적	공유자전원지분전부이전
이 전 할 지 분	

구 분	성 명	주민등록번호	주 소(소재지)	지분 (개인별)
등기의무자	김 일 남 김 이 선	750621-1234567 770306-2234568	서울특별시 서초구 서초대로 987 서울특별시 서초구 서초대로 654	2분의 1 2분의 1
등기권리자	A 종중 대표자 홍길동	123456-3456789 420107-1311115	서울특별시 강동구 양재대로 456 서울특별시 강동구 양재대로 789	

시가표준액 및 국민주택채권매입금액		
부동산 표시	부동산별 시가표준액	부동산별 국민주택채권매입총액
1.		금 원
2.		금 원
국 민 주 택 채 권 매 입 총 액		금 원
국 민 주 택 채 권 발 행 번 호		
취 득 세 금 원		지방교육세 금 원
		농어촌특별세 금 원
세 액 합 계	금 원	
등 기 신 청 수 수 료	금 원	
	납부번호 :	

등기의무자의 등기필정보		
부 동 산 고 유 번 호		
성 명 (명 칭)	일 련 번 호	비 밀 번 호

첨 부 서 면 (간인)	
1. 매매계약서 1통	1. 종중 총회결의서 1통
1. 취득세영수필확인서 또는 취득세 납부확인서 1통	1. 위에 대한 인감증명, 본인서명사실확인서 또는 전자본인서명확인서 발급증 2통
1. 등기신청수수료영수필확인서 1통	1. 주민등록표등본·초본 (종중대표자) 1통
1. 등기위임장 1통	1. 주소증명서면 (종중) 1통
1. 인감증명, 본인서명사실확인서 또는 전자본인서명확인서 발급증 (등기의무자) 1통	1. 부동산등기용등록번호증명 (종중) 1통
1. 주민등록표등본·초본(등기의무자) 2통	1. 토지대장등본 1통
1. 등기의무자의 등기필증 2통	1. 토지이용계획확인서 1통
1. 정관이나 그 밖의 규약 (종중) 1통	1. 부동산거래계약신고필증 1통
	1. 자필서명정보 1통

2019년 9월 19일

신청인

위 대리인 법무사 최 우 선 직인 (전화: 010-1234-1234)

서울특별시 서초구 서초대로 123

서울중앙지방법원 등기국 귀중

〔첨부서면에 대한 설명〕

① 매매계약서 1통

등기원인을 증명하는 정보로 매매계약서를 첨부정보로서 등기소에 제공하여야 한다(부동산등기규칙 제46조 제1항 제1호, 이하 '규칙'이라 한다). 본 건 사안의 경우 거래금액이 1,000만원을 초과하는 경우이므로 매매계약서에는 인지세법의 규정에 의한 전자수입인지를 붙여야한다. 부동산거래신고를 한 경우이므로 매매계약서에 검인받을 필요는 없다(부동산거래신고 등에 관한 법률 제3조).

② 취득세영수필확인서 또는 취득세납부확인서 1통

시장, 구청장, 군수 등으로부터 취득세납부서(OCR용지)를 발급받아 세금을 납부한 후 취득세영수필확인서를 신청서의 취득세액표시란의 좌측상단 여백에 첨부한다. 이는 지방세인터넷납부시스템에서 출력한 취득세납부확인서로 대체할 수 있다(지방세법시행령 제36조).

③ 등기신청수수료영수필확인서 1통

등기신청수수료는 현금으로 납부하여야 하므로 법원행정처장이 지정하는 현금수납금융기관에 현금으로 납부한 후 영수필확인서를 제공하여야 한다(부동산등기법 제22조 제3항, 이하 '법'이라 한다).

④ 등기위임장 1통

등기신청을 법무사에게 위임하는 경우이므로 대리권한을 증명하는 정보로 위임인의 성명과 주소를 기재하여 작성한 위임장을 첨부정보로서 등기소에 제공하여야 한다(규칙 제46조 제1항 제5호). 그 등기위임장에는 등기의무자의 인감증명과 동일한 인감이 날인되어있거나, 본인서명사실확인서상의 서명과 동일한 서명이 있어야 한다.

⑤ 인감증명, 본인서명사실확인서 또는 전자본인서명확인서 발급증 2통

소유권의 등기명의인이 등기의무자인 경우이므로 등기의무자의 김일남, 김이선의 인감증명을 첨부정보로 제공하여야 한다. 위 인감증명은 본인서명사실확인서 또는 전자본인서명확인서 발급증으로 대체할 수 있다. 한편 위 인감증명 또는 본인서명사실확인서는 매도용으로 발급받은 것이어야 한다(규칙 제60조 제1항 제1호). 위 서면은 발급일로부터 3개월이 경과하지 아니한 것이어야 한다(규칙 제62조).

⑥ **주민등록표등초본 2통**

소유권이전등기를 하는 경우이므로 등기의무자 김일남과 김이선의 주소증명서면으로 주민등록표등본 또는 초본을 제공하여야 한다(규칙 제46조 제1항 제6호 단서). 김일남과 김이선의 등기부상 주소와 현재의 주소가 일치하지 아니하는 경우에는 그 주소증명서면은 그 동안의 주소변동이력이 기재되어있는 주민등록표초본이어야 한다. 위 서면은 발급일로부터 3개월이 경과하지 아니한 것이어야 한다(규칙 제62조).

⑦ **등기의무자의 등기필증 2통**

등기필정보는 2006. 6. 1.부터 작성되기 시작하였고(2006. 5. 24. 등기예규 제1136호. 시행 2006. 6. 1.), 등기의무자 김일남과 김이선이 1993. 9. 15. 소유권취득시에는 등기필증을 받았으므로 그 등기필증을 첨부정보로 제공한다(법 부칙 제2조). 그 등기필증은 통상적으로 2통이어야 하나 김일남과 김이선이 1건의 매매계약서에 의하여 동시에 부동산을 취득한 경우라면 김일남과 김이선의 등기필증은 1통이 될 것이다. 어느 경우이든 등기의무자의 등기필증이 없는 경우에는 부동산 등기법 제51조 및 규칙 제111조의 규정에 따라 처리한다.

⑧ **정관이나 그 밖의 규약 (종중) 1통**

법인 아닌사단인 종중의 실체를 증명할 수 있는 서면으로 그 종중의 정관이나 그밖의 규약을 제공하여야 한다(규칙 제48조 제1호). 그 정관이나 규약에는 종중의 목적, 명칭, 사무소소재지, 자산에 관한 규정, 대표자 등의 임면에 관한 규정, 사원자격의 득실에 관한 규정이 기재되어 있어야 한다.

⑨ **종중 총회결의서 1통**

정관 또는 규약에서 정한 방법에 의하여 대표자 또는 관리인으로 선임되었음을 증명하는 서면을 제공하여야 하므로 홍길동이 대표자임을 증명하는 총회결의서를 제출한다(규칙 제48조 제2호). 위 대표자 또는 관리인임을 증명하는 서면에는 그 사실을 확인하는 데 상당하다고 인정되는 자 2인 이상의 성년자가 사실과 상위 없다는 취지와 성명을 기재하고 인감을 날인하여야 하며, 날인한 인감에 관한 인감증명을 제공하여야 한다(규칙 제60조 제1항 제8호). 다만 본 사안과 같이 법무사가 등기신청을 대리하는 경우에는 법무사가 위 서면에 사실과 상위없다는 취지를 기재하고 기명날인(인감날인이 요구되지 않는다고 한다)함으로써 갈음할 수 있다(등기예규).

⑩ **위 ⑨에 대한 인감증명, 본인서명사실확인서 또는 전자본인서명확인서 발급증 2통**

위 총회결의서에는 그 사실을 확인하는 데 상당하다고 인정되는 자 2인 이상의 성년자가 사실과 상위 없다는 취지와 성명을 기재하고 인감을 날인하여야 하며, 날인한 인감에 관한 인감증명을 제공하여야 한다(규칙 제60조 제1항 제8호). 위 인감증명 역시 본인서명사실확인서 또는 전자본인서명확인서 발급증으로 대체할 수 있다. 위 서면은 발급일로부터 3개월이 경과하지 아니한 것이어야 한다(규칙 제62조).

⑪ 대표자나 관리인의 주소 및 주민등록번호 증명서면 (종중) 1통

법인 아닌 사단이 등기를 신청하는 경우에는 대표자나 관리인의 주소 및 주민등록번호를 증명하는 서면을 제공하여야 한다(규칙 제 48조 제4호). 위 서면은 발급일로부터 3개월이 경과하지 아니한 것이어야 한다(규칙 제62조).

⑫ 주소증명서면 (종중) 1통

법인 아닌 사단이 등기권리자인 경우(새로이 등기명의인이 되는 경우)에는 종중의 주소를 증명하는 서면을 제공하여야 하는데(규칙 제46조 제1항 제6호), 정관(규약) 혹은 회의록 등이 이에 해당한다. 정관에 구체적인 주소가 기재되어 있는 경우에는 정관이 주소증명이 될 것이나, 정관상 주소가 아닌 주소로 변경되었거나 정관에 주체적인 주소지까지 표시되어있지 아니한 경우에는 종중의 주소를 정한 회의록 등을 제출한다.

⑬ 부동산등기용등록번호증명서 (종중) 1통

종중 즉 법인 아닌 사단이 등기권리자인 경우(새로이 등기명의인이 되는 경우)에는 신청서에 부동산등기용등록번호를 기재하고 이를 증명하는 서면을 첨부정보로서 등기소에 제공하여야한다(규칙 제46조 제1항 제6호).

⑭ 토지대장등본 1통

소유권이전등기를 신청하는 경우이므로 부동산의 표시를 증명하는 토지대장등본을 첨부정보로서 등기소에 제공하여야 한다(규칙 제46조 제1항 제7호). 위 토지대장등본은 발급일로부터 3개월이 경과하지 아니한 것이어야 한다(규칙 제62조).

⑮ 토지이용계획확인서 1통

토지거래계약허가지역인지 여부를 소명하기 위하여 토지이용계획확인서를 첨부정보로서 등기소에 제공하여야 한다(규칙 제46조 제1항 제2호). 토지거래계약허가지역이어서 토지거래허가서를 첨부하는 경우에는 토지이용계획확인서는 제공할 필요가 없다.

⑯ 부동산거래계약신고필증 1통

매매계약서에 의한 소유권이전등기이므로 부동산거래계약신고필증을 제공하여야 한다(규칙 제124조 제2항 전단).

⑰ 자격자대리인의 확인 및 자필서명정보

등기의무자와 등기권리자가 공동으로 신청하는 권리에 관한 등기이므로 자격자대리인이 등기의무자를 확인하고 자필서명한 정보를 첨부정보로 제공하여야 한다(규칙 제46조 제1항, 제8호, 2022. 7. 1.부터).

5. 소유권이전등기 — (4) 매매로 인한 소유권이전등기신청서(상속인에 의한)

<table>
<tr><td colspan="5">매매로 인한 소유권이전
등기신청(상속인에 의한)</td></tr>
<tr><td rowspan="2">접 수</td><td>년 월 일</td><td rowspan="2">처리인</td><td>등기관 확인</td><td>각종통지</td></tr>
<tr><td>제 호</td><td></td><td></td></tr>
</table>

<table>
<tr><td colspan="4">① 부동산의 표시</td></tr>
<tr><td colspan="4">1. 서울특별시 서초구 서초동 100
대 300㎡
2. 서울특별시 서초구 서초동 100
[도로명주소] 서울특별시 서초구 서초대로20길 39
시멘트 벽돌조 슬래브지붕 2층 주택
1층 150㎡
2층 150㎡

거래신고관리번호 : 12345-2025-4-1234560, 거래가액 : 금400,000,000원
이 상</td></tr>
<tr><td colspan="2">② 등기원인과 그 연월일</td><td colspan="2">2025년 6월 15일 매매</td></tr>
<tr><td colspan="2">③ 등 기 의 목 적</td><td colspan="2">소유권이전</td></tr>
<tr><td colspan="2">④ 이 전 할 지 분</td><td colspan="2"></td></tr>
<tr><td>구 분</td><td>성 명
(상호·명칭)</td><td>주민등록번호
(등기용등록번호)</td><td>주 소(소 재 지)</td></tr>
<tr><td rowspan="2">⑤
등기
의무자</td><td>망 이도령
상속인</td><td>220603-1017181</td><td>서울특별시 서초구 서초동 200</td></tr>
<tr><td>이 대 백</td><td>530320-1617312</td><td>서울특별시 서초구 서초동 200</td></tr>
<tr><td>⑥
등기
권리자</td><td>김 갑 남</td><td>660222-1010101</td><td>서울특별시 서초구 서초대로20길 39, 303동 1201호(서초동, 현대아파트)</td></tr>
</table>

⑦ 시가표준액 및 국민주택채권매입금액		
부동산 표시	부동산별 시가표준액	부동산별 국민주택채권매입총액
1. 주 택	금 300,000,000 원	금 7,800,000 원
⑦ 국 민 주 택 채 권 매 입 총 액		금 7,800,000 원
⑦ 국 민 주 택 채 권 발 행 번 호		
⑧ 취득세(등록면허세)	금 4,000,000 원	⑧ 지 방 교 육 세 금 400,000 원
		⑧ 농어촌특별세 금 800,000 원
⑨ 세 액 합 계	금 5,200,000 원	
⑩ 등 기 신 청 수 수 료	금 30,000 원	
	납부번호:	

⑪ 등기의무자의 등기필정보		
부동산고유번호	1102-2006-002095	
성명(명칭)	일련번호	비밀번호
이 도 령	Q77C-L071-35J5	40-4636

⑬ 첨 부 서 면 (간인)	
1. 매매계약서 1통 ⑭	1. 주민등록표등본·초본 2통 ⑳
1. 제적등본 1통 ⑮	1. 토지대장등본 1통 ㉑
1. 기본증명서(상세증명서) 1통 ⑮	1. 건축물대장등본 1통 ㉒
1. 가족관계증명서(상세증명서) 1통 ⑮	1. 토지이용계획확인서 1통 ㉓
1. 친양자입양관계증명서 (상세증명서) 1통 ⑮	1. 등기필증 1통 ㉔
	1. 위임장 1통 ㉕
1. 상속재산분할협의서 1통 ⑯	1. 자필서명정보 1통 ㉖
1. 인감증명, 본인서명사실확인서 또는 전자본인서명확인서발급증 1통 ⑰	1. 부동산거래계약신고필증 1통 ㉗
	1. 매매목록 1통 ㉘
1. 취득세영수필확인서 1통 ⑱	<기 타> ㉙
1. 등기신청수수료영수필확인서 1통 ⑲	

2025년 8월 1일

⑫ 위 신청인

대리인 법무사 유 명 한 직인 (전화: 599-0000)

서울특별시 서초구 서초대로100길 39 (서초동)

서울중앙지방법원 등기국 귀중

등기신청안내서 — 매매로 인한 소유권이전등기신청(포괄승계인에 의한)

1. 매매로 인한 소유권이전등기(포괄승계인에 의한 등기신청)

부동산매매계약에 의하여 소유권이전등기를 하기 전에 매매계약의 일방 당사자가 사망하여 상속이 발생한 경우에는 피상속인이 사망하지 아니하였으면 신청하였을 등기를 상속인이 신청할 수 있다(법 제27조). 이를 일명 포괄승계인에 의한 등기라고 한다. 따라서 매도인이 사망한 경우에는 매도인의 상속인이 등기의무자, 매수인이 등기권리자가 되어 바로 매도인명의의 등기를 매수인의 상속인 앞으로 등기할 수 있으며, 반대로 매수인이 사망한 경우에는 매도인이 등기의무자, 매수인의 상속인이 등기권리자가 되어 바로 매수인의 상속인 앞으로 등기를 할 수 있다.

2. 등기신청방법

(1) **공동신청**

매매계약서에 의한 등기신청인 경우에는 매도인의 상속인과 매수인의 상속인이 본인임을 확인할 수 있는 주민등록증 등을 가지고 직접 등기소에 출석하여 공동으로 신청함이 원칙이다.

(2) **단독신청**

판결에 의한 등기신청인 경우에는 승소한 등기권리자 또는 등기의무자가 단독으로 신청할 수 있다.

(3) **대리인에 의한 신청**

등기신청은 반드시 신청인 본인이 하여야 하는 것은 아니고 대리인이 하여도 된다. 등기권리자 또는 등기의무자 일방이 상대방의 대리인이 되거나 쌍방이 제3자에게 위임하여 등기신청을 할 수 있으나, 변호사 또는 법무사가 아닌 자는 신청서의 작성이나 그 서류의 제출대행을 업(業)으로 할 수 없다.

3. 등기소에 제공하여야 하는 신청정보

신청서는 한글과 아라비아 숫자로 기재한다. 부동산의 표시란이나 신청인란 등이

부족할 경우에는 별지를 사용하고, 별지를 포함하여 신청서가 여러 장인 때에는 각 장 사이에 간인을 하여야 한다.

① 부동산의 표시란

㈎ 부동산의 표시는 건물의 소재, 지번, 건물번호(다만, 같은 지번 위에 1개의 건물만 있는 경우에는 건물번호는 기록하지 아니한다), 종류, 구조와 면적을 기재하되 부속건물이 있는 경우에는 부속건물의 종류, 구조와 면적도 함께 기재한다(규칙 제43조 제1항 제1호). 도로명주소는 건물표시 중 소재지번 표시 아래에 기재한다.

서울특별시 서초구 방배동 266-1 　　　　　제가동 [도로명주소] 서울특별시 서초구 방배대로 179 벽돌조 및 시멘트 블록조 단층 주택 및 사무실 　　　　　80㎡ (내역:벽돌조 주택 40㎡, 시멘트 블록조 사무실 40㎡)

* 건물의 표시 중 건물의 구조가 복합건물인 경우에는 그 내역을 괄호안에 기재한다. 층별용도는 기재하지 아니한다.

㈏ 2006. 1. 1. 이후의 매매계약을 원인으로 2006. 6. 1. 이후에 소유권이전등기를 신청하는 경우에는 부동산표시란 하단 중 좌측에 거래신고관리번호를, 우측에 거래가액을 각 기재한다.

② 등기원인과 그 연월일란

등기원인은 '매매'로, 연월일은 매매계약서상 계약일을 기재한다.

③ 등기의 목적란

아래 예규를 참조하여 기재한다.

④ 이전할 지분란

구 분	소유권		공유지분	
	전부이전	일부이전	전부이전	일부이전
등기의 목적	'소유권이전'	'소유권 일부이전'	'ㅇ번 갑지분 전부이전'	'ㅇ번 갑지분 ㅇ분의 ㅇ중 일부(ㅇ분의ㅇ)이전'
이전할 지분	-	'ㅇ분의ㅇ'	'ㅇ분의ㅇ' (부동산 전체에 대한 지분을 기재한다. 다만 수인의 공유자로부터 지분 일부씩을 이전 받는 경우에는 이를 합산하여 기재한다)	

※ 근거 : 2010. 7. 9. 등기예규 제1313호

⑤ **등기의무자란**

매도인 및 상속인의 성명, 주민등록번호, 주소를 기재하되, 등기부상 소유자 표시와 일치하여야 한다. 상속인 전원을 기재하는 것을 원칙으로 하되 상속재산분할협의에 의하여 1인이 상속인이 되는 경우에는 그 1인을 기재하고 상속재산분할협의서를 제출한다(상속인들의 인감도 첨부).

⑥ **등기권리자란**

매수인을 기재하는 난이다. 매수인에게 상속이 개시된 경우에는 상속인 전원을 기재하는 것을 원칙으로 하되 상속재산분할협의에 의하여 1인이 상속인이 되는 경우에는 그 1인을 기재하고 상속재산분할협의서를 제출한다.

⑦ **시가표준액 및 국민주택채권매입금액, 국민주택채권매입총액란**

㈎ 취득세납부서(OCR용지)에 기재된 시가표준액과 시가표준액의 일정비율에 해당하는 국민주택채권매입금액를 기재한다.

㈏ 부동산이 2개 이상인 경우에는 각 부동산별로 시가표준액 및 국민주택채권매입금액을 기재한 다음 국민주택채권매입총액을 각 매수인별로 계산하여 기재하여야 한다. 국민주택채권발행번호를 해당란에 기재하여야 한다.

㈐ 국민주택채권의 최저매입금액은 1만원으로 한다. 다만 1만원 미만의 단수가 있을 경우에 그 단수가 5천원 이상 1만원 미만인 때에는 이를 1만원으로 하고 그 단수가 5천원 미만인 때에는 단수가 없는 것으로 한다.

㈑ 본건과 같은 주택의 경우에는 개별주택공시가격을 기준으로 국민주택채권을 매입하여야 한다. 개별주택공시가격 300,000,000원으로 보면 26/1,000(서울)에 해당하는 국민주택채권을 매입하여야 한다(금 7,800,000원).

⑧ **취득세 · 지방교육세란 및 농어촌특별세란**

㉠ 매매금액(400,000,000원)의 1,000분의 10에 해당하는 취득세를 납부한다(400,000,000 × 10/1,000 = 4,000,000원. 지방세법 제11조 제1항 제8호). ㉡ 위 지방세법 제11조 제1항 제8호(주택거래)에 해당하는 경우에는 해당 세율에 100의 50을 곱한 세율을 적용하여 산출한 금액)의 100분의 20의 지방교육세를 납부한다(400,000,000 × 10/1,000 × 50/100 × 20/100 = 400,000원. 지방세법 제151조 제1항). ㉢ 지방세법 제11조 및 제12조의 표준세율을 1,000분의 20으로 적용하여 100분의 10에 해당하는 농어촌특별세를 납부한다(400,000,000 × 20/1,000 × 10/100 = 800,000원. 농어촌특별세법 제5조 제1항).

취득세	지방교육세	농어촌특별세
10/1,000	(10/1,000 x 50/100) x 20/100	20/1,000 x 10/100
지방세법 제11조 제1항 제8호	지방세법 제151조 제1항	농어촌특별세법 제5조 제1항

⑨ 세액합계란

취득세, 농어촌특별세, 지방교육세액의 합계를 기재한다.

⑩ 등기신청수수료란

소유권이전등기를 신청하는 자는 등기신청수수료를 내야 하므로(법 제22조 제3항), 부동산 1개당 15,000원(전자표준양식에 의한 등기신청의 경우에는 13,000원, 전자신청의 경우에는 10,000원)에 해당하는 등기신청수수료를 납부하고 그 등기신청수수료금액 및 납부번호를 신청서에 기재한다(등기예규 제1789호).

⑪ 등기의무자의 등기필정보란

전자신청 지정등기소에서는 신청방법(전자신청, 서면신청)을 불문하고 등기를 완료한 경우 등기필증 대신 등기필정보를 전자적 교부 또는 서면 교부하기 때문에, 등기신청의 당사자 또는 대리인은 등기필정보 상의 일련번호와 비밀번호를 기재함으로써 등기필증의 제출을 갈음할 수 있다. 등기의무자가 교부받은 등기필정보에 기재된 부동산고유번호, 성명, 일련번호, 비밀번호를 각 기재한다. 등기의무자에게 등기필정보나 등기필증이 없는 경우에는 부동산등기법 제51조의 규정에 의한다(기타 참조).

⑫ 신청인 혹은 대리인의 표시란

㈎ 등기의무자와 등기권리자의 성명 및 전화번호를 기재하고, 각자가 기명날인하되 등기의무자는 그의 인감을 날인한다. 등기권리자는 기명날인 대신에 서명으로 갈음할 수 있다. 한편 신청인이 법인 또는 법인 아닌 사단이나 재단인 경우에는 상호(명칭)와 대표자(관리인)의 자격 및 성명을 기재하되, 법인이 등기의무자인 때에는 등기소의 증명을 얻은 그 대표자의 인감, 법인 아닌 사단이나 재단인 경우에는 대표자(관리인)의 개인인감을 날인한다.

㈏ 대리인이 등기신청을 하는 경우에는 그 대리인의 성명, 주소 및 전화번호를 기재하고 기명날인한다.

⑬ 첨부서면란

등기신청서에 첨부한 서면을 각 기재한다.

4. 등기소에 제공하여야 하는 첨부정보

⑭ 등기원인을 증명하는 서면 — 매매계약서

계약으로 인한 소유권이전등기를 신청하는 경우에는 그 계약서에 기재된 거래금액이 1,000만원을 초과하는 경우에는 일정액의 전자수입인지를 첨부하여야 한다(주택은 1억원을 초과하는 경우에만 매입). 부동산거래신고를 하여 거래신고필증을 교부받은 때에는 검인을 받은 것으로 보므로(부동산거래신고법 제3조 제5항), 매매계약서는 검인을 받을 필요가 없다. 본 매매계약서는 매도인 및 매수인이 생전에 작성한 매매계약서를 제출하여야 하는 것이지 상속인들이 매매계약서를 다시 작성제출할 것은 아니다.

⑮ 상속 혹은 포괄승계를 증명하는 서면

부동산등기법 제27조의 규정에 의하여 포괄승계인에 의한 등기를 신청하는 경우이므로 가족관계등록에 관한 정보 또는 법인등기사항에 관한 정보 등 상속 그 밖의 포괄승계가 있었다는 사실을 증명하는 정보를 첨부정보로서 등기소에 제공하여야 한다(규칙 제49조).

㈎ 상속을 증명하는 서면 (피상속인)

1) 피상속인이 2008. 1. 1. 이후에 사망신고가 된 경우로서, 피상속인에게 배우자와 자녀가 있는 경우에는 다음 각 호의 서면을 상속을 증명하는 서면으로 제출하여야 한다.

1. 피상속인의 기본증명서(상세) 및 가족관계증명서(상세)
2. 피상속인의 친양자입양관계증명서(상세)
3. 피상속인의 구 호적법상 제적등본(전적전 제적등본 포함)

2) 위 기본증명서(상세)에 의하여서는 피상속인 이도령과 등기명의인의 동일성, 사망사실과 사망일시를 확인하고, 가족관계증명서(상세)를 통하여서는 자녀 이대백이 상속인이 맞는지 확인하여야 하며, 친양자입양관계증명서(상세)를 통해 피상속인이 사망한 후에 타인에게 친양자입양된 자녀의 존부와 피상속인 사망 당시 피상속인에게 친양자입양된 자녀의 존부를 확인할 수 있어야 한다.

3) 제적등본을 통해 2008년 1월 1일 이전 피상속인의 자녀 중 사망, 국적상실, 실종선고, 부재선고를 원인으로 제적된 자가 있는지 여부, 2008년 1월 1일 이전 혼인, 분가, 입양 등의 사유로 가족관계증명서에 누락된 직계비속이 있는지 여부를 확인한다.

4) 가족관계증명서(상세) 및 제적등본을 통해 피상속인 사망전에 사망한 자녀의 존부를 확인하여 대습상속이 발생하였는지 조사한다(이상 상속등기에 관한 업무처리지침,

2025.01.24 등기예규 제1835호)

(나) 기본증명서 · 가족관계증명서(상속인)

피상속인의 가족관계증명서(상세)를 통해 상속인을 확인할 수 있기 때문에 원칙적으로 상속인의 기본증명서를 첨부할 필요는 없다. 다만, 등기관은 상속인의 주민등록표 등 · 초 등 제출된 첨부서면만으로 동일인임을 확인하가 어려운 경우 상속인의 기본증명서(상세)의 제출을 요구할 수 있다(위 등기예규 제1835호).

한편 피상속인이 2007. 12. 31. 이전에 사망신고가 된 경우에는 ① 피상속인의 제적등본 및 피상속인의 제적에 기재사실에 의하여 확인된 각 상속인의 기본증명서(상세) 등을 제출하여야 하고, ② 구관습법상(1960. 1. 1.이전 사망) 호주상속에 따른 등기를 신청하는 경우에는 호주상속 개시사실과 호주상속인이 기재된 제적등 · 초본 및 호주상속인의 기본증명서(상세) 등을 제출하여야 한다(위 등기예규 제1835호).

⑯ 상속재산협의분할계약서

상속재산분할협의에 의하여 상속인 중 1인 또는 수인이 등기의무자의 지위에서 본 등기신청을 하는 경우에는 상속재산분할협의서를 제출한다(규칙 제49조).

⑰ 인감증명, 본인서명사실확인서 또는 전자본인서명확인서 발급증

부동산매수자란에 매수인의 성명, 주민등록번호 및 주소가 기재되어 있는 매도인의 부동산매도용 인감증명을 첨부한다. 매도인이 이미 사망한 경우에는 매도인의 상속인들의 매도용인감증명을 첨부한다. 상속재산분할협의서를 제출하는 경우에는 상속인들 전원의 인감증명을 첨부한다(규칙 제60조 제1항 제6호).

위 인감증명에 갈음하여 위임장 등에 서명을 하고 본인서명사실확인서를 첨부하거나 전자본인서명확인서 발급증을 첨부할 수 있다(부동산등기규칙 제60조의2).

⑱ 취득세영수필확인서 또는 취득세납부확인서

시장, 구청장, 군수 등으로부터 취득세납부서(OCR용지)를 발급받아 세금을 납부한 후 취득세영수필확인서를 신청서의 취득세액표시란의 좌측상단 여백에 첨부하거나, 또는 지방세인터넷납부시스템에서 출력한 취득세납부확인서를 첨부정보로서 등기소에 제공하여야 한다(지방세법시행령 제36조 제1항).

⑲ 등기신청수수료영수필확인서

소유권이전등기를 신청하는 자는 등기신청수수료를 내야 하므로(법 제22조 제3항), 부동산 1개당 15,000원(전자표준양식에 의한 등기신청의 경우에는 13,000원, 전자신청의 경우에는 10,000원)에 해당하는 등기신청수수료를 납부하고 등기신청수수료영수필확인서를 첨부한다(등기예규 제1789호).

⑳ 주소 및 주민등록번호를 증명하는 서면 — 주민등록표등본 · 초본

등기의무자(이태백)의 주소를 증명하는 서면으로, 그리고 등기권리자의 주소·주민등록번호를 증명하는 서면으로 주민등록표등(초)본을 첨부한다(규칙 제46조 제1항 제6호).

㉑ 토지대장등본

토지에 대한 소유권이전등기이므로 부동산의 표시를 증명하는 서면으로 토지대장정보를 첨부정보로서 등기소에 제공하여야 한다(규칙 제46조 제1항 제7호).

㉒ 건축물대장등본

건물에 대한 소유권이전등기이므로 부동산의 표시를 증명하는 서면으로 건축물대장정보를 첨부정보로서 등기소에 제공하여야 한다(규칙 제46조 제1항 제7호).

㉓ 토지이용계획확인서

토지거래허가지역에서 매매를 원인으로 소유권이전등기를 신청하는 경우에는 토지거래허가서를 첨부하여야 하므로, 해당 지역이 토지거래허가지역인지 여부를 소명하기 위하여 토지이용계획확인서를 첨부한다. 토지거래허가서를 첨부한 경우에는 이와 별도로 토지이용계획확인서를 제출할 필요는 없다.

㉔ 등기필증

등기의무자가 등기필정보를 가지고 있는 경우에는 등기의무자의 등기필정보를 신청정보의 내용으로 등기소에 제공하여야 하지만(법 제50조 제2항), 등기의무자가 구 부동산등기법 제67조 제1항에 따른 등기필증이나 구법 제68조 제1항에 따른 등기완료통지서를 가지고 있는 경우에는 등기의무자가 가지고 있는 그 등기필증 혹은 등기완료통지서를 제출하여야 한다(법 부칙 제2조). 등기의무자에게 등기필정보·등기필증·등기완료통지서가 없는 경우에는 법무사 등이 등기의무자 본인임을 확인한 확인서면 등을 제출한다. 자세한 방법은 기타 부분을 참조한다(법 제51조, 기타 참조).

㉕ 위임장

등기신청을 법무사 등 대리인에게 위임하는 경우에 첨부한다(규칙 제46조 제1항 제5호). 위임인의 성명과 주소를 기재하고 인장을 날인하되 규칙 제60조 제1항 제1호~제3호에 해당하여 인감증명을 제출하여야 하는 자는 위임장에 인감을 날인하여야 하나, 위 규칙 제60조 제1항 제1호~제3호에 해당하지 않는 자는 인감날인 대신에 일반적인 기명날인 혹은 서명으로 갈음할 수 있다. 위임인이 법인이나 법인 아닌 사단 또는 재단인 경우에는 상호(명칭)와 대표자(관리인)의 자격, 성명 및 주소도 기재하여야 한다.

㉖ 자격자대리인의 확인 및 자필서명정보

등기의무자와 등기권리자가 공동으로 신청하는 권리에 관한 등기이므로 자격자대리인이 등기의무자를 확인하고 자필서명한 정보를 첨부정보로 제공하여야 한다(규칙 제46조 제1항, 제8호, 2022. 7. 1.부터).

㉗ **부동산거래계약신고필증**

2006. 1. 1.이후 작성된 매매계약서를 등기원인증서로 하여 소유권이전등기를 신청하는 경우에는 부동산거래신고계약필증을 제출하여야 한다(규칙 제124조 제1항).

㉘ **매매목록**

① 1개의 부동산거래신고필증에 2개 이상의 부동산이 기재되어 있는 경우(1개의 계약서에 의해 2개 이상의 부동산을 거래한 경우라 하더라도, 관할 관청이 달라 개개의 부동산에 관하여 각각 신고한 경우에는 매매목록을 작성할 필요가 없다)(규칙 제124조 제2항).

② 신고필증에 기재되어 있는 부동산이 1개라 하더라도 수인과 수인 사이의 매매인 경우에는 매매목록을 제출한다.

㉙-1 기타 — 신청인이 법인인 경우

신청인이 법인인 경우에는 대표자의 자격을 증명하는 서면으로 법인등기사항전부증명서 또는 법인등기사항일부증명서를 첨부하여야 한다(규칙 제46조 제1항 제4호). 이 경우의 위 법인등기사항증명서는 소유자의 주소를 증명하는 서면, 부동산등기용등록번호를 증명하는 서면이기도 하다(규칙 제46조 제1항 제6호). 다만 법인등기가 되어 있는 등기소와 부동산소재지 관할 등기소가 동일한 경우에는 위 법인등기사항증명서를 제출할 필요가 없다(규칙 제46조 제5항).

㉙-2 기타 — 신청인이 법인 아닌 사단(재단)인 경우

법인 아닌 사단 또는 재단이 등기를 신청하는 경우에는 ㉠ 정관이나 그 밖의 규약, ㉡ 대표자나 관리인임을 증명하는 정보(다만, 등기되어 있는 대표자나 관리인이 신청하는 경우에는 그러하지 아니하다), ㉢ 법인 아닌 사단 또는 재단의 주소 및 부동산등기용등록번호를 증명하는 정보(새로이 등기명의인이 되는 경우에 한한다), ㉣ 대표자나 관리인의 주소 및 주민등록번호를 증명하는 정보를 첨부정보로 제공한다. 다만 법인 아닌 사단이 등기의무자인 경우에는 민법 제276조 소정의 사원총회의 결의서도 첨부한다(규칙 제48조 제3호).

㉙-3 기타 — 제3자의 허가, 동의 또는 승낙을 증명하는 서면

제3자의 허가, 동의 또는 승낙을 증명하는 서면, 즉 부동산이 농지인 경우에는 농지취득자격증명(시 · 읍 · 면사무소 발급), 토지거래허가구역인 경우에는 토지거래허가증(시 · 군 · 구청 발급) 등을 첨부하여야 한다(규칙 제46조 제1항 제2호).

토지거래허가를 받은 경우에는 농지취득자격증명을 받은 것으로 보기 때문에 농지취득자격증명을 별도로 제출할 필요는 없지만 부동산거래신고가 면제되는 것은 아니다. 즉 토지거래허가를 받은 경우에도 이와 별도로 거래계약신고필증을 제출하여야 한다.

㉙-4 기타 — 등기의무자의 등기필정보(등기필증, 등기완료통지서)가 없는 경우

등기의무자의 등기필정보(등기필증, 등기완료통지서)가 없을 때에는 ① 등기의무자 또는 그 법정대리인(이하 "등기의무자등"이라 한다)이 등기소에 출석하여 등기관으로부터 등기의무자등임을 확인받는 방법 ② 등기신청인의 대리인(변호사나 법무사만을 말한다)이 등기의무자등으로부터 위임받았음을 확인하여 확인서면을 제출하는 방법 ③ 신청서(위임에 의한 대리인이 신청하는 경우에는 그 권한을 증명하는 서면을 말한다) 중 등기의무자등의 작성부분에 관하여 공증을 받아 제출하는 방법으로 등기신청을 하여야 한다.

위 '공증'은 신청서나 위임장에 기재된 내용 중 등기의무자등의 작성부분(기명날인 등)에 대해 공증인이 등기의무자등의 의사에 의해 작성된 것임을 확인하고 그 증명을 하여 주는 사서증서의 인증을 의미한다(등기필정보가 없는 경우 확인조서 등에 관한 예규, 2018. 12. 18. 등기예규 제1664호, 시행 2019. 1. 1.)(법 제51조, 규칙 제111조 참조).

5. 등기신청서류 편철순서

신청서, 취득세영수필확인서, 등기신청수수료영수필확인서, 위임장, 자필서명정보, 가족관계증명서 · 기본증명서 · 제적등본, 상속재산분할협의서, 인감증명, 주민등록표등본 · 초본, 대장등본, 토지이용계획확인서, 매매계약서, 부동산거래계약신고필증, 매매목록, 등기필증 등의 순으로 편철하는 것이 실무상의 예이다.

6. 등기기록례

(토지 : 서울특별시 서초구 서초동 100)

[갑 구]		(소유권에 관한 사항)		(No.230)
순위번호	등기목적	접 수	등기원인	권리자 및 기타 사항
3	소유권이전	1998년 4월 12일 제3260호	1998년 3월 2일 매매	소유자 이대백 220603-1017181 서울 서초구 서초동 200
4	소유권이전	2025년 8월 1일 제7086호	2025년 6월 15일 매매	소유자 김갑남 660222-1010101 서울특별시 서초구 서초대로 20길 39, 303-1201,(서초동, 현대아파트) 매매목록 제 2025-101호

(건물 : 서울특별시 서초구 서초동 100)

[갑 구]		(소유권에 관한 사항)		(No.230)
순위번호	등기목적	접 수	등기원인	권리자 및 기타 사항
3	소유권이전	1998년 4월 12일 제3260호	1998년 3월 2일 매매	소유자 이대백 220603-1017181 서울특별시 서초구 서초동 200
4	소유권이전	2025년 8월 1일 제7086호	2025년 6월 15일 매매	소유자 김갑남 660222-1010101 서울특별시 서초구 서초대로 20길 39, 303-1201,(서초동, 현대아파트) 매매목록 제 2025-101호

(매매목록 제2025-101호)

매 매 목 록				
목록번호	2025-101			
거래가액	금 400,000,000 원			
일련번호	부 동 산 의 표 시	순위번호	예비란	
			등기원인	경정원인
1	[토지] 서울특별시 서초구 서초동 100	4	2025년 6월 15일 매매	
2	[건물] 서울특별시 서초구 서초동 100	4	2025년 6월 15일 매매	

사례연습

〔법무사 제4회 기출문제〕

소유권일부이전등기신청(매도인이 사망한 경우)

설 문

소유자 김일수는 그 소유의 아래 부동산 중 지분 2분의 1을 홍길동에게 팔기로 하고 다음과 같은 내용의 매매계약을 체결하였다.

매수인 홍길동은 그 계약의 내용에 따라 매매대금 전부를 매도인 김일수에게 지불한 후 자기 앞으로 소유권이전등기를 신청하고자 그 관련서류를 준비하던 중 매도인 김일수가 갑작스런 교통사고로 2025년 12월 10일 처 박미자와 자 김호식 · 김화순을 남기고 사망하였다.

당사자 쌍방은 위 매매계약에 따른 소유권이전등기를 신청하기 위하여 2019년 12월 30일 서울특별시 관악구 관악대로 100(봉천동) 소재 법무사 이명숙(전화:882-3000)을 찾아가 위 등기신청에 관한 모든 권한을 위임하였다.

법무사 이명숙의 입장에서 이 건 소유권이전등기신청서와 위임장을 작성하고, 첨부서면의 법적 근거를 별지에 기재하시오(2025년 기준).

참고자료

1. 부동산의 표시
   서울특별시 강동구 둔촌동 350번지 전 1,100㎡
2. 매매계약의 내용
   (1) 매매계약체결일자: 2025. 10. 1.
   중도금지불일자: 2025. 11. 1.
   잔대금지불일자: 2025. 12. 26.
   (2) 매매대금: 금 2억 5천만원
   (3) 특약사항: 이 부동산은 4년간 공유물분할을 하지 아니한다.
   (4) 매매계약의 당사자
   매도인: 김일수(金日洙) 450112-1345612
   서울특별시 서초구 방배대로 20 (방배동)

매수인: 홍길동(洪吉童) 560524-1545879
서울특별시 강동구 강동대로 30 (둔촌동)

(5) 매도인의 가족 인적 사항

처: 박미자(朴美子) (480210-2243516)
서울특별시 서초구 방배대로 20 (방배동)

자: 김호식(金浩植) (751204-1423521)
충북 청주시 홍덕구 가로수로11번길 26 (비하동)

자: 김화순(金和順) (771011-1432523)
인천 남동구 구월남로48번길 15 (구월동)

3. 참고사항

(1) 위 토지 전체의 시가표준액은 금 4억원이다.

(2) 서울특별시 강동구 둔촌동 350번지 토지는 국토의 계획 및 이용에 관한 법률상 도시지역 중 주거지역으로 지정되어 있다.

유의사항

1. 신청서와 위임장의 모든 부분은 부동산등기법과 동규칙의 규정에 따라 빠짐없이 기재한다.
2. 신청인 등이 날인하여야 할 장소에는 (인)이라고 표기한다.
3. 신청서의 첨부서면(부속서류)은 그 명칭과 통수만을 신청서 을지의 해당란에 기재한다.
4. 신청인란 등 해당란에 기재할 여백이 부족한 경우에는 별지를 사용한다.
5. 이 등기신청서는 2025. 12. 30. 관할등기소인 서울동부지방법원 등기국에 제출한다.
6. 등기신청서와 위임장은 이미 배부한 용지를 사용하여 작성할 것

등기신청서류작성에 대한 참조 법조문 등

1. 지방세법 제11조, 제28조 2. 농지법 제6조 내지 제36조
3. 주택도시기금법 제8조 4. 주택도시기금법시행령 제8조 제2항 별표 부표 15호

【모범답안】

매매로인한 소유권일부이전등기신청

접 수	년 월 일	처리인	등기관 확인	각종통지
	제 호			

부동산의 표시
서울특별시 강동구 둔촌동 350 전 1,100㎡ -이 상- 거래신고관리번호: 거래가액 금 250,000,000원

등기원인과 그 연월일	2025년 10월 1일 매매
등 기 의 목 적	소유권일부이전
이 전 할 지 분	2분의 1
특 약	이 부동산은 4년간 공유물분할을 하지 아니한다.

구 분	성 명 (상호·명칭)	주민등록번호 (등기용등록번호)	주 소(소재지)	지분 (개인별)
등기의무자	별지 기재와 같음			1/2
등기권리자	홍 길 동	560524-1545879	서울특별시 강동구 강동대로 30 (둔촌동)	1/2

시가표준액 및 국민주택채권매입금액			
부동산 표시	부동산별 시가표준액	부동산별 국민주택채권매입총액	
1. 토지 1,100㎡×1/2	금 200,000,000 원	금 10,000,000 원	
국민주택채권매입총액		금 10,000,000 원	
국민주택채권발행번호		7506-10-0430-1256	
취득세	금 7,500,000원	지방교육세 금 500,000원	
		농어촌특별세 금 500,000원	
세액합계	금 8,500,000 원		
등기신청수수료	금 15,000 원		
	납부번호 :		
등기의무자의 등기필정보			
부동산고유번호	1149-1996-067537		
성명(명칭)	일련번호	비밀번호	
김일수	ACD9-0198-7329	12 - 3126	
첨부서면 (간인)			
1. 매매계약서 1통		1. 인감증명 또는 본인서명사실확인서 또는 전자본인서명확인서 발급증 3통	
1. 취득세영수필확인서 1통		1. 주민등록표초본 4통	
1. 등기신청수수료영수필확인서 1통		1. 토지대장등본 1통	
1. 기본증명서(상세증명서) 1통		1. 토지이용계획확인서 1통	
1. 가족관계증명서(상세증명서) 1통		1. 부동산거래계약신고필증 1통	
1. 친양자입양관계증명서(상세증명서) 1통		1. 위임장 1통	
1. 제적등본 1통		1. 자필서명정보 1통	
1. 주민등록표초본(말소자) 1통			

2025년 12월 30일

위 신청인 (전화:)

(또는)위 대리인 법무사 이 명 숙 직인 (전화: 882-3000)

서울특별시 관악구 관악대로 100(봉천동)

서울동부지방법원 등기국 귀중

신청서 작성요령란

* 1. 부동산표시란에 2개 이상의 부동산을 기재하는 경우에는 부동산의 일련번호를 기재하여야 합니다.
2. 신청인란 등 해당란에 기재할 여백이 없을 경우에는 별지를 이용합니다.

〔별 지〕

(간인)

망 김일수 (450112-1345612)

서울특별시 서초구 방배대로 20 (방배동)

상속인 박미자 (480210-2243516)

서울특별시 서초구 방배대로 20 (방배동)

김호식 (751204-1423521)

충청북도 청주시 흥덕구 가로수로11번길 26 (비하동)

김화순 (771011-1432523)

인천광역시 남동구 구월남로48번길 15 (구월동)

위 임 장

부동산의 표시	서울특별시 강동구 둔촌동 350 전 1,100㎡ 이 상
등기원인과 그 연월일	2025년 10월 1일 매매
등기의 목적	소유권일부이전
이전할 지분	2분의 1
특약	이 부동산은 4년간 공유물분할을 하지 아니한다.

(대리인)

법무사 이명숙 (02-599-7000)

서울특별시 관악구 관악대로 100(봉천동)

위 사람을 대리인으로 정하고 위 부동산에 대한 등기신청, 취하, 등기필정보의 수령 및 취하에 관한 모든 행위를 위임한다. 또한 복대리인 선임을 허락한다.

2025년 12월 30일

(위임인)

등기의무자 망 김일수 서울특별시 서초구 방배대로 20 (방배동)
(상속인) 박미자 ㉞
서울특별시 서초구 방배대로 20 (방배동)
김호식 ㉞
충청북도 청주시 흥덕구 가로수로11번길 26 (비하동)
김하순 ㉞
인천광역시 남동구 구월남로48번길 15 (구월동)

등기권리자 홍길동 ㉞
서울특별시 강동구 강동대로 30 (둔촌동)

사례연습

소유권이전등기신청(매수인이 사망한 경우)

|설 문|

아래 조건에 따른 등기신청서를 작성하시오(30점).

참고자료

1. 부동산의 표시
   첨부한 등기부등본을 참조할 것
2. 아래의 보존등기명의인 이영태는 2025. 2. 1. 아래 부동산을 200,000,000원에 매매하기로 김일남(400209 - 1068728, 서울특별시 동작구 동작대로 22(사당동))과 약정을 하고, 중도금은 2025. 3. 1. 잔금은 2025. 4. 1. 지급하기로 하였다. 그런데 위 김일남은 2025. 3. 1. 중도금을 지급한 이후에 2025. 3. 13. 사망하였고 망 김일남의 상속인은 다음과 같다.

   이복자 450830 - 2133215
   서울특별시 동작구 동작대로 22 (사당동)
   김형태 750102 - 1068838
   서울특별시 동작구 노량진로 33 (본동)
   김형진 790303 - 1013838
   서울특별시 관악구 관악대로 44 (봉천동)

   이후 김일남의 상속인 이복자, 김형태, 김형진은 이영태에게 잔금을 2025. 4. 1. 모두 지급하고 서로 협의를 하여 김형태와 김형진이 위 부동산을 각 2분의 1씩 상속받기로 합의하였으나, 매도인 이영태는 잔금을 지급받았음에도 불구하고 차일피일 등기절차를 이행하지 아니하고 있다. 따라서 위 상속인들은 상속사실을 증명하는 서면, 상속재산분할협의서 등을 첨부하여 서울특별시 강남구 대치동 1288번지에 살고 있는 이영태를 상대로 2025년 2월 1일 매매를 원인으로 김형태, 김형진 앞으로 각 2분의 1지분씩 소유권이전등기를 이행하는 승소판결을 받아서 본인들이 직접 등기신청을 하고자 한다(판결선고일: 2025. 8. 1. 판결확정일: 2025. 8. 20).
3. 시가표준액(부동산 전체) 160,000,000원

4. 채권매입비율

주 택	채권매입비율
2천만원 이상~5천만원 미만	13/1,000
5천만원 이상~1억원 미만	19/1,000
1억원 이상~1억6천만원 미만	21/1,000
1억6천만원 이상~2억6천만원 미만	23/1,000

5. 취득세율

매매 10/1,000

상속 28/1,000

6. 등기신청일 2025. 10. 1.

[등기부]

〈1동의 건물의 표제부〉

<table>
<tr><th colspan="5">[표제부] (1동의 건물의 표시)</th></tr>
<tr><th>표시번호</th><th>접 수</th><th>소재지번, 건물명칭 및 번호</th><th>건물내역</th><th>등기원인 및 기타사항</th></tr>
<tr><td>1</td><td>2012년 5월 27일</td><td>서울특별시 서초구 서초동 100
프라임아파트 제101동
[도로명주소] 서울특별시 서초구 서초대로 명달길 276</td><td>철근콘크리트조 슬래브지붕 5층 아파트
1층 245㎡
2층 245㎡
3층 245㎡
4층 245㎡
5층 245㎡</td><td></td></tr>
</table>

<table>
<tr><th colspan="5">(대지권의 목적인 토지의 표시)</th></tr>
<tr><th>표시번호</th><th>소재지번</th><th>지 목</th><th>면 적</th><th>등기원인 및 기타사항</th></tr>
<tr><td>1</td><td>1. 서울특별시 서초구 서초동 100</td><td>대</td><td>4,000㎡</td><td>2012년 5월 27일</td></tr>
</table>

<전유부분의 표제부>

[표제부]	(전유부분의 건물의 표시)			
표시번호	접 수	건물번호	건물내역	등기원인 및 기타사항
1	2012년 5월 27일	제3층 제303호	벽돌조 84㎡	

(대지권의 표시)			
표시번호	대지권의 종류	대지권비율	등기원인 및 기타사항
1	1.소유권대지권	4,000분의 50	2012년 5월 27일 대지권

<갑 구>

[갑 구]		(소유권에 관한 사항)		
순위번호	등기목적	접 수	등기원인	권리자 및 기타사항
1	소유권보존	2012년 5월 27일 제4263호		소유자 이영태 440111-1234567 서울특별시 송파구 잠실대로 32(잠실동)

【모범답안】

매매를 원인으로 한
소유권이전등기신청

접 수	년 월 일	처리인	등기관 확인	각종통지
	제 호			

부동산의 표시
1동의 건물의 표시 서울특별시 서초구 서초동 100 프라임아파트 제101동 [도로명주소] 서울특별시 서초구 서초대로 36 전유부분의 건물의 표시 건물의 번호 101-3-303 구 조 벽돌조 면 적 제3층 제303호 84㎡ 대지권의 표시 대지권의 목적인 토지의 표시 1. 서울특별시 서초구 서초동 100 대 4,000 ㎡ 대지권의 종류 1. 소유권대지권 대지권의 비율 4,000분의 50 -이 상-

등기원인과 그 연월일	2025년 2월 1일 매매
등 기 의 목 적	소유권이전

구 분	성 명 (상호·명칭)	주민등록번호 (등기용등록번호)	주 소(소재지)	지 분
등기의무자	이 영 태	440111-1234567	등기기록상 주소 서울특별시 송파구 잠실대로 32 (잠실동) 현주소 서울특별시 강남구 대치동 1288	1
등기권리자	김형태	750102-1068838	서울특별시 동작구 노량진로 33 (본동)	1/2
	김형진	790303-1013838	서울특별시 관악구 관악대로 44 (봉천동)	1/2

시가표준액 및 국민주택채권매입금액		
부동산 표시	부동산별 시가표준액	부동산별 국민주택채권매입총액
1. 공동주택	금 160,000,000원	김형태지분 80,000,000×19/1,000 = 1,520,000원 김형진지분 80,000,000×19/1,000 = 1,520,000원 합계 : 3,040,000원

국민주택채권매입총액	금 3,040,000원
국민주택채권발행번호	7506-10-0486-1288, 1289

취득세	금 2,000,000원	지방교육세 금 200,000원
		농어촌특별세 금 원
세액합계	금 2,200,000 원	
등기신청수수료	금 15,000 원	
	납부번호 :	

첨 부 서 면 (간인)	
1. 판결정본 1통	1. 집합건축물대장등본(전유부) 1통
1. 확정증명 1통	1. 토지대장등본(대지권등록부) 1통
1. 취득세영수필확인서 1통	1. 토지이용계획확인서 1통
1. 등기신청수수료영수필확인서 1통	
1. 주민등록표등본·초본 3통	

2025년 10월 1일

위 신청인 김 형 태 ㉞

김 형 진 ㉞

서울중앙지방법원 등기국 귀중

신청서 작성요령란

* 1. 부동산표시란에 2개 이상의 부동산을 기재하는 경우에는 부동산의 일련번호를 기재하여야 합니다.

2. 신청인란 등 해당란에 기재할 여백이 없을 경우에는 별지를 이용합니다.

증여로 인한 소유권 이전등기신청(구분건물)

<table>
<tr><td rowspan="2">접 수</td><td>년 월 일</td><td rowspan="2">처리인</td><td>등기관 확인</td><td>각종통지</td></tr>
<tr><td>제 호</td><td></td><td></td></tr>
</table>

<table>
<tr><td colspan="4">① 부동산의 표시</td></tr>
<tr><td colspan="4">1동의 건물의 표시
서울특별시 서초구 서초동 100, 101
샛별아파트 제가동
[도로명주소] 서울특별시 서초구 서초대로20길 76

전유부분의 건물의 표시
건물의 번호 303-12-1201
구 조 철근콘크리트조
면 적 제12층 제1201호 86.03㎡
대지권의 표시
대지권의 목적인 토지의 표시
1. 서울특별시 서초구 서초동 100 대 1,400㎡
2. 서울특별시 서초구 서초동 101 대 1,600㎡
대지권의 종류 1.2. 소유권대지권
대지권의 비율 3,000분의 50
- 이 상-</td></tr>
<tr><td colspan="2">② 등기원인과 그 연월일</td><td colspan="2">2025년 7월 30일 증여</td></tr>
<tr><td colspan="2">③ 등 기 의 목 적</td><td colspan="2">소유권이전</td></tr>
<tr><td colspan="2">④ 이 전 할 지 분</td><td colspan="2"></td></tr>
<tr><td>구 분</td><td>성 명
(상호·명칭)</td><td>주민등록번호
(등기용등록번호)</td><td>주 소(소 재 지)</td></tr>
<tr><td>⑤
등기
의무자</td><td>이 대 백</td><td>530320-1617312</td><td>서울특별시 서초구 서초동 200</td></tr>
<tr><td>⑥
등기
권리자</td><td>진주 유씨
반구당공파 종중
대표자 유명한</td><td>111137-1375222

330412-1011289</td><td>서울특별시 동작구 동작대로10길 746 (본동)
서울특별시 서초구 서초대로20길 176, 303동 1201호(서초동, 현대아파트)</td></tr>
</table>

⑦ 시가표준액 및 국민주택채권매입금액		
부동산 표시	부동산별 시가표준액	부동산별 국민주택채권매입총액
1. 공동주택	금 300,000,000 원	금 12,600,000 원
⑦ 국 민 주 택 채 권 매 입 총 액		금 12,600,000 원
⑦ 국 민 주 택 채 권 발 행 번 호		
⑧ 취득세 금 10,500,000원		⑧ 지 방 교 육 세 금 900,000 원
		⑧ 농어촌특별세 금 600,000 원
⑨ 세 액 합 계	금 12,000,000 원	
⑩ 등 기 신 청 수 수 료	금 15,000 원	
	납부번호:	

⑪ 등기의무자의 등기필정보		
부동산고유번호	1102-2006-002095	
성명(명칭)	일련번호	비밀번호
이 대 백	Q77C-L071-35J5	40-4636

⑬ 첨 부 서 면 (간인)

1. 증여계약서(검인) 1통 ⑭	1. 부동산등기용등록번호증명서 1통 ㉑
1. 취득세영수필확인서 1통 ⑮	1. 주민등록표등본·초본 2통 ㉒
1. 등기신청수수료영수필확인서 1통 ⑯	1. 토지대장등본(대지권등록부) 2통 ㉓
1. 인감증명, 본인서명사실확인서 또는 전자본인서명확인서발급증 3통 ⑰	1. 집합건축물대장등본(전유부) 1통 ㉔
	1. 등기필증 1통 ㉕
	1. 위임장 1통 ㉖
1. 정관이나 그 밖의 규약 1통 ⑱	1. 자필서명정보 1통 ㉗
1. 대표자(관리인)자격증명서 1통 ⑲	<기 타> ㉘
1. 법인 아닌 사단의 주소증명서 1통 ⑳	

2025년 8월 1일

⑫ 위 신청인

대리인 법무사 유 명 한 (직인) (전화: 599-0000)

서울특별시 서초구 서초대로100길 76 (서초동)

서울중앙지방법원 등기국 귀중

등기신청안내서 — 증여로 인한 소유권이전등기신청(구분건물)

1. 증여로 인한 소유권이전등기

부동산증여계약에 의하여 소유권을 이전하는 등기로, 이 신청에서는 수증자가 등기권리자, 증여자가 등기의무자이다.

2. 등기신청방법

증여계약서에 의한 등기신청인 경우에는 증여인과 수증자가 본인임을 확인할 수 있는 주민등록증 등을 가지고 직접 등기소에 출석하여 공동으로 신청함이 원칙이다. 사인증여(死因贈與)의 경우에는 증여자의 사망 후 등기권리자인 수증자가 등기의무자인 유언집행자(지정되지 않은 경우에는 상속인의 유언집행자)와 공동으로 등기신청을 하여야 한다(2009. 7. 9. 부동산등기과-1503 질의회답).

3. 등기소에 제공하여야 하는 신청정보

신청서는 한글과 아라비아 숫자로 기재한다. 부동산의 표시란이나 신청인란 등이 부족할 경우에는 별지를 사용하고, 별지를 포함하여 신청서가 여러 장인 때에는 각 장 사이에 간인을 하여야 한다.

① 부동산의 표시란

상속부동산을 기재하되, 등기부상 부동산의 표시와 일치하여야 한다. 만일 등기기록과 토지·건축물대장의 부동산표시가 다른 때에는 먼저 부동산표시변경(또는 경정) 등기를 하여야 한다.

㈎ 1동의 건물의 표시　　1동의 건물 전체의 소재·지번·종류와 구조 및 면적을 기재한다. 단, 1동의 건물의 번호를 기재할 때에는 건물의 표시에 관한 등기 또는 소유권보존의 등기를 신청하는 경우를 제외하고는 1동의 건물의 구조와 면적을 기재하지 아니한다(규칙 제43조 제1항 1. 다.).

㈏ 전유부분의 건물의 표시　　건물의 번호, 구조, 면적을 기재한다.

㈐ 대지권의 표시　　대지권의 목적인 토지의 표시, 대지권의 종류, 비율을 기재한다.

(i) 대지권의 목적인 토지의 표시는 토지의 소재와 지번, 지목, 면적을,

(ii) 대지권의 종류는 소유권, 지상권, 전세권, 임차권 등 권리의 종류에 따라 기재하며,

(iii) 대지권의 비율은 대지권의 목적인 토지에 대한 지분비율을 기재한다.

② 등기원인과 그 연월일란

등기원인은 '증여'로, 연월일은 증여계약서상 계약일을 기재한다. 다만 사인증여의 경우에는 등기원인은 '증여'로 등기원인일자는 '증여자의 사망일'을 기재한다.

③ 등기의 목적란

아래 예규를 참조하여 기재한다.

④ 이전할 지분란

구 분	소유권		공유지분	
	전부이전	일부이전	전부이전	일부이전
등기의 목적	'소유권이전'	'소유권 일부이전'	'ㅇ번 갑지분 전부이전'	'ㅇ번 갑지분 ㅇ분의 ㅇ중 일부(ㅇ분의ㅇ)이전'
이전할 지분	-	'ㅇ분의ㅇ'	'ㅇ분의ㅇ' (부동산 전체에 대한 지분을 기재한다. 다만 수인의 공유자로부터 지분 일부씩을 이전 받는 경우에는 이를 합산하여 기재한다)	

※ 근거 : 2010. 7. 9. 등기예규 제1313호

⑤ 등기의무자란

증여자의 성명, 주민등록번호, 주소를 기재하되, 등기부상 소유자 표시와 일치하여야 한다. 그러나 증여자가 법인인 경우에는 상호(명칭), 본점(주사무소 소재지), 등기용등록번호 및 대표기관(대표이사)의 성명, 주소를 기재하고, 법인 아닌 사단이나 재단인 경우에는 상호(명칭), 본점(주사무소 소재지), 등기용등록번호 및 대표자(관리인)의 성명, 주민등록번호, 주소를 각 기재한다.

사인증여의 경우에는 증여자의 성명·주민등록번호·주소를 기재하고 증여자의 상속인의 성명·주민등록번호·주소를 병기한다.

⑥ 등기권리자란

수증자가 법인 아닌 사단 또는 법인 아닌 재단인 경우에는 명칭, 부동산등기용등록번호, 사무소소재지를 기재하고, 그 등기신청은 대표자 또는 관리인이 하므로(부동산등기법 제26조) 대표자 또는 관리인의 성명, 주민등록번호, 주소를 병기한다.

⑦ **시가표준액 및 국민주택채권매입금액, 국민주택채권매입총액란**(본건의 경우 금 300,000,000원)

(가) 취득세납부서(OCR용지)에 기재된 시가표준액과 시가표준액의 일정비율에 해당하는 국민주택채권매입금액를 기재한다.

(나) 부동산이 2개 이상인 경우에는 각 부동산별로 시가표준액 및 국민주택채권매입금액을 기재한 다음 국민주택채권매입총액을 각 매수인별로 계산하여 기재하여야 한다. 국민주택채권발행번호를 해당란에 기재하여야 한다.

(다) 민법 제32조의 규정에 의하여 허가받은 종교단체와 그에 소속된 종교단체 및 관계법령에 의하여 시장·군수에게 등록된 종교단체 또는 사회복지사업법에 의한 사회복지법인이 종교용 또는 사회복지용 건축물을 건축하거나 당해 토지 또는 건축물의 소유권보존등기나 이전등기를 하는 때, 혹은 사립학교법의 규정에 의한 학교법인 또는 사립학교경영자가 교육용 토지 또는 건축물을 취득하여 소유권의 보존등기나 이전등기를 하는 때에는 국민주택채권매입의무가 면제된다(주택도시기금법시행령 제8조 별표 중 3. 나. 1). 국가, 지방자치단체, 정부투자기관관리기본법상의 정부투자기관, 지방공기업법의 적용을 받는 지방공기업, 한국자산관리공사도 국민주택채권매입의무가 면제된다.

'대한예수교장로회 교회'라는 명칭을 가진 교회가 대한예수교장로회(합동측) 총회에 소속되어 있음을 증명하는 서면과, 대한예수교장로회(합동측) 총회 및 동 총회에 소속된 교회의 전도사업 등을 위하여 필요한 자산의 관리·공급을 목적으로 하는 대한예수교장로회(합동측) 총회 유지재단이 '민법 제32조의 규정에 의하여 허가받은 종교단체임을 증명하는 서면'을 첨부하고, 당해 '부동산을 종교용으로 취득하는 것임을 소명'하여 위 교회 명의로의 소유권이전등기를 신청하는 경우에는 국민주택채권을 매입할 필요가 없다(1998. 7. 9. 등기선례 5-899).

(라) 본건과 같은 주택의 경우에는 개별주택공시가격을 기준으로 국민주택채권을 매입하여야 한다. 개별주택공시가격 300,000,000원으로 보면 42/1,000(서울)에 해당하는 국민주택채권을 매입하여야 한다(금 12,600,000원).

⑧ **취득세 · 지방교육세란 및 농어촌특별세란**

㉠ 부동산가액(300,000,000원)의 1,000분의 35에 해당하는 취득세를 납부한다(300,000,000 × 35/1,000 = 10,500,000원. 지방세법 제11조 제1항 제2호). ㉡ 취득물건에 대하여 지방세법 제10조의 과세표준에 제11조 제1항 제1호부터 제7호까지의 세율에서 1천분의 20을 뺀 세율을 적용하여 산출한 금액의 100분의 20의 지방교육세를 납부한다

(300,000,000 × (35/1,000 - 20/1,000) × 20/100 = 900,000원. 지방세법 제151조 제1항), ㉢ 지방세법 제11조 및 제12조의 표준세율을 1,000분의 20으로 적용하여 100분의 10에 해당하는 농어촌특별세를 납부한다(300,000,000 × 20/1,000 × 10/100 = 600,000원. 농어촌특별세법 제5조 제1항).

취득세	지방교육세	농어촌특별세
35/1,000	(35/1,000 - 20/1,000) x 20/100	20/1,000 x 10/100
지방세법 제11조 제1항 제2호	지방세법 제151조 제1항	농어촌특별세법 제5조 제1항

지방세법시행령 제22조상의 비영리사업자는 다음과 같다.

1. 종교 및 제사를 목적으로 하는 단체
2. 「초·중등교육법」 및 「고등교육법」에 따른 학교, 「경제자유구역 및 제주 국제자유도시의 외국교육기관 설립·운영에 관한 특별법」 또는 「기업도시개발특별법」에 따른 외국교육기관을 경영하는 자 및 「평생교육법」에 의한 교육시설을 운영하는 평생교육단체
3. 「사회복지사업법」의 규정에 의하여 설립된 사회복지법인
4. 「지방세특례제한법」 제22조 제1항에 따른 사회복지법인 등
5. 「정당법」에 따라 설립된 정당

⑨ 세액합계란

취득세, 농어촌특별세, 지방교육세액의 합계를 기재한다.

⑩ 등기신청수수료란

소유권이전등기를 신청하는 자는 등기신청수수료를 내야 하므로(법 제22조 제3항), 부동산 1개당 15,000원(전자표준양식에 의한 등기신청의 경우에는 13,000원, 전자신청의 경우에는 10,000원)에 해당하는 등기신청수수료를 납부하고 그 등기신청수수료금액 및 납부번호를 신청서에 기재한다(등기예규 제1789호).

⑪ 등기의무자의 등기필정보란

전자신청 지정등기소에서는 신청방법(전자신청, 서면신청)을 불문하고 등기를 완료한 경우 등기필증 대신 등기필정보를 전자적 교부 또는 서면 교부하기 때문에, 등기신청의 당사자 또는 대리인은 등기필정보 상의 일련번호와 비밀번호를 기재함으로써 등기필증의 제출을 갈음할 수 있다. 등기의무자가 교부받은 등기필정보에 기재된 부동산

고유번호, 성명, 일련번호, 비밀번호를 각 기재한다. 등기의무자에게 등기필정보나 등기필증이 없는 경우에는 부동산등기법 제51조의 규정에 의한다(기타 참조).

⑫ 신청인 혹은 대리인의 표시란

㈎ 등기의무자와 등기권리자의 성명 및 전화번호를 기재하고, 각자가 기명날인하되 등기의무자는 그의 인감을 날인한다. 등기권리자는 기명날인 대신에 서명으로 갈음할 수 있다. 한편 신청인이 법인 또는 법인 아닌 사단이나 재단인 경우에는 상호(명칭)와 대표자(관리인)의 자격 및 성명을 기재하되, 법인이 등기의무자인 때에는 등기소의 증명을 얻은 그 대표자의 인감, 법인 아닌 사단이나 재단인 경우에는 대표자(관리인)의 개인인감을 날인한다.

㈏ 대리인이 등기신청을 하는 경우에는 그 대리인의 성명, 주소 및 전화번호를 기재하고 기명날인한다.

⑬ 첨부서면란

등기신청서에 첨부한 서면을 각 기재한다.

4. 등기소에 제공하여야 하는 첨부정보

⑭ 증여계약서

증여계약서에는 부동산소재지를 관할하는 시장, 구청장, 군수로부터 검인을 받아야 한다. 증여계약은 무상계약으로서 소유권이전에 대한 대가액이 없어 인지세법상의 기재금액이 없다고 할 것이므로, 증여계약서에는 인지세법이 정하는 인지를 붙이지 않아도 된다(규칙 제46조 제1항 제1호).

⑮ 취득세영수필확인서 또는 취득세납부확인서

시장, 구청장, 군수 등으로부터 취득세납부서(OCR용지)를 발급받아 세금을 납부한 후 취득세영수필확인서를 신청서의 취득세액표시란의 좌측상단 여백에 첨부하거나, 또는 지방세인터넷납부시스템에서 출력한 취득세납부확인서를 첨부정보로서 등기소에 제공하여야 한다(지방세법시행령 제36조 제1항).

⑯ 등기신청수수료영수필확인서

소유권이전등기를 신청하는 자는 등기신청수수료를 내야 하므로(법 제22조 제3항), 부동산 1개당 15,000원(전자표준양식에 의한 등기신청의 경우에는 13,000원, 전자신청의 경우에는 10,000원)에 해당하는 등기신청수수료를 납부하고 등기신청수수료영수필확인서를 첨부한다(등기예규 제1789호).

⑰ **인감증명, 본인서명사실확인서 또는 전자본인서명확인서 발급증**

소유권의 등기명의인이 등기의무자에 해당하므로 등기의무자의 인감증명을 첨부하여야 하나 그것이 부동산매도용일 필요는 없다(규칙 제60조 제1항 제1호). 규칙 제60조에 의하여 인감증명을 첨부하여야 하는 등기신청인 경우에는 법인의 경우에는 등기소의 증명을 얻은 대표자의 인감증명을, 법인 아닌 사단 또는 재단의 경우에는 대표자 또는 관리인의 인감증명을 첨부한다.

위 인감증명에 갈음하여 위임장 등에 서명을 하고 본인서명사실확인서를 첨부하거나 전자본인서명확인서 발급증을 첨부할 수 있다(부동산등기규칙 제60조의2).

⑱ **정관이나 그 밖의 규약**

종중 · 문중 기타 대표자나 관리인이 있는 법인 아닌 사단 또는 재단에 속하는 부동산에 관한 등기신청서에는 정관이나 그 밖의 규약을 제출하여야 한다(규칙 제48조 제1호).

⑲ **대표자나 관리인임을 증명하는 정보**

종중·문중 기타 대표자나 관리인이 있는 법인 아닌 사단 또는 재단에 속하는 부동산에 관한 등기신청서에는 대표자 또는 관리인임을 증명하는 서면을 제출하여야 한다(규칙 제48조 제2호).

위 서면에는 그 사실을 확인하는 데 상당하다고 인정되는 2인 이상의 성년자가 사실과 상위 없다는 취지와 성명을 기재하고 인감을 날인하여야 하며, 날인한 인감에 관한 인감증명을 제출하여야 한다. 다만 변호사 또는 법무사가 등기신청을 대리하는 경우에는 변호사 또는 법무사가 위 각 서면에 사실과 상위 없다는 취지를 기재하고 기명날인함으로써 이에 갈음할 수 있다(2017. 4. 12. 등기예규 제1621호).

> ㈀ 법인 아닌 사단이 등기를 신청하는 경우 그 대표자 또는 관리인을 증명하는 서면 등에 성년자 2인 이상의 인감을 날인하도록 한 취지는, 그 서면에 기재된 내용이 사실이며 등기신청을 하는 현재 시점에도 여전히 유효하다는 점을 보증하도록 하고자 하는 것인바, 비록 그 서면이 결의서로써 결의서 작성 당시 인감이 날인되어 있다고 하더라도 이는 그 결의 당시의 사실을 확인하는 의미만 있을 뿐, 그러한 사실이 현재 등기신청하는 시점까지 유효하다는 점을 보증하도록 하고자 하는 것인바, 비록 그 서면이 결의서로써 결의서 작성 당시 인감이 날인되어 있다고 하더라도 이는 그 결의 당시의 사실을 확인하는 의미만 있을 뿐, 그러한 사실이 현재 등기신청하는 시점까지 유효하다는 의미까지 포함될 수는 없는 것이다.
>
> ㈁ 따라서 비록 대표자 또는 관리인을 증명하는 서면 등이 결의서로써 그 결의서 작성 당시에 인감이 날인되어 있다고 하더라도, 이와는 별도로 2인 이상의 성년자(결의서 작성 당시에 날인한 자와 동일인이더라도 무방함)가 사실과 상위함이 없다는 취지와 성명을 기재하고 인감을 날인하여야 할 것이다(2007. 9. 19. 등기선례 8-23).

⑳ **법인 아닌 사단의 주소를 증명하는 서면**

등기권리자인 종중의 주소를 증명하는 서면으로는 종중의 정관이나 그 밖의 규약 또는 회의록 등을 제출한다(규칙 제46조 제1항 제6호).

㉑ **부동산등기용등록번호증명서**

법인 아닌 사단이나 재단이 등기권리자인 경우에는 시장, 군수, 또는 구청장으로부터 부동산등기용등록번호를 부여받아 부동산등기용등록번호증명서를 첨부하여야 한다(규칙 제46조 제1항 제6호).

㉒ **주민등록표등본 · 초본**

등기의무자의 주소를 증명하는 서면으로 등기의무자의 주민등록표등본 · 초본을 제출하고(규칙 제46조 제1항 제6호), 등기권리자인 종중 대표자의 주소 및 주민등록번호를 증명하는 서면으로 종중 대표자의 주민등록표등본 · 초본을 제출한다(규칙 제48조 제4호).

㉓ **토지대장등본**

토지에 대한 소유권이전등기이므로 부동산의 표시를 증명하는 토지대장정보를 첨부정보로서 등기소에 제공하여야 한다(규칙 제46조 제1항 제7호).

㉔ **건축물대장등본**

건물에 대한 소유권이전등기이므로 부동산의 표시를 증명하는 건축물대장정보를 첨부정보로서 등기소에 제공하여야 한다(규칙 제46조 제1항 제7호).

㉕ **등기필증**

등기의무자가 등기필정보를 가지고 있는 경우에는 등기의무자의 등기필정보를 신청정보의 내용으로 등기소에 제공하여야 하지만(법 제50조 제2항), 등기의무자가 구 부동산등기법 제67조 제1항에 따른 등기필증이나 구법 제68조 제1항에 따른 등기완료통지서를 가지고 있는 경우에는 등기의무자가 가지고 있는 그 등기필증 혹은 등기완료통지서를 제출하여야 한다(법 부칙 제2조). 등기의무자에게 등기필정보 · 등기필증 · 등기완료통지서가 없는 경우에는 법무사 등이 등기의무자 본인임을 확인한 확인서면 등을 제출한다. 자세한 방법은 기타 부분을 참조한다(법 제51조, 기타 참조).

㉖ **위임장**

등기신청을 법무사 등 대리인에게 위임하는 경우에 첨부한다(규칙 제46조 제1항 제5호). 위임인의 성명과 주소를 기재하고 인장을 날인하되 규칙 제60조 제1항 제1호~제3호에 해당하여 인감증명을 제출하여야 하는 자는 위임장에 인감을 날인하여야 하나, 위 규칙 제60조 제1항 제1호~제3호에 해당하지 않는 자는 인감날인 대신에 일반적인 기명날인 혹은 서명으로 갈음할 수 있다. 위임인이 법인이나 법인 아닌 사단 또는 재단인 경우에는 상호(명칭)와 대표자(관리인)의 자격, 성명 및 주소도 기재하여야 한다.

㉗ 자격자대리인의 확인 및 자필서명정보

등기의무자와 등기권리자가 공동으로 신청하는 권리에 관한 등기이므로 자격자대리인이 등기의무자를 확인하고 자필서명한 정보를 첨부정보로 제공하여야 한다(규칙 제46조 제1항, 제8호, 2022. 7. 1.부터).

㉘-1 기타 — 신청인이 법인인 경우

신청인이 법인인 경우에는 대표자의 자격을 증명하는 서면으로 법인등기사항전부증명서 또는 법인등기사항일부증명서를 첨부하여야 한다(규칙 제46조 제1항 제4호). 이 경우의 위 법인등기사항증명서는 소유자의 주소를 증명하는 서면, 부동산등기용등록번호를 증명하는 서면이기도 하다(규칙 제46조 제1항 제6호). 다만 법인등기가 되어 있는 등기소와 부동산소재지 관할 등기소가 동일한 경우에는 위 법인등기사항증명서를 제출할 필요가 없다(규칙 제46조 제5항).

㉘-2 기타 — 제3자의 허가, 동의 또는 승낙을 증명하는 서면

제3자의 동의, 허가 또는 승낙을 증명하는 서면, 즉 부동산이 농지인 경우에는 농지취득자격증명(시 · 읍 · 면사무소 발급) 등을 첨부하여야 한다(규칙 제46조 제1항 제2호). 다만 부동산거래신고법상의 토지거래허가지역인 경우에도 증여를 원인으로 한 소유권이전등기의 경우에는 토지거래허가서를 첨부할 것이 아니다. 토지거래허가제도는 유상계약의 경우에만 적용되기 때문이다.

㉘-3 기타 · 등기의무자의 등기필정보(등기필증, 등기완료통지서)가 없는 경우

등기의무자의 등기필정보(등기필증, 등기완료통지서)가 없을 때에는 ① 등기의무자 또는 그 법정대리인(이하 "등기의무자등"이라 한다)이 등기소에 출석하여 등기관으로부터 등기의무자등임을 확인받는 방법 ② 등기신청인의 대리인(변호사나 법무사만을 말한다)이 등기의무자등으로부터 위임받았음을 확인하여 확인서면을 제출하는 방법 ③ 신청서(위임에 의한 대리인이 신청하는 경우에는 그 권한을 증명하는 서면을 말한다) 중 등기의무자등의 작성부분에 관하여 공증을 받아 제출하는 방법으로 등기신청을 하여야 한다.

위 '공증'은 신청서나 위임장에 기재된 내용 중 등기의무자등의 작성부분(기명날인 등)에 대해 공증인이 등기의무자등의 의사에 의해 작성된 것임을 확인하고 그 증명을 하여 주는 사서증서의 인증을 의미한다(등기필정보가 없는 경우 확인조서 등에 관한 예규, 2018. 12. 18. 등기예규 제1664호, 시행 2019. 1. 1.)(법 제51조; 규칙 제111조 참조).

5. 등기신청서류 편철순서

신청서, 취득세영수필확인서, 등기신청수수료영수필확인서, 위임장, 자필서명정보, 인감증명서, 정관, 대표자증명서면, 법인 아닌 사단의 주소증명서면, 부동산등기용등록번호증명서면, 주민등록표등본 · 초본, 대장등본, 검인계약서, 등기필증 등의 순으로 편철하는 것이 실무상의 예이다.

6. 등기기록례

[갑 구]		(소유권에 관한 사항)		(No.251)
순위번호	등기목적	접 수	등기원인	권리자 및 기타 사항
2	소유권이전	1998년 3월 11일 제3320호	1998년 2월 10일 매매	소유자 이대백 530320-1617312 서울 서초구 서초동 200
3	소유권이전	2025년 8월 1일 제7890호	2025년 7월 30일 증여	소유자 진주유씨 반구당공파종중 111137-1375222 서울특별시 동작구 동작대로 10길 746 (본동) 대표자 유명한 330412-1011289 서울특별시 서초구 서초대로 20, 303동 1201호(서초동, 현대아파트)

5. 소유권이전등기 — (6) 유증으로 인한 소유권이전등기신청

유증으로 인한
소유권이전등기신청

접 수	년 월 일	처리인	등기관 확인	각종통지
	제 호			

① 부동산의 표시				
서울특별시 서초구 서초동 100 전 300㎡ 이 상				
② 등기원인과 그 연월일	2025년 4월 13일 유증			
③ 등 기 의 목 적	소유권이전			
④ 이 전 할 지 분				
구 분	성 명 (상호 · 명칭)	주민등록번호 (등기용등록번호)	주 소(소 재 지)	지분 (개인별)
⑤ 등기 의무자	망 이도령 유언집행자 이 태 만	330320-1617312	서울특별시 서초구 서초동 200 서울특별시 관악구 관악대로 9 (봉천동)	
⑥ 등기 권리자	이 대 백	680412-1011289	서울특별시 노원구 동일로24길 9, 101동 304호 (상계동, 수락현대아파트)	

⑦ 시가표준액 및 국민주택채권매입금액		
부동산 표시	부동산별 시가표준액	부동산별 국민주택채권매입총액
1. 토지	금 300,000,000 원	금 12,600,000 원
⑦ 국 민 주 택 채 권 매 입 총 액		금 12,600,000 원
⑦ 국 민 주 택 채 권 발 행 번 호		
⑧ 취득세 금 10,500,000원		⑧ 지 방 교 육 세 금 900,000 원
		⑧ 농어촌특별세 금 600,000 원
⑨ 세 액 합 계	금 12,000,000 원	
⑩ 등 기 신 청 수 수 료	금 15,000 원	
	납부번호	

⑪ 등기의무자의 등기필정보		
부동산고유번호	1102-2021-002095	
성명(명칭)	일련번호	비밀번호
이 도 령	Q77C-L071-35J5	40-4636

⑬ 첨 부 서 면 (간인)	
1. 유언증서 1통 ⑭	1. 등기신청수수료영수필확인서 1통 ⑳
1. 유언검인증서등본 1통 ⑮	1. 주민등록표등본·초본 3통 ㉑
1. 유언집행자의 자격증명서면 1통 ⑯	1. 토지대장등본 1통 ㉒
1. 인감증명 또는 본인서명사실확인서 또는 전자본인서명확인서발급증 1통 ⑰	1. 등기필증 1통 ㉓
	1. 위임장 1통 ㉔
	1. 자필서명정보 1통 ㉕
1. 기본증명서(상세증명서), 제적등본 각 1통 ⑱	<기 타> 1통 ㉖
1. 취득세영수필확인서 1통 ⑲	

2025년 8월 1일

⑫ 위 신청인

대리인 법무사 유 명 한 직인 (전화: 599-0000)

서울특별시 서초구 서초대로100길 36 (서초동)

서울중앙지방법원 등기국 귀중

등기신청안내서 — 유증으로 인한 소유권이전등기신청

1. 유증으로 인한 소유권이전등기

유증이라 함은 유언에 의하여 유언자가 무상으로 재산을 수증자에게 증여하는 상대방없는 단독행위이다(이와 비교해서 사인증여는 계약이다). 유증은 수증자의 승낙을 요하지 아니하고 유언자의 사망시에 효력이 생기는 것이 원칙이다. 유증에는 포괄유증(재산의 전부 또는 그 비율적 일부의 유증)과 특정적 유증(특정재산의 유증)이 있는바, 특정적 유증을 받은 자는 증여계약에 있어서 수증자와 동일한 지위를 갖는다. 따라서 특정적 유증을 받은 사람은 유증받은 재산을 유언자 사망시에 취득하는 것이 아니고, 유증을 받은 사람이 현실적으로 소유권이전등기를 경료한 때에 비로소 소유권을 취득한다. 본 신청서는 상속인 중 1인에게 특정적 유증을 한 경우를 예상한 것이다.

2. 등기신청방법

(1) **공동신청**

등기원인이 유증인 때에는 포괄유증이든 특정적 유증이든 수증자가 등기권리자 유언집행자 또는 상속인이 등기의무자로서 공동으로 등기를 신청하여야 한다.

유언집행자는 유언자의 유언에 의하여 지정할 수 있고(민법 제1093조), 유언자가 유언집행자의 지정을 제3자에게 위탁하여 지정할 수도 있다(민법 제1094조). 그러나 위 지정된 유언집행자가 없는 때에는 상속인이 유언집행자가 되고(민법 제1095조), 유언집행자가 없거나 사망, 결격 기타 사유로 인하여 없게 된 때에는 이해관계인의 청구에 의하여 가정법원이 유언집행자를 선임한다(민법 제1096조).

무능력자 또는 파산자가 아닌 한 유언집행자의 자격에 특별한 제한이 없으므로 수증자도 유언집행자가 될 수 있는 것이며, 이와 같이 수증자와 유언집행자가 동일인인 경우에도 그 자격을 달리하는 것이므로 등기신청서에 등기의무자 망○○○, 위 유언집행자○○○, 등기권리자○○○로 표시하는 방법으로 소유권이전등기를 신청할 수 있다(1998. 3. 24. 등기선례 5-327).

수증자가 수인인 포괄유증의 경우에는 수증자 전원이 공동으로 신청하거나 각자가 자기지분만에 대하여 신청할 수 있다(물론 이 경우에도 등기의무자인 유언집행자와 공동으로 그 등기를 신청하여야 한다).

유증자가 유언집행자를 지정하지도 않고 그 지정을 제3자에게 위탁하지도 않아 민법 제1095조의 규정에 의하여 상속인이 유언집행자가 되었을 경우, 민법 제1102조 공동 유언집행자에 관한 규정에 의하여 과반수 이상의 상속인들이 소유권이전등기절차에 협력한다면, 동 등기절차에 협력하지 아니한 일부 상속인들에 대하여 별도로 소유권이전등기절차의 이행을 명하는 판결을 받지 않아도 수증자 명의의 소유권이전등기를 신청할 수 있을 것이다(1998. 5. 28. 등기선례 5-329). 따라서 민법 제1095조의 규정에 의하여 6명의 상속인들이 공동유언집행자가 되었으나 그 중 1명은 유언집행에 반대하고 다른 1명은 소재불명인 경우, 나머지 4명의 공동유언집행자들이 공동유언집행자 전원을 등기의무자로 하되 그들 4명의 인감증명만을 첨부하여(그들 4명이 유언집행에 찬성한다는 취지의 서면을 별도로 첨부할 수도 있을 것이나 반드시 요구되는 것은 아니라고 여겨짐) 유증을 원인으로 하는 소유권이전등기를 경료받을 수 있다(1998. 9. 16. 등기선례 5-334).

유증으로 인한 소유권이전등기는 포괄유증이든 특정유증이든 모두 상속등기를 거치지 않고 유증자로부터 직접 수증자 명의로 등기를 신청하여야 한다. 그러나 유증으로 인한 소유권이전등기 전에 상속등기가 이미 경료된 경우에는 상속등기를 말소함이 없이 상속인으로부터 유증으로 인한 소유권이전등기를 신청할 수 있다.

최근 등기선례

유증을 원인으로 한 소유권이전등기 전에 상속등기가 이미 마쳐진 경우 소유권이전등기의 신청방법

1. 유언집행자가 여럿인 경우(유언집행자의 지정이 없어서 여러 명의 상속인들이 유언집행자가 된 경우를 포함한다)에는 그 과반수 이상이 수증자 명의의 소유권이전등기절차에 동의하면 그 등기를 신청할 수 있으며(등기예규 제1512호 2. 나. (2)), 유증을 원인으로 한 소유권이전등기 전에 상속등기가 이미 마쳐진 경우에도 상속등기를 말소하지 않고 상속인으로부터 수증자에게로 유증을 원인으로 한 소유권이전등기를 신청할 수 있다(등기예규 제1512호 3. (1)).

2. 따라서, 망 甲의 채권자인 A의 대위신청에 의하여 乙, 丙, 丁을 등기명의인으로 하는 상속으로 인한 소유권이전등기가 마쳐진 경우에는 상속등기를 말소하지 않은 채로 상속인으로부터 수증자에게로 유증을 원인으로 한 소유권이전등기를 신청할 수 있고, 만일 과반수 이상(乙, 丙)이 수증자 명의의 소유권이전등기절차에 동의하는 경우에는 등기신청서의 등기의무자란에는 "乙, 丙, 丁, 유증자 망 甲의 유언집행자 乙, 丙"을 표시하고 각 그들의 주소 등을 기재하면 될 것이다(2022. 03. 17. 부동산등기과-750 질의회답)

⑵ **단독신청**

판결에 의한 등기신청인 경우에는 승소한 등기권리자 또는 등기의무자가 단독으로 신청할 수 있다. 지정 유언집행자가 장기간 행방불명되어 그 직무를 수행할 수 없다면 상속인 기타 이해관계인이 가정법원에 유언집행자의 해임심판을 청구하여 해임심판이 확정된 후 상속인들이 유언집행자가 되어 유증으로 인한 소유권이전등기를 신청하거나, 가정법원으로부터 새로운 유언집행자를 선임받아 위 등기를 신청하여야 한다(1997. 1. 8. 등기선례 5-279).

⑶ **대리인에 의한 신청**

등기신청은 반드시 신청인 본인이 하여야 하는 것은 아니고 대리인이 하여도 된다. 등기권리자 또는 등기의무자 일방이 상대방의 대리인이 되거나 쌍방이 제3자에게 위임하여 등기신청을 할 수 있으나, 변호사 또는 법무사가 아닌 자는 신청서의 작성이나 그 서류의 제출대행을 업(業)으로 할 수 없다.

3. 등기소에 제공하여야 하는 신청정보

신청서는 한글과 아라비아 숫자로 기재한다. 부동산의 표시란이나 신청인란 등이 부족할 경우에는 별지를 사용하고, 별지를 포함하여 신청서가 여러 장인 때에는 각 장 사이에 간인을 하여야 한다.

① **부동산의 표시란**

유증 목적물을 기재하되, 등기기록상 부동산의 표시와 일치하여야 한다. 부동산이 토지인 경우에는 토지의 소재와 지번, 지목, 면적을 기재하고, 건물인 경우에는 건물의 소재와 지번, 구조, 종류, 면적, 건물의 번호가 있는 때에는 그 번호, 부속건물이 있는 때에는 그 구조, 종류와 면적을 기재하면 된다. 만일 등기기록과 토지 · 건축물대장의 부동산표시가 다른 때에는 먼저 부동산표시변경(또는 경정)등기를 하여야 한다.

② **등기원인과 그 연월일란**

등기원인은 '유증'으로, 연월일은 유언자가 사망한 날을 기재한다(유증을 한 날을 기재하는 것이 아니다). 다만 유증에 조건 또는 기한이 붙은 경우에는 그 조건이 성취된 날 또는 기한이 도래한 날을 기재한다.

③ **등기의 목적란**

아래 예규를 참조하여 기재한다.

④ **이전할 지분란**

구 분	소유권		공유지분	
	전부이전	일부이전	전부이전	일부이전
등기의 목적	'소유권이전'	'소유권 일부이전'	'○번 갑지분 전부이전'	'○번 갑지분 ○분의 ○중 일부(○분의○)이전'
이전할 지분	-	'○분의○'	'○분의○' (부동산 전체에 대한 지분을 기재한다. 다만 수인의 공유자로부터 지분 일부씩을 이전 받는 경우에는 이를 합산하여 기재한다)	

※ 근거: 2010. 7. 9. 등기예규 제1313호

⑤ **등기의무자란**

유증자의 성명, 주민등록번호, 주소를 기재하되, 이는 등기기록상 소유자 표시와 일치하여야 한다. 다만 등기의무자는 유언집행자이므로 유언집행자의 성명과 주소를 등기신청서에 기재한다. 유언집행자의 주민등록번호를 기재할 필요는 없다.

⑥ **등기권리자란**

수증자를 기재하는 란으로, 그 기재방법은 등기의무자란과 같다.

⑦ **시가표준액 및 국민주택채권매입금액, 국민주택채권매입총액란**

㈎ 취득세납부서(OCR용지)에 기재된 시가표준액(본 건의 경우 금300,000,000원)과 시가표준액의 일정비율에 해당하는 국민주택채권매입금액를 기재한다.

㈏ 부동산이 2개 이상인 경우에는 각 부동산별로 시가표준액 및 국민주택채권매입금액을 기재한 다음 국민주택채권 매입총액을 기재하여야 한다. 또한 국민주택채권발행번호를 해당란에 기재하여야 한다.

⑧ **취득세 · 농어촌특별세 · 지방교육세란**

㈎ ㉠ 유증을 원인으로 소유권이전등기를 신청하는 경우에는 부동산가액(300,000,000원)의 1,000분의 35에 해당하는 취득세를 납부한다(300,000,000 × 35/1,000 = 10,500,000원. 지방세법 제11조 제1항 제2호). ㉡ 취득물건에 대하여 지방세법 제10조의 과세표준에 제11조 제1항 제1호부터 제7호까지의 세율에서 1천분의 20을 뺀 세율을 적용하여 산출한 금액의 100분의 20의 지방교육세를 납부한다(300,000,000 × (35/1,000 - 20/1,000) × 20/100 = 900,000원. 지방세법 제151조 제1항), ㉢ 지방세법 제11조 및 제12조의 표준세율을 1,000분의 20으로 적용하여 100분의 10에 해당하는 농어촌특별세를 납부한다(300,000,000 × 20/1,000 × 10/100 = 600,000원. 농어촌특별세법 제5조 제1항).

취득세	지방교육세	농어촌특별세
35/1,000	(35/1,000 - 20/1,000) x 20/100	20/1,000 x 10/100
지방세법 제11조 제1항 제2호	지방세법 제151조 제1항	농어촌특별세법 제5조 제1항

(나) 다만, 상속인에 대한 특정적 유증은 상속의 한 방법으로 본다. 따라서 이 경우에는 무상취득에 해당하는 취득세(지방세법 제11조 제1항 제2호)를 납부하는 것이 아니라 상속에 해당하는 취득세(지방세법 제11조 제1항 제1호)를 납부한다. 상속인 이외의 자에 대한 특정적 유증의 경우에는 무상취득에 해당하는 취득세를 납부한다.

⑨ 세액합계란

취득세액, 농어촌특별세액, 지방교육세액의 합계를 기재한다.

⑩ 등기신청수수료란

소유권이전등기를 신청하는 자는 등기신청수수료를 내야 하므로(법 제22조 제3항), 부동산 1개당 15,000원(전자표준양식에 의한 등기신청의 경우에는 13,000원, 전자신청의 경우에는 10,000원)에 해당하는 등기신청수수료를 납부하고 그 등기신청수수료금액 및 납부번호를 신청서에 기재한다(등기예규 제1789호).

⑪ 등기의무자의 등기필정보란

전자신청 지정등기소에서는 신청방법(전자신청, 서면신청)을 불문하고 등기를 완료한 경우 등기필증 대신 등기필정보를 전자적 교부 또는 서면 교부하기 때문에, 등기신청의 당사자 또는 대리인은 등기필정보 상의 일련번호와 비밀번호를 기재함으로써 등기필증의 제출을 갈음할 수 있다. 등기의무자가 교부받은 등기필정보에 기재된 부동산고유번호, 성명, 일련번호, 비밀번호를 각 기재한다. 등기의무자에게 등기필정보나 등기필증이 없는 경우에는 부동산등기법 제51조의 규정에 의한다(기타 참조).

최근 등기선례

유언집행자가 여럿인 경우 등기소에 제공하여야 하는 확인정보

1. 유증을 등기원인으로 하여 소유권이전등기를 신청하는 경우, 유언집행자(지정되지 않은 경우에는 상속인이 유언집행자)가 여럿인 경우에는 그 과반수 이상이 수증자 명의의 소유권이전등기절차에 동의하면 그 등기를 신청할 수 있으며(「민법」 제1102조, 등기예규 제1512호 2. 나., 등기선례 5-329), 이 경우 유증자의 등기필정보를 신청정보의 내용으로 등기소에 제공하여야 한다(「부동산등기법」 제50조 제2항, 등기예규 제1512호 4. 나.).

2. 멸실 등의 사유로 이러한 등기필정보를 제공할 수 없는 경우, 그 등기신청을 위임받은 자격자 대리인은 신청서에 등기의무자로 기재된 유언집행자로부터 등기신청을 위임받았음을 확인하고 그 확인한 사실을 증명하는 정보(확인서면 등의 확인정보)를 첨부정보로서 등기소에 제공할 수 있으며(「부동산등기법」 제51조, 「부동산등기규칙」 제111조), 만일 유언집행자 전원(A, B, C, D, E) 중 과반수인 3인(A, B, C)이 소유권이전등기를 신청하는 경우 신청서에 첨부된 확인정보는 유언집행자의 과반수 이상(A, B, C)의 것이면 충분하고 반드시 유언집행자 전원(A, B, C, D, E)의 것이 첨부될 필요는 없다(등기선례 5-334 참고)(2022. 02. 23. 부동산등기과-544 질의회답).

⑫ 신청인 혹은 대리인의 표시란

(가) 등기의무자와 등기권리자의 성명 및 전화번호를 기재하고, 각자가 기명날인하되 등기의무자는 그의 인감을 날인한다. 등기권리자는 기명날인 대신에 서명으로 갈음할 수 있다. 한편 신청인이 법인 또는 법인 아닌 사단이나 재단인 경우에는 상호(명칭)와 대표자(관리인)의 자격 및 성명을 기재하되, 법인이 등기의무자인 때에는 등기소의 증명을 얻은 그 대표자의 인감, 법인 아닌 사단이나 재단인 경우에는 대표자(관리인)의 개인인감을 날인한다.

(나) 대리인이 등기신청을 하는 경우에는 그 대리인의 성명, 주소 및 전화번호를 기재하고 기명날인한다.

⑬ 첨부서면란

등기신청서에 첨부한 서면을 각 기재한다.

4. 등기소에 제공하여야 하는 첨부정보

⑭ 유언증서

등기원인을 증명하는 서면으로 유언증서를 제출한다. 민법 제1066조의 요건을 구비하지 못한 자필증서(작성년월일, 주소, 성명, 날인의 누락)를 첨부하여 유증을 원인으로 하는 소유권이전등기를 경료받을 수는 없다(1998. 9. 16. 등기선례 5-334).

⑮ 유언검인조서

(가) 유언증서가 자필증서, 녹음, 비밀증서에 의한 경우에는 유언검인조서등본(민법 제1091조 제1항)을, 구수증서에 의한 경우에는 검인신청에 대한 심판서등본(민법 제1070조 제2항)을, 유증에 정지조건 등이 붙은 경우에는 그 조건성취를 증명하는 서면을 각 첨부하여야 한다. 공정증서에 의한 유언의 경우에는 검인을 받을 필요가 없다.

(나) 유언증서에 가정법원의 검인이 되어 있는 경우에도 등기관은 그 유언증서가 적

법한 요건을 갖추지 아니한 경우에는 그 등기신청을 수리하지 아니한다.

㈐ 검인기일에 출석한 상속인들이 "유언자의 자필이 아니고 날인도 유언자의 사용인이 아니라고 생각한다"는 등의 다툼 있는 사실이 기재되어 있는 검인조서를 첨부한 경우에는 유언 내용에 따른 등기신청에 이의가 없다는 위 상속인들의 진술서(인감증명서 첨부) 또는 위 상속인들을 상대로 한 유언유효확인의 소나 수증자 지위 확인의 소의 승소 확정판결문을 첨부하여야 한다(2014.04.09. 등기예규 제1512호)(규칙 제46①1호 또는 5호).

⑯ 유언집행자의 자격을 증명하는 서면

㈎ 유언집행자의 자격을 증명하는 서면으로, 유언집행자가 유언으로 지정된 경우(민법 제1093조)에는 유언증서, 유언에 의해 유언집행자의 지정을 제3자에게 위탁한 경우(민법 제1093조)에는 유언증서 및 제3자의 지정서(그 제3자의 인감증명 첨부), 가정법원에 의해 선임된 경우(민법 제1096조)에는 유언증서 및 심판서를 각 제출하여야 한다.

㈏ 유언자의 상속인이 유언집행자인 경우(민법 제1095조)에는 상속인임을 증명하는 서면을 첨부하여야 한다.

㈐ 민법 제1095조(지정유언집행자가 없는 경우) 전2조(유언집행자의 지정, 위탁에 의한 유언집행자의 지정)의 규정에 의하여 지정된 유언집행자가 없는 때에는 상속인이 유언집행자가 된다.

㈑ 민법 제1096조(법원에 의한 유언집행자의 선임) ① 유언집행자가 없거나 사망, 결격 기타 사유로 인하여 없게 된 때에는 법원은 이해관계인의 청구에 의하여 유언집행자를 선임하여야 한다. ② 법원이 유언집행자를 선임한 경우에는 그 임무에 관하여 필요한 처분을 명할 수 있다.

유언자가 유언집행자를 지정하고 사망한 경우에는 유언자의 사망으로 유언의 효력이 이미 발생하였으므로, 유언자의 사망 이후 그 유언집행자가 사망·결격 기타 사유로 자격을 상실하였다고 하더라도 상속인은 민법 제1095조에 의한 유언집행자가 될 수 없으므로, 이 경우 수증인은 법원으로부터 새로운 유언집행자를 선임받아 유증을 원인으로 한 소유권이전등기를 신청할 수 있다(민법 제1096조 참조).

반면에 유언집행자가 유언자의 사망 이전에 사망한 경우에는 민법 제1089조 제1항과 제2항, 1090조 본문과 단서 등을 유추 적용하여 유언집행자의 지정에 관한 유언의 효력이 발생하지 않으므로 민법 제1095조에 따라 상속인이 유언집행자가 되는 것으로 보아야 한다.

따라서 유언집행자가 유언자보다 먼저 사망한 경우에는 상속인이 유언집행자가 되어 유증을 원인으로 소유권이전등기를 신청할 수 있고, 이 경우 수증인은 민법

제1102조 공동 유언집행자에 관한 규정에 의하여 과반수의 상속인들이 소유권이전등기절차에 협력한다면, 등기절차에 협력하지 아니한 일부 상속인들에 대하여 별도로 소유권이전등기절차의 이행을 명하는 판결을 받지 않아도 수증인 명의의 소유권이전등기를 신청할 수 있다(2015. 8. 24. 부동산등기과－2015 질의회답, 참조조문 : 민법 제1073조, 제1089조, 제1090조, 제1093조 내지 제1096조, 제1102조. 참조판례 : 대법원 2009다20840. 참조예규 : 등기예규 제1512호. 참조선례 : 등기선례 제5-329호).

⑰ 인감증명 또는 본인서명사실확인서 또는 전자본인서명확인서 발급증

유언자의 법정대리인으로 보는 유언집행자의 인감증명 또는 본인서명사실확인서를 첨부하여야 하나 그것이 부동산매도용일 필요는 없다(규칙 제60조 제1항 제1호).

위 인감증명에 갈음하여 위임장 등에 서명을 하고 본인서명사실확인서를 첨부하거나 전자본인서명확인서 발급증을 첨부할 수 있다(부동산등기규칙 제60조의2).

⑱ 기본증명서, 제적등본

유언자의 사망을 증명하는 기본증명서(상세증명서) 혹은 제적등본을 첨부한다.

⑲ 취득세영수필확인서 또는 취득세납부확인서

시장, 구청장, 군수 등으로부터 취득세납부서(OCR용지)를 발급받아 세금을 납부한 후 취득세영수필확인서를 신청서의 취득세액표시란의 좌측상단 여백에 첨부하거나, 또는 지방세인터넷납부시스템에서 출력한 취득세납부확인서를 첨부정보로서 등기소에 제공하여야 한다(지방세법시행령 제36조 제1항).

⑳ 등기신청수수료영수필확인서

소유권이전등기를 신청하는 자는 등기신청수수료를 내야 하므로(법 제22조 제3항), 부동산 1개당 15,000원(전자표준양식에 의한 등기신청의 경우에는 13,000원, 전자신청의 경우에는 10,000원)에 해당하는 등기신청수수료를 납부하고 등기신청수수료영수필확인서를 첨부한다((등기예규 제1789호).

㉑ 주소 및 주민등록번호를 증명하는 서면 ―주민등록표등본 · 초본

신청인의 주소를 증명하는 서면으로 주민등록표등본 · 초본을 첨부한다(규칙 제46조 제1항 제6호). 위 주민등록표등본 · 초본은 주민등록번호를 증명하는 서면으로서의 성격도 같이 가진다(규칙 제46조 제1항 제6호).

㉒ 부동산의 표시를 증명하는 서면 ― 토지대장 등본

토지의 경우에는 토지의 표시를 증명하는 토지대장 정보나 임야대장 정보를 등기소에 제공하여야 하고, 건물의 경우에는 건물의 표시를 증명하는 건축물대장 정보나 그 밖의 정보를 등기소에 제공하여야 한다(규칙 제121조 제2항).

㉓ **등기필증**

등기의무자가 등기필정보를 가지고 있는 경우에는 등기의무자의 등기필정보를 신청정보의 내용으로 등기소에 제공하여야 하지만(법 제50조 제2항), 등기의무자가 구 부동산등기법 제67조 제1항에 따른 등기필증이나 구법 제68조 제1항에 따른 등기완료통지서를 가지고 있는 경우에는 등기의무자가 가지고 있는 그 등기필증 혹은 등기완료통지서를 제출하여야 한다(법 부칙 제2조). 등기의무자에게 등기필정보 · 등기필증 · 등기완료통지서가 없는 경우에는 법무사 등이 등기의무자 본인임을 확인한 확인서면 등을 제출한다. 자세한 방법은 기타 부분을 참조한다(법 제51조, 기타 참조). 법 제51조의 규정에 의한 확인서면을 작성하여야 하는 경우에는 유언집행자를 확인한다.

㉔ **위임장**

등기신청을 법무사 등 대리인에게 위임하는 경우에 첨부한다. 위임인의 성명과 주소를 기재하고 인장을 날인하되 규칙 제60조 제1항 제1호~제3호에 해당하여 인감증명을 제출하여야 하는 자는 위임장에 인감을 날인하여야 하나, 위 규칙 제60조 제1항 제1호~제3호에 해당하지 않는 자는 인감날인 대신에 일반적인 기명날인 혹은 서명으로 갈음할 수 있다.

㉕ **자격자대리인의 확인 및 자필서명정보**

등기의무자와 등기권리자가 공동으로 신청하는 권리에 관한 등기이므로 자격자대리인이 등기의무자를 확인하고 자필서명한 정보를 첨부정보로 제공하여야 한다(규칙 제46조 제1항, 제8호, 2022. 7. 1.부터).

㉖-1 **기타 — 신청인이 법인인 경우**

신청인이 법인인 경우에는 대표자의 자격을 증명하는 서면으로 법인등기사항전부증명서 또는 법인등기사항일부증명서를 첨부하여야 한다(규칙 제46조 제1항 제4호). 이 경우의 위 법인등기사항증명서는 등기권리자의 주소를 증명하는 서면, 부동산등기용등록번호를 증명하는 서면이기도 하다(규칙 제46조 제1항 제6호).

㉖-2 **기타 — 신청인이 법인 아닌 사단(재단)인 경우**

법인 아닌 사단 또는 재단이 등기를 신청하는 경우에는 ㉠ 정관이나 그 밖의 규약, ㉡ 대표자나 관리인임을 증명하는 정보(다만, 등기되어 있는 대표자나 관리인이 신청하는 경우에는 그러하지 아니하다), ㉢ 법인 아닌 사단 또는 재단의 주소 및 부동산등기용등록번호를 증명하는 정보(새로이 등기명의인이 되는 경우에 한한다), ㉣ 대표자나 관리인의 주소 및 주민등록번호를 증명하는 정보를 첨부정보로 제공한다(규칙 제48조).

㉖-3 **기타 — 제3자의 허가, 동의 또는 승낙을 증명하는 서면**

상속인에 대한 특정적 유증, 포괄유증의 경우에는 해당 부동산이 농지라고 하더라도 농지취득자격증명 등을 첨부하지 아니한다. 또한 유증은 계약이 아니기 때문에 계약 또는 예약의 경우에만 적용되는 토지거래허가제도의 적용을 받지 아니한다.

㉖-4 기타 — 등기의무자의 등기필정보(등기필증, 등기완료통지서)가 없는 경우

등기의무자의 등기필정보(등기필증, 등기완료통지서)가 없을 때에는 ① 등기의무자 또는 그 법정대리인(이하 "등기의무자등"이라 한다)이 등기소에 출석하여 등기관으로부터 등기의무자등임을 확인받는 방법 ② 등기신청인의 대리인(변호사나 법무사만을 말한다)이 등기의무자등으로부터 위임받았음을 확인하여 확인서면을 제출하는 방법 ③ 신청서(위임에 의한 대리인이 신청하는 경우에는 그 권한을 증명하는 서면을 말한다) 중 등기의무자등의 작성부분에 관하여 공증을 받아 제출하는 방법으로 등기신청을 하여야 한다.

위 '공증'은 신청서나 위임장에 기재된 내용 중 등기의무자등의 작성부분(기명날인 등)에 대해 공증인이 등기의무자등의 의사에 의해 작성된 것임을 확인하고 그 증명을 하여 주는 사서증서의 인증을 의미한다(등기필정보가 없는 경우 확인조서 등에 관한 예규: 2025. 1. 24. 등기예규 제1842호, 시행 2019. 1. 1.)(법 제51조; 규칙 제111조 참조).

5. 등기신청서류 편철순서

신청서, 취득세영수필확인서, 등기신청수수료영수필확인서, 위임장, 자필서명정보, 인감증명, 기본증명서 · 제적등본, 유언집행자의 자격증명서면, 주민등록표등본 · 초본, 대장등본, 유언증서, 등기필증 등의 순으로 편철하는 것이 실무상의 예이다.

6. 등기기록례

[갑 구]		(소유권에 관한 사항)		(No.251)
순위번호	등기목적	접 수	등기원인	권리자 및 기타 사항
2	소유권이전	2021년 3월 11일 제3320호	2021년 2월 10일 매매	소유자 이도령 330320-1617312 서울 서초구 서초동 200
3	소유권이전	2025년 8월 1일 제7890호	2025년 4월 13일 유증	소유자 이대백 680412-1011289 서울특별시 노원구 동일로24길 9, 101동 304호 (상계동, 수락현대아파트)

사례연습

〔법무사 제13회 기출문제〕

소유권이전등기신청(유증)

|설 문|

등기신청을 위임받은 대리인으로서 별첨 등기부등본을 참조하여 다음 사실관계에 부합하는 등기신청서를 작성하고 신청서의 첨부서면에 대하여 간단히 설명하시오(신청방식은 서면에 의한 방문신청을 전제로 함).

〈다 음〉

1. 유증자 김서울은 상속인으로 처 박한양, 자 김일남, 김이남이 있으나 그의 재산 중 아래 부동산을 조카 김평양에게 유증한다는 취지의 자필유언증서를 작성한 후 2018. 10. 30.에 사망하였다(유언의 방식과 절차는 적법하게 이루어졌고, 유언집행자의 지정이 없었다.).
2. 수증자 김평양은 가정법원으로부터 유언검인조서등본을 교부받았으나, 유언검인조서에 "유언증서에 날인된 인감이 김서울의 것이 아닌 것 같다." 는 상속인 김이남의 진술 내용이 기재되어 있었다.
3. 또한 위 부동산은 유언증서의 보관인 망 김서울의 변호사 전변호가 검인청구를 하기 전에 상속을 원인으로 하는 상속인들 명의의 소유권이전등기가 이루어졌으나 유증자 및 상속인들은 등기필증을 모두 분실하였다.
4. 법무사 최법무는 등기신청인들로부터 유증을 원인으로 한 소유권이전등기신청을 위임받았다.

〈아 래〉

가. 부동산의 표시: 서울특별시 강남구 일원동 100 전 1000㎡
- ○ 시가표준액: 30,000,000원
- ○ 토지는 토지이용계획확인서상 도시계획구역내의 자연녹지로서 도시계획시설에 포함되지 않았음.

나. 인적사항
- ○ 유증자 및 상속인: 별지 등기부등본과 같음
- ○ 수증자: 김평양(631225-1024362) 서울특별시 관악구 관악대로 100, 705호(봉천동)

다. 대리인: 법무사 최법무, 사무소 서울특별시 서초구 서초대로 500(방배동) ☏ 생략

라. 답안 작성시 유의사항

1) 관할등기소: 서울중앙지방법원 등기국
2) 신청서의 작성일: 2019. 10. 5.
3) 첨부서면
   ① 명칭과 통수만을 신청서에 기재 ②날인할 곳에는 ㉾으로 표시 ③위임장 작성은 생략 ④ 기타 불필요한 기재사항은 삭제바람.
4) 위 사안은 문제 구성을 위한 것임.

참고자료

등기부 등본(말소사항 포함)-토지

서울특별시 강남구 일원동 100 고유번호: 생략

[표제부]	(토지의 표시)				
표시번호	접 수	소재지번	지목	면적	등기원인 및 기타사항
1 (전3)	1985년 4월 25일	서울특별시 강남구 일원동 100	전	1000㎡	 전산이기(생략)

[갑 구]		(소유권에 관한 사항)		
순위번호	등기목적	접 수	등기원인	권리자 및 기타사항
1 (전2)	소유권 이전	1970년 6월 10일 제45000호	1986년 5월 20일 매 매	소유자 김서울(300222-1211335) 서울특별시 서초구 방배동 200 전산이기(생략)
2	소유권 이전	2018년 11월 11일 제78000호	2018년 10월 30일 상 속	공유자 지분 7분의 3 박한양(341020-2123357) 서울특별시 서초구 방배동 200 지분 7분의 2 김일남(600102-1212336) 서울특별시 동작구 사당동 300 지분 7분의 2 김이남(651010-1213337) 서울특별시 서초구 방배동 200

【모범답안】

유증으로 인한 소유권이전등기신청

접 수	년 월 일	처리인	등기관 확인	각종통지
	제 호			

부동산의 표시				
서울특별시 강남구 일원동 100 전 1,000㎡ 이 상				
등기원인과 그 연월일	2018년 10월 30일 유증			
등 기 의 목 적	공유자전원지분전부이전			
구 분	성 명 (상호·명칭)	주민등록번호 (등기용등록번호)	주 소(소재지)	지 분 (개인별)
등기의무자	유증자 망 김서울 유언집행자(상속인) 박 한 양 김 일 남 김 이 남	300222-1211335	서울특별시 서초구 방배동 200 서울특별시 서초구 방배동 200 서울특별시 동작구 사당동 300 서울특별시 서초구 방배동 200	 7분의3 7분의2 7분의2
등기권리자	김 평 양	631225-1024362	서울특별시 관악구 관악대로 100, 705호(봉천동)	1

<table>
<tr><td colspan="4">시가표준액 및 국민주택채권매입금액</td></tr>
<tr><td>부동산 표시</td><td colspan="2">부동산별 시가표준액</td><td>부동산별 국민주택채권매입금액</td></tr>
<tr><td>1.</td><td colspan="2">금 30,000,000 원</td><td>금 540,000 원</td></tr>
<tr><td colspan="3">국 민 주 택 채 권 매 입 총 액</td><td>금 540,000 원</td></tr>
<tr><td colspan="3">국 민 주 택 채 권 발 행 번 호</td><td></td></tr>
<tr><td colspan="3" rowspan="2">취 득 세 금 1,050,000원</td><td>지방교육세 금 90,000원</td></tr>
<tr><td>농어촌특별세 금 60,000원</td></tr>
<tr><td>세 액 합 계</td><td colspan="3">금 1,200,000 원</td></tr>
<tr><td rowspan="2">등 기 신 청 수 수 료</td><td colspan="3">금 15,000 원</td></tr>
<tr><td colspan="3">납부번호 :</td></tr>
<tr><td colspan="4">등기의무자의 등기필정보</td></tr>
<tr><td>부동산고유번호</td><td colspan="3"></td></tr>
<tr><td>성명(명칭)</td><td colspan="2">일련번호</td><td>비밀번호</td></tr>
<tr><td></td><td colspan="2"></td><td></td></tr>
<tr><td colspan="4">첨 부 서 면 ㊞</td></tr>
<tr><td colspan="2">1. 유언증서 1통
1. 유언검인조서등본 1통
1. 상속인들의 진술서 3통
1. 인감증명 또는 본인서명사실확인서 또는 전자본인서명확인서발급증 3통
1. 확인서면 3통
1. 기본증명서(상세) 1통
1. 가족관계증명서(상세) 1통
1. 친양자입양관계증명서(상세) 1통</td><td colspan="2">1. 제적등본 1통
1. 취득세영수필확인서 1통
1. 등기신청수수료영수필확인서 1통
1. 토지대장등본 1통
1. 주민등록표등본·초본 4통
1. 주민등록표등본·초본(말소자) 1통
1. 농지취득자격증명 1통
1. 위임장 1통
1. 자필서명정보 1통</td></tr>
<tr><td colspan="4">2019년 10월 5일
위 신청인
(또는)위 대리인 법무사 허 법 무 직인
서울특별시 서초구 서초대로 500(방배동) (전화 :)
서울중앙지방법원 등기국 귀중</td></tr>
</table>

신청서 작성요령

* 1. 부동산표시란에 2개 이상의 부동산을 기재하는 경우에는 부동산의 일련번호를 기재하여야 합니다.
  2. 신청인란 등 해당란에 기재할 여백이 없을 경우에는 별지를 이용합니다.

〔등기신청서에 첨부할 서면〕

① 유언증서

등기원인증서는 아니나 유언취지를 증명하는 서면으로 그리고 별도로 유언집행자가 지정되지 아니하였음을 증명하는 서면으로 유언증서를 제출한다(규칙 제46조 제1항 제1호).

② 유언검인조서등본

유언증서가 자필증서, 녹음, 비밀증서에 의한 경우에는 유언검인조서등본을, 구수증서에 의한 경우에는 검인신청에 대한 심판서등본을, 유증에 정지조건 등이 붙은 경우에는 그 조건성취를 증명하는 서면을 각 첨부하여야 한다(규칙 제46조 제1항 제1호).

③ 상속인들의 진술서 또는 확정판결문

검인기일에 출석한 상속인들이 "유언자의 자필이 아니고 날인도 유언자의 사용인이 아니라고 생각한다"는 등의 다툼 있는 사실이 기재되어 있는 검인조서를 첨부한 경우에는 유언 내용에 따른 등기신청에 이의가 없다는 위 상속인들의 진술서(인감증명 또는 본인서명사실확인서 첨부) 또는 위 상속인들을 상대로 한 유언유효확인의 소나 수증자 지위 확인의 소의 승소 확정판결문을 첨부하여야 한다(유증을 받은 자의 소유권보존(이전)등기신청절차 등에 관한 사무처리지침, 2014. 4. 9. 등기예규 제1512호)(규칙 제46조 제1항 제1호 또는 제5호).

④ 인감증명, 본인서명사실확인서 또는 전자본인서명확인서 발급증

유언집행자인 상속인은 소유권의 등기명의인이 등기의무자인 경우이고 또한 상속인들의 동의서에는 인감증명을 첨부하여야 하므로 상속인들 모두의 인감증명을 첨부한다(규칙 제60조 제1항 제1호).

위 인감증명에 갈음하여 위임장 등에 서명을 하고 본인서명사실확인서를 첨부하거나 전자본인서명확인서 발급증을 첨부할 수 있다(부동산등기규칙 제60조의2).

⑤ 확인서면

등기의무자의 등기필증을 분실한 경우에는 법무사가 확인서면을 작성하여야 하므로 상속인들 3인 모두에 대한 확인서면을 작성하여 각 1통씩 총 3통을 제출한다(규칙 제111조 제2항).

⑥ 기본증명서(상세증명서)

유언의 효력은 유증자의 사망으로 발생하므로 유증자의 사망을 증명하는 서면으로 유증자의 기본증명서를 첨부한다(규칙 제46조 제1항 제1호).

⑦ **가족관계증명서**(상세증명서) · **친양자입양관계증명서**(상세증명서) · **제적등본**

유언집행자를 지정하지 아니하여 상속인이 유언집행자가 되는 경우에 상속인의 범위 즉 유언집행자의 자격을 소명하는 서면으로 첨부한다(규칙 제46조 제1항 제1호).

⑧ **취득세영수필확인서**

시장, 구청장, 군수 등으로부터 취득세납부서(OCR용지)를 발급받아 금융기관에 납부한 후 영수필확인서를 교부받아 신청서의 취득세액표시란의 좌측 상단 여백에 첨부한다(지방세법시행령 제36조 제1항).

⑨ **등기신청수수료영수필확인서**

소유권이전등기를 신청하는 자는 등기신청수수료를 내야하므로(법 제22조 제3항), 부동산 1개당 15,000원(전자표준양식에 의한 등기신청의 경우에는 13,000원, 전자신청의 경우에는 10,000원)에 해당하는 등기신청수수료를 납부하고 등기신청수수료영수필확인서를 첨부한다(등기예규 제1789호).

⑩ **토지대장등본**

등기하고자 하는 토지의 대장등본(발행일로부터 3월 이내)을 첨부한다(규칙 제46조 제1항 제7호).

⑪ **주민등록표등본 · 초본**

등기의무자(상속인) 및 등기권리자(수증자)의 주소를 증명하는 서면으로 주민등록표등본 · 초본(각, 발행일로부터 3월 이내)을 첨부한다(규칙 제46조 제1항 제6호).

⑫ **주민등록표등본 · 초본**(말소자)

유증자에 대한 주민등록표등본 · 초본(말소자)을 제출한다.

⑬ **농지취득자격증명**

토지이용계획확인서상 도시계획구역 중 자연녹지지역내에 소재하는 농지에 대하여는 도시계획사업에 필요한 농지에 한하여 농지취득자격증명을 첨부하지 않고도 소유권이전등기를 신청할 수 있는바, 본 부동산은 도시계획시설에 포함되어있지 아니하므로 농지취득자격증명을 첨부하여야 하는 등기신청이다(규칙 제46조 제1항 제2호). 한편 포괄적 유증이 아닌 특정적 유증의 경우에는 농지취득자격증명을 제출하여야 하므로 본 등기신청서에 농지취득자격증명을 제출하여야 한다.

⑭ **위임장**

등기신청을 법무사 등 대리인에게 위임하는 경우에 대리권한을 증명하는 서면을 첨부한다(규칙 제46조 제1항 제5호).

⑮ **자격자대리인의 확인 및 자필서명정보**

등기의무자와 등기권리자가 공동으로 신청하는 권리에 관한 등기이므로 자격자대리인이 등기의무자를 확인하고 자필서명한 정보를 첨부정보로 제공하여야 한다(규칙 제46조 제1항, 제8호, 2022. 7. 1.부터).

사례연습

〔법무사 제20회 기출문제〕

유증을 원인으로 한 소유권이전등기신청

|설 문|

아래 부동산에 대한 등기신청을 위임받은 대리인으로서 다음의 사실관계와 답안지 작성 유의사항에 따라 등기신청서를 작성하고 신청서의 첨부정보(서면)에 대하여 간단히 설명하시오(신청방식은 서면에 의한 방문신청을 전제로 함).(30점)

1. 사실관계
   1) 유증자 김일식은 동생 김이식에게 아래 부동산을 유증한다는 취지의 자필유언증서를 작성한 후 2014. 5. 6.에 사망하였다.
   2) 김일식에게는 상속인으로 처 박숙미, 자 김예슬, 자 김예린이 있다.
   3) 위 유언은 적법한 방식과 절차에 따라 이루어졌고 유언집행자는 지정되지 않았다. 다만, 유언검인조서에는 "유언자의 자필이 아니고 날인도 유언자의 사용인이 아니라고 생각한다"는 상속인 박숙미의 진술내용이 기재되어 있다.
   4) 목적 부동산에 대하여는 아래 상속인들에 의하여 법정상속분에 따른 상속등기가 마쳐져 있으며, 상속등기에 관한 등기필정보는 멸실된 상태이다.

2. 부동산의 표시

   경기도 안성시 금광면 금광리 77번지 과수원 3,000㎡

3. 인적사항
   - 유증자: 김일식(500123-1234567) 서울 서초구 잠원로 123
   - 상속인: 박숙미(521122-2345678) 김일식과 같은 주소
     김예슬(770313-2033012) 경기도 성남시 분당구 불정로 62
     김예린(790303-2033015) 경기도 성남시 분당구 불정로 62
   - 수증자: 김이식(550505-1234568) 경기도 안성시 금광면 진안로 35

※ 답안 작성시 유의사항

가. 부동산표시란 및 첨부서면란 등이 부족할 경우에는 별지를 사용할 수 있다.

나. 첨부서면은 그 명칭과 통수를 기재하고 별지에는 각 서면별로 발급신청인(예: 아무개의 인감증명서), 제출이유와 내용을 간단히 설명한다.

다. 위임장의 작성은 생략하되 첨부서면으로는 기재하고 그 내용(위임인 등)을 설명한다.

라. 신청서 양식 중 시가표준액 및 국민주택채권매입금액란, 취득세(등록면허세)란, 등기신청수수료란 등 설문에서 정보가 주어지지 않은 것은 기재를 생략한다.

바. 관할등기소는 수원지방법원 안성등기소이며, 신청서 작성일자는 답안작성일로 한다.

사. 대리인은 법무사 홍길동(서울 서초구 서초대로 55)으로 한다.

■ 위 사안의 인적사항 등은 문제 구성을 위한 허구의 것임.

【모범답안】

유증을 원인으로 한 소유권이전등기신청

접수	년 월 일	처리인	접 수	기 입	교 합	각종통지
	제 호					

부동산의 표시	
경기도 안성시 금광면 금광리 77 과수원 3,000㎡ -이상-	
등기원인과 그 연월일	2014년 5월 6일 유증
등 기 의 목 적	소유권이전

구분	성 명 (상호·명칭)	주민등록번호 (등기용등록번호)	주 소 (소 재 지)	지분 (개인별)
등기의무자	망 김일식	500123-1234567	서울특별시 서초구 잠원로 123	
	유언집행자			
	박숙미	521122-2345668	서울특별시 서초구 잠원로 123	7분의 3
	김예슬	770313-2033012	경기도 성남시 분당구 불정로 62	7분의 3
	김예린	790303-2033015	경기도 성남시 분당구 불정로 62	7분의 3
등기권리자	김이식	550505-1234568	경기도 성남시 금광면 진안로 35	1

시가표준액 및 국민주택채권매입금액			
부동산표시	부동산별 시가표준액		부동산별 국민주택채권매입금액
국민주택채권매입총액			금 원
국민주택채권발행번호			
취득세 금 원	지방교육세		금 원
	농어촌특별세		금 원
세 액 합 계	금 원		
등 기 신 청 수 수 료	금 15,000 원		
	납부번호 :		

등기의무자의 등기필정보		
부동산고유번호		
성 명 (명칭)	일 련 번 호	비 밀 번 호

첨 부 서 면		〈간인〉	
1. 유언증서	1통	1. 주민등록표등(초)본	4통
1. 유언검인조서등본	1통	1. 취득세영수필확인서	1통
1. 진술서 등	1통	1. 등기신청수수료영수필확인서	1통
1. 인감증명	3통	1. 토지대장등본	1통
1. 기본증명서(상세)	4통	1. 농지취득자격증명	1통
1. 가족관계증명서(상세)	4통	1. 확인서면	2통
1. 친양자입양관계증명서(상세)	1통	1. 위임장	1통
1. 제적등본	1통	1. 자필서명정보	1통

2014년 9월 27일

신청인 (전화 :)

위 대리인 법무사 홍길동 직인 (전화 :)

서울특별시 서초구 서초대로 55

수원지방법원 안성등기소 귀중

- 신청서 작성요령 -

1. 부동산표시란에 2개 이상의 부동산을 기재하는 경우에는 부동산의 일련번호를 기재하여야 합니다.
2. 신청인란등 해당란에 기재할 여백이 없을 경우에는 별지를 이용합니다.

〔첨부서면에 대한 설명〕

① **유언증서 (김일식)**

유증을 원인으로 소유권이전등기를 하는 경우에는 등기원인증서로 유언증서를 첨부한다(규칙 제46조 제1항 제1호).

② **유언검인조서등본**

자필증서에 의한 유언의 경우에는 가정법원의 검인을 받아 그 유언검인조서등본을 제출하여야 한다(규칙 제46조 제1항 제1호; 민법 제1091조).

③ **진술서 등 (박숙미, 김예슬, 김예린)**

검인기일에 출석한 상속인들이 "유언자의 자필이 아니고 날인도 유언자의 사용인이 아니라고 생각한다"는 등의 다툼 있는 사실이 기재되어 있는 검인조서를 첨부한 경우에는 유언 내용에 따른 등기신청에 이의가 없다는 상속인들의 진술서(인감증명서 첨부) 또는 상속인들을 상대로 한 유언유효확인의 소나 수증자 지위 확인의 소의 승소 확정판결문을 첨부하여야 한다(2014.04.09 등기예규 제1512호).

본 사안의 경우에 상속인중 박숙미는 반대하고 있으므로 유언 내용에 따른 등기신청에 이의가 없다는 상속인들의 진술서(인감증명서 첨부)를 첨부하거나 상속인들을 상대로 한 유언유효확인의 소나 수증자 지위 확인의 소의 승소 확정판결문을 첨부하여야 한다(규칙 제46조 제1항 제1호, 제5호).

④ **기본증명서 (김일식)**

유증자 김일식의 사망사실 및 사망일자 증명서면으로 기본증명서를 제출한다(규칙 제46조 제1항 제1호).

⑤ **가족관계증명서, 친양자입양관계증명서, 제적등본 (김일식)**

유언집행자가 지정되지 않은 경우에는 상속인이 유언집행자가 되는 것이므로(민법 제1095조), 유증자 김일식의 상속인의 범위를 증명하는 서면으로 가족관계증명서, 친양자입양관계증명서, 제적등본을 제출한다(규칙 제46조 제1항 제1호).

⑥ **기본증명서, 가족관계증명서 (박숙미, 김예슬, 김예린)**

상속등기에 관한 업무처리지침(2025. 1. 24. 등기예규 제1835호)에 따르면 상속인들의 기본증명서(상세)나 가족관계증명서(상세)는 이를 제출할 필요가 없다. 다만 본 사안의 경우 상속인들 앞으로 상속등기가 되어 있으므로 기본증명서 및 가족관계증명서를 필요하다는 견해가 있을 수 있다

⑦ **2인 이상의 인감증명 (김예슬, 김예린, 박숙미)**

유언집행자의 지정이 없는 경우에는 상속인이 유언집행자가 되며(민법 제1095조) 그 유언집행자의 업무집행은 과반수의 동의로써 하는 것이므로(민법 제1102조) 유언집행자중 박숙미가 반대하는 경우에도 김예슬 및 김예린의 인감증명만 첨부하면 수증자에게 소유권이전등기를 할 수 있다(규칙 제60조 제1항 제1호). 상속인들을 상대로 한 유언유효확인의 소나 수증자 지위 확인의 소의 승소 확정판결문을 첨부한 경우가 아니라 박숙미의 진술서를 첨부한 경우라면 박숙미의 인감증명도 첨부한다.

⑧ **주민등록표등초본 (박숙미, 김예슬, 김예린, 김이식)**

등기의무자인 박숙미, 김예슬, 김예린의 주소증명서면으로, 등기권리자인 수증자 김이식의 주소 및 주민등록번호증명서면으로 주민등록표등초본을 첨부한다(규칙 제46조 제1항 제6호).

⑨ **취득세영수필확인서**

시장, 구청장, 군수 등으로부터 취득세납부서(OCR용지)를 발급받아 세금을 납부한 후 취득세영수필확인서를 신청서의 취득세액표시란의 좌측상단 여백에 첨부하거나, 또는 지방세인터넷납부시스템에서 출력한 취득세납부확인서를 첨부정보로서 등기소에 제공하여야 한다(지방세법 제20조 제4항; 법 제29조 제10호).

⑩ **등기신청수수료영수필확인서**

1) 대한민국법원 인터넷등기소(http://www.iros.go.kr/)를 이용하여 전자적인 방법(신용카드, 계좌이체, 선불형지급수단)으로 납부

2) 법원행정처장이 지정하는 수납금융기관에 현금으로 납부

3) 무인발급기를 이용하여 현금 또는 신용카드로 납부하고 발급받은 등기신청수수료 영수필확인서를 첨부한다(법 제22조 제3항, 2024.11.29 등기예규 제1789호, 시행 2025.01.31.).

⑪ **토지대장등본**

소유권이전등기를 신청하는 경우이므로 부동산의 표시를 증명하는 서면으로 토지대장등본(발행일로부터 3월 이내)을 첨부한다(규칙 제46조 제1항 제7호).

⑫ **농지취득자격증명 (김이식)**

상속인이 아닌 자가 농지를 특정적 유증으로 취득한 경우에는 농지취득자격증명을 발급받아 이를 첨부하여야 한다(규칙 제46조 제1항 제2호).

⑬ **확인서면 (김예슬, 김예린)**

등기의무자의 등기필증이 없으므로 등기의무자(과반수 이상)에 대한 확인서면을

작성하여 이를 제출한다(규칙 제111조 제2항).

⑭ 등기위임장 (김예슬, 김예린, 김이식)

등기의무자인 김예슬 및 김예린, 등기권리자인 김이식으로부터 위임받은 위임장을 대리권한을 증명하는 서면으로 첨부한다(규칙 제46조 제1항 제5호).

⑮ 자격자대리인의 확인 및 자필서명정보

등기의무자와 등기권리자가 공동으로 신청하는 권리에 관한 등기이므로 자격자대리인이 등기의무자를 확인하고 자필서명한 정보를 첨부정보로 제공하여야 한다(규칙 제46조 제1항, 제8호, 2022. 7. 1.부터).

5. 소유권이전등기 — (7) 공유물분할로 인한 소유권이전등기신청

**공유물분할로 인한
소유권일부이전등기신청**

<table>
<tr><td rowspan="2">접 수</td><td>년 월 일</td><td rowspan="2">처리인</td><td>등기관 확인</td><td>각종통지</td></tr>
<tr><td>제 호</td><td></td><td></td></tr>
</table>

<table>
<tr><td colspan="4">① 부동산의 표시</td></tr>
<tr><td colspan="4">서울특별시 서초구 서초동 100-1
대 600㎡
이 상</td></tr>
<tr><td colspan="2">② 등기원인과 그 연월일</td><td colspan="2">2025년 7월 1일 공유물분할</td></tr>
<tr><td colspan="2">③ 등 기 의 목 적</td><td colspan="2">2번 이대백지분 전부이전</td></tr>
<tr><td colspan="2">④ 이 전 할 지 분</td><td colspan="2">2분의 1</td></tr>
<tr><td>구 분</td><td>성 명
(상호 · 명칭)</td><td>주민등록번호
(등기용등록번호)</td><td>주 소(소 재 지)</td></tr>
<tr><td>⑤
등기
의무자</td><td>이 대 백</td><td>730320-1617312</td><td>서울특별시 서초구 서초동 210</td></tr>
<tr><td>⑥
등기
권리자</td><td>김 일 동</td><td>480412-1011289</td><td>서울특별시 서초구 서초대로69길 36
303동 1201호, (서초동, 현대아파트)</td></tr>
</table>

⑦ 시가표준액 및 국민주택채권매입금액		
부동산 표시	부동산별 시가표준액	부동산별 국민주택채권매입총액
1. 토지	금 300,000,000 원	금 원
	금 원	금 원
⑦국민주택채권매입총액		금 원
⑦국민주택채권발행번호		
⑧ 취득세(등록면허세)	금 900,000 원	⑧ 지방교육세 금 180,000 원
		⑧ 농어촌특별세 원

⑨ 세액합계	금 1,080,000 원
⑩ 등기신청수수료	금 15,000 원
	납부번호

⑪ 등기의무자의 등기필정보		
부동산고유번호	1102-2016-002095	
성명(명칭)	일련번호	비밀번호
이 대 백	Q77C-L071-35J5	40-4636

⑬ 첨 부 서 면 (간인)

1. 공유물분할계약서 1통 ⑭	1. 등기필증 1통 ⑳
1. 등록면허세영수필확인서 1통 ⑮	1. 위임장 1통 ㉑
1. 등기신청수수료영수필확인서 1통 ⑯	1. 자필서명정보 1통 ㉒
1. 인감증명 또는 본인서명사실확인서 또는 전자본인서명확인서발급증 1통 ⑰	<기 타> ㉓
1. 주민등록표등본·초본 2통 ⑱	
1. 토지대장등본 1통 ⑲	

2025년 8월 1일

⑫ 위 신청인

대리인 법무사 유 명 한 (직인) (전화: 599-0000)

서울특별시 서초구 서초대로100길 365 (서초동)

서울중앙지방법원 등기국 귀중

등기신청안내서 — 공유물분할로 인한 소유권이전등기신청

1. 공유물분할로 인한 소유권이전등기

공유관계를 폐지하여 각자의 소유로 하는 등기로, 이 신청에서는 공유물분할계약에 의하여 다른 공유자의 지분을 취득하는 자를 등기권리자, 자기의 지분을 이전하여 주는 자를 등기의무자라고 한다.

2. 등기신청방법

(1) **공동신청**

다른 공유자의 지분을 취득하는 자와 자기의 지분을 이전하여 주는 자가 본인임을 확인할 수 있는 주민등록증 등을 가지고 직접 등기소에 출석하여 공동으로 신청함이 원칙이다. 공유물분할의 등기를 하기 위하여서는 먼저 토지 등의 분할절차를 밟은 후 그 대장 등에 의하여 분필등기를 하여야 하는 것이나, 일단 분필등기가 이루어지면 각 분필된 부동산별로 각각 독립하여 등기권리자와 등기의무자가 공동으로 신청할 수 있다(1984. 3. 21. 등기예규 제514호).

(2) **단독신청**

판결에 의한 등기신청인 경우에는 등기권리자 또는 등기의무자가 단독으로 신청할 수 있다. 공유물분할은 공유자 전원이 합의하여야 하므로, 공유자 중 1인이 위 분할에 협력하지 않는다면 나머지 공유자들은 공유물분할의 소를 제기하여 재판상 분할한 후 공유물분할을 원인으로 한 소유권이전등기를 신청할 수 있다(1996. 12. 11. 등기선례 5-388). 한편 공유물분할판결이 확정된 경우에 종전에는 등기권리자만이 단독신청할 수 있었지만 2020. 8. 5. 등기법 제23조가 개정됨에 따라 공유물분할판결의 경우 등기권리자뿐만 아니라 등기의무자의 단독신청도 가능하게 되었다(등기절차의 이행 또는 인수를 명하는 판결에 의한 등기는 승소한 등기권리자 또는 등기의무자가 단독으로 신청하고, 공유물을 분할하는 판결에 의한 등기는 등기권리자 또는 등기의무자가 단독으로 신청한다, 법 제23조 제4항).

3. 등기소에 제공하여야 하는 신청정보

신청서는 한글과 아라비아 숫자로 기재한다. 부동산의 표시란이나 신청인란 등이 부족할 경우에는 별지를 사용하고, 별지를 포함하여 신청서가 여러 장인 때에는 각 장 사이에 간인을 하여야 한다.

① 부동산의 표시란

공유물분할등기를 하고자 하는 부동산을 기재하되, 등기기록상 부동산의 표시와 일치하여야 한다. 부동산이 토지인 경우에는 토지의 소재와 지번, 지목, 면적을 기재하고, 건물인 경우에는 건물의 소재와 지번, 도로명주소, 구조, 종류, 면적, 건물의 번호가 있는 때에는 그 번호, 부속건물이 있는 때에는 그 구조, 종류와 면적을 기재하면 된다.

② 등기원인과 그 연월일란

등기원인은 공유물분할로, 연월일은 공유물분할계약서상 계약일을 기재한다.

③ 등기의 목적란

아래 예규를 참조하여 기재한다.

④ 이전할 지분란

구 분	소유권		공유지분	
	전부이전	일부이전	전부이전	일부이전
등기의 목적	'소유권이전'	'소유권 일부이전'	'○번 갑지분 전부이전'	'○번 갑지분 ○분의 ○중 일부(○분의○)이전'
이전할 지분	-	'○분의○'	'○분의○' (부동산 전체에 대한 지분을 기재한다. 다만 수인의 공유자로부터 지분 일부씩을 이전 받는 경우에는 이를 합산하여 기재한다)	

※ 근거: 2010. 7. 9. 등기예규 제1313호

⑤ 등기의무자란

공유물분할계약에 의하여 자기의 지분을 이전하여 주는 자의 성명, 주민등록번호, 주소를 기재하되, 등기기록상 공유자 표시와 일치하여야 한다. 그러나 그 자가 법인인 경우에는 상호(명칭), 본점(주사무소 소재지), 등기용등록번호 및 대표기관(대표이사)의 성명, 주소를 기재하고, 법인 아닌 사단이나 재단인 경우에는 상호(명칭), 본점 (주사무소 소재지), 등기용등록번호 및 대표자(관리인)의 성명, 주민등록번호, 주소를 각 기재한다.

⑥ 등기권리자란

공유물분할계약에 의하여 다른 공유자의 지분을 취득하는 자를 기재하는 난으로, 그 기재방법은 등기의무자란과 같다.

⑦ **시가표준액 및 국민주택채권매입금액, 국민주택채권매입총액란**

㈎ 등록면허세납부서(OCR용지)에 기재된 시가표준액과 시가표준액의 일정비율에 해당하는 국민주택채권매입금액를 기재한다.

㈏ 부동산이 2개 이상인 경우에는 각 부동산별로 시가표준액 및 국민주택채권매입금액을 기재한 다음 국민주택채권매입총액을 각 매수인별로 계산하여 기재하여야 한다. 국민주택채권발행번호를 해당란에 기재하여야 한다.

㈐ 국민주택채권의 최저매입금액은 1만원으로 한다. 다만 1만원 미만의 단수가 있을 경우에 그 단수가 5천원 이상 1만원 미만인 때에는 이를 1만원으로 하고 그 단수가 5천원 미만인 때에는 단수가 없는 것으로 한다.

㈑ 공유물분할로 인한 소유권이전등기신청시 종전 공유지분을 초과하는 면적에 대하여는 국민주택채권 매입대상이 된다(주택법시행령 제105조 참조). 한편 공유물분할의 소에서 가액배상을 하고 다른 공유자의 지분을 전부 취득하는 것으로 화해가 성립되어 이로 인한 소유권이전등기를 신청하는 경우에는, 공유물인 부동산을 공유지분율에 따라 분할등기를 하는 것이 아니므로 국민주택채권을 매입하여야 한다(2002. 1. 25. 등기선례 7-535).

⑧ **등록면허세 · 지방교육세란 및 농어촌특별세란**

분할로 인하여 받은 부동산가액(금 300,000,000원으로 가정함)의 1,000분의 3에 해당하는 등록면허세를 납부하고, 등록면허세액의 100분의 20에 해당하는 지방교육세를 납부한다.

공유물의 분할로 인한 부동산등기시 자기 지분에 대하여는 지방세법 제27조의 규정에 의한 과세표준의 1,000분의 3의 등록면허세를 납부하여야 하고, 자기 지분을 초과하는 부분은 같은 법 제11조 제1항의 규정에 의한 과세표준의 1,000분의 40[농지는 1,000분의 30]의 세율을 적용하여 취득세를 납부하여야 한다.

⑨ **세액합계란**

취득세, 농어촌특별세, 지방교육세액의 합계를 기재한다.

⑩ **등기신청수수료란**

소유권이전등기를 신청하는 자는 등기신청수수료를 내야 하므로(법 제22조 제3항), 부동산 1개당 15,000원(전자표준양식에 의한 등기신청의 경우에는 13,000원, 전자신청의 경우에는 10,000원)에 해당하는 등기신청수수료를 납부하고 그 등기신청수수료금액 및 납부번호를 신청서에 기재한다(등기예규 제1733호).

⑪ **등기의무자의 등기필정보란**

전자신청 지정등기소에서는 신청방법(전자신청, 서면신청)을 불문하고 등기를 완료한 경우 등기필증 대신 등기필정보를 전자적 교부 또는 서면 교부하기 때문에, 등기신청의 당사자 또는 대리인은 등기필정보 상의 일련번호와 비밀번호를 기재함으로써 등기필증의 제출을 갈음할 수 있다. 등기의무자가 교부받은 등기필정보에 기재된 부동산고유번호, 성명, 일련번호, 비밀번호를 각 기재한다. 등기의무자에게 등기필정보나 등기필증이 없는 경우에는 부동산등기법 제51조의 규정에 의한다(기타 참조).

공유물분할판결에 의한 등기를 등기권리자뿐만 아니라 등기의무자가 단독신청하는 경우에도 등기의무자의 등기필정보는 제공할 필요가 없다고 해석된다. 부동산등기법 제50조 제2항에서는 "등기권리자와 등기의무자가 공동으로 권리에 관한 등기를 신청하는 경우에 신청인은 그 신청정보와 함께 제1항에 따라 통지받은 등기의무자의 등기필정보를 등기소에 제공하여야 한다. 승소한 등기의무자가 단독으로 권리에 관한 등기를 신청하는 경우에도 또한 같다."라고 규정하고 있으므로 부동산등기법 제23조 제4항 규정에 따라 공유물분할판결에 따른 등기를 등기권리자 또는 등기의무자가 단독신청하는 경우에는 위 법 제50조 제2항의 반대해석상 등기의무자의 등기필정보는 이를 제공할 필요가 없을 것이다.

⑫ **신청인 혹은 대리인의 표시란**

㈎ 등기의무자와 등기권리자의 성명 및 전화번호를 기재하고, 각자가 기명날인하되 등기의무자는 그의 인감을 날인한다. 등기권리자는 기명날인 대신에 서명으로 갈음할 수 있다. 한편 신청인이 법인 또는 법인 아닌 사단이나 재단인 경우에는 상호(명칭)와 대표자(관리인)의 자격 및 성명을 기재하되, 법인이 등기의무자인 때에는 등기소의 증명을 얻은 그 대표자의 인감, 법인 아닌 사단이나 재단인 경우에는 대표자(관리인)의 개인인감을 날인한다.

㈏ 대리인이 등기신청을 하는 경우에는 그 대리인의 성명, 주소 및 전화번호를 기재하고 기명날인한다.

⑬ **첨부서면란**

등기신청서에 첨부한 서면을 각 기재한다.

4. 등기소에 제공하여야 하는 첨부정보

⑭ **공유물분할계약서**

공유물분할로 인한 소유권이전등기시에는 부동산소재지를 관할하는 시장, 구청장,

군수로부터 검인을 받아야 한다(계약, 판결 불문)(규칙 제46조 제1항 제1호). 공유자들이 각자의 공유지분비율에 따라서 공유물분할등기를 신청할 경우에 원인서면으로 제출되는 공유물분할계약서는, 대가성 있는 소유권이전에 관한 증서로 볼 수 없으므로 인지세법에서 정하는 인지를 첨부할 필요가 없다(2003. 3. 31. 등기선례 7-552).

⑮ 등록면허세영수필확인서 또는 등록면허세납부확인서

시장, 구청장, 군수 등으로부터 등록면허세납부서(OCR용지)를 발급받아 세금을 납부한 후 등록면허세영수필확인서를 신청서의 취득세액표시란의 좌측상단 여백에 첨부하거나, 또는 지방세인터넷납부시스템에서 출력한 등록면허세납부확인서를 첨부정보로서 등기소에 제공하여야 한다(지방세법시행령 제49조 제1항).

⑯ 등기신청수수료영수필확인서

소유권이전등기를 신청하는 자는 등기신청수수료를 내야 하므로(법 제22조 제3항), 부동산 1개당 15,000원(전자표준양식에 의한 등기신청의 경우에는 13,000원, 전자신청의 경우에는 10,000원)에 해당하는 등기신청수수료를 납부하고 등기신청수수료영수필확인서를 첨부한다(등기예규 제1733호).

⑰ 인감증명 또는 본인서명사실확인서 또는 전자본인서명확인서 발급증

등기의무자는 소유권의 등기명의인이므로 그의 인감증명을 첨부한다(규칙 제60조 제1항 제1호). 규칙 제60조에 의하여 인감증명을 첨부하여야 하는 자가 법인인 경우에는 등기소의 증명을 얻은 대표자의 인감증명을, 법인 아닌 사단 또는 재단인 경우에는 대표자 또는 관리인의 인감증명을 제출한다.

위 인감증명에 갈음하여 위임장 등에 서명을 하고 본인서명사실확인서를 첨부하거나 전자본인서명확인서 발급증을 첨부할 수 있다(2016. 12. 16. 등기예규 제1609호).

⑱ 주소 및 주민등록번호를 증명하는 서면 ―주민등록표등본 · 초본

등기의무자의 주소를 증명하는 서면으로, 그리고 등기권리자의 주소 · 주민등록번호를 증명하는 서면으로 주민등록표등본 · 초본을 첨부한다(규칙 제46조 제1항 제6호).

⑲ 토지대장등본

부동산의 표시를 증명하는 토지대장등본을 첨부한다(규칙 제46조 제1항 제7호).

⑳ 등기필증

등기의무자가 등기필정보를 가지고 있는 경우에는 등기의무자의 등기필정보를 신청정보의 내용으로 등기소에 제공하여야 하지만(법 제50조 제2항), 등기의무자가 구 부동산등기법 제67조 제1항에 따른 등기필증이나 구법 제68조 제1항에 따른 등기완료통지서를 가지고 있는 경우에는 등기의무자가 가지고 있는 그 등기필증 혹은 등기완료통지서를 제출하여야 한다(법 부칙 제2조). 등기의무자에게 등기필정보 · 등기필증 · 등기완료통지서가 없는 경우에는 법무사 등이 등기의무자 본인임을 확인한 확인서면 등을 제출한다. 자세한 방법은 기타 부분을 참조한다(법 제51조, 기타 참조).

㉑ 위임장

등기신청을 법무사 등 대리인에게 위임하는 경우에 첨부한다. 위임인의 성명과 주소를 기재하고 인장을 날인하되 규칙 제60조 제1항 제1호~제3호에 해당하여 인감증명을 제출하여야 하는 자는 위임장에 인감을 날인하여야 하나, 위 규칙 제60조 제1항 제1호~제3호에 해당하지 않는 자는 인감날인 대신에 일반적인 기명날인 혹은 서명으로 갈음할 수 있다. 위임인이 법인이나 법인 아닌 사단 또는 재단인 경우에는 상호(명칭)와 대표자(관리인)의 자격, 성명 및 주소도 기재하여야 한다.

㉒ 자격자대리인의 확인 및 자필서명정보

등기의무자와 등기권리자가 공동으로 신청하는 권리에 관한 등기이므로 자격자대리인이 등기의무자를 확인하고 자필서명한 정보를 첨부정보로 제공하여야 한다(규칙 제46조 제1항, 제8호, 2022. 7. 1.부터).

㉓-1 기타 — 신청인이 법인인 경우

한편 신청인이 법인인 경우에는 대표자의 자격을 증명하는 서면으로 법인등기사항전부증명서 또는 법인등기사항일부증명서를 첨부하여야 한다(규칙 제46조 제1항 제4호). 이 경우에 위 법인등기사항증명서는 소유자의 주소를 증명하는 서면, 부동산등기용등록번호를 증명하는 서면이기도 하다(규칙 제46조 제1항 제6호). 다만 법인등기가 되어 있는 등기소와 부동산소재지 관할 등기소가 동일한 경우에는 위 법인등기사항증명서를 제출할 필요가 없다(규칙 제46조 제5항).

㉓-2 기타 — 신청인이 법인 아닌 사단(재단)인 경우

법인 아닌 사단 또는 재단이 등기를 신청하는 경우에는 ㉠ 정관이나 그 밖의 규약, ㉡ 대표자나 관리인임을 증명하는 정보(다만, 등기되어 있는 대표자나 관리인이 신청하는 경우에는 그러하지 아니하다), ㉢ 법인 아닌 사단 또는 재단의 주소 및 부동산등기용등록번호를 증명하는 정보(새로이 등기명의인이 되는 경우에 한한다), ㉣ 대표자나 관리인의 주소 및 주민등록번호를 증명하는 정보를 첨부정보로 제공한다. 다만 법인 아닌 사단이 등기의무자인 경우에는 민법 제276조 소정의 사원총회의 결의서도 첨부한다(규칙 제48조).

㉓-3 기타 — 제3자의 허가, 동의 또는 승낙을 증명하는 서면

종전 공유지분을 초과하여 취득하는 토지면적이 토지거래허가의 대상이 된다면 토지거래허가를 받아서 이를 첨부하여야 한다. 종전에는 공유지분에 따른 농지의 공유물분할로 인한 소유권이전등기신청시에는 농지취득자격증명을 첨부할 필요가 없고, 다만 공유물분할로 취득한 면적이 종전 공유지분을 초과하는 공유물분할로 인한 소유권이전등기 신청시에만 농지취득자격 증명을 첨부하여야 한다고 하였으나(1997. 11. 27. 등기선례 5-891), 본 등기선례는 변경되어 이제는 공유물분할로 인하여 취득하는 면적이 공유지분과 같은지 여부에 관계없이 농지취득자격증명을 첨부할 필요가 없다(1999. 10. 21. 등기선례 6-562).

㉓-4 기타 — 등기의무자의 등기필정보(등기필증, 등기완료통지서)가 없는 경우

등기의무자의 등기필정보(등기필증, 등기완료통지서)가 없을 때에는 ① 등기의무자 또는 그 법정대리인(이하 "등기의무자등"이라 한다)이 등기소에 출석하여 등기관으로부터 등기의무자등임을 확인받는 방법 ② 등기신청인의 대리인(변호사나 법무사만을 말한다)이 등기의무자등으로부터 위임받았음을 확인하여 확인서면을 제출하는 방법 ③ 신청서(위임에 의한 대리인이 신청하는 경우에는 그 권한을 증명하는 서면을 말한다) 중 등기의무자등의 작성부분에 관하여 공증을 받아 제출하는 방법으로 등기신청을 하여야 한다. 위 '공증'은 신청서나 위임장에 기재된 내용 중 등기의무자등의 작성부분(기명날인 등)에 대해 공증인이 등기의무자등의 의사에 의해 작성된 것임을 확인하고 그 증명을 하여 주는 사서증서의 인증을 의미한다(등기필정보가 없는 경우 확인조서 등에 관한 예규, 2018. 12. 18. 등기예규 제1664호, 시행 2019. 1. 1.)(법 제51조, 규칙 제111조 참조).

5. 등기신청서류 편철순서

신청서, 등록면허세영수필확인서, 등기신청수수료영수필확인서, 위임장, 자필서명정보, 인감증명 또는 본인서명사실확인서, 주민등록표등본 · 초본, 토지대장등본, 공유물분할계약서, 등기필증 등의 순으로 편철하는 것이 실무상의 예이다.

6. 등기기록례

[갑 구]		(소유권에 관한 사항)		(No.252)
순위번호	등기목적	접 수	등기원인	권리자 및 기타 사항
2	소유권이전	2016년 3월 11일 제3320호	2016년 2월 1일 매매	공유자 지분 2분의 1 이대백 730320-1617312 서울 서초구 서초동 210 지분 2분의 1 김일동 480412-1011289 서울 서초구 서초동 200
3	2번이대백지분 전부이전	2025년 8월 1일 제7890호	2025년 7월 1일 공유물분할	공유자 지분 2분의 1 김일동 480412-1011289 서울특별시 서초구 서초대로69길 36, 303동 1201호, (서초동, 현대아파트)

(다른 부동산)

[갑 구]		(소유권에 관한 사항)		(No.253)
순위번호	등기목적	접 수	등기원인	권리자 및 기타 사항
1	2번김일동지분 전부이전	2025년 8월 1일 제7891호	2025년 7월 1일 공유물분할	공유자 지분 2분의 1 이대백 730320-1617312 서울특별시 서초구 서초대로 30길 36, 103동 701호, (서초동, 한성아파트)

사례연습

소유권이전등기신청

|설 문|

아래에 기재된 부동산에 대한 등기신청사건을 위임받은 대리인으로서 제시된 사실관계와 답안 작성시 유의사항에 적합한 등기신청서를 작성하고, 신청서에 첨부하는 서면에 대하여 간단히 설명하시오(신청방식은 서면에 의한 방문신청을 전제로 함).

참고자료

1. 부동산의 표시
   1. 서울특별시 강북구 미아동 4-12 전 150㎡
   2. 서울특별시 강북구 미아동 4-33 전 210㎡
2. 위 부동산에 대한 등기사항증명서(위 2. 토지 모두 갑구, 을구의 사항이 동일하다).

[갑 구]	(소유권에 관한 사항)			
순위번호	등기목적	접 수	등기원인	권리자 및 기타사항
3	소유권이전	1989년 3월 6일 제3250호	1989년 2월 3일 매매	공유자 지분 7분의 1 경주김씨 종중 1234555 서울특별시 서초구 서초대로 1(서초동) 대표자 김해성 280808-1231235 서울특별시 강남구 강남대로 9 (역삼동) 지분 7분의 4 재단법인 미래로 110111-1234567 서울특별시 동작구 동작대로 9(상도동) 지분 7분의 2 박철수 631110-1100123 서울특별시 동작구 동작대로 6 (상도동)
4	3번박철수지분 7분의2중 일부(7분의 1)이전	2025년 6월 16일 제6060호	2025년 6월 15일 재산분할	지분 7분의 1 김영숙 671210-2100121 서울특별시 강남구 강남대로 9 (역삼동)

3. 사실관계

위 순위번호 3번의 경주김씨 종중은 공유자 재단법인 및 박철수를 상대로 공유물 분할소송을 제기하여 변론은 2025년 4월 1일 종결되었고, 판결은 원고의 승소로 2025년 5월 15일 확정되었다.(판결선고일 : 2025년 4월 25일)

4. 위 판결주문은 다음과 같다. (서울중앙지방법원 2025가단10220)

1. 원고가 피고들에게 2025년 5월 30일까지 각 100,000,000원씩을 지급하는 것을 조건으로 하여 서울특별시 강북구 미아동 4-12 전 150㎡, 서울특별시 강북구 미아동 4-33 전 210㎡은 전부 원고의 소유로 분할한다.
2. 소송비용은 각자의 부담으로 한다.

5. 판결문상 당사자의 표시

원고: 경주김씨 종중 1234555
서울특별시 서초구 서초대로 1 (서초동)
대표자 김태민 320908-1234121
경상북도 경주시 양정로 300 (동천동)
피고 1. 재단법인 미래로 110111-1234567
서울특별시 동작구 동작대로 9 (상도동)
이사장 김미래 491011-1212345
서울특별시 동작구 동작대로 3 (노량진동)
피고 2. 박철수 631110-1100123
서울특별시 강남구 강남대로 9 (역삼동)

6. 사실관계

(1) 위 지역은 토지거래계약에 관한 허가구역이다. 도시지역중 주거지역은 180㎡, 상업지역은 200㎡, 공업지역은 660㎡, 녹지지역은 100㎡를 초과하는 면적을 취득하는 경우에는 토지거래허가를 받아야 한다.

(2) 미아동 4-12번지는 토지이용계획확인서상 도시지역 중 주거지역에 위치하고 있고, 미아동 4-33번지는 토지이용계획확인서상 녹지지역 내에 소재하고 있는 농지인데 도시계획시설사업에 필요한 농지는 아니다.

(3) 위 재산은 재단법인의 기본재산인데, 몇 년 전에 재단법인은 그 기본재산처분에 대하여 주무관청에 보고만 하면 되는 사항으로 정관변경을 하였다. 이 재단법인이 공익법인이 아님은 분명하다.

(4) 판결문에 재단법인이 법에서 요구하는 모든 허가를 받았음이 나타나 있음.

【모범답안】

소유권일부이전등기신청(공유물분할)

<table>
<tr><td rowspan="2">접 수</td><td>년 월 일</td><td rowspan="2">처리인</td><td>등기관 확인</td><td>각종통지</td></tr>
<tr><td>제 호</td><td></td><td></td></tr>
</table>

<table>
<tr><td colspan="5">부동산의 표시</td></tr>
<tr><td colspan="5">1. 서울특별시 강북구 미아동 4-12 전 150㎡
2. 서울특별시 강북구 미아동 4-33 전 210㎡ -이상-</td></tr>
<tr><td colspan="2">등기원인과그연월일</td><td colspan="3">2025년 5월 15일 공유물분할</td></tr>
<tr><td colspan="2">등 기 의 목 적</td><td colspan="3">3번 재단법인 미래로 지분 전부, 3번 박철수 지분 전부, 4번 김영숙 지분 전부이전</td></tr>
<tr><td colspan="2">이 전 할 지 분</td><td colspan="3">7분의 6</td></tr>
<tr><td>구 분</td><td>성 명</td><td>주민등록번호</td><td>주 소</td><td>지분
(개인별)</td></tr>
<tr><td rowspan="3">등기
의무
자</td><td>재단법인
미래로
이사장
김미래</td><td>110111-1234567</td><td>서울특별시 동작구 동작대로 9
(상도동)
서울특별시 동작구 동작대로 3
(노량진동)</td><td>7분의4</td></tr>
<tr><td>박철수</td><td>631110-1100123</td><td>서울특별시 동작구 동작대로 6
(상도동)
현재주소
서울특별시 강남구 강남대로 9
(역삼동)</td><td>7분의1</td></tr>
<tr><td>김영숙</td><td>671210-2100121</td><td>서울특별시 강남구 강남대로 9
(역삼동)</td><td>7분의1</td></tr>
<tr><td rowspan="2">등기
권리
자</td><td>경주김씨
종중</td><td>1234555</td><td>서울특별시 서초구 서초대로 22
(서초동)</td><td>7분의6</td></tr>
<tr><td>대표자
김태민</td><td>320908-1234121</td><td>경상북도 경주시 양정로 300
(동천동)</td><td></td></tr>
</table>

시가표준액 및 국민주택채권매입금액		
부동산표시	부동산별 시가표준액	부동산별 국민주택채권매입금액
1		금 원
2		금 원
국 민 주 택 채 권 매 입 총 액		금 원
국 민 주 택 채 권 발 행 번 호		

취득세 금 원	지방교육세	금 원
	농어촌특별세	금 원
세 액 합 계	금	원
등 기 신 청 수 수 료	금 30,000	원
	납부번호 :	

등기의무자의 등기필정보		
부동산고유번호		
성 명 (명칭)	일 련 번 호	비 밀 번 호

첨 부 서 면 〈간인〉			
1. 확정판결	1통	1. 주민등록표초본(종중 대표자)	1통
1. 확정증명 및 집행문	1통	1. 주소증명서면 (종중)	1통
1. 승계집행문	1통	1. 부동산등기용등록번호증명서면(종중)	1통
1. 취득세영수필확인서	1통	1. 토지대장등본	2통
1. 등기신청수수료영수필확인서	1통	1. 토지거래허가서	1통
1. 정관(재단법인)	1통	1. 토지이용계획확인서	1통
1. 정관변경에 대한 허가서(재단법인)	1통	1. 위임장	1통
1. 정관(종중)	1통	1. 주소증명서면(김영숙)	1통
1. 대표자변경을 증명하는 서면(종중)	1통	1. 법인등기사항증명서(재단법인)	1통
1. 성년자 2사 이상의 확인서에 대한 인감증명	2통		

2025년 7월 26일

신청인 (전화 :)

위 대리인 법 무 사 김 철 수 [직인] (전화 : 02-500-1234)

서울특별시 서초구 명달로 1번길 36, 606호(서초동, 로펌애비뉴)

서울북부지방법원 도봉등기소 귀중

〔첨부서면에 대한 설명〕

① **공유물분할판결**

공유물분할판결에 의한 등기를 신청함에 있어서는 등기원인을 증명하는 정보로 판결정본을 첨부정보로서 등기소에 제공하여야 한다(규칙 제46조 제1항 제1호). 위 판결정본에는 시장·군수·구청장의 검인을 받아야 한다. 가액배상을 명한 공유물분할판결에 의한 등기는 대가성있는 소유권이전이므로 그 판결문에 인지세법에 의한 인지를 첨부하여야 한다.

② **확정증명/집행문/승계집행문**

판결에 의한 등기를 단독신청할 수 있기 위하여서는 그 판결은 확정판결이어야 하므로 법원으로부터의 확정증명을 첨부정보로서 등기소에 제공하여야 한다(규칙 제46조 제1항 제1호). 공유물분할 소송에서 변론종결 이후에 피고 측에 승계가 있는 경우에는 재판장의 명에 의한 승계집행문을 부여받아야 한다. 원고가 피고들에게 1억원씩을 지급하는 것을 조건으로 하므로 재판장의 명에 의한 집행문도 부여받아야 한다(규칙 제46조 제1항 제1호).

③ **취득세영수필확인서 또는 취득세납부확인서**

시장, 구청장, 군수 등으로부터 취득세납부서(OCR용지)를 발급받아 세금을 납부한 후 취득세영수필확인서를 신청서의 취득세액표시란의 좌측상단 여백에 첨부하거나, 또는 지방세인터넷납부시스템에서 출력한 취득세납부확인서를 첨부정보로서 등기소에 제공하여야 한다(지방세법 제20조, 지방세법시행령 제36조 제1항).

④ **등기신청수수료 영수필확인서**

등기신청수수료는 납부하여야 하므로 법원행정처장이 지정하는 수납금융기관에 납부한 후 영수필확인서를 첨부한다(법 제22조 제3항)(등기예규 제1789호).

⑤ **정관변경에 대한 주무관청의 허가서 + 정관**(재단법인)

재단법인이 그 기본재산 처분에 대하여 주무관청의 보고사항으로 하는 정관변경을 하였고 주무관청이 그러한 정관변경을 허가하였더라도, 그 재단법인이 공익법인인 경우에는 기본재산의 처분에 대한 주무관청의 허가서를, 공익법인이 아닌 재단법인인 경우에는 기본재산이 정관기재사항이어서 기본재산의 처분은 필연적으로 정관의 변경을 초래하고 정관의 변경은 주무관청의 허가를 받아야 그 효력이 있으므로 기본재산의 변동으로 인한 '정관변경에 대한 주무관청의 허가서'를 각 첨부하여 등기신청을 하여야 한다(2007. 02. 14. 등기선례 8-19)(규칙 제46조 제1항 제2호).

⑥ 정관 기타의 규약

법인 아닌 사단인 종중의 실체를 증명할 수 있는 서면으로 그 종중의 정관 기타의 규약을 제출하여야 한다(규칙 제48조 제1호).

⑦ 대표자 또는 관리인임을 증명하는 서면

등기부상 대표자가 김해성에서 김태민으로 변경되었으므로 정관 또는 규약에서 정한 방법에 의하여 대표자 또는 관리인으로 선임되었음을 증명하는 서면을 제출하여야 한다(규칙 제48조 제2호).

⑧ 성년자 2인 이상의 확인서 및 인감증명

위 대표자 또는 관리인임을 증명하는 서면에는 그 사실을 확인하는 데 상당하다고 인정되는 자 2인 이상의 성년자가 사실과 상위 없다는 취지와 성명을 기재하고 인감을 날인하여야 하며, 날인한 인감에 관한 인감증명을 제출하여야 한다(규칙 제60조 제1항 제8호). 위 인감증명에 갈음하여 확인서 등에 서명을 하고 본인서명사실확인서를 첨부하거나 전자본인서명확인서 발급증을 첨부할 수 있다(2016. 12. 16. 등기예규 제1609호).

⑨ 대표자나 관리인의 주소 및 주민등록번호 증명서면

법인 아닌 사단/재단이 등기를 신청하는 경우에는 대표자나 관리인의 주소 및 주민등록번호를 증명하는 서면을 제출하여야 한다(규칙 제48조 제4호).

⑩ 종중의 주소증명서면

법인 아닌 사단 또는 재단이 등기권리자인 경우(새로이 등기명의인이 되는 경우)에는 종중의 주소를 증명하는 서면을 제출하여야 하는데(규칙 제46조 제1항 제6호), 정관(규약) 혹은 회의록 등이 이에 해당한다.

⑪ 종중의 부동산등기용등록번호증명서

종중 즉 법인 아닌 사단 또는 재단이 등기권리자인 경우(새로이 등기명의인이 되는 경우)에는 신청서에 부동산등기용등록번호를 기재하고 이를 증명하는 서면을 첨부정보로서 등기소에 제공하여야 한다(규칙 제46조 제1항 제6호).

⑫ 토지대장등본

토지에 대한 소유권이전등기를 신청하는 경우에는 토지의 표시를 증명하는 토지대장등본을 첨부정보로서 등기소에 제공하여야 한다(규칙 제46조 제1항 제7호).

⑬ 토지이용계획확인서

미아동 4-12번지 150㎡는 도시지역중 주거지역이고 주거지역에서는 공유물분할과정에서 180㎡를 초과취득하는 경우에만 토지거래허가서를 첨부하여야 하는 것이므로 미아동 4-12번지에 대하여서는 토지거래허가를 받을 필요가 없다. 주거지역임을 소명하기 위하여 토지이용계획확인서가 필요하다(규칙 제46조 제1항 제2호).

⑭ 토지거래허가서

미아동 4-33번지 210㎡는 도시지역중 녹지지역이고 녹지지역에서는 공유물분할과정에서 100㎡를 초과취득하는 경우에는 토지거래허가서를 첨부하여야 하는데, 본 사안의 경우 210㎡ 중 공유물분할등기를 통하여 7분의 6을 취득하면 180㎡를 취득하게 되는 것이므로 미아동 4-33번지에 대하여서는 토지거래허가를 받아야 한다(규칙 제46조 제1항 제2호). 토지거래허가서를 첨부한 경우에는 이와 별도로 토지이용계획확인서를 첨부할 필요가 없다.

⑮ 위임장

등기신청을 법무사 등 대리인에게 위임하는 경우이므로 대리권한을 증명하는 정보로 위임장을 첨부정보로서 등기소에 제공하여야 한다(규칙 제46조 제1항 제5호).

⑯ 김영숙의 주소증명서면

김영숙에 대한 승계집행문을 부여받아 김영숙을 의무자로 하여 소유권이전등기를 하는 경우이므로 일반원칙에 따라 등기의무자 김영숙의 주소증명 서면을 제출한다(규칙 제46조 제1항 제6호 단서).

⑰ 재단법인의 법인등기사항증명서

재단법인이 공익법인이 아님을 소명하기 위하여 법인등기사항증명서를 참고로 제출한다.

사례연습

〔법무사 제24회 기출문제〕

소유권일부이전등기신청(판결)

|설 문|

귀하는 등기신청을 위임받은 법무사로서 다음 주어진 사실관계와 답안작성 유의사항에 맞는 등기신청서를 작성하고, 이에 필요한 첨부서면에 관하여 간단하게 설명하시오. (30점)

참고자료

1. 사실관계

경기도 행복시 사랑면 화목리 77번지 전 3,000㎡를 홍길동[주민등록번호: 760907-1532678, 주소: 서울특별시 종로구 세종대로 209(세종로)], 김갑순[주민등록번호: 781225-2342556, 주소: 부산광역시 연제구 중앙대로 1001(연산동)]과 재일동포인 일본 국적의 아라이 히로미치[국내거소신고번호: 730307-5567890, 국내거소: 광주광역시 서구 내방로 111(치평동)]가 공유(각 지분 3분의 1)하고 있는바, 위 3인은 위 토지를 3필지로 분할하여 각 단독소유하기로 하였으나 의견차이로 협의가 성립하지 아니하여 홍길동은 나머지 2명을 피고로 하여 법원에 공유물분할청구의 소를 제기하였다.

이에 따라 위 토지를 분할하는 법원의 공유물분할판결(아래① 참조)이 2018. 7. 16. 선고되고 2018. 8. 3. 확정되었다. 그런데 이러한 판결에 불만이 있던 김갑순은 공유물분할등기가 마쳐지기 전에 이 토지에 대한 자신의 지분 전부를 박을순[주민등록번호: 810308-2123456, 주소: 대전광역시 서구 둔산중로 78(둔산동)]에게 처분(매매)하여 2018. 8. 6. 그 지분이전등기가 마쳐졌다. 이후 대장이 분할(아래② 참조)되고, 2018. 9. 3. 지적소관청의 촉탁에 따라 분필등기(아래③ 참조)가 완료되었다.

각 공유자들의 주소 또는 거소는 공유물취득에 따른 등기를 할 때부터 지금까지 변동은 없으며, 판결문에 기재된 각 공유자의 주소 또는 거소는 등기기록에 기록된 주소 또는 거소와 일치한다.

〈① 판결에 의한 토지 분할 내용〉

㉠ 부분 1,000㎡ 김갑순 소유	㉡ 부분 1,000㎡ 홍길동 소유	㉢ 부분 1,000㎡ 아라이 히로비치 소유

〈② 판결에 따른 대장 분할 현황〉

㉠ 부분: 경기도 행복시 사랑면 화목리 77번지 전 1,000㎡
㉡ 부분: 경기도 행복시 사랑면 화목리 77-1번지 전 1,000㎡
㉢ 부분: 경기도 행복시 사랑면 화목리 77-2번지 전 1,000㎡

〈③ 분필등기 후의 경기도 행복시 사랑면 화목리 77-1번지 전 1,000㎡의 등기기록 갑구〉

순위번호	등기목적	접 수	등기원인	권리자 및 기타 사항
1 (전3)	소유권이전	2018년 2월 6일 제345호	2018년 1월 6일 매매	공유자 지분 3분의1 홍길동 760907-1532678 서울특별시 종로구 세종대로209 (세종로) 지분 3분의1 김갑순 781225-2342556 부산광역시 연제구 중앙대로 1001 (연산동) 지분 3분의1 일본국인 아라이 히로미치 730307-5567890 광주광역시 서구 내방로 111 (치평동) 거래가액 금300,000,000원
2 (전4)	1번김갑순 지분전부 이전	2018년 8월 6일 제5945호	2018년 8월 5일 매매	공유자 지분 3분의1 박을순 810308-2123456 대전광역시 서구 둔산중로 78 (둔산동) 거래가액 금120,000,000원
				분할로 인하여 순위 제1번, 제2번 등기를 경기도 행복시 사랑면 화목리 77에서 전사 접수 2018년 9월 3일 제6456호

홍길동은 위와 같은 판결에 따라 자신이 단독 소유하게 된 경기도 행복시 사랑면 화목리 77-1번지 전 1,000㎡에 대하여 자신의 단독명의로 등기를 하기 위해 2018. 9. 13. 임꺽정 법무사 사무소[사무소 소재지: 서울특별시 서초구 법원로3길 14(서초동), 전화번호: 02) 456-5678]에 방문하여 공유물분할등기신청을 위임하였다.

이에 따라 임꺽정 법무사는 이러한 등기신청에 필요한 등기신청수수료 납부 등 의무사항을 이행하고 필요한 첨부서면을 준비하여 다음날인 2018. 9. 14. 해당 토지의 관할등기소인 수원지방법원 행복등기소에 방문하여 서면으로 등기신청을 하려고 한다

2. 답안작성 유의사항

가. 첨부서면은 그 명칭과 통수를 기재하고, 제출이유와 근거를 답안지에 간단히 설명하시기 바랍니다.

나. 위임장의 작성은 생략하되 첨부서면으로는 기재하고 그 내용(위임인 등)을 답안지에 설명하시기 바랍니다.

다. 신청서 양식 중 시가표준액 및 국민주택채권매입금액란, 취득세(등록면허세)란, 등기신청수수료란 등 설문에서 정보가 주어지지 않은 것은 기재를 생략하시기 바랍니다.

라. 날인이 필요한 곳은 (인)으로 표시하시기 바랍니다.

마. 주어진 사항은 모두 가상이며, 주어진 사항 외에는 고려할 필요가 없습니다.

【모범답안】

소유권일부이전등기신청(판결)

<table>
<tr><td rowspan="2">접 수</td><td>년 월 일</td><td rowspan="2">처리인</td><td>등기관 확인</td><td>각종 통지</td></tr>
<tr><td>제 호</td><td></td><td></td></tr>
</table>

<table>
<tr><td colspan="5">부 동 산 의 표 시</td></tr>
<tr><td colspan="5">경기도 행복시 사랑면 화목리 77

전 1,000㎡ -이상-</td></tr>
<tr><td colspan="2">등기원인과 그 연월일</td><td colspan="3">2018년 8월 3일 공유물분할</td></tr>
<tr><td colspan="2">등 기 의 목 적</td><td colspan="3">1번 일본국 인아라이히로미치 지분전부,
2번 박을순 지분 전부이전</td></tr>
<tr><td colspan="2">이 전 할 지 분</td><td colspan="3">3분의 2</td></tr>
<tr><td>구 분</td><td>성 명</td><td>주민등록번호</td><td>주 소</td><td>지분
(개인별)</td></tr>
<tr><td rowspan="2">등기
의무자</td><td>일본국인
아라이 히로미치</td><td>730307-5567890</td><td>광주광역시 서구 내방로 111
(치평동)</td><td>3분의1</td></tr>
<tr><td>박을순</td><td>810308-2123456</td><td>대전광역시 서구 둔산중로 78
(둔산동)</td><td>3분의1</td></tr>
<tr><td>등기
권리자</td><td>홍길동</td><td>760907-1532678</td><td>서울특별시 종로구 세종대로
209 (세종로)</td><td>3분의2</td></tr>
</table>

<table>
<tr><td colspan="4">시가표준액 및 국민주택채권매입금액</td></tr>
<tr><td>부동산 표시</td><td>부동산별
시가표준액</td><td colspan="2">부동산별 국민주택채권매입금액</td></tr>
<tr><td></td><td></td><td colspan="2">금 원</td></tr>
<tr><td></td><td></td><td colspan="2">금 원</td></tr>
<tr><td colspan="2">국 민 주 택 채 권 매 입 총 액</td><td colspan="2">금 원</td></tr>
<tr><td colspan="2">국 민 주 택 채 권 발 행 번 호</td><td colspan="2"></td></tr>
<tr><td colspan="2" rowspan="2">취득세 금 원</td><td>지방교육세</td><td>금 원</td></tr>
<tr><td>농어촌특별세</td><td>금 원</td></tr>
<tr><td colspan="2">세 액 합 계</td><td colspan="2">금 원</td></tr>
<tr><td colspan="2" rowspan="2">등 기 신 청 수 수 료</td><td colspan="2">금 원</td></tr>
<tr><td colspan="2">납부번호 :</td></tr>
<tr><td colspan="4">첨 부 서 면 〈간인〉</td></tr>
<tr><td colspan="2">1. 판결정본 1통
1. 확정증명 1통
1. 승계집행문 1통
1. 등록면허세영수필확인서/납부확인서 1통
1. 등기신청수수료영수필확인서 1통</td><td colspan="2">1. 주민등록표등(초)본 1통
1. 토지대장등본 1통
1. 위임장 1통</td></tr>
<tr><td colspan="4">2018년 9월 14일
신청인
법무사 임꺽정 직인 (전화 : 02-456-5678)
위 대리인
서울특별시 서초구 법원로3길 14 (서초동)</td></tr>
<tr><td colspan="4">수원지방법원 행복등기소 귀중</td></tr>
</table>

〔첨부서면에 대한 설명〕

① **판결정본**

등기원인을 증명하는 정보로써 판결정본을 첨부정보로서 등기소에 제공하여야 한다(규칙 제46조 제1항 제1호, 규칙 제66조).

② **확정증명**

판결에 의한 등기를 단독신청할 수 있기 위하여서는 그 판결은 확정판결이어야 하므로 법원으로부터의 확정증명을 첨부정보로서 등기소에 제공하여야 한다(규칙 제46조 제1항 제1호).

③ **승계집행문**

변론종결 이후에 피고측에 승계가 있는 경우에는 재판장의 명에 의한 승계집행문을 부여받아야 한다(2004. 2. 2. 부등 3402-50).

④ **등록면허세영수필확인서/등록면허세납부확인서**

시장, 구청장, 군수 등으로부터 등록면허세납부서(OCR용지)를 발급받아 세금을 납부한 후 등록면허세영수필확인서를 신청서의 취득세액표시란의 좌측상단 여백에 첨부하거나, 또는 지방세인터넷납부시스템에서 출력한 등록면허세납부확인서를 첨부정보로서 등기소에 제공하여야 한다(지방세법 제30조; 법 제29조 제10호). 등록면허세도 1건으로 납부한다.

⑤ **등기신청수수료영수필확인서**

1) 대한민국법원 인터넷등기소(http://www.iros.go.kr/)를 이용하여 전자적인 방법(신용카드, 계좌이체, 선불형지급수단)으로 납부

2) 법원행정처장이 지정하는 수납금융기관에 현금으로 납부

3) 무인발급기를 이용하여 현금 또는 신용카드로 납부하고 발급받은 등기신청수수료 영수필확인서를 첨부한다(법 제22조 제3항; 2024.11.29 등기예규 제1789호, 시행 2025. 01. 31.).

⑥ **주민등록표등(초)본**

등기권리자로써 새로이 주소가 등기부에 기입되는 경우에 주소 및 주민등록번호증명서면으로 주민등록표등(초)본을 첨부정보로서 등기소에 제공하여야 한다(규칙 제46조 제1항 제6호). 판결에 의한 등기이므로 등기의무자의 주소증명을 제출할 필요는 없다. 변론종결 이후의 승계인에 대하여서는 견해의 다툼이 있을 수 있다.

⑦ **토지대장등본**

토지에 대한 소유권이전등기를 신청하는 경우에는 토지의 표시를 증명하는 토지대장등본을 첨부정보로서 등기소에 제공하여야 한다(규칙 제46조 제1항 제7호).

⑧ **위임장**

등기신청을 법무사 등 대리인에게 위임하는 경우이므로 대리권한을 증명하는 정보로 위임장을 첨부정보로서 등기소에 제공하여야 한다(규칙 제46조 제1항 제5호).

5. 소유권이전등기 — (8) 판결에 의한 소유권이전등기신청

판결에 의한 소유권 이전등기신청(구분건물)

접 수	년 월 일	처리인	등기관 확인	각종통지
	제 호			

① 부동산의 표시	
1동의 건물의 표시 서울특별시 서초구 서초동 100, 101 샛별아파트 제가동 [도로명주소] 서울특별시 서초구 서초대로20길 36 전유부분의 건물의 표시 건물의 번호 가-12-1201 구 조 철근콘크리트조 면 적 제12층 제1201호 86.03㎡ 대지권의 표시 대지권의 목적인 토지의 표시 1. 서울특별시 서초구 서초동 100 대 1,400㎡ 2. 서울특별시 서초구 서초동 101 대 1,600㎡ 대지권의 종류 1.2. 소유권대지권 대지권의 비율 3,000분의 50 - 이 상-	
② 등기원인과 그 연월일	2025년 2월 12일 매매
③ 등 기 의 목 적	소유권이전
④ 이 전 할 지 분	

구 분	성 명 (상호 · 명칭)	주민등록번호 (등기용등록번호)	주 소(소 재 지)
⑤ 등기 의무자	김 갑 동	600927-1455016	서울특별시 종로구 원서동 2
⑥ 등기 권리자	이 대 백	730320-1617312	서울특별시 동작구 동작대로 10길 366(본동)

⑦ 시가표준액 및 국민주택채권매입금액		
부동산 표시	부동산별 시가표준액	부동산별 국민주택채권매입총액
1. 공동주택	금 300,000,000 원	금 7,800,000 원
	금 원	금 원
⑦ 국 민 주 택 채 권 매 입 총 액		금 7,800,000 원
⑦ 국 민 주 택 채 권 발 행 번 호		

⑧ 취득세(등록면허세) 금 2,000,000 원	⑧ 지 방 교 육 세 금 200,000 원
	⑧ 농어촌특별세 금 400,000 원

⑨ 세 액 합 계	금 2,600,000 원
⑩ 등 기 신 청 수 수 료	금 15,000 원
	납부번호

등기의무자의 등기필정보		
부동산고유번호		
성명(명칭)	일련번호	비밀번호

⑫ 첨 부 서 면 (간인)	
1. 판결정본 1통 ⑬	1. 토지이용계획확인서 2통 ⑳
1. 확정증명 1통 ⑭	1. 위임장 1통 ㉑
1. 취득세영수필확인서 1통 ⑮	<기 타> ㉒
1. 등기신청수수료영수필확인서 1통 ⑯	
1. 주민등록표등본·초본 2통 ⑰	
1. 토지대장등본(대지권등록부) 2통 ⑱	
1. 집합건축물대장등본(전유부) 1통 ⑲	

2025년 8월 1일

⑪ 위 신청인

대리인 법무사 유 명 한 (직인) (전화: 599-0000)

서울특별시 서초구 서초대로100길 36 (서초동)

서울중앙지방법원 등기국 귀중

등기신청안내서 — 판결에 의한 소유권이전등기신청(구분건물)

1. 판결에 의한 소유권이전등기

이 서식은 등기의무자인 매도인이 매매로 인한 소유권이전등기절차에 협력하지 아니하는 경우에 등기권리자인 매수인이 매도인을 상대로 등기절차의 이행을 명하는 승소의 확정판결을 받아서 단독으로 등기신청을 하는 예이다(법 제23조 제4항).

2. 등기신청방법

판결에 의한 등기신청은 승소한 등기권리자 또는 등기의무자 본인이나, 법무사 등 그 대리인이 신분을 확인할 수 있는 주민등록증 등을 가지고 직접 등기소에 출석하여 신청한다.

3. 등기소에 제공하여야 하는 신청정보

신청서는 한글과 아라비아 숫자로 기재한다. 부동산의 표시란이나 신청인란 등이 부족할 경우에는 별지를 사용하고, 별지를 포함하여 신청서가 여러 장인 때에는 각 장 사이에 간인을 하여야 한다.

① 부동산의 표시란

등기를 하고자 하는 부동산을 기재하되, 등기기록상 부동산의 표시와 일치하여야 한다. 부동산이 토지인 경우에는 토지의 소재와 지번, 지목, 면적을 기재하고, 건물인 경우에는 건물의 소재와 지번, 도로명주소, 구조, 종류, 면적, 건물의 번호가 있는 때에는 그 번호, 부속건물이 있는 때에는 그 구조, 종류와 면적을 기재하면 된다. 구분건물인 경우에는, 다음과 같이 기재한다.

㈎ 1동의 건물의 표시 1동의 건물 전체의 소재 · 지번 · 종류와 구조 및 면적을 기재한다. 단, 1동의 건물의 번호를 기재할 때에는 건물의 표시에 관한 등기 또는 소유권 보존의 등기를 신청하는 경우를 제외하고는 1동의 건물의 구조와 면적을 기재하지 아니한다(규칙 제43조 제1항 1. 다.).

㈏ **전유부분의 건물의 표시** 건물의 번호, 구조, 면적을 기재한다.

㈐ 대지권의 표시 대지권의 목적인 토지의 표시, 대지권의 종류, 비율을 기재한다.

(i) 대지권의 목적인 토지의 표시는 토지의 소재와 지번, 지목, 면적을,

(ii) 대지권의 종류는 소유권, 지상권, 전세권, 임차권 등 권리의 종류에 따라 기재하며,

(iii) 대지권의 비율은 대지권의 목적인 토지에 대한 지분비율을 기재한다.

② 등기원인과 그 연월일란

이미 발생한 권리변동의 원인사실(매매, 증여)을 확인하고 그에 따른 등기절차의 이행을 명하는 판결의 경우에는 당해 판결주문 또는 이유 중에 기재되어 있는 등기원인('매매' '증여')과 그 발생년월일(매매계약일 등)을 기재한다. 다만 등기절차의 이행을 명하는 이행판결주문에 등기원인과 그 연월일이 명시되어 있지 아니한 경우 등기원인은 '확정판결'로, 그 연월일은 '판결선고일'을 기재한다. 권리변경의 원인이 판결 자체, 즉 형성판결(공유물분할판결, 사해행위취소판결, 재산분할심판)인 경우 등기원인은 '판결에서 행한 형성처분'을 기재하고, 그 연월일은 '판결확정일'을 기재한다.

③ 등기의 목적란

아래 예규를 참조하여 기재한다.

④ 이전할 지분란

구 분	소유권		공유지분	
	전부이전	일부이전	전부이전	일부이전
등기의 목적	'소유권이전'	'소유권 일부이전'	'ㅇ번 갑지분 전부이전'	'ㅇ번 갑지분 ㅇ분의 ㅇ중 일부(ㅇ분의ㅇ)이전'
이전할 지분	-	'ㅇ분의ㅇ'	'ㅇ분의ㅇ' (부동산 전체에 대한 지분을 기재한다. 다만 수인의 공유자로부터 지분 일부씩을 이전 받는 경우에는 이를 합산하여 기재한다)	

※ 근거: 2010. 7. 9. 등기예규 제1313호

⑤ 등기의무자란

매도인 등의 성명, 주민등록번호, 주소를 기재하되, 등기기록상 소유자 표시와 일치하여야 한다. 그러나 매도인 등이 법인인 경우에는 상호(명칭), 본점(주사무소 소재지), 등기용등록번호 및 대표기관(대표이사)의 성명, 주소를 기재하고, 법인 아닌 사단이나 재단인 경우에는 상호(명칭), 본점(주사무소 소재지), 등기용등록번호 및 대표자(관리인)의 성명, 주민등록번호, 주소를 각 기재한다.

⑥ **등기권리자란**

매수인 등을 기재하는 난으로, 그 기재방법은 등기의무자란과 같다.

⑦ **시가표준액 및 국민주택채권매입총액란**

㈎ 취득세납부서(OCR용지)에 기재된 시가표준액(300,000,000)원과 시가표준액의 일정비율에 해당하는 국민주택채권매입금액를 기재한다.

㈏ 본건과 같은 공동주택의 경우에는 개별주택공시가격을 기준으로 국민주택채권을 매입하여야 한다. 개별주택공시가격 300,000,000원으로 보면 26/1,000(서울)에 해당하는 국민주택채권을 매입하여야 한다(금 7,800,000원).

⑧ **취득세 · 지방교육세란 및 농어촌특별세란**

부동산등기에 관한 취득세의 과세표준은 등기당시의 가액으로 한다(지방세법 제10조 제1항). 이 과세표준은 등기신청인의 신고에 의한다. 신고가 없거나 신고가액이 지방세법 제4조 규정에 의한 시가표준액에 미달하는 경우에는 시가표준액을 과세표준으로 한다(동법 제2항). 다만 동법 제10조 제5항의 규정에 해당하는 경우(국가 · 지방자치단체 및 지방자치단체조합으로부터의 취득, 판결문 · 법인장부 중 대통령령이 정하는 것에 의하여 취득가격이 입증되는 취득, 공매방법에 의한 취득, 부동산거래신고법 제3조에 따른 신고서를 제출하여 같은 법 제5조에 따라 검증이 이루어진 취득)에는 동법 제10조 제2항의 규정에 불구하고 동조 동항의 규정에 의한 사실상의 취득가액을 과세표준으로 한다(동법 제5항). 따라서 일반적으로는 매매금액(혹은 지방세법상의 시가표준액)이 취득세의 과세표준액이 될 것이나 사실상 취득가격이 별도로 판결문상에 기재된 경우에는 그 사실상 취득가격을 기준으로 취득세를 산정한다. 본 건의 경우는 지방세법상 시가표준액(공동주택공시가격)이 300,000,000원이지만 판결문상에 매매금액이 200,000,000원으로 기재되어 있는 것을 전제로 하였다.

㉠ 매매금액(200,000,000원)의 1,000분의 10에 해당하는 취득세를 납부한다(200,000,000 × 10/1,000 = 2,000,000원. 지방세법 제11조 제1항 제8호). ㉡ 위 지방세법 제11조 제1항 제8호(주택거래)에 해당하는 경우에는 해당 세율에 100의 50을 곱한 세율을 적용하여 산출한 금액)의 100분의 20의 지방교육세를 납부한다(200,000,000 × 10/1,000 × 50/100 × 20/100 = 200,000원. 지방세법 제151조 제1항). ㉢ 지방세법 제11조 및 제12조의 표준세율을 1,000분의 20로 적용하여 100분의 10에 해당하는 농어촌특별세를 납부한다(200,000,000 × 20/1,000 × 10/100 = 400,000원. 농어촌특별세법 제5조 제1항).

취득세	지방교육세	농어촌특별세
10/1,000	(10/1,000 x 50/100) x 20/100	20/1,000 x 10/100
지방세법 제11조 제1항 제8호	지방세법 제151조 제1항	농어촌특별세법 제5조 제1항

⑨ **세액합계란**

취득세, 농어촌특별세, 지방교육세액의 합계를 기재한다.

⑩ **등기신청수수료란**

소유권이전등기를 신청하는 자는 등기신청수수료를 내야 하므로(법 제22조 제3항), 부동산 1개당 15,000원(전자표준양식에 의한 등기신청의 경우에는 13,000원, 전자신청의 경우에는 10,000원)에 해당하는 등기신청수수료를 납부하고 그 등기신청수수료금액 및 납부번호를 신청서에 기재한다(등기예규 제1733호).

⑪ **신청인 혹은 대리인의 표시란**

㈎ 승소한 등기권리자 또는 등기의무자의 성명 및 전화번호를 기재하고 기명날인하거나 서명을 한다. 그러나 신청인이 법인 또는 법인 아닌 사단이나 재단인 경우에는 상호(명칭)와 대표자(관리인)의 자격 및 성명을 기재하고, 대표자(관리인)의 직인(사용인감도 가능)을 날인한다.

㈏ 대리인이 등기신청을 하는 경우에는 그 대리인의 성명, 주소 및 전화번호를 기재하고 기명날인한다.

⑫ **첨부서면란**

등기신청서에 첨부한 서면을 각 기재한다.

4. 등기소에 제공하여야 하는 첨부정보

⑬,⑭ **판결정본 및 확정증명**

법원으로부터 등기권리자(또는 등기의무자)에게 송달된 판결정본과 법원에서 발급받은 확정증명을 첨부한다(규칙 제46조 제1항 제1호). 선이행판결이나 동시이행판결의 경우에는 집행문부여를 받아야 한다. 확정판결과 동일한 효력이 있는 재판상 화해조서, 조정조서, 인락조서, 가사심판조서 등도 그 내용에 소유권이전등기의 의사표시가 기재되어 있는 경우에는 등기권리자 만으로 등기신청을 할 수 있다. 판결문에 의하여 소유권이전등기를 하는 경우에도 검인을 받아야 한다.

⑮ 취득세영수필확인서 또는 취득세납부확인서

시장, 구청장, 군수 등으로부터 취득세납부서(OCR용지)를 발급받아 세금을 납부한 후 취득세영수필확인서를 신청서의 취득세액표시란의 좌측상단 여백에 첨부하거나, 또는 지방세인터넷납부시스템에서 출력한 취득세납부확인서를 첨부정보로서 등기소에 제공하여야 한다(지방세법시행령 제36조 제1항).

⑯ 등기신청수수료영수필확인서

소유권이전등기를 신청하는 자는 등기신청수수료를 내야 하므로(법 제22조 제3항), 부동산 1개당 15,000원(전자표준양식에 의한 등기신청의 경우에는 13,000원, 전자신청의 경우에는 10,000원)에 해당하는 등기신청수수료를 납부하고 등기신청수수료영수필확인서를 첨부한다(등기예규 제1733호).

⑰ 주소 및 주민등록번호를 증명하는 서면 — 주민등록표등본 · 초본

등기권리자의 주소 및 주민등록번호를 증명하는 서면으로 등기권리자의 주민등록표등본 · 초본을 제출한다. 일반적으로 소유권이전등기를 신청함에 있어서는 등기의무자의 주소를 증명하는 서면을 제출하여야 하나(규칙 제46조 제1항 제6호), 본 건 사안은 판결에 의한 등기이므로 등기의무자의 주소를 증명하는 서면을 제출할 필요는 없다.

다만, 판결문상의 피고의 주소가 등기기록상의 등기의무자 주소와 다른 경우(등기기록상 주소가 판결에 병기된 경우 포함. 2016. 11. 30. 등기예규 제1692호)에는 동일인임을 증명할 수 있는 자료로서 피고의 주소에 관한 서면 등을 제출하여야 한다. 그러나 판결문상에 기재된 피고의 주민등록번호와 등기기록상에 기재된 등기의무자의 주민등록번호가 동일하여 동일인임을 인정할 수 있는 경우에는 그러하지 아니하다.

⑱ 토지대장등본

토지에 대한 소유권이전등기이므로 부동산의 표시를 증명하는 서면으로 토지대장정보를 첨부정보로서 등기소에 제공하여야 한다(규칙 제46조 제1항 제7호).

⑲ 건축물대장등본

집합건물에 대한 소유권이전등기이므로 부동산의 표시를 증명하는 서면으로 건축물대장정보를 첨부정보로서 등기소에 제공하여야 한다(규칙 제46조 제1항 제7호).

⑳ 토지이용계획확인서

토지거래허가지역에서 매매를 원인으로 소유권이전등기를 신청하는 경우에는 판결에 의한 등기신청의 경우에도 토지거래허가서를 첨부하여야 하므로, 해당 지역이 토지거래허가지역인지 여부를 소명하기 위하여 토지이용계획확인서를 첨부한다. 토지거래허가서를 첨부한 경우에는 이와 별도로 토지이용계획확인서를 제출할 필요는 없다.

㉑ 위임장

등기신청을 법무사 등 대리인에게 위임하는 경우에 첨부한다. 위임인의 성명과 주소를 기재하고 인장을 날인하되 판결에 의하여 단독신청하는 경우에는 인감날인 대신에 일반적인 기명날인 혹은 서명으로 갈음할 수 있다. 위임인이 법인이나 법인 아닌 사단 또는 재단인 경우에는 상호(명칭)와 대표자(관리인)의 자격, 성명 및 주소도 기재하여야 한다.

㉒-1 기타 ― 신청인이 법인인 경우

한편 신청인이 법인인 경우에는 대표자의 자격을 증명하는 서면으로 법인등기사항전부증명서 또는 법인등기사항일부증명서를 첨부하여야 한다(규칙 제46조 제1항 제4호). 이 경우에 법인등기사항증명서는 소유자의 주소를 증명하는 서면, 부동산등기용등록번호를 증명하는 서면이기도 하다(규칙 제46조 제1항 제6호). 다만 법인등기가 되어있는 등기소와 부동산소재지 관할 등기소가 동일한 경우에는 위 법인등기사항증명서를 제출할 필요가 없다(규칙 제46조 제5항).

㉒-2 기타 ― 신청인이 법인 아닌 사단(재단)인 경우

법인 아닌 사단 또는 재단이 등기를 신청하는 경우에는 ㉠ 정관이나 그 밖의 규약, ㉡ 대표자나 관리인임을 증명하는 정보(다만, 등기되어 있는 대표자나 관리인이 신청하는 경우에는 그러하지 아니하다), ㉢ 법인 아닌 사단 또는 재단의 주소 및 부동산등기용등록번호를 증명하는 정보(새로이 등기명의인이 되는 경우에 한한다), ㉣ 대표자나 관리인의 주소 및 주민등록번호를 증명하는 정보를 첨부정보로 제공한다. 다만 법인 아닌 사단이 등기의무자인 경우에는 민법 제276조 소정의 사원총회의 결의서도 첨부한다(규칙 제48조).

㉒-3 기타 ― 제3자의 허가, 동의 또는 승낙을 증명하는 서면

제3자의 동의, 허가 또는 승낙을 증명하는 서면, 즉 부동산이 농지인 경우에는 농지취득자격증명(시 · 읍 · 면사무소 발급), 토지거래허가구역인 경우에는 토지거래허가증(시 · 군 · 구청 발급) 등을 첨부하여야 한다. 등기원인에 대하여 행정관청의 허가, 동의 또는 승낙을 받을 것이 요구되는 때에는 부동산등기규칙 제46조 제3항의 규정에 불구하고 소유권이전등기를 신청할 때에 그 허가, 동의 또는 승낙을 증명하는 서면을 제출하여야 하기 때문이다(부동산등기특별조치법 제5조 제1항).

㉒-4 기타 ― 등기의무자의 인감증명 또는 본인서명사실확인서 또는 전자본인서명확인서 발급증

등기의무자의 협력을 기대할 수 없어 판결에 의하여 등기를 신청하는 경우이므로 등기의무자의 인감증명 또는 본인서명사실확인서를 첨부할 필요가 없다.

㉒-5 기타 ― 등기의무자의 등기필정보

등기의무자의 등기필정보도 제공할 필요가 없다. 다만 승소한 등기의무자가 부동산등기법 제23조의 규정에 의하여 단독으로 등기를 신청하는 경우에는 등기필정보를 제공하여야 한다(규칙 제43조 제1항 제7호).

㉒-6 기타 ― 거래신고필증과 매매목록의 문제

매매에 관한 거래계약서를 등기원인을 증명하는 서면으로 하여 소유권이전등기를 신청하는 경우에는 대법원규칙이 정하는 거래신고필증과 매매목록을 첨부하여야 하지만, 판결에 기한 등기의 경우에는 집행력있는 판결정본이 등기원인을 증명하는 서면에 해당하므로, 본 사안과 같은 판결에 기한 등기의 경우에는 등기원인이 매매라고 하더라도 거래신고필증이나 매매목록을 제출할 필요가 없다. 등기원인이 매매라 하더라도 등기원인증서가 판결, 조정조서 등 매매계약서가 아닌 때에는 거래가액을 등기부에 기재하지 아니하고 이와 같이 거래가액을 등기부에 기재하지 아니하는 경우에는 부동산거래계약신고필증을 첨부할 필요는 없다(2018. 3. 7. 등기예규 제1633호).

5. 등기신청서류 편철순서

신청서, 취득세영수필확인서, 등기신청수수료영수필확인서, 위임장, 주민등록표등본·초본, 토지·건축물대장등본, 판결정본 등의 순으로 편철하는 것이 실무상의 예이다.

6. 등기기록례

[갑 구]		(소유권에 관한 사항)		(No.203)
순위번호	등기목적	접 수	등기원인	권리자 및 기타 사항
2	소유권이전	1998년 3월 11일 제3320호	1989년 2월 10일 매매	소유자 김갑동 600927-1455016 서울 종로구 원서동 2
3	소유권이전	2025년 8월 1일 제7890호	2025년 2월 12일 매매	소유자 이대백 730320-1617312 서울특별시 동작구 동작대로10길 366 (본동)

사례연습

소유권이전등기신청(판결)

|설 문|

다음 등기부상 소유자인 김형택과 그의 동생 김일택(461212-1022201 서울특별시 관악구 관악대로 100 (봉천동))은 그들의 부친 김명남(150806-1012321, 서울특별시 관악구 봉천동 799)이 2017년 3월 13일 사망함에 따라 아래 부동산을 상속받았으나 상속등기를 하지 않은 상태에서 위 김일택이 잠깐 외국에 나가 있는 사이에 김형택은 서류를 위조하여 자기 명의로 소유권이전등기를 경료하였고 그 후 2018년 1월 13일 위 김형택이 사망하여 김형택의 상속인 김일남, 김이남 앞으로 소유권이전등기가 경료되었다.

이에 김일택은 김일남, 김이남을 상대로 김일남, 김이남의 지분 중 각 4분의 1지분(전체에 대한 지분은 2분의 1)을 진정명의회복을 원인으로 한 소유권이전등기를 이행하라는 판결을 받아서 그에 기한 등기신청을 하고자 한다(판결문상 피고들의 주소는 서울특별시 동작구 사당동 100).

한편 위 소송의 사실심 변론종결일은 2018년 10월 26일, 판결선고일은 2018년 11월 26일, 판결확정일은 2018년 12월 26일이다. 아래 등기부를 참고하여 위 판결에 기한 등기신청서를 작성하라. 등기신청일은 2019년 1월 31일이다.

참고자료

1. 등기부

<갑 구>

[갑 구]		(소유권에 관한 사항)		
순위번호	등기목적	접 수	등기원인	권리자 및 기타사항
2	소유권이전	2017년 4월 27일 제4263호	2017년 3월 25일 매매	소유자 김형택 390312-1010101 서울특별시 송파구 잠실동 323
3	소유권이전	2018년 5월 27일 제5563호	2018년 1월 13일 상속	공유자 지분 2분의 1 김일남 640809-1011121 서울특별시 강동구 상일동

				123 지분 2분의 1 김이남 661111-1011241 서울특별시 강동구 명일동 456

<을 구>

[을 구]		(소유권외의 권리에 관한 사항)		
순위번호	등기목적	접 수	등기원인	권리자 및 기타사항
1	근저당권설정	2017년 7월 7일 제4264호	2017년 4월 26일 설정계약	채권최고액 금100,000,000원 채무자 김형택 서울특별시 송파구 잠실대로 263(삼전동) 근저당권자 이춘기 560809-1365321 서울특별시 중구 서소문로 24 (명동)

2. 부동산의 표시

1동의 건물의 표시

서울특별시 서초구 서초동 100

프라임빌라 제가동

[도로명주소] 서울특별시 서초구 남부순환로 26

철근콘크리트조 슬래이브지붕 3층 연립주택

1층 245㎡ 2층 245㎡

3층 245㎡

전유부분의 건물의 표시

건물의 번호 가-1-101

구 조 철근콘크리트조

면 적 제1층 제101호 84.03㎡

대지권의 표시

토지의 표시

1. 서울특별시 서초구 서초동 100 대 600 ㎡

대지권의 종류 1. 소유권대지권

대지권의 비율 600분의 50

-이 상-

3. 공동주택공시가격: 160,000,000원
4. 채권매입비율

   28/1,000(5천만원~1억 5천만원)

   18/1,000(5천만원 미만)
5. 취득세율: 35/1,000
6. 관할등기소: 서울중앙지방법원 등기국

【모범답안】

진정명의회복을 원인으로 한 소유권일부이전등기신청

접 수	년 월 일	처리인	등기관 확인	각종통지
	제 호			

부동산의 표시
1동의 건물의 표시 서울특별시 서초구 서초동 100 프라임빌라 제가동 [도로명주소] 서울특별시 서초구 남부순환로 26 전유부분의 건물의 표시 건물의 번호 가-1-101 구 조 철근콘크리트조 면 적 제1층 제101호 84.03㎡ 대지권의 표시 토지의 표시 1. 서울특별시 서초구 서초동 100 대 600 ㎡ 대지권의 종류 1. 소유권대지권 대지권의 비율 600분의 50 -이 상-

등기원인과 그 연월일	진정명의회복
등 기 의 목 적	3번 김일남지분 2분의 1중 일부(4분의 1) 및 김이남 지분 2분의 1중 일부(4분의 1) 이전
이 전 할 지 분	2분의 1

구 분	성 명 (상호 · 명칭)	주민등록번호 (등기용등록번호)	주 소(소재지)	지 분
등기의무자	김일남	640809-1011121	등기기록상 주소 서울특별시 강동구 상일동 123 현주소 서울특별시 동작구 사당동 100	1/4
	김이남	661111-1011241	등기기록상 주소 서울특별시 강동구 명일동 456 현주소 서울특별시 동작구 사당동 100	1/4
등기권리자	김일택	461212-1022201	서울특별시 관악구 관악대로 100 (봉천동)	1/2

<table>
<tr><td colspan="4">시가표준액 및 국민주택채권매입금액</td></tr>
<tr><td>부동산 표시</td><td colspan="2">부동산별 시가표준액</td><td>부동산별 국민주택채권매입총액</td></tr>
<tr><td>1. 공동주택</td><td colspan="2">160,000,000 × 1/2
= 80,000,000 원</td><td>금 2,240,000원</td></tr>
<tr><td colspan="3">국 민 주 택 채 권 매 입 총 액</td><td>금 2,240,000원</td></tr>
<tr><td colspan="3">국 민 주 택 채 권 발 행 번 호</td><td>7506-10-0486-1333</td></tr>
<tr><td colspan="3" rowspan="2">취 득 세 금 2,800,000원</td><td>지방교육세 금 240,000원</td></tr>
<tr><td>농어촌특별세 금 160,000원</td></tr>
<tr><td>세 액 합 계</td><td colspan="3">금 3,200,000 원</td></tr>
<tr><td rowspan="2">등 기 신 청 수 수 료</td><td colspan="3">금 15,000 원</td></tr>
<tr><td colspan="3">납부번호 :</td></tr>
<tr><td colspan="4">첨 부 서 면 (간인)</td></tr>
<tr><td colspan="2">1. 판결정본 1통 ①
1. 확정증명 1통 ①
1. 취득세영수필확인서 1통 ②
1. 등기신청수수료영수필확인서 1통 ③</td><td colspan="2">1. 주민등록표등본·초본 3통 ④
1. 토지대장등본 1통 ⑤
1. 건축물대장등본 1통 ⑤</td></tr>
<tr><td colspan="4">2019년 1월 31일
위 신청인 김 일 택 ㉐

서울중앙지방법원 등기국 귀중</td></tr>
</table>

신청서 작성요령

* 1. 부동산표시란에 2개 이상의 부동산을 기재하는 경우에는 부동산의 일련번호를 기재하여야 합니다.
2. 신청인란 등 해당란에 기재할 여백이 없을 경우에는 별지를 이용합니다.

〔첨부서면에 대한 설명〕

① 판결정본 및 확정증명

진정명의회복을 원인으로 소유권이전등기를 이행하라는 판결에 의하여 등기를 신청할 때에는 등기원인을 증명하는 서면으로 집행력있는 판결정본 혹은 판결과 동일한 효력을 갖는 조서를 제출하여야 한다(규칙 제46조 제1항 제1호). 그 판결문에는 확정증명을 첨부하여야 하지만 인지세법의 규정에 의한 인지를 첩부할 필요는 없다. 그리고 이 판결이 선이행판결이나 동시이행판결의 경우에는 집행문부여를 받아야 한다. 한편 이는 계약을 원인으로 한 소유권이전등기가 아니므로 부동산소재지 시장 · 군수 · 구청장으로부터 검인을 받을 필요가 없다.

② 취득세영수필확인서 또는 취득세납부확인서

시장, 구청장, 군수 등으로부터 취득세납부서(OCR용지)를 발급받아 세금을 납부한 후 취득세영수필확인서를 신청서의 취득세액표시란의 좌측상단 여백에 첨부하거나, 또는 지방세인터넷납부시스템에서 출력한 취득세납부확인서를 첨부정보로서 등기소에 제공하여야 한다(지방세법시행령 제36조 제1항).

③ 등기신청수수료영수필확인서

진정명의회복등기를 신청하는 자는 등기신청수수료를 내야하므로(법 제22조 제3항), 부동산 1개당 15,000원(전자표준양식에 의한 등기신청의 경우에는 13,000원, 전자신청의 경우에는 10,000원)에 해당하는 등기신청수수료를 납부하고 등기신청수수료영수필확인서를 첨부한다(등기예규 제1789호).

④ 주민등록표등본 · 초본

등기권리자의 주소를 증명하는 서면으로 주민등록표등(초)본을 제출한다(규칙 제46조 제1항 제6호). 이는 동시에 등기권리자의 주민등록번호를 증명하는 서면의 성격을 갖는다(동조 동호). 그리고 주민등록표등본 · 초본은 발행일로부터 3월 이내의 것이어야 한다. 판결에 의한 등기시에는 원칙적으로 등기의무자의 주소를 증명하는 서면을 제출할 필요는 없으나 본 사안의 경우에 판결문상의 피고(김일남, 김이남)의 주소가 등기부상의 등기의무자의 주소와 다르므로 피고의 동일성을 증명할 수 있는 자료로서 등기의무자의 주소에 관한 서면(주민등록표등본 · 초본)을 제출하여야 한다. 이는 피고들의 등기부상 주소가 판결에 병기된 경우에도 마찬가지이다.

⑤ 토지대장등본, 건축물대장등본

이는 소유권이전등기이므로 토지대장등본 및 건축물대장등본 기타 부동산의 표시를 증명하는 서면을 제출하여야 한다(규칙 제46조 제1항 제7호).

사례연습

〔법무사 제16회 기출문제〕

소유권이전등기신청(판결, 상속)

설 문

아래에 기재된 부동산에 대한 소유권이전등기신청을 위임받은 대리인으로서 제시된 사실관계와 답안 작성시 유의사항에 적합한 등기신청서 및 위임장을 작성하고, 신청서에 첨부하는 서면에 대하여 간단히 설명하시오. (신청방식은 서면에 의한 방문신청을 전제로 함)

참고자료

[1] 부동산과 소유자의 표시

서울특별시 서초구 서초동 100번지 전 1000㎡
등기부상 소유자 홍길동

[2] 사실관계

가. 김갑동(주민등록번호 : 550101-1000000, 주소 : 서울 강남구 대치동 1)은 홍길동(주민등록번호 : 310202-2000001, 주소 : 서울 송파구 잠실동 1)을 상대로 위 부동산에 대한 소유권이전등기소송을 제기하여 2019. 7. 31. 승소판결이 선고되고, 그 후에 확정되었다.

나. 판결 주문은 다음과 같다.

"피고는 원고로부터 금 2억 원을 지급받음과 동시에 원고에게 서울특별시 서초구 서초동 100번지 전 1000㎡에 관하여 2018. 3. 5. 매매를 원인으로 한 소유권이전등기절차를 이행하라."

다. 확정판결을 받은 김갑동이 소유권이전등기신청을 하기 전에 홍길동이 사망하여 위 부동산은 홍길동의 자인 홍일남(주민등록번호 : 770702-1000004, 주소 서울 송파구 잠실동 1), 홍이남(주민등록번호 : 800303-1000005, 주소 : 서울 강남구 수서동 2), 홍일순(주민등록번호 : 820405-2000001, 주소 : 서울 관악구 신림동 1)에게 상속되었다. 홍일순은 상속을 포기하였고, 남편인 박일동(주민등록번호 : 750505-1000202)과 자인 박이동(주민등록번호 : 050202-4000003)이 있으며, 각 주소는 홍일순의 주소와 같다. 홍길동의 사망 일자는 2019. 8. 5. 이다.

라. 등기신청일 당시 상속인 명의로 상속등기가 경료되지 않고 있다.

마. 목적 부동산은 토지거래계약에 관한 허가구역이다.

바. 목적 부동산은 도시지역 중 녹지지역 내의 농지로서 도시계획시설사업에 필요한 농지가 아니다.

사. 소유권이전등기신청은 김갑동이 단독으로 신청하였다.

[3] 답안 작성시 유의사항

가. 부동산표시, 첨부서면란 등이 부족할 때에는 별지를 사용할 수 있다.

나. 신청서 중 시가표준액 및 국민주택채권매입금액, 취득세, 등기신청수수료, 등기의무자의 등기필정보 등에 관한 각 난은 기재하지 않는다.

다. 첨부서면은 그 명칭을 해당란에 기재하고, 별지에 각 서면별로 제출이유와 첨부서면으로서 갖추어야 할 요건 및 내용을 설명한다.

라. 신청서 작성일은 2019. 10. 10. 로 한다.

마. 날인이 필요한 곳은 "(인):으로 표시한다.

바. 대리인은 아래와 같다.
법무사 김철수, 사무소 서울 서초구 서초동 1번지(전화 500-1234)

사. 관할등기소(과)는 '서울중앙지방법원 등기국'이다.

【모범답안】

소유권이전등기신청(판결)

접 수	년 월 일	처리인	등기관 확인	각종통지
	제 호			

부동산의 표시(거래신고관리번호/거래가액)				
서울특별시 서초구 서초동 100 전 1,000m -이상-				
등기원인과 그 연월일	2018년 3월 5일 매매			
등 기 의 목 적	소유권이전			
이 전 할 지 분				
구 분	성 명 (상호 · 명칭)	주민등록번호 (등기용등록번호)	주 소(소재지)	지 분 (개인별)
등기 의무자	망 홍 길 동 상속인 홍 일 남 홍 이 남	310202-2000001 770702-1000004 800303-1000005	서울특별시 송파구 잠실동 1 서울특별시 송파구 잠실동 1 서울특별시 강남구 수서동 2	
등기 권리자	김 강 동	550101-1000000	서울특별시 강남구 대치동 1	

<table>
<tr><td colspan="4">시가표준액 및 국민주택채권매입금액</td></tr>
<tr><td>부동산 표시</td><td>부동산별 시가표준액</td><td colspan="2">부동산별 국민주택채권매입총액</td></tr>
<tr><td></td><td>금 원</td><td colspan="2">금 원</td></tr>
<tr><td colspan="2">국 민 주 택 채 권 매 입 총 액</td><td colspan="2">금 원</td></tr>
<tr><td colspan="2">국 민 주 택 채 권 발 행 번 호</td><td colspan="2"></td></tr>
<tr><td rowspan="2">취 득 세</td><td rowspan="2">금 원</td><td>지방교육세</td><td>금 원</td></tr>
<tr><td>농어촌특별세</td><td>금 원</td></tr>
<tr><td>세 액 합 계</td><td colspan="3">금 원</td></tr>
<tr><td rowspan="2">등 기 신 청 수 수 료</td><td colspan="3">금 원</td></tr>
<tr><td colspan="3">납부번호 :</td></tr>
<tr><td colspan="4">첨 부 서 면 (간인)</td></tr>
<tr><td colspan="2">1. 판결정본 1통
1. 확정증명서 1통
1. 집행문 1통
1. 취득세영수필확인서 1통
1. 등기신청수수료영수필확인서 1통
1. 토지대장등본 1통
1. 주민등록표등본·초본 4통
1. 기본증명서(상세증명서) 1통</td><td colspan="2">1. 가족관계증명서(상세증명서) 1통
1. 친양자입양관계증명서(상세증명서) 1통
1. 제적등본 1통
1. 상속포기심판서정본 1통
1. 토지거래허가서 1통
1. 위임장 1통</td></tr>
<tr><td colspan="4">2019년 10월 10일

위 대리인 법무사 김철수 [직인] (전화 : 500-1234)

서울특별시 서초구 서초대로 26

서울중앙지방법원 등기국 귀중</td></tr>
</table>

신청서 작성요령

* 1. 부동산표시란에 2개 이상의 부동산을 기재하는 경우에는 부동산의 일련번호를 기재하여야 합니다.
2. 신청인란 등 해당란에 기재할 여백이 없을 경우에는 별지를 이용합니다.

<table>
<tr><td colspan="3" align="center">위 임 장</td></tr>
<tr><td>부동산의 표시</td><td colspan="2">서울특별시 서초구 서초동 100
전 1,000㎡ -이 상-</td></tr>
<tr><td colspan="2">등기원인과 그 연월일</td><td>2018년 3월 5일 매매</td></tr>
<tr><td colspan="2">등 기 의 목 적</td><td>소유권이전</td></tr>
<tr><td colspan="2"></td><td></td></tr>
<tr><td colspan="2" align="center">위 임 인</td><td align="center">대 리 인</td></tr>
<tr><td colspan="2">신청인

김갑동 ㉣

서울특별시 강남구 대치동 1</td><td>법무사 김철수
서울특별시 서초구 서초동 1
(전화 : 500-1234)
위 사람을 대리인으로 정하고 위 부동산 등기신청 및 취하에 관한 모든 행위를 위임한다. 또한 복대리인 선임을 허락한다.
2019년 10월 10일</td></tr>
</table>

〔첨부서면에 대한 설명〕

① **판결정본**

판결에 의한 등기신청이므로 등기원인을 증명하는 서면으로 법원으로부터 등기권리자에게 송달된 판결정본을 첨부하여야 한다(규칙 제46조 제1항 제1호). 위 판결문에는 등기권리자와 등기의무자가 나타나야 하고, 신청대상인 등기의 내용이 특정되어 있어야 한다. 토지거래허가서를 제출하여하므로 이와 별도로 판결정본에 검인을 받을 필요는 없다.

② **확정증명서**

의사진술을 명하는 판결은 확정되어야 의사진술이 있는 것으로 보기 때문에(민사집행법 제263조), 판결에 의한 등기신청시에는 법원으로부터 받은 확정증명서를 첨부한다. 이와 별도로 송달증명서는 제출할 필요가 없다.

③ **집행문**

반대의무가 이행된 뒤에 권리관계의 성립을 인낙하거나 의사를 진술할 것인 경우에는 민사집행법 제30조와 제32조의 규정에 따라 집행문을 내어 준 때에 그 효력이 생기므로(민사집행법 제263조 제2항), 재판장의 명령에 의하여 내어준 집행문을 첨부하여야 한다(민사집행법 제32조 제1항).

④ **취득세영수필확인서 또는 취득세납부확인서**

판결문에 기재된 사실상 취득가격의 1,000분의 30(농지)에 해당하는 취득세와 지방교육세 및 농어촌특별세를 납부한 취득세영수필확인서를 첨부한다.

⑤ **등기신청수수료영수필확인서**

소유권이전등기를 신청하는 자는 등기신청수수료를 내야하므로(법 제22조 제3항), 부동산 1개당 15,000원(전자표준양식에 의한 등기신청의 경우에는 13,000원, 전자신청의 경우에는 10,000원)에 해당하는 등기신청수수료를 납부하고 등기신청수수료영수필확인서를 첨부한다(등기예규 제1789호).

⑥ **토지대장등본**

토지에 대한 소유권이전등기신청이므로 부동산의 표시를 증명하는 서면으로 토지대장등본을 1통 첨부한다(규칙 제46조 제1항 제8호). 등기부와 토지대장상 부동산의 표시 혹은 소유자표시가 일치하지 않는 경우에는 이를 일치시키지 아니하면 이 부동산에 대하여 다른 등기신청을 하지 못한다. 토지대장등본은 발행일로부터 3개월 이내의 것이어야 한다(규칙 제62조).

⑦ 주민등록표등본 · 초본

㉠ 등기권리자 김갑동

판결에 의하여 소유권이전등기를 단독신청하는 경우에는 등기의무자의 주소증명서면은 필요없지만 등기권리자의 주소증명서면을 첨부하여야 하므로, 등기권리자 김갑동의 주소 및 주민등록번호증명서면(규칙 제46조 제1항 제6호)으로 김갑동의 주민등록표등(초)본을 제출한다.

㉡ 망 홍길동 및 홍일남, 홍이남

판결문과 상속을 증명하는 서면에 의하여 홍일남, 홍이남이 망자 홍길동의 상속인임이 확인된다면 주소를 증명하는 서면을 첨부할 필요가 없으나, 그렇지 않다면 피상속인 홍길동이 등기부상의 소유명의인이라는 점과 홍일남, 홍이남의 상속인이라는 점을 증명할 수 있는 자료로서 망 홍길동 및 등기의무자 홍일남, 홍이남의 주소를 증명하는 서면을 첨부하여야 한다.

※ 다음 등기선례를 유추적용함 : 피상속인 갑으로부터 부동산을 매수한 을이 갑의 상속인들에 대하여 소유권이전등기절차를 명하는 확정판결을 받아 을명의로 소유권이전등기신청을 하는 경우, 판결문과 상속을 증명하는 서면에 의하여 갑의 상속인임이 확인된다면 주소를 증명하는 서면을 첨부할 필요가 없으나, 그렇지 않다면 피상속인 갑이 등기부상의 소유명의인이라는 점과 피고들이 갑의 상속인이라는 점을 증명할 수 있는 자료로서 갑 및 그 상속인들의 주소를 증명하는 서면을 첨부하여야 한다(2007. 3. 29. 등기선례 8-79).

⑧⑨⑩ 상속을 증명하는 서면 (피상속인-홍길동)

1) 피상속인이 2008. 1. 1. 이후에 사망신고가 된 경우로서, 피상속인에게 배우자와 자녀가 있는 경우에는 다음 각 호의 서면을 상속을 증명하는 서면으로 제출하여야 한다.

1. 피상속인의 기본증명서(상세) 및 가족관계증명서(상세)
2. 피상속인의 친양자입양관계증명서(상세)
3. 피상속인의 구 호적법상 제적등본(전적전 제적등본 포함)

2) 위 기본증명서(상세)에 의하여서는 피상속인 홍길동과 등기명의인의 동일성, 사망사실과 사망일시를 확인하고, 가족관계증명서(상세)를 통하여서는 홍일남, 홍이남, 홍일순이 상속인이 맞는지 여부를 확인하여야 하며, 친양자입양관계증명서(상세)를 통해 피상속인이 사망한 후에 타인에게 친양자입양된 자녀의 존부와 피상속인 사망 당시 피상속인에게 친양자입양된 자녀의 존부를 확인할 수 있어야 한다.

3) 제적등본을 통해 2008년 1월 1일 이전 피상속인의 자녀 중 사망, 국적상실, 실종선고, 부재선고를 원인으로 제적된 자가 있는지 여부, 2008년 1월 1일 이전 혼인, 분가, 입양 등의 사유로 가족관계증명서에 누락된 직계비속이 있는지 여부를 확인한다.

4) 가족관계증명서(상세) 및 제적등본을 통해 피상속인 사망전에 사망한 자녀의 존부를 확인하여 대습상속이 발생하였는지 조사한다(이상 상속등기에 관한 업무처리지침, 2025.01.24 등기예규 제1835호)

⑪ 기본증명서 · 가족관계증명서(상속인)

피상속인의 가족관계증명서(상세)를 통해 상속인을 확인할 수 있기 때문에 원칙적으로 상속인의 기본증명서를 첨부할 필요는 없다. 다만, 등기관은 상속인의 주민등록표 등 · 초 등 제출된 첨부서면만으로 동일인임을 확인하가 어려운 경우 상속인의 기본증명서(상세)의 제출을 요구할 수 있다(위 등기예규 제1835호).

한편 피상속인이 2007. 12. 31. 이전에 사망신고가 된 경우에는 ① 피상속인의 제적등본 및 피상속인의 제적에 기재사실에 의하여 확인된 각 상속인의 기본증명서(상세) 등을 제출하여야 하고, ② 구관습법상(1960. 1. 1.이전 사망) 호주상속에 따른 등기를 신청하는 경우에는 호주상속 개시사실과 호주상속인이 기재된 제적등 · 초본 및 호주상속인의 기본증명서(상세) 등을 제출하여야 한다(위 등기예규 제1835호).

⑫ 상속포기심판서정본

상속인 홍일순이 상속포기를 하였으므로 상속인이 아님을 증명하는 서면으로 상속포기심판서정본을 첨부한다. 상속포기의 경우에는 대습상속이 일어나지 않고, 동순위의 상속인이 수인인 때에는 최근친을 선순위로 하기 때문에, 홍일순의 상속인 박일동과 박이동을 등기의무자로 기재하지 않는다. 상속포기접수증명원을 첨부하는 것은 아니다.

⑬ 토지거래허가서

부동산거래신고법상의 토지거래허가지역이므로 시장, 군수, 구청장의 토지거래허가서를 첨부하여야 한다(규칙 제46조 제1항 제2호). 다만 위 허가서는 토지거래허가지역으로 지정된 이후에 매매계약을 체결한 경우에만 이를 첨부한다. 판결에 의한 등기라고 하여 토지거래허가서가 면제되는 것은 아니지만, 토지거래허가를 받은 경우에는 이와 별도로 농지취득자격증명을 첨부할 것은 아니다. 토지거래허가지역임을 소명하기 위하여 별도로 토지이용계획확인원을 첨부할 필요도 없다고 본다.

⑭ 위임장

등기신청을 법무사에게 위임하는 경우이므로 대리인의 자격을 증명하는 서면으로 위임장을 제출한다(규칙 제46조 제1항 제5호). 위 위임장에는 위임인이 기명날인 또는 서명하여야 한다.

소유권이전 대위등기신청(사해행위취소)

접 수	년 월 일	처리인	등기관 확인	각종통지
	제 호			

① 부동산의 표시
1동의 건물의 표시 서울특별시 서초구 서초동 100, 101 샛별아파트 제가동 [도로명주소] 서울특별시 서초구 서초대로20길 36 전유부분의 건물의 표시 건물의 번호 가-12-1201 구 조 철근콘크리트조 면 적 제12층 제1201호 86.03㎡ 대지권의 표시 대지권의 목적인 토지의 표시 1. 서울특별시 서초구 서초동 100 대 1,400㎡ 2. 서울특별시 서초구 서초동 101 대 1,600㎡ 대지권의 종류 1.2. 소유권대지권 대지권의 비율 3,000분의 50 - 이 상-

② 등기원인과 그 연월일	2019년 3월 6일 사해행위취소
③ 등 기 의 목 적	소유권이전
③ 이 전 할 지 분	
④ 대 위 원 인	2018년 2월 16일 소비대차의 대여금반환청구권

구 분	성 명 (상호·명칭)	주민등록번호 (등기용등록번호)	주 소(소재지)
⑤ 등기 의무자	김 갑 동	600927-1455016	서울특별시 종로구 원서동 2
⑥ 등기 권리자	이 대 백 대위신청인 박 영 남	730320-1617312	서울특별시 관악구 관악대로36길 36 303동 401호, (봉천동, 성공아파트) 서울특별시 서초구 방배대로20길 36 101동 1201호, (방배동, 대현아파트)

<table>
<tr><td colspan="4">⑦ 시가표준액 및 국민주택채권매입금액</td></tr>
<tr><td>부동산 표시</td><td colspan="2">부동산별 시가표준액</td><td>부동산별 국민주택채권매입총액</td></tr>
<tr><td>1. 공동주택</td><td colspan="2">금 300,000,000 원</td><td>금 12,600,000 원</td></tr>
<tr><td colspan="3">⑦ 국 민 주 택 채 권 매 입 총 액</td><td>금 12,600,000 원</td></tr>
<tr><td colspan="3">⑦ 국 민 주 택 채 권 발 행 번 호</td><td></td></tr>
<tr><td colspan="3" rowspan="2">⑧ 취득세 금 10,500,000원</td><td>⑧ 지 방 교 육 세 금 900,000 원</td></tr>
<tr><td>⑧ 농어촌특별세 금 600,000 원</td></tr>
<tr><td>⑨ 세 액 합 계</td><td colspan="3">금 12,000,000 원</td></tr>
<tr><td rowspan="2">⑩ 등 기 신 청 수 수 료</td><td colspan="3">금 15,000 원</td></tr>
<tr><td colspan="3">납부번호</td></tr>
<tr><td colspan="4">등기의무자의 등기필정보</td></tr>
<tr><td>부동산고유번호</td><td colspan="3"></td></tr>
<tr><td>성명(명칭)</td><td colspan="2">일련번호</td><td>비밀번호</td></tr>
<tr><td></td><td colspan="2"></td><td></td></tr>
<tr><td colspan="4">⑫ 첨 부 서 면 (간인)</td></tr>
<tr><td colspan="2">1. 판결정본 1통 ⑬
1. 확정증명 1통 ⑭
1. 취득세영수필확인서 1통 ⑮
1. 등기신청수수료영수필확인서 1통 ⑯
1. 주민등록표등본·초본 2통 ⑰
1. 토지대장등본(대지권등록부) 2통 ⑱
1. 집합건축물대장등본(전유부) 1통 ⑲</td><td colspan="2">1. 위임장 1통 ⑳
1. 금전소비대차증서 1통 ㉑
<기 타> ㉒
1. 대위원인증서(동시제출원용)</td></tr>
<tr><td colspan="4">2019년 8월 1일

⑪ 위 신청인

대리인 법무사 유 명 한 (직인) (전화: 599-0000)
서울특별시 서초구 서초대로100길 36 (서초동)

서울중앙지방법원 등기국 귀중</td></tr>
</table>

등기신청안내서 — 사해행위취소를 원인으로 한 소유권이전등기신청

1. 사해행위취소를 원인으로 한 소유권이전등기

(1) 이 서식은 이대백의 채권자 박영남이 이대백으로부터 김갑동 앞으로의 소유권이전등기가 채권자를 해하는 사해행위임을 이유로 사해행위취소 및 소유권이전등기를 명하는 판결을 받아서 채무자 앞으로의 소유권이전등기를 대위로 신청하는 경우이다.

채권자가 채권자대위권을 행사하는 방법으로 제3채무자를 상대로 소송을 제기하고 판결을 받은 경우에는 어떠한 사유로 인하였던 간에 채권자대위권에 의한 소송이 제기된 사실을 채무자가 알았을 경우에는 그 확정판결의 효력은 채무자에게 미친다고 할 것이므로 채권자대위권에 의한 소송을 제기한 사실을 채무자가 알았다면 그 판결에 기하여 직접 소유권이전등기신청을 할 수 있다(1985. 4. 10. 등기예규 제563호). 그러나 채권자취소소송에서는 채권자가 얻은 판결에 의하여 채무자가 단독으로 수익자 명의의 등기를 말소하거나 채무자 앞으로 이전등기를 신청할 수는 없다고 본다.

왜냐 하면 채권자취소소송의 효력은 소송의 당사자인 채권자와 수익자 또는 전득자의 상대적인 관계에서만 미칠 뿐, 그 소송에 참가하지 아니한 채무자 또는 채무자와 수익자 사이의 법률관계에는 미치지 아니하기 때문이다(大判 1988. 2. 23. 87다카1989).

결국 이 경우에 등기신청은 말소등기이든 이전등기이든 수익자가 등기의무자 채무자가 등기권리자의 입장에서 공동신청하여야 할 것이고(물론 수익자 부분은 법 제29조의 규정에 따라 처리함), 채무자가 이 등기를 신청하지 아니하는 경우에 승소한 채권자가 대위로 그 등기를 신청할 수 있다. 즉 말소등기이든 이전등기이든 채권자가 대위로 채무자 앞으로의 등기를 신청하는 것이다.

채권자가 직접 수익자명의의 등기에 대한 말소 혹은 이전등기신청을 못하는 이유는 승소한 '등기권리자'가 아니기 때문이며, 채무자가 수익자명의의 등기에 대한 말소 · 이전등기신청을 못하는 이유는 '승소한' 등기권리자가 아니기 때문이다. 수익자가 단독으로 말소 · 이전등기신청을 못하는 이유는 '승소한' 등기의무자가 아니기 때문이다.

(2) 원래는 사해행위취소의 경우에는 말소등기를 하는 것이 원칙이나, 소유권말소등기 대신에 진정명의회복을 원인으로 한 소유권이전등기가 허용되는 것처럼, 말소등

기 대신에 원상회복의 방법으로 채무자 앞으로의 소유권이전등기를 신청하는 것도 최근 대법원판례에서는 인정하고 있다(大判 2000. 2. 25. 99다53704). 본 건의 경우에는 등기상 이해관계인의 승낙서를 첨부할 수 없어서 말소등기를 못하여 이전등기판결을 받아서 그에 기한 이전등기를 신청하는 경우이다.

2. 등기신청방법

판결에 의한 등기신청은 승소한 등기권리자 또는 등기의무자 본인이나, 법무사 등 그 대리인이 신분을 확인할 수 있는 주민등록증 등을 가지고 직접 등기소에 출석하여 신청한다. 사해행위취소는 소로써만 행사할 수 있으므로 판결이 아닌 공동신청 등의 방법에 의하여 사해행위취소를 원인으로 한 소유권말소 혹은 이전등기는 신청할 수 없다.

3. 등기소에 제공하여야 하는 신청정보

신청서는 한글과 아라비아 숫자로 기재한다. 부동산의 표시란이나 신청인란 등이 부족할 경우에는 별지를 사용하고, 별지를 포함하여 신청서가 여러 장인 때에는 각 장 사이에 간인을 하여야 한다.

① 부동산의 표시란

등기를 하고자 하는 부동산의 표시를 기재하되 등기부상 부동산의 표시와 일치하여야 한다. 만일 등기기록과 토지 · 건축물대장의 부동산표시가 다른 때에는 먼저 부동산표시변경(또는 경정) 등기를 하여야 한다.

㈎ 1동의 건물의 표시 1동의 건물 전체의 소재 · 지번 · 도로명주소 · 종류와 구조 및 면적을 기재한다. 단, 1동의 건물의 번호를 기재할 때에는 건물의 표시에 관한 등기 또는 소유권 보존의 등기를 신청하는 경우를 제외하고는 1동의 건물의 구조와 면적을 기재하지 아니한다(규칙 제43조 제1항 1. 다.).

㈏ 전유부분의 건물의 표시 건물의 번호, 구조, 면적을 기재한다.

㈐ 대지권의 표시 대지권의 목적인 토지의 표시, 대지권의 종류, 비율을 기재한다.

(i) 대지권의 목적인 토지의 표시는 토지의 소재와 지번, 지목, 면적을,

(ii) 대지권의 종류는 소유권, 지상권, 전세권, 임차권 등 권리의 종류에 따라 기재하며,

ⅲ 대지권의 비율은 대지권의 목적인 토지에 대한 지분비율을 기재한다.

② 등기원인과 그 연월일란

"별지 목록 기재 부동산에 관하여, 가. 피고 조○○와 피고 임○○ 사이에 2010. 8. 16. 체결된 매매계약을 취소한다. 나. 피고 임○○는 원고에게 대구지방법원 ○○등기소 2010. 8. 17. 접수 제47571호로 마친 소유권이전등기의 말소등기절차를 이행하라."는 주문과 같은 사해행위취소 등 판결에 의하여 등기를 신청하는 경우에는 등기신청서에 기재할 등기원인을 "사해행위취소"로, 등기원인일자를 "판결확정일"로 기재하여야 한다(2012. 03. 21. 부동산등기과−557 질의회답). 이러한 법리는 사해행위취소판결에 의하여 소유권'이전'등기를 신청하는 경우에도 마찬가지라고 생각한다. 따라서 본 사안에서 2012년 3월 6일은 판결확정일이다.

③ 등기의 목적 및 이전할 지분란

구 분	소유권		공유지분	
	전부이전	일부이전	전부이전	일부이전
등기의 목적	'소유권이전'	'소유권 일부이전'	'○번 갑지분 전부이전'	'○번 갑지분 ○분의 ○중 일부(○분의○)이전'
이전할 지분	-	'○분의○'	'○분의○' (부동산 전체에 대한 지분을 기재한다. 다만 수인의 공유자로부터 지분 일부씩을 이전 받는 경우에는 이를 합산하여 기재한다)	

※ 근거: 2010. 7. 9. 등기예규 제1313호

④ 대위원인

신청서에는 대위권의 발생원인, 즉 보전하여야 하는 채권이 발생된 법률관계를 간략히 기재한다.

<예 시> 매매인 경우에는 '○년 ○월 ○일 매매에 의한 소유권이전등기청구권'
대여금채권인 경우에는 '○년 ○월 ○일 소비대차의 대여금반환청구권'

⑤ 등기의무자란

등기의무자인 현소유자의 성명, 주민등록번호, 주소를 기재하되, 등기기록상 소유자 표시와 일치하여야 한다. 다만 등기기록상 등기의무자의 주소가 지번방식의 주소인 경우에도, 등기의무자의 주민등록등(초)본 등에 의하여 해당 지번방식의 주소에 대한 도로명주소임이 인정되는 경우에는 등기사건을 수리하여야 한다(법 제29조 제7호의 적용을 받지 아니한다). 한편 등기의무자의 주소가 전거 등의 실질적인 주소변경이 아닌 도로명주소법에 따른 주소변경인 경우에는 주소변경의 직권등기를 하지 않는다.

⑥ **등기권리자란**

등기기록상 권리를 취득하는 채무자의 표시를 기재하는 란으로, 그 기재방법은 등기의무자란과 같다.

⑦ **시가표준액 및 국민주택채권매입금액, 국민주택채권매입총액란**(본건의 경우 금 300,000,000원)

취득세납부서(OCR용지)에 기재된 시가표준액과 시가표준액의 일정비율에 해당하는 국민주택채권매입금액를 기재한다.

⑧ **취득세 · 지방교육세란 및 농어촌특별세란**

㉠ 부동산가액(300,000,000원)의 1,000분의 35에 해당하는 취득세를 납부한다(300,000,000 × 35/1,000 = 10,500,000원. 지방세법 제11조 제1항 제2호). ㉡ 취득물건에 대하여 지방세법 제10조의 과세표준에 제11조 제1항 제1호부터 제7호까지의 세율에서 1천분의 20을 뺀 세율을 적용하여 산출한 금액의 100분의 20의 지방교육세를 납부한다(300,000,000 × (35/1,000 - 20/1,000) × 20/100 = 900,000원. 지방세법 제151조 제1항), ㉢ 지방세법 제11조 및 제12조의 표준세율을 1,000분의 20으로 적용하여 100분의 10에 해당하는 농어촌특별세를 납부한다(300,000,000 × 20/1,000 × 10/100 = 600,000원. 농어촌특별세법 제5조 제1항).

취득세	지방교육세	농어촌특별세
35/1,000	(35/1,000 - 20/1,000) x 20/100	20/1,000 x 10/100
지방세법 제11조 제1항 제2호	지방세법 제151조 제1항	농어촌특별세법 제5조 제1항

⑨ **세액합계란**

취득세, 농어촌특별세, 지방교육세액의 합계를 기재한다.

⑩ **등기신청수수료란**

소유권이전등기를 신청하는 자는 등기신청수수료를 내야 하므로(법 제22조 제3항), 부동산 1개당 15,000원(전자표준양식에 의한 등기신청의 경우에는 13,000원, 전자신청의 경우에는 10,000원)에 해당하는 등기신청수수료를 납부하고 그 등기신청수수료금액 및 납부번호를 신청서에 기재한다(등기예규 제1789호).

⑪ **신청인 혹은 대리인의 표시란**

㈎ 신청인의 성명 및 전화번호를 기재하고 기명날인 또는 서명을 한다. 그러나 신청인이 법인 또는 법인 아닌 사단이나 재단인 경우에는 상호(명칭)와 대표자(관리인)

의 자격 및 성명을 기재하고, 대표자(관리인)의 직인(사용인감도 가능)을 날인한다.

(나) 본 건의 경우는 절차법상으로는 등기권리자는 이대백이므로 이대백이 단독으로 그 등기(자기 앞으로의 소유권말소등기 또는 이전등기)를 신청하여야 하나, 이대백이 그 등기를 신청하지 아니하면 박영남은 이를 대위로 신청할 수밖에 없다. 따라서 박영남이 이 등기를 신청하는 경우에는 '대위신청인 박영남' 식으로 기재하여야 하고, 대위신청인의 성명 및 전화번호를 기재하고 기명날인 또는 서명을 한다.

⑫ 첨부서면란

등기신청서에 첨부한 서면을 각 기재한다.

4. 등기소에 제공하여야 하는 첨부정보

⑬,⑭ 판결정본 및 확정증명

법원으로부터 등기권리자(또는 등기의무자)에게 송달된 판결정본과 법원에서 발급받은 확정증명을 첨부한다(규칙 제46조 제1항 제1호). 선이행판결이나 동시이행판결의 경우에는 집행문부여를 받아야 한다. 확정판결과 동일한 효력이 있는 재판상 화해조서, 조정조서, 인락조서, 가사심판조서 등도 그 내용에 소유권이전 등기의 의사표시가 기재되어 있는 경우에는 등기권리자만으로 등기신청을 할 수 있다.

⑮ 취득세영수필확인서 또는 취득세납부확인서

시장, 구청장, 군수 등으로부터 취득세납부서(OCR용지)를 발급받아 세금을 납부한 후 취득세영수필확인서를 신청서의 취득세액표시란의 좌측상단 여백에 첨부하거나, 또는 지방세인터넷납부시스템에서 출력한 취득세납부확인서를 첨부정보로서 등기소에 제공하여야 한다(지방세법시행령 제36조 제1항).

⑯ 등기신청수수료영수필확인서

소유권이전등기를 신청하는 자는 등기신청수수료를 내야 하므로(법 제22조 제3항), 부동산 1개당 15,000원(전자표준양식에 의한 등기신청의 경우에는 13,000원, 전자신청의 경우에는 10,000원)에 해당하는 등기신청수수료를 납부하고 등기신청수수료영수필확인서를 첨부한다(등기예규 제1789호).

⑰ 주소 및 주민등록번호를 증명하는 서면 — 주민등록표등본 · 초본

등기권리자의 주소 및 주민등록번호를 증명하는 서면으로 등기권리자의 주민등록표등본 · 초본을 제출한다. 일반적으로 소유권이전등기를 신청함에 있어서는 등기의무자의 주소를 증명하는 서면을 제출하여야 하나(규칙 제46조 제1항 제6호), 본 건 사안은 판결에 의한 등기이므로 등기의무자의 주소를 증명하는 서면을 제출할 필요는 없다.

다만, 판결문상의 피고의 주소가 등기기록상의 등기의무자 주소와 다른 경우(등기기록상 주소가 판결에 병기된 경우 포함. 2016. 11. 30. 등기예규 제1692호)에는 동일인임을 증명할 수 있는 자료로서 피고의 주소에 관한 서면 등을 제출하여야 한다. 판결문상에 기재된 피고의 주민등록번호와 등기기록상에 기재된 등기의무자의 주민등록번호가 동일하여 동일인임을 인정할 수 있는 경우에는 그러하지 아니하다.

⑱ **토지대장등본**(대지권등록부)

토지에 대한 소유권이전등기이므로 부동산의 표시를 증명하는 서면으로 토지대장정보를 첨부정보로서 등기소에 제공하여야 한다(규칙 제46조 제1항 제7호).

⑲ **집합건축물대장등본**(전유부)

집합건물에 대한 소유권이전등기이므로 부동산의 표시를 증명하는 서면으로 건축물대장정보를 첨부정보로서 등기소에 제공하여야 한다(규칙 제46조 제1항 제7호).

⑳ **위임장**

등기신청을 법무사 등 대리인에게 위임하는 경우에 첨부한다. 위임인의 성명과 주소를 기재하고 인장을 날인하되 판결에 의하여 단독신청하는 경우에는 인감날인 대신에 일반적인 기명날인 혹은 서명으로 갈음할 수 있다. 위임인이 법인이나 법인 아닌 사단 또는 재단인 경우에는 상호(명칭)와 대표자(관리인)의 자격, 성명 및 주소도 기재하여야 한다.

㉑ **금전소비대차증서**

대위원인으로 '2011년 2월 16일 소비대차의 대여금반환청구권'이라고 기재하였으므로 금전소비대차증서 등 대위원인을 증명하는 서면을 첨부한다(규칙 제50조).

㉒-1 기타 ― 신청인이 법인인 경우

한편 신청인이 법인인 경우에는 대표자의 자격을 증명하는 서면으로 법인등기사항전부증명서 또는 법인등기사항일부증명서를 첨부하여야 한다(규칙 제46조 제1항 제4호). 이 경우의 위 법인등기사항증명서는 소유자의 주소를 증명하는 서면, 부동산등기용등록번호를 증명하는 서면이기도 하다(규칙 제46조 제1항 제6호). 다만 법인등기가 되어 있는 등기소와 부동산소재지 관할 등기소가 동일한 경우에는 위 법인등기사항증명서를 제출할 필요가 없다(규칙 제46조 제5항).

㉒-2 기타 ― 신청인이 법인 아닌 사단(재단)인 경우

법인 아닌 사단 또는 재단이 등기를 신청하는 경우에는 ㉠ 정관이나 그 밖의 규약, ㉡ 대표자나 관리인임을 증명하는 정보(다만, 등기되어 있는 대표자나 관리인이 신청하는 경우에는 그러하지 아니하다), ㉢ 법인 아닌 사단 또는 재단의 주소 및 부동산등기용등록번호를 증명하는 정보(새로이 등기명의인이 되는 경우에 한한다), ㉣ 대표자나 관리인의 주소 및 주민등록번호를 증명하는 정보를 첨부정보로 제공한다. 다만 법인 아닌 사단이 등기의무자인 경우에는 민법 제276조 소정의 사원총회의 결의서도 첨부한다(규칙 제48조).

㉒-3 기타 — 등기의무자의 인감증명 또는 본인서명사실확인서 또는 전자본인서명확인서 발급증

등기의무자의 협력을 기대할 수 없어 판결에 의하여 등기를 신청하는 경우이므로 등기의무자의 인감증명 또는 본인서명사실확인서를 첨부할 필요가 없다.

㉒-4 기타 — 등기의무자의 등기필정보

등기의무자의 등기필정보도 제공할 필요가 없다. 다만 승소한 등기의무자가 부동산등기법 제23조의 규정에 의하여 단독으로 등기를 신청하는 경우에는 등기필정보를 제공하여야 한다(규칙 제43조 제1항 제7호).

5. 등기신청서류

신청서, 취득세영수필확인서, 등기신청수수료영수필확인서, 위임장, 주민등록표등본 · 초본, 토지 · 건축물대장등본, 판결정본 등의 순으로 편철하는 것이 실무상의 예이다.

6. 등기기록례

[갑 구]		(소유권에 관한 사항)		(No.531)
순위번호	등기목적	접 수	등기원인	권리자 및 기타 사항
2	소유권이전	2019년 3월 11일 제3320호	2019년 2월 10일 매매	소유자 김갑동 600927-1455016 서울 종로구 원서동 2
3	소유권이전	2019년 8월 1일 제7890호	2019년 3월 6일 사해행위취소	소유자 이대백 730320-1617312 서울특별시 관악구 관악대로36길 36, 303동 401호(봉천동, 성공아파트)
				대위자 박영남 서울특별시 서초구 방배대로20길 36, 101동 1201호(방배동, 대현아파트) 대위원인 2018년 2월 16일 소비대차의 대여금반환청구권

사례연습

소유권이전대위등기신청(명의신탁해지)

설 문

채권자 박현신(680108-1067777, 서울특별시 관악구 관악대로 100(봉천동))은 2019년 1월 2일 채무자 이일만에게 금 1억원을 변제기를 2019년 5월 31일로 하여 차용해 주었다. 한편 아래 부동산의 등기부상 소유자인 김영숙과 부부관계에 있었던 채무자 이일만(590102- 1010289, 서울특별시 성북구 인촌로 288(안암동)은 현재 김영숙과 사이가 안 좋아 별거중인바, 종전에 부인 명의로 해 두었던 아래 부동산에 대하여 2018. 12. 9. 명의신탁해지를 원인으로 한 소유권이전등기절차를 이행하라는 승소판결을 받았지만 무슨 이유인지 그에 따른 등기를 하지 않고 있다. 위 소송의 사실심 변론종결일은 2019년 6월 26일, 판결선고일은 2019년 7월 26일, 판결확정일은 2019년 8월 26일이다. 채권자는 자기의 채권을 보전하기 위하여 우선 위 김영숙으로부터 이일만에로의 등기를 신청하고자 한다. 2019. 9. 21. 제출하는 등기신청서를 작성하라.

참고자료

1. 등기부

<갑 구>

[갑 구]		(소유권에 관한 사항)		
순위번호	등기목적	접 수	등기원인	권리자 및 기타사항
2	소유권이전	2009년 4월 27일 제4263호	2009년 3월 25일 매매	소유자 김영숙 590312-2012101 서울특별시 강동구 강동대로 123(상일동)

<을 구>

[을 구]		(소유권외의 권리에 관한 사항)		
순위번호	등기목적	접 수	등기원인	권리자 및 기타사항
4	근저당권설정	2019년 7월 7일 제7006호	2019년 7월 6일 설정계약	채권최고액 금100,000,000원 채무자 김팔남 서울특별시 송파구 백제고분

				로 263 (삼전동) 근저당권자 이전권 560809-1365321 서울특별시 동작구 동작대로 260 (상도동)

2. 부동산의 표시　　서울특별시 서초구 우면동 609　전1,000㎡
3. ㎡당 개별공시지가　　100,000원
4. 채권매입비율　　28/1,000
5. 취득세율　　35/1,000
6. 위 농지는 농지전용허가를 **받은 농지**이다.
7. 관할등기소는 서울중앙지방법원 등기국이다.

【모범답안】

명의신탁해지로 인한 소유권이전대위등기신청

접 수	년 월 일	처리인	등기관 확인	각종통지
	제 호			

부동산의 표시				
서울특별시 서초구 우면동 609 전 1,000㎡ 이 상				
등기원인과 그 연월일	2018년 12월 9일 명의신탁해지			
등 기 의 목 적	소유권이전			
대 위 원 인	2019년 1월 2일 소비대차의 대여금반환청구권			
구 분	성 명 (상호 · 명칭)	주민등록번호 (등기용등록번호)	주 소(소재지)	지분 (개인별)
등기 의무자	김 영 숙	590312-2019101	서울특별시 강동구 강동대로 123 (상일동)	
등기 권리자	이 일 만 대위신청인 박 현 신	590102-1010289	서울특별시 성북구 인촌로 288 (안암동) 서울특별시 관악구 관악대로 100 (봉천동)	

<table>
<tr><td colspan="4">시가표준액 및 국민주택채권매입금액</td></tr>
<tr><td>부동산 표시</td><td>부동산별 시가표준액</td><td colspan="2">부동산별 국민주택채권매입총액</td></tr>
<tr><td>1. 토 지</td><td>100,000 × 1,000㎡
= 100,000,000 원</td><td colspan="2">금 2,800,000원</td></tr>
<tr><td colspan="2">국 민 주 택 채 권 매 입 총 액</td><td colspan="2">금 2,800,000원</td></tr>
<tr><td colspan="2">국 민 주 택 채 권 발 행 번 호</td><td colspan="2">7506-10-0486-1236</td></tr>
<tr><td rowspan="2">취 득 세</td><td rowspan="2">금 3,500,000원</td><td>지방교육세</td><td>금 300,000원</td></tr>
<tr><td>농어촌특별세</td><td>금 200,000원</td></tr>
<tr><td>세 액 합 계</td><td colspan="3">금 4,000,000 원</td></tr>
<tr><td rowspan="2">등 기 신 청 수 수 료</td><td colspan="3">금 15,000 원</td></tr>
<tr><td colspan="3">납부번호 :</td></tr>
<tr><td colspan="4">등기의무자의 등기필정보</td></tr>
<tr><td>부동산고유번호</td><td colspan="3"></td></tr>
<tr><td>성명(명칭)</td><td>일련번호</td><td colspan="2">비밀번호</td></tr>
<tr><td></td><td></td><td colspan="2"></td></tr>
<tr><td colspan="4">첨 부 서 면 (간인)</td></tr>
<tr><td colspan="2">1. 판결정본 1통
1. 확정증명 1통
1. 취득세영수필확인서 1통
1. 등기신청수수료영수필확인서 1통</td><td colspan="2">1. 주민등록표등본·초본 1통
1. 농지취득자격증명 1통
1. 토지대장등본 1통
1. 금전소비대차증서 1통</td></tr>
<tr><td colspan="4">2019년 9월 21일
위 신청인
대위신청인 박 현 신 ㊞

서울중앙지방법원 등기국 귀중</td></tr>
</table>

신청서 작성요령란

* 1. 부동산표시란에 2개 이상의 부동산을 기재하는 경우에는 부동산의 일련번호를 기재하여야 합니다.
  2. 신청인란 등 해당란에 기재할 여백이 없을 경우에는 별지를 이용합니다.

5. 소유권이전등기 — (10) 진정명의회복을 원인으로 한 소유권이전등기신청

진정명의회복을 원인으로 한 소유권이전등기신청				
접 수	년 월 일	처리인	등기관 확인	각종통지
	제 호			

① 부동산의 표시			
서울특별시 서초구 서초동 100 전 300㎡ 이 상			
② 등기원인과 그 연월일	진정명의회복		
③ 등 기 의 목 적	소유권이전		
④ 이 전 할 지 분			
구 분	성 명 (상호 · 명칭)	주민등록번호 (등기용등록번호)	주 소(소 재 지)
⑤ 등기의무자	김 갑 동	600927-1455016	서울특별시 종로구 원서동 2
⑥ 등기권리자	이 대 백	730320-1617312	서울특별시 서초구 서초대로20길 12 303동 1201호, (서초동, 현대아파트)

⑦ 시가표준액 및 국민주택채권매입금액		
부동산 표시	부동산별 시가표준액	부동산별 국민주택채권매입총액
1. 토지	금 300,000,000 원	금 12,600,000 원
⑦ 국 민 주 택 채 권 매 입 총 액		금 12,600,000 원
⑦ 국 민 주 택 채 권 발 행 번 호		
⑧ 취득세 금 10,500,000원		⑧ 지 방 교 육 세 금 900,000 원
		⑧ 농어촌특별세 금 600,000 원
⑨ 세 액 합 계	금 12,000,000 원	
⑩ 등 기 신 청 수 수 료	금 15,000 원	
	납부번호	

등기의무자의 등기필정보		
부동산고유번호		
성명(명칭)	일련번호	비밀번호

⑫ 첨 부 서 면 (간인)	
1. 판결정본 1통 ⑬	1. 위임장 1통 ⑲
1. 확정증명 1통 ⑭	<기 타> ⑳
1. 취득세영수필확인서 1통 ⑮	
1. 등기신청수수료영수필확인서 1통 ⑯	
1. 주민등록표등본·초본 2통 ⑰	
1. 토지대장등본 1통 ⑱	

2025년 8월 1일

⑪ 위 신청인

대리인 법무사 유 명 한 [직인] (전화: 599-0000)

서울특별시 서초구 서초대로100길 36 (서초동)

서울중앙지방법원 등기국 귀중

등기신청안내서 — 진정명의회복을 원인으로 한 소유권이전등기신청

1. 진정명의회복을 원인으로 한 소유권이전등기

갑, 을이 공동으로 국가로부터 농지를 분배받아 상환을 완료하고 상환완료증서까지 공동명의로 교부받았으나 소유권이전등기를 함에 있어서는 을 단독명의로 그 이전등기를 경료하였고 그 후 다시 상속을 원인으로 하여 병명의로 이전등기가 경료된 경우에 병이 그 소유권 경정에 협력하지 않는다면 갑은 병을 상대로 자신의 지분 1 · 2에 관하여 을, 병 각 명의의 소유권 중 각 지분 1 · 2의 말소등기절차이행을 구하는 소송에서 승소판결을 받아 이를 첨부하여 그 지분말소 의미의 위 각 등기의 경정등기를 함으로써 갑과 병의 공동소유가 되는 등기가 가능할 것이고 또 갑은 법률의 규정(상환완료)에 의하여 2분의 1지분 소유권을 취득한 자이므로 병을 상대로 2분의 1지분에 관하여 진정한 등기명의의 회복을 등기원인으로 한 소유권이전등기 절차의 이행을 명하는 판결을 받아 소유권이전등기를 신청할 수도 있다(1991. 11. 25. 등기선례 3 - 511).

2. 등기신청방법

(1) 이미 자기 앞으로 소유권을 표상하는 등기가 되어 있었거나 법률의 규정에 의하여 소유권을 취득한 자가 현재의 등기명의인을 상대로 '진정명의회복'을 등기원인으로 한 소유권이전등기절차의 이행을 명하는 판결을 받아 소유권이전등기신청을 할 수 있다(大判(全) 1990. 11. 27. 89다카12389).

(2) 이미 자기 앞으로 소유권을 표상하는 등기가 되어 있었던 자 또는 지적공부상 소유자로 등록되어 있던 자로서 소유권보존등기를 신청할 수 있는 자가 현재의 등기명의인과 공동으로 '진정명의회복'을 등기원인으로 하여 소유권이전등기신청을 할 수 있다.

(3) 등기권리자의 상속인(그 밖의 포괄승계인을 포함한다)은 부동산등기법 제27조의 규정에 의하여 제1항 및 제2항의 등기를 신청할 수 있다.

(4) 원고 갑이 을을 상대로 진정명의회복을 위한 소유권이전등기판결을 받았으나 변론종결 후에 병에게로 소유권이전등기가 경료된 경우에는 원고 갑은 병에 대한 승계집행문을 부여받아 병을 등기의무자로 하여 진정명의회복을 원인으로 한 소유권이전

등기를 신청할 수 있다(2002. 12. 24. 등기선례 8 - 228).

3. 등기소에 제공하여야 하는 신청정보

신청서는 한글과 아라비아 숫자로 기재한다. 부동산의 표시란이나 신청인란 등이 부족할 경우에는 별지를 사용하고, 별지를 포함하여 신청서가 여러 장인 때에는 각 장 사이에 간인을 하여야 한다.

① 부동산의 표시란

등기를 하고자 하는 부동산을 기재하되, 등기기록상 부동산의 표시와 일치하여야 한다. 부동산이 토지인 경우에는 토지의 소재와 지번, 지목, 면적을 기재하고, 건물인 경우에는 건물의 소재와 지번, 도로명주소, 구조, 종류, 면적, 건물의 번호가 있는 때에는 그 번호, 부속건물이 있는 때에는 그 구조, 종류와 면적을 기재하면 된다.

② 등기원인과 그 연월일

진정명의회복을 등기원인으로 하여 소유권이전등기를 신청하는 경우에 등기원인은 '진정명의회복'으로 기재하되, 등기원인일자는 기재하지 않는다(2018. 2. 26. 등기예규 제1631호).

③ 등기의 목적란

아래 예규를 참조하여 기재한다.

④ 이전할 지분란

구 분	소유권		공유지분	
	전부이전	일부이전	전부이전	일부이전
등기의 목적	'소유권이전'	'소유권 일부이전'	'ㅇ번 갑지분 전부이전'	'ㅇ번 갑지분 ㅇ분의 ㅇ중 일부(ㅇ분의ㅇ)이전'
이전할 지분	-	'ㅇ분의ㅇ'	'ㅇ분의ㅇ' (부동산 전체에 대한 지분을 기재한다. 다만 수인의 공유자로부터 지분 일부씩을 이전 받는 경우에는 이를 합산하여 기재한다)	

※ 근거: 2010. 7. 9. 등기예규 제1313호

⑤ 등기의무자란

등기의무자인 현 소유자의 성명, 주민등록번호, 주소를 기재하되, 등기기록상 소유자 표시와 일치하여야 한다. 다만 등기기록상 등기의무자의 주소가 지번방식의 주소인 경우에도, 등기의무자의 주민등록등(초)본 등에 의하여 해당 지번방식의 주소에 대한 도로명주소임이 인정되는 경우에는 등기사건을 수리하여야 한다(법 제29조 제7호의 적용을 받지 아니한다). 한편 등기의무자의 주소가 전거 등의 실질적인 주소변경이 아닌 도로명주소법에 따른 주소변경인 경우에는 주소변경의 직권등기를 하지 않는다.

⑥ 등기권리자란

등기기록상 권리를 취득하는 자의 표시를 기재하는 난으로, 그 기재방법은 등기의무자란과 같다.

⑦ 시가표준액 및 국민주택채권매입금액, 국민주택채권매입총액란(본건의 경우 금 300,000,000원)

진정명의회복을 원인으로 소유권이전등기를 신청하는 경우 주택도시기금법 제8조 및 같은 법 시행령 제8조에 따라 국민주택채권을 매입하여야 한다(2018. 2. 26. 등기예규 제1631호).

⑧ 취득세 · 지방교육세란 및 농어촌특별세란

㉠ 부동산가액(300,000,000원)의 1,000분의 35에 해당하는 취득세를 납부한다(300,000,000 × 35/1,000 = 10,500,000원. 지방세법 제11조 제1항 제2호). ㉡ 취득물건에 대하여 지방세법 제10조의 과세표준에 제11조 제1항 제1호부터 제7호까지의 세율에서 1천분의 20을 뺀 세율을 적용하여 산출한 금액의 100분의 20의 지방교육세를 납부한다(300,000,000 × (35/1,000 - 20/1,000) × 20/100 = 900,000원. 지방세법 제151조 제1항), ㉢ 지방세법 제11조 및 제12조의 표준세율을 1,000분의 20으로 적용하여 100분의 10에 해당하는 농어촌특별세를 납부한다(300,000,000 × 20/1,000 × 10/100 = 600,000원. 농어촌특별세법 제5조 제1항).

이미 자기 앞으로 소유권을 표상하는 등기가 되어 있었던 자가 진정명의 회복을 등기원인으로 소유권이전등기신청을 할 때 취득세가 아닌 등록면허세를 납부해야 하는 경우가 있을 수 있으므로, 취득세는 「지방세법」 제11조 제1항에 따른 취득세 또는 같은 법 제28조 제1항 제1호 나목에 따른 등록면허세를 납부하여야 한다(2018. 2. 26. 등기예규 제1631호).

취득세	지방교육세	농어촌특별세
35/1,000	(35/1,000 - 20/1,000) x 20/100	20/1,000 x 10/100
지방세법 제11조 제1항 제2호	지방세법 제151조 제1항	농어촌특별세법 제5조 제1항

⑨ **세액합계란**

취득세, 농어촌특별세, 지방교육세액의 합계를 기재한다.

⑩ **등기신청수수료란**

소유권이전등기를 신청하는 자는 등기신청수수료를 내야 하므로(법 제22조 제3항), 부동산 1개당 15,000원(전자표준양식에 의한 등기신청의 경우에는 13,000원, 전자신청의 경우에는 10,000원)에 해당하는 등기신청수수료를 납부하고 그 등기신청수수료금액 및 납부번호를 신청서에 기재한다(등기예규 제1789호).

⑪ **신청인 혹은 대리인의 표시란**

㈎ 승소한 등기권리자 또는 등기의무자의 성명 및 전화번호를 기재하고 기명날인하거나 서명을 한다. 그러나 신청인이 법인 또는 법인 아닌 사단이나 재단인 경우에는 상호(명칭)와 대표자(관리인)의 자격 및 성명을 기재하고, 대표자(관리인)의 직인(사용인감도 가능)을 날인한다.

㈏ 대리인이 등기신청을 하는 경우에는 그 대리인의 성명, 주소 및 전화번호를 기재하고 기명날인한다.

⑫ **첨부서면란**

등기신청서에 첨부한 서면을 각 기재한다.

4. 등기소에 제공하여야 하는 첨부정보

⑬,⑭ **판결정본 · 확정증명**

판결에 의하여 진정명의회복등기를 신청하는 경우에는 법원으로부터 등기권리자에게 송달된 판결정본과 법원에서 발급받은 확정증명을 첨부한다(규칙 제46조 제1항 제1호).

⑮ **취득세영수필확인서 또는 취득세납부확인서**

시장, 구청장, 군수 등으로부터 취득세납부서(OCR용지)를 발급받아 세금을 납부한 후 취득세영수필확인서를 신청서의 취득세액표시란의 좌측상단 여백에 첨부하거나, 또는 지방세인터넷납부시스템에서 출력한 취득세납부확인서를 첨부정보로서 등기소에 제공하여야 한다(지방세법시행령 제36조 제1항).

⑯ **등기신청수수료영수필확인서**

소유권이전등기를 신청하는 자는 등기신청수수료를 내야 하므로(법 제22조 제3항), 부동산 1개당 15,000원(전자표준양식에 의한 등기신청의 경우에는 13,000원, 전자신청의 경우에는 10,000원)에 해당하는 등기신청수수료를 납부하고 등기신청수수료영수필확인서를 첨부한다(등기예규 제1789호).

⑰ 주소 및 주민등록번호를 증명하는 서면 — 주민등록표등본 · 초본

등기권리자의 주소 및 주민등록번호를 증명하는 서면으로 등기권리자의 주민등록표등본 · 초본을 제출한다. 일반적으로 소유권이전등기를 신청함에 있어서는 등기의무자의 주소를 증명하는 서면을 제출하여야 하나(규칙 제46조 제1항 제6호), 본 건 사안은 판결에 의한 등기이므로 등기의무자의 주소를 증명하는 서면은 원칙적으로 제출할 필요는 없다.

⑱ 토지대장등본

부동산의 표시를 증명하는 토지대장등본을 첨부한다(법 제40조 제1항 제6호).

⑲ 위임장

등기신청을 법무사 등 대리인에게 위임하는 경우에 첨부한다(규칙 제46조 제1항 제5호). 위임인의 성명과 주소를 기재하고 인장을 날인하되 판결에 의하여 단독신청하는 경우에는 인감날인 대신에 일반적인 기명날인 혹은 서명으로 갈음할 수 있다. 위임인이 법인이나 법인 아닌 사단 또는 재단인 경우에는 상호(명칭)와 대표자(관리인)의 자격, 성명 및 주소도 기재하여야 한다.

⑳-1 기타 — 신청인이 법인인 경우

한편 신청인이 법인인 경우에는 대표자의 자격을 증명하는 서면으로 법인등기사항전부증명서 또는 법인등기사항일부증명서를 첨부하여야 한다(규칙 제46조 제1항 제4호). 이 경우에 위 법인등기사항증명서는 소유자의 주소를 증명하는 서면, 부동산등기용등록번호를 증명하는 서면이기도 하다(규칙 제46조 제1항 제6호). 다만 법인등기가 되어 있는 등기소와 부동산소재지 관할 등기소가 동일한 경우에는 위 법인등기사항증명서를 제출할 필요가 없다(규칙 제46조 제5항).

⑳-2 기타 — 신청인이 법인 아닌 사단(재단)인 경우

법인 아닌 사단 또는 재단이 등기를 신청하는 경우에는 ㉠ 정관이나 그 밖의 규약, ㉡ 대표자나 관리인임을 증명하는 정보(다만, 등기되어 있는 대표자나 관리인이 신청하는 경우에는 그러하지 아니하다), ㉢ 법인 아닌 사단 또는 재단의 주소 및 부동산등기용등록번호를 증명하는 정보(새로이 등기명의인이 되는 경우에 한한다), ㉣ 대표자나 관리인의 주소 및 주민등록번호를 증명하는 정보를 첨부정보로 제공한다. 다만 법인 아닌 사단이 등기의무자인 경우에는 민법 제276조 소정의 사원총회의 결의서도 첨부한다(규칙 제48조).

⑳-3 기타 — 제3자의 허가, 동의 또는 승낙을 증명하는 서면

토지거래허가증, 농지취득자격증명의 제출을 요하지 아니한다. 재단법인 소유의 기본재산, 또는 학교법인 소유의 부동산에 대하여 진정명의회복을 등기원인으로 소유권이전등기를 신청하는 경우에도 주무관청의 허가서를 받을 필요가 없다. 또한 이 등기는 계약을 원인으로 한 소유권이전이 아니므로 부동산등기특별조치법의 적용이 없으므로 판결서에 검인을 받을 필요가 없다.

⑳-4 기타 — 등기의무자의 인감증명 또는 본인서명사실확인서

등기의무자의 협력을 기대할 수 없어 판결에 의하여 등기를 신청하는 경우이므로 등기의무자의 인감증명 또는 본인서명사실확인서를 첨부할 필요가 없다.

⑳-5 기타 — 등기의무자의 등기필정보

등기의무자의 등기필정보도 제공할 필요가 없다. 다만 승소한 등기의무자가 부동산등기법 제23조의 규정에 의하여 단독으로 등기를 신청하는 경우에는 등기필정보를 제공하여야 한다(규칙 제43조 제1항 제7호). 공동신청에 의하여 진정명의회복등기를 신청하는 경우에는 등기의무자의 인감증명 또는 본인서명사실확인서 및 등기필정보를 제공하여야 한다.

5. 등기신청서류 편철순서

신청서, 등록세영수필확인서, 등기신청수수료영수필확인서, 위임장, 주민등록표등본·초본, 건축물대장등본, 판결문사본 및 확정증명, 판결정본 등의 순으로 편철하는 것이 실무상의 예이다.

6. 등기기록례

[갑 구]		(소유권에 관한 사항)		(No.265)
순위번호	등기목적	접 수	등기원인	권리자 및 기타 사항
2	소유권이전	1989년 3월 11일 제3320호	1989년 2월 10일 매매	소유자 김갑동 600927-1455016 서울 종로구 원서동 2
3	소유권이전	2025년 8월 1일 제7890호	진정명의회복	소유자 이대백 730320-1617312 서울특별시 서초구 서초대로20길12, 303동 1201호(서초동, 현대아파트)

사례연습

소유권이전등기신청(진정명의회복, 협의분할)

|설 문|

국가 명의로 소유권보존등기(1998년 3월 8일 접수번호 2030호)된 아래 부동산에 관하여 토지대장상 최초 소유자 김영수의 상속인 전원인 김갑남, 김을남, 김병숙은 국가를 상대로 진정명의회복을 원인으로 한 소유권이전등기절차의 이행의 명하는 소송을 제기하여 원고들에게 일정지분대로 이행을 명하는 서울중앙지방법원의 승소확정판결을 받았다. 판결이유 중에는 원고들의 피상속인이 부동산을 원시취득한 사실 및 원고들이 소유권이전등기청구권을 공동상속 한 사실이 기재되어 있다. 그리고 그 이후 상속인들 간의 협의에 의하여 위 부동산을 상속인 중의 1인인 김갑남의 단독소유로 하기로 한 경우 당사자의 의도에 부합하게 등기신청서를 작성하시오.

피상속인 김영수(280808-1234567): 서울특별시 관악구 봉천동 26(최후 주소)
상속인 김갑남(580802-1233445): 미합중국 뉴욕주 뉴욕시 맨해튼 5번가 123 (재외국민임)
상속인 김을남(601203-1236789): 서울특별시 서초구 서초대로 9, 303-401 (서초동, 현대아파트)
상속인 김병숙(620608-2123456): 서울특별시 서초구 방배대로 200 (방배동)
피상속인의 사망일: 2017. 2. 3.
판결선고일: 2019. 1. 3.
판결확정일: 2019. 3. 6.
상속재산협의분할일: 2019. 4. 5.
등기신청일: 2019. 4 14.
해당등기소: 서울중앙지방법원 등기국
부동산의 표시
서울특별시 서초구 우면동 286-2 전 300 ㎡

참고자료

1. 토지대장등본에 기재된 공시지가: 800,000원/㎡
2. 취득세율: 보존 = 28/1,000
   상속 = 28/1,000 (농지 = 23/1,000)
   유상취득 = 40/1,000(농지 = 30/1,000)
   무상취득 = 35/1,000
3. 국민주택채권매입비율
   시가표준액 5천-1.5억원: 특별시 · 광역시 = 28/1,000
   시가표준액 1.5억원이상: 특별시 · 광역시 = 42/1,000

【모범답안】

토지소유권이전등기신청(판결)

접 수	년 월 일	처리인	등기관 확인	각종통지
	제 호			

부동산의 표시				
서울특별시 서초구 우면동 286-2 전 300 ㎡ -이 상-				
등기원인과 그 연월일	진정명의회복			
등 기 의 목 적	소유권이전			
구 분	성 명 (상호 · 명칭)	주민등록번호 (등기용등록번호)	주 소(소재지)	지분 (개인별)
등기의무자	국			
등기권리자	김갑남	580802-1233445	미합중국 뉴욕주 뉴욕시 맨해튼 5번가 123	

시가표준액 및 국민주택채권매입금액			
부동산 표시	부동산별 시가표준액	부동산별 국민주택채권매입총액	
1. 토 지	금 240,000,000원	금 10,080,000원	
국 민 주 택 채 권 매 입 총 액		금 10,080,000원	
국 민 주 택 채 권 발 행 번 호			
취 득 세	금 8,400,000원	지방교육세	금 720,000원
		농어촌특별세	금 480,000원
세 액 합 계	금 9,600,000 원		
등 기 신 청 수 수 료	금 15,000 원		
	납부번호 :		

첨 부 서 면 (간인)	
1. 판결정본 1통	1. 친양자입양관계증명서(상세증명서) 1통
1. 확정증명 1통	1. 제적등본 1통
1. 취득세영수필확인서 1통	1. 상속재산협의분할서 1통
1. 등기신청수수료영수필확인서 1통	1. 인감증명 또는 본인서명사실확인서 또는 전자본인서명확인서 발급증 3통
1. 기본증명서(상세증명서) 4통	1. 재외국민등록부등본 1통
1. 가족관계증명서(상세증명서) 4통	1. 토지대장등본 1통
1. 말소자등본 1통	

2019 년 4 월 14 일

위 신청인 김 갑 남 ㊞

대 리 인

서울중앙지방법원 등기국 귀중

신청서 작성요령란

* 1. 부동산표시란에 2개 이상의 부동산을 기재하는 경우에는 부동산의 일련번호를 기재하여야 합니다.

2. 신청인란 등 해당란에 기재할 여백이 없을 경우에는 별지를 이용합니다.

참고 등기선례

[국가 명의로 보존등기된 상속재산에 대하여 그 보존등기의 말소 및 상속인들의 소유임을 확인하는 판결을 받은 경우에 협의분할에 의하여 상속인 중의 1인 명의로 보존등기가 가능한지 여부]

국가 명의로 소유권보존등기된 부동산에 관하여 상속인 전원이 국가를 상대로 그 소유권보존등기 말소절차 이행 및 위 부동산 중 상속지분별로 상속인들의 각 소유임을 확인하는 내용의 승소확정판결을 받고 상속인들간의 협의에 의하여 위 부동산을 상속인 중의 1인인 갑의 단독소유로 하기로 한 경우에는 ① 상속인들의 신청에 의하여 위 국가 명의의 소유권보존등기를 말소한 후 갑은 위 판결정본과 상속재산협의분할서(상속인 전원의 인감증명 첨부) 및 상속을 증명하는 서면 등을 첨부하여 ② 갑 단독 명의의 소유권보존등기를 신청할 수 있다(1999. 9. 27. 등기선례 6-210).

[법정상속지분대로 승소 판결을 받은 경우 협의분할 가능 여부(선례변경)]

취득시효완성을 원인으로 한 소유권이전등기 소송에서 원고들에게 일정지분대로 이행을 명한 승소확정판결을 받았고, 그 판결이유 중에 원고들의 피상속인이 부동산을 시효취득한 사실 및 원고들이 소유권이전등기청구권을 공동상속 한 사실이 기재되어 있는 경우에는 판결정본과 상속재산협의분할서(상속인 전원의 인감증명 첨부) 및 호적등본, 제적등본 등 부동산등기규칙 제49조의 상속을 증명하는 서면을 첨부하여 원고들 중 1인의 단독소유로 하는 소유권이전등기를 신청할 수 있다(2005. 8. 19. 부동산등기국-1225 질의회답).

참조예규: 등기예규 제613호 참조선례: 등기선례요지집 VI 제210항

주) 이 선례에 의하여 선례요지집 5권-제152항은 그 내용이 변경됨[아래].

[법정상속지분대로 판결을 받은 경우 협의분할이 가능한지 여부]

명의신탁자 갑의 상속인들이 명의수탁자 을을 상대로 한 소유권이전등기청구 소송에서 법정상속지분대로 소유권이전등기를 명하는 판결을 받았다면, 그 판결에 표시된 지분대로 소유권이전등기신청을 하여야 하며, 협의분할에 의하여 상속인 중 1인 명의로의 등기는 불가능하다(1996. 7. 25. 등기선례 5-152).

[상속인 명의로 건물의 소유권보존등기를 신청하는 경우 납부하여야 할 취득세 등]

부동산등기의 취득세는 재산권 기타 권리의 취득·이전·변경 또는 소멸에 관한 사항을 등기부에 등기하는 경우에 그 등기를 받는 자에게 부과하는 것이므로(지방세법 제7조), 건축물대장에 피상속인이 최초의 소유자로 등록되어 있는 미등기 건물을 상속인 전원 또는 협의분할에 의한 상속인 1인(또는 수인) 명의로 직접 소유권보존등기를 할 경우에는 보존등기에 따른 취득세만 납부하면 될 것이지, 위 보존등기가 실질적으로 피상속인의 소유권을 이전받는 것이라 하여 보존등기에 따른 취득세 이외에 상속으로 인한 이전등기의 취득세 및 국민주택채권을 매입하여야 하는 것은 아니다(2002. 3. 6. 등기선례 7-521).

5. 소유권이전등기 — (11) 소유권이전대위상속등기신청

소유권이전대위상속등기신청

접 수	년 월 일	처리인	등기관 확인	각종통지
	제 호			

① 부동산의 표시			
1. 서울특별시 서초구 서초동 100 대 300㎡ 2. 서울특별시 서초구 서초동 100 [도로명주소] 서울특별시 서초구 서초대로20길 72 시멘트 벽돌조 슬래브지붕 2층 근린생활시설 1층 100㎡ 2층 100㎡ -이상-			
② 등기원인과 그연월일	2024년 4월 4일 상속		
③ 등 기 의 목 적	소유권이전		
④ 대 위 원 인	2024년 9월 9일 매매에 의한 소유권이전등기청구권		
구 분	성 명 (상호 · 명칭)	주민등록번호 (등기용등록번호)	주 소(소재지)
⑤ 피상속인	망 이도령	490115-1056407	서울특별시 서초구 서초대로20길 12 (서초동)
⑥ 등기 권리자	별지1. 기재와 같은 대위신청인 박 영 남		서울특별시 서초구 효령로27길 26 303동 401호(방배동, 일광아파트)

⑦시가표준액 및 국민주택채권매입금액		
부동산 표시	부동산별 시가표준액	부동산별 국민주택채권매입총액
1. 토 지	김복순 금121,500,000원 이대백 금 81,000,000원 이대영 금 81,000,000원 (합계 금283,500,000원)	금 3,400,000 원 금 2,270,000 원 금 2,270,000 원 (합계 금 7,940,000 원)
2. 건 물	김복순 금 10,547,140원 이대백 금 7,031,430원 이대영 금 7,031,430원 (합계 금24,610,000원)	금 190,000 원 없음 없음 (합계 금 190,000 원)

⑦ 국 민 주 택 채 권 매 입 총 액	금 8,130,000 원
⑦ 국 민 주 택 채 권 발 행 번 호	
⑧ 취득세(등록면허세) 금 8,627,080원	⑧ 지 방 교 육 세 금 492,970 원 ⑧ 농어촌특별세 금 616,220 원
⑨ 세 액 합 계	금 9,736,270 원
⑩ 등 기 신 청 수 수 료	금 30,000 원 납부번호

⑫ 첨 부 서 면 (간인)	
1. 제적등본(피상속인) 1통 ⑬ 1. 기본증명서(피상속인) 1통 ⑬ 1. 가족관계증명서(피상속인) 1통 ⑬ 1. 친양자입양관계증명서(피상속인) 1통 ⑬ ~~1. 기본증명서 및 가족관계증명서 (상속인) 3통 ⑬~~ 1. 취득세영수필확인서 1통 ⑭	1. 등기신청수수료영수필확인서 1통 ⑮ 1. 주민등록표등본·초본 4통 ⑯ 1. 토지대장등본 1통 ⑰ 1. 건축물대장등본 1통 ⑱ 1. 위임장 1통 ⑲ 1. 대위원인서면 1통 ⑳ <기 타> ㉑

2025년 8월 1일

⑪ 위 신청인

대리인 법무사 유 명 한 직인 (전화: 599-0000)

서울특별시 서초구 서초대로 100길 36 (서초동)

서울중앙지방법원 등기국 귀중

〔별지 1〕

<table>
<tr><td>

상속인의 표시

지분 7분의 3　　김복순　　530125-2128713　　(간인)
　　서울특별시 서초구 서초대로20길 12 (서초동)

지분 7분의 2　　이대백　　790320-1617312
　　서울특별시 서초구 서초대로20길 22 (서초동)

지분 7분의 2　　이대영　　821021-1617314
　　서울특별시 동작구 동작대로29길 32, 101동 1301호(상도동, 현대아파트)

</td></tr>
</table>

등기신청안내서 — 토지소유권이전대위등기신청

1. 토지소유권이전대위등기

등기명의인 이도령의 사망으로 상속인 김복순, 이대백, 이대영에게 상속이 개시되었고 상속인들이 상속등기를 하지 아니하고 본 부동산을 제3자 박영남에게 처분한 경우에는 제3자 앞으로 등기를 하기 위해서는 먼저 상속등기가 선행되어야 한다(민법 제187조). 그런데 상속인들이 그 상속등기를 신청하지 아니하는 경우에 소유권이전등기청구권을 가진 매수인(박영남)이 매매계약서를 첨부하여 대위로 상속등기를 신청하는 서식이다.

민법 제404조 및 부동산등기법 제28조의 규정에 의하여 채무자에 대위하여 등기를 신청할 수 있는 채권자는 특정의 등기청구권을 가진 채권자 및 금전채권자 포함한다. 종전의 등기선례에서는 특정의 등기청구권이 없는 일반 금전채권자가 채무자를 대위하여 등기를 신청할 수 없다고 하였으나 이는 2001. 4. 13. 등기예규 제1019호(현재는 2011. 10. 12. 등기예규 제1432호)에 의하여 변경되었다. 따라서 지금 현재는 특정의 등기청구권을 가진 채권자뿐만 아니라 일반 금전채권자도 채무자 앞으로의 대위등기를 신청할 수 있다.

2. 등기신청방법

대위등기신청인 본인 또는 법무사 등 그 대리인이 신분을 확인할 수 있는 주민등록증 등을 가지고 직접 등기소에 출석하여 신청한다. 채권자가 채무자를 대위하여 등기를 신청하는 경우 채무자로부터 채권자 자신으로의 등기를 동시에 신청하지 않더라도 이를 수리한다(2011. 10. 12. 등기예규 제1432호).

3. 등기소에 제공하여야 하는 신청정보

신청서는 한글과 아라비아 숫자로 기재한다. 부동산의 표시란이나 신청인란 등이 부족할 경우에는 별지를 사용하고, 별지를 포함하여 신청서가 여러 장인 때에는 각 장 사이에 간인을 하여야 한다.

① **부동산의 표시란**

상속부동산을 기재하되, 등기부상 부동산의 표시와 일치하여야 한다. 부동산이 토지인 경우에는 토지의 소재와 지번, 지목, 면적을 기재하고, 건물인 경우에는 건물의 소재와 지번, 도로명주소, 구조, 종류, 면적, 건물의 번호가 있는 때에는 그 번호, 부속건물이 있는 때에는 그 구조, 종류와 면적을 기재하면 된다. 만일 등기기록과 토지 · 건축물대장의 부동산표시가 다른 때에는 먼저 부동산표시변경(또는 경정)등기를 하여야 한다.

② **등기원인과 그 연월일란**

등기원인은 '상속' 으로 기재하고, 연월일은 피상속인의 사망일을 기재한다. 등기원인은 '상속'으로 기재하며, 그 연월일은 피상속인의 사망일을 기재하여야 한다.

③ **등기의 목적 및 이전할 지분란**

아래 예규를 참조하여 기재한다.

구 분	소유권		공유지분	
	전부이전	일부이전	전부이전	일부이전
등기의 목적	'소유권이전'	'소유권 일부이전'	'ㅇ번 갑지분 전부이전'	'ㅇ번 갑지분 ㅇ분의 ㅇ중 일부(ㅇ분의ㅇ)이전'
이전할 지분	-	'ㅇ분의ㅇ'	'ㅇ분의ㅇ' (부동산 전체에 대한 지분을 기재한다. 다만 수인의 공유자로부터 지분 일부씩을 이전 받는 경우에는 이를 합산하여 기재한다)	

※ 근거 : 2010. 7. 9. 등기예규 제1313호

④ **대위원인**

신청서에는 대위원인을 기재하여야 하고(법 제52조), 그 대위권의 발생원인, 즉 보전하여야 하는 채권이 발생된 법률관계를 간략히 기재한다(2011. 10. 12. 등기예규 제1432호).

<예 시>

매매인 경우에는 'ㅇ년 ㅇ월 ㅇ일 매매에 의한 소유권이전등기청구권'
대여금채권인 경우에는 'ㅇ년 ㅇ월 ㅇ일 소비대차의 대여금반환청구권'

⑤ **피상속인란**

등기부상 소유자 표시와 일치되게 피상속인의 성명, 주민등록번호, 주소를 기재한다. 피상속인의 등기부상 표시가 제적등본과 상이한 때에는 서로 동일인임을 인정할 수 있는 시 · 구 · 읍 · 면의 장의 서면 등(동일인 보증서 포함)을 첨부하여 피상속인 등

기명의인의 표시경정(또는 변경)등기를 거치지 아니하고 바로 상속등기를 할 수 있다(1991. 2. 19. 등기선례 3-396).

⑥ 등기권리자란

상속인의 성명, 주민등록번호, 주소를 기재하되, 상속인이 수인인 경우 이전받는 각자의 지분을 지분란에 기재한다. 이는 별지로 처리하는 것이 편리하다. 상속인들이 상속재산의 협의분할을 한 경우에는 그 재산을 상속받는 상속인 앞으로의 등기를 대위신청하여야 한다. 대위등기신청인 즉 매수인의 성명 및 주소를 기재한다.

⑦ 시가표준액 및 국민주택채권매입금액, 국민주택채권매입총액란

㈎ 상속등기시에 매입하여야 할 주택채권은 각 부동산별로, 각 부동산에 대하여 상속인 각자의 상속지분별로 산정된 시가표준액을 기준으로 한다(1992. 6. 17. 등기예규 제768호).

㈏ 따라서 취득세납부서(OCR용지)에 기재된 시가표준액과 시가표준액의 일정비율에 해당하는 국민주택채권매입금액을 각 상속인별로 계산하여 기재한다. 국민주택채권발행번호를 해당란에 기재하여야 한다.

토지: 공시지가 945,000원/㎡

* 시가표준액 945,000 x 300 = 283,500,000

김복순 3/7 = 121,500,000

이대백 2/7 = 81,000,000

이대영 2/7 = 81,000,000

건물시가표준액은 24,610,000원으로 상정한다.

⑧ 취득세 · 지방교육세 · 농어촌특별세란

㈎ ㉠ 상속등기를 신청하는 경우에는 지방세법 제11조 제1항 제1호의 규정(상속)에 따라 시가표준액(308,110,000원)의 1,000분의 28에 해당하는 취득세를 납부한다(308,110,000 × 28/1,000 = 8,627,080원. 지방세법 제11조 제1항 제1호). ㉡ 취득물건에 대하여 지방세법 제10조의 과세표준에 제11조 제1항 제1호부터 제7호까지의 세율에서 1천분의 20을 뺀 세율을 적용하여 산출한 금액의 100분의 20의 지방교육세를 납부한다(308,110,000 × (28/1,000 − 20/1,000) × 20/100 = 492,970원. 지방세법 제151조 제1항), ㉢ 지방세법 제11조의 표준세율을 1,000분의 20로 적용하여 100분의 10에 해당하는 농어촌특별세를 납부한다(308,110,000 × 20/1,000 × 10/100 = 616,220원. 농어촌특별세법 제5조 제1항).

취득세	지방교육세	농어촌특별세
28/1,000	(28/1,000 - 20/1,000) x 20/100	20/1,000 x 10/100
지방세법 제11조 제1항 제1호	지방세법 제151조 제1항	농어촌특별세법 제5조 제1항

갑은 을회사에게, 을회사는 병에게 각 소유권이전등기 절차를 이행하라는 이행판결을 받아, 병이 을회사를 대위하여 갑으로부터 을회사 명의로 소유권이전등기를 신청할 경우 을회사가 납부하여야 할 취득세 및 지방교육세를 병이 을회사를 대신하여 납부하여야 한다(1996. 10. 26. 등기선례 5 - 873).

⑨ 세액합계란

취득세액, 농어촌특별세액, 지방교육세액의 합계를 기재한다.

⑩ 등기신청수수료란

상속등기를 신청하는 자는 등기신청수수료를 내야 하므로(법 제22조 제2항), 부동산 1개당 15,000원(전자표준양식에 의한 등기신청의 경우에는 13,000원, 전자신청의 경우에는 10,000원)에 해당하는 등기신청수수료를 납부하고 그 등기신청수수료금액 및 납부번호를 신청서에 기재한다(등기예규 제1789호).

⑪ 신청인 혹은 대리인의 표시란

㈎ 신청인의 성명 및 전화번호를 기재하고, 기명날인 또는 서명을 한다.

㈏ 대리인이 등기신청을 하는 경우에는 그 대리인의 성명, 주소 및 전화번호를 기재하고 기명날인한다.

⑫ 첨부서면란

등기신청서에 첨부한 서면을 각 기재한다.

4. 등기소에 제공하여야 하는 첨부정보

⑬ 등기원인을 증명하는 서면 ― 상속 혹은 포괄승계를 증명하는 서면

㈎ 상속을 증명하는 서면 (피상속인)

1) 피상속인이 2008. 1. 1. 이후에 사망신고가 된 경우로서, 피상속인에게 배우자와 자녀가 있는 경우에는 다음 각 호의 서면을 상속을 증명하는 서면으로 제출하여야 한다.

1. 피상속인의 기본증명서(상세) 및 가족관계증명서(상세)
2. 피상속인의 친양자입양관계증명서(상세)

3. 피상속인의 구 호적법상 제적등본(전적전 제적등본 포함)

2) 위 기본증명서(상세)에 의하여서는 피상속인 이도령과 등기명의인의 동일성, 사망사실과 사망일시를 확인하고, 가족관계증명서(상세)를 통하여서는 배우자 김복순과 자녀 이대백, 이대영이 상속인이 맞는지 확인하여야 하며, 친양자입양관계증명서(상세)를 통해 피상속인이 사망한 후에 타인에게 친양자입양된 자녀의 존부와 피상속인 사망 당시 피상속인에게 친양자입양된 자녀의 존부를 확인할 수 있어야 한다.

3) 제적등본을 통해 2008년 1월 1일 이전 피상속인의 자녀 중 사망, 국적상실, 실종선고, 부재선고를 원인으로 제적된 자가 있는지 여부, 2008년 1월 1일 이전 혼인, 분가, 입양 등의 사유로 가족관계증명서에 누락된 직계비속이 있는지 여부를 확인한다.

4) 가족관계증명서(상세) 및 제적등본을 통해 피상속인 사망 전에 사망한 자녀의 존부를 확인하여 대습상속이 발생하였는지 조사한다(이상 상속등기에 관한 업무처리지침, 2025.01.24 등기예규 제1835호)

㈏ 기본증명서 · 가족관계증명서(상속인)

피상속인의 가족관계증명서(상세)를 통해 상속인을 확인할 수 있기 때문에 원칙적으로 상속인의 기본증명서를 첨부할 필요는 없다. 다만, 등기관은 상속인의 주민등록표 등 · 초 등 제출된 첨부서면만으로 동일인임을 확인하가 어려운 경우 상속인의 기본증명서(상세)의 제출을 요구할 수 있다(위 등기예규 제1835호).

한편 피상속인이 2007. 12. 31. 이전에 사망신고가 된 경우에는 1) 피상속인의 제적등본 및 피상속인의 제적에 관한 기재사실에 의하여 확인된 각 상속인의 기본증명서(상세) 등을 제출하여야 하고 2) 구관습법상(1960. 1. 1.이전 사망) 호주상속에 따른 등기를 신청하는 경우에는 호주상속 개시사실과 호주상속인이 기재된 제적등 · 초본 및 호주상속인의 기본증명서(상세) 등을 제출하여야 한다(위 등기예규 제1835호).

⑭ 취득세영수필확인서 또는 취득세납부확인서

시장, 구청장, 군수 등으로부터 취득세납부서(OCR용지)를 발급받아 세금을 납부한 후 취득세영수필확인서를 신청서의 취득세액표시란의 좌측상단 여백에 첨부하거나, 또는 지방세인터넷납부시스템에서 출력한 취득세납부확인서를 첨부정보로서 등기소에 제공하여야 한다(지방세법시행령 제36조 제1항).

⑮ 등기신청수수료영수필확인서

상속등기를 신청하는 자는 등기신청수수료를 내야 하므로(법 제22조 제2항), 부동산 1개당 15,000원(전자표준양식에 의한 등기신청의 경우에는 13,000원, 전자신청의 경우에는

10,000원)에 해당하는 등기신청수수료를 납부하고 등기신청수수료영수필확인서를 첨부한다(등기예규 제1789호).

⑯ **주소 및 주민등록번호를 증명하는 서면 ― 주민등록표등본 · 초본**

㈎ 피상속인의 주소증명서면

1) 등기기록상 등기명의인이 피상속인임을 증명하기 위하여 요구되는 경우에는 예외적으로 피상속인의 주소를 증명하는 서면으로 주민등록표 등 · 초본(말소자 등 · 초본)을 제출하여야 한다.

2) 가족관계증명제도 시행 전의 사망으로 피상속인의 사망사실이 기재된 제적등본이 첨부된 경우 등기기록상 등기명의인인 피상속인의 주소가 그 제적부상의 기재와 다른 경우에도 위의 1)과 같다(위 등기예규 제1835호).

3) 등기부상 피상속인의 주소와 피상속인의 주소가 다른 경우에는 피상속인의 주소변동이력이 표시된 주민등록표초본(말소자)을 첨부하여야 하는 것이 굳어진 등기실무이다(인터넷등기소-등기신청서견양 : '등기기록상의 주소와 최종 주소가 상이할 경우에는 반드시 주소변동내역이 포함된 주민등록표초본을 첨부하여야 한다'고 서술되어 있음을 참조할 것).

㈏ 상속인의 주소 및 주민등록번호 증명서면)

1) 등기권리자가 될 상속인은 다음 각 호에 따라 주소 및 주민등록번호(또는 부동산등기용등록번호) 증명서면을 제출하여야 한다.

1. 내국인: 주민등록표 등 · 초본
2. 재외국민: 「재외국민 및 외국인의 부동산등기신청절차에 관한 예규」 제10조 및 제11조의 규정에 따른 서면
3. 외국인: 「재외국민 및 외국인의 부동산등기신청절차에 관한 예규」 제13조 및 제14조의 규정에 따른 서면

2) 등기권리자가 될 자가 아닌 상속인의 경우에는 원칙적으로 주소 및 주민등록번호(또는 부동산등기용등록번호) 증명서면을 제출할 필요가 없다. 다만, 다음 각 호의 경우에는 주소 및 주민등록번호(또는 부동산등기용등록번호) 증명서면을 제출하여야 한다.

1. 상속을 증명하는 서면과 상속재산분할협의서 또는 인감증명서상 상속인의 표시만으로 상속인의 동일성을 알 수 없는 경우
2. 상속재산분할협의서에 기재한 상속인의 주소와 인감증명서의 주소가 부합하지 않는 경우(위 등기예규 제1835호)

최근 등기선례

상속인의 채권자가 채무자(상속인)의 부동산에 압류를 하기 위하여 대위에 의한 상속등기

상속인의 채권자가 채무자(상속인)의 부동산에 대한 압류(경매개시결정)등기를 하기 위하여 대위에 의한 상속등기를 신청하는 경우, 상속인 중 일부가 제적부상 주민등록번호가 기재되어 있지 않고 달리 주소를 확인할 수 없어 주민등록표등본 · 초본을 제출할 수 없는 경우에는 이러한 사유를 소명하여 제적부상의 본적지(또는 가족관계등록부상 등록기준지)를 주소지로 하여 상속등기를 대위신청할 수 있다(2013. 7. 10. 등기선례 9-47).

⑰⑱ 부동산의 표시를 증명하는 서면 ― 토지대장등본 혹은 임야대장등본

소유권이전등기를 신청하는 경우이므로 토지대장 · 임야대장 · 건축물대장 정보나 그 밖에 부동산의 표시를 증명하는 정보를 등기소에 제공하여야 한다(규칙 제46조 제1항 제7호).

⑲ 위임장

등기신청을 법무사 등 대리인에게 위임하는 경우이므로 대리권한을 증명하는 정보로 위임장을 첨부정보로서 등기소에 제공하여야 한다(규칙 제46조 제1항 제5호). 상속인 중 1인 · 수인 혹은 전원이 법무사 등 대리인에게 상속인 전원을 위한 상속등기를 위임할 수 있다. 본 위임장에는 당해 등기신청을 위임하는 상속인이 기명날인 또는 서명을 하여야 한다.

⑳ 대위원인증명서면

채권자가 채무자를 대위하여 등기를 신청하는 경우에 대위원인을 증명하는 서면을 첨부하여야 한다(규칙 제50조). 이는 매매계약서, 저당권설정계약서 등의 사서증서이거나 가압류결정서 등의 공문서이거나 이를 불문한다. 대위의 기초인 권리가 금전채권인 때에는 대위원인증서는 원칙적으로 당해 금전채권증서가 된다. 채권자가 채무자 소유의 당해 부동산 혹은 다른 부동산에 대한 가압류결정을 받아 그 정본을 대위원인증서로 첨부하는 것도 가능하다.

5. 등기신청서류 편철순서

신청서, 취득세영수필확인서, 등기신청수수료영수필확인서, 위임장, 제적등본, 기본증명서, 가족관계증명서, 친양자입양관계증명서, 주민등록표등본 · 초본, 대장등본, 대위원인증명서면 등의 순으로 편철하는 것이 실무상의 예이다.

6. 등기기록례

[갑 구]		(소유권에 관한 사항)		(No.233)
순위번호	등기목적	접 수	등기원인	권리자 및 기타 사항
3	소유권이전	1998년 4월 12일 제3260호	1998년 3월 2일 매매	소유자 이도령 490115-1056407 서울특별시 서초구 서초동 36
4	소유권이전	2025년 8월 1일 제7086호	2024년 4월 4일 상속	공유자 지분 7분의 3 김복순 530125-2128713 서울특별시 서초구 서초대로 20길 12 (서초동) 지분 7분의 2 이대백 790320-1617312 서울특별시 서초구 서초대로 20길 22 (서초동) 지분 7분의 2 이대영 821021-1617314 서울특별시 동작구 동작대로 29길 32, 101동 1301호(상도동, 현대아파트) 대위자 박영남 서울특별시 서초구 효령로27길 26, 303동 401호(방배동, 임광아파트) 대위원인 2024년 9월 9일 매매에 의한 소유권이전등기청구권

사례연습

대위상속등기신청(경매를 위한)

설 문

다음 등기부상 근저당권자인 이전권은 근저당권설정자가 2025년 8월 13일 사망한 이후에 임의경매신청을 하려고 하는바, 임의경매를 신청하고자 하니 법원에서는 등기를 먼저 해오라고 한다. 필요한 등기신청서를 작성하라. 등기신청서는 2025년 10월 15일 제출한다. 아래 참고자료를 참조할 것.

참고자료

1. 등기부

<갑 구>

[갑 구]		(소유권에 관한 사항)		
순위번호	등기목적	접 수	등기원인	권리자 및 기타사항
2	소유권 이전	2019년 4월 27일 제4263호		소유자 김팔남 220312-1010101 서울특별시 송파구 잠실대로 263(삼전동)

<을 구>

[을 구]		(소유권외의 권리에 관한 사항)		
순위번호	등기목적	접 수	등기원인	권리자 및 기타사항
4	근저당권 설정	2025년 7월 7일 제7006호	2025년 7월 6일 설정계약	채권최고액 금100,000,000원 채무자 김팔남 서울특별시 송파구 잠실대로 263(삼전동) 근저당권자 이전권 560809-1365321 서울특별시 중구 서소문로 24 (명동)

2. 상속인

(1) 처 이 정 숙(301224-2234567)

서울특별시 송파구 잠실대로 263 (삼전동)

(2) 장남 김 장 수(530204-1234568)

서울특별시 송파구 잠실대로 263 (삼전동)

(3) 장녀 김 장 숙(551213-2234568)

서울특별시 동작구 동작대로 2 (사당동)

3. 부동산의 표시 서울특별시 관악구 봉천동 128 전 700㎡

4. ㎡당 개별공시지가 200,000원

5. 채권매입비율 5천만원까지는 18/1,000 1억 5천만원까지는 28/1,000

6. 취득세율 28/1,000 농지는 23/1,000

【모범답안】

상속으로 인한 소유권이전대위등기신청

접 수	년 월 일	처리인	등기관 확인	각종통지
	제 호			

부동산의 표시						
서울특별시 관악구 봉천동 128 전 700㎡ 이 상						
등기원인과 그 연월일	2025년 8월 13일 상속					
등 기 의 목 적	소유권이전					
대 위 원 인	2025년 7월 7일 설정된 근저당권의 실행을 위한 경매에 필요함					
구 분	성 명 (상호·명칭)	주민등록번호 (등기용등록번호)	주 소(소재지)	상속분	지분 (개인별)	
피상속인	망 김판남	220312-1010101	서울특별시 송파구 잠실대로 263 (삼전동)		1	
등기권리자	이 정 숙	320224-2234567	서울특별시 송파구 잠실대로 263 (삼전동)	7분의 3	7분의 3	
	김 장 수	530204-1234568	서울특별시 송파구 잠실대로 263 (삼전동)	7분의 2	7분의 2	
	김 장 숙	551213-2234568	서울특별시 동작구 동작대로 2(상도동)	7분의 2	7분의 2	
	대위등기신청인 이 전 권		서울특별시 중구 서소문로 24 (명동)			

시가표준액 및 국민주택채권매입금액		
부동산 표시	부동산별 시가표준액	부동산별 국민주택채권매입총액
1. 토 지	이정숙 200,000 × 700 × 3/7 = 60,000,000 원 김장수 200,000 × 700 × 2/7 = 40,000,000 원 김장숙 200,000 × 700 × 2/7 = 40,000,000 원 (합계 : 140,000,000 원)	금 1,680,000원 금 720,000원 금 720,000원

국민주택채권매입총액	금 3,120,000원
국민주택채권발행번호	7506-10-0420-3889
취득세 금 3,220,000원	지방교육세 금 84,000원 농어촌특별세 금 280,000원
세액합계	금 3,584,000 원
등기신청수수료	금 15,000 원 납부번호 :

첨부서면 (간인)	
1. 취득세영수필확인서 1통	1. 제적등본 1통
1. 등기신청수수료영수필확인서 1통	1. 주민등록표등본·초본 3통
1. 기본증명서(상세증명서) 1통	1. 주민등록표등본·초본(말소자) 1통
1. 가족관계증명서(상세증명서) 1통	1. 토지대장등본 1통
1. 친양자입양관계증명서(상세증명서) 1통	1. 등기사항증명서 1통

2025년 10월 15일

위 신청인

대위신청인 이 전 권 ㉑

서울중앙지방법원 등기국 귀중

신청서 작성요령란

* 1. 부동산표시란에 2개 이상의 부동산을 기재하는 경우에는 부동산의 일련번호를 기재하여야 합니다.
2. 신청인란 등 해당란에 기재할 여백이 없을 경우에는 별지를 이용합니다.

사례연습

소유권이전등기신청(가처분을 위한)

아래 문제의 취지에 따른 등기신청서를 작성하라(30점)

설 문

채권자 이순영(560402-1018719, 서울특별시 동작구 동작대로 222 (상도동))은 김길동의 상속인 김일남이 상속받은 지분에 대한 2019. 5. 16. 매매계약을 체결하였는 바, 채무자는 상속등기를 하지 아니하고 있다. 따라서 채권자 이순영은 채무자가 상속받은 부동산에 대하여 2019. 7. 16. 서울중앙지방법원의 가처분결정(2019카단67070)을 받았다. 채권자 이순영의 가처분결정이 등기부에 기입되기 위하여 필요한 등기신청서를 작성하라.

참고자료

1. 당사자의 인적사항

   이순영: 560402-1018719 서울특별시 동작구 동작대로 222 (상도동)

   김일남: 490602-1076512 서울특별시 중구 다산로 22 (신당동)

   등기부상 소유자의 표시: 김길동, 광주광역시 서구 내방로 269

   김길동 및 상속인들의 등록기준지: 광주광역시 서구 경열로 100

   김길동의 최후주소: 김길동 광주광역시 서구 경열로 100 (말소자초본에 위 서구 경열로 100번지 주소가 나옴)

   김길동의 주민등록번호: 280103-1010101

2. 김길동의 실종기간만료일: 1980. 5. 18. 실종선고일 2018. 4. 19.

3. 부동산의 표시 :

   (1) 서울특별시 서초구 서초동 100 대 300㎡

   (2) 위 지상 시멘트 벽돌조 슬래브지붕 2층 주택

   1층 40㎡ 2층 35㎡

   [도로명주소 : 서울특별시 서초구 서초대로 22 (서초동)]

4. 상속인

배인숙 280203-2010101
광주광역시 서구 경열로 100

김일남 490602-1076512(1975. 12. 1. 결혼, 호주상속인)
서울특별시 중구 다산로 22(신당동)

김순자 520203-2076522(1977. 3. 6. 결혼)
서울특별시 관악구 관악대로 36, 601호 (신림동)

김쾌남 530101-1076532(1980. 2. 9. 결혼)
미국시민권자, 1981년 미국으로 이민 후 연락두절, 최후 주소 불명.
주민등록표 발급받을 수 없음. 제적등본에 미국국적취득사실이 기재됨.
가족관계등록부는 편제되지 아니하였음.

5. 유의사항은 다음과 같음.

(1) 서울특별시에서 공시한 개별주택공시가격은 340,000,000원임.
(2) 취득세 세율: 1,000분의 28
(3) 지방교육세: 기재하지 말 것
(4) 농어촌특별세: 없음
(5) 국민주택채권매입비율: 150,000,000원 이상 : 1000분의 42
50,000,000원 ~ 150,000,000원 : 1000분의 28
(6) 1979년에 개정된 민법 제1009조: ① 동순위의 상속인이 수인인 때에는 그 상속분은 균분으로 한다. 그러나 재산상속인이 동시에 호주상속을 할 경우에는 상속분은 그 고유의 상속분의 5할을 가산한다.
② 동일가적내에 없는 여자의 상속분은 남자의 상속분의 4분의 1로 한다.
③ 피상속인의 처의 상속분은 직계비속과 공동으로 상속하는 때에는 동일가적 내에 있는 직계비속의 상속분의 5할을 가산하고 직계존속과 공동으로 상속하는 때에는 직계존속의 상속분의 5할을 가산한다.

6. 첨부서면은 부동산등기법 기타 관련 법령 및 대법원등기예규나 선례 등에 의하여 반드시 첨부할 필요가 있는 것만 첨부하고 그 법적 근거에 대하여 간략히 설명하라.

7. 위 등기신청절차를 위임받은 법무사 이현수 서울특별시 관악구 관악대로 27, 502호(봉천동, 서연빌딩) (☎ 887-9161)가 작성하여 2019년 7월 27일 신청하는 등기신청서 및 위임장을 작성하라.

8. 관할 등기소: 서울중앙지방법원 등기국

【모범답안】

소유권이전대위등기신청(상속)

<table>
<tr><td rowspan="2">접 수</td><td>년 월 일</td><td rowspan="2">처리인</td><td>등기관 확인</td><td>각종통지</td></tr>
<tr><td>제 호</td><td></td><td></td></tr>
</table>

<table>
<tr><td colspan="5">부 동 산 의 표 시</td></tr>
<tr><td colspan="5">1. 서울특별시 서초구 서초동 100
대 300㎡

2. 서울특별시 서초구 서초동 100
[도로명주소] 서울특별시 서초구 명달로1길 3
시멘트 벽돌조 슬래브지붕 2층주택
1층 40㎡ 2층 35㎡ -이상-</td></tr>
<tr><td colspan="2">등기원인과 그 연월일</td><td colspan="3">1980년 5월 18일 재산상속 (2018년 4월 19일 실종선고)</td></tr>
<tr><td colspan="2">등 기 의 목 적</td><td colspan="3">소유권이전</td></tr>
<tr><td colspan="2">대 위 원 인</td><td colspan="3">2019년 7월 16일 서울중앙지방법원의 가처분결정</td></tr>
<tr><td colspan="2"></td><td colspan="3"></td></tr>
<tr><td>구 분</td><td>성 명</td><td>주민등록번호</td><td>주 소</td><td>지분
(개인별)</td></tr>
<tr><td>피상속인</td><td>망 김길동</td><td>280103-1010101</td><td>등기기록상 주소
광주광역시 서구 내방로 269
최후 주소
광주광역시 서구 경열로 100</td><td>1</td></tr>
<tr><td rowspan="5">등기권리자</td><td>배인숙</td><td>280203-2010101</td><td>광주광역시 서구 경열로 100</td><td>6/17</td></tr>
<tr><td>김일남</td><td>490602-1076512</td><td>서울특별시 중구 다산로 22 (신당동)</td><td>6/17</td></tr>
<tr><td>김순자</td><td>520203-2076522</td><td>서울특별시 관악구 관악대로 36, 601호(신림동)</td><td>1/17</td></tr>
<tr><td>미합중국인
김래남</td><td></td><td>광주광역시 서구 경열로 100</td><td>4/17</td></tr>
<tr><td>위 김일남의
대위신청인
이순영</td><td></td><td>서울특별시 동작구 동작대로 222
(상도동)</td><td></td></tr>
</table>

<table>
<tr><td colspan="4">시가표준액 및 국민주택채권매입금액</td></tr>
<tr><td>부동산 표시</td><td>부동산별 시가표준액</td><td colspan="2">부동산별 국민주택채권매입금액</td></tr>
<tr><td>1. 배인숙</td><td>340,000,000 x 6/17 = 120,000,000원</td><td colspan="2">금 3,360,000원 원</td></tr>
<tr><td>2. 김일남</td><td>340,000,000 x 6/17 = 120,000,000원</td><td colspan="2">금 3,360,000원 원</td></tr>
<tr><td>3. 김순자</td><td>340,000,000 x 1/17 = 20,000,000원</td><td colspan="2">금 360,000원 원</td></tr>
<tr><td>4. 김쾌남</td><td>340,000,000 x 4/17 = 80,000,000원</td><td colspan="2">금 2,240,000원 원</td></tr>
<tr><td colspan="2">국 민 주 택 채 권 매 입 총 액</td><td colspan="2">금 9,320,000원 원</td></tr>
<tr><td colspan="2">국 민 주 택 채 권 발 행 번 호</td><td colspan="2"></td></tr>
<tr><td colspan="2" rowspan="2">취득세 금 9,520,000 원</td><td>지방교육세</td><td>금 원</td></tr>
<tr><td>농어촌특별세</td><td>금 원</td></tr>
<tr><td colspan="2">세 액 합 계</td><td colspan="2">금 원</td></tr>
<tr><td colspan="2" rowspan="2">등 기 신 청 수 수 료</td><td colspan="2">금 30,000 원</td></tr>
<tr><td colspan="2">납부번호 :</td></tr>
<tr><td colspan="4">등기의무자의 등기필정보</td></tr>
<tr><td>부동산고유번호</td><td colspan="3"></td></tr>
<tr><td>성 명 (명칭)</td><td>일 련 번 호</td><td colspan="2">비 밀 번 호</td></tr>
<tr><td></td><td></td><td colspan="2"></td></tr>
<tr><td colspan="4">첨 부 서 면 〈간인〉</td></tr>
<tr><td colspan="2">1. 기본증명서 (김길동) 1통
1. 가족관계증명서 (김길동) 1통
1. 친양자입양관계증명서 (김길동) 1통
1. 제적등본(김길동) 1통
1. 주민등록표초본(말소자, 김길동) 1통
~~1. 기본증명서(배인숙, 김일남, 김순자) 1통~~
1. 주민등록표초본(배인숙, 김일남, 김순자) 3통
1. 제적등본(김쾌남) 1통</td><td colspan="2">1. 취득세영수필확인서 1통
1. 등기신청수수료영수필확인서 1통
1. 토지대장등본 1통
1. 건축물대장등본 1통
1. 가처분결정문 1통
1. 위임장 1통</td></tr>
<tr><td colspan="4">2019년 7월 26일
신청인 (전화 :)
위 대리인 법 무 사 이 현 수 직인 (전화 : 02-887-9161)
서울특별시 관악구 관악대로 27, 502호(봉천동, 서연빌딩)
서울중앙지방법원 등기국 귀중</td></tr>
</table>

신청서 작성요령란

* 1. 부동산표시란에 2개 이상의 부동산을 기재하는 경우에는 부동산의 일련번호를 기재하여야 합니다.
2. 신청인란 등 해당란에 기재할 여백이 없을 경우에는 별지를 이용합니다.
3. 담당 등기관이 판단하여 위의 첨부서면 외에 추가적인 서면을 요구할 수 있습니다.

위 임 장

<table>
<tr><td>부동산의 표시</td><td colspan="2">1. 서울특별시 서초구 서초동 100
대 300㎡

2. 서울특별시 서초구 서초동 100
[도로명주소] 서울특별시 서초구 명달로1길 3
시멘트 벽돌조 슬래브지붕 2층주택
1층 40㎡ 2층 35㎡ -이상-</td></tr>
<tr><td colspan="2">등기원인과 그 연월일</td><td>1980년 5월 18일 재산상속 (2018년 4월 19일 실종선고)</td></tr>
<tr><td colspan="2">등기의 목적</td><td>소유권이전</td></tr>
<tr><td colspan="2">대위원인</td><td>2019년 7월 16일 서울중앙지방법원의 가처분결정</td></tr>
<tr><td colspan="2"></td><td></td></tr>
<tr><td>대리인</td><td colspan="2">법무사 이현수 (02-887-9161)
서울특별시 관악구 관악대로 27, 502호(봉천동, 서연빌딩)</td></tr>
<tr><td colspan="3">위 사람을 대리인으로 정하고 위 부동산 등기신청, 취하, 등기필정보 수령 및 확인에 관한 모든 행위를 위임한다. 또한 복대리인의 선임을 허락한다.

2019년 7월 26일</td></tr>
<tr><td>위임인</td><td colspan="2">피상속인 김길동 광주광역시 서구 내방로 269

상속인
배인숙 (6/17) 광주광역시 서구 내방로 269
김일남 (6/17) 서울특별시 중구 다산로 22 (신당동)
김순자 (1/17) 서울특별시 관악구 관악대로 36, 601호 (신림동)
미합중국인 김래남 (4/17) 광주광역시 서구 경열로 100
위 김일남의 대위신청인 이순영 서울특별시 동작구 동작대로 222 (상도동) (인)</td></tr>
</table>

〔첨부서면에 대한 설명〕

①~⑦ 상속을 증명하는 서면

㈎ 피상속인에 관한 상속을 증명하는 서면

1) 피상속인이 2008. 1. 1. 이후에 사망신고가 된 경우로서, 피상속인에게 배우자와 자녀가 있는 경우에는 다음 각 호의 서면을 상속을 증명하는 서면으로 제출하여야 한다.

1. 피상속인의 기본증명서(상세) 및 가족관계증명서(상세)
2. 피상속인의 친양자입양관계증명서(상세)㈏
3. 피상속인의 구 호적법상 제적등본(전적전 제적등본 포함)

2) 위 기본증명서(상세)에 의하여서는 피상속인 김길동과 등기명의인의 동일성, 실종기간만료일 및 실종선고사실을 확인하고, 가족관계증명서(상세)를 통하여서는 배우자 배인숙, 김일남, 김순자, 김쾌남이 상속인이 맞는지 확인하여야 하며, 친양자입양관계증명서(상세)를 통해 피상속인이 사망한 후에 타인에게 친양자입양된 자녀의 존부와 피상속인 사망 당시 피상속인에게 친양자입양된 자녀의 존부를 확인할 수 있어야 한다.

3) 제적등본을 통해 2008년 1월 1일 이전 피상속인의 자녀 중 사망, 국적상실, 실종선고, 부재선고를 원인으로 제적된 자가 있는지 여부, 2008년 1월 1일 이전 혼인, 분가, 입양 등의 사유로 가족관계증명서에 누락된 직계비속이 있는지 여부를 확인한다.

4) 가족관계증명서(상세) 및 제적등본을 통해 피상속인 사망 전에 사망한 자녀의 존부를 확인하여 대습상속이 발생하였는지 조사한다(이상 상속등기에 관한 업무처리지침, 2025.01.24 등기예규 제1835호).

㈏ 기본증명서 · 가족관계증명서 (상속인)

피상속인의 가족관계증명서(상세)를 통해 상속인을 확인할 수 있기 때문에 원칙적으로 상속인의 기본증명서를 첨부할 필요는 없다. 다만, 등기관은 상속인의 주민등록표 등 · 초 등 제출된 첨부서면만으로 동일인임을 확인하가 어려운 경우 상속인의 기본증명서(상세)의 제출을 요구할 수 있다(위 등기예규 제1835호).

⑧⑨ 주소 및 주민등록번호를 증명하는 서면 - 주민등록표등 · 초본

㈎ 피상속인의 주소증명서면

1) 등기기록상 등기명의인이 피상속인임을 증명하기 위하여 요구되는 경우에는 예

외적으로 피상속인의 주소를 증명하는 서면으로 주민등록표 등 · 초본(말소자 등 · 초본)을 제출하여야 한다.

2) 가족관계증명제도 시행 전의 사망으로 피상속인의 사망사실이 기재된 제적등본이 첨부된 경우 등기기록상 등기명의인인 피상속인의 주소가 그 제적부상의 기재와 다른 경우에도 위의 1)과 같다(위 등기예규 제1835호).

3) 등기부상 피상속인의 주소와 피상속인의 주소가 다른 경우에는 피상속인의 주소변동이력이 표시된 주민등록표초본(말소자)을 첨부하여야 하는 것이 굳어진 등기실무이다(인터넷등기소-등기신청서견양 : '등기기록상의 주소와 최종 주소가 상이할 경우에는 반드시 주소변동내역이 포함된 주민등록표초본을 첨부하여야 한다'고 서술되어 있음을 참조할 것).

(나) 상속인의 주소 및 주민등록번호 증명서면)

1) 등기권리자가 될 상속인은 다음 각 호에 따라 주소 및 주민등록번호(또는 부동산등기용등록번호) 증명서면을 제출하여야 한다.

1. 내국인 : 주민등록표 등 · 초본
2. 재외국민 : 「재외국민 및 외국인의 부동산등기신청절차에 관한 예규」 제10조 및 제11조 의 규정에 따른 서면
3. 외국인 : 「재외국민 및 외국인의 부동산등기신청절차에 관한 예규」 제13조 및 제14조 의 규정에 따른 서면

※ 김쾌남에 대하여서는 현재 주소를 알 수 없으므로 외국국적취득사실이 나와 있는 제적등본을 주소증명으로 제출할 수밖에 없다.

2) 등기권리자가 될 자가 아닌 상속인의 경우에는 원칙적으로 주소 및 주민등록번호(또는 부동산등기용등록번호) 증명서면을 제출할 필요가 없다. 다만, 다음 각 호의 경우에는 주소 및 주민등록번호(또는 부동산등기용등록번호) 증명서면을 제출하여야 한다.

1. 상속을 증명하는 서면과 상속재산분할협의서 또는 인감증명서상 상속인의 표시만으로 상속인의 동일성을 알 수 없는 경우
2. 상속재산분할협의서에 기재한 상속인의 주소와 인감증명서의 주소가 부합하지 않는 경우(위 등기예규 제1835호)

⑩ 취득세영수필확인서 또는 취득세납부확인서

시장, 구청장, 군수 등으로부터 취득세납부서(OCR용지)를 발급받아 세금을 납부한 후 취득세영수필확인서를 신청서의 취득세액표시란의 좌측상단 여백에 첨부하거나, 또는 지방세인터넷납부시스템에서 출력한 취득세납부확인서를 첨부정보로서 등기소에

제공하여야 한다(지방세법 제20조, 지방세법시행령 제36조 제1항).

⑪ 등기신청수수료 영수필확인서

① 대한민국법원 인터넷등기소(http://www.iros.go.kr/)를 이용하여 전자적인 방법(신용카드, 계좌이체, 선불형지급수단)으로 납부, ② 법원행정처장이 지정하는 수납금융기관에 현금으로 납부, ③ 무인발급기를 이용하여 현금 또는 신용카드로 납부하고 발급받은 등기신청수수료 영수필확인서를 첨부한다(법 제22조 제3항, 2024.11.29 등기예규 제1789호, 시행 2025.01.31.).

⑫ 토지대장등본

토지에 대한 소유권이전등기를 신청하는 경우에는 토지의 표시를 증명하는 토지대장등본을 첨부정보로서 등기소에 제공하여야 한다(규칙 제46조 제1항 제7호).

⑬ 건축물대장등본

건물에 대한 소유권이전등기를 신청하는 경우에는 건물의 표시를 증명하는 건축물대장등본을 첨부정보로서 등기소에 제공하여야 한다(규칙 제46조 제1항 제7호).

⑭ 가처분결정문

대위원인을 증명하는 서면으로 가처분결정문 혹은 등본을 첨부정보로서 등기소에 제공하여야 한다(규칙 제50조). 규칙 제46조 제1항 제6호에서는 등기명의인이 되는 등기권리자의 주소증명서면을 제출할 것을 요구하고 있으므로 대위신청인의 주소증명서면을 제출할 필요는 없다.

⑮ 위임장

등기신청을 법무사 등 대리인에게 위임하는 경우이므로 대리권한을 증명하는 정보로 위임장을 첨부정보로서 등기소에 제공하여야 한다(규칙 제46조 제1항 제5호).

참고(1): 실종선고

1979. 1. 1. ~ 1990. 12. 31. 에 실종기간이 만료된 자에 대하여서는 실종선고가 개정민법 시행일 1991. 1. 1. 이후에 있었던 경우에도 그 상속에 관하여서는 1991. 1. 1. 민법 개정 이전의 법을 적용한다.

㈎ 민법 (1960. 1. 1. 시행~1978. 12. 31.) 부칙 제25조 제2항: 실종선고로 인하여 호주 또는 재산상속이 개시되는 경우에 그 실종기간이 구법 시행기간 중에 만료하는 때에도 그 실종이 본법 시행일 후에 선고된 때에는 그 상속순위, 상속분 기타 상속에 관하여는 본법의 규정을 적용한다.

예: 1955. 7. 15. 실종기간만료, 1975. 9. 16. 실종선고 ∽

1960. 1. 1. 시행 민법 규정에 따라 상속(선례 8-15)

(나) 민법 (1979. 1. 1. 시행~1990. 12. 31.) 부칙 제6항: 실종선고로 인하여 상속이 개시되는 경우에 그 실종기간이 이 법 시행일 후에 만료된 때에는 그 상속에 관하여 이 법의 규정을 적용한다.

예: 1980. 7. 15. 실종기간만료, 1989. 9. 16. 실종선고 ~
1979. 1. 1. 시행 민법 규정에 따라 상속

(다) 민법 (1991. 1. 1. 시행) 부칙 제12조 제6항: 실종선고로 인하여 상속이 개시되는 경우에 그 실종기간이 구법시행기간 중에 만료되는 때에도 그 실종이 이 법 시행일 후에 선고된 때에는 상속에 관하여는 이 법의 규정을 적용한다.

예 : 1955. 6. 3. 실종기간만료, 2002. 8. 7. 실종선고 ~
1991. 1. 1. 시행 민법 규정에 따라 상속(선례 7-192)
예 : 1985. 7. 15. 실종기간만료, 1999. 9. 16. 실종선고 ~
1979. 1. 1. 시행 민법 규정에 따라 상속 *
예 : 1992. 7. 15. 실종기간만료, 1999. 9. 16. 실종선고 ~
1991. 1. 1. 시행 민법 규정에 따라 상속

참고(2): 1979. 1. 1.부터 1990. 12. 31.까지의 상속분

(가) 1979. 1. 1. 민법 개정취지 상속분에 관하여 1979. 1. 1. 시행된 개정민법에서는 제정민법에 비하여 처의 상속분이 대폭 상향조정되었고, 동일가적 내에 있는 여자의 상속분도 남자와 동일하게 변경되었다. 예컨대 상속등기를 함에 있어서, 처가 직계비속 또는 직계존속과 공동으로 재산상속을 함과 동시에 호주상속을 하는 경우, 처의 상속분은 공동재산상속인의 균분상속비율(민법 제1009조 제1항)인 "1"을 기준으로 하고 여기에, 민법 제1009조 제1항 단서(재산상속인이 동시에 호주상속을 할 경우에는 상속분은 그 고유의 상속분의 5할을 가산한다)와 동조 제3항(피상속인의 처의 상속분은 직계비속과 공동으로 상속하는 때에는 동일가적 내에 있는 직계비속의 상속분의 5할을 가산하고 직계존속과 공동으로 상속하는 때에는 직계존속의 상속분의 5할을 가산한다)에 의하여 각 5할을 가산한 합계"2"로 한다(예규 제659호).

(나) 원 칙 동순위의 상속인이 수인인 때에는 그 상속분은 균분으로 한다(민법 1009조 1항).

(다) 예 외 1) 재산상속인이 동시에 호주상속을 하는 경우에는 그 고유상속분에

---

* 2015년간 부동산등기실무 I. p.234.

5할 가산.

2) 처는 직계비속과 공동으로 상속할 경우에는 직계비속의, 직계존속과 공동으로 상속하는 경우에는 직계존속의 상속분의 5할 가산.

3) 동일가적 내에 없는 여자는 남자의 1/4.

예 시

※ 피상속인의 직계비속인 장남과 차남, 출가한 장녀, 미혼인 차녀와 처가 공동상속을 받는 경우(호주상속을 받지 아니하는 남자를 기준으로 하여 계산함)

상속인	상속분		전체에 대한 상속분
	민법규정	통 분	
처	1.5	6	6/21
장남(호주상속)	1.5	6	6/21
차남	1	4	4/21
장녀(출가)	1/4	1	1/21
차녀	1	4	4/21

사례연습

〔법무사 제29회 기출문제〕

가압류를 위한 대위상속등기

설 문

다음에 제시된 사실관계와 부동산의 등기기록 및 답안작성 유의사항에 따라 법무사 김법무가 제출할 등기신청서를 작성하고, 필요한 첨부서면의 제공 이유와 근거에 대하여 간략하게 설명하시오(서면에 의한 방문신청임을 전제로 함). (30점)

참고자료

1. 사실관계

가. 채권자 최대출은 채무자 박산하에게 금 50,000,000원을 대여하였으나 채무자 박산하는 변제기 이후에 채권자의 수차례 변제요구에도 이를 이행하고 있지 않은 상황이다. 채권자 최대출은 자신의 채권을 보전하기 위해 채무자 박산하 명의로 된 부동산을 알아 보던 중 채무자 박산하의 부(父) 박길동이 2019년 3월 5일 사망하였으나 아직 상속등기를 하지 않고 있다는 사실을 알게 되었다. 박길동에게는 처(妻) 김사랑과 그 사이의 자녀로 채무자 박산하와 박보름이 있다. 채권자 최대출은 아래 등기기록에 해당하는 부동산에 대하여 채무자가 법정상속받은 지분 비율만큼 2023년 7월 7일 서울중앙지방법원의 가압류 결정을 받았다. 그 후 채권자 최대출은 법무사 김법무[사무소 소재지: 서울특별시 서초구 법원로 11(서초동). 전화번호: 02) 581-5300]에게 위 가압류 결정에 따른 집행을 위한 선행조치로 상속을 원인으로 한 소유권이전등기 신청을 자기 이름으로 위임하였고, 법무사 김법무는 해당 등기신청을 위해 필요한 첨부서면 등을 준비하여 2023년 10월 17일 관할 등기소에 등기신청을 하려고 한다.

나. 인적사항

① 피상속인

박길동 : 주민등록번호 720717-1530333, 주소 서울특별시 서초구 서초대로 321, 101동 101호(서초동, 서초아파트)

② 상속인

- 박길동의 처(妻) 김사랑 : 주민등록번호 780703-2562316, 주소 서울특별시 서초구 서초대로 321, 101동 101호(서초동, 서초아파트)
- 박길동과 김사랑의 자(子) 박산하 : 주민등록번호 010212-3384579, 주소 서울특별시 서초구 서초대로 321, 101동 101호(서초동, 서초아파트)
- 박길동과 김사랑의 자(子) 박보름 : 주민등록번호 130402-4982597, 주소 서울특별시 서초구 서초대로 321, 101동 101호(서초동, 서초아파트)

③ 최대출 : 주민등록번호 680717-1530275, 주소 서울특별시 서초구 반포대로 321, 501동 501호(반포동, 반야아파트)

2. 부동산(집합건물)의 등기기록

[표제부]	(1동의 건물의 표시)			
표시번호	접 수	소재지번, 건물명칭 및 번호	건물내역	등기원인 및 기타사항
1	2014년 3월 25일	서울특별시 서초구 서초동 123 서초아파트 제101동 [도로명주소] 서울특별시 서초구 서초대로 321	철근콘크리트조 슬래브지붕 5층 공동주택(아파트) 1층 637㎡ 2층 637㎡ 3층 637㎡ 4층 637㎡ 5층 637㎡	

(대지권의 목적인 토지의 표시)				
표시번호	소재지번	지 목	면 적	등기원인 및 기타사항
1	1. 서울특별시 서초구 서초동 123	대	1000㎡	2014년 3월 25일 등기

[표제부]	(전유부분의 건물의 표시)			
표시번호	접 수	건물번호	건물내역	등기원인 및 기타사항
1	2014년 3월 25일	제1층 제101호	철근콘크리트조 84㎡	
(대지권의 표시)				

표시번호	대지권의 종류	대지권비율	등기원인 및 기타사항
1	1, 소유권대지권	1000분의 20	2014년 2월 15일 대지권 2014년 3월 25일 등기

[갑 구]		(소유권에 관한 사항)		
순위번호	등기목적	접 수	등기원인	권리자 및 기타 사항
2	소유권이전	2015년 5월 3일 제1234호	2015년 3월 2일 매매	공유자 지분 2분의 1 박길동 주민등록번호 720717-1530333 서울특별시 서초구 서초대로 321, 101동 101호 (서초동, 서초아파트) 지분 2분의 1 김사랑 780703-2562316 서울특별시 서초구 서초대로 321, 101동 101호 (서초동, 서초아파트) 거래가액 100,000,000원

(서울중앙지방법원 등기국 관할)

2. 답안 작성 유의사항

가. 신청서 양식의 첨부서면란 등이 부족할 경우에는 답안지에 기재할 수 있습니다.

나. 신청서 양식의 첨부서면란에는 첨부서면의 명칭과 통수를 기재합니다. 첨부서면의 제공이유와 근거는 답안지에 간략하게 기재하십시오.

다. 위임장은 작성하지 않으셔도 됩니다. 다만, 첨부서면으로는 기재하고 그 내용(위임인 등)도 답안지에 기재하시기 바랍니다.

라. 취득세 등 설문에서 정보가 주어지지 않은 것은 신청서에 기재하지 않으셔도 됩니다. 그 밖에 설문에서 주어지지 않은 사항은 고려할 필요가 없습니다.

마. 날인이 필요한 곳에는 "(인)"이라고 기재합니다.

바. 제시된 주민등록번호나 부동산등기용등록번호는 법령상의 부여 규칙이나 구성 체계 등과 맞지 않을 수 있으나, 이 점은 고려하지 않으셔도 됩니다.

사. 설문의 부동산과 사실관계는 모두 가상의 것들임을 알려 드립니다.

2023년 제29회 법무사시험 2차 부동산등기법 신청서류작성문제(답안)—유석주법무사

소유권이전대위등기신청(상속)

<table>
<tr><td rowspan="2">접
수</td><td>년 월 일</td><td rowspan="2">처리인</td><td>등기관 확인</td><td>각종 통지</td></tr>
<tr><td>제 호</td><td></td><td></td></tr>
</table>

<table>
<tr><td colspan="5">부 동 산 의 표 시</td></tr>
<tr><td colspan="5">1동의 건물의 표시
서울특별시 서초구 서초동 123
장미아파트상가 1동
[도로명주소] 서울특별시 서초구 서초대로 321
전유부분의 건물의 표시
건물의 번호 : 101-1-101
구 조 : 철근콘크리트구조
면 적 : 제1층 제101호 84㎡
대지권의 표시
대지권의 목적인 토지의 표시
1. 서울특별시 서초구 서초동 123 대 1,000㎡
대지권의 종류 : 1. 소유권대지권
대지권의 비율 : 1000분의 20 -이 상-</td></tr>
<tr><td colspan="2">등기원인과 그 연월일</td><td colspan="3">2019년 3월 5일 상속</td></tr>
<tr><td colspan="2">등 기 의 목 적</td><td colspan="3">2번 박길동지분 전부이전</td></tr>
<tr><td colspan="2">이 전 할 지 분</td><td colspan="3">2분의 1</td></tr>
<tr><td colspan="2">대 위 원 인</td><td colspan="3">2023년 7월 7일 서울중앙지방법원의 가압류결정</td></tr>
<tr><td>구 분</td><td>성 명</td><td>주민등록번호</td><td>주 소</td><td>지 분</td></tr>
<tr><td>등기
의무자</td><td>망
박 길 동</td><td>720717-1530333</td><td>서울특별시 서초구 반포로 60,
102동 801호(반포동, 장미아파트)</td><td>2분의1</td></tr>
<tr><td rowspan="4">등기
권리자</td><td>김 사 랑</td><td>780703-2562316</td><td>서울특별시 서초구 서초대로 321
101동 101호(서초동, 서초아파트)</td><td>14분의3</td></tr>
<tr><td>박 산 하</td><td>010212-3384579</td><td>서울특별시 서초구 서초대로 321
101동 101호(서초동, 서초아파트)</td><td>14분의2</td></tr>
<tr><td>박 보 름</td><td>130402-4982597</td><td>서울특별시 서초구 서초대로 321
101동 101호(서초동, 서초아파트)</td><td>14분의2</td></tr>
<tr><td>대위신청인
최 대 출</td><td></td><td>서울특별시 서초구 반포대로 321
501동 501호(반포동, 반야아파트)</td><td></td></tr>
</table>

<table>
<tr><td colspan="4">시가표준액 및 국민주택채권매입금액</td></tr>
<tr><td>부동산표시</td><td colspan="2">부동산별 시가표준액</td><td>부동산별 국민주택채권매입총액</td></tr>
<tr><td></td><td colspan="2">금 원</td><td></td></tr>
<tr><td colspan="3">국 민 주 택 채 권 매 입 총 액</td><td>금 원</td></tr>
<tr><td colspan="3">취득세 금 원</td><td>지방교육세 금 원</td></tr>
<tr><td colspan="3">농어촌특별세 금 원</td><td></td></tr>
<tr><td colspan="2">세 액 합 계</td><td colspan="2">금 원</td></tr>
<tr><td colspan="2" rowspan="2">등 기 신 청 수 수 료</td><td colspan="2">금 원</td></tr>
<tr><td colspan="2">납부번호 :</td></tr>
<tr><td colspan="4">등기의무자의 등기필정보</td></tr>
<tr><td colspan="2">부동산고유번호</td><td colspan="2"></td></tr>
<tr><td colspan="2">성명(명칭)</td><td>일련번호</td><td>비밀번호</td></tr>
</table>

첨 부 서 면 (간인)			
1. 기본증명서(상세)(피상속인)	1통	1. 취득세영수필확인서 또는 취득세 납부확인서	1통
1. 가족관계증명서(상세)(피상속인)	1통	1. 등기신청수수료영수필확인서	1통
1. 친양자입양관계증명서(상세)(피상속인)	1통	1. 집합건축물대장등본(전유부)	1통
1. 제적등본(피상속인)	1통	1. 토지대장등본(대지권등록부)	1통
1. 주민등록표초본(말소자)(피상속인)	1통	1. 가압류결정정본 또는 등본	1통
1. 주민등록표등 · 초본(상속인)	1통	1. 등기위임장	1통

2023년 10월 17일

위 신청인 (전화 :)

대리인 **법무사 김 법 무** 직인 (전화 : 02) 581-5300)

서울특별시 서초구 법원로 11(서초동)

서울중앙지방법원 등기국 귀중

신청서 작성요령

* 1. 부동산표시란에 2개 이상의 부동산을 기재하는 경우에는 부동산의 일련번호를 기재하여야 합니다.
2. 신청인란 등 해당란에 기재할 여백이 없을 경우에는 별지를 이용합니다.
3. 담당 등기관이 판단하여 위의 첨부서면 외에 추가적인 서면을 요구할 수 있습니다.

〔첨부서면의 제공이유와 근거〕

1. 기본증명서(상세)(피상속인) 1통	1. 취득세영수필확인서 또는 취득세납부확인서 1통
1. 가족관계증명서(상세)(피상속인) 1통	1. 등기신청수수료영수필확인서 1통
1. 친양자입양관계증명서(상세)(피상속인) 1통	1. 집합건축물대장등본(전유부) 1통
1. 제적등본(피상속인) 1통	1. 토지대장등본(대지권등록부) 1통
1. 주민등록표초본(말소자)(피상속인) 1통	1. 가압류결정정본 또는 등본 1통
1. 주민등록표등·초본(상속인) 3통	1. 등기위임장 1통

① 피상속인 박길동의 기본증명서(상세)

상속을 원인으로 소유권이전등기를 신청할 때에는 등기원인을 증명하는 정보로서 피상속인의 사망사실을 확인할 수 있는 정보를 제공하여야 하는바, 피상속인의 기본증명서(상세)를 첨부정보로 제공한다(규칙 제46조 제1항 제1호).

② 피상속인 박길동의 가족관계증명서(상세)

상속을 원인으로 소유권이전등기를 신청할 때에는 등기원인을 증명하는 정보로서 상속인의 범위를 확인할 수 있는 정보를 제공하여야 하는바, 피상속인의 가족관계증명서(상세)를 첨부정보로 제공한다(규칙 제46조 제1항 제1호).

③ 피상속인 박길동의 친양자입양관계증명서(상세)

상속을 원인으로 소유권이전등기를 신청할 때에는 등기원인을 증명하는 정보로서 상속인의 범위를 확인할 수 있는 정보를 제공하여야 하는바, 피상속인의 친양자입양관계증명서(상세)를 첨부정보로 제공한다(규칙 제46조 제1항 제1호).

④ 피상속인인 박길동의 제적등본

피상속인 박길동의 가족관계증명서상으로는 확인되지 않는 상속인의 존재여부를 확인하기 위하여 피상속인의 출생 시부터 2008년 1월 1일 호적부가 폐쇄될 때까지 연결된 제적등본을 제출한다(규칙 제46조 제1항 제1호).

⑤ 피상속인인 박길동의 주민등록표초본(말소자)

상속등기를 신청할 때 피상속인의 주소증명은 원칙적으로 법적으로 요구되는 서면은 아니다. 다만 ① 피상속인의 등기부상 주소가 등록기준지(본적지)와 일치하지 않거나 ② 피상속인의 주민등록번호가 등기부에 기록되어 있지 않은 경우 ③ 혹은 피상속인의 등기부상 주소와 사망 당시의 최종주소가 다른 경우 등에는 등기부상 명의인과 피상속인의 동일성을 증명하는 서면으로 피상속인의 주민등록표초본

(말소자)을 제출한다(규칙 제46조 제1항 제1호).

⑥ 상속인 김사랑, 박산하, 박보름의 주민등록표등·초본

상속인들의 주소 및 주민등록번호를 증명하는 서면으로 주민등록표등(초)본을 첨부한다(규칙 제46조 제1항 제6호). 상속인들이 주민등록상 동일 세대인 경우에는 위 위 주민등록표등·초본은 1통만 제출하여도 된다.

⑦ 취득세영수필확인서 또는 취득세납부확인서

시장, 구청장, 군수 등으로부터 취득세납부서(OCR용지)를 발급받아 세금을 납부한 후 취득세영수필확인서를 신청서의 취득세액표시란의 좌측상단 여백에 첨부하거나, 또는 지방세인터넷납부시스템에서 출력한 취득세납부확인서를 첨부정보로서 등기소에 제공하여야 한다(지방세법시행령 제36조).

채권자가 채무자를 대위하여 소유권보존등기를 신청하는 경우에는 본래의 신청인인 채무자가 신청하는 경우와 다르지 않으므로 채권자가 취득세 또는 등록면허세를 납부하여야 하고, 등기하고자 하는 부동산이 토지인 경우에는 국민주택채권도 매입하여야 한다(2022. 5. 16. 등기예규 제1744호). 이러한 법리는 채권자가 채무자를 대위하여 상속을 원인으로 소유권이전등기를 신청하는 경우에도 마찬가지이다..

⑧ 등기신청수수료영수필확인서

등기신청수수료는 대법원규칙에 따라 현금, 신용카드, 전자화폐 등으로 납부하고 그에 대한 등기신청수료영수필확인서를 첨부한다(법 제22조 제3항).

⑨ 집합건축물대장등본(전유부)

건물에 대한 소유권이전등기를 신청하는 경우에는 건물의 표시를 증명하는 건축물대장등본(전유부)을 첨부정보로서 등기소에 제공하여야 한다(규칙 제46조 제1항 제7호).

⑩ 토지대장등본(대지권등록부)

대지권이 있는 구분건물에 대한 소유권이전등기는 성질상 토지에 대한 소유권이전등기이므로 토지의 표시를 증명하는 토지대장등본(대지권등록부)을 첨부정보로서 등기소에 제공하여야 한다(규칙 제46조 제1항 제7호).

⑪ 가압류결정정본 또는 등본

상속등기를 하지 아니한 부동산에 대하여 가압류결정이 있을 때 가압류채권자는 그 기입등기촉탁 이전에 먼저 대위에 의하여 상속등기를 함으로써 등기의무자의 표시가 등기기록과 부합하도록 하여야 한다. 이 경우 대위원인은 "○년 ○월 ○일 ○○지방법원의 가압류 결정"이라고 기재하고 대위원인증서로는 가압류결정의 정본 또는 그 등본을 첨부한다(규칙 제50조)(2011. 10. 12. 등기예규 제1432호).

⑫ **등기위임장**

등기신청을 법무사 등 대리인에게 위임하는 경우이므로 대리권한을 증명하는 정보로 위임장을 첨부정보로서 등기소에 제공하여야 한다(규칙 제46조 제1항 제5호). 위 위임장에는 대위신청인 최대출만 기명날인하거나 서명을 하면 된다.

-이 상-

실전연습

법무사 시험 실전적응문제

대위상속등기

[유석주법무사 불허복제]

김형민은 아래 가정법원의 상속재산분할심판결정문에 기한 경매신청을 하기 위하여 귀하 법무사 사무실을 방문하였다. 필요한 등기신청사건을 위 김형민으로부터 위임받은 대리인의 지위에서 제시된 사실관계 및 답안작성 유의사항을 참조하여 적합한 등기신청서를 작성하고 첨부서면에 대하여 설명하시오.

|참고자료|

1. 사실관계

① 소유자 김명석(490101-1231237, 미국명 김명석)은 2018. 3. 2. 미국시민권을 취득하고 미국에서 거주하고 있다가(주소 : 미국 뉴욕주 뉴욕시 100), 미국에서 코로나로 사망하였는데 미국 뉴욕주 주정부에서 발행한 사망증명서에는 사망날짜가 2022. 4. 4.로 표시되어 있다. 상속인으로는 김명석의 배우자 이정희 및 한국에서 태어난 직계비속 김형민, 김동민이 있다.

참고로 미국에는 상속인 전원을 확인할 수 있는 증명제도가 없고, 미국이나 한국에는 선서진술서의 제공이 가능한 공증제도를 채택하고 있다.

② 김동민은 망자와 같이 거주하던 재외국민인데 인감신고는 되어있지 아니하다.

③ 위 김명석이 사망함에 따라 상속인들 중 김형민은 다른 상속인들을 상대로 서울가정법원에 상속재산분할심판청구를 하였고, 그 결과는 다음 결정문 주문 기재와 같다.

서 울 가 정 법 원
제2가사부
결 정

사 건 : 2022브10000 상속재산분할심판청구
청구인 : 김형민 790830 - 1133215
서울특별시 관악구 관악대로 11, 501호 (봉천동)

상대방 : 이정희 520203 - 2030123
서울특별시 동작구 동작대로 22, 103동 606호 (사당동, 극동아파트)
김동민 820409-1133315
미국 뉴욕주 뉴욕시 100

- 주 문 -

1. 피상속인 망 김명석(490101-1231237)의 사망에 따른 상속재산의 분할을 다음과 같이 정한다.
별지 목록 기재(아래 등기사항증명서 참조) 각 부동산을 경매하여 그 대금 중 경매절차비용을 공제한 나머지 돈을 청구인 및 상대방 이정희에게 각 10분의4 지분, 상대방 김동민에게 10분의2지분의 각 비율로 분할한다.
2. 소송 총비용은 각자 부담한다.

* 이하 생략

2. 위 부동산에 대한 등기사항증명서

[표 제 부]	(1동의 건물의 표시)			
표시번호	접 수	소재지번, 건물명칭 및 번호	건물내역	등기원인 및 기타 사항
1	2007년 7월 7일	서울특별시 서초구 서초동 100 프라임빌 제501동 [도로명주소] 서울특별시 서초구 서초대로 269길 33	철근콘크리트조 슬래브지붕 5층 공동주택, 업무시설 1층 245㎡ 2층 245㎡ 3층 245㎡ 4층 245㎡ 5층 245㎡	

(대지권의 목적인 토지의 표시)				
표시번호	소재지번	지목	면적	등기원인 및 기타 사항

[표 제 부]	(전유부분의 건물의 표시)			
표시번호	접 수	건물번호	건물내역	등기원인 및 기타 사항
1	2007년 7월 7일	제5층 제203호	철근콘크리트조 업무시설 86.03㎡	

(대지권의 표시)			
표시번호	대지권의 종류	대지권비율	등기원인 및 기타 사항

[갑 구]	(소유권에 관한 사항)			
순위번호	등기목적	접 수	등기원인	권리자 및 기타 사항
1	소유권보존	2007년 7월 7일 제13560호		소유자 김명석 490101-1231237 서울특별시 양천구 목동 123

[답안작성 유의사항]

1. 부동산표시, 첨부서면란 등이 부족할 때에는 별지를 사용할 수 있다.
2. 서면에 대하여서는 누구의 것을 첨부하는지( )로 표시한다.
3. 실무상으로는 김명석이 미국시민권을 취득하였음을 증명하는 서면을 첨부하여야 하지만 이에 대한 판단은 생략한다.
4. 대리인은 아래와 같다.
   법무사 김철수
   사무소 서울 서초구 명달로1번길 36, 606호(서초동,로펌애비뉴)
   (전화 500-1234)
5. 신청서 작성일은 2022. 5. 20.로 한다.
6. 관할등기소(과)는 "서울중앙지방법원 등기국"이다.
7. 이 문제에 답안은 서면신청을 전제로 작성할 것.

【예시답안】

소유권이전대위등기신청(상속) 【1점】

접 수	년 월 일	처리인	등기관 확인	각종통지
	제 호			

부 동 산 의 표 시	
1동의 건물의 표시 【2점】 서울특별시 서초구 서초동 100 프라임빌 제501동 [도로명주소] 서울특별시 서초구 서초대로 269길 33 전유부분의 건물의 표시 건물의 번호 501-2-203 구 조 철근콘크리트조 업무시설 면 적 제2층 제203호 86.03㎡ -이상-	
등기원인과 그 연월일	2022년 4월 4일 상속 【1점】
등 기 의 목 적	소유권이전
이 전 할 지 분	

구 분	성 명	주민등록번호	주 소	지분 (개인별)
피상속인	망 김명석 미국인 김명석	490101-1231237	서울특별시 양천구 목동 123 최후 주소 미국 뉴욕주 뉴욕시 100 【1점】	1
등기권리자	이정희	520203-2030123	서울특별시 동작구 동작대로 22, 103동 606호(사당동, 극동아파트)	3/7
	김형민	790830-1133215	서울특별시 관악구 관악대로 11, 501호 (봉천동)	2/7
	김동민	820409-1133315	미국 뉴욕주 뉴욕시 100 【6점】	2/7

시가표준액 및 국민주택채권매입금액		
부동산 표시	부동산별 시가표준액	부동산별 국민주택채권매입금액
	금 원	금 원
국 민 주 택 채 권 매 입 총 액		금 원
국 민 주 택 채 권 발 행 번 호		

취득세 금 원	지방교육세	금 원
	농어촌특별세	금 원
세 액 합 계	금 원	
등 기 신 청 수 수 료	금 원	
	납부번호 :	

등기의무자의 등기필정보		
부동산고유번호		
성 명 (명칭)	일 련 번 호	비 밀 번 호

첨 부 서 면 [직인] 아래 첨부서면 각 【1점】 【총18점】			
1. 사망증명서(미국, 김명석)	1통	1. 선서진술서(인감, 김형민, 이정희)	2통
1. 위 아포스티유 인증문	1통	1. 선서진술서(영사관확인, 김동민)	1통
1. 위 번역문	1통	1. 재외국민등록부등본(김동민)	1통
1. 번역인의 신분증사본	1통	~~1. 기본증명서(상세, 상속인들)~~	~~3통~~
1. 기본증명서 (상세, 김명석)	1통	~~1. 가족관계증명서(상세, 상속인들)~~	~~3통~~
1. 가족관계증명서 (상세, 김명석)	1통	1. 주민등록등본(상속인들)	3통
1. 제적등본(김명석)	1통	1. 집합건축물대장(전유부)	1통
1. 말소자초본(김명석)	1통	1. 취득세영수필확인서	1통
1. 위임장	1통	1. 등기신청수수료영수필확인서	1통

2022년 5월 20일

신청인 (전화 :)

법 무 사 김 철 수 [직인] 【1점】 (전화 : 500-1234)

위 대리인 서울특별시 서초구 명달로 1번길 36, 606호(서초동, 로펌애비뉴)

서울중앙지방법원 등기국 귀중

신청서 작성요령란

* 1. 부동산표시란에 2개 이상의 부동산을 기재하는 경우에는 부동산의 일련번호를 기재하여야 합니다.
2. 신청인란 등 해당란에 기재할 여백이 없을 경우에는 별지를 이용합니다.
3. 담당 등기관이 판단하여 위의 첨부서면 외에 추가적인 서면을 요구할 수 있습니다.

〔첨부서면에 대한 설명〕

① **피상속인인 김명석에 대한 사망증명서**

상속을 원인으로 소유권이전등기를 신청할 때에는 등기원인을 증명하는 정보로서 피상속인의 사망사실과 상속인 전원을 확인할 수 있는 정보를 제공하여야 하는바, 피상속인이 외국인인 경우에 피상속인의 사망사실을 증명하는 정보로는 본국(피상속인) 관공서에서 발행한 사망증명서나 의료기관이 발행한 사망진단서를 제공하여야 한다.

② **아포스티유 인증문**

첨부정보(위 사망증명서)가 외국 공문서이거나 외국 공증인이 공증한 문서(이하 '외국 공문서 등'이라 한다)인 경우에는 「재외공관 공증법」 제30조제1항에 따라 공증담당영사로부터 문서의 확인을 받거나 「외국공문서에 대한 인증의 요구를 폐지하는 협약」에서 정하는 바에 따른 아포스티유(Apostille)를 붙여야 한다(규칙 제46조 제9항).

③ **번역문**

위 사망증명서, 아포스티유 인증문에 대한 번역문을 첨부한다(규칙 제46조 제8항). 위 번역문에는 번역인의 신분증사본을 첨부한다.

④ **피상속인인 김명석에 대한 주민등록말소자초본**

등기부상 소유자 피상속인 김명석은 미국국적을 취득하였으므로 해외이주 사실이 나와 있는 주민등록말소자등본(초본)을 제출한다(규칙 제46조 제1항 제1호). 이는 등기부상 소유자와 피상속인 미국인의 동일성을 증명하는 서면이라고 할 수 있다.

⑤ **피상속인인 김명석에 대한 제적등본, 기본증명서, 가족관계증명서**

등기부상 소유자 피상속인 김명석은 미국국적을 취득하였으므로 국적상실사실이 나와 있고 상속인의 범위를 확인할 수 있는 제적등본, 기본증명서, 가족관계증명서 등을 제출한다(규칙 제46조 제1항 제1호). 국적상실 사실이 나와있는 제적등본, 기본증명서 등은 등기부상 소유자와 피상속인 미국인의 동일성을 증명하는 서면이라고 할 수 있다.

⑥ **위임장**

등기신청을 법무사 등 대리인에게 위임하는 경우이므로 대리권한을 증명하는 정보로 위임장을 첨부정보로서 등기소에 제공하여야 한다(규칙 제46조 제1항 제5호). 위 위임장에는 김형민만 기명날인한다.

⑦ **상속인 중 재외국민의 선서진술서**

피상속인의 상속인에 대하여서는 대한민국의 기본증명서 등을 가지고 소명할 수 있는 것이지만, 피상속인이 외국인인 경우에는 그 피상속인의 본국법에 따라 상속관계를 소명하여야 한다.

선 례

상속을 원인으로 소유권이전등기를 신청할 때에는 등기원인을 증명하는 정보로서 피상속인의 사망사실과 상속인 전원을 확인할 수 있는 정보를 제공하여야 하는바, 피상속인이 외국인인 경우에 피상속인의 사망사실을 증명하는 정보로는 본국(피상속인) 관공서에서 발행한 사망증명서나 의료기관이 발행한 사망진단서를 제공할 수 있으며, 상속인 전원을 확인할 수 있는 정보로는 본국(피상속인)에 이에 관한 증명제도가 있다면 그 증명서를 제공하여야 하지만, 본국(피상속인)에 이에 관한 증명제도가 없다면 각 상속인의 상속인임을 증명하는 정보(출생증명서, 혼인증명서 등)와 함께 "등기신청인 외에 다른 상속인은 없다"는 내용의 본국(상속인) 공증인[대한민국에 주재하는 본국(상속인) 공증담당영사 포함]의 인증을 받은 상속인 전원의 선서진술서를 제공할 수 있다[이 선서진술서의 경우, 본국(상속인) 공증인 제도 또는 본국(상속인) 영사 제도상으로 선서진술서 제공의 업무가 가능한 경우에 한함]. 다만, 구체적인 사건에서 피상속인의 사망사실과 상속인 전원을 확인할 수 있는 정보가 제공되었는지 여부는 담당 등기관이 판단할 사항이다(2020. 06. 04. 부동산등기과-1375 질의회답).

따라서 위 진술서에는 등기부상 소유자 김명석과 피상속인 미국인 김명석이 동일인임을 진술하고 같이 공증받아야 할 것이다(규칙 제46조 제1항 제1호).

⑧ 상속인 중 내국인의 선서진술서

위 7.과 같은 취지임(규칙 제46조 제1항 제1호). 다만 내국인에 대하여서는 위 선서진술서에 인감날인을 하고 인감증명을 첨부하여야 할 것이다

⑨⑩ 기본증명서 · 가족관계증명서(상속인)

피상속인의 가족관계증명서(상세)를 통해 상속인을 확인할 수 있기 때문에 원칙적으로 상속인의 기본증명서를 첨부할 필요는 없다. 다만, 등기관은 상속인의 주민등록표 등 · 초 등 제출된 첨부서면만으로 동일인임을 확인하기 어려운 경우 상속인의 기본증명서(상세)의 제출을 요구할 수 있다(위 등기예규 제1835호).

⑪ 주민등록표등(초)본(상속인들 중 내국인)

상속인들의 주소 및 주민등록번호를 증명하는 서면으로 상속인별로 발급받은 위 주민등록표등(초)본을 첨부한다(규칙 제46조 제1항 제6호).

⑫ 재외국민등록부등본(상속인들 중 재외국민 김동민)

재외국민의 주소를 증명하는 서면으로 재외국민등록부등본을 첨부한다(규칙 제46조 제1항 제6호).

⑬ **주민등록표등(초)본(상속인들 중 재외국민 김동민)**

주민등록번호를 증명하는 서면으로 주민등록표등(초)본을 첨부한다(규칙 제46조 제1항 제6호).

⑭ **집합건축물대장(전유부)**

건물에 대한 소유권이전등기를 신청하는 경우에는 건물의 표시를 증명하는 건축물대장등본을 첨부정보로서 등기소에 제공하여야 한다(규칙 제46조 제1항 제7호).

⑮ **취득세영수필확인서 또는 취득세납부확인서**

시장, 구청장, 군수 등으로부터 취득세납부서(OCR용지)를 발급받아 세금을 납부한 후 취득세영수필확인서를 신청서의 취득세액표시란의 좌측상단 여백에 첨부하거나, 또는 지방세인터넷납부시스템에서 출력한 취득세납부확인서를 첨부정보로서 등기소에 제공하여야 한다(지방세법시행령 제36조).

⑯ **등기신청수수료영수필확인서**

① 대한민국법원 인터넷등기소(http://www.iros.go.kr/)를 이용하여 전자적인 방법(신용카드, 계좌이체, 선불형지급수단)으로 납부, ② 법원행정처장이 지정하는 수납금융기관에 현금으로 납부, ③ 무인발급기를 이용하여 현금 또는 신용카드로 납부하고 발급받은 등기신청수수료 영수필확인서를 첨부한다(법 제22조 제3항; 2024.11.29 등기예규 제1789호, 시행 2025.01.31.).

참 고

상속재산의 경매분할을 명한 심판이 확정된 경우 상속등기절차

공동상속인중 일부가 상속재산분할 및 기여분의 심판청구를 하여 기여분의 결정 심판 및 상속재산의 경매분할을 명한 심판이 확정되어 공동상속인중 일부가 위 심판에 따라 경매신청을 하기 위하여 우선 상속등기를 신청하는 경우에, 피상속인의 사망사실과 상속인 전원을 알 수 있는 호적등본이나 제적등본 등 부동산등기법 제46조가 정하는 상속을 증명하는 서면 이외에 법정상속분과 다르게 상속분이 변동된 사실을 증명하는 서면으로 위 심판서 정본을 첨부하여야 한다(2002. 5. 23. 등기선례 7-167).

위 등기선례 제8-191호(2006.12.15. 부동산등기과-3671 질의회답)에 의하여 아래와 같이 그 내용이 변경됨.

상속인간에 상속재산협의분할이 이루어지지 않아 법원이 상속재산의 경매분할을 명한 경우, 동 심판은 상속재산의 현물분할을 명한 것이 아니므로 동 심판에 따른 협의분할 상속등기를 할 수 없고, 동 심판에 따른 경매신청을 하기 위하여서는 법정상속등기가 선행되어야 하며, 법정상속등기가 이미 경료된 등기를 동 심판서의 주문에 기재된 상속비율로 경정등기신청을 할 수 없다(2006. 12. 15. 등기선례 8-191).

6. 그 외에 소유권에 관한 등기 — (1) 소유권이전 및 신탁등기신청

소유권이전 및 신탁등기신청

접 수	년 월 일	처리인	등기관 확인	각종통지
	제 호			

① 부동산의 표시				
서울특별시 서초구 서초동 100 대 300㎡ [등록문서번호 : ○○○ 번] 이 상				
② 등기원인과 그 연월일	2019년 7월 15일 신탁			
③ 등 기 의 목 적	소유권이전 및 신탁			
구 분	성 명 (상호 · 명칭)	주민등록번호 (등기용등록번호)	주 소(소재지)	지분 (개인별)
④ 등기 의무자	이 대 백	530320-1617312	서울특별시 서초구 서초동 200	
⑤ 등기 권리자	서초가든재건축 정비사업조합 조합장 김 병 태	110271-0010590	서울특별시 동작구 동작대로10길 746(본동) 서울특별시 서초구 서초대로20길 176, 303동 1201호(서초동, 현대아파트)	

⑥ 시가표준액 및 국민주택채권매입금액		
부동산 표시	부동산별 시가표준액	부동산별 국민주택채권매입총액
1.	금 원	금 원
⑥ 국 민 주 택 채 권 매 입 총 액		주택도시기금법시행령 제8조 제2항 별표, 부표 15호
⑥ 국 민 주 택 채 권 발 행 번 호		

⑦ 등록면허세 금 6,000원 (소유권이전등기에 대하여는 지방세법 제9조에 의하여 면제됨)	⑦ 지 방 교 육 세	금 1,200원
⑧ 세 액 합 계	금 7,200 원	
⑨ 등 기 신 청 수 수 료	금 15,000 원 납부번호	

⑩ 등기의무자의 등기필정보		
부동산고유번호	1102-2006-002095	
성명(명칭)	일련번호	비밀번호
이대백	Q77C-LO71-35J5	40-4636

⑫ 첨 부 서 면 (간인)	
1. 신탁계약서 1통 ⑬	1. 주민등록표등본·초본 1통 ⑲
1. 신탁원부 작성을 위한 정보 1통 ⑭	1. 토지대장등본 1통 ⑳
1. 등록면허세영수필확인서 1통 ⑮	1. 위임장 1통 ㉑
1. 등기신청수수료영수필확인서 1통 ⑯	1. 자필서명정보 1통 ㉒
1. 법인등기사항증명서 1통 ⑰	<기 타> ㉓
1. 인감증명 또는 본인서명사실확인서 또는 전자본인서명확인서발급증 1통 ⑱	

2019년 8월 1일

⑪ 위 신청인

위 대리인 법무사 유 명 한 (직인) (전화: 599-0000)

서울특별시 서초구 서초대로51길 20, 601호 (서초동, 한성빌딩)

서울중앙지방법원 등기국 귀중

등기신청안내서 — 신탁으로 인한 소유권이전등기신청

1. 신탁으로 인한 소유권이전등기

신탁행위란 신탁설정자(위탁자)와 신탁을 인수하는 자(수탁자)와의 특별한 신임관계에 기하여 위탁자가 특정의 재산권을 수탁자에 이전하거나 기타의 처분을 하고 수탁자로 하여금 일정한 자(수익자)의 이익을 위하여 또는 특정한 목적을 위하여 그 재산권을 관리, 처분하게 하는 법률관계를 말한다(신탁법 제1조 제2항).

보통 재건축의 경우 위탁자인 조합원들의 소유 주택을 수탁자인 정비사업조합에 재산권을 이전하고, 수탁자인 정비사업조합은 공동주택건설이라는 목적 아래 사업시행을 하고 새로운 주택을 조합원에 공급하는 것을 신탁행위의 내용으로 한다.

신탁법상 신탁행위가 있는 경우 등기기록상 소유자인 위탁자(조합원)와 수탁자(정비사업조합)가 공동으로 신탁을 원인으로 하는 소유권이전등기를 신청함과 동시에 반드시 동일한 신청서에 의하여 신탁의 등기를 신청하여야 한다.

2. 등기신청방법

⑴ 공동신청

부동산의 신탁의 등기에 대하여는 수탁자를 등기권리자로 하고 위탁자를 등기의무자로 한다(법 제82조 제2항). 신탁행위가 있는 날로부터 60일 이내에 등기를 신청하여야 하며 이를 상당한 이유없이 해태한 경우에는 과태료처분의 대상이 된다(부동산등기특별조치법 제11조).

⑵ 단독신청

신탁법 제19조(개정법 제27조, 2012. 7. 26. 부터)의 규정에 의한 신탁재산처분에 의한 신탁의 등기는 수탁자만으로 이를 신청할 수 있다. 신탁법 제38조(개정법 제43조, 2012. 7. 26. 부터)의 규정에 의한 신탁재산회복의 경우에도 마찬가지이다(법 제82조 제3항).

⑶ 대위신청

수익자 또는 위탁자는 수탁자에 대위하여 신탁의 등기를 할 수 있다(법 제82조 제4항).

3. 등기소에 제공하여야 하는 신청정보

신청서는 한글과 아라비아 숫자로 기재한다. 부동산의 표시란이나 신청인란 등이 부족할 경우에는 별지를 사용하고, 별지를 포함하여 신청서가 여러 장인 때에는 각 장 사이에 간인을 하여야 한다.

① **부동산의 표시란**

신탁목적부동산을 기재하되, 등기기록상 부동산의 표시와 일치하여야 한다.

② **등기원인과 그 연월일란**

등기원인은 '신탁'으로, 연월일은 신탁계약서상 계약일을 기재한다

③ **등기의 목적란**

'소유권이전 및 신탁'으로 기재한다.

④ **등기의무자란**

위탁자의 성명, 주민등록번호, 주소를 기재하되, 등기기록상 소유자 표시와 일치하여야 한다. 위탁자가 수인이라 하더라도 수탁자와 신탁재산인 부동산 및 신탁목적이 동일한 경우에는 하나의 신청서로 할 수 있다(2009. 5. 20. 등기예규 제1294호). 물론 위탁자별로 각각 신청할 수도 있다.

⑤ **등기권리자란**

수탁자를 기재하는 난으로, 그 기재방법은 등기의무자란과 같다. 수탁자가 수인인 경우(정비사업조합이 수 개인 경우 등)에는 신청서에 합유관계라는 표시를 하여야 한다.

⑥ **국민주택채권매입총액란**

신탁 또는 신탁종료에 따라 수탁자 또는 위탁자에게 소유권이전등기를 하는 경우에는 국민주택채권매입의무가 없다(주택도시기금법시행령 제8조 제2항 별표 부표 15호).

⑦ **등록면허세 · 지방교육세란**

신탁을 원인으로 한 소유권이전등기와 신탁의 등기는 동시에 신청하여야 하나 이들은 각 별개의 등기이므로, 신탁을 원인으로 한 소유권이전등기에 대하여는 지방세법 제9조 제3항 제1호에 따라 취득세를 납부할 필요가 없지만, 신탁등기에 대하여는 지방세법 제28조 제1항 제1호 마목에 따라 6,000원의 등록면허세를 납부하여야 한다(2018. 3. 7. 등기예규 제1636호).

⑧ **세액합계란**

등록면허세액과 지방교육세액의 합계를 기재한다.

⑨ **등기신청수수료란**

소유권이전 및 신탁등기를 신청하는 자는 소유권이전등기의 신청수수료만 납부하

면 되고 신탁등기부분에 대한 등기신청수수료는 납부하지 않는다(등기예규 제1733호). 부동산 1개당 15,000원(전자표준양식에 의한 등기신청의 경우에는 13,000원, 전자신청의 경우에는 10,000원)에 해당하는 등기신청수수료를 납부하고 그 등기신청수수료금액 및 납부번호를 신청서에 기재한다(등기예규 제1733호).

⑩ 등기의무자의 등기필정보란

전자신청 지정등기소에서는 신청방법(전자신청, 서면신청)을 불문하고 등기를 완료한 경우 등기필증 대신 등기필정보를 전자적 교부 또는 서면 교부하기 때문에, 등기신청의 당사자 또는 대리인은 등기필정보 상의 일련번호와 비밀번호를 기재함으로써 등기필증의 제출을 갈음할 수 있다. 등기의무자가 교부받은 등기필정보에 기재된 부동산 고유번호, 성명, 일련번호, 비밀번호를 각 기재한다. 등기의무자에게 등기필정보나 등기필증이 없는 경우에는 부동산등기법 제51조의 규정에 의한다(기타 참조).

⑪ 신청인 혹은 대리인의 표시란

㈎ 등기의무자와 등기권리자의 성명 및 전화번호를 기재하고, 각자가 기명날인하되 등기의무자는 그의 인감을 날인한다. 등기권리자는 기명날인 대신에 서명으로 갈음할 수 있다. 한편 신청인이 법인 또는 법인 아닌 사단이나 재단인 경우에는 상호(명칭)와 대표자(관리인)의 자격 및 성명을 기재하되, 법인이 등기의무자인 때에는 등기소의 증명을 얻은 그 대표자의 인감, 법인 아닌 사단이나 재단인 경우에는 대표자(관리인)의 개인인감을 날인한다.

㈏ 대리인이 등기신청을 하는 경우에는 그 대리인의 성명, 주소 및 전화번호를 기재하고 기명날인한다.

⑫ 첨부서면란

등기신청서에 첨부한 서면을 각 기재한다.

4. 등기소에 제공하여야 하는 첨부정보

⑬ 신탁계약서

신탁행위에 의한 신탁등기의 경우에는 등기원인을 증명하는 서면으로 당해 부동산에 대하여 신탁행위가 있었음을 증명하는 서면인 신탁계약서를 첨부하여야 한다. 이는 계약을 원인으로 한 소유권이전등기이므로 그 신탁계약서에 검인을 받아야 한다. 다만 이는 대가가 없는 계약으로써 토지거래허가의 대상도 아니고 신탁계약서에 인지세법의 규정에 의한 인지를 첨부할 필요도 없다. 인지세는 이전의 대가액을 기준으로 하기 때문이다(인지세법시행규칙 제8조).

⑭ **신탁원부 작성을 위한 정보**

신탁등기를 신청하는 경우에는 아래와 같은 신탁원부 작성을 위한 정보로서 제공하여야 한다(규칙 제139조 제3항). 신탁원부에는 ㉮ 위탁자, 수탁자 및 수익자의 성명 또는 명칭과 주소 또는 사무소 소재지 ㉯ 신탁관리이 있는 경우에는 그 성명 또는 명칭과 주소 또는 사무소 소재지 ㉰ 신탁의 목적 ㉱ 신탁재산의 관리방법 ㉲ 신탁종료의 사유 ㉳ 그 밖의 신탁의 조항을 기록하여야 한다(법 제81조 제1항). 수 개의 부동산에 관하여 하나의 신청서에 의하여 신탁의 등기를 신청하는 경우에는 매부동산마다 별개의 신탁원부를 제출하여야 한다.

다만 도면이나 신탁원부 등 영구보존문서는 원칙적으로 당사자 또는 자격자대리인이 이를 인터넷등기소에서 전자문서로 변환하여 등록하는 방법으로 제출하여야 하는데, 그렇게 하기 위하여서는 인터넷등기소에서 '영구보존문서 등록'을 선택하여 영구보존문서를 전자문서로 변환한 후 전자서명을 부여하여 등록하고, 이때 인터넷등기소에서 자동으로 부여되는 영구보존문서의 '등록문서번호'를 신청서의 부동산의 표시 밑 오른쪽에 아래 예시와 같이 기재하여야 하므로, 이 경우에는 신청서에 영구보존문서 즉 신탁원부를 첨부하지 아니한다(규칙 제63조, 2009. 8. 27. 등기예규 제1298호).

[등록문서번호 : ○○○ 번]

⑮ **등록면허세영수필확인서 또는 등록면허세납부확인서**

시장, 구청장, 군수 등으로부터 등록면허세납부서(OCR용지) 또는 대법원 인터넷등기소의 정액등록면허세납부서 작성기능을 통하여 정액등록면허세납부서를 발급받아 세금을 납부한 후 등록면허세영수필확인서를 신청서의 등록면허세액표시란의 좌측상단 여백에 첨부하거나, 또는 지방세인터넷납부시스템을 이용하여 납부하고 출력한 등록면허세납부확인서를 첨부한다(지방세법시행령 제49조 제1항).

⑯ **등기신청수수료영수필확인서**

소유권이전 및 신탁등기를 신청하는 자는 소유권이전등기의 신청수수료만 납부하면 되고 신탁등기부분에 대한 등기신청수수료는 납부하지 않는다(등기예규 제1733호). 부동산 1개당 15,000원(전자표준양식에 의한 등기신청의 경우에는 13,000원, 전자신청의 경우에는 10,000원)에 해당하는 등기신청수수료를 납부하고 등기신청수수료영수필확인서를 첨부한다(등기예규 제1733호).

⑰ **법인등기사항증명서**

정비사업조합의 주소, 부동산등기용등록번호, 대표권을 증명하는 서면으로 법인등기사항증명서를 제출한다(규칙 제46조 제1항 제4호, 제6호).

⑱ 인감증명 또는 본인서명사실확인서 또는 전자본인서명확인서 발급증

위탁자는 소유권의 등기명의인이므로 그의 인감증명을 첨부한다(규칙 제60조 제1항 제1호). 이 인감증명이 부동산매도용일 필요는 없다. 위 인감증명에 갈음하여 위임장 등에 서명을 하고 본인서명사실확인서를 첨부하거나 전자본인서명확인서 발급증을 첨부할 수 있다(2016. 12. 16. 등기예규 제1609호).

⑲ 주민등록표등본 · 초본

소유권이전등기를 하는 경우에는 등기의무자의 주소를 증명하는 서면으로 주민등록표등본 · 초본을 첨부한다(규칙 제46조 제1항 제6호).

⑳ 토지대장등본

등기하고자 하는 토지의 대장등본을 첨부한다.

㉑ 위임장

등기신청을 법무사 등 대리인에게 위임하는 경우에 첨부한다. 위임인의 성명과 주소를 기재하고 인장을 날인하되 규칙 제60조 제1항 제1호~제3호에 해당하여 인감증명을 제출하여야 하는 자는 위임장에 인감을 날인하여야 하나, 위 규칙 제60조 제1항 제1호~제3호에 해당하지 않는 자는 인감날인 대신에 일반적인 기명날인 혹은 서명으로 갈음할 수 있다. 위임인이 법인이나 법인 아닌 사단 또는 재단인 경우에는 상호(명칭)와 대표자(관리인)의 자격, 성명 및 주소도 기재하여야 한다.

㉒ 자격자대리인의 확인 및 자필서명정보

등기의무자와 등기권리자가 공동으로 신청하는 권리에 관한 등기이므로 자격자대리인이 등기의무자를 확인하고 자필서명한 정보를 첨부정보로 제공하여야 한다(규칙 제46조 제1항, 제8호, 2022. 7. 1.부터).

㉓-1 기타 — 신청인이 법인인 경우

한편 신청인이 대표자의 자격을 증명하는 서면으로 법인인 경우에는 법인등기사항전부증명서 또는 법인등기사항일부증명서를 첨부하여야 한다(규칙 제46조 제1항 제4호). 이 경우의 위 법인등기사항증명서는 소유자의 주소를 증명하는 서면, 부동산등기용등록번호를 증명하는 서면이기도 하다(규칙 제46조 제1항 제6호). 다만 법인등기가 되어있는 등기소와 부동산소재지 관할 등기소가 동일한 경우에는 위 법인등기사항증명서를 제출할 필요가 없다(규칙 제46조 제5항).

㉓-2 기타 — 신청인이 법인 아닌 사단(재단)인 경우

법인 아닌 사단 또는 재단이 등기를 신청하는 경우에는 정관이나 그 밖의 규약,

대표자나 관리인임을 증명하는 정보(다만, 등기되어 있는 대표자나 관리인이 신청하는 경우에는 그러하지 아니하다), 대표자나 관리인의 주소 및 주민등록번호를 증명하는 정보를 첨부정보로 제공한다. 다만 법인 아닌 사단이 등기의무자인 경우에는 민법 제276조 소정의 사원총회의 결의서도 첨부한다(규칙 제48조).

㉓-3 기타 ─ 제3자의 허가, 동의 또는 승낙을 증명하는 서면

(i) 부동산거래신고법의 규정에 의한 토지거래허가지역의 경우에도 신탁을 원인으로 한 소유권이전등기신청시에는 토지거래허가를 받지 아니한다.

(ii) 신탁법 제65조의 학술, 종교, 제사, 자선, 기예 기타 공익을 목적으로 하는 공익신탁의 경우를 제외하고는 주무관청의 허가서를 첨부하지 아니한다. 정비사업조합 앞으로 신탁을 하는 것은 공익신탁이 아니므로 주무관청의 허가서는 필요하지 아니하다.

(iii) 농지에 대하여 신탁을 원인으로 하여 소유권이전등기를 신청하는 경우에는 관리신탁, 처분신탁, 담보신탁 등 신탁의 목적에 관계없이 농지취득자격증명을 첨부하여야 한다(2003. 10. 6. 등기선례 7-465).

㉓-4 기타 ─ 등기의무자의 등기필정보(등기필증, 등기완료통지서)가 없는 경우

등기의무자의 등기필정보(등기필증, 등기완료통지서)가 없을 때에는 ① 등기의무자 또는 그 법정대리인(이하 "등기의무자등"이라 한다)이 등기소에 출석하여 등기관으로부터 등기의무자등임을 확인받는 방법 ② 등기신청인의 대리인(변호사나 법무사만을 말한다)이 등기의무자등으로부터 위임받았음을 확인하여 확인서면을 제출하는 방법 ③ 신청서(위임에 의한 대리인이 신청하는 경우에는 그 권한을 증명하는 서면을 말한다) 중 등기의무자등의 작성부분에 관하여 공증을 받아 제출하는 방법으로 등기신청을 하여야 한다.

위 '공증'은 신청서나 위임장에 기재된 내용 중 등기의무자등의 작성부분(기명날인 등)에 대해 공증인이 등기의무자등의 의사에 의해 작성된 것임을 확인하고 그 증명을 하여 주는 사서증서의 인증을 의미한다(등기필정보가 없는 경우 확인조서 등에 관한 예규, 2018. 12. 18. 등기예규 제1664호, 시행 2019. 1. 1.)(법 제51조, 규칙 제111조 참조).

㉓-5 납세증명서

지방세기본법 제63조 제1항 제4호에서 신탁법에 따른 신탁을 원인으로 부동산의 소유권을 수탁자에게 이전하기 위하여 등기관서의 장에게 등기를 신청할 때 납세자는 납세증명서를 제출하여야 한다고 규정하고 있으므로, 신탁법 제3조 제1항 제1호(위탁자와 수탁자간의 계약) 및 제2호(위탁자의 유언)에 따라 신탁을 원인으로 소유권이전 및 신탁등기를 신청하는 경우 및 신탁법 제3조 제5항(수탁자가 타인에게 신탁재산에 대하여 설정하는 신탁)에 따라 재신탁을 원인으로 하여 소유권이전등기 및 신탁등기를 신청하는 경우에는 납세증명서를 제출하여야 한다. 아래에 납세증명서가 필요한 경우와 필요없는 경우를 법원행정처의 공문에 따라 정리한다.

정 리

㈎ 납세증명서의 제공이 요구되는 경우

㉠ 「신탁법」 제3조 제1항 제1호(위탁자와 수탁자 간의 계약) 및 제2호(위탁자의 유언)에 따라 신탁을 원인으로 하여 소유권이전등기 및 신탁등기를 신청하는 경우

㉡ 「신탁법」 제3조 제5항(수탁자가 타인에게 신탁재산에 대하여 설정하는 신탁)에 따라 재신탁을 원인으로 하여 소유권이전등기 및 신탁등기를 신청하는 경우

㈏ 납세증명서의 제공이 요구되지 않는 경우

㉠ 「신탁법」 제3조 제1항 제3호(위탁자의 선언)에 따라 신탁을 원인으로 하여 신탁재산으로 된 뜻의 등기 및 신탁등기를 신청하는 경우

㉡ 「신탁법」 제27조(신탁재산의 범위)에 따라 매매 등을 원인으로 하여 소유권이전등기 및 신탁재산처분에 의한 신탁등기를 신청하는 경우

㉢ 「신탁법」 제43조(수탁자의 원상회복의무 등)에 따라 매매 등을 원인으로 하여 소유권이전등기 및 신탁재산회복(반환)으로 인한 신탁등기를 신청하는 경우

㉣ 「신탁법」 제12조(수탁자의 임무 종료) 등에 따라 수탁자 경질을 원인으로 하여 새로운 수탁자가 종전 수탁자와 공동으로 또는 단독으로 소유권이전등기(수탁자가 여러 명인 경우의 합유명의인 변경등기를 포함한다)를 신청하는 경우

㈐ 납세증명서가 제공된 경우 등기관의 확인사항

㉠ 납세자가 개인일 경우에는 성명과 주민등록번호, 법인일 경우에는 명칭과 법인등록번호를 이용하여 등기신청정보의 「등기의무자」와 일치하는지 여부

㉡ 납세증명서의 사용목적이 부동산 신탁등기용인지 및 신탁부동산의 표시가 등기신청정보의 부동산의 표시와 일치하는지 여부

㉢ 등기신청의 접수일자를 기준으로 하여 납세증명서의 유효기간이 도과하였는지 여부

㉣ 다만 그 밖에 납세자의 주소나 소재지 등의 일치 여부 및 징수유예나 체납처분유예 여부는 확인할 필요가 없음.

5. 등기신청서류 편철순서

신청서, 등록면허세영수필확인서, 등기신청수수료영수필확인서, 위임장, 자필서명정보, 신탁원부, 인감증명 또는 본인서명사실확인서, 주민등록표등본 · 초본, 법인등기사항증명서, 대장등본, 신탁계약서, 등기필증 등의 순으로 편철하는 것이 실무상의 예

이다.

6. 등기기록례

[갑 구]		(소유권에 관한 사항)		(No.508)
순위번호	등기목적	접 수	등기원인	권리자 및 기타 사항
2	소유권이전	1989년 3월 11일 제3320호	1989년 3월 2일 매매	소유자 이대백 530320-1617312 서울 서초구 서초동 200
3	소유권이전	2019년 8월 1일 제7086호	2019년 7월 15일 신탁	수탁자 서초가든재건축정비사업조합 110271-0010590 서울특별시 동작구 동작대로10길 746(본동)
	신탁			신탁원부 제2019-5호

사례연습

〔법무사 제19회 기출문제〕

신탁재산처분에 의한 신탁등기신청

설 문

김순철은 이건호와 "김순철은 이건호에게 금전 10억 원을 신탁하고 이건호는 그 돈으로 적당한 토지를 매입하여 전원주택부지를 조성하여 판매함으로써 생기는 수익은 김순철의 자 김기태에게 귀속" 시키기로 하는 신탁계약을 체결하였다. 이에 따라 이건호는 아래 토지를 소유자 박귀자로부터 매수하는 매매계약을 체결하였다. 그런데 이건호는 박귀자에게 매매대금 전액을 지급하고 소유권이전등기에 필요한 인허가절차를 모두 마쳤음에도 불구하고 등기를 차일피일 미루고 있다. 김순철이 알아보니 매도인 박귀자는 언제라도 소유권이전등기절차에 협력하겠다고 한다. 이에 김순철이 필요한 등기를 대위신청하고자 법무사 홍길동에게 등기의 신청을 의뢰하였다. 아래 주어진 내용을 바탕으로 등기신청서를 작성하시오(서면에 의한 방문신청을 전제로 함). (30점)

참고자료

사실관계

가. 부동산의 표시

경기도 양평군 옥천면 옥천리 138 전 4000 ㎡

경기도 양평군 옥천면 옥천리 139 전 2000 ㎡

※위 양 필지는 토지거래허가구역임

나. 당사자 인적사항

- 김순철(450123-1234567) : 경기도 용인시 수지구 신봉로 33
- 이건호(581231-1234568) : 서울특별시 서초구 서초대로 123
- 김기태(760111-1234569) : 서울특별시 송파구 송파대로 479
- 박귀자(530222-1234560) : 경기도 양평군 옥천면 옥천리 55

다. 매매계약의 내용

- 매매계약일 : 2019. 6. 10.
- 매매대금 : 금 10억 원

라. 거래신고관리번호 : 12345-2019-6-1234567

마. 관할등기소 : 수원지방법원 양평등기소

바. 법무사 홍길동 사무소 : 서울 서초구 서초동 11번지 (전화번호 생략)

2. 답안작성 유의사항

가. 주어진 등기신청서 양식에 답안내용을 기재하되, 필요한 경우 양식을 수정하여 사용한다. 이 경우 신청서 여백에 '삭 5자, 가 5자'와 같이 표시하여야 한다.

나. 신청서 중 설문에서 정보가 주어지지 않은 부동산의 시가표준액, 국민주택채권매입금액, 취득세(등록면허세) 등의 기재는 생략한다.

다. 첨부서면은 그 명칭 및 제출통수를 해당란에 기재하고, 별지에 각 서면별로 제출이유와 첨부정보(서면)으로서 갖추어야 할 내용 등을 간략히 설명한다.

라. 신청서 작성일은 답안작성일로 하고, 날인이 필요한 곳은 (인)으로 표시한다.

※ 설문의 부동산 표시, 당사자 인적 사항 등은 가상의 것임.

【모범답안】

신탁재산처분에 의한 신탁등기신청

접 수	년 월 일	처리인	등기관 확인	각종통지
	제 호			

부동산의 표시(거래신고관리번호/거래가액)	
경기도 양평군 옥천면 옥천리 138 전 4,000㎡ 경기도 양평군 옥천면 옥천리 139 전 2,000㎡ [등록문서번호 : 제○호] -이상- 거래신고관리번호 : 12345-2019-6-1234567 거래가액 : 금100,000,000원	
등기원인과 그 연월일	2019년 6월 13일 신탁재산인 금전에 의한 매매
등기의 목적	소유권이전 및 신탁재산처분에 의한 신탁
대위원인	○년 ○월 ○일 신탁계약에 의한 소유권이전등기청구권 및 부동산등기법 제82조 제2항

구 분	성 명 (상호·명칭)	주민등록번호 (등기용등록번호)	주 소(소재지)	지 분 (개인별)
등기의무자	박 귀 자	530222-1234560	경기도 양평군 옥천면 옥천리 55	
등기권리자	등기권리자및 수탁자 이 건 호 대위신청인 김 순 철	581231-1234568	서울특별시 서초구 서초대로 123 경기도 용인시 수지구 신봉로 33	

시가표준액 및 국민주택채권매입금액		
부동산 표시	부동산별 시가표준액	부동산별 국민주택채권매입금액
1. 옥천리 138 토지	금 원	금 원
2. 옥천리 139 토지	금 원	금 원
국민주택채권매입총액		금 원
국민주택채권발행번호		

취득세(등록면허세) 금 원	지방교육세 금 원
	농어촌특별세 금 원
세액합계	금 원
등기신청수수료	금 30,000 원
	납부번호 :

등기의무자의 등기필정보		
부동산고유번호		
성명(명칭)	일련번호	비밀번호

첨부서면		간인	
1. 매매계약서	1통	1. 토지거래허가서	1통
1. 취득세영수필확인서	1통	1. 부동산거래계약신고필증	1통
1. 등록면허세영수필확인서	1통	1. 매매목록	1통
1. 등기신청수수료 영수필확인서	1통	1. 신탁원부작성을 위한 정보	1통
1. 위임장	1통	1. 신탁계약서	1통
1. 인감증명서 또는 본인서명사실확인서 또는 전자본인서명확인서 발급증	1통	1. 대위원인을 증명하는 정보 및 신탁재산임을 증명하는 정보	1통
1. 주민등록표등본 또는 초본	각1통	1. 등기필증	1통
1. 토지대장등본	1통	1. 자필서명정보	1통

2019년 9월 28일

위 신청인

위 대리인 법무사 홍길동 직인

서울특별시 서초구 서초동 11

수원지방법원 양평등기소 귀중

신청서 작성요령

* 1. 부동산표시란에 2개 이상의 부동산을 기재하는 경우에는 부동산의 일련번호를 기재하여야 합니다.
2. 신청인란등 해당란에 기재할 여백이 없을 경우에는 별지를 이용합니다.

〔첨부서면에 대한 설명〕

① **매매계약서**

이 등기신청은 기본적으로 매매를 원인으로 한 소유권이전등기이므로 등기원인을 증명하는 서면으로 매매계약서를 제출한다(규칙 제46조 제1항 제1호).

② **취득세 영수필확인서 또는 취득세납부확인서**

재산권과 그 밖의 권리의 취득 · 이전에 관한 사항을 공부에 등기하려는 경우에는 등기를 하기 전까지 취득세를 신고납부하여야 하므로(지방세법 제20조), 등기신청서에 취득세 영수필 확인서 1부를 첨부하여야 한다(지방세법시행령 제36조 제1항). 본 사안의 경우에는 일반적인 매매에 준하여 취득세를 납부한다.

③ **등록면허세 영수필확인서 또는 등록면허세납부확인서**

부동산등기부에 등록을 하려는 자는 등록을 하기 전까지 납세지를 관할하는 지방자치단체의 장에게 신고하고 납부하여야 하므로(지방세법 제30조), 등기신청서에 등록면허세 영수필확인서 1부를 첨부하여야 한다(지방세법시행령 제49조 제1항). 본 사안의 경우에는 등록면허세는 부동산 1개당 6,000원이다.

④ **등기신청수수료 영수필확인서**

등기를 신청하는 자는 등기신청수수료를 납부하여야 하므로(법 제22조 제3항), 이를 증명하는 등기신청수수료 영수필확인서를 제출한다.

⑤ **위임장**

대리권한을 증명하는 서면으로 이를 제출한다(규칙 제46조 제1항 제5호).

⑥ **인감증명 또는 본인서명사실확인서 또는 전자본인서명확인서 발급증**

소유권의 등기명의인이 등기의무자이므로 등기의무자의 매도용 인감증명을 제출한다(규칙 제60조 제1항 제1호). 위 인감증명에 갈음하여 위임장 등에 서명을 하고 본인서명사실확인서를 첨부하거나 전자본인서명확인서 발급증을 첨부할 수 있다(2016. 12. 16. 등기예규 제1609호).

⑦ **주민등록표등본 · 초본**

등기의무자 및 등기권리자의 주소 및 주민등록번호를 증명하는 서면으로 제출한다(규칙 제46조 제1항 제6호).

⑧ **토지대장등본**

토지에 대한 소유권이전등기를 하는 경우이므로 부동산표시를 증명하는 토지대장등본을 필지당 제출한다(규칙 제46조 제1항 제7호).

⑨ **토지거래허가서**

신탁을 원인으로 소유권이전등기를 하는 경우에는 토지거래허가서를 제출할 필요가 없지만, 본 사안은 매매를 원인으로 한 소유권이전등기이므로 토지거래허가서를 제출하여야 한다(규칙 제46조 제1항 제2호).

⑩ **부동산거래계약신고필증정보**

본 사안의 경우는 매매계약서에 의하여 소유권이전등기를 하는 경우이므로, 부동산거래계약신고필증정보를 제출한다(규칙 제124조 제2항).

⑪ **매매목록**

매매계약서에 의한 소유권이전등기를 하는 경우로써 거래부동산이 2개 이상이므로 매매목록을 제출한다(규칙 제124조 제2항).

⑫ **신탁계약서**

신탁법 제27조에 따라 신탁재산에 속하게 되는 경우에 대하여 신탁등기를 신청하는 경우에도 신탁행위가 있었음을 증명하는 정보를 첨부정보로서 제공하여야 한다(규칙 제46조 제1항 제1호).

⑬ **신탁원부 작성을 위한 정보**

신탁등기를 신청하는 경우에는 부동산등기법 제81조 제1항 각호의 사항이 기재된 신탁원부 작성을 위한 정보를 제출하여야 하는데, 이는 영구보존문서이므로 전자문서로 작성하여 전산정보처리조직을 이용하여 등기소에 송신하는 방법으로 하여야 하고, 등기신청서에는 등록문서번호를 기재한다(규칙 제139조 제3항).

⑭ **대위원인을 증명하는 정보 및 신탁재산임을 증명하는 정보**

위탁자가 신탁등기를 대위신청하는 경우에는 대위원인을 증명하는 정보 및 해당 부동산이 신탁재산임을 증명하는 정보를 첨부정보로서 제공하여야 한다(2017.3.20. 등기예규 제1618호). 다만 신탁재산을 처분하여 신탁의 목적물인 부동산을 취득하게 되는 경우 신탁계약시 금전으로 신탁이 되고 후에 신탁된 금전으로 부동산을 취득하게 되므로 신탁계약서상 신탁의 목적물인 부동산은 표시되지 않는 경우가 많다.

⑮ **등기필증**

등기의무자의 등기필정보를 신청정보로 제공하거나(규칙 제43조), 등기의무자의 등기필증을 첨부정보로 제공한다(법 부칙 제2조).

⑯ 자격자대리인의 확인 및 자필서명정보

등기의무자와 등기권리자가 공동으로 신청하는 권리에 관한 등기이므로 자격자대리인이 등기의무자를 확인하고 자필서명한 정보를 첨부정보로 제공하여야 한다(규칙 제46조 제1항, 제8호, 2022. 7. 1.부터).

6. 그 외에 소유권에 관한 등기 — (2) 소유권이전 및 신탁등기말소등기신청

소유권이전 및 신탁등기말소등기신청

접 수	년 월 일	처리인	등기관 확인	각종통지
	제 호			

① 부동산의 표시

1동의 건물의 표시
서울특별시 서초구 서초동 100, 101
샛별아파트 제가동
[도로명주소] 서울특별시 서초구 서초대로 29

전유부분의 건물의 표시
건물의 번호 가-1-101
구 조 철근콘크리트조
면 적 제1층 제101호 86.03㎡

대지권의 표시
대지권의 목적인 토지의 표시
1. 서울특별시 서초구 서초동 100 대 1,400㎡
2. 서울특별시 서초구 서초동 101 대 1,600㎡
대지권의 종류 1,2. 소유권대지권
대지권의 비율 3,000분의 50

거래신고관리번호:12345-2019-4-1234560 거래가액:금400,000,000원

- 이 상 -

② 등기원인과 그 연월일	2019년 9월 15일 매매
③ 등 기 의 목 적	소유권이전 및 신탁말소
④ 신 탁 말 소 의 원 인	신탁재산의 처분

구 분	성 명 (상호 · 명칭)	주민등록번호 (등기용등록번호)	주 소(소재지)	지분 (개인별)
⑤ 등기 의무자	서초가든재건축 정비사업조합 조합장 김 병 태	110271-0010590	서울특별시 서초구 서초동 109 서울특별시 서초구 서초동 100 서초가든빌라 302호	
⑥ 등기 권리자	김 길 동	680412-1011289	서울특별시 동작구 동작대로 10, 303동 408호 (방배동, 성삼아파트)	

<table>
<tr><td colspan="6">⑦ 시가표준액 및 국민주택채권매입금액</td></tr>
<tr><td>부동산 표시</td><td colspan="2">부동산별 시가표준액</td><td colspan="3">부동산별 국민주택채권매입총액</td></tr>
<tr><td>1. 공동주택</td><td colspan="2">금 400,000,000원</td><td colspan="3">금 4,600,000원</td></tr>
<tr><td colspan="3">⑦ 국 민 주 택 채 권 매 입 총 액</td><td colspan="3">금 4,600,000원</td></tr>
<tr><td colspan="3">⑦ 국 민 주 택 채 권 발 행 번 호</td><td colspan="3"></td></tr>
<tr><td rowspan="2">⑧취득세(등록면허세)</td><td rowspan="2" colspan="2">금 4,000,000원</td><td>⑧ 지 방 교 육 세</td><td colspan="2">금 400,000원</td></tr>
<tr><td>⑧농어촌특별세</td><td colspan="2">금 800,000원</td></tr>
<tr><td>⑨ 세 액 합 계</td><td colspan="5">금 5,200,000 원</td></tr>
<tr><td rowspan="2">⑩ 등 기 신 청 수 수 료</td><td colspan="5">금 15,000 원</td></tr>
<tr><td colspan="5">납부번호</td></tr>
<tr><td colspan="6">⑪ 등기의무자의 등기필정보</td></tr>
<tr><td>부동산고유번호</td><td colspan="5"></td></tr>
<tr><td>성명(명칭)</td><td colspan="3">일련번호</td><td colspan="2">비밀번호</td></tr>
<tr><td></td><td colspan="3"></td><td colspan="2"></td></tr>
<tr><td colspan="6">⑬ 첨 부 서 면 (간인)</td></tr>
<tr><td colspan="3">1. 분양계약서 1통 ⑭
1. 취득세영수필확인서 1통 ⑮
1. 등기신청수수료영수필확인서 1통 ⑯
1. 인감증명 또는 본인서명사실확인서 또는 전자본인서명확인서발급증 1통 ⑰
1. 주민등록표등본·초본 2통 ⑱
1. 토지대장등본(대지권등록부) 1통 ⑲</td><td colspan="3">1. 집합건축물대장등본(전유부) 1통 ⑳
1. 등기필증 1통 ㉑
1. 위임장 1통 ㉒
1. 자필서명정보 1통 ㉓
1. 부동산거래계약신고필증 1통 ㉔
<기 타> ㉕</td></tr>
<tr><td colspan="6">2019년 9월 30일

⑫ 위 신청인

대리인 법무사 유 명 한 (직인) (전화: 599-0000)
서울특별시 서초구 서초대로 29

서울중앙지방법원 등기국 귀중</td></tr>
</table>

등기신청안내서 — 소유권이전 및 신탁등기말소등기신청

1. 소유권이전 및 신탁등기말소등기신청

수탁자인 정비사업조합이 조합원에게 분양배정하고 남은 공동주택(아파트, 상가 등)을 일반분양하게 되는데, 본 등기신청은 그 일반분양자에게 소유권이전을 하는 등기신청기재례이다. 신탁등기의 말소등기신청도 동시에 하여야 한다. 신탁재산의 일부를 처분하였거나 신탁이 일부종료된 경우에는 소유권일부이전등기와 신탁등기의 변경등기를 동일한 신청서에 의하여 신청하여야 한다.

2. 등기신청방법

수탁자인 정비사업조합이 등기의무자, 수분양자가 등기권리자가 되어 공동으로 소유권이전등기신청을 한다. 이 등기신청은 일반적인 소유권이전등기와 동일하나 다만 신탁등기의 말소등기를 동시에 동일한 서면에 의하여 신청하여야 한다는 점이 다르다(법 제168조). 신탁재산인 부동산에 대하여 소유권이전등기 또는 신탁등기의 말소등기만을 신청하였을 경우 등기관은 이를 수리하여서는 아니 된다.

3. 등기소에 제공하여야 하는 신청정보

신청서는 한글과 아라비아 숫자로 기재한다. 부동산의 표시란이나 신청인란 등이 부족할 경우에는 별지를 사용하고, 별지를 포함하여 신청서가 여러 장인 때에는 각 장 사이에 간인을 하여야 한다.

① 부동산의 표시란

목적부동산을 기재하되, 등기기록상 부동산의 표시와 일치하여야 한다.

② 등기원인과 그 연월일란

등기원인은 '매매'로, 연월일은 분양(매매)계약서상 계약일을 기재한다

③ 등기의 목적란

'소유권이전 및 신탁말소'로 기재한다.

④ 신탁말소의 원인

신탁등기가 말소되는 원인을 기재한다. 이는 '신탁재산의 처분'으로 기재한다.

신탁부동산에 대하여 매매 또는 신탁재산 귀속을 원인으로 소유권이전등기 및 신탁등기의 말소등기를 신청할 때에는 말소할 사항으로서 말소의 대상인 신탁등기를 특정하여 신청정보의 내용으로 등기소에 제공하여야 하는바, 다만 이전등기의 대상인 소유권등기와 말소등기의 대상인 신탁등기가 같은 순위번호를 사용하고 있는 경우에는 신청정보의 내용 중 '말소할 사항'에 관하여는 그 제공을 생략할 수 있다(2019. 6. 3. 부동산등기과-1331 질의회답).

⑤ 등기의무자란

수탁자인 정비사업조합의 명칭, 부동산등기용등록번호 주소를 기재하되 등기기록상 수탁자 표시와 일치하여야 한다. 다만 등기기록상 등기의무자의 주소가 지번방식의 주소인 경우에도, 등기의무자가 제공한 주민등록등(초)본이나 인감증명 등에 의하여 해당 지번방식의 주소에 대한 도로명주소임이 인정되는 경우에는 등기사건을 수리하여야 한다(법 제29조 제7호의 적용을 받지 아니한다). 한편 등기의무자의 주소가 전거 등의 실질적인 주소변경이 아닌 도로명주소법에 따른 주소변경인 경우에는 주소변경의 직권등기를 하지 않는다.

⑥ 등기권리자란

수분양자를 기재한다.

⑦ 시가표준액 및 국민주택채권매입총액란

일반적인 소유권이전등기에 준하여 국민주택채권을 매입하여야 한다. 또한 국민주택채권발행번호를 해당란에 기재하여야 한다. 법인장부에 의하여 취득가격이 입증되는 경우에는 이를 사실상 취득가격으로 보므로(지방세법 제111조 제5항 제3호) 법인이 신규주택을 분양한 경우에는 지방세법 시행령 제82조의3 제1항의 규정에 의한 취득가격인 분양가격(분양가격+옵션비용-{(분양가 및 옵션에 대한 부가세+선납할인)}, 편의상 본 사안의 경우 400,000,000원으로 본다)을 기준으로 국민주택채권을 매입한다.

⑧ 취득세 · 지방교육세란 및 농어촌특별세란

㉠ 유상거래를 원인으로 주택에 대하여 소유권이전등기를 신청하는 경우에는 지방세법 제11조 제1항 제8호의 규정(주택-유상취득)에 따라 시가표준액(400,000,000원)의 1,000분의 10에 해당하는 취득세를 납부한다(400,000,000 × 10/1,000 = 4,000,000원. 지방세법 제11조 제1항 제8호). ㉡ 지방세법 제11조 제1항 제8호의 경우에는 지방세법 제10조의 과세표준에 해당 세율의 100분의 50을 곱한 세율을 적용하여 산출한 금액의 100분의 20의 지방교육세를 납부한다(400,000,000 × (10/1,000 × 50/100) × 20/100 = 400,000원. 지방세법 제151조 제1항), ㉢ 지방세법 제11조의 표준세율을 1,000분의 20로 적용하여 100분의

10에 해당하는 농어촌특별세를 납부한다(400,000,000 × 20/1,000 × 10/100 = 800,000원. 농어촌특별세법 제5조 제1항). ㉣ 한편 이 경우 소유권이전등기와 신탁말소등기가 동시에 이루어지므로 소유권이전등기의 취득세와 말소등기의 등록면허세를 모두 납부하여야 한다. 소유권이전등기의 취득세는 분양가격(부가가치세 제외 : 본 사안의 경우 400,000,000원)을 기준으로, 말소등기의 등록면허세는 6,000원을 납부한다.

취득세	지방교육세	농어촌특별세
10/1,000	(10/1,000 x 50/100) x 20/100	20/1,000 x 10/100
지방세법 제11조 제1항 제8호	지방세법 제151조 제1항	농어촌특별세법 제5조 제1항

⑨ **세액합계란**

취득세, 농어촌특별세, 지방교육세액의 합계를 기재한다.

⑩ **등기신청수수료란**

소유권이전등기를 신청하는 자는 등기신청수수료를 내야 하므로(법 제22조 제3항), 부동산 1개당 15,000원(전자표준양식에 의한 등기신청의 경우에는 13,000원, 전자신청의 경우에는 10,000원)에 해당하는 등기신청수수료를 납부하고 그 등기신청수수료금액 및 납부번호를 신청서에 기재한다(등기예규 제1733호). 신탁말소부분에 대하여서는 등기신청수수료를 별도로 납부하지 않는다.

⑪ **등기의무자의 등기필정보란**

전자신청 지정등기소에서는 신청방법(전자신청, 서면신청)을 불문하고 등기를 완료한 경우 등기필증 대신 등기필정보를 전자적 교부 또는 서면 교부하기 때문에, 등기신청의 당사자 또는 대리인은 등기필정보 상의 일련번호와 비밀번호를 기재함으로써 등기필증의 제출을 갈음할 수 있다. 등기의무자가 교부받은 등기필정보에 기재된 부동산고유번호, 성명, 일련번호, 비밀번호를 각 기재한다. 등기의무자에게 등기필정보나 등기필증이 없는 경우에는 부동산등기법 제51조의 규정에 의한다(기타 참조).

⑫ **신청인 혹은 대리인의 표시란**

㈎ 등기의무자와 등기권리자의 성명 및 전화번호를 기재하고, 각자가 기명날인하되 등기의무자는 그의 인감을 날인한다. 등기권리자는 기명날인 대신에 서명으로 갈음할 수 있다. 한편 신청인이 법인 또는 법인 아닌 사단이나 재단인 경우에는 상호(명칭)와 대표자(관리인)의 자격 및 성명을 기재하되, 법인이 등기의무자인 때에는 등기소의

증명을 얻은 그 대표자의 인감, 법인 아닌 사단이나 재단인 경우에는 대표자(관리인)의 개인인감을 날인한다.

(나) 대리인이 등기신청을 하는 경우에는 그 대리인의 성명, 주소 및 전화번호를 기재하고 기명날인한다.

⑬ **첨부서면란**

등기신청서에 첨부한 서면을 각 기재한다.

4. 등기소에 제공하여야 하는 첨부정보

⑭ **분양계약서**

등기원인을 증명하는 서면으로 분양계약서(매매계약서)를 제출한다(규칙 제46조 제1항 제1호). 분양계약서에 기재된 금액을 기준으로 인지를 매입하여 첨부한다. 부동산거래신고를 하여 거래신고필증을 교부받은 때에는 검인을 받은 것으로 보므로(부동산거래신고법 제3조 제5항), 분양계약서는 검인을 받을 필요가 없다.

⑮ **취득세영수필확인서 또는 취득세납부확인서**

시장, 구청장, 군수 등으로부터 취득세납부서(OCR용지)를 발급받아 세금을 납부한 후 취득세영수필확인서를 신청서의 취득세액표시란의 좌측상단 여백에 첨부하거나, 또는 지방세인터넷납부시스템에서 출력한 취득세납부확인서를 첨부정보로서 등기소에 제공하여야 한다(지방세법 제20조; 지방세법시행령 제36조 제1항).

⑯ **등기신청수수료영수필확인서**

소유권이전등기를 신청하는 자는 등기신청수수료를 내야 하므로(법 제22조 제3항), 부동산 1개당 15,000원(전자표준양식에 의한 등기신청의 경우에는 13,000원, 전자신청의 경우에는 10,000원)에 해당하는 등기신청수수료를 납부하고 등기신청수수료영수필확인서를 첨부한다(등기예규 제1733호).

⑰ **인감증명**

등기의무자인 수탁자는 소유권의 등기명의인이므로 정비사업조합의 대표자 인감증명을 제출한다. 부동산매수자란에는 매수인의 성명(법인은 법인명), 주민등록번호(부동산등기용등록번호) 및 주소가 기재되어 있는 매도인의 부동산매도용 인감증명을 첨부한다(규칙 제60조 제1항 제1호).

⑱ **주소 및 주민등록번호를 증명하는 서면 - 주민등록표등본 · 초본**

등기권리자의 주소 · 주민등록번호를 증명하는 서면으로 주민등록표등본 · 초본을 첨부한다(규칙 제46조 제1항 제6호).

⑲ **토지대장등본**

토지에 대한 소유권이전등기이므로 부동산의 표시를 증명하는 서면으로 토지대장정보를 첨부정보로서 등기소에 제공하여야 한다(규칙 제46조 제1항 제7호).

⑳ **건축물대장등본**

건물에 대한 소유권이전등기이므로 부동산의 표시를 증명하는 서면으로 건축물대장정보를 첨부정보로서 등기소에 제공하여야 한다(규칙 제46조 제1항 제7호).

㉑ **등기필증**

등기의무자가 등기필정보를 가지고 있는 경우에는 등기의무자의 등기필정보를 신청정보의 내용으로 등기소에 제공하여야 하지만(법 제50조 제2항), 등기의무자가 구 부동산등기법 제67조 제1항에 따른 등기필증이나 구법 제68조 제1항에 따른 등기완료통지서를 가지고 있는 경우에는 등기의무자가 가지고 있는 그 등기필증 혹은 등기완료통지서를 제출하여야 한다(법 부칙 제2조). 등기의무자에게 등기필정보 · 등기필증 · 등기완료통지서가 없는 경우에는 법무사 등이 등기의무자 본인임을 확인한 확인서면 등을 제출한다. 자세한 방법은 기타 부분을 참조한다(법 제51조, 기타 참조).

㉒ **위임장**

등기신청을 법무사 등 대리인에게 위임하는 경우에 첨부한다. 위임인의 성명과 주소를 기재하고 인장을 날인하되 규칙 제60조 제1항 제1호~제3호에 해당하여 인감증명을 제출하여야 하는 자는 위임장에 인감을 날인하여야 하나, 위 규칙 제60조 제1항 제1호~제3호에 해당하지 않는 자는 인감날인 대신에 일반적인 기명날인 혹은 서명으로 갈음할 수 있다. 위임인이 법인이나 법인 아닌 사단 또는 재단인 경우에는 상호(명칭)와 대표자(관리인)의 자격, 성명 및 주소도 기재하여야 한다.

㉓ **자격자대리인의 확인 및 자필서명정보**

등기의무자와 등기권리자가 공동으로 신청하는 권리에 관한 등기이므로 자격자대리인이 등기의무자를 확인하고 자필서명한 정보를 첨부정보로 제공하여야 한다(규칙 제46조 제1항, 제8호, 2022. 7. 1.부터).

㉔ **부동산거래계약신고필증**

2006. 1. 1.이후 작성된 매매계약서를 등기원인증서로 하여 소유권이전등기를 신청하는 경우에는 부동산거래신고계약필증을 제출하여야 한다.

㉕-1 **기타 ― 신청인이 법인인 경우**

신청인이 법인인 경우에는 대표자의 자격을 증명하는 서면으로 법인등기사항전부증명서 또는 법인등기사항일부증명서를 첨부하여야 한다(규칙 제46조 제1항 제4호). 이 경우에 위 법인등기사항증명서는 소유자의 주소를 증명하는 서면, 부동산등기용등록번호를 증명하는 서면이기도 하다(규칙 제46조 제1항 제6호). 다만 법인등기가 되어 있는 등기소와 부동산소재지 관할 등기소가 동일한 경우에는 위 법인등기사항증명서를 제출할 필요가 없다(규칙 제46조 제5항).

㉕-2 기타 — 신청인이 법인 아닌 사단(재단)인 경우

법인 아닌 사단 또는 재단이 등기를 신청하는 경우에는 ㉠ 정관이나 그 밖의 규약, ㉡ 대표자나 관리인임을 증명하는 정보(다만, 등기되어 있는 대표자나 관리인이 신청하는 경우에는 그러하지 아니하다), ㉢ 법인 아닌 사단 또는 재단의 주소 및 부동산등기용등록번호를 증명하는 정보(새로이 등기명의인이 되는 경우에 한한다), ㉣ 대표자나 관리인의 주소 및 주민등록번호를 증명하는 정보를 첨부정보로 제공한다. 다만 법인 아닌 사단이 등기의무자인 경우에는 민법 제276조 소정의 사원총회의 결의서도 첨부한다(규칙 제48조).

㉕-3 기타 — 제3자의 허가, 동의 또는 승낙을 증명하는 서면

제3자의 허가, 동의 또는 승낙을 증명하는 서면, 즉 부동산이 농지인 경우에는 농지취득자격증명(시 · 읍 · 면사무소 발급), 토지거래허가구역인 경우에는 토지거래허가증(시 · 군 · 구청 발급) 등을 첨부하여야 한다(법 제40조 제1항 제4호).

토지거래허가를 받은 경우에는 농지취득자격증명을 받은 것으로 보기 때문에 농지취득자격증명을 별도로 제출할 필요는 없지만, 부동산거래신고가 면제되는 것은 아니다. 즉 토지거래허가를 받은 경우에도 이와 별도로 거래계약신고필증을 제출하여야 한다.

㉕-4 매매목록

① 1개의 부동산거래신고필증에 2개 이상의 부동산이 기재되어 있는 경우(1개의 계약서에 의해 2개 이상의 부동산을 거래한 경우라 하더라도, 관할 관청이 달라 개개의 부동산에 관하여 각각 신고한 경우에는 매매목록을 작성할 필요가 없다).

② 신고필증에 기재되어 있는 부동산이 1개라 하더라도 수인과 수인 사이의 매매인 경우에는 매매목록을 제출한다.

㉕-5 기타 — 등기의무자의 등기필정보(등기필증, 등기완료통지서)**가 없는 경우**

등기의무자의 등기필정보(등기필증, 등기완료통지서)가 없을 때에는 ① 등기의무자 또는 그 법정대리인(이하 "등기의무자등"이라 한다)이 등기소에 출석하여 등기관으로부터 등기의무자등임을 확인받는 방법 ② 등기신청인의 대리인(변호사나 법무사만을 말한다)이 등기의무자등으로부터 위임받았음을 확인하여 확인서면을 제출하는 방법 ③ 신청서(위임에 의한 대리인이 신청하는 경우에는 그 권한을 증명하는 서면을 말한다) 중 등기의무자등의 작성부분에 관하여 공증을 받아 제출하는 방법으로 등기신청을 하여야 한다. 위 '공증'은 신청서나 위임장에 기재된 내용 중 등기의무자등의 작성부분(기명날인 등)에 대해 공증인이 등기의무자등의 의사에 의해 작성된 것임을 확인하고 그 증명을 하여 주는 사서증서의 인증을 의미한다(등기필정보가 없는 경우 확인조서 등에 관한 예규, 2018. 12. 18. 등기예규 제1664호, 시행 2019. 1. 1.)(법 제51조, 규칙 제111조 참조).

5. 등기신청서류 편철순서

신청서, 취득세(등록면허세)영수필확인서, 등기신청수수료영수필확인서, 위임장, 자필서명정보, 인감증명, 법인등기사항증명서, 주민등록표등본 · 초본, 대장등본, 분양계약서, 등기필증 등의 순으로 편철하는 것이 실무상의 예이다.

6. 등기기록례

[갑 구]		(소유권에 관한 사항)		(No.537)
순위번호	등기목적	접 수	등기원인	권리자 및 기타 사항
1	소유권보존	2015년 8월 1일 제7086호		소유자 서초가든재건축정비사업조합 110271-0010590 서울 서초구 서초동 109
				~~신탁재산처분에 의한 신탁~~ ~~신탁원부 제5호~~
2	소유권이전	2019년 9월 30일 제12086호	2019년 9월 15일 매매	소유자 김길동 680412-1011289 서울특별시 동작구 동작대로 10, 303동 408호 (방배동, 성삼아파트)
	1번 신탁등기말소		신탁재산의 처분	

[갑 구]		(소유권에 관한 사항)		(No.522)
순위번호	등기목적	접 수	등기원인	권리자 및 기타 사항
1	소유권보존	2015년 8월 1일 제7086호		소유자 서초가든재건축정비사업조합 110271-0010590 서울 서초구 서초동 109
				~~신탁재산처분에 의한 신탁~~ ~~신탁원부 제5호~~
2	소유권일부이전	2019년 9월 30일 제12086호	2019년 9월 15일 매매	공유자 지분 3분의 1 김길동 680412-1011289 서울특별시 동작구 동작대로 10, 303동 408호 (방배동, 성삼아파트)
	1번 신탁등기변경		신탁재산의 처분	신탁재산 서초가든재건축정비사업조합지분 3분의 2

사례연습 〔법무사 제12회 기출문제〕

소유권이전등기신청(신탁말소)

설 문

등기신청을 위임받은 대리인으로서 별첨 등기부등본을 참조하여 다음 사실관계에 부합하는 등기신청서를 작성하고 신청서의 첨부서면에 대하여 간단히 설명하시오(단, 첨부서면 중 토지대장 및 등기필증에 대한 설명은 생략)

〈다 음〉

1. 위탁자 김갑수와 수탁자 이현동은 부동산의 관리 및 처분을 목적으로 하는 신탁계약을 체결하고 이를 원인으로 별첨 등기부등본과 같이 신탁등기를 경료하였다. 수탁자 이현동과 박병삼은 신탁된 부동산에 대하여 아래와 같은 내용의 매매계약을 체결하였으나, 이에 따른 소유권이전등기 전에 매수인 박병삼이 사망하였다.
2. 위 망 박병삼의 유족으로는 처 김부자, 아들 박영웅, 출가녀 박영은이 있으며 상속인들은 상속재산분할협의를 통하여 위 부동산을 처 김부자의 단독소유로 하기로 하였다.
3. 법무사 배상두는 쌍방으로부터 위 등기신청에 관한 모든 권한을 위임받았다.

〈아 래〉

가. 부동산의 표시 : 별첨 등기부등본 참조

나. 매매계약 내용

1) 계약일자: 2018. 10. 20. 잔금지급: 2018. 11. 20.

2) 매매대금: 250,000,000원 시가표준액: 214,400,000원

3) 매매계약의 당사자

◇ 매도인 수탁자: 별첨 등기부등본 참조

◇ 매수인 망 박병삼(450927-1247289)은 2018. 12. 12. 사망
경기도 남양주시 경춘로 33 (금곡동)

다. 상속인 처 김부자(490122-2232761)
경기도 남양주시 경춘로 33 (금곡동)
자 박영웅(731107-1267932)
경기도 남양주시 경춘로 33 (금곡동)
출가녀 박영은(750611-2267892)
서울특별시 광진구 광장로 1가길 13, 202-706 (광장동, 현대아파트)

라. 토지거래허가구역

금곡동은 계약 이후인 2018. 11. 1. 부동산거래신고 등에 관한 법률에 의하여 최초로 토지거래계약에 관한 허가구역으로 지정되었음.

토지거래허가를 요하지 않는 토지면적은

1) 주거지역: 180제곱미터 이하.
2) 상업지역: 200제곱미터 이하.
3) 공업지역: 660제곱미터 이하.
4) 녹지지역: 100제곱미터 이하.
5) 도시지역 외의 지역: 250제곱미터 이하. 다만, 농지의 경우는 500제곱미터 이하로 하고, 임야의 경우는 1천제곱미터 이하.

- 위 토지는 토지이용계획확인서상 도시계획구역 내의 자연녹지지역으로서 도시계획 시설란에 도시자연공원으로 기재되어 있음.

마. 대리인 : 법무사 배상두, 사무소 서울특별시 서초구 서초대로 100 (서초동) ☏ 생략.

4. 답안 작성시 유의사항

가. 관할등기소: 의정부지방법원 남양주등기소

나. 신청서의 작성일은 2019. 3. 13.임.

위임장 작성은 생략하고, 신청서양식 중 불필요한 기재사항은 삭제 하시오.

다. 첨부서면: 명칭과 통수만을 신청서에 기재하고, 날인할 곳에는 ㉤으로 표시하시오.

라. 위 사안은 문제 구성을 위한 것임.

참고자료

1. 등기부

등기사항전부증명서(말소사항 포함)-토지

경기도 남양주시 금곡동 200 고유번호 :생략

[표제부]		(토지의 표시)			
표시번호	접 수	소재지번	지목	면적	등기원인 및 기타사항
1 (전3)	1985년 4월 25일	경기도 남양주시 금곡동 200	전	670㎡	전산이기(생략)

[갑 구]		(소유권에 관한 사항)		
순위번호	등기목적	접 수	등기원인	권리자 및 기타사항
1 (전2)	소유권 이전	1986년 6월 25일 제23345호	1986년 5월 20일 매 매	소유자 김갑수(430222-1278932) 경기 남양주시 가운동 320
				전산이기(생략)
2	소유권 이전	2017년 3월 4일 제11320호	2017년 2월 2일 신 탁	수탁자 이현동(561020-1123467) 서울특별시 강남구 일원동 250번지
	신탁			신탁원부 15호

2. 부동산의 표시: 서울특별시 서초구 우면동 609 전1,000㎡
3. ㎡당 개별공시지가: 100,000원
4. 채권매입비율: 28/1,000
5. 취득세율: 35/1,000

【모범답안】

소유권이전 및 신탁등기말소신청

접 수	년 월 일	처리인	등기관 확인	각종통지
	제 호			

부동산의 표시			
경기도 남양주시 금곡동 200 전 670㎡ -이 상- 거래신고관리번호 : 거래가액 : 금 250,000,000원			
등기원인과 그 연월일	2018년 10월 20일 매매		
등 기 의 목 적	소유권이전 및 신탁등기말소		
신 탁 말 소 의 원 인	신탁재산의 처분		
구 분	성 명 (상호 · 명칭)	주민등록번호 (등기용등록번호)	주 소(소재지)
등기 의무자	이 현 동	430222-1278932	등기기록상 주소 경기도 남양주시 가운동 320 현주소 서울특별시 강남구 개포로 250 (일원동)
등기 권리자	망 박 병 삼 상 속 인 김 부 자	450927-1247289 490122-2232761	경기도 남양주시 경춘로 33 (금곡동) 경기도 남양주시 경춘로 33 (금곡동)

시가표준액 및 국민주택채권매입금액		
부동산 표시	부동산별 시가표준액	부동산별 국민주택채권매입금액
1. 토 지	금 214,400,000원	금 9,650,000원
국민주택채권매입총액		금 9,650,000원
국민주택채권발행번호		
취 득 세 금 7,506,000원		지방교육세 금 501,200원
		농어촌특별세 금 500,000원
세 액 합 계	금 8,507,200 원	
등 기 신 청 수 수 료	금 15,000 원	
	납부번호 :	

등기의무자의 등기필정보		
부동산고유번호		
성명(명칭)	일련번호	비밀번호

첨 부 서 면 (간인)	
1. 매매계약서 1통	1. 친양자입양관계증명서(상세증명서) 1통
1. 취득세영수필확인서 1통	1. 제적등본 1통
1. 등기신청수수료영수필확인서 1통	1. 주민등록표등본·초본 2통
1. 인감증명 또는 본인서명사실 확인서 또는 전자본인서명 확인서 발급증 4통	1. 등기필증 1통
	1. 토지대장등본 1통
	1. 토지이용계획확인서 1통
1. 상속재산분할협의서 1통	1. 부동산거래계약신고필증 1통
1. 기본증명서(상세증명서) 1통	1. 위임장 1통
1. 가족관계증명서(상세증명서) 1통	1. 자필서명정보 1통

2019년 3월 13일

위 신청인

(또는)위 대리인 법무사 배상두 [직인] (전화 :)

서울특별시 서초구 서초대로 100 (서초동)

의정부지방법원 남양주등기소 귀중

신청서 작성요령란

* 1. 부동산표시란에 2개 이상의 부동산을 기재하는 경우에는 부동산의 일련번호를 기재하여야 합니다.
  2. 신청인란 등 해당란에 기재할 여백이 없을 경우에는 별지를 이용합니다.

〔첨부서면에 대한 설명〕

① **검인계약서**

계약을 원인으로 한 소유권이전등기이므로 등기원인증서로 검인받은 매매계약서를 첨부하여야 한다(규칙 제46조 제1항 제1호 및 부동산등기특별조치법 제3조). 검인계약서에는 인지세법 제3조에 의하여 금150,000원 상당의 수입인지를 첩부하여야 한다.

② **취득세영수필확인서 또는 취득세납부확인서**

매매금액 250,000,000원의 1,000분의 30(농지)에 해당하는 소유권이전등기의 취득세 및 신탁말소등기의 등록면허세 6,000원을 합산한 취득세영수필확인서를 첨부하여야 한다. 지방교육세는 취득세율(30/1,000)에서 20/1,000을 뺀 세율을 적용하여 산출한 금액의 20/100에 해당하는 금액을 납부한다. 농어촌특별세는 과세표준액에 1,000분의 20세율을 적용하여 산출한 금액의 10/100에 해당하는 금액을 납부한다.

③ **등기신청수수료영수필확인서**

① 대한민국법원 인터넷등기소(http://www.iros.go.kr/)를 이용하여 전자적인 방법(신용카드, 계좌이체, 선불형지급수단)으로 납부, ② 법원행정처장이 지정하는 수납금융기관에 현금으로 납부, ③ 무인발급기를 이용하여 현금 또는 신용카드로 납부하고 발급받은 등기신청수수료 영수필확인서를 첨부한다(법 제22조 제3항; 2024.11.29 등기예규 제1789호, 시행 2025.01.31.).

④ **상속재산분할협의서**

부동산등기법 제27조의 규정에 의하여 상속이나 그밖에 포괄승계가 있었다는 사실을 증명하는 서면으로 상속인 전원이 기명날인한 상속재산분할협의서를 제출한다(규칙 제49조).

⑤ **인감증명 또는 본인서명사실확인서 또는 전자본인서명확인서 발급증**

등기의무자의 부동산매도용인감증명 1통과(규칙 제60조 제1항 제1호), 상속재산분할협의서에 기명날인한 상속인 전원의 인감증명 3통을 첨부한다(규칙 제60조 제1항 제6호).

위 인감증명에 갈음하여 위임장 등에 서명을 하고 본인서명사실확인서를 첨부하거나 전자본인서명확인서 발급증을 첨부할 수 있다(2016. 12. 16. 등기예규 제1609호).

⑥ **기본증명서, 제적등본, 가족관계증명서, 친양자입양관계증명서 등**

마찬가지 이유로 상속이나 그 밖에 포괄승계가 있었다는 사실 및 상속인의 범위를 소명하는 서면으로 피상속인의 기본증명서, 제적등본, 가족관계증명서, 친양자입양관계증명서를 첨부한다(규칙 제49조).

이 경우 피상속인의 가족관계증명서(상세)를 통해 상속인을 확인할 수 있기 때문에 원칙적으로 상속인의 기본증명서를 첨부할 필요는 없다. 다만, 등기관은 상속인의 주민등록표 등·초 등 제출된 첨부서면만으로 동일인임을 확인하가 어려운 경우 상속인의 기본증명서(상세)의 제출을 요구할 수 있다(위 등기예규 제1835호).

⑦ **주민등록표등본·초본**

소유권이전등기를 신청하는 경우에는 신청인의 주소를 증명하는 서면을 제출하여야 한다(규칙 제46조 제1항 제6호). 그러므로 등기의무자 이현동의 주민등록표등본·초본, 매수인(사망자)의 말소자초본, 상속을 받는 등기권리자 김부자의 주민등록초본을 각 1통씩 첨부한다. 등기권리자 김부자의 주민등록표등본·초본은 주민등록번호를 증명하는 서면으로서의 성격도 가진다(규칙 제46조 제1항 제6호).

⑧ **토지이용계획확인서**

토지거래허가지역으로 지정되기 전에 매매계약이 체결되었음을 소명하기 위하여, 그리고 토지이용계획확인서상 도시계획구역 내의 자연녹지지역으로서 도시계획시설란에 도시자연공원으로 기재되어 있으므로 농지취득자격증명이 필요없음을 소명하기 위하여 토지이용계획확인서를 제출하여야 한다(2002. 7. 29. 등기 3402-413 질의회답).

⑨ **위임장**

등기신청을 법무사에게 위임하였으므로 대리인의 자격을 증명하는 서면으로 위임장을 첨부하여야 한다(규칙 제46조 제1항 제5호).

⑩ **자격자대리인의 확인 및 자필서명정보**

등기의무자와 등기권리자가 공동으로 신청하는 권리에 관한 등기이므로 자격자대리인이 등기의무자를 확인하고 자필서명한 정보를 첨부정보로 제공하여야 한다(규칙 제46조 제1항, 제8호, 2022. 7. 1.부터).

참 고

1. 토지거래허가서의 첨부가 필요한지 여부

계약체결(2011. 10. 20.) 이후에 토지거래허가지역으로 지정(2011. 11. 1)된 경우이므로 토지거래허가서를 제출할 필요는 없다. 이 경우 매매계약서와 토지이용계획확인서를 제출하여야 하지만, 토지거래허가지역으로 지정되기 이전에 매매계약을 체결하였음을 증명하는 서면을 별도로 제출할 필요는 없다.

2. 농지취득자격증명서면의 첨부가 필요한지 여부

본 사안의 경우에 농지취득자격증명이 필요하다고 하는 견해도 있으나 이는 잘못된 견해이다. 도시계획구역중 녹지지역내의 농지에 대하여서는 그 농지가 도시계획사업에 필요한 경우에는 농지취득자격증명을 첨부할 필요가 없기 때문이다. 토지이용계획확인서 중 도시계획시설란에 공원(도시자연공원)으로 기재되어 있다면 이는 도시계획사업에 필요한 경우라고 보아야 한다. 다음 등기선례를 참조할 것.

선 례

도시계획구역 중 녹지지역 내의 농지에 대하여는 그 농지가 도시계획사업에 필요한 경우에 한하여 농지취득자격증명을 첨부함이 없이 소유권이전등기를 경료받을 수 있는바, 도시계획구역 내의 자연녹지지역에 소재한 지목이 전(田)인 토지의 토지이용계획확인서 중 도시계획시설란에 공원(도시자연공원)으로 기재되어 있다면, 도시계획법 제31조 제2항 제3호의 규정에 따라 농지법이 적용되지 않으므로, 토지이용계획확인서를 첨부(농지취득자격증명을 첨부할 필요 없이)하여 주식회사 ○○건설 명의로 소유권이전등기를 신청할 수 있다(2002. 7. 29. 등기 3402-413 질의회답).

3. 위 등기의 결과치는 다음과 같다

[갑 구]		(소유권에 관한 사항)		
순위번호	등기목적	접 수	등기원인	권리자 및 기타사항
1 (전2)	소유권이전	1986년 6월 25일 제23345호	1986년 5월 20일 매 매	소유자 김갑수(430222-1278932) 경기 남양주시 가운동 320
				전산이기(생략)
2	소유권이전	2017년 3월 4일 제11320호	2017년 2월 2일 신 탁	수탁자 이현동(561020-1123467) 서울특별시 강남구 일원동 250
	~~신탁~~			~~신탁원부 15호~~
3	소유권이전	2019년 10월 13일 제36989호	2019년 10월 20일 매 매	소유자 김부자(490122-2232761) 경기도 남양주시 경춘로 33 (금곡동)
	2번 신탁등기말소		신탁재산의 처분	

사례연습

〔법무사 제25회 기출문제〕

소유권이전 및 신탁말소등기신청(매매)

설 문

아래와 같이 등기신청을 위임받은 법무사로서 주어진 사실관계와 답안작성 유의사항에 맞는 등기신청서를 작성하고, 이에 필요한 첨부서면에 관하여 설명하시오. (30점)

참고자료

1. 사실관계

김갑동[주민등록번호: 680908-1456789, 현재의 주소: 서울특별시 강남구 영동대로 30(삼성동)]으로부터 금전을 신탁받은 이을순[주민등록번호: 790513-2052134, 현재의 주소: 서울특별시 광진구 뚝섬로 20(자양동)]은 이 금전으로 박우리가 소유하고 있는 서울특별시 중구 서소문동 37번지 지상 건물을 매수하여 이를 임대해 오다가 처분하기로 하고 2019. 6. 20. 최정순[주민등록번호: 800204-2456789, 현재의 주소: 서울특별시 마포구 마포로 34(공덕동)]과 매매계약(매매금액 8억원)을 체결하였다. 이 거래를 중개한 공인중개사는 2019. 7. 10. 부동산거래계약신고(거래신고관리번호: 12345-2019-6-1234560)을 마쳤다. 이후 이을순은 2019. 9. 20. 최정순으로부터 잔금을 수령하고 같은 날 최정순과 함께 강박사 법무사사무소[사무소 소재지: 서울특별시 서초구 법원로 26(서초동), 전화번호: 02)432-8765]에 찾아가 이에 따른 등기신청을 위임하였다(이 건물의 등기기록은 아래와 같음).

위의 등기신청을 위임받은 강박사 법무사는 이러한 등기신청에 필요한 등기신청수수료 납부 등 의무사항을 이행하고 필요한 첨부서면을 준비하여 같은 날인 2019. 9. 20. 해당 건물의 관할등기소인 서울중앙지방법원 중부등기소에 방문하여 서면으로 등기신청을 하려고 한다.

[표 제 부]		(건물의 표시)		
표시번호	접 수	소재지번 및 건물번호	건물내역	등기원인 및 기타 사항
1	2009년 3월 5일	서울특별시 중구 서소문동 37 [도로명주소] 서울특별시 중구 서소문로 11	철근콘크리트조 슬래브지붕 3층 단독주택 지하층 120㎡ 1층 150㎡ 2층 150㎡ 3층 80㎡	

[갑 구]		(소유권에 관한 사항)		
순위번호	등기목적	접 수	등기원인	등기원인 및 기타 사항
1	소유권이전	2012년 9월 9일 제8009호	2012년 7월 8일 매매	소유자 박우리 600104-1056429 서울특별시 서초구 반포대로 60 (반포동) 거래가액 금500,000,000원
2	소유권이전	2017년 3월 6일 제3005호	2017년 1월 4일 매매	소유자 이을순 790513-2052134 서울특별시 용산구 원효로 10 (원효로1가) 거래가액 금600,000,000원
3	신탁재산 처분에 의한 신탁	2017년 3월 13일 제3123호		신탁원부 제2017-5호

<신탁원부>

1	위탁자의 성 명 주 소	김갑동 서울특별시 강남구 영동대로 30(삼성동)
2	수탁자의 성 명 주 소	이을순 서울특별시 용산구 원효로 10(원효로1가)
3	수익자의 성 명 주 소	김갑동 서울특별시 강남구 영동대로 30(삼성동)
4	신탁관리의	없음

	성 명 주 소	
6	신 탁 조 항	1. 이 신탁의 목적은 수탁자가 위탁자로부터 신탁받은 금전으로 부동산을 매수하여 이를 관리 · 운용하고 처분하는 업무를 수행하는데 있다. 2. 이 신탁의 수익권은 수익자와 수탁자의 합의가 없는 한 양도하거나 질권의 목적으로 할 수 없다. 3. 수익자는 수탁자와의 합의에 의해서 이 신탁의 내용을 변경할 수 있다. 4. 수탁자가 신탁부동산을 제3자에게 처분할 때에는 수익자의 동의를 받아야 한다. 5. ~ 〈생 략〉

2. 답안작성 유의사항

가. 첨부서면은 그 명칭과 통수를 기재하고, 제출이유와 근거를 답안지에 간단히 설명하시기 바랍니다.

나. 위임장의 작성은 생략하되 첨부서면으로는 기재하고 그 내용(위임인 등)을 답안지에 설명하시기 바랍니다.

다. 신청서 양식 중 시가표준액 및 국민주택채권매입금액란, 취득세(등록면허세)란, 등기신청수수료란과 등기의무자의 등기필정보란은 기재를 생략하시기 바랍니다.

라. 날인이 필요한 곳은 (인)으로 표시하시기 바랍니다.

마. 주어진 사항은 모두 가상이며, 주어진 사항 외에는 고려할 필요가 없습니다.

【모범답안】

소유권이전 및 신탁말소등기신청(매매)

접 수	년 월 일	처리인	등기관 확인	각종통지
	제 호			

부동산의 표시				
서울특별시 중구 서소문동 37 [도로명주소] 서울특별시 중구 서소문로 11 철근콘크리트조 슬래브지붕 3층 단독주택 지하층 120㎡ 1층 150㎡ 2층 150㎡ 3층 80㎡ - 이상 - 거래신고관리번호 : 12345-2019-6-1234560 거래가액 금800,000,000원				
등기원인과 그 연월일	2019년 6월 20일 매매			
등 기 의 목 적	소유권이전 및 3번신탁등기말소			
신 탁 말 소 의 원 인	신탁재산의 처분			
구 분	성 명	주민등록번호	주 소(소재지)	지분(개인별)
등기의무자	이 을 순	790513-2052134	등기부상 주소 : 서울특별시 용산구 원효로 10 (원효로1가) 현주소 : 서울특별시 광진구 뚝섬로 20(자양동)	
등기권리자	허 정 순	800204-2456789	서울특별시 마포구 마포로 34 (공덕동)	

<table>
<tr><td colspan="6">시가표준액 및 국민주택채권매입금액</td></tr>
<tr><td>부동산 표시</td><td colspan="2">부동산별 시가표준액</td><td colspan="3">부동산별 국민주택채권매입총액</td></tr>
<tr><td>3.</td><td colspan="2"></td><td colspan="3">금 원</td></tr>
<tr><td>4.</td><td colspan="2"></td><td colspan="3">금 원</td></tr>
<tr><td colspan="3">국 민 주 택 채 권 매 입 총 액</td><td colspan="3">금 원</td></tr>
<tr><td colspan="3">국 민 주 택 채 권 발 행 번 호</td><td colspan="3"></td></tr>
<tr><td colspan="3" rowspan="2">취 득 세 금 원</td><td colspan="3">지방교육세 금 원</td></tr>
<tr><td colspan="3">농어촌특별세 금 원</td></tr>
<tr><td colspan="2">세 액 합 계</td><td colspan="4">금 원</td></tr>
<tr><td colspan="2" rowspan="2">등 기 신 청 수 수 료</td><td colspan="4">금 30,000 원</td></tr>
<tr><td colspan="4">납부번호 :</td></tr>
<tr><td colspan="6">등기의무자의 등기필정보</td></tr>
<tr><td colspan="2">부 동 산 고 유 번 호</td><td colspan="4"></td></tr>
<tr><td colspan="2">성 명 (명 칭)</td><td colspan="2">일 련 번 호</td><td colspan="2">비 밀 번 호</td></tr>
<tr><td colspan="2"></td><td colspan="2"></td><td colspan="2"></td></tr>
<tr><td colspan="6">첨 부 서 면 (간인)</td></tr>
<tr><td colspan="2">1. 매매계약서</td><td>1통</td><td colspan="2">1. 주민등록표등(초)본</td><td>2통</td></tr>
<tr><td colspan="2">1. 취득세영수필확인서</td><td>1통</td><td colspan="2">1. 수익자의 동의서</td><td>1통</td></tr>
<tr><td colspan="2">1. 등록면허세영수필확인서</td><td>1통</td><td colspan="2">1. 수익자의 인감증명</td><td>1통</td></tr>
<tr><td colspan="2">1. 등기신청수수료영수필확인서</td><td>1통</td><td colspan="2">1. 건축물대장등본</td><td>1통</td></tr>
<tr><td colspan="2">1. 등기위임장</td><td>1통</td><td colspan="2">1. 부동산거래계약신고필증</td><td>1통</td></tr>
<tr><td colspan="2">1. 매도용 인감증명</td><td>1통</td><td colspan="2">1. 자필서명정보</td><td>1통</td></tr>
<tr><td colspan="6">2019년 9월 20일
신청인 (전화:)
위 대리인 법무사 정 박 사 (직인) (전화: 02-432-8765)
서울특별시 서초구 법원로 26 (서초동)

서울중앙지방법원 중부등기소 귀중</td></tr>
</table>

신청서 작성요령란

* 1. 부동산표시란에 2개 이상의 부동산을 기재하는 경우에는 부동산의 일련번호를 기재하여야 합니다.
2. 신청인란등 해당란에 기재할 여백이 없을 경우에는 별지를 이용합니다.
3. 담당 등기관이 판단하여 위의 첨부서면 외에 추가적인 서면을 요구할 수 있습니다.

첨부서면에 대한 설명)

① 매매계약서 1통

등기원인을 증명하는 정보로 매매계약서를 첨부정보로서 등기소에 제공하여야 한다(규칙 제46조 제1항 제1호). 본 건 사안의 경우 거래금액이 1,000만원을 초과하는 경우이므로 매매계약서에는 인지세법의 규정에 의한 전자수입인지를 붙여야 한다. 부동산거래신고를 한 경우이므로 매매계약서에 검인받을 필요는 없다(부동산거래신고 등에 관한 법률 제3조).

② 취득세영수필확인서 또는 취득세납부확인서 1통

시장, 구청장, 군수 등으로부터 취득세납부서(OCR용지)를 발급받아 세금을 납부한 후 취득세영수필확인서를 신청서의 취득세액표시란의 좌측상단 여백에 첨부한다. 이는 지방세인터넷납부시스템에서 출력한 취득세납부확인서로 대체할 수 있다(지방세법시행령 제36조).

③ 등록면허세영수필확인서 또는 등록면허세납부확인서 1통

시장, 구청장, 군수 등으로부터 등록면허세납부서(OCR용지)를 발급받아 세금을 납부한 후 등록면허세영수필확인서를 제출한다. 이는 지방세인터넷납부시스템에서 출력한 등록면서세납부확인서로 대체할 수 있다(지방세법시행령 제49조).

④ 등기신청수수료영수필확인서 1통

등기신청수수료는 현금으로 납부하여야 하므로 법원행정처장이 지정하는 현금수납금융기관에 현금으로 납부한 후 영수필확인서를 제공하여야 한다(법 제22조 제3항, 이하 '법'이라 한다). 다만 신탁말소부분에 대하여서는 등기신청수수료를 납부하지 않는다.

⑤ 등기위임장 1통

등기신청을 법무사에게 위임하는 경우이므로 대리권한을 증명하는 정보로 위임인의 성명과 주소를 기재하여 작성한 위임장을 첨부정보로서 등기소에 제공하여야 한다(규칙 제46조 제1항 제5호). 그 등기위임장에는 등기의무자의 인감증명과 동일한 인감이 날인되어있거나, 본인서명사실확인서상의 서명과 동일한 서명이 있어야 한다.

⑥ 매도용 인감증명 1통

소유권의 등기명의인이 등기의무자인 경우이므로 등기의무자의 이을순의 인감증명을 첨부정보로 제공하여야 한다. 위 인감증명은 본인서명사실확인서 또는 전자본인서명확인서 발급증으로 대체할 수 있다. 한편 위 인감증명 또는 본인서명사실확인서는 매도용으로 발급받은 것이어야 한다(규칙 제60조 제1항 제1호). 위 서면은 발급일로부터 3개월이 경과하지 아니한 것이어야 한다(규칙 제62조).

⑦ 주민등록표등초본 2통

소유권이전등기를 하는 경우이므로 등기의무자 이을순과 등기권리자 최정순의 주소증명서면으로 주민등록표등본 또는 초본을 제공하여야 한다(규칙 제46조 제1항 제6호 단서). 이을순의 주소증명서면은 등기기록상 주소와 현재 주소가 모두 기재된 주소변동이력이 나와 있는 주민등록표초본이어야 한다. 위 서면은 발급일로부터 3개월이 경과하지 아니한 것이어야 한다(규칙 제62조).

⑧ 수익자의 동의서 1통

신탁원부의 신탁조항 6.에 수탁자가 신탁부동산을 제3자에게 처분할 때에는 수익자의 동의를 받아야 된다고 규정되어 있으므로, 본 건 소유권이전등기신청서에는 수익자 김갑동의 동의서를 첨부하여야 한다.

⑨ 수익자의 인감증명 1통

위 수익자의 동의서에는 수익자가 인감을 날인하고 그에 대한 인감증명을 첨부한다(규칙 제60조 제1항 제7호).

⑩ 건축물대장등본 1통

소유권이전등기를 신청하는 경우이므로 부동산의 표시를 증명하는 건축물대장등본을 첨부정보로서 등기소에 제공하여야 한다(규칙 제46조 제1항 제7호). 위 건축물대장등본은 발급일로부터 3개월이 경과하지 아니한 것이어야 한다(규칙 제62조).

⑪ 부동산거래계약신고필증 1통

매매계약서에 의한 소유권이전등기이므로 부동산거래계약신고필증을 제공하여야 한다(규칙 제124조 제2항 전단).

⑫ 자격자대리인의 확인 및 자필서명정보

등기의무자와 등기권리자가 공동으로 신청하는 권리에 관한 등기이므로 자격자대리인이 등기의무자를 확인하고 자필서명한 정보를 첨부정보로 제공하여야 한다(규칙 제46조 제1항, 제8호, 2022. 7. 1.부터).

사례연습

담보권신탁등기

아래 문제의 취지에 따른 등기신청서를 작성하라(30점).

설 문

소유자 이대백은 금융기관인 주식회사 행복은행으로부터 대출을 받고자 하는데, 신탁회사(행복부동산신탁 주식회사)와 2019. 7. 23. 신탁계약을 통해 수탁자는 소유자인 위탁자로부터 부동산에 대한 담보권을 수탁받아 일정기간 동안 채권자(우선수익자)를 위하여 수탁부동산의 담보가치가 유지 보전되도록 관리하다가 채무가 정상적으로 이행되면 수탁부동산을 위탁자에게 환원하고, 만약 채무가 불이행되면 신탁회사가 부동산을 환가하여 그 처분대금으로 채권자(우선수익자)에게 채무를 변제하고, 채무변제 후 잔여 처분대금은 위탁자에게 교부하고자 한다.

아래 사항을 참조하여 당사자의 의도에 맞는 등기신청서를 작성하시오.

참고자료

1. 이대백이 자기를 채무자로 하여 채권최고액 2억원, 배우자 이숙자를 채무자로 하여 채권최고액 1억원을 채권자인 행복은행으로부터 대출을 받으므로 대출금에 대한 채권최고액의 총 합계는 3억원이다. 한편 이대백에 대한 채무의 존속기간은 2023년 12월 31일이고, 이숙자에 대한 채무의 존속기간은 2022년 12월 31일이다.

2. 부동산의 표시: 서울특별시 서초구 서초동 245-1 대2,000㎡,
   같은 동 245-2 대3,000㎡

3. 당사자표시

   가. 이대백: 690505-1212345
   서울특별시 서초구 서초대로 88길 20 (서초동)

   나. 주식회사 행복은행: 110111-1234333
   서울특별시 중구 다동길 99 (다동)

대표이사 김정남 580808-1212345
서울특별시 강남구 강남대로 100 (역삼동)
다. 행복부동산신탁 주식회사: 110111-1234567
서울특별시 중구 다동길 96 (다동)
대표이사 이정수 670707-1234123
서울특별시 서초구 서초대로 300 (서초동)

4. 관할 등기소: 서울중앙지방법원 등기국

5. 등기신청대리인: 귀 법무사의 인적 사항을 사용할 것

【모범답안】

근저당권설정 및 신탁등기신청

<table>
<tr><td rowspan="2">접 수</td><td>년 월 일</td><td rowspan="2">처리인</td><td>등기관 확인</td><td>각종통지</td></tr>
<tr><td>제 호</td><td></td><td></td></tr>
</table>

<table>
<tr><td colspan="4">부동산의 표시</td></tr>
<tr><td colspan="4">1. 서울특별시 서초구 서초동 245-1 대 2,000㎡
2. 서울특별시 서초구 서초동 245-2 대 3,000㎡
[등록문서번호 : 100번]
이 상</td></tr>
<tr><td colspan="2">등기원인과 그 연월일</td><td colspan="2">2019년 7월 23일 신탁</td></tr>
<tr><td colspan="2">등 기 의 목 적</td><td colspan="2">근저당권설정 및 신탁</td></tr>
<tr><td colspan="2">채 권 최 고 액</td><td colspan="2">금 200,000,000원 (채무자 이대백)
금 100,000,000원 (채무자 이숙자)</td></tr>
<tr><td colspan="2">채 무 자</td><td colspan="2">이대백 서울특별시 서초구 서초대로 88길 20 (서초동)
이숙자 서울특별시 서초구 서초대로 88길 20 (서초동)</td></tr>
<tr><td colspan="2">존 속 기 간</td><td colspan="2">존속기간은 2023년 12월 31일까지로 한다 (채무자 이대백)
존속기간은 2022년 12월 31일까지로 한다 (채무자 이숙자)</td></tr>
<tr><td>구분</td><td>성 명
(상호·명칭)</td><td>주민등록번호
(등기용등록번호)</td><td>주 소 (소 재 지)</td></tr>
<tr><td>등기의무자</td><td>이 대 백</td><td>690505-1212345</td><td>서울특별시 서초구 서초대로 88길 20
(서초동)</td></tr>
<tr><td>등기권리자</td><td>행복부동산신탁
주식회사

대표이사
이정수</td><td>110111-1234567</td><td>서울특별시 중구 다동길 96 (다동)

서울특별시 서초구 서초대로
300(서초동)</td></tr>
</table>

등록면허세	금 600,000원
지방교육세	금 120,000원
세액합계	금 720,000원
국민주택채권매입액	금 300,000원
국민주택채권발행번호	
등기신청수수료	금 30,000원
납부번호	○○○○○○○○○○○○○○

첨부서면 (간인)	
1. 근저당권설정 및 신탁계약서 1통	1. 등기필증 혹은 등기필정보 1통
1. 등록면허세영수필확인서 1통	1. 신탁원부 작성을 위한 정보 2통
1. 등기신청수수료 영수필확인서 1통	1. 위임장 1통
1. 인감증명 또는 본인서명사실확인서 1통	1. 자필서명정보 1통
1. 법인등기사항증명서 1통	

2019년 7월 23일

위 신청인 (전화 :)

위 대리인 법무사 이 갑 수 직인

서울특별시 관악구 관악대로 36, 101호(봉천동) (02-881-3939)

서울중앙지방법원 등기국 귀중

신청서 작성요령란

* 1. 부동산표시란에 2개 이상의 부동산을 기재하는 경우에는 부동산의 일련번호를 기재하여야 합니다.
2. 신청인란 등 해당란에 기재할 여백이 없을 경우에는 별지를 이용합니다.
3. 담당 등기관이 판단하여 위의 첨부서면 외에 추가적인 서면을 요구할 수 있습니다.

〔첨부서면에 대한 설명〕

① **근저당권설정 및 신탁계약서**

등기원인을 증명하는 서면으로 계약서를 첨부하며, 인지세법이 정하는 인지는 붙이지 않는다(규칙 제46조 제1항 제1호).

② **신탁원부 작성을 위한 정보**

㈎ 신탁의 등기를 신청하는 경우에는 매 부동산마다 별개의 신탁원부를 제출하여야 하며, 그 서면에는 위탁자, 수탁자, 수익자의 성명(명칭)과 주소(사무소 소재지), 신탁관리인이 있는 경우에는 그 성명(명칭)과 주소(사무소 소재지), 신탁의 목적, 신탁재산의 관리방법, 신탁종료의 사유, 기타 신탁의 조항을 기재한다(규칙 제139조 제3항).

㈏ 신탁원부는 인터넷등기소 영구보존문서 등록에서 신탁원부를 전자문서로 변환한 후 신청인 또는 대리인의 전자서명을 부여하여 등록하고, 부여된 등록문서번호를 신청서의 부동산의 표시란에 기재(예 : [등록문서번호 : 100번])하는 방법으로 제출한다.

③ **등록면허세영수필확인서 또는 등록면허세납부서**

시장, 구청장, 군수 등으로부터 등록면허세납부서(OCR용지)를 발급받아 금융기관에 세금을 납부한 후 등록면허세영수필확인서를 신청서의 등록면허세액표시란의 좌측 상단 여백에 첨부하거나, 또는 지방세인터넷납부시스템을 이용하여 납부하고 출력한 등록면허세납부확인서를 첨부한다(지방세법 제30조; 지방세법시행령 제49조 제1항).

④ **등기신청수수료 영수필확인서**

① 대한민국법원 인터넷등기소(http://www.iros.go.kr/)를 이용하여 전자적인 방법(신용카드, 계좌이체, 선불형지급수단)으로 납부, ② 법원행정처장이 지정하는 수납금융기관에 현금으로 납부, ③ 무인발급기를 이용하여 현금 또는 신용카드로 납부하고 발급받은 등기신청수수료 영수필확인서를 첨부한다(법 제22조 제3항; 2024.11.29 등기예규 제1789호, 시행 2025.01.31.).

⑤ **인감증명 또는 본인서명사실확인서**

소유권의 등기명의인이 등기의무자(위탁자)로서 등기를 신청할 때에는 그 인감증명서(발행일로부터 3월 이내)를 첨부하여야 한다(규칙 제60조 제1항 제1호). 위 인감증명에 갈음하여 위임장 등에 서명을 하고 본인서명사실확인서를 첨부하거나 전자본인서명확인서 발급증을 첨부할 수 있다(2016. 12. 16. 등기예규 제1609호).

⑥ **법인등기사항증명서**

등기권리자인 법인의 대표자의 자격을 증명하는 서면으로, 주소 및 부동산등기용등록번호를 증명하는 서면으로 법인등기사항증명서를 첨부한다(규칙 제46조 제1항 제4호, 제6호).

⑦ **등기필정보**

등기의무자의 등기필정보를 신청정보로 제공한다(규칙 제43조 제1항 제7호).

⑧ **위임장**

등기신청을 법무사 등 대리인에게 위임하는 경우에 대리권한을 증명하는 서면으로 첨부한다(규칙 제46조 제1항 제5호).

⑨ **자격자대리인의 확인 및 자필서명정보**

등기의무자와 등기권리자가 공동으로 신청하는 권리에 관한 등기이므로 자격자대리인이 등기의무자를 확인하고 자필서명한 정보를 첨부정보로 제공하여야 한다(규칙 제46조 제1항, 제8호, 2022. 7. 1.부터).

〈기타 : 지방세 납세증명서〉

지방세기본법에서는 신탁을 원인으로 소유권이전등기를 하는 경우에만 지방세납세증명서를 첨부할 것을 요구하고 있으므로 담보권신탁의 경우, 즉 근저당권설정등기의 경우에는 지방세납세증명서를 첨부할 필요가 없다(참조: 지방세기본법 제63조 제1항 제4호).

참 고

1) 신탁에 따라 수탁자에게 소유권이전등기를 하는 경우에는 국민주택채권매입의무가 없지만(주택도시기금법시행령 제8조 제1항 별표 중 부표 15호 가목), 근저당권설정의 경우에는 국민주택채권을 매입하여야 한다.

2) 신탁재산에 속하는 (근)저당권에 의하여 담보되는 피담보채권이 여럿이고 각 피담보채권별로 「부동산등기법」 제75조에 따른 등기사항(채권최고액, 채무자, 민법 제358조 단서의 약정, 이자에 관한 약정)이 다른 경우에는 동조에 따른 등기사항을 각 채권별로 구분하여 신청정보의 내용으로 제공하여야 한다(2017. 3. 20. 등기예규 제1618호).

실전연습

법무사 시험 실전적응문제

신탁보존

[유석주법무사 불허복제]

아래에 기재된 부동산에 대한 등기신청사건을 위임받은 대리인의 지위에서 제시된 사실관계와 답안 작성시 유의사항을 근거로 의뢰인의 희망에 가장 근접한 등기신청서를 작성하고, 신청서에 첨부하는 서면에 대하여서는 그 근거를 간략히 설명하시오.

|사실관계|

1. 당사자의 표시

위탁자 : 이갑남 680808-1212345 서울특별시 서초구 서초대로 11 (서초동)

수탁자 :

1. 서울부동산신탁주식회사 110111-1234567 서울특별시 강남구 강남대로 22 (역삼동)
   대표이사 이을남 701213-1212121 서울특별시 송파구 송파대로 22 (문정동)
2. 한국부동산신탁주식회사 110111-5234111 서울특별시 강남구 강남대로 33 (역삼동)
   대표이사 이병남 801213-1212121 서울특별시 송파구 송파대로 33 (문정동)

2. 부동산의 표시

1. 서울특별시 서초구 서초동 122 대 200㎡
2. 신축한 부동산의 표시

위 토지상 철근콘크리트조 스라브지붕 5층 아파트 프라임아파트

1층 101호 60㎡ 2층 201호 60㎡

3층 301호 40㎡ 4층 401호 40㎡

5층 501호 40㎡ -이상-

(위 면적은 전유부분의 면적임, 편의상 공용부분은 없는 것으로 상정한다)

3. 설 문

(1) 이갑남은 “위 부동산 1.을 수탁자에게 신탁을 하고, 수탁자는 그 토지를 담보로 제공하는 등의 방법으로 자금을 마련하여 그 토지 위에 부동산 2.로 표시된 집합건물

을 자기 명의로 신축하되 그 부동산 1.과 부동산 2.를 함께 신탁부동산으로 하여 이를 수탁자가 분양하는 것을 신탁목적"으로 하는 신탁계약을 체결한 후, 신탁계약에 따라 우선 1, 부동산에 대하여 위탁자부터 수탁자 명의로의 소유권이전등기를 먼저 경료하였다.

(2) 수탁자가 위 토지위에 건물을 신축한 경우에 필요한 등기신청서를 작성하시오
(3) 건물을 신축한 날짜(사용승인일자)는 2022. 8. 5. 이다.

4. 참 고

(1) 대지권이 가능하다면 각 호수별로 대지권은 동일하게 배정하기로 한다.
(2) 취득세는 1,000,000원으로 전제하고, 기타 등록면허세는 얼마인지 판단하여 기재한다. 다만 지방교육세나 농어촌특별세 등에 대한 판단은 하지 않는다.
(3) 국민주택채권매입여부를 판단하여 매입여부만 기재한다.
(4) 등기신청수수료금액은 주어진 정보에 의하여 기재한다.

5. [답안작성 유의사항]

1. 부동산표시, 첨부서면란 등이 부족할 때에는 별지를 사용할 수 있다.
2. 첨부서면은 그 명칭을 해당란에 기재하고, 별지에 각 서면별로 제출이유를 설명하고 근거규정을 제시한다.
3. 등기신청날짜는 2022. 8. 6. 로 한다.
4. 날인이 필요한 곳은 이를 빠뜨리지 말 것.
5. 대리인은 아래와 같다.
   법무사 ○○○, 사무소 서울 서초구 서초대로51길 36, 606호(서초동, 로펌애비뉴) (전화 500-1234)
6. 위 ○○○에는 수험생 이름을 기재할 것(실제 시험에는 이렇게 출제되는 것은 아님)
7. 관할등기소(과)는 "서울중앙지방법원 등기국"이다.

【예시답안】

<table>
<tr><td colspan="6">소유권보존 및
신탁등기신청</td></tr>
<tr><td rowspan="2">접 수</td><td>년 월 일</td><td rowspan="2">처리인</td><td>등기관 확인</td><td colspan="2">각종통지</td></tr>
<tr><td>제 호</td><td></td><td colspan="2"></td></tr>
<tr><td colspan="6">부동산의 표시</td></tr>
<tr><td colspan="6">1동의 건물의 표시
서울특별시 서초구 서초동 122
철근콘크리트조 스라브지붕 5층 아파트 프라임아파트
전유부분의 건물의 표시
1. 건물의 번호 : 1-101
구 조 : 철근콘크리트조
면 적 : 제1층 제101호 60㎡
2. 건물의 번호 : 2-201
구 조 : 철근콘크리트조
면 적 : 제2층 제201호 60㎡
3. 건물의 번호 : 3-301
구 조 : 철근콘크리트조
면 적 : 제3층 제301호 60㎡
4. 건물의 번호 : 4-401
구 조 : 철근콘크리트조
면 적 : 제4층 제401호 40㎡
5. 건물의 번호 : 5-501
구 조 : 철근콘크리트조
면 적 : 제5층 제501호 40㎡
대지권의 표시
대지권의 목적인 토지의 표시
1. 서울특별시 서초구 서초동 122 대 200㎡
대지권의 종류 : 소유권
대지권의 비율 : 200분의 40
대지권연월일 : 2022년 8월 5일 대지권 -이상-</td></tr>
<tr><td colspan="2">등기원인과 그 연월일</td><td colspan="4"></td></tr>
<tr><td colspan="2">등 기 의 목 적</td><td colspan="4">소유권보존 및 신탁재산처분에 의한 신탁</td></tr>
<tr><td colspan="2">신 청 근 거 규 정</td><td colspan="4">부동산등기법 제65조 제1호</td></tr>
<tr><td>구 분</td><td>성 명
(상호·명칭)</td><td>주민등록번호
(등기용등록번호)</td><td colspan="2">주 소(소재지)</td><td>지분
(개인별)</td></tr>
<tr><td rowspan="2">신
청
인</td><td>합유자
서울부동산
신탁주식회사
대표이사 이을남</td><td>110111-1234567</td><td colspan="2">서울특별시 강남구 강남대로 22
(역삼동)
서울특별시 송파구 송파대로 22
(문정동)</td><td></td></tr>
<tr><td>한국부동산
신탁주식회사
대표이사 이병남</td><td>110111-5234111</td><td colspan="2">서울특별시 강남구 강남대로 33
(역삼동)
서울특별시 송파구 송파대로 33
(문정동)</td><td></td></tr>
</table>

<table>
<tr><td colspan="6">시가표준액 및 국민주택채권매입금액</td></tr>
<tr><td>부동산 표시</td><td colspan="2">부동산별 시가표준액</td><td colspan="3">부동산별 국민주택채권매입총액</td></tr>
<tr><td></td><td colspan="2">금 원</td><td colspan="3">금 원</td></tr>
<tr><td colspan="3">국 민 주 택 채 권 매 입 총 액</td><td colspan="3">금 매입하지 않음 원</td></tr>
<tr><td colspan="3">국 민 주 택 채 권 발 행 번 호</td><td colspan="3"></td></tr>
<tr><td rowspan="2">취득세(등록면허세)</td><td rowspan="2" colspan="2">금 1,030,000원</td><td>지 방 교 육 세</td><td colspan="2">금 원</td></tr>
<tr><td>농 어 촌 특 별 세</td><td colspan="2">금 원</td></tr>
<tr><td>세 액 합 계</td><td colspan="5">금 원</td></tr>
<tr><td rowspan="2">등 기 신 청 수 수 료</td><td colspan="5">금 75,000 원</td></tr>
<tr><td colspan="5">납부번호</td></tr>
<tr><td colspan="6">등기의무자의 등기필정보</td></tr>
<tr><td>부동산고유번호</td><td colspan="5"></td></tr>
<tr><td>성명(명칭)</td><td colspan="2">일련번호</td><td colspan="3">비밀번호</td></tr>
<tr><td></td><td colspan="2"></td><td colspan="3"></td></tr>
<tr><td colspan="6">첨 부 서 면 (간인)</td></tr>
<tr><td colspan="3">1. 집합건축물대장등본 6통
1. 신탁원부 5통
1. 법인등기사항증명서 2통
1. 규약 또는 공정증서 1통
1. 위에 대한 법인인감증명(실무) 2통</td><td colspan="3">1. 취득세영수필확인서 1통
1. 등기신청수수료영수필확인서 1통
1. 등기위임장 1통
1. 도면 (생략)</td></tr>
<tr><td colspan="6">2022년 8월 6일

위 신청인

대리인 법무사 김 철 수 직인 (전화: 02-887-9161)

서울특별시 관악구 관악로 132, 301호(봉천동, 서연빌딩)

서울중앙지방법원 등기국 귀중</td></tr>
</table>

신청서 작성요령

* 1. 부동산표시란에 2개 이상의 부동산을 기재하는 경우에는 부동산의 일련번호를 기재하여야 합니다.
2. 신청인란 등 해당란에 기재할 여백이 없을 경우에는 별지를 이용합니다.
3. 담당 등기관이 판단하여 위의 첨부서면 외에 추가적인 서면을 요구할 수 있습니다.

〔첨부서면에 대한 설명〕

① **집합건축물대장등본**

구분건물에 대한 소유권보존등기를 신청하는 경우 부동산의 표시를 증명하는 서면으로 1동의 건물에 대한 집합건축물대장등본(표제부1통, 전유부 5통)을 첨부정보로서 등기소에 제공하여야 한다(규칙 제46조 제1항 제1호, 규칙 제121조 제2항).

② **신탁원부**

(가) 신탁의 등기를 신청하는 경우에는 매 부동산마다 별개의 신탁원부를 제출하여야 하며(규칙 제139조 제3항), 그 서면에는 위탁자, 수탁자, 수익자의 성명(명칭)과 주소(사무소 소재지), 신탁관리인이 있는 경우에는 그 성명(명칭)과 주소(사무소 소재지), 신탁의 목적, 신탁재산의 관리방법, 신탁종료의 사유, 기타 신탁의 조항을 기재한다.

(나) 신탁원부는 인터넷등기소 영구보존문서 등록에서 신탁원부를 전자문서로 변환한 후 신청인 또는 대리인의 전자서명을 부여하여 등록하고, 부여된 등록문서번호를 신청서의 부동산의 표시란에 기재(예 : [등록문서번호 : 100번])하는 방법으로 제출한다.

③ **법인인등기사항증명서**

대표자의 자격을 증명하는 서면으로(규칙 제46조 제1항 제4호), 등기권리자의 주소 및 부동산등기용등록번호 법인등기사항전부(일부)증명서 1통을 첨부정보로서 등기소에 제공하여야 한다(규칙 제46조 제1항 제6호).

④ **규약 또는 공정증서**

각 구분소유자가 가지는 대지권의 비율이 전유부분의 면적비율과 달리 할당되는 경우에는 규약 내지 공정증서를 제공하여야 한다(규칙 제46조 제2항).

⑤ **위에 대한 법인인감증명**

위 규약의 진정성립을 소명하기 위하여 위 법인들의 법인인감증명을 첨부하는 것이 실무이다. 다만 규약이 공정증서형식으로 작성된 경우에는 그러하지 아니하다.

⑥ **취득세영수필확인서 또는 취득세납부확인서**

시장, 구청장, 군수 등으로부터 취득세납부서(OCR용지)를 발급받아 세금을 납부한 후 취득세영수필확인서를 신청서의 취득세액표시란의 좌측상단 여백에 첨부하거나, 또는 지방세인터넷납부시스템에서 출력한 취득세납부확인서를 첨부정보로서 등기소에 제공하여야 한다(지방세법시행령 제36조, 법 제29조 제10호). 신탁등기부분에 대하여서는 부동산별로 6,000원의 등록면허세를 납부한다.

⑦ **등기신청수수료 영수필확인서**

① 대한민국법원 인터넷등기소(http://www.iros.go.kr/)를 이용하여 전자적인 방법(신용카드, 계좌이체, 선불형지급수단)으로 납부, ② 법원행정처장이 지정하는 수납금융기관에 현금으로 납부, ③ 무인발급기를 이용하여 현금 또는 신용카드로 납부하고 발급받은 등기신청수수료 영수필확인서를 첨부한다(법 제22조 제3항; 2024.11.29 등기예규 제1789호, 시행 2025.01.31.).

⑧ **위임장**

등기신청을 법무사 등 대리인에게 위임하는 경우이므로 대리권한을 증명하는 정보로 위임장을 첨부정보로서 등기소에 제공하여야 한다(규칙 제46조 제1항 제5호).

⑨ **도 면**

구분건물에 대한 보존등기신청서에는 1동의 건물의 소재도, 각층의 평면도, 전유부분의 평면도를 첨부정보로서 등기소에 제공하여야 한다(규칙 제121조 제4항). 다만 건축물대장정보를 등기소에 제공한 경우에는 그러하지 아니하다.

⑩ **참고-등기선례**—아래 선례 참조

선 례

(1) 갑과 을 간에 "갑 소유의 토지를 을에게 신탁하고 을은 그 토지를 담보로 제공하는 등의 방법으로 자금을 마련하여 그 토지 위에 집합건물을 신축하되 그 토지와 건물을 함께 신탁부동산으로 하여 이를 을이 분양하는 것을 신탁목적"으로 하는 신탁계약을 체결한 후, 신탁계약에 따라 우선 토지에 대하여 갑 명의에서 을 명의로의 소유권이전등기를 먼저 경료한 뒤, 을이 건물을 신축하여 신축건물에 대하여 을 명의로의 소유권보존등기와 동시에 갑을 신탁자로 하고 을을 수탁자로 하는 신탁등기를 경료하는 경우, 신축건물에 대한 소유권보존등기와 동시에 위 신탁된 토지를 대지권의 목적으로 하는 대지권등기를 경료받을 수 있을 것이고, 이 경우 토지등기부에는 이미 신탁등기가 경료되어 있으므로, 1동의 건물의 표제부에는 '토지등기부에 별도의 등기가 있다는 취지'를 기재하여야 한다

위와 같은 방법으로 소유권보존등기가 경료된 후, 구분건물에 대하여 매매를 원인으로 하여 수분양자 앞으로 소유권이전등기를 신청하는 경우에는 소유권이전등기와 동시에 당해 구분건물에 대한 신탁등기말소 및 토지등기부에 경료된 신탁등기에 대한 변경등기를 동일한 신청서에 의하여 신청하여야 한다(1998. 9. 24. 등기선례 5-618) --> 변경

(2) 신탁계약을 원인으로 갑 소유명의의 토지에 대하여 수탁자 을 앞으로 소유권이전등기 및 신탁등기를 먼저 마친 다음, 을이 이 토지 위에 구분건물을 신축하여 그 신축건물에 대하여 을 명의의 소유권보존등기, 갑을 위탁자로 하고 을을 수탁자로 하는 신탁재산처분에 의한 신탁등기, 그리고 위 토지를 대지권의 목적으로 하는 대지권등기를 마친 상태에서 이후 분양되지 아니한 나머지 구분건물 전부에 대하여 신탁재산 귀속을 원인으로 갑 앞으로 소유권을 이전하려는 경우에는 구분건물에 대한 소유권이전등기 및 신탁등기

의 말소등기를 1건의 신청정보로 일괄하여 신청하고, 이와 동시에 별개의 신청정보로 토지에 대한 신탁등기의 말소등기를 신청하여야 한다(2018. 04. 19. 부동산등기과－929 질의회답)

※ 이 선례에 의하여 등기선례 제5-618호는 그 내용이 일부 변경됨

(3) 신탁계약을 원인으로 갑 소유명의의 토지에 대하여 수탁자 을 앞으로 소유권이전등기 및 신탁등기를 마친 다음, 을이 이 토지 위에 구분건물을 신축하여 그 신축건물에 대하여 을 명의의 소유권보존등기, 갑을 위탁자로 하고 을을 수탁자로 하는 신탁재산처분에 의한 신탁등기, 그리고 위 토지를 대지권의 목적으로 하는 대지권등기를 마친 상태에서 구분건물에 대하여 분양계약을 원인으로 수분양자 앞으로 소유권을 이전하는 경우와 신탁재산 귀속을 원인으로 위탁자 갑 앞으로 소유권을 이전하는 경우, 그 등기신청 방법은 다르지 않다. 즉, 두 경우 모두 구분건물에 대한 소유권이전등기 및 신탁말소등기를 1건의 신청정보로 일괄하여 신청하고, 이와 동시에 별개의 신청정보로 토지에 대한 신탁등기의 말소등기(또는 일부말소 의미의 신탁변경등기)를 신청하여야 한다(2019. 6. 26. 부동산등기과－1550 질의회답) [등기신청서 샘플을 다음 페이지에 소개함].

(4) 신탁계약을 원인으로 갑 소유명의의 토지에 대하여 수탁자 을 앞으로 소유권이전등기 및 신탁등기(이하 '제1신탁등기'라 함)를 마친 다음, 을이 위 토지 위에 구분건물을 신축하여 그 신축건물에 대해 을 명의의 소유권보존등기, 갑을 위탁자로 하고 을을 수탁자로 하는 신탁재산처분에 의한 신탁등기(이하'제2신탁등기'라 함), 그리고 위 토지를 대지권의 목적으로 하는 대지권등기를 마친 상태에서 구분건물에 대하여 분양계약을 원인으로 수분양자 앞으로의 소유권이전등기를 신청하는 경우, 위 수분양자 명의로의 소유권이전등기 및 제2신탁등기의 말소등기(이러한 각 등기는 일괄신청하여 함)와 토지(대지)에 대한 제1신탁등기의 변경등기(일부 말소의 의미)는 동시에 신청하여야 하는데, 이 경우 소유권이전등기 및 제2신탁등기의 말소등기 신청의 등기원인을 증명하는 정보로 분양계약서를 제공하여야 하나, 토지(대지)에 대한 제1신탁등기의 변경등기의 등기원인인 신탁종료 사유는 등기관이 신탁원부와 해당 구분건물 등기기록에 의하여 판단하면 되므로 별도로 그에 대한 정보는 제공할 필요가 없다(2022. 05. 04. 부동산등기과-1250 질의회답).

【보충 1】

소유권이전 및 신탁말소등기신청

<table>
<tr><td rowspan="2">접 수</td><td>년 월 일</td><td rowspan="2">처리인</td><td>등기관 확인</td><td>각종통지</td></tr>
<tr><td>제 호</td><td></td><td></td></tr>
</table>

부동산의 표시
1동의 건물의 표시 서울특별시 서초구 서초동 122 철근콘크리트조 스라브지붕 5층 아파트 프라임아파트 전유부분의 건물의 표시 건물의 번호 : 1-101 구 조 : 철근콘크리트조 면 적 : 제1층 제101호 60㎡ 대지권의 표시 대지권의 목적인 토지의 표시 1. 서울특별시 서초구 서초동 122 대 200㎡ 대지권의 종류 : 소유권 대지권의 비율 : 200분의 40 - 이상 - 래신고관리번호 거래가액 금700,000,000원

등기원인과 그 연월일	2022년 9월 1일 매매
등 기 의 목 적	소유권이전 및 신탁말소
말 소 원 인	신탁재산의 처분
말 소 할 사 항	기재하지 아니함 : 근거 2019. 6. 3. 부동산등기과-1331

구 분	성 명 (상호 · 명칭)	주민등록번호 (등기용등록번호)	주 소(소재지)	지분 (개인별)
등기의무자	합유자 서울부동산 신탁주식회사 대표이사 이을남	110111-1234567	서울특별시 강남구 강남대로 22 (역삼동) 서울특별시 송파구 송파대로 22 (문정동)	
	한국부동산 신탁주식회사 대표이사 이병남	110111-5234111	서울특별시 강남구 강남대로 33 (역삼동) 서울특별시 송파구 송파대로 33 (문정동)	
등기권리자	이 매 수	801212-1010101	서울특별시 동작구 동작대로 45 (상도동)	

<table>
<tr><td colspan="4">시가표준액 및 국민주택채권매입금액</td></tr>
<tr><td>부동산 표시</td><td>부동산별 시가표준액</td><td colspan="2">부동산별 국민주택채권매입총액</td></tr>
<tr><td></td><td>금 원</td><td colspan="2">금 원</td></tr>
<tr><td colspan="2">국민주택채권매입총액</td><td colspan="2">금 원</td></tr>
<tr><td colspan="2">국민주택채권발행번호</td><td colspan="2"></td></tr>
<tr><td rowspan="2">취득세(등록면허세)</td><td rowspan="2">금 원</td><td>지방교육세</td><td>금 원</td></tr>
<tr><td>농어촌특별세</td><td>금 원</td></tr>
<tr><td>세액합계</td><td colspan="3">금 원</td></tr>
<tr><td rowspan="2">등기신청수수료</td><td colspan="3">금 원</td></tr>
<tr><td colspan="3">납부번호</td></tr>
<tr><td colspan="4">등기의무자의 등기필정보</td></tr>
<tr><td>부동산고유번호</td><td colspan="3"></td></tr>
<tr><td>성명(명칭)</td><td>일련번호</td><td colspan="2">비밀번호</td></tr>
<tr><td></td><td></td><td colspan="2"></td></tr>
<tr><td colspan="4">첨 부 서 면 (간인)</td></tr>
<tr><td colspan="2">1. 매매계약서 1통
1. 신탁원부 1통
1. 법인등기사항증명서 2통
1. 매도용인감증명 2통
1. 주민등록초본 1통
1. 위탁자 또는 수익자의 동의서 1통
(신탁원부에 따름)
1. 위에 대한 인감증명 1통</td><td colspan="2">1. 취득세영수필확인서 1통
1. 등기신청수수료영수필확인서 1통
1. 집합건축물대장등본(전유부) 1통
1. 토지대장등본(대지권등록부) 1통
1. 토지이용계획확인서 1통
1. 부동산거래계약신고필증 1통
1. 등기의무자에 대한 자격자대리인의 자필서명정보 1통
1. 등기위임장 1통</td></tr>
<tr><td colspan="4">2022년 9월 1일
위 신청인
대리인 법무사 김 철 수 직인 (전화: 02-887-9161)
서울특별시 관악구 관악로 132, 301호(봉천동, 서연빌딩)
서울중앙지방법원 등기국 귀중</td></tr>
</table>

신청서 작성요령

* 1. 부동산표시란에 2개 이상의 부동산을 기재하는 경우에는 부동산의 일련번호를 기재하여야 합니다.
2. 신청인란 등 해당란에 기재할 여백이 없을 경우에는 별지를 이용합니다.
3. 담당 등기관이 판단하여 위의 첨부서면 외에 추가적인 서면을 요구할 수 있습니다.

【보충 2】

소유권일부이전 및 신탁변경등기신청

<table>
<tr><td rowspan="2">접 수</td><td>년 월 일</td><td rowspan="2">처리인</td><td>등기관 확인</td><td>각종통지</td></tr>
<tr><td>제 호</td><td></td><td></td></tr>
</table>

<table>
<tr><th colspan="5">부동산의 표시</th></tr>
<tr><td colspan="5">서울특별시 서초구 서초동 122 대 200㎡ -이상-</td></tr>
<tr><td colspan="2">등기원인과 그 연월일</td><td colspan="3">2022년 9월 1일 매매</td></tr>
<tr><td colspan="2">등 기 의 목 적</td><td colspan="3">소유권일부이전 및 신탁등기변경</td></tr>
<tr><td colspan="2">신 탁 등 변 경 원 인</td><td colspan="3">신탁재산의 처분</td></tr>
<tr><td colspan="2">이 전 할 사 항</td><td colspan="3">수탁자; 서울부동산신탁주식회사 및 한국부동산신탁주식회사 지분 200분의 40</td></tr>
<tr><td colspan="2">변 경 할 사 항</td><td colspan="3">2022년 8월 6일 접수 제8000호 신탁원부 제369호
수탁자; 서울부동산신탁주식회사 및 한국부동산신탁주식회사 지분 200분의 60으로 변경</td></tr>
<tr><th>구 분</th><th>성 명
(상호 · 명칭)</th><th>주민등록번호
(등기용등록번호)</th><th>주 소(소재지)</th><th>지분
(개인별)</th></tr>
<tr><td>등기의무자</td><td>합유자
서울부동산
신탁주식회사
대표이사 이을남

한국부동산
신탁주식회사
대표이사 이병남</td><td>110111-1234567

110111-5234111</td><td>서울특별시 강남구 강남대로 22 (역삼동)
서울특별시 송파구 송파대로 22 (문정동)
서울특별시 강남구 강남대로 33 (역삼동)
서울특별시 송파구 송파대로 33 (문정동)</td><td>200분의 40</td></tr>
<tr><td>등기권리자</td><td>이 매 수</td><td>801212-1010101</td><td>서울특별시 동작구 동작대로 45 (상도동)</td><td>200분의 40</td></tr>
</table>

<table>
<tr><td colspan="6">시가표준액 및 국민주택채권매입금액</td></tr>
<tr><td>부동산 표시</td><td colspan="2">부동산별 시가표준액</td><td colspan="3">부동산별 국민주택채권매입총액</td></tr>
<tr><td></td><td colspan="2">금 원</td><td colspan="3">금 원</td></tr>
<tr><td colspan="3">국 민 주 택 채 권 매 입 총 액</td><td colspan="3">금 원</td></tr>
<tr><td colspan="3">국 민 주 택 채 권 발 행 번 호</td><td colspan="3"></td></tr>
<tr><td rowspan="2">취득세(등록면허세)</td><td rowspan="2" colspan="2">금 원</td><td>지 방 교 육 세</td><td colspan="2">금 원</td></tr>
<tr><td>농 어 촌 특 별 세</td><td colspan="2">금 원</td></tr>
<tr><td>세 액 합 계</td><td colspan="5">금 원</td></tr>
<tr><td rowspan="2">등 기 신 청 수 수 료</td><td colspan="5">금 원</td></tr>
<tr><td colspan="5">납부번호</td></tr>
<tr><td colspan="6">등기의무자의 등기필정보〈제공해야 함〉</td></tr>
<tr><td>부동산고유번호</td><td colspan="5"></td></tr>
<tr><td>성명(명칭)</td><td colspan="3">일련번호</td><td colspan="2">비밀번호</td></tr>
<tr><td></td><td colspan="3"></td><td colspan="2"></td></tr>
<tr><td colspan="6">첨 부 서 면 (간인)</td></tr>
<tr><td colspan="2">1. 매매계약서</td><td>1통</td><td colspan="2">1. 취득세영수필확인서</td><td>1통</td></tr>
<tr><td colspan="2">1. 신탁원부</td><td>1통</td><td colspan="2">1. 등기신청수수료영수필확인서</td><td>1통</td></tr>
<tr><td colspan="2">1. 법인등기사항증명서</td><td>2통</td><td colspan="2">1. 토지대장등본(대지권등록부)</td><td>1통</td></tr>
<tr><td colspan="2">1. 매도용인감증명</td><td>2통</td><td colspan="2">1. 토지이용계획확인서</td><td>1통</td></tr>
<tr><td colspan="2">1. 주민등록초본</td><td>1통</td><td colspan="2">1. 부동산거래계약신고필증</td><td>1통</td></tr>
<tr><td colspan="2">1. 위탁자 또는 수익자의 동의서
(신탁원부에 따름)</td><td>1통</td><td colspan="2">1. 등기의무자에 대한 자격자대리인의
자필서명정보</td><td>1통</td></tr>
<tr><td colspan="2">1. 위에 대한 인감증명</td><td>1통</td><td colspan="2">1. 등기위임장</td><td>1통</td></tr>
<tr><td colspan="6">2022년 9월 1일
위 신청인
대리인 법무사 김 철 수 직인 (전화: 02-887-9161)
서울특별시 관악구 관악로 132, 301호(봉천동, 서연빌딩)
서울중앙지방법원 등기국 귀중</td></tr>
</table>

신청서 작성요령

* 1. 부동산표시란에 2개 이상의 부동산을 기재하는 경우에는 부동산의 일련번호를 기재하여야 합니다.
2. 신청인란 등 해당란에 기재할 여백이 없을 경우에는 별지를 이용합니다.
3. 담당 등기관이 판단하여 위의 첨부서면 외에 추가적인 서면을 요구할 수 있습니다.

〈위 등기의 결과치〉

【건물 : 101호】

[갑 구]		(소유권에 관한 사항)		
순위 번호	등기목적	접 수	등기원인	권리자 및 기타 사항
1	소유권보존	2020년 8월 6일 제8000호		수탁자(합유) 서울부동산신탁주식회사 110111-1234567 서울특별시 강남구 강남대로 22 (역삼동) 한국부동산신탁주식회사 110111-5234111 서울특별시 강남구 강남대로 33 (역삼동)
				~~신탁~~ ~~신탁원부 제368호~~
2	소유권이전	2022년 9월 1일 제9000호	2022년 9월 1일 매매	소유자 이매수 801212-1010101 서울특별시 동작구 동작대로 45 (상도동)
				1번신탁등기말소 원인 신탁재산의 처분

【토지 : 서초동 122】

[갑 구]		(소유권에 관한 사항)		
순위번호	등기목적	접 수	등기원인	권리자 및 기타 사항
3	소유권이전	2019년 3월 6일 제3000호	2019년 3월 5일 신탁	수탁자(합유) 서울부동산신탁주식회사 110111-1234567 서울특별시 강남구 강남대로 22 (역삼동) 한국부동산신탁주식회사 110111-5234111 서울특별시 강남구 강남대로 33 (역삼동)
				~~신탁~~ ~~신탁원부 제1022호~~
4	소유권일부이전	2022년 9월 1일 제9001호	2022년 9월 1일 매매	공유자 지분 200분의 40 이매수 801212-1010101 서울특별시 동작구 동작대로 45 (상도동)
				3번신탁등기변경 원인 신탁재산의 처분 신탁재산 서울부동산신탁주식회사 및 한국부동산신탁회사 지분 200분의 160
5	3번합유자 서울부동산신탁주식회사 및 한국부동산신탁회자지분 200분의 160중 일부(200분의 40)이전	2022년 10월 1일 제10002호	2022년 10월 1일 매매	공유자 지분 200분의 40 김미영 900404-2121213 서울특별시 동작구 동작대로 33 (흑석동)
				3번신탁등기변경 원인 신탁재산의 처분 신탁재산 서울부동산신탁주식회사 및 한국부동산신탁회사 지분 200분의 120

실전연습 법무사 시험 실전적응문제

유언대용신탁

[유석주법무사 불허복제]

아래에 기재된 부동산에 대하여 등기신청사건을 위임받은 대리인으로서, 관계법령에 따른 등기가 허용되는 부동산에 대하여, 제시된 사실관계와 답안 작성시 유의사항에 적합한 등기신청서 및 주어진 등기신청양식을 작성하고, 신청서에 첨부하는 서면에 대하여 간단히 설명하시오.

|참고자료|

1. **사실관계**

아래 부동산의 소유자 이해수는 최근의 코로나 사태로 인하여 건강이 급격히 악화되었는바, 자기가 사망하면 상속인들 사이의 상속권에 대한 분쟁이 발생할 것이 염려되어 귀하 법무사 사무실에 와서 상담 후 2021. 7. 31. 아래 부동산에 대하여 상속을 설계하는 취지의 유언대용신탁계약을 체결하였다(2. 참조).

(1) 서울특별시 서초구 반포동 100 대 100㎡
(2) 서울특별시 서초구 우면동 200 전 200㎡
(3) 서울특별시 서초구 서초동 300 골든크로스 301호

〈101호에 대한 등기사항증명서〉

[표 제 부]	(1동의 건물의 표시)			
표시번호	접 수	소재지번, 건물명칭 및 번호	건물내역	등기원인 및 기타 사항
1	1996년 3월 7일	서울특별시 서초구 서초동 300 골든크로스 [도로명주소] 서울특별시 서초구 서초대로 5	철근콘크리트조 슬래브지붕 4층 다세대주택 1층 100㎡ 2층 100㎡ 3층 100㎡ 4층 60㎡	

(대지권의 목적인 토지의 표시)				
표시번호	소재지번	지목	면적	등기원인 및 기타 사항
1	1. 서울특별시 서초구 서초동 300	대	200㎡	1996년 9월 7일

[표 제 부]	(전유부분의 건물의 표시)			
표시번호	접 수	건물번호	건물내역	등기원인 및 기타 사항
1	1996년 3월 7일	제3층 제301호	철근콘크리트조 80.00㎡	

(대지권의 표시)			
표시번호	대지권의 종류	대지권비율	등기원인 및 기타 사항
1	1. 소유권대지권	200분의 50	1996년 9월 7일 대지권

[갑 구]	(소유권에 관한 사항)			
순위번호	등기목적	접 수	등기원인	권리자 및 기타 사항
2	소유권이전	1996년 6월 7일 제6000호	1996년 6월 7일 매매	소유자 이해수 280101-1234567 서울특별시 관악구 관악대로 300 (신림동)

2. 신탁원부 및 신탁계약서의 내용 : * 별첨 요약본 참조

3. 참 고

위 토지는 모두 토지거래허가지역내에 소재하고 있는데, 주거지역의 경우 토지지분이 18㎡를 초과하는 경우에는 토지거래허가를 받아야 한다.

이해수는 등기필증을 모두 가지고 있으나 다만 아파트 부분 중 토지에 대한 대지권등기필증은 없다.

4. [**답안작성 유의사항**]

1. 부동산표시, 첨부서면란 등이 부족할 때에는 별지를 사용할 수 있다.
2. 대리인은 아래와 같다.
   박수남 법무사 (전화 500-1234)
   서울특별시 관악구 관악대로 100, 601호(신림동, 법학빌딩)
3. 신청서 제출일은 2022. 2. 23.로 한다.
4. 관할등기소(과)는 "서울중앙지방법원 등기국"이다
5. 이 문제에 답안은 서면신청을 전제로 작성할 것. -이상-

【별지-요약본】

신 탁 원 부

제	호

위탁자: 이해수 (280101-1234567)
서울특별시 관악구 관악대로 100(봉천동)

수탁자: 이영철 (600303-1212123)
서울특별시 동작구 동작대로 200(상도동)
이정철 (620404-1212223)
서울특별시 강동구 강동대로 300(명일동)

생전(生前)수익자: 1. 이해수 (280101-1234567)
서울특별시 관악구 관악대로 100(봉천동)
2. 김영자 (290202-2234567)
서울특별시 관악구 관악대로 100(봉천동)

사후(死後)수익자:

1. 2. 3. 부동산에 대한 생전(生前) 수익자의 성명 및 주소	성명: 이해수 (280101-1234567) 주소: 서울특별시 관악구 관악대로 100 성명: 김영자 (290202-2234567) 주소: 서울특별시 관악구 관악대로 100
1. 부동산에 대한 사후(死後)수익자의 성명 및 주소	성명: 이영철 (600303-1212123) 주소: 서울특별시 동작구 동작대로 200(상도동) 성명: 이정철 (620404-1212223) 주소: 서울특별시 강동구 강동대로 300(명일동)
2. 부동산에 대한 사후(死後)수익자의 성명 및 주소	성명: 이현철 (640703-1121123) 주소: 서울특별시 서초구 서초대로 400(서초동) 성명: 이수철 (660803-1234523) 주소: 서울특별시 강남구 강남대로 500(역삼동)

3. 부동산에 대한 사후(死後)수익자의 성명 및 주소	성명: 이명숙 (681212-2333123) 주소: 서울특별시 성동구 성동대로 300(성수동)

위 1.2.3. 부동산

서울특별시 서초구 반포동 100　　대 100㎡

서울특별시 서초구 우면동 200　　전 200㎡

서울특별시 서초구 서초동 300　　골든크로스 301호

신청대리인 : 법무사 김명상

서울특별시 서초구 서초대로 20

전화: 02-599-7000　　팩스 : 02-599-8000

<table>
<tr><td rowspan="7">신
탁
원
부
장</td><td>1</td><td>위탁자의 성명 및 주소</td><td>성명: 이해수 (280101-1234567)
주소: 서울특별시 관악구 관악대로 100(봉천동)</td></tr>
<tr><td>2</td><td>수탁자의 성명 및 주소</td><td>성명: 이영철 (600303-1212123)
주소: 서울특별시 동작구 동작대로 200(상도동)
성명: 이정철 (620404-1212223)
주소: 서울특별시 강동구 강동대로 300(명일동)</td></tr>
<tr><td rowspan="4">3</td><td>1. 2. 3. 부동산에 대한 생전(生前) 수익자의 성명 및 주소</td><td>성명: 이해수 (280101-1234567)
주소: 서울특별시 관악구 관악대로 100
성명: 김영자 (290202-2234567)
주소: 서울특별시 관악구 관악대로 100</td></tr>
<tr><td>1. 부동산에 대한 사후(死後)수익자의 성명 및 주소</td><td>성명: 이영철 (600303-1212123)
주소: 서울특별시 동작구 동작대로 200(상도동)
성명: 이정철 (620404-1212223)
주소: 서울특별시 강동구 강동대로 300(명일동)</td></tr>
<tr><td>2. 부동산에 대한 사후(死後)수익자의 성명 및 주소</td><td>성명: 이현철 (640703-1121123)
주소: 서울특별시 서초구 서초대로 400(서초동)
성명: 이수철 (660803-1234523)
주소: 서울특별시 강남구 강남대로 500(역삼동)</td></tr>
<tr><td>3. 부동산에 대한 사후(死後)수익자의 성명 및 주소</td><td>성명: 이명숙 (681212-2333123)
주소: 서울특별시 성동구 성동대로 300(성수동)</td></tr>
</table>

	4	신탁조항	별첨 '유언대용신탁계약서'와 같음

【별지-요약본】

유언대용 신탁계약서

위탁자 갑, 수탁자 을은 아래와 같이 유언대용신탁계약을 체결한다.

제 1 조(신탁목적)

① 이 신탁의 목적은 다음 괄호 항과 같다

(1) 위탁자 생전(生前)에 위탁자의 부양, 개호, 치료, 요양 등의 들어가는 비용들을 확보하여 행복한 노후설계를 하기 위함.

(2) 위탁자 생전(生前)에 유언(遺言)을 대용(代用)할 의사표시로서, 위탁자 사후(死後)에 유산상속에서 그 재산을 받을 자를 위탁자 생전(生前)의 의사표시로 미리 지정함으로서 원활한 유산상속사무를 도모하기 위함. (신탁법 59조 유언대용신탁)

② 위탁자 갑은 신탁목적의 달성을 위하여 별지기재 부동산(이하 "신탁부동산"이라 한다)을 신탁하고, 수탁자 을은 이를 인수한다.

제 2 조(신탁기간) 이 신탁 계약기간은 이 신탁계약서 작성일로부터 위탁자가 사망하는 때까지로 한다.

제 3 조(신탁부동산의 등기) 위탁자 갑 및 수탁자 을은 이 계약 체결 후 즉시 신탁부동산에 대해 신탁계약을 원인으로 하는 소유권 이전 및 신탁등기 절차를 이행키로 하고, 이에 필요한 비용은 위탁자가 부담한다.

제 4 조(수익자) 이 신탁의 수익자는 아래와 같다.

1. 2. 3. 부동산에 대한 생전(生前) 수익자의 성명 및 주소	성명: 이해수 (280101-1234567) 주소: 서울특별시 관악구 관악대로 100 성명: 김영자 (290202-2234567) 주소: 서울특별시 관악구 관악대로 100
1. 부동산에 대한 사후(死後)수익자의 성명 및 주소	성명: 이영철 (600303-1212123) 주소: 서울특별시 동작구 동작대로 200(상도동) 성명: 이정철 (620404-1212223) 주소: 서울특별시 강동구 강동대로 300(명일동)
2. 부동산에 대한 사후(死後)수익자의 성명 및 주소	성명: 이현철 (640703-1121123) 주소: 서울특별시 서초구 서초대로 400(서초동) 성명: 이수철 (660803-1234523) 주소: 서울특별시 강남구 강남대로 500(역삼동)

3. 부동산에 대한 사후(死後)수익자의 성명 및 주소	성명: 이명숙 (681212-2333123) 주소: 서울특별시 성동구 성동대로 300(성수동)

제5조(수익권의 내용)
전 조항의 수익자의 수익권의 내용은 다음과 같다.
(1) 위탁자 생전 기간 동안 수익자
수익권의 취득시기 및 종기: 이 신탁계약서 작성한 때로부터 위탁자가 사망하는 때까지
(가) 수익권의 성격: 신탁부동산의 신탁수익(信託收益)의 수익권(受益權) 및 위탁자 생전(生前)기간 동안 요양, 치료를 요하는 경우 신탁부동산의 신탁원본(信託元本)의 수익권(受益權)
(나) 수익권의 내용:
1) 신탁부동산을 무상거주 할 수 있는 권리
2) 신탁부동산을 임대하여 얻는 월세에서 신탁부동산의 공과금 및 비용을 공제하고 남은 금원을 수익자의 부양, 개호, 치료, 요양 등에 필요한 돈 으로 급부받을 권리
3) 수탁자로부터 부양의무 이행을 받을 권리
(2) 위탁자 사후의 수익자
(가) 수익권의 성격 : 신탁부동산의 신탁원본의 수익권
(나) 수익권의 내용 : 신탁종료후 신탁재산의 귀속권리자로서 신탁원본을 받을 수 있는 권리 (신탁부동산의 소유권을 이전받을 수 있는 권리)

제6조(위탁자 생전(生前)기간 동안 수익자의 수익권)
위탁자 겸 위탁자 생전 수익자의 사망으로 인하여 수익자의 수익권은 소멸하며, 위탁자의 생전수익자의 수익권은 일신전속권으로서 상속되지 않는 것으로 정하고, 신탁종료후의 잔여재산 귀속권자에게 신탁재산이 귀속되는 것으로 정한다.[신탁법 60조, 수익자연속신탁(受益者連續信託)]

제7조(사후수익자에 대한 수익자지정권)
사후수익자 지정권은 위탁자가 보유하며, 위탁자가 생전(生前)에 자유롭고 확실한 의사에 기해 행사할 수 있으며, 위탁자 사망 이후에는 상속되지 않고 소멸된다.

제8조(수익권의 양도 등의 금지)
본 계약의 수익권은 어떠한 경우에도 이를 양도 또는 담보로 제공 할 수 없다. 또한 별도로 수익권증서를 발행하지 않기로 한다.

제 9 조(신탁재산 원본의 규정)
신탁부동산, 그의 매각대금, 보험금, 기타 신탁부동산의 물상대위물, 신탁부동산 임대보증금 및 그 밖에 이에 준하는 것을 원본이라 한다. 매각대금, 보험금, 임대보증금 등 신탁재산 원본에 속하는 금전은 이를 수수한 경우마다 은행 예금예치 및 부동산취득 등 신탁재산 원본의 낭비위험이 없는 적절한 방식으로 신탁기간 종료시까지 보존해야 한다.
제10조(신탁재산 수익권 규정, 수익자에 대한 교부방법 및 시기)
신탁부동산에 의하여 생기는 임대료, 기타 이에 준하는 것과 신탁재산에 속하는 금전의 운용에 의하여 생기는 이익을 수익이라 한다. 수익은 각 계산기(월 단위기준)의 다음 날 이를 지정수익자에게 교부한다.
제11조(신탁재산에 관한 조세, 공과, 수선, 그 밖의 비용) - 생략 -
제12조(신탁재산관리 및 처분방법) - 생략 -
제13조(신탁부동산의 임대차 등) - 생략 -
제14조(선관주의의무 및 하자담보책임) - 생략 -
제15조(신탁보수) - 생략 -
제16조(신탁종료사유)
① 다음 사유로 인하여 신탁계약을 종료키로 한다.
-신탁계약서 제2조 사유(신탁기간만료)가 된 경우
-위탁자가 사망한 경우
② 그 외에 신탁종료사유는 신탁법 제98조, 제99조, 제100조의 규정을 따르기로 한다.
제17조(신탁 종료 후 귀속권리자 정함)
신탁 종료사유는 신탁행위로 자유롭게 정할 수 있으며(신탁법 제98조 제6호), 신탁이 종료된 경우 신탁재산의 잔여재산이 귀속될 자 또한 신탁행위로 자유롭게 정할 수 있는 것이므로(신탁법 제101조 제1항 단서), 신탁이 종료되는 경우의 귀속권리자는 위탁자의 사후수익자로 한다.
제18조(신탁 종료 후 사무처리)
신탁 부동산에 대하여 그대로의 상태로 귀속권리자에게 인도한다. 신탁 부동산에 대한 귀속에 대해 수탁자에게서 귀속권리자에게로 소유권이전등기 및 신탁등기 말소를 경료키로 한다(등기사무비용은 귀속권리자가 부담한다). 이 경우, 수탁자와 귀속권리자가 동일인이 되는 경우에는 신탁법 34조 제1항 제1호 금지규정(이익에 반하는 행위의 금지)적용치 않기로 위 신탁계약에 정한다.

제19조(보충규정)
이상과 같이 계약이 성립했기 때문에 계약서를 작성하여 갑, 을 및 수익자 등은 각 1 통씩 보유한다.

2022. 9. 15.

〈위탁자,수탁자 및 수익자의 주소 및 성명〉

위탁자의 성명 및 주소	성명: 이해수 (280101-1234567) (인) 주소: 서울특별시 관악구 관악대로 100(봉천동)
수탁자의 성명 및 주소	성명: 이영철 (600303-1212123) (인) 주소: 서울특별시 동작구 동작대로 200(상도동) 성명: 이정철 (620404-1212223) (인) 주소: 서울특별시 강동구 강동대로 300(명일동)
1. 2. 3. 부동산에 대한 생전(生前) 수익자의 성명 및 주소	성명: 이해수 (280101-1234567) (인) 주소: 서울특별시 관악구 관악대로 100 성명: 김영자 (290202-2234567) (인) 주소: 서울특별시 관악구 관악대로 100
1. 부동산에 대한 사후(死後) 수익자의 성명 및 주소	성명: 이영철 (600303-1212123) (인) 주소: 서울특별시 동작구 동작대로 200(상도동) 성명: 이정철 (620404-1212223) (인) 주소: 서울특별시 강동구 강동대로 300(명일동)
2. 부동산에 대한 사후(死後) 수익자의 성명 및 주소	성명: 이현철 (640703-1121123) (인) 주소: 서울특별시 서초구 서초대로 400(서초동) 성명: 이수철 (660803-1234523) (인) 주소: 서울특별시 강남구 강남대로 500(역삼동)
3. 부동산에 대한 사후(死後)수익자의 성명 및 주소	성명: 이명숙 (681212-2333123) (인) 주소: 서울특별시 성동구 성동대로 300(성수동)

【예시답안】

소유권이전 및 신탁등기신청

접 수	년 월 일	처리인	등기관 확인	각종통지
	제 호			

부동산의 표시	
1. 서울특별시 서초구 반포동 100 대 100㎡ 2. 서울특별시 서초구 우면동 200 전 200㎡ 3. 1동의 건물의 표시 서울특별시 서초구 서초동 300 골든크로스 [도로명주소] 서울특별시 서초구 서초대로 5 전유부분의 건물의 표시 건물의 번호 3-301 구 조 철근콘크리트조 면 적 제3층 제301호 80㎡ 대지권의 표시 대지권의 목적인 토지의 표시 : 1. 서울특별시 서초구 서초동 300 대200㎡ 대지권의 종류 : 1. 소유권대지권 대지권의 비율 : 200분의 50 -이상-	
등기원인과 그 연월일	2022년 9월 15일 신탁
등 기 의 목 적	소유권이전 및 신탁

구 분	성 명 (상호 · 명칭)	주민등록번호 (등기용등록번호)	주 소(소재지)	지분 (개인별)
등기 의무자	이 해 수	280101-1234567	서울특별시 관악구 관악대로 300 (신림동) 현주소 서울특별시 관악구 관악대로 100 (봉천동)	
등기 권리자	합 유 자 이 영 철 이 정 철	 600303-1212123 620404-1212223	 서울특별시 동작구 동작대로 200 (상도동) 서울특별시 강동구 강동대로 300 (명일동)	

<table>
<tr><td colspan="5">시가표준액 및 국민주택채권매입금액</td></tr>
<tr><td>부동산 표시</td><td colspan="2">부동산별 시가표준액</td><td colspan="2">부동산별 국민주택채권매입총액</td></tr>
<tr><td></td><td colspan="2">금 원</td><td colspan="2">금 원</td></tr>
<tr><td colspan="3">국 민 주 택 채 권 매 입 총 액</td><td colspan="2">금 원</td></tr>
<tr><td colspan="3">국 민 주 택 채 권 발 행 번 호</td><td colspan="2"></td></tr>
<tr><td rowspan="2">취득세(등록면허세)</td><td rowspan="2" colspan="2">금 18,000원</td><td>지 방 교 육 세</td><td>금 3,600원</td></tr>
<tr><td>농 어 촌 특 별 세</td><td>금 원</td></tr>
<tr><td>세 액 합 계</td><td colspan="4">금 21,600 원</td></tr>
<tr><td rowspan="2">등 기 신 청 수 수 료</td><td colspan="4">금 39,000 원</td></tr>
<tr><td colspan="4">납부번호</td></tr>
<tr><td colspan="5">등기의무자의 등기필정보</td></tr>
<tr><td>부동산고유번호</td><td colspan="4"></td></tr>
<tr><td>성명(명칭)</td><td colspan="2">일련번호</td><td colspan="2">비밀번호</td></tr>
<tr><td></td><td colspan="2"></td><td colspan="2"></td></tr>
<tr><td colspan="5">첨 부 서 면 (간인)</td></tr>
<tr><td colspan="2">1. 신탁계약서 (검인) 1통
1. 신탁원부 3통
1. 등록면허세영수필확인서 1통
1. 등기신청수수료영수필확인서 1통
1. 위임장 1통
1. 인감증명 1통
1. 주민등록표초본 3통
1. 농지취득자격증명 2통</td><td colspan="3">1. 집합건축물대장등본 (전유부) 1통
1. 토지대장등본 (대지권등록부) 1통
1. 토지대장등본 2통
1. 지방세납세증명서 2통
1. 후견등기사항부존재증명서 2통
1. 등기필증 3통
1. 자격자대리인의 등기의무자 1통
확인 및 자필서명정보</td></tr>
<tr><td colspan="5">2022년 9월 30일
위 신청인 (전화: 02-599-7000)
대리인 법무사 김 명 상 직인 (전화:)
서울특별시 서초구 서초대로 20
서울중앙지방법원 등기국 귀중</td></tr>
</table>

신청서 작성요령

* 1. 부동산표시란에 2개 이상의 부동산을 기재하는 경우에는 부동산의 일련번호를 기재하여야 합니다.
2. 신청인란 등 해당란에 기재할 여백이 없을 경우에는 별지를 이용합니다.
3. 담당 등기관이 판단하여 위의 첨부서면 외에 추가적인 서면을 요구할 수 있습니다.

첨 부 서 면 (간략 해설)			
1. 신탁계약서 (검인)	1통	1, 집합건축물대장등본 (전유부)	1통
* 규칙 제46조 제1항 제1호		* 규칙 제46조 제1항 제7호	
* 규칙 제66조		1. 토지대장등본 (대지권등록부)	1통
1. 신탁원부(혹은 신탁원부작성을 위한 정보 - 등기예규 1726호)	3통	* 규칙 제46조 제1항 제7호	
* 법 제81조, 규칙 제139조		1. 토지대장등본	2통
* 규칙 제63조		* 규칙 제46조 제1항 제7호	
1. 등록면허세영수필확인서	1통	1. 지방세납세증명서	2통
1. 등기신청수수료영수필확인서	1통	* 등기예규 1726호	
1. 위임장	1통	1. 후견등기사항부존재증명서	2통
* 규칙 제46조 제1항 제5호		* 신탁법 제11조	
1. 인감증명	1통	1. 등기필증	3통
* 규칙 제60조 제1항 제1호		* 법 부칙 제2조	
1. 주민등록표초본	3통	1. 자격자대리인의 등기의무자 확인 및 자필서명정보	1통
* 규칙 제46조 제1항 제6호		* 규칙 제46조 제1항 제8호	
1. 농지취득자격증명	2통		
* 규칙 제46조 제1항 제2호			

참고 등기선례 (중요)

1. 수탁자와 사후수익자를 동일인으로 하는 유언대용신탁이 가능한지 여부(소극)

위탁자가 수익자의 지위를 겸하는 자익신탁은 일반적으로 허용되므로, 유언대용신탁의 경우에도 위탁자가 생전수익자의 지위를 겸하는 것은 가능하다(신탁법 제3조제1항 참조). 그러나 「신탁법」은 수탁자가 공동수익자 중 1인인 경우를 제외하고는 수탁자로 하여금 신탁의 이익을 누리는 것을 금지하고 있는 바(신탁법 제36조), 유언대용신탁에서 생전수익자와 사후수익자가 별도로 존재하는 경우라도 위탁자의 사망을 기준으로 생전수익자와 사후수익자가 시간적으로 분리되는 결과 생전수익자와 사후수익자가 동시에 공동수익자로서 권리행사를 할 수는 없으므로(신탁법 제59조), **위탁자의 사망 이후에 수탁자만이 단독 사후수익자가 되는 신탁은 「신탁법」 제36조를 위반하게 되는 것이어서 생전수익자를 위탁자와 동일인으로 하고, 사후수익자를 수탁자와 동일인으로 하는 신탁등기는 신청할 수 없다**(2018. 08. 17. 부동산등기과-1881 질의회답)

2. 위탁자의 사망을 신탁종료사유로, 수탁자를 잔여재산에 대한 귀속권리자로 하는 신탁등기신청 가부(적극)

신탁의 종료사유는 신탁행위로 자유롭게 정할 수 있으며(신탁법 제98조제6호), 신탁이 종료된 경우 신탁재산의 잔여재산이 귀속될 자 또한 신탁행위로 자유롭게 정할 수 있는 것이므로(신탁법 제101조제1항 단서), **'위탁자의 사망'을 신탁의 종료사유로 하고, 신탁이 종료된 경우 신탁재산의 잔여재산이 귀속될 자를 '수탁자'로 하는 내용의 신탁등기도 신청할 수 있다**(2019. 11. 13. 부동산등기과-2813 질의회답)

최근 등기선례

생전수익자를 위탁자로 하고 유일한 사후수익자를 수탁자로 정한 유언대용신탁에 따라 신탁등기 신청 시 등기관의 심사방법 등

(2024. 4. 23. 부동산등기과-1185 직권선례)

1. 생전수익자를 위탁자로 하고(이하 '생전 자익신탁 부분'이라 함) 유일한 사후수익자를 수탁자로 정한(이하 '사후 타익신탁 부분'이라 함) 유언대용신탁(「신탁법」 제59조 제1항)에 따라 신탁등기를 신청한 경우, 사후 타익신탁 부분은 무효로 되는 것이어서(대법원 2024. 4. 16. 선고 2022다307294 판결), '(사후)수익자의 성명 및 주소'를 증명하는 정보를 첨부정보로서 등기소에 제공(「부동산등기법」 제81조 제1항 제1호, 제8호 및 「부동산등기규칙」 제139조 제3항)하지 않은 것으로 볼 수밖에 없을 것이므로, 등기관은 당해 등기신청을 「부동산등기법」 제29조 제9호에 따라 각하하여야 한다(부동산등기선례 9-339 참조).

2. 사후 타익신탁 부분이 무효가 된다고 하더라도 생전 자익신탁 부분은 분리하기 불가능하거나 분리하더라도 생전 자익신탁 부분만으로 신탁을 유지하는 것이 위탁자의 의사에 명백히 반한다는 사정이 없는 이상 유효하다고 보아야 하고, 유일한 사후수익자가 수탁자가 된다는 사정만으로 곧바로 유언대용신탁 계약 전체를 무효라고 할 수는 없는데(위 판결), 형식적 심사권만 가지는 등기관이 위와 같은 사정의 유무를 판단할 수는 없으므로, 다른 특별한 사정이 없는 한, 생전 자익신탁은 유효한 것으로 판단할 수밖에 없을 것이다. 따라서 생전수익자를 위탁자로 하고 유일한 사후수익자를 수탁자로 정한 유언대용신탁에 따라 신탁등기를 신청하였으나 등기관이 이를 간과하여 등기가 마쳐진 다음 위탁자가 사망한 경우 신탁의 목적을 달성하게 되어 신탁이 종료(「신탁법」 제98조 제1호)된 것으로 보아야 한다.

3. 위 2.의 경우 신탁재산 귀속을 등기원인으로 하는 소유권이전등기의 등기권리자는 다음과 같다.

가. 귀속권리자(「신탁법」 제101조 제1항 참조)를 정한 경우에는 잔여재산은 그에게 귀속되므로(「신탁법」 제101조 제1항 단서), '귀속권리자'가 등기권리자가 된다. 한편 수탁자를 귀속권리자로 정하는 것도 허용되므로(위 판결), 신탁계약에서 수탁자를 귀속권리자로 정한 경우에는 수탁자가 등기권리자가 된다.

나. 반면 귀속권리자를 정하지 않은 경우에는 잔여재산은 수익자에게 귀속될 것인데(「신탁법」 제101조 제1항 본문), 유효한 생전 자익신탁 부분의 수익자는 위탁자이므로 신탁재산의 잔여재산은 위탁자에게 귀속될 수밖에 없고 이에 따라 상속재산에 편입되게 될 것이므로(위 판결), '위탁자의 상속인'이 등기권리자가 된다.

※ 참조조문 : 제59조 제1항, 제98조 제1호, 제101조 제1항, 부동산등기법 제29조 제9호, 제81조 제1항 제1호, 제8호, 부동산등기규칙 제139조 제3항

※ 참조판례 : 대법원 2024. 4. 16. 선고 2022다307294 판결

※ 참조선례 : 부동산등기선례 9-339, 부동산등기과-2398 질의회답, 2018. 8. 17. 부동산등기과-1881 질의회답

6. 그 외에 소유권에 관한 등기 — (3) 판결에 의한 소유권이전등기말소등기신청

<table>
<tr><td colspan="6">판결에 의한 소유권이전
등기말소등기신청</td></tr>
<tr><td rowspan="2">접 수</td><td>년 월 일</td><td rowspan="2">처리인</td><td>등기관 확인</td><td>각종통지</td></tr>
<tr><td>제 호</td><td></td><td></td></tr>
</table>

<table>
<tr><td colspan="4">① 부동산의 표시</td></tr>
<tr><td colspan="4">1동의 건물의 표시
서울특별시 서초구 서초동 100, 101
샛별아파트 제가동
[도로명주소] 서울특별시 서초구 서초대로 29
전유부분의 건물의 표시
건물의 번호 가-1-101
구 조 철근콘크리트조
면 적 제1층 제101호 86.03㎡
대지권의 표시
대지권의 목적인 토지의 표시
1. 서울특별시 서초구 서초동 100 대 1,400㎡
2. 서울특별시 소초구 서초동 101 대 1,600㎡
대지권의 종류 1,2. 소유권대지권
대지권의 비율 3,000분의 50
- 이 상 -</td></tr>
<tr><td colspan="2">② 등기원인과 그 연월일</td><td colspan="2">2019년 7월 1일 확정판결</td></tr>
<tr><td colspan="2">③ 등 기 의 목 적</td><td colspan="2">소유권말소</td></tr>
<tr><td colspan="2">④ 말 소 할 등 기</td><td colspan="2">2017년 3월 11일 접수 제3320호로 경료한 소유권이전등기</td></tr>
<tr><td>구 분</td><td>성 명
(상호·명칭)</td><td>주민등록번호
(등기용등록번호)</td><td>주 소(소재지)</td></tr>
<tr><td>⑤
등기
의무자</td><td>이 갑 돌</td><td>600320-1058339</td><td>서울특별시 용산구 남영동 5</td></tr>
<tr><td>⑥
등기
권리자</td><td>이 대 백</td><td>730320-1617312</td><td>서울특별시 서초구 서초대로200길 36
303동 409호(서초동, 반포아파트)</td></tr>
</table>

<table>
<tr><td>⑦ 등 록 면 허 세</td><td colspan="2">금 6,000 원</td></tr>
<tr><td>⑦ 지 방 교 육 세</td><td colspan="2">금 1,200 원</td></tr>
<tr><td>⑧ 세 액 합 계</td><td colspan="2">금 7,200 원</td></tr>
<tr><td rowspan="2">⑨ 등 기 신 청 수 수 료</td><td colspan="2">금 3,000 원</td></tr>
<tr><td colspan="2">납부번호 :</td></tr>
<tr><td colspan="3">등기의무자의 등기필정보</td></tr>
<tr><td>부동산고유번호</td><td colspan="2"></td></tr>
<tr><td>성명(명칭)</td><td>일련번호</td><td>비밀번호</td></tr>
<tr><td></td><td></td><td></td></tr>
<tr><td colspan="3">⑪ 첨 부 서 면 (간인)</td></tr>
<tr><td colspan="2">1. 등록면허세영수필확인서 1통 ⑫
1. 등기신청수수료영수필확인서 1통 ⑬
1. 판결정본 1통 ⑭
1. 확정증명 1통 ⑮</td><td><기 타> ⑯</td></tr>
<tr><td colspan="3">2019년 8월 1일

⑩ 위 신청인 이 대 백 ㊞ (전화: 550-1288)

(또는) 위 대리인

서울중앙지방법원 등기국 귀중</td></tr>
</table>

신청서 작성요령란

* 1. 부동산표시란에 2개 이상의 부동산을 기재하는 경우에는 부동산의 일련번호를 기재하여야 합니다.
  2. 신청인란 등 해당란에 기재할 여백이 없을 경우에는 별지를 이용합니다.

등기신청안내서 — 판결에 의한 소유권이전등기말소등기신청

1. 판결에 의한 소유권이전등기 말소

소유권이전등기에 원인무효사유가 있거나 계약의 해제, 취소 등을 이유로 말소등기를 하는 경우에 현재의 소유권의 등기명의인의 등기의무자인바, 말소등기절차에 협력하지 아니하는 경우에 등기권리자가 말소등기절차를 이행하라는 승소확정판결을 받아 단독으로 말소등기신청을 할 수 있다.

2. 등기신청방법

(1) 소유권이전등기의 말소등기신청은 등기기록상 소유명의인이 등기의무자, 현재의 소유권이전등기를 말소함으로써 소유권을 회복할 종전 소유명의인이 등기권리자가 된다.

(2) 소유권이전등기의 말소등기는 위 등기의무자와 등기권리자가 공동으로 신청하여야 하나, 본 작성례와 같이 판결에 의한 경우에는 승소한 권리자 또는 의무자 단독으로 신청할 수 있다.

3. 등기소에 제공하여야 하는 신청정보

신청서는 한글과 아라비아 숫자로 기재한다. 부동산의 표시란이나 신청인란 등이 부족할 경우에는 별지를 사용하고, 별지를 포함하여 신청서가 여러 장인 때에는 각 장 사이에 간인을 하여야 한다.

① 부동산의 표시란

판결주문에 표시된 부동산을 기재하되, 등기기록상 부동산의 표시와 일치하여야 한다. 부동산이 토지인 경우에는 토지의 소재와 지번, 지목, 면적을 기재하고, 건물인 경우에는 건물의 소재와 지번, 도로명주소, 구조, 면적, 건물의 종류, 건물의 번호가 있는 때에는 그 번호, 부속건물이 있는 때에는 그 종류, 구조와 면적을 기재하면 된다.

② 등기원인과 그 연월일란

기존등기의 등기원인이 부존재 내지 무효이거나 취소 · 해제에 의하여 소멸하였음을 이유로 말소등기를 명하는 판결주문에 등기원인과 그 연월일이 명시되어 있지 아니한 경우 등기원인은 '확정판결'로, 그 연월일은 '판결선고일'을 기재한다. 합의해제(후발적 실효)의 경우에는 '합의해제'로, 연월일은 합의해제일을 기재한다. 가처분권자가 승소판결에 기하여 소유권이전등기 또는 말소등기를 신청하는 경우에 가처분 이후에 경료된 제3자 명의의 소유권이전등기는 단독으로 말소등기를 신청할 수 있는바, 이러한 경우에 그 말소등기의 등기원인은 '가처분에 의한 실효'라 기재하되 등기원인일자는 기재하지 아니한다.

③ 등기의 목적란

소유권 말소의 경우에는 '소유권말소'로 기재한다.

④ 말소할 등기란

말소할 소유권등기의 접수년월일, 접수번호 등을 기재하여 말소할 등기를 특정한다.

⑤ 등기의무자란

등기기록상 말소대상 소유권 등기명의인의 성명, 주민등록번호, 주소를 기재하되, 등기기록상 소유자 표시와 일치하여야 한다. 다만 등기기록상 등기의무자의 주소가 지번방식의 주소인 경우에도, 등기의무자의 주민등록등(초)본 등에 의하여 해당 지번방식의 주소에 대한 도로명주소임이 인정되는 경우에는 등기사건을 수리하여야 한다(법 제29조 제7호의 적용을 받지 아니한다). 한편 등기의무자의 주소가 전거 등의 실질적인 주소변경이 아닌 도로명주소법에 따른 주소변경인 경우에는 주소변경의 직권등기를 하지 않는다.

⑥ 등기권리자란

판결상 승소한 원고를 기재하는 난으로, 그 기재방법은 등기의무자란과 같다.

⑦ 등록면허세 · 지방교육세란

부동산 1개당 등록면허세 6,000원, 지방교육세 1,200원으로 계산하여 기재한다. 등록면허세는 말소등기를 신청하는 자가 납부하여야 한다.

⑧ 세액합계란

등록면허세액과 지방교육세액의 합계를 기재한다.

⑨ 등기신청수수료란

말소등기를 신청하는 자는 등기신청수수료를 내야 하므로(법 제22조 제3항), 부동산 1개당 3,000원(전자표준양식에 의한 등기신청의 경우에는 2,000원, 전자신청의 경우에는

1,000원)에 해당하는 등기신청수수료를 납부하고 그 등기신청수수료금액 및 납부번호를 신청서에 기재한다(등기예규 제1789호).

⑩ 신청인 혹은 대리인의 표시란

㈎ 승소한 등기권리자 또는 등기의무자의 성명 및 전화번호를 기재하고 기명날인하거나 서명을 한다. 그러나 신청인이 법인 또는 법인 아닌 사단이나 재단인 경우에는 상호(명칭)와 대표자(관리인)의 자격 및 성명을 기재하고, 대표자(관리인)의 직인(사용인감도 가능)을 날인한다.

㈏ 대리인이 등기신청을 하는 경우에는 그 대리인의 성명, 주소 및 전화번호를 기재하고 기명날인한다.

⑪ 첨부서면란

등기신청서에 첨부한 서면을 각 기재한다.

4. 등기소에 제공하여야 하는 첨부정보

⑫ 등록면허세영수필확인서 또는 등록면허세납부확인서

시장, 구청장, 군수 등으로부터 등록면허세납부서(OCR용지) 또는 대법원 인터넷등기소의 정액등록면허세납부서 작성기능을 통하여 정액등록면허세납부서를 발급받아 세금을 납부한 후 등록면허세영수필확인서를 신청서의 등록면허세액표시란의 좌측상단 여백에 첨부하거나, 또는 지방세인터넷납부시스템을 이용하여 납부하고 출력한 등록면허세납부확인서를 첨부정보로서 등기소에 제공하여야 한다(지방세법 제30조; 지방세법시행령 제49조 제1항).

⑬ 등기신청수수료영수필확인서

말소등기를 신청하는 자는 등기신청수수료를 내야 하므로(법 제22조 제3항), 부동산 1개당 3,000원(전자표준양식에 의한 등기신청의 경우에는 2,000원, 전자신청의 경우에는 1,000원)에 해당하는 등기신청수수료를 납부하고 등기신청수수료영수필확인서를 첨부한다(등기예규 제1789호).

⑭,⑮ 판결정본 및 확정증명

법원으로부터 등기권리자(또는 등기의무자)에게 송달된 판결정본과 법원에서 발급받은 확정증명을 첨부한다. 선이행판결이나 동시이행판결의 경우에는 집행문부여를 받아야 한다(규칙 제46조 제1항 제1호).

⑯-1 기타 — 신청인이 법인인 경우

한편 신청인이 법인인 경우에는 대표자의 자격을 증명하는 서면으로 법인등기사항전부증명서 또는 법인등기사항일부증명서를 첨부하여야 한다(규칙 제46조 제1항 제4호). 다만 법인등기가 되어있는 등기소와 부동산소재지 관할 등기소가 동일한 경우에는 위 법인등기사항증명서를 제출할 필요가 없다(규칙 제46조 제5항).

⑯-2 기타 ─ 신청인이 법인 아닌 사단(재단)인 경우

법인 아닌 사단 또는 재단이 등기를 신청하는 경우에는 ㉠ 정관이나 그 밖의 규약, ㉡ 대표자나 관리인임을 증명하는 정보(다만, 등기되어 있는 대표자나 관리인이 신청하는 경우에는 그러하지 아니하다), ㉢ 대표자나 관리인의 주소 및 주민등록번호를 증명하는 정보를 첨부정보로 제공한다. 다만 법인 아닌 사단이 등기의무자인 경우에는 민법 제276조 소정의 사원총회의 결의서도 첨부한다(규칙 제48조).

⑯-3 기타 ─ 등기상 이해관계인의 승낙서

등기의 말소를 신청하는 경우에 그 말소에 대하여 등기상 이해관계있는 제3자가 있는 때에는 신청서에 그 승낙서(인감증명 포함) 또는 이에 대항할 수 있는 재판의 등본을 첨부하여야 한다(법 제57조). 다만 원인없이 경료된 소유권이전등기라 하여 그 등기를 말소하라는 판결이 확정된 경우에 그 확정판결의 사실심 변론종결 후에 피고로부터 근저당권설정등기 또는 지상권설정등기를 받은 자들은 민사소송법 제204조 제1항에서 말하는 변론종결 후의 승계인에 해당한다 할 것이므로 원고로서는 승계집행문을 부여받아서 이들 명의의 등기의 말소신청을 할 수 있을 것이고 이 경우 이들의 승낙서의 첨부는 필요하지 않을 것이다(1982. 2. 19. 등기선례 1-87).

⑯-4 기타 ─ 인감증명

등기의무자의 협력을 기대할 수 없어 판결에 의하여 등기를 신청하는 경우이므로 등기의무자의 인감증명을 첨부할 필요가 없다.

⑯-5 기타 ─ 등기필정보

등기의무자의 협력을 기대할 수 없어 판결에 의하여 등기를 신청하는 경우이므로 등기의무자의 등기필증 혹은 등기필정보를 등기소에 제공할 필요가 없다.

5. 등기신청서류 편철순서

신청서, 등록면허세영수필확인서, 등기신청수수료영수필확인서, 판결정본 및 확정증명 등의 순으로 편철하는 것이 실무상의 예이다.

6. 등기기록례

[갑 구]		(소유권에 관한 사항)		(No.291)
순위번호	등기목적	접 수	등기원인	권리자 및 기타 사항
~~2~~	~~소유권이전~~	~~2017년 3월 11일~~ ~~제3320호~~	~~2017년 3월 2일~~ ~~매매~~	~~소유자~~ ~~이갑돌 600320-1058339~~ ~~서울특별시 용산구 남영동 5~~
3	2번 소유권이전등기말소	2019년 8월 1일 제7890호	2019년 7월 1일 확정판결	

7. 전세권에 관한 등기 —(1) 전세권설정등기신청

전세권설정등기신청				
접 수	년 월 일	처리인	등기관 확인	각종통지
	제 호			

① 부동산의 표시			
1. 서울특별시 서초구 서초동 1544-1 대 300㎡ 2. 서울특별시 서초구 서초동 1544-1 [도로명주소] 서울특별시 서초구 반포대로 100 시멘트 벽돌조 슬래브지붕 2층 주택 1층 100㎡ 2층 100㎡ 이 상			
② 등기원인과 그 연월일	2018년 7월 30일 전세권설정계약		
③ 등 기 의 목 적	전세권설정		
④ 전 세 금	금 100,000,000 원		
⑤ 전 세 권 의 범 위	토지 및 주택 2층 중 동측 50㎡		
⑥ 존 속 기 간	2018년 7월 30일부터 2020년 7월 29일 까지		
구 분	성 명 (상호 · 명칭)	주민등록번호 (등기용등록번호)	주 소(소재지)
⑦ 등기 의무자	이 대 백	730320-1617312	서울특별시 서초구 서초동 100
⑧ 등기 권리자	이 강 동	600324-1058339	서울특별시 용산구 한강대로76길 15, 303동 401호(한강동, 현대아파트)

<table>
<tr><td>⑨ 등 록 면 허 세</td><td colspan="2">금 200,000 원</td></tr>
<tr><td>⑨ 지 방 교 육 세</td><td colspan="2">금 40,000 원</td></tr>
<tr><td>⑩ 세 액 합 계</td><td colspan="2">금 240,000 원</td></tr>
<tr><td rowspan="2">⑪ 등 기 신 청 수 수 료</td><td colspan="2">금 30,000 원</td></tr>
<tr><td colspan="2">납부번호 :</td></tr>
<tr><td colspan="3">⑫ 등기의무자의 등기필정보</td></tr>
<tr><td>부동산고유번호</td><td colspan="2"></td></tr>
<tr><td>성명(명칭)</td><td>일련번호</td><td>비밀번호</td></tr>
<tr><td></td><td></td><td></td></tr>
<tr><td colspan="3">⑭ 첨 부 서 면 (간인)</td></tr>
<tr><td colspan="2">1. 전세권설정계약서 1통 ⑮
1. 등록면허세영수필확인서 1통 ⑯
1. 등기신청수수료영수필확인서 1통 ⑰
1. 인감증명 또는 본인서명사실확인서
또는 전자본인서명확인서발급증
1통 ⑱
1. 등기필증 1통 ⑲</td><td>1. 주민등록표등본·초본 1통 ⑳
<기 타> ㉑</td></tr>
<tr><td colspan="3">2018년 8월 1일

⑬ 위 신청인 이 대 백 ㊞ (전화: 530-1458)
이 갑 돌 ㊞ (전화: 859-7568)

(또는) 위 대리인

서울중앙지방법원 등기국 귀중</td></tr>
</table>

신청서 작성요령란

* 1. 부동산표시란에 2개 이상의 부동산을 기재하는 경우에는 부동산의 일련번호를 기재하여야 합니다.
  2. 신청인란 등 해당란에 기재할 여백이 없을 경우에는 별지를 이용합니다.

등기신청안내서 — 전세권설정등기

1. 전세권설정등기

전세권자가 전세금을 지급하고 다른 사람의 부동산을 점유하여 그 부동산의 용도에 따라 사용·수익하기 위하여 하는 등기로, 이 신청에서는 전세권자를 등기권리자, 전세권설정자인 소유자를 등기의무자라고 한다. 부동산의 특정된 일부에는 전세권을 설정할 수 있으나, 공유지분 및 특정 전유부분의 대지권에는 전세권을 설정할 수 없다.

2. 등기신청방법

(1) 공동신청

전세권설정계약에 의한 등기신청인 경우에는 전세권자와 소유자가 본인임을 확인할 수 있는 주민등록증 등을 가지고 직접 등기소에 출석하여 공동으로 신청함이 원칙이다. 전전세의 경우에는 기존의 전세권자(전전세권설정자)와 전전세권자가 공동으로 신청한다.

(2) 단독신청

판결에 의한 등기신청인 경우에는 승소한 등기권리자 또는 등기의무자가 단독으로 신청할 수 있다.

3. 등기소에 제공하여야 하는 신청정보

신청서는 한글과 아라비아 숫자로 기재한다. 부동산의 표시란이나 신청인란 등이 부족할 경우에는 별지를 사용하고, 별지를 포함하여 신청서가 여러 장인 때에는 각 장 사이에 간인을 하여야 한다.

① 부동산의 표시란

전세권의 목적부동산을 기재하되, 등기기록상 부동산 표시와 일치하여야 한다. 부동산이 토지인 경우에는 토지의 소재·지번, 지목, 면적을 기재하고, 건물인 경우에는 건물의 소재·지번, 도로명주소, 구조, 종류, 면적을 기재한다. 구분건물의 전유부분에 대하여 전세권을 설정하는 경우에도 전유부분의 대지권에 대하여는 전세권설정등기를 할 수 없으므로, 신청서에 대지권의 표시를 기재하지 않는다.

② **등기원인과 그 연월일란**

등기원인은 '전세권설정계약'으로, 연월일은 전세권설정계약의 체결일을 기재한다. 전전세의 경우에는 '전전세권설정계약'이라 기재한다.

③ **등기의 목적란**

'전세권설정' 이라고 기재한다. 전전세의 경우에는 '전전세권설정'이라 기재한다.

④ **전세금란**

아라비아 숫자로 '금○○○원'이라고 기재한다. 전전세의 경우에는 전전세금을 기재한다.

⑤ **전세권의 범위란**

전세권의 목적이 부동산의 전부인 때에는 '토지 전부', '주택 전부' 등으로, 부동산의 일부인 때에는 '2층 중 동측 50㎡'로 특정하여 그 위치와 면적을 기재한다. 토지와 건물은 별개의 부동산이므로 건물 전부에 대한 전세권설정등기가 경료된 경우에도 토지에 대하여 별도의 전세권설정등기를 신청할 수 있으며, 또한 이미 건물의 일부에 전세권이 설정된 경우에도 위 건물부분과 중복되지 않는 다른 건물부분에 대하여 전세권설정등기를 신청할 수 있다(2000. 10. 4. 등기선례 6-318).

다만 집합건물에 대하여 대지권등기가 경료된 경우, 특정의 전유부분과 그 대지권을 함께 전세권의 목적으로 하는 전세권설정등기를 경료받을 수는 없다(1998. 8. 29. 등기선례 5-418).

⑥ **존속기간란**

전세권설정계약에서 전세기간을 정한 경우에는 그 전세기간을 기재한다. 부동산 전세권설정등기를 신청할 때에 존속기간은 전세권설정계약서에 따라야 할 것인바, 위 존속기간의 시작일이 등기신청접수일자 이전이라고 하더라도 등기관으로서는 당해 전세권설정등기신청을 수리하여야 할 것이다(2001. 5. 18. 등기선례 6-319). 마찬가지로 존속기간의 시작일이 등기신청접수일자 이후라 하더라도 등기관으로서는 당해 전세권설정등기신청을 수리하여야 한다(2003. 4. 30. 부등 3402-243 질의회답).

존속기간은 ㉮ 연월일부터 연월일까지, ㉯ 연월일부터 몇년간, ㉰ 연월일까지, ㉱ 몇년간으로 각 기재할 수 있다(기재례 No.154). 전전세의 존속기간은 전세권의 존속기간 이내이어야 한다.

⑦ **등기의무자란**

전세권설정자의 성명, 주민등록번호, 주소를 기재하되, 등기기록상 소유자 표시와 일치하여야 한다. 등기기록상 등기신청인의 주소가 지번방식의 주소인 경우에도, 등기신청인이 제공한 주민등록등(초)본 혹은 도로명주소 정보(건축물대장정보, 행정안전부 "새주소 안내시스템(www.juso.go.kr)의 조회결과물 등) 등에 의하여 해당 지번방식의 주소에 대한 도로명주소임이 인정되는 경우에는 등기사건을 수리하여야 한다. 즉 등기기록상 등기명의인의 주소를 도로명주소로 변경등기를 하지 아니하여도 전세권설정등기를 신청할 수 있다(법 제29조 제7호의 적용을 받지 아니한다).

⑧ 등기권리자란

전세권자를 기재하는 난으로, 그 기재방법은 등기의무자란과 같다.

⑨ 등록면허세 · 지방교육세란

전세금의 1,000분의 2에 해당하는 금액을 등록면허세로, 등록면허세의 100분의 20에 해당하는 금액을 지방교육세로 납부한다. 건물에 대하여 전세권설정등기가 경료된 후 그 전세권의 목적으로 건물의 대지를 추가하는 추가전세권설정등기를 신청할 수 있으며, 이때 추가전세권설정등기의 등록면허세는 지방세법 제131조 제1항 제8호(매 1건당 6,000원)에 의하여야 할 것이다(2000. 6. 13. 등기선례 6-317).

⑩ 세액합계

등록면허세액과 지방교육세액의 합계를 기재한다.

⑪ 등기신청수수료

전세권설정등기를 신청하는 자는 등기신청수수료를 내야 하므로(법 제22조 제3항), 부동산 1개당 15,000원(전자표준양식에 의한 등기신청의 경우에는 13,000원, 전자신청의 경우에는 10,000원)에 해당하는 등기신청수수료를 납부하고 그 등기신청수수료금액 및 납부번호를 신청서에 기재한다(등기예규 제1789호).

⑫ 등기의무자의 등기필정보란

전자신청 지정등기소에서는 신청방법(전자신청, 서면신청)을 불문하고 등기를 완료한 경우 등기필증 대신 등기필정보를 전자적 교부 또는 서면 교부하기 때문에, 등기신청의 당사자 또는 대리인은 등기필정보상의 일련번호와 비밀번호를 기재함으로써 등기필증의 제출을 갈음할 수 있다. 등기의무자가 교부받은 등기필정보에 기재된 부동산고유번호, 성명, 일련번호, 비밀번호를 각 기재한다. 등기의무자에게 등기필정보나 등기필증이 없는 경우에는 부동산등기법 제51조의 규정에 의한다(기타 참조).

⑬ 신청인 혹은 대리인의 표시란

㈎ 등기의무자와 등기권리자의 성명 및 전화번호를 기재하고, 각자가 기명날인하되, 등기의무자는 그의 인감을 날인한다. 등기권리자는 기명날인 대신에 서명으로 갈

음할 수 있다. 신청인이 법인 또는 법인 아닌 사단이나 재단인 경우에는 상호(명칭)와 대표자(관리인)의 자격 및 성명을 기재한다. 법인이 등기의무자인 때에는 등기소의 증명을 얻은 그 대표자의 인감을, 법인 아닌 사단이나 재단이 등기의무자인 경우에는 대표자(관리인)의 개인인감을 날인한다.

(나) 대리인이 등기신청을 하는 경우에는 그 대리인의 성명, 주소 및 전화번호를 기재하고 기명날인한다.

⑭ 첨부서면

등기신청서에 첨부한 서면을 각 기재한다.

4. 등기소에 제공하여야 하는 첨부정보

⑮ 등기원인을 증명하는 정보 ― 전세권설정계약서

등기원인을 증명하는 서면으로 전세권설정계약서를 첨부한다(규칙 제46조 제1항 제1호). 인지는 첩부할 필요는 없다. 전전세의 경우에는 전전세권설정계약서를 제출한다.

⑯ 등록면허세영수필확인서 또는 등록면허세납부확인서

시장, 구청장, 군수 등으로부터 등록면허세납부서(OCR용지)를 발급받아 세금을 납부한 후 등록면허세영수필확인서를 신청서의 등록면허세액표시란의 좌측상단 여백에 첨부하거나, 또는 지방세인터넷납부시스템을 이용하여 납부하고 출력한 등록면허세납부확인서를 첨부한다(지방세법시행령 제49조).

⑰ 등기신청수수료영수필확인서

전세권설정등기를 신청하는 자는 등기신청수수료를 내야 하므로(법 제22조 제3항), 부동산 1개당 15,000원(전자표준양식에 의한 등기신청의 경우에는 13,000원, 전자신청의 경우에는 10,000원)에 해당하는 등기신청수수료를 납부하고 등기신청수수료영수필확인서를 첨부한다(등기예규 제1789호).

⑱ 인감증명 또는 본인서명사실확인서 또는 전자본인서명확인서 발급증

소유권의 등기명의인이 등기의무자이므로 등기의무자의 인감증명을 첨부한다(규칙 제60조 제1항 제1호). 규칙 제60조, 규칙 제61조에 의하여 인감증명을 첨부하여야 하는 자가 법인인 경우에는 등기소의 증명을 얻은 대표자의 인감증명을, 법인 아닌 사단 또는 재단인 경우에는 대표자 또는 관리인의 인감증명을 제출한다. 위 인감증명에 갈음하여 위임장 등에 서명을 하고 본인서명사실확인서를 첨부하거나 전자본인서명확인서 발급증을 첨부할 수 있다(2016. 12. 16. 등기예규 제1609호).

⑲ **등기필증**

등기의무자가 등기필정보를 가지고 있는 경우에는 등기의무자의 등기필정보를 신청정보의 내용으로 등기소에 제공하여야 하지만(법 제50조 제2항), 등기의무자가 구 부동산등기법 제67조 제1항에 따른 등기필증이나 구법 제68조 제1항에 따른 등기완료통지서를 가지고 있는 경우에는 등기의무자가 가지고 있는 그 등기필증 혹은 등기완료통지서를 제출하여야 한다(법 부칙 제2조). 등기의무자에게 등기필정보·등기필증·등기완료통지서가 없는 경우에는 법무사 등이 등기의무자 본인임을 확인한 확인서면 등을 제출한다. 자세한 방법은 기타 부분을 참조한다(법 제51조, 기타 참조). 전전세의 경우에는 전세권등기필증을 제출한다.

⑳ **주소 및 주민등록번호를 증명하는 서면 — 주민등록표등본 · 초본**

등기권리자의 주소 및 주민등록번호를 증명하는 서면으로 전세권자의 주민등록표등본·초본을 첨부하여야 한다(규칙 제46조 제1항 제6호)

㉑-1 **기타 — 신청인이 법인인 경우**

법인이 등기를 신청하는 경우에는 대표자의 자격을 증명하는 서면으로 법인등기사항전부증명서 또는 법인등기사항일부증명서를 첨부하여야 한다(규칙 제46조 제1항 제4호). 이 경우에 위 법인등기사항증명서는 등기권리자의 주소를 증명하는 서면, 부동산등기용등록번호를 증명하는 서면이기도 하다(규칙 제46조 제1항 제6호). 다만 법인등기가 되어있는 등기소와 부동산소재지 관할 등기소가 동일한 경우에는 위 법인등기사항증명서를 제출할 필요가 없다(규칙 제46조 제5항).

㉑-2 **기타 — 신청인이 법인 아닌 사단(재단)인 경우**

법인 아닌 사단 또는 재단이 등기를 신청하는 경우에는 ㉠ 정관이나 그 밖의 규약, ㉡ 대표자나 관리인임을 증명하는 정보(다만, 등기되어 있는 대표자나 관리인이 신청하는 경우에는 그러하지 아니하다), ㉢ 법인 아닌 사단 또는 재단의 주소 및 부동산등기용등록번호를 증명하는 정보(새로이 등기명의인이 되는 경우에 한한다), ㉣ 대표자나 관리인의 주소 및 주민등록번호를 증명하는 정보를 첨부정보로 제공한다. 다만 법인 아닌 사단이 등기의무자인 경우에는 민법 제276조 소정의 사원총회의 결의서도 첨부한다(규칙 제48조).

㉑-3 **기타 — 도 면**

전세권의 목적이 부동산의 일부인 때에는 전세권이 설정된 부분의 도면 혹은 지적도를 첨부한다(규칙 제128조 제2항). 전세권의 목적인 범위가 건물의 일부로서 특정층 전부인 때에는 그 도면을 첨부할 필요가 없다(2012. 7. 30. 등기선례 8-88).

다만 도면이나 신탁원부 등 영구보존문서는 원칙적으로 당사자 또는 자격자대리인이 이를 인터넷등기소에서 전자문서로 변환하여 등록하는 방법으로 제출하여야 하는데(규칙 제63조), 그렇게 하기 위하여서는 인터넷등기소에서 '영구보존문서 등록'을 선택하여 영구보존문서를 전자문서로 변환한 후 전자서명을 부여하여 등록하고, 이때 인터넷등기소에서 자동으로 부여되는 영구보존문서의 '등록문서번호'를 신청서의 부동산의 표시 밑 오른쪽에 아래 예시와 같이 기재하여야 하므로, 이 경우에는 신청서에 영구보존문서 즉 도면을 첨부하지 아니한다(규칙 제63조, 2009. 8. 27. 등기예규 제1298호). 자격자 대리인이 등기를 신청하는 경우에는 도면은 반드시 전자문서로 작성 · 등록 · 제공하여야 하므로 도면이나 지적도를 첨부서면으로 기재할 필요는 없다.

[등록문서번호 : ○○○ 번]

㉑-4 기타 — 등기의무자의 등기필정보(등기필증, 등기완료통지서)**가 없는 경우**

등기의무자의 등기필정보(등기필증, 등기완료통지서)가 없을 때에는 ① 등기의무자 또는 그 법정대리인(이하 "등기의무자등"이라 한다)이 등기소에 출석하여 등기관으로부터 등기의무자등임을 확인받는 방법 ② 등기신청인의 대리인(변호사나 법무사만을 말한다)이 등기의무자등으로부터 위임받았음을 확인하여 확인서면을 제출하는 방법 ③ 신청서(위임에 의한 대리인이 신청하는 경우에는 그 권한을 증명하는 서면을 말한다) 중 등기의무자등의 작성부분에 관하여 공증을 받아 제출하는 방법으로 등기신청을 하여야 한다.

위 '공증'은 신청서나 위임장에 기재된 내용 중 등기의무자등의 작성부분(기명날인 등)에 대해 공증인이 등기의무자등의 의사에 의해 작성된 것임을 확인하고 그 증명을 하여 주는 사서증서의 인증을 의미한다(등기필정보가 없는 경우 확인조서 등에 관한 예규, 2018. 12. 18. 등기예규 제1664호, 시행 2019. 1. 1.)(법 제51조, 규칙 제111조 참조).

5. 등기신청서류 편철순서

신청서, 등록면허세영수필확인서, 등기신청수수료영수필확인서, 인감증명 또는 본인서명사실확인서, 주민등록표등본 · 초본, 전세권설정계약서, 등기필증 등의 순으로 편철하는 것이 실무상의 예이다.

6. 등기기록례

[을 구]		(소유권에 관한 사항)		(No.358)
순위번호	등기목적	접 수	등기원인	권리자 및 기타 사항
1	전세권설정	2018년 8월 1일 제11228호	2018년 7월 30일 설정계약	전세금 금100,000,000원 범위 토지 및 주택 2층 중 동측 50㎡ 존속기간 2018년 7월 30일부터 2020년 7월 29일까지 전세권자 이갑돌 600324-1058339 서울특별시 용산구 한강대로76길 15, 303동 401호(효창동,현대아파트)

[사례연습]

2021년 제27회 법무사 2차 시험

등기신청서류의 작성

【문 1】

다음에 제시된 부동산 및 사실관계와 답안작성 유의사항에 따라 법무사 최정상이 제출할 등기신청서를 작성하고, 필요한 첨부서면의 제공 이유와 근거에 대하여 간략하게 설명하시오. (서면에 의한 방문신청임을 전제로 함) [30점]

- 다 음 -

1. 부동산

토지: 경기도 화성시 서신면 송교리 543-21 공장용지 1500㎡

건물: 경기도 화성시 서신면 송교리 543-21

[도로명주소] 경기도 화성시 서신면 송교산단로 37

일반철골구조 기타지붕 단층 공장 1000㎡

(위 토지와 건물은 수원지방법원 화성등기소의 관할 구역에 속함)

2. 사실관계

가. 자동차 부품을 생산하는 '주식회사 미래로'의 대표이사 김웅장은 사업 확장을 위해 새로운 공장 건물을 물색하던 중 마침 비어 있던 홍길동 소유의 토지와 건물(위 1. 기재)을 찾게 되었다(등기기록상 위 토지와 건물은 2000년 3월 17일 홍길동 명의로 소유권이전등기가 마쳐져 있다). 대표이사 김웅장이 알아 보니, 홍길동은 재외국민등록을 한 재외국민이었고 그 토지와 건물은 홍길동의 형님인 홍갑동이 근처에 거주하면서 관리를 하고 있었다. 대표이사 김웅장은 홍갑동을 통해 홍길동의 연락처를 알아낸 후 전화와 이메일로 몇 차례 협의를 하였고, 그 결과 위 토지와 건물 전부에 대해 전세권을 설정하기로 합의하였다.

(등기신청서류의 작성 3-1)

홍길동은 우리나라에 입국하지 않고 전세권 설정에 관한 일체의 권한을 홍갑동에게 수여했으며, 홍갑동과 대표이사 김웅장은 2021년 7월 21일 전세권설정계약을 체결하였다. 2021년 8월 3일 대표이사 김웅장은 홍갑동이 지정한 홍길동 명의의 예금계좌로 전세금 전액을 이체했고, 이체된 사실을 확인한 홍갑동은 대표이사 김웅장과 함께 전세권설정등기신청을 법무사 최정상에게 위임하였다. 같은 날 법무사 최정상은 필요한 서면을 갖춘 후 전세권설정등기신청서를 작성해 관할 등기소에 제출하려고 한다.

나. 전세권설정계약의 주요 내용
1) 전세금: 금1,000,000,000원
2) 존속기간: 2021년 8월 3일부터 2026년 8월 3일까지

다. 주소(또는 본점이나 사무소 소재지), 주민등록번호(또는 부동산등기용등록번호) 등
1) 주식회사 미래로: 서울특별시 강남구 강남대로 1357,
110111-1234561
2) 대표이사 김웅장: 서울특별시 강동구 양재대로 2468,
630527-1711113
3) 홍길동: 미국 노스캐롤라이나주 웨이크카운티 캐리시
데이비스드라이브 1977(등기기록상 주소와 일치한다), 720317-1512345
4) 홍갑동: 경기도 화성시 서신면 서신로 211, 700707-1543211
5) 법무사 최정상: 서울특별시 서초구 서초대로 7531,
전화번호 010-1234-4321

(등기신청서류의 작성 3-2)

3. 답안작성 유의사항

가. 신청서 양식의 첨부서면란 등이 부족할 경우에는 답안지에 기재할 수 있습니다.
나. 신청서 양식의 첨부서면란에는 첨부서면의 명칭과 통수를 기재합니다. 첨부서면의 제공 이유와 근거는 답안지에 간략하게 기재하십시오.
다. 어느 첨부서면을 다른 첨부서면으로 서로 대체할 수 있는 경우 신청서 양식의 첨부서면란에는 그 중 하나를 기재하고, 대체할 수 있는 다른 첨부서면에 대하여는 답안지에 기재하시기 바랍니다.
라. 위임장은 작성하지 않으셔도 됩니다. 다만 첨부서면으로는 기재하고 그 내용(위임인 등)도 답안지에 기재하시기 바랍니다.
마. 등록면허세, 등기신청수수료 등 설문에서 정보가 주어지지 않은 것은 신청서에 기재하지 않으셔도 됩니다. 그 밖에 설문에서 주어지지 않은 사항은 고려할 필요가 없습니다.
바. 날인이 필요한 곳에는 "(인)"이라고 기재합니다.
사. 제시된 주민등록번호나 부동산등기용등록번호는 법령상의 부여 규칙이나 구성 체계 등과 맞지 않을 수 있으나, 이 점은 고려하지 않으셔도 됩니다.
아. 설문의 부동산과 사실관계는 모두 가상의 것들임을 알려 드립니다.

(등기신청서류의 작성 3-3)

【모범답안】

<table>
<tr><td colspan="6" align="center">전세권설정등기신청</td></tr>
<tr><td rowspan="2">접 수</td><td>년 월 일</td><td rowspan="2">처리인</td><td>등기관 확인</td><td colspan="2">각종 통지</td></tr>
<tr><td>제 호</td><td></td><td colspan="2"></td></tr>
<tr><td colspan="6" align="center">부 동 산 의 표 시</td></tr>
<tr><td colspan="6">1. 경기도 화성시 서신면 송교리 543-21 공장용지 1500㎡
2. 경기도 화성시 서신면 송교리 543-21
[도로명주소] 경기도 화성시 서신면 송교산단로 37
일반철골구조 기타지붕 단층 공장 1000㎡ -이상-</td></tr>
<tr><td colspan="2">등기원인과 그 연월일</td><td colspan="4">2021년 7월 21일 설정계약</td></tr>
<tr><td colspan="2">등 기 의 목 적</td><td colspan="4">전세권설정</td></tr>
<tr><td colspan="2">전 세 금</td><td colspan="4">금1,000,000,000원</td></tr>
<tr><td colspan="2">전세권의 목적인 범위</td><td colspan="4">토지와 건물 전부</td></tr>
<tr><td colspan="2">존 속 기 간</td><td colspan="4">2021년 8월 3일부터 2026년 8월 3일까지</td></tr>
<tr><td>구분</td><td>성 명</td><td>주민등록번호</td><td colspan="3">주 소</td></tr>
<tr><td>등기의무자</td><td>홍 길 동</td><td>720317-1512345</td><td colspan="3">미국 노스캐롤라이나주
웨이크카운티 캐리시
데이비스드라이브 1977</td></tr>
<tr><td>등기권리자</td><td>주식회사 미래로
대표이사 김웅장</td><td>110111-1234561</td><td colspan="3">서울특별시 강남구 강남대로 1357
서울특별시 강동구 양재대로 2468</td></tr>
</table>

<table>
<tr><td colspan="2">등 록 면 허 세</td><td>금 원</td></tr>
<tr><td colspan="2">지 방 교 육 세</td><td>금 원</td></tr>
<tr><td colspan="2">세 액 합 계</td><td>금 원</td></tr>
<tr><td colspan="2" rowspan="3">등 기 신 청 수 수 료</td><td>금 원</td></tr>
<tr><td>납부번호 :</td></tr>
<tr><td>일괄납부 : 건 원</td></tr>
<tr><td colspan="3">등기의무자의 등기필정보</td></tr>
<tr><td>부동산고유번호</td><td colspan="2"></td></tr>
<tr><td>성명(명칭)</td><td>일련번호</td><td>비밀번호</td></tr>
<tr><td></td><td></td><td></td></tr>
<tr><td colspan="3">첨 부 서 면 〈간인〉</td></tr>
<tr><td colspan="2">1. 전세권설정계약서 1통
1. 등록면허세영수필확인서 1통
1. 등기신청수수료영수필확인서 1통
1. 처분위임장 1통
1. 인감증명서나 본인서명사실확인서 2통
또는 전자본인서명확인서발급증</td><td>1. 법인등기사항증명서 1통
1. 등기필증 1통
1. 위임장 1통
1. 자필서명정보 1통</td></tr>
<tr><td colspan="3">2021년 8월 3일
신청인 (전화 :)
위 대리인 법무사 최정상 [직인] (전화 : 010-1234-4321)
서울특별시 서초구 서초대로 7531
수원지방법원 화성등기소 귀중</td></tr>
</table>

- 신청서 작성요령 -

* 1. 부동산표시란에 2개 이상의 부동산을 기재하는 경우에는 부동산의 일련번호를 기재하여야 합니다.
2. 신청인란등 해당란에 기재할 여백이 없을 경우에는 별지를 이용합니다.
3. 담당 등기관이 판단하여 위의 첨부서면 외에 추가적인 서면을 요구할 수 있습니다.

첨부서면의 제공이유와 근거

① 전세권설정계약서 1통

등기원인을 증명하는 서면으로 첨부한다(규칙 제46조 제1항 제1호). 권리의 처분권한을 수여받은 대리인 홍갑동은 본인 홍길동의 대리인임을 현명하고 대리인의 자격으로 작성한 원인증서를 제공하여야 한다(등기예규 제1686호)

② 등록면허세영수필확인서 1통

전세금의 1,000분의 2에 해당하는 등록면허세와 그 등록면허세의 100분의 20 에 해당하는 지방교육세를 납부하고 그에 대한 등록면허세영수필확인서 혹은 등록면허세납부확인서를 첨부한다(지방세법시행령 제49조).

③ 등기신청수수료영수필확인서 1통

등기를 신청하는 등기사항증명서 등 수수료규칙에 따른 등기신청수수료를 납부하고(부동산등기법 제22조 제3항), 그에 대한 등기신청수수료영수필확인서를 첨부한다.

④ 처분위임장 1통

재외국민 홍길동이 입국하지 않고 전세권 설정에 관한 일체의 권한을 홍갑동에게 수여하였으므로 그에 대한 처분위임장을 첨부한다(등기예규 제1686 호). 위 처분위임장에는 처분대상 부동산과 처분의 목적이 되는 권리 및 대리인의 인적사항을 구체적으로 특정하여야 한다.

⑤ 인감증명서나 본인서명사실확인서 또는 전자본인서명확인서 발급증 2통

소유권의 등기명의인이 등기의무자인 경우이므로, 등기의무자가 재외국민이라도 그 재외국민의 인감증명서(발행일로부터 3월 이내)를 첨부하거나, 인감증명을 갈음하여 『본인서명사실 확인 등에 관한 법률』에 따라 발급된 본인서명사실확인서 또는 전자본인서명확인서 발급증을 첨부할 수 있다(규칙 제60조 제1항 제1호).

다만 규칙 제61조 제3항 또는 등기예규 제1686호에 따라 위 인감증명은 재외공관 공증법에 따른 재외공관의 인증으로 갈음할 수 있다. 위와 같이 재외공관의 인증을 받는 경우에는 재외국민등록부등본을 첨부한다(등기예규 제1686 호).

⑥ 법인등기사항전부증명서 1통

신청인이 법인인 경우에는 대표자의 자격을 증명하는 정보로 법인등기사항증명서를 첨부한다(규칙 제46조 제1항 제4호). 위 법인등기사항증명서는 등기권리자의 주소 및 부동산등기용등록번호를 증명하는 서면이기도 하다(규칙 제46조 제1 항 제6호). 위 법인등기사항증명서는 대표이사의 주민등록번호가 공개된 것이어야 한다.

⑦ **등기필증 1통**

등기의무자의 소유권에 관한 등기필증으로서 등기의무자가 소유권 취득시 등기소로부터 교부받은 등기필증을 첨부한다(부동산등기법 부칙 제2조). 2006. 6. 1. 부터는 전자신청등기소에서 등기필정보를 교부하기 시작하였고, 2008. 6. 2. 부터는 등기필증의 발급이 중단되었다. 본 건 사안의 경우에 등기의무자 홍길동 명의로 소유권을 취득한 것은 2000년 3월 17일이었으므로 그 등기를 완료하면서 등기소로부터 발급받은 등기필증을 첨부하여야 한다. (등기의무자 홍길동이 소유권을 취득할 당시에는 등기완료후에 매매계약서 등에 등기필도장을 날인하여 등기권리자에게 교부하였던 것이므로, 본 사안의 경우에는 등기의무자의 등기필증은 '1통'이라고 하여도 무방하다 - 대부분의 경우에 그러할 것이다)

⑧ **등기위임장 1통**

등기의무자인 홍길동으로부터 위임받은 대리인 홍갑동과 등기권리자인 법인의 대표이사가 날인한 등기위임장을 첨부하여야 한다(규칙 제46조 제1항 제4 호). 위 등기위임장에 홍갑동이 인감날인을 하고 그에 대한 인감증명을 첨부한다(규칙 제60조 제2항).

⑨ **자격자대리인의 확인 및 자필서명정보 1통**

등기의무자와 등기권리자가 공동으로 신청하는 권리에 관한 등기이므로 자격자대리인이 등기의무자를 확인하고 자필서명한 정보를 첨부정보로 제공하여야 한다(규칙 제46조 제1항, 제8호, 2022. 7. 1.부터).

7. 전세권에 관한 등기 — (2) 전세권변경등기신청

전세권변경등기신청

접 수	년 월 일	처리인	등기관 확인	각종통지
	제 호			

① 부동산의 표시	
1. 서울특별시 서초구 서초동 1544-1 대 300㎡ 2. 서울특별시 서초구 서초동 1544-1 [도로명주소] 서울특별시 서초구 반포대로 100 시멘트 벽돌조 슬래브지붕 2층 주택 1층 100㎡ 2층 100㎡ 이 상	
② 등기원인과 그 연월일	2020년 7월 29일 변경계약
③ 등 기 의 목 적	1번 전세권변경
④ 변 경 할 사 항	2018년 8월 1일 접수 제11228호로 경료한 전세권등기사항 중 존속기간 "2018년 7월 30일부터 2020년 7월 29일 까지"를, "2020년 7월 30일부터 2022년 7월 29일 까지"로 변경

구 분	성 명 (상호 · 명칭)	주민등록번호 (등기용등록번호)	주 소(소재지)
⑤ 등기의무자	이 대 백	730320-1617312	서울특별시 서초구 서초동 100
⑥ 등기권리자	이 갑 돌	600324-1058339	서울특별시 용산구 한강대로76길 15, 303동 401호(한창동, 현대아파트)

<table>
<tr><td>⑦ 등 록 면 허 세</td><td colspan="2">금 12,000 원</td></tr>
<tr><td>⑦ 지 방 교 육 세</td><td colspan="2">금 2,400 원</td></tr>
<tr><td>⑧ 세 액 합 계</td><td colspan="2">금 14,400 원</td></tr>
<tr><td rowspan="2">⑨ 등 기 신 청 수 수 료</td><td colspan="2">금 6,000 원</td></tr>
<tr><td colspan="2">납부번호 :</td></tr>
<tr><td colspan="3">⑩ 등기의무자의 등기필정보</td></tr>
<tr><td>부동산고유번호</td><td colspan="2"></td></tr>
<tr><td>성명(명칭)</td><td>일련번호</td><td>비밀번호</td></tr>
<tr><td></td><td></td><td></td></tr>
</table>

<table>
<tr><td colspan="2">⑫ 첨 부 서 면 (간인)</td></tr>
<tr><td>1. 전세권변경계약서 1통 ⑬
1. 등록면허세영수필확인서 1통 ⑭
1. 등기신청수수료영수필확인서 1통 ⑮
1. 인감증명 또는 본인서명사실확인서 또는 전자본인서명확인서발급증 2통 ⑯
1. 등기필증 1통 ⑰</td><td>1. 승낙서 1통 ⑱
<기 타> ⑲</td></tr>
<tr><td colspan="2">2020년 7월 30일

⑪ 위 신청인 이 갑 돌 ㊞ (전화: 550-1288)
이 대 백 ㊞ (전화: 500-2200)

(또는) 위 대리인

서울중앙지방법원 등기국 귀중</td></tr>
</table>

신청서 작성요령란

* 1. 부동산표시란에 2개 이상의 부동산을 기재하는 경우에는 부동산의 일련번호를 기재하여야 합니다.
  2. 신청인란 등 해당란에 기재할 여백이 없을 경우에는 별지를 이용합니다.
  3. 담당 등기관이 판단하여 위의 첨부서면 외에 추가적인 서면을 요구할 수 있습니다.

등기신청안내서 — 전세권변경등기신청

1. 전세권변경등기신청

전세권의 존속기간이나 전세금 등을 변경한 경우에 하는 등기이다. 건물 전세권의 경우에는 토지 전세권과는 달리 법정갱신제도가 인정되고 있으므로, 존속기간이 만료된 때에도 그 전세권설정등기의 존속기간이나 전세금에 대한 변경등기신청은 가능하다(1998. 6. 5. 등기선례 5-416).

최근 등기선례

전세금 감액을 위한 전세권변경등기와 존속기간을 연장하는 전세권변경등기를 일괄하여 신청할 수 있는지 여부

건물과 그 대지에 공동으로 전세권등기가 마쳐지고 그 존속기간이 만료된 경우 그 건물에 대한 전세권은 「민법」 제312조 제4항에 따라 법정갱신 될 수 있으며, 이 경우 전세금 감액을 위한 전세권변경등기를 신청하기 위해서는 존속기간을 연장하는 전세권변경등기를 먼저 신청하거나, 별개의 신청서로 위 전세금 감액을 위한 전세권변경등기와 동시에 신청하여야 한다(2013. 02. 01. 부동산등기과－246 질의회답 참조)(2022. 03. 28. 부동산등기과-844 질의회답).

2. 등기신청방법

(1) 공동신청

변경등기에 의하여 형식상 불리한 지위에서는 기존의 등기명의인이 등기의무자, 변경등기로 인하여 유리한 지위에 서는 자가 등기권리자가 되어 등기소에 출석하여 공동으로 신청함이 원칙이다.

(2) 단독신청

판결에 의한 등기신청인 경우에는 승소한 등기권리자 또는 등기의무자가 단독으로 신청할 수 있다.

3. 등기소에 제공하여야 하는 신청정보

신청서는 한글과 아라비아 숫자로 기재한다. 부동산의 표시란이나 신청인란 등이

부족할 경우에는 별지를 사용하고, 별지를 포함하여 신청서가 여러 장인 때에는 각 장 사이에 간인을 하여야 한다.

① 부동산의 표시란

변경할 전세권의 목적부동산을 기재하되, 등기기록상 부동산 표시와 일치하여야 한다. 부동산이 토지인 경우에는 토지의 소재 · 지번, 지목, 면적을 기재하고, 건물인 경우에는 건물의 소재 · 지번, 종류, 구조, 면적을 기재한다. 구분건물의 전유부분에 대하여 전세권을 설정하는 경우에도 전유부분의 대지권에 대하여는 전세권설정등기를 할 수 없으므로, 신청서에 대지권의 표시를 기재하지 않는다.

② 등기원인과 그 연월일란

등기원인은 '변경계약'으로, 연월일은 변경계약성립년월일이다.

③ 등기의 목적란

'전세권변경'으로 기재한다.

④ 변경할 사항란

변경할 전세권등기의 접수년월일, 접수번호를 기재하여 변경할 등기를 특정하고, 존속기간, 범위 등 변경되는 사항을 기재한다.

<예시 1> 2018년 8월 1일 접수 제11228호로 경료한 전세권등기사항 중 존속기간 "2018년 7월 30일부터 2020년 7월 29일까지"를, "2020년 7월 30일부터 2022년 7월 29일까지"로 변경 (등기기록례집 등기기록례 No.364).

<예시 2> 2018년 8월 1일 접수 제11228호로 경료한 전세권등기사항 중 존속기간 "2018년 7월 30일부터 2020년 7월 29일까지"를, "2018년 7월 30일부터 2022년 7월 29일까지"로 변경(저자 견해)

⑤ 등기의무자란

등기의무자의 성명, 주민등록번호, 주소를 기재하되, 등기기록상 소유자 표시와 일치하여야 한다. 등기기록상 등기신청인의 주소가 지번방식의 주소인 경우에도, 등기신청인이 제공한 주민등록등(초)본 혹은 도로명주소 정보(건축물대장정보, 행정안전부 "새주소 안내시스템(www.juso.go.kr)의 조회결과물 등) 등에 의하여 해당 지번방식의 주소에 대한 도로명주소임이 인정되는 경우에는 등기사건을 수리하여야 한다. 즉 등기기록상 등기명의인의 주소를 도로명주소로 변경등기를 하지 아니하여도 전세권변경등기를 신청할 수 있다(법 제29조 제7호의 적용을 받지 아니한다).

⑥ 등기권리자란

등기권리자를 기재하는 난으로, 그 기재방법은 등기의무자란과 같다.

⑦ 등록면허세 · 지방교육세란

부동산 1개당 등록면허세 6,000원, 지방교육세 1,200원으로 계산하여 기재한다. 건물에 대한 전세권의 존속기간이 만료되어 전세권변경계약을 체결한 후 전세권변경등기를 신청하는 경우에는 존속기간 만료 전에 하는 통상의 변경등기 신청에 있어서와 마찬가지로 1건 당 6,000원의 등록면허세를 납부하면 된다. 그러나 전세금 증액에 따른 전세금 변경등기를 신청하는 경우에는 전세권 존속기간 만료일 전후를 불문하고 그 증액된 금액에 관하여는 전세금증액분의 1,000분의 2에 해당하는 등록면허세 및 등록면허세의 100분의 20에 해당하는 지방교육세를 납부한다(1993. 3. 23. 先Ⅲ - 1009).

최근 등기선례

하나의 신청서로 전세기간 연장 및 전세금 증액의 변경등기를 일괄신청하는 경우 등록면허세와 등기신청수수료의 납부방법 등

1. 수개의 부동산 또는 하나의 부동산에 관한 수개의 등기에 대하여 하나의 신청서로 일괄신청하는 경우, 수개의 신청이 하나의 신청으로 되는 것이 아니라 수개의 등기신청을 하나의 신청서에 기재한 것에 불과하므로, 하나의 신청서로 전세권 존속기간 연장 및 전세금 증액의 변경등기를 일괄신청하는 경우 6천원의 정액등록면허세와 증액된 전세금의 1천분의 2에 해당하는 등록면허세 및 2개의 권리변경등기에 대한 등기신청수수료를 납부하여야 한다.

2. 채무자 표시변경을 원인으로 근저당권 변경등기를 신청하는 경우 그 실질은 등기명의인이 단독으로 등기명의인 표시변경등기를 신청하는 경우와 다를 바가 없기 때문에 등기의무자의 인감증명을 첨부할 필요가 없고, 또한 권리에 관한 등기가 아닌 표시변경등기에 불과하므로 등기필증(등기필정보)도 첨부할 필요가 없다(2011. 10. 19. 부동산등기과-1953질의회답)

참조조문 : 지방세법 제28조, 제30조, 지방세법시행령 제41조, 부동산등기규칙 제43조, 제46조, 제60조
참조예규 : 등기예규 제1403호
참조선례 : 부동산등기선례요지집 Ⅲ 제1009항, Ⅷ 제316호

⑧ **세액합계란**

등록면허세액과 지방교육세액의 합계를 기재한다.

⑨ **등기신청수수료란**

변경등기를 신청하는 자는 등기신청수수료를 내야 하므로(법 제22조 제3항), 부동산 1개당 3,000원(전자표준양식에 의한 등기신청의 경우에는 2,000원, 전자신청의 경우에는 1,000원)에 해당하는 등기신청수수료를 납부하고 그 등기신청수수료금액 및 납부번호를 신청서에 기재한다(등기예규 제1789호).

⑩ 등기의무자의 등기필정보란

전자신청 지정등기소에서는 신청방법(전자신청, 서면신청)을 불문하고 등기를 완료한 경우 등기필증 대신 등기필정보를 전자적 교부 또는 서면 교부하기 때문에, 등기신청의 당사자 또는 대리인은 등기필정보상의 일련번호와 비밀번호를 기재함으로써 등기필증의 제출을 갈음할 수 있다. 등기의무자가 교부받은 등기필정보에 기재된 부동산고유번호, 성명, 일련번호, 비밀번호를 각 기재한다. 등기의무자에게 등기필정보나 등기필증이 없는 경우에는 부동산등기법 제51조의 규정에 의한다(기타 참조).

⑪ 신청인 혹은 대리인의 표시란

㈎ 등기의무자와 등기권리자의 성명 및 전화번호를 기재하고, 각자가 기명날인하되 소유권자가 등기의무자인 경우에는 그 등기의무자는 그의 인감을 날인한다. 등기권리자는 기명날인 대신에 서명으로 갈음할 수 있다. 한편 신청인이 법인 또는 법인 아닌 사단이나 재단인 경우에는 상호(명칭)와 대표자(관리인)의 자격 및 성명을 기재하되, 법인이 인감증명을 제출하여야 하는 경우에는 등기소의 증명을 얻은 그 대표자의 인감, 법인 아닌 사단이나 재단이 인감증명을 제출하여야 하는 경우에는 대표자(관리인)의 개인인감을 날인한다.

㈏ 대리인이 등기신청을 하는 경우에는 그 대리인의 성명, 주소 및 전화번호를 기재하고 기명날인한다.

⑫ 첨부서면란

등기신청서에 첨부한 서면을 각 기재한다.

4. 등기소에 제공하여야 하는 첨부정보

⑬ 등기원인을 증명하는 정보 - 전세권변경계약서

등기원인서면으로 전세권변경계약서를 첨부한다(규칙 제46조 제1항 제1호).

⑭ 등록면허세영수필확인서 또는 등록면허세납부확인서

시장, 구청장, 군수 등으로부터 등록면허세납부서(OCR용지) 또는 대법원 인터넷등기소의 정액등록면허세납부서 작성기능을 통하여 정액등록면허세납부서를 발급받아 세금을 납부한 후 등록면허세영수필확인서를 신청서의 등록면허세액표시란의 좌측상단 여백에 첨부하거나, 또는 지방세인터넷납부시스템을 이용하여 납부하고 출력한 등록면허세납부확인서를 첨부한다(지방세법 제30조; 지방세법시행령 제49조 제1항).

다만 전세금액을 증액하는 전세권변경등기의 경우에는 증액된 금액에 2/1,000분의 세율을 곱한 등록면허세 및 그 등록면허세금액의 20/100에 해당하는 지방교육세를 납부한다.

⑮ **등기신청수수료영수필확인서**

변경등기를 신청하는 자는 등기신청수수료를 내야 하므로(법 제22조 제3항), 부동산 1개당 3,000원(전자표준양식에 의한 등기신청의 경우에는 2,000원, 전자신청의 경우에는 1,000원)에 해당하는 등기신청수수료를 납부하고 등기신청수수료영수필확인서를 첨부한다(등기예규 제1789호).

⑯ **인감증명 또는 본인서명사실확인서 또는 전자본인서명확인서 발급증**

등기의무자가 소유권의 등기명의인인 경우에는 등기의무자의 인감증명을 첨부한다. 소유권외의 권리의 등기명의인이 등기의무자인 경우에도 인감증명을 첨부하는 경우가 있는 데 이는 ⑲-3를 참조한다. 또한 아래 ⑱과 같이 등기상 이해관계인의 승낙서를 첨부하는 경우에는 그 승낙서에는 인감을 날인하고 인감증명을 첨부하여야 한다. 위 인감증명에 갈음하여 위임장 등에 서명을 하고 본인서명사실확인서를 첨부하거나 전자본인서명확인서 발급증을 첨부할 수 있다(부동산등기규칙 제60조의2).

⑰ **등기필증**

등기의무자가 등기필정보를 가지고 있는 경우에는 등기의무자의 등기필정보를 신청정보의 내용으로 등기소에 제공하여야 하지만(법 제50조 제2항), 등기의무자가 구 부동산등기법 제67조 제1항에 따른 등기필증이나 구법 제68조 제1항에 따른 등기완료통지서를 가지고 있는 경우에는 등기의무자가 가지고 있는 그 등기필증 혹은 등기완료통지서를 제출하여야 한다(법 부칙 제2조). 등기의무자에게 등기필정보 · 등기필증 · 등기완료통지서가 없는 경우에는 법무사 등이 등기의무자 본인임을 확인한 확인서면 등을 제출한다. 자세한 방법은 기타 부분을 참조한다(법 제51조, 기타 참조). 본 사안의 경우에는 전세권의 존속기간을 연장시키는 경우이므로 전세권설정자인 소유자가 등기의무자가 된다.

⑱ **등기상 이해관계인의 승낙서**

권리변경등기에 대하여 등기상 이해관계인이 있는 경우에는 그의 승낙이 있어야만 그 변경등기를 부기등기로 할 수 있다(규칙 제52조 제5호). 본 사안의 경우에 전세권의 존속기간을 연장하는 것에 대하여 후순위 근저당권자는 등기상 이해관계인에 해당하므로 그의 승낙서를 첨부하여야 부기등기로 변경등기를 할 수 있다.

⑲-1 **기타 — 신청인이 법인인 경우**

법인이 등기를 신청하는 경우에는 대표자의 자격을 증명하는 서면으로 법인등기사항전부증명서 또는 법인등기사항일부증명서를 첨부하여야 한다(규칙 제46조 제1항 제4

호). 다만 법인등기가 되어있는 등기소와 부동산소재지 관할 등기소가 동일한 경우에는 위 법인등기사항증명서를 제출할 필요가 없다(규칙 제46조 제5항).

⑲-2 기타 ─ 신청인이 법인 아닌 사단(재단)인 경우

법인 아닌 사단 또는 재단이 등기를 신청하는 경우에는 ㉠ 정관이나 그 밖의 규약, ㉡ 대표자나 관리인임을 증명하는 정보(다만, 등기되어 있는 대표자나 관리인이 신청하는 경우에는 그러하지 아니하다), ㉢ 법인 아닌 사단 또는 재단의 주소 및 부동산등기용등록번호를 증명하는 정보(새로이 등기명의인이 되는 경우에 한한다), ㉣ 대표자나 관리인의 주소 및 주민등록번호를 증명하는 정보를 첨부정보로 제공한다. 다만 법인 아닌 사단이 등기의무자인 경우에는 민법 제276조 소정의 사원총회의 결의서도 첨부한다(규칙 제48조).

⑲-3 기타 ─ 등기의무자의 등기필정보(등기필증, 등기완료통지서)**가 없는 경우**

등기의무자의 등기필정보(등기필증, 등기완료통지서)가 없을 때에는 ① 등기의무자 또는 그 법정대리인(이하 "등기의무자등"이라 한다)이 등기소에 출석하여 등기관으로부터 등기의무자등임을 확인받는 방법 ② 등기신청인의 대리인(변호사나 법무사만을 말한다)이 등기의무자등으로부터 위임받았음을 확인하여 확인서면을 제출하는 방법 ③ 신청서(위임에 의한 대리인이 신청하는 경우에는 그 권한을 증명하는 서면을 말한다) 중 등기의무자등의 작성부분에 관하여 공증을 받아 제출하는 방법으로 등기신청을 하여야 한다.

위 '공증'은 신청서나 위임장에 기재된 내용 중 등기의무자등의 작성부분(기명날인 등)에 대해 공증인이 등기의무자등의 의사에 의해 작성된 것임을 확인하고 그 증명을 하여 주는 사서증서의 인증을 의미한다(등기필정보가 없는 경우 확인조서 등에 관한 예규, 2018. 12. 18. 등기예규 제1664호, 시행 2019. 1. 1.)(법 제51조, 규칙 제111조 참조).

한편, 소유권자가 등기의무자인 경우에는 등기필증(혹은 등기필정보)이 있는 경우이든 등기필증(혹은 등기필정보)이 없는 경우이든 등기의무자의 인감증명을 제출하여야 하고(규칙 제60조 제1항 제1호), 소유권 외의 권리자가 등기의무자인 경우에는 등기필증(혹은 등기필정보)이 없어서 위 ①②③의 방식에 의하여 등기를 신청하는 경우에는 어느 경우에도 등기의무자의 인감증명을 제출한다(규칙 제60조 제1항 제3호).

5. 등기신청서류 편철순서

신청서, 등록면허세영수필확인서, 등기신청수수료영수필확인서, 인감증명 또는 본인서명사실확인서, 승낙서, 전세권변경계약서, 등기필증 등의 순으로 편철하는 것이 실무상의 예이다.

6. 등기기록례

[을 구]		(소유권 이외에 관한 사항)		(No.364)
순위 번호	등기목적	접 수	등기원인	권리자 및 기타 사항
1	전세권설정	2018년 8월 1일 제11228호	2018년 7월 30일 설정계약	전세금 금100,000,000원 범위 건물 전부 ~~존속기간~~ ~~2018년 7월 30일부터~~ ~~2020년 7월 29일까지~~ 전세권자 이갑돌 600324-1058339 서울 용산구 남영동 5
1-1	1번 전세권 변경	2020년 7월 30일 제12367호	2020년 7월 29일 변경계약	존속기간 2020년 7월 30일부터 2022년 7월 29일까지
2	근저당권설 정	2019년 8월 1일 제11300호	2019년 7월 30일 설정계약	채권최고액 금30,000,000원 채무자 이대백 서울특별시 서초구 서초동 100 근저당권자 김명남 590909-1011113 서울특별시 중구 명동 223

7. 전세권에 관한 등기 — (3) 전세권말소등기신청

전세권말소등기신청(구분건물)

접 수	년 월 일	처리인	등기관 확인	각종통지
	제 호			

① 부동산의 표시
1동의 건물의 표시 서울특별시 서초구 서초동 100 서울특별시 서초구 서초동 101 샛별아파트 제가동 [도로명주소] 서울특별시 서초구 서초대로20길 36 전유부의 건물의 표시 건물의 번호 가-1-101 구조 철근콘크리트조 면적 제1층 제101호 86.03㎡ 이 상

② 등기원인과 그 연월일	2019년 7월 17일 해지
③ 등 기 의 목 적	1번 전세권말소
④ 말 소 할 등 기	2016년 7월 25일 접수 제4168호로 경료한 전세권설정등기

구 분	성 명 (상호·명칭)	주민등록번호 (등기용등록번호)	주 소(소재지)	지분 (개인별)
⑤ 등기 의무자	이 갑 돌	600324-1058339	서울특별시 용산구 남영동 5	
⑥ 등기 권리자	이 대 백	730320-1617312	서울특별시 서초구 서초동 100	

⑦ 등 록 면 허 세	금 6,000 원	
⑦ 지 방 교 육 세	금 1,200 원	
⑧ 세 액 합 계	금 7,200 원	
⑨ 등 기 신 청 수 수 료	금 3,000 원	
	납부번호 :	
⑩ 등기의무자의 등기필정보		
부동산고유번호		
성명(명칭)	일련번호	비밀번호

⑫ 첨 부 서 면 (간인)	
1. 해지증서 1통 ⑬	1. 승낙서 1통 ⑰
1. 등록면허세영수필확인서 1통 ⑭	1. 인감증명 또는 본인서명사실확인서 또는 전자본인서명확인서발급증 1통 ⑱
1. 등기신청수수료영수필확인서 1통 ⑮	<기 타> ⑲
1. 등기필증 1통 ⑯	

2019년 7월 20일

⑪ 위 신청인 이 갑 돌 ㉑ (전화: 550-1288)

이 대 백 ㉑ (전화: 500-2200)

(또는) 위 대리인

서울중앙지방법원 등기국 귀중

신청서 작성요령란

* 1. 부동산표시란에 2개 이상의 부동산을 기재하는 경우에는 부동산의 일련번호를 기재하여야 합니다.
2. 신청인란 등 해당란에 기재할 여백이 없을 경우에는 별지를 이용합니다.
3. 담당 등기관이 판단하여 위의 첨부서면 외에 추가적인 서면을 요구할 수 있습니다.

등기신청안내서 — 전세권등기말소등기신청(구분건물)

1. 전세권말소등기

전세계약이 그 존속기간의 만료 등으로 종료하게 되는 경우에 기존의 전세권설정등기를 말소시키기 위한 등기이다. 이 신청에서는 전세권자를 등기의무자, 전세권설정자인 소유자(혹은 제3취득자)를 등기권리자라고 한다.

건물의 특정부분이 아닌 공유지분에 대하여는 전세권이 설정될 수 없으므로 수인의 공유자들이 전세권설정등기를 한 후 그 일부 공유자의 지분에 대하여만 전세권말소등기를 신청할 수는 없으며, 이는 판결을 받는다고 하더라도 마찬가지이다. 다만, 전세권이 설정된 부분 중 일정 부분을 전세권범위변경등기의 형식으로 말소할 수는 있으며 이 경우의 등기는 전세권자와 건물의 공유자 전원이 공동으로 신청하여야 한다(1999. 8. 24. 등기선례 6-315).

2. 등기신청방법

(1) **공동신청**

부동산의 소유자와 전세권자가 본인임을 확인할 수 있는 주민등록증 등을 가지고 직접 등기소에 출석하여 공동으로 신청함이 원칙이다.

(2) **단독신청**

판결에 의한 등기신청인 경우에는 승소한 등기권리자 또는 등기의무자가 단독으로 신청할 수 있다. 등기의무자의 행방불명으로 인하여 이와 공동으로 등기의 말소를 신청할 수 없는 때에는 공시최고신청을 하여 제권판결을 받으면 등기권리자가 단독으로 말소를 신청할 수 있다(법 제56조).

3. 등기소에 제공하여야 하는 신청정보

신청서는 한글과 아라비아 숫자로 기재한다. 부동산의 표시란이나 신청인란 등이 부족할 경우에는 별지를 사용하고, 별지를 포함하여 신청서가 여러 장인 때에는 각 장 사이에 간인을 하여야 한다.

① **부동산의 표시란**

㈎ 1동의 건물의 표시　　1동의 건물 전체에 관한 것으로, 집합건축물대장등본을 참고하여 1동의 건물 전체의 소재와 지번, 도로명주소, 구조, 종류, 면적(구조상 공용부분을 포함하되, 전체의 면적을 층별로 표시)을 기재하고, 건물의 번호가 있는 때에는 그 번호, 건물에 명칭이 있는 때에는 그 명칭을 기재한다. 1동의 건물의 번호가 있는 경우(예: 가동, 나동, 다동 등)에 이를 기재한 때에는 1동의 건물의 구조와 면적을 기재하지 않는다.

㈏ 각 전유부분의 건물의 표시　　전유부분의 건물의 번호, 구조(다만 지붕의 구조는 표시하지 아니한다), 면적과 부속건물이 있는 때에는 그 구조와 면적만 기재하되, 구분건물의 구조가 복식건물인 때에는 그 표시를, 1동의 건물이 복합건물이고 종류별로 구분한 때에는 그 종류를 표시하며 지붕은 기재하지 않는다. 전유부분의 소재와 지번은 기재하지 아니한다.

㈐ 대지권의 표시　　특정 전유부분의 대지권에 대하여는 전세권설정등기를 할 수 없으므로, 신청서에 대지권의 표시를 기재하지 않는다.

② **등기원인과 그 연월일란**

등기원인은 전세계약 종료 사유에 따라 '해지', '혼동' 등으로, 연월일은 해지년월일 또는 혼동년월일 등을 기재한다. 존속기간이 만료된 경우에는 '존속기간만료'로 기재하고 등기원인일자로는 존속기간만료일을 기재한다.

③ **등기의 목적란**

'전세권말소'라고 기재한다.

④ **말소할 등기란**

말소할 전세권등기의 접수년월일, 접수번호 등을 기재하여 말소할 등기를 특정한다.

⑤ **등기의무자란**

전세권자의 성명, 주민등록번호, 주소를 기재하되, 등기기록상 표시와 일치하여야 한다. 전세권의 말소등기를 신청하는 경우에 있어서 그 등기명의인표시에 변경 또는 경정사유가 있더라도 신청서에 그 변경 또는 경정을 증명하는 서면을 첨부한 경우에는 등기명의인표시변경 또는 경정등기를 생략할 수 있다. 전세권양도계약이 체결되었더라도 그에 따른 전세권이전등기를 하지 않았다면, 전세권양도계약상의 양수인은 전세권말소등기신청에 있어서 등기의무자가 될 수 없다(1998. 12. 3. 등기선례 5 - 423).

⑥ **등기권리자란**

소유자(전세권설정자)를 기재하는 난으로, 그 기재방법은 등기의무자란과 같다.

⑦ 등록면허세 · 지방교육세란

부동산 1개당 등록면허세 6,000원, 지방교육세 1,200원으로 계산하여 기재한다.

⑧ 세액합계란

등록면허세액과 지방교육세액의 합계를 기재한다.

⑨ 등기신청수수료란

말소등기를 신청하는 자는 등기신청수수료를 내야 하므로(법 제22조 제3항), 부동산 1개당 3,000원(전자표준양식에 의한 등기신청의 경우에는 2,000원, 전자신청의 경우에는 1,000원)에 해당하는 등기신청수수료를 납부하고 그 등기신청수수료금액 및 납부번호를 신청서에 기재한다(등기예규 제1789호).

⑩ 등기의무자의 등기필정보란

전자신청 지정등기소에서는 신청방법(전자신청, 서면신청)을 불문하고 등기를 완료한 경우 등기필증 대신 등기필정보를 전자적 교부 또는 서면 교부하기 때문에, 등기신청의 당사자 또는 대리인은 등기필정보상의 일련번호와 비밀번호를 기재함으로써 등기필증의 제출을 갈음할 수 있다. 등기의무자가 교부받은 등기필정보에 기재된 부동산 고유번호, 성명, 일련번호, 비밀번호를 각 기재한다. 등기의무자에게 등기필정보나 등기필증이 없는 경우에는 부동산등기법 제51조의 규정에 의한다(기타 참조).

⑪ 신청인 혹은 대리인의 표시란

㈎ 등기의무자와 등기권리자의 성명 및 전화번호를 기재하고, 각자가 기명날인하되 그 기명날인은 서명으로 갈음할 수 있다. 한편 신청인이 법인 또는 법인 아닌 사단이나 재단인 경우에는, 상호(명칭)와 대표자(관리인)의 자격 및 성명을 기재하고 대표자(관리인)가 기명날인한다.

다만 규칙 제60조 제1항 제3호에 해당하는 경우에는 등기의무자의 인감을 날인하되, 법인의 경우에는 등기소의 증명을 얻은 그 대표자의 인감, 법인 아닌 사단이나 재단의 경우에는 대표자(관리인)의 개인인감을 날인한다.

㈏ 대리인이 등기신청을 하는 경우에는 그 대리인의 성명, 주소 및 전화번호를 기재하고 기명날인한다.

⑫ 첨부서면란

등기신청서에 첨부한 서면을 각 기재한다.

4. 등기소에 제공하여야 하는 첨부정보

⑬ 해지증서

해지 등과 같이 전세권등기말소 사유에 관한 증서가 있는 경우에는 그 증서를 첨부한다(규칙 제46조 제1항 제1호).

⑭ 등록면허세영수필확인서 또는 등록면허세납부확인서

시장, 구청장, 군수 등으로부터 등록면허세납부서(OCR용지) 또는 대법원 인터넷등기소의 정액등록면허세납부서 작성기능을 통하여 정액등록면허세납부서를 발급받아 세금을 납부한 후 등록면허세영수필확인서를 신청서의 등록면허세액표시란의 좌측상단 여백에 첨부하거나, 또는 지방세인터넷납부시스템을 이용하여 납부하고 출력한 등록면허세납부확인서를 첨부한다(지방세법 제30조; 지방세법시행령 제49조 제1항).

⑮ 등기신청수수료영수필확인서

말소등기를 신청하는 자는 등기신청수수료를 내야 하므로(법 제22조 제3항), 부동산 1개당 3,000원(전자표준양식에 의한 등기신청의 경우에는 2,000원, 전자신청의 경우에는 1,000원)에 해당하는 등기신청수수료를 납부하고 등기신청수수료영수필확인서를 첨부한다(등기예규 제1789호).

⑯ 전세권등기필증

등기의무자가 등기필정보를 가지고 있는 경우에는 등기의무자의 등기필정보를 신청정보의 내용으로 등기소에 제공하여야 하지만(법 제50조 제2항), 등기의무자가 구 부동산등기법 제67조 제1항에 따른 등기필증이나 구법 제68조 제1항에 따른 등기완료통지서를 가지고 있는 경우에는 등기의무자가 가지고 있는 그 등기필증 혹은 등기완료통지서를 제출하여야 한다(법 부칙 제2조). 등기의무자에게 등기필정보 · 등기필증 · 등기완료통지서가 없는 경우에는 법무사 등이 등기의무자 본인임을 확인한 확인서면 등을 제출한다. 자세한 방법은 기타 부분을 참조한다(법 제51조, 기타 참조). 다만 본인이 직접 말소등기를 신청하는 경우에 법무사 등의 확인서면을 받아 이를 등기신청서에 첨부할 수는 없다.

⑰ 등기상 이해관계인의 승낙서

말소할 전세권을 목적으로 한 등기상 이해관계인(전세권에 대한 가압류권자, 가처분권자, 저당권자 등)이 있는 경우에는 그 이해관계인의 승낙서 및 인감증명을 첨부하여야 한다(법 제57조).

⑱ 인감증명 또는 본인서명사실확인서 또는 전자본인서명확인서 발급증

위와 같이 등기상 이해관계인의 승낙서를 첨부하는 경우에는 그 승낙서에는 이해관계인이 인감을 날인하고 인감증명을 첨부하여야 한다(규칙 제60조 제1항 제7호). 위 인감증명에 갈음하여 위임장 등에 서명을 하고 본인서명사실확인서를 첨부하거나 전자본인서명확인서 발급증을 첨부할 수 있다(부동산등기규칙 제60조의2). 또한 소유권외의 권리의 등기명의인이 등기의무자인 경우에도 인감증명을 첨부하는 경우가 있는데 이는 ⑲-3를 참조한다.

⑲-1 기타 — 신청인이 법인인 경우

법인이 등기를 신청하는 경우에는 대표자의 자격을 증명하는 서면으로 법인등기사항전부증명서 또는 법인등기사항일부증명서를 첨부하여야 한다(규칙 제46조 제1항 제4호). 다만 법인등기가 되어 있는 등기소와 부동산소재지 관할 등기소가 동일한 경우에는 위 법인등기사항증명서를 제출할 필요가 없다(규칙 제46조 제5항).

⑲-2 기타 — 신청인이 법인 아닌 사단(재단)인 경우

법인 아닌 사단 또는 재단이 등기를 신청하는 경우에는 ㉠ 정관이나 그 밖의 규약, ㉡ 대표자나 관리인임을 증명하는 정보(다만, 등기되어 있는 대표자나 관리인이 신청하는 경우에는 그러하지 아니하다), ㉢ 법인 아닌 사단 또는 재단의 주소 및 부동산등기용등록번호를 증명하는 정보(새로이 등기명의인이 되는 경우에 한한다), ㉣ 대표자나 관리인의 주소 및 주민등록번호를 증명하는 정보를 첨부정보로 제공한다. 다만 법인 아닌 사단이 등기의무자인 경우에는 민법 제276조 소정의 사원총회의 결의서도 첨부한다(규칙 제48조).

⑲-3 기타 — 등기의무자의 등기필정보(등기필증, 등기완료통지서)가 없는 경우

등기의무자의 등기필정보(등기필증, 등기완료통지서)가 없을 때에는 ① 등기의무자 또는 그 법정대리인(이하 "등기의무자등"이라 한다)이 등기소에 출석하여 등기관으로부터 등기의무자등임을 확인받는 방법 ② 등기신청인의 대리인(변호사나 법무사만을 말한다)이 등기의무자등으로부터 위임받았음을 확인하여 확인서면을 제출하는 방법 ③ 신청서(위임에 의한 대리인이 신청하는 경우에는 그 권한을 증명하는 서면을 말한다) 중 등기의무자등의 작성부분에 관하여 공증을 받아 제출하는 방법으로 등기신청을 하여야 한다.

위 '공증'은 신청서나 위임장에 기재된 내용 중 등기의무자등의 작성부분(기명날인 등)에 대해 공증인이 등기의무자등의 의사에 의해 작성된 것임을 확인하고 그 증명을 하여 주는 사서증서의 인증을 의미한다(등기필정보가 없는 경우 확인조서 등에 관한 예규, 2018. 12. 18. 등기예규 제1664호, 시행 2019. 1. 1.)(법 제51조, 규칙 제111조 참조).

한편, 소유권자가 등기의무자인 경우에는 등기필증(혹은 등기필정보)이 있는 경우이든 등기필증(혹은 등기필정보)이 없는 경우이든 등기의무자의 인감증명을 제출하여야 하고(규칙 제60조 제1항 제1호), 소유권 외의 권리자가 등기의무자인 경우에는 등기필증(혹은 등기필정보)이 없어서 위 ①②③의 방식에 의하여 등기를 신청하는 경우에는 어느 경우에도 등기의무자의 인감증명을 제출한다(규칙 제60조 제1항 제3호).

5. 등기신청서류 편철순서

신청서, 등록면허세영수필확인서, 등기신청수수료영수필확인서, 승낙서, 인감증명 또는 본인서명사실확인서, 해지증서, 전세권등기필증 등의 순으로 편철하는 것이 실무상의 예이다.

6. 등기기록례

[을 구]		(소유권에 관한 사항)		(No.372)
순위번호	등기목적	접 수	등기원인	권리자 및 기타 사항
~~1~~	~~전세권설정~~	~~2016년 7월25일~~ ~~제4168호~~	~~2016년 7월 15일~~ ~~설정계약~~	~~전세금 금50,000,000원~~ ~~범위 건물 전부~~ ~~존속기간~~ ~~2016년 7월 18일부터~~ ~~2020년 7월 17일까지~~ ~~전세권자~~ ~~이갑돌 600324-1058339~~ ~~서울 용산구 남영동 5~~
~~1-1~~	~~1번전세권부근저당권설정~~	~~2016년 8월 1일~~ ~~제4300호~~	~~2016년 7월 29일~~ ~~설정계약~~	~~채권최고액 금30,000,000원~~ ~~채무자 이갑돌~~ ~~서울특별시 용산구 남영동 5~~ ~~근저당권자 김명남~~ ~~590909-1011113~~ ~~서울특별시 중구 명동 223~~
2	1-1번 전세권부근저당권말소			1번 전세권설정등기의 말소로 인하여 2019년 7월 20일 등기
3	1번전세권말소	2019년 7월 20일 제12367호	2019년 7월 17일 해지	

8. 근저당권에 관한 등기 — (1) 근저당권설정등기신청

근저당권설정등기신청

접 수	년 월 일	처리인	등기관 확인	각종통지
	제 호			

① 부동산의 표시	
대전광역시 서구 둔산동 1420 [도로명주소] 대전광역시 서구 둔산대로 100 철근콘크리트조 슬래브지붕 2층주택 1층 120㎡ 2층 120㎡ -이 상-	
②등기원인과 그 연월일	2019년 7월 29일 근저당권설정계약
③등 기 의 목 적	근저당권설정
④ 채 권 최 고 액	금 300,000,000 원
⑤ 채 무 자	이대백 대전광역시 서구 둔산대로117번길 120 (둔산동)
⑥설 정 할 지 분	

구 분	성 명 (상호 · 명칭)	주민등록번호 (등기용등록번호)	주 소(소재지)
⑦ 등기 의무자	이 대 백	730320-1617312	대전광역시 서구 둔산대로117번길 120 (둔산동)
⑧ 등기 권리자	주식회사 국민은행 지배인 김영남 (둔산동지점)	110111-0001123	서울특별시 중구 청계천로 40 (명동) 대전광역시 서구 대덕대로 294 (둔산동)

<table>
<tr><td>⑨ 등 록 면 허 세</td><td colspan="2">금 600,000 원</td></tr>
<tr><td>⑨ 지 방 교 육 세</td><td colspan="2">금 120,000 원</td></tr>
<tr><td>⑩ 세 액 합 계</td><td colspan="2">금 720,000 원</td></tr>
<tr><td rowspan="2">⑪ 등 기 신 청 수 수 료</td><td colspan="2">금 15,000 원</td></tr>
<tr><td colspan="2">납부번호 :</td></tr>
<tr><td>⑫ 국민주택채권매입금액</td><td colspan="2">금 3,000,000 원</td></tr>
<tr><td>⑫ 국민주택채권발행번호</td><td colspan="2"></td></tr>
<tr><td colspan="3">⑬ 등기의무자의 등기필정보</td></tr>
<tr><td>부 동 산 고 유 번 호</td><td colspan="2">1149-1996-067537</td></tr>
<tr><td>성 명(명 칭)</td><td>일련번호</td><td>비밀번호</td></tr>
<tr><td>이 대 백</td><td>ACD9-0198-7329</td><td>12 - 3126</td></tr>
<tr><td colspan="3">⑮ 첨 부 서 면 (간인)</td></tr>
<tr><td colspan="3">
1. 근저당권설정계약서 1통 ⑯
1. 등록면허세영수필확인서 1통 ⑰
1. 등기신청수수료영수필확인서 1통 ⑱
1. 인감증명 또는 본인서명사실확인서 또는 전자본인서명확인서발급증 1통 ⑲
1. 법인등기사항일부증명서 1통 ⑳
1. 등기필증 1통 ㉑
1. 위임장 1통 ㉒
1. 자필서명정보 1통 ㉓
<기 타> ㉔
</td></tr>
<tr><td colspan="3">
2019년 8월 1일
⑭ 위 신청인
대리인 법무사 유 명 숙 직인 (전화: 042-599-0000)
대전광역시 서구 둔산중로78번길 45 (둔산동)

대전지방법원 등기과 귀중
</td></tr>
</table>

신청서 작성요령란

* 1. 부동산표시란에 2개 이상의 부동산을 기재하는 경우에는 부동산의 일련번호를 기재하여야 합니다.
2. 신청인란 등 해당란에 기재할 여백이 없을 경우에는 별지를 이용합니다.
3. 담당 등기관이 판단하여 위의 첨부서면 외에 추가적인 서면을 요구할 수 있습니다.

등기신청안내서 — 근저당권설정등기신청

1. 근저당권설정등기

채무자가 담보로 제공하는 토지 및 건물 위에 근저당권설정계약을 한 경우에는 근저당권자와 근저당권설정자가 공동으로 근저당권설정등기를 신청한다.

2. 등기신청방법

(1) 공동신청

근저당권설정자 즉 소유자(등기의무자)와 근저당권자(등기권리자)가 본인임을 확인할 수 있는 주민등록증 등을 가지고 직접 등기소에 출석하여 공동으로 신청함이 원칙이다.

(2) 단독신청

판결에 의한 등기신청인 경우에는 승소한 등기권리자 또는 등기의무자가 단독으로 신청할 수 있다.

(3) 대리인에 의한 신청

회사의 등기된 지배인은, 영업주에 갈음하여 영업에 관한 재판상 또는 재판 외의 행위를 할 권한이 있으므로, 회사가 근저당권자인 근저당권설정등기를 함에 있어 등기의무자와 공동으로 등기소에 출석하여 등기신청을 할 수 있으나, 지배인이 등기의무자들로부터 위임을 받아 계속 반복적으로 등기신청을 하는 것은 법무사법 제3조 제1항에 위배된다(2001. 4. 28. 등기선례 6-17).

3. 등기소에 제공하여야 하는 신청정보

신청서는 한글과 아라비아 숫자로 기재한다. 부동산의 표시란이나 신청인란 등이 부족할 경우에는 별지를 사용하고, 별지를 포함하여 신청서가 여러 장인 때에는 각 장 사이에 간인을 하여야 한다.

① 부동산의 표시란

근저당권을 설정하는 부동산을 기재하되, 등기기록상 부동산 표시와 일치하여야 한다. 토지는 소재 · 지번, 지목, 면적 순으로 기재하고, 건물은 소재 · 지번, 도로명주소, 구조, 종류, 면적순으로 기재한다.

② **등기원인과 그 연월일란**

등기원인은 '근저당권설정계약'으로, 연월일은 근저당권설정계약의 체결일을 기재한다.

③ **등기의 목적란**

'근저당권설정' 이라고 기재한다.

④ **채권최고액란**

아라비아 숫자로 '금○○○원' 으로 기재한다. 근저당설정등기를 함에 있어 그 채권최고액은 반드시 단일하게 기재하여야 하고, 그 근저당권의 채권자 또는 채무자가 수인일지라도 각 채권자 또는 채무자별로 채권최고액을 구분하여(예, '채권최고액 채무자 갑에 대하여 1억원, 채무자 을에 대하여 2억원', 또는 '채권최고액 3억원 최고액의 내역 채무자 갑에 대하여 1억원, 채무자 을에 대하여 2억원' 등) 기재할 수 없다(1997. 9. 9. 등기예규 제880호).

⑤ **채무자란**

채무자의 성명(명칭)과 주소를 기재한다. 근저당권설정자와 채무자가 동일인인 경우에도 채무자의 표시를 반드시 하여야 한다. 채무자의 주소를 증명하는 서면이나 주민등록번호를 증명하는 서면을 제출할 필요가 없다. 채무자가 수인인 경우 그 수인의 채무자가 연대채무자라 하더라도 등기부에는 단순히 채무자로 기재한다(1997. 9. 9. 등기예규 제880호). 연대보증인은 기재할 사항이 아니다.

⑥ **설정할 지분란**

근저당권을 소유권 등의 일부에 설정할 경우에만 그 지분을 기재한다.

(예) '○○○지분 전부', '○번○○○지분 ○분의○ 중 일부(○분의 ○)'

⑦ **등기의무자란**

소유자의 성명, 주민등록번호, 주소를 기재하되, 등기기록상 소유자 표시와 일치하여야 한다. 등기기록상 등기신청인의 주소가 지번방식의 주소인 경우에도, 등기신청인이 제공한 주민등록등(초)본 혹은 도로명주소 정보(건축물대장정보, 행정안전부 "새주소안내시스템(www.juso.go.kr)의 조회결과물 등) 등에 의하여 해당 지번방식의 주소에 대한 도로명주소임이 인정되는 경우에는 등기사건을 수리하여야 한다. 즉 등기기록상 등기명의인의 주소를 도로명주소로 변경등기를 하지 아니하여도 근저당권설정등기를 신청할 수 있다(법 제29조 제7호의 적용을 받지 아니한다).

⑧ **등기권리자란**

근저당권자를 기재하는 난으로, 그 기재방법은 등기의무자란과 같다. 법인이 저당권자 또는 근저당권자인 경우 등기신청서에 취급지점(예: ㅇㅇ지점, △△출장소, ××간이예금취급소 등)의 표시를 할 수 있는바, 그 취급지점 등의 표시는 법인의 표시 다음에 줄을 바꾸어 괄호 안에 기재하고 취급지점 등의 소재지는 표시하지 아니한다. 이 경우 취급지점 등의 명칭은 그 명칭이 등기된 것일 때에는 이에 의하여, 그 명칭이 등기되지 아니한 것일 때에는 당해 법인에서 호칭하는 통상명칭에 의하여 표시한다(제정 2012.05.10 등기예규 제1188호).

⑨ 등록면허세 · 지방교육세란

채권최고액의 1,000분의 2에 해당하는 등록면허세, 등록면허세의 100분의 20에 해당하는 지방교육세를 납부한다.

이는 소유권이외의 권리(지상권, 전세권)를 목적으로 근저당권설정등기를 하는 경우에도 마찬가지이다. 안전행정부에서는 이 경우에도 채권최고액의 1,000분의 2에 해당하는 금액을 등록면허세를 납부할 것을 요구하고 있지만, 일선 실무관서(지방자치단체, 등기소)에서는 정액등록면허세(부동산 1개당 6,000원)를 납부하면 족한 것으로 처리하는 경우가 많다.

⑩ 세액합계

등록면허세액과 지방교육세액의 합계를 기재한다.

⑪ 등기신청수수료

근저당권설정등기를 신청하는 자는 등기신청수수료를 내야 하므로(법 제22조 제3항), 부동산 1개당 15,000원(전자표준양식에 의한 등기신청의 경우에는 13,000원, 전자신청의 경우에는 10,000원)에 해당하는 등기신청수수료를 납부하고 그 등기신청수수료금액 및 납부번호를 신청서에 기재한다(등기예규 제1789호).

⑫ 국민주택채권매입금액란

㈎ 채권최고액이 2,000만원 이상인 경우에는 채권최고액의 1,000 분의 10에 해당하는 국민주택채권매입금액을 기재한다.

㈏ 국민주택채권발행번호를 해당란에 기재하여야 한다.

㈐ 국민주택채권의 최저매입금액은 1만원으로 한다. 다만 1만원 미만의 단수가 있을 경우에 그 단수가 5천원 이상 1만원 미만인 때에는 이를 1만원으로 하고 그 단수가 5천원 미만인 때에는 단수가 없는 것으로 한다.

⑬ 등기의무자의 등기필정보란

전자신청 지정등기소에서는 신청방법(전자신청, 서면신청)을 불문하고 등기를 완료한 경우 등기필증 대신 등기필정보를 전자적 교부 또는 서면 교부하기 때문에, 등기신청의 당사자 또는 대리인은 등기필정보상의 일련번호와 비밀번호를 기재함으로써 등기필증의 제출을 갈음할 수 있다. 등기의무자가 교부받은 등기필정보에 기재된 부동산 고유번호, 성명, 일련번호, 비밀번호를 각 기재한다. 등기의무자에게 등기필정보나 등기필증이 없는 경우에는 부동산등기법 제51조의 규정에 의한다(기타 참조).

⑭ 신청인 혹은 대리인의 표시란

㈎ 등기의무자와 등기권리자의 성명 및 전화번호를 기재하고, 각자가 기명날인하되, 등기의무자는 그의 인감을 날인한다. 등기권리자는 기명날인 대신에 서명으로 갈음할 수 있다. 신청인이 법인 또는 법인 아닌 사단이나 재단인 경우에는 상호(명칭)와 대표자(관리인)의 자격 및 성명을 기재한다. 법인이 등기의무자인 때에는 등기소의 증명을 얻은 그 대표자의 인감을, 법인 아닌 사단이나 재단이 등기의무자인 경우에는 대표자(관리인)의 개인인감을 날인한다.

㈏ 대리인이 등기신청을 하는 경우에는 그 대리인의 성명, 주소 및 전화번호를 기재하고 기명날인한다.

⑮ 첨부서면

등기신청서에 첨부한 서면을 각 기재한다.

4. 등기소에 제공하여야 하는 첨부정보

⑯ 근저당권설정계약서

등기원인서면으로 근저당권설정계약서를 첨부한다(규칙 제46조 제1항 제1호).

⑰ 등록면허세영수필확인서

시장, 구청장, 군수 등으로부터 등록면허세납부서(OCR용지)를 발급받아 납세지를 관할하는 해당 금융기관에 세금을 납부한 후 등록면허세영수필확인서를 신청서의 등록면허세액표시란의 좌측상단 여백에 첨부하거나, 또는 지방세인터넷납부시스템을 이용하여 납부하고 출력한 등록면허세납부확인서를 첨부한다(지방세법 제30조; 지방세법시행령 제49조 제1항).

⑱ 등기신청수수료영수필확인서

근저당권설정등기를 신청하는 자는 등기신청수수료를 내야 하므로(법 제22조 제3항), 부동산 1개당 15,000원(전자표준양식에 의한 등기신청의 경우에는 13,000원, 전자신청의 경우에는 10,000원)에 해당하는 등기신청수수료를 납부하고 등기신청수수료영수필확인서를 첨부한다(등기예규 제1789호).

⑲ 인감증명 또는 본인서명사실확인서

소유권의 등기명의인이 등기의무자이므로 등기의무자의 인감증명을 첨부한다(규칙

제60조 제1항 제1호). 규칙 제60조, 규칙 제61조에 의하여 인감증명을 첨부하여야 하는 자가 법인인 경우에는 등기소의 증명을 얻은 대표자의 인감증명을, 법인 아닌 사단 또는 재단인 경우에는 대표자 또는 관리인의 인감증명을 제출한다. 위 인감증명에 갈음하여 위임장 등에 서명을 하고 본인서명사실확인서를 첨부하거나 전자본인서명확인서 발급증을 첨부할 수 있다(부동산등기규칙 제60조의2).

⑳ 법인등기사항일부증명서

등기권리자인 근저당권자의 법인등기사항증명서를 첨부하여야 한다. 실무상 은행 해당 지점의 지배인초본(법인등기사항일부증명서)을 첨부한다. 이는 대표자의 자격을 증명하는 정보(규칙 제46조 제1항 제4호), 등기권리자의 주소 및 부동산등기용등록번호(규칙 제46조 제1항 제6호) 로서의 기능을 겸유한다. 등기권리자가 자연인인 경우에는 주소 및 주민등록번호를 증명하는 서면으로 주민등록표등(초)본을 제출한다(규칙 제46조 제1항 제6호). 다만 법인등기가 되어있는 등기소와 부동산소재지 관할 등기소가 동일한 경우에는 위 법인등기사항증명서를 제출할 필요가 없다(규칙 제46조 제5항).

㉑ 등기필증

등기의무자가 등기필정보를 가지고 있는 경우에는 등기의무자의 등기필정보를 신청정보의 내용으로 등기소에 제공하여야 하지만(법 제50조 제2항), 등기의무자가 구 부동산등기법 제67조 제1항에 따른 등기필증이나 구법 제68조 제1항에 따른 등기완료통지서를 가지고 있는 경우에는 등기의무자가 가지고 있는 그 등기필증 혹은 등기완료통지서를 제출하여야 한다(법 부칙 제2조). 등기의무자에게 등기필정보 · 등기필증 · 등기완료통지서가 없는 경우에는 법무사 등이 등기의무자 본인임을 확인한 확인서면 등을 제출한다. 자세한 방법은 기타 부분을 참조한다(법 제51조, 기타 참조).

㉒ 위임장

등기신청을 법무사 등 대리인에게 위임하는 경우에 첨부한다(규칙 제46조 제1항 제5호). 위임인의 성명과 주소를 기재하고 인장을 날인하되 규칙 제60조 제1항 제1호~제3호에 해당하여 인감증명을 제출하여야 하는 자는 위임장에 인감을 날인하여야 하나, 위 규칙 제60조 제1항 제1호~제3호에 해당하지 않는 자는 인감날인 대신에 일반적인 기명날인 혹은 서명으로 갈음할 수 있다. 위임인이 법인이나 법인 아닌 사단 또는 재단인 경우에는 상호(명칭)와 대표자(관리인)의 자격, 성명 및 주소도 기재하여야 한다.

㉓ 자격자대리인의 확인 및 자필서명정보

등기의무자와 등기권리자가 공동으로 신청하는 권리에 관한 등기이므로 자격자대리인이 등기의무자를 확인하고 자필서명한 정보를 첨부정보로 제공하여야 한다

(규칙 제46조 제1항, 제8호, 2022. 7. 1.부터).

㉔-1 기타 — 신청인이 법인 아닌 사단(재단)인 경우

법인 아닌 사단 또는 재단이 등기를 신청하는 경우에는 ㉠ 정관이나 그 밖의 규약, ㉡ 대표자나 관리인임을 증명하는 정보(다만, 등기되어 있는 대표자나 관리인이 신청하는 경우에는 그러하지 아니하다), ㉢ 법인 아닌 사단 또는 재단의 주소 및 부동산등기용등록번호를 증명하는 정보(새로이 등기명의인이 되는 경우에 한한다), ㉣ 대표자나 관리인의 주소 및 주민등록번호를 증명하는 정보를 첨부정보로 제공한다. 다만 법인 아닌 사단이 등기의무자인 경우에는 민법 제276조 소정의 사원총회의 결의서도 첨부한다(규칙 제48조).

㉔-2 기타 — 공장저당인 경우

공장저당법 제6조에 의한 근저당권설정등기 신청시에는 공장저당법 제6조에 의한 기계기구목록과 공장증명서를 첨부하여야 한다.

㉔-3 기타 — 등기의무자의 등기필정보(등기필증, 등기완료통지서)가 없는 경우

등기의무자의 등기필정보(등기필증, 등기완료통지서)가 없을 때에는 ① 등기의무자 또는 그 법정대리인(이하 "등기의무자등"이라 한다)이 등기소에 출석하여 등기관으로부터 등기의무자등임을 확인받는 방법 ② 등기신청인의 대리인(변호사나 법무사만을 말한다)이 등기의무자등으로부터 위임받았음을 확인하여 확인서면을 제출하는 방법 ③ 신청서(위임에 의한 대리인이 신청하는 경우에는 그 권한을 증명하는 서면을 말한다) 중 등기의무자등의 작성부분에 관하여 공증을 받아 제출하는 방법으로 등기신청을 하여야 한다.

위 '공증'은 신청서나 위임장에 기재된 내용 중 등기의무자등의 작성부분(기명날인 등)에 대해 공증인이 등기의무자등의 의사에 의해 작성된 것임을 확인하고 그 증명을 하여 주는 사서증서의 인증을 의미한다(등기필정보가 없는 경우 확인조서 등에 관한 예규, 2018. 12. 18. 등기예규 제1664호, 시행 2019. 1. 1.)(법 제51조, 규칙 제111조 참조).

5. 등기신청서류 편철순서

신청서, 등록면허세영수필확인서, 등기신청수수료영수필확인서, 위임장, 자필서명정보, 인감증명 또는 본인서명사실확인서, 법인등기사항증명서, 근저당설정계약서, 등기필증 등의 순으로 편철하는 것이 실무상의 예이다.

6. 참고: 공유자의 지분 일부에 대한 저당권등기 등이 있는 경우의 등기사무처리지침 (2011. 10. 11. 등기예규 제1352호).

어느 공유자의 지분 일부에 대하여 저당권(근저당권을 포함한다. 이하 같다)의 등기를 한 후 그 공유자의 지분 일부에 대하여 권리이전의 등기를 하거나 다시 저당권의 등기를 하는 경우에는, 그 등기의 목적이 이미(선순위) 저당권이 설정된 부분인가 아닌가를 명백히 하기 위하여 등기신청서와 등기부의 '등기의 목적'을 다음과 같이 기재하여야 한다.

구 분	이전등기의 경우	저당권설정등기의 경우
별도 순위로 각 취득등기를 한 지분 중 특정순위로 취득한 지분 전부의 이전등기 또는 저당권설정등기를 하는 경우	'아무개 지분 얼마 중 일부 지분 이전" 또는 '몇 번 아무개 지분 전부 이전'	'아무개 지분 얼마 중 일부(갑구 몇 번 지분) 저당권 설정' 또는 '갑구 몇 번 아무개 지분 전부 저당권 설정'
특정 순위로 취득등기를 한 지분 중 일부의 이전등기 또는 저당권설정등기를 하는 경우 (1) 저당권이 설정된 부분인 때	(1) '몇 번 아무개 지분 얼마 중 일부(을구 몇 번 저당권등기된 지분) 이전"	(1) '갑구 몇 번 아무개 지분 얼마 중 일부(을구 몇 번 저당권등기된 지분) 저당권설정'
(2) 저당권이 설정되지 아니한 부분인 때	(2) '몇 번 아무개 지분 얼마 중 일부(저당권등기되지 아니한 지분) 이전'	(2) '갑구 몇 번 아무개 지분 얼마 중 일부(저당권등기되지 아니한 지분) 저당권설정'
(3) 저당권이 설정된 부분과 설정되지 아니한 부분이 경합된 때	(3) '몇 번 아무개 지분 얼마 중 일부(을구 몇 번 저당권등기된 지분 얼마와 저당권등기되지 아니한 지분 얼마) 이전'	(3) '갑구 몇 번 아무개 지분 얼마 중 일부(을구 몇 번 저당권등기된 지분 얼마와 저당권등기되지 아니한 지분 얼마) 저당권설정'

7. 등기기록례

[을 구]		(소유권 이외의 권리에 관한 사항)		(No.404)
순위번호	등기목적	접 수	등기원인	권리자 및 기타 사항
1	근저당권설정	2019년 8월 1일 제11128호	2019년 7월 29일 설정계약	채권최고액 금 300,000,000원 채무자 이대백 대전광역시 서구 둔산대로117번길 120 (둔산동) 근저당권자 주식회사 국민은행 110111-0001123 서울특별시 중구 청계천로 40 (명동) (둔산동지점)

8. 참고 : 전세권근저당설정등기 하는 경우 등록면허세율

(행정안전부 세정-938, 2005.5.30)

전세권을 근저당설정등기 하는 경우 그 채권금액의 1,000분의 2의 세율을 적용하여 등록면허세를 납부하는 것이 타당함.

"자전거로 하나되는 더 큰 대한민국, 4.22 자전거의 날"

행 정 안 전 부

수신자 수신자 참조
(경유)
제목 저당권 설정 등에 대한 등록면허세 운영 협조 요청

1. 지방세정 발전을 위한 협조에 깊은 감사를 드립니다.

2. 「지방세법」 제28조제1항제1호다목 및 라목에 따르면 저당권의 설정·이전 또는 가압류·가처분의 경우 채권금액의 1천분의 2의 세율을 적용하여 등록면허세를 납부하여야 합니다.

3. 따라서 전세권 등 각종 권리에 대한 저당권 설정이나 가처분의 경우에는 채권금액의 1천분의 2에 해당하는 세율에 의해 등록면허세가 납부될 수 있도록 협조하여 주시기 바랍니다. 끝.

접수 No. 563 2012. 04. 04 대한법무사협회

행정안전부장관

수신자 법원행정처장(부동산등기과장), 대한법무사협회장, [illegible] 사협회장

주무관 김기영 행정사무관 강한희 지방세운영과장 신영택 전결 2012. 4. 4.
협조자
시행 지방세운영과-1042 (2012. 4. 4.) 접수
우 110-760 서울 종로구 세종로 정부중앙청사 1411호 지방세운영과 / http://www.mopas.go.kr
전화 02-2100-3956 전송 02-2100-3930 / kmkmimim@mopas.go.kr / 비공개(6)
서민을 따뜻하게, 중산층을 두텁게

사례연습

〔법무사 제1회 기출문제〕

근저당권설정등기신청

|설 문|

다음의 근저당권설정계약에 따른 등기사건을 수임한 법무사 이범구(서울특별시 중구 서소문로 300, 303호(서소문동, 공명빌딩), 전화번호:962-9000)가 2019년 9월 16일자로 서울중앙지방법원 중부등기소에 제출할 근저당권설정등기신청서를 작성하시오. 대리인이 날인한 자리에 (인)으로 표시하고 신청서의 첨부서면은 그 명칭과 통수만을 신청서에 기재하시오. 그리고 첨부서면의 법적 근거를 별지에 기재하시오.

참고자료

근저당권설정계약의 요지

1. 목적부동산: 서울특별시 중구 신당동 31번지의 6호, 대 382㎡
   (시가표준액 5천만원)
2. 채권최고액: 금 3천만원
3. 채권자: 김갑돌(金甲乭)(531212-1234567)
   서울특별시 관악구 관악대로 200 (봉천동)
   채무자: 이을남(李乙南)(610312-2345678)
   서울특별시 동작구 동작대로 300 (사당동)
4. 부동산의 소유자: 채무자와 동일인
5. 근저당권설정계약체결일: 2019년 9월 13일

【모범답안】

근저당권설정등기신청

접 수	년 월 일	처리인	등기관 확인	각종통지
	제 호			

부동산의 표시			
서울특별시 중구 신당동 31-6 대 382㎡ 이 상			
등기원인과 그 연월일	2019년 9월 13일 근저당권설정계약		
등 기 의 목 적	근저당권설정		
채 권 최 고 액	금 30,000,000원		
채 무 자	이을남 서울특별시 동작구 동작대로 300 (사당동)		
설 정 할 지 분			
구 분	성 명 (상호·명칭)	주민등록번호 (등기용등록번호)	주 소(소재지)
등기의무자	이 을 남	610312-2345678	서울특별시 동작구 동작대로 300 (사당동)
등기권리자	김 갑 돌	531212-1234567	서울특별시 관악구 관악대로 200 (봉천동)

등록면허세	금 60,000 원	
지방교육세	금 12,000 원	
세액합계	금 72,000 원	
등기신청수수료	금 15,000 원 납부번호 :	
국민주택채권매입총액	금 300,000 원	
국민주택채권발행번호	7506-10-0492-2829	
	등기의무자의 등기필정보	
부동산고유번호		
성명(명칭)	일련번호	비밀번호

첨 부 서 면 (간인)	
1. 근저당권설정계약서 1통 1. 등기필증 1통 1. 인감증명 또는 본인서명사실확인서 또는 전자본인서명확인서발급증 1통 1. 주민등록표등본·초본 1통 1. 등록면허세영수필확인서 1통	1. 등기신청수수료영수필확인서 1통 1. 위임장 1통 1. 자필서명정보 1통

2019년 9월 16일

위 신청인

(또는) 위 대리인 법무사 이 법 구 직인 (전화: 962-9000)

서울특별시 중구 서소문로 300, 303호 (서소문동, 공명빌딩)

서울중앙지방법원 중부등기소 귀중

신청서 작성요령란

* 1. 부동산표시란에 2개 이상의 부동산을 기재하는 경우에는 부동산의 일련번호를 기재하여야 합니다.
2. 신청인란 등 해당란에 기재할 여백이 없을 경우에는 별지를 이용합니다.
3. 담당 등기관이 판단하여 위의 첨부서면 외에 추가적인 서면을 요구할 수 있습니다.

사례연습

〔법무사 제21회 기출문제〕

근저당권설정등기신청

|설 문|

아래 기재된 부동산에 대한 근저당권설정등기 신청을 위임받은 법무사 홍길동(사무소: 서울 동작구 동작대로 123길 1 동자빌딩 101호 / 전화번호 : 876-5000)으로 제시된 사실관계와 답안작성 유의사항에 따라 근저당권설정등기 신청서를 작성하시오.(신청방식은 서면에 의한 방문신청을 전제로 함) (30점)

- 근저당권 설정계약 관련 요지

1. 목적 부동산
   별지 "1동의 건물의 표시 표제부" 및 "전유부분의 건물의 표시 표제부" 참조
2. 채권최고액 : 금 3억원
3. 채권자 : 김일남(400123-1234567/ 주소 "서울 송파구 송파대로 100")
4. 채무자 : 박일남(700123-1234567/ 주소 "서울 강남구 강남대로 100")
   박이남(720123-1234567/ 주소 "서울 강남구 강남대로 100")
   - 박일남과 박이남은 채권자 김일남에 대하여 연대채무를 부담함
5. 부동산 소유자 : 이일녀(410123-2345678/ 주소 "100 펜실배니아 애버뉴 워싱턴 디씨 미국")
   - 이일녀는 별지 부동산을 2010년 매매를 원인으로 소유권이전등기를 하였음
   - 등기사항증명서 소유권란에 이일녀의 주소는 "서울 강남구 강남대로 100"으로 되어 있음
   - 이일녀의 소유권등기에 관한 등기필정보는 멸실된 상태임
   - 이일녀는 대한민국 국민으로 미국에 영주할 목적으로 2013년부터 미국에 거주하고 있으며, 현재 주소지는 미국임
   - 이일녀는 국내에 입국하지 않고 법무사 홍길동을 통해 위 부동산에 대한 근저당권 설정등기를 하고자 함
6. 근저당권설정 계약 체결일 : 2015년 9월 1일
7. 근저당권설정 계약서 내용:
   - "이자로 매월 말에 금 100만원을 지급한다"와 "본 근저당권의 효력은 근저당목적물의 부합물이나 종물에 효력이 미치지 않는다" 등의 문구를 명기하였음

〈별 지〉

▶ 1동의 건물의 표시 표제부

[표 제 부]		(1동의 건물의 표시)		
표시번호	접수	소재지번, 건물명칭 및 번호	건물내역	등기원인 및 기타 사항
1	2010년 4월 15일	서울특별시 서초구 서초동 100,101 서초아파트 가동 (도로명주소) 서울특별시 서초구 서초대로 123길 1	5층아파트 철근콘크리트조 슬래브지붕 1층 637㎡ 2층 637㎡ 3층 637㎡ 4층 637㎡ 5층 637㎡ 지하실 220㎡ 옥탑 121㎡	도면 제2012-15호

(대지권의 목적인 토지의 표시)				
표시번호	소재지번	지목	면적	등기원인 및 기타 사항
1	1.서울특별시 서초구 서초동 100 2.서울특별시 서초구 서초동 101	대 대	1,400㎡ 1,600㎡	2010년4월15일 등기

▶ 전유부분의 건물의 표시 표제부

[표 제 부]		(전유부분의 건물의 표시)		
표시번호	접수	소재지번, 건물명칭 및 번호	건물내역	등기원인 및 기타 사항
1	2012년 4월 15일	제1층 제101호	철근콘크리트조 96㎡	도면 제2012-15호

(대지권의 표시)			
표시번호	소재지번	대지권비율	등기원인 및 기타 사항
1	1, 2 소유권대지권	3,000분의 50	2010년 3월 15일 대지권 2010년 3월 15일 대지권 2010년 4월 15일 등기
2			별도등기있음 2토지(을구 1번 근저당권설정등기) 2010년 4월 15일 등기

※ **답안작성 유의사항**

1. 부동산표시란 및 첨부서면란 등이 부족할 경우에는 별지를 사용할 수 있다.
2. 첨부서면은 그 명칭과 통수를 기재하고 별지에는 각 서면별로 발급신청인 (예: 아무개의 인감증명서), 제출이유와 내용을 간단히 설명한다.
3. 위임장의 작성은 생략하되 첨부서면으로는 기재하고 그 내용(위임인 등)을 설명한다.
4. 신청서 양식 중 시가표준액 및 국민주택채권매입금액란, 취득세(등록면허세)란, 등기신청수수료란 등 설문에서 정보가 주어지지 않은 것은 기재를 생략한다.
5. 관할등기소는 서울중앙지방법원 등기국이고, 날인이 필요한 곳은 (인)으로 표시하며, 신청서 작성일자는 답안작성일로 한다.

【모범답안】

근저당권설정등기신청

<table>
<tr><td rowspan="2">접
수</td><td>년 월 일</td><td rowspan="2">처
리
인</td><td>접 수</td><td>기 입</td><td>교 합</td><td>각종통지</td></tr>
<tr><td>제 호</td><td></td><td></td><td></td><td></td></tr>
</table>

<table>
<tr><td colspan="4">부동산의 표시</td></tr>
<tr><td colspan="4">1동의 건물의 표시
서울특별시 서초구 서초동 100, 101
서초아파트 가동
[도로명주소] 서울특별시 서초구 서초대로 123길 1
전유부분의 건물의 표시
건물번호 가-1-101
구 조 철근콘크리트조
면 적 제1층 제101호 96㎡
대지권의 표시
대지권의 목적인 토지의 표시
1. 서울특별시 서초구 서초동 100 대 1,400㎡
2. 서울특별시 서초구 서초동 101 대 1,600㎡
대지권의 종류 1,2 소유권대지권
대지권의 비율 3,000분의 50 -이상-</td></tr>
<tr><td colspan="2">등기원인과 그 연월일</td><td colspan="2">2015년 9월 1일 설정계약(혹은 근저당권설정계약)</td></tr>
<tr><td colspan="2">등 기 의 목 적</td><td colspan="2">근저당권설정</td></tr>
<tr><td colspan="2">채 권 최 고 액</td><td colspan="2">금300,000,000원</td></tr>
<tr><td colspan="2">채 무 자</td><td colspan="2">박일남 서울특별시 강남구 강남대로 100
박이남 서울특별시 강남구 강남대로 100</td></tr>
<tr><td colspan="2">특 약</td><td colspan="2">본 근저당권의 효력은 근저당 목적물의 부합물이나 종물에 효력이 미치지 않는다</td></tr>
<tr><td>구분</td><td>성 명
(상호·명칭)</td><td>주민등록번호
(등기용등록번호)</td><td>주 소 (소 재 지)</td></tr>
<tr><td>등기
의무자</td><td>이 일 녀</td><td>410123-2345678</td><td>등기기록상 주소
100 펜실베니아 애비뉴 워싱턴디씨 미국
현주소
서울특별시 강남구 강남대로 100</td></tr>
<tr><td>등기
권리자</td><td>김 일 남</td><td>400123-1234567</td><td>서울특별시 송파구 송파대로 100</td></tr>
</table>

<table>
<tr><td>등록면허세</td><td colspan="2">금 원</td></tr>
<tr><td>지방교육세</td><td colspan="2">금 원</td></tr>
<tr><td>세액합계</td><td colspan="2">금 원</td></tr>
<tr><td rowspan="2">등기신청수수료</td><td colspan="2">금 원</td></tr>
<tr><td colspan="2">납부번호 :</td></tr>
<tr><td colspan="3">등기의무자의 등기필정보</td></tr>
<tr><td>부동산고유번호</td><td colspan="2"></td></tr>
<tr><td>성 명 (명 칭)</td><td>일련번호</td><td>비밀번호</td></tr>
<tr><td></td><td></td><td></td></tr>
<tr><td colspan="3">첨 부 서 면 (인)</td></tr>
<tr><td>1. 근저당권설정계약서 1통
1. 등록면허세영수필확인서 1통
1. 등기신청수수료영수필확인서 1통
1. 인감증명 또는 본인서명사실확인서 2통
1. 재외국민등록부등본 1통
1. 주민등록표등초본 1통</td><td colspan="2">1. 처분위임장 1통
1. 등기위임장 1통
1. 자필서명정보 1통</td></tr>
<tr><td colspan="3">2015년 9월 19일

위 신청인 (전화 :)

(또는) 위 대리인 법무사 홍길동 (인) (전화 : 876-5000)

서울특별시 동작구 동작대로 123길 1 동자빌딩 101호

서울중앙지방법원 등기국 귀중</td></tr>
</table>

- 신청서 작성요령 -

* 1. 부동산표시란에 2개 이상의 부동산을 기재하는 경우에는 그 부동산의 일련번호를 기재하여야 합니다.

2. 신청인란 등 해당란에 기재할 여백이 없을 경우에는 별지를 이용합니다.
3. 담당 등기관이 판단하여 위의 첨부서면 외에 추가적인 서면을 요구할 수 있습니다.

〔첨부서면설명〕

① **근저당권설정계약서**

근저당권설정등기신청서에는 등기원인증명을 증명하는 서면으로 근저당권설정계약서를 첨부정보로 제공하여야 한다(규칙 제46조 제1항 제1호). 위 근저당권설정계약서는 근저당권설정자로부터 처분행위를 위임받은 수임인이 이일녀의 대리인자격에서 김일남과 작성한다(수임인이 법무사 홍길동인 경우에도 마찬가지임).

② **등록면허세영수필확인서**

시장, 구청장, 군수 등으로부터 등록면허세납부서(OCR용지)를 발급받아 세금을 납부한 후 등록면허세영수필확인서를 신청서의 등록면허세액표시란의 좌측상단 여백에 첨부하거나, 또는 지방세인터넷납부시스템을 이용하여 납부하고 출력한 등록면허세납부확인서를 첨부한다(지방세법시행령 제49조; 법 29조 제10호).

③ **등기신청수수료 영수필확인서**

근저당권설정등기를 신청하는 자는 등기신청수수료를 내야 하므로 부동산 1개당 15,000원에 해당하는 등기신청수수료를 납부하고 등기신청수수료영수필확인서를 첨부한다(법 제22조 제3항).

④ **인감증명 또는 본인서명사실확인서 2통** (이일녀, 수임인)

재외국민이 처분행위를 위임하는 경우이므로 처분위임장에는 인감도장을 날인하고 그에 대한 인감증명을 첨부한다. 재외국민 본인으로부터 처분행위를 위임받은 수임인이 누구인지 명확하지 않으나 수임인의 인감증명도 첨부하여야 한다.

⑤ **재외국민등록부등본 1통** (이일녀)

본 사안은 규칙 제60조 제1항 제1호부터 제3호까지에 해당하는 등기신청을 하는 경우에 해당하므로 등기의무자가 재외국민임을 증명하는 정보로서 재외국민등록부등본을 등기소에 제공하여야 한다(재외국민 및 외국인의 부동산등기신청절차에 관한 예규 개정 2020. 6. 10. 등기예규 제1686호).

⑥ **주민등록표등초본 1통** (김일남)

근저당권자의 주소 및 주민등록번호증명서면으로 김일남의 주민등록표등초본을 1통 첨부한다(규칙 제46조 제1항 제6호).

⑦ **처분위임장 1통** (이일녀)

재외국민인 이일녀가 입국하지 않고 처분행위를 하고자 하는 경우에는 대리권한을 증명하는 서면으로 처분위임장에 인감을 날인(또는 서명)하고 인감증명 또는 본인서명사실확인서를 첨부한다(규칙 제46조 제1항 제5호). 재외국민이 규칙 제60조 제1항 제1호부터 제3호까지에 해당하는 등기신청을 하거나 같은 항 제4호부터 제7호까지의 서류를 작성하는 경우에 체류국을 관할하는 대한민국 재외공관(「대한민국 재외공관 설치법」 제2조에 따른 대사관, 공사관, 대표부, 총영사관과 영사관을 의미하며, 공관이 설치되지 아니한 지역에서 영사사무를 수행하는 사무소를 포함한다, 이하 같다)에서 인감을 날인해야 하는 서면에 공증을 받았다면 인감증명을 제출할 필요가 없다(위 등기예규 제1665호).

※ ① 재외국민 또는 외국인이 등기의무자로서 권리에 관한 등기를 신청할 때에 등기필정보가 없다면 법 제51조 및 」등기필정보가 없는 경우 확인조서 등에 관한 예규」에서 정하는 바에 따른다. ②법 제51조 단서의 '공증'은 외국인의 경우에는 본국 관공서의 증명이나 본국 또는 대한민국 공증을 말하고, 재외국민의 경우에는 대한민국 공증만을 말한다. 따라서 재외국민의 처분위임장에 '등기필정보가 없다'는 뜻을 기재하여 대한민국 영토 내에서 「공증인법」에 따라 이루어지는 공증이나 대한민국 영토 밖에서 「재외공관 공증법」에 따라 공증담당영사가 담당하는 공증을 받아야 한다(위 등기예규 제1665호).

⑧ **등기위임장** (김일남)

법무사 홍길동이 등기신청을 대리하는 경우이므로 대리권한을 증명하는 서면으로 등기위임장을 작성 제출하여야 하는바, 이 등기위임장에는 수임인과 김일남이 날인 또는 서명한다(규칙 제46조 제1항 제5호). 외국인 또는 재외국민이 처분행위를 위임한 경우 이는 등기신청을 위임한 것으로 보므로 등기위임장에 이일녀가 별도로 날인할 필요는 없다.

⑨ **자격자대리인의 확인 및 자필서명정보**

등기의무자와 등기권리자가 공동으로 신청하는 권리에 관한 등기이므로 자격자대리인이 등기의무자를 확인하고 자필서명한 정보를 첨부정보로 제공하여야 한다(규칙 제46조 제1항, 제8호, 2022. 7. 1.부터).

8. 근저당권에 관한 등기 — (2) 토지추가근저당권설정등기신청

토지추가근저당권설정등기신청

접 수	년 월 일	처리인	등기관 확인	각종통지
	제 호			

① 부동산의 표시			
추가할 부동산 서울특별시 서초구 서초동 100 대 300㎡ 전에 등기한 부동산 대전광역시 서구 둔산동 1420 [도로명주소] 대전광역시 서구 둔산대로 100 철근콘크리트조 슬래브지붕 2층주택 1층 120㎡ 2층 120㎡ 이 상			
②등기원인과 그 연월일	2019년 9월 9일 추가근저당권설정계약		
③등 기 의 목 적	근저당권설정		
④채 권 최 고 액	금 300,000,000 원		
⑤채 무 자	이대백 대전광역시 서구 둔산대로117번길 120 (둔산동)		
⑥전에 등기한 근저당권	2019년 8월 1일 접수 제1128호로 등기한 순위 1번 근저당권		
구 분	성 명 (상호·명칭)	주민등록번호 (등기용등록번호)	주 소(소재지)
⑦ 등기 의무자	이 대 백	730320-1617312	대전광역시 서구 둔산대로117번길 120 (둔산동)
⑧ 등기 권리자	주식회사 국민은행 지배인 김영남 (둔산동지점)	110111-0001123	서울특별시 중구 청계천로 40 (명동) 대전광역시 서구 대덕대로 294 (둔산동)

<table>
<tr><td>⑨ 등 록 면 허 세</td><td colspan="2">금 6,000 원</td></tr>
<tr><td>⑨ 지 방 교 육 세</td><td colspan="2">금 1,200 원</td></tr>
<tr><td>⑩ 세 액 합 계</td><td colspan="2">금 7,200 원</td></tr>
<tr><td rowspan="2">⑪ 등 기 신 청 수 수 료</td><td colspan="2">금 15,000 원</td></tr>
<tr><td colspan="2">납부번호 :</td></tr>
<tr><td>⑫ 국 민 주 택 채 권 매 입 금 액</td><td colspan="2">금 원</td></tr>
<tr><td>⑫ 국 민 주 택 채 권 발 행 번 호</td><td colspan="2"></td></tr>
<tr><td colspan="3">⑬ 등기의무자의 등기필정보</td></tr>
<tr><td>부 동 산 고 유 번 호</td><td colspan="2">1149-1996-067537</td></tr>
<tr><td>성 명 (명 칭)</td><td>일련번호</td><td>비밀번호</td></tr>
<tr><td>이 대 백</td><td>ACDI-0198-7329</td><td>12 - 3126</td></tr>
<tr><td colspan="3">⑮ 첨 부 서 면 (간인)</td></tr>
<tr><td>1. 추가근저당권설정계약서 1통 ⑯
1. 등록면허세영수필확인서 1통 ⑰
1. 등기신청수수료영수필확인서 1통 ⑱
1. 인감증명 또는 본인서명사실확인서 또는 전자본인서명확인서발급증 1통 ⑲
1. 법인등기사항증명서 1통 ⑳</td><td colspan="2">1. 등기필증 1통 ㉑
1. 위임장 1통 ㉒
1. 자필서명정보 1통 ㉓
<기 타> ㉔</td></tr>
<tr><td colspan="3">2019년 9월 9일
⑭ 위 신청인
대리인 법무사 유 명 한 (직인) (전화: 599-0000)
서울특별시 서초구 서초대로100길 76 (서초동)

서울중앙지방법원 등기국 귀중</td></tr>
</table>

신청서 작성요령란

* 1. 부동산표시란에 2개 이상의 부동산을 기재하는 경우에는 부동산의 일련번호를 기재하여야 합니다.
2. 신청인란 등 해당란에 기재할 여백이 없을 경우에는 별지를 이용합니다.
3. 담당 등기관이 판단하여 위의 첨부서면 외에 추가적인 서면을 요구할 수 있습니다.

등기신청안내서 — 추가근저당권설정등기신청

1. 추가근저당권설정등기

토지에 대하여 근저당권설정등기를 한 후 동일한 채권을 담보하기 위하여 건물에 대하여 추가로 근저당권을 설정하는 경우의 예이다.

2. 등기신청방법

(1) 공동신청

근저당권설정자 즉 소유자(등기의무자)와 근저당권자(등기권리자)가 본인임을 확인할 수 있는 주민등록증 등을 가지고 직접 등기소에 출석하여 공동으로 신청함이 원칙이다.

(2) 단독신청

판결에 의한 등기신청인 경우에는 승소한 등기권리자 또는 등기의무자가 단독으로 신청할 수 있다.

3. 등기소에 제공하여야 하는 신청정보

신청서는 한글과 아라비아 숫자로 기재한다. 부동산의 표시란이나 신청인란 등이 부족할 경우에는 별지를 사용하고, 별지를 포함하여 신청서가 여러 장인 때에는 각 장 사이에 간인을 하여야 한다.

① 부동산의 표시란

저당권을 설정하는 부동산을 기재하되, 등기기록상 부동산 표시와 일치하여야 한다. 토지는 소재 · 지번, 지목, 면적 순으로 기재하고, 건물은 소재 · 지번, 도로명주소, 구조, 종류, 면적 순으로 기재한다. 공동근저당의 목적이 지상권이나 전세권인 경우에는 그 지상권이나 전세권의 설정등기년월일 및 접수번호를 기재하여야 한다.

② 등기원인과 그 연월일란

등기원인은 '추가근저당권설정계약'으로, 연월일은 추가근저당권설정계약의 체결일을 기재한다.

③ 등기의 목적란

'근저당권설정' 이라고 기재한다. 추가근저당권설정이라 기재하지 아니한다.

④ 채권최고액란

아라비아 숫자로 '금○○○원 으로 기재한다.

⑤ 채무자란

채무자의 성명(명칭)과 주소를 기재한다. 근저당권설정자와 채무자가 동일인인 경우에도 채무자의 표시를 반드시 하여야 한다. 채무자의 주민등록표등본을 제출할 것은 아니다.

⑥ 전에 등기한 근저당권란

1개 또는 수 개의 부동산에 관한 권리를 목적으로 하는 근저당권의 설정등기를 한 후 동일한 채권에 대하여 다른 1개 또는 수 개의 부동산에 관한 권리를 목적으로 하는 근저당권설정의 등기를 신청하는 경우에는 신청서에 종전의 등기를 표시함에 족한 사항을 기재하여야 한다(법 제147조). 이 경우 공동담보목록의 번호 또는 부동산소재의 표시(건물에 번호가 있는 경우에는 건물의 번호도 기재함)를 기재하여야 한다(규칙 제69조). 그리고 부동산표시 이외에 종전 등기의 순위번호와 접수년월일 및 접수번호를 기재하여야 한다(2001. 7. 20. 등기예규 제1029호). 종전 부동산에 순위가 다른 여러 개의 근저당권설정등기가 있을 수 있기 때문이다.

⑦ 등기의무자란

소유자의 성명, 주민등록번호, 주소를 기재하되, 등기기록상 소유자 표시와 일치하여야 한다. 등기기록상 등기신청인의 주소가 지번방식의 주소인 경우에도, 등기신청인이 제공한 주민등록등(초)본 혹은 도로명주소 정보(건축물대장정보, 행정안전부 "새주소 안내시스템(www.juso.go.kr)의 조회결과물 등) 등에 의하여 해당 지번방식의 주소에 대한 도로명주소임이 인정되는 경우에는 등기사건을 수리하여야 한다. 즉 등기기록상 등기명의인의 주소를 도로명주소로 변경등기를 하지 아니하여도 추가근저당설정등기를 신청할 수 있다(법 제29조 제7호의 적용을 받지 아니한다).

최근 등기선례

동일한 채권을 담보하기 위하여 추가로 근저당권설정등기를 신청하는 경우, 종전 등기의 근저당권설정자 및 채무자의 주소를 변경하는 등기를 선행하여야 하는지 여부

공동근저당이 성립하기 위해서는 설정행위에서 정한 기본계약이 동일하여야 하므로 추가근저당권설정등기신청을 하는 경우 신청서에 기재된 채무자의 주소와 종전의 근저당권설정등기에 기록되어 있는 채무자의 주소가 다른 경우에는 먼저 종전 근저당권설정등기의 채무자 주소를 변경하는 근저당권변경등기를 선행하여야 한다. 다만, 추가되는 부동산과 종전 부동산의 근저당권설정자(소유자)는 동일할 필요가 없으므로, 설령 추가되는 부동산과 종전 부동산의 근저당권설정자의 주소가 다르다고 하더라도 종전 부동산의 근저당권설정자의 등기명의인표시변경등기를 선행하여야 하는 것은 아니다(2012. 01. 04. 부동산등기과－27 질의회답)

참조조문 : 부동산등기법 제75조, 부동산등기규칙 제134조, 제135조
참조예규 : 등기예규 제1429호
참조선례 : 부동산등기선례요지집 V 제450항

⑧ 등기권리자란

근저당권자를 기재하는 난으로, 그 기재방법은 등기의무자란과 같다. 법인이 저당권자 또는 근저당권자인 경우 등기신청서에 취급지점(예: ㅇㅇ지점, △△출장소, ××간이예금취급소 등)의 표시를 할 수 있는 바, 그 취급지점 등의 표시는 법인의 표시 다음에 줄을 바꾸어 괄호 안에 기재하고 취급지점 등의 소재지는 표시하지 아니한다. 이 경우 취급지점 등의 명칭은 그 명칭이 등기된 것일 때에는 이에 의하여, 그 명칭이 등기되지 아니한 것일 때에는 당해 법인에서 호칭하는 통상명칭에 의하여 표시한다(제정 2012. 5. 10 등기예규 제1188호).

⑨ 등록면허세 · 지방교육세란

동일 채권을 위하여 담보물을 추가하는 등기에 대하여는 지방세법 제131조 제1항 제8호(6,000원)에 의하여 등록면허세를 각각 납부하여야 한다(지방세법시행령 제47조).

⑩ 세액합계란

등록면허세액과 지방교육세액의 합계를 기재한다.

⑪ 등기신청수수료란

추가근저당권설정등기를 신청하는 자는 등기신청수수료를 내야 하므로(법 제22조 제3항), 부동산 1개당 15,000원(전자표준양식에 의한 등기신청의 경우에는 13,000원, 전자신청의 경우에는 10,000원)에 해당하는 등기신청수수료를 납부하고 그 등기신청수수료금액 및 납부번호를 신청서에 기재한다(등기예규 제1789호).

⑫ 국민주택채권매입금액란

전에 설정된 근저당권에 대하여 새로운 담보물을 추가하는 근저당권설정등기의 경우에는 주택채권을 매입하지 않아도 된다(1993. 6. 7. 등기선례 3-1032).

⑬ 등기의무자의 등기필정보란

전자신청 지정등기소에서는 신청방법(전자신청, 서면신청)을 불문하고 등기를 완료

한 경우 등기필증 대신 등기필정보를 전자적 교부 또는 서면 교부하기 때문에, 등기신청의 당사자 또는 대리인은 등기필정보상의 일련번호와 비밀번호를 기재함으로써 등기필증의 제출을 갈음할 수 있다. 등기의무자가 교부받은 등기필정보에 기재된 부동산 고유번호, 성명, 일련번호, 비밀번호를 각 기재한다. 등기의무자에게 등기필정보나 등기필증이 없는 경우에는 부동산등기법 제51조의 규정에 의한다(기타 참조).

⑭ 신청인 혹은 대리인의 표시란

㈎ 등기의무자와 등기권리자의 성명 및 전화번호를 기재하고, 각자가 기명날인하되, 등기의무자는 그의 인감을 날인한다. 등기권리자는 기명날인 대신에 서명으로 갈음할 수 있다. 신청인이 법인 또는 법인 아닌 사단이나 재단인 경우에는 상호(명칭)와 대표자(관리인)의 자격 및 성명을 기재한다. 법인이 등기의무자인 때에는 등기소의 증명을 얻은 그 대표자의 인감을, 법인 아닌 사단이나 재단이 등기의무자인 경우에는 대표자(관리인)의 개인인감을 날인한다.

㈏ 대리인이 등기신청을 하는 경우에는 그 대리인의 성명, 주소 및 전화번호를 기재하고 기명날인한다.

⑮ 첨부서면란

등기신청서에 첨부한 서면을 각 기재한다.

4. 등기소에 제공하여야 하는 첨부정보

⑯ 추가근저당권설정계약서

등기원인서면으로 추가근저당권설정계약서를 첨부한다(규칙 제46조 제1항 제1호).

⑰ 등록면허세영수필확인서 또는 등록면허세납부확인서

시장, 구청장, 군수 등으로부터 등록면허세납부서(OCR용지) 또는 대법원 인터넷등기소의 정액등록면허세납부서 작성기능을 통하여 정액등록면허세납부서를 발급받아 세금을 납부한 후 등록면허세영수필확인서를 신청서의 등록면허세액표시란의 좌측상단 여백에 첨부하거나, 또는 지방세인터넷납부시스템을 이용하여 납부하고 출력한 등록면허세납부확인서를 첨부한다(지방세법 제30조; 지방세법시행령 제49조 제1항).

⑱ 등기신청수수료영수필확인서

근저당권설정등기를 신청하는 자는 등기신청수수료를 내야 하므로(법 제22조 제3항), 부동산 1개당 15,000원(전자표준양식에 의한 등기신청의 경우에는 13,000원, 전자신청의 경우에는 10,000원)에 해당하는 등기신청수수료를 납부하고 등기신청수수료영수필확인서를 첨부한다(등기예규 제1789호).

⑲ 인감증명 또는 본인서명사실확인서 또는 전자본인서명확인서 발급증

소유권의 등기명의인이 등기의무자이므로 등기의무자의 인감증명을 첨부한다(규칙 제60조 제1항 제1호). 규칙 제60조, 규칙 제61조에 의하여 인감증명을 첨부하여야 하는 자가 법인인 경우에는 등기소의 증명을 얻은 대표자의 인감증명을, 법인 아닌 사단 또는 재단인 경우에는 대표자 또는 관리인의 인감증명을 제출한다. 위 인감증명에 갈음하여 위임장 등에 서명을 하고 본인서명사실확인서를 첨부하거나 전자본인서명확인서 발급증을 첨부할 수 있다(부동산등기규칙 제60조의2).

⑳ 법인등기사항일부증명서

등기권리자인 근저당권자의 법인등기사항증명서를 첨부하여야 한다. 실무상 은행 해당 지점의 지배인초본(법인등기사항일부증명서)을 첨부한다. 이는 대표자의 자격을 증명하는 정보(규칙 제46조 제1항 제4호), 등기권리자의 주소 및 부동산등기용등록번호(규칙 제46조 제1항 제6호) 로서의 기능을 겸유한다. 등기권리자가 자연인인 경우에는 주소 및 주민등록번호를 증명하는 서면으로 주민등록표등(초)본을 제출한다(규칙 제46조 제1항 제6호).

㉑ 등기필증

등기의무자가 등기필정보를 가지고 있는 경우에는 등기의무자의 등기필정보를 신청정보의 내용으로 등기소에 제공하여야 하지만(법 제50조 제2항), 등기의무자가 구 부동산등기법 제67조 제1항에 따른 등기필증이나 구법 제68조 제1항에 따른 등기완료통지서를 가지고 있는 경우에는 등기의무자가 가지고 있는 그 등기필증 혹은 등기완료통지서를 제출하여야 한다(법 부칙 제2조). 등기의무자에게 등기필정보 · 등기필증 · 등기완료통지서가 없는 경우에는 법무사 등이 등기의무자 본인임을 확인한 확인서면 등을 제출한다. 자세한 방법은 기타 부분을 참조한다(법 제51조, 기타 참조).

㉒ 위임장

등기신청을 법무사 등 대리인에게 위임하는 경우에 첨부한다(규칙 제46조 제1항 제5호). 위임인의 성명과 주소를 기재하고 인장을 날인하되 규칙 제60조 제1항 제1호~제3호에 해당하여 인감증명을 제출하여야 하는 자는 위임장에 인감을 날인하여야 하나, 위 규칙 제60조 제1항 제1호~제3호에 해당하지 않는 자는 인감날인 대신에 일반적인 기명날인 혹은 서명으로 갈음할 수 있다. 위임인이 법인이나 법인 아닌 사단 또는 재단인 경우에는 상호(명칭)와 대표자(관리인)의 자격, 성명 및 주소도 기재하여야 한다.

㉓ 자격자대리인의 확인 및 자필서명정보

등기의무자와 등기권리자가 공동으로 신청하는 권리에 관한 등기이므로 자격자대리인이 등기의무자를 확인하고 자필서명한 정보를 첨부정보로 제공하여야 한다(규칙 제46조 제1항, 제8호, 2022. 7. 1.부터).

㉔-1 기타 ― 신청인이 법인 아닌 사단(재단)인 경우

법인 아닌 사단 또는 재단이 등기를 신청하는 경우에는 ㉠ 정관이나 그 밖의 규약, ㉡ 대표자나 관리인임을 증명하는 정보(다만, 등기되어 있는 대표자나 관리인이 신청하는 경우에는 그러하지 아니하다), ㉢ 법인 아닌 사단 또는 재단의 주소 및 부동산등기용등록번호를 증명하는 정보(새로이 등기명의인이 되는 경우에 한한다), ㉣ 대표자나 관리인의 주소 및 주민등록번호를 증명하는 정보를 첨부정보로 제공한다. 다만 법인 아닌 사단이 등기의무자인 경우에는 민법 제276조 소정의 사원총회의 결의서도 첨부한다(규칙 제48조).

㉔-2 기타 ― 공장저당인 경우

공장저당법 제6조에 의한 근저당권설정등기 신청시에는 공장저당법 제6조에 의한 기계기구목록과 공장증명서를 첨부하여야 한다.

㉔-3 기타 ― 등기의무자의 등기필정보(등기필증, 등기완료통지서)가 없는 경우

등기의무자의 등기필정보(등기필증, 등기완료통지서)가 없을 때에는 ① 등기의무자 또는 그 법정대리인(이하 "등기의무자등"이라 한다)이 등기소에 출석하여 등기관으로부터 등기의무자등임을 확인받는 방법 ② 등기신청인의 대리인(변호사나 법무사만을 말한다)이 등기의무자등으로부터 위임받았음을 확인하여 확인서면을 제출하는 방법 ③ 신청서(위임에 의한 대리인이 신청하는 경우에는 그 권한을 증명하는 서면을 말한다) 중 등기의무자등의 작성부분에 관하여 공증을 받아 제출하는 방법으로 등기신청을 하여야 한다. 위 '공증'은 신청서나 위임장에 기재된 내용 중 등기의무자등의 작성부분(기명날인 등)에 대해 공증인이 등기의무자등의 의사에 의해 작성된 것임을 확인하고 그 증명을 하여 주는 사서증서의 인증을 의미한다(등기필정보가 없는 경우 확인조서 등에 관한 예규, 2018. 12. 18. 등기예규 제1664호, 시행 2019. 1. 1.)(법 제51조, 규칙 제111조 참조).

5. 등기신청서류 편철순서

신청서, 등록면허세영수필확인서, 등기신청수수료영수필확인서, 위임장, 자필서명정보, 인감증명 또는 본인서명사실확인서, 법인등기사항일부증명서, 추가근저당권설정계약서, 등기필증 등의 순으로 편철하는 것이 실무상의 예이다.

6. 집합건물의 등기에 관한 업무처리지침(2012. 6. 29. 등기예규 제1470호)

(1) 대지에 관하여 이미 저당권이 설정되어 있는 상태에서 대지권의 등기를 하고, 그와 아울러 또는 그 후에 구분건물에 관하여 동일채권의 담보를 위한 저당권을 추가설정하려는 경우에는, 구분건물과 대지권을 일체로 하여 그에 관한 추가저당권설정등기의 신청을 할 수 있다.

(2) 위 추가저당권설정등기의 신청서에는 구분건물 외에 그 대지권의 표시를 하여야 하고, 대지에 관하여 설정된 종전의 저당권등기를 표시하는 사항을 기재하여야 한다(규칙 제134조). 여기서 종전의 등기를 표시하는 사항이라 함은, 공동담보목록의 번호 또는 부동산의 소재지번(건물의 번호가 있는 경우에는 그 번호도 포함한다)을 의미한다.

<부동산의 표시>

〈추가할 부동산〉

1동의 건물의 표시
서울특별시 서초구 서초동 100
샛별아파트 제가동
[도로명주소] 서울특별시 서초구 서초대로21길 60
전유부분의 건물의 표시
건물의 번호 가-1-101
구조 철근콘크리트조
면적 제1층 제101호 86. 03㎡
대지권의 표시
대지권의 목적인 토지의 표시
1. 서울특별시 서초구 서초동 100
대 1,400㎡
대지권의 종류 1. 소유권대지권
대지권의 비율 3,000분의 50

〈전에 등기한 부동산의 표시〉

서울특별시 서초구 서초동 100
대 1,400㎡
이 상

(3) 위 (1)항과 반대로 구분건물에 관하여 먼저 저당권이 설정되고 새로 건물의 대지권의 목적이 된 토지에 관하여 동일채권의 담보를 위한 저당권을 추가설정하려는 경우에도 위에 준하여 처리한다.

<부동산의 표시>

〈추가할 부동산〉

1동의 건물의 표시

서울특별시 서초구 서초동 100

샛별아파트 제가동

[도로명주소] 서울특별시 서초구 서초대로21길 60

전유부분의 건물의 표시

건물의 번호 가-1-101

구조 철근콘크리트조

면적 제1층 제101호 86.03㎡

대지권의 표시

대지권의 목적인 토지의 표시

1. 서울특별시 서초구 서초동 100

대 1,400㎡

대지권의 종류 1. 소유권대지권

대지권의 비율 3,000분의 50

〈전에 등기한 부동산의 표시〉

1동의 건물의 표시

서울특별시 서초구 서초동 100

샛별아파트 제가동

[도로명주소] 서울특별시 서초구 서초대로21길 60

전유부분의 건물의 표시

건물의 번호 가-1-101

구조 철근콘크리트조

면적 제1층 제101호 86.03㎡

이 상

7. 등기기록례

[을 구]		(소유권 이외의 권리에 관한 사항)		(No.421)
순위번호	등기목적	접 수	등기원인	권리자 및 기타 사항
1	근저당권설정	2019년 9월 9일 제13089호	2019년 9월 9일 추가설정계약	채권최고액 금 30,000,000원 채무자 이대백 대전광역시 서구 둔산대로117번길 120 (둔산동) 근저당권자 주식회사 우리은행 110111-0001123 서울특별시 중구 청계천로 40 (명동) (둔산동지점) 공동담보 건물 대전광역시 서구 둔산동 1420

[을 구]		(소유권 이외의 권리에 관한 사항)		(No.420)
순위번호	등기목적	접 수	등기원인	권리자 및 기타 사항
1	근저당권설정	2019년 8월 1일 제11128호	2019년 7월 29일 설정계약	채권최고액 금 30,000,000원 채무자 이대백 대전광역시 서구 둔산대로117번길 120 (둔산동) 근저당권자 주식회사 우리은행 110111-0001123 서울특별시 중구 청계천로 40 (명동) (둔산동지점)
1-1	1번근저당 담보추가			공동담보 토지 서울특별시 서초구 서초동 100 2019년 9월 9일 부기

사례연습

추가근저당권설정등기신청

|설 문|

아래에 그 요지를 기재한 계약에 따른 등기신청서를 2019. 3. 2. 자로 서울중앙지방법원 등기국에 작성하여 제출하라. 첨부서면에 대하여 설명할 것. 문제에 제시되지 아니한 사항은 임의로 기재할 것.

참고자료

추가담보계약서

1. 2018년 10월 5일 근저당권설정계약에 의하여 박갑남이 주식회사 행복은행으로부터 금 40,000,000원을 차용한 채무의 담보로 채무자 소유의 부동산(서울특별시 서초구 서초동 100, 대 1,200㎡)에 대하여 2018년 10월 6일 서울중앙지방법원 등기국 접수 제10262호로 순위 제1번 채권최고액 52,000,000원의 근저당권설정등기를 경료하였는바, 채무자는 그 후 채무자 소유의 아래 구분건물과 대지권을 일체로 하여 추가담보로 제공한다.
2. 채권자의 승인없이 담보물을 타에 양도, 임대하거나 담보제공을 하는 등 채권자를 해하는 일을 하여서는 아니 된다.
3. 채무자는 위 계약에 따른 등기절차에 협조하기로 한다.

위와 같이 이행할 것을 확약 기명날인하고 후일을 위하여 본 증서를 작성한다.

2019. 3. 1.

채무자 박 갑 남 (인)
620303-1018181
서울특별시 서초구 서초대로 222 (방배동)

채권자 주식회사 행복은행
110112-1110325
서울특별시 영등포구 국회대로 53 (여의도동)
지배인 김 일 선 (인)
(취급지점 서초지점)

지배인의 주소 서울특별시 동작구 동작대로 326 (상도동)

1동의 건물의 표시

서울특별시 서초구 서초동 100

새별아파트 제가동

[도로명주소] 서울특별시 서초구 명달로 1길 20

철근콘크리트조 슬래브지붕 5층 아파트

1층 245㎡ 2층 245㎡ 3층 245㎡

4층 245㎡ 5층 245㎡

전유부분의 건물의 표시

건물의 번호 가-1-101

구 조 철근콘크리트조

면 적 1층 101호 86. 03㎡

대지권의 표시

대지권의 목적인 토지의 표시

1. 서울특별시 서초구 서초동 100 대 1,200㎡

대지권의 종류 1. 소유권

대지권의 비율 3,000분의 50

【모범답안】

건물추가근저당권설정등기신청

접 수	년 월 일	처리인	등기관 확인	각종통지
	제 호			

부동산의 표시	
추가할 부동산 1동의 건물의 표시 서울특별시 서초구 서초동 100 샛별아파트 제가동 [도로명주소] 서울특별시 서초구 명달로1길 20 전유부분의 건물의 표시 건물의 번호 가-1-101 구 조 철근콘크리트조 면 적 제1층 제101호 86.03㎡ 대지권의 표시 대지권의 목적인 토지의 표시 1. 서울특별시 서초구 서초동 100 대 1,200㎡ 대지권의 종류 1. 소유권대지권 대지권의 비율 3,000분의 50 전에 등기한 부동산 서울특별시 서초구 서초동 100 대 1,200㎡ 이 상	
등기원인과 그 연월일	2019년 3월 1일 추가근저당권설정계약
등 기 의 목 적	근저당권설정
채 권 최 고 액	금 52,000,000원
채 무 자	박갑남 서울특별시 서초구 서초대로 222 (방배동)
전에 등기한 근저당권	을구 순위 1번 접수 2018년 10월 6일 제10262호 근저당권

구 분	성 명 (상호·명칭)	주민등록번호 (등기용등록번호)	주 소(소재지)
등기의무자	박 갑 남	620303-1018181	서울특별시 서초구 서초대로 222 (방배동)
등기권리자	주식회사 행복은행 지배인 김일선 (서초지점)	110112-111325	서울특별시 영등포구 국회대로 53 (여의도동) 서울특별시 동작구 동작대로 326 (상도동)

등록면허세	금 6,000 원	
지방교육세	금 1,200 원	
세액합계	금 7,200 원	
등기신청수수료	금 15,000 원 납부번호 :	
국민주택채권매입총액	금 원	
국민주택채권발행번호		
등기의무자의 등기필정보		
부동산고유번호	1149-2006-067537	
성명(명칭)	일련번호	비밀번호
박갑남	ACD9-0198-7329	12 - 3126
첨부서면 (간인)		
1. 추가근저당권설정계약서 1통 1. 등록면허세영수필확인서 1통 1. 등기신청수수료영수필확인서 1통 1. 인감증명 또는 본인서명사실확인서 또는 전자본인서명확인서발급증 1통 1. 법인등기사항(일부)증명서 1통		
2019년 3월 2일 위 신청인 박 갑 남 ㉑ (전화:) 주식회사 행복은행 지배인 김일선 ㉑ (전화:) (서초지점) 위 대리인 서울중앙지방법원 등기국 귀중		

신청서 작성요령란

* 1. 부동산표시란에 2개 이상의 부동산을 기재하는 경우에는 부동산의 일련번호를 기재하여야 합니다.
2. 신청인란 등 해당란에 기재할 여백이 없을 경우에는 별지를 이용합니다.
3. 담당 등기관이 판단하여 위의 첨부서면 외에 추가적인 서면을 요구할 수 있습니다.

8. 근저당권에 관한 등기 — (3) 근저당권일부이전등기신청

근저당권일부이전등기신청

접 수	년 월 일	처리인	등기관 확인	각종통지
	제 호			

① 부동산의 표시	
1동의 건물의 표시 서울특별시 서초구 서초동 100, 101 샛별아파트 제가동 [도로명주소] 서울특별시 서초구 서초대로21길 60 전유부분의 건물의 표시 건물의 번호 가-1-101 구조 철근콘크리트조 면적 제1층 제101호 86.03㎡ 대지권의 표시 대지권의 목적인 토지의 표시 1. 서울특별시 서초구 서초동 100 대 1,400㎡ 2. 서울특별시 서초구 서초동 101 대 1,600㎡ 대지권의 종류 1,2. 소유권대지권 대지권의 비율 3,000분의 50 이 상	
②등기원인과 그 연월일	2019년 8월 1일 확정채권일부양도
③등 기 의 목 적	2번 근저당권 일부이전
④ 이 전 할 근 저 당 권	2018년 3월 11일 접수 제11288호로 등기한 순위2번 근저당권, 단 근저당권은 채권과 함께 이전함.
⑤ 양 도 액	금 100,000,000 원

구 분	성 명 (상호 · 명칭)	주민등록번호 (등기용등록번호)	주 소(소재지)	지분 (개인별)
⑥ 등기 의무자	이 대 백	730320-1617312	서울특별시 서초구 서초동 100	
⑦ 등기 권리자	김 삼 남	561213-1089723	서울특별시 서초구 서초대로 46길 60, 101동 201호 (서초동, 서초아파트)	

⑧ 등록면허세	금	200,000	원
⑧ 지방교육세	금	40,000	원
⑨ 세액합계	금	240,000	원
⑩ 등기신청수수료	금	15,000	원
	납부번호 :		
⑪ 국민주택채권매입금액	금	1,000,000	원
⑪ 국민주택채권발행번호			

⑫ 등기의무자의 등기필정보		
부동산고유번호		
성명(명칭)	일련번호	비밀번호

⑭ 첨 부 서 면 (간인)	
1. 근저당권이전계약서 1통 ⑮	1. 위임장 1통 ⑳
1. 등록면허세영수필확인서 1통 ⑯	1. 자필서명정보 1통 ㉑
1. 등기신청수수료영수필확인서 1통 ⑰	<기 타> ㉒
1. 등기필증 1통 ⑱	
1. 주민등록표등본·초본 1통 ⑲	

2019년 8월 1일

⑬ 위 신청인

대리인 법무사 유 명 한 직인 (전화: 599-0000)

서울특별시 서초구 서초대로100길 76 (서초동)

서울중앙지방법원 등기국 귀중

신청서 작성요령란

* 1. 부동산표시란에 2개 이상의 부동산을 기재하는 경우에는 부동산의 일련번호를 기재하여야 합니다.
2. 신청인란 등 해당란에 기재할 여백이 없을 경우에는 별지를 이용합니다.
3. 담당 등기관이 판단하여 위의 첨부서면 외에 추가적인 서면을 요구할 수 있습니다.

등기신청안내서 — 근저당권이전등기신청

1. 근저당권이전등기신청

근저당권의 피담보채권이 확정된 후 그 확정된 채권 중에 일부를 제3자에게 양도한 경우에 확정채권일부양도(일부대위변제)를 원인으로 하여 근저당권의 일부이전 등기를 신청하는 양식이다.

2. 등기신청방법

(1) 공동신청

확정채권양수인(등기권리자)과 확정채권양도인(등기의무자)이 본인임을 확인할 수 있는 주민등록증 등을 가지고 직접 등기소에 출석하여 공동으로 신청함이 원칙이다.

(2) 단독신청

판결에 의한 등기신청인 경우에는 승소한 등기권리자 또는 등기의무자가 단독으로 신청할 수 있다.

3. 등기소에 제공하여야 하는 신청정보

신청서는 한글과 아라비아 숫자로 기재한다. 부동산의 표시란이나 신청인란 등이 부족할 경우에는 별지를 사용하고, 별지를 포함하여 신청서가 여러 장인 때에는 각 장 사이에 간인을 하여야 한다.

① 부동산의 표시란

이전할 근저당권의 목적부동산을 기재하되, 등기기록상 부동산 표시와 일치하여야 한다.

㈎ 1동의 건물의 표시 동의 건물의 소재 · 지번 · 종류와 구조 및 면적을 기재한다. 다만, 1동의 건물의 번호가 있는 경우(예: 가동, 나동, 다동 등)에 이를 기재한 때에는 1동의 건물의 구조와 면적을 기재하지 않는다.

㈏ 전유부분의 건물의 표시 건물의 번호, 구조, 면적을 기재한다.

㈐ 대지권의 표시 대지권의 목적인 토지의 표시, 대지권의 종류, 비율을 기재한

다.

(i) 대지권의 목적인 토지의 표시는 토지의 소재와 지번, 지목, 면적을,

(ii) 대지권의 종류는 소유권, 지상권, 전세권, 임차권 등 권리의 종류에 따라 기재하며,

(iii) 대지권의 비율은 대지권의 목적인 토지에 대한 지분비율을 기재한다.

② 등기원인과 그 연월일란

피담보채권이 확정되기 전에 근저당권이 이전되는 경우에는 '계약양도', '계약의 일부양도', '계약가입'으로, 본 건과 같이 피담보채권이 확정된 후에 근저당권이 이전되는 경우에는 '확정채권양도', '확정채권일부양도', '확정채권대위변제', '확정채권 일부대위변제'로 기재한다. 그 연월일은 위 계약서 작성일 등을 기재한다. '대위변제'의 경우에는 대위변제일을 등기원인일자로 기재한다.

③ 등기의 목적란

'근저당권일부이전'으로 기재한다.

④ 이전할 근저당권란

이전할 근저당권등기의 접수년월일, 접수번호를 기재하여 이전할 등기를 특정하고, 근저당권이 채권과 같이 이전한다는 뜻을 기재하여야 한다(규칙 제137조 제1항).

(예) 2018년 3월 11일 접수 제11288호로 등기한 순위2번 근저당권, 단 근저당권은 채권과 함께 이전함.

⑤ 양도액란

채권의 일부의 양도 또는 대위변제로 인한 저당권의 이전의 등기를 신청하는 경우에는 신청서에 양도 또는 대위변제의 목적인 채권액을 기재하여야 한다(규칙 제137조 제2항). 채권확정 전에 계약양도나 계약일부양도를 원인으로 근저당권이전등기를 신청하는 경우에 양도금액을 등기신청서나 등기부에 기재할 수는 없다.

⑥ 등기의무자란

근저당권자의 성명, 주민등록번호, 주소를 기재하되, 등기기록상 표시와 일치하여야 한다. 등기기록상 등기신청인의 주소가 지번방식의 주소인 경우에도, 등기신청인이 제공한 주민등록등(초)본 혹은 도로명주소 정보(건축물대장정보, 행정안전부 "새주소안내시스템(www.juso.go.kr)의 조회결과물 등) 등에 의하여 해당 지번방식의 주소에 대한 도로명주소임이 인정되는 경우에는 등기사건을 수리하여야 한다. 즉 등기기록상 등기명의인의 주소를 도로명주소로 변경등기를 하지 아니하여도 근저당권이전등기를 신청할 수 있다(법 제29조 제7호의 적용을 받지 아니한다).

⑦ **등기권리자란**

근저당권의 양수인를 기재하는 난으로, 그 기재방법은 등기의무자란과 같다.

⑧ **등록면허세 · 지방교육세란**

양도하는 채권액의 1,000분의 2에 해당하는 등록면허세, 등록면허세의 100분의 20에 해당하는 지방교육세를 계산하여 기재한다. 계약일부양도의 경우에는 등록면허세, 주택채권 매입기준이 제정되어 있지 않다.

⑨ **세액합계**

등록면허세액과 지방교육세액의 합계를 기재한다.

⑩ **등기신청수수료**

근저당권이전등기를 신청하는 자는 등기신청수수료를 내야 하므로(법 제22조 제3항), 부동산 1개당 15,000원(전자표준양식에 의한 등기신청의 경우에는 13,000원, 전자신청의 경우에는 10,000원)에 해당하는 등기신청수수료를 납부하고 그 등기신청수수료금액 및 납부번호를 신청서에 기재한다(등기예규 제1789호).

⑪ **국민주택채권매입금액 및 번호란**

양도하는 채권액의 1,000분의 10에 해당하는 국민주택채권매입금액을 기재한다. 또한 국민주택채권발행번호를 해당란에 기재하여야 한다.

⑫ **등기의무자의 등기필정보란**

전자신청 지정등기소에서는 신청방법(전자신청, 서면신청)을 불문하고 등기를 완료한 경우 등기필증 대신 등기필정보를 전자적 교부 또는 서면 교부하기 때문에, 등기신청의 당사자 또는 대리인은 등기필정보상의 일련번호와 비밀번호를 기재함으로써 등기필증의 제출을 갈음할 수 있다. 등기의무자가 교부받은 등기필정보에 기재된 부동산고유번호, 성명, 일련번호, 비밀번호를 각 기재한다. 등기의무자에게 등기필정보나 등기필증이 없는 경우에는 부동산등기법 제51조의 규정에 의한다(기타 참조).

⑬ **신청인 혹은 대리인의 표시란**

㈎ 등기의무자와 등기권리자의 성명 및 전화번호를 기재하고, 각자가 기명날인하되 그 기명날인은 서명으로 갈음할 수 있다. 한편 신청인이 법인 또는 법인 아닌 사단이나 재단인 경우에는, 상호(명칭)와 대표자(관리인)의 자격 및 성명을 기재하고 대표자(관리인)가 기명날인한다.

다만 규칙 제60조 제1항 제3호에 해당하는 경우에는 등기의무자의 인감을 날인하되, 법인의 경우에는 등기소의 증명을 얻은 그 대표자의 인감, 법인 아닌 사단이나 재단의 경우에는 대표자(관리인)의 개인인감을 날인한다.

(나) 대리인이 등기신청을 하는 경우에는 그 대리인의 성명, 주소 및 전화번호를 기재하고 기명날인한다.

⑭ **첨부서면**

등기신청서에 첨부한 서면을 각 기재한다.

4. 등기소에 제공하여야 하는 첨부정보

⑮ **근저당권이전계약서**

근저당권이 확정된 후에 근저당권이전등기를 하는 경우, 확정채권양도를 원인으로 근저당권이 이전하는 것이므로, 이론상 근저당권이전등기의 원인증서로는 확정채권양도계약서(전부이전) 또는 확정채권일부양도계약서(일부이전)(단 양자 모두 부동산 및 근저당권의 표시가 된 것이어야 함)를 제출하여야 할 것이다(규칙 제46조 제1항 제1호). 그러나 이들 계약서에는 부동산의 표시 및 이전되는 근저당권의 표시가 없는 것이 보통이므로 현행 실무는 근저당권이전계약서를 제출하고 있는 실정이다. 그러므로 특정한 근저당권을 이전한다는 취지가 기재되지 않은 채권양도계약서만 제출하는 것으로 근저당권이전등기를 신청할 수는 없다. 다만, 확정채권의 (일부)대위변제를 원인으로 하는 근저당권이전등기의 경우에는 법률에 의한 물권변동이므로 근저당권이전계약서는 제출할 필요가 없고, 대위변제증서를 첨부한다.

1. 근저당권의 피담보채권이 확정되기 전에 "계약양도" 등을 원인으로 근저당권이전등기를 신청하는 경우 위 계약은 양도인, 양수인, 채무자의 3면 계약에 의하여야 하므로, 원인서면인 근저당권이전계약서에 양도인, 양수인은 물론 채무자의 표시와 날인이 있어야 한다. 2. 피담보채권이 확정된 후에 "확정채권 양도"를 원인으로 근저당권이전등기를 신청하는 경우 위 채권양도는 양도인과 양수인의 계약에 의하여야 하므로, 원인서면인 근저당권이전계약서에 채무자의 표시와 날인이 반드시 있어야만 하는 것은 아니다.(2010. 11. 19. 부동산등기과-2192 질의회답)

⑯ **등록면허세영수필확인서 또는 등록면허세납부확인서**

시장, 구청장, 군수 등으로부터 등록면허세납부서(OCR용지) 또는 대법원 인터넷등기소의 정액등록면허세납부서 작성기능을 통하여 정액등록면허세납부서를 발급받아 세금을 납부한 후 등록면허세영수필확인서를 신청서의 등록면허세액표시란의 좌측상단 여백에 첨부하거나, 또는 지방세인터넷납부시스템을 이용하여 납부하고 출력한 등록면허세납부확인서를 첨부한다(지방세법 제30조; 지방세법시행령 제49조 제1항).

⑰ **등기신청수수료영수필확인서**

근저당권이전등기를 신청하는 자는 등기신청수수료를 내야 하므로(법 제22조 제3항), 부동산 1개당 15,000원(전자표준양식에 의한 등기신청의 경우에는 13,000원, 전자신청의 경우에는 10,000원)에 해당하는 등기신청수수료를 납부하고 등기신청수수료영수필확인서를 첨부한다(등기예규 제1789호).

⑱ **등기필증**

등기의무자가 등기필정보를 가지고 있는 경우에는 등기의무자의 등기필정보를 신청정보의 내용으로 등기소에 제공하여야 하지만(법 제50조 제2항), 등기의무자가 구 부동산등기법 제67조 제1항에 따른 등기필증이나 구법 제68조 제1항에 따른 등기완료통지서를 가지고 있는 경우에는 등기의무자가 가지고 있는 그 등기필증 혹은 등기완료통지서를 제출하여야 한다(법 부칙 제2조). 등기의무자에게 등기필정보 · 등기필증 · 등기완료통지서가 없는 경우에는 법무사 등이 등기의무자 본인임을 확인한 확인서면 등을 제출한다. 자세한 방법은 기타 부분을 참조한다(법 제51조, 기타 참조).

⑲ **주소 및 주민등록번호를 증명하는 서면 — 주민등록표등본 · 초본**

등기권리자의 주민등록번호를 증명하는 서면으로 근저당권을 이전받는 자의 주민등록표등본 · 초본을 첨부하여야 한다(규칙 제46조 제1항 제6호)

⑳ **위임장**

등기신청을 법무사 등 대리인에게 위임하는 경우에 첨부한다(규칙 제46조 제1항 제5호). 위임인의 성명과 주소를 기재하고 인장을 날인하되 규칙 제60조 제1항 제1호~제3호에 해당하여 인감증명을 제출하여야 하는 자는 위임장에 인감을 날인하여야 하나, 위 규칙 제60조 제1항 제1호~제3호에 해당하지 않는 자는 인감날인 대신에 일반적인 기명날인 혹은 서명으로 갈음할 수 있다. 위임인이 법인이나 법인 아닌 사단 또는 재단인 경우에는 상호(명칭)와 대표자(관리인)의 자격, 성명 및 주소도 기재하여야 한다.

㉑ **자격자대리인의 확인 및 자필서명정보**

등기의무자와 등기권리자가 공동으로 신청하는 권리에 관한 등기이므로 자격자대리인이 등기의무자를 확인하고 자필서명한 정보를 첨부정보로 제공하여야 한다(규칙 제46조 제1항, 제8호, 2022. 7. 1.부터).

㉒-1 **기타 — 신청인이 법인인 경우**

법인이 등기를 신청하는 경우에는 대표자의 자격을 증명하는 서면으로 법인등기사항전부증명서 또는 법인등기사항일부증명서를 첨부하여야 한다(규칙 제46조 제1항 제4호). 이 경우에 위 법인등기사항증명서는 등기권리자의 주소를 증명하는 서면, 부동산등기용등록번호를 증명하는 서면이기도 하다(규칙 제46조 제1항 제6호). 다만 법인등기가 되어있는 등기소와 부동산소재지 관할 등기소가 동일한 경우에는 위 법인등기사항증명서를 제출할 필요가 없다(규칙 제46조 제5항).

㉒-2 기타 ― 신청인이 법인 아닌 사단(재단)인 경우

법인 아닌 사단 또는 재단이 등기를 신청하는 경우에는 ㉠ 정관이나 그 밖의 규약, ㉡ 대표자나 관리인임을 증명하는 정보(다만, 등기되어 있는 대표자나 관리인이 신청하는 경우에는 그러하지 아니하다), ㉢ 법인 아닌 사단 또는 재단의 주소 및 부동산등기용등록번호를 증명하는 정보(새로이 등기명의인이 되는 경우에 한한다), ㉣ 대표자나 관리인의 주소 및 주민등록번호를 증명하는 정보를 첨부정보로 제공한다. 다만 법인 아닌 사단이 등기의무자인 경우에는 민법 제276조 소정의 사원총회의 결의서도 첨부한다(규칙 제48조).

㉒-3 기타 ― 등기의무자의 등기필정보(등기필증, 등기완료통지서)가 없는 경우

등기의무자의 등기필정보(등기필증, 등기완료통지서)가 없을 때에는 ① 등기의무자 또는 그 법정대리인(이하 "등기의무자등"이라 한다)이 등기소에 출석하여 등기관으로부터 등기의무자등임을 확인받는 방법 ② 등기신청인의 대리인(변호사나 법무사만을 말한다)이 등기의무자등으로부터 위임받았음을 확인하여 확인서면을 제출하는 방법 ③ 신청서(위임에 의한 대리인이 신청하는 경우에는 그 권한을 증명하는 서면을 말한다) 중 등기의무자등의 작성부분에 관하여 공증을 받아 제출하는 방법으로 등기신청을 하여야 한다.

위 '공증'은 신청서나 위임장에 기재된 내용 중 등기의무자등의 작성부분(기명날인 등)에 대해 공증인이 등기의무자등의 의사에 의해 작성된 것임을 확인하고 그 증명을 하여 주는 사서증서의 인증을 의미한다(등기필정보가 없는 경우 확인조서 등에 관한 예규, 2018. 12. 18. 등기예규 제1664호, 시행 2019. 1. 1.)(법 제51조, 규칙 제111조 참조).

한편, 소유권자가 등기의무자인 경우에는 등기필증(혹은 등기필정보)이 있는 경우이든 등기필증(혹은 등기필정보)이 없는 경우이든 등기의무자의 인감증명을 제출하여야 하고(규칙 제60조 제1항 제1호), 소유권 외의 권리자가 등기의무자인 경우에는 등기필증(혹은 등기필정보)이 없어서 위 ①②③의 방식에 의하여 등기를 신청하는 경우에는 어느 경우에도 등기의무자의 인감증명을 제출한다(규칙 제60조 제1항 제3호).

㉒-4 기타 ― 복수의 근저당권자 중 1인이 확정채권 양도를 원인으로 한 근저당권 일부이전 등기를 신청하는 방법

㈎ 근저당권의 피담보채권이 확정된 후에 그 피담보채권이 양도 또는 대위변제된 경우에는 근저당권자 및 그 채권양수인 또는 대위변제자는 근저당권이전등기를 신청

할 수 있으며, 이 경우 등기원인은 "확정채권 양도" 또는 "확정채권 대위변제" 등으로 기록하게 되고, 채권의 일부에 대한 양도 또는 대위변제로 인한 근저당권 일부이전 등기를 할 때에는 양도액 또는 변제액을 기록하여야 한다.

(나) 하나의 근저당권을 여럿이 준공유하는 경우에 근저당권자 중 1인이 확정채권의 전부 또는 일부 양도를 원인으로 근저당권이전등기를 하는 경우에는 근저당권의 피담보채권이 확정되었음을 증명하는 서면 또는 나머지 근저당권자 전원의 동의가 있음을 증명하는 서면(동의서와 인감증명)을 첨부하여야 한다. 또한 근저당권의 확정 후에 피담보채권과 함께 복수의 양수인에게 이전하는 경우에는 각 양수인 별로 양도액을 특정하여 신청하여야 한다.

(다) 예를 들면, 채권최고액이 1억원이고 근저당권자가 A, B인 근저당권에 관하여 A가 "확정채권 일부양도"를 원인으로(양도액 7천만원) 복수의 양수인 C, D에게 근저당권 이전등기를 하고자 할 때에는, 첨부정보로 피담보채권 확정증명서면(확정된 피담보채권액 중 A의 채권액이 7천만원 이상이어야 함)이나 B의 동의서를 첨부하여야 하고, 근저당권을 이전받는 C, D에 대한 각각의 양도액을 기재하여야 한다. 만약 위 경우에 양도액을 각 채권자별로 기재하지 않은 채 C, D 앞으로 A지분의 이전등기가 마쳐졌다면 C와 D가 양도받은 금액은 각 균등한 것으로 추정된다. 이후 C가 양도받은 확정채권 전부를 다시 E에게 양도하고자 할 때 실제 그 양도액이 균등추정된 금액(위 예에서는 3,500만원)을 초과한다면 C와 D가 각각 양도받은 금액을 기록하는 경정등기 절차를 선행한 후에(다만, D의 동의서가 있다면 경정등기 생략가능) 근저당권 이전등기를 신청하여야 한다(2012. 11. 21. 등기선례 9-307).

5. 등기신청서류 편철순서

신청서, 등록면허세영수필확인서, 등기신청수수료영수필확인서, 위임장, 자필서명정보, 주민등록표등본·초본, 근저당권이전계약서, 근저당권등기필증 등의 순으로 편철하는 것이 실무상의 예이다.

6. 등기기록례

[갑 구]		(소유권 이외의 권리에 관한 사항)		(No.438)
순위번호	등기목적	접 수	등기원인	권리자 및 기타 사항
2	근저당권설정	2018년 3월 11일 제11288호	2018년 3월 10일 설정계약	채권최고액 금300,000,000원 채무자 이영삼 서울 서초구 서초동 388 근저당권자 이대백 730320-1617312 서울 서초구 서초동 100
2-1	2번근저당권 일부이전	2019년 8월 1일 제12133호	2019년 8월 1일 확정채권일부 양도	양도액 금 100,000,000원 근저당권자 김삼남 561213-1089723 서울특별시 서초구 서초대로 46길 60, 101동 201호 (서초동, 서초아파트)

[을 구]		(소유권 이외의 권리에 관한 사항)		(No.437)
순위번호	등기목적	접 수	등기원인	권리자 및 기타 사항
2-1	2번근저당권이전	2019년 8월 1일 제12133호	2019년 8월 1일 확정채권양도	근저당권자 김삼남 561213-1089723 서울특별시 서초구 서초대로 46길 60, 101동 201호 (서초동, 서초아파트)

[갑 구]		(소유권 이외의 권리에 관한 사항)		(No.441)
순위번호	등기목적	접 수	등기원인	권리자 및 기타 사항
2-1	2번근저당권 이전	2019년 8월 1일 제12133호	2019년 8월 1일 확정채권대위변제	근저당권자 김삼남 561213-1089723 서울특별시 서초구 서초대로46길 60, 101동 201호 (서초동, 서초아파트)

[을 구]		(소유권 이외의 권리에 관한 사항)		(No.442)
순위번호	등기목적	접 수	등기원인	권리자 및 기타 사항
2-1	2번근저당권 일부이전	2019년 8월 1일 제12133호	2019년 8월 1일 확정채권일부대위변제	변제액 금 30,000,000원 근저당권자 김삼남 561213-1089723 서울특별시 서초구 서초대로 46길 60, 101동 201호 (서초동, 서초아파트)

[을 구]		(소유권 이외의 권리에 관한 사항)		(No.432)
순위번호	등기목적	접 수	등기원인	권리자 및 기타 사항
2-1	2번근저당권 이전	2019년 8월 1일 제12133호	2019년 8월 1일 계약양도	근저당권자 김삼남 561213-1089723 서울특별시 서초구 서초대로46길 60, 101동 201호 (서초동, 서초아파트)

[을 구]		(소유권 이외의 권리에 관한 사항)		(No.433)
순위번호	등기목적	접 수	등기원인	권리자 및 기타 사항
2-1	2번근저당권 일부이전	2019년 8월 1일 제12133호	2019년 8월 1일 계약일부양도	근저당권자 김삼남 561213-1089723 서울특별시 서초구 서초대로 46길 60, 101동 201호 (서초동, 서초아파트)

[을 구]		(소유권 이외의 권리에 관한 사항)		(No.434)
순위번호	등기목적	접 수	등기원인	권리자 및 기타 사항
2-1	2번근저당권 일부이전	2019년 8월 1일 제12133호	2019년 8월 1일 계약가입	근저당권자 김삼남 561213-1089723 서울특별시 서초구 서초대로 46길 60, 101동 201호 (서초동, 서초아파트)

근저당권변경등기신청(계약인수)

접 수	년 월 일	처리인	등기관 확인	각종통지
	제 호			

① 부동산의 표시	
서울특별시 서초구 서초동 100 대 300㎡ 이 상	
②등기원인과 그 연월일	2019년 8월 1일 계약인수
③등 기 의 목 적	2번 근저당권변경
④변 경 할 사 항	2018년 3월 11일 접수 제11288호 로 경료한 순위 2번 근처당권 등기사항 중 채무자의 표시 '김을동, 서울 중구 필동 5'을 '을동주식회사, 서울특별시 용산구 한강대로28길 16 (청파동)'로 변경

구 분	성 명 (상호 · 명칭)	주민등록번호 (등기용등록번호)	주 소(소재지)
⑤ 등기 의무자	이 대 백	730320-1617312	서울특별시 서초구 서초동 100
⑥ 등기 권리자	김 삼 남	561213-1089723	서울특별시 종로구 북촌로11길 1 (가회동)

<table>
<tr><td>⑦ 등 록 면 허 세</td><td colspan="2">금 6,000 원</td></tr>
<tr><td>⑦ 지 방 교 육 세</td><td colspan="2">금 1,200 원</td></tr>
<tr><td>⑧ 세 액 합 계</td><td colspan="2">금 7,200 원</td></tr>
<tr><td rowspan="2">⑨ 등 기 신 청 수 수 료</td><td colspan="2">금 3,000 원</td></tr>
<tr><td colspan="2">납부번호 :</td></tr>
<tr><td colspan="3">⑩ 등기의무자의 등기필정보</td></tr>
<tr><td>부동산고유번호</td><td colspan="2"></td></tr>
<tr><td>성명(명칭)</td><td>일련번호</td><td>비밀번호</td></tr>
<tr><td></td><td></td><td></td></tr>
<tr><td colspan="3">⑫ 첨 부 서 면 (간인)</td></tr>
<tr><td colspan="2">1. 근저당권변경계약서 1통 ⑬
1. 등록면허세영수필확인서 1통 ⑭
1. 등기신청수수료영수필확인서 1통 ⑮
1. 법인등기사항증명서 1통 ⑯
1. 인감증명 또는 본인서명사실확인서 또는 전자본인서명확인서발급증 1통 ⑰</td><td>1. 등기필증 1통 ⑱
1. 위임장 1통 ⑲
1. 자필서명정보 1통 ⑳
<기 타> ㉑</td></tr>
<tr><td colspan="3">2019년 8월 1일
⑪ 위 신청인
대리인 법무사 유 명 한 직인 (전화: 599-0000)
서울특별시 서초구 서초대로100길 76 (서초동)

서울중앙지방법원 등기국 귀중</td></tr>
</table>

신청서 작성요령란

* 1. 부동산표시란에 2개 이상의 부동산을 기재하는 경우에는 부동산의 일련번호를 기재하여야 합니다.
2. 신청인란 등 해당란에 기재할 여백이 없을 경우에는 별지를 이용합니다.
3. 담당 등기관이 판단하여 위의 첨부서면 외에 추가적인 서면을 요구할 수 있습니다.

등기신청안내서 — 근저당권변경등기신청

1. 근저당권변경등기신청

근저당권의 피담보채권이 확정되기 전에 근저당권의 기초가 되는 기본계약상의 채무자 지위의 전부 또는 일부를 제3자가 계약에 의하여 인수한 경우에는 채무자변경을 내용으로 하는 근저당권변경등기를 신청하여야 한다.

2. 등기신청방법

(1) 공동신청

근저당권자(등기권리자)과 근저당권설정자(등기의무자)가 본인임을 확인할 수 있는 주민등록증 등을 가지고 직접 등기소에 출석하여 공동으로 신청함이 원칙이다.

(2) 단독신청

판결에 의한 등기신청인 경우에는 승소한 등기권리자 또는 등기의무자가 단독으로 신청할 수 있다.

3. 등기소에 제공하여야 하는 신청정보

신청서는 한글과 아라비아 숫자로 기재한다. 부동산의 표시란이나 신청인란 등이 부족할 경우에는 별지를 사용하고, 별지를 포함하여 신청서가 여러 장인 때에는 각 장 사이에 간인을 하여야 한다.

① 부동산의 표시란

변경할 근저당권의 목적부동산을 기재하되, 등기기록상 부동산 표시와 일치하여야 한다. 부동산이 토지인 경우에는 토지의 소재와 지번, 지목, 면적을 기재하고, 건물인 경우에는 건물의 소재와 지번, 건물의 구조, 종류, 면적, 건물의 번호가 있는 때에는 그 번호, 부속건물이 있는 때에는 그 종류, 구조와 면적을 기재한다.

② 등기원인과 그 연월일란

등기원인은 그 변경사유에 따라 '계약인수', '계약의 일부인수' 또는 '중첩적 계약인수' 등으로 기재하고 그 연월일은 위 계약서 작성일 등을 기재한다.

③ **등기의 목적란**

'근저당권변경'으로 기재한다.

④ **변경할 사항란**

변경할 근저당권등기의 접수연월일, 접수번호를 기재하여 변경할 등기를 특정하고, 채무자 변경 등 변경되는 사항을 기재한다.

<예> 2018년 3월 11일 접수 제1128호로 경료한 등기사항 중 채무자의 표시 '김을동 서울 중구 필동 5'를 '이갑동 서울특별시 종로구 북촌로 11길 1(가회동)'으로 변경.

⑤ **등기의무자란**

부동산소유자의 성명, 주민등록번호, 주소를 기재하되, 등기기록상 소유자 표시와 일치하여야 한다. 등기기록상 등기신청인의 주소가 지번방식의 주소인 경우에도, 등기신청인이 제공한 주민등록등(초)본 혹은 도로명주소 정보(건축물대장정보, 행정안전부 "새주소 안내시스템(www.juso.go.kr)의 조회결과물 등) 등에 의하여 해당 지번방식의 주소에 대한 도로명주소임이 인정되는 경우에는 등기사건을 수리하여야 한다. 즉 등기기록상 등기명의인의 주소를 도로명주소로 변경등기를 하지 아니하여도 근저당권변경등기를 신청할 수 있다(법 제29조 제7호의 적용을 받지 아니한다).

⑥ **등기권리자란**

근저당권자를 기재하는 난으로, 그 기재방법은 등기의무자란과 같다.

⑦ **등록면허세 · 지방교육세란**

부동산 1개당 등록면허세 6,000원, 지방교육세 1,200원으로 계산하여 기재한다.

⑧ **세액합계란**

등록면허세액과 지방교육세액의 합계를 기재한다.

⑨ **등기신청수수료란**

변경등기를 신청하는 자는 등기신청수수료를 내야 하므로(법 제22조 제3항), 부동산 1개당 3,000원(전자표준양식에 의한 등기신청의 경우에는 2,000원, 전자신청의 경우에는 1,000원)에 해당하는 등기신청수수료를 납부하고 그 등기신청수수료금액 및 납부번호를 신청서에 기재한다(등기예규 제1789호).

⑩ **등기의무자의 등기필정보란**

전자신청 지정등기소에서는 신청방법(전자신청, 서면신청)을 불문하고 등기를 완료한 경우 등기필증 대신 등기필정보를 전자적 교부 또는 서면 교부하기 때문에, 등기신청의 당사자 또는 대리인은 등기필정보상의 일련번호와 비밀번호를 기재함으로써 등기필증의 제출을 갈음할 수 있다. 등기의무자가 교부받은 등기필정보에 기재된 부동산

고유번호, 성명, 일련번호, 비밀번호를 각 기재한다. 등기의무자에게 등기필정보나 등기필증이 없는 경우에는 부동산등기법 제51조의 규정에 의한다(기타 참조).

⑪ 신청인 혹은 대리인의 표시란

㈎ 등기의무자와 등기권리자의 성명 및 전화번호를 기재하고, 각자가 기명날인하되, 등기의무자는 그의 인감을 날인한다. 등기권리자는 기명날인 대신에 서명으로 갈음할 수 있다. 신청인이 법인 또는 법인 아닌 사단이나 재단인 경우에는 상호(명칭)와 대표자(관리인)의 자격 및 성명을 기재한다. 법인이 등기의무자인 때에는 등기소의 증명을 얻은 그 대표자의 인감을, 법인 아닌 사단이나 재단이 등기의무자인 경우에는 대표자(관리인)의 개인인감을 날인한다.

㈏ 대리인이 등기신청을 하는 경우에는 그 대리인의 성명, 주소 및 전화번호를 기재하고 기명날인한다.

⑫ 첨부서면란

등기신청서에 첨부한 서면을 각 기재한다.

4. 등기소에 제공하여야 하는 첨부정보

⑬ 등기원인을 증명하는 정보 — 근저당권변경계약서

기본계약상 채무자의 지위를 인수하여 근저당권이 변경되는 것이므로, 이론상 근저당권변경등기의 원인증서로는 계약인수계약서 또는 계약일부인수계약서(단 양자 모두 부동산 및 근저당권의 표시가 된 것이어야 함)를 첨부정보로 제공하여야 할 것이다(규칙 제46조 제1항 제1호). 그러나 이들 계약서에는 부동산의 표시 및 변경되는 근저당권의 표시가 없는 것이 보통이므로 현행 실무는 근저당권변경계약서를 첨부정보로 제공한다. 따라서 특정한 근저당권을 변경한다는 취지가 기재되지 않은 계약인수계약서 혹은 계약일부인수계약서는 여기에서 말하는 등기원인증서에 해당하지 않는다.

⑭ 등록면허세영수필확인서 또는 등록면허세납부확인서

시장, 구청장, 군수 등으로부터 등록면허세납부서(OCR용지) 또는 대법원 인터넷등기소의 정액등록면허세납부서 작성기능을 통하여 정액등록면허세납부서를 발급받아 세금을 납부한 후 등록면허세영수필확인서를 신청서의 등록면허세액표시란의 좌측상단 여백에 첨부하거나, 또는 지방세인터넷납부시스템을 이용하여 납부하고 출력한 등록면허세납부확인서를 첨부한다(지방세법 제30조; 지방세법시행령 제49조 제1항).

⑮ 등기신청수수료영수필확인서

변경등기를 신청하는 자는 등기신청수수료를 내야 하므로(법 제22조 제3항), 부동산

1개당 3,000원(전자표준양식에 의한 등기신청의 경우에는 2,000원, 전자신청의 경우에는 1,000원)에 해당하는 등기신청수수료를 납부하고 등기신청수수료영수필확인서를 첨부한다(등기예규 제1789호).

⑯ 법인등기사항증명서

신 채무자의 법인등기사항증명서를 제출한다(실무).

⑰ 인감증명 또는 본인서명사실확인서 또는 전자본인서명확인서 발급증

소유권의 등기명의인이 등기의무자이므로 등기의무자의 인감증명을 첨부한다(규칙 제60조 제1항 제1호). 규칙 제60조, 규칙 제61조에 의하여 인감증명을 첨부하여야 하는 자가 법인인 경우에는 등기소의 증명을 얻은 대표자의 인감증명을, 법인 아닌 사단 또는 재단인 경우에는 대표자 또는 관리인의 인감증명을 제출한다. 위 인감증명에 갈음하여 위임장 등에 서명을 하고 본인서명사실확인서를 첨부하거나 전자본인서명확인서 발급증을 첨부할 수 있다(부동산등기규칙 제60조의2).

⑱ 등기필증

등기의무자의 소유권에 관한 등기필증을 제출하여야 하는 것이지 원래의 근저당권등기필증을 제출하는 것은 아니다. 등기의무자에게 등기필정보 · 등기필증 · 등기완료통지서가 없는 경우에는 법무사 등이 등기의무자 본인임을 확인한 확인서면 등을 제출한다. 자세한 방법은 기타 부분을 참조한다(법 제51조, 기타 참조).

⑲ 위임장

등기신청을 법무사 등 대리인에게 위임하는 경우에 첨부한다(규칙 제46조 제1항 제5호). 위임인의 성명과 주소를 기재하고 인장을 날인하되 규칙 제60조 제1항 제1호~제3호에 해당하여 인감증명을 제출하여야 하는 자는 위임장에 인감을 날인하여야 하나, 위 규칙 제60조 제1항 제1호~제3호에 해당하지 않는 자는 인감날인 대신에 일반적인 기명날인 혹은 서명으로 갈음할 수 있다. 위임인이 법인이나 법인 아닌 사단 또는 재단인 경우에는 상호(명칭)와 대표자(관리인)의 자격, 성명 및 주소도 기재하여야 한다.

⑳ 자격자대리인의 확인 및 자필서명정보

등기의무자와 등기권리자가 공동으로 신청하는 권리에 관한 등기이므로 자격자대리인이 등기의무자를 확인하고 자필서명한 정보를 첨부정보로 제공하여야 한다(규칙 제46조 제1항, 제8호, 2022. 7. 1.부터).

㉑-1 기타 ― 신청인이 법인인 경우

법인이 등기를 신청하는 경우에는 대표자의 자격을 증명하는 서면으로 법인등기사항전부증명서 또는 법인등기사항일부증명서를 첨부하여야 한다(규칙 제46조 제1항 제4

호). 다만 법인등기가 되어 있는 등기소와 부동산소재지 관할 등기소가 동일한 경우에는 위 법인등기사항증명서를 제출할 필요가 없다(규칙 제46조 제5항).

㉑-2 기타 — 신청인이 법인 아닌 사단(재단)인 경우

법인 아닌 사단 또는 재단이 등기를 신청하는 경우에는 ㉠ 정관이나 그 밖의 규약, ㉡ 대표자나 관리인임을 증명하는 정보(다만, 등기되어 있는 대표자나 관리인이 신청하는 경우에는 그러하지 아니하다), ㉢ 법인 아닌 사단 또는 재단의 주소 및 부동산등기용등록번호를 증명하는 정보(새로이 등기명의인이 되는 경우에 한한다), ㉣ 대표자나 관리인의 주소 및 주민등록번호를 증명하는 정보를 첨부정보로 제공한다. 다만 법인 아닌 사단이 등기의무자인 경우에는 민법 제276조 소정의 사원총회의 결의서도 첨부한다(규칙 제48조).

㉑-3 기타 — 등기의무자의 등기필정보(등기필증, 등기완료통지서)가 없는 경우

등기의무자의 등기필정보(등기필증, 등기완료통지서)가 없을 때에는 ① 등기의무자 또는 그 법정대리인(이하 "등기의무자등"이라 한다)이 등기소에 출석하여 등기관으로부터 등기의무자등임을 확인받는 방법 ② 등기신청인의 대리인(변호사나 법무사만을 말한다)이 등기의무자등으로부터 위임받았음을 확인하여 확인서면을 제출하는 방법 ③ 신청서(위임에 의한 대리인이 신청하는 경우에는 그 권한을 증명하는 서면을 말한다) 중 등기의무자등의 작성부분에 관하여 공증을 받아 제출하는 방법으로 등기신청을 하여야 한다.

위 '공증'은 신청서나 위임장에 기재된 내용 중 등기의무자등의 작성부분(기명날인 등)에 대해 공증인이 등기의무자등의 의사에 의해 작성된 것임을 확인하고 그 증명을 하여 주는 사서증서의 인증을 의미한다(등기필정보가 없는 경우 확인조서 등에 관한 예규, 2018. 12. 18. 등기예규 제1664호, 시행 2019. 1. 1.)(법 제51조, 규칙 제111조 참조).

5. 등기신청서류 편철순서

신청서, 등록면허세영수필확인서, 등기신청수수료영수필확인서, 위임장, 자필서명정보, 법인등기사항증명서, 인감증명 또는 본인서명사실확인서, 근저당권변경계약서, 등기필증 등의 순으로 편철하는 것이 실무상의 예이다.

6. 등기기록례

[을 구]		(소유권 이외의 권리에 관한 사항)		(No.447)
순위번호	등기목적	접 수	등기원인	권리자 및 기타 사항
2	근저당권설정	2018년 3월 11일 제11288호	2018년 3월 10일 설정계약	채권최고액 금300,000,000원 ~~채무자 김을동~~ ~~서울 중구 필동 5~~ 근저당권자 김삼남 561213-10879723 서울 종로구 원서동 6
2-1	2번근저당권 변경	2019년 8월 1일 제12133호	2019년 8월 1일 계약인수	채무자 을동주식회사 서울특별시 용산구 한강대로28길 16 (청파동)

[을 구]		(소유권 이외의 권리에 관한 사항)		(No.448)
순위번호	등기목적	접 수	등기원인	권리자 및 기타 사항
2-1	2번근저당권 변경	2019년 8월 1일 제12133호	2019년 8월 1일 계약일부인수	채무자 을동주식회사 서울특별시 용산구 한강대로 28길 16 (청파동)

[을 구]		(소유권 이외의 권리에 관한 사항)		(No.449)
순위번호	등기목적	접 수	등기원인	권리자 및 기타 사항
2-1	2번근저당권 변경	2019년 8월 1일 제12133호	2019년 8월 1일 중첩적 계약인수	채무자 을동주식회사 서울특별시 용산구 한강대로 28길 16 (청파동)

사례연습

근저당권변경등기신청(상속)

|설 문|

아래에 그 요지를 기재한 계약에 따른 등기신청사건을 2019. 6. 7. 자로 서울중앙지방법원 등기국에 신청할 등기신청서를 작성하라.

참고자료

근저당권변경계약서

1. 목적부동산 서울특별시 관악구 봉천동 200번지의 7호
   대 300 제곱미터

2. 근저당권자	성 명	김 갑 남
	주민등록번호	550112-1022222
	주 소	서울특별시 양천구 목동서로 10 (신정동)
채무자	성 명	이 을 병
	주민등록번호	600120-1010111
	주 소	경기도 성남시 분당구 분당로 20 (분당동)
근저당권설정자	성 명	박 병 남
	주민등록번호	401221-1020211
	주 소	서울특별시 서초구 서초대로 30 (서초동)

위 당사자간 2018. 9. 6. 계약에 의하여 채무자 이을병이 근저당권자 김갑남에 부담하고 있는 채권최고액 금 200,000,000원의 채무를 담보하기 위하여 상기 부동산에 대하여 2018. 9. 7. 접수 제2080호로 순위1번의 근저당권을 설정하였는바, 2019. 4. 4. 채무자 이을병이 사망하자 그 상속인들(김정자, 600912-2018711, 주소 이을병의 주소와 동일. 이두남 940203-1010101, 주소 좌동, 이삼숙, 970909-2012102, 주소 좌동)은 2019. 5. 22. 협의하여 계약상 채무자의 지위를 이두남이 인수하기로 하고 이에 따른 등기를 하기로 하였음. 한편 위 부동산에는 2018. 2. 3. 순위 2번의 근저당권이 경료되어 있는데, 근저당권자의 성명은 조영남이다.

【모범답안】

근저당권변경등기신청

접 수	년 월 일	처리인	등기관 확인	각종통지
	제 호			

부동산의 표시				
서울특별시 관악구 봉천동 200-7 대 300㎡ 이 상				
등기원인과 그 연월일	2019년 5월 22일 계약인수			
등 기 의 목 적	1번 근저당권 변경			
변 경 할 사 항	2018년 9월 7일 접수 제2080호 순위 1번으로 경료한 근저당권등기사항 중 채무자의 표시 '이을병, 경기도 성남시 분당구 분당로 20 (분당동)'을 '이두남, 경기도 성남시 분당구 분당로 20 (분당동)'로 변경함.			
구 분	성 명 (상호·명칭)	주민등록번호 (등기용등록번호)	주 소(소재지)	지분 (개인별)
등기 의무자	박 병 남	401221-1020211	서울특별시 서초구 서초대로 30 (서초동)	
등기 권리자	김 갑 남	550112-1022222	서울특별시 양천구 목동서로 10 (신정동)	

<table>
<tr><td>등 록 면 허 세</td><td colspan="2">금 6,000 원</td></tr>
<tr><td>지 방 교 육 세</td><td colspan="2">금 1,200 원</td></tr>
<tr><td>세 액 합 계</td><td colspan="2">금 7,200 원</td></tr>
<tr><td rowspan="2">등 기 신 청 수 수 료</td><td colspan="2">금 3,000 원</td></tr>
<tr><td colspan="2">납부번호 :</td></tr>
<tr><td></td><td>등기의무자의 등기필정보</td><td></td></tr>
<tr><td>부동산고유번호</td><td></td><td></td></tr>
<tr><td>성명(명칭)</td><td>일련번호</td><td>비밀번호</td></tr>
<tr><td></td><td></td><td></td></tr>
</table>

첨 부 서 면 (간인)	
1. 근저당권변경계약서(계약인수) 1통 1. 등록면허세영수필확인서 1통 1. 등기신청수수료영수필확인서 1통	1. 인감증명 또는 본인서명사실확인서 또는 전자본인서명확인서발급증 1통 1. 등기필증 1통

2019년 6월 7일

위 신청인 박 병 남 ㊞

김 갑 남 ㊞

위 대리인

서울중앙지방법원 등기국 귀중

신청서 작성요령란

* 1. 부동산표시란에 2개 이상의 부동산을 기재하는 경우에는 부동산의 일련번호를 기재하여야 합니다.
2. 신청인란 등 해당란에 기재할 여백이 없을 경우에는 별지를 이용합니다.
3. 담당 등기관이 판단하여 위의 첨부서면 외에 추가적인 서면을 요구할 수 있습니다.

사례연습

〔법무사 제11회 기출문제〕

근저당권변경등기신청(계약인수)

설 문

아래 사실관계에 부합하는 등기신청서를 별첨 등기사항증명서를 고려하여 작성하고, 첨부서면에 대하여 설명하시오.

1. 서초유통주식회사와 서울제조주식회사는 서울제조주식회사의 제품을 일정한 한도까지 서초유통주식회사에 외상으로 공급하기로 하는 내용의 계속적 공급계약을 체결하고 이 외상대금을 담보하기 위하여 서초유통주식회사 소유의 토지에 별첨 등기사항증명서 을구 순위번호 1번과 같이 근저당권설정등기를 하였다.

2. 위 계약의 내용과 같이 거래하던 중 사정이 발생하여 서초유통주식회사의 대표이사 김갑동이 개인자격으로 서초유통주식회사의 지위를 승계하여 거래를 지속하되 위 근저당권은 김갑동과의 거래에서 발생하는 외상대금 채무를 계속하여 담보하도록 당사자간에 합의가 이루어져 그에 따른 등기를 신청하고자 한다.

참고자료

1. 부동산의 표시: 서울특별시 서초구 서초동 100 대 1,000㎡
2. 인적 사항
   - 서초유통주식회사의 부동산등기용등록번호: (110111 - 0234567)
     - 대표이사 성명: 김갑동(600512 - 1043432)
     - 대표이사 주소: 서울시 서대문구 아현로 123 (아현동)
   - 서울제조주식회사의
     - 대표이사 성명: 이한수(510601 - 1035356)
     - 대표이사 주소: 서울시 송파구 잠실대로 456 (잠실동)
   - 기타의 인적 사항은 별첨 등기부등본과 같음
3. 등기원인의 연월일은 2019. 8. 10.임
4. 관할등기소는 서울중앙지방법원 등기국임.
5. 위임에 의하지 않고 당사자가 직접 신청함.
6. 날인이 필요한 곳은 (인)이라고 표시하고 전화번호 기재는 "공란"으로 기재함.

<별 지>

[을 구]	(소유권외의 권리에 관한 사항)			
순위번호	등기목적	접 수	등기원인	권리자 및 기타 사항
1	근저당권설정	2017년 1월 6일 제806호	2017년 1월 3일 설정계약	채권최고액 금 600,000,000원 채무자 서초유통주식회사 서울특별시 서초구 서초대로 100 (서초동) 근저당권자 서울제조주식회사 110111 - 1234567 서울특별시 마포구 마포대로 5 (공덕동)
2	근저당권설정	2019년 6월 12일 제78901호	2019년 6월 5일 설정계약	채권최고액 금 500,000,000원 채무자 서초유통주식회사 서울특별시 서초구 서초대로 100 (서초동) 근저당권자 김일동 660105 - 1023456 서울특별시 강남구 강남대로 26 (신사동)

【모범답안】

근저당권변경등기신청

<table>
<tr><td rowspan="2">접 수</td><td>년 월 일</td><td rowspan="2">처리인</td><td>등기관 확인</td><td>각종통지</td></tr>
<tr><td>제 호</td><td></td><td></td></tr>
</table>

<table>
<tr><td colspan="4">부동산의 표시</td></tr>
<tr><td colspan="4">서울특별시 서초구 서초동 100
대 500㎡

-이 상-</td></tr>
<tr><td colspan="2">등기원인과 그 연월일</td><td colspan="2">2019년 8월 10일 계약인수</td></tr>
<tr><td colspan="2">등 기 의 목 적</td><td colspan="2">1번 근저당권변경</td></tr>
<tr><td colspan="2">변 경 할 사 항</td><td colspan="2">2017년 1월 6일 접수 제806호로 경료한(순위 제1번) 등기사항 중 채무자의 표시 "서초유통주식회사, 서울특별시 서초구 서초대로 100 (서초동)"을 "김강동, 서울특별시 서대문구 아현로 123 (아현동)"로 변경</td></tr>
<tr><td>구 분</td><td>성 명
(상호·명칭)</td><td>주민등록번호
(등기용등록번호)</td><td>주 소(소재지)</td></tr>
<tr><td>등기
의무자</td><td>서초유통
주식회사
대표이사
김강동</td><td>110111-0234567</td><td>서울특별시 서초구 서초대로 100 (서초동)
서울특별시 서대문구 아현로 123 (아현동)</td></tr>
<tr><td>등기
권리자</td><td>서울제조
주식회사
대표이사
이한수</td><td>110111-1234567</td><td>서울특별시 마포구 마포대로 5 (공덕동)

서울특별시 송파구 잠실대로 456 (잠실동)</td></tr>
</table>

<table>
<tr><td>등록면허세</td><td colspan="2">금 6,000 원</td></tr>
<tr><td>지방교육세</td><td colspan="2">금 1,200 원</td></tr>
<tr><td>세액합계</td><td colspan="2">금 7,200 원</td></tr>
<tr><td rowspan="2">등기신청수수료</td><td colspan="2">금 3,000 원</td></tr>
<tr><td colspan="2">납부번호 :</td></tr>
<tr><td colspan="3">등기의무자의 등기필정보</td></tr>
<tr><td>부동산고유번호</td><td colspan="2"></td></tr>
<tr><td>성명(명칭)</td><td>일련번호</td><td>비밀번호</td></tr>
<tr><td></td><td></td><td></td></tr>
<tr><td colspan="3">첨 부 서 면 (간인)</td></tr>
<tr><td colspan="2">1. 근저당권변경계약서 1통 ①
1. 등록면허세영수필확인서 1통 ②
1. 등기신청수수료영수필확인서 1통 ③
1. 등기필증 1통 ④
1. 법인등기사항증명서 2통 ⑤</td><td>1. 법인인감증명 1통 ⑥</td></tr>
<tr><td colspan="3">2019년 8월 10일
위 신청인 서초유통주식회사
대표이사 김 강 동 ㊞ (전화:)
서울제조주식회사
대표이사 이 한 수 ㊞ (전화:)
(또는) 위 대리인

서울중앙지방법원 등기국 귀중</td></tr>
</table>

신청서 작성요령란

* 1. 부동산표시란에 2개 이상의 부동산을 기재하는 경우에는 부동산의 일련번호를 기재하여야 합니다.
2. 신청인란 등 해당란에 기재할 여백이 없을 경우에는 별지를 이용합니다.
3. 담당 등기관이 판단하여 위의 첨부서면 외에 추가적인 서면을 요구할 수 있습니다.

〔첨부서면에 대한 설명〕

① 근저당권변경계약서

등기원인을 증명하는 서면으로 근저당권변경계약서를 제출한다(규칙 제46조 제1항 제1호).

② 등록면허세영수필확인서

등록면허세영수필확인서를 신청서에 첨부한다. 등록면허세를 납부하지 아니하면 부동산등기법 제29조 제10호의 각하사유에 해당한다(지방세법 제30조; 지방세법시행령 제49조 제1항).

③ 등기신청수수료영수필확인서

근저당권변경등기를 신청하는 자는 등기신청수수료를 내야하므로(법 제22조 제3항), 부동산 1개당 3,000원(전자표준양식에 의한 등기신청의 경우에는 2,000원, 전자신청의 경우에는 1,000원)에 해당하는 등기신청수수료를 납부하고 등기신청수수료영수필확인서를 첨부한다(등기예규 제1789호).

④ 등기필증

계약인수를 원인으로 한 근저당권변경등기신청시 등기의무자는 근저당권설정자인 서초유통주식회사이므로 등기의무자의 등기필증으로서 서초유통주식회사가 소유권취득시 등기소로부터 교부받은 등기필증을 제출한다(법 부칙 제2조). 다만, 등기필증을 멸실하여 첨부할 수 없는 경우에는 부동산등기법 제51조에 의하여 확인서면이나 공증서면 중 하나를 첨부한다.

⑤ 법인등기사항증명서

등기권리자인 서울제조주식회사 및 등기의무자인 서초유통주식회사의 대표권을 증명하기 위하여, 각 법인등기사항증명서를 제출한다(규칙 제46조 제1항 제4호).

⑥ 법인인감증명

등기의무자인 서초유통주식회사는 소유권의 등기명의인이므로 등기소의 증명을 얻은 그 대표자의 인감증명을 첨부한다(규칙 제60조 제1항 제1호).

8. 근저당권에 관한 등기 — (5) 근저당권변경등기신청(확정채무의 면책적 인수)

근저당권변경 등기신청
(확정채무의 면책적 인수)

<table>
<tr><td rowspan="2">접 수</td><td>년 월 일</td><td rowspan="2">처리인</td><td>등기관 확인</td><td>각종통지</td></tr>
<tr><td>제 호</td><td></td><td></td></tr>
</table>

<table>
<tr><td colspan="4">① 부동산의 표시</td></tr>
<tr><td colspan="4">1. 서울특별시 서초구 서초동 100
대 300㎡
2. 서울특별시 서초구 서초동 100
[도로명주소] 서울특별시 서초구 서초대로20길 72
시멘트 벽돌조 슬래브지붕 2층 근린생활시설
1층 100㎡ 2층 100㎡ -이상-</td></tr>
<tr><td colspan="2">②등기원인과 그 연월일</td><td colspan="2">2019년 8월 1일 확정채무의 면책적 인수</td></tr>
<tr><td colspan="2">③등 기 의 목 적</td><td colspan="2">2번 근저당권변경</td></tr>
<tr><td colspan="2">④변 경 할 사 항</td><td colspan="2">2017년 3월 11일 접수 제11288호 로 경료한 순위 2번 근저당권 등기사항 중 채무자의 표시 "김을동, 서울 중구 필동 5"을 "이대백, 서울특별시 용산구 한강대로 28길 16, 303동 401호(청파동, 대우아파트)"로 변경함</td></tr>
<tr><td>구 분</td><td>성 명
(상호·명칭)</td><td>주민등록번호
(등기용등록번호)</td><td>주 소(소재지)</td></tr>
<tr><td>⑤
등기
의무자</td><td>이 대 백</td><td>730320-1617312</td><td>서울특별시 용산구 한강대로28길 16, 303동 401호(청파동, 대우아파트)</td></tr>
<tr><td>⑥
등기
권리자</td><td>김 삼 남</td><td>561213-1089723</td><td>서울특별시 종로구 북촌로11길 1 (가회동)</td></tr>
</table>

<table>
<tr><td>⑦ 등 록 면 허 세</td><td colspan="2">금 12,000 원</td></tr>
<tr><td>⑦ 지 방 교 육 세</td><td colspan="2">금 2,400 원</td></tr>
<tr><td>⑧ 세 액 합 계</td><td colspan="2">금 14,400 원</td></tr>
<tr><td rowspan="2">⑨ 등 기 신 청 수 수 료</td><td colspan="2">금 6,000 원</td></tr>
<tr><td colspan="2">납부번호 :</td></tr>
<tr><td colspan="3">⑩ 등기의무자의 등기필정보</td></tr>
<tr><td>부동산고유번호</td><td colspan="2"></td></tr>
<tr><td>성명(명칭)</td><td>일련번호</td><td>비밀번호</td></tr>
<tr><td></td><td></td><td></td></tr>
<tr><td colspan="3">⑫ 첨 부 서 면 (간인)</td></tr>
<tr><td colspan="2">1. 근저당권변경계약서 1통 ⑬
1. 등록면허세영수필확인서 1통 ⑭
1. 등기신청수수료영수필확인서 1통 ⑮
1. 인감증명 또는 본인서명사실확인서 또는 전자본인서명확인서발급증 1통 ⑯
1. 등기필증 1통 ⑰</td><td>1. 위임장 1통 ⑱
1. 자필서명정보 1통 ⑲
<기 타> ⑳</td></tr>
<tr><td colspan="3">2019년 8월 1일
⑪ 위 신청인
대리인 법무사 유 명 한 직인 (전화: 599-0000)
서울특별시 서초구 서초대로100길 76 (서초동)

서울중앙지방법원 등기국 귀중</td></tr>
</table>

신청서 작성요령란

* 1. 부동산표시란에 2개 이상의 부동산을 기재하는 경우에는 부동산의 일련번호를 기재하여야 합니다.
2. 신청인란 등 해당란에 기재할 여백이 없을 경우에는 별지를 이용합니다.
3. 담당 등기관이 판단하여 위의 첨부서면 외에 추가적인 서면을 요구할 수 있습니다.

등기신청안내서 — 근저당권변경등기신청

1. 근저당권변경등기신청

근저당권의 피담보채권이 확정된 후에 제3자가 피담보채무를 면책적으로 인수한 경우에는 채무자변경의 근저당권변경등기를 신청하여야 한다. 확정채무를 중첩적으로 인수하는 경우에도 마찬가지이다.

2. 등기신청방법

(1) **공동신청**

근저당권자(등기권리자)와 부동산 소유자(등기의무자)가 본인임을 확인할 수 있는 주민등록증 등을 가지고 직접 등기소에 출석하여 공동으로 신청함이 원칙이다.

(2) **단독신청**

판결에 의한 등기신청인 경우에는 승소한 등기권리자 또는 등기의무자가 단독으로 신청할 수 있다.

3. 등기소에 제공하여야 하는 신청정보

신청서는 한글과 아라비아 숫자로 기재한다. 부동산의 표시란이나 신청인란 등이 부족할 경우에는 별지를 사용하고, 별지를 포함하여 신청서가 여러 장인 때에는 각 장 사이에 간인을 하여야 한다.

① **부동산의 표시란**

변경할 근저당권의 목적부동산을 기재하되, 등기기록상 부동산 표시와 일치하여야 한다. 부동산이 토지인 경우에는 토지의 소재와 지번, 지목, 면적을 기재하고, 건물인 경우에는 건물의 소재와 지번, 도로명주소, 구조, 종류, 면적, 건물의 번호가 있는 때에는 그 번호, 부속건물이 있는 때에는 그 구조, 종류와 면적을 기재한다.

② **등기원인과 그 연월일란**

등기원인은 그 변경사유에 따라 '확정채무의 면책적 인수', '확정채무의 중첩적 인수' 등으로, 그 연월일은 위 계약서 작성일 등을 기재한다.

③ **등기의 목적란**

'근저당권변경'으로 기재한다.

④ **변경할 사항란**

변경할 근저당권등기의 접수연월일, 접수번호를 기재하여 변경할 등기를 특정하고, 채무자 변경 등 변경되는 사항을 기재한다.

(예) 2017년 3월 11일 접수 제11288호로 경료한 등기사항 중 채무자의 표시 '김을동 서울 중구 필동 5'를 '이갑동 서울특별시 용산구 청파동 8'로 변경함.

⑤ **등기의무자란**

부동산소유자의 성명, 주민등록번호, 주소를 기재하되, 등기기록상 소유자 표시와 일치하여야 한다. 등기기록상 등기신청인의 주소가 지번방식의 주소인 경우에도, 등기신청인이 제공한 주민등록등(초)본 혹은 도로명주소 정보(건축물대장정보, 행정안전부 "새주소 안내시스템(www.juso.go.kr)의 조회결과물 등) 등에 의하여 해당 지번방식의 주소에 대한 도로명주소임이 인정되는 경우에는 등기사건을 수리하여야 한다. 즉 등기기록상 등기명의인의 주소를 도로명주소로 변경등기를 하지 아니하여도 근저당권변경등기를 신청할 수 있다(법 제29조 제7호의 적용을 받지 아니한다).

⑥ **등기권리자란**

근저당권자를 기재하는 난으로, 그 기재방법은 등기의무자란과 같다.

⑦ **등록면허세 · 지방교육세란**

부동산 1개당 등록면허세 6,000원, 지방교육세 1,200원으로 계산하여 기재한다.

⑧ **세액합계란**

등록면허세액과 지방교육세액의 합계를 기재한다.

⑨ **등기신청수수료란**

변경등기를 신청하는 자는 등기신청수수료를 내야 하므로(법 제22조 제3항), 부동산 1개당 3,000원(전자표준양식에 의한 등기신청의 경우에는 2,000원, 전자신청의 경우에는 1,000원)에 해당하는 등기신청수수료를 납부하고 그 등기신청수수료금액 및 납부번호를 신청서에 기재한다(등기예규 제1789호).

⑩ **등기의무자의 등기필정보란**

전자신청 지정등기소에서는 신청방법(전자신청, 서면신청)을 불문하고 등기를 완료한 경우 등기필증 대신 등기필정보를 전자적 교부 또는 서면 교부하기 때문에, 등기신청의 당사자 또는 대리인은 등기필정보상의 일련번호와 비밀번호를 기재함으로써 등기필증의 제출을 갈음할 수 있다. 등기의무자가 교부받은 등기필정보에 기재된 부동산

고유번호, 성명, 일련번호, 비밀번호를 각 기재한다. 등기의무자에게 등기필정보나 등기필증이 없는 경우에는 부동산등기법 제51조의 규정에 의한다(기타 참조).

⑪ **신청인 혹은 대리인의 표시란**

㈎ 등기의무자와 등기권리자의 성명 및 전화번호를 기재하고, 각자가 기명날인하되, 등기의무자는 그의 인감을 날인한다. 등기권리자는 기명날인 대신에 서명으로 갈음할 수 있다. 신청인이 법인 또는 법인 아닌 사단이나 재단인 경우에는 상호(명칭)와 대표자(관리인)의 자격 및 성명을 기재한다. 법인이 등기의무자인 때에는 등기소의 증명을 얻은 그 대표자의 인감을, 법인 아닌 사단이나 재단이 등기의무자인 경우에는 대표자(관리인)의 개인인감을 날인한다.

㈏ 대리인이 등기신청을 하는 경우에는 그 대리인의 성명, 주소 및 전화번호를 기재하고 기명날인한다.

⑫ **첨부서면란**

등기신청서에 첨부한 서면을 각 기재한다.

4. 등기소에 제공하여야 하는 첨부정보

⑬ **등기원인을 증명하는 정보 ― 근저당권변경계약서**

기본계약상 채무자의 지위를 인수하여 근저당권이 변경되는 것이므로, 이론상 근저당권변경등기의 원인증서로는 확정채무인수계약서 또는 확정채무일부인수계약서(단 양자 모두 부동산 및 근저당권의 표시가 된 것이어야 함)를 첨부정보로 제공하여야 할 것이다(규칙 제46조 제1항 제1호). 그러나 이들 계약서에는 부동산의 표시 및 변경되는 근저당권의 표시가 없는 것이 보통이므로 현행 실무는 근저당권변경계약서를 첨부정보로 제공한다. 따라서 특정한 근저당권을 변경한다는 취지가 기재되지 않은 확정채무인수계약서 혹은 확정채무일부인수계약서는 여기에서 말하는 등기원인증서에 해당하지 않는다.

⑭ **등록면허세영수필확인서 또는 등록면허세납부확인서**

시장, 구청장, 군수 등으로부터 등록면허세납부서(OCR용지) 또는 대법원 인터넷등기소의 정액등록면허세납부서 작성기능을 통하여 정액등록면허세납부서를 발급받아 세금을 납부한 후 등록면허세영수필확인서를 신청서의 등록면허세액표시란의 좌측상단 여백에 첨부하거나, 또는 지방세인터넷납부시스템을 이용하여 납부하고 출력한 등록면허세납부확인서를 첨부한다(지방세법 제30조; 지방세법시행령 제49조 제1항).

⑮ **등기신청수수료영수필확인서**

변경등기를 신청하는 자는 등기신청수수료를 내야 하므로(법 제22조 제3항), 부동산 1개당 3,000원(전자표준양식에 의한 등기신청의 경우에는 2,000원, 전자신청의 경우에는 1,000원)에 해당하는 등기신청수수료를 납부하고 등기신청수수료영수필확인서를 첨부한다(등기예규 제1789호).

⑯ **인감증명 또는 본인서명사실확인서 또는 전자본인서명확인서 발급증**

소유권의 등기명의인이 등기의무자이므로 등기의무자의 인감증명을 첨부한다(규칙 제60조 제1항 제1호). 위 인감증명에 갈음하여 위임장 등에 서명을 하고 본인서명사실확인서를 첨부하거나 전자본인서명확인서 발급증을 첨부할 수 있다(부동산등기규칙 제60조의2). 규칙 제60조, 규칙 제61조에 의하여 인감증명을 첨부하여야 하는 자가 법인인 경우에는 등기소의 증명을 얻은 대표자의 인감증명을, 법인 아닌 사단 또는 재단인 경우에는 대표자 또는 관리인의 인감증명을 제출한다.

⑰ **등기필증**

등기의무자의 소유권에 관한 등기필증을 제출하여야 하는 것이지 원래의 근저당권등기필증을 제출하는 것은 아니다. 등기의무자에게 등기필정보 · 등기필증 · 등기완료통지서가 없는 경우에는 법무사 등이 등기의무자 본인임을 확인한 확인서면 등을 제출한다. 자세한 방법은 기타 부분을 참조한다(법 제51조, 기타 참조).

⑱ **위임장**

등기신청을 법무사 등 대리인에게 위임하는 경우에 첨부한다(규칙 제46조 제1항 제5호). 위임인의 성명과 주소를 기재하고 인장을 날인하되 규칙 제60조 제1항 제1호~제3호에 해당하여 인감증명을 제출하여야 하는 자는 위임장에 인감을 날인하여야 하나, 위 규칙 제60조 제1항 제1호~제3호에 해당하지 않는 자는 인감날인 대신에 일반적인 기명날인 혹은 서명으로 갈음할 수 있다. 위임인이 법인이나 법인 아닌 사단 또는 재단인 경우에는 상호(명칭)와 대표자(관리인)의 자격, 성명 및 주소도 기재하여야 한다.

⑲ **자격자대리인의 확인 및 자필서명정보**

등기의무자와 등기권리자가 공동으로 신청하는 권리에 관한 등기이므로 자격자대리인이 등기의무자를 확인하고 자필서명한 정보를 첨부정보로 제공하여야 한다(규칙 제46조 제1항, 제8호, 2022. 7. 1.부터).

⑳-1 **기타 — 신청인이 법인인 경우**

법인이 등기를 신청하는 경우에는 대표자의 자격을 증명하는 서면으로 법인등기사항전부증명서 또는 법인등기사항일부증명서를 첨부하여야 한다(규칙 제46조 제1항 제4

호). 다만 법인등기가 되어있는 등기소와 부동산소재지 관할 등기소가 동일한 경우에는 위 법인등기사항증명서를 제출할 필요가 없다(규칙 제46조 제5항).

⑳-2 기타 ― 신청인이 법인 아닌 사단(재단)인 경우

법인 아닌 사단 또는 재단이 등기를 신청하는 경우에는 ㉠ 정관이나 그 밖의 규약, ㉡ 대표자나 관리인임을 증명하는 정보(다만, 등기되어 있는 대표자나 관리인이 신청하는 경우에는 그러하지 아니하다), ㉢ 법인 아닌 사단 또는 재단의 주소 및 부동산등기용등록번호를 증명하는 정보(새로이 등기명의인이 되는 경우에 한한다), ㉣ 대표자나 관리인의 주소 및 주민등록번호를 증명하는 정보를 첨부정보로 제공한다. 다만 법인 아닌 사단이 등기의무자인 경우에는 민법 제276조 소정의 사원총회의 결의서도 첨부한다(규칙 제48조).

⑳-3 기타 ― 등기의무자의 등기필정보(등기필증, 등기완료통지서)가 없는 경우

등기의무자의 등기필정보(등기필증, 등기완료통지서)가 없을 때에는 ① 등기의무자 또는 그 법정대리인(이하 "등기의무자등"이라 한다)이 등기소에 출석하여 등기관으로부터 등기의무자등임을 확인받는 방법 ② 등기신청인의 대리인(변호사나 법무사만을 말한다)이 등기의무자등으로부터 위임받았음을 확인하여 확인서면을 제출하는 방법 ③ 신청서(위임에 의한 대리인이 신청하는 경우에는 그 권한을 증명하는 서면을 말한다) 중 등기의무자등의 작성부분에 관하여 공증을 받아 제출하는 방법으로 등기신청을 하여야 한다. 위 '공증'은 신청서나 위임장에 기재된 내용 중 등기의무자등의 작성부분(기명날인 등)에 대해 공증인이 등기의무자등의 의사에 의해 작성된 것임을 확인하고 그 증명을 하여 주는 사서증서의 인증을 의미한다(등기필정보가 없는 경우 확인조서 등에 관한 예규, 2018. 12. 18. 등기예규 제1664호, 시행 2019. 1. 1.)(법 제51조, 규칙 제111조 참조).

5. 등기신청서류 편철순서

신청서, 등록면허세영수필확인서, 등기신청수수료영수필확인서, 위임장, 자필서명정보, 인감증명 또는 본인서명사실확인서, 근저당권변경계약서, 등기필증 등의 순으로 편철하는 것이 실무상의 예이다.

6. 등기기록례

[을 구]		(소유권 이외의 권리에 관한 사항)		(No.450)
순위번호	등기목적	접 수	등기원인	권리자 및 기타 사항
2	근저당권설정	2017년 3월 11일 제11288호	2017년 3월 10일 설정계약	채권최고액 금300,000,000원 ~~채무자 김을동~~ ~~서울 중구 필동 5~~ 근저당권자 김삼남 561213-10879723 서울 종로구 원서동 6
2-1	2번근저당권 변경	2019년 8월 1일 제12133호	2019년 8월 1일 확정채무의 면책적 인수	채무자 이대백 서울특별시 용산구 한강대로 28길 16, 303동 401호(청파동, 대우아파트)

[을 구]		(소유권 이외의 권리에 관한 사항)		(No.451)
순위번호	등기목적	접 수	등기원인	권리자 및 기타 사항
2-1	2번근저당권 변경	2019년 8월 1일 제12133호	2019년 8월 1일 확정채무의 중첩적 인수	채무자 이대백 서울특별시 용산구 한강대로28길 16, 303동 401호(청파동, 대우아파트)

8. 근저당권에 관한 등기 — (6) 공동저당대위등기신청

공동저당대위등기신청

접 수	년 월 일	처리인	등기관 확인	각종통지
	제 호			

① 부동산의 표시

1동의 건물의 표시
서울특별시 서초구 서초동 100
샛별아파트 제303동
[도로명주소] 서울특별시 서초구 서초대로21길 60

전유부분의 건물의 표시
건물의 번호 303-1-101
구 조 철근콘크리트조
면 적 제1층 제101호 86.03㎡

대지권의 표시
대지권의 목적인 토지의 표시
1. 서울특별시 서초구 서초동 100 대 1,400㎡
대지권의 종류 1, 소유권대지권
대지권의 비율 3,000분의 50

이 상

② 등기원인과 그 연월일	2019년 8월 1일 민법 제368조 제2항에 의한 대위
③ 등 기 의 목 적	1번 근저당권대위
④ 매 각 부 동 산	서울특별시 서초구 서초동 300 대 400㎡
⑤ 매 각 대 금	금40,000,000원
⑥ 변 제 액	금30,000,000원
⑦ 차순위저당권자의 피담보채권에 관한 사항	채권최고액 금 20,000,000원 채무자 장동군 서울특별시 동작구 흑석대로 12

구 분	성 명 (상호·명칭)	주민등록번호 (등기용등록번호)	주 소(소재지)
⑧ 등기 의무자	이 대 백	730320-1617312	서울특별시 송파구 올림픽대로 45
⑨ 등기 권리자	김 삼 남	561213-1089723	서울특별시 서초구 서초대로46길 60, 101동 201호 (서초동, 서초아파트)

⑩ 등 록 면 허 세	금 6,000 원	
⑩ 지 방 교 육 세	금 1,200 원	
⑩ 세 액 합 계	금 7,200 원	
⑪ 등 기 신 청 수 수 료	금 3,000 원 납부번호 :	
⑫ 국 민 주 택 채 권 매 입 금 액	금 원	
⑫ 국 민 주 택 채 권 발 행 번 호		
⑬ 등기의무자의 등기필정보		
부동산고유번호		
성명(명칭)	일련번호	비밀번호

⑮ 첨 부 서 면 (간인)	
1. 배당표정보 1통 ⑯	1. 위임장 1통 ㉑
1. 등록면허세영수필확인서 1통 ⑰	1. 자필서명정보 1통 ㉒
1. 등기신청수수료영수필확인서 1통 ⑱	<기 타> ㉓
1. 주민등록표등(초)본 1통 ⑲	
1. 등기필증 1통 ⑳	

2019년 9월 1일

⑭ 위 신청인

대리인 법무사 유 명 한 직인 (전화: 599-0000)

서울특별시 서초구 서초대로100길 76 (서초동)

서울중앙지방법원 등기국 귀중

신청서 작성요령란

* 1. 부동산표시란에 2개 이상의 부동산을 기재하는 경우에는 부동산의 일련번호를 기재하여야 합니다.
2. 신청인란 등 해당란에 기재할 여백이 없을 경우에는 별지를 이용합니다.
3. 담당 등기관이 판단하여 위의 첨부서면 외에 추가적인 서면을 요구할 수 있습니다.

등기신청안내서 — 공동저당 대위등기신청

1. 공동저당 대위등기

민법 제368조 제2항에 따르면 공동저당이 설정되어 있는 경우에 채권자가 그 중 일부 부동산에 관하여만 저당권을 실행하여 채권전부를 변제받은 경우, 후순위저당권자는 공동담보로 제공되어 있는 다른 부동산에 대하여 선순위자를 대위하여 저당권을 행사할 수 있다.

예를 들어 A가 B에 대하여 3,000만원의 채권이 있는데, 그 채권을 담보하기 위하여 B소유의 X토지(시가 4,000만원)와 Y토지(시가 2,000만원)에 공동저당이 1번으로 설정되어 있다고 하고 C가 B에 대하여 2,000만원의 채권을 가지고 X토지에 2번의 저당권을 가지고 있다고 하자. 이 경우 A가 X, Y 토지에 대하여 동시에 경매를 실행하면 A는 X토지로부터 2,000만원, Y토지로부터 1,000만원을 배당받을 것이며 C는 X토지로부터 2,000만원을 배당받을 수 있을 것이다. 그런데 만약 A가 X토지에 대하여서만 먼저 경매를 실행한 경우에 A는 X토지로부터 자기 채권 3,000만원을 모두 배당받고 C는 1,000만원을 배당받으며 A와 C의 저당권은 모두 말소가 될 것이다. 이 경우 후순위저당권자인 C는 Y토지의 A의 저당권을 A가 동시에 경매를 실행했을 때 C가 배당받았을 금액의 한도(1,000만원)에서 민법 제368조 제2항에 의하여 A를 대위행사할 수 있다.

구법에서는 종전 부동산등기법에는 이에 관한 등기절차가 마련되어 있지 않아 그간 민법 제368조 제2항의 저당권대위등기를 할 수 있는지 여부에 관하여 논란이 있었다. 개정법에서는 공동저당 대위에 관한 규정을 신설하여 민법 제368조 제2항의 저당권대위가 발생한 경우에 이를 등기할 수 있도록 하였다.

2. 등기신청방법

공동저당 대위등기는 선순위저당권자가 등기의무자로 되고 대위자(차순위저당권자)가 등기권리자로 되어 공동으로 신청하여야 한다(2011. 10. 12. 등기예규 제1407호).

3. 등기소에 제공하여야 하는 신청정보

① 부동산의 표시란

근저당권의 목적부동산을 기재하되, 등기기록상 부동산 표시와 일치하여야 한다.

② 등기원인과 그 연월일란

공동저당의 대위등기를 신청할 때에는 규칙 제43조에서 정한 일반적인 신청정보 외에 등기원인은 '민법 제368조 제2항에 의한 대위'로, 그 연월일은 '선순위 근저당권자에 대한 경매대가의 배당기일'로 표시한다(위 예규 제1407호).

③ 등기의 목적란

'○번 저당권 대위'로 기재한다(위 예규 제1407호). 근저당권이전등기를 신청하는 것은 아니다.

④ 매각부동산

위 1.에 언급한 사안에서 매각부동산(X토지)의 표시를 한다(위 예규 제1407호).

⑤ 매각대금

위 1.에 언급한 사안에서 X토지에 대한 매각대금(4,000만원)을 표시한다(위 예규 제1407호).

⑥ 변제액

위 1.에 언급한 사안에서 X토지에서 선순위저당권자가 변제받은 금액(3,000만원)을 표시한다(위 예규 제1407호).

⑦ 차순위 저당권자의 피담보채권에 관한 사항

위 1.에 언급한 사안에서 X토지에 대한 차순위저당권자의 피담보채권에 관한 사항을 기재한다. 위 '차순위저당권자의 피담보채권에 관한 내용'이라 함은 대위자의 채권의 '채권의 최고액', '채무자의 성명 또는 명칭과 주소 또는 사무소 소재지', '민법 제358조 단서의 약정(약정이 있는 경우)', '존속기간(약정이 있는 경우)' 을 의미한다(법 제80조 제2항 참조)(위 예규 제1407호).

⑧ 등기의무자란

선순위 근저당권자의 성명, 주민등록번호, 주소를 기재하되, 등기기록상 표시와 일치하여야 한다. 등기기록상 등기신청인의 주소가 지번방식의 주소인 경우에도, 등기신청인이 제공한 주민등록등(초)본 혹은 도로명주소 정보(건축물대장정보, 행정안전부 "새주소 안내시스템(www.juso.go.kr)의 조회결과물 등) 등에 의하여 해당 지번방식의 주소에 대한 도로명주소임이 인정되는 경우에는 등기사건을 수리하여야 한다. 즉 등기기록상 등기명의인의 주소를 도로명주소로 변경등기를 하지 아니하여도 공동저당대위등기를 신청할 수 있다(법 제29조 제7호의 적용을 받지 아니한다).

⑨ **등기권리자란**

대위자(차순위저당권자)를 기재하는 난으로, 그 기재방법은 등기의무자란과 같다.

⑩ **등록면허세 · 지방교육세란**

공동저당대위등기를 신청하는 경우에는 등기대상 건수 매 1건당 6,000원에 해당하는 등록면허세 금액 및 그 등록면허세액의 100분의 20에 해당하는 지방교육세 금액을 기재한다.

⑪ **등기신청수수료란**

공동저당대위등기를 신청하는 자는 등기신청수수료를 내야 하므로(법 제22조 제3항), 부동산 1개당 3,000원(전자표준양식에 의한 등기신청의 경우에는 2,000원, 전자신청의 경우에는 1,000원)에 해당하는 등기신청수수료를 납부하고 그 등기신청수수료금액 및 납부번호를 신청서에 기재한다(등기예규 제1789호).

⑫ **국민주택채권매입금액란**

공동저당의 대위등기를 신청하는 경우에는 국민주택채권을 매입하지 아니한다(위 예규 제1407호).

⑬ **등기의무자의 등기필정보란**

전자신청 지정등기소에서는 신청방법(전자신청, 서면신청)을 불문하고 등기를 완료한 경우 등기필증 대신 등기필정보를 전자적 교부 또는 서면 교부하기 때문에, 등기신청의 당사자 또는 대리인은 등기필정보상의 일련번호와 비밀번호를 기재함으로써 등기필증의 제출을 갈음할 수 있다. 등기의무자가 교부받은 등기필정보에 기재된 부동산 고유번호, 성명, 일련번호, 비밀번호를 각 기재한다. 등기의무자에게 등기필정보나 등기필증이 없는 경우에는 부동산등기법 제51조의 규정에 의한다(기타 참조).

⑭ **신청인 혹은 대리인의 표시란**

㈎ 등기의무자와 등기권리자의 성명 및 전화번호를 기재하고, 각자가 기명날인하되 그 기명날인은 서명으로 갈음할 수 있다. 한편 신청인이 법인 또는 법인 아닌 사단이나 재단인 경우에는, 상호(명칭)와 대표자(관리인)의 자격 및 성명을 기재하고 대표자(관리인)가 기명날인한다.

㈏ 대리인이 등기신청을 하는 경우에는 그 대리인의 성명, 주소 및 전화번호를 기재하고 기명날인한다.

⑮ **첨부서면**

등기신청서에 첨부한 서면을 각 기재한다.

4. 등기소에 제공하여야 하는 첨부정보

⑯ **배당표정보**

공동저당의 대위등기를 신청하는 경우에는 부동산등기규칙 제46조에서 정한 일반적인 첨부정보 외에 집행법원에서 작성한 배당표 정보를 첨부정보로서 등기소에 제공하여야 한다(위 예규 제1407호).

⑰ **등록면허세영수필확인서 또는 등록면허세납부확인서**

시장, 구청장, 군수 등으로부터 등록면허세납부서(OCR용지) 또는 대법원 인터넷등기소의 정액등록면허세납부서 작성기능을 통하여 정액등록면허세납부서를 발급받아 세금을 납부한 후 등록면허세영수필확인서를 신청서의 등록면허세액표시란의 좌측상단 여백에 첨부하거나, 또는 지방세인터넷납부시스템을 이용하여 납부하고 출력한 등록면허세납부확인서를 첨부한다(지방세법 제30조; 지방세법시행령 제49조 제1항).

⑱ **등기신청수수료영수필확인서**

공동저당대위등기를 신청하는 자는 등기신청수수료를 내야 하므로(법 제22조 제3항), 부동산 1개당 3,000원(전자표준양식에 의한 등기신청의 경우에는 2,000원, 전자신청의 경우에는 1,000원)에 해당하는 등기신청수수료를 납부하고 등기신청수수료영수필확인서를 첨부한다(등기예규 제1789호).

⑲ **주소 및 주민등록번호를 증명하는 서면 ― 주민등록표등본 · 초본**

등기권리자의 주소 및 주민등록번호를 증명하는 서면으로 근저당권을 대위하는 자의 주민등록표등본 · 초본을 첨부하여야 한다(규칙 제46조 제1항 제6호)

⑳ **등기필증**

등기의무자가 등기필정보를 가지고 있는 경우에는 등기의무자의 등기필정보를 신청정보의 내용으로 등기소에 제공하여야 하지만(법 제50조 제2항), 등기의무자가 구 부동산등기법 제67조 제1항에 따른 등기필증이나 구법 제68조 제1항에 따른 등기완료통지서를 가지고 있는 경우에는 등기의무자가 가지고 있는 그 등기필증 혹은 등기완료통지서를 제출하여야 한다(법 부칙 제2조). 등기의무자에게 등기필정보 · 등기필증 · 등기완료통지서가 없는 경우에는 법무사 등이 등기의무자 본인임을 확인한 확인서면 등을 제출한다. 자세한 방법은 기타 부분을 참조한다(법 제51조, 기타 참조).

㉑ **위임장**

등기신청을 법무사 등 대리인에게 위임하는 경우에 첨부한다(규칙 제46조 제1항 제5호). 위임인의 성명과 주소를 기재하고 기명날인하되 그 기명날인은 서명으로 갈음할 수 있다. 위임인이 법인이나 법인 아닌 사단 또는 재단인 경우에는 상호(명칭)와 대표자(관리인)의 자격, 성명 및 주소도 기재하여야 한다.

㉒ 자격자대리인의 확인 및 자필서명정보

등기의무자와 등기권리자가 공동으로 신청하는 권리에 관한 등기이므로 자격자대리인이 등기의무자를 확인하고 자필서명한 정보를 첨부정보로 제공하여야 한다(규칙 제46조 제1항, 제8호, 2022. 7. 1.부터).

㉓-1 기타 — 신청인이 법인인 경우

법인이 등기를 신청하는 경우에는 대표자의 자격을 증명하는 서면으로 법인등기사항전부증명서 또는 법인등기사항일부증명서를 첨부하여야 한다(규칙 제46조 제1항 제4호). 이 경우에 위 법인등기사항증명서는 등기권리자의 주소를 증명하는 서면, 부동산등기용등록번호를 증명하는 서면이기도 하다(규칙 제46조 제1항 제6호). 다만 법인등기가 되어있는 등기소와 부동산소재지 관할 등기소가 동일한 경우에는 위 법인등기사항증명서를 제출할 필요가 없다(규칙 제46조 제5항).

㉓-2 기타 — 신청인이 법인 아닌 사단(재단)인 경우

법인 아닌 사단 또는 재단이 등기를 신청하는 경우에는 ㉠ 정관이나 그 밖의 규약, ㉡ 대표자나 관리인임을 증명하는 정보(다만, 등기되어 있는 대표자나 관리인이 신청하는 경우에는 그러하지 아니하다), ㉢ 법인 아닌 사단 또는 재단의 주소 및 부동산등기용등록번호를 증명하는 정보(새로이 등기명의인이 되는 경우에 한한다), ㉣ 대표자나 관리인의 주소 및 주민등록번호를 증명하는 정보를 첨부정보로 제공한다. 다만 법인 아닌 사단이 등기의무자인 경우에는 민법 제276조 소정의 사원총회의 결의서도 첨부한다(규칙 제48조).

㉓-3 기타 — 등기의무자의 등기필정보(등기필증, 등기완료통지서)**가 없는 경우**

등기의무자의 등기필정보(등기필증, 등기완료통지서)가 없을 때에는 ① 등기의무자 또는 그 법정대리인(이하 "등기의무자등"이라 한다)이 등기소에 출석하여 등기관으로부터 등기의무자등임을 확인받는 방법 ② 등기신청인의 대리인(변호사나 법무사만을 말한다)이 등기의무자등으로부터 위임받았음을 확인하여 확인서면을 제출하는 방법 ③ 신청서(위임에 의한 대리인이 신청하는 경우에는 그 권한을 증명하는 서면을 말한다) 중 등기의무자등의 작성부분에 관하여 공증을 받아 제출하는 방법으로 등기신청을 하여야 한다. 위 '공증'은 신청서나 위임장에 기재된 내용 중 등기의무자등의 작성부분(기명날인 등)에 대해 공증인이 등기의무자등의 의사에 의해 작성된 것임을 확인하고 그 증명을 하여 주는 사서증서의 인증을 의미한다(등기필정보가 없는 경우 확인조서 등에 관한 예규, 2018. 12. 18. 등기예규 제1664호, 시행 2019. 1. 1.)(법 제51조, 규칙 제111조 참조).

위 ①②③의 방식에 의하여 등기를 신청하는 경우에는 어느 경우이든 등기의무자의 인감증명을 제출한다(규칙 제60조 제1항 제3호).

5. 등기신청서류 편철순서

신청서, 등록면허세영수필확인서, 등기신청수수료영수필확인서, 위임장, 자필서명정보, 주민등록표등본 · 초본, 배당표정보, 근저당권등기필증 등의 순으로 편철하는 것이 실무상의 예이다.

6. 등기기록례

[을 구]		(소유권 이외의 권리에 관한 사항)		(No.446)
순 위 번호	등기목적	접 수	등기원인	권리자 및 기타사항
1	근저당권설정	2017년 1월 3일 제13578호	2017년 1월 2일 설정계약	채권최고액 금 30,000,000원 채무자 장동군 서울특별시 동작구 흑석대로 12 근저당권자 이대백 730320-1617312 서울특별시 송파구 올림픽대로 45 공동담보 토지 서울특별시 서초구 서초동 300 대 400㎡
1-1	1번 근저당권 대위	2019년 9월 1일 제13673호	2019년 8월 1일 민법 제368조 제2항에 의한 대위	매각부동산 토지 서울특별시 서초구 서초동 300 대 400㎡ 매각대금 금40,000,000원 변 제 액 금30,000,000원 채권최고액 금20,000,000원 채무자 장동군 서울특별시 동작구 흑석대로 12 대위자 김삼남 740104-2012345 서울특별시 서초구 서초대로46길 60, 101동 201호 (서초동, 서초아파트)

사례연습

공동저당대위

|설 문|

아래에 기재된 부동산에 대한 등기신청사건을 위임받은 대리인으로서 제시된 사실관계와 답안 작성시 유의사항에 적합한 등기신청서 및 위임장을 작성하고, 신청서에 첨부하는 서면에 대하여 간단히 설명하시오.(신청방식은 서면에 의한 방문신청을 전제로 함)

[1] 등기사항증명서

(1) 서울특별시 서초구 서초동 122 대 500㎡

[갑 구]		(소유권에 관한 사항)		
순위번호	등기목적	접 수	등기원인	권리자 및 기타사항
3	소유권이전	2005년 3월 6일 제3250호	2005년 2월 3일 매매	소유자 장동군 631010-1001234 서울특별시 동작구 흑석동 59

[을 구]		(소유권외의 권리에 관한 사항)		
순위번호	등기목적	접 수	등기원인	권리자 및 기타사항
1	근저당권 설정	2012년 10월 12일 제13578호	2012년 10월 11일 설정계약	채권최고액 300,000,000원 채무자 장동군 서울특별시 동작구 흑석동 59 근저당권자 이장희 700407-1234567 경상북도 울릉군 울릉읍 도동리 99 공동담보 토지 서울특별시 서초구 서초동 123

2	근저당권 설정	2012년 11월 13일 제15799호	2012년 11월 12일 설정계약	채권최고액 200,000,000원 채무자 장동군 서울특별시 동작구 흑석동 59 특약 : 근저당권은 부합물과 종물에 효력이 미치지 아니한다. 근저당권자 김희성 740104-2016345 서울특별시 송파구 잠실동 36

(2) 서울특별시 서초구 서초동 123 대 250㎡

[갑 구]		(소유권에 관한 사항)		
순위번호	등기목적	접 수	등기원인	권리자 및 기타사항
3	소유권이전	2005년 3월 6일 제3250호	2005년 2월 3일 매매	소유자 장동군 631010-1001234 서울특별시 동작구 흑석동 59

[을 구]		(소유권외의 권리에 관한 사항)		
순위번호	등기목적	접 수	등기원인	권리자 및 기타사항
1	근저당권 설정	2012년 10월 12일 제13578호	2012년 10월 11일 설정계약	채권최고액 300,000,000원 채무자 장동군 서울특별시 동작구 흑석동 59 근저당권자 이장희 700407-1234567 경상북도 울릉군 울릉읍 도동리 99 공동담보 토지 서울특별시 서초구 서초동 122

[2] 사실관계

1. 이장희는 장동군에 대하여 2억 5천만원의 채권이 있는데, 그 채권을 담보하기 위하여 장동군소유의 서울특별시 서초구 서초동 122토지와 서울특별시 서초구 서초동 123토지에 위 등기기록의 내용과 같이 순위번호 제1번의 공동저당을 설정하였고, 또한 김희성은 장동군에 대하여 1억7천만원의 채권을 가지고 서울특별시 서초구 서초동 122토지에 위 등기기록의 내용과 같이 순위번호 제2번의 근저당권을 설정하였다.

2. 만약에 위 이장희가 위 122번지와 123번지에 대하여 동시에 경매를 신청한 경우라면 122번지에서는 2억원, 123번지에서는 1억원을 배당받을 수 있었고, 이 경우 122번지에 대한 후순위 저당권자 김희성은 채권 전액 2억원을 배당받을 수 있었던 상황이었다.

3. 그런데 이장희는 서울특별시 서초구 서초동 122번지 토지에 대하여서만 먼저 경매(2019타경 239)를 실행하여 아래와 같은 배당표가 작성되었다. 경매대가의 배당기일은 2019년 2월 16일이었다.

4. 그 경매과정에서 서울특별시 서초구 서초동 122 토지에 대한 후순위 근저당권자 김희성은 채권최고액의 50%만 배당을 받아 귀 법무사 사무실에 와서 억울함을 호소하고 있으므로 귀 법무사 입장에서 김희성의 권리구제를 위한 등기절차를 진행하려고 한다(참고자료: 배당표정보 참고).

5. 등기의무자는 등기필증을 분실하였고 등기의무자의 소재지에는 공증실이 있다.

6. 당사자간의 협조가 있음을 전제로 하여 필요한 등기신청서 및 위임장을 작성한다.

[3] 참고자료

1. 김희성의 서울특별시 송파구 잠실동 36에 대한 도로명주소는 서울특별시 송파구 도곡로 36길 29 (잠실동)이다.

2. 이장희의 경상북도 울릉군 울릉읍 도동리 99에 대한 도로명주소는 경상북도 울릉군 울릉읍 도동길 160이다.

3. 장동군의 서울특별시 동작구 흑석동 59에 대한 도로명주소는 서울특별시 동작구 흑석대로 12 (흑석동)이다.

[4] 답안 작성시 유의사항

1. 부동산표시, 첨부서면란 등이 부족할 때에는 별지를 사용할 수 있다.

2. 첨부서면은 그 명칭을 해당란에 기재하고, 별지에 각 서면별로 제출이유를 설명한다.

3. 신청서 작성일은 2019. 4. 19.로 한다.

4. 날인이 필요한 곳은 "㉆"으로 표시한다.

5. 대리인은 아래와 같다.

법무사 김철수, 사무소 서울 서초구 명달로 1번길 36,

606호(서초동, 로펌애비뉴) (전화 500-1234)

6. 관할등기소(과)는 "서울중앙지방법원 등기국"이다.

참고자료 배당표

서울중앙지방법원

배 당 표

2019 타경 239 부동산임의경매

배당할 금액 ①		금 440,000,000원		
명세	매각대금	금 440,000,000원		
	이 자	금 원		
	전경락인의 경매보증금	금 원		
	항고 보증금	금 원		
집행비용 ②		금 40,000,000원		
실제배당할 금액 ①~②		금 400,000,000원		
매각부동산		서울특별시 서초구 서초동 112 대 500m^2		
채권금액	원 금(원)	250,000,000원	170,000,000원	
	이 자(원)	50,000,000원	30,000,000원	
	비 용(원)			
	계(원)	300,000,000원	200,000,000원	
배당순위		1	2	
이 유				
배당비율(%)		100%	50%	
배 당 액(원)		300,000,000원	100,000,000원	
잔여액(원)		0	100,000,000원	
비용비례액(원)				
채권자		이장희	김희성	

2019. . .

판사 김 정 수 (인)

【모범답안】

공동저당대위등기신청

접 수	년 월 일	처리인	등기관 확인	각종통지
	제 호			

부동산의 표시	
서울특별시 서초구 서초동 123 대 250㎡ -이상-	
등기원인과 그 연월일	2019년 2월 16일 민법 제368조 제2항에 의한 대위
등 기 의 목 적	1번저당권대위
매 각 부 동 산	서울특별시 서초구 서초동 122 대 500㎡
매 각 대 금	금440,000,000원
변 제 액	금300,000,000원
차순위근저당권자의 피담보채권에 관한 사항	채권최고액 금 200,000,000원 채무자 장동군 서울특별시 동작구 흑석대로 12 (흑석동) 특약: 근저당권은 부합물과 종물에 효력이 미치지 아니한다. 근저당권자 : 김희성 740104-2016345 서울특별시 송파구 도곡로 36길 29 (잠실동)

구분	성 명	주민등록번호	주 소	지분 (개인별)
등기의무자	이 장 희	700407-1245677	경상북도 울릉군 울릉읍 도동길 160 등기기록상 주소: 경상북도 울릉군 울릉읍 도동리 99	
등기권리자	김 희 성	740104-2013345	서울특별시 송파구 도곡로 36길 29 (잠실동) 등기기록상 주소: 서울특별시 송파구 잠실동 36	

등 록 면 허 세	금	6,000	원
지 방 교 육 세	금	1,200	원
세 액 합 계	금	7,200	원
국 민 주 택 채 권 매 입 금 액	금		원
국 민 주 택 채 권 발 행 번 호			
등 기 신 청 수 수 료	금	3,000	원
	납부번호 :		

첨 부 서 면 간인			
1. 배당표정보	1통	1. 인감증명	1통
1. 주민등록표등(초)본	1통	1. 자필서명정보	1통
1. 등록면허세영수필확인서	1통		
1. 등기신청수수료영수필확인서	1통		
1. 위임장(공증)	1통		

2019년 4월 19일

신청인

위 대리인 법무사 김철수 직인

서울특별시 서초구 명달로 1번길 36, 606호(서초동, 로펌애비뉴)

(☎ 500-1234)

서울중앙지방법원 등기국 귀중

신청서 작성요령란

* 1. 부동산표시란에 2개 이상의 부동산을 기재하는 경우에는 부동산의 일련번호를 기재하여야 합니다.
2. 신청인란 등 해당란에 기재할 여백이 없을 경우에는 별지를 이용합니다.
3. 담당 등기관이 판단하여 위의 첨부서면 외에 추가적인 서면을 요구할 수 있습니다.

<table>
<tr><td colspan="3" align="center">위　　임　　장</td></tr>
<tr><td>부
동
산
의
표
시</td><td colspan="2">서울특별시 서초구 서초동 123 대 250㎡ -이상-</td></tr>
<tr><td>등기원인과 그 연월일</td><td colspan="2">2019년 2월 16일 민법 제368조 제2항에 의한 대위</td></tr>
<tr><td>등 기 의 목 적</td><td colspan="2">1번저당권대위</td></tr>
<tr><td>매 각 부 동 산</td><td colspan="2">서울특별시 서초구 서초동 122 대 500㎡</td></tr>
<tr><td>매 각 대 금</td><td colspan="2">금440,000,000원</td></tr>
<tr><td>변 제 액</td><td colspan="2">금300,000,000원</td></tr>
<tr><td>차순위근저당권자의 피담보채권에 관한 사항</td><td colspan="2">채권최고액 금 200,000,000원
채무자 장동군 서울특별시 동작구 흑석대로 12 (흑석동)
특약 : 근저당권은 부합물과 종물에 효력이 미치지 아니한다.
근저당권자 : 김희성 740104-2016345
서울특별시 송파구 도곡로 36길 29 (잠실동)</td></tr>
<tr><td></td><td colspan="2"></td></tr>
<tr><td colspan="2">등기의무자

이 장 희　　　　　　ⓘ
경상북도 울릉군 울릉읍 도동길 160

등기권리자

김 희 성　　　　　　ⓘ
서울특별시 송파구 도곡로 36길 29
(잠실동)</td><td>법무사 김철수
서울특별시 서초구 명달로 1번길 36, 606호
(서초동, 로펌애비뉴)
(☎ 500-1234)

위 사람을 대리인으로 정하고 위 부동산에 대한 등기신청, 취하, 등기필정보의 수령 및 확인에 관한 모든 행위를 위임한다. 또한 복대리인 선임을 허락한다.
2019년 4월 19일</td></tr>
</table>

〔첨부서면에 대한 설명〕

① **배당표등본**

공동저당의 대위등기를 신청하는 경우에는 부동산등기규칙 제46조에서 정한 일반적인 첨부정보 외에 집행법원에서 작성한 배당표 정보를 첨부정보로서 등기소에 제공하여야 한다(등기예규 제1407호).

② **주민등록표등(초)본**

김희성의 주소 및 주민등록번호증명서면으로 김희성의 주민등록표등(초)본을 첨부한다(규칙 제46조 제1항 제6호). 한편 신청서에는 등기의무자 이장희 및 소유자겸 채무자인 장동군의 도로명주소를 기재하여야 하므로 이들의 도로명주소가 기재된 주민등록표등(초)본을 제출하는 것이 바람직하다.

③ **등록면허세영수필확인서**

시장, 구청장, 군수 등으로부터 발급받은 등록면허세납부서(OCR용지) 또는 대법원 인터넷등기소에서 발급받은 정액등록면허세납부서를 납세지를 관할하는 해당 금융기관에 납부한 등록면허세영수필확인서를 첨부하거나, 또는 지방세인터넷납부시스템을 이용하여 납부하고 출력한 등록면허세납부확인서를 첨부한다(지방세법 제30조; 지방세법시행령 제49조 제1항).

④ **등기신청수수료영수필확인서**

등기신청수수료를 납부하여야 하므로 등기신청수수료영수필확인서를 첨부한다(등기예규 제1789호).

⑤ **등기위임장**

등기신청을 법무사 등 대리인에게 위임하는 경우에 대리권한을 증명하는 서면으로 첨부한다(규칙 제46조 제1항 제5호). 등기의무자 이장희의 등기위임장은, 위임장에 기재된 내용 중 등기의무자등의 작성부분(기명날인 등)에 대해 공증인이 등기의무자등의 의사에 의해 작성된 것임을 확인하고 그 증명을 하여 주는 사서증서의 인증을 받아야 한다(등기필정보가 없는 경우 확인조서 등에 관한 예규, 2018. 12. 18. 등기예규 제1664호, 법 제51조 단서).

⑥ **인감증명**

등기의무자가 등기필증이 없는 경우이므로 등기의무자의 인감증명을 첨부한다(규칙 제60조 제1항 제3호).

⑨ **자격자대리인의 확인 및 자필서명정보**

등기의무자와 등기권리자가 공동으로 신청하는 권리에 관한 등기이므로 자격자대리인이 등기의무자를 확인하고 자필서명한 정보를 첨부정보로 제공하여야 한다(규칙 제46조 제1항, 제8호, 2022. 7. 1.부터).

8. 근저당권에 관한 등기 — (7) 근저당권변경등기신청

토지·건물 근저당권변경등기신청

접 수	년 월 일	처리인	등기관 확인	각종통지
	제 호			

① 부동산의 표시			
1. 서울특별시 서초구 서초동 100 대 300㎡ 2. 서울특별시 서초구 서초동 100 [도로명주소] 서울특별시 서초구 서초대로20길 72 시멘트 벽돌조 슬래브지붕 2층 근린생활시설 1층 100㎡ 2층 100㎡ -이상-			
②등기원인과 그 연월일	2019년 7월 30일 변경계약		
③등 기 의 목 적	1번 근저당권변경		
④변 경 할 사 항	2017년 3월 11일 접수 제11288호 순위번호 1번으로 경료된 근저당권등기사항중 등기의 목적 '갑구1번 박영숙지분전부 근저당권설정'을 '소유권전부 근저당권설정'으로 변경함		
구 분	성 명 (상호·명칭)	주민등록번호 (등기용등록번호)	주 소(소재지)
⑤ 등기 의무자	박 영 숙	611204-2022239	서울특별시 서초구 서초대로88길 20 (서초동)
⑥ 등기 권리자	이 사 채	730320-1617312	서울특별시 서초구 서초대로88길 10, 가동 101호(서초동, 샛별아파트)

<table>
<tr><td>⑦ 등 록 면 허 세</td><td colspan="2">금 12,000 원</td></tr>
<tr><td>⑦ 지 방 교 육 세</td><td colspan="2">금 2,400 원</td></tr>
<tr><td>⑧ 세 액 합 계</td><td colspan="2">금 14,400 원</td></tr>
<tr><td rowspan="2">⑨ 등 기 신 청 수 수 료</td><td colspan="2">금 6,000 원</td></tr>
<tr><td colspan="2">납부번호 :</td></tr>
<tr><td colspan="3">⑩ 등기의무자의 등기필정보</td></tr>
<tr><td>부동산고유번호</td><td colspan="2"></td></tr>
<tr><td>성명(명칭)</td><td>일련번호</td><td>비밀번호</td></tr>
<tr><td></td><td></td><td></td></tr>
<tr><td colspan="3">⑫ 첨 부 서 면 (간인)</td></tr>
<tr><td colspan="2">1. 근저당권변경계약서 1통 ⑬
1. 등록면허세영수필확인서 1통 ⑭
1. 등기신청수수료영수필확인서 1통 ⑮
1. 인감증명 또는 본인서명사실확인서 또는 전자본인서명확인서발급증 1통 ⑯
1. 등기필증 1통 ⑰</td><td>1. 위임장 1통 ⑱
1. 자필서명정보 1통 ⑲
<기 타> ⑳</td></tr>
<tr><td colspan="3">2019년 8월 1일
⑪ 위 신청인
대리인 법무사 유 명 한 직인 (전화: 599-0000)
서울특별시 서초구 서초대로100길 76 (서초동)

서울중앙지방법원 등기국 귀중</td></tr>
</table>

신청서 작성요령란

* 1. 부동산표시란에 2개 이상의 부동산을 기재하는 경우에는 부동산의 일련번호를 기재하여야 합니다.
2. 신청인란 등 해당란에 기재할 여백이 없을 경우에는 별지를 이용합니다.
3. 담당 등기관이 판단하여 위의 첨부서면 외에 추가적인 서면을 요구할 수 있습니다.

등기신청안내서 — 근저당권변경등기신청

1. 근저당권변경등기신청

이 서식은 2인 공유(이갑남, 박영숙) 부동산에 관하여 종전에 박영숙 지분에 근저당권설정등기가 되어 있었는데, 박영숙이 이갑남 지분을 취득하여 부동산전체가 박영숙 소유로 된 경우에 기존 근저당권의 효력을 부동산 전체에 미치게 하기 위하여 신청하는 등기신청례이다. 이 경우 지분을 새로이 취득한 박영숙이 등기의무자, 근저당권자가 등기권리자가 된다. 한편 2011. 10. 11. 등기예규 제1356호(공유자의 지분일부에 대한 저당권등기 등이 있는 경우의 등기사무처리지침, 종전예규 제410호)에 의하면 단독소유의 일부 지분에 대하여서도 근저당권설정등기가 허용되므로 이 경우 근저당권설정등기를 신청하여도 무방하다고 할 것이다. 법원행정처 기재례집에서는 근저당권변경등기의 형식으로 이를 처리하고 있다(기재례 No. 218, 224).

2. 등기신청방법

(1) **공동신청**

변경등기에 의하여 형식상 불리한 지위에서는 기존의 등기명의인이 등기의무자, 변경등기로 인하여 유리한 지위에 서는 자가 등기권리자가 되어 등기소에 출석하여 공동으로 신청함이 원칙이다.

(2) **단독신청**

판결에 의한 등기신청인 경우에는 승소한 등기권리자 또는 등기의무자가 단독으로 신청할 수 있다.

3. 등기소에 제공하여야 하는 신청정보

신청서는 한글과 아라비아 숫자로 기재한다. 부동산의 표시란이나 신청인란 등이 부족할 경우에는 별지를 사용하고, 별지를 포함하여 신청서가 여러 장인 때에는 각 장 사이에 간인을 하여야 한다.

① 부동산의 표시란

변경할 저당권의 목적부동산을 기재하되, 등기기록상 부동산 표시와 일치하여야 한다. 부동산이 토지인 경우에는 토지의 소재·지번, 지목, 면적을 기재하고, 건물인 경우에는 건물의 소재·지번, 종류, 구조, 면적을 기재한다.

② 등기원인과 그 연월일란

등기원인은 '변경계약'으로, 연월일은 변경계약성립년월일이다.

③ 등기의 목적란

'근저당권변경'으로 기재한다.

④ 변경할 사항란

2017년 3월 11일 접수 제11288호로 경료된 근저당권설정등기의 등기목적 '갑구1번박영숙지분전부 근저당권설정'을 '소유권전부 근저당권설정'으로 변경함.

⑤ 등기의무자란

등기의무자의 성명, 주민등록번호, 주소를 기재하되, 등기기록상 소유자 표시와 일치하여야 한다. 등기기록상 등기신청인의 주소가 지번방식의 주소인 경우에도, 등기신청인이 제공한 주민등록등(초)본 혹은 도로명주소 정보(건축물대장정보, 행정안전부 "도로명주소 안내시스템(www.juso.go.kr)의 조회결과물 등) 등에 의하여 해당 지번방식의 주소에 대한 도로명주소임이 인정되는 경우에는 등기사건을 수리하여야 한다. 즉 등기기록상 등기명의인의 주소를 도로명주소로 변경등기를 하지 아니하여도 근저당권변경등기를 신청할 수 있다(법 제29조 제7호의 적용을 받지 아니한다).

⑥ 등기권리자란

등기권리자를 기재한다.

⑦ 등록면허세 · 지방교육세란

부동산 1개당 등록면허세 6,000원, 지방교육세 1,200원으로 계산하여 기재한다.

⑧ 세액합계란

등록면허세액과 지방교육세액의 합계를 기재한다.

⑨ 등기신청수수료란

근저당권변경등기를 신청하는 자는 등기신청수수료를 내야 하므로(법 제22조 제3항), 부동산 1개당 3,000원(전자표준양식에 의한 등기신청의 경우에는 2,000원, 전자신청의 경우에는 1,000원)에 해당하는 등기신청수수료를 납부하고 그 등기신청수수료금액 및 납부번호를 신청서에 기재한다(등기예규 제1789호).

⑩ **등기의무자의 등기필정보란**

전자신청 지정등기소에서는 신청방법(전자신청, 서면신청)을 불문하고 등기를 완료한 경우 등기필증 대신 등기필정보를 전자적 교부 또는 서면 교부하기 때문에, 등기신청의 당사자 또는 대리인은 등기필정보상의 일련번호와 비밀번호를 기재함으로써 등기필증의 제출을 갈음할 수 있다. 등기의무자가 교부받은 등기필정보에 기재된 부동산고유번호, 성명, 일련번호, 비밀번호를 각 기재한다. 등기의무자에게 등기필정보나 등기필증이 없는 경우에는 부동산등기법 제51조의 규정에 의한다(기타 참조).

⑪ **신청인 혹은 대리인의 표시란**

㈎ 등기의무자와 등기권리자의 성명 및 전화번호를 기재하고, 각자가 기명날인하되, 등기의무자는 그의 인감을 날인한다. 등기권리자는 기명날인 대신에 서명으로 갈음할 수 있다. 신청인이 법인 또는 법인 아닌 사단이나 재단인 경우에는 상호(명칭)와 대표자(관리인)의 자격 및 성명을 기재한다. 법인이 등기의무자인 때에는 등기소의 증명을 얻은 그 대표자의 인감을, 법인 아닌 사단이나 재단이 등기의무자인 경우에는 대표자(관리인)의 개인인감을 날인한다.

㈏ 대리인이 등기신청을 하는 경우에는 그 대리인의 성명, 주소 및 전화번호를 기재하고 기명날인한다.

⑫ **첨부서면란**

등기신청서에 첨부한 서면을 각 기재한다.

4. 등기소에 제공하여야 하는 첨부정보

⑬ **근저당권변경계약서**

등기원인서면으로 근저당권변경계약서를 첨부한다(규칙 제46조 제1항 제1호).

⑭ **등록면허세영수필확인서 또는 등록면허세납부확인서**

시장, 구청장, 군수 등으로부터 등록면허세납부서(OCR용지) 또는 대법원 인터넷등기소의 정액등록면허세납부서 작성기능을 통하여 정액등록면허세납부서를 발급받아 세금을 납부한 후 등록면허세영수필확인서를 신청서의 등록면허세액표시란의 좌측상단 여백에 첨부하거나, 또는 지방세인터넷납부시스템을 이용하여 납부하고 출력한 등록면허세납부확인서를 첨부한다(지방세법 제30조; 지방세법시행령 제49조 제1항).

⑮ **등기신청수수료영수필확인서**

근저당권변경등기를 신청하는 자는 등기신청수수료를 내야 하므로(법 제22조 제3항), 부동산 1개당 3,000원(전자표준양식에 의한 등기신청의 경우에는 2,000원, 전자신청의 경우에는 1,000원)에 해당하는 등기신청수수료를 납부하고 그 등기신청수수료영수필확인서를 첨부한다(등기예규 제1789호).

⑯ 인감증명 또는 본인서명사실확인서 또는 전자본인서명확인서 발급증

등기의무자가 소유권의 등기명의인인 경우에는 등기의무자의 인감증명을 첨부한다(규칙 제60조 제1항 제1호). 규칙 제60조, 규칙 제61조에 의하여 인감증명을 첨부하여야 하는 자가 법인인 경우에는 등기소의 증명을 얻은 대표자의 인감증명을, 법인 아닌 사단 또는 재단인 경우에는 대표자 또는 관리인의 인감증명을 제출한다. 위 인감증명에 갈음하여 위임장 등에 서명을 하고 본인서명사실확인서를 첨부하거나 전자본인서명확인서 발급증을 첨부할 수 있다(부동산등기규칙 제60조의2).

⑰ 등기필증

등기의무자가 등기필정보를 가지고 있는 경우에는 등기의무자의 등기필정보를 신청정보의 내용으로 등기소에 제공하여야 하지만(법 제50조 제2항), 등기의무자가 구 부동산등기법 제67조 제1항에 따른 등기필증이나 구법 제68조 제1항에 따른 등기완료통지서를 가지고 있는 경우에는 등기의무자가 가지고 있는 그 등기필증 혹은 등기완료통지서를 제출하여야 한다(법 부칙 제2조). 등기의무자에게 등기필정보 · 등기필증 · 등기완료통지서가 없는 경우에는 법무사 등이 등기의무자 본인임을 확인한 확인서면 등을 제출한다. 자세한 방법은 기타 부분을 참조한다(법 제51조, 기타 참조).

⑱ 위임장

등기신청을 법무사 등 대리인에게 위임하는 경우에 첨부한다(규칙 제46조 제1항 제5호). 위임인의 성명과 주소를 기재하고 인장을 날인하되 규칙 제60조 제1항 제1호~제3호에 해당하여 인감증명을 제출하여야 하는 자는 위임장에 인감을 날인하여야 하나, 위 규칙 제60조 제1항 제1호~제3호에 해당하지 않는 자는 인감날인 대신에 일반적인 기명날인 혹은 서명으로 갈음할 수 있다. 위임인이 법인이나 법인 아닌 사단 또는 재단인 경우에는 상호(명칭)와 대표자(관리인)의 자격, 성명 및 주소도 기재하여야 한다.

⑲ 자격자대리인의 확인 및 자필서명정보

등기의무자와 등기권리자가 공동으로 신청하는 권리에 관한 등기이므로 자격자대리인이 등기의무자를 확인하고 자필서명한 정보를 첨부정보로 제공하여야 한다(규칙 제46조 제1항, 제8호, 2022. 7. 1.부터).

⑳-1 기타 — 신청인이 법인인 경우

법인이 등기를 신청하는 경우에는 대표자의 자격을 증명하는 서면으로 법인등기사항전부증명서 또는 법인등기사항일부증명서를 첨부하여야 한다(규칙 제46조 제1항 제4

號). 다만 법인등기가 되어 있는 등기소와 부동산소재지 관할 등기소가 동일한 경우에는 위 법인등기사항증명서를 제출할 필요가 없다(규칙 제46조 제5항).

⑳-2 기타 — 신청인이 법인 아닌 사단(재단)인 경우

법인 아닌 사단 또는 재단이 등기를 신청하는 경우에는 ㉠ 정관이나 그 밖의 규약, ㉡ 대표자나 관리인임을 증명하는 정보(다만, 등기되어 있는 대표자나 관리인이 신청하는 경우에는 그러하지 아니하다), ㉢ 법인 아닌 사단 또는 재단의 주소 및 부동산등기용등록번호를 증명하는 정보(새로이 등기명의인이 되는 경우에 한한다), ㉣ 대표자나 관리인의 주소 및 주민등록번호를 증명하는 정보를 첨부정보로 제공한다. 다만 법인 아닌 사단이 등기의무자인 경우에는 민법 제276조 소정의 사원총회의 결의서도 첨부한다(규칙 제48조).

⑳-3 기타 — 등기상 이해관계인의 승낙서

권리변경등기에 대하여 등기상 이해관계인이 있는 경우에는 그의 승낙이 있어야만 그 변경등기를 부기등기로 할 수 있다(규칙 제52조 제5호).

⑳-4 기타 — 등기의무자의 등기필정보(등기필증, 등기완료통지서)가 없는 경우

등기의무자의 등기필정보(등기필증, 등기완료통지서)가 없을 때에는 ① 등기의무자 또는 그 법정대리인(이하 "등기의무자등"이라 한다)이 등기소에 출석하여 등기관으로부터 등기의무자등임을 확인받는 방법 ② 등기신청인의 대리인(변호사나 법무사만을 말한다)이 등기의무자등으로부터 위임받았음을 확인하여 확인서면을 제출하는 방법 ③ 신청서(위임에 의한 대리인이 신청하는 경우에는 그 권한을 증명하는 서면을 말한다) 중 등기의무자등의 작성부분에 관하여 공증을 받아 제출하는 방법으로 등기신청을 하여야 한다.

위 '공증'은 신청서나 위임장에 기재된 내용 중 등기의무자등의 작성부분(기명날인등)에 대해 공증인이 등기의무자등의 의사에 의해 작성된 것임을 확인하고 그 증명을 하여 주는 사서증서의 인증을 의미한다(등기필정보가 없는 경우 확인조서 등에 관한 예규, 2018. 12. 18. 등기예규 제1664호, 시행 2019. 1. 1.)(법 제51조, 규칙 제111조 참조).

5. 등기신청서류 편철순서

신청서, 등록면허세영수필확인서, 등기신청수수료영수필확인서, 위임장, 자필서명정보, 인감증명 또는 본인서명사실확인서, 근저당권변경계약서, 등기필증 등의 순으로 편철하는 것이 실무상의 예이다.

6. 등기기록례

[갑 구]		(소유권에 관한 사항)		(No.251)
순위 번호	등기목적	접 수	등기원인	권리자 및 기타 사항
1	소유권보존	2016년 6월 6일 제6289호		공유자 지분 2분의 1 이갑남 600324-1058339 서울특별시 서초구 서초동 100 지분 2분의 1 박영숙 611204-2022239 서울특별시 서초구 서초동 100
2	1번이갑남 지분전부 이전	2019년 8월 1일 제8899호	2019년 7월 30일 증여	공유자 지분 2분의1 박영숙 611204-2022239 서울특별시 서초구 서초대로 88길 20 (서초동)

[을 구]		(소유권 이외의 권리에 관한 사항)		(No.458)
순위 번호	등기목적	접 수	등기원인	권리자 및 기타 사항
1	~~갑구1번 박영숙지분 전부근저당권 설정~~	2017년 3월 11일 제11288호	2017년 3월 10일 설정계약	채권최고액 금300,000,000원 채무자 박영숙 서울 서초구 서초동 100 근저당권자 이사채 730320-1617312 서울특별시 용산구 남영동 5
1-1	1번근저당권 변경	2019년 8월 1일 제8900호	2019년 7월 30일 변경계약	목적 소유권 전부 근저당권설정

사례연습

근저당권변경등기신청

|설 문|

아래에 기재된 부동산에 대한 등기신청사건을 위임받은 대리인으로서 제시된 사실관계와 답안 작성시 유의사항에 적합한 등기신청서를 작성하고, 신청서에 첨부하는 서면에 대하여 간단히 설명하시오(신청방식은 서면에 의한 방문신청을 전제로 함).

[1] 등기사항증명서

(1) 분할전 토지 : 서울특별시 서초구 서초동 122 대 300㎡

[갑 구] (소유권에 관한 사항)				
순위번호	등기목적	접 수	등기원인	권리자 및 기타 사항
1	소유권보존	2011년 6월 6일 제6289호		공유자 지분 3분의 1 이갑남 600324-1058339 서울특별시 서초구 서초동 100 지분 3분의 2 김영숙 611204-2022239 서울특별시 서초구 서초동 100
				대위자 이수영 780908-1231239 서울특별시 강남구 강남대로 369, 106호 (역삼동)

[을 구] (소유권 이외의 권리에 관한 사항)				
순위번호	등기목적	접 수	등기원인	권리자 및 기타 사항
1	갑구1번 이갑남 지분전부 근저당	2012년 3월 11일 제3200호	2012년 3월 10일 설정계약	채권최고액 금100,000,000원 채무자 이갑남

	권설정			서울 서초구 서초동 100 근저당권자 이돈만 730320-1617312 서울특별시 용산구 남영동 5
2	갑구1번 김영숙 지분전부 근저당권설정	2012년 3월 11일 제3201호	2012년 3월 10일 설정계약	채권최고액 금200,000,000원 채무자 김영숙 서울 서초구 서초동 100 근저당권자 주식회사 한강 110111-1201110 서울특별시 관악구 봉천동 33

(2) 분할 후 토지 : 서울특별시 서초구 서초동 122　대 100㎡

[갑 구]		(소유권에 관한 사항)		
순위번호	등기목적	접 수	등기원인	권리자 및 기타 사항
1	소유권보존	2011년 6월 6일 제6289호		공유자 지분 3분의 1 이갑남 600324-1058339 서울특별시 서초구 서초동 100 지분 3분의 2 김영숙 611204-2022239 서울특별시 서초구 서초동 100
				대위자 이수영 780908-1231239 서울특별시 강남구 강남대로 369, 106호 (역삼동)
2	1번김영숙 지분전부이전	2016년 5월 24일 제7280호	2016년 5월 24일 공유물분할	공유자 지분 3분의2 이갑남 600324-1058339 서울특별시 동작구 동작대로 270 (상도동)

[을 구]		(소유권 이외의 권리에 관한 사항)		
순위번호	등기목적	접 수	등기원인	권리자 및 기타 사항

1	갑구1번 이갑남 지분전부 근저당권설정	2012년 3월 11일 제3200호	2012년 3월 10일 설정계약	채권최고액 금100,000,000원 채무자 이갑남 서울 서초구 서초동 100 근저당권자 이돈만 730320-1617312 서울특별시 용산구 남영동 5
				분할로 인하여 서울특별시 서초구 서초동 122-1에 이기한 토지에 관해서는 소멸승낙에 의하여 근저당권소멸 2016년 5월 24일 부기
2	갑구1번 김영숙 지분전부 근저당권설정	2012년 3월 11일 제3201호	2012년 3월 10일 설정계약	채권최고액 금200,000,000원 채무자 김영숙 서울 서초구 서초동 100 근저당권자 주식회사 한강 110111-1201110 서울특별시 관악구 봉천동 33
				공동담보 토지 서울특별시 서초구 서초동 122-1 분할로 인하여 2016년 5월 24일 부기

(3) 분할 후 토지 : 서울특별시 서초구 서초동 122-1　대 200㎡

[갑 구]		(소유권에 관한 사항)		
순위번호	등기목적	접 수	등기원인	권리자 및 기타 사항
1	소유권보존	2014년 6월 6일 제6289호		공유자 지분 3분의 1 이갑남 600324-1058339 ~~서울특별시 서초구 서초동 100~~ 지분 3분의 2 김영숙 611204-2022239 서울특별시 서초구 서초동 100
				대위자 이수영 780908-1231239 서울특별시 강남구 강남대로 369, 106호 (역삼동)

1-1	1번이갑남등기명의인표시변경		2019년 1월 3일 전거	이갑남의 주소 서울특별시 동작구 동작대로 270 (상도동) 2016년 5월 24일 부기
2	1번이갑남지분전부이전	2016년 5월 24일 제7281호	2016년 5월 24일 공유물분할	공유자 지분 3분의 1 김영숙 611204-2022239 서울특별시 서초구 서초대로 88길 20 (서초동)

[을 구]		(소유권 외의 권리에 관한 사항)		
순위번호	등기목적	접 수	등기원인	권리자 및 기타 사항
1 (전2)	갑구1번 김영숙 지분전부 근저당권설정	2012년 3월 11일 제3201호	2012년 3월 10일 설정계약	채권최고액 금200,000,000원 채무자 김영숙 서울 서초구 서초동 100 근저당권자 주식회사 한강 110111-1201110 서울특별시 관악구 봉천동 33
				분할로 인하여 순위 제1번 등기를 서울특별시 서초구 서초동 122에서 전사 공동담보 토지 서울특별시 서초구 서초동 122 접수 2016년 5월 24일 제7279호

[2] 사실관계

1. 서울특별시 서초구 서초동 122 대 300㎡의 공유자 이갑남과 김영숙은 2012년 3월 11일 위 등기기록의 내용과 같이 각각 이돈만 및 주식회사 한강(대표이사 김일만)에게 순위번호 1번 및 2번의 근저당권을 설정해주었다. 이돈만의 근저당권은 이갑남지분에 대한, 주식회사 한강의 근저당권은 김영숙지분에 대한 근저당권이다.

2. 위 이갑남과 김영숙은 공유관계에 다툼이 있어서 위 토지를 분할하여 122번지는 100㎡로 하되 이를 이갑남의 단독소유로, 122-1번지는 200㎡로 하되 이를 김영숙의 단독소유로 하기로 약정을 하고 2016년 5월 24일 각각 공유물분할등기를 하였다.

3. 위 분필등기과정에서 근저당권자 이돈만은 원래 이갑남에 대한 채권자이기 때

문에 김영숙이 단독소유하게 되는 122-1번지에 대하여서는 이해관계가 없어서 권리소멸승낙을 해줌으로써 이돈만의 근저당권은 현재 122-1번지에 대하여서는 존재하지 아니한다.

4. 마찬가지 입장에서 본다면 근저당권자 주식회사 한강은 원래 김영숙에 대한 채권자이기 때문에 이갑남이 단독소유하게 되는 122번지에 대하여서는 이해관계가 없으므로 권리소멸승낙을 해줌이 타당하나, 2016년 5월 24일 주식회사 한강 대표이사 김일만과 연락이 되지 않는 사이에 주식회사 한강의 권리소멸승낙없이 위 2.의 기재와 같이 분필등기 및 공유물분할등기를 하게 되었다. 따라서 주식회사 한강의 근저당권은 현재 분할 후 122번지 및 122-1번지에 모두 존속하고 있다.

5. 한편 위 3.의 경우에 이돈만의 근저당권은 원래 분필전 토지 122번지 300㎡중 3분의 1지분에 미치던 근저당권이었으므로 2016년 5월 24일 분필등기과정에서 결과적으로 분필 후 토지 122번지 100㎡중 3분의 1에만 효력이 미치게 되었다.

6. 이에 불안함을 느낀 이돈만이 이갑남과 2016년 6월 23일 합의하여 위 분필 후 토지 122번지 전부에 자기의 근저당권이 미치게 하고자 등기를 신청하고자 한다. 관련 당사자 모두의 합의가 가능함을 전제로 이돈만에게 가장 유리한 등기신청서를 작성하시오.

[3] 답안 작성시 유의사항

1. 부동산표시, 첨부서면란 등이 부족할 때에는 별지를 사용할 수 있다.
2. 첨부서면은 그 명칭을 해당란에 기재하고, 별지에 각 서면별로 제출이유를 설명한다.
3. 이돈만의 주소는 2016. 6. 1. 서울특별시 서초구 서초대로 300, 706동 303호(잠원동, 롯데아파트)로 변경되었다.
4. 주식회사 한강의 청산절차가 진행중인 청산법인으로써 폐쇄된 법인등기부에 김일만이 청산인으로 선임되어 있다.
5. 신청서 작성일은 2016. 6. 23.로 한다.
6. 날인이 필요한 곳은 "㊞"으로 표시한다.
7. 대리인은 아래와 같다.

법무사 김철수, 사무소 서울 서초구 명달로 1번길 36, 606호(서초동, 로펌애비뉴) (전화 500-1234)

8. 관할등기소(과)는 "서울중앙지방법원 등기국"이다.

【모범답안】

근저당권변경등기신청

<table>
<tr><td rowspan="2">접 수</td><td>년 월 일</td><td rowspan="2">처리인</td><td>등기관 확인</td><td>각종통지</td></tr>
<tr><td>제 호</td><td></td><td></td></tr>
</table>

<table>
<tr><td colspan="5">부 동 산 의 표 시</td></tr>
<tr><td colspan="5">서울특별시 서초구 서초동 122
대 100㎡ -이상-</td></tr>
<tr><td colspan="2">등기원인과 그 연월일</td><td colspan="3">2016년 6월 23일 변경계약</td></tr>
<tr><td colspan="2">등 기 의 목 적</td><td colspan="3">1번 근저당권변경</td></tr>
<tr><td colspan="2">변 경 할 사 항</td><td colspan="3">2012년 3월 11일 접수 제3200호로 경료한 근저당권등기사항 중 등기의 목적 '갑구 1번 이갑남지분전부 근저당권설정'을 '소유권전부 근저당권설정'으로 변경함.</td></tr>
<tr><td>구분</td><td>성 명</td><td>주민등록번호</td><td>주 소</td><td>지 분</td></tr>
<tr><td>등기의무자</td><td>이 갑 남</td><td>600324-1058339</td><td>서울특별시 동작구 동작대로 270 (상도동)</td><td></td></tr>
<tr><td>등기권리자</td><td>이 돈 만</td><td>730320-1617312</td><td>서울특별시 서초구 서초대로 300, 706동 303호
(잠원동, 롯데아파트)</td><td></td></tr>
</table>

등 록 면 허 세	금 6,000 원
지 방 교 육 세	금 1,200 원
세 액 합 계	금 7,200 원
등 기 신 청 수 수 료	금 3,000 원
납 부 번 호	

등기의무자의 등기필정보		
부동산고유번호	1102-2016-002095	
성 명 (명칭)	일 련 번 호	비 밀 번 호
이 갑 남	Q77C-L071-35A5	02-3126

첨 부 서 면 (직인)			
1. 변경계약서	1통	1. 위임장	1통
1. 등록면허세영수필확인서	1통	1. 자필서명정보	1통
1. 등기신청수수료영수필확인서	1통		
1. 인감증명	1통		
1. 폐쇄법인등기사항증명서	1통		
1. 이해관계인의 승낙서	1통		
1. 이해관계인의 인감증명	1통		

2016년 6월 23일

위 신청인 (전화 :)

(또는) 위 대리인 법무사 김철수 직인 (전화 : 02-500-1234)

서울특별시 서초구 명달로 1번길 36, 606호 (서초동, 로펌애비뉴)

서울중앙지방법원 등기국 귀중

신청서 작성요령란

* 1. 부동산표시란에 2개 이상의 부동산을 기재하는 경우에는 부동산의 일련번호를 기재하여야 합니다.
2. 신청인란 등 해당란에 기재할 여백이 없을 경우에는 별지를 이용합니다.
3. 담당 등기관이 판단하여 위의 첨부서면 외에 추가적인 서면을 요구할 수 있습니다.

<table>
<tr><th colspan="3">위 임 장</th></tr>
<tr><td>부
동
산
의
표
시</td><td colspan="2">서울특별시 서초구 서초동 122
대 100㎡ -이상-</td></tr>
<tr><td>등기원인과 그 연월일</td><td colspan="2">2016년 6월 23일 변경계약</td></tr>
<tr><td>등 기 의 목 적</td><td colspan="2">1번 근저당권변경</td></tr>
<tr><td>변 경 할 사 항</td><td colspan="2">2012년 3월 11일 접수 제3200호로 경료한 근저당권등기사항 중 등기의 목적 '갑구 1번 이갑남지분전부 근저당권설정'을 '소유권전부 근저당권설정'으로 변경함.</td></tr>
<tr><td></td><td colspan="2"></td></tr>
<tr><td colspan="2">등기의무자 이갑남 ㉡
서울특별시 동작구 동작대로 270
(상도동)

등기권리자 이돈만 ㉡
서울특별시 서초구 서초대로 300,
706동 303호(잠원동, 롯데아파트)</td><td>법무사 김철수
서울특별시 서초구 명달로 1번길
36, 606호(서초동, 로펌애비뉴)
(☎ 500-1234)

위 사람을 대리인으로 정하고 위 부동산에 대한 등기신청, 취하, 등기필정보의 수령 및 확인에 관한 모든 행위를 위임한다. 또한 복대리인 선임을 허락한다.

2016년 6월 23일</td></tr>
</table>

〔첨부서면에 대한 설명〕

① 변경계약서

기존의 순위번호 1번 근저당권이 2016년 5월 24일 공유물분할을 통하여 이갑남이 새로 취득한 지분에 미치게 하기 위하여서는 등기상 이해관계인 주식회사 한강의 승낙서를 첨부하여 변경등기를 하는 것이 근저당권자 이돈만에게 가장 유리하다. 따라서 등기원인을 증명하는 정보로 이돈만과 이갑남이 작성한 변경계약서를 첨부한다(규칙 제46조 제1항 제1호).

② 등록면허세영수필확인서 또는 등록면허세납부확인서

시장, 구청장, 군수 등으로부터 발급받은 등록면허세납부서(OCR용지) 또는 대법원 인터넷등기소에서 발급받은 정액등록면허세납부서를 금융기관에 납부한 등록면허세영수필확인서를 첨부하거나, 또는 지방세인터넷납부시스템을 이용하여 납부하고 출력한 등록면허세납부확인서를 첨부한다(지방세법 제30조; 지방세법시행령 제49조 제1항).

③ 등기신청수수료영수필확인서

등기신청수수료를 현금으로 납부하여야 하므로 법원행정처장이 지정하는 현금수납금융기관에 현금으로 납부한 후 영수필확인서를 첨부한다(등기예규 제1789호).

④ 인감증명

이갑남은 소유권의 등기명의인이 등기의무자인 경우이므로 등기의무자의 인감증명을 첨부한다(규칙 제60조 제1항 제1호). 위 인감증명에 갈음하여 위임장 등에 서명을 하고 본인서명사실확인서를 첨부하거나 전자본인서명확인서 발급증을 첨부할 수 있다(부동산등기규칙 제60조의2).

⑤ 등기상 이해관계인의 승낙서

이돈만에게 유리한 등기라 함은 등기상 이해관계인의 승낙을 얻어서 권리변경등기를 부기등기로 하는 것을 의미하므로 등기상 이해관계인인 주식회사 한강의 승낙서를 첨부한다(법 제52조; 규칙 제46조 제1항 제3호).

⑥ 등기상 이해관계인의 인감증명

위 등기상 이해관계인의 승낙서에는 이해관계인인 김일만의 인감을 날인하고 그의 인감증명법에 의한 인감증명을 첨부한다(규칙 제60조 제1항 제7호)(2004. 10. 8. 등기예규 제1087호). 위 인감증명에 갈음하여 승낙서 등에 서명을 하고 본인서명사실확인서를 첨부하거나 전자본인서명확인서 발급증을 첨부할 수 있다(부동산등기규칙 제60조의2).

⑦ **등기상 이해관계인의 법인등기사항증명서**

등기상 이해관계인인 주식회사 한강의 대표자 자격을 증명하는 서면으로 청산인 선임등기가 되어있는 폐쇄법인등기사항증명서를 첨부한다(규칙 제46조 제1항 제4호 유추적용).

⑧ **등기위임장**

등기신청을 법무사 등 대리인에게 위임하는 경우에 대리권한을 증명하는 서면으로 첨부한다(규칙 제46조 제1항 제5호).

⑨ **자격자대리인의 확인 및 자필서명정보**

등기의무자와 등기권리자가 공동으로 신청하는 권리에 관한 등기이므로 자격자대리인이 등기의무자를 확인하고 자필서명한 정보를 첨부정보로 제공하여야 한다(규칙 제46조 제1항, 제8호, 2022. 7. 1.부터).

8. 근저당권에 관한 등기 — (8) 근저당권말소등기신청

근저당권말소등기신청

접 수	년 월 일	처리인	등기관 확인	각종통지
	제 호			

① 부동산의 표시				
1. 서울특별시 서초구 서초동 100 대 300㎡ 2. 서울특별시 서초구 서초동 100 [도로명주소] 서울특별시 서초구 서초대로20길 72 시멘트 벽돌조 슬래브지붕 2층 근린생활시설 1층 100㎡ 2층 100㎡ -이상-				
②등기원인과 그 연월일	2019년 8월 1일 해지			
③등 기 의 목 적	2번 근저당권설정등기 말소			
④말 소 할 등 기	2017년 3월 11일 접수 제11288호 순위번호 2번으로 경료한 근저당권 설정등기			
구 분	성 명 (상호·명칭)	주민등록번호 (등기용등록번호)	주 소(소재지)	지분 (개인별)
⑤ 등기 의무자	김 삼 남	561213-1089723	서울특별시 종로구 원서동 6	
⑥ 등기 권리자	이 대 백	730320-1617312	서울특별시 서초구 서초대로20길 72(서초동)	

<table>
<tr><td>⑦ 등 록 면 허 세</td><td colspan="2">금 12,000 원</td></tr>
<tr><td>⑦ 지 방 교 육 세</td><td colspan="2">금 2,400 원</td></tr>
<tr><td>⑧ 세 액 합 계</td><td colspan="2">금 14,400 원</td></tr>
<tr><td rowspan="2">⑨ 등 기 신 청 수 수 료</td><td colspan="2">금 6,000 원</td></tr>
<tr><td colspan="2">납부번호 :</td></tr>
<tr><td colspan="3">⑩ 등기의무자의 등기필정보</td></tr>
<tr><td>부 동 산 고 유 번 호</td><td colspan="2">1149-1996-067537</td></tr>
<tr><td>성 명 (명 칭)</td><td>일련번호</td><td>비밀번호</td></tr>
<tr><td>김 삼 남</td><td>ACD9-0198-7329</td><td>12 - 3126</td></tr>
<tr><td colspan="3">⑫ 첨 부 서 면 (간인)</td></tr>
<tr><td colspan="2">1. 해지증서 1통 ⑬
1. 등록면허세영수필확인서 1통 ⑭
1. 등기신청수수료영수필확인서 1통 ⑮</td><td><기 타> ⑯</td></tr>
<tr><td colspan="3">2019년 8월 1일

⑪ 위 신청인 김 삼 남 ㉑ (전화: 550-1288)
이 대 백 ㉑ (전화: 500-2200)

(또는) 위 대리인

서울중앙지방법원 등기국 귀중</td></tr>
</table>

신청서 작성요령란

* 1. 부동산표시란에 2개 이상의 부동산을 기재하는 경우에는 부동산의 일련번호를 기재하여야 합니다.
2. 신청인란 등 해당란에 기재할 여백이 없을 경우에는 별지를 이용합니다.
3. 담당 등기관이 판단하여 위의 첨부서면 외에 추가적인 서면을 요구할 수 있습니다.

등기신청안내서 — 근저당권말소등기신청

1. 근저당권말소등기

근저당권이라는 계속적 채권관계를 당사자의 일방적 의사표시에 의한 해지 등으로 종료시키고 근저당권설정등기를 말소시키기 위한 등기로, 이 신청에서는 근저당권설정자(또는 부동산소유자)가 등기권리자, 근저당권자가 등기의무자이다. 저당권의 경우에는 채무를 변제한 경우에 그 저당권은 소멸하기 때문에 말소청구를 할 수 있지만, 근저당권의 경우는 단순히 채무를 변제하였다는 사유만으로는, 그 근저당권의 원인이 되는 기본계약을 해지하거나 근저당권을 포기하는 경우 등을 제외하고는, 근저당권의 말소청구를 할 수 없다.

2. 등기신청방법

⑴ 공동신청

근저당권설정자(또는 소유자)와 근저당권자가 본인임을 확인할 수 있는 주민등록증 등을 가지고 직접 등기소에 출석하여 공동으로 신청함이 원칙이다. 근저당권이 이전된 경우에는 근저당권의 양수인만이 등기의무자이다. 반면 근저당권이 설정된 부동산이 제3자에게 이전된 경우에 그 근저당권의 말소청구는 현재의 소유자(제3취득자)뿐만 아니라 종래의 근저당권설정자도 그 말소등기의 등기권리자가 될 수 있다는 것이 대법원 판례이다.

⑵ 단독신청

판결에 의한 등기신청인 경우에는 승소한 등기권리자 또는 등기의무자가 단독으로 신청할 수 있다. 등기의무자의 행방불명으로 인하여 이와 공동으로 등기의 말소를 신청할 수 없는 때에는 신청서에 채권증서, 채권의 영수증을 첨부하여 등기권리자만으로 근저당권등기의 말소를 신청할 수 있다.

3. 등기소에 제공하여야 하는 신청정보

신청서는 한글과 아라비아 숫자로 기재한다. 부동산의 표시란이나 신청인란 등이

부족할 경우에는 별지를 사용하고, 별지를 포함하여 신청서가 여러 장인 때에는 각 장 사이에 간인을 하여야 한다.

① **부동산의 표시란**

말소하고자 하는 근저당권설정등기가 되어 있는 부동산을 기재하되, 등기기록상 부동산의 표시와 일치하여야 한다. 부동산이 토지인 경우에는 토지의 소재와 지번, 지목, 면적을 기재하고, 건물인 경우에는 건물의 소재와 지번, 건물의 구조, 종류와 면적을 기재한다.

② **등기원인과 그 연월일란**

등기원인은 그 원인에 따라 '해지', '혼동' 등으로, 연월일은 근저당권설정계약 해지 년월일 또는 혼동년월일 등을 기재한다.

③ **등기의 목적란**

'○번 근저당권설정등기 말소'라고 기재한다.

④ **말소할 등기란**

말소할 근저당권의 접수년월일, 접수번호 등을 기재하여 말소할 등기를 특정한다. 근저당권이 이전된 후에 근저당권을 말소하는 경우에는 주등기인 저당권설정등기를 기재하고 이전등기된 부기등기를 기재하지 아니한다.

⑤ **등기의무자란**

근저당권자의 성명, 주민등록번호, 주소를 기재하되, 등기기록상 표시와 일치하여야 한다. 근저당권의 말소등기를 신청하는 경우에 있어서 그 등기명의인표시에 변경 또는 경정사유가 있더라도 신청서에 그 변경 또는 경정을 증명하는 서면을 첨부한 경우에는 등기명의인표시변경 또는 경정등기를 생략할 수 있다(1982. 6. 2. 등기예규 제451호). 근저당권이 이전된 후에 근저당권을 말소하는 경우에는 등기의무자로 근저당권의 양수인을 기재하여야 하지 원래의 근저당권자를 기재하지 아니한다.

⑥ **등기권리자란**

근저당권설정자(또는 소유자)를 기재하는 난으로, 그 기재방법은 등기의무자란과 같다.

⑦ **등록면허세 · 지방교육세란**

부동산 1개당 등록면허세 6,000원, 지방교육세 1,200원으로 계산하여 기재한다.

⑧ **세액합계란**

등록면허세액과 지방교육세액의 합계를 기재한다.

⑨ **등기신청수수료란**

근저당권말소등기를 신청하는 자는 등기신청수수료를 내야 하므로(법 제22조 제3

항), 부동산 1개당 3,000원(전자표준양식에 의한 등기신청의 경우에는 2,000원, 전자신청의 경우에는 1,000원)에 해당하는 등기신청수수료를 납부하고 그 등기신청수수료금액 및 납부번호를 신청서에 기재한다(등기예규 제1789호).

⑩ 등기의무자의 등기필정보란

전자신청 지정등기소에서는 신청방법(전자신청, 서면신청)을 불문하고 등기를 완료한 경우 등기필증 대신 등기필정보를 전자적 교부 또는 서면 교부하기 때문에, 등기신청의 당사자 또는 대리인은 등기필정보상의 일련번호와 비밀번호를 기재함으로써 등기필증의 제출을 갈음할 수 있다. 등기의무자가 교부받은 등기필정보에 기재된 부동산고유번호, 성명, 일련번호, 비밀번호를 각 기재한다. 등기의무자에게 등기필정보나 등기필증이 없는 경우에는 부동산등기법 제51조의 규정에 의한다(기타 참조).

⑪ 신청인 혹은 대리인의 표시란

㈎ 등기의무자와 등기권리자의 성명 및 전화번호를 기재하고, 각자가 기명날인하되 그 기명날인은 서명으로 갈음할 수 있다. 한편 신청인이 법인 또는 법인 아닌 사단이나 재단인 경우에는, 상호(명칭)와 대표자(관리인)의 자격 및 성명을 기재하고 대표자(관리인)가 기명날인한다.

다만 규칙 제60조 제1항 제3호에 해당하는 경우에는 등기의무자의 인감을 날인하되, 법인의 경우에는 등기소의 증명을 얻은 그 대표자의 인감, 법인 아닌 사단이나 재단의 경우에는 대표자(관리인)의 개인인감을 날인한다.

㈏ 대리인이 등기신청을 하는 경우에는 그 대리인의 성명, 주소 및 전화번호를 기재하고 기명날인한다.

⑫ 첨부서면란

등기신청서에 첨부한 서면을 각 기재한다.

4. 등기소에 제공하여야 하는 첨부정보

⑬ 해지증서

해지 등과 같이 근저당권등기말소 사유에 관한 증서가 있는 경우에는 그 증서를 제출한다(규칙 제46조 제1항 제1호).

⑭ 등록면허세영수필확인서 또는 등록면허세납부확인서

시장, 구청장, 군수 등으로부터 등록면허세납부서(OCR용지) 또는 대법원 인터넷등기소의 정액등록면허세납부서 작성기능을 통하여 정액등록면허세납부서를 발급받아 세금을 납부한 후 등록면허세영수필확인서를 신청서의 등록면허세액표시란의 좌측상단 여백에 첨부하거나, 또는 지방세인터넷납부시스템을 이용하여 납부하고 출력한 등록면허세납부확인서를 첨부한다(지방세법 제30조; 지방세법시행령 제49조 제1항).

⑮ 등기신청수수료영수필확인서

근저당권말소등기를 신청하는 자는 등기신청수수료를 내야 하므로(법 제22조 제3항), 부동산 1개당 3,000원(전자표준양식에 의한 등기신청의 경우에는 2,000원, 전자신청의 경우에는 1,000원)에 해당하는 등기신청수수료를 납부하고 그 등기신청수수료영수필확인서를 첨부한다(등기예규 제1789호).

⑯-1 기타 ─ 신청인이 법인인 경우

법인이 등기를 신청하는 경우에는 대표자의 자격을 증명하는 서면으로 법인등기사항전부증명서 또는 법인등기사항일부증명서를 첨부하여야 한다(규칙 제46조 제1항 제4호). 다만 법인등기가 되어있는 등기소와 부동산소재지 관할 등기소가 동일한 경우에는 위 법인등기사항증명서를 제출할 필요가 없다(규칙 제46조 제5항).

⑯-2 기타 ─ 신청인이 법인 아닌 사단(재단)인 경우

법인 아닌 사단 또는 재단이 등기를 신청하는 경우에는 ㉠ 정관이나 그 밖의 규약, ㉡ 대표자나 관리인임을 증명하는 정보(다만, 등기되어 있는 대표자나 관리인이 신청하는 경우에는 그러하지 아니하다), ㉢ 법인 아닌 사단 또는 재단의 주소 및 부동산등기용등록번호를 증명하는 정보(새로이 등기명의인이 되는 경우에 한한다), ㉣ 대표자나 관리인의 주소 및 주민등록번호를 증명하는 정보를 첨부정보로 제공한다. 다만 법인 아닌 사단이 등기의무자인 경우에는 민법 제276조 소정의 사원총회의 결의서도 첨부한다(규칙 제48조).

⑯-3 기타 - 등기상 이해관계인의 승낙서

말소할 전세권을 목적으로 한 등기상 이해관계인(전세권에 대한 가압류권자, 가처분권자, 저당권자 등)이 있는 경우에는 그 이해관계인의 승낙서 및 인감증명을 첨부하여야 한다(법 제57조).

⑯-4 기타 ─ 등기의무자의 등기필정보(등기필증, 등기완료통지서)가 없는 경우

등기의무자의 등기필정보(등기필증, 등기완료통지서)가 없을 때에는 ① 등기의무자 또는 그 법정대리인(이하 "등기의무자등"이라 한다)이 등기소에 출석하여 등기관으로부터 등기의무자등임을 확인받는 방법 ② 등기신청인의 대리인(변호사나 법무사만을 말한다)이 등기의무자등으로부터 위임받았음을 확인하여 확인서면을 제출하는 방법 ③ 신청서(위임에 의한 대리인이 신청하는 경우에는 그 권한을 증명하는 서면을 말한다) 중 등기의무자등의 작성부분에 관하여 공증을 받아 제출하는 방법으로 등기신청을 하여야 한다. 위 '공증'은 신청서나 위임장에 기재된 내용 중 등기의무자등의 작성부분(기명날인 등)에 대해 공증인이 등기의무자등의 의사에 의해 작성된 것임을 확인하고 그 증명을 하여 주는 사서증서의 인증을 의미한다(등기필정보가 없는 경우 확인조서 등에 관한 예규, 2018. 12. 18. 등기예규 제1664호, 시행 2019. 1. 1.)(법 제51조, 규칙 제111조 참조).

5. 등기신청서류 편철순서

신청서, 등록면허세영수필확인서, 등기신청수수료영수필확인서, 해지증서 등의 순으로 편철하는 것이 실무상의 예이다.

6. 등기기록례

[을 구]	(소유권 이외의 권리에 관한 사항)			(No.465)
순위번호	등기목적	접 수	등기원인	권리자 및 기타 사항
~~2~~	~~근저당권 설정~~	~~2017년 3월 11일 제11288호~~	~~2017년 3월 10일 설정계약~~	~~채권최고액 금300,000,000원~~ ~~채무자 이대백~~ ~~서울 서초구 서초동 100~~ ~~근저당권자 김삼남~~ ~~561213-10879723~~ ~~서울 종로구 원서동 6~~
3	2번근저당권설정등기말소	2019년 8월 1일 제12133호	2019년 8월 1일 해지	

사례연습

근저당권말소등기신청

|설 문|

주식회사 소망은행(110111-1010101, 서울특별시 중구 명동 26, 대표이사 이소현, 360203- 1218719, 성남시 분당구 분당로 26 (분당동))은 김영남(580909-1010101, 서울특별시 동작구 동작대로 222 (사당동)) 명의의 아래 부동산에 2012. 6. 1. 접수번호 6268호 순위번호 2번의 근저당권을 보유하고 있었다(채권최고액 3억원). 한편 위 주식회사 소망은행은 주식회사 행복은행(110111-1029383, 서울특별시 영등포구 국회대로 266 (여의도동), 대표이사 이행주, 450807-1018903, 서울특별시 서초구 서초대로 26 (방배동))에 확정된 채권전액을 양도하고, 2018. 11. 1. 접수번호 11089호로 근저당권이전등기를 필하였다. 한편 이 과정에서 근저당권이전등기필증(등기필정보)은 이를 분실하였다. 이 경우 채무자겸 담보제공자인 김영남은 2019. 3. 4. 채무 전액을 변제하고 2019. 3. 6. 계약해지를 원인으로 위 근저당권을 말소하고자 한다. 이에 해당하는 등기신청서를 작성하고 첨부서면에 대하여 설명하라(신청일: 2019. 3. 10.).

참고자료

부동산의 표시
서울특별시 관악구 봉천동 200-7
대 300㎡

【모범답안】

근저당권말소등기신청

접 수	년 월 일	처리인	등기관 확인	각종통지
	제 호			

부동산의 표시			
서울특별시 관악구 봉천동 200-7 대 300㎡ 이 상			
등기원인과 그 연월일	2019년 3월 6일 해지		
등 기 의 목 적	2번 근저당권말소		
말 소 할 등 기	2012년 6월 1일 접수번호 6268호로 경료된 순위번호 제2번의 근저당권설정등기		
구 분	성 명 (상호·명칭)	주민등록번호 (등기용등록번호)	주 소(소재지)
등기의무자	주식회사 행복은행 대표이사 이행주	110111-1029383	서울특별시 영등포구 국회대로 266 (여의도동) 서울특별시 서초구 서초대로 26 (방배동)
등기권리자	김 영 남	580909-1010101	서울특별시 동작구 동작대로 222 (사당동)

등 록 면 허 세	금 6,000 원	
지 방 교 육 세	금 1,200 원	
세 액 합 계	금 7,200 원	
등 기 신 청 수 수 료	금 3,000 원 납부번호 :	
등기의무자의 등기필정보		
부동산고유번호		
성명(명칭)	일련번호	비밀번호
첨 부 서 면 (간인)		
1. 해지증서 1통 1. 등록면허세영수필확인서 1통 1. 등기신청수수료영수필확인서 1통 1. 법인등기사항증명서 1통 1. 법인인감증명 1통		
2019년 3월 10일 위 신청인 주식회사 행복은행 ㊞ 대표이사 이 행 주 김 영 남 ㊞ 위 대리인 서울중앙지방법원 등기국 귀중		

신청서 작성요령란

* 1. 부동산표시란에 2개 이상의 부동산을 기재하는 경우에는 부동산의 일련번호를 기재하여야 합니다.
2. 신청인란 등 해당란에 기재할 여백이 없을 경우에는 별지를 이용합니다.
3. 담당 등기관이 판단하여 위의 첨부서면 외에 추가적인 서면을 요구할 수 있습니다.

9. 임차권에 관한 등기

주택임차권설정등기신청

<table>
<tr><td rowspan="2">접 수</td><td>년 월 일</td><td rowspan="2">처리인</td><td>등기관 확인</td><td>각종통지</td></tr>
<tr><td>제 호</td><td></td><td></td></tr>
</table>

<table>
<tr><td colspan="4">① 부동산의 표시</td></tr>
<tr><td colspan="4">서울특별시 서초구 서초동 100
[도로명 주소] 서울특별시 서초구 서초대로88길 20
시멘트 벽돌조 슬래브지붕 2층 주택
1층 100㎡
2층 100㎡
이 상</td></tr>
<tr><td colspan="2">② 등기원인과 그 연월일</td><td colspan="2">2019년 7월 29일 주택임차권설정계약</td></tr>
<tr><td colspan="2">③ 등 기 의 목 적</td><td colspan="2">주택임차권설정</td></tr>
<tr><td colspan="2">④ 임 차 보 증 금</td><td colspan="2">금 50,000,000 원</td></tr>
<tr><td colspan="2">⑤ 차 임</td><td colspan="2">금 500,000 원</td></tr>
<tr><td colspan="2">⑥ 차 임 지 급 시 기</td><td colspan="2">매월 말일</td></tr>
<tr><td colspan="2">⑦ 범 위</td><td colspan="2">주택 전부</td></tr>
<tr><td colspan="2">⑧ 존 속 기 간</td><td colspan="2">2019년 8월 1일부터 2021년 7월 31일까지</td></tr>
<tr><td colspan="2">⑨ 주 민 등 록 일 자</td><td colspan="2">2019년 8월 1일</td></tr>
<tr><td colspan="2">⑩ 점 유 개 시 일 자</td><td colspan="2">2019년 8월 1일</td></tr>
<tr><td colspan="2">⑪ 확 정 일 자</td><td colspan="2">2019년 8월 1일</td></tr>
<tr><td>구 분</td><td>성 명
(상호 · 명칭)</td><td>주민등록번호
(등기용등록번호)</td><td>주 소(소재지)</td></tr>
<tr><td>⑫
등기
의무자</td><td>홍 길 동</td><td>490323-1027821</td><td>서울특별시 서초구 서초대로1길 91, 제가동 제101호(서초동, 샛별아파트)</td></tr>
<tr><td>⑬
등기
권리자</td><td>김 갑 동</td><td>551004-1035789</td><td>서울특별시 서초구 서초대로88길 20 (서초동)</td></tr>
</table>

⑭ 등 록 면 허 세	금 6,000 원	
⑭ 지 방 교 육 세	금 1,200 원	
⑮ 세 액 합 계	금 7,200 원	
⑯ 등 기 신 청 수 수 료	금 15,000 원 은행수납번호 :	
⑰ 등기의무자의 등기필정보		
부동산고유번호	1149-1996-067537	
성명(명칭)	일련번호	비밀번호
홍 길 동	ACD9-0198-7329	12 - 3126

⑲ 첨 부 서 면 (간인)	
1. 임차권설정계약서 1통 ⑳ 1. 등록면허세영수필확인서 1통 ㉑ 1. 등기신청수수료영수필확인서 1통 ㉒ 1. 인감증명 또는 본인서명사실확인서 또는 전자본인서명확인서발급증 1통 ㉓ 1. 주민등록표등본·초본 1통 ㉔ 1. 점유사실확인서(기타(i)참조) 1통 ㉕	〈기 타〉 ㉖

2019년 8월 3일

⑱ 위 신청인 홍 길 동 ㊞ (전화: 244-1379)

김 갑 돌 ㊞ (전화: 612-3728)

(또는) 위 대리인

서울중앙지방법원 등기국 귀중

신청서 작성요령란

* 1. 부동산표시란에 2개 이상의 부동산을 기재하는 경우에는 부동산의 일련번호를 기재하여야 합니다.
2. 신청인란 등 해당란에 기재할 여백이 없을 경우에는 별지를 이용합니다.
3. 담당 등기관이 판단하여 위의 첨부서면 외에 추가적인 서면을 요구할 수 있습니다.

등기신청안내서 — 임차권설정등기신청

1. 임차권설정등기

임차권은 당사자의 일방이 상대방에 대하여 목적물을 사용, 수익하게 할 것을 약정하고 상대방이 이에 대하여 차임을 지급할 것을 약정함으로써 성립하는 계약이다. 등기는 임차권의 성립요건은 아니나 제3자에게 대항하기 위하여서는 등기를 하여야 한다(주택임차권의 경우에는 예외).

2. 등기신청방법

⑴ **공동신청**

임차권설정자 즉 소유자(등기의무자)와 임차권자(등기권리자)가 본인임을 확인할 수 있는 주민등록증 등을 가지고 직접 등기소에 출석하여 공동으로 신청함이 원칙이다.

⑵ **단독신청**

판결에 의한 등기신청인 경우에는 승소한 등기권리자 또는 등기의무자가 단독으로 신청할 수 있다.

3. 등기소에 제공하여야 하는 신청정보

신청서는 한글과 아라비아 숫자로 기재한다. 부동산의 표시란이나 신청인란 등이 부족할 경우에는 별지를 사용하고, 별지를 포함하여 신청서가 여러 장인 때에는 각 장 사이에 간인을 하여야 한다.

① **부동산의 표시란**

임차권을 설정하는 부동산을 기재하되, 등기기록상 부동산 표시와 일치하여야 한다. 토지는 소재 · 지번, 지목, 면적 순으로 기재하고, 건물은 소재 · 지번, 도로명주소, 구조, 종류, 면적순으로 기재한다.

구분건물인 경우는,

㈎ 1동의 건물의 표시 1동의 건물의 소재 · 지번 · 구조와 종류 및 면적을 기재한다. 다만, 1동의 건물의 번호가 있는 경우(예: 가동, 나동, 다동 등)에 이를 기재한 때에는

1동의 건물의 구조와 면적을 기재하지 않는다.

㈏ **전유부분의 건물의 표시** 건물의 번호, 구조, 면적만을 기재한다.

㈐ **대지권의 표시** 특정 전유부분의 대지권에 대하여는 임차권설정등기를 할 수 없으므로, 신청서에 대지권의 표시를 기재하지 않는다.

② **등기원인과 그 연월일란**

등기원인은 '임차권설정계약'으로, 연월일은 임차권설정계약의 체결일을 기재한다.

③ **등기의 목적란**

'임차권설정'이라고 기재한다.

④ **임차보증금란**

임대차보증금의 약정이 있으면 이를 아라비아 숫자로 '금○○○원'으로 기재한다.

⑤ **차임란**

아라비아 숫자로 '금○○○원'으로 기재한다. 차임이 없는 경우에는 '차임없음'이라 기재한다.

⑥ **차임지급시기란**

'매월 말일' 등으로 기재한다.

⑦ **범 위**

임차권의 목적이 토지 또는 건물의 일부인 때에는 그 신청(또는 촉탁)서에 임차권의 범위를 특정하여 기재하여야 한다(2011. 10. 11. 등기예규 제1382호).

⑧ **존속기간란**

임차권의 존속기간 약정이 있는 경우에 그 기간을 기재한다.

⑨ **주민등록일자 / ⑩ 점유개시일자 / ⑪ 확정일자**

주택임차인이 주택임대차보호법 제3조의4 제2항의 규정에 의하여 임대인의 협력을 얻어 주택임차권설정등기를 신청하는 때에는, 신청서에 주민등록을 마친 날, 임차주택을 점유하기 시작한 날을 기재하여야 하고, 주택임차인이 주택임대차보호법 제3조의2 제2항의 요건을 갖춘 때에는 임대차계약서상의 확정일자를 받은 날도 기재하여야 한다(2011. 10. 11. 등기예규 제1382호).

한편 상가건물임차인이 상가건물임대차보호법 제7조 제2항의 규정에 의하여 임대인의 협력을 얻어 상가건물임차권설정등기를 신청하는 때에는, 신청서에 사업자등록을 신청한 날, 임차상가건물을 점유하기 시작한 날을 기재하여야 하고, 상가건물임차인이 상가건물임대차보호법 제5조 제2항의 요건을 갖춘 때에는 임대차계약서상의 확정일자를 받은 날도 기재하여야 한다(위 예규).

⑫ **등기의무자란**

임차권설정자의 성명, 주민등록번호, 주소를 기재하되, 등기기록상 소유자 표시와 일치하여야 한다. 등기기록상 등기신청인의 주소가 지번방식의 주소인 경우에도, 등기신청인이 제공한 주민등록등(초)본 혹은 도로명주소 정보(건축물대장정보, 행정안전부 "새주소 안내시스템(www.juso.go.kr)의 조회결과물 등) 등에 의하여 해당 지번방식의 주소에 대한 도로명주소임이 인정되는 경우에는 등기사건을 수리하여야 한다. 즉 등기기록상 등기명의인의 주소를 도로명주소로 변경등기를 하지 아니하여도 주택임차권설정등기를 신청할 수 있다(법 제29조 제7호의 적용을 받지 아니한다).

⑬ **등기권리자란**

임차권자를 기재하는 난으로, 그 기재방법은 등기의무자란과 같다.

⑭ **등록면허세 · 지방교육세란**

월 차임의 1,000분의 2에 해당하는 금액을 등록면허세로, 등록면허세의 100분의 20에 해당하는 금액을 지방교육세로 납부한다. 위와 같이 계산하여 산출한 금액이 3,000원에 미달하는 경우, 월차임이 없고 임대차보증금의 약정이 있는 경우에도 등록면허세는 3,000원을 납부한다. 한편 임대보증금 1억원에 월 1,000원의 임대료를 정한 경우 임차권등기는 [1억원 + (1,000 × 12)] ÷ 12 = 8,334,333원을 월 임대차금액으로 한다는 행정안전부 지침(세정 13412-1210, 1997. 9. 29.)이 있지만 이는 의문이다.

⑮ **세액합계**

등록면허세액과 지방교육세액의 합계를 기재한다.

⑯ **등기신청수수료**

임차권설정등기를 신청하는 자는 등기신청수수료를 내야 하므로(법 제22조 제3항), 부동산 1개당 15,000원(전자표준양식에 의한 등기신청의 경우에는 13,000원, 전자신청의 경우에는 10,000원)에 해당하는 등기신청수수료를 납부하고 그 등기신청수수료금액 및 납부번호를 신청서에 기재한다(등기예규 제1789호).

⑰ **등기의무자의 등기필정보란**

전자신청 지정등기소에서는 신청방법(전자신청, 서면신청)을 불문하고 등기를 완료한 경우 등기필증 대신 등기필정보를 전자적 교부 또는 서면 교부하기 때문에, 등기신청의 당사자 또는 대리인은 등기필정보상의 일련번호와 비밀번호를 기재함으로써 등기필증의 제출을 갈음할 수 있다. 등기의무자가 교부받은 등기필정보에 기재된 부동산고유번호, 성명, 일련번호, 비밀번호를 각 기재한다. 등기의무자에게 등기필정보나 등기필증이 없는 경우에는 부동산등기법 제51조의 규정에 의한다(기타 참조).

⑱ 신청인 혹은 대리인의 표시란

㈎ 등기의무자와 등기권리자의 성명 및 전화번호를 기재하고, 각자가 기명날인하되, 등기의무자는 그의 인감을 날인한다. 등기권리자는 기명날인 대신에 서명으로 갈음할 수 있다. 신청인이 법인 또는 법인 아닌 사단이나 재단인 경우에는 상호(명칭)와 대표자(관리인)의 자격 및 성명을 기재한다. 법인이 등기의무자인 때에는 등기소의 증명을 얻은 그 대표자의 인감을, 법인 아닌 사단이나 재단이 등기의무자인 경우에는 대표자(관리인)의 개인인감을 날인한다.

㈏ 대리인이 등기신청을 하는 경우에는 그 대리인의 성명, 주소 및 전화번호를 기재하고 기명날인한다.

⑲ 첨부서면

등기신청서에 첨부한 서면을 각 기재한다.

4. 등기소에 제공하여야 하는 첨부정보

⑳ 임차권설정계약서

등기원인을 증명하는 서면으로 임차권설정계약서를 첨부한다(규칙 제46조 제1항 제1호).

㉑ 등록면허세영수필확인서 또는 등록면허세납부확인서

시장, 구청장, 군수 등으로부터 등록면허세납부서(OCR용지) 또는 대법원 인터넷등기소의 정액등록면허세납부서 작성기능을 통하여 정액등록면허세납부서를 발급받아 세금을 납부한 후 등록면허세영수필확인서를 신청서의 등록면허세액표시란의 좌측상단 여백에 첨부하거나, 또는 지방세인터넷납부시스템을 이용하여 납부하고 출력한 등록면허세납부확인서를 첨부한다(지방세법 제30조; 지방세법시행령 제49조 제1항).

㉒ 등기신청수수료영수필확인서

임차권설정등기를 신청하는 자는 등기신청수수료를 내야 하므로(법 제22조 제3항), 부동산 1개당 15,000원(전자표준양식에 의한 등기신청의 경우에는 13,000원, 전자신청의 경우에는 10,000원)에 해당하는 등기신청수수료를 납부하고 등기신청수수료영수필확인서를 첨부한다(등기예규 제1789호).

㉓ 인감증명 또는 본인서명사실확인서 또는 전자본인서명확인서 발급증

등기의무자는 소유권의 등기명의인이므로 그의 인감증명을 첨부한다(규칙 제60조 제1항 제1호). 규칙 제60조, 규칙 제61조에 의하여 인감증명을 첨부하여야 하는 자가 법인인 경우에는 등기소의 증명을 얻은 대표자의 인감증명을, 법인 아닌 사단 또는 재단인 경우에는 대표자 또는 관리인의 인감증명을 제출한다.

㉔ 주소 및 주민등록번호를 증명하는 서면 ― 주민등록표등본 · 초본

등기권리자의 주소 및 주민등록번호를 증명하는 서면으로 임차권자의 주민등록표등본 · 초본을 첨부하여야 한다(규칙 제46조 제1항 제6호).

㉕ 점유사실확인서

주택에 대하여 임차인이 대항력 또는 우선변제권을 갖추고 임대인의 협력을 얻어 임차권설정등기를 신청하는 경우(주택임대차보호법 제3조의4 제2항)에는 그 신청서에 임대차계약서(주택임대차보호법 제3조의2 제2항의 규정에 해당하는 때에는 공정증서로 작성되거나 확정일자를 받은 임대차계약서), 임차주택을 점유한 날을 증명하는 서면(예컨대, 임대인이 작성한 점유사실확인서 등), 주민등록을 마친 날을 증명하는 서면으로 주민등록등(초)본, 임대차의 목적이 주택의 일부분인 경우에는 그 목적인 부분을 표시한 도면, 등기의무자의 인감증명 및 등기필증을 각 첨부하여야 한다(2011. 10. 11. 등기예규 제1382호).

㉖-1 기타 ― 신청인이 법인인 경우

법인이 등기를 신청하는 경우에는 대표자의 자격을 증명하는 서면으로 법인등기사항전부증명서 또는 법인등기사항일부증명서를 첨부하여야 한다(규칙 제46조 제1항 제4호). 이 경우에 위 법인등기사항증명서는 등기권리자의 주소를 증명하는 서면, 부동산등기용등록번호를 증명하는 서면이기도 하다(규칙 제46조 제1항 제6호). 다만 법인등기가 되어있는 등기소와 부동산소재지 관할 등기소가 동일한 경우에는 위 법인등기사항증명서를 제출할 필요가 없다(규칙 제46조 제5항).

㉖-2 기타 ― 신청인이 법인 아닌 사단(재단)인 경우

법인 아닌 사단 또는 재단이 등기를 신청하는 경우에는 ㉠ 정관이나 그 밖의 규약, ㉡ 대표자나 관리인임을 증명하는 정보(다만, 등기되어 있는 대표자나 관리인이 신청하는 경우에는 그러하지 아니하다), ㉢ 법인 아닌 사단 또는 재단의 주소 및 부동산등기용등록번호를 증명하는 정보(새로이 등기명의인이 되는 경우에 한한다), ㉣ 대표자나 관리인의 주소 및 주민등록번호를 증명하는 정보를 첨부정보로 제공한다. 다만 법인 아닌 사단이 등기의무자인 경우에는 민법 제276조 소정의 사원총회의 결의서도 첨부한다(규칙 제48조).

㉖-3 기타 ― 도 면

임차권의 목적이 부동산의 일부인 때에는 신청서에 임차권의 범위를 특정하여 기재하고, 지적도 또는 건물의 도면을 첨부하여야 한다(2002. 11. 1. 등기예규 제1059호). 다만, 임차권의 목적인 범위가 건물의 일부로서 특정층 전부인 때에는 그 도면을 첨부할 필요가 없다(2012. 7. 30. 부동산등기국－2482 질의회답).

한편, 도면이나 신탁원부 등 영구보존문서는 원칙적으로 당사자 또는 자격자대리인이 이를 인터넷등기소에서 전자문서로 변환하여 등록하는 방법으로 제출하여야 하는데(규칙 제63조), 그렇게 하기 위하여서는 인터넷등기소에서 '영구보존문서 등록'을 선택하여 영구보존문서를 전자문서로 변환한 후 전자서명을 부여하여 등록하고, 이때 인터넷등기소에서 자동으로 부여되는 영구보존문서의 '등록문서번호'를 신청서의 부동산의 표시 밑 오른쪽에 아래 예시와 같이 기재하여야 하므로, 이 경우에는 신청서에 영구보존문서 즉 도면을 첨부하지 아니한다(규칙 제63조, 2011. 10. 11. 등기예규 제1382호). 자격자 대리인이 등기를 신청하는 경우에는 도면은 반드시 전자문서로 작성 · 등록 · 제공하여야 하므로 도면이나 지적도를 첨부서면으로 기재할 필요는 없다.

[등록문서번호 : ○○○ 번]

㉖-4 기타 — 임대인의 동의서

임차권의 양도나 임차물의 전대를 임대인이 허용한 경우에는 그러한 취지를 등기신청서에 기재하고, 임대인의 동의서를 첨부하여야 한다.

㉖-5 기타 — 등기의무자의 등기필정보(등기필증, 등기완료통지서)**가 없는 경우**

등기의무자의 등기필정보(등기필증, 등기완료통지서)가 없을 때에는 ① 등기의무자 또는 그 법정대리인(이하 "등기의무자등"이라 한다)이 등기소에 출석하여 등기관으로부터 등기의무자등임을 확인받는 방법 ② 등기신청인의 대리인(변호사나 법무사만을 말한다)이 등기의무자등으로부터 위임받았음을 확인하여 확인서면을 제출하는 방법 ③ 신청서(위임에 의한 대리인이 신청하는 경우에는 그 권한을 증명하는 서면을 말한다) 중 등기의무자등의 작성부분에 관하여 공증을 받아 제출하는 방법으로 등기신청을 하여야 한다. 위 '공증'은 신청서나 위임장에 기재된 내용 중 등기의무자등의 작성부분(기명날인 등)에 대해 공증인이 등기의무자등의 의사에 의해 작성된 것임을 확인하고 그 증명을 하여 주는 사서증서의 인증을 의미한다(등기필정보가 없는 경우 확인조서 등에 관한 예규, 2018. 12. 18. 등기예규 제1664호, 시행 2019. 1. 1.)(법 제51조, 규칙 제111조 참조).

5. 등기신청서류 편철순서

신청서, 등록면허세영수필확인서, 등기신청수수료영수필확인서, 인감증명 또는 본인서명사실확인서, 주민등록표등본 · 초본, 도면, 임차권설정계약서 등의 순으로 편철하는 것이 실무상의 예이다.

6. 등기기록례

[을 구]		(소유권 이외의 권리에 관한 사항)		(No.379)
순위 번호	등기목적	접 수	등기원인	권리자 및 기타 사항
1	주택임차권 설정	2019년 8월 3일 제11228호	2019년 7월 29일 설정계약	임차보증금 금50,000,000원 차임 월500,000원 차임지급시기 매월말일 범위 주택전부 존속기간 2019년 8월 1일부터 2021년 7월 31일까지 주민등록일자 2019년 8월 1일 점유개시일자 2019년 8월 1일 확정일자 2019년 8월 1일 임차권자 김갑돌 551004 - 1035789 서울특별시 서초구 서초대로88길 20 (서초동)

10. 등기명의인표시변경(경정)등기— (1) 등기명의인표시변경등기신청

등기명의인표시변경 등기신청

접 수	년 월 일	처리인	등기관 확인	각종통지
	제 호			

① 부동산의 표시			
1. 서울특별시 서초구 서초동 100 대 300㎡ 2. 서울특별시 서초구 서초동 100 [도로명주소] 서울특별시 서초구 서초대로20길 72 시멘트 벽돌조 슬래브지붕 2층 근린생활시설 1층 100㎡ 2층 100㎡ -이상-			
②등기원인과 그 연월일	2019년 3월 16일 주소변경		
③등 기 의 목 적	3번 등기명의인 표시변경		
④변 경 할 사 항	갑구 3번 등기명의인 이대백의 주소 '서울 중구 다동5'을 '서울특별시 서초구 서초대로20길 72 (서초동)'으로 변경함		
구 분	성 명 (상호 · 명칭)	주민등록번호 (등기용등록번호)	주 소(소재지)
⑤ 신청인	이 대 백	730320-1617312	서울특별시 서초구 서초대로20길 72 (서초동)

⑥ 등 록 면 허 세	금	6,000	원
⑥ 지 방 교 육 세	금	1,200	원
⑦ 세 액 합 계	금	7,200	원
⑧ 등 기 신 청 수 수 료	금	3,000	원
	납부번호 :		

⑩ 첨 부 서 면 (간인)	
1. 등기원인을 증명하는 서면 1통 ⑪ 1. 등록면허세영수필확인서 1통 ⑫ 1. 등기신청수수료영수필확인서 1통 ⑬	<기 타> ⑭

2019년 8월 1일

⑨ 위 신청인 이 대 백 ㊞ (전화: 200-7766)

(또는) 위 대리인

서울중앙지방법원 등기국 귀중

신청서 작성요령란

* 1. 부동산표시란에 2개 이상의 부동산을 기재하는 경우에는 부동산의 일련번호를 기재하여야 합니다.
2. 신청인란 등 해당란에 기재할 여백이 없을 경우에는 별지를 이용합니다.
3. 담당 등기관이 판단하여 위의 첨부서면 외에 추가적인 서면을 요구할 수 있습니다.

등기신청안내서 — 등기명의인표시변경등기신청

1. 등기명의인표시변경등기

등기기록상 소유명의인 또는 소유권 이외의 권리자(저당권자, 전세권자, 임차권자 등)의 표시(성명, 주소, 주민등록번호 등)이 변경되어 등기기록상 표시와 일치하지 아니할 경우에 그 표시를 일치시키기 위하여 하는 등기이다.

2. 등기신청방법

신청인 본인 또는 법무사 등 그 대리인이 신분을 확인할 수 있는 주민등록증 등을 가지고 직접 등기소에 출석하여 신청한다. 이는 등기명의인이 단독신청하는 등기이다. 소유명의인의 표시가 변경된 경우에는 그 소유명의인이, 저당권자 · 전세권자 · 임차권자의 표시가 변경된 경우에는 그 저당권자 · 전세권자 · 임차권자가 단독으로 신청할 수 있다.

3. 등기소에 제공하여야 하는 신청정보

신청서는 한글과 아라비아 숫자로 기재한다. 부동산의 표시란이나 신청인란 등이 부족할 경우에는 별지를 사용하고, 별지를 포함하여 신청서가 여러 장인 때에는 각 장 사이에 간인을 하여야 한다.

① 부동산의 표시란

토지는 소재 · 지번, 지목, 면적순으로, 건물은 소재 · 지번, 도로명주소, 구조, 종류, 면적 순으로, 등기기록상 부동산의 표시와 일치되게 기재한다.

② 등기원인과 그 연월일란

(i) 등기원인은 '주소변경' '개명' 등으로, 연월일은 주소변경으로 인한 주소변경의 경우에는 주민등록표등(초)본상 주소변경일을, 개명으로 인한 성명변경의 경우에는 기본증명서상 개명일(법원의 개명허가일)을 기재한다.

본점이전의 경우에는 '법인등기사항증명서에 기재된 본점이전 연월일'을 기재한다. 회사의 경우에는 '상호변경'등이 등기원인이고, 법인 아닌 사단이나 재단에서 대표자를 새로이 선임한 경우에는 '대표자개선'이라 기재한다.

<예> ○년 ○월 ○일 주소변경(또는 개명)

(ii) 도로명주소법에 의하여 종전 소재지번 방식의 주소를 도로명주소법에 따른 도로명주소로 변경하는 경우의 등기원인 및 등기원인일자는 주소를 증명하는 정보에 표시된 주소변동사유 및 변동일자를 기재한다. ㉠ 소유자의 이대백의 주소 '서울 중구 다동5'가 2010년 1월 6일 '서울특별시 서초구 서초동 100'으로 변경되고 이 주소가 2011년 10월 31일 도로명주소법에 의하여 '서울특별시 서초구 서초대로 20길 72 (서초동)'으로 변경된 경우에는 등기원인은 '2010년 1월 6일' 등기원인일은 '주소변경'로 기재한다. ㉡ 소유자의 이대백의 주소 '서울 중구 다동5'가 2012년 3월 6일 '서울특별시 서초구 서초동 100'('서울특별시 서초구 서초대로 20길 72 (서초동))으로 변경된 경우에는 등기원인은 '2012년 3월 6일' 등기원인일은 '주소변경'로 기재한다. ㉢ 소유자의 이대백의 주소 '서울특별시 서초구 서초동 100'이, 실질적인 주소변동없이, 2011년 10월 31일 도로명주소법에 의하여 '서울특별시 서초구 서초대로 20길 72 (서초동)'으로 도로명주소로만 변경된 경우에는 등기원인은 '2011년 10월 31일' 등기원인일은 '도로명주소'로 기재한다(2011. 10. 28. 등기예규 제1436호 참조).

③ 등기의 목적란

'등기명의인 표시변경'이라고 기재한다.

④ 변경할 사항란

변경하는 내용을 기재한다.

<예> 갑구(또는 을구) ○번 등기명의인 ○○○의 주소 '서울 중구 필동 ○○'로 되어 있는 것을 '서울특별시 서초구 서초대로 20길 72 (서초동)'로 변경

⑤ 신청인란

그 표시가 변경될 자의 성명, 주민등록번호, 주소를 기재한다. 그 성명, 주민등록번호, 주소를 기재함에 있어서 변경 전의 표시를 기재하지 아니하고 변경 후의 표시를 기재한다. 법인인 경우에는 상호(명칭), 본점(주사무소 소재지), 등기용등록번호 및 대표기관(대표이사)의 성명, 주소를 기재하고, 법인 아닌 사단이나 재단인 경우에는 상호(명칭), 본점(주사무소소재지), 등기용등록번호 및 대표자(관리인)의 성명, 주민등록번호, 주소를 각 기재한다.

⑥ 등록면허세 · 지방교육세란

부동산 1개당 등록면허세 6,000원, 지방교육세 1,200원으로 계산하여 기재한다. 다만 도로명주소법에 의하여 등기명의인표시변경등기신청시에는 등록면허세를 납부하지 아니한다(2011. 10. 28. 등기예규 제1436호).

⑦ 세액합계란

등록면허세액과 지방교육세액의 합계를 기재한다.

⑧ 등기신청수수료란

변경등기를 신청하는 자는 등기신청수수료를 내야하므로(법 제22조 제3항), 부동산 1개당 3,000원(전자표준양식에 의한 등기신청의 경우에는 2,000원, 전자신청의 경우에는 1,000원)에 해당하는 등기신청수수료를 납부하고 그 등기신청수수료금액 및 납부번호를 신청서에 기재한다(등기예규 제1789호). 다만 도로명주소법에 의하여 등기명의인표시변경등기신청시에는 등기신청수수료를 납부하지 아니한다(2011. 10. 28. 등기예규 제1436호).

⑨ 신청인 혹은 대리인의 표시란

㈎ 신청인의 성명 및 전화번호를 기재하고 인장을 날인하되, 신청인이 법인이나 법인 아닌 사단 또는 재단인 경우에는 상호(명칭)와 대표자(관리인)의 자격 및 성명을 기재하고

㈏ 대리인이 등기신청을 하는 경우에는 그 대리인의 성명, 주소 및 전화번호를 기재하고 그의 인장을 날인한다.

⑩ 첨부서면란

등기신청서에 첨부한 서면을 각 기재한다.

4. 등기소에 제공하여야 하는 첨부정보

⑪ 등기원인을 증명하는 서면

주소 등 변경사실을 증명하는 서면으로 개인의 경우에는 주민등록표등본·초본을 첨부한다(규칙 제46조 제1항 제1호). 주민등록표등본·초본에는 등기기록상의 전 주소와 변경하고자 하는 주소가 나타나고 변경 전후의 주소가 연결되어야 한다. 법인인 경우에는 법인등기사항증명서를 첨부한다. 이 법인등기사항증명서에는 등기기록상의 전주소 등과 변경하고자 하는 주소 등이 나타나고 변경 전후의 주소 등이 연결되어야 한다.

최근 등기선례

개명으로 인한 등기명의인표시변경등기 신청 시 등기소에 제출하여야 하는 등기원인을 증명하는 서면

개명으로 인한 등기명의인표시변경등기 신청 시 등기소에 제출하여야 하는 등기원인을 증명하는 서면은 「가족관계의 등록 등에 관한 법률」 제15조 제1항 제2호의 '기본증명서'이다(2012. 03. 23. 부동산등기과-580 질의회답).

⑫ **등록면허세영수필확인서 또는 등록면허세납부확인서**

시장, 구청장, 군수 등으로부터 등록면허세납부서(OCR용지) 또는 대법원 인터넷등기소의 정액등록면허세납부서 작성기능을 통하여 정액등록면허세납부서를 발급받아 세금을 납부한 후 등록면허세영수필확인서를 신청서의 등록면허세액표시란의 좌측상단 여백에 첨부하거나, 또는 지방세인터넷납부시스템을 이용하여 납부하고 출력한 등록면허세납부확인서를 첨부한다(지방세법 제30조; 지방세법시행령 제49조 제1항).

⑬ **등기신청수수료영수필확인서**

변경등기를 신청하는 자는 등기신청수수료를 내야하므로(법 제22조 제3항), 부동산 1개당 3,000원(전자표준양식에 의한 등기신청의 경우에는 2,000원, 전자신청의 경우에는 1,000원)에 해당하는 등기신청수수료를 납부하고 등기신청수수료영수필확인서를 첨부한다(등기예규 제1789호).

⑭-1 **기타 — 신청인이 법인인 경우**

법인이 등기를 신청하는 경우에는 대표자의 자격을 증명하는 서면으로 법인등기사항전부증명서 또는 법인등기사항일부증명서를 첨부하여야 한다(규칙 제46조 제1항 제4호).

⑭-2 **기타 — 신청인이 법인 아닌 사단(재단)인 경우**

법인 아닌 사단 또는 재단이 등기를 신청하는 경우에는 ㉠ 정관이나 그 밖의 규약, ㉡ 대표자나 관리인임을 증명하는 정보(다만, 등기되어 있는 대표자나 관리인이 신청하는 경우에는 그러하지 아니하다), ㉢ 법인 아닌 사단 또는 재단의 주소 및 부동산등기용등록번호를 증명하는 정보(새로이 등기명의인이 되는 경우에 한한다), ㉣ 대표자나 관리인의 주소 및 주민등록번호를 증명하는 정보를 첨부정보로 제공한다(규칙 제48조).

최근 등기선례

법인 아닌 사단(교회)의 대표자변경등기 신청 시 등기소에 제공하여야 할 첨부정보

법인 아닌 사단(교회)의 대표자가 변경된 경우, 새 대표자는 ① 정관 그 밖의 규약, ② 정관 그 밖의 규약에서 정한 방법에 의하여 대표자로 선임되었음을 증명하는 정보(그 사실을 확인하는 데 상당하다고 인정되는 2인 이상의 성년자가 위 서면이 사실과 상위 없다는 취지와 성명을 기재하고 인감을 날인하여야 하며, 날인한 인감에 관한 인감증명도 제출하여야 함), ③ 대표자의 주소 및 주민등록번호를 증명하는 정보를 첨부정보로 제공하여 등기명의인 표시변경등기를 신청할 수 있다(2013. 10. 15. 부동산등기과-2292 질의회답).

5. 등기신청서류 편철순서

신청서, 등록면허세영수필확인서, 주민등록표등본·초본 등의 순으로 편철하는 것이 실무상의 예이다.

6. 등기기록례

[갑 구]		(소유권에 관한 사항)		(No.184)
순위번호	등기목적	접 수	등기원인	권리자 및 기타 사항
3	소유권이전	2018년 6월 3일 제8061호	2018년 5월 1일 매매	소유자 이대백 730320-1617312 ~~서울 중구 다동 5~~
3-1	3번등기명의인 표시변경	2019년 8월 1일 제9989호	2019년 3월 16일 주소변경	이대백의 주소 서울특별시 서초구 서초대로 20길 72 (서초동)

10. 등기명의인표시변경(경정)등기— (2) 등기명의인표시경정등기신청

등기명의인표시경정등기신청

접 수	년 월 일	처리인	등기관 확인	각종통지
	제 호			

① 부동산의 표시	
1동의 건물의 표시 서울특별시 서초구 서초동 100, 101 샛별아파트 제가동 [도로명주소] 서울특별시 서초구 서초대로 20길 36 전유부분의 건물의 표시 건물의 번호 가-1-101 구조 철근콘크리트조 면적 제1층 제101호 86.03㎡ 대지권의 표시 대지권의 목적인 토지의 표시 1. 서울특별시 서초구 서초동 100 대 1,400㎡ 2. 서울특별시 서초구 서초동 101 대 1,600㎡ 대지권의 종류 1.2. 소유권대지권 대지권의 비율 3,000분의 50 이 상	
②등기원인과 그 연월일	2019년 6월 3일 신청착오
③등 기 의 목 적	3번 등기명의인표시경정
④경 정 할 사 항	소유명의인의 주소'서울 서초구 서초동 201'을 '서울특별시 서초구 서초대로20길 72(서초동)'으로 경정

구 분	성 명 (상호·명칭)	주민등록번호 (등기용등록번호)	주 소(소재지)	지분 (개인별)
⑤ 신청인	이 대 백	730320-1617312	서울특별시 서초구 서초대로 20길 72 (서초동)	

<table>
<tr><td>⑥ 등 록 면 허 세</td><td>금 6,000 원</td></tr>
<tr><td>⑥ 지 방 교 육 세</td><td>금 1,200 원</td></tr>
<tr><td>⑦ 세 액 합 계</td><td>금 7,200 원</td></tr>
<tr><td rowspan="2">⑧ 등 기 신 청 수 수 료</td><td>금 3,000 원</td></tr>
<tr><td>납부번호 :</td></tr>
<tr><td colspan="2">⑩ 첨 부 서 면 (간인)</td></tr>
<tr><td>1. 등기원인을 증명하는 서면 1통 ⑪
1. 등록면허세영수필확인서 1통 ⑫
1. 등기신청수수료영수필확인서 1통 ⑬
1. 동일인보증서 1통 ⑭</td><td><기 타> ⑮</td></tr>
<tr><td colspan="2">2019년 8월 1일

⑨ 위 신청인 이 대 백 ㊞ (전화: 550-1288)

(또는) 위 대리인

서울중앙지방법원 등기국 귀중</td></tr>
</table>

신청서 작성요령란

* 1. 부동산표시란에 2개 이상의 부동산을 기재하는 경우에는 부동산의 일련번호를 기재하여야 합니다.
2. 신청인란 등 해당란에 기재할 여백이 없을 경우에는 별지를 이용합니다.
3. 담당 등기관이 판단하여 위의 첨부서면 외에 추가적인 서면을 요구할 수 있습니다.

등기신청안내서 — 등기명의인표시경정등기신청

1. 등기명의인표시경정등기

등기기록상 소유명의인 또는 소유권 이외의 권리자(저당권자, 전세권자, 임차권자 등)의 표시(성명, 주소 등)가 착오신청 등으로 등기부에 잘못 기재되었거나 기재가 누락된 경우에 이를 바로 잡기 위하여 하는 등기이다.

2. 등기신청방법

신청인 본인 또는 법무사 등 그 대리인이 신분을 확인할 수 있는 주민등록증 등을 가지고 직접 등기소에 출석하여 신청한다.

3. 등기소에 제공하여야 하는 신청정보

신청서는 한글과 아라비아 숫자로 기재한다. 부동산의 표시란이나 신청인란 등이 부족할 경우에는 별지를 사용하고, 별지를 포함하여 신청서가 여러 장인 때에는 각 장 사이에 간인을 하여야 한다.

① 부동산의 표시란

등기를 하고자 하는 부동산을 기재하되, 등기기록상 부동산의 표시와 일치하여야 한다. 부동산이 토지인 경우에는 토지의 소재와 지번, 지목, 면적을 기재하고, 건물인 경우에는 건물의 소재와 지번, 도로명주소, 구조, 종류, 면적, 건물의 번호가 있는 때에는 그 번호, 부속건물이 있는 때에는 그 구조, 종류와 면적을 기재하면 된다. 구분건물인 경우에는,

㈎ **1동의 건물의 표시** 1동의 건물의 소재 · 지번 · 종류와 구조 및 면적을 기재한다. 다만, 1동의 건물의 번호가 있는 경우(예: 가동, 나동, 다동 등)에 이를 기재한 때에는 1동의 건물의 구조와 면적을 기재하지 않는다.

㈏ **전유부분의 건물의 표시** 건물의 번호, 구조, 면적을 기재한다.

㈐ **대지권의 표시** 대지권의 목적인 토지의 표시, 대지권의 종류, 비율을 기재한다.

(i) 대지권의 목적인 토지의 표시는 토지의 소재와 지번, 지목, 면적을,

(ii) 대지권의 종류는 소유권, 지상권, 전세권, 임차권 등 권리의 종류에 따라 기재 하며, (iii) 대지권의 비율은 대지권의 목적인 토지에 대한 지분비율을 기재한다.

② **등기원인**

등기원인은 실무상 신청인이 잘못 신청하여 경정사유가 발생한 경우에는 '신청착오', 등기관의 과오로 인한 경우에는 '착오발견', 또는 '유루발견' 등으로 기재한다. 등기원인일자는 신청착오일 경우에는 착오가 생긴 등기의 신청연월일을, 착오발견 또는 유루발견인 경우에는 경정등기의 신청연월일을 각 기재한다.

③ **등기의 목적란**

'등기명의인 표시경정'이라고 기재한다.

④ **경정할 사항란**

경정의 대상이 되는 사항과 경정하여 등기부에 기록하고자 하는 사항을 기재한다.

<예> 소유명의인 주소 '서울특별시 서초구 서초동 76'를 '서울특별시 서초구 서초대로 20길 72 (서초동)'으로 경정

⑤ **신청인란**

경정할 등기명의인의 등기기록상 성명, 주민등록번호, 주소를 기재한다. 성명, 주민등록번호, 주소를 기재함에 있어서 경정전의 표시를 기재하지 아니하고 경정후의 표시를 기재한다. 그러나 신청인이 법인인 경우에는 상호(명칭), 본점(주사무소 소재지), 등기용등록번호 및 대표기관(대표이사)의 성명, 주소를 기재하고, 법인 아닌 사단이나 재단인 경우에는 상호(명칭), 본점(주사무소 소재지), 등기용등록번호 및 대표자(관리인)의 성명, 주민등록번호, 주소를 각 기재한다.

⑥ **등록면허세 · 지방교육세란**

전유부분 1개당 등록면허세 6,000원, 지방교육세 1,200원으로 계산하여 기재한다. 다만, 착오발견이나 유루발견으로 인한 경정등기는 등록면허세, 지방교육세를 납부하지 아니하므로, '지방세법 제26조'로 기재한다.

⑦ **세액합계란**

등록면허세액과 지방교육세액의 합계를 기재한다. 다만, 착오발견이나 유루발견으로 인한 경정등기는 등록면허세 등을 납부하지 아니하므로, 기재하지 않는다.

⑧ **등기신청수수료란**

경정등기를 신청하는 자는 등기신청수수료를 내야하므로(법 제22조 제3항), 부동산 1개당 3,000원(전자표준양식에 의한 등기신청의 경우에는 2,000원, 전자신청의 경우에는

1,000원)에 해당하는 등기신청수수료를 납부하고 그 등기신청수수료금액 및 납부번호를 신청서에 기재한다(등기예규 제1733호).

한편 등기관의 과오로 인하여 등기의 착오 또는 유루가 발생한 경우에도 당사자가 경정등기를 신청하는 경우에는 등기신청수수료를 납부하지 않는다(등기신청수수료 징수에 관한 예규, 등기예규 제1733호).

⑨ 신청인 혹은 대리인의 표시란

㈎ 신청인의 성명 및 전화번호를 기재하고 인장을 날인하되, 신청인이 법인이나 법인 아닌 사단 또는 재단인 경우에는 상호(명칭)와 대표자(관리인)의 자격 및 성명을 기재하고 대표자(관리인)의 인장을 날인한다.

㈏ 대리인이 등기신청을 하는 경우에는 그 대리인의 성명, 주소 및 전화번호를 기재하고 그의 인장을 날인한다.

⑩ 첨부서면란

등기신청서에 첨부한 서면을 각 기재한다.

4. 등기소에 제공하여야 하는 첨부정보

⑪ 등기원인을 증명하는 서면

신청착오에 의하여 등기명의인의 주소 등을 경정하는 경우에는 주민등록표등(초)본 등을 첨부한다(규칙 제46조 제1항 제1호). 그러나 착오발견 또는 유루발견에 의한 경정등기신청에는 그 경정등기대상등기의 등기신청서사본 혹은 착오 내지 유루를 증명하는 서면을 첨부한다. 경정할 등기의 등기명의인이 법인인 경우에는 법인등기사항증명서를 첨부한다.

┃최근 등기선례┃

등기기록상 소유명의인인 "강진군 ○○면 △△리"를 "△△리 마을회"로 등기명의인 표시 경정등기가 가능한지 여부 등

1. 등기명의인 표시변경 · 경정등기를 하기 위해서는 변경 또는 경정 전후에 등기명의인의 동일성이 인정되어야 하며 동일성이 인정되지 않은 경우에는 권리이전등기를 신청하여야 한다.

2. 등기명의인의 표시를 "강진군 ○○면 △△리"에서 "△△리 마을회"로 경정하는 등기를 신청하는 경우에는 경정 전후에 위 양자가 동일하다는 서면(정관이나 그 밖의 규약, 대표자나 관리인임을 증명하는 정보, 기타 증명서면 등)을 첨부정보로 제공하여야 하며 등기관은 제공된 첨부정보 등을 종합적으로 심사하여 등기명의인의 동일성여부를 판단하여야 한다.

> 3. 만약 위 '△△리'와 '△△리 마을회'가 동일성이 인정되지 않아 등기명의인 표시경정등기를 할 수 없다면, 위 양자가 동일하다는 확인판결 등을 받아 등기명의인 표시변경등기를 신청할 수 있을 것이다(2013. 04. 29. 부동산등기과－961 질의회답)

⑫ 등록면허세영수필확인서 또는 등록면허세납부확인서

시장, 구청장, 군수 등으로부터 등록면허세납부서(OCR용지) 또는 대법원 인터넷등기소의 정액등록면허세납부서 작성기능을 통하여 정액등록면허세납부서를 발급받아 세금을 납부한 후 등록면허세영수필확인서를 신청서의 등록면허세액표시란의 좌측상단 여백에 첨부하거나, 또는 지방세인터넷납부시스템을 이용하여 납부하고 출력한 등록면허세납부확인서를 첨부한다(지방세법 제30조; 지방세법시행령 제49조 제1항).

⑬ 등기신청수수료영수필확인서

경정등기를 신청하는 자는 등기신청수수료를 내야하므로(법 제22조 제3항), 부동산 1개당 3,000원(전자표준양식에 의한 등기신청의 경우에는 2,000원, 전자신청의 경우에는 1,000원)에 해당하는 등기신청수수료를 납부하고 등기신청수수료영수필확인서를 첨부한다(등기예규 제1789호).

⑭ 동일인보증서

등기명의인의 표시(성명, 주소 등)를 착오로 신청하여 등기기록상 표시와 주민등록표 또는 기본증명서(제적등본)상 표시가 일치되지 아니한 경우에는 경정 전의 등기명의인과 경정 후의 등기명의인이 동일인이라는 증명을 하여야 하므로, 그 증명은 시 · 구 · 읍 · 면장의 증명에 의하여 할 것이며, 그 증명이 불가능할 경우에는 그 사실을 확인하는 데 상당하다고 인정되는 자의 보증서면과 인감증명 및 기타 보증인자격을 인정할 만한 서면(공무원 재직증명, 법무사 자격증 사본) 등을 첨부하여야 하나 그 동일인 여부는 등기관이 판단할 사항이다. 보증인의 자격이 반드시 당해 부동산소재지 거주자로 제한되어 있지는 아니하다(2000. 1. 7. 등기선례 6 - 402).

⑮-1 기타 — 신청인이 법인인 경우

법인이 등기를 신청하는 경우에는 대표자의 자격을 증명하는 서면으로 법인등기사항전부증명서 또는 법인등기사항일부증명서를 첨부하여야 한다(규칙 제46조 제1항 제4호). 다만 법인등기가 되어 있는 등기소와 부동산소재지 관할 등기소가 동일한 경우에는 위 법인등기사항증명서를 제출할 필요가 없다(규칙 제46조 제5항).

⑮-2 기타 — 신청인이 법인 아닌 사단(재단)인 경우

법인 아닌 사단 또는 재단이 등기를 신청하는 경우에는 ㉠ 정관이나 그 밖의 규약,

ⓛ 대표자나 관리인임을 증명하는 정보(다만, 등기되어 있는 대표자나 관리인이 신청하는 경우에는 그러하지 아니하다), ⓒ 법인 아닌 사단 또는 재단의 주소 및 부동산등기용등록번호를 증명하는 정보(새로이 등기명의인이 되는 경우에 한한다), ⓔ 대표자나 관리인의 주소 및 주민등록번호를 증명하는 정보를 첨부정보로 제공한다. 다만 법인 아닌 사단이 등기의무자인 경우에는 민법 제276조 소정의 사원총회의 결의서도 첨부한다(규칙 제48조).

5. 등기신청서류 편철순서

신청서, 등록면허세영수필확인서, 등기신청수수료영수필확인서, 주민등록표등본·초본 등의 순으로 편철하는 것이 실무상의 예이다.

6. 등기기록례

[갑 구]		(소유권에 관한 사항)		(No.192)
순위번호	등기목적	접 수	등기원인	권리자 및 기타 사항
3	소유권이전	2019년 6월 3일 제8033호	2019년 5월 1일 매매	소유자 이대백 730320-1617312 ~~서울특별시 서초구 서초동 201~~
3-1	3번 등기명의인 표시경정	2019년 8월 1일 제9989호	신청착오	이대백의 주소 서울특별시 서초구 서초대로20길 72(서초동)

11. 권리변경(경정)등기 — (1) 소유권경정등기신청(신청착오)

집합건물
소유권경정등기신청

접 수	년 월 일	처리인	등기관 확인	각종통지
	제 호			

① 부동산의 표시	
1동의 건물의 표시 서울특별시 양천구 목동 916 제203동 [도로명주소] 서울특별시 양천구 목동동로 257 전유부의 건물의 표시 건물의 번호 203-1-101 구조 철근콘크리트조 면적 제1층 제101호 150.03㎡ 대지권의 표시 대지권의 목적인 토지의 표시 1. 서울특별시 양천구 목동 916 대 1,400㎡ 대지권의 종류 1. 소유권대지권 대지권의 비율 3,000분의 50 이 상	
②등기원인과 그 연월일	2018년 9월 1일 신청착오
③등 기 의 목 적	2번 소유권 경정
④경 정 할 사 항	2018년 9월 1일 접수 제9039호 순위 제2번 소유권일부이전등기사항 중 등기 목적 '소유권일부이전'을'소유권이전'으로, '공유자 지분 2분의 1 이을남 680322-1019292 서울 서초구 서초동 200'을 '소유자 이을남 680322-1019292 서울특별시 양천구 목동동로 257, 203동 1101호 (목동, 하이페리온)으로 각 경정함.

구 분	성 명 (상호·명칭)	주민등록번호 (등기용등록번호)	주 소(소재지)
⑤등기의무자	김 갑 남	600324-1058339	서울특별시 용산구 남영동 5
⑤등기권리자	이 을 남	680322-1019292	서울특별시 양천구 목동동로 257, 203동 1101호(목동, 하이페리온)

<table>
<tr><td>⑥ 등 록 면 허 세</td><td colspan="2">금 6,000 원</td></tr>
<tr><td>⑥ 지 방 교 육 세</td><td colspan="2">금 1,200 원</td></tr>
<tr><td>⑦ 세 액 합 계</td><td colspan="2">금 7,200 원</td></tr>
<tr><td rowspan="2">⑧ 등 기 신 청 수 수 료</td><td colspan="2">금 3,000 원</td></tr>
<tr><td colspan="2">납부번호 :</td></tr>
<tr><td colspan="3">⑨ 등기의무자의 등기필정보</td></tr>
<tr><td>부동산고유번호</td><td colspan="2">1149-1996-067537</td></tr>
<tr><td>성명(명칭)</td><td>일련번호</td><td>비밀번호</td></tr>
<tr><td>김 갑 남</td><td>AEDI-0198-7329</td><td>12 - 3126</td></tr>
<tr><td colspan="3">⑪ 첨 부 서 면 (간인)</td></tr>
<tr><td colspan="2">1. 등록면허세영수필확인서 1통 ⑫
1. 등기신청수수료영수필확인서 1통 ⑬
1. 인감증명 또는 본인서명사실확인서 또는 전자본인서명확인서발급증 1통 ⑭
1. 경정사유를 증명하는 서면 1통 ⑮
1. 등기상 이해관계인의 승낙서 1통 ⑯</td><td>1. 위임장 1통 ⑰
1. 자필서명정보 1통 ⑱
1. 주민등록표등본·초본 1통 ⑲
<기 타> ⑳</td></tr>
<tr><td colspan="3">2019년 8월 1일

⑩ 위 신청인

대리인 법무사 유 명 한 (직인) (전화: 599-0000)
서울특별시 서초구 서초대로100길 76 (서초동)

서울남부지방법원 등기과 귀중</td></tr>
</table>

신청서 작성요령란

* 1. 부동산표시란에 2개 이상의 부동산을 기재하는 경우에는 부동산의 일련번호를 기재하여야 합니다.
2. 신청인란 등 해당란에 기재할 여백이 없을 경우에는 별지를 이용합니다.
3. 담당 등기관이 판단하여 위의 첨부서면 외에 추가적인 서면을 요구할 수 있습니다.

등기신청안내서 — 소유권경정등기신청(구분건물)

1. 소유권경정등기

김갑남과 이을남의 부동산 전부에 대한 매매계약에 기하여 소유권이전등기를 경료하였으나 전부이전등기가 경료되지 아니하고 착오로 일부에 대하여서만 이전등기가 경료된 경우에 매도인과 매수인은 공통으로 경정등기를 신청하는 방법에 의하여 이를 바로잡을 수 있다. 등기부상 권리를 잃는 김갑남이 등기의무자, 권리를 취득하는 이을남이 등기권리자가 된다.

2. 등기신청방법

신청인 본인 또는 법무사 등 그 대리인이 신분을 확인할 수 있는 주민등록증 등을 가지고 직접 등기소에 출석하여 신청한다.

3. 등기소에 제공하여야 하는 신청정보

신청서는 한글과 아라비아 숫자로 기재한다. 부동산의 표시란이나 신청인란 등이 부족할 경우에는 별지를 사용하고, 별지를 포함하여 신청서가 여러 장인 때에는 각 장 사이에 간인을 하여야 한다.

① 부동산의 표시란

등기를 하고자 하는 부동산을 기재하되, 등기부상 부동산의 표시와 일치하여야 한다. 부동산이 토지인 경우에는 토지의 소재와 지번, 지목, 면적을 기재하고, 건물인 경우에는 건물의 소재와 지번, 도로명주소, 구조, 종류, 면적, 건물의 번호가 있는 때에는 그 번호, 부속건물이 있는 때에는 그 구조, 종류와 면적을 기재하면 된다. 구분건물인 경우에는,

㈎ 1동의 건물의 표시　　1동의 건물의 소재 · 지번 · 종류와 구조 및 면적을 기재한다. 다만, 1동의 건물의 번호가 있는 경우(예: 가동, 나동, 다동 등)에 이를 기재한 때에는 1동의 건물의 구조와 면적을 기재하지 않는다.

㈏ 전유부분의 건물의 표시　　건물의 번호, 구조, 면적을 기재한다.

㈐ **대지권의 표시** 대지권의 목적인 토지의 표시, 대지권의 종류, 비율을 기재한다.

(i) 대지권의 목적인 토지의 표시는 토지의 소재와 지번, 지목, 면적을,

(ii) 대지권의 종류는 소유권, 지상권, 전세권, 임차권 등 권리의 종류에 따라 기재 하며,

(iii) 대지권의 비율은 대지권의 목적인 토지에 대한 지분비율을 기재한다.

② **등기원인**

등기원인은 실무상 신청인이 잘못 신청하여 경정사유가 발생한 경우에는 '신청착오', 등기관의 과오로 인한 경우에는 '착오발견', 또는 '유루발견' 등으로 기재한다. 등기원인일자는 신청착오일 경우에는 착오가 생긴 등기의 신청연월일을, 착오발견 또는 유루발견인 경우에는 경정등기의 신청연월일을 각 기재한다.

일부지분말소판결에 의하여 소유권경정등기를 신청하는 경우에는 '2019년 5월 27일, 서울중앙지방법원의 일부말소의 확정판결'과 같이 기재한다.

③ **등기의 목적란**

'소유권경정'이라고 기재한다.

④ **경정할 사항란**

경정대상 사항과 경정하여 등기부에 기재하고자 하는 사항을 기재한다. 등기원인이 경정되는 경우에는 그 사항도 경정하여야 한다.

⑤ **등기의무자 및 등기권리자란**

이는 등기명의인표시경정이 아니라 소유권경정등기이므로 공동신청에 의한다. 소유권경정등기에 의하여 소유권을 상실하거나 그 일부를 잃는 사람이 등기의무자이다.

⑥ **등록면허세 · 지방교육세란**

전유부분 1개당 등록면허세 6,000원, 지방교육세 1,200원으로 계산하여 기재한다. 다만, 착오발견이나 유루발견으로 인한 경정등기는 등록면허세, 지방교육세를 납부하지 아니하므로, '지방세법 제26조'로 기재한다.

⑦ **세액합계란**

등록면허세액과 지방교육세액의 합계를 기재한다. 다만, 착오발견이나 유루발견으로 인한 경정등기는 등록면허세 등을 납부하지 아니하므로, 기재하지 않는다.

⑧ **등기신청수수료란**

경정등기를 신청하는 자는 등기신청수수료를 내야하므로(법 제22조 제3항), 부동산 1개당 3,000원(전자표준양식에 의한 등기신청의 경우에는 2,000원, 전자신청의 경우에는 1,000원)에 해당하는 등기신청수수료를 납부하고 그 등기신청수수료금액 및 납부번호를 신청서에 기재한다(등기예규 제1789호).

⑨ 등기의무자의 등기필정보란

전자신청 지정등기소에서는 신청방법(전자신청, 서면신청)을 불문하고 등기를 완료한 경우 등기필증 대신 등기필정보를 전자적 교부 또는 서면 교부하기 때문에, 등기신청의 당사자 또는 대리인은 등기필정보상의 일련번호와 비밀번호를 기재함으로써 등기필증의 제출을 갈음할 수 있다. 등기의무자가 교부받은 등기필정보에 기재된 부동산고유번호, 성명, 일련번호, 비밀번호를 각 기재한다. 등기의무자에게 등기필정보나 등기필증이 없는 경우에는 부동산등기법 제51조의 규정에 의한다(기타 참조).

⑩ 신청인 혹은 대리인의 표시란

㈎ 등기의무자와 등기권리자의 성명 및 전화번호를 기재하고, 각자가 기명날인하되, 등기의무자는 그의 인감을 날인한다. 등기권리자는 기명날인 대신에 서명으로 갈음할 수 있다. 신청인이 법인 또는 법인 아닌 사단이나 재단인 경우에는 상호(명칭)와 대표자(관리인)의 자격 및 성명을 기재한다. 법인이 등기의무자인 때에는 등기소의 증명을 얻은 그 대표자의 인감을, 법인 아닌 사단이나 재단이 등기의무자인 경우에는 대표자(관리인)의 개인인감을 날인한다.

㈏ 대리인이 등기신청을 하는 경우에는 그 대리인의 성명, 주소 및 전화번호를 기재하고 기명날인한다.

⑪ 첨부서면란

등기신청서에 첨부한 서면을 각 기재한다.

4. 등기소에 제공하여야 하는 첨부정보

⑫ 등록면허세영수필확인서 또는 등록면허세납부확인서

시장, 구청장, 군수 등으로부터 등록면허세납부서(OCR용지) 또는 대법원 인터넷등기소의 정액등록면허세납부서 작성기능을 통하여 정액등록면허세납부서를 발급받아 세금을 납부한 후 등록면허세영수필확인서를 신청서의 등록면허세액표시란의 좌측상단 여백에 첨부하거나, 또는 지방세인터넷납부시스템을 이용하여 납부하고 출력한 등록면허세납부확인서를 첨부한다(지방세법 제30조; 지방세법시행령 제49조 제1항).

⑬ 등기신청수수료영수필확인서

경정등기를 신청하는 자는 등기신청수수료를 내야하므로(법 제22조 제3항), 부동산 1개당 3,000원(전자표준양식에 의한 등기신청의 경우에는 2,000원, 전자신청의 경우에는 1,000원)에 해당하는 등기신청수수료를 납부하고 등기신청수수료영수필확인서를 첨부한다(등기예규 제1789호).

⑭ **인감증명 또는 본인서명사실확인서 또는 전자본인서명확인서 발급증**

소유권의 등기명의인이 등기의무자인 경우에는 그의 인감증명을 첨부한다(규칙 제60조 제1항 제1호). 규칙 제60조, 규칙 제61조에 의하여 인감증명을 첨부하여야 하는 자가 법인인 경우에는 등기소의 증명을 얻은 대표자의 인감증명을, 법인 아닌 사단 또는 재단인 경우에는 대표자 또는 관리인의 인감증명을 제출한다. 위 인감증명에 갈음하여 위임장 등에 서명을 하고 본인서명사실확인서를 첨부하거나 전자본인서명확인서 발급증을 첨부할 수 있다(부동산등기규칙 제60조의2).

⑮ **경정사유를 증명하는 서면**

권리경정의 경우 그 경정사유를 증명하는 서면을 첨부하여야 하는데 이는 경정사유마다 다르다. 예컨대, 상속등기의 경정인 경우 가족관계등록사항별 증명서 또는 협의분할서, 신청한 권리의 등기가 유루된 경우에는 신청서사본이나 등기필증원본, 판결에 의한 경정인 경우에는 확정판결정본이 이에 해당된다(규칙 제46조 제1항 제1호).

신청 자체는 적법하였으나 등기관의 과오로 등기사항의 착오 또는 유루가 발생한 경우에는 등기관의 과오로 인한 착오 등을 증명하기 위한 서면으로, 신청서부본 또는 등기필증 원본등을 첨부한다.

⑯ **등기상 이해관계인의 승낙서**

등기상 이해관계인의 승낙서 등인 부동산표기의 경정등기나 등기명의인표시의 경정등기에는 첨부할 필요가 없고, 권리의 경정등기에만 문제된다. 권리의 경정등기를 신청하는 경우 등기상 이해관계인 및 승낙서 또는 이에 대항할 수 있는 재판의 등본을 첨부하여야 한다.

⑰ **위임장**

등기신청을 법무사 등 대리인에게 위임하는 경우에 첨부한다(규칙 제46조 제1항 제5호). 위임인의 성명과 주소를 기재하고 인장을 날인하되 규칙 제60조 제1항 제1호~제3호에 해당하여 인감증명을 제출하여야 하는 자는 위임장에 인감을 날인하여야 하나, 위 규칙 제60조 제1항 제1호~제3호에 해당하지 않는 자는 인감날인 대신에 일반적인 기명날인 혹은 서명으로 갈음할 수 있다. 위임인이 법인이나 법인 아닌 사단 또는 재단인 경우에는 상호(명칭)와 대표자(관리인)의 자격, 성명 및 주소도 기재하여야 한다.

⑱ **자격자대리인의 확인 및 자필서명정보**

등기의무자와 등기권리자가 공동으로 신청하는 권리에 관한 등기이므로 자격자대리인이 등기의무자를 확인하고 자필서명한 정보를 첨부정보로제공하여야 한다(규칙 제46조 제1항, 제8호, 2022. 7. 1.부터).

⑲ 등기권리자의 주소 및 주민등록번호증명서면

경정등기를 통하여 등기권리자의 지분, 성명, 주민등록번호, 주소가 새로이 기입되므로 등기권리자의 주소 및 주민등록번호를 증명하는 서면을 제출하여야 한다. 기존의 등기부상 주소와 같은 경우에도 이를 제출하여야 한다고 해석된다(아래 6.의 등기기록례를 참조).

⑳-1 기타 — 신청인이 법인인 경우

법인이 등기를 신청하는 경우에는 대표자의 자격을 증명하는 서면으로 법인등기사항전부증명서 또는 법인등기사항일부증명서를 첨부하여야 한다(규칙 제46조 제1항 제4호). 다만 법인등기가 되어 있는 등기소와 부동산소재지 관할 등기소가 동일한 경우에는 위 법인등기사항증명서를 제출할 필요가 없다(규칙 제46조 제5항).

⑳-2 기타 — 신청인이 법인 아닌 사단(재단)인 경우

법인 아닌 사단 또는 재단이 등기를 신청하는 경우에는 ㉠ 정관이나 그 밖의 규약, ㉡ 대표자나 관리인임을 증명하는 정보(다만, 등기되어 있는 대표자나 관리인이 신청하는 경우에는 그러하지 아니하다), ㉢ 법인 아닌 사단 또는 재단의 주소 및 부동산등기용등록번호를 증명하는 정보(새로이 등기명의인이 되는 경우에 한한다), ㉣ 대표자나 관리인의 주소 및 주민등록번호를 증명하는 정보를 첨부정보로 제공한다. 다만 법인 아닌 사단이 등기의 무자인 경우에는 민법 제276조 소정의 사원총회의 결의서도 첨부한다(규칙 제48조).

⑳-3 기타 — 등기의무자의 등기필정보(등기필증, 등기완료통지서)가 없는 경우

등기의무자의 등기필정보(등기필증, 등기완료통지서)가 없을 때에는 ① 등기의무자 또는 그 법정대리인(이하 "등기의무자등"이라 한다)이 등기소에 출석하여 등기관으로부터 등기의무자등임을 확인받는 방법 ② 등기신청인의 대리인(변호사나 법무사만을 말한다)이 등기의무자등으로부터 위임받았음을 확인하여 확인서면을 제출하는 방법 ③ 신청서(위임에 의한 대리인이 신청하는 경우에는 그 권한을 증명하는 서면을 말한다) 중 등기의무자등의 작성부분에 관하여 공증을 받아 제출하는 방법으로 등기신청을 하여야 한다. 위 '공증'은 신청서나 위임장에 기재된 내용 중 등기의무자등의 작성부분(기명날인 등)에 대해 공증인이 등기의무자등의 의사에 의해 작성된 것임을 확인하고 그 증명을 하여 주는 사서증서의 인증을 의미한다(등기필정보가 없는 경우 확인조서 등에 관한 예규, 2018. 12. 18. 등기예규 제1664호, 시행 2019. 1. 1.)(법 제51조, 규칙 제111조 참조).

6. 등기기록례

[갑 구]		(소유권에 관한 사항)		(No.281)
순위번호	등기목적	접 수	등기원인	권리자 및 기타 사항
1	소유권보존	2010년 8월 3일 제8033호		소유자 김갑남 600324-1058339 서울 용산구 남영동 5
2	~~소유권일부이전~~	2018년 9월 1일 제9039호	2018년 8월 9일 매매	~~공유자 지분 2분의 1~~ ~~이을남 680322-1019292~~ ~~서울 서초구 서초동 200~~
2-1	2번소유권 경정	2019년 8월 12일 제9989호	신청착오	목적 소유권이전 소유자 이을남 680322-1019292 서울특별시 양천구 목동동로 257, 203동 1101호(목동, 하이페리온)

[갑 구]		(소유권에 관한 사항)		(No.279)
순위번호	등기목적	접 수	등기원인	권리자 및 기타 사항
1	소유권보존	2010년 8월 3일 제8033호		소유자 김갑남 600324-1058339 서울 용산구 남영동 5
2	~~소유권이전~~	2018년 9월 1일 제9039호	2018년 8월 1일 매매	~~소유자 이을남 680322-1019292~~ ~~서울 서초구 서초동 200~~
2-1	2번 소유권경정	2019년 8월 12일 제9989호	신청착오	목적 소유권일부이전 공유자 지분 2분의1 이을남 680322-1019292 서울특별시 양천구 목동동로 257, 203동 1101호(목동, 하이페리온)

7. **일부말소 의미의 경정등기에 관한 사무처리지침**(2011. 10. 11. 등기예규 제1366호)

(1) ㉮ 단독소유를 공유로 또는 공유를 단독소유로 하는 경정등기, ㉯전부이전을 일부 이전으로 또는 일부이전을 전부이전으로 하는 경정등기, ㉰ 공유지분만의 경정등기 등은 경정등기라는 명칭을 사용하고는 있으나 그 실질은 말소등기(일부말소 의미의)에 해당하므로 등기를 실행함에 있어 경정등기의 방식(법 제52조)이 아닌 말소등기의 방식(법 제57조)으로 등기를 하여야 한다.

따라서 그 등기를 함에 있어 등기상 이해관계 있는 제3자가 있는 때에는 신청서에 반드시 그 승낙서 또는 이에 대항할 수 있는 재판의 등본을 첨부하게 하여 부기등기의 방법으로 등기를 하여야 하고, 이해관계인의 승낙서 등이 첨부되어 있지 않은 경우 등기관은 그 등기신청을 수리하여서는 아니 된다.

(2) 위와 같은 경정등기를 한 경우 등기관은 이해관계인 명의의 처분제한 등의 등기를 아래 구분을 따라 직권으로 말소 또는 경정하여야 한다.

(가) **이해관계인의 등기를 말소하여야 하는 경우** 갑, 을 공유부동산 중을 지분에 대해서만 처분제한 또는 담보물권의 등기가 되어 있는 상태에서 갑 단독소유로 하는 경정등기(을 지분 말소 의미의)를 하는 경우 등, 이해관계인의 등기가 경정등기로 인하여 상실되는 지분만을 목적으로 하는 경우

(나) **이해관계인의 등기를 경정하여야 하는 경우** 갑, 을 공유 부동산 전부에 대하여 처분제한 또는 담보물권의 등기가 되어 있는 상태에서 갑 단독소유로 하는 경정등기(을 지분 말소 의미의)를 하는 경우 등, 이해관계인의 등기가 경정등기로 인하여 상실되는 지분 이외의 지분도 목적으로 하는 경우

(다) **용익물권의 등기** 부동산의 공유지분에 대해서는 용익물권(지상권 등)을 설정·존속시킬 수 없으므로 위(나)에 의해서 처분제한 등의 등기를 경정(일부말소 취지의)하는 경우에도 용익물권의 등기는 이를 전부 말소한다.

(3) 가압류, 가처분 등 법원의 촉탁에 의한 처분제한의 등기를 직권으로 말소 또는 경정(일부말소 의미의)하는 경우 등기관은 지체없이 그 뜻을 집행법원에 통치하여야 한다.

사례연습

〔법무사 제7회 기출문제〕

일부말소의미의 경정등기신청

| 설 문 |

1. 서울주식회사는 김갑동에게 본 사안 토지에 대하여 공유지분 3/4 만을 매도하였는데, 어떠한 사유인지 별첨 부동산등기부와 같이 소유권 전체가 이전된 것으로 등기된 것을 뒤늦게 발견하고는 이를 바로잡기 위해 처분금지가처분을 한 후 위 김갑동을 상대로 서울중앙지방법원에 소를 제기하여 승소의 확정판결을 받았다.

2. 서울중앙지방법원판결내용

(주문의 취지) 피고는 원고에게 본 사건 부동산 중 1/4 지분에 관하여 서울중앙지방법원 등기국 2018년 3월 5일 접수 제20410호를 마친 소유권이전등기의 말소등기절차를 이행하라.

2018년 3월 20일 소제기(2012가합 45678) 2018년 9월 1일 변론종결

2018년 10월 4일 선고

2018년 11월 1일 확정

3. 이 경우 별첨 등기부를 참조하여 위 판결에 의한 등기신청서를 대리인인 법무사의 입장에서 작성하고 별지 2(시험답안지)에 첨부서면에 대하여 설명(첨부이유 등)하시오(30점).

참고자료

1. 부동산의 표시 및 인적 사항은 별첨등기부에 기재된 내용과 같다.
2. 법무사는 유명수(사무실 : 서울특별시 서초구 서초대로 150번지(서초동))이다.
3. 서울주식회사 대표이사는 홍길동(400321-1034432, 서울특별시 중구 서소문로 245 (서소문동))이다.
4. 신청서의 기재란이 부족하면 별지 1(백지)에 계속 기재하고 전화번호의 기재 및 위임장의 작성은 생략한다.
5. 관할등기소는 서울중앙지방법원 등기국이며, 등기신청일자는 2019년 5월 22일이다.
6. 등록면허세는 6,000원, 지방교육세는 1,200원, 등기신청수수료는 3,000원이다.
7. 날인할 곳은 (인)이라 표시한다.

부동산등기부등본

<표제부>

[표제부]		(토지의 표시)			
표시번호	접 수	소재지번	지목	면적	등기원인 및 기타사항
1	1992년 5월 26일	서울특별시 서초구 방배동 25	대	500㎡	

<갑 구>

[갑 구]		(소유권에 관한 사항)		
순위번호	등기목적	접 수	등기원인	권리자 및 기타사항
2	소유권이전	1995년 8월 5일 제5356호	1995년 7월 10일 매매	소유자 서울주식회사 110111-1100231 서울특별시 강남구 대치동 100
3	소유권이전	2018년 3월 5일 제20410호	2018년 2월 17일 매매	소유자 김갑동 601211-1633618 서울특별시 서초구 서초대로 100 (방배동)
4	소유권이전청구권가등기	2018년 5월 13일 제3047호	2018년 4월 8일 매매예약	권리자 정순택 550409-1089343 서울특별시 서대문구 가좌로 2길 9 (홍은동)
5	3번 4분의1 지분 가처분	2018년 10월 20일 제1033호	2018년 10월 19일 서울중앙지방법원의 가처분결정 (2018카단2289)	피보전권리 소유권이전등기말소청구권 채권자 서울주식회사 110111-1100231 서울특별시 강남구 남부순환로 100(대치동) 금지사항 양도, 담보권설정 기타 일체의 처분행위의 금지

<을 구>

[을 구]		(소유권외의 권리에 관한 사항)		
순위번호	등기목적	접 수	등기원인	권리자 및 기타사항
2	저당권	2018년 8월 5일	2018년 7월 20일	채권최고액 금30,000,000원

	설정	제1357호	설정계약	채무자 김갑동 서울특별시 서초구 서초대로 100(방배동) 근저당권자 홍지영 서울특별시 은평구 은평로 100 (응암동)
3	지상권 설정	2018년 11월 23일 제1050호	2018년 11월 20일 설정계약	목적 철근콘크리트조건물의 소유 범위 토지의 전부 존속기간 2018년 11월 20일부터 40년 지료 월 500,000원 지급시기 매월 15일 지상권자 이시진 701213-1623618 서울특별시 구로구 새말로 35(구로동)

【모범답안】

토지소유권경정등기신청

<table>
<tr><td rowspan="2">접 수</td><td>년 월 일</td><td rowspan="2">처리인</td><td>등기관 확인</td><td>각종통지</td></tr>
<tr><td>제 호</td><td></td><td></td></tr>
</table>

<table>
<tr><td colspan="4">부동산의 표시</td></tr>
<tr><td colspan="4">서울특별시 서초구 방배동 25
대 500㎡

이 상</td></tr>
<tr><td colspan="2">등기원인과 그 연월일</td><td colspan="2">2018년 10월 4일 확정판결</td></tr>
<tr><td colspan="2">등 기 의 목 적</td><td colspan="2">3번 소유권경정</td></tr>
<tr><td colspan="2">경 정 할 사 항</td><td colspan="2">2018년 3월 5일 접수 제20410호 순위 제3번 소유권이전등기사항 중 '소유권이전'을 '소유권일부이전'으로, '소유자 김갑동 601211-1633618 서울특별시 서초구 서초대로 100 (방배동)'을 '공유자 지분 4분의 3 김갑동 601211-1633618 서울특별시 서초구 서초대로 100 (방배동)'으로 각 경정함.</td></tr>
<tr><td>구 분</td><td>성 명
(상호·명칭)</td><td>주민등록번호
(등기용등록번호)</td><td>주 소(소재지)</td></tr>
<tr><td>등기
의무자</td><td>김 갑 동</td><td>601211-1633618</td><td>서울특별시 서초구 서초대로 100
(방배동)</td></tr>
<tr><td>등기
권리자</td><td>서울주식회사

대표이사
홍 길 동</td><td>110111-1100231</td><td>서울특별시 강남구 남부순환로 100
(대치동)

서울특별시 중구 서소문로 245
(서소문동)</td></tr>
</table>

등 록 면 허 세	금	6,000	원
지 방 교 육 세	금	1,200	원
세 액 합 계	금	7,200	원
등 기 신 청 수 수 료	금	3,000	원
	납부번호 :		

첨 부 서 면 (간인)	
1. 등록면허세영수필확인서 1통 1. 등기신청수수료영수필확인서 1통 1. 판결정본 1통 1. 확정증명 1통 1. 법인등기사항증명서 1통 1. 승낙서 또는 이에 대항할 수 있는 재판 2통 1. 인감증명 또는 본인서명사실확인서 또는 전자본인서명확인서 발급증 2통	1. 위임장 1통

2019년 5월 22일

위 신청인

(또는) 위 대리인 법무사 유 명 수 직인 (전화:)

서울특별시 서초구 서초대로 150 (서초동)

서울중앙지방법원 등기국 귀중

신청서 작성요령란

* 1. 부동산표시란에 2개 이상의 부동산을 기재하는 경우에는 부동산의 일련번호를 기재하여야 합니다.
2. 신청인란 등 해당란에 기재할 여백이 없을 경우에는 별지를 이용합니다.
3. 담당 등기관이 판단하여 위의 첨부서면 외에 추가적인 서면을 요구할 수 있습니다.

〔등기신청서에 첨부하는 서면에 대한 설명〕

① 등록면허세영수필확인서

재산권 기타 권리의 취득 · 이전 · 변경 또는 소멸에 관한 사항을 등기하는 경우에 그 등기를 받는 자는 지방세를 납부하여야 하므로, 등기권리자인 서울주식회사는 시장, 구청장, 군수 등으로부터 등록면허세납부서를 발급받아 이를 납세지를 관할하는 금융기관에 납부한 후 영수필확인서를 교부받아 신청서의 등록면허세액표시란의 좌측 상단 여백에 첨부한다.

② 등기신청수수료영수필확인서

경정등기를 신청하는 자는 등기신청수수료를 내야하므로(법 제22조 제3항), 부동산 1개당 3,000원(전자표준양식에 의한 등기신청의 경우에는 2,000원, 전자신청의 경우에는 1,000원)에 해당하는 등기신청수수료를 납부하고 등기신청수수료영수필확인서를 첨부한다(등기예규 제1789호).

③ 판결정본

등기를 신청함에는 등기원인을 증명하는 서면을 첨부하여야 하고(부동산등기규칙 제46조 제1항 제1호), 확정판결에 의하여 등기를 신청하는 경우에는 그 집행력있는 판결정본이 등기원인서면에 해당하므로(동조 제3항) 판결정본을 등기원인서면으로 제출한다.

④ 확정증명

의사의 진술을 명한 판결은 확정되어야 그 판결을 의사의 진술로 볼 수 있으므로(민사소송법 제695조) 동 판결정본에 대한 확정증명을 첨부하여야 한다.

⑤ 법인등기사항증명서

등기권리자인 법인대표자의 자격을 증명하는 서명을 증명하는 서면으로 법인등기사항증명서를 제출한다(규칙 제46조 제1항 제4호, 제6호).

⑥ 이해관계인의 승낙서

전부이전을 일부이전으로 또는 일부이전을 전부이전으로 하는 경정등기는 경정등기라는 명칭을 사용하고는 있으나 그 실질은 말소등기(일부말소 의미의)에 해당하므로 등기를 실행함에 있어 경정등기의 방식이 아닌 말소등기의 방식으로 등기를 하여야 한다. 따라서 그 등기를 함에 있어 등기상 이해관계있는 제3자가 있는 때에는 신청서에 반드시 그 승낙서 또는 이에 대항할 수 있는 재판의 등본을 첨부하게 하여 부기등기의 방법으로 등기를 하여야 하고, 이해관계인의 승낙서 등이 첨부되어 있지 않은 경우 등기관은 그 등기신청을 수리하여서는 아니 된다(2011. 10. 11. 등기예규 제1366호).

가처분 이전의 권리자인 가등기권리자나 저당권자는 등기상 이해관계인이며, 그 등기가 위 경정등기로 인하여 상실되는 지분(서울주식회사 지분 4분의 1) 이외의 지분(김갑동 지분 4분의 3)도 목적으로 하고 있으므로 경정등기와 동시에 등기관은 직권으로 가등기나 저당권을 김갑동의 지분에만 미치는 것으로 경정등기를 하여야 한다. 위 경정등기는 실질상으로 말소등기의 방식에 의하여야 하므로 가등기권리자 및 저당권자의 승낙서 또는 이에 대항할 수 있는 재판의 등본을 첨부하여야 할 수 있다.

피보전권리가 말소등기청구권인 경우에 승소판결을 받은 원고가 가처분에 기하여 소유권말소등기를 신청하는 경우에는 가처분 이후의 등기상 이해관계인의 등기는 원고가 단독으로 말소신청할 수 있는 것이므로 지상권자는 등기상 이해관계인이라 볼 수 없으므로 그의 승낙서 또는 이에 대항할 수 있는 재판의 등본을 첨부할 것은 아니다.

⑦ 인감증명 또는 본인서명사실확인서 또는 전자본인서명확인서 발급증

등기신청서에 제3자의 동의 또는 승낙을 증명하는 서면을 첨부한 경우에는 그 서면에 날인한 동의자 또는 승낙자의 인감증명을 첨부하여야 하므로(규칙 제60조 제1항 7호), 위 가등기권리자 및 저당권자의 인감증명을 첨부하여야 한다. 위 인감증명에 갈음하여 위임장 등에 서명을 하고 본인서명사실확인서를 첨부하거나 전자본인서명확인서 발급증을 첨부할 수 있다(2016. 12. 16. 등기예규 제1609호). 다만 이에 대항할 수 있는 재판의 등본을 첨부한 경우이거나, 그 승낙서가 공정증서의 형식으로 작성된 경우에는 인감증명을 첨부하지 아니하여도 된다.

⑧ 위임장

대리인인 법무사에 의하여 등기를 신청함에는 그 권한을 증명하는 서면을 제출하여야 하므로 서울주식회사의 대표이사가 법무사 유명수에게 등기신청행위를 위임한 위임장을 첨부한다(규칙 제46조 제1항 제5호).

11. 권리변경(경정)등기— (2) 소유권경정등기신청(협의분할로 인한 상속)

토지소유권경정등기신청

접 수	년 월 일	처리인	등기관 확인	각종통지
	제 호			

① 부동산의 표시				
서울특별시 노원구 상계동 1582-46 대 400㎡ 이 상				
②등기원인과 그 연월일	2020년 7월 15일 협의분할			
③등 기 의 목 적	5번 소유권경정			
④경 정 할 사 항	2019년 12월 4일 접수 제1244호로 경료한 순위 제5번의 소유권이전등기사항 중 「공유자 지분 7분의 3 이순자 260402-2017179 서울 중구 저동 162, 지분 7분의 2 김일남 590602-1076512 서울 중구 저동 162, 지분 7분의 2 김이남 620203-1076522 서울 중구 저동 164」를 「소유자 이순자 260402-2017179 서울특별시 종로구 북촌로11길 1 (가회동)」로 등기원인 '상속'을 '협의분할에 의한 상속'으로 각 경정함			
구 분	성 명 (상호·명칭)	주민등록번호 (등기용등록번호)	주 소(소재지)	지분 (개인별)
⑤ 등기 의무자	김 일 남 김 이 남	590602-1076512 620203-1076522	서울특별시 중구 저동 162 서울특별시 중구 저동 164	
⑥ 등기 권리자	이 순 자	260402-2017179	서울특별시 종로구 북촌로11길 1 (가회동)	

⑦ 시가표준액 및 국민주택채권매입금액			
부동산 표시	부동산별 시가표준액	부동산별 국민주택채권매입총액	
1. 토 지	500,000원×400=200,000,000원	200,000,000원×42/1,000=8,400,000원(전에 매입한 금액:3,740,000원)(금번에 매입하여야 하는 금액=8,400,000-3,740,000=4,660,000원)	
⑦ 국 민 주 택 채 권 매 입 총 액		금 4,660,000 원	
⑦ 국 민 주 택 채 권 발 행 번 호			
⑧ 등 록 면 허 세	금 ○○원	⑧ 지 방 교 육 세	금 ○○원
⑨ 세 액 합 계	금 ○○ 원		
⑩ 등 기 신 청 수 수 료	금 3,000 원 납부번호 :		
⑪ 등기의무자의 등기필정보			
부동산고유번호	1149-1996-067537		
성명(명칭)	일련번호	비밀번호	
김 일 남	AEDI-0198-7329	12 - 3126	
김 이 남	AEDI-0198-7330	15 - 2379	

⑬ 첨 부 서 면 (간인)

1. 취득세영수필확인서 1통 ⑭	1. 주민등록표등본·초본 1통 ⑳
1. 등기신청수수료영수필확인서 1통 ⑮	1. 위임장 1통 ㉑
1. 제적등본 1통 ⑯	1. 자필서명정보 1통 ㉒
1. 가족관계증명서·기본증명서 4통 ⑰	<기 타> ㉓
1. 친양자입양관계증명서 1통 ⑰	
1. 상속재산분할협의서 1통 ⑱	
1. 인감증명 또는 본인서명사실확인서 또는 전자본인서명확인서발급증 3통 ⑲	

2020년 8월 1일

⑫ 위 신청인

대리인 법무사 유 명 한 (직인) (전화: 599-0000)

서울특별시 서초구 서초대로100길 76 (서초동)

서울북부지방법원 북부등기소 귀중

등기신청안내서 — 소유권경정등기신청(상속재산의 협의분할)

1. **소유권경정등기**(상속재산의 협의분할)

피상속인이 2019. 4. 13. 사망으로 상속인 이순자(모), 김일남(자), 김이남(자) 앞으로 법정지분에 의하여 소유권이전등기가 경료되었으나(접수번호 2019. 12. 4. 접수번호 1244호), 2020. 7. 15. 상속인들이 협의를 하여 이를 이순자의 단독소유로 하는 경정등기신청서이다.

(1) 법정지분에 의한 상속등기 후에 상속재산을 협의분할한 경우

(가) 상속등기 후 상속재산의 협의분할의 허용성

(a) 원 칙: 민법 제1013조에서는 상속재산의 협의분할은 '언제든지' 가능하다고 하고 있다. 따라서 상속인들이 법정지분에 의하여 상속등기를 한 이후에도 상속인 전원이 참가하여 상속재산분할협의서를 제출하면 이에 따른 상속등기를 신청할 수 있다.

경정등기는 등기를 실체에 합치시켜 기존등기를 당초에 소급하여 정정하여 그 등기의 동일성을 유지하는 데 있으므로 상속등기 후 상속재산의 협의분할로 인한 소유권경정등기의 효력은 당초의 상속등기에 소급하여 미치게 된다. 다만, 경정등기시까지 그 부동산에 관한 권리를 가지는 제3자가 있는 때에는 그 소급효로 위 제3자에게 대항할 수 없다(1994. 8. 9. 등기선례 4-349).

(b) 허용되지 않는 경우: 법정지분에 의한 상속등기 후 경정등기가 허용되는지 여부에 대한 등기선례를 몇 개 소개한다.

(aa) 상속재산의 경매분할을 명한 심판이 확정된 경우 경정등기 가능 여부: 상속인간에 상속재산협의분할이 이루어지지 않아 법원이 상속재산의 경매분할을 명한 경우, 동 심판은 상속재산의 현물분할을 명한 것이 아니므로 동 심판에 따른 협의분할 상속등기를 할 수 없고, 동 심판에 따른 경매신청을 하기 위하여서는 법정상속등기가 선행되어야 하며, 법정상속등기가 이미 경료된 등기를 동 심판서의 주문에 기재된 상속비율로 경정등기신청을 할 수 없다(2006. 12. 15. 등기선례 8-191). 이 등기선례는 경매분할을 명한 심판에 의하여 협의분할 상속등기를 할 수 있다

는 취지의 종전 등기선례를 변경한 것이다.[1]

(bb) 특정 부동산에 대하여 상속지분을 포기한 경우 경정등기 가능 여부: 상속인 갑, 을, 병, 정이 법정상속분대로 상속등기를 완료한 후 갑, 을 간에 "을은 갑에게 금 ○ ○ ○원을 지급한다. 갑은 을에게 금원을 지급받으면 ○ ○군 ○ ○면 ○ ○리 ○ ○번지 답 ○ ○㎡에 대한 상속지분을 포기한다."라는 조정이 성립된 경우, 조정조서는 민법 제1041조 소정의 상속포기의 방식을 갖춘 가정법원의 상속포기신고수리의 심판이 아니고, 또한 지분포기를 원인으로 한 공유지분이전등기절차를 이행하라는 의사의 진술을 명한 것이 아니므로, 을은 조정조서에 의하여 상속지분포기를 원인으로 한 소유권경정 또는 공유지분이전등기신청을 할 수 없다(2006. 8. 16. 등기선례 8-200).

(나) 등기신청인 (a) 상속으로 인하여 수인이 공동상속등기를 마친 후에 공동상속인 중의 1인 또는 수인에게 재산을 취득케 하는 취지의 상속재산의 협의분할 또는 재판에 의한 분할을 한 경우에 그 등기의 신청절차는 권리를 취득하는 자가 등기권리자, 권리를 잃는 자가 등기의무자로서 소유권의 경정등기를 신청하여야 한다.

(b) 그러나 피상속인의 사망으로 그 소유 부동산에 관하여 법정상속지분에 의한 등기가 경료된 후 공동상속인(갑,을,병,정) 중 어느 1인 갑이 사망하였다면 그 공동상속등기에 대해서는 상속재산분할협의서에 의한 소유권경정등기를 할 수 없는바,[2],[3] 을, 병, 정과 갑의 상속인 사이에 상속재산협의분할을 원인으로 한 지분이전등기절차의 이행을 명하는 조정에 갈음하는 결정이 확정된 경우에도 할 수 없다(2005. 3. 29. 등기선례 8-197).

(c) 마찬가지로 법정상속분대로 상속등기가 된 뒤 그 상속인 중 1인(갑)의 지분에 대한 가압류등기가 이루어진 경우에, 그 상속인 갑을 제외한 나머지 상속인 전원이 갑의 지분을 제외한 나머지 지분에 대하여 협의분할을 하고 이에 따른 소유권경정등기를 신청할 수는 없다(2005. 5. 24. 등기선례 8-198).

---

1) **변경 전 등기선례:** 공동상속인 중 일부가 상속재산분할 및 기여분의 심판청구를 하여 기여분의 결정 심판 및 상속재산의 경매분할을 명한 심판이 확정되어 공동상속인중 일부가 위 심판에 따라 경매신청을 하기 위하여 우선 상속등기를 신청하는 경우에, 피상속인의 사망사실과 상속인 전원을 알 수 있는 가족관계등록사항별증명서나 제적등본 등 상속을 증명하는 서면 이외에 법정상속분과 다르게 상속분이 변동된 사실을 증명하는 서면으로 위 심판서 정본을 첨부하여야 한다(2002. 5. 23. 등기선례 7-167).

2) 이는 갑이 을, 병, 정의 모인 경우에도 마찬가지이다(1999. 3. 30. 등기선례 6-202).

3) 다만 갑이 사망한 경우에도 법정지분에 의한 상속등기가 경료되지 아니한 경우라면 갑의 상속인과 을, 병, 정 등이 상속재산협의분할계약을 체결하고 그에 따른 상속등기를 신청할 수 있다는 점에 대하여서는 이미 살펴본 바 있다(2003. 8. 14. 등기선례 7-178).

최근 등기선례

법정상속등기가 마쳐진 이후 공동상속인 중 1인의 지분이 경매절차에 의하여 나머지 공동상속인 중 1인에게 이전된 경우, 협의분할에 의한 상속등기가 가능한지 여부

공동상속인(A, B, C, D, E)의 명의로 법정상속등기가 마쳐진 이후 경매절차에 의하여 공동상속인 중 1인(A)의 지분이 나머지 공동상속인 중 1인(B)에게 이전되었다면, 종전 공동상속인 전원(또는 A를 제외한 상속인들 전원)이 협의분할을 등기원인으로 하여 소유권경정등기를 신청하더라도 등기관은 이를 수리할 수 없다(2021. 08. 19. 부동산등기과-2132 질의회답).

(다) 등기소에 제공하여야 하는 정보

(a) 등기소에 제공하여야 하는 신청정보: 법정상속분에 따라 여러 명의 공동상속인들을 등기명의인으로 하는 상속등기를 마친 후에 그 공동상속인들 중 일부에게 해당 부동산을 상속하게 하는 등의 상속재산 협의분할, 상속재산 조정분할 또는 상속재산 심판분할이 있어 이를 원인으로 상속등기의 경정등기를 신청할 때에는 등기원인을 각각 '협의분할', '조정분할' 또는 '심판분할'로, 그 연월일을 각각 협의가 성립한 날, 조정조서 기재일 또는 심판의 확정일로 한다(2019. 6. 21. 등기예규 제1675호).

이 경우 경정 전의 등기원인인 '상속'을 '협의분할에 의한 상속', '조정분할에 의한 상속' 또는 '심판분할에 의한 상속'으로, 경정 전의 등기명의인을 협의분할, 조정분할 또는 심판분할에 따라 해당 부동산을 취득한 상속인으로 경정한다는 뜻을 신청정보의 내용으로 제공한다(위 등기예규 제1675호).

(b) 등기소에 제공하여야 하는 첨부정보

(aa) 상속재산분할협의서 또는 재판서등본: 상속재산협의분할이 있었다는 사실을 증명하기 위하여 그 협의서 또는 재판서를 첨부한다.

(bb) 등기상 이해관계인의 승낙서: 소유권경정등기로 인하여 공유지분을 상실하는 공동상속인의 지분을 목적으로 한 등기상 이해관계인이 있으면 그의 승낙서 또는 이에 대항할 수 있는 재판의 등본을 첨부하여야 한다.

(cc) 인감증명: 권리를 취득하지 아니하는 상속인(즉 등기의무자)의 인감증명서 등을 첨부하여 소유권경정등기를 신청할 수 있다(1994. 5. 28. 등기선례 4-348; 2004. 4. 1. 등기선례 7-183)는 등기선례가 있지만 상속재산분할협의절차에는 상속인 전원이 참여하여야 하고 상속인 전원의 인감을 첨부하여야 한다고 본다(규칙 제60조 제1항 제6호). 등기상 이해관계인의 인감증명도 첨부한다.

(dd) 등록면허세: 상속등기를 한 후 상속재산의 협의분할로 인한 소유권경정등기를 신청할 때에는 경정등기에 대한 등록면허세(6,000원)만을 납부하면 된다(1995. 5. 18. 등기선례 4-915)는 등기선례에도 불구하고, 2014. 1. 1. 지방세법이 개정되어서 상속개시 후 상속재산에 대하여 재분할한 결과 특정 상속인이 당초 상속분을 초과하여 취득하게 되는 재산가액은 그 재분할에 의하여 상속분이 감소한 상속인으로부터 증여받아 취득한 것으로 보기 때문에 지방세법 제11조 제1항 제2호에 따른 증여취득세를 납부하여야 한다(지방세법 제7조 제13항). 다만, 아래 각 호의 어느 하나에 해당하는 경우에는 위 정액세인 6,000원만 납부하면 될 것이다(지방세법 제7조 제13항 참조).

1. 지방세법 제20조에 따른 신고 · 납부기한(상속개시일이 속하는 달의 말일부터, 실종으로 인한 경우는 실종선고일이 속하는 달의 말일부터 각각 6개월(납세자가 외국에 주소를 둔 경우에는 각각 9개월)) 내에 재분할에 의하여 취득한 경우.
2. 상속회복청구의 소에 의한 법원의 확정판결에 의하여 상속인 및 상속재산에 변동이 있는 경우.
3. 민법 제404조에 따른 채권자대위권의 행사에 의하여 공동상속인들의 법정상속분대로 등기 등이 된 상속재산을 상속인사이의 협의분할에 의하여 재분할하는 경우.

(ee) 국민주택채권: 상속등기 후의 상속재산 협의분할로 인한 소유권경정등기는 그 실질이 상속등기이므로 그 경정등기를 신청하는 경우에는 상속인은 국민주택채권을 매입하여야 할 것이다. 다만 그 전의 상속등기를 신청할 때에 국민주택채권을 매입하였다면 상속인은 위 경정등기의 법정매입금액에서 상속등기시에 상속인들이 매입한 채권금액만큼 공제하고 나머지 금액만 매입하면 될 것이다(1993. 7. 8. 등기선례 4-932).

(ff) 농지취득자격증명: 농지에 대하여 상속등기를 한 후 상속재산의 협의분할에 의하여 소유권경정등기를 신청하는 경우에는 농지취득자격증명을 첨부할 필요가 없다(1997. 1. 20. 등기선례 5-737).

(라) 등기의 실행 이 경우에 등기의 본질은 일부말소의미의 경정등기이지만 등기형식상으로는 소유권경정등기의 모습으로 기록된다(아래 기록례 참조). 기존 등기의 등기원인은 이를 경정하지 아니하고 권리자에 관한 사항만 부기등기의 형식으로 경정하면 된다. 그리고 소유권경정등기로 인하여 공유지분을 상실하는 공동상속인의 지분만을 목적으로 하는 등기상 이해관계인의 등기(근저당권등기 등)는 이를 직권말소하며, 공유지분이 변경(감소)되는 경우에는 변경 전의 지분을 목적으로 하는 근저당권등기 등은 이를 직권경정한다(〈例示 5〉 참조). 경정등기로 인하여 소멸하는 공동상속인의 지분 및 그 이외의 지분을 목적으로 하는 등기상 이해관계인의 등기 역시 직권경정의 대상이다(2011. 10. 11. 등기예규 제1366호).

[갑 구]		(소유권에 관한 사항)		
순위번호	등기목적	접 수	등기원인	권리자 및 기타사항
1	소유권보존	2017년 2월 1일 제1000호		소유자 이갑남 401115-1212123 서울특별시 서초구 강남대로 21(서초동)
2	소유권이전	2019년 5월 3일 제4000호	2019년 5월 1일 ~~상속~~	~~공유자~~ ~~지분 3분의 1~~ ~~이대한 701115-1201257~~ ~~서울특별시 서초구 강남대로 21(서초동)~~ ~~지분 3분의 1~~ ~~이민국 680703-1562316~~ ~~서울특별시 마포구 마포대로 25(공덕동)~~ ~~지분 3분의 1~~ ~~이겨레 750614-1035852~~ ~~서울특별시 종로구 창덕궁길 105(원서동)~~
2-1	2번소유권경정	2019년 6월 23일 제5000호	2019년 5월 27일 협의분할	등기원인 협의분할에 의한 상속 공유자 지분 2분의 1 이대한 701115-1201257 서울특별시 서초구 강남대로 21(서초동) 지분 2분의 1 이민국 680703-1562316 서울특별시 마포구 마포대로 25(공덕동)

〈例示 5〉 상속등기 후 상속재산의 협의분할 등으로 인한 소유권경정등기

(2) 상속재산 협의분할에 따라 상속등기를 마친 후에 그 협의를 해제한 경우

(가) 등기원인 및 그 연월일 상속재산 협의분할에 따라 상속등기를 마친 후에 공동상속인들이 그 협의를 전원의 합의에 의하여 해제하고 이를 원인으로 상속등기의 경정등기를 신청할 때에는 등기원인을 '협의분할해제'로, 그 연월일을 협의를 해제한 날로 한다(등기예규 1675호).

(나) **경정할 사항**

경정 전의 등기원인인 '협의분할에 의한 상속'을 '상속'으로, 경정 전의 등기명의인을 법정상속분에 따라 해당 부동산을 취득한 상속인으로 경정한다는 뜻을 신청정보의 내용으로 제공한다.

(다) **기록례**

[갑 구]		(소유권에 관한 사항)		
순위 번호	등기목적	접 수	등기원인	권리자 및 기타사항
2	소유권 이전	2019년 5월 3일 제4000호	2019년 5월 1일 ~~협의분할에 의한 상속~~	~~공유자~~ ~~지분 2분의 1~~ ~~이대한 701115-1201257~~ ~~서울특별시 서초구 강남대로 21(서초동)~~ ~~지분 2분의 1~~ ~~이민국 680703-1562316~~ ~~서울특별시 마포구 마포대로 25(공덕동)~~
2-1	2번소유 권경정	2019년 6월 23일 제5000호	2019년 5월 27일 협의분할해제	등기원인 상속 공유자 지분 3분의 1 이대한 701115-1201257 서울특별시 서초구 강남대로 21(서초동) 지분 3분의 1 이민국 680703-1562316 서울특별시 마포구 마포대로 25(공덕동) 지분 3분의 1 이겨레 750614-1035852 서울특별시 종로구 창덕궁길 105(원서동)

(3) 상속재산 협의분할에 따라 상속등기를 마친 후에 그 협의를 해제하고 다시 새로운 협의분할을 한 경우

(가) 상속인 일부만이 교체되는 경우

(a) 등기원인 및 그 연월일: 상속재산 협의분할에 따라 상속등기를 마친 후에

공동상속인들이 그 협의를 전원의 합의에 의하여 해제한 후 다시 새로운 협의분할을 하고 이를 원인으로 상속등기의 경정등기를 신청할 때에는 등기원인을 '재협의분할'로, 그 연월일을 재협의가 성립한 날로 한다(등기예규 1675호).

(b) 경정할 사항: 경정 전의 등기명의인을 재협의분할에 따라 해당 부동산을 취득한 상속인으로 경정한다는 뜻을 신청정보의 내용으로 제공한다.

(c) 기록례

[갑 구]		(소유권에 관한 사항)		
순위 번호	등기목적	접 수	등기원인	권리자 및 기타사항
2	소유권이전	2019년 5월 3일 제4000호	2019년 5월 1일 협의분할에 의한 상속	~~공유자~~ ~~지분 2분의 1~~ ~~이대한 701115-1201257~~ ~~서울특별시 서초구 강남대로 21(서초동)~~ ~~지분 2분의 1~~ ~~이민국 680703-1562316~~ ~~서울특별시 마포구 마포대로 25(공덕동)~~
2-1	2번소유권 경정	2019년 6월 23일 제5000호	2019년 5월 27일 재협의분할	공유자 지분 2분의 1 이대한 701115-1201257 서울특별시 서초구 강남대로 21(서초동) 지분 2분의 1 이겨레 750614-1035852 서울특별시 종로구 창덕궁길 105(원서동)

(나) 상속인 전부가 교체되는 경우

(a) 경정등기의 가부: 상속재산 협의분할에 따라 갑과 을을 등기명의인으로 하는 상속등기가 마쳐진 후에 공동상속인들이 그 협의를 전원의 합의에 의하여 해제하고 병을 상속인으로 하는 새로운 협의분할을 한 경우와 같이 재협의분할로 인하여 상속인 전부가 교체될 때에는 상속등기의 경정등기를 신청할 수 없다(등기예규 1675호).

(b) 상속등기의 신청방법

(aa) 기존 상속등기의 말소등기 및 새로운 상속등기의 신청: (a)의 경우에는 기존 상속등기의 명의인을 등기의무자로, 재협의분할에 따라 해당 부동산을 취득한 상속인을 등기권리자로 하여 기존 상속등기의 말소등기를 공동으로 신청하고, 재협의분할에 따라 해당 부동산을 취득한 상속인이 상속등기를 단독으로 신청한다.

(bb) 등기원인 및 그 연월일: (aa)에 따라 기존 상속등기의 말소등기를 신청할 때에는 등기원인을 '재협의분할'로, 그 연월일을 재협의가 성립한 날로 하고, 새로운 상속등기를 신청할 때에는 등기원인을 '협의분할에 의한 상속'으로, 그 연월일을 피상속인이 사망한 날로 한다.

(b) 기록례

[갑 구]	(소유권에 관한 사항)			
순위 번호	등기목적	접 수	등기원인	권리자 및 기타사항
~~2~~	~~소유권이전~~	~~2019년 5월 3일 제4000호~~	~~2019년 5월 1일 협의분할에 의한 상속~~	~~공유자 지분 2분의 1 이대한 701115-1201257 서울특별시 서초구 강남대로 21(서초동) 지분 2분의 1 이민국 680703-1562316 서울특별시 마포구 마포대로 25(공덕동)~~
3	2번소유권 이전등기말소	2019년 6월 23일 제5000호	2019년 5월 27일 재협의분할	
4	소유권이전	2019년 6월 23일 제5001호	2019년 5월 1일 협의분할에 의한 상속	소유자 이겨레 750614-1035852 서울특별시 종로구 창덕궁길 105(원서동)

2. 등기신청방법

신청인 본인 또는 법무사 등 그 대리인이 신분을 확인할 수 있는 주민등록증 등을 가지고 직접 등기소에 출석하여 신청한다.

3. 등기소에 제공하여야 하는 신청정보

신청서는 한글과 아라비아 숫자로 기재한다. 부동산의 표시란이나 신청인란 등이 부족할 경우에는 별지를 사용하고, 별지를 포함하여 신청서가 여러 장인 때에는 각 장 사이에 간인을 하여야 한다.

① 부동산의 표시란

등기를 하고자 하는 부동산을 기재하되, 등기부상 부동산의 표시와 일치하여야 한다. 부동산이 토지인 경우에는 토지의 소재와 지번, 지목, 면적을 기재하고, 건물인 경우에는 건물의 소재와 지번, 도로명주소, 구조, 면적, 건물의 종류, 건물의 번호가 있는 때에는 그 번호, 부속건물이 있는 때에는 그 종류, 구조와 면적을 기재하면 된다.

② 등기원인과 그 연월일란

등기원인은 '협의분할로 인한 상속'로, 등기원인일자는 '협의분할일자'를 기재한다. 피상속인의 사망일을 기재하는 것이 아니다(2019. 6. 21. 등기예규 제1675호).

③ 등기의 목적란

'소유권경정'이라고 기재한다.

④ 경정할 사항란

경정대상 사항과 경정하여 등기부에 기재하고자 하는 사항을 기재한다.

⑤,⑥ 등기의무자 및 등기권리자란

상속으로 인하여 수인이 공동상속등기를 마친 후에 공동상속인 중의 1인 또는 수인에게 재산을 취득케 하는 취기의 상속재산의 협의분할 또는 재판에 의한 분할을 한 경우에 그 등기의 신청절차는 권리를 취득하는 자가 등기권리자, 권리를 잃는 자가 등기의무자로서 소유권의 경정등기를 신청하여야 한다.

⑦ 시가표준액 및 국민주택채권매입총액란

(i) 상속등기 후의 상속재산협의분할로 인한 소유권경정등기를 신청하는 경우에는 상속인은 국민주택채권을 매입하여야 한다. 다만 그 전에 상속등기를 신청할 때에 국민주택채권을 매입하였다면 상속인은 위 경정등기의 법정매입금액에서 상속등기시에 상속인들이 매입한 채권금액만큼 공제하고 나머지 금액만 매입하면 될 것이다(1993. 7. 8. 등기선례 4-932). 국민주택채권발행번호를 해당란에 기재하여야 함은 물론이다.

예를 들어 2010년도에 공시지가가 500,000원이었으나 2012년도에는 공시지가가 420,000원으로 된 경우로 예상하여 채권매입금액을 산정해 보면 다음과 같다.

㈎ 2012년도에 이순자가 단독상속한다고 볼 때의 채권매입금액

500,000원 × 400 = 200,000,000원(과세시가표준액)

200,000,000 × 42/1,000 = 8,400,000원

㈏ 2010년도 법정지분에 의하여 상속등기를 하면서(상속인 전원이) 매입한 금액

420,000원 × 400 = 168,000,000원

이순자분 과표 = 168,000,000 × 3/7 = 72,000,000 원

김일남분 과표 = 168,000,000 × 2/7 = 48,000,000 원

김이남분 과표 = 168,000,000 × 2/7 = 48,000,000 원

이순자분 매입액 72,000,000 × 28/1,000 = 2,016,000원(202만원)

김일남분 매입액 48,000,000 × 18/1,000 = 864,000원(86만원)

김이남분 매입액 48,000,000 × 18/1,000 = 864,000원(86만원)

합계: 374만원

㈐ 금번 등기신청시 추가 매입해야 하는 금액

840만원 − 374만원 = 466만원

(ii) 국민주택채권의 최저매입금액은 1만원으로 한다. 다만 1만원 미만의 단수가 있을 경우에 그 단수가 5천원 이상 1만원 미만인 때에는 이를 1만원으로 하고 그 단수가 5천원 미만인 때에는 단수가 없는 것으로 한다.

⑧ 취득세 · 지방교육세란

앞서 말하였듯이 지방세법 제7조 제13항이 2014. 1. 1. 신설, 시행됨에 따라 법정지분에 의한 상속등기를 한 이후 협의분할에 의하여 경정등기를 신청하는 경우에는 무상취득에 기준하여 취득세를 납부하여야 한다(참조: 아래).

지방세법 제7조 제13항: 상속개시 후 상속재산에 대하여 등기 · 등록 · 명의개서(名義改書) 등(이하 '등기 등'이라 한다)에 의하여 각 상속인의 상속분이 확정되어 등기 등이 된 후, 그 상속재산에 대하여 공동상속인이 협의하여 재분할한 결과 특정 상속인이 당초 상속분을 초과하여 취득하게 되는 재산가액은 그 재분할에 의하여 상속분이 감소한 상속인으로부터 증여받아 취득한 것으로 본다. 다만, 다음 각 호의 어느 하나에 해당하는 경우에는 그러하지 아니한다. 〈신설 2014. 1. 1.〉

1. 지방세법 제20조에 따른 신고 · 납부기한 내에 재분할에 의하여 취득한 경우
2. 상속회복청구의 소에 의한 법원의 확정판결에 의하여 상속인 및 상속재산에 변동이 있는 경우
3. 「민법」 제404조에 따른 채권자대위권의 행사에 의하여 공동상속인들의 법정상속분대로 등기 등이 된 상속재산을 상속인 사이의 협의분할에 의하여 재분할하는 경우

⑨ **세액합계란**

취득세액과 지방교육세액의 합계를 기재한다.

⑩ **등기신청수수료란**

경정등기를 신청하는 자는 등기신청수수료를 내야하므로(법 제22조 제3항), 부동산 1개당 3,000원(전자표준양식에 의한 등기신청의 경우에는 2,000원, 전자신청의 경우에는 1,000원)에 해당하는 등기신청수수료를 납부하고 그 등기신청수수료금액 및 납부번호를 신청서에 기재한다(등기예규 제1789호).

⑪ **등기의무자의 등기필정보란**

전자신청 지정등기소에서는 신청방법(전자신청, 서면신청)을 불문하고 등기를 완료한 경우 등기필증 대신 등기필정보를 전자적 교부 또는 서면 교부하기 때문에, 등기신청의 당사자 또는 대리인은 등기필정보상의 일련번호와 비밀번호를 기재함으로써 등기필증의 제출을 갈음할 수 있다. 등기의무자가 교부받은 등기필정보에 기재된 부동산고유번호, 성명, 일련번호, 비밀번호를 각 기재한다. 등기의무자에게 등기필정보나 등기필증이 없는 경우에는 부동산등기법 제51조의 규정에 의한다(기타 참조).

⑫ **신청인 혹은 대리인의 표시란**

㈎ 등기의무자와 등기권리자의 성명 및 전화번호를 기재하고, 각자가 기명날인하되, 등기의무자는 그의 인감을 날인한다. 등기권리자는 기명날인 대신에 서명으로 갈음할 수 있다.

㈏ 대리인이 등기신청을 하는 경우에는 그 대리인의 성명, 주소 및 전화번호를 기재하고 기명날인한다.

⑬ **첨부서면란**

등기신청서에 첨부한 서면을 각 기재한다.

4. 등기소에 제공하여야 하는 첨부정보

⑭ **취득세영수필확인서 또는 취득세납부확인서**

시장, 구청장, 군수 등으로부터 취득세납부서(OCR용지)를 발급받아 세금을 납부한 후 취득세영수필확인서를 신청서의 취득세액표시란의 좌측상단 여백에 첨부하거나, 또는 지방세인터넷납부시스템에서 출력한 취득세납부확인서를 첨부정보로서 등기소에 제공하여야 한다(지방세법 제20조; 지방세법시행령 제36조 제1항).

⑮ **등기신청수수료영수필확인서**

경정등기를 신청하는 자는 등기신청수수료를 내야하므로(법 제22조 제3항), 부동산 1개당 3,000원(전자표준양식에 의한 등기신청의 경우에는 2,000원, 전자신청의 경우에는 1,000원)에 해당하는 등기신청수수료를 납부하고 등기신청수수료영수필확인서를 첨부한다(등기예규 제1789호).

⑯⑰ **상속을 증명하는 서면**

㈎ 피상속인의 상속을 증명하는 서면

1) 피상속인이 2008. 1. 1. 이후에 사망신고가 된 경우로서, 피상속인에게 배우자와 자녀가 있는 경우에는 다음 각 호의 서면을 상속을 증명하는 서면으로 제출하여야 한다.

1. 피상속인의 기본증명서(상세) 및 가족관계증명서(상세)
2. 피상속인의 친양자입양관계증명서(상세)
3. 피상속인의 구 호적법상 제적등본(전적전 제적등본 포함)

2) 위 기본증명서(상세)에 의하여서는 피상속인의 사망사실과 사망일을 확인하고, 가족관계증명서(상세)를 통하여서는 상속인 이순자, 김일남, 김이남이 상속인이 맞는지 확인하여야 하며, 친양자입양관계증명서(상세)를 통해 피상속인이 사망한 후에 타인에게 친양자입양된 자녀의 존부와 피상속인 사망 당시 피상속인에게 친양자입양된 자녀의 존부를 확인할 수 있어야 한다.

3) 제적등본을 통해 2008년 1월 1일 이전 피상속인의 자녀 중 사망, 국적상실, 실종선고, 부재선고를 원인으로 제적된 자가 있는지 여부, 2008년 1월 1일 이전 혼인, 분가, 입양 등의 사유로 가족관계증명서에 누락된 직계비속이 있는지 여부를 확인한다.

4) 가족관계증명서(상세) 및 제적등본을 통해 피상속인 사망 전에 사망한 자녀의 존부를 확인하여 대습상속이 발생하였는지 조사한다(이상 상속등기에 관한 업무처리지침, 2025. 01. 24 등기예규 제1835호)

㈏ 기본증명서 · 가족관계증명서 (상속인)

피상속인의 가족관계증명서(상세)를 통해 상속인을 확인할 수 있기 때문에 원칙적으로 상속인의 기본증명서를 첨부할 필요는 없다. 다만, 등기관은 상속인의 주민등록표 등 · 초 등 제출된 첨부서면만으로 동일인임을 확인하가 어려운 경우 상속인의 기본증명서(상세)의 제출을 요구할 수 있다(위 등기예규 제1835호).

⑱ **등기원인을 증명하는 서면 ─ 상속재산분할협의서**

상속인들의 상속재산분할협의서를 제출한다. 상속인 전원의 인감날인이 되어야 한다.

⑲ **인감증명 또는 본인서명사실확인서 또는 전자본인서명확인서 발급증**

등기의무자 김일남, 김이남의 인감증명뿐만 아니라 이순자의 인감증명도 첨부되어야 한다. 상속재산분할협의서에는 상속인 전원이 인감날인하여야 하기 때문이다. 위 인감증명에 갈음하여 위임장 등에 서명을 하고 본인서명사실확인서를 첨부하거나 전자본인서명확인서 발급증을 첨부할 수 있다(부동산등기규칙 제60조의2).

⑳ 주민등록표등본 · 초본

권리를 취득하는 이순자는 새로 등기명의인이 되는 자이므로 주소 및 주민등록번호를 증명하는 서면으로 주민등록표등본 · 초본을 제출하여야 한다.

㉑ 위임장

등기신청을 법무사 등 대리인에게 위임하는 경우에 첨부한다(규칙 제46조 제1항 제5호). 위임인의 성명과 주소를 기재하고 인장을 날인하되 규칙 제60조 제1항 제1호~제3호에 해당하여 인감증명을 제출하여야 하는 자는 위임장에 인감을 날인하여야 하나, 위 규칙 제60조 제1항 제1호~제3호에 해당하지 않는 자는 인감날인 대신에 일반적인 기명날인 혹은 서명으로 갈음할 수 있다. 위임인이 법인이나 법인 아닌 사단 또는 재단인 경우에는 상호(명칭)와 대표자(관리인)의 자격, 성명 및 주소도 기재하여야 한다.

㉒ 자격자대리인의 확인 및 자필서명정보

등기의무자와 등기권리자가 공동으로 신청하는 권리에 관한 등기이므로 자격자대리인이 등기의무자를 확인하고 자필서명한 정보를 첨부정보로 제공하여야 한다(규칙 제46조 제1항, 제8호, 2022. 7. 1.부터).

㉓-1 기타 ― 신청인이 법인인 경우

법인이 등기를 신청하는 경우에는 대표자의 자격을 증명하는 서면으로 법인등기사항전부증명서 또는 법인등기사항일부증명서를 첨부하여야 한다(규칙 제46조 제1항 제4호). 이 경우에 위 법인등기사항증명서는 등기권리자의 주소를 증명하는 서면, 부동산등기용등록번호를 증명하는 서면이기도 하다(규칙 제46조 제1항 제6호). 다만 법인등기가 되어 있는 등기소와 부동산소재지 관할 등기소가 동일한 경우에는 위 법인등기사항증명서를 제출할 필요가 없다(규칙 제46조 제5항).

㉓-2 기타 ― 신청인이 법인 아닌 사단(재단)인 경우

법인 아닌 사단 또는 재단이 등기를 신청하는 경우에는 ㉠ 정관이나 그 밖의 규약, ㉡ 대표자나 관리인임을 증명하는 정보(다만, 등기되어 있는 대표자나 관리인이 신청하는 경우에는 그러하지 아니하다), ㉢ 법인 아닌 사단 또는 재단의 주소 및 부동산등기용등록번호를 증명하는 정보(새로이 등기명의인이 되는 경우에 한한다), ㉣ 대표자나 관리인의 주소 및 주민등록번호를 증명하는 정보를 첨부정보로 제공한다. 다만 법인 아닌 사단이 등기의무자인 경우에는 민법 제276조 소정의 사원총회의 결의서도 첨부한다(규칙 제48조).

㉓-3 기타 ― 등기의무자의 등기필정보(등기필증, 등기완료통지서)가 없는 경우

등기의무자의 등기필정보(등기필증, 등기완료통지서)가 없을 때에는 ① 등기의무자 또는 그 법정대리인(이하 "등기의무자등"이라 한다)이 등기소에 출석하여 등기관으로부터 등기의무자등임을 확인받는 방법 ② 등기신청인의 대리인(변호사나 법무사만을 말한다)이 등기의무자등으로부터 위임받았음을 확인하여 확인서면을 제출하는 방법 ③ 신청서(위임에 의한 대리인이 신청하는 경우에는 그 권한을 증명하는 서면을 말한다) 중 등기의무자등의 작성부분에 관하여 공증을 받아 제출하는 방법으로 등기신청을 하여야 한다(법 제51조; 규칙 제111조 참조).

5. 기 타

농지에 대하여 상속등기를 한 후 상속재산의 협의분할에 의하여 소유권경정등기를 신청하는 경우에는 농지취득자격증명을 첨부할 필요가 없다(1997. 1. 20. 등기선례 5-737).

6. 등기신청서류 편철순서

신청서, 취득세영수필확인서, 등기신청수수료영수필확인서, 위임장, 자필서명확인서, 기본증명서, 제적등본, 상속재산분할협의서, 인감증명 또는 본인서명사실확인서, 주민등록표등본·초본 순으로 편철하는 것이 실무상의 예이다.

7. 등기기록례

[갑 구]		(소유권에 관한 사항)		(No.283)
순위번호	등기목적	접 수	등기원인	권리자 및 기타 사항
5	소유권이전	2019년 12월 4일 제1244호	2019년 4월 13일 ~~상속~~	~~공유자~~ ~~지분 7분의3~~ ~~이순자 260402-2017179~~ ~~서울 중구 저동 162~~ ~~지분 7분의2~~ ~~김일남 590602-1076512~~ ~~서울 중구 저동 162~~ ~~지분 7분의2~~ ~~김이남 620203-1076522~~ ~~서울 중구 저동 164~~
5-1	5번소유권경정	2020년 8월 1일 제8222호	2020년 7월 15일 협의분할	등기원인 협의분할에 의한 상속 소유자 이순자 260402-2017179 서울특별시 종로구 북촌로 11길 1 (가회동)

사례연습

상속등기에 대한 경정등기신청(협의분할)

|설 문|

아래에 그 요지를 기재한 계약에 따른 등기신청서를 서기 2021. 8. 29. 자로 서울중앙지방법원 등기국에 작성하여 제출하라. 또한 첨부서면에 대하여 설명하고 법정대리인 · 특별대리인 · 후견인이 필요하면 수험생 본인의 인적 사항을 이용하라.

참고자료

김영준(450303-1067867)이 2019. 4. 4. 사망함으로 인하여 아래 부동산에 대하여 법정지분별로 처인 이순자(560402-2017179, 서울특별시 중구 저동 162), 김일남(790602-1076512, 서울특별시 중구 저동 162, 현재의 도로명 주소는 서울특별시 중구 마른내로 6 (저동)), 김이남(810203-1076522, 서울특별시 중구 저동 164), 김삼숙(960204-2068272, 서울특별시 중구 저동 162)앞으로 법정지분별로 서울중앙지방법원 등기국 접수번호 2434호로 2020. 3. 22. 순위 2번으로 상속등기가 경료된 후에 2021. 8. 17. 당사자간의 협의에 의하여 상속재산을 김일남의 단독소유로 하고자 한다.

1. 부동산의 표시

   서울특별시 서초구 우면동 1582번지 6호

   전 400 ㎡

2. 2020년도 토지공시지가 225,000/㎡

   2021년도 토지공시지가 250,000/㎡

3. 취득세(상속): 1,000분의 23

4. 채권매입표(상속)

   과세시가표준액 1천만원 이상 ~ 3천만원 미만: 1,000분의 18

   과세시가표준액 5천만원 이상 ~ 1.5억원 미만: 1,000분의 28

   과세시가표준액 1.5억원 이상 : 1,000분의 42

【모범답안】

소유권경정등기신청

접 수	년 월 일	처리인	등기관 확인	각종통지
	제 호			

부동산의 표시			
서울특별시 서초구 우면동 1582-6 전 400 ㎡ 이 상			
등기원인과 그 연월일	2021년 8월 17일 협의분할		
등 기 의 목 적	2번 소유권경정		
경 정 할 사 항	2020년 3월 22일 접수 제2434호로 경료한 순위 제2번의 소유권이전등기사항 중 「공유자 지분 9분의 3 이순자 560402-2017179 서울특별시 중구 저동 162, 지분 9분의 2 김일남 790602-1076512 서울특별시 중구 저동 162, 지분 9분의 2 김이남 810203-1076522 서울특별시 중구 저동 164, 지분 9분의 2 960204-2068272 김삼숙 서울특별시 중구 저동 162」를 「소유자 김일남 790602-1076512 서울특별시 중구 마른내로 6 (저동)」로, 등기원인 '상속'을 '협의분할에 의한 상속'으로 각 경정함		
구 분	성 명 (상호·명칭)	주민등록번호 (등기용등록번호)	주 소(소재지)
등기의무자	이 순 자 김 이 남 김 삼 숙 위 김삼숙 미성년자이므로 특별대리인 유 명 수	560402-2017179 810203-1076522 960204-2068272	서울특별시 중구 저동 162 서울특별시 중구 저동 164 서울특별시 중구 저동 162 서울특별시 관악구 신림동 7
등기권리자	김 일 남	790602-1076512	서울특별시 중구 마른내로 6 (저동)

시가표준액 및 국민주택채권매입금액				
부동산 표시	부동산별 시가표준액		부동산별 국민주택채권매입총액	
1. 토 지	별지 기재와 같음			
국 민 주 택 채 권 매 입 총 액			금 100,000원	
국 민 주 택 채 권 발 행 번 호				
취득세(등록면허세) 금 ○○ 원			지 방 교 육 세 금 ○ ○ 원	
세 액 합 계	금		○○	원
등 기 신 청 수 수 료	금		3,000	원
	납부번호 :			

첨 부 서 면 (간인)	
1. 취득세영수필확인서 1통 ① 1. 등기신청수수료영수필확인서 1통 ② 1. 기본증명서(상세증명서) 5통 ③ 1. 가족관계증명서(상세증명서) 5통 ③ 1. 친양자입양관계증명서(상세증명서) 1통 ③ 1. 제적등본 1통 ④ 1. 주민등록표등본·초본 4통 ⑤	1. 상속재산분할협의서 1통 ⑥ 1. 인감증명 또는 본인서명사실확인서 또는 전자본인서명확인서발급증 4통 ⑦ 1. 특별대리인선임심판서 1통 ⑧

2021년 8월 29일

위 신청인 이 순 자 ㊞

김 이 남 ㊞

김 삼 숙

위 김삼숙 미성년자이므로

특별대리인 유 명 수 ㊞

김 일 남 ㊞

서울중앙지방법원 등기국 귀중

신청서 작성요령란

* 1. 부동산표시란에 2개 이상의 부동산을 기재하는 경우에는 부동산의 일련번호를 기재하여야 합니다.
2. 신청인란 등 해당란에 기재할 여백이 없을 경우에는 별지를 이용합니다.
3. 담당 등기관이 판단하여 위의 첨부서면 외에 추가적인 서면을 요구할 수 있습니다.

〔별 지〕

부동산별 과세시가표준액 및 국민주택채권매입금액표

1. 단독상속의 경우에 매입하여야 하는 채권금액

400 × 250,000 = 100,000,000 원(과세시가표준액)

100,000,000원 × 1,000분의 28 = 2,800,000원(채권매입액)

2. 2020. 3. 22. 법정지분별로 상속등기할 때에 매입한 채권금액 (간인)

400 × 225,000 = 90,000,000 원(과세시가표준액)

이순자

90,000,000 × 9분의 3 = 30,000,000원(상속인별 과세시가표준액)

30,000,000원 × 1,000분의 28 = 840,000원(채권매입액)

김일남

90,000,000 × 9분의 2 = 20,000,000원(상속인별 과세시가표준액)

20,000,000원 × 1,000분의 18 = 360,000원(채권매입액)

김이남

90,000,000 × 9분의 2 = 20,000,000원(상속인별 과세시가표준액)

20,000,000원 × 1,000분의 18 = 360,000원(채권매입액)

김삼숙

90,000,000 × 9분의 2 = 20,000,000원(상속인별 과세시가표준액)

20,000,000원 × 1,000분의 18 = 360,000원(채권매입액)

2018. 3. 22. 법정지분별로 상속등기할 때에 매입한 채권액 합계 = 1,920,000원

3. 2021. 8. 29. 등기신청시 매입하여야 하는 국민주택채권액

2,800,000원 - 1,920,000원 = 880,000원

【등기신청서에 첨부하는 서면에 대한 설명】

① 취득세영수필확인서 또는 취득세납부확인서

종전 지분을 초과하는 부분에 대하여 무상취득에 해당하는 취득세를 납부하고 취득세영수필확인서를 첨부한다(지방세법 제7조 제13항).

② 등기신청수수료영수필확인서

경정등기를 하고자 하는 자는 등기신청수수료를 내야 하므로(법 제22조 제3항), 부동산 1개당 3,000원(전자표준양식에 의한 등기신청의 경우에는 2,000원, 전자신청의 경우에는 1,000원)에 해당하는 등기신청수수료를 납부하고 등기신청수수료영수필확인서를 첨부한다(등기예규 제1789호).

③ 기본증명서

상속인의 기본증명서를 첨부한다. 피상속인의 사망으로 그 소유부동산에 관하여 법정상속지분에 의한 등기가 경료된 후 공동상속인(갑,을,병) 중 어느 1인 갑이 사망하였다면 그 공동상속등기에 대하여서는 상속재산분할협의서에 의한 소유권경정등기를 할 수 없는 것이므로(1999. 3. 30. 등기선례 6-202), 상속관계증명서를 제출하여야 하는 것은 당연하다.

④ 제적등본, 가족관계증명서, 친양자입양관계증명서 등

피상속인의 출생 이후의 신분변동사항을 알 수 있는 피상속인의 제적등본을 첨부하고, 필요한 경우에는 피상속인의 피상속인에 대한 제적등본도 첨부한다. 피상속인이 2012. 1. 1. 이후 사망한 경우에는 피상속인의 종전 제적등본뿐만 아니라 가족관계증명서, 기본증명서, 친양자입양관계증명서도 첨부한다.

⑤ 주민등록표등본 · 초본

등기권리자의 주소 및 주민등록번호를 증명하는 서면으로 김일남의 주민등록표등본 · 초본을 제출한다. 특별대리인의 주소증명정보를 제출하는 것이 바람직하지만, 이는 법적으로 요구되는 서면은 아니다(규칙 46조 제1항 제6호).

⑥ 상속재산분할협의서

상속인 전원이 상속재산분할협의서에 날인을 하여야 한다. 상속재산의 협의분할은 공동상속인간의 일종의 계약으로서 공동상속인 전원이 참여하여야 하고 일부 상속인만으로 한 협의분할은 무효이다(大判 1995. 4. 7. 93다54736).

⑦ 인감증명 또는 본인서명사실확인서 또는 전자본인서명확인서 발급증

협의분할에 의한 상속등기를 신청하는 경우에는 분할협의서에 날인한 상속인 전원의 인감증명을 제출하여야 하고(규칙 제60조 제1항 제6호), 또한 소유권의 등기명의인이 등기의무자인 경우에는 그 인감증명을 제출하여야 하므로(규칙 제60조 제1항 제1호), 이순자, 김이남, (김삼숙의 특별대리인인)유명수, 김일남의 인감증명을 제출한다. 위 인감증명에 갈음하여 상속재산분할협의서 등에 서명을 하고 본인서명사실확인서를 첨부하거나 전자본인서명확인서 발급증을 첨부할 수 있다(부동산등기규칙 제60조의2).

⑧ 특별대리인선임심판서

재산상속에 있어서 협의에 의한 분할을 함에는 협의서를 작성하여야 하는바 친권자는 자기도 당사자이면서 미성년자를 대리하는 것이므로 자기계약이 되며, 미성년자가 수인인 경우에는 친권자는 쌍방대리가 되고 또 민법 제921조에 저촉되어 미성년자를 위한 특별대리인을 선임하여 협의분할하여야 한다(1981. 12. 23. 등기예규 제405호).

사례연습

〔법무사 제18회 기출문제

소유권경정등기신청

설 문

다음 부동산에 대한 등기신청을 위임받은 법무사로서 아래의 사실관계와 답안 작성 유의사항에 부합하는 등기신청서를 작성하고, 이에 필요한 정보 또는 첨부서면에 대하여 설명하시오(30점). 신청방식은 서면에 의한 방문신청을 전제로 함.

참고자료

1. 부동산의 표시
   가. 서울특별시 서초구 서초동 12번지 대 200㎡
   나. 서울특별시 서초구 서초동 12번지 지상
      철근 콘크리트조 슬래브지붕 2층 주택 1층 100㎡, 2층 50㎡
2. 사실관계
   가. 등기부상 권리관계: 2개 부동산 모두 아래 등기부와 같음
   나. 피상속인 김갑돌이 사망하여 상속인으로 처 이숙자, 자 김장남, 자 김차남(미성년자)이 있었는데 상속등기를 하지 않고 있는 사이에 이숙자의 채권자인 주식회사 대한카드가 대위하여 상속등기를 한 후에 이숙자 지분 전부에 대하여 가압류등기가 마쳐졌다.
   다. 이 상황에서 2019. 8. 20. 당사자 사이의 상속재산분할 협의성립에 의하여 위 부동산을 김차남의 단독소유로 하고자 한다.
   라. 상속인 모두의 주소는 신청서 작성일 현재, 등기부상 주소와 동일하다.
3. 답안작성 유의사항
   가. 신청서 중 부동산의 시가표준액, 국민주택채권매입금액, 취득세(등록면허세), 등기신청수수료, 등기의무자의 등기필정보 등에 관한 난은 기재하지 않는다.
   나. 첨부서면은 그 명칭 및 통수를 해당란에 기재하고 별지에 각 서면별로 제출이유와 첨부서면으로서 갖추어야 할 요건, 내용 등을 간략히 설명한다. 특히 '등기필정보'의 제출여부와 그 이유를 필수적으로 설명하여야 한다.
   다. 신청서 작성일은 답안작성일로 하며, 날인이 필요한 곳은 "㊞"으로 표시한다.

라. 위임장의 작성은 생략하되, 첨부서면으로는 제출한 것으로 한다. 대리인은 아래와 같다. 법무사 김철수, 사무소 서울 서초구 서초동 1번지(전화번호 생략)

마. 관할 등기소는 "서울중앙지방법원 등기국"이다.

바. 건물의 표시, 등기명의인의 주소에 관하여 도로명주소의 기재는 고려하지 않는다.

사. 문제의 부동산 표시, 당사자의 인적사항 등은 가상의 것으로 실제와는 무관하다.

〈상속부동산의 등기사항증명서-갑구〉

[갑 구]		(소유권에 관한 사항)		
순위번호	등기목적	접 수	등기원인	권리자 및 기타 사항
2	소유권이전	2010년 3월 5일 제3500호	매매	소유자 김갑돌 551222-1023456 서울시 관악구 신림동 103
3	소유권이전	2019년 6월29일 제5678호	2019년 6월13일 상속	공유자 지분 7분의 3 이숙자 601124-2345678 서울시 서초구 서초동 12 지분 7분의 2 김장남 900120-1234567 서울시 서초구 서초동 12 지분 7분의 2 김차남 950302-1345678 서울시 서초구 서초동 12
				대위자 대한카드 주식회사 서울시 종로구 수표동 11 대위원인 2019년 5월 9일 서울중앙지방법원의 가압류명령
4	3번 이숙자 지분 전부가압류	2019년 7월 3일 제6001호	2019년 5월 9일 서울중앙지방법원의 가압류결정 (2019카단999)	청구금액 21,000,000원 채권자 대한카드 주식회사 114271-0001363 서울시 종로구 수표동 11

【모범답안】

소유권경정등기신청

<table>
<tr><td rowspan="2">접 수</td><td>년 월 일</td><td rowspan="2">처리인</td><td>등기관 확인</td><td>각종통지</td></tr>
<tr><td>제 호</td><td></td><td></td></tr>
</table>

<table>
<tr><td colspan="4">부동산의 표시</td></tr>
<tr><td colspan="4">1. 서울특별시 서초구 서초동 12
대 200㎡
2. 서울특별시 서초구 서초동 12
철근 콘크리트조 슬래브지붕 2층 주택
1층 100㎡ 2층 100㎡
-이 상-</td></tr>
<tr><td colspan="2">등기원인과 그 연월일</td><td colspan="2">2019년 8월 20일 협의분할</td></tr>
<tr><td colspan="2">등 기 의 목 적</td><td colspan="2">소유권경정</td></tr>
<tr><td colspan="2">경 정 할 사 항</td><td colspan="2">2019년 6월 29일 접수 제5678호로 경료한 갑구 순위 제3번의 소유권이전등기사항 중 "공유자 지분 7분의 3, 이숙자, 601124-2345678, 서울시 서초구 서초동 12, 지분 7분의 2, 김장남, 900120-1234567, 서울시 서초구 서초동 12, 지분 7분의 2, 김차남, 950302-1345678, 서울시 서초구 서초동 12"를 "소유자 김차남, 950302-1345678, 서울특별시 서초구 서초동 12"로, 등기원인 '상속'을 '협의분할에 의한 상속'으로 각 경정</td></tr>
<tr><td>구 분</td><td>성 명
(상호·명칭)</td><td>주민등록번호
(등기용등록번호)</td><td>주 소(소재지)</td></tr>
<tr><td rowspan="2">등기
의무자</td><td>이 숙 자</td><td>601124-2345678</td><td>서울특별시 서초구 서초동 12</td></tr>
<tr><td>김 장 남</td><td>900120-1234567</td><td>서울특별시 서초구 서초동 12</td></tr>
<tr><td>등기
권리자</td><td>김 차 남</td><td>950302-1345678</td><td>서울특별시 서초구 서초동 12</td></tr>
</table>

<table>
<tr><td colspan="4">시가표준액 및 국민주택채권매입금액</td></tr>
<tr><td>부동산 표시</td><td>부동산별 시가표준액</td><td colspan="2">부동산별 국민주택채권매입총액</td></tr>
<tr><td>1. 주택</td><td>금 원</td><td colspan="2">금 원</td></tr>
<tr><td colspan="2">국 민 주 택 채 권 매 입 총 액</td><td colspan="2">금 원</td></tr>
<tr><td colspan="2">국 민 주 택 채 권 발 행 번 호</td><td colspan="2"></td></tr>
<tr><td colspan="2" rowspan="2">취득세(등록면허세)금 원</td><td>지방교육세</td><td>금 원</td></tr>
<tr><td>농어촌특별세</td><td>금 원</td></tr>
<tr><td>세 액 합 계</td><td colspan="3">금 원</td></tr>
<tr><td rowspan="2">등 기 신 청 수 수 료</td><td colspan="3">금 원</td></tr>
<tr><td colspan="3">납부번호 :</td></tr>
<tr><td colspan="4">등기의무자의 등기필정보</td></tr>
<tr><td>부동산고유번호</td><td colspan="3"></td></tr>
<tr><td>성명(명칭)</td><td>일련번호</td><td colspan="2">비밀번호</td></tr>
<tr><td colspan="4">첨 부 서 면 (간인)</td></tr>
<tr><td colspan="2">1. 상속재산분할협의서 1통
1. 인감증명 또는 본인서명사실확인서 또는 전자본인서명확인서발급증 2통
1. 특별대리인선임심판서 1통
1. 특별대리인인감증명 또는 본인서명사실확인서 또는 전자본인서명확인서 발급증 1통
1. 가압류권자의 승낙서 1통
1. 가압류권자의 (법인)인감증명 1통</td><td colspan="2">1. 가압류권자의 법인등기사항증명서 1통
1. 주민등록표등본·초본 1통
1. 확인서면(확인정보) 2통
1. 등록면허세영수필확인서 1통
1. 등기신청수수료영수필확인서 1통
1. 위임장 1통
1. 상속인의 범위를 증명하는 서면 1통
1. 자필서명정보 1통</td></tr>
<tr><td colspan="4">2019년 9월 22일
위 신청인

위 대리인 법무사 김철수 (직인) (전화 :)
서울특별시 서초구 서초동 1

서울중앙지방법원 등기국 귀중</td></tr>
</table>

신청서 작성요령란

* 1. 부동산표시란에 2개 이상의 부동산을 기재하는 경우에는 부동산의 일련번호를 기재하여야 합니다.
2. 신청인란 등 해당란에 기재할 여백이 없을 경우에는 별지를 이용합니다.
3. 담당 등기관이 판단하여 위의 첨부서면 외에 추가적인 서면을 요구할 수 있습니다.

〔첨부서면에 대한 설명〕

① 상속재산분할협의서

등기원인을 증명하는 정보로 상속재산분할협의서를 등기소에 첨부정보로 제공하여야 한다(규칙 제46조 제1항 제1호). 위 상속재산분할협의서에는 상속인 전원(미성년자는 제외)이 기명날인하여야 한다.

② 인감증명 또는 본인서명사실확인서 또는 전자본인서명확인서 발급증

위 상속재산분할협의서에는 상속인 전원(미성년자 제외)의 인감을 날인하고 그에 대한 인감증명을 첨부하여야 한다(규칙 제60조 제1항 제6호). 위 인감증명에 갈음하여 위 임장 등에 서명을 하고 본인서명사실확인서를 첨부하거나 전자본인서명확인서 발급증을 첨부할 수 있다(2016. 12. 16. 등기예규 제1609호).

③ 특별대리인 선임심판서

미성년자 김차남과 친권자인 이숙자가 협의분할을 하는 경우에는 민법 제921조의 이해상반행위에 해당하기 때문에 특별대리인선임을 받아서 그에 대한 심판서를 첨부한다.

④ 특별대리인의 인감증명 또는 본인서명사실확인서 또는 전자본인서명확인서 발급증

위 상속재산분할협의서에는 특별대리인의 인감을 날인하고 그에 대한 인감증명 또는 본인서명사실확인서를 첨부하여야 한다(규칙 제60조 제1항 제6호, 규칙 제61조 제2항).

⑤ 가압류권자의 승낙서

일부말소의미의 경정등기시에는 말소되는 지분을 목적으로 하는 제3자의 권리가 있을 때에는 그의 승낙서를 첨부하여야 하므로 가압류권자의 승낙서를 첨부한다(규칙 제46조 제1항 제3호; 법 제57조).

⑥ 가압류권자의 법인인감증명

위 가압류권자의 승낙서에는 가압류권자인 법인의 등기소의 증명을 얻은 그 대표자의 인감증명을 첨부한다(규칙 제60조 제1항 제7호, 규칙 제61조 제1항).

⑦ 가압류권자의 법인등기사항증명서

가압류권자인 법인의 대표자의 자격을 증명하는 정보로 법인등기사항증명서를 첨부한다(규칙 제46조 제1항 제4호의 유추적용).

⑧ 주민등록표등본 · 초본

권리를 취득하는 김차남은 새로 등기명의인이 되는 자이므로 주소 및 주민등록번호를 증명하는 서면으로 주민등록표등본 · 초본을 제출하여야 한다(규칙 제46조 제1항 제6

호의 유추적용, 인터넷등기소의 입장).

⑨ 확인서면(확인정보)

대위등기의 경우에는 등기필정보가 작성되지 아니하므로, 법무사가 등기의무자인 이숙자, 김장남으로부터 위임받았음을 확인하였음을 증명하는 확인서면 각 1통과 주민등록증 등의 사본을 위 확인서면에 첨부하여야 한다(법 제51조, 규칙 제111조 제3항).

⑩ 등록면허세영수필확인서

경정등기의 경우에는 등록면허세 6,000원을 납부하고 등록면허세영수필확인서를 첨부한다(지방세법 제30조).

⑪ 등기신청수수료영수필확인서 또는 등록면허세납부확인서

경정등기의 경우에는 등기신청수수료(3,000원)를 납부하고 등기신청수수료영수필확인서를 첨부한다.

⑫ 위임장

대리권증명서면으로 등기의무자 및 등기권리자로부터 위임받은 등기위임장을 첨부정보로 제공한다(규칙 제46조 제1항 제5호).

⑬ 상속인의 범위를 증명하는 서면을 첨부하는 경우

대법원인터넷등기소에 나와 있는 신청서 견양에서는 위와 같이 상속인의 범위를 증명하는 서면이 필요하다는 명시적인 언급이 없다는 이유로 위 상속인의 범위를 증명하는 서면은 첨부할 필요가 없다는 견해가 있을 수도 있다. 다만 이에 대하여서는 본 필자의 견해는 다르다. 법정지분에 의한 상속등기를 한 이후에 상속인 중 1인이 사망한 경우에는 기존의 상속등기에 대한 경정등기는 허용되지 않는 것이므로, 설문과 같이 협의분할을 하는 경우에는 상속재산분할협의서에 날인해야하는 상속인의 범위에 대하여 등기관이 심사를 다시 심사를 해야 하는 것은 분명하므로, 상속인의 범위를 증명하는 서면으로 피상속인 김갑동의 기본증명서, 가족관계증명서, 친양자입양관계증명서 및 상속인 모두의 기본증명서가 각 1통씩 첨부하여야 할 것이다. 이러한 견해가 실무에 근접한 것으로 보인다.

⑭ 자격자대리인의 확인 및 자필서명정보

등기의무자와 등기권리자가 공동으로 신청하는 권리에 관한 등기이므로 자격자대리인이 등기의무자를 확인하고 자필서명한 정보를 첨부정보로 제공하여야 한다(규칙 제46조 제1항, 제8호, 2022. 7. 1.부터).

사례연습

〔법무사 제22회 기출문제〕

토지소유권경정등기신청

|설 문|

아래 부동산에 대한 등기신청을 위임받은 대리인으로서 다음의 사실관계와 답안 작성유의사항에 맞는 등기신청서를 작성하고 신청서에 첨부하는 서면에 대하여 간단히 설명하시오 (신청방식은 서면에 의한 방문신청을 전제로 함). (30점)

참고자료

1. 사실관계

경기도 파주시 법원읍 법원리 123-4번지 토지 소유자 김상식이 사망하자, 2016. 3. 3.에 장남 김일남은 상속에 의한 소유권이전등기를 신청하여 아래와 같이 등기가 경료되었다

[표 제 부]		(토지의 표시)			
표시번호	접수	소재지번	지목	면 적	등기원인 및 기타 사항
1 (전 3)	1998년 9월 5일	경기도 파주시 법원읍 법원리 123-4	전	1,000㎡	부동산등기법 제177조의 6 제1항의 규정에 의하여 2000년 12월 15일 전산이기

[갑 구]		(소유권에 관한 사항)		
순위번호	등기목적	접 수	등기원인	권리자 및 기타 사항
1 (전3)	소유권이전	2000년 3월 3일 제1111호	2000년 2월 15일 매매	소유자 김상식 601234-1234567 서울시 서초구 서초동 100
2	소유권이전	2016년 3월 3일 제3333호	2016년 2월 18일 상속	공유자 지분 9분의 3 이일숙 631234-2123456 서울시 서초구 서초동 100

				지분 9분의 2 김일남 900101-1234567 서울시 서초구 서초동 200 지분 9분의 2 김이남 920101-1234567 서울시 서초구 서초동 300 지분 9분의 2 김삼남 940101-1234567 서울시 서초구 서초동 100

그런데 위 등기 후 망 김상식의 채권·채무관계가 불명확한 점이 많다는 것을 일부 상속인이 알게 되었고, 이에 따라 2016. 4. 15. 처 이일숙과 김삼남은 관할 가정법원에 상속 포기의 신고를 하여 인용되었다.
2016. 6월 말경에는 상속받은 상속재산(적극재산)보다 상속채무(소극재산)가 훨씬 많다는 것을 상속인들이 명확히 알게 되었고, 상속인 김일남은 민법 제1019조 제3항에 따라 법원에 상속 한정승인(특별한정승인)의 신고를 하여 인용되었다.
위 사건 상속인들은 현재의 권리관계에 맞도록 하는 등기를 신청하도록 법무사 홍길동(서울 서초구 서초대로 111)에게 위임하되, 등기를 신청할 수 있는 사람이면 전원이 함께 등기를 신청하려고 한다.(위 상속등기 이후 주소가 변동된 사람은 없음)

2. 답안 작성 유의사항

가. 첨부서면란 등이 부족할 경우에는 답안지에 기재할 수 있습니다.
나. 첨부서면은 그 명칭과 통수를 해당란에 기재하고, 각 서면별로 발급대상자(예:아무개의 인감증명서), 제출이유와 내용은 답안지에 간단히 설명하시기 바랍니다.
다. 위임장의 작성은 생략하되 위 나.에 따릅니다.
라. 신청서 양식 중 등기신청수수료란 등 설문에서 정보가 주어지지 않은 것에 해당하는 부분은 기재를 생략하시기 바랍니다.
마. 날인이 필요한 곳은 ㉥ 으로 표시하고, 신청서의 간인과 전화번호의 기재는 생략합니다.
바. 관할등기소는 의정부지방법원 고양지원 파주등기소이며, 신청서 작성일자는 답안작성일로 합니다.

※ 위 사안의 인적사항 등은 문제구성을 위한 것입니다.

【모범답안】

토지소유권경정등기신청

접 수	년 월 일	처 리 인	등기관 확인	각종 통지
	제 호			

부동산의 표시				
경기도 파주시 법원읍 법원리 123-4 전 1,000㎡ 이 상				
등기원인과 그 연월일	2016년 4월 15일 상속포기			
등 기 의 목 적	2번 소유권경정			
경 정 할 사 항	2016년 3월 3일 접수 제333호 순위 제2번의 소유권이전등기 사항 중 '공유자 지분 9분의 3 이일숙 631234-2123456 서울시 서초구 서초동 100, 지분 9분의 2 김일남 900101-1234567 서울시 서초구 서초동 200, 지분 9분의 2 김이남 920101-1234567 서울시 서초구 서초동 300, 지분 9분의 2 김삼남 940101-1234567 서울시 서초구 서초동 100'을 '지분 9분의 4.5 김일남 900101-1234567 서울시 서초구 서초동 200, 지분 9분의 4.5 김이남 920101-1234567 서울시 서초구 서초동 300'으로 경정함.			
구 분	성 명 (상호·명칭)	주민등록번호 (등기용등록번호)	주 소(소재지)	지분 (개인별)
등기 의무자	이 일 숙 김 삼 남	631234-2123456 940101-1234567	서울시 서초구 서초동 100 서울시 서초구 서초동 100	
등기 권리자	김 일 남 김 이 남	900101-1234567 920101-1234567	서울시 서초구 서초동 200 서울시 서초구 서초동 300	

<table>
<tr><td colspan="4">시가표준액 및 국민주택채권매입금액</td></tr>
<tr><td>부동산 표시</td><td>부동산별 시가표준액</td><td colspan="2">부동산별 국민주택채권매입총액</td></tr>
<tr><td></td><td></td><td colspan="2"></td></tr>
<tr><td colspan="2">국 민 주 택 채 권 매 입 총 액</td><td colspan="2">금 원</td></tr>
<tr><td colspan="2">국 민 주 택 채 권 발 행 번 호</td><td colspan="2"></td></tr>
<tr><td>등록면허세</td><td>금 원</td><td>지방교육세</td><td>금 원</td></tr>
<tr><td>세 액 합 계</td><td colspan="3">금 원</td></tr>
<tr><td rowspan="2">등 기 신 청 수 수 료</td><td colspan="3">금 원</td></tr>
<tr><td colspan="3">납부번호 :</td></tr>
<tr><td colspan="4">등기의무자의 등기필정보</td></tr>
<tr><td>부동산고유번호</td><td colspan="3"></td></tr>
<tr><td>성명(명칭)</td><td>일련번호</td><td colspan="2">비밀번호</td></tr>
<tr><td>이 일 숙</td><td></td><td colspan="2"></td></tr>
<tr><td>김 삼 남</td><td></td><td colspan="2"></td></tr>
<tr><td colspan="4">첨 부 서 면 (간인)</td></tr>
<tr><td colspan="2">1. 상속포기심판결정문 2통
1. 가족관계증명서 1통
1. 등록면허세영수필확인서 1통
1. 등기신청수수료영수필확인서 1통</td><td colspan="2">1. 인감증명 또는 본인서명사실확인서 2통
1. 주민등록표등본 또는 초본 2통
1. 위임장 1통
1. 자필서명정보 1통</td></tr>
<tr><td colspan="4">2016년 9월 10일
위 신청인
대리인 법무사 홍 길 동 직인 (전화:)
서울특별시 서초구 서초대로 111

의정부지방법원 고양지원 파주등기소 귀중</td></tr>
</table>

〔첨부서면에 대한 설명〕

① **상속포기심판결정문** (이일숙, 김삼남)

등기원인을 증명하는 서면으로 이일숙, 김삼남에 대한 상속포기결정문을 첨부한다(규칙 제46조 제1항 제1호).

② **가족관계증명서** (김상식)

이일숙, 김삼남이 상속을 포기하면 다른 상속인에게 그 상속분이 귀속되므로 등기의무자 이일숙, 김삼남과 등기권리자 김일남, 김이남이 공동상속인이라는 것을 증명하는 피상속인 김상식의 가족관계증명서의 제출이 필요하다고 본다.

③ **등록면허세영수필확인서 또는 등록면허세납부확인서**

시장, 구청장, 군수 등으로부터 등록면허세납부서(OCR용지)를 발급받아 세금을 납부한 후 등록면허세영수필확인서를 신청서의 등록면허세액표시란의 좌측상단 여백에 첨부하거나, 또는 지방세인터넷납부시스템에서 출력한 등록면허세납부확인서를 첨부정보로서 등기소에 제공하여야 한다(지방세법 제30조).

④ **등기신청수수료영수필확인서**

경정등기를 신청하는 자는 등기신청수수료를 내야하므로(법 제22조 제3항), 3,000원에 해당하는 등기신청수수료를 현금으로 납부하고 등기신청수수료영수필확인서를 첨부한다(등기예규 제1789호).

⑤ **인감증명 또는 본인서명사실확인서** (이일숙, 김삼남)

등기의무자 이일숙, 김삼남의 인감증명 또는 본인서명사실확인서를 첨부한다. 소유권의 등기명의인이 등기의무자인 경우이기 때문이다(규칙 제60조 제1항 제1호).

⑥ **주민등록표등본 또는 초본** (김일남, 김이남)

등기권리자 김일남, 김이남은 경정등기를 통하여 등기부에 자기의 이름이 새로이 기입되는 자이므로 이를 부동산등기규칙 제46조 제1항 제6호의 '새로이 등기명의인이 되는 자'로 해석한다면 김일남, 김이남의 주민등록표등본 또는 초본을 각 1통씩 첨부한다. 소유권경정등기를 신청하는 경우이므로 등기의무자의 주소증명서면은 이를 첨부할 필요가 없다.

⑦ **위임장(이일숙, 김일남, 김이남, 김삼남)**

등기신청을 법무사 등 대리인에게 위임하는 경우에 첨부한다(규칙 제46조 제1항 제5호). 위임인의 성명과 주소를 기재하고 인장을 날인하되 규칙 제60조 제1항 제1호~제3호에 해당하여 인감증명을 제출하여야 하는 자는 위임장에 인감을 날인하여야 하나,

위 규칙 제60조 제1항 제1호~제3호에 해당하지 않는 자는 인감날인 대신에 일반적인 기명날인 혹은 서명으로 갈음할 수 있다.

⑧ 자격자대리인의 확인 및 자필서명정보

등기의무자와 등기권리자가 공동으로 신청하는 권리에 관한 등기이므로 자격자대리인이 등기의무자를 확인하고 자필서명한 정보를 첨부정보로 제공하여야 한다 (규칙 제46조 제1항, 제8호, 2022. 7. 1.부터).

※ 위 답안은 아래 2019년 법원행정처간「부동산등기기록례집」p.231의 등기기록례를 반대 해석하여 작성한 예시답안입니다.

〈참 고〉 단독명의로 등기된 후 상속포기신고의 수리심판이 취소된 경우에 대한 등기기록례 No. 285 (2019년 법원행정처간 부동산등기기록례집 p.231)

[갑 구]		(소유권에 관한 사항)		(No.285)
순위번호	등기목적	접 수	등기원인	권리자 및 기타 사항
2	소유권이전	2019년 3월 3일 제2062호	2019년 3월 1일 상속	~~소유자~~ ~~이대한 701115-1201257~~ ~~서울특별시 서초구 강남대로 21 (서초동)~~
2-1	2번소유권경정	2019년 6월 1일 제3305호	2019년 5월 27일 상속포기취소	공유자 지분 3분의 1 이대한 701115-1201257 서울특별시 서초구 강남대로 21 (서초동) 지분 3분의 1 이민국 680703-1562316 서울특별시 마포구 마포대로 25 (공덕동) 지분 3분의 1 이겨례 750614-1035852 서울특별시 종로구 창덕궁길 105 (원서동)

12. 말소회복등기 — (1) 근저당권설정등기의 말소회복등기신청

**근저당권설정등기의
말소회복등기신청**

<table>
<tr><td rowspan="2">접 수</td><td>년 월 일</td><td rowspan="2">처리인</td><td>등기관 확인</td><td>각종통지</td></tr>
<tr><td>제 호</td><td></td><td></td></tr>
</table>

<table>
<tr><td colspan="5">① 부동산의 표시</td></tr>
<tr><td colspan="5">1. 경상남도 진주시 상대동 100
대 300㎡
2. 경상남도 진주시 상대동 100
[도로명주소] 경상남도 진주시 동진로107번길 2
시멘트 벽돌조 슬래브지붕 2층 주택
1층 100㎡ 2층 100㎡ -이상-</td></tr>
<tr><td colspan="2">② 등기원인과 그 연월일</td><td colspan="3">2019년 7월 1일 확정판결</td></tr>
<tr><td colspan="2">③ 등 기 의 목 적</td><td colspan="3">3번 근저당권설정등기 회복</td></tr>
<tr><td colspan="2">④ 회 복 할 등 기</td><td colspan="3">2017년 3월 11일 접수 제4168호로 경료한 '순위번호 제3번, 등기원인 2010년 3월 2일 설정계약, 채권최고액 금 30,000,000원, 채무자 이일남, 서울특별시 동작구 상도동 32, 근저당권자 박영수 520102-1018282 경상남도 진주시 상대동 29'의 근저당권설정등기</td></tr>
<tr><td>구 분</td><td>성 명
(상호 · 명칭)</td><td>주민등록번호
(등기용등록번호)</td><td>주 소(소재지)</td><td>지분
(개인별)</td></tr>
<tr><td>⑤
등기
의무자</td><td>이 갑 돌</td><td>600324-1058339</td><td>경상남도 진주시 상대동 100</td><td></td></tr>
<tr><td>⑥
등기
권리자</td><td>박 영 수</td><td>520102-1018282</td><td>경상남도 진주시 동진로 22번길 2(상대동)</td><td></td></tr>
</table>

⑦ 등 록 면 허 세	금 12,000	원
⑦ 지 방 교 육 세	금 2,400	원
⑧ 세 액 합 계	금 14,400	원
⑨ 등 기 신 청 수 수 료	금 6,000	원
	납부번호 :	

⑫ 첨 부 서 면 (간인)	
1. 판결정본 1통 ⑬	1. 인감증명 또는 본인서명사실확인서 또는 전자본인서명확인서발급증 1통 ⑱
1. 확정증명 1통 ⑭	1. 위임장 1통 ⑲
1. 등록면허세영수필확인서 1통 ⑮	1. 주소증명서면 1통 ⑳
1. 등기신청수수료영수필확인서 1통 ⑯	<기 타> ㉑
1. 이해관계인의 승낙서 1통 ⑰	

2019년 8월 1일

⑪ 위 신청인

대리인 법무사 유 명 한 (직인) (전화: 055-599-0000)

경상남도 진주시 동진로300번길 26 (상대동)

창원지방법원 진주지원 등기과 귀중

신청서 작성요령란

* 1. 부동산표시란에 2개 이상의 부동산을 기재하는 경우에는 부동산의 일련번호를 기재하여야 합니다.
  2. 신청인란 등 해당란에 기재할 여백이 없을 경우에는 별지를 이용합니다.
  3. 담당 등기관이 판단하여 위의 첨부서면 외에 추가적인 서면을 요구할 수 있습니다.

등기신청안내서 — 근저당권설정등기 말소회복등기신청

1. 근저당권설정등기 말소회복등기신청

불법으로 근저당권이 말소된 경우에 근저당권자가 소유권의 등기명의인을 상대로 회복등기절차를 이행하라는 판결을 받아 단독으로 근저당권설정등기의 말소회복등기를 신청하는 경우이다. 이 경우에 불법하게 말소된 것을 이유로 한 근저당권 설정등기 회복등기청구는 그 등기 말소 당시의 소유자를 상대로 하여야 한다(大判 1969. 3. 18. 68다1617).

2. 등기신청방법

(1) 근저당권설정등기의 말소회복등기신청은 근저당권이 말소될 당시의 소유자가 등기의무자, 근저당권자가 등기권리자가 된다.

(2) 근저당권설정등기의 말소회복등기신청은 위 등기의무자와 등기권리자가 공동으로 신청하여야 하나, 본 작성례와 같이 판결에 의한 경우에는 승소한 권리자가 단독으로 신청할 수 있다.

(3) 가등기가 불법말소된 경우에 가등기권리자는 가등기의무자의 승낙서 또는 이에 대항할 수 있는 재판의 등본을 첨부하여 단독으로 말소회복등기를 신청할 수 있다고 본다.

3. 등기소에 제공하여야 하는 신청정보

신청서는 한글과 아라비아 숫자로 기재한다. 부동산의 표시란이나 신청인란 등이 부족할 경우에는 별지를 사용하고, 별지를 포함하여 신청서가 여러 장인 때에는 각 장 사이에 간인을 하여야 한다.

① 부동산의 표시란

판결주문에 표시된 부동산을 기재하되, 등기부상 부동산의 표시와 일치하여야 한다. 부동산이 토지인 경우에는 토지의 소재와 지번, 지목, 면적을 기재하고, 건물인 경우에는 건물의 소재와 지번, 도로명주소, 구조, 면적, 건물의 종류, 건물의 번호가 있는 때에는 그 번호, 부속건물이 있는 때에는 그 종류, 구조와 면적을 기재하면 된다.

② 등기원인과 그 연월일란

기존등기의 등기원인이 부존재 내지 무효이거나 취소 · 해제에 의하여 소멸하였음을 이유로 회복등기를 명하는 판결주문에 등기원인과 그 연월일이 명시되어 있지 아니한 경우 등기원인은 '확정판결'로, 그 연월일은 '판결선고일'을 기재한다. 등기가 부적법하게 말소된 경우의 말소회복등기의 등기원인은 '신청착오'로 기재하고, 당사자간에 말소회복의 합의를 한 경우에는 '말소회복합의' 로 기재한다.

③ 등기의 목적란

근저당권설정등기의 말소회복등기의 경우에는 '근저당권설정등기의 회복'으로 기재한다.

④ 회복할 등기란

회복할 등기의 접수일자, 접수번호, 순위번호, 권리자, 권리의 내용 등을 구체적으로 기재한다.

⑤ 등기의무자란

근저당권설정등기의 말소회복등기신청시에는 말소당시의 소유권 등기명의인의 성명, 주민등록번호, 주소를 기재한다.

⑥ 등기권리자란

판결상 승소한 원고를 기재하는 난으로, 그 기재방법은 등기의무자란과 같다.

⑦ 등록면허세 · 지방교육세란

부동산 1개당 등록면허세 6,000원, 지방교육세 1,200원으로 계산하여 기재한다. 등록면허세는 말소회복등기를 신청하는 자가 납부하여야 한다.

⑧ 세액합계란

등록면허세액과 지방교육세액의 합계를 기재한다.

⑨ 등기신청수수료란

회복등기를 신청하는 자는 등기신청수수료를 내야하므로(법 제22조 제3항), 부동산 1개당 3,000원(전자표준양식에 의한 등기신청의 경우에는 2,000원, 전자신청의 경우에는 1,000원)에 해당하는 등기신청수수료를 납부하고 그 등기신청수수료금액 및 납부번호를 신청서에 기재한다(등기예규 제1789호).

⑩ 등기의무자의 등기필정보란

전자신청 지정등기소에서는 신청방법(전자신청, 서면신청)을 불문하고 등기를 완료한 경우 등기필증 대신 등기필정보를 전자적 교부 또는 서면 교부하기 때문에, 등기신청의 당사자 또는 대리인은 등기필정보상의 일련번호와 비밀번호를 기재함으로써 등기필증의 제출을 갈음할 수 있다. 등기의무자가 교부받은 등기필정보에 기재된 부동산 고유번호, 성명, 일련번호, 비밀번호를 각 기재한다.

다만 본 사안의 경우는 판결에 의하여 승소한 등기권리자가 단독신청하는 경우이므로 등기의무자의 등기필정보를 신청정보로 제공할 필요는 없다.

⑪ 신청인 혹은 대리인의 표시란

㈎ 등기의무자와 등기권리자의 성명 및 전화번호를 기재하고, 각자가 기명날인하되, 등기의무자는 그의 인감을 날인한다. 등기권리자는 기명날인 대신에 서명으로 갈음할 수 있다. 신청인이 법인 또는 법인 아닌 사단이나 재단인 경우에는 상호(명칭)와 대표자(관리인)의 자격 및 성명을 기재한다. 법인이 등기의무자인 때에는 등기소의 증명을 얻은 그 대표자의 인감을, 법인 아닌 사단이나 재단이 등기의무자인 경우에는 대표자(관리인)의 개인인감을 날인한다. 본 사안의 경우는 승소한 등기권리자가 단독신청하는 경우이므로 등기의무자의 기명날인이나 서명은 필요없다.

㈏ 대리인이 등기신청을 하는 경우에는 그 대리인의 성명, 주소 및 전화번호를 기재하고 기명날인한다.

⑫ 첨부서면란

등기신청서에 첨부한 서면을 각 기재한다.

4. 등기소에 제공하여야 하는 첨부정보

⑬,⑭ 판결정본 및 확정증명

법원으로부터 등기권리자에게 송달된 판결정본과 법원에서 발급받은 확정증명을 첨부한다. 선이행판결이나 동시이행판결의 경우에는 집행문부여를 받아야 한다(규칙 제46조 제1항 제1호).

⑮ 등록면허세영수필확인서 또는 등록면허세납부확인서

시장, 구청장, 군수 등으로부터 등록면허세납부서(OCR용지) 또는 대법원 인터넷등기소의 정액등록면허세납부서 작성기능을 통하여 정액등록면허세납부서를 발급받아 세금을 납부한 후 등록면허세영수필확인서를 신청서의 등록면허세액표시란의 좌측상단 여백에 첨부하거나, 또는 지방세인터넷납부시스템을 이용하여 납부하고 출력한 등록면허세납부확인서를 첨부한다(지방세법 제30조; 지방세법시행령 제49조 제1항).

⑯ 등기신청수수료영수필확인서

회복등기를 신청하는 자는 등기신청수수료를 내야하므로(법 제22조 제3항), 부동산

1개당 3,000원(전자표준양식에 의한 등기신청의 경우에는 2,000원, 전자신청의 경우에는 1,000원)에 해당하는 등기신청수수료를 납부하고 등기신청수수료영수필확인서를 첨부한다(등기예규 제1789호).

⑰ 등기상 이해관계인의 승낙서

확정판결에 의하여 회복등기를 신청하는 경우에도 그 회복등기에 등기상 이해관계인이 있는 경우에는 그의 승낙이 있어야 한다(법 제59조).

⑱ 인감증명 또는 본인서명사실확인서 또는 전자본인서명확인서 발급증

등기상 이해관계인의 승낙서를 첨부하는 경우에는 그 승낙서에는 등기상 이해관계인이 인감을 날인하고 인감증명을 첨부하여야 한다(규칙 제60조 제1항 제7호). 위 인감증명에 갈음하여 위임장 등에 서명을 하고 본인서명사실확인서를 첨부하거나 전자본인서명확인서 발급증을 첨부할 수 있다(부동산등기규칙 제60조의2).

⑲ 위임장

등기신청을 법무사 등 대리인에게 위임하는 경우에 첨부한다(규칙 제46조 제1항 제5호). 위임인의 성명과 주소를 기재하고 인장을 날인하되 규칙 제60조 제1항 제1호~제3호에 해당하여 인감증명을 제출하여야 하는 자는 위임장에 인감을 날인하여야 하나, 위 규칙 제60조 제1항 제1호~제3호에 해당하지 않는 자는 인감날인 대신에 일반적인 기명날인 혹은 서명으로 갈음할 수 있다. 위임인이 법인이나 법인 아닌 사단 또는 재단인 경우에는 상호(명칭)와 대표자(관리인)의 자격, 성명 및 주소도 기재하여야 한다.

⑳ 주소증명서면

등기권리자 박영수의 주소증명서면을 첨부한다(규칙 제46조 제1항 제6호).

㉑-1 기타 ― 신청인이 법인인 경우

법인이 등기를 신청하는 경우에는 대표자의 자격을 증명하는 서면으로 법인등기사항전부증명서 또는 법인등기사항일부증명서를 첨부하여야 한다(규칙 제46조 제1항 제4호). 이 경우에 위 법인등기사항증명서는 등기권리자의 주소를 증명하는 서면, 부동산등기용등록번호를 증명하는 서면이기도 하다(규칙 제46조 제1항 제6호). 다만 법인등기가 되어 있는 등기소와 부동산소재지 관할 등기소가 동일한 경우에는 위 법인등기사항증명서를 제출할 필요가 없다(규칙 제46조 제5항).

㉑-2 기타 ― 신청인이 법인 아닌 사단(재단)인 경우

법인 아닌 사단 또는 재단이 등기를 신청하는 경우에는 ㉠ 정관이나 그 밖의 규약, ㉡ 대표자나 관리인임을 증명하는 정보(다만, 등기되어 있는 대표자나 관리인이 신청하는 경우에는 그러하지 아니하다), ㉢ 법인 아닌 사단 또는 재단의 주소 및 부동산등기용등록번호를 증명하는 정보(새로이 등기명의인이 되는 경우에 한한다), ㉣ 대표자나 관리인의 주소 및 주민등록번호를 증명하는 정보를 첨부정보로 제공한다. 다만 법인 아닌 사단이 등기의무자인 경우에는 민법 제276조 소정의 사원총회의 결의서도 첨부한다(규칙 제48조).

㉑-3 기타 — 등기의무자의 인감증명 또는 본인서명사실확인서

등기의무자의 협력을 기대할 수 없어 판결에 의하여 등기를 신청하는 경우이므로 등기의무자의 인감증명을 첨부할 필요가 없다.

㉑-4 기타 — 등기의무자의 등기필정보

등기의무자의 등기필정보도 제공할 필요가 없다. 다만 승소한 등기의무자가 부동산등기법 제23조의 규정에 의하여 단독으로 등기를 신청하는 경우에는 등기필정보를 제공하여야 한다(규칙 제43조 제1항 제7호).

5. 등기신청서류 편철순서

신청서, 등록면허세영수필확인서, 등기신청수수료영수필확인서, 위임장, 이해관계인의 승낙서, 인감증명 또는 본인서명사실확인서, 판결정본 및 확정증명 등의 순으로 편철하는 것이 실무상의 예이다.

6. 등기기록례

[을 구]		(소유권 이외의 권리에 관한 사항)		(No.768)
순위 번호	등기목적	접 수	등기원인	권리자 및 기타 사항
~~3~~	~~근저당권 설정~~	~~2017년 3월 11일 제4168호~~	~~2017년 3월 2일 설정계약~~	~~채권최고액 금30,000,000원 채무자 이일남 서울특별시 동작구 상도동 32 근저당권자 박영수 520102-1018282 경상남도 진주시 상대동 29~~
4	3번근저당권설정등기 말소	2017년 5월 1일 제5036호	2017년 4월 28일 해지	
5	3번근저당권설정등기 회복	2019년 8월 1일 제8088호	2019년 7월 1일 확정판결	

3	근저당권 설정	2017년 3월 11일 제4168호	2017년 3월 2일 설정계약	채권최고액 금30,000,000원 채무자 이일남 서울특별시 동작구 상도동 32 근저당권자 박영수 520102-1018282 경상남도 진주시 동진로22번 길 2(상대동) 2019년 8월 1일 등기

사례연습

가등기의 말소회복등기신청

|설 문|

이갑남(580808-1010101, 경기도 성남시 분당구 돌마로 26 (서현동))은 자기 명의의 아래 부동산에 경료되어 있는 2016. 6. 1. 접수번호 6268호 순위번호 2번의 소유권이전청구권가등기(권리자: 김예분, 690203-2020202, 경기도 성남시 분당구 분당로 22 , 101-306 (분당동, 현대아파트), 등기원인: 매매예약, 등기원인일: 2016. 5. 3.)를 서류를 위조하여 2009. 8. 1. 접수번호 8222호 순위번호 3번으로 말소하고, 2017. 3. 8. 접수번호 3022호로 순위번호 4번으로 그 부동산을 이말수(420302-1018179, 서울특별시 관악구 봉천동 222번지)에게 처분하였다. 그리고 그 이후 이 부동산에는 이말수를 등기의무자로 하는 주식회사 행복은행 명의의 근저당권이 2017. 8. 7. 접수번호 828호 순위번호 1번으로 경료되어 있다.

이에 김예분이 서울중앙지방법원의 확정판결을 받아서(선고일: 2019. 2. 1.) 자기 명의의 회복등기를 신청하는 신청서를 작성하라(신청일: 2019. 3. 3.).

참고자료

부동산의 표시 서울특별시 관악구 봉천동 200번지의 7호 대 300㎡

【모범답안】

가등기의 말소회복등기신청

접 수	년 월 일	처리인	등기관 확인	각종통지
	제 호			

부동산의 표시
서울특별시 관악구 봉천동 200-7 대 300㎡ 이 상

등기원인과 그 연월일	2019년 2월 1일 확정판결
등 기 의 목 적	2번 소유권이전청구권가등기의 회복
회 복 할 등 기	2016년 6월 1일 접수 6268호 순위 제2번 원인 2016년 5월 3일 매매예약, 권리자 김예분, 690203-2020202, 경기도 성남시 분당구 분당로 22, 101동 306호(분당동, 현대아파트)으로 한 소유권이전청구권가등기

구 분	성 명 (상호 · 명칭)	주민등록번호 (등기용등록번호)	주 소(소재지)	지분 (개인별)
등기 의무자	이 갑 남	580808-1010101	경기도 성남시 분당구 돌마로 26 (서현동)	
등기 권리자	김 예 분	690203-2020202	경기도 성남시 분당구 분당로 22 , 101동 306호(분당동, 현대아파트)	

<table>
<tr><td>등 록 면 허 세</td><td colspan="2">금 6,000 원</td></tr>
<tr><td>지 방 교 육 세</td><td colspan="2">금 1,200 원</td></tr>
<tr><td>세 액 합 계</td><td colspan="2">금 7,200 원</td></tr>
<tr><td rowspan="2">등 기 신 청 수 수 료</td><td colspan="2">금 3,000 원</td></tr>
<tr><td colspan="2">납부번호 :</td></tr>
<tr><td colspan="3">등기의무자의 등기필정보</td></tr>
<tr><td colspan="3">부동산고유번호</td></tr>
<tr><td>성명(명칭)</td><td>일련번호</td><td>비밀번호</td></tr>
<tr><td></td><td></td><td></td></tr>
<tr><td colspan="3">첨 부 서 면 (간인)</td></tr>
<tr><td>1. 판결정본 1통
1. 확정증명 1통
1. 등록면허세영수필확인서 1통
1. 등기신청수수료영수필확인서 1통
1. 승낙서(또는 재판의 등본) 2통</td><td colspan="2">1. 인감증명 또는 본인서명사실확인서 또는 전자본인서명확인서발급증 1통
1. 법인등기사항증명서 1통
1. 법인인감증명 1통
1. 가등기권리자의 주소 및 주민등록번호증명 1통</td></tr>
<tr><td colspan="3">2019년 3월 3일
위 신청인 김 예 분 ㉐

위 대리인

서울중앙지방법원 등기국 귀중</td></tr>
</table>

신청서 작성요령란

* 1. 부동산표시란에 2개 이상의 부동산을 기재하는 경우에는 부동산의 일련번호를 기재하여야 합니다.
2. 신청인란 등 해당란에 기재할 여백이 없을 경우에는 별지를 이용합니다.
3. 담당 등기관이 판단하여 위의 첨부서면 외에 추가적인 서면을 요구할 수 있습니다

12. 말소회복등기 — (2) 등기명의인표시변경등기의 말소등기신청

등기명의인표시변경등기의 말소등기신청

접 수	년 월 일	처리인	등기관 확인	각종통지
	제 호			

① 부동산의 표시			
1. 서울특별시 서초구 서초동 100 대 300㎡ 2. 서울특별시 서초구 서초동 100 [도로명주소] 서울특별시 서초구 서초대로20길 72 시멘트 벽돌조 슬래브지붕 2층 근린생활시설 1층 100㎡ 2층 100㎡ -이상-			
② 등기원인과 그 연월일	2019년 6월 16일 확정판결		
③ 등 기 의 목 적	2-1번 등기명의인표시변경등기말소		
④ 말 소 할 등 기	2018년 3월 3일 접수 제5689호로 순위번호 2-1번, '등기명의인 소유자 이갑돌'로 경료된 등기명의인표시변경등기		
구 분	성 명 (상호 · 명칭)	주민등록번호 (등기용등록번호)	주 소(소재지)
⑤ 등기의무자	이 갑 돌	730320-1617312	서울특별시 용산구 남영동 5
⑥ 등기권리자	이 대 백	730320-1617312	서울특별시 양천구 목동동로 257, 203동 1101호(목동, 하이페리온)

⑦ 등 록 면 허 세	금	12,000	원
⑦ 지 방 교 육 세	금	2,400	원
⑧ 세 액 합 계	금	14,400	원
⑨ 등 기 신 청 수 수 료	금	6,000	원
	납부번호 :		

⑪ 첨 부 서 면 (간인)	
1. 등록면허세영수필확인서 1통 ⑫	1. 위임장 1통 ⑯
1. 등기신청수수료영수필확인서 1통 ⑬	<기 타> ⑰
1. 판결정본 1통 ⑭	
1. 확정증명 1통 ⑮	

2019년 8월 1일

⑩ 위 신청인

대리인 법무사 유 명 한 직인 (전화: 599-0000)

서울특별시 서초구 서초대로100길 76 (서초동)

서울중앙지방법원 등기국 귀중

신청서 작성요령란

* 1. 부동산표시란에 2개 이상의 부동산을 기재하는 경우에는 부동산의 일련번호를 기재하여야 합니다.
2. 신청인란 등 해당란에 기재할 여백이 없을 경우에는 별지를 이용합니다.
3. 담당 등기관이 판단하여 위의 첨부서면 외에 추가적인 서면을 요구할 수 있습니다.

등기신청안내서 — 등기명의인표시변경등기의 말소등기신청

1. 등기명의인표시변경등기의 말소등기신청

등기부상 소유자가 '이대백'으로 되어 있었으나 '이갑돌'이 마치 '이대백'인 것처럼 하여 허위로 신청착오, 개명 등을 원인으로 한 등기명의인표시변경(경정)등기신청을 하여 등기부상 소유자가 '이갑돌'로 등재된 경우에는, 종전 등기명의인(이대백)으로의 회복등기 신청은 현재의 등기명의인(이갑돌)이 단독으로 하거나 종전 등기명의인(이대백)과 공동으로 하여야 하고, 종전 등기명의인(이대백)이 단독으로 한 등기신청은 수리할 수 없다(2014. 12. 1. 등기예규 제1564호).

2. 등기신청방법

등기명의인표시변경등기의 말소등기신청은 위 등기의무자와 등기권리자가 공동으로 신청하여야 하나, 본 작성례와 같이 판결에 의한 경우에는 승소한 권리자가 단독으로 신청할 수 있다.

3. 등기소에 제공하여야 하는 신청정보

신청서는 한글과 아라비아 숫자로 기재한다. 부동산의 표시란이나 신청인란 등이 부족할 경우에는 별지를 사용하고, 별지를 포함하여 신청서가 여러 장인 때에는 각 장 사이에 간인을 하여야 한다.

① 부동산의 표시란

판결주문에 표시된 부동산을 기재하되, 등기부상 부동산의 표시와 일치하여야 한다. 부동산이 토지인 경우에는 토지의 소재와 지번, 지목, 면적을 기재하고, 건물인 경우에는 건물의 소재와 지번, 도로명주소, 구조, 종류, 면적, 건물의 번호가 있는 때에는 그 번호, 부속건물이 있는 때에는 그 구조와 종류, 면적을 기재하면 된다.

② 등기원인과 그 연월일란

기존등기의 등기원인이 부존재 내지 무효이거나 취소·해제에 의하여 소멸하였음을 이유로 회복등기를 명하는 판결주문에 등기원인과 그 연월일이 명시되어 있지 아니한 경우 등기원인은 '확정판결'로, 그 연월일은 '판결선고일'을 기재한다. 등기가 부적법하게 경정된 경우의 말소등기의 등기원인은 '신청착오'로 기재하고, 당사자간에 말소의 합의를 한 경우에는 '말소합의'로 기재한다.

③ 등기의 목적란

등기명의인표시변경등기의 말소등기신청의 경우에 '2-1번 등기명의인표시변경등기의 말소'로 기재한다.

④ 말소할 등기란

말소할 등기의 접수일자, 접수번호, 순위번호, 권리자, 권리의 내용 등을 구체적으로 기재한다.

⑤ 등기의무자란

등기명의인표시변경등기의 말소등기신청시에는 소유권의 등기명의인의 성명, 주민등록번호, 주소를 기재한다.

⑥ 등기권리자란

판결상 승소한 원고를 기재하는 난으로, 그 기재방법은 등기의무자란과 같다.

⑦ 등록면허세 · 지방교육세란

부동산 1개당 등록면허세 6,000원, 지방교육세 1,200원으로 계산하여 기재한다. 등록면허세는 말소회복등기를 신청하는 자가 납부하여야 한다.

⑧ 세액합계란

등록면허세액과 지방교육세액의 합계를 기재한다.

⑨ 등기신청수수료란

말소등기를 신청하는 자는 등기신청수수료를 내야하므로(법 제22조 제3항), 부동산 1개당 3,000원(전자표준양식에 의한 등기신청의 경우에는 2,000원, 전자신청의 경우에는 1,000원)에 해당하는 등기신청수수료를 납부하고 그 등기신청수수료금액 및 납부번호를 신청서에 기재한다(등기예규 제1789호).

⑩ 신청인 혹은 대리인의 표시란

㈎ 등기의무자와 등기권리자의 성명 및 전화번호를 기재하고, 각자가 기명날인하되, 등기의무자는 그의 인감을 날인한다. 등기권리자는 기명날인 대신에 서명으로 갈음할 수 있다. 신청인이 법인 또는 법인 아닌 사단이나 재단인 경우에는 상호(명칭)와 대표자(관리인)의 자격 및 성명을 기재한다. 법인이 등기의무자인 때에는 등기소의 증명을 얻은 그 대표자의 인감을, 법인 아닌 사단이나 재단이 등기의무자인 경우에는 대표자(관리인)의 개인인감을 날인한다. 본 사안의 경우는 승소한 등기권리자가 단독신청

하는 경우이므로 등기의무자의 기명날인이나 서명은 필요없다.

(나) 대리인이 등기신청을 하는 경우에는 그 대리인의 성명, 주소 및 전화번호를 기재하고 기명날인한다.

⑪ 첨부서면란

등기신청서에 첨부한 서면을 각 기재한다.

4. 등기소에 제공하여야 하는 첨부정보

⑫ 등록면허세영수필확인서 또는 등록면허세납부확인서

시장, 구청장, 군수 등으로부터 등록면허세납부서(OCR용지) 또는 대법원 인터넷등기소의 정액등록면허세납부서 작성기능을 통하여 정액등록면허세납부서를 발급받아 세금을 납부한 후 등록면허세영수필확인서를 신청서의 등록면허세액표시란의 좌측상단 여백에 첨부하거나, 또는 지방세인터넷납부시스템을 이용하여 납부하고 출력한 등록면허세납부확인서를 첨부한다(지방세법 제30조; 지방세법시행령 제49조 제1항).

⑬ 등기신청수수료영수필확인서

말소등기를 신청하는 자는 등기신청수수료를 내야하므로(법 제22조 제3항), 부동산 1개당 3,000원(전자표준양식에 의한 등기신청의 경우에는 2,000원, 전자신청의 경우에는 1,000원)에 해당하는 등기신청수수료를 납부하고 등기신청수수료영수필확인서를 첨부한다(등기예규 제1789호).

⑭,⑮ 판결정본 및 확정증명

법원으로부터 등기권리자에게 송달된 판결정본과 법원에서 발급받은 확정증명을 첨부한다(규칙 제46조 제1항 제1호). 선이행판결이나 동시이행판결의 경우에는 집행문부여를 받아야 한다.

⑯ 위임장

등기신청을 법무사 등 대리인에게 위임하는 경우에 첨부한다(규칙 제46조 제1항 제5호). 위임인의 성명과 주소를 기재하고 인장을 날인하되 규칙 제60조 제1항 제1호~제3호에 해당하여 인감증명을 제출하여야 하는 자는 위임장에 인감을 날인하여야 하나, 위 규칙 제60조 제1항 제1호~제3호에 해당하지 않는 자는 인감날인 대신에 일반적인 기명날인 혹은 서명으로 갈음할 수 있다. 위임인이 법인이나 법인 아닌 사단 또는 재단인 경우에는 상호(명칭)와 대표자(관리인)의 자격, 성명 및 주소도 기재하여야 한다.

⑰-1 기타 ─ 신청인이 법인인 경우

법인이 등기를 신청하는 경우에는 대표자의 자격을 증명하는 서면으로 법인등기사항전부증명서 또는 법인등기사항일부증명서를 첨부하여야 한다(규칙 제46조 제1항 제4호). 이 경우에 위 법인등기사항증명서는 등기권리자의 주소를 증명하는 서면, 부동산등기용등록번호를 증명하는 서면이기도 하다(규칙 제46조 제1항 제6호). 다만 법인등기가 되어있는 등기소와 부동산소재지 관할 등기소가 동일한 경우에는 위 법인등기사항증명서를 제출할 필요가 없다(규칙 제46조 제5항).

⑰-2 기타 — 신청인이 법인 아닌 사단(재단)인 경우

법인 아닌 사단 또는 재단이 등기를 신청하는 경우에는 ㉠ 정관이나 그 밖의 규약, ㉡ 대표자나 관리인임을 증명하는 정보(다만, 등기되어 있는 대표자나 관리인이 신청하는 경우에는 그러하지 아니하다), ㉢ 법인 아닌 사단 또는 재단의 주소 및 부동산등기용등록번호를 증명하는 정보(새로이 등기명의인이 되는 경우에 한한다), ㉣ 대표자나 관리인의 주소 및 주민등록번호를 증명하는 정보를 첨부정보로 제공한다. 다만 법인 아닌 사단이 등기의무자인 경우에는 민법 제276조 소정의 사원총회의 결의서도 첨부한다(규칙 제48조).

5. 등기신청서류 편철순서

신청서, 등록면허세영수필확인서, 등기신청수수료영수필확인서, 위임장, 확정증명, 판결정본 등의 순으로 편철하는 것이 실무상의 예이다.

6. 등기기록례

[갑 구]		(소유권에 관한 사항)		(No.197)
순위번호	등기목적	접 수	등기원인	권리자 및 기타 사항
2	소유권이전	2010년 3월 2일 제4168호	2010년 2월 15일 매매	소유자 ~~이대백~~ 730320 - 1617312 서울 서초구 서초동 100
~~2-1~~	~~2번등기명의인표시변경~~	~~2018년 3월 3일 제5689호~~	~~2018년 2월 8일 개명~~	~~이대백의 성명 이갑돌~~
2-2				이갑돌의 성명 이대백 3번 등기로 인하여 2번 등기명의인표시회복 2019년 8월 1일 부기
3	2 - 1번등기명의인표시변경등기말소	2019년 8월 1일 제8088호	2019년 6월 16일 확정판결	

13. 가등기 — (1) 소유권이전청구권가등기신청

소유권이전청구권가등기신청

접 수	년 월 일	처리인	등기관 확인	각종통지
	제 호			

① 부동산의 표시			
1. 전라북도 전주시 덕진구 금암동 100 대 300㎡ 2. 전라북도 전주시 덕진구 금암동 100 [도로명주소] 전라북도 전주시 덕진구 가리내로27길 263 시멘트 벽돌조 슬래브지붕 2층 근린생활시설 1층 100㎡ 2층 100㎡ -이상-			
② 등기원인과 그 연월일	2019년 6월 16일 매매예약		
③ 등 기 의 목 적	소유권이전청구권가등기		
④ 가 등 기 할 지 분			
구 분	성 명 (상호·명칭)	주민등록번호 (등기용등록번호)	주 소(소재지)
⑤ 등기 의무자	이 대 백	630320-1617312	전라북도 전주시 덕진구 가리내로27길 26, 301동 901호 (금암동, 숲속길월드메르디앙센트럴파크아파트)
⑥ 등기 권리자	홍 길 동	510916-1771842	전라북도 전주시 덕진구 견훤로 333, 303동 1012호(인후동, 위브어울림아파트)

⑦ 등 록 면 허 세	금 200,000 원		
⑧ 지 방 교 육 세	금 40,000 원		
⑨ 세 액 합 계	금 240,000 원		
⑩ 등 기 신 청 수 수 료	금 30,000 원 납부번호 :		
⑪ 등기의무자의 등기필정보			
부 동 산 고 유 번 호	1149-1996-067537		
성 명 (명 칭)	일련번호	비밀번호	
이 대 백	AEDI-0198-7329	12 - 3126	

⑬ 첨 부 서 면 (간인)	
1. 매매예약서 1통 ⑭ 1. 등록면허세영수필확인서 1통 ⑮ 1. 등기신청수수료영수필확인서 1통 ⑯ 1. 인감증명 또는 본인서명사실확인서 또는 전자본인서명확인서발급증 1통 ⑰ 1. 주민등록표등본·초본 1통 ⑱	1. 토지이용계획확인서 1통 ⑲

2019년 6월 17일

⑫ 위 신청인 이 대 백 ㊞ (전화: 255-7766)

홍 길 동 ㊞ (전화: 200-6677)

(또는) 위 대리인

전주지방법원 등기과 귀중

신청서 작성요령란

* 1. 부동산표시란에 2개 이상의 부동산을 기재하는 경우에는 부동산의 일련번호를 기재하여야 합니다.
2. 신청인란 등 해당란에 기재할 여백이 없을 경우에는 별지를 이용합니다.
3. 담당 등기관이 판단하여 위의 첨부서면 외에 추가적인 서면을 요구할 수 있습니다.

등기신청안내서 — 소유권이전청구권가등기신청

1. 소유권이전청구권가등기

소유권 등을 보전하기 위하여 또는 청구권이 시기부, 정지조건부이거나 장래에 확정할 것인 때에 본등기의 순위보전을 위하여 하는 등기로, 이 신청에서는 가등기권리자를 등기권리자, 부동산 소유자를 등기의무자로 한다.

2. 등기신청방법

(1) 공동신청

가등기권리자와 부동산소유자가 본인임을 확인할 수 있는 주민등록증 등을 가지고 직접 등기소에 출석하여 공동으로 신청함이 원칙이다.

(2) 단독신청

가등기의자인 소유자의 인감증명과 승낙서를 첨부하거나 법원의 가등기가처분 명령정본을 첨부하여 가등기권리자가 단독으로 신청할 수 있다.

3. 등기소에 제공하여야 하는 신청정보

신청서는 한글과 아라비아 숫자로 기재한다. 부동산의 표시란이나 신청인란 등이 부족할 경우에는 별지를 사용하고, 별지를 포함하여 신청서가 여러 장인 때에는 각 장 사이에 간인을 하여야 한다.

① 부동산의 표시란

가등기의 목적 부동산을 기재하되, 등기부상 부동산의 표시와 일치하여야 한다. 부동산이 토지인 경우에는 토지의 소재와 지번, 지목, 면적을, 건물인 경우에는 건물의 소재와 지번, 건물의 종류, 구조, 면적, 건물의 번호가 있는 때에는 그 번호, 부속건물이 있는 때에는 그 종류, 구조와 면적을 기재한다.

② 등기원인과 그 연월일란

등기원인은 '매매예약', '매매' 등으로, 연월일은 매매예약 또는 매매계약이 체결된 날을 기재한다. 가등기를 하려면 보전할 유효한 청구권이 존재하고 있어야 하는데, 부동산등기법 제88조에서 규정하고 있는 가등기에 의하여 보전될 수 있는 청구권으로는, 장차 권리변동을 발생케 할 청구권을 보전하려 할 때 또는 그러한 청구권이 시기부 또는 정지조건부인 때 등인바, 이러한 경우의 소유권이전청구권 보전을 위한 가등기는 그 등기원인을 '매매예약'이 아닌 '매매'로 하여 신청할 수 있다(1998. 8. 29. 등기선례 5-573).

③ **등기의 목적란**

'소유권이전청구권가등기'라고 기재한다.

④ **가등기할 지분란**

지분에 대하여 가등기를 할 경우 기재한다.

<예> '○○○지분 전부', '○번 지분 ○분의 ○중 일부(○분의○)'

⑤ **등기의무자란**

부동산 소유자의 성명, 주민등록번호, 주소를 기재하되, 등기부상 소유자 표시와 일치하여야 한다. 등기기록상 등기신청인의 주소가 지번방식의 주소인 경우에도, 등기신청인이 제공한 주민등록표등본 · 초본 혹은 도로명주소 정보(건축물대장정보, 행정안전부 "새주소 안내시스템(www.juso.go.kr)의 조회결과물 등) 등에 의하여 해당 지번방식의 주소에 대한 도로명주소임이 인정되는 경우에는 등기사건을 수리하여야 한다. 즉 등기기록상 등기명의인의 주소를 도로명주소로 변경등기를 하지 아니하여도 가등기를 신청할 수 있다(법 제29조 제7호의 적용을 받지 아니한다).

⑥ **등기권리자란**

가등기권리자를 기재하는 난으로, 그 기재방법은 등기의무자란과 같다.

⑦⑧ **등록면허세 · 지방교육세란**

소유권이전청구권가등기를 신청할 때에는 부동산가액(시가표준액)의 1,000분의 2에 해당하는 등록면허세와 그 등록면허세액의 100분의 20에 해당하는 지방교육세를 납부하여야 한다. 다만 매매예약서에 나타난 매매예약금액이 시가표준액을 초과하는 경우에는 그 매매예약금액의 1,000분의 2에 해당하는 등록면허세를 납부한다. 이 경우는 시가표준액이 300,000,000원 매매예약금액이 350,000,000원인 경우로 상정하였다.

⑨ **세액합계**

등록면허세액과 지방교육세액의 합계를 기재한다.

⑩ **등기신청수수료**

가등기를 신청하는 자는 등기신청수수료를 내야하므로(법 제22조 제3항), 부동산 1개당 15,000원(전자표준양식에 의한 등기신청의 경우에는 13,000원, 전자신청의 경우에는 10,000원)에 해당하는 등기신청수수료를 납부하고 그 등기신청수수료금액 및 납부번호를 신청서에 기재한다(등기예규 제1789호).

⑪ **등기의무자의 등기필정보란**

전자신청 지정등기소에서는 신청방법(전자신청, 서면신청)을 불문하고 등기를 완료한 경우 등기필증 대신 등기필정보를 전자적 교부 또는 서면 교부하기 때문에, 등기신청의 당사자 또는 대리인은 등기필정보상의 일련번호와 비밀번호를 기재함으로써 등기필증의 제출을 갈음할 수 있다. 등기의무자가 교부받은 등기필정보에 기재된 부동산 고유번호, 성명, 일련번호, 비밀번호를 각 기재한다. 등기의무자에게 등기필정보나 등기필증이 없는 경우에는 부동산등기법 제51조의 규정에 의한다(기타 참조).

⑫ **신청인 혹은 대리인의 표시란**

㈎ 등기의무자와 등기권리자의 성명 및 전화번호를 기재하고, 각자가 기명날인하되, 등기의무자는 그의 인감을 날인한다. 등기권리자는 기명날인 대신에 서명으로 갈음할 수 있다. 신청인이 법인 또는 법인 아닌 사단이나 재단인 경우에는 상호(명칭)와 대표자(관리인)의 자격 및 성명을 기재한다. 법인이 등기의무자인 때에는 등기소의 증명을 얻은 그 대표자의 인감을, 법인 아닌 사단이나 재단이 등기의무자인 경우에는 대표자(관리인)의 개인인감을 날인한다.

㈏ 대리인이 등기신청을 하는 경우에는 그 대리인의 성명, 주소 및 전화번호를 기재하고 기명날인한다.

⑬ **첨부서면**

등기신청서에 첨부한 서면을 각 기재한다.

4. 등기소에 제공하여야 하는 첨부정보

⑭ **매매예약서**

등기원인을 증명하는 서면으로 첨부한다. 물론 '매매'를 등기원인으로 소유권이전청구권가등기를 신청하는 경우에는 매매계약서를 첨부한다(규칙 제46조 제1항 제1호).

⑮ **등록면허세영수필확인서**

시장, 구청장, 군수 등으로부터 등록면허세납부서(OCR용지)를 발급받아 세금을 납부한 후 등록면허세영수필확인서를 신청서의 등록면허세액표시란의 좌측상단 여백에 첨부하거나, 또는 지방세인터넷납부시스템을 이용하여 납부하고 출력한 등록면허세납부확인서를 첨부한다(지방세법 제30조; 지방세법시행령 제49조 제1항).

⑯ **등기신청수수료영수필확인서**

가등기를 신청하는 자는 등기신청수수료를 내야하므로(법 제22조 제3항), 부동산 1

개당 15,000원(전자표준양식에 의한 등기신청의 경우에는 13,000원, 전자신청의 경우에는 10,000원)에 해당하는 등기신청수수료를 납부하고 등기신청수수료영수필확인서를 첨부한다(등기예규 제1789호).

⑰ 인감증명 또는 본인서명사실확인서

등기의무자는 소유권의 등기명의인이므로 그의 인감증명을 첨부한다(규칙 제60조 제1항 제1호). 위 인감증명에 갈음하여 위임장 등에 서명을 하고 본인서명사실확인서를 첨부하거나 전자본인서명확인서 발급증을 첨부할 수 있다(부동산등기규칙 제60조의2). 규칙 제60조, 규칙 제61조에 의하여 인감증명을 첨부하여야 하는 자가 법인인 경우에는 등기소의 증명을 얻은 대표자의 인감증명을, 법인 아닌 사단 또는 재단인 경우에는 대표자 또는 관리인의 인감증명을 제출한다. 부동산매도용인감증명을 첨부하는 것은 아니다. 공동신청의 경우이든 가등기의무자의 승낙서를 첨부하여 단독신청하는 경우이든 인감증명을 첨부한다(규칙 제60조 제1항 제1호).

⑱ 주소 및 주민등록번호를 증명하는 서면 — 주민등록표등본·초본

등기권리자의 주소 및 주민등록번호를 증명하는 서면으로 가등기권자의 주민등록표등본·초본을 첨부하여야 한다(규칙 제46조 제1항 제6호).

⑲ 토지이용계획확인서

소유권이전청구권가등기도 국토의 계획 및 이용에 관한 법률 제118조 제1항의 적용을 받으므로 토지거래허가구역인 경우에는 토지거래허가증(시 · 군 · 구청 발급) 등을 첨부하여야 한다. 토지거래허가지역이 아닌 경우에는 이를 증명하기 위하여 토지이용계획확인서를 제출하여야 한다.

⑳-1 기타 — 신청인이 법인인 경우

법인이 등기를 신청하는 경우에는 법인등기사항전부증명서 또는 법인등기사항일부증명서를 첨부하여야 한다(규칙 제46조 제1항 제4호). 이 경우의 위 법인등기사항증명서는 등기권리자의 주소를 증명하는 서면, 부동산등기용등록번호를 증명하는 서면, 대리권을 증명하는 서면의 성격을 각 가진다. 다만 법인등기가 되어있는 등기소와 부동산 소재지 관할 등기소가 동일한 경우에는 위 법인등기사항증명서를 제출할 필요가 없다(규칙 제46조 제5항).

⑳-2 기타 — 신청인이 법인 아닌 사단(재단)인 경우

법인 아닌 사단 또는 재단이 등기를 신청하는 경우에는 ㉠ 정관이나 그 밖의 규약, ㉡ 대표자나 관리인임을 증명하는 정보(다만, 등기되어 있는 대표자나 관리인이 신청하는 경우에는 그러하지 아니하다), ㉢ 법인 아닌 사단 또는 재단의 주소 및 부동산등기용등록번호를 증명하는 정보(새로이 등기명의인이 되는 경우에 한한다), ㉣ 대표자나 관리인의 주소 및 주민등록번호를 증명하는 정보를 첨부정보로 제공한다. 다만 법인 아닌 사단이 등기의무자인 경우에는 민법 제276조 소정의 사원총회의 결의서도 첨부한다(규칙 제48조).

⑳-3 기타 ― 등기의무자의 등기필정보(등기필증, 등기완료통지서)가 없는 경우

등기의무자의 등기필정보(등기필증, 등기완료통지서)가 없을 때에는 ① 등기의무자 또는 그 법정대리인(이하 "등기의무자등"이라 한다)이 등기소에 출석하여 등기관으로부터 등기의무자등임을 확인받는 방법 ② 등기신청인의 대리인(변호사나 법무사만을 말한다)이 등기의무자등으로부터 위임받았음을 확인하여 확인서면을 제출하는 방법 ③ 신청서(위임에 의한 대리인이 신청하는 경우에는 그 권한을 증명하는 서면을 말한다) 중 등기의무자등의 작성부분에 관하여 공증을 받아 제출하는 방법으로 등기신청을 하여야 한다. 위 '공증'은 신청서나 위임장에 기재된 내용 중 등기의무자등의 작성부분(기명날인 등)에 대해 공증인이 등기의무자등의 의사에 의해 작성된 것임을 확인하고 그 증명을 하여 주는 사서증서의 인증을 의미한다(등기필정보가 없는 경우 확인조서 등에 관한 예규, 2018. 12. 18. 등기예규 제1664호, 시행 2019. 1. 1.)(법 제51조, 규칙 제111조 참조).

5. 등기신청서류 편철순서

신청서, 등록면허세영수필확인서, 등기신청수수료영수필확인서, 인감증명 또는 본인서명사실확인서, 주민등록표등본·초본, 매매예약서 등의 순으로 편철하는 것이 실무상의 예이다.

6. 등기기록례

[갑 구]	(소유권에 관한 사항)			(No.544)
순위번호	등기목적	접 수	등기원인	권리자 및 기타 사항
2	소유권이전	2010년 12월 2일 제4168호	2010년 12월 1일 매매	소유자 이대백 630320 - 1617312 전라북도 전주시 덕진구 가리내로 27길 26, 301동 901호 (금암동, 숲속길월드메르디앙센트랄파크아파트)
3	소유권이전청구권가등기	2019년 6월 17일 제8088호	2019년 6월 16일 매매예약	가등기권자 홍길동 510916 - 1771842 전라북도 전주시 덕진구 견훤로 333, 303-1012(인후동, 위브어울림아파트)

사례연습

소유권이전청구권가등기신청(종중, 일부이전)

설 문

1. 진주유씨 종중 반구당공파종중의 대표자 유석찬은 박명수와 아래 부동산의 3분의 1지분에 대하여 매매예약을 체결하였다

매매예약		2019. 8. 28.
매매예약금		120,000,000원
매매예약완결권행사		2019. 12. 1. 이후
매매예약권리자	박 명 수	680912-1010235
	서울특별시 양천구 목동서로 268 (신정동)	

2. 위 종중의 정관에는 종중 소유 부동산을 처분하는데 있어서 사원총회의 결의를 필요로 하지 않는다고 정하여져 있다.

3. 2019. 8. 28 박명수가 소유권이전등기청구권을 보전하기 위하여 신청하는 가등기신청서를 당사자의 의도에 가장 부합하게 작성하시오. 위 가등기는 가등기의무자와 가등기권리자가 공동신청하고자 한다.

참고자료

1. 해당 부동산
   인천광역시 강화군 강화읍 갑곳리 261　　전 300㎡
2. 공시지가　　1,000,000원/㎡
3. 해당 지역은 국토의 계획 및 이용에 관한 법률에 의한 토지거래허가지역이다.
4. 등록면허세율　　2/1,000

【모범답안】

소유권일부이전청구권가등기신청

접 수	년 월 일	처리인	등기관 확인	각종통지
	제 호			

부동산의 표시
인천광역시 강화군 강화읍 갑곶리 261 전 300㎡ -이 상-

등기원인과 그 연월일	2019년 8월 28일 매매예약
등 기 의 목 적	소유권일부이전청구권가등기
가 등 기 할 지 분	3분의1

구 분	성 명 (상호 · 명칭)	주민등록번호 (등기용등록번호)	주 소(소재지)	지분 (개인별)
등기 의무자	진주유씨 반구당공파 종중 대 표 자 유 석 찬	110126 431203-1236123	서울특별시 동작구 상도동 26-3 서울특별시 강남구 삼성동 261	3분의 1
등기 권리자	박 명 수	680912-1010235	서울특별시 양천구 목동서로 268 (신정동)	3분의 1

<table>
<tr><td colspan="4">시가표준액 및 국민주택채권매입금액</td></tr>
<tr><td>부동산 표시</td><td>부동산별 시가표준액</td><td colspan="2">부동산별 국민주택채권매입총액</td></tr>
<tr><td>1. 토 지</td><td>금 100,000,000원</td><td colspan="2"></td></tr>
<tr><td></td><td></td><td colspan="2"></td></tr>
<tr><td colspan="2">국 민 주 택 채 권 매 입 총 액</td><td colspan="2"></td></tr>
<tr><td colspan="2">국 민 주 택 채 권 발 행 번 호</td><td colspan="2"></td></tr>
<tr><td>등 록 면 허 세</td><td>금 240,000원</td><td>지 방 교 육 세</td><td>금 48,000원</td></tr>
<tr><td>세 액 합 계</td><td colspan="3">금 288,000 원</td></tr>
<tr><td rowspan="2">등 기 신 청 수 수 료</td><td colspan="3">금 15,000 원</td></tr>
<tr><td colspan="3">납부번호 :</td></tr>
<tr><td colspan="4">첨 부 서 면 (간인)</td></tr>
<tr><td colspan="2">1. 매매예약서 1통
1. 등록면허세영수필확인서 1통
1. 등기신청수수료영수필확인서 1통
1. 인감증명 또는 본인서명사실확인서 또는 전자본인서명확인서발급증 1통
1. 주민등록표등본·초본 1통
1. 토지거래허가서 1통</td><td colspan="2">1. 정 관 1통
1. 대표자자격증명서면 1통
1. 대표자의 주민등록표등본·초본 1통
1. 등기필증 1통
1. 보증인의 인감증명 또는 본인서명사실확인서 2통</td></tr>
<tr><td colspan="4">2019년 8월 28일

신청인 진주유씨 종중 대표자 유석찬 ㊞
박 명 수 ㊞

서울중앙지방법원 등기국 귀중</td></tr>
</table>

신청서 작성요령란

* 1. 부동산표시란에 2개 이상의 부동산을 기재하는 경우에는 부동산의 일련번호를 기재하여야 합니다.
  2. 신청인란 등 해당란에 기재할 여백이 없을 경우에는 별지를 이용합니다.
  3. 담당 등기관이 판단하여 위의 첨부서면 외에 추가적인 서면을 요구할 수 있습니다.

〔첨부서면에 대한 설명〕

① 매매예약서

매매예약으로 인한 소유권이전가등기를 신청하는 경우에는 등기원인증서로써 매매예약서를 제출한다(규칙 제46조 제1항 제1호).

② 등록면허세영수필확인서 또는 등록면허세납부확인서

시장, 구청장, 군수 등으로부터 등록면허세납부서(OCR용지)를 발급받아 금융기관에 세금을 납부한 후 교부받은 등록면허세영수필확인서를 첨부한다(지방세법 제30조; 지방세법시행령 제49조 제1항).

③ 등기신청수수료영수필확인서

가등기를 신청하는 자는 등기신청수수료를 내야하므로(법 제22조 제3항), 부동산 1개당 15,000원(전자표준양식에 의한 등기신청의 경우에는 13,000원, 전자신청의 경우에는 10,000원)에 해당하는 등기신청수수료를 납부하고 등기신청수수료영수필확인서를 첨부한다(등기예규 제1789호).

④ 인감증명 또는 본인서명사실확인서 또는 전자본인서명확인서 발급증

소유권의 등기명의인이 등기의무자인 경우이므로 등기의무자인 소유자의 인감증명(발행일로부터 3개월 이내)을 첨부한다(규칙 제60조 제1항 제1호).

⑤ 주민등록표등본 · 초본

가등기권리자인 박명수의 주소 및 주민등록번호를 증명하는 서면으로 주민등록표등본 · 초본(각, 발행일로부터 3개월 이내)을 첨부한다(제46조 제1항 제6호).

⑥ 토지거래허가서

토지거래허가구역안에 있는 토지에 관한 소유권이전계약을 체결하고자 하는 자는 시장 · 군수 · 구청장 등의 허가를 받아야 하므로 등기신청서에는 토지거래허가서를 첨부한다(규칙 제46조 제1항 제2호).

⑦ 정 관

법인이 아닌 사단 또는 재단이 등기를 신청함에는 정관이나 그 밖의 규약을 첨부하여야 한다(규칙 제48조 제1호).

⑧ 대표자자격증명서면

법인이 아닌 사단 또는 재단이 등기를 신청함에는 대표자 또는 관리인임을 증명하는 서면으로 정관 기타의 규약이나 대표자를 선임한 회의록이나 의사록을 첨부하여야 한다(규칙 제48조 제2호). 다만 등기되어 있는 대표자가 신청할 때에는 이를 첨부할 필요

가 없다.

⑨ **대표자의 주민등록표등 · 초본**

법인이 아닌 사단 또는 재단이 등기를 신청함에는 대표자 또는 관리인이 이를 신청하여야 하고 대표자 또는 관리인의 주소 및 주민등록번호를 증명하는 정보로 주민등록표등본 · 초본을 첨부하여야 한다(규칙 제48조 제4호).

⑩ **등기필증**

등기를 공동신청함에는 가등기의무자의 등기필증을 첨부한다(법 부칙 제2조).

⑪ **위임장**

등기신청을 법무사 등 대리인에게 위임하는 경우에 대리권한을 증명하는 서면으로 첨부한다(규칙 제46조 제1항 5호).

⑫ **인감증명 또는 본인서명사실확인서(보증인)**

위 대표자자격증명서면에는 그 사실을 확인하는 데 상당하다고 인정되는 2인 이상의 성년자가 사실과 상위 없다는 취지와 성명을 기재하고 인감을 날인하여야 하며, 날인한 인감에 관한 인감증명을 제출하여야 한다(규칙 제60조 제1항 제8호). 위 인감증명에 갈음하여 확인서 등에 서명을 하고 본인서명사실확인서를 첨부하거나 전자본인서명확인서 발급증을 첨부할 수 있다(2016. 12. 16. 등기예규 제1609호).

다만 변호사 또는 법무사가 등기신청을 대리하는 경우에는 변호사 또는 법무사가 위 각 서면에 사실과 상위 없다는 취지를 기재하고 기명날인함으로써 이에 갈음할 수 있다[2011. 10. 12. 등기예규 제1435호, 법인 아닌 사단이 부동산등기를 신청하는 경우에 첨부하는 서면은 공증 대상이 아닐 뿐만 아니라 기존 예규가 그 서면에 날인한 자의 인감증명도 첨부할 필요가 없다고 하여 서면의 진정성을 확인하는 데 어려움이 많아 이를 개선하여야 한다는 일선 등기관들의 요청에 따라, 이를 반영하여 위 서면에 이를 보증하는 자의 인감 날인과 인감증명을 제출하도록 본 예규를 개정함].

사례연습

소유권이전청구권가등기신청(단독신청)

|설 문|

아래에 그 요지를 기재한 계약으로 발생한 등기청구권을 보전하기 위한 등기신청서를 2019. 3. 4. 자로 서울중앙지방법원 등기국에 작성하여 제출하라. 문제에 제시되지 아니한 사항은 임의로 기재하라.

참고자료

토지매매계약서

매도인 박갑남을 갑으로 하고 매수인 이을남을 을이라 하여 다음과 같이 계약을 체결한다.

제1조: 갑은 을에게 아래 토지를 매도하고 을은 이를 매수한다.

소재: 서울특별시 서초구 우면동 33

지목: 대

면적: 300㎡

공시지가: 1,200,000원/㎡

제2조: 매매가격은 평방미터당 금 1,000,000원으로 하고, 을은 갑에게 총액 금 300,000,000원을 다음과 같이 지급한다.

1. 금일 계약금으로 금 30,000,000원
2. 잔금 270,000,000원을 2019. 8. 30. 까지 토지소유권 이전등기신청서류와 상환으로 지급한다.
3. 등기신청은 박갑남이 입원중인 사정을 감안하여 이을남이 단독신청하기로 한다.

2019. 3. 1.

매도인 박 갑 남 ㊞
서울특별시 서초구 방배동 222
(580808-1011111)

매수인 이 을 남 ㊞
미국 뉴욕주 뉴욕시 맨해튼 36
(재외국민임, 부동산등기용등록번호 11125)

【모범답안】

토지소유권이전청구권 가등기신청

접 수	년 월 일	처리인	등기관 확인	각종통지
	제 호			

부동산의 표시	
서울특별시 서초구 우면동 33 대 300㎡ 이 상	
등기원인과 그 연월일	2019년 3월 1일 매매
등 기 의 목 적	소유권이전청구권가등기

구 분	성 명 (상호·명칭)	주민등록번호 (등기용등록번호)	주 소(소재지)	지분 (개인별)
등기의무자	박 갑 남	580808-1010101	서울특별시 서초구 방배동 222	
등기권리자	이 을 남	11125	미국 뉴욕주 뉴욕시 맨해튼 36	

시가표준액 및 국민주택채권매입금액		
부동산 표시	부동산별 시가표준액	부동산별 국민주택채권매입총액
1. 토 지	금 360,000,000원	
국 민 주 택 채 권 매 입 총 액		
국 민 주 택 채 권 발 행 번 호		

등 록 면 허 세	금 720,000원	지 방 교 육 세	금 144,000원

세 액 합 계	금 864,000 원
등 기 신 청 수 수 료	금 15,000 원
	납부번호 :

등기의무자의 등기필정보		
부동산고유번호		
성명(명칭)	일련번호	비밀번호

첨 부 서 면 (간인)	
1. 매매계약서 1통	1. 토지이용계획확인서 1통
1. 등록면허세영수필확인서 1통	1. 토지대장 1통
1. 등기신청수수료영수필확인서 1통	
1. 재외국민등록부등본 1통	
1. 부동산등기용등록번호증명서면 1통	
1. 승낙서 1통	
1. 인감증명 또는 본인서명사실확인서 또는 전자본인서명확인서발급증 1통	

2019년 3월 4일

위 신청인 이 을 남 ㊞ (전화:)

서울중앙지방법원 등기국 귀중

신청서 작성요령란

* 1. 부동산표시란에 2개 이상의 부동산을 기재하는 경우에는 부동산의 일련번호를 기재하여야 합니다.
  2. 신청인란 등 해당란에 기재할 여백이 없을 경우에는 별지를 이용합니다.
  3. 담당 등기관이 판단하여 위의 첨부서면 외에 추가적인 서면을 요구할 수 있습니다.

13. 가등기 — (2) 가등기말소등기신청

가등기말소등기신청

접 수	년 월 일	처리인	등기관 확인	각종통지
	제 호			

① 부동산의 표시			
1. 서울특별시 서초구 서초동 100 대 300㎡ 2. 서울특별시 서초구 서초동 100 [도로명주소] 서울특별시 서초구 서초대로 20길 72 시멘트 벽돌조 슬래브지붕 2층 근린생활시설 1층 100㎡ 2층 100㎡ -이상-			
② 등기원인과 그 연월일	2019년 12월 1일 해제		
③ 등 기 의 목 적	3번 가등기말소		
④ 말 소 할 등 기	2017년 6월 17일 접수 제12345호로 경료한 소유권이전청구권가등기		
구 분	성 명 (상호 · 명칭)	주민등록번호 (등기용등록번호)	주 소(소재지)
⑤ 등기 의무자	홍 길 동	510916-1771842	서울특별시 송파구 방이동 66
⑥ 등기 권리자	이 대 백	630320-1617312	서울특별시 마포구 마포대로1길 26, 705동 1201호(용강동, 엘지아파트)

<table>
<tr><td>⑦ 등 록 면 허 세</td><td colspan="2">금 12,000 원</td></tr>
<tr><td>⑦ 지 방 교 육 세</td><td colspan="2">금 2,400 원</td></tr>
<tr><td>⑧ 세 액 합 계</td><td colspan="2">금 14,400 원</td></tr>
<tr><td rowspan="2">⑨ 등 기 신 청 수 수 료</td><td colspan="2">금 6,000 원</td></tr>
<tr><td colspan="2">납부번호 :</td></tr>
<tr><td colspan="3">⑩ 등기의무자의 등기필정보</td></tr>
<tr><td>부 동 산 고 유 번 호</td><td colspan="2">1149-1996-067537</td></tr>
<tr><td>성 명 (명 칭)</td><td>일련번호</td><td>비밀번호</td></tr>
<tr><td>홍 길 동</td><td>AEDI-0198-7329</td><td>12 - 3126</td></tr>
<tr><td colspan="3">⑫ 첨 부 서 면 (간인)</td></tr>
<tr><td>1. 해제증서 1통 ⑬
1. 등록면허세영수필확인서 1통 ⑭
1. 등기신청수수료영수필확인서 1통 ⑮
1. 인감증명 또는 본인서명사실확인서 또는 전자본인서명확인서발급증 1통 ⑯</td><td colspan="2"><기 타> ⑰</td></tr>
<tr><td colspan="3">2019년 12월 1일

⑪ 위 신청인 홍 길 동 ㊞ (전화: 255-7766)
이 대 백 ㊞ (전화: 200-6677)

(또는) 위 대리인

서울중앙지방법원 등기국 귀중</td></tr>
</table>

신청서 작성요령란

* 1. 부동산표시란에 2개 이상의 부동산을 기재하는 경우에는 부동산의 일련번호를 기재하여야 합니다.
2. 신청인란 등 해당란에 기재할 여백이 없을 경우에는 별지를 이용합니다.
3. 담당 등기관이 판단하여 위의 첨부서면 외에 추가적인 서면을 요구할 수 있습니다.

등기신청안내서 — 가등기말소등기신청

1. 가등기말소등기

매매 또는 저당권설정 등의 예약(혹은 계약)으로 인한 가등기를 한 경우에 매매예약(계약)이나 저당권설정예약(계약)이 해제, 취소되거나 착오 등의 사유가 있을 때에 그 가등기를 말소하기 위하여 하는 등기이다. 본 신청에서는 가등기권리자가 등기의무자, 부동산소유자가 등기권리자이다.

2. 등기신청방법

(1) 공동신청

가등기명의인과 부동산소유자가 본인임을 확인할 수 있는 주민등록증 등을 가지고 직접 등기소에 출석하여 공동으로 신청함이 원칙이다.

(2) 단독신청

가등기명의인은 단독으로 가등기의 말소등기를 신청할 수 있으며(이러한 경우에는 부동산소유자가 등기소에 출석할 필요가 없다), 등기상 이해관계인도 가등기명의인의 승낙서 또는 이에 대항할 수 있는 재판의 등본을 첨부하여 가등기의 말소등기를 단독으로 신청할 수 있다(법 제93조).

3. 등기소에 제공하여야 하는 신청정보

신청서는 한글과 아라비아 숫자로 기재한다. 부동산의 표시란이나 신청인란 등이 부족할 경우에는 별지를 사용하고, 별지를 포함하여 신청서가 여러 장인 때에는 각 장 사이에 간인을 하여야 한다.

① 부동산의 표시란

말소하고자 하는 가등기가 되어 있는 부동산을 기재하되, 등기부상 부동산의 표시와 일치하여야 한다. 부동산이 토지인 경우에는 토지의 소재와 지번, 지목, 면적을, 건물인 경우에는 건물의 소재와 지번, 건물의 종류, 구조, 면적, 건물의 번호가 있는 때에는 그 번호, 부속건물이 있는 때에는 그 종류, 구조와 면적을 기재한다.

② **등기원인과 그 연월일란**

등기원인은 원인에 따라 "해제", "취소", "신청착오"를 기재하고, 연원일을 해제일 또는 취소를 한 날짜 등을 기재한다.

③ **등기의 목적란**

"소유권이전청구권가등기말소"로 기재한다.

④ **말소할 등기란**

말소할 가등기의 접수년월일, 접수번호 등을 기재하여 말소할 등기를 특정한다. 가등기가 이전된 후에 가등기를 말소하는 경우에는 말소할 등기로 원래의 가등기를 기재하여야 하지 가등기이전등기를 기재하지 아니한다.

⑤ **등기의무자란**

가등기명의인의 성명, 주민등록번호, 주소를 기재하되, 등기부상 표시와 일치하여야 한다. 가등기의 말소등기를 신청하는 경우에 있어서 그 등기명의인표시에 변경 또는 경정사유가 있더라도 신청서에 그 변경 또는 경정을 증명하는 서면을 첨부한 경우에는 등기명의인표시변경 또는 경정등기를 생략할 수 있다. 가등기가 이전된 후에 가등기를 말소하는 경우에는 등기의무자로 가등기상 권리의 양수인을 기재하여야 하지 원래의 가등기권리자를 기재할 것이 아니다.

⑥ **등기권리자란**

가등기의무자(또는 현재의 부동산소유자)를 기재하는 난으로, 그 기재방법은 등기의무자란과 같다.

⑦ **등록면허세 · 지방교육세란**

부동산 1개당 등록면허세 6,000원, 지방교육세 1,200원으로 계산하여 기재한다.

⑧ **세액합계란**

등록면허세액과 지방교육세액의 합계를 기재한다.

⑨ **등기신청수수료란**

말소등기를 신청하는 자는 등기신청수수료를 내야하므로(법 제22조 제2항), 부동산 1개당 3,000원(전자표준양식에 의한 등기신청의 경우에는 2,000원, 전자신청의 경우에는 1,000원)에 해당하는 등기신청수수료를 납부하고 그 등기신청수수료금액 및 납부번호를 신청서에 기재한다(등기예규 제1789호).

⑩ **등기필정보**

전자신청 지정등기소에서는 신청방법(전자신청, 서면신청)을 불문하고 등기를 완료한 경우 등기필증 대신 등기필정보를 전자적 교부 또는 서면 교부하기 때문에, 등기신청의 당사자 또는 대리인은 등기필정보상의 일련번호와 비밀번호를 기재함으로써 등기필증의 제출을 갈음할 수 있다. 등기의무자가 교부받은 등기필정보에 기재된 부동산고유번호, 성명, 일련번호, 비밀번호를 각 기재한다. 등기의무자에게 등기필정보나 등기필증이 없는 경우에는 부동산등기법 제51조의 규정에 의한다(기타 참조).

가등기말소등기를 공동신청할 때에는 가등기명의인의 등기필정보를 등기소에 신청정보로 제공하여야 하지만, 가등기명의인이 아닌 가등기의무자 또는 등기상 이해관계인이 가등기명의인의 승낙서를 첨부하여 단독으로 가등기말소등기를 신청하는 경우에는 가등기명의인의 등기필정보는 제공할 필요가 없다는 것이 법원행정처의 입장이다(부동산등기실무 3권 p.58).

⑪ 신청인 혹은 대리인의 표시란

㈎ 등기의무자와 등기권리자의 성명 및 전화번호를 기재하고, 각자가 기명날인하되, 등기의무자(가등기명의인)는 그의 인감을 날인한다. 등기권리자는 기명날인 대신에 서명으로 갈음할 수 있다. 신청인이 법인 또는 법인 아닌 사단이나 재단인 경우에는 상호(명칭)와 대표자(관리인)의 자격 및 성명을 기재한다. 법인이 등기의무자인 때에는 등기소의 증명을 얻은 그 대표자의 인감을, 법인 아닌 사단이나 재단이 등기의무자인 경우에는 대표자(관리인)의 개인인감을 날인한다.

㈏ 대리인이 등기신청을 하는 경우에는 그 대리인의 성명, 주소 및 전화번호를 기재하고 기명날인한다.

⑫ 첨부서면란

등기신청서에 첨부한 서면을 각 기재한다.

4. 등기소에 제공하여야 하는 첨부정보

⑬ 해제증서

해제증서 등과 같이 가등기말소 사유에 관한 증서가 있는 경우에는 그 증서를 제출한다(규칙 제46조 제1항 제1호).

⑭ 등록면허세영수필확인서 또는 등록면허세납부확인서

시장, 구청장, 군수 등으로부터 등록면허세납부서(OCR용지) 또는 대법원 인터넷등기소의 정액등록면허세납부서 작성기능을 통하여 정액등록면허세납부서를 발급받아 세금을 납부한 후 등록면허세영수필확인서를 신청서의 등록면허세액표시란의 좌측상단 여백에 첨부하거나, 또는 지방세인터넷납부시스템을 이용하여 납부하고 출력한 등록면허세납부확인서를 첨부한다(지방세법 제30조; 지방세법시행령 제49조 제1항).

⑮ 등기신청수수료영수필확인서

말소등기를 신청하는 자는 등기신청수수료를 내야하므로(법 제22조 제3항), 부동산 1개당 3,000원(전자표준양식에 의한 등기신청의 경우에는 2,000원, 전자신청의 경우에는 1,000원)에 해당하는 등기신청수수료를 납부하고 등기신청수수료영수필확인서를 첨부한다(등기예규 제1789호).

⑯ 인감증명 또는 본인서명사실확인서 또는 전자본인서명확인서 발급증

소유권에 관한 가등기의 말소등기를 신청하는 경우에는(공동신청, 단독신청의 경우를 불문하고) 소유권에 관한 가등기명의인의 인감증명을 첨부하여야 한다(판결에 의하여 등기를 신청하는 경우는 제외)(규칙 제60조 제1항 제2호). 위 인감증명에 갈음하여 위임장 등에 서명을 하고 본인서명사실확인서를 첨부하거나 전자본인서명확인서 발급증을 첨부할 수 있다(부동산등기규칙 제60조의2). 규칙 제60조, 규칙 제61조에 의하여 인감증명을 첨부하여야 하는 자가 법인인 경우에는 등기소의 증명을 얻은 대표자의 인감증명을, 법인 아닌 사단 또는 재단인 경우에는 대표자 또는 관리인의 인감증명을 제출한다. 한편 소유권에 관한 가등기를 이전하는 경우에는 등기의무자의 인감증명을 제출할 필요가 없다는 점을 주의한다.

⑰-1 기타 ― 신청인이 법인인 경우

법인이 등기를 신청하는 경우에는 대표자의 자격을 증명하는 서면으로 법인등기사항전부증명서 또는 법인등기사항일부증명서를 첨부하여야 한다(규칙 제46조 제1항 제4호). 이 경우에 위 법인등기사항증명서는 등기권리자의 주소를 증명하는 서면, 부동산등기용등록번호를 증명하는 서면이기도 하다(규칙 제46조 제1항 제6호). 다만 법인등기가 되어있는 등기소와 부동산소재지 관할 등기소가 동일한 경우에는 위 법인등기사항증명서를 제출할 필요가 없다(규칙 제46조 제5항).

⑰-2 기타 ― 신청인이 법인 아닌 사단(재단)인 경우

법인 아닌 사단 또는 재단이 등기를 신청하는 경우에는 ㉠ 정관이나 그 밖의 규약, ㉡ 대표자나 관리인임을 증명하는 정보(다만, 등기되어 있는 대표자나 관리인이 신청하는 경우에는 그러하지 아니하다), ㉢ 법인 아닌 사단 또는 재단의 주소 및 부동산등기용등록번호를 증명하는 정보(새로이 등기명의인이 되는 경우에 한한다), ㉣ 대표자나 관리인의 주소 및 주민등록번호를 증명하는 정보를 첨부정보로 제공한다. 다만 법인 아닌 사단이 등기의무자인 경우에는 민법 제276조 소정의 사원총회의 결의서도 첨부한다(규칙 제48조).

⑰-3 기타 — 등기의무자의 등기필정보(등기필증, 등기완료통지서)**가 없는 경우**

등기의무자의 등기필정보(등기필증, 등기완료통지서)가 없을 때에는 ① 등기의무자 또는 그 법정대리인(이하 '등기의무자등'이라 한다)이 등기소에 출석하여 등기관으로부터 등기의무자등임을 확인받는 방법 ② 등기신청인의 대리인(변호사나 법무사만을 말한다)이 등기의무자등으로부터 위임받았음을 확인하여 확인서면을 제출하는 방법 ③ 신청서(위임에 의한 대리인이 신청하는 경우에는 그 권한을 증명하는 서면을 말한다) 중 등기의무자등의 작성부분에 관하여 공증을 받아 제출하는 방법으로 등기신청을 하여야 한다.

위 '공증'은 신청서나 위임장에 기재된 내용 중 등기의무자등의 작성부분(기명날인 등)에 대해 공증인이 등기의무자등의 의사에 의해 작성된 것임을 확인하고 그 증명을 하여 주는 사서증서의 인증을 의미한다(등기필정보가 없는 경우 확인조서 등에 관한 예규, 2018. 12. 18. 등기예규 제1664호, 시행 2019. 1. 1.)(법 제51조; 규칙 제111조 참조).

5. 등기신청서류 편철순서

신청서, 등록면허세영수필확인서, 등기신청수수료영수필확인서, 인감증명 또는 본인서명사실확인서, 해제증서 등의 순으로 편철하는 것이 실무상의 예이다.

6. 등기기록례

[갑 구]		(소유권에 관한 사항)		(No.582)
순위번호	등기목적	접 수	등기원인	권리자 및 기타 사항
3	~~소유권이전청구권가등기~~	~~2017년 6월 17일 제12345호~~	~~2017년 6월 16일 매매예약~~	~~가등기권자 홍길동 510916 - 1771842 서울특별시 송파구 방이동 66~~
4	3번가등기 말소	2019년 12월 1일 제9989호	2019년 12월 1일 해제	

13. 가등기 — (3) 소유권이전본등기신청(매매)

소유권이전본등기신청(매매)

접 수	년 월 일	처리인	등기관 확인	각종통지
	제 호			

① 부동산의 표시			
1. 전라북도 전주시 덕진구 금암동 100 대 300㎡ 2. 전라북도 전주시 덕진구 금암동 100 [도로명주소] 전라북도 전주시 덕진구 가리내로27길 263 시멘트 벽돌조 슬래브지붕 2층 근린생활시설 1층 100㎡ 2층 100㎡ -이상- 거래신고관리번호: 거래가액:금 400,000,000원 이 상			
② 등기원인과 그 연월일	2019년 12월 15일 매매		
③ 등 기 의 목 적	소유권이전		
④ 본등기할 가등기의 표시	2019년 6월 17일 접수 제12345호 순위번호 3번으로 등기된 소유권이전청구권가등기		
⑤ 이 전 할 지 분			
구 분	성 명 (상호·명칭)	주민등록번호 (등기용등록번호)	주 소(소재지)
⑥ 등기 의무자	이 대 백	630320-1617312	전라북도 전주시 덕진구 가리내로 27길 26, 301동 901호 (금암동, 숲속길월드메르디앙센트럴파크아파트)
⑦ 등기 권리자	홍 길 동	510916-1771842	전라북도 전주시 덕진구 견훤로 333, 303동 1012호(인후동, 위브어울린아파트)

⑧ 시가표준액 및 국민주택채권매입금액		
부동산 표시	부동산별 시가표준액	부동산별 국민주택채권매입총액
1. 공동주택	금 300,000,000 원	금 12,600,000 원
	금 원	금 원
⑧국민주택채권매입총액		금 12,600,000 원
⑧국민주택채권발행번호		
⑨ 취득세(등록면허세) 금 16,000,000 원		⑨ 지방교육세 금 1,600,000 원
		⑨ 농어촌특별세 금 800,000 원
⑩ 세 액 합 계	금 18,400,000 원	
⑪ 등기신청수수료	금 30,000 원	
	납부번호	

⑫ 등기의무자의 등기필정보		
부동산고유번호	1102-2006-002095	
성 명 (명 칭)	일련번호	비밀번호
이 대 백	Q77C-L071-35J5	40-4636

⑭ 첨 부 서 면 (간인)	
1. 매매계약서 1통 ⑮	1. 부동산거래계약신고필증 1통 ㉒
1. 취득세영수필확인서 1통 ⑯	1. 매매목록 1통 ㉓
1. 등기신청수수료영수필확인서 1통 ⑰	1. 위임장 1통 ㉔
1. 인감증명 또는 본인서명사실확인서 또는 전자본인서명확인서발급증 1통 ⑱	1. 자필서명정보 1통 ㉕
1. 주민등록표등본·초본 2통 ⑲	1. 토지이용계획확인서 1통 ㉖
1. 토지대장등본 1통 ⑳	<기 타> ㉗
1. 건축물대장등본 1통 ㉑	

2019년 12월 31일

⑬ 위 신청인

대리인 법무사 유 명 한 직인 (전화: 599-0000)

서울특별시 서초구 서초대로100길 319 (서초동)

전주지방법원 등기과 귀중

등기신청안내서 — 소유권이전본등기신청

1. 소유권이전본등기

매매예약에 의하여 소유권이전청구권보전의 가등기를 한 후에 예약완결로(예약완결의 의사표시를 하여) 매매계약이 성립된 경우에 가등기에 기하여 하는 소유권이전의 본등기를 말하며, 이 신청에서는 가등기권리자를 등기권리자, 부동산 소유자를 등기의 무자라 한다. 가등기된 부동산의 소유자가 변경된 경우에는 현재의 소유자가 본등기의 무자가 아니라 원래의 가등기의무자가 본등기의무자이다.

2. 등기신청 방법

(1) 공동신청

가등기권리자와 부동산 소유자가 본인임을 확인할 수 있는 주민등록증 등을 가지고 직접 등기소에 출석하여 공동으로 신청함이 원칙이다.

(2) 단독신청

판결에 의한 등기신청인 경우에는 승소한 등기권리자 또는 등기의무자가 단독으로 신청할 수 있다.

3. 등기소에 제공하여야 하는 신청정보

신청서는 한글과 아라비아 숫자로 기재한다. 부동산의 표시란이나 신청인란 등이 부족할 경우에는 별지를 사용하고, 별지를 포함하여 신청서가 여러 장인 때에는 각 장 사이에 간인을 하여야 한다.

① 부동산의 표시란

소유권이전청구권보전의 가등기가 되어 있는 부동산을 기재하되, 등기부상 부동산의 표시와 일치하여야 한다. 부동산이 토지인 경우에는 토지의 소재와 지번, 지목, 면적을 기재하고, 건물인 경우에는 건물의 소재와 지번, 도로명주소, 구조, 종류, 면적, 건물의 번호가 있는 때에는 그 번호, 부속건물이 있는 때에는 그 구조, 종류와 면적을 기재하면 된다. 만일 등기부와 토지 · 건축물대장의 부동산표시가 다른 때에는 먼저 부동산표시변경(또는 경정)등기를 하여야 한다.

② **등기원인과 그 연월일란**

등기원인은 '매매'로, 연월일은 예약완결일(매매계약 성립일)을 기재한다. 실제로 예약완결권의 의사표시를 한 날이 본등기의 등기원인일이 된다. 가등기원인일자를 기재할 것이 아니다.

③ **등기의 목적란**

소유권전부이전의 경우에는 '소유권이전'으로, 소유권일부이전의 경우에는 '소유권일부이전'으로 기재한다.

④ **가등기의 표시란**

본등기할 소유권이전청구권가등기의 접수년월일, 접수번호 등을 기재하여 본등기할 가등기를 특정한다.

⑤ **이전할 지분란**

지분에 대한 가등기에 기한 본등기를 하는 경우에만 기재한다.

⑥ **등기의무자란**

소유권이전가등기에 기한 본등기의 경우, 가등기 할 당시의 소유자와 본등기 할 당시의 소유자가 다른 때에도 가등기 할 당시의 소유자가 등기의무자이다. 부동산 소유자의 성명, 주민등록번호, 주소를 기재하되, 등기부상 소유자 표시와 일치하여야 한다. 다만 등기기록상 등기의무자의 주소가 지번방식의 주소인 경우에도, 등기의무자가 제공한 주민등록등(초)본이나 인감증명 등에 의하여 해당 지번방식의 주소에 대한 도로명주소임이 인정되는 경우에는 등기사건을 수리하여야 한다(법 제29조 제7호의 적용을 받지 아니한다). 한편 등기의무자의 주소가 주소변경 등의 실질적인 주소변경이 아닌 도로명주소법에 따른 주소변경인 경우에는 주소변경의 직권등기를 하지 않는다.

⑦ **등기권리자란**

가등기권리자를 기재하는 난으로, 그 기재방법은 등기의무자란과 같다. 가등기 후 가등기상의 권리가 제3자에게 이전된 경우에는 가등기권리의 양수인이 본등기 할 당시의 본등기권리자이다.

⑧ **시가표준액 및 국민주택채권매입총액란**

㈎ 등기신청인이 등기신청에 앞서 시 · 군 · 구에서 등록면허세납부서(OCR용지)를 교부받아 그에 기재된 시가표준액을 신청서에 기재하고, 시가표준액의 일정비율에 해당하는 국민주택채권매입금액을 계산하여 기재한다. 또한 국민주택채권발행번호를 해당란에 기재하여야 한다.

(나) 부동산이 2개 이상인 경우에는 각 부동산별로 시가표준액 및 국민채권매입금액을 기재한 다음 국민주택채권매입총액을 기재하여야 한다.

⑨ **등록면허세 · 지방교육세란 및 농어촌특별세란**

㉠ 유상거래를 원인으로 소유권이전등기를 신청하는 경우에는 지방세법 제11조 제1항 제7호의 규정(유상취득-주택아님)에 따라 시가표준액(400,000,000원)의 1,000분의 40에 해당하는 취득세를 납부한다(400,000,000 × 40/1,000 = 16,000,000원 지방세법 제11조 제1항 제7호). ㉡ 취득물건에 대하여 지방세법 제10조의 과세표준에 제11조 제1항 제1호부터 제7호까지의 세율에서 1천분의 20을 뺀 세율을 적용하여 산출한 금액의 100분의 20의 지방교육세를 납부한다(400,000,000 × (40/1,000 - 20/1,000) × 20/100 = 1,600,000원. 지방세법 제151조 제1항), ㉢ 지방세법 제11조 및 제12조의 표준세율을 1,000분의 20으로 적용하여 100분의 10에 해당하는 농어촌특별세를 납부한다(400,000,000 × 20/1,000 × 10/100 = 800,000원. 농어촌특별세법 제5조 제1항). 이 등기신청은 가등기시에는 매매예약을 350,000,000원으로 하였으나 본등기시에는 400,000,000원으로 매매를 한 경우이다.

취득세	지방교육세	농어촌특별세
40/1,000	(40/1,000 - 20/1,000) x 20/100	20/1,000 x 10/100
지방세법 제11조 제1항 제7호	지방세법 제151조 제1항	농어촌특별세법 제5조 제1항

⑩ **세액합계**

취득세, 농어촌특별세, 지방교육세액의 합계를 기재한다.

⑪ **등기신청수수료**

가등기에 의한 본등기를 신청하는 자는 등기신청수수료를 내야하므로(법 제22조 제3항), 부동산 1개당 15,000원(전자표준양식에 의한 등기신청의 경우에는 13,000원, 전자신청의 경우에는 10,000원)에 해당하는 등기신청수수료를 납부하고 그 등기신청수수료금액 및 납부번호를 신청서에 기재한다(등기예규 제1789호).

⑫ **등기의무자의 등기필정보란**

전자신청 지정등기소에서는 신청방법(전자신청, 서면신청)을 불문하고 등기를 완료한 경우 등기필증 대신 등기필정보를 전자적 교부 또는 서면 교부하기 때문에, 등기신청의 당사자 또는 대리인은 등기필정보상의 일련번호와 비밀번호를 기재함으로써 등기필증의 제출을 갈음할 수 있다. 등기의무자가 교부받은 등기필정보에 기재된 부동산 고유번호, 성명, 일련번호, 비밀번호를 각 기재한다. 등기의무자에게 등기필정보나 등기필증이 없는 경우에는 부동산등기법 제51조의 규정에 의한다(기타 참조).

⑬ **신청인 혹은 대리인의 표시란**

㈎ 등기의무자와 등기권리자의 성명 및 전화번호를 기재하고, 각자가 기명날인하되, 등기의무자는 그의 인감을 날인한다. 등기권리자는 기명날인 대신에 서명으로 갈음할 수 있다. 신청인이 법인 또는 법인 아닌 사단이나 재단인 경우에는 상호(명칭)와 대표자(관리인)의 자격 및 성명을 기재한다. 법인이 등기의무자인 때에는 등기소의 증명을 얻은 그 대표자의 인감을, 법인 아닌 사단이나 재단이 등기의무자인 경우에는 대표자(관리인)의 개인인감을 날인한다.

㈏ 대리인이 등기신청을 하는 경우에는 그 대리인의 성명, 주소 및 전화번호를 기재하고 기명날인한다.

⑭ **첨부서면**

등기신청서에 첨부한 서면을 각 기재한다.

4. 등기소에 제공하여야 하는 첨부정보

⑮ **매매계약서**

계약으로 인한 소유권이전등기를 신청하는 경우에는 그 계약서에 기재된 거래금액이 1,000만원을 초과하는 경우에는 일정액의 전자수입인지를 첩부하여야 한다(규칙 제46조 제1항 제1호).

⑯ **취득세영수필확인서 또는 취득세납부확인서**

시장, 구청장, 군수 등으로부터 취득세납부서(OCR용지)를 발급받아 세금을 납부한 후 취득세영수필확인서를 신청서의 취득세액표시란의 좌측상단 여백에 첨부하거나, 또는 지방세인터넷납부시스템에서 출력한 취득세납부확인서를 첨부정보로서 등기소에 제공하여야 한다(지방세법 제20조; 지방세법시행령 제36조 제1항).

⑰ **등기신청수수료영수필확인서**

가등기에 의한 본등기를 신청하는 자는 등기신청수수료를 내야하므로(법 제22조 제3항), 부동산 1개당 15,000원(전자표준양식에 의한 등기신청의 경우에는 13,000원, 전자신청의 경우에는 10,000원)에 해당하는 등기신청수수료를 납부하고 등기신청수수료영수필확인서를 첨부한다(등기예규 제1789호).

⑱ **인감증명 또는 본인서명사실확인서 또는 전자본인서명확인서 발급증**

소유권의 등기명의인이 등기의무자이므로 등기의무자의 인감증명을 첨부한다(규칙 제60조 제1항 제1호). 위 인감증명에 갈음하여 위임장 등에 서명을 하고 본인서명사실확인서를 첨부하거나 전자본인서명확인서 발급증을 첨부할 수 있다(부동산등기규칙 제60조의2). 규칙 제60조에 의하여 인감증명을 첨부하여야 하는 자가 법인인 경우에는 등기소의 증명을 얻은 대표자의 인감증명을, 법인 아닌 사단 또는 재단인 경우에는 대표자 또는 관리인의 인감증명을 제출한다.

소유권이전가등기시에는 부동산매도용인감증명을 첨부할 필요가 없지만 소유권이전본등기시에는 부동산매도용 인감증명을 첨부하여야 한다. 부동산매수자란에 매수인의 성명(법인은 법인명), 주민등록번호(부동산등기용등록번호) 및 주소가 기재되어 있는 매도인의 부동산매도용 인감증명을 첨부한다.

⑲ 주소 및 주민등록번호를 증명하는 서면 ─ 주민등록표등본 · 초본

등기의무자의 주소를 증명하는 서면으로, 그리고 등기권리자의 주소 · 주민등록번호를 증명하는 서면으로 주민등록표등본 · 초본을 첨부한다(규칙 제46조 제1항 제6호).

⑳,㉑ 토지 · 건축물대장등본

부동산의 표시를 증명하는 토지 · 건축물대장등본을 첨부한다(법 제40조 제1항 제6호).

㉒ 부동산거래계약신고필증

2006. 1. 1.이후 작성된 매매계약서를 등기원인증서로 하여 소유권이전등기를 신청하는 경우에는 부동산거래계약신고필증을 제출하여야 한다.

매매예약을 원인으로 한 소유권이전청구권가등기에 의한 본등기를 신청하는 때에는, 매매계약서를 등기원인증서로 제출하지 않는다 하더라도 거래가액을 등기하여야 하고, 이와 같이 거래가액 등기의 대상이 되는 소유권이전등기를 신청하는 경우에는, 신청서에 관할 관청이 확인한 거래신고관리번호를 기재하여야 하고 부동산거래계약신고필증을 첨부하여야 한다(2018. 3. 7. 등기예규 제1633호).

㉓ 매매목록

① 1개의 부동산거래신고필증에 2개 이상의 부동산이 기재되어 있는 경우(1개의 계약서에 의해 2개 이상의 부동산을 거래한 경우라 하더라도, 관할 관청이 달라 개개의 부동산에 관하여 각각 신고한 경우에는 매매목록을 작성할 필요가 없다).

② 신고필증에 기재되어 있는 부동산이 1개라 하더라도 수인과 수인 사이의 매매인 경우에는 매매목록을 제출한다.

㉔ 위임장

등기신청을 법무사 등 대리인에게 위임하는 경우에 첨부한다(규칙 제46조 제1항 제5

호). 위임인의 성명과 주소를 기재하고 인장을 날인하되 규칙 제60조 제1항 제1호~제3호에 해당하여 인감증명을 제출하여야 하는 자는 위임장에 인감을 날인하여야 하나, 위 규칙 제60조 제1항 제1호~제3호에 해당하지 않는 자는 인감날인 대신에 일반적인 기명날인 혹은 서명으로 갈음할 수 있다. 위임인이 법인이나 법인 아닌 사단 또는 재단인 경우에는 상호(명칭)와 대표자(관리인)의 자격, 성명 및 주소도 기재하여야 한다.

㉕ 토지이용계획확인서

토지거래허가지역에서 본등기를 신청하는 경우에는 토지거래허가서를 첨부하여야 하므로(가등기신청시에 허가서를 이미 제출한 경우는 제외), 해당 지역이 토지거래허가지역인지 여부를 소명하기 위하여 토지이용계획확인서를 첨부한다. 토지거래허가서를 첨부한 경우에는 이와 별도로 토지이용계획확인서를 제출할 필요는 없다.

㉖-1 기타 ― 신청인이 법인인 경우

법인이 등기를 신청하는 경우에는 대표자의 자격을 증명하는 서면으로 법인등기사항전부증명서 또는 법인등기사항일부증명서를 첨부하여야 한다(규칙 제46조 제1항 제4호). 이 경우에 위 법인등기사항증명서는 등기권리자의 주소를 증명하는 서면, 부동산등기용등록번호를 증명하는 서면이기도 하다(규칙 제46조 제1항 제6호). 다만 법인등기가 되어있는 등기소와 부동산소재지 관할 등기소가 동일한 경우에는 위 법인등기사항증명서를 제출할 필요가 없다(규칙 제46조 제5항).

㉖-2 기타 ― 신청인이 법인 아닌 사단(재단)인 경우

법인 아닌 사단 또는 재단이 등기를 신청하는 경우에는 ㉠ 정관이나 그 밖의 규약, ㉡ 대표자나 관리인임을 증명하는 정보(다만, 등기되어 있는 대표자나 관리인이 신청하는 경우에는 그러하지 아니하다), ㉢ 법인 아닌 사단 또는 재단의 주소 및 부동산등기용등록번호를 증명하는 정보(새로이 등기명의인이 되는 경우에 한한다), ㉣ 대표자나 관리인의 주소 및 주민등록번호를 증명하는 정보를 첨부정보로 제공한다. 다만 법인 아닌 사단이 등기의무자인 경우에는 민법 제276조 소정의 사원총회의 결의서도 첨부한다(규칙 제48조).

㉖-3 기타 ― 허가서 등

제3자의 동의, 허가 또는 승낙을 증명하는 서면, 즉 부동산이 농지인 경우에는 농지취득자격증명(시 · 읍 · 면사무소 발급), 토지거래허가구역인 경우에는 토지거래허가증(시 · 군 · 구청 발급) 등을 첨부하여야 한다. 다만 가등기시에 허가서를 첨부한 경우에는 본등기시에 다시 첨부할 필요는 없다.

㉖-4 기타 ― 등기의무자의 등기필정보(등기필증, 등기완료통지서)가 없는 경우

등기의무자의 등기필정보(등기필증, 등기완료통지서)가 없을 때에는 ① 등기의무자 또는 그 법정대리인(이하 "등기의무자등"이라 한다)이 등기소에 출석하여 등기관으로부터 등기의무자등임을 확인받는 방법 ② 등기신청인의 대리인(변호사나 법무사만을 말한다)이 등기의무자등으로부터 위임받았음을 확인하여 확인서면을 제출하는 방법 ③ 신청서(위임에 의한 대리인이 신청하는 경우에는 그 권한을 증명하는 서면을 말한다) 중 등기의무자등의 작성부분에 관하여 공증을 받아 제출하는 방법으로 등기신청을 하여야 한다. 위 '공증'은 신청서나 위임장에 기재된 내용 중 등기의무자등의 작성부분(기명날인 등)에 대해 공증인이 등기의무자등의 의사에 의해 작성된 것임을 확인하고 그 증명을 하여 주는 사서증서의 인증을 의미한다(등기필정보가 없는 경우 확인조서 등에 관한 예규, 2018. 12. 18. 등기예규 제1664호, 시행 2019. 1. 1.)(법 제51조, 규칙 제111조 참조).

5. 등기신청서류 편철순서

신청서, 취득세영수필확인서, 등기신청수수료영수필확인서, 위임장, 자필서명정보, 인감증명 또는 본인서명사실확인서, 주민등록표등본·초본, 대장등본, 매매계약서, 부동산거래계약신고필증, 매매목록 등의 순으로 편철하는 것이 실무상의 예이다.

6. 등기기록례

[갑 구]		(소유권에 관한 사항)		(No.570)
순위번호	등기목적	접 수	등기원인	권리자 및 기타 사항
2	소유권이전	2010년 3월 2일 제8999호	2010년 2월 15일 매매	소유자 이대백 630320 - 1617312 전라북도 전주시 덕진구 가리내로27길 26, 301동 901호 (금암동, 숲속길월드메르디앙센트랄파크아파트)
3	소유권이전 청구권가등기	2019년 6월 17일 제12345호	2019년 6월 16일 매매예약	가등기권자홍길동 510916 - 1771842 전라북도 전주시 덕진구 견훤로 333, 303동 1012호(인후동, 위브어울림아파트)
	소유권이전	2019년 12월 31일 제14980호	2019년 12월 15일 매매	소유자 홍길동 510916 - 1771842 전라북도 전주시 덕진구 견훤로 333, 303동 1012호(인후동, 위브어울림아파트) 매매목록 : 제2019-1099호

사례연습

가등기에 의한 본등기신청(매도인의 사망)

|설 문|

문제 14.가등기-(1)의 2번째 사례연습(p.1360)에서의 매도인 박갑남이 잔금을 지급받기 전인 2019. 4. 4 사망하고 다만 그의 상속인들이 매수인 이을남 앞으로의 등기절차에 협력하기로 하였다. 매도인 박갑남의 상속인으로는 김예분(580102-2018383, 서울특별시 서초구 서초대로 223 (방배동)), 박철수(960402- 1010111, 주소 좌동), 박영수(980422-1010121, 주소 좌동)가 있다. 2019. 8. 30. 매수인 이을남 앞으로의 본등기를 하는 등기신청서를 작성하라.(가등기의 접수번호는 3020호임). 나머지 사항은 1158페이지의 문제와 동일함. 다만 위 부동산에는 2019. 5. 15. 접수번호 5022호 순위번호 3번의 가압류(채권자 김이수, 580222-1919192, 서울특별시 동작구 동작대로 22 (상도동))가 경료되어 있다.

【모범답안】

소유권이전본등기신청(매매)

접 수	년 월 일	처리인	등기관 확인	각종통지
	제 호			

부동산의 표시			
서울특별시 서초구 우면동 33 대 300㎡ 이 상 거래신고관리번호: 거래가액: 금 300,000,000원			
등기원인과 그 연월일	2019년 3월 1일 매매		
등 기 의 목 적	소유권이전		
가 등 기 의 표 시	2019년 3월 4일 접수 제3020호로 등기된 소유권이전청구권가등기		
구 분	성 명 (상호 · 명칭)	주민등록번호 (등기용등록번호)	주 소(소재지)
등기의무자	망 박 갑 남	580808-1011111	서울특별시 서초구 방배동 222
	상속인		
	김 예 분	580102-2018383	서울특별시 서초구 서초대로 223(방배동)
	박 철 수	960402-1010111	서울특별시 서초구 서초대로 223(방배동)
	박 영 수	980422-1010121	서울특별시 서초구 서초대로 223(방배동)
	위 박철수 박영수 미성년자이므로 법정대리인 김 예 분		서울특별시 서초구 서초대로 223(방배동)
등기권리자	이 을 남	11125	미국 뉴욕주 뉴욕시 맨해튼 36

시가표준액 및 국민주택채권매입금액		
부동산 표시	부동산별 시가표준액	부동산별 국민주택채권매입총액
1. 토 지	금 360,000,000원	금 18,000,000원
국민주택채권매입총액		금 18,000,000원
국민주택채권발행번호		

취득세 금 12,000,000원	지방교육세	금 1,200,000원
	농어촌특별세	금 600,000원
세액합계	금 13,800,000 원	
등기신청수수료	금 15,000 원	
	납부번호 :	

등기의무자의 등기필정보		
부동산고유번호		
성명(명칭)	일련번호	비밀번호

첨 부 서 면 (간인)	
1. 매매계약서 1통	1. 부동산등기용등록번호증명서면 1통
1. 취득세영수필확인서 1통	1. 재외국민등록부등본 1통
1. 등기신청수수료영수필확인서 1통	1. 인감증명 또는 본인서명사실확인서(매도용) 또는 전자본인서명확인서발급증 1통
1. 기본증명서(상세증명서) 4통	1. 등기필증 1통
1. 가족관계증명서(상세증명서) 4통	1. 토지대장등본 1통
1. 친양자입양관계증명서(상세증명서) 1통	1. 토지이용계획확인서 1통
1. 제적등본 1통	1. 부동산거래계약신고필증 1통
1. 주민등록표등본·초본(말소자) 1통	
1. 주민등록표등본·초본 1통	

2019년 8월 14일

위 신청인 김 예 본 ㊞ (전화:)

이 을 남 ㊞ (전화:)

서울중앙지방법원 등기국 귀중

신청서 작성요령란

* 1. 부동산표시란에 2개 이상의 부동산을 기재하는 경우에는 부동산의 일련번호를 기재하여야 합니다.
  2. 신청인란 등 해당란에 기재할 여백이 없을 경우에는 별지를 이용합니다.
  3. 담당 등기관이 판단하여 위의 첨부서면 외에 추가적인 서면을 요구할 수 있습니다.

사례연습

가등기에 의한 본등기신청(매수인의 사망)

|설 문|

아래 등기부상 소유자 이갑남(☎222-1234)은 목적 부동산을 2018. 11. 1. 박영수에게 2억원에 매매하기로 약정을 하였으나 편의상 2018. 11. 3. 매매예약을 원인으로 한 소유권이전청구권가등기를 등기부의 기재와 같이 경료하였다(잔금날짜는 2018. 12. 31로 약정). 그런데 위 부동산의 가격이 폭등함을 핑계삼아 이갑남은 추가금액을 요구하면서 잔금수령을 거부하고는 김태영에게 소유권을 이전하였다. 이에 박영수는 할 수 없이 이갑남을 상대로 하여 가등기에 의한 본등기를 명하는 승소판결을 받았다(판결문상 매매대금: 2억원, 매매예약완결일자: 불명. 이 판결문에는 박영수가 이갑남에게 잔금 1억원을 지급할 것을 동시이행조건으로 하였다).

위 승소판결의 사실심 변론종결일자는 2019. 3. 6., 판결선고일은 2019. 4. 1., 판결확정일은 2019. 5. 1.이었는데 2019. 6. 13. 위 박영수는 사망하였고 유일한 상속인으로는 아래의 박현민(☎312-2636)이 있다. 위 승소판결을 받아서 박현민은 본인에게 가장 유리한 등기를 2019. 8. 31. 신청하고자 한다(당사자신청).

문제의 취지에 합당한 등기신청서를 작성하고 첨부서면에 대하여 설명하되 그 근거를 제시할 것.

참고자료

1. 공동주택 공시가격: 300,000,000원
2. 박영수의 상속인: 박현민(700302-1010222, 서울특별시 서초구 방배대로 266 (방배동)
3. 박영수의 최후주소: 서울특별시 서초구 방배대로 266 (방배동)
4. 판결문상 피고의 주소: 서울특별시 서초구 서초대로 210 (서초동)
5. 취득세율: 매매 = 40/1,000 상속 = 28/1,000
(주택에 대한 유상거래는 10/1,000)
6. 채권매입비율: 26/1,000
7. 부동산의 표시는 아래 참조.

〔등기부〕

〈1동의 건물의 표제부〉

[표제부]		(1동의 건물의 표시)		
표시번호	접 수	소재지번, 건물명칭 및 번호	건물내역	등기원인 및 기타사항
1	1998년 7월 27일	서울특별시 서초구 서초동 100 프라임아파트 제101동 [도로명주소] 서울특별시 서초구 서초대로 29	철근콘크리트조 슬래브지붕 5층 아파트 1층 245㎡ 2층 245㎡ 3층 245㎡ 4층 245㎡ 5층 245㎡	도면편철장 제7책 제32면

(대지권의 목적인 토지의 표시)				
표시번호	소재지번	지목	면적	등기원인 및 기타사항
1	1.서울특별시 서초구 서초동 100	대	20,000㎡	1998년 7월 27일

〈전유부분의 표제부〉

[표제부]		(전유부분의 건물의 표시)		
표시번호	접 수	건물번호	건물내역	등기원인 및 기타사항
1	1998년 7월 27일	제3층 제303호	벽돌조 84㎡	도면편철장 제7책 제32면

(대지권의 표시)			
표시번호	대지권의 종류	대지권비율	등기원인 및 기타사항
1	1.소유권대지권	20,000분의 100	1998년 7월 27일 대지권

〈갑 구〉

[갑 구]		(소유권에 관한 사항)		
순위번호	등기목적	접 수	등기원인	권리자 및 기타사항
2	소유권	2015년 3월 11일	2015년 2월 1일	소유자 이갑남

	이전	제3320호	매매	630320-1617312 서울특별시 서초구 서초대로 211(서초동)
3	소유권 이전청구권가등기	2018년 11월 3일 제2100호	2018년 11월 3일 매매예약	권리자 박영수 410916-1771842 서울특별시 서초구 방배대로 266 (방배동)
4	소유권 이전	2019년 2월 28일 제3320호	2019년 2월 1일 매매	소유자 김태영 680530-2227312 서울특별시 동작구 동작대로 99 (사당동)

【모범답안】

상속인에 의한 소유권이전본등기신청

접 수	년 월 일	처리인	등기관 확인	각종통지
	제 호			

부동산의 표시	
1동의 건물의 표시 서울특별시 서초구 서초동 100 프라임아파트 제101동 [도로명주소] 서울특별시 서초구 서초대로 29 전유부분의 건물의 표시 건물의 번호 101-3-303 구 조 철근콘크리트조 면 적 제3층 제303호 84㎡ 대지권의 표시 대지권의 목적인 토지의 표시 1. 서울특별시 서초구 서초동 100 대 20,000 ㎡ 대지권의 종류 1. 소유권대지권 대지권의 비율 20,000분의 100 -이 상-	
등기원인과 그 연월일	2019년 4월 1일 확정판결
등 기 의 목 적	소유권이전
본등기할 가등기의 표시	2018년 11월 3일 접수 제2100호 순위번호 3번으로 경료된 소유권이전청구권가등기

구 분	성 명 (상호·명칭)	주민등록번호 (등기용등록번호)	주 소(소재지)	지분 (개인별)
등기의무자	이 갑 남	630320-1617312	서울특별시 서초구 서초대로 211 (서초동)	
등기권리자	망 박영수 상속인 박 현 민	410916-1771842 700302-1010222	서울특별시 서초구 방배대로 266 (방배동) 서울특별시 서초구 방배대로 266 (방배동)	

<table>
<tr><td colspan="6">시가표준액 및 국민주택채권매입금액</td></tr>
<tr><td>부동산 표시</td><td colspan="2">부동산별 시가표준액</td><td colspan="3">부동산별 국민주택채권매입총액</td></tr>
<tr><td>1. 토 지</td><td colspan="2">금 300,000,000원</td><td colspan="3">금 7,800,000원</td></tr>
<tr><td colspan="3">국 민 주 택 채 권 매 입 총 액</td><td colspan="3">금 7,800,000원</td></tr>
<tr><td colspan="3">국 민 주 택 채 권 발 행 번 호</td><td colspan="3">7606-10-0486-3233</td></tr>
<tr><td>취득세</td><td>금2,000,000원</td><td>지방교육세</td><td>금200,000원</td><td>농어촌특별세</td><td>금100,000원</td></tr>
<tr><td>세 액 합 계</td><td colspan="5">금 2,300,000 원</td></tr>
<tr><td rowspan="2">등 기 신 청 수 수 료</td><td colspan="5">금 15,000 원</td></tr>
<tr><td colspan="5">납부번호 :</td></tr>
<tr><td colspan="6">등기의무자의 등기필정보</td></tr>
<tr><td>부동산고유번호</td><td colspan="5"></td></tr>
<tr><td>성명(명칭)</td><td colspan="2">일련번호</td><td colspan="3">비밀번호</td></tr>
<tr><td></td><td colspan="2"></td><td colspan="3"></td></tr>
<tr><td colspan="6">첨 부 서 면 (간인)</td></tr>
<tr><td colspan="3">1. 판결정본 1통 ①
1. 확정증명 1통 ②
1. 취득세영수필확인서 1통 ③
1. 등기신청수수료영수필확인서 1통 ④
1. 기본증명서 등(상세증명서) 1통 ⑤
1. 가족관계증명서(상세증명서) 1통 ⑤</td><td colspan="3">1. 친양자입양관계증명서(상세증명서) 1통 ⑤
1. 제적등본 1통 ⑤
1. 주민등록표등본·초본 3통 ⑥
1. 토지대장등본 1통 ⑦
1. 건축물대장등본 1통 ⑦
1. 토지이용계획확인서 1통 ⑧</td></tr>
<tr><td colspan="6">2019년 8월 31일
신청인 박 현 민 ㉿ (전화: 312-2636)
위 대리인

서울중앙지방법원 등기국 귀중</td></tr>
</table>

신청서 작성요령란

* 1. 부동산표시란에 2개 이상의 부동산을 기재하는 경우에는 부동산의 일련번호를 기재하여야 합니다.
2. 신청인란 등 해당란에 기재할 여백이 없을 경우에는 별지를 이용합니다.
3. 담당 등기관이 판단하여 위의 첨부서면 외에 추가적인 서면을 요구할 수 있습니다.

〔첨부서면에 대한 설명〕

① **판결정본**

판결에 의한 등기이므로 등기원인을 증명하는 서면으로 집행력있는 판결정본을 첨부한다(부동산등기규칙 제46조 제1항 제1호). 이 판결문에는 부동산등기특별조치법 제3조의 규정에 의한 검인을 받아야 한다. 동시이행판결이므로 이 판결정본은 재판장의 명에 의하여 집행문부여를 받아야 한다.

② **확정증명**

의사의 진술을 명한 판결이 확정된 때에는 그 판결로 권리관계의 성립을 인낙하거나 의사를 진술한 것으로 보기 때문에 판결에 의한 등기시에는 확정증명을 첨부하여야 한다(민사집행법 제263조).

③ **취득세영수필확인서 또는 취득세납부확인서**

등기를 신청하는 자는 지방세법의 규정에 의하여 취득세 및 지방교육세를 납부하여야 하고 그 취득세영수필확인서를 등기신청서에 첩부하여야 한다(지방세법 제20조; 지방세법시행령 제36조 제1항). 본 등기신청의 경우에는 지방세법상 사실상 취득가격으로 보는 판결문상 기재된 매매금액 200,000,000원을 기준으로 취득세를 산정한다. 이 경우 상속인이 등기를 신청하지만 상속이 아닌 매매(가등기에 의한 본등기)요율을 적용하여야 할 것이다.

④ **등기신청수수료영수필확인서**

소유권이전등기를 신청하는 자는 등기신청수수료를 내야 하므로(법 제22조 제3항), 부동산 1개당 15,000원(전자표준양식에 의한 등기신청의 경우에는 13,000원, 전자신청의 경우에는 10,000원)에 해당하는 등기신청수수료를 납부하고 등기신청수수료영수필확인서를 첨부한다(등기예규 제1789호).

⑤ **제적등본, 기본증명서, 가족관계증명서, 친양자입양관계증명서 등**

소유권이전등기청구권가등기의 권리자가 사망하여 상속인이 그 지위를 승계한 경우에는, 상속인은 상속등기를 하지 않고 상속을 증명하는 서면을 첨부하여 그 가등기에 의한 본등기를 신청할 수 있다(1997. 12. 14. 등기선례 5-577). 이 경우 상속인은 부동산등기법 제27조의 상속을 증명하는 서면을 첨부하여 본등기를 신청할 수 있다. 제적등본 · 기본증명서, 가족관계증명서, 친양자입양관계증명서 등이 이에 해당한다. 또한 이는 부동산등기법 제27조에서 허용되고 있는 포괄승계인에 의한 등기신청이므로 가등기권리자가 얻은 판결문에 승계집행문을 부여받을 필요가 없으며, 가등기에 기하여 본등기를 하는 것은 민법 제187조에 규정된 처분행위가 아니므로 가등기의 이전등기를 하여야 본등기를 할 수 있는 것은 아니다.

⑥ **주민등록표등본 · 초본**

소유권보존 · 이전등기를 신청하는 경우에는 신청인의 주소를 증명하는 서면을 첨부하여야 하는바(부동산등기규칙 제46조 제1항 제6호), 판결에 의한 등기시에는 등기권리자의 주소를 증명하는 서면을 첨부하면 된다. 그러나 이 경우는 판결문상 피고의 주소가 등기부상의 등기의무자의 주소와 다른 경우이므로 피고가 동일인임을 증명하는 서면으로 피고의 주소에 관한 서면을 첨부하여야 한다(2016. 11. 30. 등기예규 제1692호).

또한 가등기권리자인 피상속인의 등기부상 주소와 판결문상 최후 주소가 다르므로 피상속인의 동일성을 증명하는 서면으로 피상속인의 말소자주민등록표등(초)본을 제출한다(이를 제출할 수 없는 경우에는 동일인보증서). 본등기는 상속인명의로 되는 것이므로 상속인의 주소를 증명하는 서면을 제출하여야 하는 것은 당연하다.

⑦ **토지대장등본, 건축물대장등본**

소유권이전등기를 신청하는 경우에는 토지대장 · 건축물대장등본 기타 부동산의 표시를 증명하는 서면을 첨부하여야 하므로(규칙 제46조 제1항 제7호), 토지대장등본 및 건축물대장등본 각 1통을 첨부한다.

⑧ **토지이용계획확인서**

토지거래허가지역에서 소유권이전등기를 신청하는 경우에는 토지거래허가서를 첨부하여야 하므로, 해당 지역이 토지거래허가지역인지 여부를 소명하기 위하여 토지이용계획확인서를 첨부한다. 토지거래허가서를 첨부한 경우에는 이와 별도로 토지이용계획확인서를 제출할 필요는 없다.

〔기재방법에 대한 보충설명〕

① **신청서의 표제**

'상속인에 의한 소유권이전본등기신청' 혹은 '소유권이전본등기신청'이라 기재한다.

② **부동산의 표시**

신청서에 1동의 건물의 번호를 기재할 때에는 건물의 표시에 관한 등기 또는 소유권보존의 등기를 신청하는 경우를 제외하고는 1동의 건물의 구조와 면적을 기재하지 아니한다(규칙 제43조 제1항 다.).

③ **등기원인 및 등기원인일**

판결에 의한 본등기의 신청시 가등기상 권리가 매매예약에 의한 소유권이전청구권일 경우, 판결주문에 매매예약 완결일자가 있으면 그 일자를 등기원인일자로 기재하여야 하고, 판결주문에 매매예약 완결일자가 기재되어 있지 아니한 때에는 등기원인은 '확정판결'로, 등기원인일자를 그 '확정판결의 선고년월일'로 기재하여야 한다.

④ 등기의 목적

'가등기에 의한 본등기'로 기재하지 아니하고 '소유권이전'으로 기재한다. 등기부에 '소유권이전'으로 기재되기 때문이다.

⑤ 가등기의 표시

'본등기할 가등기의 표시'라고 기재하여도 무방하다. 법원책자에서는 순위번호는 기재할 것을 요구하고 있지 아니하다(추가저당권설정의 경우는 예외).

사례연습

〔법무사 제15회 기출문제〕

가등기에 의한 본등기신청

|설 문|

다음 부동산에 대한 등기신청을 위임받은 법무사로서 사실관계와 답안지 작성시 유의사항에 부합하는 등기신청서 및 위임장을 작성하고 이에 필요한 정보 및 첨부서면에 대하여 설명하시오. (신청방식은 서면에 의한 방문신청을 전제로 함)

참고자료

1. 부동산의 표시

가. 서울특별시 서초구 양재동 200번지 전 200㎡

나. 서울특별시 서초구 서초동 300번지 대 500㎡

다. 서울특별시 서초구 서초동 300번지 지상

[도로명주소] 서울특별시 서초구 명달로 20

철근콘크리트조 슬래브지붕 2층 주택 1층 100㎡, 2층 50㎡

<갑 구>

[갑 구]		(소유권에 관한 사항)		
순위번호	등기목적	접 수	등 기 원 인	권리자 및 기타사항
1	소유권보존	2000년 8월 8일 제45000호		소유자 김갑동 530123-1523332 미합중국 켈리포니아주 로스엔젤레스시 에스에스 500
2	소유권이전청구권가등기	2017년 1월 5일 제1501호	2017년 1월 4일 매매예약	가등기권자 지분 3분의 2 이도령 580112-1122352 서울특별시 강남구 대치동 100 지분 3분의 1 성춘향 650201-2135555 서울특별시 서초구 서초동 200

나. 위 가등기권리 · 의무자들은 2019. 10. 7.자로 매매계약을 체결(매매대금 3억 원) 한 후 가등기에 기한 본등기신청을 하기 위하여 2019. 11. 26. 서울 서초구 서초동 100번지(도로명주소 서초대로 26) 소재 법무사 홍길동 사무소에 모두 출석하여 직접 위임하였다.

다. 소유자 김갑동은 재외국민으로서 주민등록은 이미 말소되었으며, 소유권보존등기 후 등기소로부터 교부받은 등기필증은 분실하였다.

라. 이도령과 성춘향의 주소는 가등기 당시와 동일하고 가등기 후 등기소로부터 받은 등기필증은 이도령이 보관하다 법무사에게 제출하였다.

마. 위 부동산 중 서울특별시 서초구 서초동 300번지는 토지거래계약에 관한 허가구역으로 지정된 곳으로 가등기신청 당시 토지거래계약허가증을 이미 제출한 바 있으며, 거래신고관리번호는 12345-2019-8-1234560이다.

3. 답안 작성시 유의사항

가. 부동산표시, 첨부서면란 등이 부족할 때에는 별지를 사용할 수 있다.

나. 신청서 중 시가표준액 및 국민주택채권매입금액란, 등록세란 등의 OOO부분은 기재는 생략하되 첨부서면 및 정보의 설명시 구체적 금액과 번호를 제외한 나머지 부분을 설명한다.

다. 날인할 곳에는 (인)으로 표시하고 전화번호의 기재는 생략한다.

라. 관할등기소는 서울중앙지방법원 등기국이며, 신청서는 오늘 작성하여 제출하려 한다.

4. 위 사안은 문제 구성을 위한 것으로 대상 부동산의 실제 현황과 무관함.

【모범답안】

소유권이전본등기신청

<table>
<tr><td rowspan="2">접 수</td><td>년 월 일</td><td rowspan="2">처리인</td><td>등기관 확인</td><td>각종통지</td></tr>
<tr><td>제 호</td><td></td><td></td></tr>
</table>

<table>
<tr><td colspan="5">부동산의 표시(거래신고관리번호/거래가액)</td></tr>
<tr><td colspan="5">1. 서울특별시 서초구 양재동 200 전 200㎡
2. 서울특별시 서초구 서초동 300 대 500㎡
3. 서울특별시 서초구 서초동 300
[도로명주소] 서울특별시 서초구 명달로 20
철근콘크리트조 슬래브지붕 2층 주택
1층 100㎡, 2층 50㎡
거래신고관리번호 : 12345-2019-8-1234560 거래가액 : 300,000,000원
-이 상-</td></tr>
<tr><td colspan="2">등기원인과 그 연월일</td><td colspan="3">2019년 10월 7일 매매</td></tr>
<tr><td colspan="2">등 기 의 목 적</td><td colspan="3">소유권이전</td></tr>
<tr><td colspan="2">가 등 기 의 표 시</td><td colspan="3">2017년 1월 5일 접수 제1501호로 등기된 소유권이전청구권가등기</td></tr>
<tr><td colspan="2">이 전 할 지 분</td><td colspan="3"></td></tr>
<tr><td>구 분</td><td>성 명
(상호 · 명칭)</td><td>주민등록번호
(등기용등록번호)</td><td>주 소(소재지)</td><td>지 분
(개인별)</td></tr>
<tr><td>등기
의무자</td><td>김갑동</td><td>530123-1523332</td><td>미합중국 캘리포니아주 로스앤젤레스시 에스에스 500</td><td>1</td></tr>
<tr><td>등기
권리자</td><td>이도령

성춘향</td><td>580112-1122352

650201-2135555</td><td>서울특별시 강남구 남부순환로 100, 605호(대치동)
서울특별시 서초구 서초대로 200, 303동 606호(반포동, 한신아파트)</td><td>2/3

1/3</td></tr>
</table>

시가표준액 및 국민주택채권매입금액				
부동산 표시	부동산별 시가표준액		부동산별 국민주택채권매입총액	
	금 원		금 원	
국 민 주 택 채 권 매 입 총 액			금 원	
국 민 주 택 채 권 발 행 번 호				
취 득 세	금 원		지방교육세	금 원
			농어촌특별세	금 원
세 액 합 계	금 원			
등 기 신 청 수 수 료	금 원			
	납부번호 :			

첨 부 서 면 (간인)	
1. 매매계약서 1통	1. 재외국민등록부등본 1통
1. 취득세영수필확인서 1통	1. 토지·건축물대장등본 3통
1. 등기신청수수료영수필확인서 1통	1. 인감증명 또는 본인서명사실확인서 또는 전자본인서명확인서발급증 1통
1. 확인서면 1통	1. 농지취득자격증명 1통
1. 위임장 1통	1. 부동산거래계약신고필증 1통
1. 자필서명정보 1통	1. 매매목록 1통
1. 주민등록표등본·초본 2통	

2019년 11월 26일

위 신청인

위 대리인 법무사 홍길동 직인

서울특별시 서초구 서초대로 26(서초동) (전화 :)

서울중앙지방법원 등기국 귀중

신청서 작성요령란

* 1. 부동산표시란에 2개 이상의 부동산을 기재하는 경우에는 부동산의 일련번호를 기재하여야 합니다.
2. 신청인란 등 해당란에 기재할 여백이 없을 경우에는 별지를 이용합니다.
3. 담당 등기관이 판단하여 위의 첨부서면 외에 추가적인 서면을 요구할 수 있습니다.

<table>
<tr><td colspan="3">위 임 장</td></tr>
<tr><td>부
동
산
의
표
시</td><td colspan="2">1. 서울특별시 서초구 양재동 200 전 200㎡
2. 서울특별시 서초구 서초동 300 대 500㎡
3. 서울특별시 서초구 서초동 300 지상
[도로명주소] 서울특별시 서초구 명달로 20
철근콘크리트조 슬래브지붕 2층 주택
1층 100㎡, 2층 50㎡ -이 상-</td></tr>
<tr><td>등기원인과 그 연월일</td><td colspan="2">2019년 10월 7일 매매</td></tr>
<tr><td>등 기 의 목 적</td><td colspan="2">소유권이전</td></tr>
<tr><td>가 등 기 의 표 시</td><td colspan="2">2017년 1월 5일 접수 제1501호로 등기된 소유권이전청구권가등기</td></tr>
<tr><td>이 전 할 지 분</td><td colspan="2"></td></tr>
<tr><td colspan="2">위 임 인</td><td>대 리 인</td></tr>
<tr><td colspan="2">등기의무자
김갑동 (인)
미합중국 캘리포니아주
로스앤젤레스시 에스에스 500

등기권리자
이도령 (지분 3분의2) (인)
서울특별시 강남구 남부순환로
100, 605호(대치동)

성춘향 (지분 3분의1) (인)
서울특별시 서초구 서초대로 200,
303-406(반포동, 한신아파트)</td><td>법무사 홍길동
서울특별시 서초구 서초대로 26(서초동)

위 사람을 대리인으로 정하고 위 부동산에 대한 등기신청, 취하, 등기필정보의 수령 및 취하에 관한 모든 행위를 위임한다. 또한 복대리인 선임을 허락한다.

2019년 11월 26일</td></tr>
</table>

〔첨부서면에 대한 설명〕

① **매매계약서**

계약으로 인한 소유권이전등기를 신청하는 경우에는 등기원인증서로써 매매계약서를 제출하고 그 계약서에는 매매금액 3억원을 기준으로 인지세법 소정의 정부수입인지를 붙여야 한다(규칙 제46조 제1항 제1호).

② **취득세영수필확인서 또는 취득세납부확인서**

매매금액을 기준으로 지방세법 소정의 취득세를 납부하고 취득세영수필확인서를 첨부한다(지방세법 제20조; 지방세법시행령 제36조 제1항).

③ **등기신청수수료영수필확인서**

소유권이전등기를 신청하는 자는 등기신청수수료를 내야 하므로(법 제22조 제3항), 부동산 1개당 15,000원(전자표준양식에 의한 등기신청의 경우에는 13,000원, 전자신청의 경우에는 10,000원)에 해당하는 등기신청수수료를 납부하고 등기신청수수료영수필확인서를 첨부한다(등기예규 제1789호).

④ **확인서면**

등기의무자의 등기필증이 분실되었으므로 법무사가 등기의무자를 확인한 확인서면 1통을 제출한다(규칙 제111조 제2항).

⑤ **위임장**

등기신청을 법무사 등 대리인에게 위임하는 경우이므로 대리권증명서면으로 위임장을 제출한다(규칙 제46조 제1항 제5호).

⑥ **자격자대리인의 확인 및 자필서명정보**

등기의무자와 등기권리자가 공동으로 신청하는 권리에 관한 등기이므로 자격자대리인이 등기의무자를 확인하고 자필서명한 정보를 첨부정보로 제공하여야 한다(규칙 제46조 제1항, 제8호, 2022. 7. 1.부터).

⑦ **주민등록표등(초)본**

등기의무자 및 등기권리자의 주소를 증명하는 서면으로 주민등록표등본 또는 초본 및 재외국민등록부등본을 첨부한다(규칙 제46조 제1항 제6호).

⑧ **토지 · 건축물대장등본**

등기신청대상 부동산의 종류에 따라 부동산의 표시를 증명하는 서면으로 토지(임야)대장등본, 건축물대장등본(각, 발행일로부터 3월 이내)을 첨부한다(규칙 제46조 제1항 제7호).

⑨ 인감증명 또는 본인서명사실확인서 또는 전자본인서명확인서 발급증

부동산매수자란에 매수인의 성명(법인은 법인명), 주민등록번호(부동산등기용등록번호) 및 주소가 기재되어 있는 매도인의 부동산매도용 인감증명 또는 본인서명사실확인서(발행일로부터 3월 이내)를 첨부한다(규칙 제46조 제1항 제1호). 위 인감증명에 갈음하여 위임장 등에 서명을 하고 본인서명사실확인서를 첨부하거나 전자본인서명확인서 발급증을 첨부할 수 있다(부동산등기규칙 제60조의2).

⑩ 농지취득자격증명

양재동 200번지는 농지이므로 매수인 이도령과 성춘향의 농지취득자격증명을 첨부정보로 제공한다(규칙 제46조 제1항 제2호).

⑪ 부동산거래계약신고필증

2006. 1. 1. 이후 작성된 매매계약서를 등기원인증서로 하여 소유권이전등기를 신청하는 경우에는 관할 관청이 발급한 거래신고필증을 첨부하여야 한다(규칙 제124조 제1항).

⑫ 매매목록

거래신고의 대상이 되는 부동산이 2개 이상인 경우에 매매목록을 작성하여 이를 제출하여야 한다. 그 매매목록에는 거래가액과 목적 부동산을 기재한다(규칙 제124조 제2항).

13. 가등기 — (4) 소유권이전담보가등기신청

소유권이전담보가등기신청				
접 수	년 월 일	처리인	등기관 확인	각종통지
	제 호			

① 부동산의 표시	
1동의 건물의 표시 부산광역시 북구 구포동 1186-20 샛별아파트 제303동 [도로명주소] 부산광역시 북구 사상로583길 26 전유부분의 건물의 표시 건물의 번호 303-12-1201 구 조 철근콘크리트조 면 적 제12층 제1201호 86.03㎡ 대지권의 표시 대지권의 목적인 토지의 표시 1. 부산광역시 북구 구포동 1186-20 대 3,000㎡ 대지권의 종류 1.소유권대지권 대지권의 비율 3,000분의 50 이 상	
② 등기원인과 그 연월일	2019년 6월 16일 대물반환예약
③ 등 기 의 목 적	소유권이전담보가등기
④ 가 등 기 할 지 분	

구 분	성 명 (상호 · 명칭)	주민등록번호 (등기용등록번호)	주 소(소재지)
⑤ 등기 의무자	이 대 백	630320-1617312	부산광역시 북구 사상로583길 26, 303동 1201호 (구포동, 샛별아파트)
⑥ 등기 권리자	홍 길 동	510916-1771842	부산광역시 부산진구 중앙대로78길 126, 106동 702호 (부전동, 롯데아파트)

⑦ 등록면허세	금 200,000 원	
⑦ 지방교육세	금 40,000 원	
⑧ 세액합계	금 240,000 원	
⑨ 등기신청수수료	금 15,000 원	
	납부번호 :	
⑩ 등기의무자의 등기필정보		
부동산고유번호	1149-1996-067537	
성명(명칭)	일련번호	비밀번호
이 대 백	ACD9-0198-7329	12 - 3126
⑫ 첨부서면 (간인)		
1. 대물반환예약서 1통 ⑬ 1. 등록면허세영수필확인서 1통 ⑭ 1. 등기신청수수료영수필확인서 1통 ⑮ 1. 인감증명 또는 본인서명사실확인서 또는 전자본인서명확인서발급증 1통 ⑯ 1. 주민등록표등본·초본 1통 ⑰	1. 위임장 1통 ⑱ 1. 자필서명정보 1통 ⑲ 1. 토지이용계획확인서 1통 ⑳ <기 타> ㉑	

2019년 8월 1일

⑪ 위 신청인

대리인 법무사 김 명 찬 [직인] (전화: 051-599-0000)

부산광역시 부산진구 중앙대로7길 16 (부전동)

부산지방법원 북부산등기소 귀중

신청서 작성요령란

* 1. 부동산표시란에 2개 이상의 부동산을 기재하는 경우에는 부동산의 일련번호를 기재하여야 합니다.
2. 신청인란 등 해당란에 기재할 여백이 없을 경우에는 별지를 이용합니다.
3. 담당 등기관이 판단하여 위의 첨부서면 외에 추가적인 서면을 요구할 수 있습니다.

등기신청안내서 — 소유권이전담보가등기신청(구분건물)

1. 담보가등기

채권담보를 위하여 채권자와 채무자(혹은 제3자) 사이에 채무자(혹은 제3자) 소유의 부동산을 목적으로 하는 대물변제예약(또는 매매예약)을 체결하고, 이행기에 채무의 변제가 없는 경우에 채권자는 예약완결권을 행사하여 채무자(혹은 제3자)소유의 부동산을 채권자에게 이전할 수 있는바, 채권자가 장래의 소유권이전청구권보전을 위하여 하는 등기를 말한다(가등기담보 등에 관한 법률 제1조). 이 신청에서는 담보가등기권리자를 등기권리자, 부동산 소유자를 등기의무자로 한다.

2. 등기신청방법

⑴ 공동신청

가등기권리자와 부동산소유자가 본인임을 확인할 수 있는 주민등록증 등을 가지고 직접 등기소에 출석하여 공동으로 신청함이 원칙이다.

⑵ 단독신청

가등기의무자인 소유자의 인감증명과 승낙서를 첨부하거나 법원의 가등기가처분명령정본을 첨부하여 가등기권리자가 단독으로 신청할 수 있다.

3. 등기소에 제공하여야 하는 신청정보

신청서는 한글과 아라비아 숫자로 기재한다. 부동산의 표시란이나 신청인란 등이 부족할 경우에는 별지를 사용하고, 별지를 포함하여 신청서가 여러 장인 때에는 각 장 사이에 간인을 하여야 한다.

① 부동산의 표시란

가등기의 목적 부동산을 기재하되, 등기부상 부동산의 표시와 일치하여야 한다. 부동산이 토지인 경우에는 토지의 소재와 지번, 지목, 면적을, 건물인 경우에는 건물의 소재와 지번, 건물의 종류, 구조, 면적, 건물의 번호가 있는 때에는 그 번호, 부속건물이 있는 때에는 그 종류, 구조와 면적을 기재한다.

② **등기원인과 그 연월일란**

대물반환예약서를 작성한 날을 등기원인일자로 한다. 등기원인은 '대물반환예약'이라 기재한다.

③ **등기의 목적란**

대물반환의 예약을 원인으로 한 가등기신청을 할 경우 등기의 목적은 본등기될 권리의 이전담보가등기('소유권이전담보가등기' '저당권이전담보가등기' 등)라고 기재한다. 부동산등기법 제90조의 가처분명령에 의하여 가등기신청을 할 경우 가등기 원인이 대물반환의 예약인 경우에도 같다(2011. 10. 12. 등기예규 제1408호).

④ **가등기할 지분란**

지분에 대하여 담보가등기를 할 경우에만 기재한다.

<예> '○○○지분 전부', '○번 ○○○지분 ○분의 중 일부(○분의 ○)'

⑤ **등기의무자란**

부동산 소유자의 성명, 주민등록번호, 주소를 기재하되, 등기부상 소유자 표시와 일치하여야 한다. 다만 등기기록상 등기의무자의 주소가 지번방식의 주소인 경우에도, 등기의무자가 제공한 주민등록등(초)본이나 인감증명 혹은 도로명주소 정보(건축물대장정보, 행정안전부 "도로명주소 안내시스템(www.juso.go.kr)의 조회결과물 등) 등에 의하여 해당 지번방식의 주소에 대한 도로명주소임이 인정되는 경우에는 등기사건을 수리하여야 한다. 즉 등기기록상 등기의무자의 주소를 도로명주소로 변경등기를 하지 아니하여도 담보가등기를 신청할 수 있다(법 제29조 제7호의 적용을 받지 아니한다).

⑥ **등기권리자란**

가등기권리자를 기재하는 난으로, 그 기재방법은 등기의무자란과 같다.

⑦ **등록면허세 · 지방교육세란**

담보가등기권리는 가등기담보 등에 관한 법률 제17조 제3항에 따라 이를 저당권으로 보고 있으므로, 담보가등기를 신청할 경우 납부할 등록면허세는 지방세법 제28조 제1항의 저당권의 세율을 적용하여야 한다(2011. 10. 12. 등기예규 제1410호). 따라서 본 사안의 경우 채권액의 1,000분의 2에 해당하는 등록면허세를 납부하고, 등록면허세의 100분의 20에 해당하는 지방교육세를 납부한다.

담보가등기는 부동산등기에 관한 국민주택채권매입 대상자를 규정한 주택법시행령 제95조 별표 12 부표 19호의 부동산등기에 포함되지 아니하며, 또한 특정 법률의 적용에 있어서 담보가등기를 저당권으로 보는 가등기담보 등에 관한 법률 제17조 제3

항은 국민주택채권에 관련된 주택법을 포함하고 있지 아니하므로, 현행 규정상 담보가등기의 경우 국민주택채권매입대상이 아니다(1994. 5. 28. 등기선례 4 - 950).

⑧ 세액합계란

등록면허세액과 지방교육세액의 합계를 기재한다.

⑨ 등기신청수수료

담보가등기를 신청하는 자는 등기신청수수료를 내야하므로(법 제22조 제3항), 부동산 1개당 15,000원(전자표준양식에 의한 등기신청의 경우에는 13,000원, 전자신청의 경우에는 10,000원)에 해당하는 등기신청수수료를 납부하고 그 등기신청수수료금액 및 납부번호를 신청서에 기재한다(등기예규 제1789호).

⑩ 등기의무자의 등기필정보란

전자신청 지정등기소에서는 신청방법(전자신청, 서면신청)을 불문하고 등기를 완료한 경우 등기필증 대신 등기필정보를 전자적 교부 또는 서면 교부하기 때문에, 등기신청의 당사자 또는 대리인은 등기필정보상의 일련번호와 비밀번호를 기재함으로써 등기필증의 제출을 갈음할 수 있다. 등기의무자가 교부받은 등기필정보에 기재된 부동산고유번호, 성명, 일련번호, 비밀번호를 각 기재한다. 등기의무자에게 등기필정보나 등기필증이 없는 경우에는 부동산등기법 제51조의 규정에 의한다(기타 참조).

⑪ 신청인 혹은 대리인의 표시란

㈎ 등기의무자와 등기권리자의 성명 및 전화번호를 기재하고, 각자가 기명날인하되, 등기의무자는 그의 인감을 날인한다. 등기권리자는 기명날인 대신에 서명으로 갈음할 수 있다. 신청인이 법인 또는 법인 아닌 사단이나 재단인 경우에는 상호(명칭)와 대표자(관리인)의 자격 및 성명을 기재한다. 법인이 등기의무자인 때에는 등기소의 증명을 얻은 그 대표자의 인감을, 법인 아닌 사단이나 재단이 등기의무자인 경우에는 대표자(관리인)의 개인인감을 날인한다.

㈏ 대리인이 등기신청을 하는 경우에는 그 대리인의 성명, 주소 및 전화번호를 기재하고 기명날인한다.

⑫ 첨부서면

등기신청서에 첨부한 서면을 각 기재한다.

4. 등기소에 제공하여야 하는 첨부정보

⑬ 대물반환예약서

등기원인을 증명하는 서면으로 첨부한다(규칙 제46조 제1항 제1호).

⑭ 등록면허세영수필확인서 또는 등록면허세납부확인서

시장, 구청장, 군수 등으로부터 등록면허세납부서(OCR용지)를 발급받아 납세지를 관할하는 해당 금융기관에 세금을 납부한 후 등록면허세영수필확인서를 신청서의 등록면허세액표시란의 좌측상단 여백에 첨부하거나, 또는 지방세인터넷납부시스템을 이용하여 납부하고 출력한 등록면허세납부확인서를 첨부한다(지방세법 제30조; 지방세법시행령 제49조 제1항).

⑮ 등기신청수수료영수필확인서

담보가등기를 신청하는 자는 등기신청수수료를 내야하므로(법 제22조 제3항), 부동산 1개당 15,000원(전자표준양식에 의한 등기신청의 경우에는 13,000원, 전자신청의 경우에는 10,000원)에 해당하는 등기신청수수료를 납부하고 등기신청수수료영수필확인서를 첨부한다(등기예규 제1789호).

⑯ 인감증명 또는 본인서명사실확인서 또는 전자본인서명확인서 발급증

부동산 소유자의 인감증명을 첨부한다. 그러나 부동산매도용인감증명을 첨부하는 것은 아니다. 위 인감증명에 갈음하여 위임장 등에 서명을 하고 본인서명사실확인서를 첨부하거나 전자본인서명확인서 발급증을 첨부할 수 있다(부동산등기규칙 제60조의2).

⑰ 주소 및 주민등록번호를 증명하는 서면 — 주민등록표등본 · 초본

등기권리자의 주소 및 주민등록번호를 증명하는 서면으로 가등기권자의 주민등록표등본 · 초본을 첨부하여야 한다(규칙 제46조 제1항 제6호).

⑱ 위임장

등기신청을 법무사 등 대리인에게 위임하는 경우에 첨부한다(규칙 제46조 제1항 제5호). 위임인의 성명과 주소를 기재하고 인장을 날인하되 규칙 제60조 제1항 제1호~제3호에 해당하여 인감증명을 제출하여야 하는 자는 위임장에 인감을 날인하여야 하나, 위 규칙 제60조 제1항 제1호~제3호에 해당하지 않는 자는 인감날인 대신에 일반적인 기명날인 혹은 서명으로 갈음할 수 있다. 위임인이 법인이나 법인 아닌 사단 또는 재단인 경우에는 상호(명칭)와 대표자(관리인)의 자격, 성명 및 주소도 기재하여야 한다.

⑲ 자격자대리인의 확인 및 자필서명정보

등기의무자와 등기권리자가 공동으로 신청하는 권리에 관한 등기이므로 자격자대리인이 등기의무자를 확인하고 자필서명한 정보를 첨부정보로 제공하여야 한다(규칙 제46조 제1항, 제8호, 2022. 7. 1.부터).

⑳ 토지이용계획확인서

토지거래허가지역에서 담보가등기를 신청하는 경우에는 토지거래허가서를 첨부하여야 하므로, 해당 지역이 토지거래허가지역인지 여부를 소명하기 위하여 토지이용계획확인서를 첨부한다. 토지거래허가서를 첨부한 경우에는 이와 별도로 토지이용계획확인서를 제출할 필요는 없다.

㉑-1 기타 — 신청인이 법인인 경우

법인이 등기를 신청하는 경우에는 대표자의 자격을 증명하는 서면으로 법인등기사항전부증명서 또는 법인등기사항일부증명서를 첨부하여야 한다(규칙 제46조 제1항 제4호). 이 경우에 위 법인등기사항증명서는 등기권리자의 주소를 증명하는 서면, 부동산등기용등록번호를 증명하는 서면이기도 하다(규칙 제46조 제1항 제6호). 다만 법인등기가 되어있는 등기소와 부동산소재지 관할 등기소가 동일한 경우에는 위 법인등기사항증명서를 제출할 필요가 없다(규칙 제46조 제5항).

㉑-2 기타 — 신청인이 법인 아닌 사단(재단)인 경우

법인 아닌 사단 또는 재단이 등기를 신청하는 경우에는 ㉠ 정관이나 그 밖의 규약, ㉡ 대표자나 관리인임을 증명하는 정보(다만, 등기되어 있는 대표자나 관리인이 신청하는 경우에는 그러하지 아니하다), ㉢ 법인 아닌 사단 또는 재단의 주소 및 부동산등기용등록번호를 증명하는 정보(새로이 등기명의인이 되는 경우에 한한다), ㉣ 대표자나 관리인의 주소 및 주민등록번호를 증명하는 정보를 첨부정보로 제공한다. 다만 법인 아닌 사단이 등기의무자인 경우에는 민법 제276조 소정의 사원총회의 결의서도 첨부한다(규칙 제48조).

㉑-3 기타 — 허가서 등

소유권이전담보가등기도 부동산거래신고법의 적용을 받으므로 토지거래허가구역인 경우에는 토지거래허가증(시 · 군 · 구청 발급) 등을 첨부하여야 한다. 소유권이전담보가등기의 경우에는 검인을 받을 것이 아니다. 농지에 대한 소유권이전담보가등기의 경우에도 농지취득자격증명을 첨부하지 아니한다.

㉑-4 기타 — 등기의무자의 등기필정보(등기필증, 등기완료통지서)가 없는 경우

등기의무자의 등기필정보(등기필증, 등기완료통지서)가 없을 때에는 ① 등기의무자 또는 그 법정대리인(이하 "등기의무자등"이라 한다)이 등기소에 출석하여 등기관으로부터 등기의무자등임을 확인받는 방법 ② 등기신청인의 대리인(변호사나 법무사만을 말한다)이 등기의무자등으로부터 위임받았음을 확인하여 확인서면을 제출하는 방법 ③ 신청서(위임에 의한 대리인이 신청하는 경우에는 그 권한을 증명하는 서면을 말한다) 중 등기의무자등의 작성부분에 관하여 공증을 받아 제출하는 방법으로 등기신청을 하여야 한다.

위 '공증'은 신청서나 위임장에 기재된 내용 중 등기의무자등의 작성부분(기명날인

등)에 대해 공증인이 등기의무자등의 의사에 의해 작성된 것임을 확인하고 그 증명을 하여 주는 사서증서의 인증을 의미한다(등기필정보가 없는 경우 확인조서 등에 관한 예규, 2018. 12. 18. 등기예규 제1664호, 시행 2019. 1. 1.)(법 제51조, 규칙 제111조 참조).

5. 등기신청서류 편철순서

신청서, 등록면허세영수필확인서, 등기신청수수료영수필확인서, 위임장, 자필서명정보, 인감증명 또는 본인서명사실확인서, 주민등록표등본 · 초본, 대물반환예약서 등의 순으로 편철하는 것이 실무상의 예이다.

6. 등기기록례

[갑 구]		(소유권에 관한 사항)		(No.547)
순위번호	등기목적	접 수	등기원인	권리자 및 기타 사항
2	소유권이전	2019년 3월 2일 제8999호	2019년 2월 15일 매매	소유자 이대백 630320 - 1617312 부산광역시 북구 사상로583길 26, 303동 1201호 (구포동, 샛별아파트)
3	소유권이전담보가등기	2019년 8월 1일 제12345호	2019년 6월 16일 대물반환예약	가등기권자 홍길동 510916 - 1771842 부산광역시 부산진구 중앙대로78길 126, 106동 702호(부전동, 롯데아파트)

13. 가등기 — (5) 소유권이전본등기신청(대물반환)

소유권이전
본등기신청(대물반환계약)

접 수	년 월 일	처리인	등기관 확인	각종통지
	제 호			

① 부동산의 표시	
1동의 건물의 표시 부산광역시 북구 구포동 1186-20 샛별아파트 제303동 [도로명주소] 부산광역시 북구 사상로583길 26 전유부분의 건물의 표시 건물의 번호 303-12-1201 구 조 철근콘크리트조 면 적 제12층 제1201호 86.03㎡ 대지권의 표시 대지권의 목적인 토지의 표시 1. 부산광역시 북구 구포동 1186-20 대 3,000㎡ 대지권의 종류 1. 소유권대지권 대지권의 비율 3,000분의 50 이 상	
②등기원인과 그 연월일	2019년 12월 13일 대물반환
③청산금평가액 통지서도달일	2019년 10월 2일
④등 기 의 목 적	소유권이전
⑤가 등 기 의 표 시	2019년 8월 1일 접수 제 12345호로 등기된 대물반환 예약에 의한 소유권이전담보가등기
⑥이 전 할 지 분	

구 분	성 명 (상호 · 명칭)	주민등록번호 (등기용등록번호)	주 소(소재지)
⑦ 등기의무자	이 대 백	630320-1617312	부산광역시 북구 사상로583길 26, 303동 1201호 (구포동, 샛별아파트)
⑧ 등기권리자	홍 길 동	510916-1771842	부산광역시 부산진구 중앙대로78길 126, 106동 702호 (부전동, 롯데아파트)

<table>
<tr><td colspan="6">⑨ 시가표준액 및 국민주택채권매입금액</td></tr>
<tr><td>부동산 표시</td><td colspan="2">부동산별 시가표준액</td><td colspan="3">부동산별 국민주택채권매입총액</td></tr>
<tr><td>1. 공동주택</td><td colspan="2">금 200,000,000원</td><td colspan="3">금 4,600,000원</td></tr>
<tr><td colspan="3">⑨ 국 민 주 택 채 권 매 입 총 액</td><td colspan="3">금 4,600,000원</td></tr>
<tr><td colspan="3">⑨ 국 민 주 택 채 권 발 행 번 호</td><td colspan="3"></td></tr>
<tr><td>⑩ 취 득 세</td><td>금4,000,000원</td><td>⑩ 지방교육세</td><td>금400,000원</td><td>⑩ 농어촌특별세</td><td>금 800,000원</td></tr>
<tr><td>⑪ 세 액 합 계</td><td colspan="5">금 5,200,000 원</td></tr>
<tr><td rowspan="2">⑫ 등 기 신 청 수 수 료</td><td colspan="5">금 15,000 원</td></tr>
<tr><td colspan="5">납부번호 :</td></tr>
<tr><td colspan="6">⑬ 등기의무자의 등기필정보</td></tr>
<tr><td>부동산고유번호</td><td colspan="5">1149-1996-067537</td></tr>
<tr><td>성명(명칭)</td><td colspan="2">일련번호</td><td colspan="3">비밀번호</td></tr>
<tr><td>이 대 백</td><td colspan="2">ACDI-0198-7329</td><td colspan="3">12 - 3126</td></tr>
<tr><td colspan="6">⑮ 첨 부 서 면 (간인)</td></tr>
<tr><td colspan="3">1. 대물반환계약서 1통 ⑯
1. 취득세영수필확인서 1통 ⑰
1. 등기신청수수료영수필확인서 1통 ⑱
1. 인감증명 또는 본인서명사실확인서 또는 전자본인서명확인서발급증 1통 ⑲
1. 주민등록표등본·초본 2통 ⑳
1. 토지대장등본(대지권등록부) 1통 ㉑</td><td colspan="3">1. 집합건축물대장(전유부) 1통 ㉒
1. 청산금평가통지서배달증명 1통 ㉓
1. 청산금지급증명서 1통 ㉔
1. 위임장 1통 ㉕
1. 자필서명정보 1통 ㉖
1. 토지이용계획확인서 1통 ㉗
<기 타> ㉘</td></tr>
<tr><td colspan="6">2019년 12월 15일

⑭ 위 신청인

대리인 법무사 김 명 찬 (직인) (전화: 051-599-0000)

부산광역시 부산진구 중앙대로7길 16 (부전동)

부산지방법원 북부산등기소 귀중</td></tr>
</table>

신청서 작성요령란

* 1. 부동산표시란에 2개 이상의 부동산을 기재하는 경우에는 부동산의 일련번호를 기재하여야 합니다.
2. 신청인란 등 해당란에 기재할 여백이 없을 경우에는 별지를 이용합니다.
3. 담당 등기관이 판단하여 위의 첨부서면 외에 추가적인 서면을 요구할 수 있습니다.

등기신청안내서 — 소유권이전본등기신청(구분건물)

1. 소유권이전담보가등기에 기한 본등기

담보가등기 후 채무자가 피담보채권을 변제하지 아니하는 경우에 채권자(담보가등기권리자)는 가등기담보법의 규정에 의하여 목적부동산에 경매를 청구하여 우선변제를 받을 수도 있고, 선택에 의하여 담보가등기에 기한 본등기를 할 수도 있다.

2. 등기신청방법

(1) 공동신청

담보가등기권리자와 부동산소유자가 본인임을 확인할 수 있는 주민등록증 등을 가지고 직접 등기소에 출석하여 공동으로 신청함이 원칙이다.

(2) 단독신청

가등기의무자인 소유자의 인감증명 또는 본인서명사실확인서와 승낙서를 첨부하거나 법원의 가등기가처분 명령정본을 첨부하여 가등기권리자가 단독으로 신청할 수 있다.

3. 등기소에 제공하여야 하는 신청정보

신청서는 한글과 아라비아 숫자로 기재한다. 부동산의 표시란이나 신청인란 등이 부족할 경우에는 별지를 사용하고, 별지를 포함하여 신청서가 여러 장인 때에는 각 장 사이에 간인을 하여야 한다.

① 부동산의 표시란

가등기의 목적 부동산을 기재하되, 등기부상 부동산의 표시와 일치하여야 한다. 부동산이 토지인 경우에는 토지의 소재와 지번, 지목, 면적을, 건물인 경우에는 건물의 소재와 지번, 건물의 구조, 종류, 면적, 건물의 번호가 있는 때에는 그 번호, 부속건물이 있는 때에는 그 구조, 종류와 면적을 기재한다.

② 등기원인과 그 연월일란

등기원인은 '대물반환계약'(대물변제가 아님)으로, 연월일은 대물반환계약서 작성일을 기재한다.

③ **청산금 평가액 통지서 도달일란**

채권자가 담보계약에 의한 담보권을 실행하여 그 담보목적부동산의 소유권을 취득하기 위하여서는 그 채권의 변제기후에 가등기담보법 제4조에 규정한 청산금의 평가액을 채무자 등에게 통지하고, 그 통지가 채무자 등에게 도달한 날로부터 2월이 경과하여야 한다. 이 경우 청산금이 없다고 인정되는 때에는 그 뜻을 통지하여야 한다. 채권자는 청산기간이 경과하여야 그 가등기에 의한 본등기를 청구할 수 있다(가등기담보법 제4조).

④ **등기의 목적란**

'소유권이전'이라고 기재한다.

⑤ **가등기의 표시란**

본등기할 소유권이전담보가등기의 접수연월일, 접수번호 등을 기재하여 본등기할 가등기를 특정한다.

⑥ **이전할 지분란**

지분에 대한 가등기에 기한 본등기를 하는 경우에만 기재한다.

⑦ **등기의무자란**

부동산 소유자의 성명, 주민등록번호, 주소를 기재하되, 등기부상 소유자 표시와 일치하여야 한다. 다만 등기기록상 등기의무자의 주소가 지번방식의 주소인 경우에도, 등기의무자가 제공한 주민등록표등본·초본이나 인감증명 등에 의하여 해당 지번방식의 주소에 대한 도로명주소임이 인정되는 경우에는 등기사건을 수리하여야 한다(법 제29조 제7호의 적용을 받지 아니한다). 한편 등기의무자의 주소가 주소변경 등의 실질적인 주소변경이 아닌 도로명주소법에 따른 주소변경인 경우에는 주소변경의 직권등기를 하지 않는다.

⑧ **등기권리자란**

가등기권리자를 기재하는 난으로, 그 기재방법은 등기의무자란과 같다. 가등기 후 가등기상의 권리가 제3자에게 이전된 경우에는 가등기권리의 양수인이 본등기 할 당시의 본등기권리자이다.

⑨ **시가표준액 및 국민주택채권매입총액란**

취득세납부서(OCR용지)에 기재된 시가표준액을 신청서에 기재하고, 시가표준액의 일정비율에 해당하는 국민주택채권매입금액을 계산하여 기재한다. 또한 국민주택채권발행번호를 해당란에 기재하여야 한다.

⑩ **취득세 · 지방교육세란 및 농어촌특별세란**

㉠ 유상거래를 원인으로 주택에 대하여 소유권이전등기를 신청하는 경우에는 지방세법 제11조 제1항 제8호의 규정(주택-유상취득)에 따라 시가표준액(400,000,000원)의 1,000분의 10에 해당하는 취득세를 납부한다(400,000,000 × 10/1,000 = 4,000,000원. 지방세법 제11조 제1항 제8호). ㉡ 지방세법 제11조 제1항 제8호의 경우에는 지방세법 제10조의 과세표준에 해당 세율의 100분의 50을 곱한 세율을 적용하여 산출한 금액의 100분의 20의 지방교육세를 납부한다(400,000,000 × (10/1,000 × 50/100) × 20/100 = 400,000원. 지방세법 제151조 제1항), ㉢ 지방세법 제11조의 표준세율을 1,000분의 20로 적용하여 100분의 10에 해당하는 농어촌특별세를 납부한다(400,000,000 × 20/1,000 × 10/100 = 800,000원. 농어촌특별세법 제5조 제1항).

취득세	지방교육세	농어촌특별세
10/1,000	(10/1,000 x 50/100) x 20/100	20/1,000 x 10/100
지방세법 제11조 제1항 제8호	지방세법 제151조 제1항	농어촌특별세법 제5조 제1항

⑪ **세액합계란**

취득세액, 지방교육세액, 농어촌특별세의 합계를 기재한다.

⑫ **등기신청수수료란**

가등기에 의한 본등기를 신청하는 자는 등기신청수수료를 내야하므로(법 제22조 제3항), 부동산 1개당 15,000원(전자표준양식에 의한 등기신청의 경우에는 13,000원, 전자신청의 경우에는 10,000원)에 해당하는 등기신청수수료를 납부하고 그 등기신청수수료금액 및 납부번호를 신청서에 기재한다(등기예규 제1789호).

⑬ **등기필정보**

전자신청 지정등기소에서는 신청방법(전자신청, 서면신청)을 불문하고 등기를 완료한 경우 등기필증 대신 등기필정보를 전자적 교부 또는 서면 교부하기 때문에, 등기신청의 당사자 또는 대리인은 등기필정보상의 일련번호와 비밀번호를 기재함으로써 등기필증의 제출을 갈음할 수 있다. 등기의무자가 교부받은 등기필정보에 기재된 부동산고유번호, 성명, 일련번호, 비밀번호를 각 기재한다. 등기의무자에게 등기필정보나 등기필증이 없는 경우에는 부동산등기법 제51조의 규정에 의한다(기타 참조).

⑭ 신청인 혹은 대리인의 표시란

㈎ 등기의무자와 등기권리자의 성명 및 전화번호를 기재하고, 각자가 기명날인하되, 등기의무자는 그의 인감을 날인한다. 등기권리자는 기명날인 대신에 서명으로 갈음할 수 있다. 신청인이 법인 또는 법인 아닌 사단이나 재단인 경우에는 상호(명칭)와 대표자(관리인)의 자격 및 성명을 기재한다. 법인이 등기의무자인 때에는 등기소의 증명을 얻은 그 대표자의 인감을, 법인 아닌 사단이나 재단이 등기의무자인 경우에는 대표자(관리인)의 개인인감을 날인한다.

㈏ 대리인이 등기신청을 하는 경우에는 그 대리인의 성명, 주소 및 전화번호를 기재하고 기명날인한다.

⑮ 첨부서면란

등기신청서에 첨부한 서면을 각 기재한다.

4. 등기소에 제공하여야 하는 첨부정보

⑯ 대물반환계약서

계약으로 인한 소유권이전등기를 신청하는 경우에는 그 계약서에 기재된 거래금액이 1,000만원을 초과하는 경우에는 일정액의 전자수입인지를 첨부하여야 한다(규칙 제46조 제1항 제1호). 위 대물반환계약서에는 부동산소재지를 관할하는 시장, 구청장, 군수로부터 검인을 받아야 한다. 담보가등기시에는 검인을 받지 아니하여도 본등기시에는 받아야한다.

⑰ 취득세영수필확인서 또는 취득세납부확인서

시장, 구청장, 군수 등으로부터 취득세납부서(OCR용지)를 발급받아 납세지를 관할하는 해당 금융기관에 세금을 납부한 후 취득세영수필확인서를 신청서의 취득세액 표시란의 좌측상단 여백에 첨부하거나, 또는 지방세인터넷납부시스템에서 출력한 취득세납부확인서를 첨부정보로서 등기소에 제공하여야 한다(지방세법 제20조; 지방세법시행령 제36조 제1항).

⑱ 등기신청수수료영수필확인서

가등기에 의한 본등기를 신청하는 자는 등기신청수수료를 내야하므로(법 제22조 제3항), 부동산 1개당 15,000원(전자표준양식에 의한 등기신청의 경우에는 13,000원, 전자신청의 경우에는 10,000원)에 해당하는 등기신청수수료를 납부하고 등기신청수수료영수필확인서를 첨부한다(등기예규 제1789호).

⑲ 인감증명 또는 본인서명사실확인서 또는 전자본인서명확인서 발급증

소유권의 등기명의인이 등기의무자이므로 등기의무자의 인감증명을 첨부한다(규칙 제60조 제1항 제1호). 그 인감증명이 매도용 인감증명일 필요는 없다. 위 인감증명에 갈음하여 위임장 등에 서명을 하고 본인서명사실확인서를 첨부하거나 전자본인서명확인서 발급증을 첨부할 수 있다(부동산등기규칙 제60조의2). 한편 규칙 제60조에 의하여 인감증명을 첨부하여야 하는 자가 법인인 경우에는 등기소의 증명을 얻은 대표자의 인감증명을, 법인 아닌 사단 또는 재단인 경우에는 대표자 또는 관리인의 인감증명을 제출한다.

⑳ 주소 및 주민등록번호를 증명하는 서면 ─ 주민등록표등본 · 초본

등기의무자의 주소를 증명하는 서면으로, 그리고 등기권리자의 주소 · 주민등록번호를 증명하는 서면으로 주민등록표등본 · 초본을 첨부한다(규칙 제46조 제1항 제6호).

㉑ 토지대장등본

부동산의 표시를 증명하는 토지대장등본을 첨부한다(규칙 제46조 제1항 제7호).

㉒ 집합건축물대장등본

부동산의 표시를 증명하는 집합건축물대장등본을 첨부한다(규칙 제46조 제1항 제7호).

㉓㉔ 청산금평가통지서 배달증명 및 청산금지급증명서

담보가등기에 기하여 본등기신청을 할 경우 등기신청서에는 규칙 제43조 소정의 기재사항 외에 본등기할 담보가등기의 표시, 가등기담보법 제3조 소정의 청산금 평가통지서가 채무자 등에게 도달한 날을 기재하여야 한다. 이 경우 부동산등기규칙 제46조 소정의 서면외에 청산금 평가통지서 또는 청산금이 없다는 뜻의 통지서가 도달하였음을 증명할 서면 및 가등기담보법 제3조 소정의 청산기간이 경과한 후에 청산금을 채무자에게 지급(공탁)하였음을 증명할 서면(청산금이 없는 경우는 제외)을 첨부하여야 한다. 다만 판결에 의하여 본등기를 신청하는 경우에는 그러하지 아니하다(2018. 3. 7. 등기예규 제1632호).

㉕ 위임장

등기신청을 법무사 등 대리인에게 위임하는 경우에 첨부한다(규칙 제46조 제1항 제5호). 위임인의 성명과 주소를 기재하고 인장을 날인하되 규칙 제60조 제1항 제1호~제3호에 해당하여 인감증명을 제출하여야 하는 자는 위임장에 인감을 날인하여야 하나, 위 규칙 제60조 제1항 제1호~제3호에 해당하지 않는 자는 인감날인 대신에 일반적인 기명날인 혹은 서명으로 갈음할 수 있다. 위임인이 법인이나 법인 아닌 사단 또는 재단인 경우에는 상호(명칭)와 대표자(관리인)의 자격, 성명 및 주소도 기재하여야 한다.

㉖ 자격자대리인의 확인 및 자필서명정보

등기의무자와 등기권리자가 공동으로 신청하는 권리에 관한 등기이므로 자격자대리인이 등기의무자를 확인하고 자필서명한 정보를 첨부정보로 제공하여야 한다(규칙 제46조 제1항, 제8호, 2022. 7. 1.부터).

㉗ 토지이용계획확인서

토지거래허가지역에서 본등기를 신청하는 경우에는 토지거래허가서를 첨부하여야 하므로(가등기신청시에 허가서를 이미 제출한 경우는 제외), 해당 지역이 토지거래허가지역인지 여부를 소명하기 위하여 토지이용계획확인서를 첨부한다. 토지거래허가서를 첨부한 경우에는 이와 별도로 토지이용계획확인서를 제출할 필요는 없다.

㉘-1 기타 — 신청인이 법인인 경우

법인이 등기를 신청하는 경우에는 대표자의 자격을 증명하는 서면으로 법인등기사항전부증명서 또는 법인등기사항일부증명서를 첨부하여야 한다(규칙 제46조 제1항 제4호). 이 경우에 위 법인등기사항증명서는 등기권리자의 주소를 증명하는 서면, 부동산등기용등록번호를 증명하는 서면이기도 하다(규칙 제46조 제1항 제6호). 다만 법인등기가 되어있는 등기소와 부동산소재지 관할 등기소가 동일한 경우에는 위 법인등기사항증명서를 제출할 필요가 없다(규칙 제46조 제5항).

㉘-2 기타 — 신청인이 법인 아닌 사단(재단)인 경우

법인 아닌 사단 또는 재단이 등기를 신청하는 경우에는 ㉠ 정관이나 그 밖의 규약, ㉡ 대표자나 관리인임을 증명하는 정보(다만, 등기되어 있는 대표자나 관리인이 신청하는 경우에는 그러하지 아니하다), ㉢ 법인 아닌 사단 또는 재단의 주소 및 부동산등기용등록번호를 증명하는 정보(새로이 등기명의인이 되는 경우에 한한다), ㉣ 대표자나 관리인의 주소 및 주민등록번호를 증명하는 정보를 첨부정보로 제공한다. 다만 법인 아닌 사단이 등기의무자인 경우에는 민법 제276조 소정의 사원총회의 결의서도 첨부한다(규칙 제48조).

㉘-3 기타 — 허가서 등

제3자의 동의, 허가 또는 승낙을 증명하는 서면, 즉 부동산이 농지인 경우에는 농지취득자격증명(시 · 읍 · 면사무소 발급), 토지거래허가구역인 경우에는 토지거래허가증(시 · 군 · 구청 발급) 등을 첨부하여야 한다. 다만 가등기시에 허가서를 첨부한 경우에는 본등기시에 다시 첨부할 필요는 없다.

㉘-4 기타 — 등기의무자의 등기필정보(등기필증, 등기완료통지서)가 없는 경우

등기의무자의 등기필정보(등기필증, 등기완료통지서)가 없을 때에는 ① 등기의무자 또는 그 법정대리인(이하 '등기의무자등'이라 한다)이 등기소에 출석하여 등기관으로부터 등기의무자등임을 확인받는 방법 ② 등기신청인의 대리인(변호사나 법무사만을 말한다)이 등기의무자등으로부터 위임받았음을 확인하여 확인서면을 제출하는 방법 ③ 신청서(위임에 의한 대리인이 신청하는 경우에는 그 권한을 증명하는 서면을 말한다) 중 등기의무자등의 작성부분에 관하여 공증을 받아 제출하는 방법으로 등기신청을 하여야 한다. 위 '공증'은 신청서나 위임장에 기재된 내용 중 등기의무자등의 작성부분(기명날인 등)에 대해 공증인이 등기의무자등의 의사에 의해 작성된 것임을 확인하고 그 증명을 하여 주는 사서증서의 인증을 의미한다(등기필정보가 없는 경우 확인조서 등에 관한 예규, 2018. 12. 18. 등기예규 제1664호, 시행 2019. 1. 1.)(법 제51조; 규칙 제111조 참조).

5. 등기신청서류 편철순서

신청서, 등록면허세영수필확인서, 등기신청수수료영수필확인서, 위임장, 자필서명정보, 인감증명 또는 본인서명사실확인서, 주민등록표등본·초본, 청산금평가통지서 배달증명사본, 청산금지급증명서, 대장등본, 대물반환계약서 등의 순으로 편철하는 것이 실무상의 예이다.

6. 등기기록례

[갑 구]		(소유권에 관한 사항)		
순위번호	등기목적	접 수	등기원인	권리자 및 기타 사항
2	소유권이전	2012년 3월 2일 제8999호	2012년 2월 15일 매매	소유자 이대백 630320 - 1617312 부산광역시 북구 사상로583길 26, 303동 1201호 (구포동, 샛별아파트)
3	소유권이전 담보가등기	2019년 8월 1일 제12345호	2019년 6월 16일 대물반환예약	가등기권자 홍길동 510916 - 1771842 부산광역시 부산진구 중앙대로78길 126, 106동 702호 (부전동, 롯데아파트)
	소유권이전	2019년 12월 15일 제14980호	2019년 12월 13일 대물반환	소유자 홍길동 510916 - 1771842 부산광역시 부산진구 중앙대로78길 126, 106동 702호 (부전동, 롯데아파트)

사례연습

소유권이전등기신청

|설 문|

아래에 기재된 부동산에 대한 등기신청사건을 위임받은 대리인으로서 제시된 사실관계와 답안 작성시 유의사항에 적합한 등기신청서를 작성하고, 신청서에 첨부하는 서면에 대하여 간단히 설명하시오(신청방식은 서면에 의한 방문신청을 전제로 함)

1. 부동산의 표시

가. 서울특별시 서초구 양재동 200번지 전 200㎡

나. 서울특별시 서초구 서초동 300번지 대 500㎡

다. 서울특별시 서초구 서초동 300번지 지상

[도로명주소] 서울특별시 서초구 명달로 20

철근콘크리트조 슬래브지붕 2층 주택 1층 100㎡, 2층 50㎡

2. 위 부동산에 대한 등기사항증명서(위 3개의 부동산 모두 갑구, 을구의 사항이 동일하다).

[갑 구]		(소유권에 관한 사항)		
순위번호	등기목적	접 수	등 기 원 인	권리자 및 기타사항
1	소유권보존			소유자 미국인 김갑동 530123-6523332 미합중국 캘리포니아주 로스엔젤레스시 에스에스 500 가압류등기의 촉탁으로 인하여
2	가압류	2015년 8월 8일 제8609호	2015년 8월 1일 서울중앙지방법원의 가압류결정	이영남 900112-1234123 청구금액 : 금 1,000,000,000원 서울특별시 서초구 서초대로 100 (서초동)
3	소유권일	2016년 1월 5일	2016년 1월 4일	지분 3분의 1

	부이전청구권가등기	제1501호	대물반환예약	이도령 580112-1122352 서울특별시 강남구 강남대로 200 (역삼동)
4	가압류	2015년 2월 8일 제2609호	2015년 2월 1일 서울중앙지방법원의 가압류결정	김성준 801212-1212123 청구금액 : 금 300,000,000원 서울특별시 송파구 송파대로 300 (잠실동)
5	소유권 이전	2016년 3월 9일 제3090호	2016년 3월 2일 매매	성춘향 650201-2135555 서울특별시 동작구 동작대로 400 (상도동)

(1) 이도령은 위 부동산의 소유자 미국인 김갑동의 간곡한 요청에 따라 금 10억원을 빌려 주고(변제기 2016. 4. 30.) 김갑동의 부동산에 대하여 위 등기사항증명서와 같이 순위번호 3번 소유권이전청구권가등기를 경료하였다. 그런데 위와 같은 차용금으로 해결하기로 했던 순위번호 2번 가압류는 말소되지 아니하고, 오히려 해당 부동산에 대하여 순위번호 4번의 가압류가 기입되었고, 설상가상으로 소유권마저 성춘향에게 2016년 3월 9일 매매로 이전되었다.

(2) 2016년 1월에 가등기를 할 때에 김갑동과 이도령간에는 김갑동이 위 2016. 4. 30. 까지 채무를 변제하지 못하면 위 부동산으로 변제하기로 하는 약정이 있었다.

(3) 이러한 상황에서 이도령은 소유권이전등기를 신청할 수 있는 가장 빠른 날인 2016. 7. 27. 대물반환계약을 체결하고 등기권리자와 등기의무자 모두가 2016. 7. 27. 서울 관악구 관악대로 132, 301호(봉천동, 서연빌딩) 소재 법무사 홍길동 사무소에 출석하여 이도령을 위한 등기신청을 위임하였다.

3. 참고사항

(1) 김갑동은 미합중국인으로서 주민등록은 이미 말소되었는데 현재 입국해있는 상태인데 인감신고는 안 되어 있으며 미국 대사관이 휴가철이라 영사의 확인을 받을 수도 없는 사정이 있다. 운전면허증은 가지고 있다.

(2) 김갑동과 이도령의 주소는 가등기 당시와 동일하고 가등기 후 등기소로부터 받은 등기필증(등기필정보)은 이도령이 보관하다 법무사에게 제출하였다.

4. 답안 작성시 유의사항

(1) 부동산표시, 첨부서면란 등이 부족할 때에는 별지를 사용할 수 있다.

(2) 신청서 중 시가표준액 및 국민주택채권매입금액란, 등록세란 등의 OOO부분은 기재는 생략하되 첨부서면 및 정보의 설명시 구체적 금액과 번호를 제외한 나머지 부분을 설명한다.

(3) 날인할 곳에는 (인)으로 표시하고 전화번호의 기재는 생략한다.

(4) 관할등기소는 서울중앙지방법원 등기국이며, 신청서는 오늘 작성하여 제출하려 한다.

【모범답안】

가등기에 의한 본등기신청(대물반환)

접 수	년 월 일	처리인	등기관 확인	각종통지
	제 호			

부동산의 표시				
1. 서울특별시 서초구 양재동 200번지 전 200㎡ 2. 서울특별시 서초구 서초동 300번지 대 500㎡ 3. 서울특별시 서초구 서초동 300번지 지상 [도로명주소] 서울특별시 서초구 명달로 20 철근콘크리트조 슬래브지붕 2층 주택 1층 100㎡, 2층 50㎡				
등기원인과그연월일	2016년 7월 27일 대물반환			
청산금평가액통지서도달일	2016년 5월 26일			
등기의목적	소유권일부이전			
가등기의표시	2016년 1월 5일 접수 제 1501호로 등기된 대물반환예약에 의한 소유권이전담보가등기			
이전할지분	3분의 1			
구분	성명	주민등록번호	주소	지분(개인별)
등기의무자	미국인 김갑동	530123-6523332	미합중국 캘리포니아주 로스엔젤레스시 에스에스 500	3분의 1
등기권리자	이도령	580112-1122352	서울특별시 강남구 강남대로 200(역삼동)	3분의 1

시가표준액 및 국민주택채권매입금액		
부동산 표시	부동산별 시가표준액	부동산별 국민주택채권매입금액
1		금 원
2		금 원
국 민 주 택 채 권 매 입 총 액		금 원
국 민 주 택 채 권 발 행 번 호		

취득세 금 원	지방교육세	금 원
	농어촌특별세	금 원
세 액 합 계		금 원
등 기 신 청 수 수 료		금 45,000 원
		납부번호 :

등기의무자의 등기필정보		
부동산고유번호		
성 명 (명칭)	일 련 번 호	비 밀 번 호

첨 부 서 면 〈간인〉			
1. 대물반환계약서	1통	1. 토지대장등본	2통
1. 취득세영수필확인서	1통	1. 건축물대장등본	1통
1. 등기신청수수료영수필확인서	1통	1. 농지취득자격증명	1통
1. 주소증명서면 (김갑동)	1통	1. 토지이용계획확인서	1통
1. 주민등록표초본 (이도령)	1통	1. 확인서면	1통
1. 청산금평가통지서 및 배달증명	1통	1. 등기위임장	1통
1. 청산금지급증명서	1통	1. 자필서명정보	1통

2016년 7월 27일

신청인 (전화 :)

위 대리인 법 무 사 홍 길 동 [직인] (전화 : 02-887-9161)

서울특별시 관악구 관악대로 132, 301호(봉천동, 서연빌딩)

서울중앙지방법원 등기국 귀중

신청서 작성요령란

* 1. 부동산표시란에 2개 이상의 부동산을 기재하는 경우에는 부동산의 일련번호를 기재하여야 합니다.
2. 신청인란 등 해당란에 기재할 여백이 없을 경우에는 별지를 이용합니다.
3. 담당 등기관이 판단하여 위의 첨부서면 외에 추가적인 서면을 요구할 수 있습니다.

〔첨부서면에 대한 설명〕

① **대물반환계약서**

계약으로 인한 소유권이전등기를 신청하는 경우에는 대물반환계약서를 등기원인을 증명하는 서면으로 제출하고(규칙 제46조 제1항 제1호), 그 계약서에 기재된 거래금액이 1,000만원(주택은 1억원)을 초과하는 경우에는 일정액의 전자수입인지를 붙여야 한다. 위 대물반환계약서에는 부동산소재지를 관할하는 시장, 구청장, 군수로부터 검인을 받아야 한다.

② **취득세영수필확인서 또는 취득세납부확인서**

시장, 구청장, 군수 등으로부터 취득세납부서(OCR용지)를 발급받아 세금을 납부한 후 취득세영수필확인서를 신청서의 취득세액표시란의 좌측상단 여백에 첨부하거나, 또는 지방세인터넷납부시스템에서 출력한 취득세납부확인서를 첨부정보로서 등기소에 제공하여야 한다(지방세법 제20조; 법 제29조 제10호).

③ **등기신청수수료 영수필확인서**

등기신청수수료는 현금으로 납부하여야 하므로 법원행정처장이 지정하는 현금수납금융기관에 현금으로 납부한 후 영수필확인서를 첨부한다(법 제22조 제3항)

④ **등기의무자의 주소증명서면**

외국인이 등기의무자의 지위에서 소유권이전등기를 신청하는 경우에는 외국인의 주소를 증명하는 서면을 첨부정보로서 등기소에 제공하여야 한다(규칙 제46조 제1항 제6호). 본 사안의 경우 등기의무자가 주소증명서에 대신할 수 있는 증명서(예컨대, 운전면허증 또는 신분증 등)를 가지고 있으므로 운전면허증 사본에 원본과 동일하다는 취지를 기재하고 그에 대하여 본국 혹은 우리나라 공증인의 공증을 받은 때에는 그 증명서의 사본을 주소를 증명하는 서면으로 제출한다(2018. 12. 8. 등기예규 제1665호). 〈부동산등기용등록번호증명서는 불필요〉

⑤ **주민등록표등본 또는 초본**

등기권리자(새로이 등기명의인이 되는 경우)의 주소 및 주민등록번호를 증명하는 서면으로 주민등록표 등본 또는 초본을 제출하여야 한다(규칙 제46조 제1항 제6호).

⑥ **청산금평가통지서 및 배달증명서면**

담보가등기에 기하여 본등기신청을 할 경우 청산금 평가통지서 또는 청산금이 없다는 뜻의 통지서가 도달하였음을 증명할 서면을 제출하여야 한다(규칙 제46조 제1항 제1호).

⑦ **청산금지급증명서면**

담보가등기에 기하여 본등기신청을 할 경우 가등기담보법 제3조 소정의 청산기간이 경과한 후에 청산금을 채무자에게 지급(공탁)하였음을 증명할 서면(청산금이 없는 경우는 제외)을 첨부하여야 한다. 다만 판결에 의하여 본등기를 신청하는 경우에는 그러하지 아니하다(2018. 3. 7. 등기예규 제1632호).

⑧ 토지대장등본

토지에 대한 소유권이전등기를 신청하는 경우에는 토지의 표시를 증명하는 토지대장등본을 첨부정보로서 등기소에 제공하여야 한다(규칙 제46조 제1항 제7호).

⑨ 건축물대장등본

건물에 대한 소유권이전등기를 신청하는 경우에는 건물의 표시를 증명하는 건축물대장등본을 첨부정보로서 등기소에 제공하여야 한다(규칙 제46조 제1항 제7호).

⑩ 농지취득자격증명

농지에 대하여 담보가등기에 의한 본등기를 신청하는 경우에도 농지취득자격증명을 첨부한다(규칙 제46조 제1항 제2호).

⑪ 토지이용계획확인서

토지거래허가서를 첨부할 필요가 없는 경우에는 토지거래허가지역이 아니라는 것을 증명하기 위하여 토지이용계획확인서를 첨부정보로서 등기소에 제공하여야 한다(규칙 제46조 제1항 제2호).

⑫ 확인서면

등기의무자의 등기가 직권으로 경료된 소유권보존등기이므로 등기필정보가 존재하지 않는다. 따라서 등기신청대리인이 등기의무자로부터 위임받았음을 확인하는 확인서면 1통을 제출한다(법 제51조; 규칙 제111조 제3항).

⑬ 위임장

등기신청을 법무사 등 대리인에게 위임하는 경우이므로 대리권한을 증명하는 정보로 위임장을 첨부정보로서 등기소에 제공하여야 한다(규칙 제46조 제1항 제5호). 등기의무자 미국인 김갑동은 인감증명의 제출에 갈음하여 위임장에 한 서명에 관하여 본인이 직접 작성하였다는 뜻의 본국 관공서의 증명이나 이에 관한 공증을 받아야 한다(규칙 제61조 제3항).

⑭ 자격자대리인의 확인 및 자필서명정보

등기의무자와 등기권리자가 공동으로 신청하는 권리에 관한 등기이므로 자격자대리인이 등기의무자를 확인하고 자필서명한 정보를 첨부정보로 제공하여야 한다(규칙 제46조 제1항, 제8호, 2022. 7. 1.부터).

Chapter

부 록

□ 제1회~제30회 기출문제 분석표

□ 외국인 및 재외국민 등기절차

2차 부동산등기신청서류작성문제 총정리

회수	년도	출제문제	유형	논 점
1	1992	근저당권설정등기	설정계약	특별한 논점 없음
2	1994	소유권이전등기	매매	토지거래허가지역, 법인 아닌 사단
3	1996	소유권이전등기	매매	토지거래허가지역, 등기필증분실, 부동산거래신고, 거래가액기재,
4	1997	소유권일부이전	매매	상속인에 의한 등기, 상속인의 표시(별지), 이전할 지분표시, 특약사항기재, 농지증명필요여부, 토지이용계획확인서, 부동산거래신고, 위임장작성
5	1998	구분건물 소유권보존등기		부동산의 표시, 시가표준액계산, 대지권등기의 허용여부
6	1999	분필등기		부동산의 표시, 근저당권자의 권리소멸승낙서, 가압류권자의 승낙서
7	2000	일부말소의미의 경정등기	일부말소	등기원인과 등기원인일, 경정할 사항의 기재, 등기상 이해관계인의 처리문제
8	2001	소유권이전등기	매매	등기의 목적, 외국인이 매수인인 경우의 첨부서류, 매매목록
9	2002	건물소유권 보존등기	상속인에 의한	시가표준액계산, 공유지분확인서
10	2003	소유권이전등기	수용	수용개시일 이후에 소유권이 이전된 경우의 등기의무자?, 등기원인 및 원인일자
11	2004	근저당권변경등기	계약인수	변경할 사항의 기재, 등기원인증서, 이사회의사록
12	2005	소유권이전 및 신탁말소 (신탁)	매매 신탁	등기의 목적, 신탁말소의 원인, 상속인 전원의 표시, 등록세 등을 정확히 계산하여 기재하는 것, 토지거래허가서가 필요한지 여부, 농지증명필요성 여부
13	2006	소유권이전등기	유증	상속인의 이의, 등기필증분실, 이미 상속등기가 경료된 경우, 농지증명필요성 여부, 등록세 등 계산
14	2007	소유권이전등기	상속	상속인 중 외국인이 있는 경우 등 종합문제
15	2008	가등기에 의한 본등기	매매	등기의무자가 재외국민, 등기필증분실, 공동가등기권자, 토지거래허가지역

16	2009	소유권이전등기(판결)	매매	피고의 사망, 토지거래허가구역, 농지취득자격증명, 위임장, 거래신고일련번호 등
17	2010	소유권이전등기(판결)	매매	공유지분이전, 매도인 재단법인, 매수인 종중, 토지거래허가구역여부, 거래신고일련번호 등
18	2011	소유권경정등기	상속재산 협의분할	상속인 1인 지분에 대하여 가압류가 있는 경우, 상속재산의 협의분할, 특별대리인
19	2013	소유권이전 및 신탁	신탁재산 처분에 의한 신탁	대위등기, 토지거래허가서
20	2014	소유권이전	유증	상속인이 유언집행자, 유언증서에 대한 상속인들의 다툼, 상속인 과반수의 동의, 등기필증, 농지취득자격증명
21	2015	근저당권설정	설정계약	등기사항증명서에 의하여 부동산표시를 완성하는 것, 재외국민, 처분위임장, 등기필증분실, 이자에 관한 약정의 등기가능여부, 채무자가 2인인 경우(연대채무자)
22	2016	소유권경정	상속포기	법정지분에 의한 상속등기후의 상속포기, 등기권리자의 주소증명정보, 등기의무자의 등기필정보
23	2017	구분건물 소유권보존등기	대지권	구분건물, 전유부분의 면적비율에 따르지 아니한 대지권
24	2018	소유권이전등기(판결)	공유물분할	변론종결 이후의 승계인, 누가 등기의무자인지의 문제
25	2019	소유권이전 및 신탁말소	매매	신탁재산처분에 의한 신탁, 수익자의 동의서
26	2020	소유권이전	매매	등기권리자가 종중인 경우
27	2021	전세권설정	설정계약	재외국민이 처분행위를 위임한 경우
28	2022	소유권이전	유증	상속등기가 이미 경료된 경우, 농지취득자격증명
29	2023	소유권이전 대위등기	상속	가압류를 위한 대위상속등기
30	2024	소유권경정등기	상속	협의분할에 의한 상속

<외국인 및 재외국민 등기절차>

재외국민 및 외국인의 부동산등기신청절차에 관한 예규(2020.7.1. 등기예규 제1686호)

유석주법무사(불허복제)

조항	구분	내용	
제1조: 목적			
제2조: 정의	재외국민	대한민국국민으로서 외국영주권을 취득한 자 또는 영주목적으로 외국에 거주하는 자	
	외국인	대한민국의 국적을 보유하고 있지 아니한 개인(무국적자 포함)	
	공증	공증인이 공정증서를 작성하는 것 또는 사서증서에 대해 인증하는 것	
	대한민국공증	대한민국 영토 내에서 「공증인법」에 따라 이루어지는 공증과 대한민국 영토 밖에서 「재외공관 공증법」에 따라 공증담당영사가 담당하는 공증을 말한다.	
	본국 공증	본국 영토 내의 공증과 본국의 영토 밖에서 본국의 외교·영사기관이 담당하는 공증을 말한다.	
제3조: 외국공문서에 대한 확인	1. 외국에서 발행한 문서 2. 외국공증인이 공증한 문서	**아포스티유(Apostille) 협약에 가입한 국가**	**아포스티유(Apostille)협약에 가입하지 아니한 국가**
		아포스티유 확인서	해당 국가에 주재하는 대한민국 공증담당영사의 확인
	아포스티유 비적용문서	1. 외국영사기관(대사관)이 작성·공증한 문서 (예 : 주한 미국대사관이 공증한 문서) 2. 대한민국과 수교관계가 없고 아포스티유협약에도 가입하지 아니한 국가에서 발행한 문서 (예 : 쿠바, 시리아) 3. 신분증 원본	
제4조: 번역문	번역인의 신분증 사본 첨부	(공증받은 경우에는 신분증 사본 불필요)	

조항	구분	내용	재외국민	외국인
제5조: 처분위임장	1. 처분위임장의 요건	처분대상 부동산, 처분의 목적이 되는 권리, 대리인의 인적사항 기재		
	2. 원인증서의 작성	대리인이 본인의 대리인임을 현명하고 작성, **(대리인의 인감날인 불필요)**		
	3. 처분위임장 -> *** 내국인 - 규칙 60조①1호의 경우에는 공증받은 경우에도 인감날인**	등기명의인의 인감날인 (규칙 60조①1호~3호의 경우에만)	아래 제9조 참조	아래 제12조 참조
	4. **등기위임장 ->**	대리인(수임인)의 인감날인 (규칙 60조①1호~3호의 경우에만)		
제6조: 상속재산분할협의의 권한을 위임하는 경우	1. 상속재산분할협의 위임장 요건	분할의 대상이 되는 부동산, 분할의 대상이 되는 부동산, 대리인의 인적사항 기재		
	2. 상속재산분할협의서의 작성	대리인이 본인의 대리인임을 현명하고 작성, **(대리인의 인감날인 필요)**		
	3. 상속재산분할협의 위임장 -> *** 내국인 - 공증받은 경우에는 인감날인불필요**	상속인의 인감날인 (규칙 60조①6호)	아래 제9조 참조	아래 제12조 참조
	4. **등기위임장 ->**	대리인(수임인)의 인감날인 불필요		

<table>
<tr><td rowspan="3">제7조: 등기필정보가 없는 경우</td><td rowspan="3">공증받는 서면
(등기예규 제1664호)</td><td colspan="2">등기의무자 등이 등기소에 출석하여 직접 등기를 신청하는 경우
-> 등기신청서</td><td colspan="2">등기의무자 등이 직접 처분행위를 하고 등기신청을 대리인에게 위임한 경우
-> 등기신청위임장</td><td>등기의무자 등이 다른 사람에게 권리의 처분권한을 수여한 경우
-> 처분위임장</td></tr>
<tr><td colspan="3">재외국민</td><td colspan="2">외국인</td></tr>
<tr><td colspan="3">대한민국의 공증만을 의미 <u>(재외공관공증가능(대리인공증불가능)</u></td><td colspan="2">본국 관공서의 증명이나 본국 또는 대한민국의 공증</td></tr>
<tr><td>제8조: 국적이 변경된 경우 등기명의인표시변경등기 등</td><td>국적변경을 증명하는 정보</td><td colspan="5">예 : 시민권증서, 귀화증서, 국적취득사실증명서, 폐쇄된 기본증명서 등</td></tr>
<tr><td rowspan="4">제8조의2: 부동산양도신고확인서</td><td rowspan="2"></td><td colspan="3">등기의무자가 재외국민인 경우</td><td colspan="2" rowspan="2">등기의무자가 외국인인 경우</td></tr>
<tr><td>매도용 인감증명을 첨부한 경우</td><td colspan="2">기타의 경우</td></tr>
<tr><td>부동산에 관한 유상계약
(부담부증여 포함)</td><td>양도신고확인서 불필요</td><td colspan="2">양도신고확인서 필요</td><td colspan="2">양도신고확인서 필요</td></tr>
<tr><td>무상계약의 경우</td><td colspan="5">양도신고확인서 불필요</td></tr>
</table>

<table>
<tr><td rowspan="2">제9조: 재외국민의 인감증명</td><td rowspan="2">재외국민의 서류가 규칙 60조 ① 1호~7호에 해당하는 경우</td><td colspan="4">체류국을 관할하는 대한민국 재외공관(영사관 등)에서 인감을 날인해야 하는 서면에 공증을 받는 것이 가능<u>(대리인공증가능)</u>
(위 '체류국'은 일시 거주하는 국가도 포함됨) (인감을 날인해야 하는 서면 그 자체에 공증을 받아야 함)
* <u>재외국민 거주국 공증인의 공증은 불가능, 그 나라의 인감증명도 불가능</u></td></tr>
<tr><td colspan="3">규칙 60조 ① 1호~3호에 해당하는 경우</td><td>-----> 재외국민등록부등본을 첨부</td></tr>
<tr><td>제10조: 재외국민의 주소증명</td><td>1. 재외국민등록부등본</td><td>2. 「주민등록법」에 따라 주민등록 신고를 한 경우에는 주민등록표등본·초본</td><td colspan="2">3. 주소증명제도가 있는 외국에 체류하는 재외국민으로서 체류국 법령에 따라 외국인등록 또는 주민등록 등을 마친 경우에는 체류국 관공서에서 발행한 주소증명정보 (예: <u>일본국의 주민표, 스페인왕국의 주민등록증명서</u>)</td><td>4. 제1호부터 제3호까지의 규정에 따라 주소를 증명하는 것이 <u>불가능한 경우에는</u> 체류국 공증인이 주소를 공증한 서면</td></tr>
<tr><td>제11조: 재외국민의 부동산등기용등록번호</td><td colspan="2">1. 주민등록번호를 부여받은 적이 있는 재외국민의 경우에는 주민등록번호
(주민등록사항이 말소된 경우에도 같다)</td><td colspan="3">2. 주민등록번호를 부여받은 적이 없는 재외국민의 경우에는 법 제49조 제1항 제2호에 따라 서울중앙지방법원 등기국 등기관이 부여한 부동산등기용등록번호</td></tr>
</table>

	인감증명제도가 있는 나라의 외국인	인감증명제도가 없는 나라의 외국인	외국인등록이나 국내거소신고를 한 외국인
제12조: 외국인의 인감증명	본국의 관공서가 발행한 인감증명을 첨부	인감을 날인해야 하는 서면이 본인의 의사에 따라 작성되었음을 확인하는 뜻의 본국 관공서의 증명이나 본국 또는 대한민국 공증인의 인증(대한민국 재외공관의 인증을 포함)	**인감증명법에 의한 인감증명**
제13조: 외국인의 주소증명	1. 외국인등록 사실증명 2.국내거소신고를 한 외국국적동포의 경우에는 국내거소신고 사실증명	3. 본국에 주소증명제도가 있는 나라의 외국인(예: 일본, 독일, 프랑스, 대만, 스페인) 본국 관공서에서 발행한 주소증명정보 **(본국 공증인이 주소를 공증한 서면 불인정)**	4. 본국에 주소증명제도가 없는 나라의 외국인(예: 미국, 영국) 1) 본국 공증인이 주소를 공증한 서면 **(국내공증인의 공증은 불가)** 2) 운전면허증사본을 등기관에게 제출하고 확인받는 방법 3) 운전면허증사본에 본국/대한민국공증인의 공증을 받거나 본국 관공서의 증명을 받는 방법 4) 본국의 공공기관에서 발행한 신뢰할 만한 자료제출
	5. 외국인이 본국을 떠나 대한민국이 아닌 제3국에 체류하는 경우 --> **체류국의 주소증명제도가 있는 경우 주소증명/** 체류국에 주소증명제도가 없는 경우에는 체류국공증인의 공증(후자의 경우에는 영주권이나 비자증명을 함께 제출)		
제14조: 외국인의 부동산등기용등록번호	1. 「출입국 관리법」에 따라 체류지를 관할하는 지방출입국·외국인관서의 장이 부여한 외국인등록번호	2. 국내에 체류지가 없는 경우에는 대법원 소재지를 관할하는 서울출입국·외국인관서의 장이 부여한 부동산등기용등록번호	3. 「재외동포의 출입국과 법적 지위에 관한 법률」에 따라 거소를 관할하는 지방출입국·외국인관서의 장이 외국국적동포에게 부여한 국내거소신고번호
제15조: 외국인의 부동산취득	외국인이 토지(대지권 포함)를 취득하는 계약을 체결하고 소유권이전등기를 신청 토지취득허가증을 첨부하여야 하는 지역	1. 군사기지 및 군사시설 보호구역 2. 지정문화재와 이를 위한 보호물 또는 보호구역 3. 생태·경관보전지역 4. 야생생물 특별보호구역	국내거소신고를 한 외국국적동포의 경우에는 1호의 지역에 있는 토지를 취득하는 경우로 한정한다. 토지거래허가지역에서 토지취득허가증을 첨부할 필요가 없다.
	토지이용계획확인서에 의하여 위 지역이 아님을 소명한 경우에는 토지취득허가증을 첨부할 필요없음		
제16조: 허가없이 소유권이전등기가 마쳐진 경우	토지취득허가대상 토지에 대하여 허가를 받지 아니한 채 소유권이전등기가 마쳐졌다 하더라도 「부동산등기법」 제29조 제2호에 해당하는 것은 아니므로 등기관은 이를 직권으로 말소할 수 없다.		
제17조: 외국법인·단체가 아니라는 소명	국내법에 의하여 설립된 법인 또는 단체라 하더라도 제15조 제1항 각 호의 어느 하나에 해당하는 구역·지역에 있는 토지(대지권 포함)에 대한 소유권취득등기를 신청하는 경우 -> 그 법인이나 단체가 다음 각 호의 어느 하나에 해당하는 것인지 여부가 의심스러울 때	1. 사원 또는 구성원의 2분의 1 이상이 외국인인 법인 또는 단체 2. 업무를 집행하는 사원이나 이사 등 임원의 2분의 1 이상이 외국인인 법인 또는 단체 3. 외국인이나 외국의 법령에 따라 설립된 법인 또는 단체가 자본금의 2분의 1 이상이나 의결권의 2분의 1 이상을 가지고 있는 법인 또는 단체	진술서를 제출

著者略歷

서울대학교 졸업

前

대한법무사협회 법제연구위원
특허청 자문위원
법무부 법무연수원 부동산등기법 강사
한국생산성본부 부동산등기법 강사
서울중앙지방법무사회 교육위원
대한법무사협회 법무사연수원 교수
대한법무사협회 전문위원(교육)
한국등기법학회 연구이사
대한통합법무교육원 전임교수
제3회 법무사 시험 합격

現

서울 서초동에서 법무사 사무실 운영
대검찰청 수사심의위원회 위원
서울중앙지방법원 외부조정위원
시대에듀 부동산등기법 전임교수
서울법학원 부동산등기법 전임교수

著 書

부동산등기법—이론 및 실무 (제14개정판, 三潮社, 2024)
객관식 부동산등기법(신정18판, 三潮社, 2024)
주관식 부동산등기법(개정12판, 三潮社, 2025)
Upgrade부동산등기법(개정17판, 三潮社, 2022)
Seiect 37選 주관식 부동산등기법(三潮社, 2009)
부동산등기법전 및 강의도해(개정10판, 三潮社, 2023)

E-mail : yoobms@gmail.com

부동산등기신청서 작성실무

2000년 12월 12일 초판 발행
2001년 7월 31일 개정판 발행
2002년 8월 15일 제2개정판 발행
2004년 8월 22일 신정초판 발행
2021년 2월 2일 신정10판 발행
2022년 10월 16일 신정11판 발행
2025년 5월 22일 신정12판 발행

저 자 유 석 주
발행인 하 인 웅
발행처 도서출판 三 潮 社
서울특별시 종로구 교남동 47-2
전화 733-4388(代)/FAX 733-4389
등록 1994. 12. 13. 제11-410호(倫)

정가 64,000원

ISBN 979-11-5595-165-1 93360